泰安年鉴

TAIAN YEARBOOK

2020

中共泰安市委党史研究院
泰安市地方史志研究院 编

方志出版社
Publishing House of Local Records

图书在版编目（CIP）数据

泰安年鉴.2020/中共泰安市委党史研究院，泰安市地方史志研究院编.-- 北京:方志出版社,2020.9
ISBN 978-7-5144-4519-0

Ⅰ.①泰… Ⅱ.①中… ②泰… Ⅲ.①泰安—2020—年鉴 Ⅳ.①Z525.23

中国版本图书馆CIP数据核字(2020)第195829号

泰安年鉴（2020）

编　　者：中共泰安市委党史研究院
泰安市地方史志研究院
责任编辑：李志瑜

出 版 者：方志出版社
地　址：北京市朝阳区潘家园东里9号（国家方志馆4层）
邮　编：100021
网　址：http://www.zgfzcb.cn
发　　行：方志出版社图书经销中心
电话（010）67110500
经　　销：各地新华书店
印　　制：山东新华印务有限公司

开　　本：889mm×1194mm　1/16
印　　张：36.5
字　　数：1009千字
版　　次：2020年9月第1版　2020年9月第1次印刷
印　　数：0001~2000册

ISBN 978-7-5144-4519-0　定价：298.00元

《泰安年鉴（2020）》
编审人员

主　　审　高尚山　成　丽

主　　编　王敬泽

副 主 编　周美广（常务）　戚淑娟

编　　辑（按姓氏笔画为序）

刘　凯　刘小筝　吴　楠　戚淑娟

数据审核　戴冰心　杨晓妍　孙珺富　周　伟

编 辑 说 明

1.《泰安年鉴》以马克思列宁主义、毛泽东思想、邓小平理论、“三个代表”重要思想、科学发展观、习近平新时代中国特色社会主义思想为指导，坚持辩证唯物主义和历史唯物主义的立场、观点、方法，存真求实，全面、客观、系统地记述2019年度全市政治、经济、文化及各项社会事业发展的新情况、新进展、新变化，旨在为各级领导机关提供决策依据，为社会各界和人民群众提供信息资料，为宣传、研究泰安服务，为建设富裕文明幸福新泰安服务。

2.《泰安年鉴》每年出版一卷。本卷为总第30卷，文字资料时限为2019年1月1日至12月31日。为增强资料的时效性、新闻性，部分资料时限适当上溯或下延。

3. 该年鉴采用分类编辑法。框架结构的主体由栏目、分目、条目三个层次组成，有的栏目增设子分目层次。以条目为基本记载单元。

4. 本卷设29个栏目，依次为：特载、专记、大事记、市情概览、中国共产党泰安市委员会、泰安市人民代表大会、泰安市人民政府、中国人民政治协商会议泰安市委员会、纪检·监察、民主党派·工商联、人民团体、法治·军事、经济管理、农业·水利、工业·信息产业、交通·邮政、商贸服务、文化·传媒·旅游、城乡建设与管理、自然资源·生态环境、财税·金融、科学、教育、卫生·体育、社会管理·居民生活、景区·园区、县市区、人物、附录。

5.《泰安年鉴》内容记载坚持以经济建设为中心。本卷进一步规范概况等综合性条目内容，充实各栏目信息资料，强化“三强”企业培植、全域旅游经济发展、山水名城建设、会展经济、扶贫开发和招商引资、项目建设等记载内容，并增加图表，以增强资料性、实用性和可读性。

6. 为方便文字记述，文中以市、县（市、区）、乡镇（街道）、村（居）来体现记述范围，以“年内”指代2019年、“上年”指代2018年、“年末”指代2019年年末。正文中副市级以上负责人署名，且职务冠名前，职称缀名后。一般使用法定计量单位，但在记述农业用地时亦可用亩。数字一般记至万以上，小数点后保留两位小数，但在记述人均收入、人均生活支出和在岗职工平均工资时，可记述至个位。大事记中“△”代表“同日”。

7. 为方便读者查阅，本卷进一步完善主题索引，适度增加索引量。读者可通过中（英）文目录、主题索引以及页眉和大事纪要等检索渠道查找所需信息资料。

8. 本卷资料和数据均由市直部门、各县（市、区）及有关单位提供，并经负责人审核。全市综合性数据由市统计局提供或审定。增加值、绝对数均按当年价格，增长速度按可比价格计算。

泰安市地图

泰安概况

泰安市位于山东省中部，北依省会济南，南接孔子故里曲阜，西临滔滔黄河，东与济南、淄博、临沂市毗邻。泰安市现辖泰山及岱岳2区，新泰、肥城2市及宁阳、东平2县。总面积7762平方千米，常住人口563.5万人。该市地势东高西低，南北部多山，中部为丘陵、平原。境内主要有黄河、大汶河等河流。东平湖是省内第二大淡水湖，面积632平方千米。气候属温带大陆性季风气候，年均气温13.3℃，年均降水量685.6毫米。泰安市是津浦线与泰肥、泰辛线的交会点，公路纵横成网，交通非常便利。泰安是一座蜚声中外的历史文化名城。名胜古迹众多，处在华东旅游线上，“一山、一水、一圣人”的中点，举世闻名的泰山，气势磅礴，景色秀丽，被誉为“五岳之首”。1987年12月，泰山被联合国教科文组织列入中国首例、世界首批文化与自然双遗产名录；2006年9月，在第二届世界地质公园大会上，获世界地质公园称号。

审图号：鲁SG（2019）034号

山东省地图院编制　2019年4月

幸福泰安

◎ 国家首批对外开放城市
◎ 国家历史文化名城
◎ 国家卫生城市
◎ 国家园林城市
◎ 国家森林城市
◎ 国家节水型城市
◎ 国家首批新能源示范城市
◎ 国家分布式光伏发电应用示范区
◎ 全国文明城市提名城市
◎ 全国外贸竞争力百强城市
◎ 全国科技进步考核先进市
◎ 全国无偿献血先进城市
◎ 全国创业先进城市
◎ 全国双拥模范城
◎ 全国民族团结进步模范集体
◎ 全国文化体制改革工作先进地区
◎ 全国基层中医药工作先进单位
◎ 全国人口和计划生育综合改革示范市
◎ 全国婚育新风进万家活动示范市
◎ 全国资源综合利用“双百工程”示范基地
◎ 全国首批社会组织建设创新示范区
◎ 全国水生态文明城市
◎ 全国家庭急救模范城市
◎ 中国优秀旅游城市
◎ 中国特色魅力城市
◎ 中国人居环境奖
◎ 中国城市综合创新力50强
◎ 中国商帮推荐投资城市
◎ 中国投资环境百佳城市
◎ 中国城市公益百强榜
◎ 中国自驾车旅游品牌十大目的地
◎ 十大国内自助游目的地

中 华 泰 山

◎ 世界文化与自然遗产
◎ 世界地质公园
◎ 首例“世界摄影基地”
◎ 全国文明风景旅游区
◎ 全国首批“中国森林氧吧”
◎ 全国旅游服务质量标杆单位
◎ 全国“旅游服务最佳景区”
◎ 全国首批“港澳青少年游学基地”
◎ 全国首批“十大游学景区”
◎ 国家地质公园
◎ 国家森林公园
◎ 国家首批重点风景名胜区
◎ 国家AAAAA级旅游景区
◎ 国家级风景名胜区综合整治十佳单位
◎ 国家级服务标准化示范单位
◎ 国家级全民健身登山基地
◎ 国家级海峡两岸交流基地
◎ 国家级摄影创作基地
◎ 中华十大名山
◎ 中国书法名山
◎ 中国楹联名山
◎ 中国最美的十大名山
◎ 中国旅游品牌十大景区
◎ 中国最令人向往的地方
◎ 中国民间文化遗产旅游示范区
◎ 中国最值得外国人去的50个地方
◎ 中国自驾车旅游品牌十大景区
◎ 顾客十大满意风景名胜区
◎ 最佳资源保护十大风景名胜区
◎ 欧洲人最喜爱的中国十大景区

◎ 岱顶全景图（陈 阳 摄）

泰　安（2019）

◎ 总面积：7762平方千米

◎ 年末常住人口：563.5万人

◎ 生产总值：2663.6亿元

第一产业：288.7亿元

第二产业：1036.2亿元

工业：642.6亿元

第三产业：1338.7亿元

◎ 三次产业构成：10.8∶38.9∶50.3

◎ 人均地区生产总值：47248元

◎ 地方财政收入：224.7亿元

◎ 地方财政支出：414.5亿元

◎ 金融机构人民币存款余额：4093.8亿元

城乡居民储蓄存款余额：2613.9亿元

◎ 金融机构人民币贷款余额：2696.4亿元

◎ 外贸进出口总值：172.2亿元

出口总值：134.5亿元

进口总值：37.7亿元

◎ 实际利用外资：45908万美元

◎ 旅游总人数：8262.7万人次

◎ 旅游总收入：906.1亿元

- 发明专利授权数：407件
- 普通高等学校：9所
- 普通高等学校在校生：13.3万人
- 中等职业学校：15所
- 中等职业学校在校生：3.9万人
- 技工学校：8所
- 技工学校在校生：2.0万人
- 普通中学：207所
- 普通中学在校生：31.0万人
- 小学：512所
- 小学在校生：30.8万人
- 卫生机构数：4523个
- 卫生机构床位：33210张
- 卫生技术人员：39395人
- 全社会用电量：204.7亿千瓦·时
- 城区供水综合生产能力：28万立方米/日
- 城市道路面积：3217万平方米
- 城镇居民人均可支配收入：37695元/人
- 城镇居民人均生活消费支出：22500元/人
- 农村居民人均可支配收入：18621元/人
- 农村居民人均生活消费支出：12020元/人

灵山大街西段

《泰安年鉴（2020）》单位审稿人名单

（以姓氏笔画为序）

于文龙　于学军　马峰　马新华　王华　王军　王峰　王万福　王玉坚　王汉新　王亚洲
王作来　王希娟　王国强　王诗新　王敬泽　王鲁生　亓顺民　亓慧亭　车传祥　卞涛　方斌
方士浩　尹红　尹燕青　石斌　白常顺　冯莉　冯云渐　冯遂杰　边晓冬　毕于民　毕研坤
吕怀玉　朱元柱　朱道国　乔鹏　任伟建　刘华　刘月永　刘文明　刘汉信　刘加国　刘海波
闫长春　江东　安增涛　许文卿　许立波　许松华　孙磊　孙兰俊　李强　李千弘　李卫国
李成涛　李华民　李向影　李兆遂　李旭光　李明耀　李学军　李琳琳　李新宇　李德明　杨帅
杨灏　杨化军　杨国庆　步衍金　时培行　辛俊峰　沈涛　宋亮　宋鸿鹏　张训　张彬
张斌　张强　张鹏　张群　张广银　张延龙　张志云　张步军　张秀峰　张京洲　张洪洲
张宪省　张培明　张朝晖　张鲁玉　张德臣　张耀民　陈勇　陈云峰　陈晓娜　陈雪飞　陈蓬松
明立东　郑爱华　孟利利　项颖　赵峰　赵同健　郝燕　段建筑　侯红岩　姜鲁荣　娄本亮
洪勇　宫晓芳　姚广庆　姚红秋　姚志刚　贾代常　贾志秋　徐方全　徐兆兵　徐宗明　郭超
唐衍刚　崔健　康荫国　鹿道新　梁国言　梁晨阳　宿大伟　葛宝文　董彦和　蒋代明　韩金祥
程波　靳兆宏　蔚承祥　薛峰　鞠允平

《泰安年鉴（2020）》单位中心撰稿人名单

（以姓氏笔画为序）

丁中　丁婧　丁兆秀　于钺　于菲　马琳　马久虎　王兵　王勇　王琪　王雷
王欣　王振　王健　王旋　王磊　王亚楠　王百灵　王成磊　王先琪　王传其　王阳明
王现波　王建伦　王建波　王玲玲　王荣凤　王琳琳　韦芹　牛宏伟　石亚男　叶松　田野
史超　冉文惠　白帆　白宇辰　丛绍芬　朱建华　任飞　庄惠丽　刘钊　刘伟　刘晓
刘倩　刘鹏　刘仁航　刘自永　刘含赟　刘明湖　刘性泉　刘梦冉　刘锦多　刘德超　齐敏华
闫超　米士伟　许兵　许桂芸　许维国　许潇如　孙天　孙小珺　孙启峰　孙珺富　苏南
杜坤　杜荣立　李波　李伟　李明　李勇　李倩　李乾　李燕　李璐　李大伟
李先虎　李先锋　李向福　李国庆　李建树　李姗姗　李春霞　李荣典　李贵友　李新民　李慧星
李德龙　杨宁　杨扬　杨虎　杨春　吴昊　佀亚　谷国安　汪洋　宋晨　宋礼鹏
宋庆健　张文　张成　张庆　张军　张健　张涛　张静　张聪　张磊　张天宇
张作祥　张国伟　张柏青　张淑蕾　张景浦　张婷婷　张嘉楠　陈栋　陈潇　陈曦　陈乃鹏
陈传奇　陈来明　陈现来　陈国超　陈显良　陈常旭　邵振　邵国帅　武晓亮　范盛有　林营
和沐雯　金延臻　周岩　周雪　周慧　周言　周长坤　郑成峰　郑旭光　单美菁　赵松
赵强　赵潇　赵传勇　郝飞　郝航　胡春龙　侯波　侯春云　侯胜男　施国一　祝捷
姚娟　贺辰雨　耿春燕　贾波　贾秀梅　夏莉媛　高雷　高磊　郭建　郭志刚　姬长文
桑运昌　黄磊　曹丙珂　梁波　葛宗泰　董卫　韩冰　韩念　韩超　景婧　程建民
焦健　焦裕斌　谢飞　靳晓东　褚虎　褚文文　臧建　翟曜　颜大龙　薛俊增　魏群
瞿祥耀

◎ 7月6日，市委书记崔洪刚（前排中）到新泰市检查项目建设　（司 刚 摄）

◎ 10月1日，市委副书记、市长张涛（前排右一）调研国庆安保和假日旅游工作　（张中乾 摄）

◎ 9月30日，市委副书记、东平县县委书记曲锋（前排中）到东平县检查指导人居环境整治工作（李庆林　摄）

◎ 10月9日，市人大常委会主任唐福泉（前排右）到东平县调研“不忘初心、牢记使命”主题教育情况
（张国伟　供）

◎ 9月24日，市政协主席周桂萍（前排左一）到岱庙街道花园社区开展“双报到”活动，了解掌握基层社区党建活动情况，看望慰问老党员　　（李建树　供）

◎ 12月29—30日，全市组织市几大班子领导及市直有关部门主要负责人，实地观摩各县（市、区）、泰安高新区、泰山景区、泰安旅游经济开发区重点项目。图为检查泰安市立医院项目　　（司　刚　摄）

◎ 6月28日，泰安市纪念中国共产党成立98周年暨新时代泰山“挑山工”先进集体、先进个人表扬大会在泰山国际会展中心召开 （司 刚 摄）

◎ 7月19日，全市“万名干部下基层”工作动员部署会议召开，动员广大干部以实际行动践行初心使命，扎根基层建功立业 （司 刚 摄）

◎ 9月10日，泰安市“不忘初心、牢记使命”主题教育工作会议召开 （司刚 摄）

◎ 10月30日，全市创建全国文明城市工作推进会议召开 （司刚 摄）

◎ 9月6日，第三届"泰山玉杯"玉雕大赛作品展暨泰山玉精品展在泰山国际会展中心举办。图为市领导崔洪刚、张涛、曲锋等参观玉雕作品展（司 刚 摄）

◎ 9月6日，2019第四届泰山国际福祉暨康复设备博览会在泰山国际会展中心开幕。图为开幕式现场（司 刚 摄）

◎ 9月20日，以“新时代书香中国 新阅读国庆献礼”为主题的2019年第七届全国出版物馆配馆建交易会在泰安举办。该届交易会会期5天，设置中华人民共和国成立70周年专题出版物、出版集团、全国高等教育图书馆、全国中小学图书馆、数字图书馆、智慧图书馆建智能装备及配套服务等多个专区，全国700家出版、发行单位参展，25万个图书品种参展，2000家图书馆参会采购。图为开幕式现场

（司 刚 摄）

◎ 10月11—13日，2019山东·泰山旅游商品与装备博览会在泰山国际会展中心举办。图为开幕式现场

（司 刚 摄）

2019年，市委、市政府分别于7月4—6日、12月29—30日，对各县（市、区）和泰安高新区、泰山景区、泰安旅游经济开发区招商引资和重点项目建设情况进行现场观摩，听取五个重点任务工作小组、两个指挥部工作情况述职，并对所检查考核的项目进行打分评议。通过总结工作，查找问题，动员各级各部门迅速行动起来，扑下身子、真抓实干，积极做好“双招双引”和项目建设各项工作，不断开创全市经济社会高质量发展新局面。

◎ 图为与会人员在泰山区检查　　（司 刚　摄）

◎ 图为与会人员在岱岳区检查山东新华数码印务城项目　（司 刚　摄）

◎ 图为与会人员在泰安高新区检查　（司 刚　摄）

◎ 图为与会人员在泰山景区检查红门游客中心综合体工程项目　（司 刚　摄）

◎ 图为与会人员在泰安旅游经济开发区检查　（司 刚　摄）

◎ 图为与会人员在新泰市检查 （司 刚 摄）

◎ 图为与会人员在肥城市检查 （司 刚 摄）

◎ 图为与会人员在宁阳县检查　　（司刚　摄）

◎ 图为与会人员在东平县检查东顺高档生活用纸智能制造项目　　（司刚　摄）

◎ 1月30日，泰安市政府与锋飞国际有限公司签订大载重货运无人机项目入驻泰安高新区《战略合作框架协议》。图为签约仪式现场 （司 刚 摄）

◎ 3月21日，山东科技大学泰山科技学院新校区开工奠基仪式在岱岳区山口镇举行 （司 刚 摄）

◎ 4月25日，中国泰山第五届国际高洽会暨“双招双引”项目集中签约仪式举行，签约项目22个，涉及新一代信息技术、医养健康、高端装备制造、文化创意、现代高效农业等领域　（司　刚　摄）

◎ 4月26日，中旭国泰实业有限责任公司与中国航天建设集团有限公司年产1.2万吨对位芳纶及其应用产业园项目开工仪式举行　（司　刚　摄）

产业经济发展工作小组 2019年，围绕全市重点产业，市领导带队赴国内外开展招商，举办上海、深圳、青岛投洽会和北京半导体路演等活动；钜成信息产业园、正威新材料产业园、国泰大成新材料产业园、兖矿泰安港公铁水联运物流园等项目相继落户泰安市。落实市委、市政府“双50强”企业培植政策，骨干企业竞相发展。加速新技术、新设备、新业态融合发展，传统产业提质增效。坚持政策引领、创新驱动，新兴产业扩容倍增。在“链”上做文章、“聚”上下功夫，优势产业集群发展。突出抓好“一库、一平台、一机制”建设，实行市领导冲刺攻坚包保责任制，泰安抽水蓄能电站二期项目、华能泰丰光纤预制棒、光纤制造项目、泰山玻纤产业园项目等一批重点项目快速推进。政策支持做加法，先后出台支持实体经济、促进高质量发展系列文件。审批流程做减法，打响“泰好办”服务品牌，“拿地即开工”在泰安成为现实。整合资源做乘法，资金、人才、土地支撑作用凸显。破解瓶颈做“除法”，坚决关停淘汰落后产能，盘活存量资源，实现“腾笼换鸟、凤凰涅槃”。

◎6月10日，新材料产业园项目签约仪式在泰安举行。该项目依托国泰租赁有限公司、香港悦新集团有限公司雄厚的技术力量和资本优势，引进新材料领域顶级中外专家和最先进工艺设备，打造新材料生产基地和国家级研发应用中心。签约仪式上，泰安市人民政府与岱岳区人民政府、国泰租赁有限公司、香港悦新集团有限公司共同签订新材料产业园项目框架协议 （司刚 摄）

◎8月8日，钜成泰安产业化项目签约仪式举行。该项目总投资35亿元，主要建设钜成未来信息技术（山东）产业园和钜成电竞产业小镇。图为市委副书记、市长张涛在签约仪式上致辞 （司刚 摄）

◎ 8月30日，泰安市与正威国际集团签署新材料产业项目合作协议。正威集团计划在泰安投资100亿元，建设金属新材料产业基地，对于拉长铜基产业链条、优化铜资源配置具有重要作用。图为市委书记崔洪刚在签约仪式上致辞　（司刚　摄）

◎ 9月4日，泰安市人民政府与兖矿集团有限公司签署战略合作协议，合作建设泰安港东平公铁水联运物流园项目　（司刚　摄）

城市建设管理工作小组 2019年，12项重点插旗任务基本完成既定目标。12项重点插旗任务共征地拆迁1180户、38.3万平方米，城建重点任务共涉及投资105.9亿元。城建小组想方设法做好土地资本化运作和办法创新。年内，泰安城区储备土地23宗、303.07公顷（4546亩）；出让经营性土地35宗、207.8公顷（3117亩），出让金额111亿元。受台风、环保治理、重污染天气等因素影响，工程停工最多的达50多天，面对各类工程体量大、施工技术难点多，时间紧、任务重等困难，城建小组全面实行“一线工作法”，累计出现场150次，下发情况通报20期，各参战单位把“五加二”“白加黑”“身上一身汗、腿上两腿泥”作为常态，“头拱地”向前冲，力保任务圆满完成。投资40.3亿元，启动11条城区道路建设，环山路东延改造，天平大街及学院路、长城西路“1+2”工程，12月16日竣工通车；擂鼓石大街（府前街段）8月1日竣工通车；擂鼓石大街中段沥青摊铺1.64千米，占总量的80%以上；北上高大街、灵山大街东段、擂鼓石大街东段等道路建设工程加快推进。全市境内8条332.4千米高速公路在建或改造，其中济泰高速泰安境内隧道完成88%，桥梁完成86%，路基完成75%，实际投资17.06亿元，占年度投资计划的106%。下足城市管理“绣花”功夫，服务群众生活，32处城管驿站建成使用；岱庙文化广场，登山节前投入使用；冯玉祥小学迁建及市直机关幼儿园主教学楼全部建成；高铁泰安站北配楼，新建售票大厅启用，一层候车室改造基本完成；财源街中央商务区，一期10幢回迁楼基本完工；泰安城区农贸市场规范化建设，28处拆除、新建、改造提升任务全部完成。

◎ 新建成的芝田河大桥 （亓 鑫 供）

◎ 面对史上最强台风“利奇马”，市城市管理局全员出动、全力以赴，确保城市秩序井然 （亓 鑫 供）

◎ 擂鼓石大街望岳东路路口施工划线 （陈 阳 摄）

◎ 凤凰路农贸市场。左图为外景，右图为内景　　（亓　鑫　供）

◎ 擂鼓石大街中段具备通车条件　　（陈　阳　摄）

◎ 财源街中央商务区一期回迁楼基本完工　（亓　鑫　供）

◎ 天平大街与桃花源路立交　　（亓　鑫　供）

◎ 夜晚的泰安老街　（陈　阳　摄）

◎ 用28天完成天外村至红门路沿线5处公交港湾改造提升，解决公交车占道上下客等问题，改善天外村附近交通拥堵状况　（李东辉　供）

文化旅游产业发展工作小组　2019年，大力实施旅游交通组织换乘提升、旅游停车场建设提升、特色餐饮街区打造、旅游厕所改造提升等旅游服务质量提升“四大工程”，强化基础配套，提升服务水平。智慧旅游平台建成运营，泰山新闻出版小镇、天平湖西部慢谷、碧霞湖文化、泰山大食堂、泰山云集等项目全部完成年度任务。11项标旗任务完成投资14.3亿元。全年动态管理“三个一批”项目67个，累计完成投资62.48亿元，超年度计划4.8个百分点。策划招商项目22个，实施精准招商，泰山佑·国际生态旅游度假区、演艺秀都、泰山山高·康乐谷等大项目签约落地。扩大文旅品牌影响力，印发《泰安市旅游营销优惠奖励办法》《关于进一步繁荣夜间经济的九条措施》；在央视《新闻30分》栏目播放全新旅游形象宣传片；央视《新闻联播》等栏目先后9次点赞泰安旅游；举办第三十三届泰山国际登山节、泰山旅游商品与装备博览会、第七届全国出版物馆配馆建交易会、第二届泰山美食节等活动。全年接待国内游客人数8262.7万人次，增长8.77%；实现国内旅游收入906.1亿元，增长12.33%。“五一”“十一”期间，泰山在全省AAAAA级景区好评度排名中，均列第一位。

◎ 泰山新闻出版小镇，由山东华岳文化出版科技产业园有限公司投资建设，总投资150亿元。规划建设中国新闻出版博物馆、国际新闻出版会展中心、泰山国际出版物交易中心、园区展示中心“一馆三中心”，新闻出版职业技术学院、全国高等院校新闻出版实习基地、全国新闻出版培训基地、创业孵化基地“一院三基地”等。2019年，完成北区数字印刷产业园区3号、4号、6号地块厂房主体建设　（李东辉　供）

◎ 泰山云集项目主要建设集戏曲演艺、潮流生活、民俗非遗、餐饮文化、行知文教、零售购物、休闲娱乐、商务酒店于一体的特色文化商业街区　（王现波　摄）

◎ 改造提升后的泰山景区公厕　　（李东辉　供）

◎ 5月24日，泰安旅游经济开发区与中信陕旅集团签署战略合作协议，携手打造“演艺秀都”　　（司 刚　摄）

◎ 天平湖西部慢谷主要建设商业娱乐、餐饮街区、汽车营地、酒店、乐园等业态，包含泰山美墅酒店、房车营地、演艺秀都等重点项目　　（李东辉　供）

◎ 3月1日起，泰山景区高铁售票点在现有公交专线的基础上，增开高铁泰安站至中天门的直通往返专线车，游客可以在高铁站景区售票点购票后，乘车直达中天门，游览景区后在中天门购票乘车返回高铁站（司 刚　摄）

◎ 望岳东路生态停车场　　（陈 阳　摄）

乡村振兴工作小组 2019年，全市乡村振兴工作实施以“突出片区打造、强化分类施策、抓好关键要素、健全工作机制”为导向的乡村振兴路径，奋力谱写乡村振兴的泰安篇章。探索实施“1215”先行工程，聚力打造10个市级先行区、20个县级先行区、100个先行村、500个先行点。设立1亿元市级先行区财政奖补资金，九女峰、羊流、老湖先行区被评为省级示范区；九女峰获中国文旅融合示范奖；新泰市被评为国家和山东省乡村振兴示范县。开展产业“六化”行动，推动产业规模化、农业园区化、服务社会化、设施集约化、生产标准化、产品品牌化。建成国家级农业产业园1个、省级3个，泰山区产业园通过国家级评审验收，争取资金1亿元。开展粮食生产“十统一”社会化服务，完成6.67万公顷（100万亩）的目标任务。总投资38.9亿元，累计建设高标准农田19.67万公顷（295万亩）。建设农业科技试验示范基地29处，培育科技示范主体2000名。市级以上知名农产品品牌66个，其中国家级2个、省级26个。优化改善人居环境，基本实现农村无害化厕所全覆盖；垃圾处理率达100%；完成564个行政村生活污水的治理任务；新建美丽乡村155个，建有美丽庭院示范户96510户；完成1294个行政村的农村道路“三通”建设任务。提升基础治理水平，对360个党组织软弱涣散村进行集中整顿；对1902个村开展“三资”清理，村均增收12.86万元。引导村民移风易俗，减免殡葬费3000万元；“戏曲进乡村”覆盖率和行政村综合性文化服务中心建成率均达100%；建成8个县级、60个镇级、1785个村级新时代文明实践中心站点。整合省市涉农资金20.9亿元。签约落地工商资本项目81个，总投资385亿元。培养“五乡”人才19244人，组建28个乡村振兴服务队，兑现人才奖励资金1.3亿元。推进农村土地“三权”分置改革，土地流转面积12.33万公顷（185万亩），流转率达45%。

◎ 肥城市粮食生产“统一机收”作业 （郭 浩 供）

◎ 岱岳区九女峰片区——一条长25千米的环山公路将沿线19个乡村的旅游和民宿项目串联起来，打造山东乡村旅游提档升级重点集群片区，勾勒乡村振兴美丽画卷 （陈 阳 摄）

◎ 宁阳县东疏镇赵茂村　　（郭　浩　供）

◎ 新泰市羊流镇羊祜公园　　（郭　浩　供）

◎ 泰山茶入选2019年中国农业品牌目录和中国特色农产品优势区　（解九江　摄）

◎ 泰山茶溪谷　　（解九江　摄）

◎ 全国乡村治理示范村——东平县史楼村　　（郭　浩　供）

◎ 8月20日，泰山“挑山工”LOGO设计全球征集作品评审会召开。市委常委、组织部部长高尚山（左四），副市长成丽（左二）出席活动 （宋浩然　供）

◎ 11月28日，唱响泰山“挑山工”文艺晚会在市文化艺术中心泰山大剧院上演 （宋浩然　供）

党建和人才工作小组　2019年，强化组织保障和人才支撑，各项重点任务取得明显成效。打响新时代泰山“挑山工”品牌，部署开展“埋头苦干、争创一流，勇做新时代泰山‘挑山工’”主题实践活动，创作《泰山“挑山工”》政论片，在山东电视台播出，省委将其纳入主题教育教材，中组部党建读物出版社在全国出版发行。积极推进新时代泰山“挑山工”教育实践基地建设。创作《泰山魂》等一批文艺精品。实施寻标对标争先进位行动，打造特色亮点工作87项。开展先进集体和个人“双百”比选，遴选10面红旗、20名标兵。山东科技大学泰山科技学院新校园实现当年开工、当年建设、当年招生。泰山复合材料产业技术研究院、泰山纺织服装产业技术研究院组建完成并运营。举办首届“才入泰安·势如泰山”

◎ 打造桃花源步道等3条体验式教学路线，主题教育期间现场教学32.5万人次 （宋浩然　供）

高层次人才创新创业大赛，面向全球吸引59名高端产业人才到泰安创新创业，引进培育省泰山产业领军人才等产业顶尖人才11人。建设100套专家人才公寓，营造宜居宜业的人才生态环境。推进乡村组织振兴，实施“百企联百村”行动，126家企业和152个村结成对子，企业向村派驻第一书记22人，实施产业联建项目96个，村集体年均增收23.25万元。下好“三资”清理的“先手棋”，1688个村完成清理，村均直接增入18.89万元，每年稳定增收4.95万元。争取中央财政资金3240万元，扶持108个村，年均增收3.83万元。推进“五乡”行动和“育苗升级”工程，培养“五乡”人才1.9万人，储备村党组织书记后备人才7280人，326名全日制大学生进入村居“两委”，108人担任支部书记，为村党组织带头人队伍引入“源头活水”。

◎ 2月12日，泰安市“担当作为、狠抓落实”工作动员大会暨“埋头苦干、争创一流，勇做新时代泰山‘挑山工’”主题实践活动动员部署会议召开 （司 刚 摄）

◎ 8月14日，泰安市人才政策“金十条”兑现仪式举行。市委常委、组织部部长、市人才工作领导小组组长高尚山（左二），副市长、市人才工作领导小组常务副组长成丽（右二），分别为受奖励补助的人才和平台负责人代表发放奖励补助资金 （潘 波 供）

◎ 人才公寓施工现场外景 （潘 波 供）

◎ 明堂河生态保护修复工程2号溢流堰

◎ 梳洗河生态保护修复治理工程——行知桥架梁施工现场

◎ 12月10日，第四污水处理厂反硝化滤池施工

泰山区域山水林田湖草生态保护修复工程城区项目指挥部 2019年，主要承担协调推进泰安城区14条水系以清淤截污为重点的生态治理，泰安城区雨污分流改造及泰安城区第一、二、三、四污水处理厂改造提标等工程建设，总投资57.68亿元，是国家级试点工程。至年底，完成投资21亿元，顺利完成年度目标任务。其中，征地拆迁工作完成总任务量的80%。明堂河工程开工节点4处，拆除废旧桥梁6座，4个区域的施工场地清表、临建施工等在推进中。梳洗河工程开工行知桥、求是桥、运动天地节点及截污工程等17处，电力迁改、燃气管道迁改已完成。芝田河工程完成施工场地覆盖6.5万平方米，河道清淤、防渗墙、土方开挖、桥梁钻孔灌注桩等工作顺利开展。天平河、岔河工程完成12.9千米污水主管网铺设、10.2千米河道清淤以及沿河46家企业污水纳管。雨污分流改造工程开工节点32处、管线长达23.6千米，南湖大街、泮河大街等7处节点完成；非开挖清淤28处、150千米，灵山大街、繁荣大街等15处清淤完成。第一、二、三、四污水处理厂提标改造工程进展顺利，在进行各类机房土建和地下管线改建施工。泰安城区河道水质调查评估工作定期巡检，定期通报检测情况。王家院水库向泰安城区供水工程水库防渗改造、河侧防护、输水管线、堤坝等9处工程节点全面开工，为2020年全面完成工程建设任务打下坚实基础。

◎ 本栏照片均由耿煜然提供

◎ 工作人员查看排水沟现场

◎ 雨污分流工程——天烛峰路管道井现浇注模

◎ 雨污分流工程——管道井现浇现场

◎ 王家院水库库区“两布一膜”铺设现场

◎ 芝田河生态保护修复工程“印月”景观区完成地形整形，初现效果

◎ 岱岳区小漕河上游天颐湖水生态环境综合治理工程

泰山区域山水林田湖草生态保护修复工程农村项目指挥部 2019年，围绕“绿水青山就是金山银山”的发展理念，狠抓农村项目建设落实，协调推进工程实施项目建设。至年底，316个子项目中，已有309个子项目开工建设，占总任务的97.8%；工程进度完成任务量70%以上的子项目265个，占总任务的83.8%，其中有204个子项目已建设完工，占总任务的64.6%。完成工程投资89.01亿元，占计划总投资的73.6%。工作中，积极探索“调度+通报+督导”的工作方法，形成“工程指导+竣工评估”的工作机制，采取“座谈协调+跟踪服务”的举措，充分发挥指挥部牵头作用。重点任务“挂图作战、标旗推进”，一对一做好跟踪服务，圆满完成2019年度十大标旗任务。项目实施坚持问题导向、靶向攻克难点问题，问题不解决不撒手，对制约因素不回避、不遮掩，研究破解问题的办法和路径，卡时限、压责任，不达目标不撤兵。对有条件、有潜力的项目进行改造提升，努力打造一批精品工程、亮点工程，为全国提供可复制、可借鉴、可推广的“泰山经验”。

◎ 本栏照片均由张健提供

◎ 柴汶河流域农用地整治工程

◎ 大汶河支流——康慧河流域采煤塌陷地治理工程

◎ 新泰市工矿废弃地复垦利用及破损山体治理工程

◎ 东平湖省级生态渔业发展保护工程

◎ 宁阳县月牙河水库除险加固工程

◎9月6日，第三十三届泰山国际登山节暨2019中国泰安投资合作洽谈会签约仪式举行，集中签约51个重点招商引资项目，计划总投资1248.41亿元（司　刚　摄）

◎9月8日，高层次外国专家齐鲁行（泰安专场）暨第四届外国专家泰安行活动启动仪式举行。英国、日本、加拿大、白俄罗斯等21个国家的60余名外国专家到泰安，与全市近200家企业单位进行现场对接洽谈（司　刚　摄）

◎9月10日，泰安市庆祝中华人民共和国和人民政协成立70周年文艺演出举行。图为与会领导、嘉宾与演职人员合影（司　刚　摄）

◎ 9月7日上午8时30分，第三十三届泰山国际登山比赛暨第二十四届全国全民健身登泰山比赛和第四届登泰山万人徒步行活动起跑仪式，在岱庙广场举行。26个国家、28个省、市、自治区的3000名运动健儿和万余名登山健身爱好者参赛

◎ 与会领导、嘉宾共同为比赛擂鼓发令（赵文文　摄）

◎ 运动员冲出起跑线
（司　刚　摄）

◎ 9月7日，第三十三届泰山国际登山节“爱我祖国、爱我山河，相约泰山、健康中国”倡议活动在大观峰举行　（陈　阳　摄）

◎ 10月23日，由文化和旅游部中国艺术研究院、中国社会科学院古代史研究所共同主办，泰安市政府承办的首届泰山国际文化论坛在泰安举办。国内外50余名专家学者在论坛上围绕“人类命运共同体构建与世界百年未有之大变局”的主题开展对话和文化交流。图为论坛现场　（司　刚　摄）

◎ 中国当代著名作家、2012年诺贝尔文学奖得主莫言在泰山国际文化论坛上发言　（司　刚　摄）

◎ 12月18日，2019泰山国际新闻出版合作大会暨新闻出版小镇建设发布会举行。图为国际新闻出版合作友谊杯颁授仪式现场　（司　刚　摄）

◎ 11月28日晚，唱响泰山“挑山工”文艺晚会在市文化艺术中心泰山大剧院上演。图为二胡独奏《岱岳随想·攀》（司 刚 摄）

◎ 4月19—25日，以“逛东岳庙会、祈平安福贵”为主题的2019中国泰山东岳庙会在岱庙举办，这是泰山东岳庙会自列入国家级非物质文化遗产名录后举办的第十一届庙会。图为启会仪式现场 （赵文文 供）

◎ 10月27日，2019泰山国际马拉松赛在泰安举行，17个国家的25595名马拉松爱好者踏上“最美赛道”，诠释“敢跑敢当”的泰马精神。图为起跑现场 （赵文文 摄）

◎6月18日，市委党的建设工作领导小组会议召开。市委书记、市委党的建设工作领导小组组长崔洪刚主持会议并讲话　　（司　刚　摄）

◎12月13日，全市抓党建引领提升城市基层治理水平工作会议召开　　（司　刚　摄）

◎3月30日，全市机关党的工作暨市直机关“勇做新时代泰山‘挑山工’”主题实践活动推进会议召开　（王　斌　摄）

◎ 11月29日，以“不忘初心、牢记使命，勇做新时代泰山‘挑山工’”为主题的演讲比赛在泰安举行。图为领导为获奖选手颁奖　（司　刚　摄）

◎ 9月18日，市委书记崔洪刚，市委副书记、市长张涛，市人大常委会主任唐福泉，市政协主席周桂萍带领市“不忘初心、牢记使命”主题教育读书班第一期学员参观市廉政教育展厅，接受纪律教育和警示教育　（司　刚　摄）

◎ 5月23日，全市机关党务干部党性教育培训班在东平昆山党性教育基地举办。图为参训人员重温入党誓词

◎ 4月10日，泰安市创建全国文明城市推进会议暨创城业务骨干培训会议召开　（司　刚　摄）

◎ 10月31日，泰安市直机关第一届“清风常伴 廉洁齐家”家庭助廉寄语活动总结会议举行　（李　明　供）

◎ 6月5日，2019“助考联盟 爱心送考”启动仪式举行　（隋　翔　摄）

◎ 5月18日，泰安市2019“泰山国学小名士”经典诵读电视大赛市级决赛举办　（吴晓晨　摄）

◎ 5月31日，泰安市第二批“新时代好少年”发布会在岱岳区智源小学举办　（汪安琪　摄）

◎ 8月1—2日，泰安市新时代文明实践志愿服务培训班在肥城市举办　（李　明　供）

◎ 9月15日，圆梦中国　德耀中华——第七届全国道德模范颁奖仪式在北京举行，泰安市葛业森获第七届全国道德模范提名奖　（陈逸天　摄）

◎ 11月1日，全市学雷锋志愿服务暨第六届道德模范表扬会议召开　（李　明　供）

◎ 公益广告　（隋　翔　摄）

◎ 泰安城区景色

（陈阳 摄）

◎ 泰山西湖景区 （陈阳 摄）

目　录

特　载

专　记

大事记

市情概览

中国共产党泰安市委员会

泰安市人民代表大会

泰安市人民政府

中国人民政治协商会议泰安市委员会

纪检·监察

民主党派·工商联

人民团体

法治·军事

经济管理

农业·水利

工业·信息产业

交通·邮政

商贸服务

文化·传媒·旅游

城乡建设与管理

自然资源·生态环境

财税 · 金融

科　学

教　育

卫生·体育

社会管理·居民生活

景区·园区

县 市 区

人　物

附　录

Contents

Features

Special Reports

Chronicle of Major Events

Overview of Tai'an City

Tai'an Municipal Committee of the CPC

Tai'an Municipal People's Congress

Tai'an Municipal People's Government

Tai'an Municipal Committee of Chinese People's Political Consultative Conference

Discipline Inspection and Supervision

Democratic Parties, Federation of Industry and Commerce

Mass Organizations

Law and Military

Economic Management

Agriculture and Water Conservancy

Industry and Information Business

Transportation and Postal Service

Commerce and Trade Service

Culture, Media and Tourism

Urban and Rural Construction and Administration

Natural Resources and Ecological Environment

Finance and Taxation

Science

Education

Health Administration and Sports

Social Management and People's Livelihood

Scenic Zone and Park

Cities, Districts and Counties Directly Under Tai'an

Figures

Appendix

特　　载

在市委十一届十次全体会议上的报告

（2019 年 12 月 28 日）

市委书记　崔洪刚

今年以来，在省委坚强领导下，市委常委会坚持以习近平新时代中国特色社会主义思想为指导，认真学习贯彻党的十九大及十九届二中、三中、四中全会精神，深入贯彻落实习近平总书记视察山东重要讲话、重要指示批示精神，紧紧围绕统筹推进“五位一体”总体布局、协调推进“四个全面”战略布局，勇做新时代泰山“挑山工”，担当作为、攻坚克难、狠抓落实，全市各项工作取得积极进展。

一、坚持用习近平新时代中国特色社会主义思想武装头脑，坚决做到“两个维护”

把学懂弄通做实习近平新时代中国特色社会主义思想作为首要政治任务，推动学习往深里走、往实里走、往心里走。一是把政治建设摆在首位。始终坚定正确政治方向，自觉把旗帜鲜明讲政治的要求，落实到抓班子、带队伍、干事业、谋发展的各方面，增强“四个意识”、坚定“四个自信”、做到“两个维护”，在思想上政治上行动上同以习近平同志为核心的党中央保持高度一致。严守党的纪律，特别是政治纪律和政治规矩，坚定执行党的政治路线，确保中央决策部署在泰安落地生根。二是在学思践悟上下功夫。引导各级党员干部读原著、学原文、悟原理，及时跟进学习习近平总书记最新重要讲话重要文章，努力做到学思用贯通、知信行统一。制定市委理论学习中心组 2019 年专题辅导报告和集体学习方案，今年以来已开展集体学习 16 次。印发《全市党委（党组）理论学习中心组 2019 年理论学习安排意见》，明确学习内容和重点篇目，指导督促全市各级党委（党组）抓紧抓实理论学习。三是深入学习宣传党的十九届四中全会精神。市委常委会第一时间传达学习全会精神，领导干部带头到驻泰安高校和各县市区、功能区、有关企业开展集中宣讲活动，10 名常委分别到山东科技大学、山东第一医科大学等高校进行了宣讲。安排 5 期专题学习班，对所有市管干部进行集中轮训。加大舆论宣传力度，推动全会精神进机关、进企业、进社区、进农村、进学校，确保全会精神深入人心。

二、扎实开展“不忘初心、牢记使命”主题教育，确保高标准高质量推进

市委把开展好主题教育作为重大政治任务，聚焦主题、抓住主线，主题教育取得扎实成效。一是抓好实践载体。深入学习贯彻习近平总书记重要指示要求，把勇做新时代泰山“挑山工”作为实践载体，在全市开展“埋头苦干、争创一流，勇做新时代泰山‘挑山工’”主题实践活动，高标准推进党性教育实践基地建设，精心制作《泰山挑山工》政论片，被列为全省主题教育党员干部必学内容；泰安市激励广大干部勇做新时代泰山“挑山工”长效机制的经验做法，被省委改革办作为改革案例报送中央改革办。二是抓严规定动作。坚持深学细研，连续举办 3 期每期 7 天的读书班，组织 1367 名领导干部集中学习培训，市委常委先后到市廉政教育展厅、徂徕山抗日武装起义展室、市主题党日活动中心开展专题教育。坚持检视剖析，对照党章党规找差距，开展“初心使命六问六查”，全面查找违背初心和使命的问题，召开专题民主生活会，使党员干部经历严格的党内政治生活锻炼。三是抓实问题整改。扎实推进中央和省委确定的9项专项整治任务，结合泰安实际，把房地产开发历史遗留问题、优化营商环境解决“中梗阻”等问题纳入专项整治，制定“1+12”实施方案和专项整改方案，以绝不把历史遗留问题再留给历史的责任担当，坚决彻底整治。主题教育期间，5.6万户、627.28万平方米的房产，目前已具备发证条件。四是抓紧机制健全。将主题教育与中心工作深度融合、一体推进，落实省委“七赛七比”要求，搭建重点工作、县市区和功能区、市直部门单位、党员干部等“四个擂台”，开展岗位练兵、业务比武活动，推动全市党员干部比实干、赛实绩，争先进、夺位次。持续深化寻标对标争先进位行动，引导各级各部门对标先进、争创一流，以更高标准谋划发展，以更大担当推动落实。

三、坚定产业兴市不动摇，加快推进经济高质量发展

牢固树立“抓发展必须重视抓产业，抓产业必须重视抓工业、抓大企业”的思想，新旧动能转换全面起势，高质量发展步伐持续加快。一是狠抓经济运行。扎实做好“六稳”工作，主动挤水分降虚高，在环境复杂多变、下行压力加大的情况下，经济发展呈现出总体平稳、稳中有进的态势。前三季度，全市生产总值增长5.8%，增幅居全省第5位；城镇和农村居民人均可支配收入分别达到29084元、15026元，分别增长7%和8.9%。1—11月份，规模以上工业增加值增长5.2%，居全省第2位；实现一般公共预算收入217.6亿元、增长1.2%，居全省第7位；税收收入156亿元、增长3.6%，居全省第6位；金融机构存款余额4128.1亿元，比年初增长13%，居全省第1位；贷款余额2675亿元，比年初增长13.1%，居全省第4位。二是狠抓重点项目建设。成立产业经济发展、城市建设管理、文化旅游产业、乡村振兴、党建和人才5个工作小组和泰山区域山水林田湖草生态保护修复工程城区项目、农村项目2个指挥部，由市级领导同志牵头挂帅，梳理确定标旗任务72项，实行挂图作战、“插红旗”考核。突出抓好十大产业，着力打造先进制造、文化旅游和医养健康强市，新一代信息技术、纺织服装、新能源和节能环保、旅游4个产业被列入全省首批现代优势产业集群名单。实施交通组织换乘、停车场提升、特色餐饮小吃、旅游公厕提升“四大工程”，泰山景区门票改为三天内有效，开通高铁站往返泰山中天门景区的直通车，全域旅游迈上新台阶。今年“五一”“十一”全省AAAAA级景区好评度排名中，泰山景区均排在第一位。三是狠抓“双招双引”。先后赴德国、日本和深圳、上海、北京、苏州等地开展招商引资，共引进内资“十强”产业和交通基础设施项目96个，到位资金131.6亿元、增长101.3%；外资项目8个，到位资金10.3亿元、增长389.6%。泰山国际登山节集中签约51个重点项目，总投资1248.4亿元。持续放大人才“金十条”政策效应，引进培育“产业顶尖人才”11人、“行业领军人才”98人。四是狠抓“双

12月28日，中共泰安市委十一届十次全体会议召开。图为大会会场　（司 刚 摄）

50强”企业培育。认真落实工业领军和科技创新“双50强”企业培植意见、民营经济“20条”等政策措施，推动信贷投放、环境容量、土地指标等向重点企业倾斜。充分发挥100亿元的重点企业财源建设基金的作用，分三批向13家企业投放了35.2亿元，帮助企业做大做强。1—11月份，工业领军企业实现营业收入1248.1亿元、增长5%，高于全市规上工业营业收入增幅2.1个百分点；科技创新50强企业实现营业收入28.9亿元、增长25.1%，纳税额同比增长40.9%。实行市级领导包保重点项目、联系企业制度，19名市级领导直接包保33个重大投资项目，采取“八个一”措施，举全市之力稳投资。总投资额102亿元的泰山蓄能电站二期项目获得省发改委核准正式落地，泰安特种建筑用钢产业集群总投资150亿元，目前已完成投资40亿元。

四、深入落实空间战略规划，推动城乡建设融合发展

一是切实加强城市规划建设管理。全面落实省委、省政府对《泰安市城乡一体空间发展战略规划》的部署要求，将城乡规划、土地利用规划、主体功能区规划等融合为统一的国土空间规划，有效控制泰安城区的“山体线”“水岸线”“天际线”。市十七届人大四次会议审议通过了《关于严格依法加强国土空间规划管理工作的决议》，进一步强化泰山景区、徂徕山、大汶河、东平湖等重要生态及功能重点区域的规划管理。加强天平湖周边、东部新城、天颐湖周边、徂汶景区等片区规划和城市设计。抓好东平湖及其周边区域的规划和整治，聘请高端专业团队，对东平湖及周边区域的保护开发进行全方位、高站位规划。完成泰安城区113平方千米范围内道路、河道、小区排水管网的普查检测，实施排水管网雨污分流改造。加大城中村改造力度，启动17个改造项目，总户数1.2万户。大力开展户外广告整治，今年拆除各类违规户外广告2.7万余处、40多万平方米。深入开展城市垃圾分类试点，建设了78个垃圾分类示范片区。加强城区绿化，去年冬天植绿补绿专项行动以来，泰安城区新植行道树等各类树木9万余株。二是大力推进重大基础设施建设。济泰高速等8个高速公路项目同时在建，新建改建高速公路达到330千米，完成投资73.8亿元，超额完成年度计划。青兰高速泰安段建成通车，比预计工期提前6个月。今年铺开11条城市主干道建设，12月16日，环山路东延线、货场路、天平大街、学院路正式通车，群众期盼20多年的擂鼓石大街贯通工程顺利推进，已完成工程量的80%。为进一步优化城市空间布局，市委、市政府结合部队备战打仗和老营区对泰山景区生态影响的实际，经与部队反复研究，顺利实施了军地置换工作，既彻底解决了部队训练场地不足的难题，又有效解决了影响泰山生态保护的问题。京杭运河东平湖航道已具备通航条件，大清河航道工程顺利实施。大力推进东平湖港口开发建设，打造公路、铁路、水路联运的现代交通网。三是加快实施乡村振兴战略。着力打造10个示范区，以点带面、整体推进、全域提升。在稳定粮食生产基础上，集中培育泰山茶、泰山板栗、肥城桃等10个产值过10亿元的特色优势产业。吸引各类工商资本下乡，签约落地北京新农创、鲁商集团、广东岭南集团等一批好项目，9个项目入选第一批省乡村振兴重大项目库。打响农村垃圾治理、生活污水治理、农村“厕所革命”、道路“三通”、村容村貌提升“五大攻坚战”，市财政安排4.5亿元专项资金，用于农村道路“三通”建设，已硬化道路3366千米。完成61.8万户农村改厕，持续加强后续管护，基本实现无害化厕所全覆盖。集中式生活垃圾处理覆盖率达到100%。

五、强化问题导向、底线思维，坚决打好三大攻坚战

坚持系统谋划、精准发力，扎实推进三大攻坚战，重要领域和关键环节取得积极进展。一是有效防范化解重大风险。深入开展“增信贷、降不良、打逃债、树诚信”专项行动，金融生态环境不断优化。11月末，驻泰安银行不良贷款余额70.6亿元，比年初减少8.13亿元；不良贷款率2.64%，比年初下降0.71个百分点，比全省低0.5个百分点。二是脱贫攻坚扎实推进。按照领导力量、工作力量、工作劲头、工作责任、扶贫政策“五个不能减”的要求，实施“六大专项行动”，集中解决影响“两不愁三保障”突出问题，巩固提升脱贫成果。9个易地扶贫搬迁社区全部竣工并通过验收，3272名建档立卡贫困人口全部实现脱贫。黄河滩区脱贫迁建工程一期、二期试点全部完成搬迁入住，三期工程5个社区主体建设全部完工。三是生态文明建设不断加强。成立了工业企业治理、城市扬尘治理、机动车污染治理、散煤治理、山石开采整治、油品治理6个工作专班，全力打好蓝天保卫战。加强水污染防治，全市所有国控断面达到国家考核要求。大力实施土壤污染防治，积极开展土壤污染治理与修复项目试点。做好泰山石保护工作，全市236户室外大型石头存放和交易场所全部关闭取缔，10193块大型石头收回协议签订完成，全面取缔各类泰山石市场交易，并建立长效监管机制。加快推进泰山区域山水林田湖草生态保护修复工程，已开工大项目64个、子项目312个，分别占总计划的95.5%、95.4%。省级自然保护区专项整治，涉及泰安的623项问题，已基本完成整改。

六、着力深化改革扩大开放，持续激发动力活力

坚决扛起改革主体责任，不断加大重点领域、关键环节改革力度，持续增强改革的系统性、整体性和协同性。一是大力推进制度创新。制定《进一步深化改革开放加快制度创新的意见》，明确了任务图、时间表，43项重点任务顺利推进。印发《泰安市2019年制度创新课题暨市级领导领衔推进重点改革事项》，确定12项制度创新试点课题，由市级领导牵头推进。大力实施流程再造，聚焦“双招双引”、政务服务、“信息孤岛”、事中事后监管、城市管理、考核评价等6项亟需突破的重点事项，在全省率先出台《关于建立流程再造工作体系全面加强制度创新的实施意见》。二是主动深化重点领域改革。全面完成市县党政机构改革。认真落实准入前国民待遇加负面清单管理制度。深化国资国企改革，推动国有企业混合所有制改革。大力推进开发区体制机制改革，泰安高新区管辖面积由748平方千米调减至277平方千米。扎实推进改革创新试点，全市累计承担省级以上改革试点112项，目前已完成48项。今年，新泰市民主党派工作、肥城市公安特警队伍建设、宁阳县乡镇职能转变和流程再造3项工作得到国家领导人批示肯定；公安特警队伍建设、“司机之家”建设、松材线虫病防治、针织智能制造、纺织智能制造等5个全国现场会在泰安市举办；22个市直部门和6个县市区的54项改革典型经验，被中央和国家部委、省直业务主管部门发文推广；健共体全国示范区建设、康复辅助器具产业发展、泰山景区旅游公厕改造等8项改革工作在全国现场会上作了典型发言。三是积极扩大对外开放。抓住“一带一路”建设机遇，推动纺织服装、电力设备、煤矿机械等优势产能对外投资合作。中欧跨境电子贸易物流园正式开园，泰安陆港海关监管场站揭牌成立。落实优化口岸营商环境专项行动方案，1—11月份，实现进出口总值154.84亿元，新设外商投资企业44家，合同外资6.6亿美元，实际利用外资2.34亿美元。四是狠抓营商环境优化。打响“泰好办”政务服务品牌，深入推进“一件事”“一链办”改革，行政审批服务事项实现“75证合一”。推出“带方案出让土地”审批服务新模式，平均审批时间压缩40天，工业新增用地项目实现“拿地即开工”。推行贴心代办、延时服务，坚持双休日开门为群众办业务，对重点项目实行全程代办服务。泰安市获得中国企业营商环境十佳城市。

七、牢固树立以人民为中心的发展思想，切实提高群众的获得感幸福感安全感

持续加大民生投入力度，1—11月份，全市民生支出302.3亿元，占全部财政支出的比重达到78.9%。一是扎实做好民生实事。农村敬老院建设、高铁站改造、28处农贸市场改造等为民要办的10件实事进展顺利，以改善卫生间设施、改善厨房及餐厅设施、改善医疗服务设施、改善文体娱乐设施，以及定期组织老人外出观光为主要内容的农村敬老院“四改一定”工程，相关经验做法在全省推广。岱庙广场建成投入使用。积极推进老旧小区和城中村改造提升，为老旧小区安装电梯29部。二是提升社会事业发展水平。实施城镇小区配套幼儿园综合整治提升工程，规划新建、改扩建幼儿园99所。加快解决义务教育大班额问题，全市大班额比例从2016年的56.3%降至10.2%。理顺城区义务教育学校办学体制，将泰山区、岱岳区街道办事处所属中小学统一调整为区级管理。积极引进优质教育资源，与上海体育学院合作共建大中小学一体化体育特色课程体系，上海外国语大学附属泰安外国语学校、商汤人工智能教育实验学校相继挂牌。实施就业优先政策，全市新增就业5.3万人，城镇登记失业率2.1%，低于3.5%的控制目标。推动卫生健康事业高质量发展，全市共组建医疗集团、医共体、专科联盟、远程协作网34个。泰山医养中心于6月18日正式启用。全市定点医疗机构“两免两减半”“先诊疗后付费”政策惠及贫困人口16.9万人次，减免医疗费用3911.6万元。三是加强社会治理。坚持和完善人民当家作主制度体系，发展社会主义民主政治。深入推进平安泰安建设，强化社会治安综合治理，顺利完成中华人民共和国成立70周年大庆安保维稳工作。强化安全生产风险防控，坚决遏制重特大安全事故。加强和改进信访工作，强化应急管理和处置能力建设，确保社会和谐稳定。深入推进全国文明城市创建工作，城市文明程度和市民文明素质进一步提升。

八、纵深推进全面从严治党，营造风清气正的政治生态

始终把抓好党建作为最大政绩，把严实的要求落实到管党治党全过程和各方面。一是落实管党治党政治责任。加强对权力运行的制约和监督，不断完善落实全面从严治党主体责任“1+5”工作体系，实施明责、定责、

述责、考责、问责“五责闭环工作法”。完善《泰安市全面从严治党考核办法》，召开全市县处级党员领导干部廉政谈话大会，组织县市区党（工）委书记和市直部门单位党组（党委）书记向市纪委全会述责述廉，压实全面从严治党主体责任。紧盯“关键少数”，坚持从严问责，1—11月份，全市问责党组织82个、党员干部243名。把中央和省委巡视整改作为重大政治任务，召开专题民主生活会，深入剖析原因，坚决整改落实。强化对巡察工作的组织领导，着力发现问题，抓好成果运用，部署开展市委第五轮、第六轮巡察。二是落实意识形态工作责任制。完善意识形态工作体制机制，推动意识形态领域各项任务落到实处，严格意识形态阵地管理，强化网上舆论引导管控，切实加强网络监管，营造清朗的网络空间。坚持正确新闻舆论导向，推进媒体融合发展。精心组织中华人民共和国成立70周年宣传教育活动。充分发挥社会主义核心价值观引领作用，引导人们树立正确的历史观、民族观、国家观、文化观。三是加强基层党组织建设。召开全市软弱涣散基层党组织整顿建设工作现场会、抓党建引领提升城市基层治理水平工作会议，出台《推进乡村组织振兴“十条措施”实施方案》。开展“百企联百村”行动，全市共培养“五乡”人才1万余人，创办产业项目520个，2762个村开展“三资”清理工作，村均稳定增收5.3万元。出台《村级组织工作规范》，持续推进“育苗升级”工程和换代行动，打造过硬党支部。泰安市被中组部确定为全国城市基层党建示范市。四是建设过硬干部队伍。落实新时期好干部标准，坚持正确选人用人导向，注重提拔重用那些为了事业敢于得罪人的干部，实干担当、一抓到底的干部，在改革发展一线抓项目、扛指标、攻堡垒的干部。加强经常性考察和综合分析研判，抓好干部管理监督，健全“四位一体”动态监督模式。改进经济社会发展综合考核，完善正向激励机制，大张旗鼓地奖优、奖勤、奖担当。组织评选新时代泰山“挑山工”100个先进集体和100名先进个人，并从中遴选出10面红旗集体和20名标兵，在“七一”隆重进行了表扬。研究激励干部“到基层去”的机制，推进“万名干部下基层”，从市县机关选派404名干部组成45个服务队。五是深入推进党风廉政建设和反腐败斗争。严格落实中央八项规定精神，驰而不息纠治“四风”。大力开展扶贫、民生领域腐败和作风问题专项整治，深入开展扫黑除恶专项斗争，全力配合省纪委张宸案专班工作，深挖彻查涉黑涉恶腐败和“保护伞”。1—11月份，全市查处侵害群众利益问题702起1100人，党纪政务处分511人。一体推进不敢腐、不能腐、不想腐，持续保持反腐败高压态势，全市立案1225起，党纪政务处分1287人；留置28人；挽回经济损失1.28亿元。坚持标本兼治，强化纪法、警示和廉政教育，年度两次召开全市领导干部警示教育大会，建设并组织参观市廉政教育展厅，引导党员干部知敬畏、存戒惧、守底线。规范政商交往，制定出台《构建亲清新型政商关系实施办法》。旗帜鲜明为担当者担当，完善澄清保护机制，规范容错纠错流程，为4名党员干部容错纠错、16名党员干部和2个单位澄清正名，着力营造风清气正、干事创业的良好环境。

以上报告的是今年的主要工作。这些成绩的取得，是认真贯彻中央决策部署的结果，是省委、省政府坚强领导的结果，是全市各级党组织和广大党员干部群众共同奋斗的结果。市委委员、候补委员，市各大班子，全市各级各部门，对市委常委会的工作给予了充分信任和大力支持。在此，我代表市委常委会向同志们表示衷心感谢！

同时，必须清醒看到，我们的工作还面临不少困难和挑战。主要是：对习近平新时代中国特色社会主义思想在学懂弄通做实上还有差距，结合泰安实际、创造性贯彻落实不够到位；新发展理念贯彻落实不深入，重点领域有效制度供给不足，推进制度创新和流程再造任务还很艰巨；经济总量偏小，质量不优，结构性矛盾仍然突出，发展中瓶颈制约破解办法不多，推动高质量发展的力度还需加强；政策落实“中梗阻”等问题比较严重，营商环境需进一步优化；实行减税降费，刚性支出有增无减，财政收支平衡难度加大；保障和改善民生工作还有不少短板弱项，社会治理体系和治理能力有待提高；全面从严治党需要进一步加强，形式主义、官僚主义现象仍然存在，一些干部还有不担当、不作为、落实不力等问题。对这些问题，市委常委会将高度重视，在今后工作中着力加以解决。

政府工作报告

——2020年1月9日在泰安市第十七届人民代表大会第五次会议上

市长　张涛

一、2019年工作回顾

过去的一年，是泰安发展史上不平凡的一年。面对多种困难挑战，我们坚持以习近平新时代中国特色社会主义思想为指导，深入贯彻党的十九大和十九届二中、三中、四中全会精神，认真落实习近平总书记视察山东重要讲话、重要指示批示精神，增强“四个意识”，坚定“四个自信”，做到“两个维护”，始终在政治立场、政治方向、政治原则、政治道路上同党中央保持高度一致，在中共泰安市委的坚强领导下，坚持稳中求进工作总基调，积极寻标对标，全力“七赛七比”，勇做新时代泰山“挑山工”，推动高质量发展迈出坚实步伐，泰安市综合竞争力进一步提升，在中国城市品牌评价百强中位列第38位，中国百强城市排行中位列第63位，获评中国投资环境百佳城市、中国企业营商环境十佳城市。

（一）经济运行平稳向好。地区生产总值预计增长6%左右；一般公共预算收入完成224.7亿元，增长2.36%；纳入一般公共预算的地方级税收收入完成164.2亿元，增长3.9%，税收占财政收入比重达到73%。预计实现社会消费品零售总额增长3.5%左右。存贷款余额分别达到4093.8亿元、2696.4亿元，增长12.1%、14%。城镇居民、农村居民人均可支配收入预计分别增长7%和9.5%左右。“产业兴市”战略初显成效。工业增势强劲，规模以上工业企业增加200家，预计增加值增长5.2%左右。“双50强”企业带动明显，50家工业领军企业预计实现营业收入1360亿元，增长5%左右；46家科技创新型企业预计实现营业收入32.49亿元，增长24.38%。新增过百亿企业2家。石横特钢蝉联中国企业500强。生力源玻璃、润德生物荣膺中国轻工业“百强企业”。金塔机械入选全国轻工业装备制造30强。山能重装获国家级循环经济标准化试点。特变鲁缆、泰山集团、三和维信摘得“全国单项冠军示范企业”桂冠，入选国家绿色工厂。肥城市化工产业园入选国家级“中韩绿色园区”建设试点。全市拥有国家级制造业单项冠军10家、绿色工厂17家，数量均居全省首位。服务业繁荣发展，完成税收150.41亿元，增长12%，占全部税收比重达到51.61%。旅游服务质量提升“四大工程”初见成效，泰山一键智慧游等平台建成运行，泰山景区门票改为三天内有效，开通高铁站往返泰山中天门景区的直通车。全年预计接待国内游客人次增长12.2%，实现国内旅游收入增长14.5%。泰山景区在五一、国庆假期全省AAAAA级景区好评度中均列第一位。现代农业提质增效，粮食总产量282.2万吨，肉蛋奶总产量76.7万吨，果品总产量100万吨。泰山茶面积达到5万亩，泰山百合、泰山黄精面积均突破1万亩。主要农作物耕种收综合机械化率达到86.9%。集中培育10个产值过10亿元的农业特色优势产业，总产值达到147亿元。累计创建国家级现代农业产业园1个、省级3个，园区总面积达到71万亩。全市规模以上农业龙头企业、农民专业合作社、家庭农场分别达到325家、8770家、4517家。新增地理标志商标4件，泰山茶入选中国农产品区域公用品牌，肥城桃入选中国特色农产品优势区名单，泰山板栗荣获北京世园会金奖，泰山黄精丝茶荣获中国林产品交易会金奖。

（二）动能转换全面起势。着力推进“10+1”产业发展规划落实，46个项目列入省新旧动能转换优选项目，207个新旧动能转换重大项目顺利实施。新能源、建材新材料、精品旅游列入省“十强”产业“雁阵形”集群库重点培育支持名单。“四新经济”快速发展，净增国家级高新技术企业74家，增长37.8%，总数达到270家。预计规模以上高新技术产业产值增长2%，占规模以上工业总产值比重达到42%。一滕新材料被评为第一批国家级专精特新“小巨人”企业，49家企业获评省“专精特新”中小企业。电子商务蓬勃发展，预计全年实现电子商务交易额1374亿元。长鑫物流被评为全国"品牌服务司机之家"。创新支撑不断增强，新增院士工作站12家，省级工程实验室、工程技术研究中心、"一企一技术"研究中心分别达到30家、60家、119家。泰山智能制造产业研究院等4家研究院顺利组建，173个项目列入省级以上科技计划。博达光电入选工信部工业强基支持计划。9家企业被评为"国家知识产权优势企业"。全市新注册商标1.1万件，新增中国驰名商标3件，授权国内专利3461件。要素保障力度加大，强化金融供给，大力支持实体经济发展，全市融资性担保机构为8000余家企业担保余额近160亿元；重点企业财源建设基金完成项目投资30.3亿元。成功争取纳入财政部土地专项债改革试点，开辟新的融资渠道。强化能源供给保障，煤电油气供应平稳充足，新能源和节能环保产业总产值预计达到276亿元，新能源装机容量预计达到271万千瓦。强化土地供给，采取"1+N"用地保障模式，破解用地难题，报批建设用地1.75万亩，挖潜盘活存量土地7422亩。

（三）双招双引力度加大。强化招商引资，策划举办泰安（深圳）投资合作洽谈会、泰安（北京）项目对接会、中国泰山第五届国际高洽会、泰山国际新闻出版合作大会、山东·泰山旅游商品与装备博览会、全国重点区域山东商会会长"泰山行"等活动，引进一批内资"十强"产业和交通基础设施项目。泰山国际登山节集中签约51个重点项目，总投资1248.4亿元。引进商汤科技、香港正威集团、中国华录集团、广东客天下等一批境内外知名大企业；对位芳纶、碳纤维、光纤预制棒及光纤制造、健通生物基因重组人血白蛋白、微医集团慢病互联网医院、钜成未来信息科技产业园、山东高速"热带雨林"等一批项目落户泰安市。探索"基金+项目"模式，引进深圳优必选智能机器人等高科技产业项目。打造泰山基金小镇，落户15家投资管理机构。建设泰山新闻出版小镇，42家企业签约入驻。强化招才引智，放大人才"金十条"政策效应，全市兑现各类人才奖励补助资金1.3亿元，其中市本级6823.6万元。实施"泰汶专才"计划，推进"十百千"人才队伍"促引培优"行动，培养引进"产业顶尖人才"11人，"行业领军人才"100人，培育高级工、技师、高级技师等"高技能人才"3257人；新增省级以上人才平台载体44家。强化项目建设，实施重大项目攻坚计划，完善重点建设项目管理、领导干部包保、调度督办、项目落地服务等机制，建立新动能重大项目可视化督导服务平台，落实"八个一"制度，强力推进项目建设落地见效。康平纳筒子纱智能染色工厂一期、华岳智能出版、泰山·桃花源、振挺精工活塞、华能泰丰新能源光纤制造一期、泰安二期抽水蓄能电站6个项目纳入省重大项目，投资完成率、项目开工率均达100%。润通精密齿轮、泰开箱变、吾悦广场、泰山国际文旅综合体等101个市级重点项目完成投资340.4亿元，占年度计划的108.6%。

（四）改革开放不断深化。推进重点领域改革，持续优化营商环境，实行"七十五证合一、一照一码"，在全省率先试点"证照通办改革"，新登记各类市场主体7.26万户，增长18%。推出"带方案出让用地"审批服务新模式，工业新增用地项目实现"拿地即开工"。全国首家慢病互联网医院项目落地仅用5个工作日。山东科技大学泰山科技学院新校区实现当年规划、当年建设、当年招生。美家科技"拿地"后3个工作日取得施工许可证，全省最快。国资国企改革深入推进，国有企业"三供一业"分离移交全面完成。大力推进开发区体制改革，实行"管委会+公司"运作模式。持续推进财税改革，落实国家减税降费政策，新增税费减免46.7亿元。村级集体产权制度改革、农村宅基地三权分置试点、集体林权制度改革稳步推进。加快制度创新，制定《进一步深化改革开放加快制度创新的意见》，43项重点任务顺利推进。大力实施流程再造，聚焦双招双引、政务服务、信息孤岛、事中事后监管、城市管理、考核评价等重点事项，在全省率先出台《关于建立流程再造工作体系全面加强制度创新的实施意见》。扩大对外开放，进一步深化与"一带一路"沿线国家合作，大力推动纺织服装、电力设备、煤矿机械等优势产能对外投资合作，泰安市知名企业"走出去"步伐加快。石横特钢在新加坡设立桃都实业有限公司，中欧跨境电子贸易物流园正式开园，泰安陆港海关监管场站揭牌成立，新华锦外贸综合服务平台建成运营。预计全年完成进出口总额168亿元，增长5.5%左右；实际利用外资4.58亿美元。

（五）乡村振兴加快实施。坚持规划先行，编制完善乡村振兴示范区、村庄分类布局、县域重点镇和重点村等6类规划，统筹推进"五大振兴"，乡村振兴"1+5+8+N"规划体系全面搭建。坚持示范引领，大力实施"1215"先行工程，吸引各类工商资本下乡，以点带面，全域提升。新泰市羊流镇、东平县老湖镇等3个先行区被认定为省级示范区，岱岳区九女峰先行区获中国文旅融合示范奖，新泰农光一体示范园获评首批国家级农村产业融合发展示范园。北京新农创、鲁商集团、广东岭南集团等一批好项目签约落地，9个项目入选山东省第一批乡村振兴重大项目库。坚持生态改善，深入实施农村人居环境整治三年行动，农村集中式生活垃圾处理覆盖率达到100%；564个村完成农村生活污水治理；改厕工作规范升级；1294个行政村实现“三通”，新改建“四好农村路”1054.4千米；新创建美丽村居省级试点村4个，新建美丽乡村155个。坚持固本强基，加强村级党组织建设，夯实基层社会治理基础，组建28个乡村振兴服务队，126家企业与152个村实现结对帮扶。行政村综合性文化服务中心实现全覆盖。3个村被评为全国乡村治理示范村。

（六）城市面貌持续改善。加强城市规划，省委、省政府出台《泰安市城乡一体空间发展战略规划》，城乡规划、土地利用规划、主体功能区规划实现多规融合，泰安城区的“山体线”“水岸线”“天际线”得到有效控制。强化泰山景区、徂徕山、大汶河、东平湖等重要生态及功能重点区域规划管理，优化升级天平湖周边、天颐湖周边、徂汶景区、东部新城等片区规划。加快编制《东平湖区域生态保护和高质量发展规划》。提升城市品质，泰山区域山水林田湖草生态保护修复工程完成投资105.8亿元，开工项目65个、子项目315个，分别占总计划的97%和96.6%。泰安城区新拆除各类违规户外广告40余万平方米；栽植各类乔木9万余株；建成垃圾分类示范片区78个；岱庙广场竣工启用。实施泰安城区排水管网雨污分流改造，梳洗河、明堂河、芝田河等河流综合整治有序推进，城区黑臭水体基本消除。全力打好泰山石保护攻坚战，彻底关闭取缔各类泰山石交易市场。完成国电供热东线工程、国电高背压改造项目，启动实施泰安城区西部热源项目一期工程。积极推进智慧城市建设，提升城市管理智慧化、精致化水平。加大文明城市创建力度，在全国文明城市创建测评中，泰安市位居全省前列。畅通道路交通，实施城区11条道路建设，完成龙潭路与灵山大街路口渠化及道路改造，环山路东延、学院路、天平大街、长城西路竣工通车，群众期盼20多年的擂鼓石大街贯通工程顺利推进。济泰高速、京台高速改扩建等8个高速公路项目加快建设，青兰高速泰安段提前半年建成通车。完成国省干线新改建、大修项目5个。京杭运河东平湖航道工程已具备通航条件，大清河航道工程顺利推进。兖矿集团投资20亿元的泰安港项目正在加快建设。

（七）三大攻坚强力推进。脱贫成效持续巩固，按照市委提出的领导力量、工作力量、工作劲头、工作责任、扶贫政策“五个不能减”的要求，实施“六大专项行动”，集中解决影响“两不愁、三保障”问题。黄河滩区脱贫迁建工程一期、二期试点全部完成搬迁入住，三期工程5个社区主体建设全部完工。东平湖移民避险解困取得积极进展，9个易地扶贫搬迁社区全部建成。援疆、与巫溪县对口扶贫协作工作深入开展。污染防治攻坚成效明显，主要污染物排放总量下降。大力发展绿色能源，推广洁净煤15万吨、节能炉具1万套。固体废物集中处置中心等15个危险废物处置项目建成投运。落实河长制湖长制，完成中小型水库除险加固、水毁修复等工程，大汶河防洪治理工程扎实推进，泰安市被评为“全国水生态文明城市”。大力发展生态畜牧业，推进种养结合，4个县市区荣获全国畜禽粪污资源化利用示范县。实施“绿满泰安”行动，完成造林9.8万亩，宁阳县被表彰为“全国绿化模范县”。金融领域风险有效化解，积极开展重点企业“破圈解链”，拆分化解企业担保圈、互保链涉及资金46亿元。金融机构不良贷款、不良贷款率连续实现“双下降”，不良贷款率2.43%，低于全省平均水平。

（八）民生福祉持续增进。各项民生支出321.6亿元，占一般公共预算支出比重达到77.6%。民生实事顺利实施，81处农村敬老院“四改一定”任务全面完成。实施棚户区改造1.34万套，铺开城中村改造项目17个、1.2万户。老旧小区改造提升步伐加快，金山小区等10个项目改造完成，为老旧小区安装电梯31部。坚持“决不把历史问题遗留给历史”，6.1万户、673.8万平方米房地产开发问题项目具备首次发证条件。新改扩建中小学15所、幼儿园99所，大班额比例降至10.2%，普惠性幼儿园比例达到93%。加强农村饮水安全保障，134个无公共供水设施村、534个水质有风险村、5个氟超标村饮水安全问题全面解决。提升改造农贸市场28处。城乡居民基本医疗保障政策全面落实。高铁泰安站北配楼改造工程完成计划进度。社会保障更加有力，精准落实扩大就业政策，发放一次性创业补贴107.4万元、创业担保贷款5.6亿元，新增城镇就业5.8万人，城镇登记失业率2.02%。预计全市发放各项社会保险待遇192.16亿元。全市乡镇卫生院（社区卫生服务中心）标准化建设达标率达到97.7%，建成各类医联体37个，县域就诊率达90%以上。泰安市被确定为全国城市医联体建设试点市。文化体育事业繁荣发展，成功举办首届泰山国际文化论坛，实现泰山文化与世界文化在更高层次、更广领域交流交融。编制《泰山文化保护传承发展总体规划》，实施文物保护“125工程”和乡村记忆工程。开展群众文化活动6.5万场次，文化惠民工程扎实推进。成功举办第七届全国出版物馆配馆建交易会。加快建设国际知名体育休闲城市，泰山国际登山比赛入选全国体育旅游十佳精品赛事。社会治理不断加强，平安泰安建设深入推进，扫黑除恶专项斗争取得重大战果，信访积案化解成效明显。圆满完成全国“两会”、国庆70周年等重大安保维稳任务。安全生产形势持续稳定。非洲猪瘟、松材线虫病等重大疫情有效控制，全国重点区域松材线虫病防治现场会在泰安市召开。食品药品安全工作得到加强。国防动员、退役军人、双拥共建、民族宗教、外事、人防、消防、气象、青少年、妇女儿童、老龄、残疾人等各项事业取得新成绩。

（九）政府效能不断提升。坚持党建引领，切实把政治建设摆在首位，认真贯彻落实中央决策部署和省市委工作要求，扎实开展“不忘初心、牢记使命”主题教育，着力加强政府系统党的建设，把党的领导体现到政府工作各领域各方面各环节。注重效能提升，全面落实“5+2”工作推进机制，确定的72个标旗项目顺利推进。完善政风行风评议，持续加大政务公开力度，创新实行电视问政、网络问政。12345政务服务热线接听群众来电62.6万件，群众满意率达到94%以上。办理人大代表建议156件、政协提案289件，答复率均达100%。推动“互联网+政务服务”，打造“泰好办”政务服务品牌，“泰好办”自助服务终端实现乡镇便民服务中心全覆盖。泰安市政务服务中心入选全国政务大厅20佳优秀案例。新泰市行政审批服务局荣获全国“人民满意的公务员集体”称号。推进作风转变，认真抓好中央巡视、中央环保督察“回头看”、国务院大督查和脱贫攻坚督查巡查等反馈问题整改落实。切实加强政府廉政建设，严格落实中央八项规定精神。大力整治形式主义、官僚主义，行政规范性文件大幅精简，“三公”经费持续压减。

各位代表，过去一年，我们逢山开路、遇水架桥，经济社会发展取得可喜成绩，这是全市上下坚决贯彻党中央、国务院决策部署和省委、省政府工作要求的结果，是市委科学决策、坚强领导和市人大、市政协监督支持的结果，是全市人民同心同德干事业、攻坚克难抓落实的结果。在此，我代表市人民政府，向全市广大干部群众、各民主党派、工商联、无党派人士，向人民解放军、武警驻泰部队和各驻泰单位，向关心支持泰安发展的港澳台同胞、海外侨胞及海内外各界朋友，表示崇高的敬意和衷心的感谢！

我们也必须清醒认识到，发展还面临不少问题和挑战：经济总量偏小、质量不优，新旧动能转换接续不畅；“四新经济”规模小、比重低，产业结构性矛盾仍然突出；减税降费政策力度持续加大，刚性支出有增无减，财政收支平衡难度增大；环境容量和能耗空间已达“天花板”，动能转换和高质量发展面临更大考验；双招双引有待加强，改革开放还需深化；城乡发展仍不够均衡，城市品质提升还存在短板；民生改善与群众期盼还有一定差距；社会治理体系和治理能力有待提高；少数干部在服务意识、担当精神、高效落实和廉洁自律等方面还有不足，等等。对此，我们将采取切实有效的措施，认真加以解决。

二、2020年经济社会发展总体要求和主要目标

2020年是全面建成小康社会和“十三五”规划收官之年，是省委确定的“重点工作攻坚年”，要实现第一个百年奋斗目标，为“十四五”发展打好基础，做好今年政府工作意义重大。今年政府工作的总体要求是：坚持以习近平新时代中国特色社会主义思想为指导，全面贯彻党的十九大和十九届二中、三中、四中全会及中央、省委经济工作会议精神，坚持稳中求进工作总基调，坚持新发展理念，坚持以深化供给侧结构性改革为主线，坚持以改革开放为动力，聚焦全省“八大发展战略”，全面做好“六稳”工作，统筹推进稳增长、促改革、调结构、惠民生、防风险、保稳定等各项工作，勇做新时代泰山“挑山工”，扎实开展重点工作攻坚行动，坚决打赢三大攻坚战，培育动能转换新引擎，集聚高质量发展新优势，推动经济社会发展争先进位，实现“十三五”规划圆满收官，为“十四五”良好开局奠定坚实基础，以优异成绩为全面建成小康社会作出积极贡献。

主要预期目标是：地区生产总值增长6%左右，一般公共预算收入增长2%，规模以上工业增加值增长5%左右，固定资产投资增长3%左右，社会消费品零售总额增长4%以上，外贸进出口稳定增长。城镇登记失业率控制在3.5%以内。城镇居民、农村居民人均可支配收入分别增长7%和7.5%左右。全面完成省下达的节能减排降碳约束性指标和环境质量改善目标。

各位代表，做好今年政府工作，实现上述经济社会发展目标，我们要在市委的坚强领导下，切实站在“五位一体”总体布局、“四个全面”战略布局的高度，全面贯彻中央“六稳”工作要求，深入落实全省“八大发展战略”，按照市委“12355”发展思路，坚持好“四个导向”，确保各项工作更贴近大局、更富有成效：一

是坚持目标导向。紧紧围绕全面建成小康社会目标，打赢打好三大攻坚战，推进实施好“十百千”工程，制定路线图、时间表，进一步明确工作目标、时限要求、责任分工，以目标倒逼责任，以时间倒逼进度，推进各项工作落地落实。二是坚持问题导向。牢固树立新发展理念，将问题意识贯穿谋划发展、推动工作全过程，聚力聚焦矛盾问题，切实补齐短板弱项，加快破除制约经济社会发展的瓶颈藩篱。三是坚持结果导向。围绕争先进位，狠抓重点工作攻坚，充分发挥督查考核“指挥棒”作用，强化过程控制，聚焦重点难点，聚力突破奋进，工作争先进位，发展更上层楼。四是坚持制度导向。把制度建设摆在更加突出位置，进一步完善、创新事关经济社会、生态文明等各方面的制度，严格按制度履行职责、行使权力、推动发展，为泰安经济社会高质量发展提供坚强制度保障。

三、2020 年政府工作重点任务

牢固树立新发展理念，聚焦高质量发展，靶心不偏、焦点不散、标准不降、力度不减，加快打造产业高地、生态绿地、文旅胜地、康养福地、创新后发之地“五个名地”，确保全面建成小康社会。科学编制好“十四五”规划，谋划好未来五年的发展蓝图。

（一）在加快动能转换上狠下功夫。聚焦产业兴市，着力构建泰安特色现代产业体系，推进动能转换加速升级。大力发展优势产业集群。进一步聚焦推进“10+1”产业发展，撬动突破十二大优势产业集群，即：以输变电设备、矿山装备等为重点的高端装备和智能制造产业集群；以高性能纤维、建筑新型材料、光通信材料等为重点的新材料产业集群；以公铁水多式联运、电商物流等为重点的现代物流产业集群；以创客空间、国产自主研发操作系统、5G 芯片、大数据等为重点的新一代信息技术产业集群；以煤化工、盐化工、精细化工等为重点的高端化工产业集群；以智能染整、纺织新材料等为重点的纺织服装产业集群；以泰山旅游、全域旅游等为重点的文化旅游产业集群；以血液制品、基因重组人血白蛋白等为重点的生物医药产业集群；以养老服务、智能康复、互联网医院等为重点的医养健康产业集群；以新能源装备、抽水蓄能电站、光伏发电等为重点的新能源和节能环保产业集群；以高强建筑用钢、特高压输电铁塔、特种焊丝钢等为重点的特种建筑用钢产业集群；以肥城建筑安装总部聚集区等为重点的建安产业集群，努力打造一批百亿级乃至千亿级产业集群。优化产业空间布局，推动产业进区入园，加快形成集聚规模、集约发展新模式。

用好动能转换平台。积极构建高层次科技创新平台，创建康平纳国家先进印染技术制造业创新中心，加快北航科技园泰山科创园、泰安市产业技术创新研究院、泰山智能制造产业研究院建设，用好省级工程实验室、工程技术研究中心等研发平台，力争年内新增省级以上科技平台 15 家、“一企一技术”研发中心企业 5 家。充分发挥化工园区平台作用，组建化工产业发展委员会，与北京大学合作共建“北大泰安协同创新中心”等高端化工科创平台，聚力抓好高端化工产业跨越发展。依托新华锦外贸综合服务、新泰 9610 跨境电商等平台，支持企业对外合作、开拓市场，促进外贸稳中提质。做大做强金控集团、泰山财金集团等投融资平台，加快推进泰安金融商务区建设，推动各类金融机构和企业总部落地。加快泰山基金小镇建设，争取落户股权投资机构 20 家以上，为新旧动能转换提供资金保障。

做强做大骨干企业。强化对本土企业支持，精准指导帮扶，突出百亿企业、“双 50 强”企业、规模企业、小微企业梯次培植，大力推动一批企业“小升规”“规改股”“股上市”，形成大企业“顶天立地”、小企业“铺天盖地”的局面。抓好百亿潜力企业提档升级，50 亿潜力企业聚力突破，推动 120 家小微工业企业升级为规模以上工业企业。深入实施“智能化技改三年行动”，扎实做好专精特新小巨人、隐形冠军、瞪羚企业、独角兽企业培育，年内培育省级专精特新中小企业 20 家、隐形冠军企业 10 家。大力培育高新技术企业，以 5G 商用为突破口，推进人工智能、物联网、云计算、大数据、区块链等产业融通互促、整体提速。

加快重点项目建设。按照“四个一批”要求，健全完善投资 500 万元以上项目库，筛选储备一批优质动能转换项目，确定 100 个左右市级重点建设项目。建立部门联审机制，用好新动能重大项目可视化督导服务平台，加大项目建设督导力度，纵向实施市县分级管理，横向分领域分行业推进，确保早落地、早开工、早见效。发挥重大项目稳投资和加快动能转换的关键作用，抓好泰安特种建筑用钢产业集群、泰安二期抽水蓄能电站、正威金属新材料产业基地、碳纤维产业园、康平纳筒子纱智能染色共享工厂、泰山新闻出版小镇等投资过 10 亿元产业项目建设。深入实施旅游服务质量提升“四大工程”，全力创建全域旅游示范区，加快建设泰山佑、山高·泰山康乐谷、陕旅演艺秀都、泰山石敢当文化园、泰山四季乐园、红门广场等项目。积极推进步行街改造

提升，大力发展“小店经济”。突出抓好夜间经济，培育夜间消费特色街区，运营好三里屯文商旅综合体、泰山云集、凤凰河·繁华里、泰安老街等特色街区。着力抓好济泰高速、济南至枣庄旅游高铁泰安段、青兰高速莱芜至泰安段、董梁高速、泰安至东平高速等基础设施项目，提升区域互联互通水平，夯实动能转换交通基础支撑。

（二）在推进双招双引上狠下功夫。立足“10+1”产业、产业集群、交通基础设施三个重点领域，瞄准世界500强、中国500强两个重点目标，向“十强”产业和“四新经济”集中，着力提高招引实效。强化以商招商。持续深化与益海嘉里、华润、光大、世茂、金科等知名企业的战略合作，进一步扩大合作成果，激发全市企业“以商引商”积极性。突出“招大、引强、选优”，探索园区“净地”招商，引进一批科技型、创新型领军企业。强化平台招商。发挥好泰山国际登山节的平台作用，着力打造招商引资大舞台、大擂台，积极“走出去”参与港澳山东周、日韩山东周、欧美商务周和儒商大会、跨国公司领导人青岛峰会等重大活动，瞄准“北上广深”等先进地区，策划组织一系列投资合作洽谈会，宣传泰安、推介泰安，吸引更多企业到泰安投资兴业。强化专业招商。完善体制内、体制外“双轨”并行的招商工作体系，充分发挥市招商中心专业化招商作用，深化与招商代理机构合作，积极选聘境内外企业、驻外商会协会组织、科研院所为泰安市招商顾问，牵线搭桥，助力双招双引。强化人才招引。聚力打造“泰山智慧谷”，加快推进人力资源服务产业园和市级引智基地建设，新建1～2家省级引智示范基地。用好人才“金十条”政策，抓好“智汇泰安·创赢未来”高层次人才创新创业大赛、“外国专家泰安行”等活动，依托“泰山创新谷”引进高校、科研院所、高水平创新创业团队20个。制定优惠政策，吸引泰安籍高校毕业生回乡就业创业。

（三）在实施乡村振兴上狠下功夫。按照“五大振兴”要求，深入推进“1215”先行工程，奋力谱写乡村振兴齐鲁样板泰安篇章。扎实推进“十统一”社会化服务，下大力气抓好粮食生产。持续培育10个产值过10亿元的农业优势产业，特色经济林、苗木花卉面积分别达到170万亩、44万亩，泰山茶面积稳定在5万亩，黄精种植面积达到1.5万亩，泰山百合面积达到1.8万亩。支持优质工商资本下乡，培植壮大新型农业经营主体，新发展规模以上农业龙头企业5家、市级以上农民专业合作社100家、家庭农场40家。加强“三品一标”基地建设，争创省级农业标准化基地10个。强化农机社会化服务，加快“互联网＋农机”发展。深化大中型灌区规范化管理，建设高标准农田25万亩。加快乡村民宿、休闲渔家和康养基地建设，新增市级以上现代农业产业园10家，打造市级农业公园20家。深化美丽乡村和美丽村居建设，持续推进农村改厕规范升级和生活污水治理，完成农村人居环境整治三年行动计划。加快农村饮水安全突出问题整治，完成87个无公共供水设施村、296个水质有风险村饮水安全保障工程。扎实开展“美丽庭院”建设，全市农村10%的庭院建成“美丽庭院”示范户。全面实现农村道路“三通”，完成“四好农村路”三年集中攻坚任务。加快新时代文明实践中心、综合性文化服务中心建设。深化移风易俗，推进绿色殡葬改革，倡树文明新风。深化农业农村改革，加强农村“三资”清理，基本消除集体经济收入5万元以下的村。加强与山东农业大学等驻泰高校和科研院所的合作，实施农村优秀人才培训工程和“回引计划”，培养一批懂农业、爱农村、爱农民的人才队伍。

（四）在打赢三大攻坚战上狠下功夫。坚决打赢精准脱贫攻坚战。紧盯重点区域和特殊困难群体，精准落实各项保障性扶贫政策，全面解决影响“两不愁、三保障”的突出问题，坚决打赢东平湖区移民避险解困、易地扶贫搬迁、黄河滩区迁建“三大工程”决胜战。强化产业扶贫和就业帮扶，加强扶贫项目资金管理，健全即时帮扶机制，打好深度贫困歼灭战，实现贫困群众由稳定脱贫向逐步致富迈进。坚决打赢污染防治攻坚战。深入落实“四减四增”三年行动计划，全面完成“十三五”节能减排任务。加大秋冬季大气污染综合治理、城市黑臭水体治理力度，加强土壤管控修复，确保完成空气质量改善指标，省控以上重点河流断面水质、受污染耕地安全利用率进一步提高。坚决打赢防范化解重大风险攻坚战。加强重点领域风险研判，深化“增信贷、降不良、打逃债、树诚信”专项行动，实现不良贷款、不良贷款率继续“双下降”，确保不发生区域性系统性金融风险。从严控制政府债务，坚决遏制隐性债务增量，有序化解存量债务风险。管好用好新增债券资金，保障好重点基础设施工程建设。认真抓好食品药品监督管理工作。统筹抓好生猪稳产保供和非洲猪瘟防控。完善应急管理和防灾减灾救灾体制机制，加大安全生产风险防控和隐患排查整治力度，坚决遏制重特大安全事故发生。

（五）在提升区域规划上狠下功夫。深入实施《泰安市城乡一体空间发展战略规划》，加快编制《泰安市国土空间总体规划》和生态保护、产业发展、市政设施、道路交通、公共服务、综合防灾等专项规划，努力把泰安打造成“国泰民安象征、绿色生态高地、国际旅游胜地、山水宜居典范”。突出山水生态城市特色，抓好环山路功能定位，科学确定建筑容积率，把环山路打造成生态旅游观光带。主动融入省会城市群经济圈一体化发展，优化配置各类要素资源，与济南共建高能级开放平台，推进区域合作开放共赢，实现与省会错位协同发展，在济泰同城化、全面融合上实现突破。充分利用济泰高速、济南至枣庄旅游高铁等重大机遇，高品质规划建设“平缓绿色舒适、宜居宜业宜游”的生态科技东部新城。积极发挥泰安城区西部区位交通优势，规划发展以旅游度假、网安科技、体育文化、康养医疗为重点的西部新城。全面启动《徂汶景区国土空间规划战略研究及两河三岸城市设计》编制工作，高标准规划建设徂汶景区。优化老城区功能布局，实现新老城区公共服务设施和旅游功能统筹协调发展。实施通天街、老县衙等古城区保护计划，留住泰安“文化基因”。

（六）在改善城市品质上狠下功夫。继续把打通断头路、丁字路作为重点，抓好擂鼓石大街中段、北上高大街、灵山大街东段等续建道路工程，新开工灵山大街东段跨辛泰铁路桥、博阳路省庄互通立交桥、泮河大街东延、谢过城大街、明堂路北段和南段、擂鼓石大街东段、环山路东延二期、双龙路、迎胜路南延等建设改造工程。做好泰安城区快速通道项目前期研究和规划论证工作，开工一批东西南北方向快速交通通道。优先发展公共交通，抓好城区停车场规划建设，加快解决交通拥堵问题。推进徂汶景区净水厂、山口净水厂、王家院水库向泰安城区供水工程以及泰安城区西部热源项目一期、范镇调峰储气设施项目建设。积极探索清洁能源技术应用，因地制宜推进冬季清洁取暖。加快充电基础设施建设。加大湿地公园建设力度，抓好芝田河、明堂河、梳洗河、唐庄河、双龙河、七里河、泮河、天平河、岔河等城区河流清淤截污治理。实施雨污分流改造工程，新建雨水、污水管网78千米。持续开展绿荫行动，推进林下绿带建设。完成12处农贸市场（农超）建设改造提升。全面推进垃圾分类，提升广大市民垃圾分类意识，推动垃圾分类全国试点深入开展。抓好中心城区环卫设施、市政道路、公厕、路灯照明设施建设管理，实现“路平、桥安、灯亮、管畅”。健全完善物业管理体系，实施小区物业管理攻坚工程。大力推进城市管理重心下移，健全城市基层治理机制。加快商汤AI视觉开放平台（泰山超算中心）建设，完善智慧城市基础设施。深入推进全国文明城市创建，加大《泰安市文明行为促进条例》宣传贯彻力度，抓好背街小巷、交通路口秩序、不文明养犬、市民不文明行为整治，全面提升市民文明素质和城市文明程度，举全市之力打赢创建全国文明城市收官战，把泰安建设得更有品质、更具品位、更富品牌。

（七）在加快改革开放上狠下功夫。突出开发区经济发展功能和双招双引主责主业，健全完善开发区“管委会＋公司”运行机制，推进用人制度和薪酬制度改革；完善开发区综合考核评价体系，强化“亩产效益”导向、排名进步导向和财税贡献导向，引导开发区向低物耗、低能耗、低污染，高产出、高效益、高技术方向发展；制定好支持开发区发展政策，发挥“政策洼地”作用。加强以管资本为主的国资监管体制建设，加大经营性国有资产和国有融资平台监管力度，大力发展国有资本、民营资本交叉持股的混合所有制经济，推动国资国企做大做强，确保国有资产保值增值。深化财税体制改革，全面推进预算管理、绩效管理、财政事权和支出责任划分改革，基本建立现代财政制度。全面推开公益类事业单位改革。继续深化供销社综合改革。做大开放型经济格局，实施好国际市场开拓百展计划和重点展会计划，争取泰安市7个重点国家出口市场份额有较大提升。做大做强企业公共海外仓，用好泰安陆港海关监管场站，支持县市区争创国家级外贸转型升级示范基地。鼓励本土优势企业走出去，带动进出口和劳务输出，实现外经外贸互促融合发展。

（八）在增进民生福祉上狠下功夫。继续筛选确定一批民生实事，广泛征求人大代表、政协委员意见，确定后向全社会公布，主动回应群众关切，实实在在为群众解难题、增福祉。落实就业优先政策。坚持把稳就业摆在更加突出位置，落实好稳岗补贴等各项就业政策。开展职业技能提升行动，实施“一揽子”帮扶措施，突出抓好高校毕业生、失业人员、农民工、退役军人等重点群体就业，确保零就业家庭动态清零。健全社会保障体系。继续实施全民参保计划，持续扩大参保覆盖面。完善社会救助体系，推动城乡低保应保尽保。健全基本医疗保障制度，推进生育保险和职工基本医疗保险合并实施。加快养老服务体系建设，发展嵌入式多功能养老服务机构、日间照料中心，全面落实新建小区和未达标老旧小区养老设施配建任务。加强对农村孤儿、残疾人、空巢老人、留守儿童的关怀帮扶。加快城中村改造、棚户区改造和租赁住房建设，加大城市困难群众住房保障力度。建立老旧小区改造项目库，继续解决好老旧小区物业、供暖、加装电梯等问题。提升教育发展质量。全面完成学前教育第三期行动计划，新改扩建幼儿园80处，整治城镇居住区配套幼儿园27处。加快义务教育薄弱环节改造与能力提升，完成校园校舍建设项目51个，新改扩建城区小学5所。加强中小学规划建设，全面消除56人以上大班额。实施乡村教育振兴计划，推进义务教育优质均衡发展。大力开展泰山研学旅游。鼓励发展优质民办教育。完善现代职业教育体系，积极推进产教融合、校企合作。全力支持驻泰高校改革发展。健全医疗卫生服务。深化“四医联动”改革，完善分级诊疗制度，提升县域医共体医疗服务水平，加快构建市县乡村四级数字医疗健康服务体系。加强基层疾控能力建设，完成地方病防治攻坚行动任务。深化公立医院改革，建立药品、医用耗材、医疗服务价格监测和政策动态调整机制。完善中医药“治未病”服务体系。加快市中心医院高新区院区建设，启用市立医院、市口腔医院新院区，持续化解群众看病难问题。实施母婴安全行动，推进健康儿童行动计划。发展文化体育事业。加强与济南、济宁文化旅游协同合作，策划实施一批重大文旅项目，打造“山水圣人”中华文化枢轴。深化泰山国际文化论坛成果。深入实施文化惠民工程，持续开展群众性文化品牌活动和各类群众文化赛事活动。加快推进大汶口国家遗址公园建设，加强大运河、齐长城保护。实施文物保护百项工程，启动泰安市博物馆规划建设。积极推动申报国家级文化生态保护区。优化城乡健身设施布局，推进城区新体育中心建设和老体育中心改造提升，实现县域农村体育健身工程全覆盖。广泛开展全民健身活动，策划组织好一批高水平体育赛事，提升泰山国际登山比赛赛事内涵和品牌影响力。加强和创新社会治理。深入推进平安泰安建设，进一步改进信访工作，巩固深化“枫桥经验”泰安实践成果。加强社会治安综合治理，打好扫黑除恶专项斗争收官战。完善社区工作者薪酬体系，构建共建共治共享的社区治理新格局。扎实做好国防动员、拥军优属、人民防空、民族宗教、气象预警等工作。

围绕完成上述重点任务，必须强化科技创新、金融资金、资源要素、绿色发展、营商环境等“五大发展支撑”。一是强化科技创新支撑。推动政府与北京大学、北京航空航天大学、山东大学等市外知名高校，以及山东农业大学、山东科技大学、山东第一医科大学、泰山学院等驻泰高校的高层次、多方位战略合作。深化企业与大中专院校、科研院所的产学研合作，推进山东省产业研究院与泰安的实质性合作，力争共建产业研发创新机构6个，落地产业化项目20个以上。

二是强化金融资金支撑。全面深化政金企合作，大力推进“无还本续贷”“便捷信贷”，加强对全市新旧动能转换重点项目、“双50强”企业、民营企业和小微企业信贷支持，全年政金企合作签约额不低于350亿元、新增贷款300亿元左右。健全“财政＋基金＋金融”模式，用好重点企业财源建设、招才引智等各类基金，全年支持实体经济发展投资不低于30亿元。充分利用引导基金和融资担保、融资租赁、过桥还贷等工具，进一步撬动信贷投放，缓解企业融资难融资贵问题。加大直接融资力度，积极培育境内外上市“种子”企业，争取4家企业进入上市辅导、1家企业实现上市。

三是强化资源要素支撑。采取“1+N”用地保障模式，科学合理用好新增建设用地指标，通过增减挂钩、工矿废弃地复垦利用、盘活存量和闲置低效用地等多种方式，破解用地难题。以县（市、区）为主体推开“亩产效益”评价改革，以项目定土地，实行差异化的价格、用能和排放等政策。持续加大对上争取力度，争取更多项目列入省重点盘子，力争全年报批各类建设用地1.5万亩以上，对全市新旧动能转换、双招双引、乡村振兴、重要基础设施、民生等重大项目用地，做到应保尽保。大力发展新能源，全面优化煤炭等传统能源保障；加强与昆仑能源等油气公司对接，全力拓展油气保障能力；争创全省新能源与节能环保产业示范区。

四是强化绿色发展支撑。践行“绿水青山就是金山银山”理念，全面完成泰山区域山水林田湖草生态保护修复工程。编制实施好《东平湖区域生态保护和高质量发展规划》。实施大运河生态保护工程。严格执行生态河湖负面清单制度，全面落实河长制湖长制。深入实施“绿满泰安”行动，落实好林长制，完成成片造林6万亩，新建农田林网5万亩，荒山绿化2万亩，廊道绿化200千米。强化生态节约循环利用，实现县域节水型社会达标全覆盖。

五是强化营商环境支撑。全面落实国务院《优化营商环境条例》，开展优化营商环境整治行动。研究建立“双50强”企业直通车，问计于企，问需于企。加大简政放权力度，推动行政权力向乡镇（街道）延伸。深入落实“证照分离”改革，严格“双随机、一公开”“互联网＋监管”。积极推动“市民之家”建设。进一步优化服务流程，持续提升“泰好办”政务服务品牌影响力。全面推行“一窗受理·一次办好”，优化企业开办事项“一件事·一链办”，完善“带方案出让用地”“拿地即开工”审批模式，进一步压缩项目审批落地时间。健全完善阳光透明的公共资源交易机制。落实好中央出台的支持民营经济发展28条意见，用好中小企业政策服务平台，加大对民营经济尤其是中小企业的服务支持力度，着力构建“亲”“清”新型政商关系。

四、建设人民满意的服务型政府

全面建成小康社会，对政府工作提出新的更高要求，我们要始终坚持党的领导，旗帜鲜明讲政治，增强“四个意识”，坚定“四个自信”，做到“两个维护”，不忘初心、牢记使命，加快建设法治、诚信、创新、务实、清廉的人民满意的服务型政府。

加快建设法治政府。深化普法宣传教育，深入开展法治政府建设示范创建活动，争创国家级法治政府建设示范市。健全完善重大行政决策程序机制，推动行政决策科学化、民主化、法制化。推进高质量立法，全面推行行政执法“三项制度”，做到严格、规范、公正、文明执法。认真执行人大及其常委会各项决议决定，自觉接受人大工作监督、法律监督和政协民主监督，主动接受社会和舆论监督，认真做好人大代表建议、政协委员提案办理工作。

加快建设诚信政府。牢固树立诚信至上、遵守规则的诚信意识，研究出台《关于加强政务诚信建设的实施方案》，深化政务公开和权力运行网上公开。深入推进政务失信专项治理，凡是对社会承诺的服务事项，都要言必信、行必果。大力加强社会信用体系建设，完善守信激励和失信惩戒机制，营造诚实守信的社会风尚。

加快建设创新政府。贯彻落实新发展理念，提高专业素养和工作创新能力。加强政府智库建设，健全完善政府顾问制度。全面落实寻标对标、“七赛七比”“5+2”工作推进机制。深化制度创新、流程再造，全面运行市直机关文件统一流转平台，强化目标管理、绩效考核，打造件件有落实、事事有回音的落实闭环。

加快建设务实政府。以提高执行力、落实力为统领，坚决整治“庸懒散拖”等突出问题，坚决破除形式主义、官僚主义，大力整治文山会海。严格落实“八个一”制度，科学规范到基层调研和会议安排，紧紧抓住牵动全局的重点工作、涉及群众利益的突出问题、影响发展的关键环节、事关全局的重点项目，倡导领导干部到一线盯项目、盯进度，强化措施，务求实效，促进整体工作上水平。

加快建设清廉政府。始终坚持把纪律和规矩挺在前面，严格落实全面从严治党主体责任和党风廉政建设“一岗双责”，严格执行中央八项规定精神和廉洁从政各项规定，坚决压缩一般性支出，严格控制“三公”经费；坚决惩治各类腐败行为，严肃查处损害群众利益的突出问题，努力营造风清气正的良好政治生态。

各位代表，使命在肩，初心如磐。决胜全面小康的前进号角已经吹响，正如攀登“十八盘”，昂首眺望，山顶就在前方，必须脚踏实地不懈攀登。让我们更加紧密地团结在以习近平同志为核心的党中央周围，高举习近平新时代中国特色社会主义思想伟大旗帜，不忘初心、牢记使命，只争朝夕、不负韶华，在中共泰安市委的坚强领导下，与时间赛跑，用奋斗作答，同心同德干事业，攻坚克难抓落实，勇做新时代泰山“挑山工”，携手向着第一个百年目标奋勇前进，共创泰安更加美好的明天！

专　记

“不忘初心、牢记使命”主题教育

根据中央和省委统一安排，泰安市“不忘初心、牢记使命”主题教育于2019年9月10日正式启动，2020年1月12日召开总结大会。工作开展情况如下。

一、主要做法和取得成效

主题教育开展以后，在中央和省委的坚强领导下，在省委主题教育领导小组办公室、省委第五巡回指导组的指导帮助下，市委高度重视，把扎实开展好主题教育作为一项重大政治任务，始终聚焦主题，牢牢抓住主线，全面把握“守初心、担使命，找差距、抓落实”的总要求，贯通推进四项重点措施，全市主题教育扎实推进、成效显著，取得一系列理论武装成果、工作实践成果和制度创新成果，得到基层和群众的充分肯定。中央主题教育第四巡回督导组组长臧献甫，中央主题教育领导小组办公室联络一组副组长陈国良，省委副书记、省长龚正等领导先后到泰安调研指导，对泰安市开展主题教育工作给予积极评价和高度认可。

（一）坚持以上率下，推动主题教育有力有序从严从实开展。市委常委会牢牢把握主题教育正确方向，坚持以上率下、示范引领，以严实作风推动全市各级扎实开展主题教育。

一是带头研究谋划。市委坚持早动手、早谋划、早准备，2018年在“大学习、大调研、大改进”中，把“不忘初心、牢记使命”主题教育作为重点调研课题，进行系统谋划，提出工作思路、目标任务等初步方案。2019年年初，在全市部署开展“埋头苦干、争创一流，勇做新时代泰山‘挑山工’”主题实践活动，引导激励全市各级党组织、广大党员干部先学起来、先改起来、先干起来，持续为主题教育预热升温；7月份组建工作筹备组，做好动员讲话、方案起草和机构组建等准备工作；9月9日，省委对第二批主题教育部署后，市委第二天立即召开工作会议启动部署，是全省最早的地级市之一。全市6个县（市、区）、3个功能区、85个市直部门一周之内全部启动，基层党组织通过主题党日、召开会议等形式启动主题教育，确保主题教育开好局、起好步。

二是带头示范推进。市委常委会既靠前指挥抓推进，又以身作则带好头，制定常委会主题教育工作安排，明确20项重点任务。主题教育期间，市委常委会开展集体学习8次，其中交流研讨6次，市委常委带头建立基层联系点，到基层调研指导217次，参加革命传统教育等各类专题教育14次。9月25日，市委主要负责人以普通党员身份带头到社区报到，了解群众诉求，解决实际问题。9月29日，市委常委赴徂徕山抗日武装起义纪念碑瞻仰并参观纪念馆，邀请社会主义建设、改革开放和新时代等不同历史时期的先进典型，讲述践行初心使命的鲜活故事，对照先进检视初心、匡正初心。紧盯群众操心事、烦心事、揪心事带头抓整改，市委常委会把“解决房地产开发历史遗留问题”作为主题教育专项整治任务和即知即改事项，针对群众反映强烈的房产长时间无法办证的问题，立下军令状，全力攻坚、强力解决。全市816万平方米具备发证条件，惠及7.2万户、20万群众，房地产开发历史遗留问题基本得到解决，受到群众广泛赞誉。《人民日报》、中央电视台《新闻联播》报道泰安市做法。

三是推动全员参与。全市有1.59

9月29日，市领导在徂徕山举行主题党日活动　　（司　刚　摄）

万个党组织、38.16万名党员参加第二批主题教育。为切实将每个党组织、每名党员全部纳入主题教育，制定《关于基层党支部和党员开展主题教育的指导意见》《关于推进主题教育全覆盖的工作方案》，明确“7个1”规定动作，对不同层级、不同领域党组织和党员提出指导意见，采取领学、督学、送学、倒班学等形式，确保全覆盖无死角。同时，盯紧重点群体，对长期在外务工流动党员、年老体弱党员、破产企业党员、离退休党员等重点摸排，逐人联系，采取邮寄学习资料、组建微信学习交流群、借助“学习强国”“灯塔—泰山网”平台、送学上门等方式开展学习教育，做到每名党员不漏学、不缺课、不掉队。泰安驻北京党工委开展微党课、微展播、微讨论等“微学习”活动，组织1449名在京流动党员参加主题教育，让流动党员离乡不离党、流动不流失，确保主题教育取得实实在在的成效。

（二）坚持深学细研，推动学习教育往深里走、心里走、实里走。全市各级坚持把学习教育放在首位、抓在平时，制定学习计划，组织党员干部读原著、学原文、悟原理，及时跟进学习习近平总书记最新讲话文章，认真学习贯彻中共十九届四中全会精神，广大党员干部政治上醒了脑、思想上补了课、精神上补了钙，在理论学习有收获上实现新提高，增强“四个意识”、坚定“四个自信”、做到“两个维护”的思想基础更加坚实，行动更加坚决。

一是集中培训学。抓住领导班子和领导干部这一“关键少数”，从9月中旬到10月上旬，在市委党校连续举办3期每期7天的读书班，组织1367名副县级及以上领导干部和市属国有企业负责人集中学习，一篇一篇学、一字一句读、一点一点悟，把握思想精髓，感悟真理味道。县、乡同步举办读书班892期，5.7万名领导干部参加集中学习。领导干部普遍反映，通过读书班感悟到信仰的力量，体会到真理的味道，深化对马克思主义基本原理和习近平新时代中国特色社会主义思想的政治认同、思想认同、理论认同、情感认同。12月2—18日，在市委党校连续举办中共十九届四中全会精神专题学习班5期，全市1800名领导干部参加学习，全面深刻学习领会四中全会精神。市、县、乡分层推进党支部书记和党员集中培训，市级举办优秀党支部书记示范培训班，县、乡两级抓好全覆盖，农村、社区、非公企业、社会组织党员进党校轮训，累计培训党支部书记1.2万人次，确保党员应训尽训。

二是研讨交流学。各级党委（党组）和基层党组织采取理论学习中心组、“三会一课”、主题党日等形式，围绕加强党的建设、全面从严治党、坚定理想信念、牢记宗旨性质和十九届四中全会、爱国主义教育等10个专题开展集中研讨，广大党员干部结合自身岗位实际谈体会、找问题、挖根源、明措施，碰撞思想、激荡灵魂，引领全市各级党组织和广大党员干部在深入思考、学习交流中做到学有所思、学有所悟、学有收获。在全市积极组织开展“重读入党申请、感悟初心使命”活动，引导广大党员重读入党申请重温入党誓词“亮初心”，对照习近平总书记有关重要论述“正初心”，按照守初心、担使命要求“固初心”，提高各级党组织和广大党员干部践行初心使命的思想自觉、政治自觉和行动自觉。全市各级党组织共开展集中研讨1.7万次，参加人员41.9万人次。

三是现场感悟学。突出庄重感、仪式感，充分利用各级各类党员教育基地，广泛开展革命传统教育、爱国主义教育，组织观看《沂蒙山》《乳娘》《喜盈代村》《泰山挑山工》等影视文艺精品，传承红色基因，激扬新时代奋斗精神，增强学习教育的感染力和吸引力。着力打造泰山文化精神脉、红色基因传承带、党校阵地核心轴、时代改革先锋线、乡村振兴示范区、党性锤炼e中心“5+e”新时代党员教育体系，充分利用泰安主题党日活动中心、南湖党建文化主题公园、徂徕山抗日武装起义展室、泰安第一支部展室、陆房战斗纪念馆、万里故居等党性教育基地，传承红色基因，强化党性锻炼。在全国第一家制定主题党日基本规范，12月7日，举办全国主题党日研讨会。主题教育期间组织党员到各类基地接受现场教育32.5万人次，广大党员干部普遍接受了一次深刻的党性洗礼。组织广大党员干部收看“伟大历程、辉煌成就——庆祝中华人民共和国成立70周年大型成就展”网上展馆，广大党员干部加深对中华人民共和国成立70年间取得的历史性成就、发生的历史性变革的切身感受，在全市营造把爱国之情、强国之志转化为主动担当作为、积极进取的浓厚氛围，为主题教育深入开展注入新的动力。

四是宣讲报告学。采取邀请专家领导作辅导报告、先进典型现身说法等形式，深入开展形势政策教育、先进典型教育、警示教育等，不断将学习教育推向深入。全市各级举办各类报告会1840场次，参加党员18.9万名。9月17日，邀请中央党校中共党史教研部教授、博士生导师，毛泽东思想教研室主任祝彦以“跋山涉水再出发”为题作辅导报告，深度解读开展主题教育的背景和意义。10月28日，邀请外交学院副院长高飞作“中美贸易摩擦”形势政策专题报告，引导党员干部立足自身职责把发展稳定的事做好。11月19日，举办“人民楷模”朱彦夫事迹报告会，引导党员干部对照先进典型检视初心、践行初心。同日召开全市领导干部警示教育暨廉政谈话大会，推动党员干部在清正廉洁作表率上树立新形象、展现新作为。11月20日，省委宣讲团到泰安作中共十九届四中全会精神专题报告，2000多名党员干部收听收看，全市组成8个十九届四中全会精神宣讲团，开展宣讲近300场次，受众7万人，广大党员干部对全会精神的认识和理解进一步深化。11月28日上午，市委书记崔洪刚到山东科技大学宣讲四中全会精神，其他市委常委先后到驻泰安高校作形势政策辅导报告，累计为4000名在校师生宣讲全会精神，在全市掀起学习热潮。

（三）坚持问题导向，推动调研查摆有深度、有广度、有精准度。组织全市广大党员干部深入开展调查研究，深刻查摆检视问题，认真剖析原因、深挖思想根源，找准问题差距，理清工作思路，拿出破解办法，在思想政治受洗礼上得到新升华、在干事创业敢担当上目标更聚焦。

一是沉到基层一线摸实情。各级党员领导干部坚持“一线工作法”，采取“四不两直”等方式开展调研，深入基层听民意、摸实情、出实招、破难题，掌握大量第一手资料。主题教育期间，各级领导干部开展调研1.2万人次，形成调研报告6263篇。突出调研针对性，引导领导干部聚焦“六个围绕”确定调研主题，紧紧围绕习近平总书记视察山东讲话强调的“四个扎实”要求、解决党的建设面临的紧迫问题、打好三大攻坚战、推动新旧动能转换、实施乡村振兴战略和抓好“双招双引”等重点工作开展调研，使调研的过程成为加深对党的创新理论领悟的过程，成为密切党同人民群众血肉联系的过程，成为推动事业蓬勃发展的生动实践。坚持边调研边解决问题，主题教育期间，县（市、区）领导班子成员走遍所有行政村，对所有软弱涣散党组织进行逐一摸排、把脉会诊，帮助理思路、定措施、解难题，化解信访矛盾336件，办实事1114件。全市9.6万名在职党员到社区报到、包村联户，在脱贫攻坚、乡村振兴等工作一线解难题，在创建全国文明城市、泰山国际马拉松比赛等活动中志愿服务当先锋，成为一道靓丽的风景线。

二是交流调研成果促转化。为确保把调研成果转化为推动经济社会发展的思路办法，积极做好调研“后半篇文章”。10月18日，市委常委会召开调研成果交流会，围绕乡村振兴、化工产业高质量发展、东平湖环境整治等重点工作调研情况开展交流，提出对策建议60条，科学编制村庄建设规划、推进制度创新加快流程再造、党建引领农村集体“三资”清理等38条建议进入市委、市政府决策。在市委常委会示范带动下，全市各级领导班子全部召开调研成果交流会，一大批调研成果转化为推动经济社会发展的具体举措。各级党员领导班子成员以调研成果为主要内容，分别在一定范围内为党员干部讲专题党课，县级以上领导班子成员讲党课797次。10月25日，市委书记崔洪刚以“守初心、担使命，勇做新时代泰山‘挑山工’”为题，采取视频直播的形式，对如何推动习近平新时代中国特色社会主义思想入脑入心、知行合一，从7个方面为全市党员干部讲专题党课，进一步坚定广大党员干部守初心、担使命的信心决心，在全市凝聚起同心同德干事业、攻坚克难抓落实的强大力量。

三是坚持开门纳谏听意见。坚持听民意、顺民心、解民忧的工作导向，从一开始就创新形式、广开言路，采取主动找、基层提、热线听、网络问、班子谈、上级点等方式，多渠道、全方位听取各方面意见建议，着力把问题找准找全找具体。开通征求意见直通车，运用“工作落实面对面”电视问政栏目、“12345”政务服务热线、新媒体留言和网络问政等渠道，采取设立意见箱、开展民意调查、梳理网络舆情等方式，变“单向传输”为“双向交流”。市委常委会查找工作堵点、民生痛点等方面问题2675条，全市各级征求意见3.8万条，为更好地为群众办实事、解难题对准靶向、找到根源。

四是开展“六问六查”找差距。在全市部署开展“初心使命六问六查”，围绕理想信念、标准境界、发展理念、作风担当、群众观念、纪律规矩等6个方面，提出18个具体问题，按照“见人见事见思想”要求，引导党员干部逐一对照、深刻检视，对政治、思想、作风进行一次全面体检、把脉问诊。11月8日，市委常委会召开对照党章党规找差距专题会议，市委书记崔洪刚带头谈问题表现，进行原因分析，明确努力方向和整改措施，以上率下推动全市主题教育不断走深走实。全市各级党员领导干部对照党章党规找差距，围绕“18个是否”全面查找违背初心和使命的各种问题，召开专题会议深入检视分析，相互咬耳扯袖、提醒警醒，使党员领导干部经历一次严格的党内政治生活锻炼。将各种渠道、方式查摆出来的问题，全部纳入主题教育整改落实任务，列出检视问题清单、即知即改问题清单、联动整改问题清单“三张清单”，逐条制定整改措施，为彻底整改奠定坚实基础。

（四）坚持动真碰硬，推动整改落实用心抓、深入抓、持续抓。从主题教育一开始就把整改问题摆在突出位置，坚持边查边改、立说立行，对专项整治和学习调研发现的问题及检视出的问题，盯紧每一项、抓实每一件，真刀真枪解决问题，在为民服务解难题上取得新成效，不断增强群众的获得感、幸福感、安全感。

一是突出专项整治改。扎实推进中央和省委确定的专项整治任务，同时结合泰安实际，把房地产开发历史遗留问题、优化营商环境解决“中梗阻”等问题纳入专项整治，制定“1+12”整改方案，实行专班负责、项目化推进。针对基层党组织软弱涣散和城市基层治理难题，11月14日、12月13日先后召开全市软弱涣散基层党组织整顿建设工作现场会、抓党建引领提升城市基层治理水平工作会议，市委书记崔洪刚出席并讲话，交流经验做法，明确工作措施，压实工作责任。针对领导干部利用名贵特产类特殊资源谋取私利问题，把泰安市名贵特产类特殊资源项目确定为泰山石和泰山著名碑刻拓片，查处违规收送礼品礼金问题23起，处理44人，党纪政务处分28人。针对整治民生领域侵害群众利益问题，将专项整治行业范围扩展到公安、医保、民政、财政、住建、交通运输、水利、农业、统计等13个部门，确保整改效果。针对扶贫领域腐败和作风问题，明确16项具体整治工作，整改到位率99.5%。

二是聚焦重点问题改。坚持从群众反映最强烈的实际问题改起，把解决房地产开发历史遗留问题、狠抓东平湖自然保护区监管作为市委常委会第一批重点解决问题，分别由市长、市委副书记牵头负责，取得明显成效。把固定资产投资指标下滑、推进流程再造制度创新工作有差距问题作为第二批重点解决事项，强力推进。各县（市、区）、市直部门（单位）确定两批251项即知即改问题，涉及加强党的建设、完善体制机制、提高作风能力、优化发展环境、改善保障民生等5个大类，在媒体公示，第一批138项全部整改完成，第二批113项已整改完成108项，其余5项取得阶段性明显成效，并持续推进。各级各单位对群众反映集中的堵点难点痛点问题，立改快改、真改实改，铺开11条断头路打通工作，群众期盼20多年的擂鼓石大街全线打通，多年“堵心路”如今变成“连心路”；为老旧小区安装公共空间楼道玻璃19.8万平方米，开工安装电梯31部；全市81处农村敬老院全部完成“四改一定”工程，大力推进村集体“三资”清理，基层群众出行难、社会保障水平不高、农村“三资”管理乱、城市治理能力不强等一批事关群众切身利益的问题得以有效解决。基层党员群众反映这次主题教育有力度、有温度，切身感受到主题教育带来的新变化。

三是上下结合联动改。发扬刀刃向内的自我革命精神，对查摆出的表现在基层、根子在上面的文山会海、督查检查考核过多过频、不担当不作为等问题，市级有关部门（单位）主动认领、及时跟进，积极与县、乡两级搞好对接，制定具体整改措施，有力有序推进整改工作落实到位，共同完成联动整改任务。2019年，以市委、市政府名义召开会议98个，减少40.9%；以市委、市政府名义制发文件288件，编发简报1297期，分别减少

39.6%、41.7%；市级层面开展督查检查考核37次，减少67.2%。清理规范签订责任状，市与县责任书压减40%，县与乡镇责任书压减33%，市直部门与县、县直部门与乡签订责任书全部“清零”。

四是检视剖析持续改。高度重视开好专题民主生活会和组织生活会。12月6日，市委常委会召开专题民主生活会，省委副书记、省长龚正到会指导并进行点评讲话，给予方向把得正、问题找得实、根源挖得深、批评效果好等4个方面的肯定和表扬。12月9日，市委书记崔洪刚到泰山区参加常委班子专题民主生活会，推动全市各级专题民主生活会高质量开展。12月中旬前，市、县、乡党委（党组）领导班子和基层党组织，全部召开专题民主生活会和专题组织生活会。市委巡回指导组严格把好会议方案、谈心谈话、检视剖析材料、会议质量“四个关口”，保证会议质量。党员干部普遍反映，民主生活会点准了穴位、开出了辣味，触动了思想、触及了灵魂，收到了红脸出汗、排毒治病、加油鼓劲的效果，达到凝聚共识、增强信心、激发动力的预期目标。

（五）坚持打响勇做新时代泰山“挑山工”品牌，凝聚力量、推动发展。深入学习贯彻习近平总书记重要指示要求，把勇做新时代泰山“挑山工”作为实践载体，印发《深化勇做新时代泰山“挑山工”主题实践活动推动主题教育深入开展的意见》，将主题教育与中心工作深度融合、一体推进，勇做新时代泰山“挑山工”在广大党员干部中蔚然成风，凝聚起同心同德干事业、攻坚克难抓落实的强大合力。

一是营造勇做新时代泰山“挑山工”的浓厚氛围。发挥报纸、电视、网络等媒体作用，大力宣传勇做新时代泰山“挑山工”的意义、要求和先进典型，持续激发党员干部“挑担不畏难、登山不畏险、坦途不歇脚、重压不歇肩”的热情。着眼推动勇做新时代泰山“挑山工”深入人心，精心制作《泰山挑山工》政论片，组织党员干部集体观看，在深入学习、践行领悟中接受思想教育和精神洗礼。从市委比选表扬的新时代泰山“挑山工”先进集体和先进个人中，选树10面红旗和20名标兵，分“标兵初心”和“红旗使命”两个主题进行巡回宣讲，引导党员干部对标学习、见贤思齐。举办“不忘初心、牢记使命，勇做新时代泰山‘挑山工’”演讲比赛和唱响泰山“挑山工”文艺晚会，发出勇做新时代泰山“挑山工”的时代强音，在全市党员干部中引起强烈反响。

二是搭建勇做新时代泰山“挑山工”的竞赛平台。落实省委“七赛七比”要求，搭建重点工作、县（市、区）和功能区、市直部门（单位）、党员干部等“四个擂台”，普遍开展岗位练兵、业务比武活动，推动各级各部门和党员干部比实干、赛实绩，争先进、夺位次，强化“坐不住、等不起、慢不得”的紧迫感，形成拼搏进取、攻坚克难的浓厚氛围和工作局面。持续深化寻标对标争先进位行动，引导各级各部门对标先进、争创一流，以更高标准谋划发展，以更大担当推动落实。市委确定嘉兴作为对标对象，重点学习弘扬“红船精神”、城市规划建设等8个方面的经验。全市确定对标单位94个、任务339项，打造特色亮点工作87项。2019年，泰安市在中国城市品牌评价百强中位列第38位、中国百强城市排行中位列第63位，获评中国投资环境百佳城市、中国企业营商环境十佳城市、中国品牌城市等。旅游服务环境持续提升，在“五一”“十一”全省AAAAA级景区好评度排名中，泰山景区均排在第一位。在全国文明城市测评中，群众满意度从2017年的70.1%提升到2019年的98.6%。

三是建立勇做新时代泰山“挑山工”的长效机制。既坚持“当下做”，更注重“长久立”，健全完善担当作为、狠抓落实的工作机制，推动勇做新时代泰山“挑山工”制度化、长效化，推动建立“不忘初心、牢记使命”的制度机制。①建立重点工作“5+2”推进机制。成立产业经济发展、城市建设管理、文化旅游产业、乡村振兴、党建和人才5个工作小组和泰山区域山水林田湖草生态保护修复工程城区项目、农村项目2个指挥部，由市级领导牵头挂帅，每年梳理重点任务，挂图作战，“插红旗”考核，让政策“一竿子”到企业、服务“一篮子”到项目。②完善制度创新机制。在全省率先建立流程再造工作体系，围绕“双招双引”、加快审批服务、信息共享、事中事后监管、城市管理、精准考核等亟需突破的重点事项，靶向用力、再造流程，推动制度创新成果落实落地。成立全省首家市级行政审批服务局，列入山东省庆祝改革开放40周年最具影响力事件。着力打造“泰好办”政务服务品牌，整合分散在多部门的“多件事”为“一件事”，行政审批服务事项由“62证合一”升级到“75证合一”，推行“贴心代办、一次办好”等模式，当好服务企业群众的“店小二”。泰安市一般建设项目从立项到施工许可最短26天即可完成部门审批，比省里要求的45天缩短19天。实行“带方案出让土地”审批服务新模式，美家科技等项目实现“拿地即开工”。③健全考核激励机制。改进经济社会发展综合考核，创新写实考核机制，优化考核方式，构建以“企业评机关、基层评上级、群众评干部”为主要内容的“三维评价”体系，提升考核工作质量。强化考核结果运用，综合运用物质奖励、政治激励、精神鼓励和反向约束等措施，推动考核结果与报酬待遇、干部选用、评先树优、惩戒问责挂钩。落实容错纠错、澄清保护机制，大力选拔使用担当作为、干事创业的“李云龙”式干部，充分激发干部队伍积极性主动性创造性，形成勇做新时代泰山“挑山工”的鲜明导向。

（六）坚持抓实组织领导，推动主题教育落地生根、善作善成。全市各级各部门认真落实习近平总书记“抓组织领导到位”的要求，以只争朝夕的奋斗姿态和一往无前的拼搏精神，扛牢政治责任，主动作为、统筹推进，确保全市主题教育有力有序有效开展。

一是强化责任落实。市委主要负责人认真落实“第一责任人”责任，定期听取主题教育工作进展情况，研究推动措施办法，先后主持召开常委会会议7次、领导小组会议4次，以实际行动引领和推动全市形成市县乡村四级书记抓、层层抓落实的良好局面。其他常委坚持“一岗双责”，既以身作则亲自抓、示范学、深入查、带头改，又持续强化对分管领域主题教育的组织指导。市委主题教育领导小组及其办公室认真贯彻落实中央和省、市委要求，统筹安排、精心调度，及时分析研判，为市委决策、推进工作提供有力参考。对反映比较集中的问题，及时制定答复意见；针对苗头性倾向性问题，先后召开工作推进会议和巡回指导组组长会议加强指导，制定《主题教育负面问题防范清单》防“未病”，确保主题教育各项任务落实落细。

二是强化督促指导。抽调精兵强将，向各县（市、区）、功能区和市直部门（单位）派出12个巡回指导组，县（市、区）党委同步向乡镇（街道）和县（市、区）直部门派出巡回指导组。各级巡回指导组认真落实中央部署和省委、市委要求，突出抓好“一把手”这个“关键少数”，督促“一把手”责任落实到主题教育各项工作中。通过随机抽查、调研访谈、实地察看、列席重要活动等方式，加强过程评价、跟踪问效，强化对重点措施的审核把关。建立周调度制度，认真开展谈心谈话活动，及时向指导单位反馈意见建议，有力保障主题教育高质量开展。部署开展“回头看”，引导各级领导班子、领导干部和基层党组织对规定动作一项一项开展自查和梳理，对有缺项漏项、效果不理想、群众不满意的，及时“回炉”“补课”。

三是强化宣传引导。精心制定宣传工作方案，对上积极推介泰安市典型做法，持续在上级媒体传递“泰安声音”；加强对下宣传引导，在市级媒体开设专题专栏，推广基层经验，营造舆论氛围和社会氛围。主题教育期间，省委主题教育《工作简报》共刊发泰安市经验做法13篇，《人民日报》、央视《新闻联播》、山东卫视《山东新闻联播》、《大众日报》等省级以上媒体刊发泰安市各类稿件21篇。11月1日，《人民日报》刊发泰安市抓好群众最急最忧最盼即知即改事项的有关做法。市级媒体共刊发各类报道1100篇。

四是强化自查自纠。及时下发《通知》，研究制定《评估工作指导手册》，对评估工作的主要任务、方法措施、时间安排、责任分工等作出具体安排。市委各巡回指导组结合日常督促指导掌握的情况，综合自查评估和听取意见、随机测评等情况，对所指导单位主题教育开展情况进行深入研究分析，逐一形成有成效、有问题、有分析、有建议的评估报告，客观公正作出评价。各单位党委（党组）切实担负起主体责任，主要负责人认真履行第一责任人职责，亲自抓、靠上抓，密切配合市委巡回指导组做好评估工作。至年底，全市各级已全部完成自查评估工作。

二、工作体会及经验启示

该次主题教育是新时代深化自我革命、推动全面从严治党向纵深发展的生动实践，对于促进全市各级党组织和广大党员干部，切实用习近平新时代中国特色社会主义思想武装头脑、指导实践、推动工作，具有十分重要的意义。回顾总结起来，主要有5个方面的体会和认识。

一是必须坚持思想建党、理论强党，始终用党的创新理论武装头脑。全市各级党组织始终聚焦主题主线，把学习贯彻习近平新时代中国特色社会主义思想贯穿始终，推动学思用贯通、知信行合一，广大党员干部筑牢了信仰之基、补足了精神之钙、把稳了思想之舵，奋斗方向更加明确，思想行动更加统一，战斗意志更加坚定，为同心同德干事业、攻坚克难抓落实奠定坚实的思想基础。全体党员干部深刻体会到，只有坚持不懈用党的创新理论武装头脑，才能坚定“主心骨”、把稳“定盘星”，始终牢记初心使命、坚持正确政治方向；才能掌握强有力的思想武器，找到推动工作、解决问题的“金钥匙”，做到深刻认识问题，科学分析问题，有效解决问题，应对和克服一切艰难险阻。

二是必须坚持领导带头、以上率下，着力压实主体责任和第一责任人责任。总书记指出，在上面要求人、在后面推动人，都不如在前面带动人管用。从主题教育一启动，市委常委会就坚持带头研究谋划、示范推进，各级主要负责人亲自抓、作表率，带动形成市县乡村四级书记抓、层层抓落实的良好局面，以强有力的示范效应调动起广大党员干部参与主题教育的积极性、主动性。全体党员干部深刻体会到，领导干部的行动是最重要的风向标，把领导班子、领导干部的责任抓到位、落到底，促使领导干部冲在前、干在先、打头阵，就能带动一大片、影响一大片。

三是必须坚持问题导向与目标导向相统一，动真碰硬解决好难点痛点堵点问题。市委紧盯主题教育目标任务，以不把历史问题再留给历史的担当，扎实推进专项整治和即知即改问题解决，坚决做到问题不解决不松劲、解决不彻底不放手、群众不认可不罢休，推动“问题清单”“整改清单”转化为“满意清单”“成效清单”。全体党员干部深刻体会到，推进工作既要坚持问题导向“埋头拉车”，奔着问题去、扭住问题改，又要坚持目标导向“抬头看路”，紧紧围绕目标开展工作，严格执行路线图、时间表和任务书，确保不跑偏、不懈怠、不走样，始终在正确方向和道路上坚定前行。

四是必须坚持紧贴实际、创新载体，有效激发党员干部干事创业活力。在做好规定动作的基础上，紧密结合泰安实际，把勇做新时代泰山“挑山工”作为实践载体，谋划设计一系列具有泰安特色的自选动作，采取比选表扬、搭建“四个擂台”、寻标对标争先进位等方式，充分激发广大党员干部干事创业热情，有力地推动经济社会高质量发展。全体党员干部深刻体会到，搞好党内教育既要抓好规定动作“接天线”，又要做好自选动作“接地气”，才能推动主题教育开展得更加见真着实、扎实深入。

五是必须坚持从严从实、落细落小，严把标准质量关。全市各级党组织坚持“严”字当头，力戒虚功，务求实效，引导党员干部始终对着目标发力、朝着落实用劲，取得明显成效。市委主题教育领导小组及其办公室加强政策研究，制定工作清单，贯通推进四项重点措施，推动主题教育步步深入、有序开展。各级巡回指导组深入一线、严督实导，敢于坚持原则、动真碰硬，卡实关键措施，卡紧时间节点，卡死质量标准，保障主题教育扎实深入开展。全体党员干部深刻体会到，只有严要求、动真格、实打实，才能让广大党员干部群众看到决心、增强信心，确保主题教育扎扎实实不走过场、取得实效。

（组织部）

泰山区域山水林田湖草生态保护修复工程

【项目优化调整情况】 2017 年 12 月，泰山区域山水林田湖草生态保护修复工程（以下简称“生态保护修复工程”）成功获批国家第二批试点。2018 年 3 月，泰安市“生态保护修复工程”实施方案，经省政府同意，由原财政厅、国土资源厅、环境保护厅联合上报国家三部委备案。实施方案共涉及地质环境、土地整治、水环境、生物多样性保护和监管能力建设 5 大类工程、62 个项目，总投资 192.03 亿元。在项目推进过程中发现，有的项目建设内容安排不科学，有的项目投资概算不合理，个别项目随着时间推移已经无法实施。本着实事求是的原则，经市领导批准，在广泛征求意见、组织专家评审论证的基础上，对部分项目进行调整优化。2019 年 10 月 31 日，经省政府同意、报国家三部委备案，泰安市优化实施方案由省财政厅、自然资源厅、生态环境厅联合批复。方案调整后，五大类工程项目共 67 个（其中调减 3 个、调增 8 个）、子项目 326 个，总投资为 166.37 亿元（调减 25.66 亿元）。主要绩效目标为：水环境保护治理方面，要求国控断面水质优良比例达到 100％，东平湖湖南断面、湖北断面和大汶河王台大桥断面水质达到Ⅲ类；矿山环境治理方面，要求治理采煤塌陷地 9090.12 公顷，矿山生态修复 1076 公顷（项目调整前为 990 公顷），地质灾害防治工程 6 个，地质公园及地质遗迹保护 241.58 平方千米；土地整治方面，要求工矿废弃地复垦 881.68 公顷，农用地整治 2.50 万公顷，新增耕地 2658 公顷；生态环境治理修复方面，要求新增湿地 630 公顷，城市建成区无黑臭水体，城市重要集中式饮用水源地水质达标率 100%。

2月27日，全市山水林田湖草生态保护修复工程工作推进会在新泰召开
（司　刚　摄）

【整体进展情况】 泰安市山水林田湖草生态保护修复工程安排各类项目67个，涉及子项目326个，总投资166.37亿元。至年底，已开工项目65个、子项目315个，分别占总计划的97.0%和96.6%，其中已完工项目17个、子项目205个。完成项目投资105.8亿元，占总计划的64%，其中中央财政资金17.5亿元，省级财政资金11.5亿元，市、县财政资金7.5亿元，企业自筹35.7亿元，PPP资金投入工程14.1亿元，其他资金19.5亿元。具体绩效目标完成情况：完成采煤塌陷地治理面积5324.8公顷，占总计划的58.6%；矿山生态修复面积664.3公顷，占总计划的61.7%；地质灾害防治工程3项，占总计划的50%；地质公园及地质遗迹保护164.4平方千米，占总计划的68.0%；土地整治面积2.48万公顷，占总计划的96.0%；新增耕地面积3972.7公顷，占总计划的149.4%；新增湿地面积402.6公顷，占总计划的63.9%。

【项目类别进展情况】 地质环境类 项目17个、子项目59个，计划投资17.44亿元；已开工项目16个、子项目56个，其中完工项目3个、子项目31个；已完成投资12.32亿元，占总计划的70.6%。

土地整治类 项目9个、子项目131个，计划投资15.29亿元；均已开工建设，其中完工项目4个、子项目116个；完成投资18.52亿元，占总计划的121.1%。

水环境类 项目27个、子项目83个，计划投资113.0亿元；已开工项目26个、子项目75个，其中完工项目5个、子项目25个；完成投资56.6亿元，占总计划的49.5%。

生物多样性类 项目9个、子项目48个，计划投资20.14亿元；已开工项目9个、子项目47个，其中完工项目2个、子项目30个；完成投资17.79亿元，占总计划的88.4%。

监管能力建设类 项目5个、子项目5个，投资0.5亿元；均已开工建设，其中完工项目3个、子项目3个，完成投资0.52亿元，占总计划的104%。

【区域划分进展情况】 新泰市 项目9个、子项目61个，总投资13.55亿元；已开工项目9个、子项目60个，其中完工项目3个、子项目43个，完成投资14.79亿元（其中农用地整治项目超额完成4.5亿元），占总计划的109.1%。

肥城市 项目16个、子项目45个，总投资16.79亿元；均已开工建设，其中完工项目11个、子项目40个，完成投资16.02亿元，占总计划的95.4%。

宁阳县 项目11个、子项目88个，总投资13.95亿元；均已开工建设，其中完工项目2个、子项目72个，完成投资12.21亿元，占总计划的87.5%。

岱岳区 项目10个、子项目23个，总投资8.20亿元；均已开工建设，其中完工项目2个、子项目12个，完成投资6.11亿元，占总计划的74.5%。

东平县 项目18个、子项目61个，总投资32.29亿元；已开工项目17个、子项目58个，其中完工项目8个、子项目28个，完成投资22.80亿元，占总计划的70.6%。

泰山景区 项目4个、子项目19个，总投资8.03亿元；已开工项目4个、子项目17个，其中完工子项目7个，完成投资4.43亿元，占总计划的55.2%。

旅游经济开发区 子项目1个，计划投资10.42亿元，已基本完工。

徂汶景区 项目5个、子项目8个，总投资8.87亿元；均已开工建设，完工子项目2个，完成投资3.72亿元，占总计划的42.0%。

泰山区 子项目4个，总投资8.20亿元；已开工子项目3个，完成投资3.37亿元，占总计划的41.1%。

市直 项目7个、子项目14个，总投资44.52亿元，已开工项目6个、子项目10个，完成投资16.51亿元，占总计划的37.1%。

泰安高新区 项目2个、子项

目2个，总投资1.55亿元；均已开工建设，完成投资0.30亿元，占总计划的19.3%。

【分指挥部进展情况】 农村项目指挥部 项目65个、子项目316个，计划投资120.88亿元；已开工项目63个、子项目307个，其中完工项目17个、子项目204个；已完成投资89.01亿元，占总计划的73.4%。

城区项目指挥部 项目4个、子项目10个，计划投资45.49亿元；已开工项目4个、子项目8个；其中，完工子项目1个，完成投资16.75亿元，占总计划的36.8%。

（张 健）

重点工作专班

【产业经济发展工作小组】 年末，年初确定的11项重点插旗任务中，已完成插旗9项；“双招双引”已完成任务目标，已申请插旗；“双50强”企业培植任务待全年数据完成统计后申请插旗，确保插旗任务全面完成。

招商引资逆势突围 围绕全市重点产业，市委书记崔洪刚、市长张涛带队赴国内外开展招商，举办上海、深圳、青岛投资合作洽谈会和北京半导体路演等活动，签约重点项目94个，意向投资额1638.3亿元；光明智谷、鲁商客天下、钜成信息产业园、正威新材料产业园、国泰大成新材料产业园、兖矿泰安港公铁水联运物流园等项目相继落户泰安市；引进内资“十强”产业和交通基础设施项目96个，到位资金131.6亿元、增长101.3%；泰安高新区年内新开工项目31个，新竣工投产项目30个，引进项目完成投资31.4亿元，增长38.9%，提前完成插旗任务，新竣工的盛德大业供应链平台、泰开新能源箱变项目分别实现营业收入21.3亿元、9.2亿元。

产业培植全面起势 实行“6个1”包保制度，完善“11+4”产业工作专班，统筹推进“六位一体”保障体系，建立科学决策、有效执行的体制机制。①骨干企业竞相发展。落实市委、市政府双50强企业培植政策，形成上下联动、齐抓共管工作格局。全年“工业领军50强”企业（不含泰山石膏有限公司，上市公司）实现主营业务收入1304.3亿元、增长5.64%，“科技创新50强”企业实现主营业务收入32.8亿元、增长20.05%，石横特钢名列中国民营企业500强第186位。②传统产业提质增效。以智能、绿色为重点，加速新技术、新设备、新业态融合发展。康平纳发挥中国工业大奖、国家科技进步一等奖技术成果优势，创建首家省级制造业创新中心，新泰项目2个智能厂房建成试运行，全国“1+50”共享工厂模式稳步推进。③新兴产业扩容倍增。坚持政策引领、创新驱动，峰松物流“互联网+”新业态爆发式增长，全年实现营业收入105.3亿元、税收9.1亿元，较上年分别增长16倍、13倍。④优势产业集群发展。在“链”上做文章、“聚”上下功夫，产业集群集聚膨胀，规模效应、品牌效应凸显。新一代信息技术、纺织服装、新能源和节能环保产业被列入全省首批现代优势产业集群名单。石横特钢抢抓纳入省先进钢铁制造产业“两基地四集群”机遇，投资150亿元建设泰安特种建筑用钢产业集群项目，打造国内特种建材用钢第一品牌。全年固定资产投资40亿元、内资到位资金20亿元、外资到位资金6000万美元任务已全面完成，项目达产后新增销售收入200亿元、利税18亿元、安置就业3000人。

项目建设乘势而上 突出抓好重大项目库、可视化督导服务平台、项目落地服务机制“一库、一平台、一机制”建设，实行市领导冲刺攻坚包保责任制，强力推进重点项目建设。①泰安抽水蓄能电站二期项目。总投资102亿元，核准前置事项多、对上争取难度大，产业经济发展工作小组按时序分解任务、压茬排出工作计划、成立工作专班，部门联动、全力推进。到年末，开工核准所需的30个专题报告，包含1个联合国教科文组织、7个国家级、20个省级事项已全部完成审批，生态红线划定、省级自然保护区调整和1880米长探洞施工全部完成，12月11日，省发展改革委正式完成项目核准。项目建成后，泰安市抽水蓄能电站装机容量位列全国第二、世界第五。②华能泰丰光纤预制棒、光纤制造项目。一期项目当年开工当年投产，产品一次性成功下线，建设速度创行业记录，实现光棒300吨、光纤1000万芯千米年产能，项目全部建成后实现光棒1000吨、光纤3500万芯千米年产能，迈进全国前五。③泰山玻纤产业园项目。六号线建成投产，七、八两线完成厂房建设；老厂区搬迁涉及央企和地方多重利益，前期分歧较大，经过不断协调、多轮磋商，最终于10月31日签订搬迁补偿协议，11月10日，老厂区2号、3号、9号生产线全部关停。

核心要素保障有力 优化发展环境、完善要素支撑、激发投资活力，打通服务产业经济发展“最后一公里”。政策支持做“加法”，先后出台支持实体经济、民营经济及扩大有效投资、促进高质量发展的系列文件，政策红利不断释放。审批流程做“减法”，打响“泰好办”服务品牌，审批服务全面提速，“带方案出让土地”新模式使“拿地即开工”在泰安成为现实。整合资源做“乘法”，重点企业财源建设基金已投放35.2亿元、招才引智基金兑现1.27亿元；推进泰山基金小镇项目，引进投资管理公司13家，到位资金1.49亿元；积极争取发行地方政府专项债券，储备项目62个，获批项目12个、额度22.1亿元，位居全省第七；全市新增工业用地236宗、316公顷。资金、人才、土地支撑作用凸显。破解瓶颈做“除法”，充分发挥倒逼机制，坚决关停淘汰落后产能，稳妥处置“僵尸企业”，盘活存量资源，实现“腾笼换鸟、凤凰涅槃”。（刘　鹏）

【城市建设管理工作小组】 年内，聚焦年初确定的12项重点插旗任务，担当作为，奋力攻坚，基本完成既定目标。

攻坚克难抓落实 2019年是泰安城区建设史上迎难而上、艰苦奋斗的一年，重点城建项目任务之艰巨“前所未有”。①拆迁难度之大前所未有。征地拆迁是项目实施的前提和基础，12项重点插旗任务涉及征地拆迁1180户、38.3万平方米，面广量大、情况复杂，既有驻泰安高校、也有部队武警，既有省属企业、也有市直单位，既涉及企业改制、产权纠纷等问题，也要面对不同层次、要求各异的被征收户。面对各种困难，各参战单位盯上靠上、全力攻坚，反复做工作，深度协商、热情讲解、真情感化，最大限度争取理解和支持。比如：擂鼓石大街中段涉及房屋征收241户、9.99万平方米，有的被征收人开始不配合，指挥部工作人员上门协商39次，领导直面做工作8次，最终顺利签订协议；对于干休所和武警支队，先后对接300次，召开专题协调会80次，41次北上南下与上级部门沟通，积极推进工作开展。②协调范围之广前所未有。2019年的城建重点任务点多线长，千头万绪，涉及多个部门、不同隶属，工程复杂，国家部委、省市审批程序多、时限长、协调难度大。比如：擂鼓石大街中段干休所和武警支队的征收，需经军分区到中央军委后勤保障部9道审批程序；岱庙文化广场的方案调整须国家文物局审批；高铁泰安站北配楼改造，涉及京沪高铁股份有限公司、济南铁路局集团公司；天平大街涉及铁路通信、供电、军用光缆等多部门。为切实解决好重点难点问题，工作小组年内累计召开各类推进会、现场会、专题会130次，下发会议纪要20期。济泰高速桥涵通道留设事项，专门与葛洲坝集团协调争取，发专函30份，组织现场会20次，最终优化调整20处桥涵通道，基本满足东部城区规划要求。③投资规模之大前所未有。2019年的城建重点任务，涉及投资105.9亿元。面对资金缺口大、融资贷款难度大的严峻形势，想方设法做好土地资本化运作和办法创新。年内，泰安城区储备土地23宗、303.07公顷；出让经营性土地35宗、207.8公顷，出让金额111亿元。同时，创新合作模式，走市场化运作的路子，与国企、央企以及上市公司合作，创新采取EPC设计施工总承包模式，吸引资金助力城市建设。④制约因素之多前所未有。年内，受台风、环保治理、重污染天气等因素影响，工程停工最多的时间段达到50多天，特别是面对史上最强台风“利奇马”，市城市管理局全员出动、全力以赴，确保城市秩序井然。同时工程体量大、施工技术难点多，时间紧、任务重现象凸显。面对种种困难，工作小组全面实行“一线工作法”，累计出现场150次，下发情况通报20期；各参战单位把“五加二”“白加黑”“身上一身汗、腿上两腿泥”作为常态，“头拱地”向前冲，力保任务圆满完成。擂鼓石大街中段新建山东农业大学、山东科技大学泰安校区9.4万平方米教学设施，历时170天就全部完成，保障5600名学生秋季入学；环山路东延改造工程规模之大为泰安城区市政建设之最，其中芝田河大桥更是泰安市同类桥梁中难度和规模最大的，工程仅用不到10个月就全部建成；岱庙文化广场，因方案变更的原因，用不到一个半月的时间就完成6个月的任务；高铁北配楼改造，克服高铁沿线管制时段较多、无法机械施工仅靠人工作业的诸多问题，超额完成年度目标。

以人为本显实效 在抓城市重点任务建设过程中，始终坚持“以人民为中心”，着力解决事关群众切身利益的根本问题，实现民生效

益、社会效益与环境效益的统一。①城市路网更加完善。投资40.3亿元，启动11条城区道路建设，打通断头路、畅通微循环。其中，环山路东延改造，天平大街及学院路、长城西路“1+2”工程，12月16日竣工通车；擂鼓石大街（府前街段）8月1日竣工通车；擂鼓石大街中段沥青摊铺1.64千米，占总量的80%以上；北上高大街、灵山大街东段、擂鼓石大街东段等道路建设工程加快推进。道路的建成，进一步拓展城市发展空间，缓解交通压力，完善城市功能，为泰安经济社会的高质量发展奠定基础。②城际联系更加畅通。高速公路是缩短城际距离的连接线、带动区域经济发展的大动脉。年末，全市境内8条332.4千米高速公路在建或改造，其中济泰高速泰安境内隧道完成88%，桥梁完成86%，路基完成75%，实际投资17.06亿元，占年度投资计划的106%。2020年6月建成通车后，泰安到济南仅需半小时，对加快融入济南都市圈、带动东部新城发展具有重要意义。③群众生活更加便利。下足城市管理“绣花”功夫，服务群众生活，32处城管驿站建成使用，受到上级称赞；岱庙文化广场，年内登山节投入使用；冯玉祥小学迁建及市直机关幼儿园主教学楼全部建成，解决市民12年的期盼；高铁泰安站北配楼，新建售票大厅启用，一层候车室改造基本完成；财源街中央商务区，一期10幢回迁楼基本完工准备回迁；泰安城区农贸市场规范化建设，年内28处拆除、新建、改造提升任务全部完成。

（李 伟）

【文化旅游产业发展工作小组】 2019年，按照“111345”（明确“一个目标”，即实现文化旅游产业“三增长、双提升”目标；实施“一个战略”，即大力实施“全域旅游发展战略”；编制“一个规划”，即编制全市文化旅游产业发展总体规划；抓好“三个一批”项目，即策划招商一批、建设推进一批、巩固提升一批；实施旅游服务质量提升“四大工程”，即旅游交通组织换乘提升工程、旅游停车场建设提升工程、特色餐饮街区打造工程、旅游厕所改造提升工程；落实“五个保障”，即组织保障、政策保障、资金保障、体制保障、人才保障）的总体思路，紧扣“三增长、双提升”〔文化旅游产业项目数量、到泰安（特别是进泰山）购票旅游人数、文化旅游产业收入（特别是泰山门票）明显增长，旅游服务质量、景区景点知名度明显提升〕目标，将11项标旗任务分解为77小项具体工作，召开专题会、协调会、现场会等各类会议62次进行推进，采取周调度、月督导、季通报等多种形式强力落实，11项标旗任务全部如期完成并验收插旗。

强力推进基础配套，旅游服务质量实现新提升 紧扣旅游基础设施“四大工程”（旅游交通组织换乘提升工程、旅游停车场建设提升工程、特色餐饮街区打造工程、旅游厕所改造提升工程）改造提升，完成5项插旗任务。①旅游交通组织换乘提升工程。仅用10天时间，完成游客导引显示、售票口、调度室、安检闸机等配套设施，开通高铁站往返中天门直通车，3月1日，市委书记崔洪刚现场见证首发运行；开通高铁泰安站、泰山火车站、汽车站到泰安城区主要景区景点的旅游专线车；优化游1至游3旅游专线和7条常规公交线路，新开通游4至游7四条旅游专线，有效串联交通枢纽和主要景区景点，方便游客换乘。由市城市管理局牵头，市交通运输局、市交警支队、泰山景区等单位配合，克服施工空间狭窄、车流压力大等难题，日夜施工，用28天完成天外村至红门路沿线5处公交港湾的改造提升，解决公交车占道上下客等问题，改善天外村附近交通拥堵状况。用1个月的时间，协调解决用电、场地加固等难题，完成天外村4部自动扶梯安装，国庆节前投入使用，受到广大游客和市民好评。②旅游停车场改造提升工程。全年改造提升主要景区景点停车场11处，全部配套建设厕所、充电桩、停车信息电子显示设施，合理设置大巴、公交、出租车候客区。③主要景区景点厕所建设提升工程。按标准新建旅游景区厕所14处、改造39处，其中泰山景区新建7处、改造16处，关键节点、重要位置按AAA+打造，设置第三卫生间和智慧管理系统，提升景区服务档次和水平。④城市公厕建设提升工程。参照先进城市建设标准，新建城市公厕9处、改造提升16处，重点部位厕所设置第三卫生间和智慧管理系统，配套建设环卫工休息室、工具房及垃圾转运站，增强城市服务功能，赢得市民称赞。

强力推进重点项目，文旅产业发展注入新动能 坚持把项目建设作为总抓手，成立15个工作专班，全年推进6个标旗和67个“三个一批”（策划招商一批、建设推进一批、巩固提升一批）项目，完成投资62.48亿元，超年度计划4.8个百分点。其中，泰山新闻出版小镇项目，总投资123亿元，北区数字印刷产业园区23个单体建筑完成主体建设，具备使用条件，南区时代天华和人天书店一期厂房完成主体结构；天平湖西部慢谷项目，完成年度投资3.2亿元，泰山美墅度假酒店完成改造并试运营，房车营地完成管网、木房基础、停车位以及道路基础施工；碧霞湖文化项目，总投资50亿元，旧村改造和泰秀项目于11月29日开工建设，已进行基槽开挖；泰山大食堂项目，总建筑面积2800平方米，以地方传统特色饮食为载体，让游客和市民体验特色饮食文化；泰安老街项目，总投资11亿元，10万平方米建筑主体及外装全部完成，内装完成50%，计划与文旅城同时投入运营；泰山云集项目，总投资3亿元，11栋建筑全部建成并完成内外装修，部分商户已运营。

强力推进招商营销，转型升级增添新后劲 ①精准招商成效显著。立足产业优势策划22个招商项目，先后赴广东、陕西、北京、青岛等地实施精准招商。总投资150亿元的泰山佑·国际生态旅游度假区项目，5月初，市委书记崔洪刚带队南下签订三方战略合作协议，已完成可行性研究报告，启动区用地补偿款已到位；与中信陕旅集团合作，总投资30亿元的演艺秀都项目已签订正式合同，完成土地手续办理，年末进行概念性策划方案和演艺产品创意思路汇报；由山东高速总投资150亿元的泰山山高·康乐谷项目，重新调整规划定位为文化旅游项目，打造热带风情园、康养小镇、原乡文化旅游、慢调生活社区等4个板块。②宣传营销成效显著。出台《旅游营销优惠奖励办法》《进一步繁荣夜间经济的九条措施》等文件；拍摄制作全新旅游形象宣传片，在央视《新闻30分》栏目播放；组织到郑州、合肥、徐州等重点客源城市开展大型旅游推广营销活动，泰安旅游知名度不断提升。央视《新闻联播》《中国新闻》《东方时空》《共同关注》《朝闻天下》《第一时间》等栏目，先后9次点赞泰安旅游。③节庆会展成效显著。第三十三届泰山国际登山节取得圆满成功；泰山旅游商品与装备博览会成交额4000多万元，网络点击量超过3000万人次；第七届全国出版物馆配馆建交易会采购额度达到1.6亿元，为历届之最；历时46天的第二届泰山美食节累计营业收入260万元，客流量80万人次。

强力推进智慧文旅，游客好评度再创新高 市文化和旅游局按照市委、市政府要求，组建工作专班，与腾讯、众志合作组成技术团队，深入51家景区景点、111家宾馆饭店、38处停车场、176处公共厕所等采录信息，用不到50天的时间开发建设包括23个功能模块的智慧旅游平台，赶在“五一”节前上线试运行，国庆节正式运行，总访问量近60万人次。与中国最大的移动出行运营商——高德地图合作的“泰安·泰山一键智慧游”平台上线运行，这是高德地图打造的全国首例地级市智慧文旅产品。11月21日，省文化和旅游厅在泰安举行现场教学，介绍推广泰安市旅游标准化和信息化建设典型经验。快捷便利和热情周到的服务赢得到泰安游客的高度认可，“五一”“十一”期间，全省AAAAA级景区游客好评度排名，泰山均列第一。年内，全市接待国内游客人数8262.7万人次，增长8.77%；实现国内旅游收入906.1亿元，增长12.33%。 （王现波）

【乡村振兴工作小组】 2019年，按照习近平总书记打造乡村振兴齐鲁样板的指示要求，连片打造、整体推动，农村基础设施得到新提升，人居环境呈现新风貌，乡风文明焕发新气象，农民群众的幸福感进一步增强。到年末，十大插旗项目全部高质量高标准完成；全省乡村产业振兴推进会在泰安市召开；农业农村部、中央电视台、《农民日报》、《中国扶贫》杂志等中央和省多家单位，对泰安市的乡村振兴工作进行宣传报道，给予充分肯定。

聚焦顶层设计，明确发展思路 通过学习考察和基层调研，确立泰安市推进乡村振兴工作的总体思路，即：聚焦聚力“五大振兴”，把解决群众急需、增加农民收入、提高文明程度作为出发点和落脚点，把基础设施建设、人居环境整治、功能服务提升作为首要突破口，把样板先行区打造作为载体和抓手，坚持人才、土地、资金、技术等要素统筹稳步跟进，奋力谱写乡村振兴工作的泰安篇章。成立领导小组，下设七个专项组。高位编制市级乡村振兴战略规划，“五个振兴”方案，8个县级乡村振兴规划以及先行区规划，所在镇、涉及村、村庄分类布局等N个专项规划，构建“1+5+8+N”规划体系，为乡村振兴战略实施提供根本遵循。

聚焦连片打造，强化先行引领 创新实施“1215”先行工程，聚力打造10个市级先行区、20个县级先行区，设立1亿元财政奖补资金，汇聚人财物力集中打造。落实“八个一”工作法，“挂图作战、彩旗标注”，形成“多点开花、齐头并进”的示范格局。新泰市羊流先行区建设“泰山百合”等6个示范园，带动26个村共同发展；泰山区邱家店先行区立足传统产业，壮大龙头企业；九女峰先行区21家企业联盟，19个村整体打造，建设全

8月31日，全省乡村产业振兴推进会议在泰安召开　　（司　刚　摄）

省最大的休闲农业与生态养生聚集区；新泰市西张庄先行区致力打造一、二、三产融合发展的示范区；东平县老湖先行区成为全国库区移民乡村振兴样板；肥城市潮泉先行区发挥生态资源优势，构建康养幸福宜居区；宁阳县东疏先行区连片打造“十八黄茂”美丽乡村旅游区；徂徕先行区突出“一村一品、一村一魂”文化主题；肥城市湖屯先行区突出旧村改造，打造新型城镇化样板；泰山大津口先行区依托资源优势，打造文旅典范。九女峰、羊流、老湖先行区被评为省级示范区；九女峰先行区获中国文旅融合示范奖，省委副书记杨东奇给予充分肯定；新泰市被评为中国乡村振兴示范县。

聚焦环境整治，建设宜居乡村　①全力推进环境整治。坚决打好“五大攻坚战”，完成61.75万户改厕任务，基本实现农村无害化厕所全覆盖，新泰市被确定为全国农村“厕所革命”典型范例；实现城乡环卫一体化全覆盖，垃圾处理率100%；444个行政村完成污水治理，全省农村生活污水治理工作现场会在泰安市召开；1118个行政村完成道路“三通”任务，建设里程达3366千米。②扎实建好美丽乡村。投资3亿元，新建美丽乡村155个，其中省级26个、市级60个，总数达到817个。扎实推进美丽庭院创建，已建有美丽庭院示范户9.65万户，建成率11.38%。③巩固提升扶贫成果。实施产业扶贫提质增效、健康扶贫扩面提标等“六大专项行动”，对“两不愁三保障”、饮水安全等工作进行拉网式排查整改，脱贫攻坚成效进一步巩固。“搬离黄河滩区”专题片在中央电视台《决不掉队》栏目播出，《中国扶贫》杂志刊发泰安市扶贫经验做法。生产美、生活美、生态美的美丽家园初步显现。

聚焦产业兴旺，筑牢发展基石　①全力抓好特色产业培植。着力培植10个产值过10亿元的优势特色产业，总面积5.6万公顷，产值147亿元。成功推介肥城桃、泰山茶入选2019年中国农业品牌目录和中国特色农产品优势区。宁阳县被评为国家级农产品质量安全县；山东益客被评为国家级农业龙头企业。市级以上知名农产品品牌达到66个，其中国家级2个、省级26个。②加快推进农业园区发展。建成国家级现代农业产业园1个、省级3个、市级6个，总面积4.73万公顷。泰山区产业园以第二名的成绩通过国家评审验收，争取资金1亿元。新泰市被评为全国农村一、二、三产业融合发展先导区。惠美农牧、友邦彩山、天泽农园入选28个省级田园综合体创建名单。③大力培强经营主体。规模以上农业龙头企业达到325家，年销售收入过440亿元，其中国家级4家、省级42家。大力吸引工商资本下乡，引进项目81个、总投资385亿元。完成6.67万公顷粮食生产“十统一”社会化服务任务。肥城市被确定为全省农业生产社会化服务规范化建设示范县。农业农村部高标准农田建设工作座谈会在泰安市召开。

聚焦基层基础，提升治理水平　①强组织。开展“十百千”创建工程，党支部领办合作社经验在全省推广。投入6600万元，对360个党组织软弱涣散村进行集中整顿。深化“强村固基”工程，集体经济收入3万元以下村实现收入倍增的194个，占83%。对1902个村开展“三资”清理，村均增收12.86万元。深化农村改革，新泰市大河村、宁阳县赵茂村、东平县史楼村被评为全国乡村治理示范村。②兴文化。建设8个县级、60个镇级、1785个村级新时代文明实践中心站点，肥城市、岱岳区成为全国和省级试点县市。全市“戏曲进乡村”行政村覆盖率和行政村综合性文化服务中心建成率均达100%。引导农民移风易俗，减免殡葬费3000万元。③育人才。培养“五乡”人才19244人。市县选派第四轮第一书记895名。组建28个乡村振兴服务队。落实“金十条”政策和47个配套细则，兑现人才奖励资金1.3亿元。（杜　坤）

【党建和人才工作小组】 年内，党建和人才工作小组以助推全市高质量发展为目标，强化组织保障和人才支撑，各项重点任务取得明显成效。

激励党员干部担当作为，打响新时代泰山“挑山工”品牌 牢记习总书记厚望重托，围绕“什么是、怎样做新时代泰山‘挑山工’”，深入挖掘核心原旨和时代内涵，构建“五个一”制度机制，相关做法作为全省第三、16市第二和泰安市唯一的改革案例报中央改革办。①抓实实践载体求突破。年初部署开展主题实践活动，市委常委会示范带动。实施寻标对标争先进位行动，放眼全国确定对标单位94个、对标任务339项，打造特色亮点工作87项，通过集中审标、公开亮标、点评通报、专项考核，推动在省对市考核中位次前移、争先进位。开展先进集体和个人“双百”比选，历时3个月、4个环节，变工作岗位为比选擂台，遴选10面红旗、20名标兵巡回宣讲。主题教育中，把勇做新时代泰山“挑山工”作为实践载体，举办主题演讲比赛和唱响“挑山工”文艺晚会，激励党员干部冲在前、干在先，12项专项整治取得明显成效，首批138项即知即改问题全部整改完成。②高标准创作政论片强氛围。组建专门团队上山拍摄，与挑山工同吃同行同劳动，远赴北京、海南等地录制采访，顶严寒、冒酷暑，历时6个多月精心创作完成。习近平总书记视察山东一周年之际，在山东电视台播出，引起强烈反响。省委将其纳入主题教育教材，中组部党建读物出版社在全国出版发行。③推进教育实践基地建设促提升。从25个部门（单位）抽调精干力量，组成7个工作组集中攻坚。该项工作被列入省委《关于加强新时代全省党建工作的意见》。邀请知名团队创作《泰山魂》《挑山颂》《致泰山“挑山工”》等文艺精品，宣传推介泰安、泰山。在没有现成模式情况下，深研细钻、数易其稿，初步形成10万字布展大纲。旅游经济开发区等部门攻坚100天，完成3.87公顷土地清表和60万立方米地槽挖掘，招标一流设计单位，经过6轮修改形成规划设计初步方案。市委党史研究院、泰山景区等部门查阅史料、遍访专家，征集图片4100幅、文字1051万字、扁担等实物900件。文旅、市场监管等部门面向全球征集LOGO作品3105件，注册商标41个、互联网域名57个。市委党校等单位编制教材近70万字，打造3条现场体验教学路线，主题教育期间现场教学32.5万人次。市财政等单位多方筹措资金，注册成立市场化运营主体。

补齐人才短板，提升服务高质量发展水平 ①半年建设新学院，校地合作趟出新路子。召开推进会12次，协调解决泰山科技学院新校园选址、用地、资金等难题。会同市自然资源和规划局等部门和岱岳区，克服困难筹集66.67公顷用地指标。市财政局、岱岳区等方面挤出7300万元，弥补16条高压线入地资金缺口。市行政审批局容缺受理，保证项目快速推进。山口镇仅用52天就完成清表和房屋拆迁，用时180天完成8万平方米的基础设施建设。②搭建引才新平台，打造“才入泰安·势如泰山”新品牌。与山东科技大学、青岛大学对接，仅用2个月，泰山复合材料和纺织服装2个产业研究院就签约落地，组建研发团队14个，开展项目研发11个。举办首届高层次人才创新创业大赛，面向全球集聚59名高端产业人才。发改、科技、工信、财政、人社等部门全力推荐，引进培育国家“万人计划”、省泰山产业领军人才等产业顶尖人才11人、行业领军人才100人，入选“齐鲁杰出人才提名奖”1人，吸引驻泰安高校大学生5200人留泰安就业，培育高技能人才3300人，省以上重点人才工程人选可完成省考核目标值的194.4%。弥补平台短板，发展和改革委员会、科学技术局、工业和信息化局、人力资源和社会保障局等部门“一把手”靠上争取，新增国家级和省级平台41家。③聚力建设人才公寓，打造留才新高地。旅游经济开发区在爱琴海购物公园最佳地段，建设100套人才公寓，实行交钥匙工程，克服难题边建设、边装修，着力营造宜居宜业的人才生态环境。

突破薄弱环节，全力推进乡村组织振兴 ①实施“百企联百村”行动，破解工商资本下乡难。找准村企利益联结点，广泛动员、搭台牵线，深入对接、双向选择，126家企业和152个村结对，统筹推进组织联建、产业联姻、人才联培、文化联动、生态联育。实施联建项目96个、投资过亿元的7个，带动就业3627人，村均年增收23.3万元。②开展消薄攻坚行动，破解村集体增收短板。把管好用好集体“三资”作为“先手棋”，会同政法、公安、农业等部门开展“三资”清理行动，实行县乡书记靠上抓，成立专班直接进村，着力解决“三资”私自占用、低价承包、承包费长期拖欠等问题。2762个村铺开清理，收回账款2.25亿元，清出“四荒”地、宅基地等8733.33公顷。1688个村完成清理，村均直接增收18.89万元，每年稳定增收4.95万元。对上争取

3240万元，扶持薄弱村108个。评选发展集体经济进步村30个，每村奖励主职干部1万元。2019年，集体经济收入3万元、5万元以下村，分别减少104个、206个，降幅达72.7%、36.7%，50万元以上村增加195个，增幅53.4%。③实施“育苗升级”工程，破解带头人队伍后继乏人难题。推进“五乡”行动，举办示范培训班5期，支持本土大学生和能人返乡创业，实行递进培养。培育“五乡”人才1.9万人，储备支部书记后备人才7280人，326名全日制大学生进入村“两委”，61人任书记。（孙 天）

【泰山区域山水林田湖草生态保护修复工程城区项目指挥部】 坚持规划引领，创新体制机制，狠抓项目建设，各项工程顺利推进，取得明显成效。

绘好一张图，科学编制规划方案 城区指挥部主要负责协调推进泰安城区14条水系以清淤截污为重点的生态治理，泰安城区雨污分流改造及泰安城区第一、二、三、四污水处理厂改造提标等工程建设。为高标准实施好该项工程，指挥部面向全国公开招标有实力的国家级设计勘察单位进行规划设计，将规划设计理念与泰安历史文化、泰安城区地理环境有机融合，同时邀请省、市行业专家进行评审，形成科学合理、彰显泰安城区特色的水环境综合生态治理设计方案。

共下一盘棋，凝心聚力协调推进 城区项目各工程面广量大线长，施工组织难度大、资金筹措难度大、征地拆迁体量大、地下隐蔽工程多、对市民出行和正常工作生活影响大。①建立高效推进机制。城区项目指挥部成立由市委统战部、市委政法委、市财政局、住建局、城管局、水利局、生态环境局和泰山区、岱岳区政府牵头的9个分指挥部，指挥部统一领导，分指挥部分兵作战，指挥部人员落实包保责任，全部靠驻一线，现场办公，现场解决问题。坚持日报、周报、周例会工作制度，加强情况调度。年内，召开各类工作推进会议39次，印发会议纪要13期，形成情况报告175期。②科学统筹工程建设。市财政局主动靠上，从项目策划、评审、入库、谈判至资金到位仅用4个月时间。合理安排施工，按照挂图作战时间节点要求，各分指挥部、施工单位倒排工期、倒逼进度，实施水工、管网交叉作业，压茬施工、错时推进，推动工程项目加快建设。加强统筹协调，积极对接公安、电力、通讯、铁路等部门（单位），加快推进渣土运输、管线改迁等工作。抓好各项管理，坚持质量第一，加大对各在建工地的检查督导，切实做到施工环保达标、质量达标、安全达标。同时，结合创城工作，加强宣传引导，通过报纸、广播、电视等形式，持续跟进报道，发放“明白纸”1万份，入户宣传3000户，得到广大市民的理解和支持。

横下一条心，强力攻坚重点难点 ①征地拆迁方面。泰山区、岱岳区高度重视，区委书记多次现场调度，区长组织工作专班，研究具体拆迁方案。相关部门、街道、村居工作人员盯紧靠牢，一户一户做工作，讲解政策，疏通思想，强力推进，为工程开展腾出空间。②雨污分流方面。针对泰安城区排水管网图纸资料缺失、乱接错接、老旧管线淤堵损坏严重等问题，市城管局牵头组建雨污分流改造工程指挥部，全体工作人员主动放弃节假日，头顶烈日、脚踩污泥，一步一个脚印察看复核管线，仅用67天时间，完成113平方千米范围内136条市政主次干道、1700个庭院单位、10条河道及其支流现状的全面普查，精准掌握泰安城区排水管线实际状况。经过反复论证和三轮优化，最终把原来的新建污水管网379.1千米、雨水管网249.2千米、改造小区600个，优化为新建管网78千米、改造小区100个、改造易涝积水点70处、对老旧管线进行非开挖清淤改造维修300千米。

到年末，完成年度目标任务。其中，征地拆迁工作的难点问题，如泰前居委会、泰安煤矿机械厂、山东农业大学等，正组织力量逐个攻坚突破。雨污分流改造工程开工节点33处、管线长达23.6千米，南湖大街、泮河大街等6处节点已完成；非开挖清淤17处、56千米，灵山大街、繁荣街等8处清淤已完成。明堂河工程开工节点4处，拆除废旧桥梁6座，4个区域的施工场地清表、临建施工等正在推进。梳洗河工程开工行知桥、求是桥、运动天地节点及截污工程等17处，电力迁改、燃气管道迁改已完成。芝田河工程完成施工场地覆盖6.5万平方米，河道清淤、防渗墙、土方开挖、桥梁钻孔灌注桩等工作顺利开展。天平河、岔河工程完成12.9千米污水主管网铺设、10.2千米河道清淤以及沿河46家企业污水纳管。第一、二、三、四污水处理厂提标改造工程进展顺利，已进行各类机房土建和地下管线改建。泰安城区河道水质调查评估工作定期巡检，定期通报检测情况。王家院水库向泰安城区供水工程水库防渗改造、河侧防护、输水管线、堤坝等9处工程节点全面开工。（周 岩）

【泰山区域山水林田湖草生态保护修复工程农村项目指挥部】 负责协调推进的5大类、65个项目、316个子项目，涵盖5个县（市、区）、4个功能区。已有309个子项目开工建设，占总任务的97.8%；工程进度完成任务量70%以上的子项目265个，占总任务的83.8%，其中有204个子项目建设完工，占总任务的64.6%。完成工程投资89.01亿元，占计划总投资的73.6%。2019年重点考核的10大插旗项目，已全部完成年度插旗目标。到年末，农村项目完成采煤塌陷地治理5266.67公顷，矿山生态修复664.33公顷，土地整治2.49万公顷；新增耕地3973.33公顷，新增湿地402.6公顷。

明确任务重点，跟踪协调服务 农村项目指挥部成立后，会同市总指挥部办公室和5个分指挥部，深入各县（市、区）、功能区现场调研，摸清项目底数和实施现状，编制《泰安市山水林田湖草生态保护修复工程农村项目实施情况动态手册》。特别是及早明确市里考核的十大重点项目，明晰上墙，扭住重点，集中发力，加快项目实施。对重点项目推进过程中，需要协调解决的事项，在总指挥部和5个分指挥部的大力支持下，组织办公室人员，一对一跟踪服务。针对项目实施中遇到的不可解决的一些因素，由分工领导带队，主动到省财政厅等有关部门汇报争取，对需要调减的3个项目、调增的8个项目、优化的10个项目，省直相关部门经过专家论证评审，于10月30日批复泰安市呈报的优化实施方案，并报国家有关部委备案。

强化督导调度，加快项目建设 指挥部坚持每周一调度、半月一通报，将项目进展情况量化排序，

天颐湖生态环境综合治理后，天颐湖畔百万株郁金香满园绽放。图为4月17日，游客流连忘返 （陈 阳 摄）

及时通报给县（市、区）、功能区，使其了解全市工程整体进展情况和本单位所处的位次，进一步激发比实干、赛进度的压力和动力。9月底，针对一些插旗项目进展相对较慢的情况，指挥部发出《致县市区、功能区党政主要负责同志一封信》，明确各自进展相对较慢的项目、存在的问题和最终插旗的时限，请他们高度关注、强力推进，确保按期完成标旗任务，使这些项目建设实现加力提速。

集中力量攻坚，破解难点问题 针对前期一些项目进展较慢特别是未开工项目较多的问题，坚持问题导向、靶向攻克。指挥部多次召开农村项目难点问题分析解决会，逐个查找原因、剖析症结，研究加快项目推进的办法和措施。对列出的需要市级层面解决的十几个问题，逐一拉出清单，会同市财政、自然资源、生态环境、农业农村、水利等相关部门现场办公，各个击破，年末这些问题均已落实解决。针对宁阳县工矿废弃地项目涉及的土地指标问题、岱岳区破损山体修复项目涉及的爆破问题，分工领导多次召开专题会议或现场办公，有效解决制约项目进展的难题。前段时间，针对环保治理对项目建设带来的影响，指挥部组织各县（市、区）、功能区和有关部门，严格执行“十个百分之百”的要求，强化施工现场管理，对商砼站实行点对点供应，有效破解环保治理与项目建设的矛盾难题。

优化方案实施，提升工程质量 对一些重点项目，请市委、市政府主要领导和分工领导审核把关，搞好顶层设计。对一些投资较多、影响较大的工程项目，在规划设计初期，多次组织召开由权威专家和多部门参加的论证会，反复优化方案；为及时发现和解决项目实施中存在的工程质量和标准问题，6月下旬，指挥部会同总指挥部办公室，聘请省内4名专家，重点抽取5大类、23个已完工或正在实施的项目，进行现场评估指导，提出40条存在问题和整改建议。指挥部责成有关单位成立专班，优化完善、限期整改，确保整个工程的建设质量。 （高 雷）

第三十三届泰山国际登山节

【概况】 该届登山节共策划设计、组织开展4大板块，24项经贸、文旅、科技和体育活动。《人民日报》、中央电视台、中央人民广播电台、新华社等40家中央、省级重点媒体和重要外宣媒体参与宣传报道，中央电视台《新闻联播》在泰山国际登山比赛当晚播发比赛消息，山东卫视、泰安广播电视台联合直播登山比赛，山东卫视频道、泰安综合频道、泰山网、泰安手机台进行同步直播。中央、省级重点媒体和重要外宣媒体共刊播、转发登山节相关报道2000件。

该届登山节在经贸活动方面，坚持“节庆搭台、经贸唱戏”原则，打造“双招双引”大竞赛、大比武擂台，推动新旧动能转换和产业提质升级，为经济社会发展注入新的生机和活力。在文旅活动方面，以庆祝中华人民共和国成立70周年、勇做新时代泰山“挑山工”为契机，创新文旅融合发展机制、产品、业态、模式和路径，积极传播新时代先进文化，合力打造特色突出、优势互补的文旅融合新业态，人民群众参与文旅活动的幸福指数进一步增强。在科技活动方面，瞄准国际前沿阵地，突出高精尖、招大才、引大智，推动产业发展需求与高层次人才智力精准对接，加速科技成果转化，助力新旧动能转换，经济发展动力进一步增强。在体育活动方面，巩固提升泰山国际登山比赛暨全国全民健身登泰山比赛等主题活动品位，扩大比赛受奖面，强化群众参与意识，推动全民健身运动广泛深入开展，将登山比赛打造成全民参与、相互学习、交流经验、增进友谊的体育盛会。

【开幕式】 9月6日上午，第三十三届泰山国际登山节暨2019中国泰安投资合作洽谈会开幕。市委书记崔洪刚出席活动并宣布第三十三届泰山国际登山节暨2019中国泰安投资合作洽谈会开幕，市委副书记、市长张涛出席并致辞。商务部投资促进事务局副局长李勇，科威特驻华大使赛米赫·伊萨·焦哈尔·哈亚特，澳大利亚前国会议员帕特·法摩，意大利前国会议员、意大利意中国际文化交流协会主席克拉托·乔治，德国巴伐利亚州中国办事处首席代表曼丽，中国工程院院士、中国医疗保健国际交流促进会会长韩德民，国泰租赁有限公司总经理胡元桥等国内外嘉宾应邀出席。市委副书记、东平县县委书记曲锋，市人大常委会主任唐福泉，市政协主席周桂萍等市几大班子领导出席。市委常委、常务副市长展宝卫主持活动。

【经贸活动】 ①2019中国泰安投资合作洽谈会。邀请21个国家和地区、700名嘉宾与会，集中签约项目51个（含市政府框架协议2个），总投资1248.41亿元，其中新一代信息技术产业项目8个，总投资112.7亿元；新能源新材料产业项目9个，总投资366亿元；医养健康产业项目6个，总投资231.5亿元；精品旅游产业项目7个，总投资206.5亿元；现代高效农业产业项目4个，总投资39亿元。②第四届泰山国际福祉暨康复设备博览会。9月6日，2019第四届泰山国际福祉暨康复设备博览会在泰山国际会展中心开幕。中国残疾人辅助器具中心主任李晞，山东省残联党组书记、理事长邹斌芳，中日企业促进会会长矫健，市委书记崔洪刚，市委副书记、市长张涛等出席开幕式。吸引120家国内外知名企业、协会参展，展品总数达3500种，接待观展人员达1.5万人次。③第二届泰山国际健康论坛。邀请26名国内外专家教授作专题发言，为推进全市康复辅助器具产业的发展提供有力的理论支撑。④2019驻华机构泰山行。邀请日本、韩国、加拿大、荷兰、立陶宛等国家和中国香港地区的10名驻华使领馆和商贸机构的高级代表到泰安参加活动，扩大泰安对外交流合作的“朋友圈”。⑤2019台湾工商精英泰山行。邀请高雄市电脑商业同业公会、台湾乾隆控股青年团等企业、协会40人到泰安，先后考察山东康平纳集团有限公司、山东海天智能工程有限公司和永昌志合教育装备产业园等企业，达成多项合作意向。⑥2019泰山国际农机化发展高峰论坛。9月10日，2019泰山国际农机化发展高峰论坛在泰安市举办。论坛采取主题报告和现场演示相结合的方式进行，同期举办全省玉米生产关键环节机械化技术现场演示会，与会人员观摩玉米大型收割机、籽粒收获机、青贮机、打捆机、深耕深松机、高效植保机等6大类、60台（套）现代化农业机械。中国农业大学、中国农机研究院、日本青贮机械与技术推广机构等权威专家作深度解读，为全市农机化高质量发展指明方向。

【文旅活动】 ①“辉煌历程·同舟前行”庆祝中华人民共和国和人

民政协成立70周年文艺演出。融合歌曲、音乐、舞蹈、朗诵、戏剧等多种文艺形式，再现中华民族从站起来、富起来到强起来的伟大历程，讲述人民政协在中国共产党的领导下，与党和人民同心同德、风雨兼程，为党和国家事业贡献智慧和力量的生动场景。②第二届泰山美食节。历时46天，累计营业收入150万元，客流量80万人次。③“中华泰山·天下泰安”2019中国（泰安）全国旅行商大会暨泰安·巫溪文化和旅游对接洽谈会活动。吸引国内知名旅行商、电商、自驾游俱乐部代表和泰安市旅游企业代表260人与会，达成各类合作协议近百项，其中康泰国旅确定10月和11月两趟吉林到泰安研学专列，每批1000人。④泰安市文化和旅游局、泰山自驾游协会分别与巫溪县文化和旅游委签订旅游帮扶协议、旅游合作协议，旅游扶贫工作迈出实质性步伐。⑤第三届泰安文化惠民消费季。有文化企业、旅游景区50家参加活动，30家企业、景区通过省厅终审并成功签约，上架文旅产品2000件。发放首批泰安市文化惠民消费券20万元，累计完成线上线下交易订单6196笔。⑥第七届全国出版物馆配馆建交易会。9月20日，以“新时代书香中国 新阅读国庆献礼”为主题的第七届全国出版物馆配馆建交易会在泰安市开幕。中国出版协会理事长柳斌杰，中国出版协会常务副理事长兼秘书长刘建国，省委宣传部副部长孔繁轲，市委书记崔洪刚，市委副书记、市长张涛等出席开幕仪式。交易会设置6大展区，全国700家出版、发行单位携25万种图书参展，1500家图书馆、专业观众5000人进行现场采购，现采码洋1.63亿元，再创历史新高。⑦第三届“泰山玉杯”玉雕大赛暨泰山玉文化论坛。9月6日，第三届“泰山玉杯”玉雕大赛暨泰山玉文化论坛在泰山国际会展中心举办。中国珠宝玉石首饰行业协会会长徐德明宣布比赛开幕，市委书记崔洪刚，市委副书记、市长张涛等出席开幕式。有289件作品入围，评选出金奖6件、银奖13件、铜奖29件、最佳创意奖7件、最佳工艺奖9件、优秀作品奖225件。⑧第九届海峡两岸泰山石敢当文化节系列主题活动展现出泰安优秀传统文化的无穷魅力。⑨庆祝中华人民共和国成立70周年文艺展演暨山东省第二届千人旗袍表演，从不同角度和视角向观众展示出民族文化的博大精深。

【科技活动】 ①高层次外国专家齐鲁行（泰安专场）暨第四届外国专家泰安行活动。9月8日，美国、英国、日本、加拿大、白俄罗斯等21个国家的60名外国专家到泰安出席高层次外国专家齐鲁行（泰安专场）暨第四届外国专家泰安行活动。市委书记崔洪刚，科技部中国国际人才交流中心一级巡视员刘永志，省外国专家局局长张祝秀出席活动启动仪式并致辞，市委副书记、市长张涛主持仪式。启动仪式结束后，外国专家与泰安有关项目单位进行现场洽谈，与泰安市企事业单位达成初步合作意向61个，31名专家实际签订合作意向书46个。②“才入泰安·势如泰山”招才引智签约仪式。共征集合作项目43项，集中签约新一代信息技术、新材料、医养健康等高端人才合作项目，涵盖新旧动能转换重点产业领域。③军转民科技成果对接会。为泰安市企业带来56项国防技术成果，专家对3项成果作重点介绍，山东省科技咨询中心有限公司与泰安市分中心以及相关企业签订战略合作协议书。④泰安化工产业转型升级高端论坛。邀请全国各省（市）化工学会负责人以及泰安市化工企业代表200人与会，围绕生产及创新中的难题与专家进行对接，加速推动泰安市化工产业的转型发展。

【体育活动】 9月7日，“中国体育彩票杯”第三十三届泰山国际登山比赛暨第二十四届全国全民健身登泰山比赛和第四届登泰山万人徒步行活动起跑仪式，在新起点岱庙广场举行。中国奥委会名誉主席刘鹏，副省长孙继业，中国登山协会主席李致新，市委书记崔洪刚，科威特驻华大使赛米赫·伊萨·焦哈尔·哈亚特，省体育局局长李政，市委副书记、市长张涛，市委副书记、东平县县委书记曲锋，市人大常委会主任唐福泉，市政协主席周桂萍等出席活动。曲锋主持仪式。第三十三届泰山国际登山比赛暨第二十四届全国全民健身登泰山比赛，吸引26个国家以及国内28个省、市、自治区、特别行政区的3000名运动员报名参赛，埃塞俄比亚选手迈斯芬以58分23秒09的成绩夺得男子组冠军，埃塞俄比亚选手德若图以1小时13分51秒87的成绩夺得女子组冠军。第四届登泰山万人徒步行活动，吸引全国60个户外徒步运动俱乐部的1.23万人报名参赛。亚洲户外用品展览会暨2019中国泰山国际体育用品博览会，参展企业150家，参与人数4天突破3万人。2019泰山体育发展论坛，共接待中国登山协会及所属协会、俱乐部代表、山东省各市体育局、社会组织、优秀企业代表350人。第六届全民健身嘉年华参与人数近万人。

（张作祥）

大事记

1月

3日 省政协副主席、民建山东省委主委郭爱玲一行到泰安市参加民建泰安市委庆祝改革开放40周年系列活动。市政协主席周桂萍陪同有关活动。

4日 市委常委会召开会议，学习贯彻全省经济工作会议精神，听取关于2019年全市经济社会发展主要指标预期目标安排建议的汇报，研究部署有关工作。

△ 市委理论学习中心组进行学习研讨，集体学习中央政治局民主生活会会议精神、《习近平新时代中国特色社会主义思想三十讲》部分内容和省委《关于认真学习宣传习近平总书记对大众日报创刊80周年重要批示精神的通知》，切实把思想和行动统一到习近平总书记重要讲话和重要批示指示精神上来，统一到中央和省委、市委决策部署上来，把全市各项工作不断推向深入。

6—8日 市委书记崔洪刚率队赴“长三角”地区开展招商引资活动，与当地企业加强交流，洽谈合作。崔洪刚一行先后与上海均和集团、希贝德科技有限公司、昊翔电能运动科技（昆山）有限公司、上海体育学院、绿驰汽车科技（上海）有限公司等单位和企业的负责人进行会谈，宣传推介泰安市产业资源、生态环境、要素保障、交通区位等优势，推进有关合作项目日签约落地、加快实施。

10日 泰安市委召开党外人士座谈会，学习贯彻中央和全省经济工作会议精神，通报2018年全市经济工作情况，就做好2019年经济工作听取市各民主党派、工商联、无党派人士的意见和建议。

16日 中华全国总工会副主席、书记处书记、党组副书记张工，中华全国总工会副主席巨晓林率领全国总工会慰问团，到泰安市开展送温暖活动，走访企业，慰问劳模和困难职工，为他们送去党和政府的温暖、工会组织的关怀。省总工会党组书记、常务副主席刘贵堂，市委书记崔洪刚等陪同走访。

18日 市委常委会召开会议，传达学习十九届中央纪委三次全会、省委十一届八次全会、省纪委十一届四次全会、全省农村工作会议和全省扶贫开发工作会议精神，研究贯彻落实意见。

△ 市委常委会召开会议，听取市人大常委会、市政府、市政协、市法院、市检察院党组工作情况汇报。听取市委常委和市人大常委会、市政府、市政协党组书记，市纪委监委机关主要负责人，市法院、市检察院党组书记履行全面从严治党责任情况汇报。市委书记崔洪刚主持会议并讲话，市委副书记张涛、市人大常委会主任唐福泉、市政协主席周桂萍及市委常委出席会议。

△ 市政府召开第十八次常务会议，听取泰安市高端化工、高端装备和智能制造、纺织服装产业发展规划编制情况以及《泰安市现代金融产业发展规划》编制情况，听取《关于推进开发区体制机制改革创新的指导意见》起草情况。

23日 省委常委、统战部部长邢善萍到东平县检查2018年度全面从严治党主体责任落实情况，并进行春节前走访慰问。市委副书记、东平县县委书记张涛陪同活动。

24日 泰安市委常委班子召开2018年度民主生活会。省委常委、统战部部长邢善萍到会指导，省委督导组全体成员出席。市委书记崔洪刚主持会议，市委副书记张涛和市委常委出席会议。

27日 中国共产党泰安市第十一届委员会第八次全体会议召开。会议深入学习贯彻习近平总书记视察山东重要讲话、重要指示批示精神，认真学习贯彻省委十一届八次全体会议精神，听取和讨论市委书记崔洪刚受市委常委会委托作的工作报告。出席会议的有市委委员42人、市委候补委员10人，市纪委常委、市监委委员及有关方面负责人列席会议。会议由市委常委会主持。市委书记崔洪刚作重要讲话。

28日　省政协副主席、党组副书记吴翠云到泰安市看望慰问中国工程院院士、山东农业大学专家于振文，代表省委、省政府向他致以新春祝福。市委书记崔洪刚、山东农业大学校长张宪省等陪同。

△　副省长于杰率领督导组到泰安市督导假日旅游安全生产工作。

29日　市委书记崔洪刚到东平县参加并指导东平县委常委班子2018年度民主生活会。市委副书记、东平县县委书记张涛主持会议。

30日　市政府召开第十九次常务会议，听取2018年全市国民经济和社会发展计划执行情况和2019年计划（草案）起草情况，听取研究2018年财政预算执行情况和2019年预算安排意见，学习《统计违纪违法责任人处分处理建议办法》和《防范和惩治统计造假、弄虚作假督察工作规定》。

2月

11日　市委常委会召开会议，传达学习全省“担当作为、狠抓落实”工作动员大会精神，研究贯彻落实意见，研究2019年市委、市政府为民要办的10件实事。

12日　市委召开“担当作为、狠抓落实”工作动员大会暨“埋头苦干、争创一流，勇做新时代泰山‘挑山工’”主题实践活动动员部署会议。市委书记崔洪刚出席会议并讲话，市委副书记张涛主持，市人大常委会主任唐福泉、市政协主席周桂萍等市几大班子领导出席会议。

19日　市委常委会召开扩大会议，学习传达省“两会”精神，研究贯彻落实意见。

△　市委理论学习中心组进行集体学习，深入学习习近平总书记在十九届中央纪委三次全会上的重要讲话精神和《中国共产党政法工作条例》。

22日　全市宣传思想工作会议召开，深入学习贯彻习近平新时代中国特色社会主义思想，传达贯彻全国和全省宣传思想工作会议精神，对当前及以后一个时期全市宣传思想和意识形态领域工作任务进行安排部署。

24日　由省政府主办，省应急管理厅、省自然资源厅、省消防救援总队、泰安市人民政府承办的全省森林火灾空地一体化大型综合实战演练，在泰安市徂徕山林场举行。副省长刘强出席演练活动并下达演练开始指令，应急管理部救援协调和预案管理局副局长洪宇，市委书记崔洪刚，省政府副秘书长卢杰，省应急管理厅厅长赵豪志等出席。

26日　市委常委会召开会议，研究《关于落实省委、省政府“担当作为、狠抓落实”重点任务的具体措施及责任分工》。

27日　全市山水林田湖草生态保护修复工程工作推进会议在新泰市召开。市委书记崔洪刚出席会议并讲话。会议动员全市各级各相关部门单位以过硬的作风、更快的行动，以奋斗者的姿态，坚决打好打赢生态保护修复这场硬仗。

28日　全市城市工作暨创城迎审表扬奖励大会召开。会议总结2018年城市工作特别是创城迎审工作，表扬先进、加压鼓劲，号召全市上下以创城迎审为抓手，推动城市规划建设管理工作再上新水平。

△　市十七届人大常委会第十四次会议召开。通过有关决定，表决通过人事任免事项。

3月

1日　市委常委会召开会议，研究成立全市寻标对标争先进位行动推进办公室和泰安市关于开展寻标对标争先进位行动的实施方案。

7日　副省长于国安到泰安市调研乡村振兴项目推进情况。市委副书记张涛等陪同调研。于国安一行先后到九女峰项目片区的里峪村、八楼村、东西门村进行实地调研，听取乡村振兴项目情况汇报，协调解决项目推进遇到的问题和困难。

8日　第十四届全国粮油产销企业订货会在泰山国际会展中心举行。

18日　市委常委会召开扩大会议，传达学习全国“两会”精神，研究贯彻落实意见。

26日　市委常委会召开扩大会议，传达学习全省重点工作推进会——新旧动能转换项目落地现场观摩精神，研究贯彻落实意见。

△　市委理论学习中心组进行集体学习研讨，深入学习《中共中央关于加强党的政治建设的意见》《保密违法违纪行为处分建议办法》，围绕深入学习习近平总书记在省部级主要领导干部坚持底线思维着力防范化解重大风险专题研讨班上的重要讲话精神进行学习研讨。

△　市政府召开第二十次常务会议，听取《政府工作报告》起草情况以及关于加强泰山石保护暨关闭取缔大型石头存放和交易场所实施方案的汇报。

27日　市十七届人大常委会第十五次会议召开。经过分组审议，通过或原则通过有关报告、决定，表决人事任免事项。

△　市政协十三届十二次常委

会议召开。会议传达学习全国、省“两会”和中共泰安市委十一届八次全会精神；审议通过关于召开市政协十三届三次会议的决定、会议的议程日程、常委会工作报告、提案工作报告及其他会议文件等。

29—30日 市党政考察团赴枣庄、济宁考察学习两市在新旧动能转换项目落地上的新思想、新路径和新方法。

31日 泰安市召开加强泰山石保护暨关闭取缔大型石头存放和交易场所工作宣传通报会专题会议，公布《关于关闭取缔大型石头存放和交易场所的通告》(下称《通告》)。根据《通告》，4月1日起，泰安市依法关闭取缔所有大型石头存放和交易场所，这是自2004年开展加强泰山石保护综合整治工作以后态度最坚决、要求最严格、整治最彻底的一次。

4月

1—3日 中国人民政治协商会议第十三届泰安市委员会第三次会议召开。大会补选姚霆为政协第十三届泰安市委员会副主席，补选王天宇、刘焕星为政协第十三届泰安市委员会常务委员。大会一致通过市政协十三届三次会议提案审查情况的报告和市政协十三届三次会议政治决议。

2—4日 泰安市第十七届人民代表大会第三次会议召开。413名人大代表到会履行职责。会议表决通过市十七届人大三次会议关于政府工作报告的决议、关于泰安市2018年国民经济和社会发展计划执行情况与2019年计划的决议、关于泰安市2018年预算执行情况和2019年预算的决议、关于泰安市人民代表大会常务委员会工作报告的决议、关于泰安市中级人民法院工作报告的决议、关于泰安市人民检察院工作报告的决议。

4日 市政府与山东科技大学、青岛大学达成战略合作，校企联合共建复合材料、纺织服装产业技术研究院。

5—6日 副省长刘强到泰安市调研森林防火工作。市委书记崔洪刚等陪同活动。刘强深入泰山景区，全面了解泰山消防力量分布情况，对泰安市森林防火工作给予充分肯定。

8日 省委副书记、省长龚正到泰安市调研春季农业生产等工作。市委书记崔洪刚等陪同活动。龚正先后到新泰市果都镇小麦种植基地，现场察看小麦长势；到华能光伏省级现代农业产业园，了解采煤沉陷区光伏发电、土壤改良、蔬菜种植大棚吸纳就业及收益等情况；到特变电工华东输变电科技产业园调研关键核心技术研发、国际市场开拓等情况。

9日 市委常委会召开巡视整改专题民主生活会，认真学习贯彻习近平新时代中国特色社会主义思想和中共十九大精神，按照省委关于巡视工作的部署要求，围绕省委巡视反馈问题，对照市委《关于做好省委巡视组反馈意见整改落实工作的通知》要求，深化思想认识，深入对照查摆，认真剖析原因，明确努力方向，推进整改落实，确保整改工作取得扎实成效。市委书记崔洪刚主持会议并作总结讲话。省纪委监委、省委组织部有关领导到会指导。市委副书记张涛和市委常委出席会议。市人大常委会、市政协党组负责人列席会议。

10日 全国政协副主席刘奇葆率调研组到泰安市围绕大运河文化带建设进行调研。省政协主席付志方、副主席郭爱玲，市委副书记、东平县县委书记张涛，市政协主席周桂萍等陪同调研。调研组一行实地察看东平县戴村坝和戴村坝博物馆，听取相关汇报并进行互动交流，详细了解戴村坝修建历史、功能作用、古运河河道保护、航道规划等情况。

18—19日 省政协副主席王修林带领社会法制委员会部分委员到泰安市开展完善农村社会救助体系专题调研。

19日 市委理论学习中心组举办专题辅导报告会，邀请国务院发展研究中心副主任王一鸣，就“当前宏观经济形势和经济高质量发展”作专题辅导。

19—25日 以“逛东岳庙会、祈平安福贵”为主题的泰山东岳庙会在岱庙举办。该届庙会是泰山东岳庙会自列入国家级非物质文化遗产名录以后举办的第十一届庙会。

21日 全国政协常委、人口资源环境委员会副主任姜大明率调研组到泰安市，就“推动传统制造业在升级改造中实现绿色发展”进行专题调研。省政协副主席韩金峰、市委书记崔洪刚、市政协主席周桂萍陪同活动。

25日 中国泰山第五届国际高洽会暨“双招双引”项目集中签约仪式举行，签约项目22个，涉及新一代信息技术、医养健康、高端装备制造、文化创意、现代高效农业等领域。

25—26日 省人大常委会副主任王云鹏一行到泰安市对民营经济发展环境进行调研。王云鹏一行先后到石横特钢集团、山东路德新材料股份有限公司、山东康平纳集团实地察看企业生产经营、产品研发等情况，听取企业意见建议并研究解决企业发展中遇到的实际困难和问题。

28 日　市委、市政府召开会议，庆祝“五一”国际劳动节，表扬为泰安市经济建设和社会发展作出突出贡献的先进集体和先进个人，动员和激励广大劳动者以先进为榜样，担当作为、攻坚克难，为推动泰安高质量发展建功立业。

29 日　市委常委会召开扩大会议，传达 4 月 24 日省委常委会扩大会议精神，研究泰安市一季度经济运行工作。

30 日　市十七届人大常委会第十六次会议召开。

△　市委召开座谈会，学习贯彻纪念五四运动 100 周年大会精神，动员全市广大青年传承弘扬五四精神，勇做新时代泰山“挑山工”，在泰安新一轮发展中贡献青春与力量。

5 月

6—9 日　市委书记崔洪刚带队南下广州、深圳等地招商引资。辗转广东省广州市、河源市、梅州市和深圳等地，考察企业，拜会商会、企业家，召开 2019 泰安（深圳）投资合作洽谈会，共签约项目 15 个。

7—8 日　泰安市召开乡村振兴示范区现场观摩会，对 10 个乡村振兴示范区工作开展情况和人居环境五大攻坚战开展情况进行观摩考评。

10 日　市委常委会召开扩大会议，学习贯彻中央第三生态环境保护督察组对山东开展“回头看”情况反馈会议精神，研究中央环保督察“回头看”反馈意见涉及泰安市问题的整改措施。

△　纪念八路军 115 师入鲁作战暨陆房突围胜利 80 周年大会在肥城市陆房红色教育基地举行。副省长孙继业，北京八路军山东抗日根据地研究会会长、常务理事陈人康，市委副书记张涛等出席大会。

15 日　首届“泰安十大和美人家”事迹展播暨“万封家书传真情”家庭文化展举行。

18 日　2019 泰山国际户外徒步大会暨 2019 年“中国旅游日”泰安启动仪式在泰安方特欢乐世界启幕。

20 日　市委常委会召开扩大会议，传达学习全省新旧动能转换项目推进会暨“双招双引”工作表彰大会精神，研究贯彻落实意见。

△　市委理论学习中心组组织集体学习，深入学习习近平总书记在十九届中央政治局第十二次集体学习时关于推动媒体融合向纵深发展，巩固全党全国人民共同思想基础的重要讲话精神，并进行研讨。

△　亚洲户外用品展览会暨 2019 中国泰山国际体育用品博览会·悠然派户外嘉年华新闻发布会及签约仪式在泰山国际会展中心举行。

21 日　应急管理部副部长郑国光率国家防总黄河流域防汛抗旱检查组到泰安市检查防汛抗旱工作。副省长刘强，省政府副秘书长卢杰，省应急管理厅厅长赵豪志，省消防总队总队长王伟，市委书记崔洪刚，市委副书记、东平县县委书记张涛陪同检查。郑国光一行先后到东平县八里湾闸、二级湖堤等，详细了解东平湖当前水位、进出湖流量、汛前准备、物资储备、应急演练、防洪工程调度管理、移民迁安、抢险队伍建设等情况，并对防汛工作提出要求。

29 日　公安部党委委员、副部长孙力军，省委常委、秘书长，副省长，省公安厅厅长孙立成等在市委书记崔洪刚陪同下，到肥城市公安局特巡警大队，观看特巡警建设专题片，实地观摩特巡警大队训练楼、生活楼、室外综合训练场基础设施建设和装备配备、实弹射击训练科目演示等工作，对肥城市公安局以“五强五力”为主线，深度应用信息化、智能化手段，大力加强特巡警队伍建设的做法给予高度评价。

30 日　省政协副主席、民建省委主委郭爱玲一行到泰安市调研民建会员企业。市政协主席周桂萍等陪同活动。郭爱玲一行先后实地调研山东大唐宅配家居有限公司、泰安市峰松电子科技有限公司无车承运结算服务中心以及新闻出版小镇。

本月　泰安市成功创建“全国水生态文明城市”。

6 月

4 日　市委常委会召开扩大会议，传达学习中央和全省“不忘初心、牢记使命”主题教育工作会议精神、全省推进乡村振兴暨脱贫攻坚现场会议精神，研究贯彻落实意见。

6 日　市十七届人大常委会第十七次会议召开。会议决定张涛为泰安市人民政府代理市长。

10 日　市委常委会召开扩大会议，研究全市“七赛七比”推进会议方案和贯彻落实省“八大战略”责任分工方案。

13—14 日　全国政协副主席、民革中央常务副主席郑建邦在副省长、民革山东省委主委孙继业的陪同下，率调研组到泰安调研泰安市民革工作。市政协主席周桂萍等参加活动。

16 日　市委理论学习中心组进

行集体学习，落实全省“不忘初心、牢记使命”主题教育读书班要求，围绕贯彻习近平总书记对山东工作重要指示批示精神，特别是勇做新时代泰山“挑山工”的要求进行学习研讨。

18日 省政协副主席韩金峰一行到泰安市调研督导信访积案的化解工作情况，并召开化解信访积案督导调度会议。市政协主席周桂萍等陪同活动。

△ 泰山医养中心正式启用。该中心是山东省首批医养结合示范机构，也是泰安市公建的第一个集养老照护、医疗康复、临终关怀、科研实训等功能为一体的综合性养老服务机构，科学设置养老、护理、医疗、康复、保健、娱乐等功能分区，主要为高龄和失能、半失能老年人提供养老、医疗、康复等全方位服务。同时承担着全市养老服务规范、服务机制的探索，全市养老服务机构的指导，养老护理人员的教学培训、实习见习工作，并开展社工服务及社工实践活动。

20日 市委副书记、代市长张涛主持召开第二十二次市政府常务会议，听取《全市新一代信息技术产业发展规划》等6项产业规划编制情况和全市安全生产工作情况的汇报，传达全省科学技术奖励大会精神及贯彻落实意见。

20—21日 市十七届人大四次会议召开。表决通过市十七届人大四次会议选举办法。6月21日上午举行第二次全体会议，会议选举张涛为泰安市人民政府市长，表决通过市第十七届人民代表大会第四次会议关于严格依法加强国土空间规划管理工作的决议。

21日 市十七届人大常委会第十八次会议召开。

24日 省人大常委会党组副书记、副主任王良带领立法调研组到泰安市就《山东省宗教事务条例（修订草案）》进行立法调研。市人大常委会主任唐福泉等陪同活动。王良一行实地察看泰安市宗教活动场所碧霞祠，并在座谈会上听取市相关部门单位负责人及部分人大代表、宗教界人士代表对《山东省宗教事务条例（修订草案）》的修改意见和建议。

25日 新泰市行政审批服务局获“人民满意的公务员集体”称号。新泰市行政审批服务局是山东省4个受表彰的“人民满意的公务员集体”之一。

25—26日 市委书记崔洪刚带队到北京精准招商。考察企业，会见客商，举办半导体产业项目路演暨合作项目签约仪式，共签约项目17个。

27日 市委常委会召开扩大会议，传达省委副书记、省长龚正在泰安市调研时提出的有关工作要求，并围绕贯彻龚正要求研究落实意见。

28日 泰安市纪念中国共产党成立98周年暨新时代泰山“挑山工”先进集体先进个人表扬大会在泰山国际会展中心召开。

△ 市委、市政府召开全市科学技术奖励大会，表彰为全市科技事业和知识产权事业发展作出突出贡献的科技工作者。

7月

1日 市十七届人大常委会第十九次会议召开。经过分组审议，会议通过有关报告，表决通过有关人事任免事项。

3日 泰安市工会第十五次代表大会召开。会议选举市总工会第十五届委员会和经费审查委员会。

11日 市委副书记、市长张涛主持召开市政府第二十三次常务会议。会议分析研究上半年全市经济运行情况，听取全省中央生态环境保护督察及“回头看”反馈意见整改落实工作部署会议精神并研究贯彻落实意见。

13日 泰安市在泰山国际会展中心举办第三期泰山大讲堂，邀请中山大学旅游学院博士生导师保继刚教授，以“消费转型、城市旅游与泰安旅游发展”为题作文化旅游强市建设专题报告。

15日 中国共产党泰安市第十一届委员会第九次全体会议在泰安市举行。会议传达学习中共山东省委十一届九次全会精神，听取并讨论市委书记崔洪刚受市委常委会委托作的工作报告，安排部署下半年及以后一个时期的工作。出席该次会议的有市委委员44人，市委候补委员9人。市纪委常委、市监委委员及有关方面负责人列席会议。会议由市委常委会主持。

17—18日 市委书记崔洪刚率领泰安市党政考察团赴浙江省嘉兴市进行对标学习考察，重点学习嘉兴市在党建引领、产业发展、创新驱动、乡村振兴等方面的先进经验和做法。

19日 全市“万名干部下基层”工作动员部署会议召开。会议深入学习贯彻习近平新时代中国特色社会主义思想，认真落实全省“万名干部下基层”工作动员部署会议精神，启动泰安市“万名干部下基层”工作，动员广大干部以实际行动践行初心使命，扎根基层建功立业。

18—20日 市委副书记、市长张涛带队赴上海和杭州就有关招商引资项目进行考察洽谈，分别与上海枣矿物产、星源投资、上海体育学院、思爱普、西尼尔化工、海亮集团、微医集团等进行座谈对接，推进在谈和签约项目进展。

26日 市委常委会召开扩大会议，传达山东省党政代表团赴北京、上海、雄安新区学习考察有关精神，研究贯彻落实意见。

29日 泰安市召开2019年创建全国文明城市工作推进会议。会议强调，各级各部门单位要高度重视全国文明城市创建工作，切实加强领导，压实属地和部门责任，强化人员和资金保障，推动城市管理流程再造，建立务实管用的创城长效机制，坚决打好打赢全国文明城市创建攻坚战。

30日 全市召开外出学习观摩总结暨加快发展动员会。总结交流市党政考察团赴嘉兴对标学习考察成果，贯彻落实山东党政代表团赴北京、上海、河北雄安新区学习总结会议有关要求，进一步明确“学什么、怎么干”。

8月

1日 市委常委会召开会议，传达学习省委关于意识形态工作的有关文件精神，研究部署泰安市意识形态工作。

5日 副省长、省公安厅厅长范华平到泰安市调研指导公安工作，看望慰问基层民警。市委书记崔洪刚等陪同活动。范华平分别到交警支队泰山景区大队、泰山区分局财源派出所、高铁泰安站广场等处，深入了解交通管理服务、派出所建设、重要目标路地联勤处突等工作。

6—7日 泰安市科学技术协会第六次代表大会召开。会议审议通过市科协第五届委员会工作报告，选举产生泰安市科协第六届委员会委员77名、常务委员29名、副主席13名和主席1名。

8日 泰安市召开重点任务调度会议，调度重点任务进展情况，分析存在的问题，研究推进措施，加快各项任务落实，确保实现年度“插旗”目标。

10日 市委、市政府召开防御第9号台风“利奇马”视频会议，深入贯彻落实国家防总、省防指近期系列会议精神，分析研判防台风形势，对全市防御工作进行安排部署。

11—13日 省委常委、统战部部长、省总工会主席张江汀到泰安市检查指导防汛防台风工作。市委书记崔洪刚，市委副书记、市长张涛，市委副书记、东平县县委书记曲锋分别参加有关活动。张江汀到泰安市防汛抗旱指挥中心，听取泰安市防御第9号台风工作情况汇报，并就做好防汛防台风工作提出要求。

12日 市委副书记、市长张涛主持召开第二十四次市政府常务会议，听取《关于加快项目建设扩大有效投资促进经济高质量发展的通知》《关于泰安市招商引资扶持激励政策及实施细则》《泰安市贯彻落实中央生态环保督察“回头看”及大气污染防治专项督察反馈意见整改方案》《关于调整和规范公共租赁住房保障相关政策的通知》等编制起草情况汇报，研究第三十三届泰山国际登山节暨2019中国泰安投资合作洽谈会筹备事宜。

16日 市委理论学习中心组进行集体学习，深入学习贯彻习近平总书记在深化党和国家机构改革总结会议上的重要讲话精神，巩固深化机构改革成果，推进治理体系和治理能力现代化。

18日 交通运输部和中华全国总工会共同在泰安市召开全国“司机之家”建设工作推进现场会，交流各地推进“司机之家”规划建设和创新服务等典型经验，在全国加快推进“司机之家”民生实事建设，深入解决广大货车司机工作生活的难点、痛点，开创道路货运行业转型升级、高质量发展新局面。交通运输部副部长刘小明出席会议并讲话，副省长凌文致辞。交通运输部运输服务司司长徐亚华，中国海员建设工会一级巡视员张景义出席，市委书记崔洪刚致辞，省交通运输厅厅长江成等出席。

23日 副省长于国安到东平县调研水利工程建设工作。省水利厅厅长刘中会，市委副书记、市长张涛，市委副书记、东平县县委书记曲锋陪同调研。于国安一行先后到东平县八里湾泄洪闸、金山坝和陈山口出湖闸等地实地调研指导工作，听取相关水利工程情况汇报。

△ 市委、市政府召开专题会议，听取大气专项督察问题情况汇报，研究整改措施。

29—30日 市十七届人大常委会第二十次会议召开。表决通过或原则通过有关报告、决议，表决人事任免事项。

30日 市委常委会召开会议，传达全省推进改革举措落实落地工作会议精神和全省党的建设暨机关党的建设工作会议精神，研究贯彻落实意见。

31日 全省乡村产业振兴推进会议在新泰市召开。会议深入学习贯彻习近平总书记关于扎实推进乡村振兴的重要指示精神，落实《国务院关于促进乡村产业振兴的指导意见》和全国乡村产业振兴推进会议精神，统一思想、总结经验，分析形势、部署工作。省委副书记杨东奇出席会议并讲话，副省长于国安主持会议，市委书记崔洪刚致辞，市委副书记、市长张涛发言，省乡村产业振兴工作专班有关成员单位主要负责人出席。

9月

5日 全市教育大会暨2019年教师节庆祝大会召开，强调当前和以后一个时期，全市教育事业发展要全面贯彻党的教育方针，遵循教育规律和人才成长规律，深化教育改革，着力提高教育质量，优化教育结构，促进教育公平，加快推进教育现代化强市建设。

6日 海内外700名嘉宾、客商汇聚泰安，出席第三十三届泰山国际登山节暨2019中国泰安投资合作洽谈会开幕式，共叙友情，共谋发展，共商合作。会上，集中签约51个重点招商引资项目，计划总投资1248.41亿元。

△ 2019第四届泰山国际福祉暨康复设备博览会在泰山国际会展中心开幕。

△ 第三届“泰山玉杯”玉雕大赛暨泰山玉文化论坛在泰山国际会展中心举办。

7日 “中国体育彩票杯”第三十三届泰山国际登山比赛暨第二十四届全国全民健身登泰山比赛和第四届登泰山万人徒步行活动起跑仪式，在新起点岱庙广场举行。

8日 英国、日本、加拿大、白俄罗斯等21个国家的60名外国专家相聚于泰山脚下，出席高层次外国专家齐鲁行（泰安专场）暨第四届外国专家泰安行活动，与泰安200家企业单位在更高层次上开展科技合作交流，促进共同发展。

10日 2019泰山国际农机化发展高峰论坛在泰安举办。

△ 泰安市“不忘初心、牢记使命”主题教育工作会议召开。会议深入学习贯彻习近平总书记关于“不忘初心、牢记使命”主题教育的重要讲话、重要指示精神，按照中央部署和省委要求，对泰安市开展“不忘初心、牢记使命”主题教育进行动员部署。市委书记崔洪刚，省委第五巡回指导组组长孙松青出席会议并讲话，市委副书记、市长张涛主持，省委第五巡回指导组副组长岳富常，市委副书记、东平县县委书记曲锋，市人大常委会主任唐福泉，市政协主席周桂萍出席会议。

16—20日 市委在市委党校举办“不忘初心、牢记使命”主题教育读书班。市委书记崔洪刚出席开班式并讲话，省委第五巡回指导组副组长岳富常到会指导。

17日 主题为“礼赞共和国 智慧新生活”的山东省2019年“全国科普日”活动在泰安市启动。

△ 副省长于杰到泰安市调研文化旅游产业发展工作，市委副书记、市长张涛等陪同调研。于杰一行现场调研演艺秀都项目、泰山慢谷项目、九女峰乡村旅游度假区、泰安文旅城项目和太阳部落景区等文化旅游项目。

20日 以“新时代书香中国 新阅读国庆献礼”为主题的第七届全国出版物馆配馆建交易会在泰安市开幕。

24日 市委理论学习中心组围绕“坚定理想信念、提升党性修养”进行专题学习研讨。省委第五巡回指导组组长孙松青、副组长岳富常到会指导。

26日 市委常委会召开会议，学习贯彻习近平总书记在黄河流域生态保护和高质量发展座谈会上的重要讲话精神，传达中央主题教育调研组肥城座谈会会议精神，听取泰安市“不忘初心、牢记使命”主题教育前期工作情况汇报。

28日 市委副书记、市长张涛

9月6日，第三十三届泰山国际登山节暨2019中国泰安投资合作洽谈会开幕式举行。图为开幕式现场　（司　刚　摄）

主持召开市政府第二十五次常务会议。传达全省、全市经济运行分析专题会议精神，听取《进一步繁荣夜间经济九条措施》和《关于加强和改进法治政府建设若干工作的意见》起草情况汇报，研究部署当前非洲猪瘟防控及稳定生猪生产保障工作。

29 日 按照市委常委会主题教育工作安排，市委常委会赴徂徕山党性教育基地现场接受革命传统教育，邀请先进党员典型讲述初心使命故事。

△ 黄河东银铁路文化展馆开馆。该馆是黄河系统内为防汛物资运输作出历史贡献的唯一纪念性文化展馆，被评为“山东黄河文化建设示范点”。山东黄河河务局东平湖管理局本着“修旧如旧，忠于历史”的原则，对“原东银铁路局银山车站”旧址进行修复，最大限度地保留二十世纪六七十年代青砖瓦房的原貌，建设总面积 1360 平方米，收集展陈历史照片 200 幅、文物史料 130 件。

30 日 泰安市党政军及社会各界在泰安革命烈士陵园广场举行公祭烈士活动，弘扬烈士精神，缅怀烈士功绩，向人民英雄致以崇高敬意和无限哀思。

10 月

9 日 省委副书记、省长龚正到泰安市调研指导第二批“不忘初心、牢记使命”主题教育。市委书记崔洪刚、省委第五巡回指导组组长孙松青陪同活动。市委副书记、市长张涛参加有关活动。

11 日 2019 山东·泰山旅游商品与装备博览会在泰安市开幕。

△ 山东省首届文化和旅游商品创新设计大赛颁奖典礼在泰山国际会展中心举行。泰安市共获金奖 3 个、银奖 4 个、铜奖 5 个。《风韵茶香》肥城桃木雕刻、天然高锶山泉水获实物类金奖，《云·林·水》泰山女儿茶茶服设计获设计类金奖。

12 日 市委常委会召开会议，传达学习省委副书记、省长龚正联系指导泰安市主题教育座谈会上的讲话精神，研究贯彻落实意见。市委书记崔洪刚主持会议并讲话，市委副书记、市长张涛，市委副书记曲锋，市人大常委会主任唐福泉及市委常委出席会议。

13 日 市委、市政府召开固定资产投资重大项目调度会议，传达贯彻省委经济形势座谈会精神，调度全市投资情况，梳理盘点存在的问题，强化工作措施，把省委要求落到实处。

14—16 日 全国重点区域森林资源保护现场会在泰安市召开。国家林业和草原局副局长刘东生，省人大常委会副主任王云鹏，省政府副秘书长张积军，国家林业和草原局生态保护修复司司长赵良平，省自然资源厅厅长、林业局局长李琥，市委书记崔洪刚参加会议，市委副书记、市长张涛在会上作典型发言。

16—17 日 市委、市政府召开乡村振兴示范区现场观摩会议。对全市 10 个乡村振兴示范区建设推进情况进行集中检阅，总结工作，查找问题，提升示范区建设水平。

16—18 日 第十五届泰山苗木花卉交易会举办。

17—18 日 省人大常委会副主任王云鹏一行到泰安市开展优化营商环境立法调研。

18 日 市委副书记、市长张涛主持召开市政府第二十六次常务会议。听取全市大气污染防治工作和泰安城区污水处理厂外排水质标准相关情况汇报，听取全市安全生产工作情况汇报。

△ “吾悦广场杯”泰安市第二十一届运动会暨第九届全民健身运动会在市体育中心开幕。

19 日 市委书记崔洪刚率队参加首届跨国公司领导人青岛峰会。

22 日 泰安山东泰山钢材大市场、东岳国际花木城上榜“中国商品市场综合百强”。

25 日 市委书记崔洪刚为全市党员干部讲专题党课。他结合近段时间的学习思考、调查研究和问题整改情况，围绕守初心、担使命，勇做新时代泰山“挑山工”这一主题，和大家交流心得体会。省委第五巡回指导组组长孙松青出席，市委副书记、市长张涛主持，省委第五巡回指导组副组长岳富常，市委副书记曲锋，市人大常委会主任唐福泉，市政协主席周桂萍等市几大班子领导出席。

28 日 市委理论学习中心组围绕“庆祝中华人民共和国成立 70 周年，弘扬爱国主义精神”这个主题，进行集体学习研讨。

30 日 市委理论学习中心组围绕“牢记宗旨性质、勇于担当作为”主题，进行集体学习研讨。

△ 市委、市政府召开全市创建全国文明城市工作推进会议。

30—31 日 市十七届人大常委会第二十一次会议召开。

11 月

1 日 市委理论学习中心组集体学习《中国共产党第十九届中央委员会第四次全体会议公报》。

△ 市委常委会会议暨市委主题教育领导小组第三次会议召开，

听取市委“不忘初心、牢记使命”主题教育专项整治和第一批即知即改事项进展情况汇报，研究部署下一步工作。

2日 副省长于国安到泰安市就松材线虫病防治工作进行调研。于国安一行先后到松材线虫病防治现场调研指导，听取工作汇报，对全市松材线虫病防治工作取得的成效给予肯定。省自然资源厅副厅长王太明，市委副书记、市长张涛陪同调研。

5—6日 市委书记崔洪刚率团赴上海参会，同时举办2019泰安(上海)投资合作恳谈会，走访考察企业，推进在谈项目，洽谈对接新项目。

8日 市委常委会召开会议，深入学习贯彻落实《中共中央关于坚持和完善中国特色社会主义制度推进国家治理体系和治理能力现代化若干重大问题的决定》精神。

△ 市委常委会召开对照党章党规找差距专题会议，学习贯彻习近平总书记关于“不忘初心、牢记使命”重要论述，市委书记崔洪刚主持会议并带头作对照检视，省委第五巡回指导组副组长岳富常到会指导。

12日 市委理论学习中心组围绕“强化政治纪律和政治规矩、廉洁自律”进行集体学习研讨。

18日 市委常委会会议暨市委主题教育领导小组第四次会议召开，听取市委常委班子和全市开展主题教育单位第一批即知即改问题整改情况汇报，研究审议第二批近期重点解决问题。

△ 市委副书记、市长张涛主持召开市政府第二十八次常务会议。传达贯彻全省农村人居环境整治工作推进视频会议精神，安排部署工作。

20日 全省涉案财物集中管理工作现场会在泰安市召开，对学习推广泰安市经验做法、进一步做好全省涉案财物集中管理工作作出部署。省委常委、政法委书记林峰海出席会议并讲话，副省长、省委政法委副书记、省公安厅厅长范华平主持会议，省高级人民法院院长、省委政法委副书记张甲天，省人民检察院检察长、省委政法委副书记陈勇出席会议，市委副书记、市长张涛出席会议并致辞。

△ 省委宣讲团中共十九届四中全会精神报告会举行。省委宣讲团成员、省委宣传部副部长孔繁轲作宣讲报告，市委书记崔洪刚主持报告会。报告会采用视频形式召开，市里设主会场，各县(市、区)、功能区设分会场。市级领导、市直及省属以上驻泰安部门(单位)主要负责人在主会场参加会议。

20—22日 全国重点区域山东商会会长“泰山行”活动举办。全国22省的山东商会会长、海外泰山工商协会会长等共计60名知名企业家参加。

25日 在中国贸促会培训中心主任凌凤杰的陪同下，“一带一路”14国工商会一行到泰安市开展商务考察，宣传“一带一路”国家投资贸易政策，与企业进行对接交流。市委书记崔洪刚会见到访外宾。

28日 市委书记崔洪刚到山东科技大学宣讲中共十九届四中全会精神。

12月

2日 市委常委会召开扩大会议，听取市级领导干部冲刺攻坚包保重点项目进展情况汇报，研究部署下一步工作。

5日 市委副书记、市长张涛主持召开市政府第二十九次常务会议，听取《泰安市政府信息公开管理办法》《关于实施工业企业技术改造扶持政策的通知》起草情况汇报，听取取消公立医疗机构医用耗材加成调整医疗服务价格有关情况汇报。

5—6日 省委副书记、省长龚正带队到泰安市检查2019年度全面从严治党主体责任落实情况，并参加指导市委常委会主题教育专题民主生活会。市委书记崔洪刚，市委副书记、市长张涛，市委副书记曲锋，市人大常委会主任唐福泉，市政协主席周桂萍，市委常委参加有关活动。

6日 由中共泰安市委、新华网山东频道主办，泰安主题党日活动中心承办的第二届全国主题党日研讨会在泰安市举行。全国各地的部分基层党建研究专家、学者及各领域党组织代表、基层党务工作者和新闻媒体代表100人齐聚一堂，共襄盛举。

10日 省政协副主席韩金峰带领调研组到泰安市调研高新技术企业发展情况。围绕“双招双引”和加快民营科技型企业发展，韩金峰一行先后到肥城市瑞福锂业、征途信息、智慧能源、阿斯德科技4家企业以及泰安高新区迈科珍生物科技、蓬勃生物、峰松电子3家企业走访调研，了解企业生产、科研和融资情况。市委书记崔洪刚、市政协主席周桂萍参加有关活动。

11日 全市经济工作座谈会召开。市委书记崔洪刚主持会议并讲话，市委副书记、市长张涛讲话，市委副书记曲锋，市人大常委会主任唐福泉，市政协主席周桂萍，市委常委和有关副市级领导出席会议。

12日 首届泰山法治论坛在山

东农业大学召开。省委常委、政法委书记、省法学会会长林峰海出席论坛开幕式并讲话。中国法学会法治文化研究会常务副会长、《民主与法制》社社长周占华，市委副书记、市长张涛，山东农业大学党委书记徐剑波，山东省法学会副会长、山东政法学院党委书记李玉福参加有关活动。

18 日 2019 泰山国际新闻出版合作大会暨新闻出版小镇建设发布会在泰安市开幕。中国出版协会常务副理事长邬书林出席开幕式并作主旨演讲。15 个国家 33 名新闻出版界的国际友人和 300 名中国出版界的业界精英参加会议。

20 日 市十七届人大常委会第二十二次会议召开。

26 日 市委副书记、市长张涛主持召开第三十次市政府常务会议，听取 2020 年经济社会发展主要指标预期目标安排建议，听取《优化营商环境条例》解读。

27 日 市委常委会召开扩大会议，传达学习省委十一届十次全会和省委经济工作会议精神，研究贯彻落实意见。

28 日 中国共产党泰安市第十一届委员会第十次全体会议在泰安举行。会议以习近平新时代中国特色社会主义思想为指导，传达学习中共山东省委十一届十次全体会议精神，听取和讨论市委书记崔洪刚受市委常委会委托所作的工作报告，审议通过《中共泰安市委关于深入贯彻落实党的十九届四中全会精神的实施意见》。出席会议的有市委委员 45 人、候补市委委员 7 人。市纪委常委和有关方面负责人列席会议。市第十一次党代会代表中的部分基层人员也列席会议。会议由市委常委会主持。市委书记崔洪刚作重要讲话。

12月31日，市委经济工作会议召开。图为会场　　（司　刚　摄）

△ 市委常委会召开会议，传达学习中央政治局专题民主生活会精神，研究贯彻落实意见。

31 日 全市经济工作会议召开。会议以习近平新时代中国特色社会主义思想为指导，全面贯彻落实中共十九大和十九届二中、三中、四中全会精神，深入学习贯彻中央经济工作会议和省委经济工作会议精神，总结 2019 年经济工作，分析当前经济形势，部署 2020 年经济工作任务。市委书记崔洪刚，市委副书记、市长张涛出席会议并讲话。市委副书记曲锋，市人大常委会主任唐福泉，市政协主席周桂萍出席会议。会前两天（12 月 29—30 日），与会人员现场观摩 6 个县（市、区）、3 个功能区的 25 个项目，听取 5 个重点任务工作小组、2 个指挥部工作情况述职，对各个县（市、区）、功能区考核项目情况和 5 个重点任务工作小组、2 个指挥部述职情况进行打分评议。

年末 全市生态环境机构实行垂直管理，市生态环境局领导班子上划省厅党组管理，原各县（市、区）环境保护局上划为市生态环境局分局。

编辑　校对　　刘小笋

市情概览

环境·资源·人口

【位置面积】 泰安市位于山东省中部，处北纬35°38′~36°28′，东经116°20′~117°59′。北以泰山与济南市为界，南与济宁市相连，西隔黄河与聊城市及河南省濮阳市相望，东与济南市、淄博市、临沂市相邻。东西长约176.6千米，南北宽约93.5千米，面积7762平方千米，占全省面积的4.94%。泰安城为市政府驻地，位于泰山南麓，北距省会济南66.8千米，南至孔子故里曲阜74.6千米，处于山东省“一水、一山、一圣人”旅游热线的中间。

【建置沿革】 泰安市是国务院公布的国家历史文化名城。早在6000至4000年前，汶河两岸的氏族部落创造了繁盛的“大汶口文化”。此后，历代在此设邑、置郡、建府。秦代设济北郡，郡治博阳（故城在今岱岳区旧县村）。汉武帝封禅泰山时置泰山郡，郡治始为博县，汉元封二年（前109）移至新建之奉高（今岱岳区范镇故县村），北魏时又移治至钜平县（今岱岳区大汶口附近）。北齐改为东平郡，郡治博县。唐宋时分属兖州、郓州（北宋末改称东平府）。金天会十四年（1136）设泰安军，治岱岳镇（今泰安城），泰安之名由此始。境内分属泰安军（金大定二十二年，即1182年升为州）与东平府，隶山东西路。元明设置泰安州。清雍正十三年（1735），升泰安直隶州为泰安府，增置泰安县为府治，降东平直隶州为散州，泰安府时辖泰安、新泰、莱芜、肥城、东阿、平阴六县及东平一州，隶山东行省。抗日战争时期，抗日民主政权设立泰山区、泰西区。1950年5月，泰山、泰西两区合并为泰安专区，成立泰安区行政督察专员公署（同年12月改称泰安区专员公署），机关驻泰安城。1958年10月，撤销泰安专署，辖县分属济南市和聊城专署。1961年7月，复置泰安专署。1967年，成立泰安地区革命委员会替代专署。1978年7月，撤销泰安地区革命委员会，成立泰安地区行政公署。1985年3月，撤销泰安地区，原县级泰安市升格为地级市，实行市管县体制。

【行政区划】 2019年，泰安市辖泰山、岱岳两个区，宁阳、东平两个县，代省管辖新泰、肥城两个市（县级）。全市有乡、镇、街道88个（乡6个、镇62个、街道20个），村（居）民委员会3760个。为方便管理，赋予泰安高新区、泰山景区、徂汶景区管辖乡镇（街道）、村（居）的职能。其中，泰山区辖2个镇、5个街道；岱岳区辖9个镇、2个街道；泰安高新区辖2个镇、1个街道；泰山景区辖1个乡、2个镇；徂汶景区辖1个乡、2个镇；新泰市辖1个乡、16个镇、3个街道；肥城市辖10个镇、4个街道；宁阳县辖1个乡、10个镇、2个街道；东平县辖2个乡、9个镇、3个街道。

【人口状况】 2019年年末，全市有常住人口563.50万人。常住人口中，泰山区74.33万人，岱岳区60.95万人，高新区40.77万人，泰山景区10.11万人，新泰市127.22万人，肥城市96.70万人，宁阳县77.27万人，东平县76.15万人。年末，按常住人口计算，全市人口密度726人/平方千米。其中，市区834人/平方千米，新泰市712人/平方千米，肥城市757人/平方千米，宁阳县687人/平方千米，东平县568人/平方千米。

【民族概况】 2019年年末，泰安市有汉族、回族、满族、壮族、蒙古族、朝鲜族、苗族、侗族、藏族、维吾尔族、彝族、布依族、瑶族、白族、土家族、土族、哈尼族、傣族、黎族、傈僳族、畲族、水族、纳西族、达斡尔族、仡佬族、俄罗斯族、仫佬族、撒拉族、毛南族、鄂伦春族、佤族、拉祜族、景颇族、布朗族、锡伯族、阿昌族、怒族、鄂温克族、东乡族、羌族、哈萨克族、德昂族、柯尔克孜族、赫哲族、裕固族45个民族。汉族547.57万人，占全市总人口的98.5%；44个少数民族8.2万人，占全市总人口的1.5%。其中，回族人数为7.9万人，占全市少数民族总人口的96%。少数民族人口在全市呈大分散、小集中分布。全市6个县（市、区）88个乡镇（街道）中，少数民族居住较集中的有39个乡镇（街道）的130个村（居）。其中，少数民族人口占全村人口50%以上的民族村（居）51个，少数民族人口1000人以上的乡镇（街道）20个，少数民族人口1万人以上的县（市、区）有泰山区、岱岳区、新泰市、肥城市。

【土地资源及特征】 全市有土地77.62万公顷。其中，农用地58.12万公顷（耕地36.44万公顷、园地3.92万公顷、林地10.81万公顷，其他农用地6.95万公顷），建设用地13.35万公顷，未利用地6.14万公顷。全市人均占有耕地0.06公顷（0.97亩），农民人均占有耕地0.17公顷（2.55亩）。境域地势自东北向西南倾斜，有山地、丘陵、平原、洼地、湖泊等地貌类型。山地集中分布在境域北部和东部，占全市面积的18.3%，其中泰山雄踞境域北部，其主峰玉皇顶海拔1545米，为山东省第一高峰。丘陵主要分布在新泰市西南部、宁阳县东部、岱岳区西北部、肥城盆地边缘及东平县北部，占全市面积的41.1%，海拔在120～400米之间。平原主要分布在山麓及河流沿岸，占全市面积的40.6%，海拔在60～120米之间，其中山东省著名四大山麓平原之一的泰（安）莱（芜）肥（城）宁（阳）平原，大部分在泰安市境内。洼地主要分布在东平县“三湖”（老湖、新湖、稻屯洼）周围，占全市面积的11%，海拔在38～60米之间。湖泊集中在东平县，“三湖”水面6.35万公顷（含市外部分），其中东平湖系山东省第二大淡水湖，为古梁山水泊遗存水域。

【气候特征】 泰安市属于暖温带大陆性半湿润季风气候区，四季分明，寒暑适宜，光温同步，雨热同季。春季干燥多风，夏季炎热多雨，秋季晴和气爽，冬季寒冷少雪。2019年，全市年平均日照时数2101.1小时，较常年（2313.3小时）偏少212.2小时；年平均气温14.6℃，较常年（13.6℃）偏高1.0℃；年平均降水量551.7毫米，较常年（664.5毫米）偏少17%。泰山山顶2019年年日照时数2435.9小时，较常年（2663.8小时）偏少227.9小时；年平均气温7.0℃，较常年（5.9℃）偏高1.1℃；年降水量920.4毫米，较常年（1046.2毫米）偏少12.0%。

【水源特征】 全市境内有大小河流466条，分属黄河、淮河两大流域。大汶河属黄河流域，为市内第一大河，主流起源于济南市钢城区汶源街道办事处台子村，自东向西流经全市，由下游的大清河流入东平湖注入黄河，境内流域面积6093平方千米，占全市面积的78.5%。新泰市的东汶河及宁阳县的汉马河、洸府河、宁阳沟属淮河流域的泗河、沂河水系，流域面积1305平方千米，占全市面积的16.8%。全市有水面270平方千米，占全市面积的3.5%，主要包括湖泊、水库、坑塘及部分矿区积水洼地，其中水库687座，总库容9.36亿立方米。发现温泉4处，其中岱岳区桥沟温泉面积8.5万平方米，水深0.5～8米，混合水温在41～49℃之间，水质清澈透明，无臭、无味、无毒，属一级水。全市水资源总量13.24亿立方米，其中地表水6.79亿立方米，地下水8.37亿立方米（地表水与地下水互相转化的重复量为1.92亿立方米）。

【生物资源】 全市有野生、栽培及引种成功的高等植物1600余种及变种、亚种、变型，分属191科、775属，陆生脊椎动物4纲300多种，浮游植物8门99种属，浮游动物四大类71种。农作物害虫天敌3纲39科113种。粮食作物主要有小麦、玉米、红薯（俗称地瓜）、高粱、大豆、大麦等。经济作物主要有花生、芝麻、棉花、大麻、烟草、蔬菜等。木本植物分属71科、471种（变种）。用材树种主要有黑杨、毛白杨、刺槐、榆树（又称白榆）、泡桐等50余种。经济林树种主要有苹果、樱桃、核桃、桃、板栗、大枣、杏等30余种，其中“肥城桃”“泰山板栗”“新泰苹果”“宁阳大枣”等被批准为国家地理标志证明商标和农业部农产品地理标志产品。观赏树种有40余种，主要有雪松、圆柏、银杏、槐树（又称国槐）等。以泰山命名的珍稀树木有泰山花楸、泰山柳、泰山椴、泰山盐肤木等20多种，基本上都属于濒危保护级别。古树名木1.95万株，隶属27科45种，主要有汉柏、唐槐、六朝松等。牧草分属35科、95属、118种，以禾本科最多，菊科次之。全市天然草场年产鲜草约2.5亿千克。中药材分属110科、448种，有10余种属于“道地药材”，为具有全国知名度的药材，如泰山灵芝、泰山何首乌、泰山四叶参、泰山黄精、泰山紫草、汶香附、肥城栝楼、穿山龙、白花丹参、徐长卿等。泰山“四大名药”(泰山何首乌、泰山四叶参、泰山黄精、泰山紫草)被列为国家地理标志证明商标。肥城栝楼属地方名优品种。水生植物40种，分属2门、18科、30属，集中分布于东平“三湖”，主要有藕、芡实、菱角、苇、蒲草等。畜禽品种50多个，主要有牛、马、羊、猪、鸡、鸭等，其中东平、宁阳一带的鲁西黄牛为全国四大良种牛之一，役肉兼用。小尾寒羊为稀有品种，主要产地东平县被列为全省小尾寒羊保种基地。水生动物以东平湖、稻屯湖为最多，主要有中华绒螯蟹（毛蟹）、鳖、虾、蚌等。鱼类分属8目、15科、48种，主要有鲫、鲤、鲢、草鱼等，其中泰山赤鳞鱼（又名螭霖鱼）、东平湖大青虾、东平湖鲤鱼为国家地理标志产品，“泰山金螭霖”被列为国家地理标志证明商标。野生动物有两栖动物7种、爬行动物12种、鸟类200多种。珍稀动物有属国家一级保护动物的白鹳、大鸨、梅花鹿（引进品种）等。

2019年泰安市人口和自然资源情况

表1

指　标	单　位	2019年
人口		
年末人口总数（户籍）	万人	573.33
人口密度（户籍）	人/平方千米	739
年末人口总数（常住）	万人	563.50
人口密度（常住）	人/平方千米	726
土地		
全市土地面积	平方千米	7762
各类土地面积所占比重		
山地	%	18.3
丘陵	%	41.1
平原	%	40.6
森林		
森林覆盖率	%	25.47
造林面积	公顷	4073
水文、水利		
水资源总量	亿立方米	13.24
地表水资源量	亿立方米	6.79
地下水资源量	亿立方米	8.37
水面养殖面积	千公顷	8.6

【矿产资源】 境内地下矿产资源丰富，种类齐全，分布较广，具有优势矿产多、资源储量大特点。已发现矿产63种，探明资源储量的矿产地101处。探明资源储量居全省第一位的矿产有自然硫、石膏、岩盐、钾盐、蛇纹岩和玉石，第二位的有铝土矿，第三位的有铁矿，第四位的有煤矿。耐火黏土、水泥用灰岩、制碱用灰岩等也占有重要地位。铁主要分布在东平县和岱岳区角峪一带，保有资源储量5.4亿吨。煤主要分布在新泰市、肥城市、宁阳县、东平县，保有资源储量20.0亿吨。自然硫系国内发现唯一的沉积型自然硫矿床，探明资源储量折合纯硫3.2亿吨。石膏主要分布在大汶口和汶东两盆地，保有资源储量380.0亿吨。岩盐矿分布在大汶口盆地中，地跨肥城市、岱岳区两市区，面积约36.4平方千米，氯化钠平均含量86.76%，保有资源储量71.6亿吨。石灰岩除泰山区外，其余5县（市、区）均有分布。花岗石主要分布在岱岳区、新泰市、肥城市等地，品种主要有泰山红、泰山花、泰山青、吉祥绿、龙岗红等。耐火黏土主要分布在岱岳区、肥城市等地。

经济和社会发展综述

【概况】 2019年，全市实现生产总值2663.6亿元，增长6.3%。固定资产投资保持稳定，社会消费品零售总额增长3.7%；完成进出口总额172.2亿元、增长7.1%，其中出口134.5亿元、增长5.4%，进口37.7

亿元、增长13.4%。一般公共预算收入224.7亿元、增长2.36%，其中税收收入164.2亿元、增长3.92%，税收收入占一般公共预算收入比重73%；完成一般公共预算支出414.5亿元、增长8.8%。城镇居民、农村居民人均可支配收入达37695元、18621元，分别增长7.1%、9.8%。全社会用电量204.7亿千瓦时、工业用电量137.6亿千瓦时，分别增长3.2%、1.9%。金融机构人民币存贷款余额达4093.8亿元、2696.4亿元，增长12.1%、14.0%。客运周转量、货运周转量分别达20.1亿人千米，167.8亿吨千米。全市综合竞争力增强，在中国城市品牌评价百强榜中位列第38位，在中国百强城市排行榜中位列第63位。

【加快经济发展】 深入实施工业领军和科技创新"双50强"企业培育工程。①聚力产业发展。突出抓好新一代信息技术、高端装备和智能制造、新材料、新能源和节能环保、医养健康、现代高效农业、高端化工、纺织服装、现代物流、文化旅游十大产业。设立100亿元的重点企业财源建设基金，分3批向13家企业共计投放35.2亿元。规模以上工业增加值增长5.4%。新增峰松电子、华通集团2家过百亿元企业。全市拥有绿色工厂17家、制造业单项冠军企业10家，数量均居全省首位。服务业完成税收占全部税收的比重达51.6%；实施交通组织换乘、停车场提升、特色餐饮小吃、旅游公厕提升"四大工程"，泰山景区门票价格由240元降为115元，并改为3天内有效。全年接待国内游客8262.7万人次，增长8.9%，实现国内旅游收入906.1亿元，增长12.3%。泰山景区在全省AAAAA级景区好评度排名居第一位。规模以上农业龙头企业、农民专业合作社、家庭农场分别达325家、8770家、4517家。农业标准化基地、知名农产品品牌分别达94个、66个。泰山茶入选中国农产品区域公用品牌，肥城桃入选中国特色农产品优势区名单，泰山板栗获北京世界园艺博览会金奖。新泰农光一体示范园获评首批国家级农村产业融合发展示范园，宁阳县被评为国家农产品质量安全县，肥城市被确定为"中国好粮油"示范县。举办第二届中国泰山粮油论坛暨第十四届全国粮油产销企业订货会。②聚力"双招双引"。先后组织赴德国、日本和深圳、北京等地招商引资，策划举办中国泰山第五届国际高洽会、泰山国际新闻出版合作大会、全国重点区域山东商会会长"泰山行"等活动，着力引进一批内资"十强"产业和交通基础设施项目。泰山国际登山节集中签约51个项目，总投资1248.4亿元。商汤科技、香港正威、中国华录等知名企业相继引进，高端对位芳纶、碳纤维、深圳优必选智能机器人等一批优质项目落户泰安。用好人才新政"金十条"和47项配套细则，全市累计兑现各类奖励补助资金1.38亿元，其中市本级7653.6万元，人才政策吸引集聚效应进一步显现。引进培育国家"万人计划"专家、省泰山产业领军人才等"产业顶尖人才"11人，省"外专双百计划"（为加大高层次外国专家及团队引进力度，自2017年起在全省组织实施"外专双百计划"，利用5年左右的时间，引进100名国际知名的高层次非华裔外国专家和100个高层次外国专家团队）专家、省有突出贡献的中青年专家、泰山英才领军人才等"行业领军人才"100人，留住"驻泰高校大学生"近7000人，占毕业生的五分之一。实施"促引培优、强基筑巢、校地合作、人才安居"四大工程，在泰安旅游经济开发区最佳地段建设100套人才公寓，与山东科技大学、青岛大学联合建成泰山复合材料产业技术研究院、泰山纺织服装产业技术研究院，新增省级以上科研平台载体28家，打响"才入泰安、势如泰山"品牌。③聚力项目建设。推行市级领导包保重点项目制度，筛选33个重点项目由19名市级领导包保集中冲刺攻坚，解决一批制约项目建设的突出困难和问题。建立完善项目推进机制，落实项目建设月调度制度，建立项目预警机制，将县（市、区）和功能区投资情况、市直部门服务项目建设工作情况纳入经济社会发展综合考核，举全市之力抓项目、稳投资。省重点项目开工率100%、年度计划投资完成率114%；101个市级重点建设项目全年完成投资340.4亿元，占年度计划的108.6%。泰安二期抽水蓄能电站项目完成立项，华能光纤预制棒及光纤制造项目一期工程全面完工，石横特钢产业集群完成投资40亿元，泰山石膏40万吨护面纸、泰山玻纤产业园、明升达洁净煤气化项目等一批项目加快推进。

【释放发展活力】 ①推进重点改革。市县机构改革全面完成。深化"放管服"改革，着力打造"泰好办"政务服务品牌，实行"七十五证合一、一照一码"，市场准入领域"证照通办"改革试点经验在全省推广。围绕提升工程建设项目审批效能，打造"带方案出让用地、拿地即开工""方案联审依次发证""项目建设许可登记"三项制度，社会投资工程建设项目平均审批时间减少至90个工作日以内。市政务服务中心入选全国政务大厅20家优秀案例。泰安市获评中国投资环境百佳城市、中国企业营商环境十佳城市。推进开发区体制改革。国有企业“三供一业”〔指国企（含企业和科研院所）将家属区水、电、暖和物业管理职能从国企剥离，转由社会专业单位实施管理的一项政策性和专业性较强、涉及面广、操作异常复杂的一项管理工作。企业的供水、供电、供热和物业管理也将实施分离〕分离移交全面完成。推进财税改革，全年新增税费减免46.7亿元。农业农村、统计审计以及教育卫生等各项改革取得新进展。②增强创新能力。全年规模以上高新技术产业产值增长3.35%，占规模以上工业总产值比重44.31%。净增高新技术企业74家，新增院士工作站12家。省级工程实验室（研究中心）、工程技术研究中心、“一企一技术”研究中心分别达30家、60家、119家。泰山智能制造产业研究院等4家研究院顺利组建，173个项目列入省级以上重点研发计划。9家企业被评为“国家知识产权优势企业”。康平纳集团、海天智能分列2019山东制造·硬科技TOP50榜第3名、第9名。一滕新材料被评为第一批国家级“专精特新小巨人”企业，49家企业获评省“专精特新”中小企业。全年新增中国驰名商标3件，授权国内专利3461件。③推进全面开放。抓住“一带一路”建设机遇，推动纺织服装、电力设备、煤矿机械等优势产能对外投资合作。利用香港山东周、韩国商务周、中国进口博览会等高端平台，推动外向型经济加快发展。泰安市与180个国家和地区开展进出口贸易往来，“一带一路”建设项目带动进出口完成1.41亿美元。新设外商投资企业50家，其中世界500强企业3家。全年实际利用外资4.59亿美元。

【推动城乡建设】①抓好规划编制实施。全面落实省委、省政府对《泰安市城乡一体空间发展战略规划》部署要求，将城乡规划、土地利用规划、主体功能区规划等融合为统一的国土空间规划，控制泰安城区的“山体线”“水岸线”“天际线”。聘请高端专业团队，对东平湖及周边区域的保护开发进行全方位、高站位规划。②提升城市建设管理水平。投资38.85亿元实施城区11条道路建设工程，完成龙潭路与灵山大街路口渠化及道路改造工程，环山路东延、学院路、长城西路、天平大街等主干道竣工通车，擂鼓石大街贯通工程顺利推进。岱庙广场竣工启用。排水管网雨污分流改造顺利实施，梳洗河、明堂河、芝田河等河流综合整治有序推进。启动17个城中村改造项目，总户数1.2万户。建设78个垃圾分类示范片区。争创全国文明城市创建，国家和省测评名列前茅，群众满意度99.5%以上。③推进乡村振兴。搭建“1+5+8+N”（即1个市级乡村振兴战略规划、5个振兴方案、8个县级乡村振兴规划以及村庄建设、道路、土地、水利、林业、畜牧等N个专项规划）规划体系，实施“1215”（即择优选定村级班子基础好、集体经济实力强、产业带动优势大的10个片区作为市级先行区、20个片区作为县级先行区、100个村和500个点作为重点先行村、先行点，汇聚人财物力集中打造）先行工程。东平县老湖镇等3个先行区被认定为省级示范区，岱岳区九女峰先行区获评中国文旅融合示范奖，9个项目入选第一批省乡村振兴重大项目库。深入实施农村人居环境整治三年行动，农村集中式生活垃圾处理覆盖率达100%，564个村完成农村生活污水治理。建立完善改厕后续管护机制，新泰市农村改厕工作被确定为全省唯一的全国农村“厕所革命”典型范例。全市新增美丽村居省级试点村4个，新建美丽乡村155个。磁窑镇、华丰镇被列为全国重点镇。④加快重大基础设施工程建设。青兰高速泰安至东阿段提前建成通车，济泰高速、京台高速改扩建等7个高速公路项目加快推进；完成国省干线改扩建和大修项目5个；京杭运河东平湖航道具备通航条件；投资14亿元完工“四好（建好、管好、护好、运营好）农村路”1054.4千米，1294个行政村完成农村道路“三通”（农村道路村村通、巷巷通、户户通）建设。重点水利基础设施完成投资16.11亿元。泰山区域山水林田湖草生态保护修复工程完成投资105.8亿元，开工大项目65个、子项目315个，分别占总计划的97%、96.6%。

【打好三大攻坚战】①巩固脱贫成效。按照“五个不能减”（领导力量、工作力量、工作劲头、工作责任、扶贫政策不能减）要求，加快实施“六大专项行动”（产业扶贫提质增效、健康扶贫扩面提标、兜底保障政策落实、贫困户住房普查整改、贫困村贫困户人居环境提升、扶贫作风转变落实年），着力解决影响“两不愁三保障”（稳定实现农村贫困人口不愁吃、不愁穿，保障其义务教育、基本医疗和住房安全）突出问题，巩固提升脱贫成果。易地扶贫搬迁的9个社区全部竣工并通过验收；黄河滩区脱贫迁建工程一期、二期试点完成搬迁入住，三期工程5个社区主体建设全部完工。移民避险解困取得进展。对口支援岳普湖县和扶贫协作巫溪县取得新成效。②实施污染防治。成立工业企业治理等6个工作专班，全力打好蓝天保卫战。加强水污染防治，全市国控省控河流断面达到考核要求，泰安市被评为“全国水生态文明城市”。实施土壤污染防治，固体废物集中处置中心等15个危险废物处置项目建成投运。③风险防范。开展“增信贷、降不良、打逃债、树诚信”专项行动，全年拆分化解企业担保圈、互保链涉及资金46亿元，金融机构不良贷款、不良贷款率实现双下降，不良贷款率低于全省平均水平，金融生态环境持续优化。

【保障和改善民生】 全市民生支出321.6亿元，增长6.2%，占全部财政支出的79%。①办好教育。规划新改扩建中小学15所、幼儿园99所。全市大班额比例降到10.2%。关心高校建设发展，支持山东农业大学借擂鼓石大街拆迁改造做好建设升级，投资2.68亿元建设的山东农业大学新校区，建筑面积5.3万平方米，秋季招生已经投入使用。山东科技大学泰山科技学院新校区实现当年规划、当年建设、当年招生。与上海体育学院合作共建大中小学一体化体育特色课程体系，上海外国语大学附属泰安外国语学校、商汤人工智能教育实验学校相继挂牌。②实施就业优先政策。新增就业5.3万人，城镇登记失业率2.02%，低于3.5%的控制目标。③推动卫生健康事业发展。建立分级诊疗制度，网格化布局医联体，共组建医疗集团、医共体、专科联盟、远程协作网34个。泰山医养中心于6月18日正式启用。全市定点医疗机构“两免两减半”（免收普通门诊挂号费、诊查费，专家门诊诊查费以及大型设备检查费减半收取）“先诊疗后付费”政策惠及贫困人口16.9万人次，减免医疗费用3911.6万元。④完善公共文化服务体系。实施泰山文化保护传承工程，研究编制《泰山文化保护传承发展总体规划》。推进文化惠民工程，开展群众文化活动6.5万场次。举办泰山国际文化论坛。加快建设国际知名体育休闲城市，新体育中心和新体校建设全面铺开，泰山国际登山比赛入选“全国体育旅游十佳精品赛事”。⑤办好民生实事。以改善卫生间设施、改善厨房餐厅设施、改善医疗服务设施、改善文体娱乐设施、定期组织老人外出观光为主要内容的农村敬老院“四改一定”经验做法在全省推广。完成泰安城区28处农贸市场的改造提升，打造三星级以上标准农贸市场12处。为泰安城区老旧小区安装公共空间楼道玻璃19.8万平方米，安装电梯31部。岱庙广场在登山节前建成投入使用，成为泰安城区历史文化轴的新地标。集中整治房地产开发历史遗留问题处置基本完成，中央电视台《新闻联播》和多家中央媒体进行报道。⑥提升社会治理效能。推进平安泰安建设，扫黑除恶专项斗争取得重大战果，禁毒三年人民战争完美收官，全国公安特警队建设现场会在泰安市召开。完成全国“两会”、国庆70周年等重大安保工作。 （白　帆）

全面深化改革

【概况】 泰安市委全面深化改革委员会（以下简称深改委），负责全市改革的总体设计、统筹协调、整体推进和督促落实。深改委设专项小组6个，分别为经济体制和生态文明体制改革专项小组、民主法制领域改革专项小组、文化体制改革专项小组、社会体制改革专项小组、党的建设制度改革专项小组、纪律检查体制改革专项小组，主要负责相关改革部署在该领域的落实。深改委下设办公室，与市委政研室一个机构两块牌子。全年先后召开4次市委常委会、7次市委深改委会议，审议改革文件方案16个，对重要改革事项推进、典型案例打造、优化改革考核等作专题部署。年内，泰安市得到党和国家领导人批示肯定的改革事项3项；被中央和国家部委肯定推广的100项，其中正式发文推广的改革事项28项，以信息、简报、期刊等形式予以肯定的72项；中央和国家部委召开现场会推介的改革事项46项；在中央和国家部委召开现场会作典型发言的改革事项36项。被省直业务主管部门肯定推广的293项，其中正式发文推广的工作经验61项，以信息、简报、期刊等形式予以肯定的232项。

【推动各领域改革】 ①经济体制和生态文明体制改革领域。围绕推动高质量发展，坚持以供给侧结构性改革为主线，强化制度供给，全面夯实动能基础。印发《关于推进开发区体制机制改革创新的指导意见》《泰安市“双招双引”考核办法》等一批经济领域改革文件，以实施工业领军和科技创新“双50强”企业培育工程为着力点，推进新旧动能转换全面起势。全面落实《泰安市城乡一体空间发展战略规划》，有效控制泰安城区的“山体线”“水岸线”“天际线”。泰山区域山水林田湖草生态保护修复工程等具有重大牵引作用的改革稳步推进。②民主法制改革领域。以加强民主政治和法治泰安建设为重点，不断完善民主决策、科学立法、依法行政等制度，提升治理效能。完善人大工作机制，创新人大监督方式。完善政协党组成员联系民主党派、协商议政建言献策等制度，全国政协副主席、民革中央常务副主席郑建邦对新泰市《创新活动载体激发组织活力推动民主党派工作提档升级》作出肯定批示。加强法治泰安建设，市委全面依法治市委员会在下设立法、执法等4个协调小组基础上，专门设立法治型干部队伍建设协调小组。③文化和旅游体制改革领域。完善市、县网络安全监测预警体系，印发《泰安市媒体监管办法（试行）》，切实加强网络监管。实施泰山文化保护传承工程，编制《泰山文化保护传承发展总体规划》列入省《政府工作报告》。探索市、县联合购买公共文化服务，制定《泰安市三级联合购买文化惠民演出试点工作实施方案》，宁阳县剧院纳入全省三级联合购买文化惠民演出试点剧场。加大旅游服务领域改革力度，着力打造交通组织换乘、停车场提升、特色餐饮小吃、旅游公厕提升“四大工程”，旅游设施服务全面升级。④社会体制改革领域。贯彻落实习近平总书记对山东工作的重要指示要求，抓住群众最关心最直接最现实的利益问题，围绕就业、教育、医疗等重大民生保障改革，推进实施一批创新性实事，确保社会既充满活力又和谐有序。农村厕所改造工作经验做法被农业农村部在全国推广。农村敬老院“四改一定”（改造敬老院卫生间、厨房及餐厅、医疗服务、文体娱乐设施，定期组织老人外出观光）工程经验做法被省民政厅发文推广。⑤党的建设制度改革领域。实施明责、定责、述责、考责、问责“五责闭环工作法”，强化对权力运行的制约和监督。在全市组织开展寻标对标争先进位行动和“七赛七比”，制定《关于激励干部担当作为干事创业的实施意见（试行）》。出台《村级组织工作规范》，推进“育苗升级”工程和换代行动，泰安市被中组部确定为全国城市基层党建示范市。出台《关于明晰县乡职责规范“属地管理”的实施意见（试行）》，健全完善职责下沉准入机制、“乡呼县应、上下联动”工作机制。⑥纪律检查体制改革领域。落实党风廉政“两个责任”，深入推进党风廉政建设和反腐败斗争，持之以恒纠治“四风”。制定出台《构建亲清新型政商关系实施办法》，规范政商交往行为，营造公平公正营商环境。

【深化推动流程再造】 聚焦体制性的深层次矛盾问题，将流程再造作为制度创新的核心和关键，构建跨部门横向联通的审批服务流程、跨层级纵向联动的治理模式，提升行政效能，更好地服务企业和群众。确定“1+N”工作体系基本思路（“1”即在全省率先出台《关于建立流程再造工作体系全面加强制度创新的实施意见》，作为全市流程再造的总方案和“路线图”；“N”即全市各领域、各环节、各部门实施全方位、深层次的流程再造），坚持靶向施策，精准突破，以“双招双引”、政务服务、信息共享、事中事后监管、城市管理、精准考核等6个重点事项为主攻方向，分领域精准施策、分平台集中攻坚，实现制度创新多点突破。针对民营和小微企业融资难、融资贵问题，开展民营和小微企业首贷培植行动，提高首贷获得能力。开展“三减一并”（减材料、减环节、减时限，并程序）专项行动，企业开办仅需2个工作日，比全省平均用时提速55.5%；建立以拿地即开工、方案联审、项目建设许可登记三项制度为核心的“1+3”项目审批“一站到地”服务模式，减少企业的开办成本。全国政协副主席、九三学社中央常务副主席邵鸿对宁阳县鹤山镇《从一枚公章的旅行看乡镇职能转变和流程再造》给予批示肯定。整合环卫、园林、市政等城市管理系统资源到市级数字化城市管理平台，打造高度整合、资源集约的数字化城市管理工作系统。随着流程再造工作的深入推进，全市营商环境优化，“双招双引”工作取得新突破。

【推进改革试点任务】 将试点作为改革破局开路的重要一招，建立健全改革试点向上争取、统筹管理、推进落地、评估验收、复制推广、激励引导等体制机制，放大试点效应，带动面上改革整体推进。全年新承接试点105项，其中国家级38项、省级67项；年内完成试点39项，其中国家级12项、省级27项；得到国家、省肯定推广的改革试点典型经验67项，其中国家级19项、省级48项。在推动“司机之家”建设试点方面，政企联动、因地制宜，建成5个“司机之家”，其中1个

1月30日，市委书记崔洪刚（右）到肥城市边院镇徐庙村贫困户王春杰家走访慰问，仔细询问贫困学子学业情况　（闫　超　供）

被评为全国“品牌服务司机之家”，是“司机之家”建设最多的地级市。8月，交通运输部、中华全国总工会在岱岳区举办“司机之家”建设工作推进现场会，向全国推介“司机之家”运营的新经验、新模式。省委书记刘家义在《全省脑瘫儿童基本状况专项调研报告》上作出批示，对泰山区在推进全国残疾预防综合试验区试点过程中形成的残疾预防和残疾儿童康复救助经验，给予肯定。泰安市开展国家康复辅助器具产业综合创新试点经验被民政部发文推广。引导各县（市、区）及市直有关部门找准定位，挖掘潜力，形成一批自主制度创新试点，最终选定16项试点上报省委改革办备案。新泰市的分段工程施工许可改革在全国率先探索区域勘探评估，变项目单独勘探为按区域统一勘探，新泰市相关做法被中央电视台《新闻联播》报道。

【打造改革典型案例】　通过专班推进、对接协调、借力“外脑”等方式，打造富有泰安特色、泰安创造的改革创新典型案例。从全市范围内报送的300篇案例中筛选出创新性实事20个、制度创新成果20个，形成一套改革办督导、部门筹备、联合调研、共同研讨的精品案例打造工作流程。借助广播电视、新闻媒体、报纸等媒介，加强对改革典型的宣传，在更高层次、更宽范围、更广领域推介“泰安品牌”。国务委员、公安部党委书记、部长赵克志在公安部内部文件上对特巡警队伍建设经验做法（含肥城经验）给予肯定批示。泰安市《构建激励党员干部勇做新时代泰山“挑山工”长效机制》，被省委改革办推荐报送中央改革办。泰安市科协《创新“四个一”工作法　服务新旧动能转换》典型案例被省科协发文推广。　（刘自永）

扶贫开发

【组织体系建设】　市委、市政府提出“五个不能减”（领导力量不能减、工作力量不能减、工作劲头不能减、工作责任不能减、扶贫政策不能减）要求，调整充实市扶贫开发领导小组。印发《泰安市扶贫开发领导小组2019年工作要点》，确立“一二四六”（紧紧围绕巩固提升脱贫成果、确保2020年全面完成脱贫攻坚任务“这一中心”，突出重点贫困区域、特殊贫困群体“两大重点”，聚合党政包保、社会帮扶、农村干部、群众主体“四大力量”，实施产业扶贫提质增效、健康扶贫扩面提标、兜底保障政策落实、贫困户住房普查整改、贫困村贫困户人居环境提升、扶贫作风转变落实年“六大专项行动”）工作思路，先后召开全市农村暨扶贫开发工作会、全市落实省审计调查发现扶贫领域问题整改落实推进会、全市解决“两不愁三保障”（稳定实现农村贫困人口不愁吃、不愁穿，保障其义务教育、基本医疗和住房安全）突出问题和考核整改工作会、全市脱贫攻坚问题整改推进会、全市脱贫攻坚“抓整改促落实”工作视频会、市扶贫开发领导小组成员（扩大）会、全市脱贫攻坚省调研发现问题通报整改视频会、全市农村饮水安全和脱贫攻坚调研发现问题反馈工作会、全市扎实做好脱贫攻坚“回头看”着力解决“两不愁三保障”突出问题工作会、全市脱贫攻坚工作推进会等会议，19名市级领导联系包保19个脱贫任务较重的乡镇，组织四级书记遍访贫困对象，市级领导遍访建档立卡贫困户266户，县级领导遍访建档立卡贫困户3761户，乡镇（街道）领导班子及村“两委”成员遍访建档立卡贫困户51650户，形成市、县、乡、村四级书记一起抓、党政一齐上、部门全参与的工作局面。

【扶贫资金项目管理】　建立健全扶贫资金稳定增长机制，全市落实各级财政专项扶贫资金31379万元，其中市级资金8550万元，新增扶贫小额信贷12036万元，累计发放扶贫小额信贷资金99769万元。出台《关于整合扶贫资金集中建设2019年扶贫项目的通知》《泰安市产业扶贫项目收益分配使用管理指导意见》，安排产业扶贫资金21027万元，建设产业扶贫项目176个；对产业扶贫项目进行全面检查，对2016年以后的产业扶贫项目进行集中整治，确保贫困群众每户有1～2项稳定增收渠道、力所能及就业增收和入股分红等财产性收入。

【脱贫巩固提升】 实施产业扶贫提质增效、健康扶贫扩面提标、兜底保障政策落实、贫困户住房普查整改、贫困村贫困户人居环境提升、扶贫作风转变落实年“六大专项行动”，集中解决影响“两不愁三保障”和安全饮水的突出问题。印发《全市脱贫攻坚巩固提升问题排查和整改落实工作实施方案》，市政府副市长亲自带队，市扶贫办、市水利局有关人员参加，先后入户走访14个村359户贫困群众，查看51个扶贫项目；市扶贫办包保县级干部带队、全员参与，对81个乡镇的264个村2939户贫困户和327个产业项目进行核查。组织开展行业扶贫“回头看”活动，补齐扶贫工作重点村“五通十有”（通路、通水、通电、通广播电视、通信息，有旱涝保收田、有致富项目、有办公用房、有卫生室服务、有农村垃圾处理、有教育扶贫、有文化活动场所、有健身场所、有良好的生态环境、有就业保障措施）等基础设施短板。按照“八有四净”（有床、有桌、有凳、有风扇、有电视、有取暖设备、有四季换洗衣服、有必备厨房用品；室外净、室内净、厕所净、个人卫生净）规范标准，对贫困户家庭环境进行清理整治，解决贫困户家庭环境“脏乱差”问题。省委巡视反馈涉及扶贫领域问题、省审计调查发现问题、省年度扶贫工作成效考核反馈问题和省“沉一线全覆盖抓整改促落实”主题调研发现问题全部整改落实到位。

【政策兜底保障】 实行从学前教育到高等教育的全覆盖资助政策，免除建档立卡贫困家庭学生学杂费1085万元，受益学生3611人；发放助学金（生活费补助）898万元，受益学生6744人；为2257名在校中高职贫困学生落实“雨露计划”补助资金676万元。将门诊慢性病纳入到医疗商业补充保险范围，构建基本医保、大病保险、医疗机构减免、医疗救助、医疗商业补充保险“五重保障”和门诊慢性大病基本医保、大病保险、医疗商业补充保险“三险叠加”的“5+3”贫困人口医疗保障体系，为符合条件的贫困人口办理扶贫特惠保险，慢病签约贫困人口由不足千人扩面到3.1万人，贫困人口政策范围住院费用自付比例仅为5.81%，全省最低。对建档贫困户住房情况进行排查，逐户落实改造计划，新出现的贫困户危房全部完成改造。推进农村饮水安全两年攻坚行动，对无集中供水设施、管网严重老化、水质有风险等问题进行排查，确保贫困群众都吃上安全水、放心水。协调将365.7万元慈善资金用于孝善养老扶贫等支出，组织开展贫困残疾人上门鉴定办证服务，为9700名符合条件的贫困人员按照每人每年100元的标准代缴居民养老保险费，为6940户贫困群众新办理农村低保和特困供养，为2110户贫困重度残疾人实施无障碍设施改造，确保应保尽保、应养尽养、应扶尽扶。

【重点贫困区域脱贫】 统筹抓好东平易地扶贫搬迁、黄河滩区迁建、移民避险解困“三大工程”。黄河滩区脱贫迁建工程一期、二期试点全部完成搬迁入住，三期工程5个社区主体建设全部完工，东平湖移民避险解困取得进展，易地扶贫搬迁社区全部建成。全省黄河滩区居民迁建工作推进现场会、全省人力资源社会保障脱贫攻坚现场推进会

6月27日，市扶贫开发领导小组成员（扩大）会议召开。市委书记崔洪刚出席会议并讲话，市委副书记、市长张涛主持会议　　（闫　超　供）

暨黄河滩区乐业迁建工作座谈会先后在泰安市东平县召开。

【行业社会扶贫】 组织40个市直行业部门编制《贯彻落实〈中共泰安市委　泰安市人民政府关于打赢脱贫攻坚战三年行动的实施意见〉工作方案》，市级新选派第一书记136名，实现对建档立卡贫困户实现帮扶责任人全覆盖、对扶贫工作重点村实现第一书记、驻村工作队全覆盖。开展“过暖冬、过好年”活动，筹资3333万元，组织走访慰问1.99万次，惠及贫困群众11.6万人次；泰安供电公司对黄河滩区迁建社区投资9616万元，建设29个项目，投资6874万元对112个贫困村电网升级改造；市妇联筹集爱心资助金149万元，帮扶救助贫困妇女儿童1.46万人；市科技局实施“62116”科技助推脱贫专项行动，调整选派302名科技指导人员深入基层开展技术帮扶，推进“百企帮百村”“菜单式”志愿服务扶贫等活动，形成“微爱助学”等一批优秀扶贫公益品牌。

【督查考核评估】 实行“集中调度、随时督导、专项会诊、实时整改、年终考核”工作推进机制，组织开展2018年度县（市、区）党委和政府扶贫开发工作成效考核，考核结果以市扶贫开发领导小组文件形式下发。对有脱贫攻坚任务的88个乡镇，开展第三方入户调查评估，覆盖746个村、9736户贫困户、628个扶贫项目，调查结果排名通报，列入年度考核。对建档立卡贫困户满意度和帮扶责任人到位率进行6轮电话随机抽样调查，累计调查贫困户1440户，帮扶责任人960人。

【扶贫舆论宣传】 在泰安电视台开设《脱贫攻坚担当作为》专栏。东平县、泰安市卫生健康委被评为全省扶贫开发工作先进集体（单位）。全市各级在中央电视台、《大众日报》等省级以上主要媒体刊发稿件320篇；泰山区拍摄的微电影《汶水河畔》，在全省“我眼中的脱贫攻坚”影像档案征集活动中获二等奖；东平县扶贫办人员撰写的《习近平扶贫重要论述中的马克思主义哲学智慧》，在全省“学习习近平总书记扶贫重要论述暨喜迎中华人民共和国成立70周年”征文活动中获一等奖；“10·17”全国扶贫日期间，开展宣传活动140场次，播放宣传标语588万轮次，走访慰问贫困群众6.37万人，到130个省市扶贫工作重点村义诊3.2万人次。　（闫　超）

精神文明建设综述

【概况】 2019年，全市精神文明战线以培育和践行社会主义核心价值观为根本，以提升公民素养和社会文明程度为目标，全力推进全国文明城市创建、市民素质提升、群众性精神文明创建、志愿服务、未成年人思想道德建设等重点工作，公民素养和社会文明程度不断提升。在全省文明城市年度测评中，市文明城市测评成绩列全省16市第1位，未成年人思想道德建设测评成绩列第2位，综合成绩列第2位。在中央文明办组织的全国文明城市提名城市年度测评中，市文明城市测评成绩居全国113个地级提名城市第10位。市文明城市创建办被省委、省政府表彰为“勇于创新奖”先进集体。在省对市的乡村振兴考核中，文明实践重点工作开展情况考核任务在全省列第5名，其中文明村达标覆盖率列全省第4名。在全省文明村镇覆盖率暗访调查中调查合格率100%，高于全省平均水平。推荐成功第七届全省道德模范4名，推荐成功第七届全国道德模范提名奖1名，评选出第六届全市道德模范11名。推荐成功“山东好人”39名、“山东好人之星”3名、“中国好人”4名、“泰安好人”65名。推选出新时代好少年省级3人、市级64人，泰安文明网浏览量位居全省前列，获中国文明网奖励补贴。全市“全国志愿服务信息系统”实名注册志愿者已达49万人。

【全国文明城市创建】 ①加强顶层设计。印发《2019年泰安市创建全国文明城市实施方案》，建立市委统一领导、创城办统筹协调、党政群齐抓共管、纪委监督执纪问责、全社会积极参与的领导体制，形成上下贯通、整体联动、合理推进的工作局面。相继出台《关于进一步做好领导干部包保全国文明城市创建工作的实施方案》《泰安市文明行为促进条例》等一系列文件，不断推进文明城市创建的常态长效。②成立创城领导小组。组建成立由市委书记任组长的创建全国文明城市活动领导小组。市级领导包保泰山区、岱岳区8个重点镇（街道）和泰安高新区、泰山景区2个管理中心网格，每个网格明确1名市级领导和1个牵头包保单位，包保单位下设工作专班。③组建创城工作专班。市里成立由市领导任组长的5个创城工作专班，对各自分管领域的创城工作进行专项督导；区里和市直部门按照“七有五落实”（有办公场所、工作方案、工作措施、完成时限、督导检查、处理结果、反馈机制,落实工作班子、分工领导、联络员、任务清单、问题清单)成立工作专班,构建起横到边纵到底的市、区、乡镇(街道)、行政村(社区)四级创建体制。④实施网格化创建。将泰山区、岱岳区、泰安高新区、泰山景区、泰安旅游经济开发区5个功能区列为5个大网格,将城区所辖29个乡镇(街道),依据承担任务指标的数量划分为A、B网格分类创建。在全市选取不同行业类型,打造330个创城示范点推广复制。⑤强化创建督导。实施混合编组督办落实措施,市文明城市创建办和市直、区、乡镇(街道)、行政村(社区)创城办工作人员混合编组抓督导。工作组成员采取步行或骑行方式,人均日行2万步,对照测评标准督导整改各类不达标问题3768件次。委托第三方对承担主要指标任务的责任单位和城区所辖29个网格每季度分类考核,打分排名;4次邀请第三方采取面对面明察的方式测评点位1262个,解决各类不达标问题1256个。⑥开展专项整治活动。针对不文明养宠、施划停车线、集贸市场、门前五包,制定创建全国文明城市20项专项整治达标工程,在全市开展专项整治行动。⑦开展“泰安小美”文明实践志愿服务活动。起草《“泰安小美”文明实践志愿服务集中行动工作方案》,部署“泰安小美”志愿服务文明实践集中行动。中央文明办和省文明办测评期间,迎检参与“泰安小美”志愿者达30万人次。⑧加强创建全国文明城市宣传教育。中央电视台、山东卫视先后对泰安市创建全国文明城市相关民生工作进行报道。《泰安日报》刊发创建全国文明城市相关稿件150篇,泰安电视台《泰安新闻》栏目播发创城报道200条,市、区两级电视台开设“曝光台”,曝光不文明现象4000起。文明泰安、最泰安等微信公众号发布、转发信息稿件700篇。组织新闻媒体对市直各责任单位开展“创城大家谈”采访活动。新制作公益广告6000幅,发放“明白纸”20万份。

【乡村文化振兴】 成立市乡村文化振兴工作办公室,负责全市乡村文化振兴工作的协调调度工作。明确2019年全市乡村文化振兴十大重点工作,并明确责任部门和工作具体内容、标准,编制《乡村振兴各专项组2019年目标任务分解表》《乡村文化振兴2019年工作实施方案》,进一步细化完善考核指标和标准,为乡村文化振兴重点工作任务的推进落实提供基本遵循。健全完善乡村文明行动城乡环卫一体化和移风易俗长效工作机制。各县(市、区)全面落实城乡环卫一体化市场化,逐步推行垃圾分类投放、分类收集、分类运输和分类处置。加强红白理事会规范化建设,基本实现红白理事会村(居)全覆盖,实现有人管事,有章程理事。完成第三届宣传乡村文明行动好新闻作品评选活动工作,全市共报送公益广告3个、优秀专栏4个、优秀作品31篇。汇总全市公共服务、家庭美德、生态宜居、文化产业、文化传承、乡风文明、红色接力、移风易俗8大项153个乡村文化振兴“齐鲁样板”案例报省委宣传部。在“全省乡村振兴农民微视频大赛”中,市文明办获优秀组织奖(全省共5个单位),各有1件作品获一等、三等奖。

【市民素质提升工程】 ①开展文明礼仪培训,做好规范守则教育实践活动。印发《关于在全市开展“规范守则教育实践”活动的通知》,在全市机关党员干部中开展“践行核心价值观,做合格党员干部”规范守则教育实践活动,在全市各行业开展公众人物“重品行、树形象、做榜样”规范守则教育实践活动,在全市中小学校开展“学守则,做合格中小学生”规范守则教育实践活动。②配合起草制定《泰安市文明行为促进条例》。配合市人大起草完成《条例》草稿和《资料汇编》。

7月29日,2019年创建全国文明城市工作推进会议召开 (张 强 摄)

已经市人大常委会表决通过，由省人大常委会批准，于2020年3月1日施行。③组织“我们的节日”主题活动。出台《关于做好2019年“我们的节日”主题活动年度安排的通知》，在春节、清明、端午、中秋等传统节日前提前介入各有关单位的工作安排，在传统节日节点，推出“我们的节日”专版12个、网络专题40个，刊播有关稿件200篇。④开展节俭养德系列活动。与市市场监管局联合开展“文明餐桌　从我做起”活动，制作发放文明餐桌提示牌3万个，在各县（市、区）开展“拒绝生活浪费　我有妙招”活动，动员市民广泛参与，与部分企事业单位联合开展“抵制商品过度包装”签名活动。⑤统筹安排文明旅游。与市级媒体对接，开设文明旅游专题专栏和不文明旅游行为曝光台。与文化和旅游局对接，就召开文明旅游联席会议进行安排部署。

【新时代文明实践】 泰安市按照试点先行、全面铺开的工作思路，全力推进岱岳区、肥城市两个全国、全省试点和泰山区新增省级试点的建设工作。制定《市委宣传部联系包保新时代文明实践中心建设工作方案》，编印《新时代文明实践中心建设资料汇编》，由市委宣传部主要负责人带领相关工作人员，进行实地调研督导。成立市级新时代文明实践志愿服务总队，制定《泰安市新时代文明实践志愿服务总队工作方案》，组建市级新时代文明实践志愿服务总队和10支专业队伍，建立全市新时代文明实践志愿服务“菜单”。印发《泰安市新时代文明实践志愿服务管理办法（试行）》。11月27日，省文明办印发《关于推广“泰安小美”文明实践志愿服务工作经验的通知》。11月29日，山东省委办公厅《今日信息》刊发《泰安市打造精准服务群众文明实践品牌推动便民服务走实走深》。在全省“新时代文明实践”微视频大赛中，市文明办获优秀组织奖（全省共7个单位）、各有1件作品获纪录片三等奖和优秀奖。11个经验做法入选《山东省新时代文明实践中心典型案例》。

【公益广告】 在全市开展公益广告自查，及时纠错，对全市城区主要道路进行拉网式排查。在主次干道及主要路口设置制作与城市景观相融合、与城市历史文化相承接、与市民接受方式和欣赏习惯相契合的公益广告大型景观小品，统一设计“泰安时光”公益广告品牌作品300件。

【未成年人思想道德建设】 开展“扣好人生第一粒扣子”主题教育实践活动，推选出新时代好少年省级3人、市级64人。举办“泰山国学小名士”经典诵读电视大赛，评出“泰山国学小名士”24名。评选优秀童谣34首。举办“童心向党”歌咏展演活动，评选出8个优秀节目。印发《泰安市文明校园创建管理办法》，评出第二届省级文明校园19所、省级提名学校28所、市级文明校园78所。建设乡村学校少年宫，3个2019年中央项目建设完成，累计建成中央项目46个、省级项目56个、市级项目9个。图书馆、文化馆等各类公共文化场所和爱国主义教育基地免费接待未成年人近20万人次，抽检校外培训机构1712处，制作未成年人公益广告通稿20种。

【志愿服务】 成立全市志愿服务工作领导协调小组。各县（市、区）均成立志愿服务工作领导协调小组、志愿服务联合会（协会）、新时代文明实践中心，加强对志愿服务工作的统筹规划、协调指导和组织实施。已建成城市志愿服务站点或新时代文明实践站178个，占城市社区总数的97.8%，农村志愿服务站点或新时代文明实践站2279个，行政村（社区）覆盖率为63.7%。建成市级志愿服务培训和实践基地49个。全市在“全国志愿服务信息系统”注册志愿者49万人，其中城市注册志愿者占城市常住人口比例超过15.3%，注册组织1.1万个，发布项目8500个。开展各类志愿服务活动2万次，参与志愿者3万人，受益群众近50万人次。“3·5”学雷锋日启动“学雷锋志愿行”主题实践活动，策划实施党员“微微志愿行动”“泰山微公益”等16个志愿服务项目。植树节期间，组织开展“绿满泰安”志愿服务暨“巾帼志愿林”揭牌活动。开展文明单位“五进五送”（进社区、进广场、进街巷、进楼道、进家庭，送政策法规、送文明礼仪、送文化娱乐、送环境秩序、送养生健体）助力全国文明城市创建志愿服务主题实践活动，累计30万人次参与。组织300个文明单位认管城区66个交通路口，开展“文明交通”志愿服务活动，参与志愿者近5万人次。11月1日，召开全市志愿服务暨道德模范表扬会议，对评选出的268名优秀志愿者、100个优秀志愿服务组织和41个志愿服务工作优秀单位进行表扬。推荐省级“四个100”（最美志愿者、最佳志愿服务组织、最佳志愿服务

3月12日，第三届“绿满泰安”志愿服务活动启动暨“巾帼志愿林”揭牌仪式在徂徕山林场举行　（程贯慧　摄）

项目、最美志愿服务社区）志愿服务先进典型23个，至年末，全市“四个100”先进典型累计全国4个、省级116个、市级517个。承接中国志愿服务联合会、中国志愿服务基金会联合开展“学雷锋志愿服务支持项目”，并得到10万元的资金支持。举办两期志愿服务培训班，培训城乡社区（村）志愿者和志愿服务工作者500人。开展志愿服务星级认定工作，至年末，100小时以上的星级志愿者有1.64万名。为最美志愿者制作发放“最美志愿者证”，可持证免费游泰山。

【文明出行专项行动】　市精神文明委员会办公室印发《关于深化开展文明出行专项行动的实施方案》，明确工作任务和责任单位，成立全市深化开展文明出行专项行动领导小组和2个督导检查组，定期或随机督导考核。每季度召开全市文明出行专项行动推进会议。全市城区范围内查处行人交通违法5000起、非机动车交通违法2.2万起，机动车不礼让斑马线8.8万起，施划机动车停车位3.2万个，非机动车停车区5万米，标线15万平方米。加大宣传教育力度，在各级媒体刊发稿件1.3万篇，制作12种专题宣传资料，开展交通安全讲座600场次，发放宣传资料30万份，提升广大群众文明交通意识。

【公民思想道德建设】　发动全市各级各部门开展各级好人评选推荐活动，在《泰安日报》、泰安电视台开辟《德耀中华》专栏，集中宣传报道好人事迹。发动各级各单位和广大干部群众参与“好人线索”推荐活动，全市每个月平均推荐2万条以上。市道德模范评选和好人数量推选位居全省前列。推进全市行业部门建立互联互通、信息交互共享的诚信信息平台。协调市法院、市市场监管局、人民银行泰安中心支行等部门继续推进“红黑榜”制度，定期公布有关人员名单。

【网络文明建设】　根据《泰安文明网信息工作考核办法》，明确各级文明单位的信息员职责，对发稿数量、稿件质量作严格规定，实现信息工作管理制度化，平均每天编发各单位信息稿件30篇。设计制作“泰安市第六届全市道德模范事迹展示”“2019山东省泰安市‘网上祭英烈’”“2019山东省泰安市‘泰山国学小名士’经典诵读电视大赛”“2019泰安市向国旗敬礼活动”“2019最美校园竞晒活动”5个网站专题页面。对网络传播志愿者进行两次线上集中培训。借助新媒体拓宽传播渠道，通过“文明泰安”官方微博、微信等新媒体渠道，组织开展“最美校园竞晒”“泰安好人点赞”等宣传报道和投票评选活动。

【文明单位（村镇、社区、家庭、校园）创建】　全市新增省级文明单位40家、省级文明村镇27个、省级文明社区6个，新增市级文明单位73个、市级文明村镇678个、市级文明社区14个。2019年推选出新时代好少年省级3人、市级64人，19所学校获第二届省级文明校园称号、78所学校获第二届市级文明校园称号。与市妇联联合开展“美在我家”主题活动。在各县（市、区）开展“弘扬家庭美德　共创文明城市”文明家庭先进事迹基层巡讲、“晒晒全家福　说说一家亲——我的家国情怀”家庭美德故事分享会等活动，与市直机关工委联合开展第一届“清风常伴　廉洁齐家”家庭助廉寄语活动，有10条获优秀寄语奖。

（李　明）

2019年泰安市组织机构及负责人

市级领导班子

中共泰安市委员会

书　记　　崔洪刚
副书记　　张　涛
　　　　　曲　锋（7月起）
常　委　　郭德文
　　　　　展宝卫（8月止）
　　　　　李灿玉
　　　　　郝　红（女）
　　　　　宋洪银
　　　　　高尚山
　　　　　李保泉
　　　　　王永征（1月止）
　　　　　张红旗（12月起）
　　　　　刘洪海（1月起）
秘书长　　宋洪银（12月止）
　　　　　李灿玉（12月起）
副秘书长　亓顺民（正县）
　　　　　张建东（11月止）
　　　　　杨承修（1月止）
　　　　　杨军昌
　　　　　肖玉果（正县，11月止）
　　　　　范福顺（正县，8月起）
　　　　　葛宝文（11月起）
　　　　　刘茂华（1月止）
　　　　　董　磊
　　　　　侯红岩
　　　　　任　军
　　　　　乔国荣
　　　　　魏剑峰

泰安市人民代表大会常务委员会

主　任　　唐福泉
副主任　　张书盈
　　　　　王淑玲（女，党外）
　　　　　陶长江
　　　　　刘学保
　　　　　曹步山
秘书长　　李起峰（11月止）
　　　　　朱　杰（12月起）
副秘书长　蒋庆蓬（正县）
　　　　　刘传华（正县，9月止）
　　　　　高　翔（正县，2月止）
　　　　　崔拥军（党外，正县）
　　　　　刘焕民（3月起）
　　　　　李　平

泰安市人民政府

市　长　　张　涛（6月起）
副市长　　展宝卫（8月止）
　　　　　宋洪银（12月起）
　　　　　鞠向群
　　　　　成　丽（女）
　　　　　张红旗（12月止）
　　　　　赵德健
　　　　　袁久党（党外）
秘书长　　张　韧
副秘书长　于文龙（正县）
　　　　　赵玉镇（正县，2月止）
　　　　　田书阳（正县）
　　　　　侯衍奎（正县）
　　　　　张　耀（正县）
　　　　　葛宝文（1月止）
　　　　　李　勇（2月起）
　　　　　田　萌（2月起）
　　　　　王希娟（女，正县，1月起，11月止，其中1—6月为挂职）

中国人民政治协商会议泰安市委员会

主　席　　周桂萍（女）
副主席　　徐恩虎（党外）
　　　　　张庆明（党外）
　　　　　刘　君（党外，不驻会）
　　　　　王昌元（党外，不驻会）
　　　　　姚　霆（4月起）
　　　　　马纯勇
　　　　　程　明
　　　　　孙岱峰（党外）
秘书长　　魏　武（11月止）
副秘书长　周长欣（3月起）
　　　　　王　波（3月起）

孙德常（党外，正县）
陈师超

中共泰安市纪律检查委员会、泰安市监察委员会

书记、主任　郝　红（女）
常务副书记、副主任
赵永强（5月止）
张　勇（6月起）
副书记、副主任
杨永成
王华山（5月起）
常委、委员　娄本亮
张同武
张　亮
朱玉山
杨成栋
陈文远（5月止）
曹玉楼（8月起）

市委工作部门

市委办公室（市档案局、市委保密办、市国家保密局）

主　任　亓顺民
副主任　高　斌
彭元刚
曹玉楼（8月止）

市委组织部（市公务员局，10月起加挂“市委非公有制经济和社会组织工作委员会”牌子）

部　长　高尚山
分管日常工作的副部长
李千弘（正县）
副部长　蒋永斌（正县）
李作超（正县）
郝　燕（女，正县）
刘焕民（2月止）
刘式堃
贾玉亮（2月起）
李光玖（2月起）

市委宣传部（市新闻办、市文明办）

部　长　王永征（1月止）
刘洪海（2月起）
分管日常工作的副部长
袁久亮（正县，1月止）
吕怀玉（正县，1月起）
副部长　张耀民（正县）
王传宝（正县，8月起）
边永彬
苌　晶（女）
韩西德（8月止）

市委统战部（市台办、市民宗局、市侨办）

部　长　李灿玉（12月止）
张红旗（12月起）
分管日常工作的副部长
刘卫东（正县）
副部长　刘　华（正县）
高树顺（正县）
张庆峰（正县）
柴　力（正县）
乔敬田（正县）
杨　灏

市委政法委

书　记　郭德文
分管日常工作的副书记
韩志强（正县）
副书记　袁　超（正县）
杨传文（正县）
李　彤（正县）
魏　宏（12月起）
常庆智

市委政研室（改革办）

主　任　杨承修（1月止）
李卫国（1月起）
副主任　李卫国（1月止）
李洪洲
刘义存

改革办

专职副主任　马德芳
刘向军

市委网信办

主　任　步衍金（正县，1月起）
副主任　冯　忠
张　磊
孟庆军

市委编办

主　任　李作超

副主任　　张卫国
王万福
耿　建

市委市直机关工委

书　记　　张建东（11 月止）
王国强（12 月起）
副书记　　杨彦民（女，2 月止）
魏文峰（2 月止）
张爱国
徐　伟（女，2 月起）
纪工委书记　　吕　川

市委巡察办

主　任　　崔耕和（5 月止）
娄本亮（8 月起）
副主任　　刘光辉

市委老干部局

局　长　　郝　燕（女）
副局长　　曲业芝（正县，5 月止）
苏宝菊（女，正县）
姜桂成（8 月止）
鞠晓帆（8 月起）
刘智广（8 月起）

市离退休干部党工委

书　记　　郝　燕（女）
专职副书记　　鞠晓帆（8 月止）
刘智广（8 月起）

市政府工作部门

市政府办公室（市大数据局、市政府外事办公室）

主任（局长、主任）
于文龙
副主任（副局长、副主任）
李　勇（2 月止）
张秀芬（女，2 月止）
苗庆民
李天波（2 月起）
彭恒玖（2 月起）
陈建军（2 月起）
党组书记　　张　韧
党组副书记　　于文龙（正县）

发展和改革委员会（市新旧动能转换综合试验区建设办公室）

主　任　　董世武
副主任　　任广军（正县）
梁进涛（9 月止）
田　华
贾明清
张金萍（女，3 月起，正县）
党组书记　　董世武
党组副书记　　任广军（正县）

教育局（市委教育工委）

局　长　　张　伟（6 月止）
梁久军（6 月起）
副局长　　苏雪峰（女，党外，正县）
张传峰（2 月止）
鞠允平（正县，2 月起）
徐炳伦
党组（委）书记
张　伟（6 月止）
党组书记　　梁久军（6 月起）
党组副书记　　刘应新（2 月起）
纪检组组长　　曹长钰

科学技术局（市外国专家局）

局　长　　张庆云
副局长　　梁晨阳
陈书林
王东之
党组书记　　张庆云
党组副书记　　刘桂选（正县）

工业和信息化局（市民营经济发展服务局）

局　长　　黄正玉
副局长　　郭庆敏（2 月止）
徐从军
刘元忠
马庆忠
党组书记　　黄正玉

市公安局

局　长　　鞠向群
政　委　　高黎明
副局长　　亓子海（正县）
徐志刚（正县）
韩立强（正县，8 月止）

亓景会（正县）

党委书记　鞠向群

党委副书记　高黎明（正县）

民政局

局　长　孙兰俊（1月止）

梁久军（1月起，6月止）

刘兆泉（6月起）

副局长　宋　萍（女，2月止）

董　峰

王　华（12月起）

赵丽东（12月起）

党组书记　梁久军（6月止）

刘兆泉（6月起）

党组副书记　鹿　锋（正县）

司法局

局　长　高建明

副局长　任伟建

王序东

杜衍娜（女）

吕传庆

胡中志

党委书记　高建明

财政局

局　长　刘　斌

副局长　孙　磊（2月起正县）

张焕杰（2月止）

王庆涛

李玉林（挂职，5月止）

王　燕（女，2月起）

党组书记　刘　斌

党组副书记　孙　磊（2月起，正县）

人力资源和社会保障局

局　长　蒋永斌

副局长　刘金安（正县）

周　民（2月止）

刘业新（2月止）

乔　磊（2月起）

于赛英（女，2月起）

党组（委）书记

蒋永斌

党组（委）副书记

刘增祥（正县，8月止）

刘金安（正县）

自然资源和规划局

局　长　陈锦勇

副局长　宋宪春

陈京国（2月止）

窦从东（2月止）

吕卫东（2月止）

王　涛

韩　明（党外）

从建永

伊廷禄（8月起）

党组书记　宋宪春

党组副书记　陈锦勇（正县）

陈京国（2月起正县）

生态环境局

局　长　乔建博（3月止）

戴　冰（3月起）

副局长　王炳建

李向农

王　华（12月止）

庞英元（12月起）

党组书记　乔建博（3月止）

戴　冰（3月起）

住房和城乡建设局

局　长　张广银

副局长　王海峰（正县）

许　伟

李松林（5月止）

王印林（5月起）

党组（委）书记

张广银

党组（委）副书记

王海峰（正县）

纪检组组长　续丙西

城市管理局

局　长　吕桂平

副局长　冯　利

赵维立

党组书记　吕桂平

党组副书记　李遵建

交通运输局

局　长　季春秋

副局长　　王诗新
　　　　袁立新
　　　　郭启锋（2月止）
　　　　张　鑫（兼）
　　　　杨福民（2月起）
党组（委）书记
　　　　季春秋
党组（委）副书记
　　　　安增利（正县）

水利局（市南水北调工程建设管理局）

局　长　　王　骞
副局长　　孙庆进（正县）
　　　　李　全（2月止）
　　　　邢攸三（2月止）
　　　　张继德（2月起）
　　　　李怀岭（2月起）
党组（委）书记
　　　　王　骞
党组（委）副书记
　　　　郑中其（正县）

农业农村局（市扶贫开发办公室、市畜牧兽医局）

局　长（主任、局长）
　　　　刘兆泉（6月止）
　　　　姜士科（6月起）
副局长（副主任、副局长）
　　　　许立波（回）
　　　　王耀辉
　　　　王　民
　　　　刘　伟
党组书记　　姜士科
党组副书记　　刘兆泉（6月止）

扶贫开发领导小组办公室

主　任　　姜士科
副主任　　臧玉海
　　　　马新华
　　　　王　宁

商务局（市投资促进局）

局　长　　王志翔
副局长　　王成岩
　　　　张　斌
　　　　刘　媚（女）
党组书记　　王志翔
党组副书记　　裴黎明（正县）

文化和旅游局（市新闻出版广电局、市文物局）

局　长　　李华民
副局长　　刘　水
　　　　朱　丽（女，党外，12月止）
　　　　宋韶峰
　　　　张安军
　　　　陈士强
党组书记　　王新民
党组副书记　　李华民（正县）

卫生健康委员会（市中医药管理局）

主任（局长）　　张步军
副主任（副局长）
　　　　倪庆斌（正县，4月止）
　　　　沈桂春（5月起）
　　　　徐学森
　　　　牛启富
　　　　陈增江
党组（委）书记
　　　　张步军
党委副书记　　倪庆宾（正县，4月止）
党组副书记　　沈桂春（5月起）
纪检组组长　　袁明山

退役军人事务局

局　长　　魏　勃
副局长　　李学军
　　　　聂圣江
党组书记　　魏　勃
党组副书记　　李学军

应急管理局

局　长　　王立军
副局长　　倪建军（12月起）
　　　　宋锡军（正县）
　　　　常成武（2月止）
　　　　邵洪文
　　　　李　强
　　　　张古斌（2月起）
党组书记　　王立军（12月止）
　　　　宋洪银（副厅，兼，12月起）
党组副书记　　倪建军（12月起）

市审计局

局　长　　杨承修（3月起）

副局长　刘　安
程　波
吴　思（女）
孟恒新
党组书记　杨承修（2 月起）
党组副书记　张仁安（正县）

市政府国有资产监督管理委员会

主　任　刘太荣
副主任　陈　刚
唐衍刚
杨辉苍（2 月止）
金　飞（回，2 月起）
李　勇（挂职，4 月起）
党委书记　刘太荣（11 月止）
蔡丽霞（女，12 月起）

行政审批服务局（市政务服务管理办公室）

局长（主任）　宋鸿鹏
副局长（副主任）
马连启
刘树国
肖培庆
党委书记　展保卫（副厅，兼，8 月止）
党委副书记　宋鸿鹏

市场监督管理局（市知识产权局）

局　长　张京洲
副局长　相益霖（2 月止）
米文珂（2 月止）
孙和新
赵东润
张　斌
王自坦
刘秀文（女）
孙洪英
杨树国
陈　政
韩　哲（挂职，3 月起）
党组书记　张京洲

体育局

局　长　苏有森（2 月止）
许　兵（2 月起）
副局长　曹东平（1 月止）
许　兵（1 月止）
谭晓蕾（女，党外）
党组书记　苏有森（1 月止）
许　兵（1 月起）

统计局

局　长　董彦和
副局长　郝金荣（2 月止）
刘　林
高　伟
沈　峰（8 月起）
党组书记　董彦和

医疗保障局

局　长　肖和元
副局长　刘建国
张吉峰
石文东（1 月起）
党组书记　肖和元
党组副书记　刘建国

人民防空办公室

主　任　梁国言
副主任　朱效建
薛建旺
党组书记　梁国言

市政府研究室

主　任　杨建全
副主任　石　斌
于善波
党组书记　杨建全

地方金融监督管理局（市金融工作办公室）

局　长（主任）
任树凯
副局长（副主任）
陈克忆
王凤坤
刘　彬（女）
党组书记　任树凯

信访局

局　长　葛宝文（2 月起）
副局长　葛宝文（1 月止）
李广生
曹永先
赵克俊（女）

党组书记　　葛宝文（1 月起）
党组副书记　葛宝文（1 月止）

能源局

局　长　　徐兆兵
副局长　　刘　勇（8 月起正县）
　　　　　王太阳（1 月起）
党组书记　徐兆兵

林业局

局　长　　葛茂金
副局长　　李传生（2 月止）
　　　　　李　杰
　　　　　张德涛
　　　　　王玉坚（2 月起）
党组书记　葛茂金

市政府派出机构

泰安经济开发区、泰安高新技术产业开发区管理委员会（12 月止）

党工委书记　李诚实
主　任
党工委副书记　孔祥湖（正县，4 月止）
　　　　　律云彪（正县）
副主任　　李诚实
　　　　　赵　胜
　　　　　刘振华（5 月止）
　　　　　姜　林（5 月止）
　　　　　石振房
　　　　　张安富
　　　　　乔　伟
　　　　　张立忠
　　　　　赵兴伟
　　　　　王海涛（12 月起）
纪工委书记、监工委
　主　任　亓习忠（2 月起任监工委主任）

泰安高新技术产业开发区、泰安经济开发区管理委员会（12 月，进行体制机制改革，重新配备改革后领导班子，班子成员职务重新公布）

党工委书记　李诚实（12 月起）
主　任
党工委副书记
副主任　　李诚实（12 月起）
　　　　　赵　胜（12 月起）
　　　　　石振房（12 月起）
　　　　　张安富（12 月起）
　　　　　赵兴伟（12 月起）
　　　　　王海涛（12 月起）
纪工委书记、监工委
　主　任　亓习忠（12 月起）

泰山风景名胜区管理委员会（12 月止）

党工委书记　亓利群（8 月起）
主　任　　王光锋
党工委副书记　王光锋
　　　　　朱　杰（11 月止）
　　　　　肖玉果（11 月起）
　　　　　万庆海
副主任　　朱　杰（11 月止）
　　　　　肖玉果（11 月起）
　　　　　王建雷（2 月起，12 月止）
　　　　　姜　林（5 月起）
　　　　　马生平（12 月起）
纪工委书记、监工委
　主　任　王建雷（2 月止）
　　　　　周生华（2 月起）

泰山风景名胜区管理委员会（12 月，进行体制机制改革，重新配备改革后领导班子，班子成员职务重新公布）

党工委书记　亓利群（12 月起）
主　任　　王光锋（12 月起）
党工委副书记　王光锋（12 月起）
　　　　　肖玉果（12 月起）
　　　　　万庆海（12 月起）
副主任　　肖玉果（12 月起）
　　　　　姜　林（12 月起）
　　　　　马生平（12 月起）
纪工委书记、监工委
　主　任　周生华（12 月起）

泰安旅游经济开发区管理委员会（12 月止）

主　任　　孙卫连（12 月止）
副主任　　杨　义
　　　　　滕绪国（1 月止，挂职）
党工委书记　杨荣和
党工委副书记　孙卫连（正县，12 月止）
　　　　　孙　晶（正县）
纪工委书记　曲宏伟（12 月止）

泰安旅游经济开发区管理委员会（12 月，进行体制机制改革，重新配备改革后领导班子，班子成员职务重新公布）

主　任　杨荣和（12 月起）
副主任　张书祥（正县，12 月起）
杨　义（12 月起）
张秀琛（12 月起）
李安元（12 月起）
吕泰柱（12 月起）
党工委书记　杨荣和（12 月起）
纪工委书记　谷志坚（12 月起）

泰安市徂徕山汶河风景名胜区管委会（9 月起）

党工委书记　田庆勇（12 月起）
主　任　田庆勇（12 月起）
党工委副书记
田庆勇（9 月起，主持工作，12 月止）
梁进涛（9 月起，12 月止）
副主任　田庆勇（9 月起，主持工作，12 月止）
梁进涛（9 月起）
赵　春（9 月起）
董　杰（9 月起）
郑佳军（12 月起）
赵　新（12 月起）
纪工委书记、监工委主任
纪复旺（12 月起）

市委、市政府直属事业单位

市委党校（市行政学院、市社会主义学院）

校　长　崔洪刚
常务副校长　吕军德（副厅）
副校长　梅长冬
夏庆涛
陈卫东
牛兰春
张文华

市委党史研究院（市地方史志研究院）

院　长　王敬泽
副院长　周美广
张　博
曹成义
李耀德

泰安日报社

社　长　戴　冰（3 月止）
张洪洲（8 月起）
副社长　赵利泽（满族）
吕文佳（女）
总编辑　张洪洲（8 月止）
韩西德（8 月起）
副总编辑　郑其国
曲　岩（女）
李建中
张文圣
车　军
党委书记　戴　冰（3 月止）
张洪洲（8 月起）
副书记　张洪洲（8 月止）
何麦之
张宏强
韩西德（8 月起）

广播电视台

台　长　王传宝（8 月止）
胡开剑（8 月起）
副台长　付　强（8 月止）
吴　涛
周　健（8 月起）
总编辑　胡开剑
副总编辑　亓修举
亓雪峰
党委书记　王传宝（8 月止）
胡开剑（8 月起）
党委副书记　胡开剑（正县，8 月止）
付　强（8 月起）

档案馆

馆长　杨军昌（12 月止）
侯红岩（12 月起）
副馆长　万长江
孙　暄（女）
侯卫国
党组书记　杨军昌（12 月止）
侯红岩（12 月起）

机关事务服务中心（4月由机关事务管理局更名）

主　任　于海涛
副主任　武家新（2月止）
　　朱开用
　　陈兆金
　　明立东（2月起）
党组书记　于海涛

仲裁委员会办公室

主　任　于　锋
副主任　刘月永（党外）
　　金　飞（回，2月止）
　　武如军（2月起）
　　李　鹏（2月起）
党组书记　于　锋

住房公积金中心（4月由住房公积金管理中心更名）

主　任　王　峰（回）
副主任　吕长文
　　蒲英标
　　杨　皓
党组书记　王　峰（回）

供销合作社联合社

理事会主任　张　莉（女）
理事会副主任　靳兆宏
　　王建国
　　苏礼平
监事会主任　王学光（8月止）
监事会副主任　李庆涛
党委书记　张　莉（女）

高铁新区建设发展中心

主　任　杨荣和
副主任　张书祥（正县）
　　张秀琛
　　王祥森
党工委书记　张书祥
党工委副书记　杨荣和（正县）

泰山索道运营中心

主　任　翟松杰（12月止）
　　葛遵瑞（12月起）
副主任　葛遵瑞（12月止）
　　陈　旭
　　吴杞强
　　王　军（12月起）
党委书记　翟松杰（2月止）
　　贾代常（2月起）
党委副书记　翟松杰（2月起，12月止）
　　葛遵瑞
　　李西军
纪委书记　王　军（12月止）

社会保险事业中心

主　任　许向群（5月起）
副主任　梁卫言（5月起）
　　刘仰军（5月起）
　　张　健（8月起）
党委副书记　许向群（5月起）

房产管理服务中心

主　任　张　涛（4月起）
副主任　张　群（8月止）
　　宋　岩（8月起）
　　方恒利（4月起）
党委书记　张　涛（4月起）
党委副书记　张　群（8月起）
纪委书记　李　忠（4月起）

公用事业服务中心

主　任　宫晓芳（党外，女，4月起）
副主任　李　林（4月起）
　　张　峰（4月起）
　　国东民（4月起）
党委书记　许　伟（5月起）
党委副书记　李　林（4月起）
　　张　杰（4月起）
纪委书记　吕爱原（4月起）

河湖管理保护服务中心

主　任　李　全（4月起）
副主任　王兴燕（女，4月起）
　　程传民（4月起）
　　孙启凯（党外，4月起）
党委书记　王兴燕（女，4月起）
党委副书记　李　全（4月起）

农业机械发展中心（4月由农机局更名）

主　任　苗明峻
副主任　邢介斌（8月止）
　　梁孝祥
　　王荣军
　　白常顺（8月起）

党委书记　苗明峻
党委副书记　邢介斌（8月起）

畜牧兽医事业服务中心（4月由畜牧兽医局更名）

主任　鹿道新
副主任　柳桂霞（女，4月止）
　李　华（女，2月止）
　刘宣生
　孟宪敬（4月起）
　张训茂（4月起）
党委书记　鹿道新
党委副书记　柳桂霞（女，4月起）

法院、检察院

泰安市中级人民法院

院　长　朱旭光（12月止）
副院长　孙岱峰（党外）
　林建森
　李成涛
党组书记　朱旭光（12月止）
　朱云三（12月起）
党组副书记　林建森

泰安市人民检察院

检察长　苏金森
副检察长　刘学刚
　吴新村
　王敬政
　黄建民（1月起）
党组书记　苏金森
党组副书记　刘学刚

人大、政协、纪委机关

人大专门委员会

法制委员会

主任委员　刘栋梁
副主任委员　刘向阳
　刘凤芝（女，4月起）

监察和司法委员会

主任委员　石　岩（女）

财经委员会

主任委员　赵　明
副主任委员　梁望东（党外）

农业与农村委员会

主任委员　朱叙民
副主任委员　侯　力
　李渊祥

城乡建设与环境资源保护委员会

主任委员　吴洪建（3月止）
　乔建博（4月起）
副主任委员　张建国
　张兴华

教育科学文化卫生委员会

主任委员　刘　康
副主任委员　何广文
　王德全

民族侨务外事旅游委员会

主任委员　孟祥彬（回）
副主任委员　徐　鑫（2月止）
　周光林

社会建设委员会

主任委员　徐　鑫（4月起）
副主任委员　孙培国
　孙卫连（12月起）

人大机关办事机构和工作机构

办公室

主　任　蒋庆蓬
副主任　刘庆华（2月止）
　毕可波（2月止）
　陈业荣
　张海军（3月起）
　井　泉（3月起）

人事选举代表工作室

主　任　刘　锋
副主任　郭　霞（女）
　徐　伟（女，2月止）

研究室

主　任　刘文明
副主任　辛振华
　王衍婷（女）

法制工作委员会

主　任　刘栋梁（2月止）
　刘凤芝（女，3月起）
副主任　张文珂

财政经济工作委员会
主　任　梁望东（党外）
副主任　谷红卫
预算工作委员会
主　任　王照星
副主任　王文忠
农村经济工作委员会
主　任　李渊祥
副主任　李　明（女，2月止）
王子强
城乡建设环境保护工作委员会
主　任　张建国
副主任　刘凤芝（女，2月止）
教育科学文化卫生工作委员会
主　任　王德全
副主任　侯　丽（女，党外，2月止）
彭长青
民族侨务外事旅游工作委员会
主　任　周光林

政协专门委员会

提案委员会
主　任　周长欣（2月止）
黄东葵（3月起）
副主任　董　军
经济委员会
主　任　马玉军（3月起）
副主任　马玉军（2月止）
人口资源环境委员会
主　任　刘焕星
副主任　黄东葵（2月止）
郭大年
教科卫体委员会
主　任　王天宇
副主任　陈占峰
社会法制和民族宗教委员会
主　任　杨　红（女）
副主任　陈建中
韩克双
文化文史和学习委员会
主　任　张亚莉（女）
副主任　周建国（2月止）
贾汇红（女，党外，3月起）
港澳台侨和外事委员会
主　任　张　清（女，党外）
委员联络工作委员会
主　任　周建国（3月起）
副主任
农业和农村委员会（3月起）

政协机关办事机构和工作机构

办公室
主　任　陈师超（3月起）
副主任　单光德
孙　健（2月止）
李伟忠
张　青（女，3月起，12月止）
研究室
主　任　王　波（2月止）
毕研坤（3月起）
副主任　毕研坤（2月止）
张学亮
委员活动工作室
主　任　黄会平（女）
副主任
提案委员会工作室
主　任
副主任　徐宗林
经济委员会工作室
主　任　马玉军（2月止）
副主任
人口资源环境委员会工作室
主　任
副主任　张西环（女）
教科卫体委员会工作室
主　任　陈占峰
副主任　刘雪菲（女）
社会法制和民族宗教委员会工作室
主　任　韩克双
副主任　李洪奎
文化文史和学习委员会工作室
主　任　周建国（2月止）
贾汇红（女，党外，3月起）
副主任　贾汇红（女，党外，2月止）

港澳台侨和外事委员会工作室
主　任
副主任　　　刘　宁
委员联络工作委员会工作室
主　任　　　孙　健（副县，3 月起）
农业和农村委员会工作室（10 月起）

市纪委市监委内设机构（3 月起由原市纪委内设机构更名）
组织部
部　长　　　季　勇（2 月起）
宣传部
部　长　　　公鲁华
研究室
主　任　　　陈文远（5 月止）
党风政风监督室
主　任　　　杨培水
信访室（3 月起加挂“市国家公职人员违法违纪举报中心”牌子）
主　任　　　孙　鹏（5 月起）
案件管理监督室
主　任　　　杨成栋
第一监督检查室（3 月起纪检监察室更名为监督检查室或审查调查室，下同）
主　任　　　毛尚纯（5 月起）
第二监督检查室
主　任　　　石金城（5 月起）
第三监督检查室
主　任　　　徐京波（副县，5 月起）
第四监督检查室
主　任　　　杜伯岑（副县，5 月起）
第五监督检查室
主　任　　　侯庆鹏（副县，5 月起）
第六审查调查室
主　任　　　马金涛（副县，5 月起）
第八审查调查室
主　任　　　张继军（5 月起）
案件审理室（3 月起加挂“政策法规室”牌子）
主　任　　　柏宜民（8 月起）
纪检监察干部监督室
主　任　　　朱玉山
派驻纪检监察组（7 月起纪检组更名为纪检监察组，下同）
第一纪检监察组
组　长　　　王新慧（正县，8 月起）
第二纪检监察组
组　长　　　马贵昌（正县，8 月起）
第三纪检监察组
组　长　　　李和军（正县，8 月起）
第四纪检监察组
组　长　　　王　蕾（女，正县，8 月起）
第五纪检监察组
组　长　　　张丽娟（女，正县，8 月起）
第六纪检监察组
组　长　　　周生华（正县，2 月止）
　　　　　　于京山（副县，8 月起）
第七纪检监察组
组　长　　　刘爱科（副县，8 月起）
第八纪检监察组
组　长　　　成坤志（正县，5 月止）
　　　　　　张　冰（副县，8 月起）
第九纪检监察组
组　长　　　盛东风（正县，8 月起）
第十纪检监察组
组　长　　　李海平（副县，8 月起）
驻市法院纪检监察组
组　长　　　赵兴杰（女，正县，8 月起）
驻市检察院纪检监察组
组　长　　　吕丰强（副县，8 月起）
驻市公安局纪检监察组
组　长　　　田志云（女，正县，8 月起）
驻市教育局纪检监察组
组　长　　　曹长钰（副县，8 月起）
驻市卫生健康委纪检监察组
组　长　　　袁明山（副县，8 月起）
驻市住房城乡建设局纪检监察组
组　长　　　续丙西（副县，8 月起）

民主党派

中国国民党革命委员会泰安市委员会
主　委　　　徐恩虎
副主委　　　林国志
　　　　　　杨维仁
　　　　　　刘清廷
　　　　　　朱　丽（女）

秘书长　　李　芳（女，驻会）

中国民主同盟泰安市委员会

主　委　　孙岱峰
副主委　　张春庆
　　丁　爽（女）
　　张　清（女）
　　周　奎
秘书长　　徐建英（女，驻会）

中国民主建国会泰安市委员会

主　委　　张庆明
副主委　　黄屹峰
　　尹洪宗
　　魏云刚
　　陈　文（女）
秘书长　　戚　锋（驻会）

中国民主促进会泰安市委员会

主　委　　王昌元
副主委　　董　洁（女）
　　吕忠堂
　　苏雪峰（女）
　　贾汇红（女）
秘书长　　孙圆景（女，驻会）

中国农工民主党泰安市委员会

主　委　　徐　坤
副主委　　陈玉社
　　赵晓民
　　吕学爱（女）
　　梁群言
秘书长　　巩相会（驻会）

致公党泰安市委员会

主　委　　梁望东
副主委　　张丽霞（女）
　　鞠达青
　　李传泰
秘书长　　卢晓堂（驻会）

九三学社泰安市委员会

主　委　　刘　君
副主委　　孙启凯
　　刘　峰
　　诸葛玉平
　　肖　玲（女）
秘书长　　刘彦涛（驻会）

群众团体

总工会

主　席　　张书盈
常务副主席　　巩华仁（正县，5 月止）
　　郭　青（正县，7 月起）
副主席　　郭　青（5 月止）
　　李宝荣
　　陈长举
　　欧阳宏飞（女，6 月起）
党组书记　　张书盈（5 月止）
　　郭　青（5 月起）
党组副书记　　巩华仁（正县，5 月止）
　　李宝荣（5 月起）

共青团泰安市委员会

书　记　　孔凡洪（12 月止）
　　苏伟丽（女，12 月起）
副书记　　苏伟丽（女，12 月止）
　　杨　帅
　　刘荣星
党组书记　　孔凡洪（12 月止）

妇女联合会

主　席　　陈晓娜（女，1 月起）
副主席　　付望舒（女）
　　马　俏（女）
　　国文丽（女）
党组书记　　陈晓娜（女）

科学技术协会

主　席　　董树亭（不驻会，8 月止）
　　张秀峰（女，8 月起）
副主席　　张秀峰（女，8 月止）
　　闫　敏（女）
　　王　倩（女）
　　范宝品
党组书记　　张秀峰（女）

文学艺术界联合会

主　席　　张德臣
副主席　　周　鹏（2 月止）
　　孙　黎
　　孙启娓（9 月起）
秘书长　　孙启娓（8 月止）

田纪宏（副县，9月起）
党组书记　张德臣
副书记　周　鹏

社会科学联合会

主　席　贾志秋
副主席　米清国（回，2月止）
李光冉
王元军（9月起）
秘书长　王元军（8月止）
梁国华（副县，9月起）
党组书记　贾志秋
副书记　米清国（回）

工商业联合会（总商会）

主　席（会长）
王淑玲（女）
副主席（副会长）
高树顺
亓金海（2月止）
杨启航
周　晓
张建之（3月起）
秘书长　周　晓
党组书记　高树顺
副书记　亓金海（2月起）

残疾人联合会

理事长　刘学永
副理事长　尹燕青
刘海力
党组书记　刘学永

归国华侨联合会

主　席　刘　华
副主席　吴　蕾（女，党外）
党组书记　刘　华

中国贸促会泰安市委员会、中国国际商会泰安商会（2月起）

会　长　陈　勇（2月起）
副会长　张桂明（2月起）
玄冬梅（5月起）
党组书记　陈　勇（2月起）

各县市区领导班子

泰山区

区　委

书　记　赵　斌
副书记　王爱新（女）
毕华年
常　委　王　强（12月起）
安　丽（女，5月止）
徐立勇
赵永斌
李培国（12月止）
王冠祥
刘兴钰
刘　伟（正县，3月起）
姚学理（女，5月起）

人　大

主　任　李殿勤
副主任　王志亮
刘　凤（女，党外）
葛安华
史书超
李志科

政　府

区　长　王爱新（女）
副区长　徐立勇
杨启典
刘　伟（援疆）
苏春明
黄　涛
姚学理（女，5月止）

政　协

主　席　陈庆业
副主席　王德玉
李战德（党外，不驻会）
张　玲（女，党外）
甄永莲（女）
孙圆景（女）

纪委、监委

书记、主任　李培国（12月止）
王　强（12月起）

法　院

院　长　　刘国锋

检察院

检察长　　王增爱

岱岳区

区　委

书　记　　亓利群（8 月止）
　　　　　刘昌松（12 月起）

副书记　　王长勇
　　　　　蔡丽霞（女，12 月止）
　　　　　孔凡洪（正县，12 月起）

常　委　　雷建民
　　　　　展延安（回）
　　　　　刘　琳
　　　　　袁义明
　　　　　赵国强
　　　　　张　青（女，12 月起）
　　　　　王兆富
　　　　　刘灿玉
　　　　　高文嵩（12 月起）

人　大

主　任　　徐永涛

副主任　　张　军
　　　　　孙启印
　　　　　吴秀峰
　　　　　唐晓飞（女，党外）
　　　　　李振华

政　府

区　长　　王长勇

副区长　　刘　琳
　　　　　杨昭晖
　　　　　孙启龙
　　　　　张建峰（2 月止）
　　　　　朱延华（女）
　　　　　张　强（12 月起）

政　协

主　席　　李效军

副主席　　游志成（党外）
　　　　　法臣文（回，党外）
　　　　　肖　玲（女，党外）
　　　　　方增群
　　　　　刘桂华（女）
　　　　　徐建英（女）

纪委、监委

书记、主任　　展延安（回）

法　院

院　长　　高广权

检察院

检察长　　郝永生

新泰市

市　委

书　记　　刘钦海

副书记　　赵书刚
　　　　　倪建军（12 月止）

常　委　　刘　军
　　　　　桑　民
　　　　　夏念新
　　　　　赵文坡
　　　　　刘敬锋（12 月止）
　　　　　仇安源
　　　　　李　玲（女）
　　　　　惠志国（12 月起）

人　大

主　任　　马秀义

副主任　　亓桂峰
　　　　　郭志强
　　　　　渠红梅（女，回，党外）
　　　　　朱致义
　　　　　安　原

政　府

市　长　　赵书刚

副市长　　桑　民
　　　　　吴振吉
　　　　　苏永涛
　　　　　李　斌
　　　　　周典红（女）

政　协

主　席　　韩学锋

副主席　　薛宝良
　　　　　张传军（党外）
　　　　　殷培文（党外）
　　　　　赵连军
　　　　　徐加柱（党外）
　　　　　马丽丽（女，回，党外）

纪委、监委

书记、主任　刘　军

法　院

院　长　吕　华

检察院

检察长　卜静波（女，1月止）

范　军（2月起）

肥城市

市　委

书　记　常绪扩

副书记　殷锡瑞

辛　涛

常　委　乔　磊（2月止）

戴先锋

名树伟

王勇强

王志勇

付　玲

贾同国

赵　伟（2月起）

人　大

主　任　赵燕军

副主任　王同华（女，党外，不驻会）

宁洪法

张　伟

李向东

刘　益

政　府

市　长　殷锡瑞

副市长　王志勇

赵兴广（回，党外）

鄂宏超（满）

孙　琪（女）

桑逢智

政　协

主　席　侯庆洋

副主席　杜尊春

杨淑贞（女，党外，不驻会）

邹家强

付振江（党外）

李红伟（女，党外）

刘　琴（女，党外）

纪委、监委

书记、主任　戴先锋

法　院

院　长　石　军

检察院

检察长　杨希沧

宁阳县

县　委

书　记　刘学保（8月止）

毕黎明（8月起）

副书记　陈　波（8月止）

王立军（12月起）

王国强（12月止）

崔　媛（女，12月起）

张培峰（援疆）

常　委　孟庆刚（12月止）

刘　明

董　骞

张　涛

王广浩

周鹏飞

人　大

主　任　李为群

副主任　靳恩松

张树法

周慎凯

马海荣（女）

政　府

县　长　陈　波（8月止）

副县长　刘　明

柳桂敏（女，党外）

李　甡（5月止）

于师义

许　军

朱晓亮（6月起）

政　协

主　席　侯　涛

副主席　尚　勇（党外）

连桂荣（党外，不驻会）

辛艳珍（女，党外，不驻会）

董先思

戴　伟（党外）

纪委、监委

书记、主任　孟庆刚（12 月止）

法　院

院　长　杨福桐

检察院

检察长　尚晓兵

东平县

县　委

书　记　张　涛（6 月止）
曲　锋（7 月起）

副书记　刘　玉
宫庆会（12 月止）
李培国（12 月起）

常　委　陈传帅
王　强（12 月止）
徐宗才（回，5 月止）
陈　锋
张立国
徐彩虹（女）
李广义
陈文远（5 月起）
安郁杰（12 月起）

人　大

主　任　刘思宏

副主任　侯圣玉
李元申（党外）
陈兰芳（女）
王成明
牛之春

政　府

县　长　刘　玉

副县长　陈传帅
程　鹏（女，党外）
王洪亮
李生广
王　冰

政　协

主　席　刘祥涛

副主席　吴绪季（党外）
王金艳（女，满族，党外）
王成生
孟　光（党外）

纪委、监委

书记、主任　徐宗才（回，5 月止）
陈文远（5 月起）

法　院

院　长　张海鹏

检察院

检察长　赵平原

驻泰安部队

泰安军分区

司令员　隋　阳

政　委　李保泉

副司令员　吴　伟
任建宙

战备建设处处长
吴　斌

政治工作处主任

党委书记　李保泉

党委副书记　隋　阳

纪委书记　任建宙（1 月止）
吴　伟（1 月起）

武警泰安支队

支队长　张　莹（2 月止）
贾　涛（2 月起）

政　委　陈云龙（2 月止）
刘　伟（2 月起）

副支队长　丁　伟
钟家峰

副政委　公茂青

参谋长　陆丹红（2 月止）
曹茂飞（2 月起）

政治处主任　刘　锟

后勤处长　朱学兵

党委书记　陈云龙（2 月止）
刘　伟（2 月起）

党委副书记　张　莹（2 月止）
贾　涛（2 月起）

纪委书记　公茂青（2 月止）
曲安东（2 月起）

泰安市消防救援支队（改革过渡期初称泰安市公安消防支队，2019年5月调整为“泰安市消防救援支队”）
支队长　巩向海
政　委
副支队长　刘　锋
副政委　张传永
参谋长　闫志强
政治处主任　许松华
后勤处处长　任鹏飞
防火监督处处长
　马宏彬
党委书记
党委副书记　巩向海
纪委书记　张传永

中央、省属驻泰安单位

国家税务总局泰安市税务局
局　长　郝　玲
副局长　周建奎（正县，2月止）
　张鲁光
　崔　健
　李　达
　刘先军
　郭宝德
　李西坤
　宋来竹（11月起）
　孙雷春
　潘　武
党委书记　郝　玲
党委副书记　周建奎（正县，2月止）
　张鲁光
纪检组长　宋来竹（11月止）
　肖翕然（11月起）

气象局
局　长　徐法彬（11月止）
　姚广庆（11月起）
副局长　张兴强
　徐学义
党组书记　徐法彬（11月止）
　姚广庆（11月起）
纪检组长　玄绪峰

泰安海关
关　长　王作来
副关长　周升扬
　肖永琪
党委书记　王作来
纪检组长　郭京鹏

中国人民银行泰安市中心支行
行　长　杨化军
副行长　庞建敏
　孙　蕾（女，5月止）
　孙世超（3月起）
　郑玉坤（3月起）
　司斌涛（1月止）
党委书记　杨化军
党委副书记　庞建敏
工会主任　高露蒙（女）
纪委书记　孙世超（3月止）
　康　琴（女，4月起）

中国银行保险监督管理委员会泰安监管分局（规范简称“泰安银保监分局”，5月人员职务更名）
局　长　王希娟（女，4月止）
　赵文和（4月起）
副局长　刘　健（12月止）
　蒋代明（5月起）
党委书记　王希娟（女，4月止）
　赵文和（4月起）
纪委书记　孙钦波（4月止）
　李　亚（8月起）

中国工商银行泰安市分行
行　长　祝广成
副行长　陈福五
　张　伟（2月止）
　杨万鲁
　孙殿军（12月起）
党委书记　祝广成
纪委书记　梁化新

中国农业银行泰安分行
行　长　孟宪军
副行长　戴国文
　刘学德
　王会堂
　王　超（8月起）

党委书记　孟宪军
党委副书记　戴国文
纪委书记　毕　伟（5 月止）
　李　强（5 月起）

中国银行泰安分行

行　长　李　波（12 月止）
　薛　涛（12 月起）
副行长　冯德厚
　徐大勇（2 月止）
　张桂浩
　孙克祥（6 月起）
党委书记　李　波（12 月止）
　薛　涛（12 月起）
纪委书记　王洪军（6 月止）
　曹国民（6 月起）

中国建设银行股份有限公司泰安分行

行　长　宋旭东
副行长　李　军
　孙　良
　楚　栋（12 月止）
　王万里
党委书记　宋旭东
党委副书记　刘海潇（12 月起）
纪委书记　朱坤礼（8 月止）
纪检组组长　朱坤礼（8 月起）

交通银行泰安分行

行　长　王子敬
副行长　孙　正（4 月起）
　陈　磊（女，4 月起）
党委副书记　王子敬

中国农业发展银行泰安市分行

行　长　辛俊峰
副行长　耿大伟
　张效会
　国　虎
党委书记　辛俊峰
纪委书记　张效会

山东省农村信用社联合社泰安审计中心（11 月起由省农村信用社联合社泰安办事处更名）

主　任　辛士勇（11 月起）
副主任　时培行（11 月起）
　杜晋生（1 月止）
　董海涛（11 月起）
党委书记　辛士勇（11 月起）
纪委书记

中国人寿保险股份有限公司泰安分公司

总经理　岳文成
副总经理　段崇申
　赵洪臣
　董军建（5 月起）
党委书记　岳文成
纪委书记　段崇申（3 月止）
　赵洪臣（3 月起）

泰安供电公司

总经理　刘加国
副总经理　王少勇（8 月止）
　杭　民（8 月起）
　刘国明
　高　山
　吴　斌
党委书记　王少勇（8 月止）
　杭　民（8 月起）
党委副书记　刘加国
纪委书记　李　龙

中国电信股份有限公司泰安分公司

总经理　宋　亮
副总经理　耿立明
　侯启敬
　信明亮（8 月起）
党委书记　宋　亮
纪委书记　耿立明

中国移动通信集团山东有限公司泰安分公司

总经理　孔建坤（8 月止）
　陈　勇（8 月起）
副总经理　朱　晖
　程化伟（3 月止）
　杨传鑫（3 月起）
　贾景坤
党委书记　孔建坤（8 月止）
　陈　勇（8 月起）
纪委书记　朱　晖

中国联合网络通信有限公司泰安市分公司

总经理　李新宇
副总经理　聂树秋

王　平
于传渭（3 月止）
苗　凯（4 月起）
工会主席　王　平
党委书记　李新宇
党委副书记　聂树秋
纪检组长　侯　忠

中国邮政集团公司泰安市分公司

总经理　姚志刚
副总经理　秦　博（3 月起）
王拥军
尚庆涛
赵　磊
尹　澎
党委书记　姚志刚
纪委书记　尚庆涛

泰安市邮政管理局

局　长　张　鑫（7 月止）
副局长　王　军（7 月起，主持工作）
张　锐（女）
党组书记　张　鑫（7 月止）
纪检组长　张　锐（女）

烟草专卖局（公司）

局　长　方士浩
副局长　张洪强
总经理　方士浩
副总经理　王立忠
党委书记　方士浩
纪委书记　初　旭

泰安市水文局

局　长　侯恩光
副局长　侯　元
段建筑（4 月起）
党委书记　侯恩光
党委副书记　侯　元
纪委书记　张春霞

山东科技大学泰安校区

管委会主任（院长）
王少鹏
管委会副主任（副院长）
蒋金泉
王以功
贾长响
逄杰文
党委书记　王少鹏
党委副书记　刘传玺
王　民（1 月起）
纪委副书记　宋传文

山东农业大学

校　长　张宪省
副校长　高东升（7 月止）
嵇景涛
王振林（10 月止）
吴衍涛
张　然（女）
司金贵
党委书记　徐剑波
党委副书记　张宪省
朱　莉（女）
杨天梅
纪委书记　张明志

泰山学院

校　长　秦梦华
副校长　李玉洋
王雷亭
于鸿远
殷　敏
彭淑贞
党委书记　范　真
党委副书记　秦梦华
李进京
纪委书记　张永法

新汶矿业集团

董事长　葛茂新
总经理　辛恒奇
副总经理　公建祥
佟　强
何希霖
唐　军
张殿振
党委书记　葛茂新
党委副书记　辛恒奇
刘真伦
纪委书记　辛生业

肥城矿业集团

董事长　　姚　峰
总经理　　桑红星
副总经理　　张强玉
　　李　伟
　　任国顺
　　孙传福
工会主席　　张　斌
党委书记　　姚　峰
党委副书记　　桑红星
　　张　斌
纪委书记　　油石坤

高职高专院校

泰山职业技术学院

党委书记　　张勇华
院　长　　毕于民
党委副书记　　毕于民
　　马培安
　　张清民
副院长　　马培安
　　张小烨（女）
　　刘洪东
　　王文林
纪委书记　　项　岚（女）

山东服装职业学院

党委书记　　闫恂秋
院　长　　戴　磊
党委副书记　　戴　磊
　　贾　军（1 月止）
　　侯长城（8 月起）
副院长　　侯长城（8 月止）
　　王建洪
　　刘贞锋
　　殷广胜（8 月起）
纪委书记　　刘光珍（女）

泰山护理职业学院

党委书记　　孙兰俊
院　长　　郭向军（1 月止）
　　辛海明（1 月起）
党委副书记　　郭向军（1 月止）
　　辛海明（1 月起）
　　房　华（8 月止）
　　邹吉东（4 月止）
　　马腾文（8 月起）
副院长　　张建国（8 月止）
　　孙元儒（8 月止）
　　刘　琳（女，8 月止）
　　张宗起（8 月起）
　　宗希富（8 月起）
　　王安民（8 月起）
纪委书记　　张广健

泰安技师学院

党委书记　　袁久亮
院　长　　韩向民（1 月止）
　　贾　军（1 月起）
党委副书记　　韩向民（1 月止）
　　贾　军（1 月起）
　　马腾文（8 月止）
　　张建国（8 月起）
副院长　　董　军（1 月止）
　　李冬梅（女，8 月止）
　　马成禄
　　张　凯（8 月起）
　　刘圣涛（8 月起）
纪委书记　　李志学

（市委组织部　供）

编辑　校对　　刘小笋

中国共产党泰安市委员会

综　述

【概况】　党组织　全市有基层党组织1.60万个。其中，党委749个，总支部1264个，党支部1.39万个。有各级党组324个，地方党委派出工委67个。全市企业中有党组织5023个，事业单位中有党组织3734个，机关中有党组织2262个，建制村中有党组织3737个。

党员队伍　至年底，全市有党员38.16万名，减少23名。党员总数中，预备党员8177名，占2.14%；女党员7.67万名，占20.09%；少数民族党员3450名，占0.90%。从党员的入党时间看，1937年7月7日至1945年9月2日入党的86名，占0.02%；1945年9月3日至1949年9月入党的685名，占0.18%；1949年10月至1966年4月入党的1.95万名，占5.12%；1966年5月至1976年10月入党的4.91万名，占12.87%；1976年11月至2002年10月入党的17.47万名，占45.79%；2002年11月至2012年10月入党的8.94万名，占23.44%；2012年11月及以后入党的4.80万名，占12.58%。从党员的年龄看，35岁及以下的5.35万名，占14.02%；36岁至45岁的6.48万名，占16.99%；46岁至60岁的12.67万名，占33.20%；61岁及以上的13.65万名，占35.78%。从党员的学历看，研究生7931名，占2.08%；大学本科7.15万名，占18.74%；大学专科6.79万名，占17.78%；中专3.86万名，占10.12%；高中、中技7.80万名，占20.44%；初中及以下11.76万名，占30.83%。从党员的职业看，在岗职工13.77万名，占36.09%（其中，公有制单位11.21万名，非公有制单位2.56万名）；农牧渔民13.63万名，占35.71%；学生4510名，占1.18%；离、退休人员8.77万名，占22.98%；其他1.54万名，占4.03%。全市发展新党员8131名。新党员中，女党员3403名，占41.85%；少数民族党员86名，占1.06%。从新党员的年龄看，35岁及以下的5713名，占70.26%；36岁至60岁的2402名，占29.54%；61岁及以上的16名，占0.20%。从新党员的学历看，研究生174名，占2.14%；大学本科2036名，占25.04%；大学专科1442名，占17.73%；中专559名，占6.87%；高中、中技3360名，占41.32%；初中及以下560名，占6.89%。从新党员的职业看，在岗职工3429名，占42.17%（其中，公有制单位2528名，非公有制单位901名）；农牧渔民1548名，占19.04%；学生3057名，占37.60%；离、退休人员1名，占0.01%；其他96名，占1.18%。新发展党员中，在生产、工作第一线的4859名，占59.76%（其中，企业生产第一线1826名，农村生产第一线1548名，教学、科研第一线345名，机关第一线272名）；企事业、社会组织专业技术人员257名，占3.16%；乡（镇）、建制村2210名，占27.18%；共青团员3314名，占40.76%。　（组织部）

【中国共产党泰安市第十一届委员会第八次全体会议】　1月27日举行。市委委员42人、市委候补委员10人出席会议，市纪委常委、市监委委员及有关方面负责人列席会议。全会由市委常委会主持。全会传达中共山东省委十一届八次全会精神，听取和讨论崔洪刚受市委常委会委托作的工作报告。

全会充分肯定2018年市委常委会工作，部署2019年工作任务。提出要明确工作重点抓落实，要主动寻标对标抓落实，要坚持问题导向抓落实，要提升能力水平抓落实，要强化全面从严治党抓落实。

【市委“担当作为、狠抓落实”工作动员大会暨“埋头苦干、争创一流，勇做新时代泰山‘挑山工’”主题实践活动动员部署会议】　2月12日召开。会议贯彻落实全省“担当作为、狠抓落实”工作动员大会精神，

3月28日，市委书记崔洪刚（前排中）调研泰山区域山水林田湖草生态保护修复工程（司 刚 摄）

安排部署勇做新时代泰山“挑山工”主题实践活动。市委书记崔洪刚出席会议并讲话，市委副书记张涛主持，市人大常委会主任唐福泉、市政协主席周桂萍等市几大班子领导出席。

崔洪刚强调，传承弘扬好新时代泰山“挑山工”精神，既是落实习近平总书记视察山东重要讲话、重要指示批示精神的实际行动，也是落实省委、省政府“工作落实年”部署要求的重要载体，更是破解制约泰安发展突出问题的现实需要。围绕切实把新时代泰山“挑山工”精神转化为狠抓落实的实际行动，崔洪刚从四个方面提出明确要求：一是咬定目标；二是踏实苦干；三是攻坚克难；四是勇于担责。崔洪刚要求，各级各部门各单位要认真组织，周密部署；要务求实效，把开展好主题实践活动与推进各项工作有机结合起来；要把活动开展情况作为全面从严治党主体责任考核的重要内容，倒逼各项任务落实；要坚持优中选优、好中选好，选树一批新时代泰山“挑山工”先进集体和先进个人，充分调动全市广大党员干部干事创业的积极性、主动性、创造性；要营造氛围，及时发现和总结工作中的好经验、好典型、好做法，加强正面引导，对于作风不实、落实不力、敷衍应付的，要公开曝光，在全市营造人人争做新时代泰山“挑山工”的浓厚氛围。

【全市推进开发区体制机制改革创新动员会议】 4月4日召开。市领导崔洪刚、张涛、展宝卫、宋洪银、高尚山、刘学保出席会议。

崔洪刚在讲话中指出，开发区是产业发展的主阵地、“双招双引”的主平台、新旧动能转换的主战场，也是改革开放的先行区、创新创业的引领区、优化环境的示范区。开发区体制机制改革总的要求是，坚持去行政化改革方向，突出开发区产业发展这一主责主业，按照“管委会＋公司”管理模式（“管委会”作为开发区管理机构，承担行政管理职能，“公司”作为开发区建设发展的市场主体，主要承担招商引资、资金筹集、项目管理、政府公共基础设施建设市场化服务、土地预储备运营等职能），坚持“企业化管理、市场化运作、专业化服务”要求，切实解决开发区体制机制方面的突出问题。

【中国共产党泰安市第十一届委员会第九次全体会议】 7月15日举行。市委委员44人、市委候补委员9人出席会议，市纪委常委、市监委委员及有关方面负责人列席会议。全会由市委常委会主持。会议传达学习中共山东省委十一届九次全会精神，听取和讨论崔洪刚受市委常委会委托作的工作报告，安排部署下半年及其后一个时期的工作。

全会充分肯定市委常委会的工作。全会认为，省八大发展战略是习近平新时代中国特色社会主义思想在山东的具体实践，搭建起全省高质量发展的“四梁八柱”。要结合泰安实际，找准结合点、切入点，发挥自身优势，创新落实省八大发展战略，聚力抓好“双50强”企业培育，聚力抓好“双招双引”，聚力推进开发区改革，聚力实施好乡村振兴战略，聚力推进重大基础设施建设，聚力打造优质高效的服务环境，推进全市经济高质量发展。

全会要求，要认真贯彻以人民为中心的发展思想，坚决打好脱贫攻坚、风险防控、污染防治三大攻坚战；编制实施好城市规划，加快重点城建项目建设，抓好城市管理执法，着力提升城市品质；高度关注民生问题，办好为民要办的10件实事，积极回应民生关切，切实增强人民群众的获得感幸福感安全感。要谋划组织好“不忘初心、牢记使命”主题教育，凝聚起抓落实的强大力量。要把党的政治建设摆在首位，坚持用习近平新时代中国特色社会主义思想武装头脑、指导实践、推动工作。要做好结合文章，把主题教育同勇做新时代泰山“挑山工”主题实践活动、“七赛七比”、寻标对标争先进位行动结合起来，同完成改革发展稳定各项任务结合起来，同做好稳增长、促改革、调结构、惠民生、防风险、保稳定各项工作结合起来，使党员干部焕发出来的热情转化为攻坚克难、干事创业的实际成果。要加强作风建设，强化基层减负，为基层创造良好工作环境。要带头深入基层，开展蹲点调研，掌握第一手资料。要用好正向激励，把干部的积极性主动性激发出来、调动起来。要持续正风肃纪，压实主体责任，深入推进党风廉政建设，持之以恒纠治“四风”，在全市营造风清气正的政治生态。

【市委、市政府召开防御第9号台风“利奇马”视频会议】 8月10日召开。会议贯彻落实国家防总、省防指近期系列会议精神，分析研判防台风形势，对全市防御工作进行安排部署。市领导崔洪刚、张涛、曲锋、宋洪银、鞠向群、张红旗、赵德健出席，泰山景区管委会主任王光锋参加有关活动。

市委书记崔洪刚传达省委书记刘家义关于做好防台防汛工作的指示精神，并就做好泰安市防台防汛工作作出安排。市委副书记、市长张涛对全市防台防汛工作作出具体部署。

会议指出，当前正值防汛关键期，据气象部门预报，第9号台风“利奇马”可能给泰安市带来强降雨，防汛形势不容乐观。各级各有关部门要高度重视当前防台防汛工作，切实增强工作的责任感和紧迫感，坚决克服麻痹侥幸心理，严格按照防大汛、抗大洪、抢大险的要求，以百分之百的准备应对万分之一的可能，抓紧抓实抓好防台防汛工作，坚决守住底线，确保人民群众生命财产安全。

会议要求，要严格责任落实。各县（市、区）、功能区要切实抓好本区域防台防汛工作，坚持领导带班和24小时值班制度。市直有关部门要按照职责分工，坚守工作岗位。防汛指挥部要强化统一指挥和调度，严格值班值守制度。专业救援部门、应急部门、公安、武警等机动力量要随时做好救援准备。山区村“两委”干部要根据汛情，组织群众避险转移。

各县（市、区）和泰山景区、泰安高新区设分会场收听收看视频会议。

【全市教育大会暨2019年教师节庆祝大会】 9月5日召开。市委书记崔洪刚出席会议并讲话，市委副书记、市长张涛主持会议，市委副书记、东平县县委书记曲锋，市人大常委会主任唐福泉，市政协主席周桂萍，市委常委、组织部部长高尚山，副市长赵德健出席。

会议强调，全市教育事业发展要全面贯彻党的教育方针，遵循教育规律和人才成长规律，深化教育改革，着力提高教育质量，优化教育结构，促进教育公平，加快推进教育现代化强市建设。

会上，崔洪刚代表市委、市人大常委会、市政府、市政协，向全市广大教师、教育工作者及离退休老教师致以节日问候。强调要用习近平新时代中国特色社会主义思想铸魂育人，始终坚持社会主义办学方向，始终坚持立德树人根本任务，始终坚持以人民为中心的发展思想。要推进教育高质量发展，突出公平优质，优化教育供给；突出素质教育，促进全面发展；突出改革创新，激发发展活力；突出融合发展，推进共建共享。要夯实教育高质量发展基础，加强师德师风建设，提升思想政治素质；抓实抓好教师培训，提高专业素质能力；深化教师队伍管理，优化教师队伍结构；保障教师合法待遇，营造尊师重教氛围。

【全市深化“七赛七比”决战重点任务大会】 11月3日召开。市委书记崔洪刚出席会议并讲话，市委副书记、市长张涛主持，市委副书记曲锋，市人大常委会主任唐福泉，市政协主席周桂萍等出席。

会议传达贯彻省委财经委第四次全体会议精神，动员全市上下进一步认清形势、坚定信心，咬定目标、加压奋进，以决战的姿态、冲刺的劲头，掀起“七赛七比”新热潮，加快推进重点任务落实，确保完成好全年各项任务目标。

会上，宣读《泰安市2019年度招商引资奖励暂行办法》。市城市建设管理工作小组、市产业经济发展工作小组两个工作专班，岱岳区、宁阳县两个县（市、区），泰安高新区、泰山景区两个功能区，市财政局、市商务局两个市直部门，分别作表态发言。其他工作专班、县（市、区）、功能区进行书面交流。

崔洪刚在讲话中强调，要突出抓好固定资产投资，要千方百计抓项目，要千方百计突破制约因素。要突出抓好招商引资工作，领导干部要带头抓招商引资，要抓紧时间抓好资金到位，要做好向上精准对接，要严格执行好奖惩政策。要抓好考核事项的落实落地，吃透省里的考核办法，细化行动方案，精准开展工作，搞好沟通对接。

【中国共产党泰安市第十一届委员会第十次全体会议】 12月28日举行。市委委员45人、候补市委委员7人出席会议，市纪委常委、有关方面负责人、市第十一次党代会代表中的部分基层代表列席会议。全会由市委常委会主持。会议传达学习中共山东省委十一届十次全体会议精神，听取和讨论崔洪刚受市委常委会委托所作的工作报告，审议通过《中共泰安市委关于深入贯彻落实中共十九届四中全会精神的实施意见》。

全会充分肯定年内市委常委会的工作。一致认为，在省委坚强领导下，市委常委会坚持以习近平新时代中国特色社会主义思想为指导，认真学习贯彻中共十九大和十九届二中、三中、四中全会精神，深入贯彻落实习近平总书记对山东工作的重要指示要求，增强“四个意识”、坚定“四个自信”、做到“两个维护”，紧紧围绕统筹推进“五位一体”总体布局和协调推进“四个全面”战略布局，勇做新时代泰山“挑山工”，扎实开展“不忘初心、牢记使命”主题教育，加快推进高质量发展，推动城乡建设融合发展，坚决打好三大攻坚战，着力深化改革扩大开放，不断提高群众的获得感幸福感安全感，纵深推进全面从严治党，担当作为、攻坚克难、狠抓落实，全市各项工作取得积极进展。

全会提出，学习宣传贯彻中共十九届四中全会精神是当前和其后一个时期的重要政治任务，要引导全市广大党员干部群众把思想和行动统一到党中央决策部署上来，持续兴起学习宣传贯彻热潮。要坚持以习近平新时代中国特色社会主义思想为指导，深入落实党的领导制度体系，深入落实人民当家作主制度体系，深入落实中国特色社会主义法治体系。要构建职责明确、运行高效的政府治理体系。要完善推动经济高质量发展的制度体系。要深入落实繁荣发展社会主义先进文化的制度。要深入落实统筹城乡的民生保障制度。要深入落实共建共治共享的社会治理制度。要深入落实生态文明建设制度体系。要深入落实党统一领导、全面覆盖、权威高效的监督体系。 （郭　超）

综合协调服务

【市委办公室机关建设】 ①政治建设。开展“不忘初心、牢记使命”主题教育。领导班子和各党支部开展集中学习研讨28次、革命传统教育4次、形势政策教育4次、廉政教育2次。开展调查研究，形成调研报告25篇。深入查问题、抓整改，在牵头抓总、协调抓好全市3项专项整治任务的同时，抓好办公室自身“部分科室职能交叉、业务流程不畅”等6个即知即改问题整改落实。领导班子和县级干部及各党支部围绕“18个是否”，对照党章党规找差距，逐一检视、梳理问题。召开主题教育专题民主生活会和党支部组织生活会，梳理领导班子在政治建设、担当作为等7个方面16个突出问题，制定整改方案，全力抓好整改。②主体责任。严格落实《全面从严治党主体责任实施细则》《2019年工作要点》，全面压实领导班子、班子成员的主体责任。③班子建设。对“三重一大”等重大事项，坚持集体决策，召开室务会35次，开展理论中心组集体学习14次。④队伍素质。对标嘉兴市委办公室，组织实施全员素质能力提升、业务规范化建设、特色亮点工作突破、绩效考核升级、年轻干部练兵“五项工程”。举办“大学习、大练兵、大提升”全员封闭式培训班、3期素质能力提升大讲堂和5次年轻干部专题竞赛。组织全市党办系统干部赴厦门大学开展“担当作为、狠抓落实”专业化能力业务培训。⑤机关党建。调整优化机关党委和党支部设置，对各党支部支部委员、党小组长开展集中培训。⑥文明创建。先后开展“重温入党誓词、践行初心使命”“凝心聚力、砥砺前行”、陆房战斗纪念馆革命传统教育等主题党日活动13次。

【会务服务】 组织服务市委常委会会议54次、书记专题会议16次，起草送审印发会议纪要104期；组织召开市委全会、民主生活会、理论中心组集体学习等20次；组织服务市委主要领导开展新旧动能转换、城中村改造、道路建设、农贸市场改造、脱贫攻坚等现场调研督导检查等40次。承办服务全国“司机之家”建设现场推进会等国家级、省级会议10次。参与服务省级以上领导人到泰安视察调研活动20次。

【信息值守】 健全完善“值班+信息+机要”“三位一体”值班机制，做好全国“两会”、徂徕山林场“7·02”火灾、“利奇马”台风防御等重要时间节点值班值守和服务保障工作。办理请假报备1600人次，办理市委主要领导向省委请假报备18次。开展调研60次，形成专题调研报告30篇，市委、市政府领导人批示各类信息刊物42人次；编发《泰安信息》59期、《领导参阅》30期、《上报信息》220期。全年收发办理电报6532份，应急通信服务和演练6次。

6月28日，泰安市纪念中国共产党成立98周年暨新时代泰山“挑山工”先进集体先进个人表扬大会在泰山国际会展中心召开。图为先进集体和先进个人代表受奖（陈阳 摄）

【督查落实】 实行市委常委会决策事项和市委主要领导人调研决定事项督办制度，先后对“担当作为、狠抓落实”工作动员大会、全市经济工作会议等重要会议确定事项，以及全市敬老院“四改一定”、市级领导包保重大项目等重点工作，分解任务、落实责任、建立台账。集中督办泰山石市场整治、清理规范责任状、“大棚房”清理等重点工作，其中清理规范责任状做法在省委办公厅《督查工作》刊发；全力做好省委、省政府重点工作专项督查、“担当作为、狠抓落实”重点任务调研、“七赛七比”专项督查等上级督查调研活动的牵头协调工作；做好全国文明城市创建和国家卫生城市复审工作任务。印发重要决策事项告知单33项，对103项事项进行跟踪督办；督办省委领导批示件11件，市委领导批示件105件。严格精文简会，精简督查检查考核，市级层面督查检查考核减少67%。

【公文处理工作】 起草审核各类文件615件，传阅办理中央和省委文件729件，收发传递各类公文15万份。严格和规范重大事项请示报告工作，年内接收请示、报告件90件。编写《市委大事记》12期。及时清退2018年度中央和省委、市委密级文件，清退率100%。加强党内法规制度体系建设，严格规范报备审查程序，向省委备案市委规范性文件42件，合格率100%。

【主体责任工作】 深化完善“1+5”工作体系，聚焦工作重点，推动工作落实。根据形势变化和上级要求，及时修订主体责任责任书；制定市委2019年全面从严治党工作要点；做好迎接省委2018年度全面从严治党主体责任落实检查工作，对各县市区（功能区）、市直部门单位组织实施2018年度全面从严治党考核、履行全面从严治党责任述职评议工作；制定印发《2019年度泰安市落实全面从严治党责任考核实施方案》并组织实施，推动全面从严治党向纵深发展。

【综合服务】 ①公务接待。严格落实公务接待有关要求，完成有关领导视察和中央宗教工作督查“回头看”、全国林业系统松毛线虫防治现场会、全省重点工作推进会、省委巡视组、省安保维稳督导组、省环保督察组、泰山论坛等会议活动、督导检查接待任务300次。做好所属宾馆管理等工作。②离退休干部和工青妇等工作。协调修建广生泉老年人门球场，举办“益生康”杯2019年泰安市首届老年人门球联赛，办公室离退休干部党支部被评为全市离退休干部“红旗党支部”。结合“三八”“五一”“七一”等节点节日，组织开展群众性活动。组织参加市直机关运动会，做好春节、中秋福利发放和困难职工救助等工作。做好“第一书记”“万名干部下基层”服务队、包村驻村等工作。③后勤保障。做好电子政务内网及视频会议系统建设、全省新旧动能转换落地项目现场观摩会等资金保障，做好市委常委会议室等信息化设备升级维护，做好精神文明奖、交通补贴等奖金补贴发放和会议室准备、办公设备维护、公务用车等工作。④档案管理。加大档案监管力度，做好机构改革档案移交进馆工作；全力推进县级档案馆新馆建设，开展现场督导检查15次；《泰山文化历程》完成初稿审核。

【综合协调】 ①巡视工作。全力做好中央巡视组巡视山东反馈意见和省委巡视组巡视泰安协调服务、反馈意见整改落实工作，以及省委第九巡视组对泰山区、岱岳区、新泰市巡视反馈意见的整改落实和省委第十巡视组对宁阳县、东平县巡视整改“回头看”协调服务及督促整改工作。②重点任务协调推进办公室工作。统筹推进全市重点任务工作落实、“七赛七比”开展、“省八大发展战略”贯彻落实。实施“标旗推进、挂图作战”，72项重点任务已有64项完成标旗。编发工作简报22期，总结经验，交流做法，市委主要领导批示5期。③市委“不忘初心、牢记使命”主题教育秘书一组、秘书二组和整改推进组工作。做好市级领导班子主题教育的组织联络协调服务和重大会议活动会务组织，做好省委巡回指导组在泰安市工作的联络协调、接待服务以及主题教育中全市面上问题的整改推进工作。督促全市开展主题教育单位先后推出2批次251项即知即改问题，至年底，已完成245项，其余6项已取得阶段性成效。④其他工作。全程跟进做好省领导到泰安实地督导调研及全省重点事项督导落实督导组在泰安督导期间的协调服务、车辆安排、配合督导等工作。抽调部分县级干部和工作人员，协助抓好全国文明城市创建泰前街道网格创城任务。（郭　超）

组　织

【开展“埋头苦干、争创一流，勇做新时代泰山‘挑山工’”主题实践活动】 建立以“学习、查摆、整改、评议、奖惩”为主要内容的推进体系，组织党员干部原原本本学习习近平新时代中国特色社会主义思想，学习习近平总书记视察山东重要讲话、重要指示批示精神，以“什么是新时代泰山‘挑山工’、为什么勇做新时代泰山‘挑山工’、怎样勇做新时代泰山‘挑山工’”集中开展专题研讨，全市各级开展理论学习1696次、集中研讨3862次。以强素质、转作风为重点搭建党员干部擂台，开展大比武、大竞赛、大练兵，各级累计开展各类活动3777次，参加人数28.8万人次。开展以“比精神践行、比工作落实、比作风转变，争当新时代泰山‘挑山工’”为主要内容的“双百”比选，“七一”期间市委召开大会，对100个新时代泰山“挑山工”先进集体、100名新时代泰山“挑山工”先进个人进行隆重表扬，并为新时代泰山“挑山工”10面红旗、20名标兵颁奖。选取部分先进集体和先进个人组建5个宣讲团，开展巡回宣讲，推动学习践行新时代泰山“挑山工”在泰安全面起势、全力践行。

【打造新时代泰山“挑山工”品牌】 深刻领会总书记重要论述，联系党的奋斗历程和泰山深厚的文化底蕴，结合新时代对党员干部提出的更高要求，对泰山挑山工所蕴含的时代精神进行挖掘提炼，形成以“埋头苦干、勇挑重担、永不懈怠、一往无前”为核心原旨的精神内涵。组建《泰山“挑山工”》文献政论片创作摄制专班，分4集对泰山挑山工的原生本源、内涵特质、传承实践、时代弘扬等深入探讨，政论片在山东电视台播出，并写入全省“不忘初心、牢记使命”主题教育实施意见，作为全省党员干部必学内容，中组部党建读物出版社向全国出版发行。高标准建设新时代泰山“挑山工”教育实践基地，占地38.73公顷，主场馆为泰山“挑山工”纪念馆，同步规划建设大型雕塑群以及教学、食宿、办公、文体等设施。至年底，已完成基地可行性研究报告、项目立项、规划设计招投标等前置性工作，高标准编制基地规划建筑设计方案。面向全国广泛征集有关泰山“挑山工”故事、泰安故事和全党故事的图片资料3000幅、文字资料1000万字、实物300件。面向全球征集泰山“挑山工”LOGO，累计征集作品3105件，评选获奖作品13件。

【领导班子和领导干部队伍建设】 贯彻《2018—2022年全国干部教育培训规划》，坚持把习近平新时代中国特色社会主义思想纳入主体班次主课内容，实施干部专业化能力提升工程，开展“新泰安建设”专题教学，分批次组织赴深圳、厦门等先进发达地区以及浙江大学、复旦大学等知名高校开展培训，年内市级累计培训干部1.3万人次。围绕实施文化旅游强市、应对中美贸易摩擦等中心工作，开办“泰山大讲堂”4期，先后邀请中山大学旅游学院博士生导师保继刚、外交学院副院长高飞等全国知名专家学者到泰安授课。在选人用人上，贯彻新修订的《党政领导干部选拔任用工作条例》，严格按照新时期好干部标准，坚持德才兼备、以德为先，坚持五湖四海、任人唯贤，坚持在急难险重任务和重点工作一线选拔使用干部，旗帜鲜明地重用和提拔那些为了事业敢于得罪人的干部，那些有匠心精神一抓到底的干部，那些广大群众满意和认可的干部，那些在改革发展一线抓项目、扛指标、攻堡垒的干部。健全完善知事识人体系，综合运用年度考核、任期考核、综合考核、干部考察、巡视巡察等方式，加强干部经常性考察和综合分析研判。严格执行干部选拔任用工作流程，严格落实选人用人全程纪实制度和“凡提四必”(对拟提拔或进一步使用人选，做到干部档案“凡提必审”，个人有关事项报告“凡提必核”，纪检监察机关意见“凡提必听”，反映违规违纪问题线索具体、有可查性的信访举报“凡提必查”。对发现问题影响使用的，及时中止选拔任用程序；疑点没有排除、问题没有查清的，不得提交会议讨论或任用）要求，坚决防止干部带病提拔、带病上岗。在管理监督上，坚持严在平时、管在日常，抓早抓小抓预防，健全单位、个人、家庭、社会“四位一体”动态监督模式。严格执行领导干部个人有关事项报告及抽查核实制度，开展档案遗留问题专项清理，抓好省委巡视和省委组织部选人用人专项检查反馈问题整改落实工作。

【加大干部考核激励力度】 开展寻标对标争先进位行动，制定印发《寻标对标争先进位行动考核办法》，全市确定对标单位93个、对标事项339项、特色工作87项，并在新闻媒体公开承诺亮诺。改进经济社会发展综合考核，突出重点指标和牵动全市发展的关键指标，大幅精简二、三级指标，制定2019年度全市综合考核办法。探索建立“企业评机关、基层评上级、群众评干部”为主要内容的“三维评价”体系，考准考实干部实绩。把“考”与“用”结合起来，建立健全干部正向激励机制，探索政治激励、精神激励、物质激励等办法，大张旗鼓地奖优、奖勤、奖担当。落实中央、省委关于减轻基层工作负担的政策要求，研究激励干部“到基层去”机制，让干部心无旁骛干事业、放开手脚抓落实。

【发现培养使用优秀年轻干部】 制定《关于适应新时代要求大力发现培养选拔优秀年轻干部的实施意见》，把年轻干部工作作为“一把手”工程，实施年轻干部“四个一批”集聚计划（每年择优调任一批进入党政机关、每年从高校毕业生和社会优秀人才中录用储备一批进入公务员队伍、每年面向县乡遴选一批公务员进入市直机关、每年面向社会公开招聘一批优秀年轻人才进入事业单位），探索建立“六个精准”机制（精准选人识人机制、精准优化培养机制、精准以事择人机制、精准管理监督机制、精准考核激励机制、精准预警提醒机制），重点瞄准下次换届制定年轻干部配备预警表。对选拔配备不到位的，通过预警提醒等手段进行适当干预。采取挂职＋任职“双职”培养模式，对挂职中表现优秀的干部就地安排使用，促进挂职任职培养一体化，年内选派33名优秀年轻干部上下交流学习锻炼，组织82名年轻干部到重点项目、重要工作一线实践锻炼。推进“万名干部下基层”，从市、县机关选派404名干部组成45个服务队，深入镇村、企业开展联系服务工作。

【基层党建工作】 抓住“两大领域”（农村、城市）统揽，构建大抓基层强基础的生动格局。树立大抓基层鲜明导向，以提升组织力为重点，突出政治功能，统筹推进农村、城市两大区域化党建。在农村，围绕实施乡村振兴战略，聚力实施“五乡”行动（举荐1万名新乡才植乡治理；实施“育苗升级”工程，引进5000名大学生返乡创新创业；回请1万名经济能人归乡兴业；每2年选派1000名第一书记驻乡帮扶；遴选1万名实用技术人员跨乡服务），推动实施“十百千”创建，打开各类人才向农村畅快流动的渠道。持续发展壮大村集体经济，开展村集体经济“消薄攻坚”行动、“百企联百村”行动，建强党建引领、互利共赢的村企合作平台。开展软弱涣散村党组织整顿，着力补短板、强弱项，打造引领乡村振兴的坚强战斗堡垒。11月，在东平召开全市软弱涣散基层党组织整顿建设工作现场会，推动整顿工作见真功、出实效。开展为期2年的“三资”（农村的资产、资源、资金）清理专项行动，彻底铲除农村黑恶势力滋生的土壤，为村集体增收拓清家底、夯实根基、腾出空间。至年底，全市培养“五乡”人才1.9万人；完成软弱涣散村党组织整顿360个；全市2762个村铺开“三资”清理工作，1008个村完成清理，村均直接增加集体收入21万元。在城市，出

12月13日，全市抓党建引领提升城市基层治理水平工作会议召开（司 刚 摄）

台《关于加强城市基层党建工作的意见》，整合城市社区治理资源，全域规划、版块突破、融合推进、共建共享，构建城市基层党建联合体，推动形成党组织强引领、居委会强自治、工作站强服务的“三位一体”社区社会治理新格局。至年底，在全市14个城市街道、100个城市社区推开。借鉴北京“街乡吹哨、部门报到”经验做法，指导做好机关企事业单位党组织、在职党员“双报到”工作，开展“泰山先锋”志愿服务行动，打通基层治理“最后一公里”。（王　雷）

宣　传

【概况】 2019年，全市宣传思想工作取得新进展新成效，文明城市创建在全国113个提名城市测评中位居第一方阵，在全省16市年度测评中排名第二。乡村振兴考核中，文明实践重点工作考核列全省第五名，其中文明村达标覆盖率列全省第4名。新增省级文明村镇27个、市级文明村镇678个；新增省级文明单位40个、市级文明单位73个，新增省级文明社区6个、市级文明社区13个。推出“全国学雷锋示范点”东平县新华书店、“全国十大最美城乡社区工作者”米培莲2个全国典型以及“齐鲁最美青年”李玲、“齐鲁最美警察”杨玉慧、“齐鲁最美科技工作者”田纪春等5个全省典型。入选“山东好人”39人、“山东好人之星”3人、“中国好人”4人，获第七届全省道德模范4人、提名奖6人，葛业森获得全国道德模范提名奖，苏庆亮、余松烈先进事迹入选《山东英模人物事迹选编》，山东好人和省级道德模范入选人数列全省前列。20所学校获第二届省级文明校园，28所学校获第二届省级文明校园提名，78所学校获市级文明校园。累计培树“新时代好少年”省级6人、市级100人，全国未成年人思想道德建设测评位居全国第五位。全市“四个100”先进典型累计达到全国4个、省级115个、市级556个，省文明办在全省推广泰安市志愿服务经验，“泰安小美”品牌影响力不断增强。全省文明村镇覆盖率调查合格率100%，高于全省平均水平。获得“全省乡村振兴农民微视频大赛”优秀组织奖，一等奖、三等奖各1个。泰安市文明实践中心11个经验做法入选《山东省新时代文明实践中心典型案例》，宁阳县打造新时代文明实践“十小”阵地工作经验在全省推广。电影《情暖童年》、图书《天虫》获全省文艺精品工程奖。年内，获第八届山东文化产业博览会“优秀组织奖”“优秀展示奖”。

【意识形态工作】 在2019年省委考核意识形态工作中，泰安市未发生触碰底线约束情形。完善《领导小组工作规则》《领导小组办公室工作细则》，组织召开领导小组会议2次，市委常委会专题研究意识形态工作5次。制定《泰安市意识形态领域安全风险防控工作预案》《全市文化安全协调机制工作方案》等规范性文件。落实意识形态工作报告制度，督促县（市、区）向市委专题汇报意识形态工作，印发情况通报2次。制定经济社会发展综合考核底线约束情形和绩效考核减分标准，对6个县（市、区）和25个市直部门单位进行专项检查，进一步压紧压实责任。落实省委巡视反馈意见整改，完成和取得阶段性成果49项，拟定2020年全部完成。制定《关于进一步加强对论坛、讲座、讲坛、年会、报告会、研讨会等活动管理的实施意见》，加强对各类活动全过程监督管理，开展2019“清朗”专项行动，组织召开全市网络安全和信息化委员会议，制定《泰安市媒体监管办法（试行）》，推进网络生态治理。维护宗教意识形态阵地安全，对校园内传教、违规信教及周边宗教传播活动进行全面整治，增加市属高校思政课教师和辅导员配备。开展“扫黄打非”专项行动，加强文化市场监管，妥善处置涉泰安舆情，意识形态工作良好局面得到巩固。

【理论武装工作】 制定市委理论学习中心组2019年度集体学习计划，编印《市委理论学习中心组学习材料》6期，开展集体学习16次。印发《全市党委（党组）理论学习中心组2019年理论学习安排意见》等文件，推动理论学习走深走实。对2019年度申报的135个哲学社会科学规划研究项目组织评审，确定重大项目5项、重点项目54项。开展泰山文化重点课题研究项目3项。年底“学习强国”注册总人数达到50多万人，注册人数占党员数比例133.07%；用户活跃度61.16%，位居全省前列。推动中共十九届四中全会精神落地生根，市委出台《关于深入贯彻落实党的十九届四中全会精神的实施意见》，组织专题培训班，市领导带头到各高校宣讲，层层成立宣讲团，累计开展集中宣讲350多场，受众7万人次。举办第十六届社会科学普及周活动。获得全省基层理论宣讲先进集体1个、基层理论宣讲先进个人1人。

【新闻宣传工作】 市内宣传紧扣重点，做好“不忘初心、牢记使命”主题教育、新旧动能转换、三大攻坚战、乡村振兴、文明城市创建、泰山石保护暨交易市场整治等重点工作宣传，完成全省新旧动能转换（泰安）现场观摩会议、首届泰山国际文化论坛、第33届泰山国际登山节等省市重大活动和重要节庆赛事宣传报道任务，广泛宣传岱岳区艺术团团长葛业森、“泰好办”政务服务品牌、农村敬老院“四改一定”（全面改善敬老院卫生间、厨房及餐厅、医疗服务、文体娱乐设施，定期组织老人外出观光）等工作典型。在中央和省主流媒体刊播重头稿件600篇（条），央视新闻联播刊播14条，央视播发专题片《乡村振兴看泰安》《决不掉队——东平故事·搬离黄河滩区》；《人民日报》刊发长篇报告文学《行走的脊梁——泰山挑山工纪事》，中央“不忘初心、牢记使命”主题教育专题报道引用泰安市“解决房地产开发历史遗留问题”和“狠抓东平湖自然保护区监管问题”案例；《经济日报》头版头条刊发《山东泰安：构建全域金融风险防控体系》，推广泰安市经验做法。成立新闻媒体舆论监管领导小组，制定《进一步改进市领导会议活动新闻报道的规定》《落实“担当作为、狠抓落实”重点任务强化舆论监督加大曝光力度实施方案》等办法规定。创办开设《监督哨》《啄木鸟》《正在督办》《工作落实面对面》等新闻舆论监督栏目20个，刊发稿件2000篇。“直播‘12345’”节目播出130期，接听反映有效诉求402件；电视问政节目“工作落实面对面”播出15期，曝光各类问题261件。全市6个县级融媒体中心全部达标挂牌，并实现高质量运行。

【社会主义核心价值观建设】 健全完善善行义举四德榜，全市农村、城市社区、学校善行义举四德榜实现全覆盖。修订完善《全市四德工程示范点建设标准》，指导基层开展道德品牌创建。庆祝中华人民共和国成立70周年活动浓墨重彩，开展“红动齐鲁”泰安市红色故事讲解大赛、“时代新人说——我和祖国共成长”演讲比赛、“中国梦·新时代·祖国颂”百姓宣讲、“壮丽七十年·美丽新泰安”、庆祝中华人民共和国成立70周年报告会等大型主题宣传活动。开展梆子剧《泰山挑山工》展演、舞台剧《乳娘》《沂蒙山》泰安巡演活动。组织“我的中国梦”——文化进万家文化惠民消费季系列活动，实施“一村一年一场戏”“公益电影放映”“全民阅读、书香泰安”工程，丰富群众精神文化生活。制定《泰安市文明校园创建管理办法》，开展文明校园“竞晒”活动和“扣好人生第一粒扣子”主题教育活动。实施红色基因传承工程，开展2019“泰山国学小名士”经典诵读电视大赛，整理泰安红色故事100篇，制作城区爱国主义教育基地和公共文化设施分布图2100幅。对上争取国家彩票基金202.7万元，建成乡村学校少年宫3个。

【群众性精神文明创建】 2019年，全国文明城市创建测评位居全国前列，在全省测评中位居第二名。制定《关于进一步做好领导干部包保全国文明城市创建工作的实施方案》《“泰安小美”文明实践志愿服务专项行动方案》等规范文件5个。配合起草的《泰安市文明行为促进条例》经市人大常委会表决通过，由省人大常委会批准实施。成立创建全国文明城市工作专班5个，召开现场推进会8次，打造创建全国文明城市示范点320个。完善考核标准，开展20项专项整治工程，解决问题1256个。通过各类媒体曝光不文明现象4000起，督促文明习惯养成。全市实名注册志愿者达到50万人，组织增至1.14万个、服务项目达到1.13万个。建成市级志愿服务培训和实践基地49个、城市社区志愿服务站点178个、农村志愿服务站点2279个。开展文明单位“五进五送”（进社区、进广场、进街巷、进楼道、进家庭，送政策法规、送文明礼仪、送文化娱乐、送环境秩序、

10月23日，首届泰山国际文化论坛举办 （司刚 摄）

送养生健体）助力创城志愿服务活动，参与30万人次。评选表扬优秀志愿者268人、优秀志愿服务组织100个、志愿服务工作优秀单位41个。确定全市乡村文化振兴十大重点工作，成立乡村文化振兴专项组办公室，落实乡村文明行动城乡环卫一体化和移风易俗长效工作机制。全市县级层面建成新时代文明实践中心8个，乡镇（街道）层面建成实践分中心89个，村（社区）层面建成实践站（所）3684个。

【文化产业事业】 举办首届泰山国际文化论坛，邀请中国艺术研究院院长韩子勇，美国未来学家、著名学者约翰·奈斯比特，美国全球社会、经济和政治趋势观察家多丽丝·奈斯比特，法国作家、诺贝尔文学奖获得者勒克莱齐奥，中国艺术研究院院长、中国首位诺贝尔文学奖获得者莫言等48位中外著名专家学者围绕不同文明多样性发展、泰山文化的影响及作用等进行交流对话，为深入挖掘传承泰山文化、全方位推进泰安对外开放交流起到积极推动作用。创作完成山东梆子现代戏《泰山挑山工》、小说《泰山石敢当》、图书《泰山故事》《血性》《泰山挑山工》、长篇报告文学《泰山脊梁》、电影《破晓徂徕山》《牵起妈妈的手》《你的青春在哪里》、歌曲《挑山颂》等文艺作品。建立完善市、县、乡、村四级传承优秀传统文化阵地，开展优秀传统文化进校园、进社区、进农村、进家庭、进机关、进企业、进军营“七进”活动。开设专栏专题，对泰山文化、泰山挑山工、泰山石敢当、非遗活动等进行宣传。开展省、市、县联合购买文化惠民演出试点，并在宁阳县正式演出。泰山新闻出版小镇入选省、市新旧动能转换重点项目和国家文化产业库。提前完成泰山新闻出版小镇、五矿二期项目年度投资建设任务。组织参加深圳文博会、山东文博会，泰山佑·国际生态旅游度假区、山东鸿合文化教育产业园项目在山东文博会签约。

【对外宣传】 联合人民网、中新社山东分社举办“70年，外国人喜欢的中国城市——泰安”系列报道、“2018中新社山东年度人物”颁奖活动。协助中央广播电视总台、山东广播电视台拍摄纪录片《航拍中国》《最美中国》《攀登的脊梁》《颜子》《飞阅齐鲁》泰安篇。在中国日报网泰安英文频道累计发布稿件150篇、图片200幅，总浏览量200万次，其中，稿件《勇做新时代泰山“挑山工”》《泰山国际文化论坛》等被美国洛杉矶邮报网转载。“山东泰安英文网”被中国信息化研究与促进网、中国优秀政务平台推荐及综合影响力评估组、国衡智慧移动大数据联盟等权威机构评为“2019年度中国外文版政府网站领先奖”。拍摄城市形象展示片《中国泰安》，制作12集大型外宣纪录片《泰山封禅之路》，出版外宣图书《登泰山览天下》。《瞭望》新闻周刊刊发《魅力泰安：生态宜居城，盛开“民生花”》。加强新闻发布工作制度化建设，年内，举办发布会23场，推送微信政务新闻1823条、政务微博1489条，累计阅读量超110万次，发布量居全省前列。（李　川）

统一战线

【概况】 全市统战工作坚持以习近平新时代中国特色社会主义思想为指导，围绕市委中心工作谋篇布局，抓重点、解难点、出亮点，各领域工作取得扎实成效。抓共识教育，夯实统一战线共同思想政治基础。深化多党合作，抓好民主党派和无党派人士工作。强化问题导向，抓好宗教工作督查整改。创优营商环境，促进非公有制经济“两个健康”。拓展工作覆盖，创新开展新的社会阶层人士统战工作。抓实民族帮扶，促进各民族交流、交往、交融。聚焦台港澳和海外联谊，抓好台港澳和海外统战工作。夯实人才基础，重视加强党外代表人士队伍建设。全市统一战线事业稳步向前发展，为促进全市经济高质量发展和社会和谐稳定作出贡献。年内，市委统战部继续保持“省级文明单位”称号。

【多党合作事业】 制订落实2019年度政党协商计划，先后召开市委民主协商会、党风廉政建设和反腐败工作情况通报会、经济高质量发展座谈会、法检“两院”工作情况通报会、重点调研课题采纳反馈座谈会等政党协商会议9次。其中，市委、市政府主要领导出席5次。打造“同心同行·智荟泰安”工作品牌，支持民主党派开展专题调研工作。年内，市委书记对民主党派专题调研报告、民主监督报告、议政建言信息等14篇材料签批意见。每两个月举办一次民主党派市委秘书长联席会议，推动各民主党派互学互鉴、融合发展。指导各民主党派市委会建立走访民主党派成员单位制度，举办新成员培训班、参政议政能力培训班等。以“风雨同舟七十载·同心奋进新时代”为主题，开展“全市统一战线庆祝中华人民共和国成立70周年、中国共产党领导的多党合作和政治协商制度确立70周年”系列活动，举办全市党外人士暑期读书班，支持各领域统一战线成员开展“不忘合作初心，继续携手前进”等系列主题教育活动，筑牢全市统一战线共同思想政治基础。支持各民主党派加强自身建设、开展社会服务。民建市委会被评为“民建全国扶贫攻坚先进集体”，2个民革基层组织被民革中央评为“优秀民革党员之家”“民革示范支部”。全国政协副主席、民革中央常务副主席郑建邦对民革新泰市基层委员会工作作出批示。各民主党派市委全年工作获党派省委荣誉18项。

【宗教工作】 把宗教工作特别是中央宗教工作督查整改作为全年统战工作重中之重。年内，市委常委会召开会议4次，市委统战工作领导小组召开会议2次，市宗教工作领导小组召开会议2次，赴县（市、区）、功能区开展拉网式全覆盖实地督查3次，专题研究、强力推进问题整改。中央宗教工作督查反馈问题及市委宗教工作自查台账所列问题基本整改到位。确保宗教团体领导权始终掌握在爱国爱教人士手中。修订完善《关于加强宗教团体管理工作的意见》《宗教团体建设考核管理办法》，建立健全宗教团体负责人学习培训、述职评议等制度，支持宗教团体加强自身建设。举办全市民族宗教政策法规专题培训班，提高县、乡统战干部民族宗教工作专业化水平。稳妥做好安保维稳等工作，确保宗教领域和谐稳定。

【非公有制经济“两个健康”】 督查落实省委、省政府“非公十条”和市政府关于支持民营企业高质量发展的政策措施，制定《市级领导干部联系服务民营经济组织构建亲清新型政商关系的实施方案》，开展“送政策上门精准对接”服务民营企业活动。推动落实工商联与司法部门联合服务民营企业和政银企对接机制，创优民营企业发展环境。深化工商联和所属商会改革发展，新成立泰安异地商会1家、异地泰安商会2家。实施“双百聚力”工程，举办全国重点区域山东商会会长泰山行等活动，为新旧动能转换和“双招双引”牵线搭桥。引导民营企业参与“百企帮百村”脱贫攻坚行动和“百企助百村”乡村振兴行动。

【新的社会阶层人士统战工作】 建立由市委统战部牵头，市委组织部、市委宣传部、市委网络安全和信息化委员会办公室等18个部门参加的联席会议制度。推进全市新的社会阶层人士统战工作实践创新基地建设，重点打造市网络新媒体创新服务基地等项目8个。实施新的社会阶层代表人士“三年轮训计划”，集中培训新的社会阶层代表人士130人。支持市新阶联开展金融走进新阶联、法律大讲堂等系列活动，打造“泰山新智汇”工作品牌。在北京市海淀区挂牌建立市新阶联北京联络处，指导市新阶联与海淀区新阶联结成战略合作友好单位，为密切交流、开展“双招双引”工作奠定基础。以“新阶联·党旗红”品牌创建工作为引领，加快党建工作向新阶层有效覆盖。加强网络人士统战工作，团结引导网络意见人士在发布权威消息、引导主流舆论、净化网络空间、化解负面舆情等方面发挥积极作用。泰安市在全省网络人士统战工作会议上作典型发言。泰山区新阶层党建工作为中国城市基层党建与城乡社区治理蓝皮书丛书发布会提供观摩现场。

【民族工作】 对上争取少数民族发展资金和民族事业发展专项资金537万元，完成少数民族帮扶项目22个。为5家民族特需商品生产定点企业申请贷款贴息1970万元。在新泰市禹村镇启动全市第十九个民族团结进步宣传月暨民族交融发展重点推进区建设活动。新泰市禹村镇人民政府被国务院表扬为“全国民族团结进步模范集体”，泰山区省庄镇东孙村党支部书记米培莲被表扬为“全国民族团结进步模范个

10月13日，海峡两岸敬天祈福盛典在泰山脚下盛大举行　　（王　勇　供）

人”，岱岳区人民政府被国家民委命名为“全国民族团结进步示范区”。泰山区省庄镇东孙村、新泰市禹村镇山东西村被纳入省乡村振兴示范民族村创建之列。

【台港澳和海外统战工作】 制定落实《关于促进泰台经济文化交流合作的若干措施》，创优泰（安）台（湾）经济文化交流合作环境。举办2019台湾地区东岳大帝和碧霞元君信众泰山行、“海峡两岸·情重泰山”台湾青年学生中华泰山成人礼、海峡两岸敬天祈福、海峡两岸泰山石敢当文化节等国台办重点交流项目。其中，10月中旬举办的“海峡两岸敬天祈福”活动邀请到国台办原主任陈云林和国民党荣誉副主席林丰正参加，在海峡两岸产生良好的社会反响。5月，在台湾基隆市举办泰山非遗文化展览，推动泰山文化入岛交流。全年接待台港澳团组1000人到泰安参访交流。继续抓好华文教育，向海外派送（延聘）教师4人。

【党外代表人士队伍建设】 开展党外干部调查摸底工作，对全市副科级以上党外干部基本情况进行全面调查摸底，从年龄结构、性别结构、地域部门分布、学历职称层次等多个维度进行统计分析，调整充实党外后备人才队伍，实现党外干部动态管理。启动实施以“推动市县乡三级联动、抓实六支队伍培养、建好社院教育平台、培养2000名左右代表人士”为内容的“3612”培养行动，全面加强党外代表人士队伍建设。印发《2018—2022年全市统一战线教育培训工作实施意见》，增强统一战线教育培训工作的针对性、计划性。开展第三批党外干部挂职锻炼工作，选调4名党外科级干部参加上挂下派锻炼。选调年龄和职务层次适当、综合素质较高、发展潜力较大的学员，参加省委统战部举办的党外中青年领导干部培训班等系列培训班次，拉长培养“板凳”，做好党外优秀人才培养储备工作。（王　勇）

政策研究

【概况】 年内，市委政研室（改革办）以习近平新时代中国特色社会主义思想为指导，学习贯彻中共十九大和十九届二中、三中、四中全会精神，深入贯彻落实习近平总书记视察山东重要讲话、重要指示批示精神，坚持不忘初心、牢记使命，按照省委和市委工作要求，围绕中心、服务大局，发挥职能、当好参谋，较好地承担综合性政策研究部门和参谋机构服务市委决策、服务中心工作各项任务。顺利通过省级文明单位复审，连续11年被省文明委命名为省级文明单位；在2019年度全市经济社会发展综合考核、在市直部门单位全面从严治党责任落实情况检查考核中，获得优秀等次。

【文稿起草】 立足全市发展大局，紧贴市委中心工作，高质量完成市委全会、市委经济工作会、市“两会”、全市“担当作为、狠抓落实”工作动员大会、全市“七赛七比”推进大会、外出学习观摩总结暨加快发展动员会、全市“不忘初心、牢记使命”主题教育工作会议和总结大会等重要会议、重大活动工作任务。为筹备好全市“担当作为、狠抓落实”工作动员大会讲话文稿，市委政研室（改革办）深入企业、社区、有关部门单位调研，针对制约经济社会发展的难点堵点，提出有针对性、可操作性强的对策建议，为推动全市营造干事创业、狠抓落实的浓厚氛围作出积极贡献。完成青岛跨国峰会泰安投资项目洽谈会、（上海）泰安投资合作恳谈会、“一带一路”沿线14国工商会考察团座谈会等各类专业会议活动的讲话、主持词、致辞，市委领导参加上级组织的各类会议活动的发言、汇报等各类文稿，以及署名文章、新闻稿起草把关等市委交办的各项工作任务。全年完成各类文稿材料400份。

【调查研究】 结合市委全年工作部署，以破解全市经济社会发展重点难题为着力点，主动谋划开展专题调研，形成一批有影响力的调研成果，为市委谋划和部署工作提供决策依据。围绕新旧动能转换、“双招双引”、乡村振兴、文化旅游等方面开展调研，并将有关成果应用到文稿中，提高文稿起草的针对性和可操作性。

【载体建设】 加大党刊创新力度，围绕“推进高质量发展”“新旧动能转换”“七赛七比”“乡村振兴”等重点工作开设栏目，进一步弘扬主旋律，传播正能量，努力打造泰安特色党刊。交流各级各部门加强党的建设先进典型和经验做法，为全市党建工作营造浓厚氛围。全年编发《泰安工作》12期。

【创新管理】 开展寻标对标争先进位行动，赴嘉兴市开展精准对接，在文稿起草、调查研究和深化改革等方面明确学习内容和年度目标任务。注重业务能力提升，坚持“全员写材料”，及时召开经验交流会，归纳形成文稿起草“四节十九步”工作法，提高文稿起草工作规范化、科学化水平。

【深化改革】（参见《市情概览·全面深化改革》） （贾　波）

网络安全和信息化服务

【网上宣传阵地建设】　做好习近平新时代中国特色社会主义思想网上宣传，聚焦2019年全国“两会”“埋头苦干、争创一流，勇做新时代泰山‘挑山工’主题实践活动”“不忘初心，牢记使命”主题教育活动等重要会议、重大活动，运用多种形式开展网络宣传。依托“我推荐、我评议身边好人”活动，定期通过网络发布“泰安好人榜”，开设“德耀中华——道德模范网上展馆”，常态化宣传泰安市“身边好人”和道德模范的感人事迹。制作《泰安24小时》《70秒看泰安》等微视频在全网推送，其中《泰安24小时》被人民网“人民视频”首页推荐，全网累计点击量达56万次。举办“聚焦泰安看发展——2019全国网络媒体泰安行”大型采访活动，通过融媒体时代强大的传播力、引导力打造泰安发展形象的影响力、公信力。

【网络生态综合治理】　严格落实《泰安市党委（党组）网络意识形态工作责任制实施细则》，相继开展和参与“2019齐鲁清朗”专项整治行动、“保健”市场乱象百日行动、“扫黄打非·固边护苗2019”专项行动，关停虚假网站，清理有害信息，对违规发布互联网新闻信息的自媒体账号进行约谈。搭建市级网络谣言监测举报受理平台、头条号矩阵“泰安之声”平台、舆情信息员自媒体平台、“红色自媒体”队伍新媒体矩阵平台四大网络辟谣平台，清理网络谣言，发布辟谣信息，回应网民关切，正确引导网上舆论。

【网络安全工作责任制落实】　对全市重要信息系统、党政机关、事业单位、企业的门户网站、APP应用、铁路、车站等公共场所电子显示屏等开展网络安全执法检查，对互联网企业大数据、网站邮件系统、重要数据和公民个人信息等专项安全整治。对445家机关事业单位和重点企业进行注册登记，355家单位进行网络安全基本情况登记，对199项互联网应用进行梳理，基本摸清全市机关、事业单位和部分重点企业互联网应用情况底数。开展2019国家网络安全周泰安市集中宣传活动，组织网络安全进社区、进农村、进企业、进机关、进校园、进家庭等宣传普及活动。（郑成峰）

机构编制

【概况】　年内，市委编办牵头推进的各项改革和机构编制工作均取得明显成效。市县机构改革圆满收官，开发区体制机制改革、基层治理体制改革等重点领域改革顺利推进，机构编制管理进一步提质增效。市委编办被省人力资源和社会保障厅、省委编办表彰为“山东省机构编制系统先进集体”；被市委表扬为“新时代泰山‘挑山工’先进集体”；获得“2019年度全市落实全面从严治党责任考核先进单位”等称号；在年度全省机构编制工作绩效考核和全市经济社会发展综合考核中均位列优秀等次。

【党政机构改革】　全面完成市、县机构改革，市、县党政机构“三定”（定部门职责、定内设机构、定人员编制）规定应出尽出，通过省委编办评估验收。清理规范议事协调机构，促进职能、机构、人员和工作加快融合。理顺部门职责分工，对建筑工地扬尘污染治理、黑臭水体监管、节能管理等重点难点问题的职责归属作出明确，厘清部门职权边界，压实工作责任。

【开发区体制机制改革】　将全市8个省级以上开发区和市直3个功能区全部纳入改革范围，是全省唯一一个全面改革的市。各开发区全部实行“党工委（管委会）+公司”体制，整合成立17家运营公司。改革后，各开发区（功能区）机构精简67%，人员精简46%，剥离社会事务管理职能1102项；推行全员聘任制，变“身份管理”为“岗位管理”；实行灵活的薪酬制度，建立符合市场规则的薪酬激励机制，薪酬总额的确定与各试点开发区经济发展直接挂钩，实行“一区一策”，对特聘的高层次管理人才、专业技术人才，可采用兼职兼薪、年薪制、协议工资制等多种方式，实行特岗特薪。省开发区改革领导小组办公室、省委编办发文推广泰安市改革经验。新华社、人民网、山东电视台、《大众日报》等主流媒体先后报道泰安市相关改革做法。

【规范“属地管理”工作】　推进明晰县乡职责、规范“属地管理”工作，在全省率先打造出“1+1+6”（出台1个统领意见——以市委办公室、市政府办公室名义出台《关于明晰县乡职责规范“属地管理”的实施意见》，编制1张压减清

6月，市委编办被中共泰安市委表扬为新时代泰山“挑山工”先进集体。图为市委常委、组织部部长高尚山（前排中）代表市委看望慰问市委编办全体机关干部并合影留念　（王鲲鹏　摄）

单——编制公布《泰安市县乡“属地管理”事项主体责任和配合责任清单》，健全6项配套制度——健全清单动态管理、职责下沉准入、依单监管问责、“乡呼县应、上下联动”、部门考核评价及派驻机构统筹管理）制度体系。县（市、区）均建立“乡呼县应、上下联动”响应平台，推进环节流程再造，进一步规范乡镇“呼叫”流程、指挥平台“运转”流程、县直部门“响应”流程。平台运行后，全市已呼叫办理有关事项234件次，满意率达100%，构建起基层治理新格局。

【事业单位改革】 市直29个承担行政职能事业单位全部完成改革。18个经营类事业单位撤销9个，实行扎口管理9个。结合机构改革，对直属事业单位、执法机构、部门所属事业单位进行大幅整合，完成市直253个和县（市、区）1043个涉改事业单位的机构编制调整、人员转隶。强化事业单位监管，探索实施“码”上监管，被《中国机构改革与管理》刊发推广。

【机构编制管理】 建立科级以下干部调整调配和新进人员备案联审工作机制，进一步规范干部调整调配和人员选聘程序；创新事业机构编制管理模式，探索设立不定机构规格，不定人员编制的市产业技术创新研究院、市招商中心等新型机构；在全市范围内调剂300名事业编制作为高层次人才专项编制，全力保障招才引智需求。推行“信息化+流程再造”，高标准规划建设“泰山智慧”机构编制科学决策平台，业务办理在线化、决策分析科学化和机构编制数据化迈出重要步伐。

（陈　栋）

机关党建

【概况】 年内，市委市直机关工委围绕市委中心工作部署，结合“不忘初心、牢记使命”主题教育和学习贯彻落实中共十九届四中全会精神，推进“机关党建标准化建设”（扎实推进组织体系建设、领导班子建设、党员队伍建设、组织生活制度、工作载体建设、工作运行机制、基本工作保障“7个标准化”，补短板、强弱项，抓规范、促提升，与“埋头苦干、争创一流、勇做新时代泰山‘挑山工’”主题实践活动和寻标对标争先进位行动相融合，努力推动机关党建工作再上新水平）。持续完善健全“一岗双责四级联评”机制，进一步加强研究和解决新矛盾新问题的能力。获得省级文明单位、省直机关党建优秀研究成果一等奖、全市经济社会发展综合考核优秀等次等称号。

【思想建设】 发挥理论中心组学习引领作用。制定《市直机关工委理论学习中心组2019年理论学习安排意见》，开展中心组学习12次，统一印制发放党委（党组）理论学习中心组记录本，督促市直机关各部门单位党组（党委）理论学习中心组带头抓好理论学习。开展“不忘初心、牢记使命”主题教育活动。制定实施方案，成立主题教育领导小组，开展专题学习研讨4次，开展主题党日活动12次。印制主题教育应知应会20条“明白卡”4万张，发放到市直机关每名党员。8—9月，赴西安交通大学分两期举办150人参加的机关党务干部培训班。9月，承办642名副县级以上领导干部参加的市委主题教育第二期读书班。10月，在东平昆山党性教育基地举办市直机关100名红旗党支部书记示范培训班，督促指导1600名党支部书记全覆盖培训。11月，举办市直机关党员发展对象培训班，培训发展对象225名。在东平昆山党性教育基地举办机关党务干部培训4期，270人参加培训。组建市直机关宣传贯彻中共十九届四中全会精神宣讲团，开展集中宣讲9次。工委领导班子成员先后上党课5次。组织开展泰安第一党支部、冯玉祥泰山纪念馆、粥店城市基层党建教育点等党性教育基地挂牌工作。开展社会主义核心价值观教育10场次。

【组织建设】 开展“标准化建设”，督促指导市直机关党组织制定问题清单、整改清单和责任清单467项，重点督导问题较为明显的单位7个。持续实行每月“线上考核线下督导”常态化机制。勇做新时代泰山“挑山工”机关走前列活动成效突出。建立服务大局“七赛七比”争优机制。“七一”前夕，命名表扬37个基层党组织为“市直机关先进基层党组织”、36个党支部为“市直机关红旗党支部”、30个单位为“市直机关共产党员先锋岗”，授予100名党员为“市直机关优秀共产党员”、授予80名党员为“市直机关优秀党务工作者”称号，确定117个红旗党支部和120个共产党员先锋岗初创对象。开展“争创红旗党支部、共产党员先锋岗”活动。开展市直机关勇做新时代泰山“挑山工”争创格言、创新案例征集评选活动，征集格言93条、案例43个；基层党组织建设、过硬党支部建设持续创新推进。持续完善健全四级责任精准化全覆盖机制，立足四个层次岗位，明确界定党组（党委）书记、机关党委书记（班子成员）、党支部书记、党员四级党建责任目标和业务目标。对机关党员干部履行“一岗双责”情况进行四级联述联评联考。先后2次召开机关党建示范单位参加的座谈会、行业区域观摩会。指导督促机关基层党组织查摆整改问题1400条。推选过硬支部建设典型等市直机关先进基层党组织37个，评选出市直机关党建示范单位18个，市直机关党建标准化建设先进单位48个，市直机关共产党员先锋岗（队）35个；进一步规范党日活动内容，统一按“2+X”设计，“2”为规定动作，党员必须佩戴党徽，活动现场设置悬挂党旗或“主题党日”活动条幅，增强仪式感，“X”为自选动作。2019年，机关各支部组织实施“主题党日”活动3600次，择优报送1186个，评选优秀活动案例310个。

【作风建设】 全面落实从严治党主体责任，完善党风廉政建设责任制，组织工委领导班子专题会议2次，传达学习上级有关文件精神，专题研究落实市直机关层面和工委自身党风廉政建设工作，组织机关各层级分别签订承诺书。组织集中学习、专题知识测试、收看警示教育片、组织专题讲座、利用关爱谈心提醒活动等多种形式开展廉政教育。举办“宪法进机关”专题宣讲活动，140人参加。举办市直机关纪委书记培训班，70名机关纪委书记、纪委委员参加培训。接待群众来访、来信10次，受理市直机关科级以下党员干部违纪事项11起，依纪对11名党员的违纪问题进行审查处理。

【精神文明创建、服务品牌建设及“微党课”大赛】 进一步抓实抓好文明单位日常管理，严格审查文明单位申报条件，按照平时工作与考核结果相结合的方式，加强规范管理、推动工作、提高效能。文明单位考评继续委托第三方在线考核的形式进行，对135家单位文明创建工作进行考评。开展39家市级申报升省级文明单位的考评工作。完成2018年度文明奖的审核发放工作。表扬市直文明单位42个，优秀公仆62名、先进工作者177名。服务品牌结合平时工作情况综合评选出示范性服务品牌11个，优秀服务品牌11个，示范性服务窗口5个，优质服务窗口8个。组织开展市直机关微党课大赛，7个党建协调组、10个系统及有关单位先后组织初赛50场，推选出选手57名，工委组织复赛3场和决赛1场，并举办成果展示暨颁奖典礼。

【宣传工作】 在《泰安日报》开设“机关党建”专栏，刊登党建信息26期。编发《机关党建通讯》28期，《泰山公仆》杂志4期，发行1.16万册。机关党建微信公众号发布信息49条，泰安机关党建网发布信息64条，制作宣传展板6期。组织拍摄“不忘初心、牢记使命”党员教育片和“辉煌70年·讲述70人——庆祝中华人民共和国成立70周年泰安市直机关党员访谈录”。开展“泰安市机关党建好新闻”评选活动，评选出获奖作品72篇。做好“身边好人”推荐工作。引导市直机关107个党组织加入“学习强国”学习平台，编制印发学习情况通报10次。召开交流推进会3次，对参与率和活跃度靠后的20家单位进行现场调研督导，并将“学习强国”学习平台学习使用情况纳入意识形态工作考核。“构建‘四制一体’链条机制，创建红旗党支部走在前列”案例被中直机关《机关党建研究》作为创新案例予以推广。“服务中心大局 勇做新时代泰山‘挑山工’”“构建‘四制一体’链条机制 提升新时代机关党支部组织力”被旗帜网刊登。“倾情同唱《不忘初心、牢记使命》”作品分别被“不忘初心、牢记使命”主题教育官网、人民网、中国共产党新闻网、旗帜网等宣传推广。

【群团组织建设】 进一步加强对群团组织的领导，开展富有特色的机关文体活动。5月16日，举办市直机关第十六届运动会，市直机关86个代表队，4200名运动员参加比赛。举办第三届市直机关“唱响青春·放飞梦想” 青年歌手大赛，50多个单位的80名选手参加大赛预赛，14名选手进入决赛。组织开展市直机关“弘扬五四精神·争当有为青年”国庆征文比赛，收集征文近200篇，选出一等奖3名、二等奖5名、三等奖7名、优秀奖20名、优秀组织奖15个。完成“智慧团建”信息录入工作，完成4个团组织换届工作。引导机关妇女巾帼建功，开展巾帼志愿服务和“最美家庭”创建等活动，完成8个单位妇委会的换届和改选工作。配合泰山区武装部做好市直民兵整组、征兵宣传等工作。

【全国文明城市创建】 根据2019年创城任务要求，制定工委创城任务清单责任分工，完成工委担负9项个性指标、6项共性指标任务和市直部门单位创城材料的调度上报。组织调度市直机关单位开展2019年“我们的节日”主题活动。发动市直机关各部门单位开展“迎新春·净家园”学雷锋志愿服务活动、“文明劝导捡拾烟头垃圾”志愿服务活动等。组织开展“进社区，助创城，党员志愿者在行动”“高温一线送清凉，泰安党员志愿者在行动”“风景区文明劝导志愿服务活动”。11月，组建市直机关“泰安小美”志愿服务队伍96支，开展文明劝导和“泰安小美”等志愿服务活动10次。开展“双报到”工作，推动263个市直机关企事业单位到街道社区报到，1.6万名党员助力创城迎审等活动。开展“清风常伴 廉洁齐家”家庭助廉寄语活动，举办党员干部学习《宪法》心得交流会等文明创建活动。

（陈来明　侯春云）

11月12日，市直机关“泰安小美”文明实践志愿服务活动举办

（王玲玲　摄）

老干部管理与服务

【概况】 年内，全市老干部工作以加强信息化、精准化、规范化建设为目标，以离退休干部党建为引领，各项工作取得新成绩。继续保持“省级文明单位”称号，被评为“全省老干部工作先进集体”“全省离休退休干部信息统计工作先进单位”“全省老干部工作部门调研信息工作先进单位”。

【离退休干部思想政治建设和组织建设】 举办市直离退休干部党组织书记信息化专题培训班，组织市直228名党组织书记开展集中培训。举办首期市直退休市管干部研习班，邀请省委党校专家讲形势政策、老干部先进典型讲初心使命。组织离退休干部开展“不忘初心、牢记使命”主题教育，成立老干部“本色”宣讲团作宣讲报告20场次，开展“三看”调研访谈活动，组织老同志忆往昔、说发展、谈变化、献良策。推进“泰山金秋”党建品牌建设，健全完善离退休干部党建制度机制。通报表扬全市离退休干部“红旗党支部”20个、全市优秀离退休干部共产党员20人。泰山区离退休干部刘欣获得“全国离退休干部先进个人”称号，赴北京参加全国离退休干部“双先”表彰大会并受到习近平总书记等中央领导亲切接见。召开“全市离退休干部党建活动阵地建设经验交流会”，全市挂牌命名首批“泰山金秋”离退休干部党员驿站26处、主题党日活动共享基地33处。强化经费保障，年内为市直离退休干部党组织发放党建工作经费39.9万元，发放书记工作补助52.1万元。

【离退休干部服务管理工作】 落实政治生活待遇，市各大班子主要领导集中走访慰问市级老干部，组织召开全市工作情况通报会，组织市级老干部参观全市经济社会发展成果、定期健康疗养。建立实施市

9月22日，“礼赞新中国，奋进新时代”泰安市青少年党史国史知识竞赛中学组决赛举行（周　雪　供）

直离休干部就诊就医联网结算报销制度，解决医疗费报销周期长、个人垫支压力大的问题。将抗日战争、解放战争时期参加工作的离休干部护理费由2500元提高到3400元。对上争取省离休干部“两费”（离休干部公用经费和特需经费）专项转移支付资金692万元，离休干部“三个机制”（离休干部离休费保障机制、医药费保障机制、财政支持机制）保障能力不断增强。完成《山东省离休干部名录（泰安分卷）》编纂工作，共编录8953名离休干部信息。落实走访慰问和生活困难帮扶救助制度，年内安排走访慰问易地安置离休干部及遗属43人，帮扶救助市直生活困难离休干部及遗属26人。

【离退休干部发挥作用情况】 开展市老年人才服务中心“提质增效”百日攻坚行动，按照“一联盟四平台”（组建泰山老年人才联盟，搭建党建服务平台、信息服务平台、社会组织孵化平台、正能量集聚平台）思路，建设综合性老有所为服务平台。做好关心下一代工作，发挥市“五老”宣讲团优势和作用，组织“五老”开展党史国史宣讲、红色基因教育、法治教育、传统文化教育200次。开展“礼赞新中国，奋进新时代”全市青少年党史国史知识竞赛系列活动，吸引全市40万名青少年参与，增强青少年知史爱党、知史爱国情怀。印发《关于进一步做好新时代关心下一代工作的意见》，召开全省关工委工作现场会。深化“增添正能量、共筑中国梦”活动，组织老干部志愿者开展关心下一代、文化下乡、助力创城等志愿活动，引导老同志投身中心工作。

【离退休干部文化养老工作】 以“辉煌七十年，追梦新时代”为主题，举办全市第七届老干部文化艺术节，组织开展文艺大赛、书画摄影展、声乐朗诵、首届高智尔球比赛等一系列文体活动。组织参与全省第八届老干部艺术节，获文艺会演团体金奖、创新奖和组织奖。提升市老年大学教学管理服务水平，2019学年新增设专业7门，教学班达174个，学员达3698人、5000人次。推进市老年大学“智慧校园”建设，实现学员在手机上选课报名、教务管理全程无纸化。与山东农业大学艺术学院、泰山医养中心、泰前街道办事处等单位合作办学，促进老年教育资源共享。组建泰安市老干部“初心”文体联盟。举办山东省首届老年大学（泰安赛区）文艺展演、全省老干部高智尔球裁判员培训班、“我的家乡美”全省老年大学新媒体创作大赛。

【自身建设】 年内，组织开展理论中心组学习14次、各支部集中学习40次。开展主题党日活动10次，多次获得优秀主题党日活动称号，被评为市直机关党建规范化创建先进单位。提升争先进位水平，开展寻标对标行动，先后赴浙江、上海等地开展寻标对标学习考察活动。在全市老干部工作系统开展“双创”（老干部工作创新项目、创优课题）评选工作，建立起重点任务落实的倒逼机制。推进老干部工作信息化建设，做好老干部APP应用推广工作，录入单位机构数据信息400条，建立起完备基础数据库。举办老干部APP应用培训班3批，培训系统管理员100人。全年编发《老干部工作信息》21期、“泰安老干部之家”微信公众号97期，出版“泰山金秋”专版3期，多项重点工作和创新工作开展情况等信息被中组部老干部局“离退休干部工作”微信公众号、省委老干部局《情况反映》《山东老干部工作》及《大众日报》等媒体采用。（周　雪）

保　密

【概况】 全市保密系统在市委、市政府的坚强领导下，坚持以习近平新时代中国特色社会主义思想为指导，学习贯彻中共十九大和十九届二中、三中、四中全会精神，积极履职、扎实工作，完成各项工作任务，确保全市保密安全。泰安市国家保密局被评为“全省保密工作先进集体”。

【加强组织领导】 召开市委常委会议，传达学习全省保密工作会议精神，研究贯彻落实意见，市委书记崔洪刚主持会议并讲话。按照上级要求，市、县普遍配备保密委专职副主任。根据工作需要，调整充实市委保密委成员。应对机构改革后保密工作面临的新形势，印发相关文件，规范市直部门单位保密工作机构建设。

【保密宣传教育】 开展保密“两识”（保密知识、保密意识）教育，组织市、县保密部门负责人和业务骨干到新建设的省保密教育实训平台参加培训，举办全市保密干部培训班，派员到机关单位讲授保密业务知识，覆盖2700人次，提高领导干部和涉密人员的保密意识和保密常识。开展保密教育进机关、进讲堂活动，依托党校、干部学院和公共信息平台，通过外派授课、发放宣传资料、微信和短信推送等方式，在全社会营造重视保密工作的浓厚氛围。组织开展保密系统先进集体、先进个人评选表彰活动，通过评先进、树先进、学先进，激发保密干部干事创业热情。

【保密监督管理】 加强涉密人员管理，严格落实涉密人员管理要求，加强上岗入职、在岗在职、离岗离职全过程保密管理。加强定密管理指导，督促机关单位根据工作需要申请定密授权，规范定密流程，组织开展定密事项报备工作。加强网络保密管理，加大涉密网络测评审批工作力度，严格落实涉密网络“三员”（系统管理员、安全保密管理员、安全审计员）持证上岗制度。结合“三定”方案和主要职责，梳理保密部门行政权力事项、公共服务事项和责任事项，规范执法文书，严格执法行为。推进保密领域“放管服”改革，规范秘密载体印制资质、信息系统集成资质和军工保密资格的指导管理工作。

【保密检查查处】 优化案件查办工作流程，健全案件查办工作制度，完善与相关职能部门查处泄密案件的协同配合机制。开展庆祝中华人民共和国成立70周年等重要任务专项保密检查，开展全市保密检查排查，完成高考、中考、研究生考试、法律职业资格考试等考试保密检查。严肃查办保密违法违规行为和失泄密案件，及时通报保密违规行为和失泄密案件查办情况，维护保密法纪的严肃性。加大保密技术监管力度，及时筛选处理问题线索，泄密问题线索发现和处置能力显著提升。

（宋　晨）

党史与地方志

【概况】 年内，市委党史研究院以推动党史史志融合发展为切入点，党史史志工作成果突出。2017—2019年度全省优秀党史史志优秀成果评比中，泰安市获得党史成果一等奖4项、二等奖3项、三等奖5项，志书类成果获得优秀基层志7项、优秀年鉴4项、优秀地情研究成果3项。

【党史征集研究】 实施专业化、精品化工程，着力打响“史敢当”党史征集研究品牌。完成《徂徕山起义》系列丛书编纂出版工作。以已有党史成果为基础，进一步补充增加近年间征集到的相关珍贵资料，编辑出版《徂徕山起义历史纪实》《徂徕山起义部队足迹》《徂徕山起义人物名录》系列丛书。该丛书共90万字，客观全面地记载中共山东省委领导徂徕山抗日武装起义的历史壮举，进一步深入挖掘徂徕山起义的历史贡献和时代精神。开展改革开放以后泰安市、县委书记口述历史征编工作，采访马忠臣等市委书记8名，并形成采访稿共计10万字，同时查阅相关档案约1100宗，形成采访素材100万字。泰安市的一系列经验做法被省院领导认可，在全省党史系统中推广。完成《新时代泰山“挑山工”研究》项目结项工作。7月，该院向中央党史和文献研究院申报的《新时代泰山“挑山工”研究》课题列入党史和文献宣传专项引导资金项目，拨付引导资金20万元。该书结合市委党校、驻泰安高校以及有关社科专家最新研究成果，形成稿件30万字，新旧图片500幅，年底已完成结项和印刷出版工作。另外还完成《中共泰安历史图集（1949—1978）》《中共泰安历史大事记（2008—2018）》资料征集整理工作。按时完成省院交办的《新时代现代化强省建设实录》《红色齐鲁365》供稿等多项工作。

【《徂徕山起义》系列丛书出版发行】 根据“深化党史研究、加强党史资料征编”要求及市委常委、组织部部长高尚山关于“做好徂徕山起义将领、徂徕山起义部队资料抢救式挖掘”指示精神，党史研究一室在1997年12月出版的《徂徕山起义》、2007年12月出版的《子弟兵的足迹（泰山卷）——八路军山东人民抗日游击第四支队及泰山区武装发展壮大历程》等专题书基础上，经过进一步删减修订，补充增加近年间征集到的相关珍贵资料，编辑出版《徂徕山起义》系列丛书。该丛书包含《徂徕山起义历史纪实》《徂徕山起义部队足迹》《徂徕山起义人物名录》3部专题书，共90万字，客观全面地记载中共山东省委领导徂徕山抗日武装起义的历史壮举，真实反映八路军山东人民抗日游击队第四支队的战斗足迹，较为全面地收录曾参加过徂徕山起义或八路军山东人民抗日游击第四支队的革命先辈的光辉事迹，为进一步深入挖掘徂徕山起义的历史贡献和时代精神，丰富泰安红色文化内涵，传承好红色基因再添力量。

【《新时代泰山“挑山工”研究》出版发行】 为贯彻落实习近平新时代中国特色社会主义思想和习近平总书记视察山东重要讲话精神，传承弘扬新时代泰山“挑山工”优秀品质，激励广大党员干部埋头苦干，争创一流，勇做新时代泰山“挑山工”，经中央党史和文献研究宣传专项引导资金办公室评审、立项，由中共泰安市委党史研究院编纂的《新时代泰山“挑山工”研究》由中国文史出版社出版发行。该书运用唯物史观，实事求是，以综述、重要研究、传承与实践、勇做新时代泰山“挑山工”、附录等五部分，客观全面系统地论述泰山“挑山工”的历史脉络、现实价值及其时代意义，阐述泰安市有关单位和个人在新时代如何做泰山“挑山工”、践行“挑山工”精神风貌与优秀品质的先进事迹。该书得到中央党史和文献研究宣传专项评审专家组的高度评价，对激励全市广大党员干部勇做新时代泰山“挑山工”起到积极作用。

【志书编审】 年内，继续在全市镇、村和企事业单位推进镇村志、部门志、专业志编纂工作。坚持突出特色、服务大局，挖掘、保护、弘扬泰山传统文化，助力乡村振兴，推动名镇名村志编修。发动部门（单位）志、行业志编纂并给予有效地业务指导，《泰安市民政志（1986—2015）》等7部志书被评为省级优秀基层（专门）志。

【年鉴编辑】 2019卷《泰安年鉴》《泰安年鉴·袖珍本》编纂工作围绕市委、市政府中心工作，牢固树立质量意识、精品意识，坚持规范与创新并举，年鉴编校质量水平不断提升，确保市级“一年两鉴”按时出版。市情研究会与精神文明建设研究会联合主编《文明泰安（2019）》，反映全市精神文明建设成就。完成《山东年鉴》《中共山东年鉴》供稿和代组稿工作。6个县（市、区）均出版发行综合性年鉴。

【《泰安年鉴（2019）》出版发行】 年内，由中共泰安市委党史研究院、市地方史志研究院编纂的《泰安年鉴（2019）》出版发行。该卷结合泰安市机构改革部署，在篇目设置上进行大幅调整，类目个数由2018卷的30个调整为31个。增设“专记”类目，专门记述泰山区域山水林田湖草生态保护修复工程整体进展情况。原“农业”类目改设为“农业·水利”；原“商贸流通·对外及对港澳台经贸”类目改设为“商贸服务”；整合原“文化·体育”“卫生和计划生育”类目，新设“文化·传媒·旅游”“卫生·体育”两个类目；拆分原“旅游业·会展业”类目，将“旅游”纳入“文化·传媒·旅游”；取消“建设·环保”类目的设置，新设“城乡建设与管理”“自然资源·环境保护”两个类目；将原“科技·教育”类目分设为“科学”“教育”两个类目。对各类目中的分目设置亦作出大幅度调整，在“应急管理”分目下设安全生产监督管理、防震减灾、消防救援等子分目，在“发展和改革”分目下设经济运行与社会发展、对口支援和扶贫协作、重点项目建设、物价管理等子分目，在“市场监督管理”分目下设工商行政管理、质量技术监督、食品药品监管等子分目等，以此体现机构改革前后的变化。图片专版方面，在目录前设置“图说2018”图片专版，选用图片60幅，分“调查研究”“会议会展”“文明创建”“乡村振兴”“项目建设”“登山节”“文化旅游”“机关党建”“山水林田湖草治理”“城市风光”等几大版块，集中反映2018年度泰安经济社会发展成就。版式设计方面，扩大版心，版面文字、图表安排得当，清晰醒目。封面以国画“中华泰山”作封面，庄重大气，突出泰山之美的同时，彰显泰安浓郁的地方特色。

【党史地方志宣传教育】 编制全市学史用史工作规划。开展庆祝中华人民共和国成立70周年系列活动，先后与市委组织部、市直机关工委、市关工委等部门举办“礼赞新中国，奋进新时代”全市青少年党史国史知识竞赛等系列活动。组织全市党史地方志系统参加“红动齐鲁”山东省红色故事讲解大赛、全省党史地方志系统“守初心担使命跟党走”演讲比赛。继续做好《泰汶春秋》期刊编发工作，不断拓宽稿源渠道，提高办刊质量，扩大影响力，增加读者群，全年共发行出版 4000 册。继续做好党史地方志数字化、信息化建设工作，及时做好网站维护、信息发布及资料库录入，方便群众查阅，发挥好服务经济社会发展作用。全年在山东省情网、山东历史网发表信息 84 条，居全省首位。（李贵友）

9月16日至10月10日，全市“不忘初心、牢记使命”主题教育读书班在市委党校举办，市委书记崔洪刚出席第一期读书班并讲话。读书班举办3期，1400名党政及国有企业领导干部参加（张凡 摄）

党校

【承办重大培训活动】 ①市委“不忘初心、牢记使命”主题教育读书班。9 月 16 日至 10 月 10 日，举办全市“不忘初心、牢记使命”主题教育读书班，1400 名党政及国有企业领导干部参加。②全市领导干部中共十九届四中全会精神学习班。12 月 2—18 日，举办领导干部中共十九届四中全会精神专题学习班，1800 名市管领导干部参加。③“不忘初心、牢记使命”主题教育和中共十九届四中全会精神宣讲辅导。遴选教学骨干组成宣讲团，深入企业、农村、校园、社区等，全年宣讲 100 场次。

【精心组织主题教育】 校委会专题研究主题教育工作 6 次，主题教育领导小组召开专题会议 9 次。开展校委理论中心组学习研讨 6 次，举办全校范围的“党员大课堂”“教师大讲堂”5 次，4 名校内专家教授作理论辅导，16 名党员发言。支部开展学习研讨 31 次，80 名党员交流发言。常务副校长和班子成员上党课 7 次，支部书记上党课 6 次。班子成员开展调研 16 次，带头解决问题 8 项， 12 项调研成果转化为政策措施。检视问题 144 条，其中领导班子 5 条，班子成员 37 条，支部 20 条，副县级领导干部 82 条。制定《“不忘初心、牢记使命”主题教育专项整治工作方案》，建立工作台账项目化推动。

【推进教学科研咨政和管理服务改革】 ①全年举办主体班次 27 期，培训学员 4431 人。学员满意度达到 95%，完成培训任务。举办社会培训班 70 个，培训学员 6600 人。②市委党校（市行政学院）被评为“第一届全省党校（行政学院）系统科研工作先进单位”。完成资政报告 35 篇，被省、市领导签批 49 次，其中省政协副主席唐洲雁签批 1 项、市委书记崔洪刚签批 6 项。新获批立项省社科规划课题 1 项，全省党校（行政学院）系统课题 5 项，市哲学社会科学规划研究项目 17 项。③推进学员公寓增建工程，土建施工全面完成。实施校园增绿工程，增绿面积 6000 平方米，种植大树 200 棵。推进学员入校学习生活流程再造，学员满意率大幅提升。

【推进全市党校系统化建设】 ①加强镇街党校和市直分校建设，扩大党校教育覆盖面。提出全覆盖 3 年行动计划，全市 88 个乡镇（街道），建立党校分校 83 个，占 94.3%。在全省党校扩大党校教育覆盖面研讨会上发言，《学习时报》刊登推动党校教育全覆盖署名文章，省委党校印发全省党校全覆盖典型案例。在民政局、泰安监狱等建设分校。②建立“两群一库”（全市党校工作群和教学群、全市党校优秀教学资源库）。设立 40 个优秀专题、优秀师资全市教学资源共享平台，形成市县党校互补、点题点将服务机制。③坚持和深化教研人员外派培训、教研部集体备课、教授帮带、教研人员挂职锻炼制度，严格专题试讲、强化内部竞争。④加大学校统一设计和推动力度。建立校领导听课制度，校委委员跟班听课 15 次。（祝捷）

编辑 校对 刘凯

泰安市人民代表大会

综　述

【概况】　2019年，泰安市第十七届人民代表大会及其常务委员会践行习近平总书记关于坚持和完善人民代表大会制度的重要思想，围绕中心，依法履职，为推动全市经济社会发展和民主法治建设作出积极贡献。全年加开人代会1次，召开常委会会议10次，制定颁布地方性法规2部，作出决议、决定5项，听取审议专项工作报告22项，开展专题询问1次、执法检查4次，审查规范性文件60件，任免国家机关工作人员157人次。

【重大决定】　根据形势和任务要求，重新修订《泰安市人民代表大会常务委员会讨论决定重大事项的实施办法》，并经2019年8月30日第十七届人大常委会第二十次会议审议通过，明确指导思想和重大事项的提出机制，原则性提出重大事项的范围，对如何办理作出明确规定。根据办法规定，市十七届人大常委会第二十二次会议听取市政府关于2019年为民要办的10件实事情况的报告，并作出审议意见。

【人事任免】　2019年，市人大常委会依法行使人事任免权，任免国家机关工作人员72人次。泰安市第十七届人民代表大会常务委员会第十四次会议，根据泰安市人民政府的提请，于2019年2月28日决定任命梁久军为泰安市民政局局长，许兵为泰安市体育局局长，葛宝文为泰安市信访局局长。决定免去孙兰俊泰安市民政局局长职务，苏有森泰安市体育局局长职务。泰安市第十七届人民代表大会常务委员会第十四次会议，根据泰安市人民检察院检察长苏金森的提请，于2019年2月28日批准范军为新泰市人民检察院检察长，卜静波辞去新泰市人民检察院检察长职务。任命黄建民为泰安市人民检察院副检察长，卜静波为泰安市人民检察院监察委员会委员、检察员。免去范军泰安市人民检察院监察委员会委员、检察员职务，刘民、彭军、李卫泰安市人民检察院检察员职务。泰安市第十七届人民代表大会常务委员会第十五次会议，于2019年3月27日决定接受吴洪建辞去泰安市第十七届人民代表大会城乡建设与环境资源保护委员会主任委员职务的请求，报泰安市人民代表大会备案。泰安市第十七届人民代表大会常务委员会第十五次会议，于2019年3月27日决定接受徐鑫辞去泰安市第十七届人民代表大会民族侨务外事旅游委员会副主任委员职务的请求，报泰安市人民代表大会备案。泰安市第十七届人民代表大会

4月25—26日，省人大常委会副主任王云鹏（右三）一行到泰安市对民营经济发展环境进行调研　（张国伟　供）

常务委员会第十五次会议，于2019年3月27日决定接受吕华山辞去泰安市第十七届人民代表大会内务司法委员会委员职务的请求，报泰安市人民代表大会备案。泰安市第十七届人民代表大会常务委员会第十五次会议，根据泰安市人大常委会主任会议的提请，于2019年3月27日任命刘焕民为泰安市人大常委会副秘书长，刘凤芝为泰安市人大常委会法制工作委员会主任，张海军为泰安市人大常委会办公室副主任，井泉为泰安市人大常委会办公室副主任。免去高翔泰安市人大常委会副秘书长职务，刘栋梁泰安市人大常委会法制工作委员会主任职务，刘庆华泰安市人大常委会办公室副主任职务，毕可波泰安市人大常委会办公室副主任职务，徐伟泰安市人大常委会人事选举代表工作室副主任职务，李明泰安市人大常委会农村经济工作委员会副主任职务，刘凤芝泰安市人大常委会城乡建设环境保护工作委员会副主任职务，侯丽泰安市人大常委会教育科学文化卫生工作委员会副主任职务。泰安市第十七届人民代表大会常务委员会第十五次会议，根据泰安市人民政府的提请，于2019年3月27日决定任命戴冰为泰安市生态环境局局长，杨承修为泰安市审计局局长。决定免去乔建博泰安市生态环境局局长职务，辛海明泰安市审计局局长职务。泰安市第十七届人民代表大会常务委员会第十七次会议，根据泰安市人民政府的提请，于2019年6月6日决定任命张涛为泰安市人民政府副市长。泰安市第十七届人民代表大会常务委员会第十七次会议，根据泰安市人大常委会主任会议的提请，于2019年6月6日决定张涛为泰安市人民政府代理市长。泰安市第十七届人民代表大会常务委员会第十七次会议，根据泰安市监察委员会主任郝红的提请，于2019年6月6日任命王华山为泰安市监察委员会副主任。免去赵永强泰安市监察委员会副主任职务。泰安市第十七届人民代表大会常务委员会第十九次会议，根据泰安市人民检察院检察长苏金森的提请，于2019年7月1日任命张晓颖、张士勇、王慧为泰安市人民检察院检察员，戴晓宁、赵志刚为泰安高新技术产业开发区人民检察院副检察长、监察委员会委员、检察员，尹放为泰安高新技术产业开发区人民检察院监察委员会委员、检察员。免去张晓颖泰安高新技术产业开发区人民检察院副检察长、监察委员会委员、检察员职务，张士勇、王慧泰安高新技术产业开发区人民检察院监察委员会委员、检察员职务，戴晓宁、赵志刚、尹放、刘涛、王惠泰安市人民检察院检察员职务。泰安市第十七届人民代表大会常务委员会第十九次会议，根据泰安市中级人民法院院长朱旭光的提请，于2019年7月1日任命宋礼翔为泰安高新技术产业开发区人民法院副院长，田雅君为泰安高新技术产业开发区人民法院立案庭庭长，孟宪彬为泰安高新技术产业开发区人民法院综合审判庭庭长，王勇为泰安高新技术产业开发区人民法院综合审判庭副庭长。免去宋礼翔泰安高新技术产业开发区人民法院立案庭庭长职务，田雅君泰安高新技术产业开发区人民法院立案庭副庭长职务，孟宪彬泰安高新技术产业开发区人民法院刑事民商事行政审判庭庭长职务，王勇泰安高新技术产业开发区人民法院刑事民商事行政审判庭副庭长职务，贾汇明泰安高新技术产业开发区人民法院执行庭庭长职务。泰安市第十七届人民代表大会常务委员会第二十次会议，根据泰安市人民政府市长张涛的提请，于2019年8月30日决定任命梁久军为泰安市教育局局长，刘兆泉为泰安市民政局局长，姜士科为泰安市农业农村局局长。决定免去张伟泰安市教育局局长职务，梁久军泰安市民政局局长职务，刘兆泉泰安市农业农村局局长职务。泰安市第十七届人民代表大

11月4日，市人大常委会主任唐福泉（左二）到泰山区省庄镇督导全国文明城市创建工作　（张国伟　供）

会常务委员会第二十次会议，根据泰安市中级人民法院院长朱旭光的提请，于2019年8月30日任命陈峰为泰安市中级人民法院民事审判第二庭庭长。免去陈峰泰安市中级人民法院民事审判第二庭副庭长职务。泰安市第十七届人民代表大会常务委员会第二十一次会议，根据主任会议的提请，于2019年10月31日免去刘传华泰安市人大常委会副秘书长职务。泰安市第十七届人民代表大会常务委员会第二十一次会议，于2019年10月31日决定接受展宝卫辞去泰安市人民政府副市长职务的请求，报泰安市人民代表大会备案。泰安市第十七届人民代表大会常务委员会第二十二次会议，根据泰安市人民政府市长张涛的提请，于2019年12月20日决定任命宋洪银为泰安市人民政府副市长。泰安市第十七届人民代表大会常务委员会第二十二次会议，于2019年12月20日决定接受李起峰辞去泰安市人民代表大会常务委员会秘书长职务的请求，报泰安市人民代表大会备案。泰安市第十七届人民代表大会常务委员会第二十二次会议，根据泰安市人大常委会主任会议的提请，于2019年12月20日任命朱杰为泰安市人大常委会副秘书长。

【自身建设】 按照市委人大工作会议对人大工作创新发展作出的统筹安排，全面依法履职。抓紧抓牢全面从严治党，抓实抓细意识形态领域重点工作，做好省委巡视反馈意见整改工作。严格遵守中央“八项规定”及其实施细则精神和省市委实施办法，坚决防止和克服形式主义、官僚主义，推进作风建设。加强常委会规范化建设，修订《泰安市人大常委会关于讨论决定重大事项的实施办法》，规范常委会组成人员履职评议考核办法，调整规范有关专门委员会职责，建成并使用人代会电子表决系统。提升机关干部能力素质，加强业务培训，举办首期“中青年干部履职能力提升班”，举办“人大代表大讲堂”5期，选派人大干部参加省、市组织的各类学习培训。开展“不忘初心、牢记使命”主题教育，组织专题集中学习研讨9次，深入开展调研，推动调研成果转化，督促有关部门解决基层和群众反映的问题。制定专项整治方案，立说立行、真改实改。开展勇做新时代泰山“挑山工”主题实践活动，参加“万名干部下基层”“第一书记”等工作。按照“七赛七比”要求，对标学习连云港市人大工作。成立人大理论研究会，推动人大制度理论和实践创新。组织庆祝中华人民共和国成立70周年和纪念地方人大设立常委会40周年系列活动。

（张国伟）

4月1—4日，泰安市第十七届人民代表大会第三次会议在泰山国际会展中心召开（张国伟　供）

重要会议

【市十七届人大三次会议】 4月2—4日召开。会议表决通过市十七届人大三次会议关于政府工作报告的决议、关于泰安市2018年国民经济和社会发展计划执行情况与2019年计划的决议、关于泰安市2018年预算执行情况和2019年预算的决议、关于泰安市人民代表大会常务委员会工作报告的决议、关于泰安市中级人民法院工作报告的决议、关于泰安市人民检察院工作报告的决议。

【市十七届人大四次会议】 6月20—21日召开。大会采取无记名投票方式，补选张涛为泰安市人民政府市长；表决通过市十七届人大四次会议关于严格依法加强国土空间规划管理工作的决议。

【市十七届人大常委会会议】 年内，市十七届人大常委会举行会议9次。

市十七届人大常委会第十四次会议 2月28日召开。会议传达山东省十三届人大二次会议精神；听取泰安市人大常委会2019年工作要点（草案）；听取市政府关于提请任免市政府组成人员职务的议案；听取市人民检察院关于提请任免检察人员职务的报告。经过分组审议，会议通过泰安市人大常委会2019年工作要点（草案），表决通过人事任免事项。会议向被任命人员颁发任命书，并举行宪法宣誓仪式。

市十七届人大常委会第十五次会议 3月27日召开。会议听取关于市人大常委会工作报告（审议稿）起草情况的说明；听取市人大常委会代表资格审查委员会关于补选代表的代表资格审查报告；听取主任会议关于提请任免市人大常委会工作人员职务的报告；听取市政府关于提请任免市政府组成人员职务的议案。经过分组审议，会议通过关于召开泰安市第十七届人民代表大会第三次会议的决定（草案）；原则通过市人大常委会工作报告（审议稿）；通过泰安市第十七届人民代表大会第三次会议列席人员范围（草案）；原则通过市十七届人大三次会议主席团、秘书长名单（草案）；通过市人大常委会代表资格审查委员会关于补选代表的代表资格审查报告；表决接受有关专门委员会个别组成人员辞职请求的决定（草案）；表决人事任免事项。会议向被任命人员颁发任命书，并举行宪法宣誓仪式。

市十七届人大常委会第十六次会议 4月30日召开。受市十七届人大三次会议主席团的委托，人代会上当选的市人大常委会委员和表决通过的有关专门委员会组成人员在会前采取集体宣誓的形式进行宪法宣誓。会议听取市政府关于2017年度市级预算执行和其他财政收支审计查出问题整改情况的报告；听取市政府关于全市脱贫攻坚工作情况的报告；听取市人大常委会代表资格审查委员会关于个别代表的代表资格变动情况的报告。经过分组审议，会议原则通过市人大常委会关于《2017年度市级预算执行和其他财政收支审计查出问题整改情况的报告》的审议意见；原则通过市人大常委会关于《全市脱贫攻坚工作情况的报告》的审议意见；表决通过市人大常委会代表资格审查委员会关于个别代表的代表资格变动情况的报告。

市十七届人大常委会第十七次会议 6月6日召开。会议听取关于实施《泰安市城乡一体空间发展战略规划》的决定（草案）；听取市政府关于提请任命市政府组成人员职务的议案；听取市监察委员会关于提请任免市监察委员会组成人员职务的议案；表决人事任免事项。经过分组审议，会议表决通过关于召开泰安市第十七届人民代表大会第四次会议的决定（草案）；原则通过市十七届人大四次会议主席团、秘书长名单（草案）；原则通过关于实施《泰安市城乡一体空间发展战略规划》的决定（草案）。会议听取主任会议关于提请决定市政府代理市长的报告；对决定市政府代理市长及其他人事任免事项进行表决。会议向被任命的市监察委员会副主任颁发任命书，并举行宪法宣誓仪式。

市十七届人大常委会第十八次会议 6月21日召开。根据《泰安市人民代表大会及其常务委员会宪法宣誓仪式组织细则》的有关规定，新当选的泰安市人民政府市长张涛进行宪法宣誓。

市十七届人大常委会第十九次会议 7月1日召开。会议听取市政府关于全市环境状况和环境保护目标完成情况的报告；听取市人大常委会执法检查组关于检查《中华人民共和国大气污染防治法》《山东省大气污染防治条例》实施情况的报告；听取市中级人民法院关于环境资源审判工作情况的报告；听取市政府关于《泰安市户外广告设施和招牌设置管理条例（草案）》的说明；听取市人大常委会代表资格审查委员会关于个别代表的代表

6月21日，新当选的泰安市人民政府市长张涛进行宪法宣誓　（陈　阳　摄）

资格变动情况的报告；听取市中级人民法院关于提请任免审判人员职务的报告；听取市人民检察院关于提请任免检察人员职务的报告。经过分组审议，会议原则通过市人大常委会关于《检查大气污染防治“一法一条例”实施情况的报告》以及《全市环境状况和环境保护目标完成情况的报告》的审议意见草案；原则通过市人大常委会对市中级人民法院《关于环境资源审判工作情况的报告》的审议意见草案；表决通过市人大常委会代表资格审查委员会关于个别代表的代表资格变动情况的报告；表决通过人事任免事项。会议向被任命人员颁发任命书。

市十七届人大常委会第二十次会议 8月29—30日召开。会议听取主任会议关于《泰安市文明行为促进条例（草案）》的说明；听取市人大法制委员会关于《泰安市户外广告设施和招牌设置管理条例(草案）》修改情况的说明；听取市政府关于泰安市2019年上半年国民经济和社会发展计划执行情况的报告；听取市政府关于泰安市2018年财政决算和2019年上半年预算执行情况的报告；听取市政府关于泰安市2018年度市级预算执行和其他财政收支情况的审计工作报告；听取市政府关于全市体育工作及体育产业发展情况的报告；听取市政府关于全市旅游产业发展情况的报告；听取主任会议关于修改《泰安市人民代表大会常务委员会讨论决定重大事项的实施办法》情况的报告；听取市人大常委会代表资格审查委员会关于个别代表的代表资格变动情况的报告；听取市政府关于提请任免政府组成人员职务的议案；听取市中级人民法院关于提请任命审判人员职务的报告。经过分组审议，会议表决通过泰安市人大常委会关于批准泰安市2018年市级财政决算的决议（草案）；表决通过泰安市人大常委会关于泰安市2018年市级预算执行和其他财政收支情况审计工作报告的决议（草案）；原则通过市人大常委会关于2019年上半年全市财政预算执行情况的审议意见（草案）；原则通过市人大常委会关于2019年上半年全市国民经济和社会发展计划执行情况的审议意见（草案）；原则通过市人大常委会关于全市体育工作及体育产业发展情况的报告的审议意见（草案）；原则通过市人大常委会关于全市旅游产业发展情况的报告的审议意见（草案）；原则通过《泰安市人民代表大会常务委员会讨论决定重大事项的实施办法（修订稿草案）》；表决通过市人大常委会代表资格审查委员会关于个别代表的代表资格变动情况的报告；表决人事任免事项。会议向被任命人员颁发任命书，并举行宪法宣誓仪式。

市十七届人大常委会第二十一次会议 10月30—31日召开。会议听取市政府关于2018年度全市及市级行政事业性国有资产管理情况的专项报告；听取市政府关于全市民营经济发展情况的报告；听取市政府关于“绿满泰安”行动实施情况的报告；听取市政府关于安全生产工作情况的报告；听取市人大常委会执法检查组关于检查《中华人民共和国安全生产法》《山东省安全生产条例》实施情况的报告；听取市人大常委会执法检查组关于检查《中华人民共和国中小企业促进法》《山东省中小企业促进条例》实施情况的报告；听取市人大常委会执法检查组关于检查《泰山风景名胜区生态保护条例》实施情况的报告；听取市人大法制委员会关于《泰安市户外广告设施和招牌设置管理条例（草案）》审议结果的报告；听取市人大法制委员会关于《泰安市文明行为促进条例（草案）》修改情况的说明；听取市政府关于《泰安市生活垃圾分类管理条例(草案）》的说明；听取主任会议关于提请免去市人大常委会工作人员职务的报告。会议召开联组会议，结合审议市政府关于全市安全生产工作情况的报告以及市人大常委会执法检查组关于检查安全生产“一法一条例”实施情况的报告进行专题询问。经过分组审议，会议原则通过市人大常委会对市政府关于2018年度全市国有资产管理情况的综合报告及2018年度全市及市级行政事业性国有资产管理情况的专项报告的审议意见；原则通过市人大常委会对市政府关于全市民营经济发展情况报告的审议意见；原则通过市人大常委会对市政府关于“绿满泰安”行动实施情况的报告的审议意见；原则通过市人大常委会关于安全生产“一法一条例”执法检查报告暨对市政府《关于全市安全生产工作情况的报告》的审议意见；原则通过市人大常委会关于检查《中华人民共和国中小企业促进法》《山东省中小企业促进条例》实施情况的报告的审议意见；原则通过市人大常委会执法检查组关于检查《泰山风景名胜区生态保护条例》实施情况的报告的审议意见；表决《泰安市户外广告设施和招牌设置管理条例(草案建议表决稿)》；表决《泰安市文明行为促进条例（草案建议表决稿）》；表决人事任免事项。

市十七届人大常委会第二十二次会议 12月20日召开。会议听取市政府关于2018年度市级预算执行和其他财政收支审计查出问题整改情况的报告；听取市政府关于2019年全市新增政府债务限额及市级预算调整方案（草案）的报告；听取市政府关于2019年为民要办的10件实事实施情况的报告；听取市政府关于政府系统办理市十七届人大三次会议以后代表建议、批评和意见情况的报告；听取市人大法制委关于市十七届人大三次会议第9号、10号议案审议和办理情况的报告；听取市人大财经委关于市十七届人大三次会议第33号议案审议和办理情况的报告；听取市人大城建环资委关于市十七届人大三次会议第1号、8号议案审议和办理情况的报告；听取市人民检察院关于开展公益诉讼工作情况的报告；听取市政府关于提请任命市政府组成人员职务的议案；听取主任会议关于提请任命市人大常委会工作人员职务的报告。经过分组审议，会议表决通过关于召开泰安市第十七届人民代表大会第五次会议的决定；原则通过市人大常委会关于2018年度市级预算执行和其他财政收支审计查出问题整改情况的报告的审议意见；表决通过泰安市人大常委会关于批准2019年泰安市新增政府债务限额及市级预算调整方案的决议；原则通过市人大常委会关于2019年为民要办的10件实事实施情况的报告的审议意见；表决通过市人大法制委关于市十七届人大三次会议第9号、10号议案审议和办理情况的报告；表决通过市人大财经委关于市十七届人大三次会议第33号议案审议和办理情况的报告；表决通过市人大城建环资委关于市十七届人大三次会议第1号、8号议案审议和办理情况的报告；表决通过市政府关于政府系统办理市十七届人大三次会议以后代表建议、批评和意见情况的报告；表决通过市人大常委会人事选举代表工作室关于市十七届人大三次会议以后代表所提建议、批评和意见办理情况的书面报告；原则通过市人大常委会关于开展公益诉讼工作情况的报告的审议意见；表决通过泰安市第十七届人民代表大会第五次会议列席人员范围。会议表决通过人事任免事项，向被任命人员颁发任命书，并举行宪法宣誓仪式。

11月20日，市委人大工作会议召开　　（张国伟　供）

【纪念地方人大设立常委会40周年座谈会】 9月27日召开。会议回顾地方人大及其常委会走过的辉煌历程，总结地方人大40年工作的巨大成就和丰富经验，推进新时代人大工作与时俱进、创新发展。市人大常委会主任唐福泉，副主任张书盈、王淑玲、刘学保、曹步山，副市长赵德健、市中级人民法院院长朱旭光、市人民检察院检察长苏金森、市人大常委会秘书长李起峰参加会议。市中级人民法院院长、市人民检察院检察长、市发展改革委主任、市财政局局长，泰山区、新泰市人大常委会主任作会议发言。唐福泉在讲话中指出，40年间，历届市人大及其常委会坚持党的领导、人民当家作主和依法治国的有机统一，认真行使宪法和法律赋予的职权，为推动全市经济社会协调发展和民主法治建设作出积极贡献。要求全市各级人大要始终坚持党的领导，围绕党委的中心任务谋划和推进人大工作，始终把党的全面领导贯穿于依法履职全过程，落实到人大工作的各个方面。要围绕全市中心工作，做好地方立法工作，加强和改进监督工作，推动解决群众关注的热点难点问题，更好地服务全市经济社会发展大局。要加强和改进代表工作，密切代表同人民群众的联系，拓宽代表知情知政渠道，提高代表议案建议办理质量，提升服务保障水平。要进一步深化改革，探索建立市、县、乡三级联动工作机制，推进人大工作创新发展。

【市委人大工作会议】 11月20日召开。会议学习贯彻习近平总书记关于坚持和完善人民代表大会制度的重要指示要求，全面落实中共十九届四中全会和省委人大工作会议精神，总结工作，交流经验，对做好新时代全市人大工作作出安排部署。市委书记崔洪刚出席会议并讲话，市委副书记、市长张涛主持会议，市人大常委会主任唐福泉出席会议。会议传达省委人大工作会议精神。市中级人民法院院长、市人民检察院检察长、市发展改革委主任、新泰市市委书记、泰山区人大常委会主任作发言。崔洪刚在讲话中指出，近年间，全市各级人大及其常委会学习贯彻习近平新时代中国特色社会主义思想，忠实履行宪法和法律赋予的职责，带动全市人大代表凝心聚力、奋发有为，为全市改革发展稳定作出积极贡献。强调要牢牢把握人大工作的正确政治方向，加强和改进地方立法工作，增强人大监督实效，注重发挥人大代表主体作用，全面加强人大及其常委会自身建设。要求全市各级党委要加强对人大工作的领导，为人大开展工作营造良好环境，把人大制度列入理论学习中心组学习的重要内容，重视和关心人大机关干部队伍的成长进步，大力宣传各级人大及其常委会和人大代表依法行使职权的成效和经验，营造全社会关心、支持和促进人大工作的良好氛围。市委常委，市人大常委会副主任，各县（市、区）委书记，各功能区党工委书记，市直及省属以上驻泰安有关部门单位主要负责人等参加会议。（张国伟）

地方立法

【坚持党对立法工作的领导】 始终坚持将党的领导贯穿于立法全过程。积极贯彻市委立法意图，及时将户外广告整治、文明行为促进纳入年度立法计划，提前介入起草工作。立法过程中遇到重大利益调整或重要情况需要市委协调解决的，报经市委研究同意后，依法调整完善。坚持制定的法规在提请表决前报请市委审定，按照法定程序报省人大常委会批准。

【坚持民主立法】 发挥在立法工作中的主导作用，把市委有要求、现实有需要、群众有期盼的事项作为立法重点，健全完善立法审议、评估论证、民主协商等机制，听取各方面意见建议，最大程度集中各方面智慧，高质量推进立法工作。《泰安市户外广告设施和招牌设置管理条例》《泰安市文明行为促进条例》两部法规出台过程中，组织人大代表、立法咨询专家、部门负责人等，召开座谈会、论证会、协调会 50 次，征求意见建议 600 条，集中修改 40 次，推动立法更好地体现民情、汇聚民意、集中民智。

【保障法规实施】 坚持一手抓立法、一手抓实施，注重将法规优势转化为社会治理效能。加强法规学习宣传，推动落实“谁执法谁普法”责任制，营造全社会尊法学法守法用法的良好氛围。召开新闻发布会，及时对《泰安市户外广告设施和招牌设置管理条例》《泰安市文明行为促进条例》进行阐释推介，推动法规贯彻实施。对《泰山风景名胜区生态保护条例》开展执法检查和立法后评估工作，针对群众反映的泰山区域山水私采、泰山石买卖等问题，责成有关部门开展专项督办，加大整治力度，取得明显成效。

（张国伟）

工作监督

【聚焦经济社会高质量发展开展监督】 听取审议市政府关于上半年国民经济和社会发展计划及预算执行情况等报告，提出加快新旧动能转换、抓好“双招双引”、推动项目落地落实等意见建议，督促支持市政府及有关方面积极作为。组织开展中小企业促进法和条例执法检查，专题调研民营经济发展，督办《打造政务服务“泰好办”特色品牌》等议案，对优化营商环境、培育“双50强”、发展“四新经济”（新技术、新产业、新业态、新模式）等提出针对性意见建议。市政府强化措施，以“泰好办”品牌创建为抓手，持续深化“放管服”改革，打造省内最优发展环境。围绕校地融合发展，对驻地高校人才资源情况进行调研，提出的意见建议得到市委、市政府主要领导重视并批转有关部门落实。

【聚焦预决算审查开展监督】 制定印发《关于人大预算审查监督重点向支出预算和政策拓展的实施意见》《关于推进建立健全国有资产管理情况报告和监督制度的实施意见》，增强预算监督实效，推动监管规范透明，实现国有资产保值增值。深化政府预决算编制、审查、批准、备案、监督工作，强化部门预算管理，实现全口径审查和全过程监管。建设完成省、市、县三级预算联网监督系统，实现国库集中支付、行政事业性国有资产等动态监管。推动部门审计查出问题整改落实，确保财政资金使用安全规范，坚决防范重大风险。

【聚焦民生实事开展监督】 关注10件民生实事落实情况，强化视察调研、建议督办，高铁站改造、28处农贸市场改造等为民要办的实事进展顺利。做好《尽快解决国有建设用地房屋"办证难历史遗留问题"》等议案的办理工作，推动相关问题的解决。对泰山文化遗产保护、退役军人服务保障开展调研，听取审议脱贫攻坚、体育发展情况报告，推动把实事办好、好事办实。专题询问安全生产工作，25名部门主要负责人接受现场询问，督促相关部门落实主体责任、提升监管能力，纵深推进安全生产风险管控和隐患排查双重预防体系建设，推动全市安全生产形势稳定向好。

【聚焦生态环保开展监督】 推动山水林田湖草生态保护修复工程实施，组织开展集中视察调研，督促市政府及相关单位狠抓项目管理，补齐短板弱项，健全生态保护长效机制。组织开展大气污染防治"一法一条例"执法检查，听取审议"绿满泰安"、泰山资源保护、环境资源审判工作报告，开展"泰汶环保世纪行"，查找重点行业、重点领域存在的突出问题，要求有关方面严格履行环保法律责任和社会责任，打好污染防治攻坚战。

【聚焦社会治理开展监督】 开展公益诉讼视察，推进诉讼领域拓展，提升公益诉讼实效。深入调研禁毒工作，推动解决有关问题，遏制毒情蔓延。专题调研律师和律师事务协会（所）工作，加强律师队伍建设，改善律师执业环境，提升公共法律服务能力和水平。调研台湾同胞投资保护工作，为台资企业排忧解难，维护台胞台企合法权益。（张国伟）

代表履职

【激发代表"双创双履"活力】 开展"创新创业、履职履责"主题实践活动，组织各级代表重点在"四带头、四个一"（带头深入学习，每年学好一部人大工作方面的法律；带头开展调研，每年至少提出一条促进经济社会发展的建议；带头深入基层、联系群众，走访联系一个社区、村居；带头为民服务，积极为人民群众办一件好事、实事）上认真履行代表职责。各级代表联系群众2.7万人、社区（村居）2229个，为民办实事4317件，提出意见建议842条。开展"纪念地方人大设立常委会40周年代表事迹风采展"，在电视台、微信公众号等媒体集中展播优秀人大代表事迹，展示代表履职风采。

【打造"双联系"工作平台】 创新常委会联系代表新形式，确定9月作为"集中联系代表月"，市人大代表中的市级领导和常委会组成人员深入基层一线联系代表，推动"双联系"（常委会联系代表、代表联系人民群众）往深里走、往实里走。全年召开座谈会100次，收到代表建议260条。加强"家""站"规范化建设，建立"人大代表之家"35个、"人大代表联络站"194个，进站代表2600人。加强代表活动平台建设，建立泰安市人大代表"履职网络平台"和"网络联系服务平台"，架起服务群众的"连心桥"。

【提高代表议案建议办理实效】 市十七届人大三次会议期间，经大会主席团审议确定5件代表议案。市人大常委会和有关专门委员会高度重视，认真办理，各项议案均全部办结。健全代表重点建议督办机制，确定8件由专门委员会和主任会议进行专题督办。"一府两院"主动听取代表意见，创新工作机制，强化办理质量，提高代表建议面复率和满意率。市十七届人大三次会议以后，收到代表建议160件，其中代表建议所提问题得到解决或者列入规划逐步解决的占建议总数的96.15%，比上年提高7.55%。

10月30日，市十七届人大常委会第21次会议举行联组会议，对安全生产工作开展专题询问 （张国伟 供）

【优化代表履职服务保障】 强化代表履职学习，组织常委会组成人员、专委会委员和市人大代表到全国人大培训基地参加履职培训3期，邀请各级人大代表不定期参加市人大常委会组织的学习、讲座等活动，建立代表间学习交流机制，代表的素质能力普遍提高。健全完善代表履职保障制度，制定代表人身自由特殊司法保障等方面的工作规范，维护代表合法权益。拓宽代表知情知政渠道，邀请驻泰安全国和省、市人大代表列席常委会会议、参与视察调研、执法检查275人次，组织代表参加“一府一委两院”有关活动197人次，扩大各级人大代表的参与权和知情权，为人大代表依法履职奠定基础。（张国伟）

专门委员会

【法制委员会】 2019年，制定颁布《泰安市户外广告设施和招牌设置管理条例》《泰安市文明行为促进条例》2部地方性法规，并召开新闻发布会进行阐释推介，推动法规贯彻实施。通过《泰安市人大常委会关于建立地方立法服务基地、联系点的决定》，建立立法服务基地1个、立法联系点5个。制定印发《泰安市人民代表大会常务委员会地方性法规审议工作办法》，规范地方性法规草案的审查程序和审查内容。开展规范性文件备案审查，建成规范性文件备案审查信息化平台，备案审查规范性文件60件，督促市政府有关部门纠正规范性文件1件。

【监察和司法委员会】 对环境资源审判工作情况进行视察，督促市中级人民法院持续强化工作措施、提升司法水平，推动全市法院环境资源审判工作实现新发展。开展公益诉讼视察，推进诉讼领域拓展，提升公益诉讼实效。深入调研禁毒工作，推动解决有关问题，遏制毒情蔓延。专题调研律师和律师事务协会(所)工作，加强律师队伍建设，改善律师执业环境，提升公共法律服务能力和水平。开展“12·4”国家宪法日、宪法宣传周主题宣传活动。设立为代表履职服务的律师顾问团，助力人大代表提高履职能力。

【财政经济委员会】 依法审查国民经济和社会发展计划、预决算草案，监督计划、预算执行。对市政府提交的《关于泰安市2019年国民经济和社会发展计划执行情况与2020年计划草案的报告》及2019年计划草案、《关于2019年预算执行和2020年预算草案的报告》及2019年预算草案进行初审，提出初步审查结果向十七届人大三次会议主席团报告。协助常委会审查监督2019年上半年国民经济计划、预算执行情况。对市政府提交的《2018年市级财政决算报告》进行初步审查并形成报告。依法对市政府提出的市本级预算调整方案草案进行初步审查，为常委会审查批准预算调整方案提供初审意见。分别对市政府关于《泰安市2018年度市级预算执行和其他财政收支的审计工作报告》《市级预算执行和其他财政收支审计查出问题整改情况的报告》进行初步审查，督促审计整改落到实处。开展中小企业促进法和安全生产“一法一条例”执法检查，对全市民营经济高质量发展和全市优化营商环境开展调研。办理《关于打造政务服务“泰好办”特色品牌的议案》，督办《关于严厉打击恶意逃废债务的建议》。推动出台《关于人大预算审查监督重点向支出和政策拓展的实施意见》《泰安市十七届人大常委会关于推进建立完善国有资产管理情况报告和监督制度的实施意见》，完成预算系统省、市、县联网建设。全年审查市政府专项工作报告11个，参与执法检查2次，开展专题调研3次，参与专题询问1次，办理代表议案1件，督办重点建议1件，提出重要建议54条。

【农业与农村委员会】 协助常委会听取审议市政府关于全市脱贫攻坚和“绿满泰安”行动实施情况的报告。受省人大委托，协助常委会对全市贯彻实施《中华人民共和国动物防疫法》《山东省动物防疫条例》的情况进行执法检查；协助常委会对宁阳县贯彻落实《中华人民共和国安全生产法》《山东省安全生产条例》工作情况进行执法检查，为常委会对该项工作开展专题询问做好准备。对全市乡村产业振兴情况和河(湖)长制地方立法前期论证工作进行调研。重点督办《关于开展全民造林绿化行动，加快推动美丽乡村建设的建议》，邀请新闻媒体记者共同参与现场督办并面复代表，形成人大监督和舆论监督共同发力的良好局面。

【城乡建设与环境资源保护委员会】 协助市人大常委会开展执法检查3次、专题调研2次，起草执法检查报告3篇，形成调研报告2篇，提出意见建议20条，督促市政府及职能部门严格依法履职，提升工作效能。协助常委会开展大气污染防治“一法一条例”执法检查和《泰山风景名胜区生态保护条例》执法检查，协助常委会起草《关于严格依法加强国土空间规划管理工作的决议》。围绕“泰山区域山水林田湖草生态修复治理情况”开展调查研究。开展2019年度“泰汶环保世纪行”集中采访活动，推动打好污染防治攻坚战。重点督办《关于尽快解决国有建设用地房屋“办证难”历史遗留问题的议案》《关于推进泰安市大气污染防治立法工作的议案》和《关于简化房屋维修基金使用程序的建议》《关于对城乡公交继续实行财政补贴的建议》，推动相关问题解决。

【教育科学文化卫生委员会】 开展全市体育工作及体育产业发展情况视察，组织充分发挥高校人才资源优势加快泰安发展调研、泰山文化遗产情况调研、全市体育工作及体育产业发展情况视察前期调研和“不忘初心、牢记使命”主题教育泰山文化遗产保护传承工作调研等调研活动。参与市人大常委会安全生产“一法一条例”执法检查，召开市直教科文卫部门工作座谈会，参加全省人大教科文卫工作座谈会并作大会交流发言，组织专业代表小组工作座谈会。落实代表建议重点督办1件，迎接省人大教科文卫委到泰安专题调研3次，开展省人大立法草案意见建议征集2次，接待外地市人大到泰安学习考察2次。

【民族侨务外事旅游委员会】 协助常委会对全市旅游产业发展情况进行视察，市十七届人大常委会第二十次会议听取审议市政府《关于全市旅游产业发展情况的报告》，形成审议意见并转市政府办理。围绕推动《山东省台湾同胞投资保护条例》贯彻实施，促进对台经贸发展，对《山东省台湾同胞投资保护条例》开展执法调研。重点督办《关于加快推进泰安旅游业发展的建议》。配合做好省人大常委会修订《山东省宗教事务条例》征求意见等工作。

【社会建设委员会】 在市十七届人民代表大会第三次会议上表决成立社会建设委员会，建立健全体制机制，全面启动人大社会建设工作。采取“四不两直”方式，开展安全生产“一法一条例”执法检查，在市十七届人大常委会第二十一次会议上审议市政府安全生产工作报告，同时召开联组会议对25个市安委会成员单位进行专题询问，形成常委会审议意见，促进安全生产法规实施。首次将市政府年度为民要办的10件实事列入重点监督事项，在市十七届人大常委会第二十二次会议上审议市政府实事办理情况报告，形成审议意见，推动实事办好、办实、办出成效。对退役军人服务保障、社区治理工作、重点督办建议办理等工作开展调研，组织开展专业代表小组活动，统筹推进社会建设各项工作，在省人大社会建设工作座谈会上作典型发言。（张国伟）

编辑 校对 吴 楠

泰安市人民政府

综 述

【市政府常务会议】 第十八次会议 1月18日召开，分别听取市工业和信息化局、市地方金融监管局关于《泰安市高端化工产业发展规划》《泰安市高端装备和智能制造产业发展规划》《泰安市纺织服装产业发展规划》《泰安市现代金融产业发展规划》编制情况的汇报，听取市商务局《关于推进开发区体制机制改革创新的指导意见》起草情况的汇报。

第十九次会议 1月30日召开，听取市发展改革委《关于2018年国民经济和社会发展计划执行情况和2019年计划（草案）报告》起草情况的汇报，听取市财政局关于2018年财政预算执行情况和2019年预算安排意见的汇报，听取市统计局关于《统计违纪违法责任人处分处理建议办法》《防范和惩治统计造假、弄虚作假督察工作规定》文件精神及贯彻落实意见的汇报。

第二十次会议 3月26日召开，听取市政府研究室关于《政府工作报告（讨论稿）》起草情况的汇报、关于组织开展2019年度全市政府系统重点调研和专项调研有关情况的汇报，听取市自然资源和规划局《关于加强泰山石保护暨关闭取缔大型石头存放和交易场所实施方案》的汇报，听取市统计局关于当前统计工作和经济普查工作情况的汇报，听取市能源局关于全省煤矿安全生产工作会议精神及贯彻落实意见的汇报，听取市公安局关于中央领导批示精神和全省三年禁毒人民战争推进会议精神及贯彻落实意见的汇报、关于中央领导批示精神和全市公安机关扫黑除恶专项斗争工作情况的汇报。

第二十一次会议 4月1日召开，听取市泰山区域山水林田湖草生态保护修复工程领导小组办公室关于泰安城区水生态环境治理工程PPP项目社会资本方采购工作有关情况的汇报，听取市财政局关于暂付青兰高速公路莱芜至泰安段高架桥建设资金有关情况的汇报，听取市生态环境局关于省政府空气质量反弹约谈会议精神及整改落实意见的汇报。

第二十二次会议 6月20日召开，分别听取市科技局、市农业农村局、市卫生健康委、市商务局、市文化和旅游局、市能源局关于《泰安市新一代信息技术产业发展规划（2018—2022年）》《泰安市现代高效农业专项规划（2018—2022年）》《泰安市医养健康产业发展规划（2018—2022年）》《泰安市千亿级现代物流产业集群规划（2018—2022年）》《泰安市新旧动能转换旅游产业专项规划（2019—2022年）》《泰安市新能源及节能环保产业规划报告（2018—2022年）》编制情况的汇报，听取市自然资源和规划局《关于进一步加强新产业用地和规划保障的通知》《泰安市违建别墅问题清查整治专项行动实施方案（送审稿）》起草情况的汇报，听取市司法局关于《泰安市人民政府2019年立法工作计划（草案）》《泰安市生活垃圾分类管理条例（草案）》《泰安市户外广告设施和招牌设置管理条例（草案）》起草情况的汇报，听取市应急局关于全市安全生产工作情况的汇报，听取市财政局《关于全面推进预算绩效管理的实施意见（送审稿）》《关于深化市级预算管理体制改革的意见（送审稿）》起草情况汇报，听取市科技局关于全省科学技术奖励大会主要精神及贯彻落实意见的汇报，听取市机关事务服务中心关于泰安市市级周转住房建设情况的汇报，听取市财政局关于暂付市国资委解决离休干部医疗费用情况的汇报。

第二十三次会议 7月11日召开，听取市发展改革委关于上半年全市经济运行情况的汇报，听取市生态环境局关于全省中央生态环境保护督察及“回头看”反馈意见整改落实工作部署会议精神及贯彻落

9月30日，市委副书记、市长张涛（前排中）到企业调研化工产业转型升级工作（张中乾　摄）

实意见的汇报，听取市城市管理局关于全省城乡生活垃圾分类座谈会会议精神及贯彻落实意见的汇报，听取市司法局关于全省全面推行行政执法“三项制度”（公示制度、执法全过程记录制度、重大执法决定法制审核制度）电视会议精神及贯彻落实意见的汇报，听取市人力资源社会保障局关于《加快人力资源服务产业创新发展助推新旧动能转换的若干措施（送审稿）》等3个文件起草情况的汇报，听取市发展改革委关于推动“六稳”工作落地见效的实施方案起草情况的说明、关于推进天然气价格改革问题的汇报。

第二十四次会议　8月12日召开，听取市生态环境局关于《泰安市贯彻落实中央生态环境保护督察“回头看”及大气污染防治专项督察反馈意见整改方案》编制情况、大气污染防治工作情况的汇报，听取市文化和旅游局关于第三十三届泰山国际登山节暨2019中国泰安投资合作洽谈会筹备情况的汇报，听取市发展改革委关于《关于加快项目建设扩大有效投资促进经济高质量发展的通知》有关情况的汇报、关于全市对口支援和扶贫协作工作情况的汇报，听取市商务局关于泰安市招商引资扶持激励政策及配套实施细则起草情况的汇报，听取市房产管理服务中心关于《泰安市市区房地产领域突出问题治理工作方案》《关于调整和规范公共租赁住房保障相关政策的通知》起草情况的汇报，听取市禁毒委员会关于全国、全省禁毒工作电视电话会议精神及贯彻落实意见的汇报，听取市林业局关于国家森林城市复审迎查工作情况的汇报。

第二十五次会议　9月28日召开，市发展改革委传达全省、全市经济运行情况专题会议精神，听取市文化和旅游局《关于进一步繁荣夜间经济九条措施》起草情况的汇报，听取市林业局关于《全面建立林长制工作方案》起草情况的汇报，听取市畜牧兽医事业服务中心关于当前非洲猪瘟防控及稳定生猪生产保障市场供应情况的汇报，听取市司法局《关于加强和改进法治政府建设若干工作的意见》起草情况的汇报，听取市公安局关于全市公安机关扫黑除恶专项斗争工作情况的汇报，听取市民政局关于第二十四次全省民政会议精神及贯彻落实意见的汇报，听取市市场监管局关于2019年省食品安全委员会第一次全体会议精神及贯彻落实意见的汇报，听取市住房和城乡建设局关于全省农村改厕规范升级和后续管护长效机制工作会议精神及贯彻落实意见的汇报。

第二十六次会议　10月18日召开，听取泰安军分区动员处关于《驻泰安市高校入伍大学生义务兵家庭优待金发放实施办法》起草情况的汇报，听取市生态环境局关于生态环境部约谈泰安市大气污染防治工作情况的汇报、关于加严泰安城区污水处理厂外排水质标准相关情况的汇报，听取市应急局关于全市安全生产工作情况的汇报，听取市发展改革委关于全省营商环境评价工作情况的汇报，听取市民政局《关于深化移风易俗推动绿色殡葬改革的实施意见》起草情况的汇报，听取市水利局关于全省重点水利工程视频会议精神及贯彻落实意见的汇报，听取市公安局关于全省户籍制度改革推进视频会议精神及贯彻落实意见的汇报。

第二十七次会议　11月13日召开，听取市生态环境局关于贯彻落实生态环境部督察约谈意见整改方案编制情况和京津冀及周边地区大气污染防治领导小组电视电话会议精神的汇报，听取市城市管理局关于环卫作业改制推行干管分开组建环卫作业服务公司的情况汇报，听取市政府办公室关于《泰安市政府顾问聘任管理办法》起草情况的汇报，听取市发展改革委《关于严格控制煤炭消费总量推进清洁高效利用暨煤炭消费压减总体工作实施方案》起草情况汇报，听取市民政局《关于筑牢城市基层党建共同体提升城市社区治理水平的实施意见》起草情况汇报，听取市卫生健康委《泰山基层名医选拔管理办法》起草情况汇报。

第二十八次会议 11月18日召开，听取市农业农村局关于全省农村人居环境整治工作推进视频会会议精神及贯彻落实意见的汇报。

第二十九次会议 12月5日召开，听取市政府办公室关于《泰安市直机关文件流转平台建设工作方案（讨论稿）》起草及平台建设情况的汇报、关于《泰安市政府信息公开管理办法》起草情况的汇报，市司法局解读国务院《重大行政决策程序暂行条例》，市教育局关于全省基础教育工作视频会议精神及贯彻落实意见的汇报、关于理顺泰安城区街道办事处义务教育办学管理体制有关情况的汇报，市工业和信息化局《关于实施工业企业技术改造扶持政策的通知》起草情况的汇报，市财政局关于2019年全市新增政府债务限额及市级预算调整方案有关情况的汇报，市医保局关于取消公立医疗机构医用耗材加成调整医疗服务价格有关情况的汇报。

第三十次会议 12月26日召开，听取市发展改革委关于《优化营商环境条例》有关情况的汇报、关于2020年全市经济社会发展主要指标预期目标初步建议的汇报，听取市统计局关于全省统计法宣传专题研讨培训精神及贯彻落实意见的汇报，听取市水利局关于泰安市市级河湖岸线利用管理规划编制情况的汇报，听取市民政局关于泰安城区道路命名更名工作情况的汇报，听取市医保局关于《泰安市全面推进生育保险和职工基本医疗保险合并实施方案》起草情况的汇报。

（张　庆）

【重要决策、决定】 1月4日，市政府办公室印发《泰安市住宅专项维修资金管理办法》，分总则、交存、使用、监督管理、附则等5章43条，对加强住宅专项维修资金管理，保障住宅共用部位、共用设施设备的正常使用和维修，维护维修资金所有者的合法权益等作出明确规定。

1月9日，市政府印发《关于支持民营经济高质量发展的实施意见》，从减轻民营企业税费负担、破解民营企业融资难融资贵问题、增强民营企业竞争力、营造公平竞争环境、健全完善亲清政商关系、维护民营企业合法权益、完善政策执行落实等方面作出部署，着力破解制约民营经济的突出困难和问题，促进民营经济高质量发展。

1月22日，市政府办公室印发《泰安市灾后重点防洪减灾工程建设实施方案》，明确全市灾后重点防洪减灾工程建设任务目标、工程任务和进度安排，通过采取及早足额落实建设资金、加快推进前期工作、保障水利建设用地、加快工程建设、加强工程质量安全监管等措施，进一步消除水利灾后重点防洪减灾薄弱环节，加快全市灾后重点防洪减灾工程建设进度。

1月22日，市政府办公室印发《泰安市农村饮水安全两年攻坚行动工作方案》，确定以基本实现自来水“户户通”为标准，以解决贫困人口饮水安全为底线，以水量水质达标为重点，切实抓好水源头到水龙头全程监管为关键，把扶贫工作重点村饮水安全、新建农村供水设施、改善农村饮用水水质、强力推进规模化供水工程建设等作为重点任务，采取科学编制实施方案、精心组织项目实施、切实改善饮水水质、健全长效运行机制等措施，加快构建水源安全体系、供水工程体系、运营管理体系、服务保障体系、政府监管体系，进一步改善农村居民饮用水水质，提高农村用水方便程度，推进农村公共供水管理体制改革，确保如期完成全市农村饮水安全两年攻坚行动目标任务。

1月28日，市政府办公室印发《泰安市产业经济监测统计实施方案》，把新一代信息技术、高端装备制造业、新材料产业、新能源和节能环保产业、医养健康产业、现代高效农业、高端化工产业、纺织服装产业、现代物流业、文化创业产业、精品旅游产业、现代金融服务业和现代服务业等13个产业纳入监测统计范围，进一步科学监测产业经济发展进程和产业及地区贡献程度，及时、科学、客观地反映全市产业经济发展成果，推动全市产业经济更好、更快发展。

1月28日，市政府办公室印发《关于贯彻鲁政发〔2018〕20号文件精神建立残疾儿童康复救助制度的通知》，按照“救早救小”“应救尽救”原则，通过加强宣传解读、搞好政策衔接、强化经费保障、加强定点机构建设、加强人才队伍建设等措施，对符合条件的视力、听力、言语、肢体、智力等残疾儿童和孤独症儿童实施康复救助，保障全市残疾儿童基本康复服务需求。

1月29日，市政府办公室印发《泰安市水土保持目标责任考核评估办法（试行）》，共15条。按照客观公正、科学规范、突出重点、注重实效的原则，对各县（市、区）政府、泰安高新区管委、泰山管委的总体目标任务、综合治理、预防保护和综合监管情况进行考核评估，强化全市水土保持工作主体责任。

1月30日，市政府办公室印发《关于统筹发展全市欧亚班列工作的通知》，要求进一步强化货源组织、资金支持、综合服务、机制保障，加快推动全市欧亚班列持续稳定发展。

1月31日，市政府办公室印发《关于进一步完善全科医生培养与使用激励机制的通知》，采取加强全科医生培养、提升全科医生职业吸引力、完善全科医生招聘和聘用管理办法等措施，进一步健全完善泰安市全科医生培养与使用激励机制。

2月20日，市政府印发《关于进一步稳定和扩大就业的实施意见》，要求支持企业发展稳定就业、推动经济发展扩大就业、大力推动创业带动就业、强化职业培训改善就业、聚焦重点群体促进就业、层层压实责任保障就业，做好全市稳定和扩大就业工作。

2月25日，市政府印发《关于公布泰安市2019年度国有建设用地供应计划的通知》，明确国有建设用地计划总量及供应结构、供应导向、保障措施，全面推进国土资源节约利用，优化土地资源供给结构，提高土地资源供应质量，保障全市经济社会高质量发展。

3月20日，市政府办公室印发《关于贯彻落实鲁政办发〔2018〕27号文件精神进一步做好电梯质量安全工作的通知》，坚持以人民为中心，以落实生产使用单位主体责任为重点，以科学监管为手段，以推进全市电梯应急处置服务平台建设、加强电梯安全隐患治理和既有住宅增设电梯安全管理、积极推进电梯安全责任保险为重点任务，加强全市电梯质量安全工作，为人民群众安全乘梯、放心乘梯提供安全保障，实现全市电梯质量安全水平全面提升，安全形势持续稳定向好。

3月26日，市政府办公室印发《泰安市粮食生产“十统一”实施方案》，按照“扶持引导、试点先行、逐步推广”总体思路，确定以科学选定试点乡镇、严格选择实施主体、择优培植服务组织、合理确定补助标准等为实施内容，在全市实施粮食生产“十统一”〔统一机收、统一秸秆还田、统一深耕（松）、统一旋耕、统一供种、统一播种、统一施肥、统一镇压、统一病虫害防治、统一保险〕服务，以加大对粮食生产社会化服务关键和薄弱环节的支持，加快培育多种形式的农业社会化服务组织，建立健全覆盖全程、综合配套、便捷高效的农业社会化服务体系，力争2021年全市基本实现粮食生产“十统一”。

4月10日，市政府办公室印发《关于推进国家全域旅游示范区创建工作的通知》，明确创建条件、创建任务和创建计划，力争利用2年左右时间，实现70%区县达标，争取泰安市进入国家全域旅游示范区行列。

4月22日，市政府办公室印发《关于转发市发展改革委泰安市2019年国民经济和社会发展计划的通知》，对2018年国民经济和社会发展计划执行情况、2019年经济社会发展的总体思路和预期目标、2019年经济社会发展的重点及措施等方面进行详细阐述，对2019年国民经济和社会发展作出整体规划。

4月22日，市政府印发《关于公布2019年第一批调整市级行政权力事项的通知》，调整市级行政权力清单事项85项，其中承接省政府下放（委托）行政权力事项15项，新增38项（其中明确由县级实施的行政权力事项23项），取消27项，下放1项，变更要素4项。

4月22日，市政府办公室印发《关于贯彻鲁政发〔2018〕34号文件精神扎实推进国有企业工资决定机制改革的通知》，提出以增强国有企业活力、提升国有企业效率为中心，坚持改革符合建立现代企业制度的方向、突出工资分配的市场化、兼顾效率与公平等要求，将改革工资总额决定机制、改革工资总额管理方式、完善企业内部工资分配管理、健全工资分配监管体制机制作为改革重点任务，健全国有企业收入分配机制，保障企业职工合法权益，加快建立国有企业现代企业制度。

4月24日，市政府办公室印发《关于贯彻落实鲁政办字〔2019〕49号文件精神进一步规范校外培训机构发展的通知》，在严格落实校外培训机构设置标准和审批、规范校外培训机构培训行为、做好校内办学和课后服务工作、健全工作机制、强化日常监督等方面提出明确要求。

4月29日，市政府办公室印发《关于公布第三批纳入“多证合一”改革整合事项的通知》，将公安、交通运输、商务、地方金融监管、应急管理、市场监管等6部门分别办理的13项涉企（包括企业、个体工商户、农民专业合作社）证照（备案）事项纳入泰安市“多证合一”改革范围，实行“七十五证合一、一照一码”，深化简政放权改革，持续优化营商环境。

4月30日，市政府办公室印发《关于大力弘扬新时代泰山“挑山工”精神努力提升服务效能的实施意见》，提出紧紧围绕市委、市政府中心工作和全市经济社会发展大局，牢牢把握“参谋助手”决策定位，突出政务服务一个主业，抓好质量提高和效率提升两个关键，扎实开展“自身建设强化年”活动，打造“讲政治、守纪律、勇担当、作表率”“全心跟党走”的党建工作品牌以及“服务民生、服务决策、服务落实”“用心做服务”的政务工作品牌，努力将市政府办公室打造成高质量发展的运营中心、高效能辅政的管理枢纽、高标准工作的服务平台，以高效有序的工作运转助力新旧动能转换重大工程，为实现全市经济社会高质量发展作出积极贡献。

5 月 13 日，市政府办公室印发《关于进一步优化电力接入营商环境的通知》，确定对全市申请新装、增容等低压用户（电压等级 10 千伏以下，不含 10 千伏）用电报装，涉及行政审批并行办理，时限不超过 5 个工作日；电力接入实行全并联承诺制审批，建立配合协同机制，实现“一网通办、一链办理”；采取有效措施切实降低用户接入工程费用，减轻用户负担，进一步优化电力接入工作流程，压缩办理时限，提升电力用户接入效率，降低社会“获得电力”接入成本，持续推动全市优化营商环境工作。

5 月 22 日，市政府办公室印发《泰安市降低社会保险费率方案》，提出调整社保缴费政策、继续执行现行失业和工伤保险费率政策、统筹做好社保费征收体制改革期间的工作衔接等具体要求，进一步减轻企业负担，完善社会保险制度。

5 月 31 日，市政府办公室印发《关于进一步加强和改进安全生产类、自然灾害类突发事件信息报告工作的通知》，从明确突发事件信息报告责任主体、准确把握突发事件信息报告内容、进一步规范突发事件信息报告程序、严格落实突发事件信息报告时限、强化突发事件信息报告部门联动、健全完善突发事件信息报告体制机制等方面提出明确要求。

5 月 31 日，市政府办公室印发《关于进一步加强化工园区安全生产管理工作的通知》，要求进一步健全园区安全监管机制、夯实工作基础、强化安全监督检查、及时排查整治事故隐患、完善应急救援救治体制、强化应急管理，提高化工园区安全生产水平。

6 月5日，市政府办公室印发《泰安市打好农业农村污染治理攻坚战作战方案》《泰安市打好黑臭水体治理攻坚战作战方案》《泰安市打好饮用水水源水质保护攻坚战作战方案》《泰安市打好柴油货车污染防治攻坚战作战方案》等 4 个工作方案，要求强化政治站位、强化分工协作、强化公众监督、强化动态评估，进一步做好农业农村污染治理、黑臭水体治理、饮用水水源地水质保护和柴油货车污染防治工作。

6 月5日，市政府办公室印发《关于做好市场准入负面清单制度全面实施工作的通知》，要求尽快建立工作推进机制，抓紧开展“三个全面清理”（全面清理清单之外违规设立的准入许可、全面清理准入环节违规设置的隐性门槛、全面清理清单之外违规制定的其他形式的负面清单）工作，做好实施情况报送工作， 做好市场准入负面清单制度全面实施工作。

6 月6日，市政府办公室印发《关于做好行政规范性文件合法性审核工作的通知》，从编制规范性文件制发主体清单、明确合法性审查范围、确定审核主体、严格审核标准、规范审核程序等方面提出要求，进一步做好行政规范性文件合法性审核工作。

6 月 10 日，市政府办公室印发《迎接建国 70 周年安全生产专项整治行动工作方案》，要求持续深化风险隐患“大排查、快整治、严执法”集中行动，着力“控风险、除隐患、防事故”，聚焦重点区域、行业领域、企业、环节和工序，加强重点行业领域专项整治，深入排查治理安全隐患，严厉打击各类非法违法行为，推动全市安全生产形势持续稳定好转，以优异成绩迎接中华人民共和国成立 70 周年。

6 月 24 日，市政府办公室印发《泰安市自然灾害应急救援联动机制（试行）》《泰安市生产安全事故应急救援联动机制（试行）》《泰安市消防救援工作职能部门联防联动机制》，对自然灾害、生产安全事故和消防救援工作的应急救援联动机制适用范围、组织机构、工作方式等提出明确要求，有效整合全市各类应急救援资源，确保顺利完成应急救援任务。

6 月 28 日，市政府印发《关于深化市级预算管理改革的意见》，要求坚持明确预算管理权责、强化政府财力统筹、保障重点支出需求、全面实施绩效管理等工作原则，实施管理主体“两放权”（把资金分配权交给部门、把项目确定权交给基层）、政府财力“两统筹”（统筹“全口径”预算编制、统筹专项资金安排）、推动分配方式“两转变”（转变财政资金分配方式、转变财政对市场主体的扶持方式）、规范预算编制管理、规范预算执行管理、简化预算执行程序、健全预算监管机制等措施，加快建立与现代财政制度相适应的预算管理制度。

6月28日，市政府办公室印发《泰安市市级部门单位预算绩效管理办法》《泰安市市对下转移支付资金预算绩效管理办法》，规范市级部门单位预算绩效和市对下转移支付资金预算绩效职责分工、事前绩效评估管理、绩效目标管理、绩效运行监控管理、绩效评价管理、绩效结果应用管理等工作，强化预算绩效责任，优化财政资源配置、提高财政资金使用绩效。

7月9日，市政府办公室印发《关于开展百城千业万企对标达标提升专项行动的通知》，在重点行业、特色产业集群、泰安“双50强”企业、各类“瞪羚”“独角兽”和单项冠军等企业中广泛开展对标达标提升专项行动，充分发挥标准化工作在服务泰安经济社会发展中的基础性、引领性和战略性作用，以对标达标提升专项行动推动龙头骨干企业标准化水平实现跃升，促进企业品牌、产品品牌市场竞争力显著增强，到2020年，培育100家以上“技术领先、国内一流、标准先进”的优势企业。

7月12日，市政府办公室印发《泰安市优化投资项目审批服务暂行规定》，共总则、前期服务、带方案出让用地、方案联审、依次发证、其他规定和附则等7章19条，持续深化“放管服”改革，提升投资项目审批效率和质量，实现项目早开工、早建设、早见效。

7月15日，市政府印发《关于印发全面开展工程建设项目审批制度改革实施方案的通知》，针对企业和群众反映的突出问题，对标先进找差距、破旧立新抓创新，通过优化再造流程、合并环节和事项，减材料、减环节、减时间，实施分类管理、下放审批权限、强化监督监管等方式，构建科学、便捷、高效的工程建设项目审批和管理体系，通过“互联网+政务服务”的方式提高服务效能，实现统一审批流程、统一信息数据平台、统一审批管理体系、统一监管方式的“四个统一”，全面推进工程建设项目审批制度改革工作。

7月15日，市政府印发《关于公布2019年第二批调整市级行政权力事项的通知》，决定2019年第二批调整市级行政权力事项6项，其中承接省政府下放（委托）行政权力事项1项，取消5项。

7月16日，市政府印发《关于推动“六稳”工作落地见效的实施方案》，从千方百计稳就业、疏堵结合稳金融、精准施策稳外贸、“双招双引”稳外资、抓实项目稳投资、强化引导稳预期等方面作出部署，促进全市经济持续平稳健康发展。

7月18日，市政府办公室印发《开展证明事项告知承诺制试点工作方案》，在全市开展证明事项告知承诺制试点工作（市级27项、县级10项），推进“减证便民”，要求做好确定告知承诺适用对象、规范告知承诺工作流程、加强事中事后核查、健全信用监管机制、强化风险防范措施等工作，并确定具体操作流程。

7月19日，市政府办公室印发《泰安市免疫无口蹄疫区和无高致病性禽流感区建设方案》，要求认真践行以人民为中心的发展思想，全面推进动物疫病区域化管理，推动重点动物疫病由稳定控制向净化消灭转变，实现全市口蹄疫和高致病性禽流感免疫无疫，提升畜牧业生产安全、畜产品质量安全、公共卫生安全和生态安全保障能力，助推畜牧业新旧动能转换和乡村振兴。

8月15日，市政府办公室印发《关于创建“泰好办”政务服务品牌打造领先营商服务环境的实施意见》，确定自2019年至2021年，分三个阶段，通过推进实施“一门集中”“一窗受理”“一链办理”“市县同权”“贴心代办”等10项工程，打造具有泰安地域文化特色的政务服务品牌，彰显“贴心代办、一次办好”改革服务理念，努力创造领先的营商服务环境，加快建设人民满意的服务型政府。

8月16日，市政府办公室印发《泰安市社会化招商中介机构招商促进办法（试行）》，就鼓励参与泰安市招商引资的社会中介机构范围、社会化招商中介机构参与招商引资工作的主要内容、享有的服务和支持以及备案程序、奖励政策等方面作出明确规定，促进社会化招商中介机构参与招商引资工作。

8月16日，市政府办公室印发《关于进一步推进建筑产业化发展的意见》，采取强化审批落实、落实扶持政策、创新服务机制、提升设计水平、确保质量安全等措施，推进政府投资项目、新建公共租赁住房、棚户区改造、城中村改造及地下管廊等项目全面实施装配式建造，推进全市建筑产业化发展，促进建筑产业转型升级。

8月21日，市政府印发《泰安市招商引资扶持激励政策》，明确项目扶持政策、招商奖励政策和要素扶持政策等相关政策措施，加大招商引资力度，促进“双招双引”取得实效，推动全市经济实现高质量发展。

8月27日，市政府印发《关于加快项目建设扩大有效投资促进经济高质量发展的通知》，要求牢固树立“抓经济就要抓投资、抓投资就是抓未来”的理念，将推动“十大产业”发展壮大、扩大工业及工业技改投资、加快交通基础设施建设、统筹城乡基础设施建设、激发民间投资动力活力作为重点领域和主要方向，不断优化投资结构，增强投资活力，切实发挥有效投资关键作用，强化重大项目对新旧动能转换、经济高质量发展的有力支撑。

8月30日，市政府印发《关于努力开创新时代全市应急管理工作新局面的实施意见》，要求牢固树立新时代应急管理工作新理念，科学把握新时代应急管理工作总要求，努力构建新时代应急管理工作新体制，健全完善新时代应急管理工作新机制，全面构建新时代应急管理工作新格局，扎实做好各项应急管理工作，开创泰安市应急管理工作新局面。

9月11日，市政府办公室印发《关于调整和规范公共租赁住房保障相关政策的通知》，就公共租赁住房保障范围及准入标准、保障资格申请和受理及审核程序、建设分配管理、住房租赁补贴发放管理及发放标准等方面作出明确规定，完善公共租赁住房保障制度，保障城镇中等偏下收入住房困难家庭、新就业职工和外来务工人员的基本住房需求。

9月11日，市政府印发《关于发布2019年企业工资指导线的通知》，确定2019年全市企业职工货币工资增长基准线为7%，不再发布企业职工货币工资增长上线、下线；各类企业应根据工资指导线，按照本企业实现利润、资本收益率、资产保值增值率等经济指标合理确定职工工资增长水平；国有和国有控股企业应合理确定企业经营管理人员与企业普通职工工资增长的比例关系；各类企业在确定本企业职工工资增长时，应向生产经营一线的普通职工倾斜；国有企业要按照工资决定机制改革要求，结合工资指导线，编制本年度工资总额预算方案，报履行出资人职责机构审核或备案。

10月17日，市政府办公室印发《关于开展职业技能提升行动的通知》，按照“应培尽培”“愿培则培”“需培就培”原则，坚持需求导向，扩大职业技能培训覆盖面，开展企业职工培训、就业重点群体培训、贫困劳动力和贫困家庭子女技能扶贫，实施特别职业技能培训计划，有效发挥企业职工培训中心的主体作用、职业院校的基础作用、各类社会培训机构的重要作用，并对免费职业技能培训补贴、企业职工培训补贴、高危行业企业职工安全技能培训补贴、生活费补贴，以及补贴资金渠道和使用、享受培训补贴次数、培训补贴方式、建立补贴标准动态调整机制等方面予以明确，力争2019—2021年全市开展补贴性职业技能培训15万人次以上。

10月22日，市政府办公室印发《驻泰安高校入伍大学生义务兵家庭优待金发放办法》，明确优待金发放对象和发放期限、发放标准、发放程序、资金保障等内容，调动驻泰安高校大学生入伍积极性，更好地发挥高校在征集大学生士兵方面的主体作用。

10月25日，市政府印发《关于在市场监管领域全面推行部门联合“双随机、一公开”监管工作的实施意见》，明确以监管效能最大化、监管成本最优化、对守法市场主体干扰最小化为目标，构建以“双随机、一公开”为基本手段、以重点监管为补充、以信用监管为基础的新型监管机制，发挥省工作平台的作用，建立完善“一单、两库、一细则”工作机制，科学组织抽查，加强后续监管，实现“双随机、一公开”机制在全市市场监管领域全覆盖。

10月28日，市政府印发《关于进一步加强和改进法治政府建设的实施意见》，从以高质量立法保障和促进高质量发展；加强执法监督，规范公正文明执法；全面提升行政复议应诉水平，强化政府内部层级监督；建设高端智库，打造一流政府法律顾问队伍；加强组织领导，夯实依法行政工作基础等5个方面作出安排。通过采取突出抓好重点领域立法、加强行政执法与刑事司法衔接、继续推进行政复议规范化建设等14项具体措施，推进依法行政，加快法治政府建设，提升各级各部门依法行政能力，夯实服务全市经济社会发展的坚实法治基础，确保如期实现法治政府基本建成的奋斗目标。

10月31日，市政府印发《泰安市重点水利工程建设实施方案》，以“根治水患、防治干旱”为总目标，按照“兴建、提升、整治”要求，结合泰安市实际，明确投资安排和任务目标、工程任务和进度安排，全力加快重点水利工程建设。

11月12日，市政府办公室印发《关于提高城乡居民最低生活保障标准和城乡特困人员救助供养标准的通知》，决定自2019年10月1日起，提高城乡居民最低生活保障标准和特困人员救助供养标准，保障城乡低保对象和特困人员基本生活，促进社会和谐稳定。

11月14日，市政府办公室印发《泰安市政府顾问聘任管理办法》，共总则、选聘、职责和待遇、服务与管理、奖励、附则等6章20条，进一步规范市政府顾问聘任和管理工作，发挥市政府顾问在决策咨询、宣传推介、文旅融合、科技创新、项目建设、产业发展、引资引智等方面的优势和作用，提高政府科学决策水平，促进全市经济社会发展。

12月6日，市政府办公室印发《泰安市取消公立医疗机构医用耗材加成调整医疗服务价格实施方案》，秉持以人民健康为中心发展思想，坚持总量控制、优化调整、协同配套、强化基层等原则，通过取消医用耗材加成，调整医疗服务价格，建立公立医疗机构科学合理补偿机制，优化公立医疗机构收入结构，着力解决医用耗材价格虚高、过度使用问题，促进医疗卫生事业健康发展，减轻人民群众医疗费用负担。

12月10日，市政府办公室印发《泰安市健全完善农村改厕规范升级和后续管护长效机制工作方案》，以加快推进农村厕所改造、加快推进农村厕所升级、完善改厕管护机制为主要任务，建立全市改厕后续管护信息化平台，建设完善的厕具维修服务体系、粪污抽取清运体系、粪液无害化处理体系，巩固全市农村改厕成果，促进农村改厕规范升级和完善后续管护长效机制，完成全市农村改厕规范升级和后续管护工作任务。

12月13日，市政府办公室印发《泰山基层名医选拔管理办法》，共总则、评选范围和条件、选拔方法和程序、待遇和政策扶持、管理、附则等6章18条，确定泰山基层名医每2年选拔1次，每次20名，管理期限4年，充分调动和发挥基层卫生人才在引领和服务乡村振兴、推进健康泰安建设中的重要作用。

12月13日，市政府办公室印发《泰安市工业企业技术改造扶持政策》，主要内容涵盖技改综合奖补政策、项目建设扶持政策、高质量发展扶持政策等，确定对各县（市、区）和功能区实行工业企业技术改造综合奖补；对在泰安市行政区域内注册、具有独立法人资格且符合相关标准的工业企业实施奖励，发挥技术改造在促进全市工业转型升级中的重要作用，推动实施一批技术改造重大项目，确保全市工业经济平稳运行和高质量发展。

12月31日，市政府办公室印发《泰安市全面推进生育保险和职工基本医疗保险合并实施方案》，遵循“保留险种、保障待遇、统一管理、降低成本”总体思路，通过明确参保范围、明确缴费比例和缴费基数、保障生育保险待遇、规范享受待遇条件、加强医疗服务协议管理、完善生育医疗费用支付方式、提升经办服务水平、增强制度保障能力等措施，全面推进两项保险合并实施，实现两项保险参保同步登记、基金合并运行、征缴管理一致、监督管理统一、经办服务一体化，强化基金共济能力，提升管理综合效能，降低管理运行成本。

12月31日，市政府印发《关于调整泰安市基准地价的通知》，明确调整范围、土地级别划定、基准地价内涵等方面的内容，并确定自2020年1月1日起施行新的基准地价。（臧　建）

综合协调服务

【概况】 2019年，市政府办公室坚持以习近平新时代中国特色社会主义思想为指导，紧紧围绕市委、市政府中心工作和全市经济社会发展大局，牢牢把握“参谋助手”角色定位，突出政务服务一个主业，抓好质量提高和效率提升两个关键，开展“自身建设强化年”活动，打造“讲政治、守纪律、勇担当、作表率”“全心跟党走”党建工作品牌，“服务民生、服务决策、服务落实”“用心做服务”政务工作品牌，打造高质量发展的运营中心、高效能辅政的管理枢纽、高标准工作的服务平台，以高效有序的工作运转助力新旧动能转换重大工程，为实现全市经济社会高质量发展作出积极贡献。获得“市直机关党建示范单位”“市直机关先进基层党组织”“市直机关党建课题调研优秀组织奖”等称号，通过“省级文明单位”复审。1人被表彰为“市直机关优秀公仆”，2人被表彰为“市直机关先进工作者”。坚持以机关党建规范化创建活动为抓手，以“主题党日”“微党课大讲堂”等平台为依托，开展“不忘初心、牢记使命”主题教育，推进“两学一做”学习教育常态化制度化。组织“永远跟党走　用心做服务”等主题党日活动12次，组织开展微党课大讲堂12人次，领导干部带头讲党课12人次。2人获得市直机关党建课题调研一等奖，3人获得市直机关党建课题调研二等奖，2人获得市直机关党建课题调研三等奖。（任志国）

【政务值班工作】 根据机构改革后面临的新形势、新任务，进一步规范政务值班制度，提升政务服务水平，组织做好工作日、双休日、节假日值班工作安排，完成市政府全年政务值班任务。重新梳理制定《市级领导带班工作制度》《市政府政务值班工作实用手册》等制度规范，研究印发《关于进一步加强值班工作的意见》。全国“两会”、庆祝中华人民共和国成立70周年活动期间，参与联合维稳值班，完成安保维稳任务。全年接听各类来电1.5万件，接收办理各类邀请函等函件300件，编发《市政府领导工作安排》246期，办理政府系统领导干部请假报备500人次。强化信息报告，妥善协调处置突发事件信息，全年接报各类突发事件信息33件，妥善协调处置徂徕山林场森林火灾险情、中天大厦燃气爆炸、岱岳区一氧化碳中毒等突发事件信息，向省政府总值班室核报、上报突发事件信息10件。推进视频会议系统升级改造，依托视联网建立视频调度系统，与省政府总值班室实现互联互通，每2周参加1次全省政府值班视频点名，保障省政府领导与市政府领导视频对话4次。加强对各县（市、区）值班工作的指导，重大活动、节假日期间对各县（市、区）值班工作提前安排部署，保障政府系统值班工作优质高效运行。11月，迎接国务院总值班室调研组对泰安市值班工作的现场调研，得到国务院总值班室领导的充分肯定。（武　杰）

8月9日，市政府办公室全体党员到泰山茶溪谷开展“做好政务服务 助力乡村振兴”主题党日活动（臧　建　供）

【会议活动服务】　全年组织市政府常务会议13次、市政府党组会议16次、其他各类会议52次；参加省级以上视频会议54次，市委、市人大、市政协及其他工作部门会议活动46个，起草、审核市政府专题会议纪要93个，全面完成会议数量较2018年压缩1/3的任务目标。完成第三十三届泰山国际登山节暨2019中国泰安投资合作洽谈会、第二届泰山粮油论坛、2019泰山国际文化论坛、2019泰山国际新闻出版合作大会、全国重点区域山东商会会长“泰山行”、第七届全国出版物馆配馆建交易会、与上海外国语大学战略合作、与省土地发展集团战略合作等政务活动560次。办理领导干部外出请假报备500人次、各类邀请函80件。（李　军）

【政务舆情信息】　编发《泰安政务信息》《要情快报》等82期，压减35.8%；上报省政府办公厅信息960篇，采用305篇，增长52.7%，省政府领导批示33篇；国办采用29篇，国务院领导批示7篇；印发舆情70期、180条；办理省转办舆情11件，市领导批示3件次；在市委办公室考核中，居市直各单位第一名，继续保持全省政务信息报送先进位次。（乔　强）

【政务督查】　年内，市政府督查室围绕市政府工作中心和领导关注的焦点、重点以及群众关心的热点、难点问题，强化执行抓落实、聚合发力促成效，推动政府工作报告确定的各项目标任务和市委、市政府为民办实事等重点工作的推进落实。迎接国务院第六次大督查、国务院农村人居环境整治大检查、全省经济社会发展综合督查、全省民生工作督查4项重点督查任务，未出现问题反馈和问责事宜，得到各级领导一致认可。抓好市委、市政府为民要办的10件实事督查落实，加强群众反映热点、难点问题办理，全年办理国务院“互联网＋督查”平台转办的重点问题线索3件、《问政山东》节目曝光问题20期、《问政山东》热线电话交办问题线索70件、“工作落实面对面”问题线索14期、网络舆情反映问题62个。开展秸秆督查、森林防火、假日旅游现场督查、群众温暖过冬等专题督查活动，做好全市精简督查检查考核、严肃财经纪律专项整治、省“八大战略”（新旧动能转换、乡村振兴、海洋强省、三大攻坚战、军民融合、打造对外开放新高地、区域协调发展、重大基础设施建设）任务分解督导等工作。加强市政府领导批示事项督查落实，办理市领导批示60件；同市人大、市政协沟通对接，联合到承办部门开展现场督查，全年办理人大代表建议156件、政协提案277件，满意率均为100%。（陈　超）

【政务公开工作】　以提升政务公开质量为主线，推动决策、执行、管理、服务、结果“五公开”，做好信息发布、政策解读、平台建设，完善制度规范，以公开强监督、促落实、优服务，提高政府透明度。年内，发布政府信息2.96万条；发布关于市政府或市政府办公室文件的各类解读材料170篇；制定出台《泰安市政府信息公开管理办法》；组织6个县（市、区）政府、3个管委会、32个政府工作部门主要负责人，通过《泰安日报》、市政府门户网站、“最泰安”、“今日头条”等渠道开设的“向社会承诺 让人民满意”专栏，围绕本职工作和重点任务全方位向社会公开承诺；在《泰安日报》、市政府门户网站公布省、市级管理的重点项目名称、责任人、责任单位。（高传庆）

【反走私工作】 调整和充实市打击走私综合治理领导小组，各县（市、区）、功能区明确打击走私机构和专人，建立完善各成员单位联络和协作机制。研究出台《2019年泰安市反走私综合治理工作要点》，分解为3个方面18项具体任务。组织“国门利剑2019”联合行动，开展打击整治“洋垃圾”走私、进口

2019年国外团组到泰安访问情况

表2

国籍及团队名称	领队姓名	到访目的	时 间
日本株式会社清新企业代表团	冈本浩	考察泰安市高新技术开发区，并就高新制造业产业园、环保、废旧轮胎处理、养老及电机生产制造等产业合作进行交流洽谈	2月28日至3月1日
澳大利亚友城麦克阿瑟地区代表团	帕特·法默	参加泰山国际登山节，开展经贸文化交流活动	9月4—8日
科威特驻华大使一行	赛米赫·伊萨·焦哈尔·哈亚特	参加泰山国际登山节，拜会市领导并就合作机遇开展交流	9月5—7日
日本和歌山县国际课访问团	山下善夫	游览泰山，体验泰山文化	9月10日
联合国DEVNET国际经济信息发展组织代表团	山县胜义	拜会市领导，并就在泰山区设立DEVNET山东事务总局事宜进行交流洽谈	9月23—26日
瑞典驻华使馆参赞及企业代表团	David	拜会市领导，并就在泰安相关投资项目进行洽谈交流	9月25—26日
韩国泰安郡代表团	贾世鲁	拜会市领导，考察泰安市经济社会发展情况，并就两市郡友好交流与合作事宜进行探讨	10月15—18日
阿曼苏丹等国驻华使节代表团	费尔南多·卢格里斯	友好访问并参观考察泰山	10月16—17日
韩国庆尚南道代表团	朴性镐	拜会市领导，并与泰安市开展文化交流	10月16—17日
美国康涅狄格州政府代表团	石嘉禄	考察世界自然文化遗产（泰山、岱庙）	10月17日
韩国济州道代表团	康起宗	访问泰安，游览泰山	10月17日
韩国全罗北道代表团	崔 焕	访问泰安，游览泰山	10月17日
意大利艾米利亚－罗马涅大区代表团	安德烈·奥兰多	访问泰安，游览泰山	10月17日
美中教育基金会、科罗拉多大学丹佛分校代表团	艾莲娜·琼斯	探讨开展教育合作交流事宜	10月23—24日
韩国庆尚南道代表团	金镇富	与人大进行交流并参观考察泰山	10月31日
马来西亚中国友好协会大学生代表团	亚米佳	开辟文化、青少年、教育等领域的交流渠道	12月8—14日

冻品整治等专项行动，针对重点领域和商品，保持高压严打态势，全市未发生重大走私案件。集中组织开展政策宣讲培训，为全市62家进出口企业130人讲解海关信用管理相关规定、企业认证相关要求，介绍海关通关一体化模式，引导企业开展认证工作。协调泰安海关、商务局等成员单位通过送政策上门宣讲培训会、开展外贸服务直通车等形式，给企业献计献策。组织召开座谈会、培训会等各类会议。签订责任书，压实职能部门的监管责任和县（市、区）、功能区属地责任。加大业务培训力度，举办由成员单位60人参加的反走私工作培训班，拓展反走私相关领域业务知识。协调各成员单位开展调查研究，完成调研报告3篇。加强打私信息报送工作，上报省打私办信息29篇，获得“全省反走私信息和网站建设先进单位”称号。借助“国际禁毒日”等有利时机，联合有关成员单位发挥新闻媒体的宣传作用，通过制作宣传展板、发放传单、解答群众提问等多种形式，提高全社会反走私防范意识，形成反走私工作浓厚氛围。在2019年度全省反走私综合治理考核中获得优秀等次。

（焦彦鹏）

【外事工作】　年内，外事办公室按照“因事定人、人事相符、任务导向、成果考核”总体要求，贯彻落实中央和省、市委关于加强外事管理特别是因公出国管理的政策规定，对全市所有党政机关、国有企事业单位人员全部实行计划管理，全年批准因公出国（境）团组81批214人次。接待乌拉圭东岸等国驻华使节代表团、科威特驻华大使代表团、韩国庆尚南道副知事代表团等团组16批149人次，其中副部级以上团组3批47人次。邀请泰安市日韩友城参加山东省国际友城合作发展大会各项活动，并在会议签约仪式上签署泰安市与韩国泰安郡《友好交流合作协议书》。推进与以色列特拉维夫市的友城合作洽谈，搭建泰安市与以色列信息共享平台。至年底，泰安市已与15个国家的21个城市建立友城关系或友好合作关系，与16个国家的55个社团、院校、医院等建立基层友好关系，缔结国际友好山关系4个。做好涉外邀请业务，办理17个国家210批489人次的涉外邀请，推进泰安市50家外向型企业与400家国外企业和公司进行商务洽谈、贸易合作。推广APEC商务旅行卡，开通微信“泰安市APEC商旅卡办理工作群”告知服务业务，建立重点外向型企业服务对象资料库，推行“一次办好”。至年底，为12家企业申办旅行卡40张，为13家企业办理借卡手续，助力泰安市企业开拓海外市场。

（伊　强）

【电子政务】　年内，大数据中心贯彻落实《数字山东发展规划（2018—2022年）》《数字山东2019行动方案》文件要求，推进“数字泰安”建设，精准聚焦数字政府、数字经济、智慧城市建设。①推进数字政府建设。完善政务云和政务网络体系，38个部门183个业务系统实现上云运行，“全市一张网”服务支撑能力基本形成。推进数字泰安（一期）项目，建设完成全市统一的政务大数据平台，开展数据资源共享会战，建设基础数据库和专题数据库，接入各部门数据4.5亿条。组织实施“省市联动、数据赋能”2019行动，形成简化获得电力、简化中小学入学等典型应用案例。推进“爱山东”APP泰安分厅建设，完成市级30项、区县70项政务服务高频事项、54项重点应用接入和7项电子证照“亮证”，加快打造全功能“掌上一窗”。升级开发“全程留痕监督、限时办理办结”新一代桌面办公系统，营造优质高效政务环境。完成安可替代设备部署安装任务，是全省100%完成全面部署工作的三个地市之一，受到省委办公厅领导的表扬。②推进数字经济发展。开展全市数字经济情况调研。组织申报省级数字经济示范园区，泰山神农智谷大数据产业园被评为省级成长型数字经济园区，新泰经济开发区数字经济园区入选省级数字经济园区库。报送应用展示案例，组织企业参会参展，加大对外宣传力度，促进企业发展。③推进智慧城市建设。组织完成智慧城市建设调研和省新型智慧城市建设试点城市申报工作，新泰市入选新型智慧城市建设试点名单。争取2019年度数字山东专项资金100万元。配合有关部门，完成华为城市云中心、华为软件云、华为云大学等项目，推进AI开放平台（商汤·泰山超算中心）建设。

（曹　磊）

【政务服务热线管理】　全年“12345”热线平台共受理群众来电64.9万件，接通率达到93.19%，回访率100%。树牢“服务民生、服务决策、服务落实”工作理念，加强知识库维护管理，定期进行业务培训，强化受话人员能力提升，高质量完成政务服务热线受理工作。以“一个办法三个保障”（《泰安市“12345”政务服务热线运行管理暂行办法》及工作考核办法、督办暂行办法、监督问责办法3个配套文件）工作制度体系为指导，梳理汇总群众反映强烈的重点、难点、堵点问题，组织有关部门及时召开推诿扯皮事项问题研判会议，并建立工作台账，明确责任部门和完成时限，全年共召集有关部门集中研判10次。定期对“12345”热线群众来电受理情况和承办单位办理情况进行分析，编发《日报》336期、《周报》50期、《月度情况通报》12期，确保群众反映问题得到有效解决，群众满意率达94.31%。创新督办模式，增加一把手通报制度，全年累计向部门主要负责人发送通报短信20条。建立办结销号台账，按期答复率（办结率）达99.00%。组织59个部门（单位）参加“服务民生面对面”部门（单位）主要负责人“12345”热线接听活动，现场接听群众来电近500件，部门（单位）主要负责人现场答复304件。开办全市首档电视问政节目《工作落实面对面》，13个部门参与节目录制，开展“回头看”2期，累计曝光各类突出问题261件，整改落实212件，群众反映强烈的突出问题得到有效解决。对3300个“两新”组织党建情况进行电话问访，协助市委组织部摸清工作底数。从企业、党员干部、群众中选取评议代表5015名，通过网络投票形式，完成对101个部门、单位的政风行风测评评议。

（周小龙）

【《泰安市人民政府公报》编发】 根据中央、省关于政务公开要求，开展《泰安市人民政府公报》编辑、印刷、发行工作，总发行29期，年内发行4期，对全市4000个各级行政事业单位、村居（社区）等进行免费投递。

（王海青）

决策服务

【概况】 年内，市政府研究室及时把中央决策部署和省委、市委工作要求以及政府的工作安排，转化为谋划发展的新思路、新举措、新部署，立足本职工作，开展调查研究、决策服务、政策解读和业务培训，各项工作取得新突破。做好山东省政府研究室和陕西省政府研究室等部门调研组接待、协调以及材料报送交流工作，承担完成《山东经济战略研究》等刊物的联络供稿和订阅工作。

【文稿起草】 组织起草《政府工作报告》，完成市委经济工作会议讲话等重要会议、专业会议、重要公务接待活动场合的领导讲话、汇报、致辞等各类文字材料200份，有效文字量100万字。

【调查研究】 围绕市委、市政府重点工作，开展调研活动，形成一批质量较高的调研成果，努力做到调研出精品、成果进决策。印发《2019年度全市政府系统重点调研课题和专项调研课题分工的通知》，确定重点调研课题12项、专项调研课题62项，已全部结题。形成的《泰安市化工产业发展情况调研报告》获山东省政府系统优秀调研成果一等奖，所提建议直接进入市委、市政府决策。组织全市政府系统调查研究和写作知识培训班。

【决策咨询】 紧盯理论研究前沿、全市工作动态、外地先进经验和市内典型实例，围绕营商环境优化、乡村振兴战略实施、“放管服”改革、生态环境保护等市委、市政府中心工作，编发《决策参阅》10期，得到市委书记崔洪刚、市长张涛批示。

（白　帆）

人事人才

【概况】 坚持“四个工程”（“促引培优”“强基筑巢”“校地合作”“人才安居”）承载，打造近悦远来的人才高地。优化人才服务，强化人事管理，实现人才服务全程帮办、人才就业全程追踪、职业生涯全程培训、引进业务全程网办，营造拴心留人的人才发展环境。

【人才队伍建设】 开展“促引培优”工程，实施“十大产业顶尖人才”项目和“百名行业领军人才”遴选，采取“以赛代评”方式，策划实施首届“智汇泰安·创赢未来”高层次人才创新创业大赛，评选引进59个获奖人才团队项目，奖励资金465万元。出台深化泰山英才领军人才汇聚行动实施意见，做好省级以上人才工程申报工作，对入选省级以上人才工程的人才团队，按国家或省补助、奖励额度给予1∶1配套。“金十条”（实施顶尖人才集聚计划、实施高端人才培育计划、实施智汇泰山兴业计划、实施引才特别支持计划、构建创业创新平台、构建成果转化平台、构建多元投入平台、打造人才服务联盟、实施人才安居工程、建设人才休养基地）出台以后，全市引进培育省级以上高层次人才150人，自主培养入选包括4名国家“万人计划”专家、19名泰山产业领军人才在内的省级以上人才工程人选60人，入选“齐

3月14日，泰安市外来高层次人才座谈会召开　　（沈红叶　摄）

鲁杰出人才提名奖”1名。制订出台关于实施“泰汶专才”计划助推新旧动能转换若干措施，依托驻泰安高职高专和各类职业中专，通过优化专业设置、搭建产教联合培养平台，加大激励扶持力度等方式，“订单式”“冠名式”培养高技能人才。开展强基筑巢工程，高标准打造“泰山创新谷”，搭建创业创新、成果转化、多元投入三个平台，初步形成创新链条全面、管理运行高效的“一谷三平台”支撑体系。印发“双50强”企业“一企一平台”建设行动方案，加快推动平台提档升级。至年底，泰安市入选省制造业创新中心1家、省级工程实验室（工程研究中心）11家、省企业技术中心10家、省院士工作站8家、省博士后创新实践基地4家、齐鲁技能大师特色工作站2家、省级乡村振兴专家服务基地2家、省级专家服务基地1家。开展校地合作工程，建立校地合作联席会议制度，实现校地联合科研攻关、平台载体共建共享、人才联合培养、科研成果就地转化。市政府与山东科技大学、青岛大学开展战略合作，泰山复合材料产业技术研究院、泰山纺织服装产业技术研究院成功运营，北京航空航天大学科技园、泰山科技学院、泰山商学院等相继落户泰安并加紧建设。其中，泰山科技学院实现当年建设、当年招生。开展人才安居工程，完善党委联系服务专家工作体系，深化拓展“弘扬爱国奋斗精神、建功立业新时代”活动，建立重大节假日走访慰问专家制度，强化政治引领和政治吸纳，推动引人才和得人心有机统一。着眼解决好人才住有所居问题，高标准建设人才公寓100套，已完成主体工程。发挥泰安“山好水好空气好”优势，建立泰山高层次人才休养基地，畅通高层次人才服务绿色通道，继续为高层次人才发放“人才金卡”“人才证书”。深化人才领域“一次办好”改革，加快推进人才服务事项流程再造，探索建设“泰山人才在线”网站，让数据多跑路、人才少跑腿，构建近悦远来、拴心留人的良好生态。　　（王　雷）

【人才引进】　落实人才服务补贴，推动“金十条”政策落地，为889名重点高校本科以上毕业生发放补贴762.62万元，为265人发放技师职业资格培训补助67.45万元。建立完善高层次人才服务绿色通道，为85人发放“山东惠才卡”，为185人发放“泰山人才金卡”，为1190人发放高层次人才证书。建立高层次人才服务专员制度，为242人配备服务专员提供专属服务。

【专业技术人才】　新增山东省有突出贡献的中青年专家3人、省级博士后创新实践基地4个、省级专家服务基地1个、省级乡村振兴专家服务基地2个、省级专业技术人员继续教育基地1个。全市组建高评委5个，共评审通过高级职称950人、中级职称1739人。做好快递工程高级职称评定和新型职业农民职称评定试点工作，2人获评快递工程高级工程师，43人获评新型农艺师（中级）、277人获评新型助理农艺师（初级）。实行高级职称电子证书，实现高级资格证书网上打印。组织专业技术人员公需科目和专业知识培训9.5万人次。下放职称评审权限，以泰开集团为试点，自主开展工程技术中级和初级职称评审。实现全日制硕士研究生中级职称确认和外地调入人员专业技术职务资格确认工作即时办理。

【高技能人才】　出台《关于实施泰汶专才计划助推经济高质量发展的若干意见》《关于推进终身职业技能培训制度的若干措施》《关于全面推行企业学徒制的实施意见》《关于健全完善技能人才激励保障机制助推高质量发展的若干措施》，技能人才队伍建设政策体系进一步完善。实施高技能人才培养带动计划、“金蓝领”“新技师”等培训项目，全市培训949人，其中技师550人、高级技师399人。围绕服务全市“双50强”企业发展，推进“一企一平台”建设，新增齐鲁首席技师4名、齐鲁技能大师特色工作站2个。全市建立世界技能大赛国家集训基地2家、省级集训基地1家、国家级高技能人才培训基地2家、齐鲁技能大师特色工作室6家、省级技师工作站8家、市级技师工作站71家。新增高技能人才4480人，其中技师、高级技师638人，全市高级技能人才总量达到16.7万人。2家企业成为山东首批企业技能人才自主评价试点单位。创新开展专项职业能力考核工作，考核鉴定2.4万人，其中针对乡村人才振兴战略，进行专项职业能力考核1万人，位列全省第一。出台《关于开展职业技能提升行动的通知》，明确职业技能提升行动的目标任务、培训对象、培训主体和推进机制。开展首届乡村振兴技能大赛，5个项目160人参赛。举办第16届市级职业技能大赛，设焊工、电工、气象预报员等44个比赛，2000名选手参赛。

【人事代理】 提升人事代理服务水平，代管人事档案2.21万份，新增2636份；代理单位793家，新增57家。为43人办理退休手续，出具各类证明材料1万份。户口迁出5人。为事改企单位调整工资3600人次。为代理人员申报职称265人，其中初级职称32人、中级职称160人、高级职称73人。为831名流动人员办理流动手续，其中流入626人、流出205人。做好流动人才党员组织关系接转及登记工作，接转党组织关系98人次，其中转入2人、转出96人。

【事业单位人事管理】 坚持“公平公正，公开透明”，严格按照网上报名、笔试、资格审查、面试、考察、体检、公示、聘用工作程序，为全市招聘事业单位工作人员2112人，其中中小学教师1456人。创新招聘方式，为泰安一中、泰安实验中学招聘“双一流”建设高校毕业生22人，为泰安市特教中心招聘教师10人。做好机构改革后转隶人员工作关系调整、相关事业单位岗位设置等工作。在全省率先规范事业单位工作人员年度考核奖励，严格把关优秀档次比例和考核结果，考核事业单位工作人员和机关工勤人员1.53万人，其中2706人考核结果被确定为优秀等次。全市事业单位嘉奖奖励6651人、记功奖励499人，其中市直事业单位嘉奖奖励2498人、记功奖励185人。坚持“凡提必审、凡转必审、凡进必审”原则，对市直干部5300多卷人事档案不断分类和入档；帮助市直各部门、单位查阅干部人事档案400次，转递干部档案及审核调动人员档案300次，完成聋哑学校、育才学校划转人员档案审核工作。对市环保局371名划转和调动人员档案进行审核。做好事业单位工作人员辞职辞退人员备案，为事业单位40人办理辞职备案手续。做好全市非教育系统公派出国留学工作，公派出国留学4人。

【人事考试】 全年完成各类人事考试报名29项，报名人数5万人次；组织实施人事考试17项，参考人数5.4万人次，累计动用考点72个，考场1846个。全年办理各类人事考试证书1万本，受理各项证书补办申请150人次，实行证书邮寄上门和微信查询补办。健全人事考试制度，规范考试流程，梳理规范各类制度20项，编印《泰安市人事考试工作制度汇编》。以实现“安全考试、公平考试、科学考试”为目标，编写《考务规范化指导手册》，颁发“考务工作证”，加强人事考试巡视队伍建设。逐步完善智慧化人事考试体系，引入人脸识别系统，建成人事考试市级指挥平台，启用三级指挥平台遥感监控、二级数字化通讯模式，提高人事考试科学性、规范性。

【表彰奖励】 牵头做好2018年迎接国家卫生城市复审和全国文明城市创建表扬奖励工作，表扬国家卫生城市复审工作先进集体66个，给予140人记功或嘉奖奖励；表扬全国文明城市创建工作先进集体66个，给予137人记功或嘉奖奖励；表扬工作突出的乡镇（街道）10个。落实470名功勋荣誉表彰奖励获得者待遇，其中机关事业单位197人，企业、社会人员273人。走访慰问受到省委、省政府、省军区以上表彰的，特别是为泰安市经济社会发展作出突出贡献的60岁以上先进模范人物19人。对2017年8月8日以后不符合规定的评比达标表彰活动进行彻底清理。办理市政府提请市人大常委会决定任免工作人员事项4项、市政府任免工作人员事项32项，涉及300人次。

（米士伟）

行政审批和政务服务

【概况】 2019年，累计办理各类审批服务事项22万件，按时办结率达100%，群众满意率达99%以上。市行政审批服务局践行“以人民为中心”的发展思想，全力打造“泰好办”政务服务品牌，实现市民办事“泰（太）好找”“泰（太）省事”“泰

（太）快捷”“泰（太）满意”，先后获得全国政务大厅20佳优秀案例、山东省先进基层党组织、新时代泰山“挑山工”先进集体称号，连续14年被评为“省级文明单位”。

【推动制度创新】 告知承诺降门槛，在市场准入、项目建设、民生事务、社会组织等领域推行以申请材料容缺、具备条件由申请人承诺的方式办理审批事项，推出第一批实行告知承诺制事项清单。“三减一并”提效率，按照“减材料、减环节、减时限、并程序”的思路，对市级40个高频事项进行“三减一并”改革，共精简申报材料150个，减少审批环节44个，累计压缩审批时限367个工作日，合并程序27个，提出创新点105个，事项办理整体提速65%，并逐一制定实施细则，将改革成果用制度予以规范。

【深化流程再造】 市场准入领域，在全省率先试点“证照通办”改革，整合营业执照前置后置许可事项，统一受理同一层级、不同部门事项，实现证照并联办理，改革经验被省政府办公厅、省市场监督管理局发文推广。在建设项目审批领域，深入推进工程建设项目审批制度改革，通过容缺审批、告知承诺，推动审批方式信用化，实现“承诺提速”，创新推出“带方案出让用地”“方案联审”“项目许可登记”等制度，新增用地项目实现“拿地即开工”。“带方案出让用地”模式做法被自然资源部《部内要情》刊登介绍。在不动产登记领域，实行“联审联办”，70%的业务1个工作日办结，二手房转移登记3个工作日办结。在公共资源交易领域，线上推进“阳光采购”、线下强化“阳光管理”，完善线上平台建设，强化线下监督管理，公共资源交易更加公平、公正、公开，市交易中心被评选为“全国公共资源交易优化营商环境十佳机构”。

【推行“一网通办”】 构建“三端融合”网上政务服务体系。①互联网端。开通热点应用，将高频事项申报及便民查询功能纳入泰安市政务服务网，增加更多民生服务事项，实名注册人数14.47万人，居全省第2位。②微信端。完善“爱山东”APP泰安分厅，上线大厅排队预约、高频事项申报以及社保、不动产、公积金等多种查询服务，着力提升“掌上查”“掌上问”“掌上办”能力。③自助端。打造全省功能集成最多、数据汇聚最全、延伸部署最广的“泰好办”自助服务终端，在全市所有街道（乡镇）和89个重点社区（村）部署223台，可实现自助申报、便民查询、证明打印、自助缴费、视频连线、全市通办等6大功能，企业群众办事便利度大幅提升。

【提供“1+7”温情服务】 开展“从心出发、温情服务”一个系列活动，推行“规范服务、代办服务、周末服务、上门服务、延时服务、微笑服务、免费服务”七大服务。党建引领，党务、业务两手“一起抓”。实行窗口服务礼仪“八步曲”、电话接听服务礼仪“五步曲”、物品摆放“六条线”管理。年内，双休日办理服务事项1.09万件，工作日延时服务563次，免费打字复印、免费邮寄为群众节省费用100万元。完善代办服务全流程规范化建设并印发有关规章制度、实施细则，持续推进贴心代办服务，在企业开办、投资建设项目、不动产登记、社保服务等领域，为重点项目、“双50强”企业、高层次“持卡人才”、老弱病残孕等特殊群体提供全流程代办服务，全年共代办27个重点项目300项审批手续，为特殊群体提供300次代办服务。

【构建监督管理体系】 建立以《政务服务中心窗口考核管理办法》和《政务服务大厅巡查制度》《窗口服务投诉制度》《“背对

10月8日，泰安市美家科技项目“拿地即开工”暨泰山区秋季重点项目集中开工仪式举行（王文静 摄）

背”评议制度》《服务对象回访制度》4个配套制度为内容的“1+4”考核管理体系，实行周考核、月通报制度。建立“线上＋线下”“厅内＋厅外”“内部＋外部”立体式评价机制，为企业群众监督提供“多样渠道”。建立政务服务网评价专栏、完善“掌上评”系统、在大厅显著位置张贴评价二维码。采取一事一评、现场评价、民主评议、电话评价等形式，在大厅内广泛征求意见建议。邀请人大代表、政协委员开设专门的监督窗口。面向社会开展“金点子”征集活动，提升群众参与监督的积极性，让监督成为政务服务水平提升的“助推器”。（于　铖）

应急管理

·安全生产监督管理·

【概况】 在全省率先出台《党政领导班子成员安全生产职责清单》。市政府每月督导1个重点行业领域，先后对危化品、建筑施工等领域开展督导。推进安全生产“网格化实名制”管理，在5085家企业张贴、悬挂监管责任公示牌，逐一明确属地、主管、专业及直接监管人员。推进安全生产领域“放管服”改革，梳理认定、规范权责清单383项，逐一优化审批流程，强化事中事后监管。启动实施泰安城区行政区域安全风险评估工作，安全发展示范城市建设步伐不断加快。深化“安如泰山”科学预防体系建设，强力推进风险隐患双重预防体系建设，1002家重点企业运行日趋规范，800家小微企业全面推开。精准整治事故隐患，打好矿山、危险化学品、道路交通、建筑施工、特种设备等重点行业领域专项整治组合拳，开展烟花爆竹百日集中整治、城镇燃气整治等治理行动，累计排查治理事故隐患6.3万项。泰安市聘请省级专家参与、抽调执法人员异地执法、推进工矿商贸领域精准整治的做法在全省推广。坚持明察与暗访相结合，持续开展专项检查、异地执法、集中执法、突击夜查等行动，保持“打非治违”高压态势。年内，全市应急管理系统共执法检查企业1.02万家次，立案结案297起，行政罚款597万元。全市安全生产形势保持持续稳定，全年发生各类生产安全事故26起，死亡21人，分别下降10.34％、8.70％，未发生较大及以上生产安全事故。

【安全生产责任落实】 制定《泰安市党政领导班子成员安全生产职责清单》，明确市委常委、市政府领导班子成员安全生产职责。在元旦、春节、全国“两会”、汛期、“利奇马”台风、中华人民共和国成立70周年等重要时段，采取包保督查、值守备勤、执法检查等措施，防范各类事故发生。调整充实市安委会及13个安全生产专业委员会，对油气管线、建筑施工、教育等10个领域开展月督导，督促整改隐患问题1300项。推进安全生产“网格化实名制”管理。

【精准整治】 危化品领域，制定加强危险化学品行业安全监管10项措施，每两月开展一次警示教育；完成18家企业一级、二级重大危险源数据采集上传，实现实时在线监控；委托中介机构分批对61家企业开展“诊断式”安全检查，排查整改事故隐患1216项。全面加强非药品类易制毒化学品监管，推进加油站安全专项整治。烟花爆竹领域，强化源头管理，控制审批数量，全市零售点较往年减少50%，推行批发企业连锁经营和直营，继续减少零售点，提高安全经营标准。工矿商贸领域，开展非煤矿山、冶金有色、涉氨制冷、涉爆粉尘、有限空间（外来施工）等重点行业领域的精准整治集中行动，检查企业321家次，发现各类问题隐患4353项，对116家企业的301项违法行为进行立案查处。牵头开展城镇燃气安全专项整治，排查整改安全隐患1.4万项，取缔非法充装液化气点5处，没收超期或不合格钢瓶1400个。会同有关部门开展建筑施工、道路交通、人员密集场所、特种设备、一氧化碳中毒、未成年人防溺水等行业领域的精准整治。

【执法监察】 组织开展危化品专项检查和工贸行业异地执法专项行动。实施“四不两直”（不发通知、不打招呼、不听汇报、不用陪同接待，直奔基层、直插现场）突击暗查暗访、夜查活动和应急预案现场紧急拉动80次。严厉打击非法违法行为，开展应急预案管理、应急演练、安全生产培训“三到位”执法检查活动。全面实行安全生产执法检查“双随机一公开”，执法检查企业579家次，下达《现场检查记录》363份，下达《责令限期整改指令书》238份、《整改复查意见书》216份，发现各类安全问题和隐患5532条，立案33起，罚款112.83万元。

【基层基础建设】 推进安如泰山科学预防体系建设和双重预防体系建设，委托中介机构对204家企业双重预防体系运行情况进行抽样评估，对12家小微企业开展双体系建设辅导工作。举办全市双体系骨干人员业务素质提升培训班。制定印发《全市城市安全发展重点工作推进方案》，梳理重点工作任务75项，启动实施泰安城区规划区安全风险第三方机构评估工作。严把培训考试关口，考核发证“三项岗位人员”（生产经营单位的主要负责人、安全生产管理人员、特种作业人员）3.32万人。开展安全生产“七进”（进机关、进企业、进学校、进社区、进农村、进家庭、进公共场所）等活动，依托安全体验馆推动安全教育由“说教式”向“体验式”转变。组织第18个安全生产月活动，开展宣传咨询日、警示教育等多项活动。（田　野）

·应急救援·

【概况】　建立全市以综合性消防救援队伍为主力、以专业救援队伍协同配合、以社会力量为辅助的应急救援队伍体系。制订2019—2021年三年应急演练计划，举办全省森林火灾空地一体化大型综合实战演练。编制安全生产、自然灾害应急救援手册。组建447人专家队伍库。加快推动泰安航空护林站项目和泰山区域森林火灾应急能力建设项目实施，对上争取资金8900万元。在全省率先完成10处直升机停机坪建设任务。做好防御“利奇马”台风应对工作，有效应对多起地震事件。

【应急救援制度机制】　制定自然灾害和生产安全事故应急救援联动机制。召开全市应急救援联动联席会议，部署重点工作任务。联合泰安军分区、泰安陆军预备役高炮团等部队，建立军地协作机制和信息通报制度。与公安局、卫生健康委员会、泰山火车站、泰安高铁站等20个部门单位建立工作联系机制。制定《自然灾害预警信息发布宣传方案》《舆情应对处置方案》，建立定期发布生产安全事故和自然灾害灾情分析报告制度。同省通用航空协会、山东特勤工程机械救援总队、山东国泰科技有限公司等机构启动战略协作，与上海金汇通航签署航空应急救援战略合作服务项目。同铁塔公司无人机项目、泰安永安劳保用品有限公司、泰安腾达文化餐饮管理有限公司等初步达成24小时有偿服务合作意向。制定市应急指挥中心和新闻发布室建设方案，依托智慧安监平台组建全市应急救援指挥系统。

【应急救援力量】　开展全市应急救援队伍战斗力评估，编制安全生产、自然灾害应急救援手册。依托消防战勤保障大队建立100人的市级森林消防专业队伍，为驻泰安部队配备600人的应急救援装备，支持华阳集团等企业建设专业救援队伍。推动泰安航空护林站项目和泰山区域森林火灾应急能力建设项目实施，推动2个项目列入2020年中央预算内投资项目，对上争取资金8900万元。协调市委编办批复设立泰安航空护林站、泰山区域森林火灾应急能力建设管理中心2个事业单位，分别核定编制15人、10人。推进省森林火灾应急救援中心在泰安市的选址及人员配置等工作，建成10处直升机停机坪。组建447人的自然灾害、安全生产、综合减灾及应急救援类专家库。

【应急预案体系】　编制全市应急预案框架体系“一张图”，对《泰安市突发事件总体应急预案》等总体预案和《东平湖洪涝灾害应急救援预案》《泰安市处置泰山景区森林火灾应急预案》《泰安市处置徂徕山林区森林火灾应急预案》等专项预案进行修编。

【应急实战演练】　编制2019—2021年3年应急演练计划，先后开展全省森林火灾空地一体化大型综合实战演练、全市危化品事故应急救援实战演练、东平湖防汛抢险应急救援实战演练，督促、配合有关单位组织开展各类应急演练1161场次。

【突发事件应对】　编制《应急值守工作手册》，实行值守、应急“双值班”。积极应对春节、清明节、“五一”劳动节等森林防灭火重要节点，及时处置山林火情和突发事件10起。全力做好防御第9号台风“利奇马”应对工作，完成市级灾情续报20次。印发《泰安市地震事件处置工作流程》，有效应对地震事件3起。（田　野）

·防灾减灾救灾·

【概况】　建立《泰安市自然灾害灾情会商制度》。开展全市地震监测台站运维情况普查，实施周、月、年度地震趋势会商。督促有关部门开展自然灾害隐患排查治理，对全市399个灾害风险隐患点逐一落实管控措施、监控责任人。编制《泰安市市级救灾物资储备三年规划》，初步建立生活救助等7类应急物资社会化保障和供应机制。建立实施泰安市灾害民生综合保险制度。全面完成“温比亚”台风灾后重建任务，指导灾区全力做好“利奇马”台风紧急救助工作，全市紧急转移安置人口797人。

【灾害监测预警】 建立《泰安市自然灾害灾情会商制度》，每月开展1次联合会商，先后就做好防范雷电天气、山洪灾害、强对流天气、地质灾害、“利奇马”台风等发出预警。开展全市地震监测台站运维情况普查，完成周、月、年度地震趋势会商。全面实施国家地震烈度速报与预警项目建设，完成55个一般站选址、3个新建基本站的摆房建设，2个改建基准站启动土建工作。完成10个全省农村民居地震安全示范户申报和6个省级、16个市级地震科普示范学校创建工作。

【灾害应对防治】 组织开展自然灾害隐患排查治理，对全市399个灾害风险隐患点逐一落实管控措施、监控责任人。修订完善泰安市地质灾害易发区分布图、泰安市及周边地区地震断裂带分布图以及泰安市防洪工程位置图，完成全市森林火灾应急救援数据库信息采集与导引图制作工作。做好应急避难场所标识牌、指示牌维护工作，新增方向性指示牌31个、应急避难场所标识牌15个。推动泰山引水上山工程三期项目列入省重点资金扶持项目，启动泰山防火道路、消防无人机中队、国泰科技新型灭火材料研究重点项目。

【救灾物资储备】 开展全市应急救援队伍和物资装备情况资源普查，编制《泰安市自然灾害和安全生产事故应急救援手册》《泰安市自然灾害救助保障人员通讯录》。出台《关于市级救灾物资调运工作的会商纪要》，明确市级救灾物资调拨的职责划分和调运程序。加强与发改、财政、民政等部门会商，确定保障紧急转移安置1.2万人的市级救灾物资储备规模，编制《泰安市市级救灾物资储备三年规划》。统筹社会资源，初步建立生活救助、机械救援、油品供应、应急照明等7类应急物资社会化保障和供应机制，与有关企业签订救灾物资社会化储备和供应协议。

【灾后重建和灾后救助】 完成“温比亚”台风致灾的房屋、水利、农业、畜牧、交通等灾后重建任务。下拨中央自然灾害救助资金500万元，争取省级救灾资金930万元，救助受灾困难群众1.91万户、5.09万人。“利奇马”台风过境期间，指导泰安高新区高标准建立受灾群众集中安置点，妥善解决转移安置群众的生活困难。下拨救灾资金700万元，指导县（市、区）开展受灾群众基本生活救助工作。全面实施灾害民生综合保险工作，接受民生类报案317件，赔付196户、327万元。

【灾情信息管理】 依托市应急指挥系统，构建救灾物资存储、社会化储备等内容的综合信息管理平台。建立市、县、乡、村4级灾害信息员队伍。组织开展县、乡两级灾害信息员培训班。完成2次低温冷冻、3次风雹、1次旱灾和“利奇马”台风的报灾工作。开展综合减灾示范区创建，推荐“全国综合减灾示范社区”2个、“全省综合减灾示范县（市、区）”1个、“全省综合减灾示范社区”9个，确定11个市级综合减灾示范社区。

【防灾减灾宣传】 举办“5·12”国家防灾减灾日集中宣传活动。建立泰安市灾害民生综合保险公众号，宣传灾害民生综合保险政策，发放“明白纸”150万份，张贴海报2000张。举办培训班5期，培训业务骨干1000人，向4000名工作人员发放服务手册，提高各级工作人员的业务水平。开展森林防火和防范一氧化碳中毒入户宣传工作。（田　野）

·消　防·

【概况】 全市消防救援队伍忠诚履职尽责，抢抓发展机遇，加快改革转型，完成各项任务目标。支队完成抗击台风“利奇马”、“7·02”徂徕山林场山火扑救、“7·27”邱家店深井救援等急难险重任务，全市连续18年未发生较大以上火灾事故，泰山景区连续29年未发生古建筑火灾。支队主动与市政府及职能部门对接，建立队伍联动、系统融合的应急联动联调机制，年度工作被纳入市直单位绩效考核范畴，政令畅通、规范有序、运转高效的消防工作格局在全市逐步确立。支队先后探索创新集中核查、消防巡查、执法数据化考评等有效措施，“公消联勤”九小场所（购物场所，餐饮场所，住宿场所，公共娱乐场所，休闲健身场所，医疗场所，教学场所，生产加工企业，易燃易爆危险品销售、储存场所）监管模式得到消防总队主官批示肯定。支队连续17年被评为“省级文明单位”，泰山中队再次获得“十大模范齐鲁消防集体”“新时代泰山挑山工十面红旗”称号，先进事迹在全市巡回宣讲。1人被部局表彰为“全国优秀共产党员”，1人被消防总队评为“十大齐鲁消防建功标兵”，1人被市政府评为“全市道德模范”，获得三等功以上奖励人员25人。

【思想政治工作】 支队开展“不忘初心、牢记使命”主题教育和“学训词、铸忠诚、创新业、立新功”主题教育，举办大队级正职以下党员干部轮训班，赴“挑山工”教育基地、徂徕山起义纪念馆等地开展“初心·使命”党日活动6次，引导指战员牢记初心使命，永葆忠诚本色。组织授旗训词1周年座谈会、“让旗帜高高飘扬”纪念演出等主题活动近20项，拍摄制作《足迹》微电影，教育指战员把“训词精神”转化为整装再发的不竭动力。应急管理部、部消防救援局、总队先后3次简报刊发支队主题教育工作做法，主官署名文章在《应急管理报》主要版面登载，指战员创作的《献歌祖国》快闪，被《新闻联播》等主流媒体报道。支队注重能力素养培训，以“三长三员”（支队长、大队长、中队长，政治委员、教导员、指导员）为抓手，分类举办大队长、政治教导员能力比武4次，先后组织8批120名指战员赴全国先进单位、专业培训机构学习培训。举办纪念“泰山卫士”授称9周年活动，深挖在平凡岗位上埋头苦干、默默奉献的先进典型事迹，以凯旋仪式、事迹展播、免费疗养等形式，表彰在比武竞赛、安保工作中涌现出的“尖兵骨干”“安保之星”。

【消防队伍建设】 以“五个不发生”（不发生政治性问题、不发生亡人责任事故、不发生酒驾案件、不发生严重违法违纪、不发生自杀事件）为目标，开展百日安全创建、从严管酒治酒等专项整治活动，对各类安全隐患深挖细查，堵漏补缺。建立队伍、家庭共管共育的闭环机制，指战员公差勤务、轮休休假期间，由管理单位和家属双向沟通、双向报备。支队出台涉酒案件执纪问责、家属助廉机制、公务用车管理等规章制度，推动“两个责任”（党委主体责任、纪委监督责任）落实落地，开展执法腐败、“三个自查”（查接待伙食开支、查公寓住房管理、查公务用车管理）等专项行动，委托第三方市场调查机构开展执法质量调查，累计回访2600人（次），征集意见建议、整改措施200条。开展审计监督工作，强化“三重一大”资金领域事项审计前置，审计整改问题31条。支队紧盯战斗力生成关键要素，分类组建高层建筑、石油化工、山岳救援、战勤保障4支专业队伍，探索“1+1+N”（1支战略作战队伍、1级消防中心队站和N个社会联动力量）全新队站布防格局。年内，在全省支队长、参谋长作战指挥能力竞赛中获得优秀等次，取得全省通信岗位比武第一名、全省岗位练兵对抗赛第二名的优异成绩。在全国首届“火焰蓝”比武中，支队承担的2项操法分别取得第二名和第六名。

【火灾防控】 坚持“以人民为中心”发展理念，提请市政府部署消防安全“工作落实年”活动，召开4次专题会议帮助破解瓶颈难题。推进消防执法“双随机、一公开”改革试点，在落实各项规定动作的基础上，部署群租房、户外广告牌治理等“自选动作”6个，建立支队主官及党委常委带队“每周夜查”制度，从根本上解决辖区情况底数不清等问题。提请市政府印发《消防救援工作职能部门联防联动机制》，实现公安、应急、消防三部门信息共享，并对12个行业部门火场处置职责进行详细划分。举办“消防安全宣传月”启动仪式，规范消防志愿服务，市委书记崔洪刚为志愿者服务队授旗。投资百万建成融媒体宣教中心，与央视、《应急管理报》等建立长期合作机制，在《齐鲁晚报》等3家媒体开设消防专栏，联合市教育局、市卫生健康委员会等9个部门开展“开学第一课”“隐患集中曝光”等活动。年内，全市各级共检查单位2.1万家，督促整改火灾隐患3.8万处，临时查封141家，责令“三停”93家，拘留50人，社会消防安全环境得到有效净化。

【后勤保障】 年内，60米云梯消防车、压缩空气泡沫消防车等9部高精尖车辆配发基层，地震救援、防汛抗洪装备模块及无人机、水下机器人等5000件套装备列装一线。3个消防站投入执勤，1个化工园区特勤站开工建设，2个消防站全面改造升级，1个消防站列入发展规划，事业发展基础更加坚实。紧盯指战员关切事项，建立家属来队、子女托管、训练标兵疗养、贫困指战员帮扶等常态工作机制，推出解决基层供暖、帮扶营房改建、购置专职人员御寒被装等暖心措施30件。

（李　波）

机关事务

【办公用房管理】 年末，市直行政事业单位办公区64个，建筑面积60万平方米，涉及党政机关及所属单位249个，指导6个县（市、区）及各功能区88个乡（镇）完成统计摸底工作，统计面积187.3万平方米。完善办公用房管理机制。严格执行办公用房申请审批制度，实现办公用房配置使用规范化。严格落实办公用房巡查制度，牵头开展办公用房违规使用专项整治工作，确保用房合理规范。

【公务出行保障】 严格公车审批调配管理，优化公务出行保障模式，全年保障公务出行1900台车次、19万千米。强化公车审批调配管理，严格审批车辆购置申请，严格落实公务用车更新配备申请标准。抓好重点项目保障，有力保障全省新旧动能转换现场会、泰安山水林田湖草修复项目建设等10项全市重点工作。协助市财政建立全市执法执勤用车信息化管理平台，指导各县（市、区）全面完成平台建设，全面建成公务用车“一张网”管理模式。

【后勤保障】 完成市政中心配电室改造、卫生间改造、绿化提升、消防及安防系统升级改造等重点工程建设。以筑牢安全生产防线为工作重点，落实主抓主管责任，确保市政中心安全态势保持平稳。强化日常管理服务，优化、拓展委托服务内容，会务、保洁、出行、办公用品、水电气暖维修等方面实现高度社会化，紧跟行业规范修订服务标准，规范服务保障工作，完成市政中心12.96万平方米的卫生保洁，保障大小会务2017次，完成小型维修任务1500次，满意率达100%。

【公共机构节能】 稳步推进垃圾分类，依托全市各级公共机构建立生活垃圾分类“46城万人志愿者”队伍。强化节能示范创建，培树公共机构节能示范单位。至年底，泰安市累计4家单位被评为国家级节约型公共机构示范单位，6家单位被评为省级节约型公共机构示范单位。抓好日常节能管理，持续开展“四节”（节水、节电、节气、节油）活动，提升节能意识，培树节能风尚。年内，全市公共机构人均能耗229.6千克标煤，单位面积能耗9.2千克标煤，分别下降4.8%、6.3%。全市公共机构能源消费构成比例中，电力、天然气所占比例稳步提升，煤炭（热力）消费比例逐年降低。

【服务保障】 资金结算方面，为51个结算单位办理结算业务3.8万笔，核算自有资金10.7亿元，审核国库授权支付资金17.1亿元；为各部门提供办公用品450种，价值60万元。生活服务方面，为市政中心和报业大厦干部职工提供餐饮服务40万人次，采购各类食材物资400吨，生活服务满意率达90%以上。

（周长坤）

信 访

【概况】 年内，各级“两会”、第二届“一带一路”国际合作高峰论坛、海军成立70周年海上阅兵、庆祝中华人民共和国成立70周年、中共十九届四中全会以及市里各类大型活动等重点敏感时期，全市没有发生有影响的信访问题。信访积案化解成效显著，泰安市积案化解的经验做法，在中央信访工作联席会议简报、省信访矛盾化解攻坚专刊上刊发，并在全省信访工作视频会议上作典型发言。市信访局连续7年保持“省级文明单位”称号，被省委、省政府评为全省“攻坚克难奖”先进集体、“全省中华人民共和国成立70周年安保维稳工作先进集体”，被省人力资源和社会保障厅、省信访局评为“全省信访工作先进集体”，被省信访局评为“人民满意窗口”单位。局机关党委被市委评为新时代泰山“挑山工”先进集体、“2019年度全市落实全面从严治党责任考核先进单位”。2人被评为全省信访工作先进个人。

【攻坚化解信访积案】 年初，省委作出信访积案化解部署，市委、市政府高度重视，市、县两级和市直部门领导干部亲自包案；市信访局全力做好案件梳理、分析研判、督导调度、协调服务等工作，积极为市领导决策当好参谋、为县（市、区）和市直部门提供服务。年内，10年以上、5—10年和5年以下信访积案完成省委确定的化解目标任务。

【开展越级访专项治理】 统筹推进“减存量、控增量、防风险”各项工作，狠抓信访问题及时解决、风险隐患就地管控，为完成各类重点敏感时期信访保障任务筑牢防线、打好基础。强化分析通报、实地督导、信访法治宣传、“三无”乡镇（街道）创建等措施，推进越级访专项治理、综合治理，全市信访形势趋稳向好，未发生大规模进京到省聚集上访、个人极端事件、舆论炒作事件等影响社会稳定的信访问题。

【提升信访事项办理质量】 市信访局以“创建人民满意窗口、争当最美信访干部”为载体，开展勇做新时代泰山“挑山工”主题实践、“不忘初心、牢记使命”主题教育、“机关作风提升年”等系列活动，全局干部“搭襻躬身挑重担、倾情倾力解民难”意识不断增强，有力推动信访事项“一次办好、群众满意”。年内，全市纳入满意度评价的信访事项，群众对信访部门和责任单位满意率均超过99%，列全省第一位。（叶 松）

编辑 校对 刘 凯

中国人民政治协商会议泰安市委员会

综　述

【概况】　2019年，市政协召开常委会议4次、主席会议10次；开展协商活动13次、专项视察15次，立案289件提案集中转交承办单位办理。围绕新旧动能转换等重点工作开展10大调研，市委、市政府主要领导作出批示肯定。市政协继续保持“省级文明单位”称号。

【汇智聚力】　①围绕新旧动能转换，开展重点课题调研。着眼旅游产业转型升级、电子商务健康发展等领域开展调研，提出加强政策引领、壮大龙头企业、打造城市品牌高地等建议；着眼发挥人才资源优势、政协界别优势、媒体融合发展优势开展调研，提出加强对上争取、搭建界别履职平台、强化媒体融合顶层设计等建议。②围绕重点工作落实，扛起推动经济发展之责。按照市委统一部署，市政协领导班子成员包保两个重点项目，带领工作专班实地调研督导，协调解决问题；联系12家民营企业、6家商会协会，帮助企业解决资金、政策、人才等实际问题。参与全市“双招双引”重点工作，完成年度招商引资目标任务。③围绕助推乡村振兴，寻求破解难题对策措施。开展美丽乡村建设调研，形成《推进农村人居环境治理的调研报告》，提出高位推动、规划引领、常态常效的工作建议。参与“万名干部下基层”活动，选派2名县级干部，分别担任驻泰山区、肥城市乡村振兴服务队负责人，实施道路提升、棚户改造、环境整治、精品旅游小镇建设等项目，推动扶贫攻坚和乡村振兴；全力支持两名市派“第一书记”工作，帮助肥城高新区、岱岳区道朗镇东西门村强党建、抓项目、兴产业、促脱贫、办实事，帮助所驻村改善通信设施、硬化道路、绿化荒山等。④围绕社会热点难点，参与社会治理。根据市委安排，市政协领导班子成员包保25件5年以上的信访积案，协助省政协领导包保泰安市20件10年以上的信访积案，包保信访积案得到化解。参与文明城市创建迎审工作，组织政协领导班子成员和工作专班包保的岱岳区粥店街道，加强调研检查，督促问题整改。⑤围绕民生持续改善，助力解决热点问题。开展养老服务、分级诊疗、幼儿教育等民生问题调研，提出政府主导、加大投入、“三医”联动等建议，得到部门响应。针对养老服务调研课题提出的建议，市民政、卫健、教育等部门积极行动，实施敬老院“四改一定”、建设医共体和医疗集团、城镇小区配套幼儿园整治提升等重点工程，推动有关民生问题解决。

【团结合作】　①完善团结合作机制。坚持政协党组成员联系民主党派制度，通过召开联席会议通报工作情况、听取意见建议，主动向各民主党派征集提案、会议发言和界别协商课题，为各民主党派、工商联履职建言创造条件。2019年，各党派团体提交大会发言27篇，占总数的60%；提交政协提案107件，占总数的37%。民建泰安市委获民建中央“脱贫攻坚先进集体”称号。②完善协商议政机制。完善以政协全体会议为龙头，以专题议政性常委会议为重点，以对口协商、界别协商、提案办理协商为常态的协商议政新机制，组织开展协商活动13项，为党政领导科学决策提供参考。③丰富文化联谊载体。围绕庆祝人民政协成立70周年，举办大型文艺演出。出版发行《泰安文史》1期，开展《风雨同舟·共铸辉煌》《文史集萃》文史书刊编撰工作，协助省政协开展《山河齐鲁多娇——山东概览》协作征编工作，编辑出版的《改革开放四十年亲历记》《勇立潮头——纪念改革开放四十周年》分获省政协文史书刊一等、二等奖。

8月8日，省政协副主席程林（前排右一）带领调研组到东平县，围绕加强沿黄生态建设，科学利用黄河资源重点提案进行督办调研，市政协主席周桂萍（前排右二）陪同调研 （李建树 供）

【务实创新】 ①完善提案办理机制。党政领导阅批、主席会议成员督办、党政督查室联合检查、政协考核表彰的提案办理机制更加成熟，政协领导班子成员参与重点提案督办面复，立案的289件提案全部办复。针对重点提案反映的完善交通网络、城市环境整治、建设生态泰安等方面的问题，市委、市政府有关部门高度重视，认真研究解决方案，妥善解决重点难点问题。经政协委员提案，市委、市政府改造提升的4条城市道路相继建成通车。②拓展民主监督形式。统筹运用委员视察、民主评议、反映社情民意、委员担任社会监督员等方式，加大民主监督力度。组织委员开展视察15次，向省政协、市委、市政府和有关部门报送社情民意信息120多条，组织287人次委员参与电视问政、政风行风评议等，帮助部门改进工作，促进党政决策部署的落实。③创新调查研究方式。制定印发《关于在市政协市级领导干部中建立调查研究“四不两直”工作制度的通知》，通过蹲点调查、座谈交流、明察暗访等方式，围绕10个新旧动能转换课题进行调研，形成调研报告10个，得到市委、市政府主要领导的批示肯定。

【重要活动】 **全国政协副主席刘奇葆到泰安调研** 4月10日，全国政协副主席刘奇葆率调研组到泰安，围绕大运河文化带建设进行调研。调研组一行实地查看东平县戴村坝和戴村坝博物馆，听取汇报并进行互动交流，详细了解戴村坝修建历史、功能作用、古运河河道保护、航道规划等情况。省政协主席付志方、副主席郭爱玲，市委副书记、东平县县委书记张涛，市政协主席周桂萍、秘书长魏武陪同调研。

省政协调研组到泰安调研 4月17—19日，省政协委员联络委主任高峰岗带领部分住鲁全国政协委员、省政协委员到泰安，就“培育壮大乡村文化队伍，促进乡村文化繁荣发展”专题进行调研。调研组一行先后到岱岳区道朗镇里峪村铂思民宿、粥店街道六郎坟社区剪纸培训、宁阳县蒋集镇彩山赋原创中心、宁阳县泗店镇蟋蟀博物馆、东平县州城街道南门村社区、彭集街道后围村等地进行实地调研。市政协副主席程明陪同调研。

省政协副主席王修林到泰安调研 4月18—19日，省政协副主席王修林带领社会法制委员会部分委员，到泰安进行“完善农村社会救助体系”专题调研。先后到肥城市困难群众救助中心、安临站镇站北村等实地调研，召开专题座谈会，听取市民政局等相关部门情况汇报。市政协副主席马纯勇陪同活动。

姜大明率全国政协调研组到泰安调研 4月21日，全国政协常委、人口资源环境委员会副主任姜大明率调研组，到泰安调研“推动传统制造业在升级改造中实现绿色发展”。调研组一行到泰山石膏有限公司，详细了解产品特性、生产工艺、品牌建设等情况，对企业资源综合利用成效予以关注。在山东康平纳集团公司，调研组详细了解企业发展历程、技术改造、工艺提升等情况。省政协副主席韩金峰，市委书记崔洪刚，市政协主席周桂萍陪同活动。

省政协调研组到泰安开展主题党日活动 5月28—29日，省政协常委、人口资源环境委员会主任刘建良带领调研组到泰安开展主题党日活动。调研组一行到泰安徂徕山烈士陵园和徂徕山抗日武装起义博物馆，重温徂徕山抗日武装起义红色记忆，接受革命传统教育，并在泰安市主题党日活动中心参观党建和泰山“挑山工”展览，同时视察岱岳区乡村振兴建设和山东农业大学的现代农业发展情况。市政协副主席姚霆陪同活动。

省政协副主席韩金峰一行到泰安市调研督导 6月18日，省政协副主席韩金峰一行到泰安调研督导泰安市信访积案化解工作情况，召开化解信访积案督导调度会议，听取有关信访案件情况汇报，并提出明确要求。市政协主席周桂萍，副市长赵德健陪同活动。

省政协增强科技创新能力调研组到泰安调研 8月1—2日，省政协常委刘梦海带队到泰安，围绕“增强科技创新能力，促进新旧动能转换”开展专题调研。调研组一行到中研复合材料产业技术研究院、山东泰盈科技有限公司、山东众志电子有限公司进行实地调研考察，详细了解各单位在科技创新方面的措施和成绩。市政协副主席徐恩虎陪同调研。

省政协调研组到东平县开展重点提案督办调研 8月8日，省政协副主席程林带领调研组到东平县就“进一步做好黄河滩区迁建工作，促进滩区可持续发展”重点提案进行督办调研。调研组实地考察东平县旧县乡时代新城社区、银山镇耿山口社区，并召开座谈会。市政协主席周桂萍、副主席徐恩虎陪同活动。

省政协副主席郭爱玲到泰安调研 10月25日，省政协副主席郭爱玲带领调研组，到基层政协联系点泰安市岱岳区和牵头负责的重点项目泰安华岳智能出版建设项目开展调研，实地到山东泰山茶溪谷农业发展有限公司、岱岳经济开发区政协委员联络室和泰安华岳智能出版建设项目调研了解情况。市政协主席周桂萍参加相关活动，市政协副主席张庆明陪同调研。

省政协副主席韩金峰到泰安调研 12月10日，省政协副主席韩金峰带领调研组到泰安调研泰安高新技术企业发展情况。调研组一行围绕“双招双引”和加快民营科技型企业发展，先后到肥城市瑞福锂业、征途信息、智慧能源、阿斯德科技4家企业，以及泰安高新区迈科珍生物科技、蓬勃生物、峰松电子3家企业走访调研，了解企业生产、科研和融资情况。市委书记崔洪刚，市政协主席周桂萍、副主席马纯勇参加有关活动。

省政协调研组到泰安调研 12月23日，省政协研究室副主任刘晓钟带领部分中央驻鲁媒体、省直主要媒体记者和省政协研究室宣传工作人员组成的采访团，结合“时代风采——委员履职进行时”主题宣传活动，在泰安开展“政协工作齐鲁行”集中采访活动，并召开座谈会。市政协主副主席程明出席活动。

（李建树）

重要会议

【市政协十三届三次全体会议】 4月1—3日，政协第十三届泰安市委员会第三次会议在泰山国际会展中心泰山会堂举行，应出席委员419名，实到391名。会议听取和讨论市委书记崔洪刚讲话，讨论审议并一致同意第十三届市政协常务委员会工作报告和提案工作报告。与会委员列席市十七届人大三次会议，听取并赞同展宝卫所作的政府工作报告及其他有关报告；大会收到提案323件、大会发言材料76份，10名委员作大会现场发言，35名委员作书面发言。大会补选姚霆为政协第十三届泰安市委员会副主席，补选王天宇、刘焕星为政协第十三届泰安市委员会常务委员。审议通过市政协十三届三次会议决议和提案审查情况的报告。市政协主席周桂萍在闭幕会上讲话。

【市政协常委会议】 2019年，市政协召开常委会议4次。

十三届十二次会议 3月27日举行，市政协主席周桂萍出席会议并讲话。会议传达学习全国、省“两会”和中共泰安市委十一届八次全会精神；审议通过关于召开市政协十三届三次会议的决定、会议的议程日程、常委会工作报告、提案工作报告及其他会议文件；审议通过市政协2019年工作要点、协商工作计划、政协委员“勇做新时代泰山‘挑山工’”主题实践活动实施方案、委员履职相关规定；审议通过增设农业和农村委员会，文史资料委员会、科教文卫体委员会更名及有关人事事项。

十三届十三次会议 4月2日举行，市政协主席周桂萍主持会议。会议听取市委组织部负责人关于人事选举事项的说明；协商审议政协第十三届泰安市委员会第三次会议选举办法（草案），有关人事选举事项，政协第十三届泰安市委员会第三次会议选举总监票人、监票人名单（草案），政协第十三届泰安市委员会第三次会议提案审查情况的报告（草案），政协第十三届泰安市委员会第三次会议政治决议（草案）。会议决定，将该次会议协商审议的内容提交全体委员讨论审议。

十三届十四次会议 4月3日举行，市政协主席周桂萍主持会议。大会组织组负责人汇报委员讨论组有关人事选举事项讨论酝酿情况；会议审议通过政协第十三届泰安市委员会第三次会议选举办法（草案），决定提交第三次全体会议审议；审议通过有关人事选举事项，决定提交第三次全体会议选举表决；审议通过政协第十三届泰安市委员会第三次会议选举总监票人、监票人名单（草案），决定提交第三次全体会议审议；审议通过政协第十三届泰安市委员会第三次会议提案审查情况的报告（草案），决定提交第三次全体会议审议；审议通过政协第十三届泰安市委员会第三次会议政治决议（草案），决定提交第三次全体会议审议。

十三届十五次会议 8月9日举行，市委副书记、市长张涛出席会议，就泰安市经济发展形势作专题报告，市政协主席周桂萍主持会议并讲话。会上，张涛全面总结上半年全市经济改革发展成就，分析存在的突出问题，科学研判国内外和省、市经济发展大势，明确提出“求突破、争一流”工作重点和措施6项。会议审议通过《关于加快全市养老服务发展的调研报告》和市政协《全体会议工作规则》《常务委员会工作规则》。

【市政协主席会议】 **十三届十八次会议** 2月21日召开，市政协主席周桂萍主持会议并讲话。会议传达学习省政协十二届二次全体会议精神；研究市政协十三届常委会工作报告；审议通过2019年工作要点。

十三届十九次会议 3月13日召开，市政协主席周桂萍主持会议并讲话。会议审议通过关于召开市政协十三届十二次常委会议有关事项，审议通过《政协泰安市委员会2019年工作要点（草案）》《政协泰安市委员会2019年协商工作计划（草案）》《关于表彰市政协十三届一次会议以来优秀提案、提案承办先进单位和先进提案工作者名单（草案）》《关于在市政协委员中开展“担当作为新使命、狠抓落实创佳绩，勇做新时代泰山‘挑山工’主题实践活动”的实施方案（讨论稿）》《市政协委员退出和暂停履职办法（试行）（草案）》《政协泰安市委员会委员履职工作规则（草案）》《关于设置政协泰安市委员会农业和农村委员会的决定（草案）》《关于政协泰安市委员会有关专门委员会更名的决定（草案）》，听取政协第十三届泰安市委员会第三次会议大会发言筹备情况汇报，审议通过有关人事事项。

十三届二十次会议 3月27日召开，市政协主席周桂萍主持会议并讲话。会上，审议通过关于召开政协第十三届泰安市委员会第三次会议的决定；审议通过关于召开政协第十三届泰安市委员会常务委员会第十二次会议的有关事项；审议通过政协第十三届泰安市委员会第三次会议议程、日程及有关事项；审议通过政协第十三届泰安市委员会常务委员会工作报告并推定报告人；审议通过政协第十三届泰安市委员会常务委员会提案工作报告并推定报告人；审议通过关于部分同志辞去十三届市政协委员职务的决定；审议通过政协第十三届泰安市委员会增补委员协商名单。

十三届二十一次会议 3月28日召开，市政协主席周桂萍主持会议，审议通过关于乔建博辞去十三届泰安市政协委员职务的决定（草案）。

十三届二十二次会议 4月2日召开，市政协主席周桂萍主持会议。会议研究召开政协第十三届泰安市委员会常务委员会第十三次会议的有关事项。市委组织部负责人就有关人事选举事项作说明。会议协商审议政协第十三届泰安市委员会第三次会议选举办法（草案），有关人事选举事项，政协第十三届泰安市委员会第三次会议选举总监票人、监票人名单（草案），政协第十三届泰安市委员会第三次会议提案审查情况的报告（草案），政协第十三届泰安市委员会第三次会议政治决议（草案）。会议决定，将该次会议协商审议内容提交市政协十三届十三次常委会议讨论审议。

十三届二十三次会议 4月3日召开，市政协主席周桂萍主持会议。会议研究召开政协第十三届泰安市委员会常务委员会第十四次会议的有关事项。大会组织组负责人汇报委员讨论组有关人事选举事项讨论酝酿情况。会议审议通过政协第十三届泰安市委员会第三次会议选举办法（草案），有关人事选举事项，政协第十三届泰安市委员会第三次会议选举总监票人、监票人名单（草案），政协第十三届泰安市委员会第三次会议提案审查情况的报告（草案），政协第十三届泰安市委员会第三次会议政治决议（草案）。会议决定，将该次会议审议通过的内容提交市政协十三届十四次常委会议审议。

十三届二十四次会议 4月16日召开，市政协主席周桂萍主持会议，会议研究确定市政协领导班子成员分工问题。

十三届二十五次会议 6月25日召开，市政协主席周桂萍主持会议并讲话。会上，传达学习习近平总书记在“不忘初心、牢记使命”主题教育工作会议上的讲话、省委“不忘初心、牢记使命”主题教育工作会议精神和全国地方政协工作经验交流会精神；审议通过《市政协十三届三次会议重点提案》；审议《关于加快全市养老服务发展的调研报告（讨论稿）》。

十三届二十六次会议 7月31日召开，市政协主席周桂萍主持会议并讲话。会上，集体学习习近平总书记重要讲话精神、省政协十二届常委会第八次会议和市委十一届九次全体会议精神；审议通过关于召开市政协十三届十五次常委会议的有关事项；审议通过《关于加快全市养老服务发展的调研报告》；审议通过有关规章制度。

十三届二十七次会议　12月17日召开，市政协主席周桂萍主持会议并讲话。会议集体学习中共十九届四中全会精神、中央和省委、市委政协工作会议精神；听取政协第十三届泰安市委员会第四次大会发言筹备情况和2019年度委员履职考核情况汇报；审议通过关于召开市政协十三届四次会议的有关事项；审议通过市政协《关于推进济泰协同发展，打造省会城市群先行发展区的建议案（讨论稿）》、市政协2020年工作要点（草案）；审议通过其他事项。（李建树）

政治协商

【协商计划】　为贯彻落实好全国、省“两会”和市委十一届八次全会精神，更好发挥政协协商民主重要渠道和专门协商机构的作用，2019年，在市政协开展重点协商活动13项。

【专题协商】　2019年度专题协商由市政协办公室和相关专委会共同组织开展，市政协主席或主席委托的副主席召集并主持。①推进济南泰安协同发展，打造省会城市群先行发展区。由市政协经济委牵头，主要协商单位是市发展改革委。②加快推进全市养老服务发展。由市政协社会法制和民族宗教委牵头，主要协商单位是市民政局、市发展改革委、市财政局。

【对口协商】　由相关专门委员会负责组织开展。①持续改善农村人居环境。由市政协人口资源环境委牵头，主要协商单位是市农业农村局。②推进全市民办教育事业健康发展。由市政协教科卫体委牵头，主要协商单位是市教育局、市财政局、市人力资源和社会保障局、市自然资源和规划局、市住房城乡建设局。③加强全市基层卫生计生人才队伍建设。由市政协教科卫体委牵头，主要协商单位是市卫生健康委、市委组织部、市委编办、市发展改革委、市教育局、市财政局、市人力资源和社会保障局。④培育夜间旅游业态，做大泰安夜间旅游经济。由市政协港澳台侨和外事委牵头，主要协商单位是市文化和旅游局。

【界别协商】　由相关界别活动组负责组织开展，市政协相关专委会协助。①发挥社会力量优势，创办泰山精品赛事活动。由民革泰安市委牵头，主要协商单位是市体育局。②城镇化进程中农村“空巢家庭”养老问题。由民盟泰安市委牵头，主要协商单位是市民政局、市财政局、市人力资源和社会保障局、市农业农村局等。③推进全市中小学生营养改善计划。由民建泰安市委牵头，主要协商单位是市教育局、市卫生健康委。④重视利用大数据，推进泰安经济社会发展。由九三学社泰安市委牵头，主要协商单位是市委网络安全与信息化委。⑤充分发挥政法部门职能作用，为民营企业发展营造良好法治环境。由市工商联牵头，主要协商单位是市司法局、市法院。

【重点提案办理协商】　①关于加快泰安城区新热源厂建设的建议。由市政协经济委、提案委牵头，主要协商单位是市住房城乡建设局。②关于加强全市小区物业管理工作的建议。由市政协人口资源环境委、提案委牵头，主要协商单位是市住房城乡建设局。（李建树）

参政议政

【调查研究】　2019年，市政协把助推新旧动能转换系列调研作为履职重点，紧扣市委新旧动能转换决策部署，精心遴选养老服务发展、济南泰安同城化发展、分级诊疗制度落地等10个调研课题，由主席、驻会副主席牵头，相关委室承办，按照“四不两直”要求进行调研，形成调研报告10份，其中养老服务发展和济南泰安同城化发展两个调研报告经市政协常委会议审议通过。①推进全市养老服务发展专题调研。4—7月，市政协社会法制和民族宗教委员会在分管副主席马纯勇的带领下，围绕课题进行专题调研和专题协商，在市内进行实地调研，到广州、珠海和青岛、淄博进行学习考察，召集市发展改革委、财政局等部门以及公办、民办养老机构的代表参加不同层面的专题协商会和座谈会，形成《关于加快全市养老服务发展的调研报告》。②推进济（南）泰（安）协同发展专题调研。7—12月，市政协经济委员会在分管副主席程明的带领下，围绕课题进行专题调研和专题协商，在市内进行实地调研，到长沙、株洲、湘潭3市以及济南市进行学习考察，召开由市发展改革委、工信局等部门负责人参加的协商座谈会，形成《关于推进济（南）泰（安）协同发展，打造省会城市群先行区的建议案》。

【召开议政性常委会议】 3月27日，市政协举行十三届十二次常委会议，遴选7名委员围绕创城工作常态化、加强生态环境保护等进行发言，为助推经济社会发展建言献策。8月9日，市政协举行十三届十五次常委会议，常委们围绕加快养老服务发展协商建言，审议通过《关于加快全市养老服务发展的调研报告》。

【议政协商】 **围绕发展全市夜间旅游经济进行对口协商** 6月12日，市政协对发展夜间旅游经济进行视察，市政协副主席徐恩虎参加活动并出席会议。委员们先后实地察看泰山云集、万达广场，听取有关情况介绍，详细了解服务业发展情况尤其是夜间旅游消费情况。在召开的对口协商座谈会上，听取市文旅局负责人有关情况介绍，委员们围绕发展夜间旅游经济建言献策。会后，市政协组成考察组到广西南宁、柳州、桂林进行学习考察，形成《关于加快我市夜间旅游经济发展的调研报告》。市委、市政府吸纳政协调研协商成果，印发《关于进一步繁荣夜间经济的九条措施》。

围绕加强基层卫生计生人才队伍建设进行对口协商 8月22日，市政协召开加强基层卫生计生人才队伍建设对口协商会议，部分医药卫生界政协委员与市卫生健康委、市委组织部等部门单位负责人，就加强基层卫生人才队伍建设，发挥基层卫生计生人才队伍作用，提高基层医疗卫生服务能力等进行协商交流，市政协副主席徐恩虎出席会议并讲话。

围绕推进全市民办教育事业健康发展进行对口协商 9月26日，市政协对全市民办教育工作进行视察并召开对口协商会议，市政协副主席徐恩虎参加活动。委员们先后实地察看泰山学院附属中学弘信学校、泰安师范附属学校硕元学校两所民办学校，了解学校办学现状、配套设施建设等情况，听取市教育局等部门工作汇报。（李建树）

民主监督

【提案监督】 市政协十三届三次会议以后，市政协委员及各参加单位聚焦全市经济社会发展的重大问题、聚焦深化改革的瓶颈问题、聚焦群众关心的热点问题，通过提案履职尽责，共提交提案327件，经审查立案289件，分别交由66个承办单位办理。至2019年年底，全部办复，所提建议已经落实、正在落实的279件，占96.5%；因政策和条件所限暂时难以落实、已作解释说明的10件，占3.5%。

【视察监督】 **视察全市推广应用国外先进专利数据库情况** 4月2日，市政协副主席徐恩虎带领视察组对全市国外先进专利数据库推广应用情况进行视察。视察组一行视察中国科协成果转换服务中心泰安分中心、泰安华鲁锻压机床有限公司、山东路德新材料股份有限公司等，委员们对推广应用国外先进专利数据库提出意见建议。

视察全市电子商务发展情况 4月24日，市政协副主席徐恩虎带领部分委员对全市电子商务发展情况进行视察。视察组先后视察峰松电子科技有限公司、鎏光溢彩电商产业园、肥城市富世康京东商城泰安特色馆，详细了解电商企业运营情况，对全市电子商务发展的强劲势头和先进理念给予肯定并提出意见建议。

视察全市税务工作 5月31日，市政协组织委员对全市税务工作进行视察，市政协副主席马纯勇参加活动。视察组先后视察岱岳区税务局办税服务厅、山东石横特钢集团有限公司、山东索力得焊材有限公司，了解税务部门优化营商环境、改善纳税服务、企业经营和减税降费政策落实等情况，对进一步做好税务工作提出意见建议。

视察全市夜间旅游经济发展情况 6月12日，市政协组织委员对全市夜间旅游经济发展情况进行视察，市政协副主席徐恩虎参加活动。徐恩虎一行先后视察泰山云集和万达广场，听取市文旅局负责人关于全市夜间旅游经济发展情况的汇报，委员们就进一步做好夜间旅游经济提出意见建议。

视察全市刑事执行检察工作 6月28日，市政协副主席马纯勇带领部分政协委员对全市刑事执行检察工作进行视察，市人民检察院检察长苏金森陪同活动。视察组一行先后对泰安监狱、市检察院刑事执行检察及智慧检务建设情况进行视察。

视察全市交通运输工作 7月9日，市政协组织部分驻泰安城区政协委员，就交通运输工作开展专题视察。市政协主席周桂萍，副主席张庆明、程明参加活动。周桂萍一行先后视察羊栏沟中桥施工现场，济南泰安高速公路黄前互通立交建设情况，国、省干线公路养护、应急救援情况以及农村公路建设情况。

住泰安省政协委员到日照市考察　7月17—19日，根据省政协统一安排，市政协组织部分住泰安省政协委员到日照就文化旅游产业发展情况、大项目建设情况进行专题考察。考察团一行先后实地察看中兴汽车制造有限公司日照分公司、山钢集团日照公司、阳光海岸露营公园等地。市政协副主席张庆明、刘君、王昌元、孙岱峰参加活动。

视察全市会展业发展情况　7月24日，市政协组织委员对全市会展业发展情况进行视察。视察组一行先后视察泰山国际花木城、山东特检泰山大学科技园项目，听取市贸促会负责人关于全市会展业发展情况的汇报。市政协副主席徐恩虎、王昌元参加活动。

视察城区公共体育设施规划建设情况　8月6日，市政协副主席徐恩虎带队视察全市城区公共体育设施规划建设情况。徐恩虎一行实地到生态绿地健身公园、新体育中心建设工程、市体育中心改造提升工程现场进行视察。

视察实施全面“二孩”政策对全市经济社会影响　8月6日，市政协组织部分政协委员就实施全面“二孩”政策对全市经济社会影响进行视察。视察组一行先后对泰安市妇幼保健院、泰山医养中心进行视察。市政协副主席张庆明参加活动。

视察全市邮政快递行业和邮政管理工作　8月16日，市政协副主席徐恩虎带领部分政协委员视察全市邮政快递行业和邮政管理工作情况。视察组一行实地视察泰安嘉和物流园邮乐购展厅和泰安邮政便民服务站桑家疃亿家超市，对全市邮政快递行业和邮政管理工作给予肯定，并提出加快发展的意见建议。

召开提案办理集体面复会　8月29日，召开市住建局对承办的38件政协委员提案进行集体面复。市政协副主席张庆明、姚霆、孙岱峰参加活动。

视察全市红色革命遗址保护利用工作　8月30日，市政协以委员活动日的形式组织部分委员，到徂徕山抗日武装起义遗址、泰山区财源街道英雄山社区中共泰安第一支部展室开展瞻仰视察活动。市政协副主席张庆明参加活动。

对大力发展养老服务业重点提案进行视察督办　10月10日，市政协副主席王昌元带领提案人及部分政协委员，对市政协十三届三次会议重点提案《关于大力发展养老服务业的建议》办理情况进行视察督办。

视察城市黑臭水体综合整治情况　10月17日，市政协副主席张庆明带领部分政协委员实地察看泮河黑臭水体整治成果，温泉路雨污分流改造整治现场和第四污水处理厂运行情况，听取市城市管理局对城市黑臭水体整治情况的汇报，对泰安城区黑臭水体综合整治工作给予肯定。

【社会监督】　组织委员参加社会民主监督活动，组织100名委员参加2019年度全市政风行风评议活动，推荐90名委员参与电视问政15期，推荐89名委员担任社会监督员、评议代表，推荐8名委员担任卫生健康行风监督员。

【反映社情民意】　印发社情民意信息征集题目，聚焦党政工作的重点、经济转型升级的难点、民生领域的热点、社会治理的矛盾点反映社情民意，向省政协报送信息82条，被采用16条。（李建树）

自身建设

【概况】　①委员服务管理。加强委员学习培训，健全专家辅导专题学、委员培训集中学、网络平台动态学的工作机制，组织委员到同济大学和济宁政德学院开展2期异地培训，举办专题报告会2期、委员岱下论坛5期，培训政协委员和机关干部330人次。发挥委员考评“指挥棒”作用，完善委员履职档案，强化履职计分考核。落实《委员退出和暂停履职办法》，对个别不担当、不作为的委员进行诫勉谈话，引导广大委员完成年度“履职作业”。②机关建设。落实市委机构改革决策部署，增设农业和农村委员会，文史资料委员会更名为文化文史和学习委员会，科教文卫体委员会更名为教科卫体委员会，并调整优化相关委室的工作职能。围绕学习考察、调研视察、规范会议程序等内容，修订完善工作制度11项。通过走访慰问、国庆访谈、视察项目等方式，为老干部工作生活提供保障。③作风建设。开展勇做新时代泰山“挑山工”主题实践和“七赛七比”活动。《联合日报》用4个整版篇幅全面展示泰山挑山工的历史文化、发展现状、精神风貌，引起强烈反响。坚持对标先进，在政协系统开展学习无锡活动，营造担当作为、敬业奉献、争先进位的浓厚氛围。

【党的建设】　**召开巡视整改专题民主生活会**　4月10日，市政协党组召开巡视整改专题民主生活会，根据省委巡视组反馈意见，党组班子和党组成员一一进行对照检查，相互提出意见建议，明确努力方向。市政协党组书记、主席周桂萍主持会议并讲话，党组副书记姚霆，党组成员程明、魏武出席会议。

开展“党建引领，文明同行”主题党日活动 4月23日，市政协机关党委组织党员开展“党建引领，文明同行”主题党日活动。党员们到泰安南湖党建文化主题公园，感受学习党史轨迹、爱国教育、红色步道等各个主题内容，接受红色教育。市政协副主席马纯勇、程明，秘书长魏武参加活动。

开展“不忘初心、牢记使命”主题教育 9月12日，市政协召开“不忘初心、牢记使命”主题教育工作动员会议，成立领导小组和办公室，制定实施方案，把学习教育、调查研究、检视问题、整改落实贯穿主题教育全过程。组织机关副县级以上领导干部到市委党校集中学习，组织机关干部到党性教育基地、红色教育基地接受教育，举办先进事迹报告会，参观廉政教育展。党组举办理论学习11次、专题辅导2期、学习讲座3期，编发学习材料13本。各位主席紧扣“六个围绕”，深入基层调研，形成调研报告10篇。结合调查研究，党组成员、各支部书记讲专题党课。党组成员分别到联系的社区讲党课、作报告，协助解决实际问题。开展寻标对标争先进位行动，对标无锡市政协，谋划创新工作思路。召开市政协党组对照党章党规找差距专题会议，对照“十八个是否”，拷问党的意识、党员意识、纪律意识。党组共梳理查摆问题7方面22条，高质量召开专题民主生活会。机关各支部认真查找违背初心使命的差距和不足，剖析思想根源，制定整改措施。

举办专题读书班 11月7—8日，市政协在新泰市举办学习“习近平总书记关于加强和改进人民政协工作的重要思想”专题读书班。市政协主席周桂萍，副主席徐恩虎、姚霆、程明、孙岱峰，秘书长魏武出席，各县（市、区）政协主席、秘书长参加读书班。

【宣传思想工作】 **举行庆祝中华人民共和国和人民政协成立70周年文艺演出** 9月10日在泰山大剧院举行。市委书记崔洪刚，市委副书记、市长张涛，市委副书记曲锋，市人大常委会主任唐福泉，市政协主席周桂萍等市各大班子领导，与住泰安全国政协委员、省政协委员，历届市政协老领导、老同志，各民主党派市委、市工商联主要负责人，市直及省属以上驻泰安有关部门、单位主要负责人，市政协委员以及社会各界代表欢聚一堂，喜迎中华人民共和国和人民政协七十华诞。演出前，崔洪刚会见老一辈艺术家李光羲、陈铎等演职人员代表。

9月10日，庆祝中华人民共和国和人民政协成立70周年文艺汇演在泰山大剧院举行。图为第六、七届全国政协委员李光羲向泰安市政协赠送书法作品
（王世鹏 摄）

召开全市政协宣传工作会议 11月27日召开，安排部署2020年度政协宣传和报刊征订工作。市政协副主席姚霆出席会议并讲话。

【队伍建设】 **开展“埋头苦干、争创一流，勇做新时代泰山‘挑山工’”主题实践活动** 2月12日，市政协召开机关“担当作为、狠抓落实”工作动员大会暨主题实践活动动员会议。市政协主席周桂萍出席会议并讲话，市政协副主席马纯勇、程明，秘书长魏武参加会议。围绕活动开展，制定活动方案，开展“寻标对标争先进位”行动、“七赛七比”和岗位大练兵活动，并组成学习考察组到无锡市政协进行对口学习考察。

举行学习新时代泰山“挑山工”精神专题辅导报告会 4月24日举办。市委党校副校长梅长冬作专题辅导。市政协主席周桂萍，副主席张庆明、姚霆、马纯勇、程明，秘书长魏武参加。

举办委员履职能力提升培训班 5月10—16日，组织委员和部分机关干部50余人赴同济大学进行培训，提升委员履职能力。市政协副主席程明参加培训班。9月17—21日，市政协组织年内第二批委员

和部分机关干部50余人赴济宁德政学院进行培训。（李建树）

政协各专门委员会

【提案委员会】 ①在工作中求突破。提案工作形成“主要领导牵头抓、分管领导具体抓、办公室协调抓、提案委专门抓、各专委会共同抓”的机制。整理《提案征集目录》，编印《政协提案工作手册》《提案选编》供委员参考。组织委员开展视察调研活动、加强委员培训，及时向政协委员通报相关工作情况。按照加强协商民主建设的要求，制定提案办理协商办法，规范提案各环节协商。②在规范中谋发展。商请市委、政府领导牵头督办政协重点提案，筛选事关全市发展大局的提案以《领导参阅》的形式，报送市委、政府领导阅批。协调市委、市政府督查部门对重点承办单位办理工作进行检查，提高办理工作质量。寓参政议政于提案工作之中，做到调研问题精准到位，调研建议务实管用。密切与民主党派、人民团体的联系，在共同调研中促知情明政，在共同督导中促办理深化。密切与提案人的联系，共同为破解发展难题献计出力。密切与承办单位的联系，协助承办单位完善办理制度，规范办理程序。③在发展中求创新。形成“提案征集反映民意，提案办理委员参与，提案成果群众监督”的新路径。选择承办提案数量多的单位进行提案集体面复会，政协委员和承办单位面对面交流、零距离沟通，增加集体面复会“现场验收”环节。对30件优秀提案、36个提案承办先进单位和30名先进提案工作者进行表彰。加强与新闻媒体的合作，对建议好、办理成效明显的提案，对提案人进行深度采访，提高社会关注度。

【经济委员会】 围绕“推进济（南）泰（安）协同发展，打造省会城市群先行发展区”开展专题调研和专题协商，通过征集书面材料，召开协商座谈会，到外地学习考察，形成《关于推进济（南）泰（安）一体化发展，打造省会城市群先行区的建议案》。对全市税务工作、全市民营经济发展情况进行视察。以市委、市政府领导满意、市政协领导满意、政协委员满意、人民群众满意“四满意”为标准，做好大会发言工作，在市政协十三届三次会议上，组织10名委员作大会现场发言，35名委员作书面发言。做好常委会议发言工作，在市政协十三届十二次常委会议上，组织7名委员围绕推动经济社会发展作口头发言。在市委政协工作会议上，从不同侧面选择5名代表作大会发言。全委会上的“7分钟发言是怎样炼成的——从大会发言看全市政协工作的担当实干”的报道，在省、市媒体发表后引起较强反响。围绕人民群众关注的热点、难点问题提出提案，所提报的加快建设泰安城区新热源厂的提案，被列为10件重点提案之一。为委员和单位、企业及群众解决实际问题，深入重点建设项目一线和民营企业、行业商会协会等经济组织开展走访调研，宣传政策，听取意见，帮助解决困难和问题，构建亲清新型政商关系。

【人口资源环境委员会】 围绕推进泰安市农村人居环境整治工作开展专题调研，到岱岳区、肥城市10多个乡镇、街道和村庄进行实地调研，并到烟台、威海和浙江省衢州、湖州等省内外先进地市进行参观学习，形成《关于推进我市农村人居环境整治工作的调研报告》。围绕完善幼儿托育公共服务体系建设开展专题调研，到泰山区、肥城市多家幼儿园进行调研，召开不同层面座谈会，形成专题调研报告。围绕加快推进分级诊疗制度落地开展专题调研，认真梳理相关政策，多次召开不同层面座谈会，深入医疗机构了解情况，并结合对安徽省天水市医共体建设经验、罗湖医院集团城市医联体实践案例的学习研究，形成专题调研报告。对全市交通运输工作、实施全面“二孩”政策促进人口均衡发展情况、城市黑臭水体综合整治情况进行视察。开展关于小区物业管理的重点提案督办视察协商活动，就解决开发建设遗留问题、解决收费难问题、规范物业管理、严格市场监管等建言献策。

【科教卫体委员会】 围绕利用国家级学会人才资源助推泰安创新发展，与市科协共同开展专题调研，在市内到相关企事业单位进行实地调研，到浙江宁波、嘉兴等地考察学习，召开座谈会，征求相关委员意见，形成《关于利用国家级学会人才资源助推泰安创新发展的调研报告》；对全市国外先进专利数据库推广应用情况进行视察。组织相关委员与市卫生健康委等部门单位召开加强基层卫生计生人才队伍建设对口协商会议，并形成协商报告；对城区公共体育设施规划建设情况进行视察；围绕推进全市民办教育事业健康发展进行对口协商。组织政协委员医疗保健服务团10名专家到岱岳区道朗镇东西门村开展义诊活动，为群众免费提供健康检查，向东西门村捐赠价值3万元的药品和医疗器械；推荐8名履职能力强、富有社会责任感的政协委员担任卫生健康行风监督员。

【社会法制和民族宗教委员会】 开展“加快推进全市养老服务发展”专题调研和专题协商，形成《关于加快全市养老服务发展的调研报告》。对市检察院刑事执行检察工作、全市民族企业发展情况进行视察。配合省政协“完善农村社会救助体系”专题调研组到泰安调研活动；配合省政协无党派界别组到泰安市开展“发挥铁塔资源优势，推进社会共享共用”界别活动。组织100名委员参加2019年度全市政风行风评议活动。

【文化文史和学习委员会】 召开全市文史工作会议暨《改革开放四十年亲历记》首发式，向各县（市、区）政协、市直相关部门单位、市图书馆和驻泰安高校图书馆、市各民主党派工商联等30多个部门单位代表，以及文史顾问、研究员赠书。完成1期《泰安文史》征编出版发行工作，共7万多字。开展《风雨同舟 共铸辉煌》编撰工作，向7个民主党派市委和市工商联征集文稿200多篇、近130万字，图片1005幅。开展《文史集萃》编撰工作，集结、文字转换稿件210篇、110万字。开展省政协《山河齐鲁多娇——山东概览》协作征编工作，完成8项内容的文稿和50多幅图片的征编任务。协助省政协筹建网上文史馆工作，组织市及县（市、区）征集、整理图片230幅、文稿8.6万字。组织市和县（市、区）政协参加全省政协文史优秀书刊评选活动，泰安市、县两级政协组织编撰的文史书刊获一等、二等、三等奖8项。其中，市政协《改革开放四十年亲历记》获一等奖，市政协《勇立潮头——纪念改革开放四十周年》获二等奖。对全市红色革命遗址保护利用情况进行视察。配合协助全国政协副主席刘奇葆率调研组到泰安东平开展大运河文化带建设调研工作、省政协副主席郭爱玲到泰安联系点和牵头负责重点项目调研工作。

【港澳台侨和外事委员会】 围绕“培育夜间经济旅游业态，做大泰安夜间旅游经济”开展对口协商。开展电子商务专题调研，深入峰松电子科技有限公司、鎏光溢彩电商产业园、肥城市富世康京东商城泰安特色馆等电商企业了解情况，听取情况介绍，召开座谈会，到先进地区进行学习考察，形成《关于推动全市电子商务快速发展的调研报告》。对大力发展养老服务业重点提案进行视察督办。对全市会展业发展情况、全市邮政快递行业和邮政管理工作情况进行视察。开展海内外团结联谊活动，邀请港澳侨外事工作顾问列席市政协十三届三次全委会议，听取大会报告，参加分组讨论，同时组织外事工作顾问开展联谊活动，为推动泰安经济社会高质量发展建言献策。各位顾问在向驻在国家和地区宣传推介泰安的经济社会发展情况及投资创业环境、助推外商到泰安投资合作、参与爱心捐赠等方面作出不懈努力。

【委员联络工作委员会】 规范委员履职管理服务，制定出台、修订完善《市政协委员退出和暂停履职办法（试行）》《委员履职承诺书》《委员履职规则》《委员履职考核办法》等相关规章制度。开展旅游产业向休闲度假康养转型升级专题调研，组织市政协委员、市文化和旅游局、泰山学院旅游学院等单位有关人员深入基层、企业了解情况，召开不同层面座谈会，并到福建福州、南平进行学习考察，形成《关于进一步推动泰安旅游产业向休闲度假康养转型升级的调研报告》。组织住泰安省政协委员到日照市开展考察活动。对《关于打通断头路、丁字路、盲肠路，进一步畅通泰城交通路网的建议》重点提案进行督办，提案如期办结并面复委员。协助分工主席督办包保的7件信访积案，全部结案。组织179名委员参与电视问政和担任社会监督员、评议代表等。

【农业和农村委员会】 10月，健全专委会内部机构，明确办公场所，配备办公设施，调整充实工作人员。12月，筛选18名委员担任市政协十三届市政协农业和农村委员会组成人员。专委会从建章立制着手开展工作，制定《泰安市政协农业和农村委员会工作职责》《泰安市政协农业和农村委员会工作室工作职责》等规章制度。履行专委会职能，探索发挥专委会作用的方式方法，在全省政协农业和农村委员会工作协商会暨“乡村振兴战略”履职培训会上，作《凝心聚力，开拓创新，努力开创政协农业和农村工作新局面》的发言。（李建树）

编辑 校对 吴 楠

纪检·监察

综　述

【概况】　2019年，全市纪检监察机关坚持以习近平新时代中国特色社会主义思想为指导，深入贯彻中共十九大和十九届二中、三中、四中全会精神，在省纪委监委和市委坚强领导下，强化政治监督，深化专项整治，持续纠治“四风”，做实日常监督，一体推进不敢腐、不能腐、不想腐，全市纪检监察工作高质量发展迈出坚实步伐，推动全面从严治党向纵深发展。机关继续保持“省级文明单位”称号，获“迎接国家卫生城市复审工作先进集体”“创建全国文明城市工作先进集体”等称号。

【做到“两个维护”】　①强化思想政治引领。坚持把学习贯彻习近平新时代中国特色社会主义思想作为首要政治任务，发挥市纪委常委会领学促学作用，带动全市纪检监察系统学懂弄通做实；及时跟进学习习近平总书记重要讲话、重要指示批示精神，围绕38个专题，集体学习研讨17次。学习贯彻中共十九届四中全会精神，增强贯彻落实的政治自觉、思想自觉和行动自觉。②开展主题教育。把开展“不忘初心、牢记使命”主题教育作为重要政治任务，与落实中央纪委、省纪委全会部署，勇做新时代泰山“挑山工”主题实践活动紧密结合，推动学习教育、调查研究、检视问题、整改落实有机融合、贯穿始终，班子成员确定10项重点课题开展调研，刀刃向内检视问题，开好专题民主生活会，抓实问题整改。③深化政治监督。聚焦贯彻落实习近平总书记对山东工作的重要指示要求，党中央重大决策部署和省委、市委重要工作安排，加强对新旧动能转换、打好“三大攻坚战”等情况的监督检查。开展人防系统腐败问题专项治理和调查整顿，开展领导干部利用名贵特产、特殊资源谋利问题专项整治。严明政治纪律和政治规矩，严查管党治党政治责任不落实等问题，督促各级做到“两个维护”。全市查处违反政治纪律案件22起，处分24人。履行巡视巡察反馈意见整改落实监督责任，抓好牵头任务整改，加大监督力度，压实整改责任，确保整改到位。

【队伍建设】　①以政治建设为统领。加强党委领导，严格落实请示报告制度。强化市纪委常委会自身建设，严肃党内政治生活，严格落实民主集中制、领导干部讲党课、双重组织生活等制度，打造坚强领导班子。落实意识形态工作责任制，强化阵地意识，加强正面引导。突出政治功能，健全基层组织，注重

1月21日，中共泰安市纪委十一届四次全体会议召开，总结2018年全市党风廉政建设和反腐败工作情况，研究部署2019年工作任务　（王　哲　供）

规范提升，建设过硬党支部。开展勇做新时代泰山“挑山工”主题实践活动和“七赛七比”，寻标对标、争先进位。全市纪检监察系统获市级及以上集体荣誉称号17项、个人荣誉称号38人次。②以队伍优化作支撑。突出政治标准，加大干部选拔、交流力度，优化队伍结构。坚持教育培训和实践锻炼相结合，分级全员培训，组织应知应会知识测试，开展业务大练兵、大比武，提升专业素养。推进信息查询平台建设，为监督执纪执法工作提供有力信息技术支撑。③以内控严管树形象。严格依规依纪依法履职，发放提醒卡，签订承诺书。健全关心关爱机制，落实谈心谈话、家访和帮扶慰问等制度。开展系统专项检查，印发审查调查“十严禁”，强化内部监管，聘请15名特约监察员，自觉接受监督，严防“灯下黑”。

重要会议

【市纪委十一届四次全会】 1月21日召开。会议学习贯彻习近平新时代中国特色社会主义思想，贯彻落实十九届中央纪委三次全会、省纪委十一届四次全会精神，总结2018年全市党风廉政建设和反腐败工作情况，研究部署2019年工作任务。市委书记崔洪刚出席会议并讲话，市委常委、市纪委书记、市监委主任郝红代表市纪委常委会作题为《践行“两个维护”、全面忠诚履职，推动新时代泰安纪检监察工作高质量发展》的工作报告。报告从学习贯彻习近平新时代中国特色社会主义思想，开展“不忘初心、牢记使命”主题教育；以党的政治建设为统领，坚决破除形式主义、官僚主义；深化纪检监察体制改革，健全和完善监督体系；履行监督职责，强化精准监督，在日常监督、长期监督上积极作为；深化政治巡察，完善市、县巡察联动格局；坚决减存量遏增量，巩固发展反腐败斗争压倒性胜利；整治群众身边腐败和作风问题，维护群众利益；从严从实加强自身建设，打造忠诚干净担当的纪检监察铁军8个方面，对2019年工作任务作出部署。

【全市领导干部警示教育大会】 1月2日召开。市委书记崔洪刚出席会议并讲话。会上集体观看警示教育片，市委常委、市纪委书记、市监委主任郝红通报2017年以后省纪委监委、市纪委监委查处的部分党员领导干部违纪违法案件情况。会议强调，要坚定信仰信念，对党绝对忠诚，不忘初心、牢记使命，确保“总开关”不出一丝一毫松动；要强化法纪观念，常怀敬畏戒惧，严守政治纪律、组织纪律，严格依纪依法办事，做遵纪守法的模范；要强化自律意识，廉洁从政、廉洁用权、廉洁修身、廉洁齐家，带头弘扬新风正气；要扛起政治责任，从严管党治党，党委（党组）要履行好主体责任，党委书记要做管党治党的书记，纪检监察机关要履行好协助职责和监督责任，推动党中央重大决策部署和省委、市委重要工作安排落地见效。

【全市领导干部警示教育暨廉政谈话大会】 11月19日召开。市委书记崔洪刚，市委副书记、市长张涛出席会议。市委副书记曲锋代表市委提出明确要求，强调要砥砺初心践行使命，转变作风狠抓落实，推动全面从严治党。市委常委、市纪委书记、市监委主任郝红与县处级领导干部进行集体廉政谈话，要求夯实责任严监督，坚守廉洁自律底线；担当作为抓落实，力戒形式主义官僚主义；忠诚履职担使命，保障经济社会发展。

【全市巡察工作会议】 5月22日召开。市委常委、市纪委书记、市委巡察工作领导小组组长郝红出席会议并讲话。会议强调，要坚守政治巡察定位，牢牢把握正确工

1月2日，全市领导干部警示教育大会召开，市委书记崔洪刚出席会议并讲话。会上，集体观看了警示教育片　（王　哲　供）

作方向，紧盯推动贯彻落实党中央重大决策部署和省委市委工作要求、健全党和国家监督体系、推动全面从严治党向纵深发展，强化政治监督。要明确重点和路径，突出“两个维护”，推动监督常态化、具体化；加强统筹谋划，推动巡察有效全覆盖；坚持上下联动，推动责任落实；做好“后半篇文章”，推动巡察整改到位。要加强规范化建设，依规依纪依法开展巡察，完善制度建设、强化制度执行、规范工作程序，实现巡察工作权责清晰、制度完备、工作有序、管理科学、保障有力。

市纪委市监委机关联合市委市直机关工委、市文联、市文化和旅游局，组织开展“岱下清风”廉政文化公益作品征集展演活动。图为7月3日，市领导参观作品展　（王　哲　供）

【十一届市委第五轮巡察工作动员部署会议】 2月12日召开。市委常委、市纪委书记、市委巡察工作领导小组组长郝红出席会议并讲话。会议强调，要深入贯彻习近平总书记关于巡视巡察工作的重要论述，坚守政治巡察定位，把工作着力点聚焦到践行“两个维护”上来。要把问题导向贯穿巡察工作全过程和各环节，强化责任担当、敢于较真碰硬、精准发现问题。要压实巡察整改责任，强化日常监督，坚持标本兼治，在推动解决问题上下功夫、求实效。要强化自身建设，从严教育、管理和监督，培养政治坚定、业务精湛、作风过硬、纪律严明的巡察干部队伍。

【十一届市委第六轮巡察工作动员部署会议】 9月23日召开。市委常委、市纪委书记、市委巡察工作领导小组组长郝红出席会议并讲话。会议强调，要坚持以习近平新时代中国特色社会主义思想为指导，坚守政治巡察定位，聚焦政治立场、政治生态、工作落实、维护群众利益、管党治党强化政治监督，推动巡察监督具体化常态化。要深入开展脱贫攻坚巡察“回头看”，为打赢脱贫攻坚战提供保障。要把巡察纳入“不敢腐、不能腐、不想腐”一体推进工作格局，把握稳中求进工作总基调，强化法治思维和程序意识，依规依纪依法开展巡察，推动巡察工作高质量发展。

【全市纪检监察工作会议】 7月22日召开。市委常委、市纪委书记、市监委主任郝红出席会议并讲话。会议强调，要聚焦学懂弄通做实，在学习贯彻习近平新时代中国特色社会主义思想上持续发力。要聚焦正确政治方向，既当好示范践行者，又当好坚定推动者，在坚决做到“两个维护”上持续发力。要聚焦高质量发展，坚持在“稳”上下功夫，在“进”上求突破，在强弱项上见实效，在把住稳中求进总基调上持续发力。要聚焦落实“一体推进”，一体推进不敢腐、不能腐、不想腐，一体推进纪律检查体制改革、国家监察体制改革、纪检监察机构改革，一体推进转职能、转方式、转作风，在强化统筹协调上持续发力。要聚焦案件质量提升，在依规依纪依法履职上持续发力。要聚焦忠诚干净担当，在高标准加强自身建设上持续发力。

【县市区（功能区）党（工）委书记和市直部门单位党组（党委）书记向市纪委全会述责述廉会议】 12月23日召开。会议强调，要把政治建设摆在首位，健全完善反腐败协调机制，用好问责利器，坚决扛起全面从严治党主体责任。要健全完善制度，推进权力公开，整合监督力量，强化对权力运行的制约监督。要守土有责，不忘初心，牢记使命，做廉洁自律的表率。

【第一届特约监察员聘请会议】 12月25日召开。会上为15名特约监察员颁发聘书。会议指出，做好特约监察员工作，是深化国家监察体制改革，推动纪检监察工作高质量发展，加强纪检监察干部队伍建设的重要举措。特约监察员要增强责任感和

市纪委市监委、市委党校联合建设以“推动全面从严治党向纵深发展”为主题的泰安市廉政教育展厅，分批分层组织全市各级参观接受现场教育。图为9月18日，市“不忘初心、牢记使命”主题教育读书班第一期学员参观市廉政教育展厅，接受纪律教育和警示教育　（王　哲　供）

使命感，积极建言献策，发挥好参谋咨询、桥梁纽带、宣传引领作用，履行好对纪检监察机关监督的职责。纪检监察机关要主动接受监督、加强联络服务，为特约监察员履职搭建平台、创造条件。

监督首责

【坚守政治巡察定位】　制定《政治巡察监督重点及突出问题表现》，校准监督方向和重点，开展市委第五、第六轮巡察。实行上下联动，配合省委第五轮巡视，开展三级联动巡察、扫黑除恶专项巡察。压实巡察整改主体责任，对12个单位进行整改“回头看”专项检查。聚焦打赢脱贫攻坚战，对4个乡镇开展专项巡察“回头看”。市、县巡察发现问题线索695件，立案103起，党纪政务处分110人。

【做实做细日常监督】　紧盯“关键少数”，督促管好“绝大多数”。通过廉政谈话、参加民主生活会、专项检查等方式，了解领导干部思想状况、廉洁情况，动态分类监督。严把政治关，及时回复党风廉政意见。畅通信访举报渠道，加快检举举报平台建设，制定《信访举报分类处置办法》，落实领导干部公开接访制度，包保督办化解积案。发挥派驻“探头”作用，坚持轮驻监督、专项检查，处置问题线索133件，立案处分35人。

【准确运用“四种形态”】　坚持全面从严，综合考虑事实证据、思想态度和量纪执法标准，充分体现党的政策策略。全市纪检监察机关运用“四种形态”教育帮助和处理4142人次。注重抓早抓小、防微杜渐，用好第一种形态，约谈函询、批评教育占总人次的64.3%；妥善运用第二种形态，轻处分、组织调整占24.3%；准确运用第三种形态，重处分、重大职务调整占4.7%；果断运用第四种形态，处理严重违纪违法涉嫌犯罪占6.7%。

【压实管党治党责任】　协助市委分析全面从严治党、政治生态状况。加强对权力运行的制约监督，召开全市县处级党员领导干部廉政谈话大会；深化述责述廉，拓展监督覆盖面，对县（市、区）、功能区党（工）委书记述责述廉“回头看”，首次将市属高职高专院校、市管金融企业、民生领域专项整治市直责任部门纳入范围，压实主体责任。坚持精准有力问责，全市问责党组织115个、党员干部289名。

正风肃纪反腐

【持之以恒纠治“四风”】　破除形式主义官僚主义，从严明政治纪律和政治规矩的高度开展专项治理，聚焦省委、市委重点工作，紧盯新旧动能转换、脱贫攻坚、污染防治等重点工作，严查不担当、不作为及弄虚作假等形式主义、官僚主义问题。全市查处问题376起，处理700人，通报曝光229人次。深挖彻查隐形变异问题，坚持节点和日常结合，市、县、乡三级联动常态化不间断察访，紧盯隐形变异“四风”问题，集中开展违规公款吃喝、公款旅游、违规收送礼品礼金购物卡等专项整治。全市查处违反中央“八项规定”精神问题113起，处理176人，通报曝光118人次。推动形成干事创业氛围，制定《构建亲清新型政商关系的实施办法（试行）》，列出正负清单，规范政商交往。按照“三个区分开来”（把干部在推进改革中因缺乏经验、先行先试出现的失误和错误，同明知故犯的违纪违法行为区分开来；把上级尚无明确限制的探索性试验中的失误和错误，同上级明令禁止后依然我行我素的违纪违法行为区分开来；把为推动发展的无意过失，同为谋取私利的违纪违法行为区分开来）要求，健全完善澄清保护机制，规范容错纠错流程，为4名党员干部容错纠错，为16名党员干部、2个单位澄清正名。

【一体推进“三不”】 强化不敢腐的震慑，发挥市委反腐败协调小组作用，增强反腐合力。突出重点消减存量，零容忍遏制增量，严肃查处一批严重违纪违法案件。全市纪检监察机关处置问题线索3078件，立案1321起，党纪政务处分1453人；留置29人，移送司法机关33人，26名干部主动投案。扎紧不能腐的“笼子”，坚持以案为鉴、以案促改，做好执纪监督、审查调查“后半篇文章”。针对突出问题，剖析发案单位在权力运行、管理监督等方面的薄弱环节和制度漏洞，发出纪检监察建议书247份，督促建章立制、堵塞漏洞，强化源头预防。增强不想腐的自觉，深化警示教育，年内召开全市领导干部警示教育大会两次，拍摄警示片、编印警示录。及时发布审查调查信息，公布巡察进驻、反馈和整改情况，通报曝光典型案例。加强纪法教育，在《泰安日报》等媒体开设专栏，组织“宣讲团”开展巡回宣讲，推送廉政信息。新建市廉政教育展厅，列入主题教育专题学习内容，纳入市委党校培训班次必修课，教育引导党员干部筑牢思想防线。挖掘优秀文化资源，举办廉政文化作品展，营造崇廉拒腐、尚俭戒奢良好风气。打通内在联系，“三不”一体推进综合效应初步显现，党员干部纪律规矩意识增强。

【维护群众利益】 保障脱贫攻坚，紧盯重要领域、重点环节，推进专项治理。班子成员包案督导，严肃查处扶贫领域腐败和作风问题，损害群众利益行为滋生蔓延的势头得到遏制。攻坚克难惩腐打“伞”，建立线索排查、双向移送、同步介入、专班突破等工作机制，班子成员联点包案，重点案件提级直查、挂牌督办。在省纪委监委张宸案专班领办下，彻查职务犯罪，深挖“保护伞”，追究失职失责问题，督促开展荣誉评选等专项清理，强化警示教育、综合治理，建立长效机制。全市查处涉腐涉“伞”问题51起，处理235人，移送司法机关9人。聚焦民生专项治理，围绕教育医疗、环境保护、食品药品安全等民生领域突出问题，督促13个部门开展整治任务64项。严肃查处违规药品加价等侵害群众利益问题，督促开展砂石资源专项治理。全市查处问题597起，处理1059人；督促完善制度72项，分3批向社会公开整治成果。 （王阳明）

11月19日，全市领导干部警示教育暨廉政谈话大会召开。会上，集体观看警示教育片，并与县处级领导干部进行集体廉政谈话 （王 哲 供）

巡视巡察

【概况】 2019年，市委巡察机构以习近平新时代中国特色社会主义思想为指导，贯彻落实中共十九大和十九届二中、三中、四中全会精神，聚焦“六围绕一加强”（围绕党的政治建设，重点检查维护党中央权威和集中统一领导情况；围绕党的思想建设，重点检查学习贯彻习近平新时代中国特色社会主义思想情况；围绕党的组织建设，重点检查选人用人和基层党组织建设情况；围绕党的作风建设，重点检查整治“四风”问题的情况；围绕党的纪律建设，重点检查党规党纪执行情况；围绕夺取反腐败斗争压倒性胜利，重点检查领导干部廉洁自律和整治群众身边腐败问题情况；“一个加强”即加强对巡察反馈问题的整改落实）和“五个持续”（持续深入学习贯彻习近平新时代中国特色社会主义思想和中共十九大精神；持续强化管党治党政治责任；持续保持惩治腐败的高压态势；持续纠治“四风”问题；持续净化党内政治生态）开展巡察监督。至年底，市、县两级移交问题线索639件，立案88件，党纪政务处分47人。

【组织领导】 市委高度重视巡察工作，把巡察工作列入市委常委会年度工作要点，纳入落实全面从严治党主体责任清单和述责述廉、督促检查的重要内容。2019年，市委常委会会议先后6次学习中央、省委巡视巡察工作重要部署，研究审议巡察工作重要事项。市委巡察工作领导小组履行组织实施责任，落实领导小组成员巡中指导、情况反馈机制，对巡察工作全程领导、全程指导、全程跟踪；先后5次听取巡察工作汇报、安排部署阶段性任务安排，研究重要事项。

【巡察监督】 坚持把政治监督作为政治巡察的本质要求，把“两个维护”作为政治监督的根本任务。细化监督内容，制定《关于强化“担当作为、狠抓落实”重点任务落实情况巡察监督的工作方案》，将重点任务细化分解为12个方面34项具体内容；制定涉农领域（落实乡村振兴战略）巡察监督重点及突出问题表现，将监督内容细化为6方面52项111条内容，让巡察组巡有所依、察有所靠。

【巡察方式方法】 坚持上下联动与自主巡察相结合，重点在组织形式上探索创新。第五轮巡察期间，首次开展乡镇（街道）巡察“回头看”，突出加强对巡察整改情况的监督；开展巡视巡察三级联动，组建3个联动巡察组，开展扫黑除恶专项巡察，推动巡视巡察同频共振、同向发力。第六轮巡察期间，开展脱贫攻坚专项巡察“回头看”，对脱贫攻坚工作再促进、再提升。制定完善《政治巡察监督重点及突出问题表现》《关于强化“担当作为、狠抓落实”重点任务落实情况巡察监督的工作方案》等，细化为111项（条）313条监督重点。

12月25日，泰安市监察委员会第一届特约监察员聘请会议召开，会上为15名特约监察员颁发聘书 （王 哲 供）

【整改落实】 制定《关于建立市委巡察机构与有关部门协作配合机制的意见》等4项制度规范，协调纪检监察机关和组织部门履行巡察整改监督责任，汇聚形成整改合力。梳理总结巡察发现的普遍性、倾向性问题，加强归纳提炼，先后形成加强市直机关党的建设、规范市直机关财经纪律执行、推动高新区（经济开发区）高质量发展等专题报告3份。

【队伍建设】 以巡察办党支部和巡察组临时党支部为单位，依托“三会一课”、主题党日等，开展主题教育，实现党建工作与巡察工作深度融合，相互促进。制定《关于进一步加强全市巡察干部教育培训工作的意见》，做好做实巡察干部全员培训。提高培训层次，选调优秀干部到高校、党校，中央、省纪检监察学院培训学习，采取以干代训方式选拔巡察干部到省委巡视组、市委巡察组挂职锻炼，全方位提升素质能力。落实巡察机构人员请销假规定、外出报备、巡察后评估、巡察干部“十不准”、保密工作规定，加强对巡察干部的日常监督和管理，严明纪律规矩，严防违纪违规问题发生。 （陈国超）

编辑 校对 吴 楠

民主党派·工商联

中国国民党革命委员会泰安市委员会

【概况】 中国国民党革命委员会泰安市委员会简称民革泰安市委会，设基层委员会1个、支部12个、小组1个。年内，新发展党员15人，平均年龄35.2岁，党员人数332人。民革新泰基层委员会被民革中央评为“全国优秀党员之家”，民革新泰市基层委员会青云支部被民革中央评为全国示范支部，泰山学院支部被民革省委评为全省示范支部。市委会获民革山东省委参政议政工作先进集体和民革山东省委定点帮扶先进集体。

【思想建设】 召开全委扩大会议3次，集体学习中共十九大及十九届历次全会精神、习近平新时代中国特色社会主义思想。学习贯彻《民革中央关于加强思想政治建设的意见》《民革山东省委关于“不忘合作初心，继续携手前进”主题教育活动的具体实施方案》等重要文件精神，按照民革山东省十三届九次常委会议的要求，研究出台《民革泰安市委“不忘合作初心，继续携手前进”主题教育实施方案》，市委会及各基层组织开展主题教育活动9次。9月23日，民革泰安市委在山东华通美术馆举办“不忘合作初心，继续携手前进”——庆祝中华人民共和国成立70周年书画笔会。10月20日，开展“不忘合作初心，继续携手前进”主题教育暨第八期新党员培训活动。11月15日，组织各支部班子成员及部分骨干党员30人，赴肥城市陆房突围胜利纪念馆开展“不忘合作初心，继续携手前进”主题教育活动。加强民革党员的思想教育基地建设，对冯玉祥泰山纪念馆进行改陈布展。庆祝中华人民共和国成立70周年，编辑《风雨同舟　共铸辉煌》（民革卷），字数16万字、插图200幅。

【组织建设】 选派1名骨干党员参加民革中央办公厅举办的第二期民革省辖市级骨干党员培训班，选派4名骨干党员参加民革省委骨干党员综合能力提升培训班。开展民革e家建设工作。成立民革泰山学院支部“党员之家”。6月13日，全国政协副主席、民革中央常务副主席郑建邦到民革新泰市基层委员会调研，并与副省长、民革省委主委孙继业共同为“新泰民革书屋”揭牌。6月14日，民革十三届中央经济委员会第三次全体会议在泰安召开。8月，接待民革省委副主委、民革中央中山书画研究院院长孔维克、民革省委秘书长高贤德到泰安调研。

【参政议政】 民革市委《实施泰安城区生态水系建设，打造魅力山水之城》《关于落实山东省医养健康产业规划，促进泰安市经济与社会发展的建议》2件提案被市政协十三届三次会议列为十大重点提案。调研报告《加快推进“粮改饲”工作助力全市畜牧产业新旧动能转换》得到市委书记崔洪刚批复。围绕体育产业发展，同市体育局开展界别协商1次。全年围绕营商环境建设、垃圾分类、乡村振兴等全市重点工作开展实地调研5次，召开座谈会3次。各基层组织开展调研活动15次。

【社会服务】 为贵州纳雍左鸠戛乡捐“特殊党费”8.39万元。各支部全年开展义诊、书画、艺术、法律进农村、进社区等活动11次，为困难家庭捐助物品价值10万元。

（王　磊）

中国民主同盟泰安市委员会

【概况】 中国民主同盟泰安市委员会简称民盟泰安市委会，共有盟员670名，设总支1个、基层委员会1个、支部22个、学习小组1个。年内，民盟泰安市委被民盟省委表彰为“参政议政突出贡献奖”“思想宣传先进集体”“组织建设先进集体”“社会服务先进集体”。民盟山东农业大学总支、民盟新泰基层委员会、民盟泰安书画艺术支部、民盟泰安机关直属一支部、民盟泰安机关直属三支部5个支部获得民盟山东省委“先进集体”称号，22名盟员获“先进个人”称号。

【思想建设】 年内，召开市委会议2次，深入学习中国民主同盟第十二届中央常务委员会第七次会议精神，研究通过《民盟泰安市委深入开展“不忘合作初心，继续携手前进”主题教育活动实施方案》和民盟泰安市委年度重点调研报告。召开民盟泰安市委“不忘合作初心，继续携手前进”主题教育活动部署动员会议，在全盟开展“不忘合作初心，继续携手前进”主题教育活动。盟市委提交民盟省委思想政治建设调研报告和组织建设调研报告、文化界别建设调研报告。各基层组织也按照方案部署，围绕主题教育活动开展多种形式组织活动。年内，民盟泰安市委联合盟员单位山东盈和盈律师事务所举办庆祝中华人民共和国成立70周年书画笔会，联合山东力明科技职业学院在力明学院学术报告厅共同举办庆祝中华人民共和国成立70周年文艺演出。以机关三支部为依托建立的盟员之家、民盟法律顾问团于10月15日揭牌成立。民盟市委主要领导带队，走访盟员所在单位高级职业技术学院、山东服装学院、泰山学院和泰山护理职业学院、盈和盈律师事务所、肥城小博士幼教集团等单位。年内，向盟中央、盟省委上报工作信息50条，29条被盟中央采纳，41条被盟省委采纳，33条被泰安统战信息采纳。在《联合日报》刊发新闻3条，泰安电视台、《泰安日报》刊发新闻7条。

【组织建设】 年内，发展盟员32名，其中高优人才18名，副高级以上职称5人，中级职称13人，博士1人，硕士11人，县（市、区）政协委员1人。3月，召开民盟肥城支部第六次盟员大会，经民主选举产生肥城支部第六届委员会。年内，2人参加省委统战部举办的全省民主党派领导干部进修班。民盟泰安市委部分市委委员、基层组织负责人到威海、青岛盟市委进行学习交流。12月，民盟泰安市委“不忘合作初心，继续携手前进”主题教育活动学习培训班在肥城党校举办，70人参加培训。提交盟省委民盟泰安市委后备干部队伍建设情况的调研报告。拓宽干部交流渠道，2人被选调到高新区和市委统战部进行挂职锻炼。

【参政议政】 向市政协十三届三次会议提交集体提案15件、个人提案10件。《以产业振兴　促进乡村振兴》《关于进一步助推泰安市乡村旅游发展的建议》2个提案被列为大会发言。《简论科技创新的知识产权法治保障》论文获民盟中央2019年民盟法治论坛优秀论文三等奖。牵头完成盟省委“健全现代农业经营体系，支持新型农业经营主体健康发展”重点调研课题。配合盟省委完成“山东省公共污水处理系统建设情况调研”“切实优化营商环境，着力培育四新中小企业”“生态保护红线工作情况调研”3个课题。完成盟市委年度重点调研报告《泰安市农业新型经营主体的报告》、市政协界别协商报告《城镇化进程中农村空巢家庭养老问题研究》。民盟市委民主监督报告课题《泰安市营商环境现状分析及优化提升对策建议》得到市委主要领导批示。民盟肥城支部完成《生猪饲养形势调查报告》。《产业振兴带动乡村振兴意见建议》被市委统战部建言专报刊发。9月，民盟广西钦州市委调研组一行到泰安市座谈考察盘活闲置低效用地工作。2018年度提交的年度重点课题《新慈善时代志愿服务与公益组织调研报告》，得到市委主要领导的批示，并于11月14日召开民主党派重点调研课题反馈座谈会，对课题采纳落实情况进行反馈并听取意见建议。年内，盟市委开展调研活动4次。接待盟省委各项专题调研组5次。反映社情民意信息工作被盟省委采用8篇。

【社会服务】 春节期间，盟市委领导走访部分民盟退休老同志。盟市委开展多次调研、帮扶系列活动，确定将东平县银山镇刘庄村作为民盟泰安市委“助力乡村振兴科技服务基地”，并组织盟员专家对村民进行电商集中培训，在农业种植、养殖、科技等领域开展具体指导。民盟泰安市委携手瞳心天使志愿者协会走进新泰市小协镇进士府幼儿园，举行“瞳心天使、睛彩相伴”系列公益活动，向幼儿园小朋友赠送价值6000元礼物，为小朋友们进行免费健康查体和眼病筛查。年内，民盟泰安市委岱岳区支部、机关一支部、机关三支部、机关四支部、中心医院支部、泰山区支部、肥城支部、民盟泰安文艺支部、书画艺术支部等开展健康讲座、义诊、捐资助学、扶危济困、公益演出等社会服务活动。　（王玲玲）

中国民主建国会泰安市委员会

【概况】 中国民主建国会泰安市委员会简称民建泰安市委会，设总支部1个、基层支部13个、专委会8个。全市有会员282人，其中女会员88人，占31.2%；经济界会员及相关专家学者244人，占86.5%；大学本科以上学历188人，占66.7%；中级以上职称175人，占62.1%。年内，被民建中央表彰为民建全国脱贫攻坚奖先进集体，被民建山东省委表扬为民建全省新媒体工作先进单位。

【思想建设】 民建市委把思想建设与主题教育相结合，开展"不忘合作初心，继续携手前进"主题教育活动。召开部署会议、印发活动方案、下发活动"明白纸"，指导会员主动参与主题教育活动。领导班子率先垂范，各基层组织积极跟进，用活形式、内容、载体，推动学习贯彻往深里走、往心里走、往实里走。聚焦重点工作广泛征求意见，召开民主生活会开展批评与自我批评，明确方向抓整改。领导班子成员按照联系分工，突出重点、分类引导，指导支部开展活动；各基层组织立足实际，创新形式，开展特色学习活动。引导会员参与"三个70周年"主题征文活动，筛选上报征文12篇，1篇被全国政协收录《人民政协成立70周年纪事》、3篇被民建中央网站刊发、8篇被民建省委网站刊发。市委会获得民建全省主题征文工作先进单位称号。

【组织建设】 推进领导班子建设，贯彻执行民主集中制，落实民主生活会和年度述职评议制度，强化理论学习，注重把握会员思想动态，坚定政治立场、提高政治站位。推进基层组织建设，注重加强与异地民建组织学习交流，年内，组织各基层组织专委会负责人赴青岛民建就基层组织建设和参政议政工作进行学习考察；与到泰安考察的聊城民建、合肥民建、滨州民建、青岛民建开展友好交流。召开全市基层组织建设工作会议，总结经验、树立典型，促进基层组织建设创新发展。各基层组织按照市委会"一支部一活动室、一支部一品牌"要求，不断加强制度化、规范化建设，至年底，有新泰总支、中心支部、东岳支部、泰山区支部、岱岳区支部、泰山学院支部建成标准化会员活动室。抓会员队伍素质建设。贯彻组织发展新精神。全年新发展会员14人，转出2人，净增率4.44%，均大专以上学历，非公经济8人，新阶层会员4人。会员总数达282人，其中担任各级人大代表、政协委员68人，占会员总数的近四分之一。努力打造高素质会员队伍。年内，推荐14人参加民建中央、省委和市委统战部举办的各类培训；举办新会员培训班，对近两年新入会的30名会员进行思想政治与履职能力培训；15名会员被民建山东省委表彰为民建全省优秀会员。

【参政议政】 ①提案工作。在市政协十三届三次全会上，泰安民建提交集体提案19件，委员个人提案20件，其中《突出大生态、大绿带、大水面、大景观，保护、建设好"泰山西湖"的建议》等4件提案被市政协列为重点提案，占重点提案数的五分之二。5人作大会发言，其中1人现场发言，4人书面交流发言。年内，在市政协对十三届一次会议以后优秀提案评选表彰活动中，《关于加快泰安特色小镇建设，构建和谐宜居城市的建议》等10件提案被表彰为优秀提案。②专题调研。市委会《加快政务大数据平台建设 推进政府行政效能提升》的调研报告，得到市委书记、市长签批，并责成市相关部门落实。11月，召开全市2019年度民主党派重点调研课题反馈座谈会，相关承办单位就落实情况进行反馈，市长出席并逐一点评。《关于构建完善托育公共服务体系的调研报告》得到民建省委主委签批。围绕"学生营养健康与学校周边食品安全问题"这一课题在全市范围内开展专题调研，赴威海进行异地调研学习先进经验和运营模式，形成高质量调研成果。③社情民意。强化信息人才队伍建设，举办参政议政骨干培训班，邀请有丰富参政议政经验的老主委、老领导亲自授课，40名骨干会员参加培训。全年收到信息20篇，编辑报送12篇，被采用6篇。

【社会服务】 引导广大会员企业助力脱贫攻坚。会员企业鲁普耐特集团通过部分绳、网半成品生产订单委托加工形式增加贫困家庭收入，年内，与3个贫困村100户贫困户签订回购合同。会员企业泰茶农业发展有限公司每年采茶季用工增加村民收入外，还直接帮扶454户贫困户，发放爱心资金23万元，其企业负责人被民建中央授予民建全国脱贫攻坚先进个人。坚持开展社会服务品牌工程。年内，组织企业参与大学生招聘会3次，会员企业家到高校讲述创业历程4次；开展第六期民建之光点亮留守儿童微心愿活动，帮助新泰市楼德镇霄岚联办小学317名学生实现微心愿。各支

部、专委会及部分会员坚持开展捐资助学、扶危济困、爱心敬老、“三下乡”等社会服务活动。（杜荣立）

中国民主促进会泰安市委员会

【概况】 中国民主促进会泰安市委员会简称民进泰安市委会，设支部10个。年内，新发展会员6人，减员2人，年末会员总数249人。民进泰安市岱岳区支部被民进中央表彰为“民进全国先进基层组织”，1名会员被民进中央表彰为“民进全国组织建设先进个人”，1名会员被人力资源和社会保障部及教育部表彰为“全国模范教师”。

【思想建设】 坚持主委办公会学习制度，提升领导班子的政治把握力。年内，召开主委办公会议4次，学习中共十九届二中、三中、四中全会精神、民进省委文件，领会精神实质，明确工作重点。3月2日，召开民进泰安市委六届四次全体（扩大）会议。开展“不忘合作初心，继续携手前进”主题教育活动。主委办公会专门部署安排活动开展，制定印发活动方案。8月28日，市委会举办“我身边的民进”宣讲报告会暨“不忘合作初心，继续携手前进”主题教育活动，70名会员聆听宣讲。举办“民进山东省暨泰安市庆祝中华人民共和国成立70周年书画笔会”。9月，民进山东省委副主委到泰安就“不忘合作初心，继续携手前进”主题教育活动进行调研。组织会员参加“民进山东省委成立30周年庆祝活动”，6名会龄满30年的会员得到民进省委表彰。会员参加民进山东省委第二届网络春晚，分获二等、三等奖。在民进山东省委组织的庆祝改革开放40周年摄影展活动中，市委会获优秀组织奖，1名会员获二等奖。

9月27—28日，“民进山东省暨泰安市庆祝中华人民共和国成立70周年书画笔会”举办 （王传其 供）

【组织建设】 6月21—22日，市委会赴中央社会主义学院曲阜培训基地举办“基层骨干会员培训班”。年内，市委会领导班子成员6人参加中共泰安市委统战部组织的暑期读书班；1名市委会副主委和1名机关人员参加由中共山东省委统战部组织的第22、23期“全省民主党派领导干部进修班”；2名支部主委参加民进山东省委组织的“基层组织负责人培训班”；机关2人参加民进省委组织的“全省机关干部培训班”。

【参政议政】 年内，民进泰安市委有省、市、县三级人大代表、政协委员39人（次），其中省级3人、市级20人、县级16人。向泰安市政协十三届三次会议提交集体提案12件、个人提案29件，1件提案被市政协列为重点提案。向市政协十三届三次会议提交大会发言4篇，采用3篇。年内，市委会有6件提案被市政协表彰为市政协十三届一次会议以后优秀提案。开展专题调研，调研课题《关于加快我市学前教育发展的调研报告》得到中共泰安市委主要领导批示。11月，围绕《关于我市高效农业发展的建议》年度调研课题，市委会同市农业农村局、市科技局赴新泰开展调研，形成调研报告。3月30日，市委会举办社情民意信息骨干会员培训班，30名社情民意信息骨干参加培训。

【社会服务】 市委会开展“春联万家”活动，撰写春联200幅，为群众送上新春的祝福。参与民进山东省委“春风行动——走进东平”社会服务活动，民进企业家工作委员会捐资1万元用于走访慰问困难家庭。5月，市委会在岱岳区山口镇东碾疃学校开展“传统文化进校园暨民进岱岳区支部体育用品捐赠活动”，民进会员、泰安市非物质文化遗产泰山剪纸和泰山面塑传承人为学生进行实践授课，民进泰安市岱岳区支部为学校捐赠价值5000元的篮球、足球等体育用品。民进泰安市泰山区支部组织会员进行捐资扶贫活动，为9户贫困家庭送去价值5000元的生活物品。民进泰安市法律支部、民进泰安市医疗卫生支部开展法律咨询、送医下乡活动，受益群众300人。（王传其）

中国农工民主党泰安市委员会

【概况】 中国农工民主党泰安市委员会简称农工党泰安市委会，设基层委员会1个，总支1个，支部19个，有党员384人。年内，农工党泰安市委被农工省委评为“基层组织建设先进集体”“机关建设先进集体”。2名党员被评为“全省助力乡村振兴县区行、‘情系三农’及‘同心助学’品牌建设先进个人”。

【思想建设】 年内，把深入学习贯彻习近平新时代中国特色社会主义思想和中共十九大精神作为主轴主线，以主题教育活动为抓手，实施理想信念引领行动。领导班子成员参加农工省委举办的全省领导干部学习班和“不忘初心、牢记使命”主题教育学习班，参加市委统战部组织的党外人士暑期读书班。开展主委讲党课活动，主委为部分党员作党史党章讲座。引导广大党员通过“学习强国”、中国公务员培训网等平台开展学习教育活动。开展“不忘合作初心，继续携手前进”主题教育活动，及时召开市委（扩大）会议，动员部署深入开展主题教育活动。安排部署《农工党泰安市委深入开展“不忘合作初心，继续携手前进”主题教育活动方案》《农工党泰安市委廉洁风险预警提示活动实施方案》，成立农工党泰安市委会监督工作领导小组。10月，农工党山东省委副主委一行3人到泰安调研“不忘合作初心，继续携手前进”主题教育活动，召开主题教育活动和廉洁风险预警提示活动座谈会。以纪念中华人民共和国成立70周年、人民政协成立70周年和中国新型政党制度确立70周年为契机，强化思想政治引领。参加农工省委“不忘合作初心，继续携手前进”微视频大赛，制作上报微视频作品1件。参加农工省委开展的“纪念中华人民共和国成立70周年、人民政协成立70周年与新型政党制度确立70周年”征文活动，征集上报征文9篇，其中1篇获二等奖、4篇获三等奖，市委会获优秀组织奖。参加省政协开展的“发挥界别作用，增强人民政协界别代表性”征文活动，上报征文2篇，其中1篇获优秀奖。举办“同心共祝祖国好”随手拍摄影展活动，选取10幅作品报送省委。按照市政协部署安排，编撰《风雨同舟 共铸辉煌》农工党部分。组织党员参与市政协、市委统战部的合唱、征文等活动。通过微信公众号开展线上书画摄影展、微视频、主题征文活动，在农工党微信群和泰安市统战群等进行推广。

【组织建设】 年内，新发展党员21人。召开主委办公会、全委会，就全国“两会”精神、党的统一战线政策、文件等进行学习。领导班子成员参加农工省委和市委统战部组织的全省民主党派领导干部进修班、“不忘合作初心，继续携手前进”主题教育领导干部学习班、党外人士暑期读书班等各类学习班、培训班。开展基层组织标准化建设。各支部结合自身实际，建设“农工党员之家”，新泰市基层委员会和泰山区支部获省级“农工党员之家”称号。经市委会研究批准，农工党新泰市总支部委员会更名为新泰市基层委员会。对山东省果树研究所支部完成换届。农工党泰安市直属二支部举办“新春学习会”。新泰市基层委员会组织党员开展“迎接中华人民共和国成立70周年”主题教育活动，参加新泰市第九届全民健身运动会开幕式和环滨湖新区健步走比赛，组织集体学习活动。市直二支部到革命烈士纪念地——徂徕山抗日武装起义纪念碑举办“缅怀革命烈士，不忘合作初心”纪念活动。艺术支部举办“不忘初心 勇做新时代泰山‘挑山工’”座谈会。泰山医学院总支召开庆祝中华人民共和国成立70周年及多党合作制度确立70周年座谈会。新泰市基层委员会通过发放学习资料，集体学习与个人自学相结合，开展主题教育活动。果科所支部组织党员进行集体学习。

【参政议政】 在市政协十三届三次会议上，提交集体提案7件，个人提案28件。《关于实施乡村振兴战略，推进美丽乡村建设的建议》《关于降本减负增效，着力振兴实体经济的建议》《大力推进泰安市高等职业教育发展的建议》等提案被市政协评选为优秀提案。做好社情民意信息工作。举办社情民意信息写作沙龙活动，山东省政协常委、提案委副主任、农工党山东省委专职副主委王军，农工党泰安市委主委徐坤出席活动，各支部的10名社情民意信息写作骨干参加活动。9月25—28日，2人参加农工省委举办的全省社情民意信息工作培训班。年内，向省委、市委统战部、市政协提交社情民意信息28条。

【社会服务】 7月，由农工省委、淄博市委和泰安市委联合举办的“情系三农·同心助力乡村振兴”服务及共建示范基地活动举行挂牌仪式，党员中的果林专家为沂源县西里镇150名村民进行果树栽培与管理技术讲座。9月，在泰安美年大健康温泉路分院举行科学研究与社会服务基地揭牌仪式。年内，各基层组织发挥优势，结合各自实际开展形式多样的社会服务活动。泰山护理职业学院支部先后到肥城市李庄村、肥城市汶阳镇新集村开展扶贫义诊活动，免费发放医疗宣传册100份，提供给村民4000元的常用药品。岱岳区支部组织泰安市第一人民医院专家队赶赴岱岳区满庄镇东林村开展义诊活动，带去心电图、彩超等检查设备，为东林村200名村民提供免费诊疗、疾病咨询服务。肥城矿业集团支部组织党员到陶阳矿医院开展义诊活动。国家扶贫日期间，新泰市基层委员会开展“医疗下乡送健康 精准脱贫暖人心”志愿服务活动。新泰市基层委员会先后组织20名医疗专家，为300名村民提供免费诊疗、疾病咨询服务。

（丁 婧）

中国致公党泰安市委员会

【概况】 中国致公党泰安市委员会简称致公党泰安市委会，设支部13个，有党员182人。致公党党员侨海关系覆盖美国、日本、英国、新西兰、澳大利亚等多个国家和地区。鼓励有海外联系的党员通过考察、访问、探亲等时机，加强联谊对接，宣传泰安泰山，促进交流合作。年内，农大支部被致公党省委会评为“创先争优海外联谊工作先进集体”，泰山区支部被评为“创先争优宣传思想先进集体”，新泰支部被评为“创先争优组织建设工作先进集体”。

【思想建设】 开展“不忘合作初心，继续携手前进”主题教育活动，召开市委扩大会议安排部署，组织市委委员、支部主委学习习近平新时代中国特色社会主义思想、习近平总书记视察山东重要讲话和关于多党合作重要论述，强化政治素质、增进政治共识。组织部分党员参观泰安监狱、廉政展览，开展警示教育；参观互联网企业、电商企业，考察乡村振兴示范区、山水林田湖草生态保护修复工程，了解全市经济社会发展情况和市情民情。开展纪念庆祝中华人民共和国成立70周年系列活动，市委会和各支部组织党员参与省委会组织的主题宣传活动，参与市及县（市、区）统战系统、政协和所在单位文艺演出活动。年内，参加致公党中央、省委和市委统战部组织的各类学习9次，以支部为单位开展各种学习12次。

【组织建设】 稳妥做好组织发展工作，推进各项工作规范开展。市委会机关干部参与“不忘初心，牢记使命”主题教育，参加中共泰安一支部、市档案馆、东平昆山教育基地等专题学习和参观考察，学习党史、国史和传统文化，撰写研讨交流材料，检视剖析材料，工作能力、服务意识进一步增强。

【参政议政】 围绕市委、市政府中心工作和群众关心关切的热点问题，开展调查研究，提出意见建议。抓好省委会、市委重点课题工作，完成成果5件。市政协三次会议期间，提交政协提案32件，其中大会发言4件。报送社情民意信息15条，其中9条被省委会、市政协、市委统战部采用。市委会《关于加快“智慧社区”建设的建议》，得到市委书记崔洪刚、市长张涛等领导批示，转市发展改革委、市网信办、市住建局、市民政局研究落实，并召开座谈会反馈调研成果受理落实情况。担任各级司法机关和政府部门特约人员的致公党员，积极参加有关活动，认真履行监督职责。

【社会服务】 坚持扶危济困和服务发展并重，开展各类社会服务活动30次，受益群众1200人次。继续推进茶产业科技服务、济困助残、音乐支教项目，年内开展活动19次，捐赠资金10万元。完成致公党中央重庆酉阳扶贫任务，受到省委会表彰。引导有条件的党员为精准脱贫出力，其中1名党员主持运作财政专项扶贫资金委托经营扶贫项目，项目惠及4个贫困村1300人，带动贫困户和村集体增收，被泰安市扶贫开发领导小组评为“泰安市脱贫攻坚先进个人”。

（张淑蕾）

九三学社泰安市委员会

【概况】 九三学社泰安市委员会简称九三学社泰安市委会，设基层委员会4个、支社27个、小组1个，有社员655名。年内，九三学社泰安市委被市委、市政府表扬为“2019年度脱贫攻坚先进集体”，被九三学社山东省委表扬为“2017—2019年度社会服务工作先进集体”，山东农业大学基层委员会被九三学社山东省委表扬为“2017—2019 年度社会服务工作先进基层组织”。1 人获得九三学社中央“组织工作先进个人”称号，6 人获得九三学社山东省委“社会服务先进个人”称号，3 人获得九三学社山东省委“参政议政先进个人”称号。

【思想建设】 年内，召开全委会议 2 次。研究通过《九三学社泰安市委深入开展“不忘合作初心，继续携手前进”主题教育活动实施方案》，召开九三学社泰安市委“不忘合作初心，继续携手前进”主题教育活动部署动员会议，在全市各基层组织开展“不忘合作初心，继续携手前进”主题教育活动 68 次。11 月，社市委召开市委全委（扩大）会议，专题传达学习十九届四中全会精神。开展纪念中华人民共和国成立 70 周年、人民政协成立 70 周年系列纪念活动，拍摄微视频《九三人的中国心》，在腾讯视频、优酷视频、《齐鲁晚报》等多家主流媒体报道，被社省委、省委统战部采用并表扬。《汶水河畔咏心声 国泰民安九三情》在中共山东省委统战部微信公众号发表推送。

【组织建设】 全年发展社员 33 人，高层次比例 40%，主体界别比例 65%。加强领导班子建设，注重发挥班子成员作用，重视后备干部培养，加大对人才的发现、培养、推荐力度，为后备干部铺台阶、搭舞台。创新组织生活形式，开展“一人一议”活动，为基层、市、省、中央提供高质量的参政议政素材；围绕当地经济、社会发展形势，开展调研活动，提高社组织的影响力和凝聚力；采取走出去和请进来相结合的方式，对标先进地市，研究制定机关建设规范；利用网络平台及时收集各基层组织对社市委的工作情况反馈，改进工作作风，提升办公标准，提高为基层服务水准。

【参政议政】 向泰安市政协十三届三次会议提交提案 48 件，其中集体提案 18 件、大会发言 6 件，提案内容涉及医疗、民生、科技、经济等方面。开展课题调研，承担和参与社省委重点课题 2 项。《关于构建退休知识分子公益管理体系的建议》《建立基于社区的中医医养结合养老服务体系的建议》获社省委立项。3 人入选社省委成立的农林专门委员会。开展重点联合民主监督课题调研，社市委联合社省委开展《泰山区域山水林田湖草系统治理情况民主监督课题》调研并形成调研报告，调研报告以社省委名义报送省委统战部，市委书记崔洪刚作出批示。1 人被泰安市监察委员会聘任为第一届特约监察员，12 人被市委、市政府聘为各市直部门特约监督员。做好信息报送工作，全国政协采用 1 条，社中央采用 1 条，中共山东省委统战部采用 1 条，社省委采用 19 条（含齐鲁社刊 1 条），中共泰安市委统战部采用 2 条，各级社基层组织在多家媒体平台宣传报道 100 次。

【社会服务】 全年开展社会服务活动 40 次，捐献物资共计 20 万元。举办庆祝中华人民共和国成立 70 周年系列活动之“奋进新时代，同筑中国梦”军地新春联欢会。由社市委主办齐鲁乡村振兴文化采风行，邀请众多齐鲁著名文学艺术家及 20 多家主流媒体参加活动。社市委各级组织发挥智库优势，整合专家资源，深入乡村开展乡村振兴系列活动 10 次，传授知识，捐赠肥料等物资 12 万元。举办敬老月活动，给老人们送文艺、送物资，多次捐赠物资价值达 8 万元。 （王建波）

泰安市工商业联合会

【概况】 年内，泰安市工商联把握“两个健康”（非公有制经济健康发展和非公有制经济人士健康成长）工作主题，发挥桥梁纽带和助手作用，助推全市经济社会高质量发展。全年新成立直属商会 11 家，异地泰安商会 6 家，会员总数达到 1.47 万个，年增长率超过 9%。市工商联被全国工商联评为“2019 年民营企业调查点工作示范单位”，连续两年获得“省级文明单位”称号。

【思想政治工作】 市委、市政府贯彻落实习近平总书记“两个毫不动摇”“三个没有变”重要论述精神，坚定不移支持民营经济发展。市工商联贯彻落实市委、市政府的要求部署，举办“泰山企业家大讲堂”“向党学智慧”公益论坛等各类报告会、座谈会、培训班，组织开展参观改革开放成就展、书画和摄影作品展等活动，强化思想引导和政治引领，凝聚发展共识。2019 年，全市共召开由民营企业家参加的各类会议 30 次，民营经济增加值占全市生产总值的比例达到 62% 以上。

【双招双引】 11 月 20—22 日，泰安市举办全国重点区域山东商会会长“泰山行”活动，全国 22 个省的山东商会会长、海外泰山工商协会会长等共计 60 名知名企业家参加。市委书记崔洪刚，市委副书记、市长张涛等市领导出席并作重要讲话。

11月20—22日，泰安市举办全国重点区域山东商会会长“泰山行”活动
（王亚楠　摄）

活动以恳谈交流、市情推介、项目洽谈、参观考察为主要内容，宣传泰安的产业优势和营商环境。年内，充分发挥资源优势，积极走出去，分别拜访全国各地山东商会、泰安商会和友好商会30家，缔结友好商会，建立常态化联系机制。组织参加“民营企业喀什行”等活动，新泰市、宁阳县工商联分别在北京、上海等地举办双招双引推介会，现场签约项目近20个。全年工商联系统引进项目9个，合同引资额超过130亿元，其中：中国供销·宁阳农副产品物流园项目总投资35亿元，一期工程建设已全部完工；台湾生物科技果干果脯加工项目总投资3000万美元，已正式签约。

【服务民企搭平台】　围绕促进经济高质量发展这一首要任务，采取多种措施，打造“工商联+”工作模式。①搭建纾难解困平台。开展“送政策上门精准对接”服务民营企业活动，实行领导班子成员联系企业和商会制度，班子成员先后20次带队分赴各基层单位和包保企业组织开展宣讲调研，深入一线讲政策、听呼声、解难题，助力企业打通堵点难点。②搭建合作服务平台。加强与政府部门联系合作，与市发展和改革委员会、市人力资源和社会保障局、市科学技术局等部门建立促进服务非公有制经济发展合作机制，组织企业家考察行政审批服务中心，与市行政审批服务局联合召开座谈会，加强政企对话，为民营企业发展办实事、解难题。③搭建融资服务平台。帮助会员企业争取信贷支持，先后与建设银行、中国银行等建立战略合作关系，组织银企对接活动10次，帮助民营企业融资贷款8亿元。④搭建法律服务平台。建立政法服务非公经济联席会议制度，与市法院、市检察院、市司法局联合出台服务民营经济发展协作机制，联合市检察院成立企业重大法务风险防控服务中心，设立企业法律风险防控专家团，推出手机APP“企业帮”服务平台，为民营企业发展提供便捷有效的法律服务和法治保障。

【百企帮百村扶贫行动】　推进“百企帮百村”脱贫攻坚行动和“百企助百村”乡村振兴行动，至年底，全市有159家民营企业与350个贫困村结成帮扶对子，帮扶贫困群众1.09万人，帮扶资金总额4.7亿元。引导民营企业参与光彩事业、公益慈善等活动，2019年累计捐款捐物合计1500万元。组织开展“精准扶贫·鲁商在行动”公益捐赠活动，湖南省山东商会为泰安市贫困乡镇捐赠价值2800万元的医疗和教学用品。与巫溪县工商联召开扶贫协作工作会，泰安市有12家商会和企业为巫溪县贫困村捐款100万元；引导会员企业参与消费扶贫，设立8家市工商联新疆特色产品展销店，促进当地农产品产销。

【典型培树】　市工商联联合市工业和信息化局、市商务局等部门共同开展2019年泰安民营企业50强发布活动。按规定程序确定50强企业名单，召开2019年泰安市民营企业50强发布会，向全社会展示泰安市民营经济发展成就和优秀企业家的风采，用实际行动弘扬优秀企业家精神。全市各级工商联组织坚持以典型示范引领，充分发挥主流媒体和新媒体的宣传引导作用，选树一批在全国、全省具有影响力的典型企业和先进人物事迹，树立非公经济人士的良好形象。　（王亚楠）

编辑　校对　　刘　凯

人民团体

泰安市总工会

【概况】　泰安市总工会辖6个县（市、区）总工会，新汶、肥城两个矿业集团公司工会，泰安高新区总工会，泰山景区工会，市属48个产业（局、公司）工会。市总工会设办公室、组织部、宣传教育部（政策研究室）、生产保护部、权益保障部（女职工部）、基层工作部、法律工作部（市直工会）、财务部；辖市职工服务中心、经费审查委员会办公室、工人文化宫3个事业单位。年内，市总工会获"全国工会财务工作竞赛先进单位""省级文明单位""全省女职工维权行动月活动优秀组织单位"称号，被授予全省"颂伟大时代　为祖国喝彩"庆祝中华人民共和国成立70周年系列活动优秀组织奖、市级工会经审工作规范化建设考核特等奖等荣誉。

【宣传教育】　①开展宣传教育活动。开展"颂伟大时代　为祖国喝彩""网聚职工正能量　争做中国好网民""彩虹杯"全市职工喜迎中华人民共和国成立70周年书画展、"中国梦·劳动美"主题宣传教育活动等系列活动。组织参加全省系列活动，其中1个文艺节目获全省职工文艺会演网络展播投票第1名，1篇征文获散文一等奖，1幅摄影作品获相机金奖。开展职工服务大篷车"进企业、进社区、进工地"活动。举行"五一"国际劳动节文艺晚会。深化职工书屋和电子书屋建设，申报2处新建全国职工书屋、8处补充更新图书全国职工书屋、7处便利职工阅读站点和13处劳模书架，全市213处职工书屋信息纳入全国职工书屋网上普查系统。②加强思想道德建设。开展新时代职工思想政治引领工作调研，研究出台《泰安市总工会关于加强和改进新时代职工思想政治引领工作的意见》，明确以后一个时期职工思想政治引领工作的重点任务。组织开展职工职业道德标兵单位（个人）命名活动，2家单位分别被省总工会命名为职业道德建设标兵单位和先进单位，2人分别被省总工会命名为职业道德建设标兵个人和先进个人。开展"勇做新时代泰山'挑山工'、争当泰安改革发展主力军"活动、"泰安文明　职工先行"主题活动。③弘扬宣传劳模精神。对全市15名全国劳动模范和先进工作者、111名山东省劳动模范和先进工作者进行走访慰问，并为40名全国劳模和先进工作者发放"庆祝中华人民共和国成立70周年纪念章"。推进"齐鲁工匠"建设工程实施，2人获第二届"齐鲁工匠"，选树命名第二届"泰山工匠"10名，并带动企业广泛开展工匠人才培养选树活动。开展"劳模工匠、我的榜样"主题宣传活动、"劳模精神、劳动精神、工匠精神"学习宣讲活动，组织劳模工匠到企业一线等开展宣讲60场次，受众职工1.3万人。

【职工竞赛】　①劳动竞赛。与市住建局在各重点工程建设项目中开展"拔钉子、炸碉堡、插红旗，勇做新时代泰山'挑山工'"劳动竞赛，助推擂鼓石大街改造和环山路东延等重点项目任务高质量完成。②职业技能竞赛。与市人社局等7部门联合开展泰安市"技能兴泰"职业技能大赛，大赛设焊工、电工、汽车维修工等39个工种，同时为引导和发动全市各领域能工巧匠、民间艺人等乡土人才带领传承传统技艺技能，助推新旧动能转换和乡村振兴战略实施，大赛首次开设5个传统项目的乡村振兴专项大赛。③岗位技能竞赛。与市卫健委联合开展出生缺陷防治、临床检验、食品安全风险监测、基层预防接种工作等岗位技能竞赛，与市市场监督管理局联合开展药化械执法技能竞赛，与市畜牧兽医局联合开展畜牧兽医行业技能竞赛。竞赛中成绩优异的选手被授予"振兴泰安劳动奖章"。④职工全员创新竞

9月29日，由市总工会主办的“颂伟大时代 为祖国喝彩”“彩虹杯”泰安市职工喜迎中华人民共和国成立70周年书画展在市职工服务中心举办

（张婷婷 供）

赛。开展职工技术创新竞赛示范企业、创新型班组、职工创新能手、劳模和工匠人才创新工作室选树工作，激发职工创新热情和创造活力。与市科技局联合开展全市职工技术创新成果评选，与市能源局联合开展电力系统职工优秀技术成果评选，搭建职工创新成果推广应用平台，促进创新成果孵化。⑤安全技能竞赛。新泰市以化工企业安全技能竞赛为主题，举办首届化工园区“查身边隐患、保职工安全、促企业发展”安全生产应急处置技能竞赛活动。肥城市和宁阳县以道路交通事故预防为着力点，分别举办现代农业装备驾驶操作人员职业技能大赛和校车从业人员岗位技能大赛。

【载体建设】 ①完成山东“智慧工会”建设任务。将2019年确定为“智慧工会建设年”，“齐鲁工惠泰安e站”成为全省首个正式上线的市级站，获2019年山东工会改革“十大示范项目”，成为全省唯一入选的智慧工会类改革示范项目，《山东工人报》头版头条介绍经验。加强主业带动，组织律师、心理咨询师、创业专家等入驻平台，提供精准高效服务，开展“泰山工匠”评选网络投票、“工友圈集赞赢好礼”正能量抖音视频大赛、困难农民工返乡“春运邮情”、会员读书有奖等活动，推动业务工作、日常工作上网，线上线下深度融合，提升平台影响力。②实施“工友创业助力乡村振兴”计划。召开工会工友创业助推乡村振兴工作现场会，评选34家市级工友创业园、5家市级优秀就业培训机构、10名市级工友创业先进个人、25名市级农民工之星，成立工友创业导师团，举办就业创业培训班30期。开展“泰山云谷”双创基金评选，给予5个项目单位（个人）创业扶持基金奖励，择优推荐的9个单位被授予省级工友创业园称号，9人被授予省级农民工之星、1人被授予省级工友创业优秀个人、1家单位被授予省级农民工培训基地称号。③启动工人文化宫集中整治提升行动。开展“回归公益 搭建平台，创新丰富服务体系建设新内涵”活动，建立领导包保县（市、区）制度，推进工人文化宫清理整改。肥城市工人文化宫整治提升改扩建工作经验在《山东工人报》头版头条刊发，并获省总工会首批建设奖补资金500万元。④设立“惠职工”流动服务站。新建户外劳动者驿站31处，为每个驿站编制唯一识别编码，将已建站点纳入到“齐鲁工惠泰安e站”APP“阵地导航”模块，为每个驿站统一印制《户外劳动者驿站公约》，确定1名驿站站长，维护驿站秩序、及时补充日常消耗物品、确保站点配套设施正常使用，有效解决部分长期在室外工作的劳动者“吃饭难、喝水难、休息难、如厕难”的现实问题。

【维权帮扶】 ①实施职工服务中心“规范提升行动”。出台指导意见，进行实地督导，建强用好困难帮扶、法律服务、就业创业、文体娱乐、职工生活、业务指导六大平台，市职工服务中心被命名为山东省模范职工服务中心，1人获交通部、公安部、全国总工会、应急部、共青团中央“情满旅途”表扬通报。依托六大平台，深化“四季服务”活动，办理第23批特困职工证，妥善处理困难职工电话咨询、到访120人次，处理“12345”市民服务热线和“12351”派发工单33件，举办各类就业创业培训班30期，帮助近千名职工成功创业就业，举办的瑜伽、戏曲和广场舞等活动每天吸纳100人次参加，举办职工消夏晚会、劳模事迹展等活动，举办心理沙龙等活动92期，有1880人次参加，举办心理讲座50场，免费为124人次进行心理辅导，为单身职工开设单身职工婚恋驿站。②实施“工会法律援助服务在您身边”行动。对职工劳动报酬、社会保险方面的合法维权诉求提供“零门槛”援助，办结法律援助案件26件，为200名职工提供法律咨询服务。开展“尊法守法·携手筑梦”农民工法治宣传和公益法律服务行动，开设网上普法平台，引导职工依法理性有序表达诉求。1名律师获评山东省维护职工权益杰出律师，1家企业获评全国模范劳动关系和谐企业。③开展集体协商“深化提升年”活动。在县（市、区）举行“1+3”（企业集体合同+工资专项集体合同、女职工特殊权益保护集体合同、劳动安全卫生集体合同）集体合同集中签约仪式，签订866份工资专项集体合同，省总工会观摩组到泰安现场观摩。④做好解困脱困帮扶工作。印发《2019年困难职工解困脱困暨保障工作计划实施方案》等通知，加强督促指导，确保困难职工家庭小康路上不掉队。为在档困难职工制作困难职工连心牌，确保每户困难职工至少有1名困难职工联系人。开展职工大病医疗补助活动，为94人补助医疗费107.77万元，为26人补助守护光明基金4.15万元，联合爱尔眼科医院开展送健康服务12场，服务职工1000人。

【基层工会组织建设】 ①推进新时代职工之家建设。召开新时代职工之家建设工作会议，表扬“十佳职工信赖的职工之家”和“十佳职工信赖的娘家人”。②实施“新领域、新业态、新组织建会入会集中行动”。结合职工队伍实际，对全市建会任务特别是八大领域建会、八大群体入会工作进行细化分解，在抓工会组建、职工入会方面均取得较大进展，新成立的泰安市家政行业工会联合会受到全国总工会和省总工会领导肯定，全国总工会基层部编印的《推进货车司机等群体入会 百人以上企业建会专项行动工作动态》，对泰安市家政行业工会联合会的成立做法作专门报道；省总工会在“山东工会”微信公众号推送泰安市家政行业工会联合会组织开展的会员观影活动，把“指尖上的工会”带给家政行业职工。③推进百人以上企业建会、农民工入会和社工配备工作。对各法人单位基本情况逐一实地核查，汇总形成全市百人以上企业建会情况表，对处于末位和工作力度不够的工会，实行目标考核倒扣分制；以城区和园区为重点，外延到个体工商户、在建项目、农业产业链等领域，推进基层工会委员会、联合基层工会等多种形式组建工会，全市百人以上企业459家，建会率达100%，已完成新增农民工会员数3.8万人，全市社会化工会工作者达86人。④发挥工会工作指导员的作用。选派50名工会干部到50家企业挂职，重点解决市基层工会建会难、履职难、作用发挥难等突出问题；制定《泰安市总工会指导员日常管理办法》《挂职工作审批单》，对工会工作指导员进行岗前集中培训，逐级划拨资金，配备工作经费100万元；搭建工会指导员工作交流平台，建立工会指导员工作微信交流群，研究解决实际问题，已帮助46家企业完成建会任务。

【泰安市工会第十五次代表大会召开】 7月3日上午，泰安市工会第十五次代表大会开幕，市委书记崔洪刚，省总工会党组副书记、副主席魏丽出席开幕式并讲话，市委副书记、市长张涛主持，市人大常委会主任唐福泉、市政协主席周桂萍及市委常委出席，大会选举产生泰安市总工会第十五届委员会和经费审查委员会，选举产生市总工会十五届委员会主席、常务副主席、副主席（含专兼挂职）、常务委员和市总工会十五届经费审查委员会主任、副主任。其中，来自生产一线的全国劳模温广勇当选为市总工会兼职副主席，增进了工会工作的群众性。 （张婷婷）

中国共产主义青年团泰安市委员会

【概况】 年末，全市有共青团员18.3万人，团总支269个，团支部7582个，基层团干部2.59万人。团市委机关设办公室、组织宣传部、学校少年部、青年发展和社会联络部4个职能部室，机关党总支（下辖两个党支部）、少先队总队2个辅助专职工作机构；辖泰安市青少年宫、泰安市希望工程办公室2个直属事业单位。

【宣传引导】 召开泰安市学习贯彻纪念五四运动100周年大会精神座谈会，激励团员青年勇做新时代泰山“挑山工”。做好新媒体建设，“青春泰安”微信公众平台粉丝数达12.5万，微博粉丝达5万人，发布信息870条，阅读量达140万次。联合泰安广播电视台推出《勇做新时代泰山“挑山工”——青年担当》电视栏目。开展“青年大学习”网上团课学习活动，累计组织47期，学习次数达70万人次。制作《我和我的祖国》献礼视频，累计播放量50万次，生产制作主题文化产品28个。成立青年新媒体联盟，开发“融合之旅青年营”小程序和“青年直通车”专用平台，紧密联系大众网、百度、今日头条等16名网络大V和

4月30日，泰安市学习贯彻纪念五四运动100周年大会精神座谈会召开
（毕建军　摄）

知名网络人士。《山东共青团》（第10期）杂志推出泰安专题，刊发团市委书记署名卷首语。《中国共青团》杂志专题采访团市委统筹青年社会组织力量助力脱贫攻坚工作，并在《中国共青团》杂志封面宣传。

【服务发展】　开展2019季融合之旅活动，为青年成长成才打造高品质的青年企业家协会赋能平台——“融合之旅青年营”，组织项目众筹合作、沙龙座谈、大学生双创训练营等活动，得到团中央高度认可，被团省委发文推广，在全市座谈会上得到市委领导肯定。助力“招才引智”，扎实推进“青鸟计划”，承接清华大学深圳国际研究生院考察活动和全国重点高校大学生实习实践活动，组织全国162名大学生参加泰安市“青益岗”实践锻炼，寻找将优秀大学生留在泰安创业就业的有效路径。参与全省青企峰会，成功举办“研学泰山”论坛和人工智能领军企业CEO“泰山论道”暨项目洽谈会。组织实施“鲁青基准贷”项目，为创业青年发放基准利率贷款4466万元，争取贴息资金34万元。推进非公有制企业团建工作，开展泰安市非公有制企业团建工作培训班，重点打造一批非公有制企业团建工作示范企业和示范项目。

【基层组织建设】　落实团员发展、基层团组织规范建设、团费收缴、使用和管理等工作要求，将团员发展和管理工作作为对县（市、区）团委和市直单位团组织工作督导的重要内容。加强基础团务培训，组织开展全市团务知识专题培训会4次，200人参与培训。助力乡村振兴战略，评选市级乡村“好青年”30名、提名奖30名，联合市委党校举办泰安市乡村好青年培训班，培训各级好青年50人；推进青年之家建设，全市21家“青年之家”入驻“云平台”，省级示范性“青年之家”综合服务平台4家。开展“共青团与人大代表、政协委员面对面”“青春自护·平安春节”、中高考减压、禁毒防艾、法制宣传等活动。

【学校少先队工作】　创新少年儿童思想引领方式，策划开展“闹花灯，猜灯谜、赏月圆”“今天，我想对你说”等活动，倡导新文明、新风尚，收到线上留言2.2万条。组织“小手拉大手　创建文明城市从我做起”主题教育活动，发布“社区红领巾公益一小时”项目。开展“泰山天山手拉手　鲁新少年心连心”活动，215名新疆少先队员参观书香校园并交换礼物。开展传承新时代泰山“挑山工”精神少先队训练营，创作成长誓词《传承　成长》，2.5万名少先队员参与活动。全市2000名少先队员共同发起“给冯骥才爷爷的一封信”活动，并收到冯骥才先生“敢挑重担，脚踏实地，勇于攀登”的回信鼓励。组织学习习近平总书记《致中国少年先锋队建队70周年的贺信》精神，开展“我与祖国共成长　争做小小追梦人”红色宣讲进校园活动。探索成立乐园社区少先队，开展“爱在七夕　家和万事兴”主题活动、“传承红色基因，争做小小追梦人”等系列活动。

【青春志愿活动】　深化“金晖助老”青春扶贫志愿者行动，持续开展“牵手关爱行动”。开展青年文明号助千家脱贫行动，发动各级青年文明号集体主动结对建档立卡贫困户，发动青联委员参加“优品嘉年华——东西扶贫协作农产品产销对接会”，累计成交金额达580万元。积极对接重庆巫溪，拨付扶贫款3万元，主要用于留守儿童关爱项目。做好“千校万岗”就业精准帮扶行动，全面掌握建档立卡贫困学生情况，准确录入名册。推荐5名中学（中职）生和7名大学生参与2019年“大智之星”齐鲁学子奖学金申报。推进“青联爱心助学行动”，开展微心愿征集活动，组织过暖冬志愿服务。结合“三下乡”社会实践开展青少年防溺水志愿服务活动，在全市73

个危险水域悬挂115个危险警示牌，制作“暑期防溺水，安全共守护”凡客微传单，青少年受众达2.3万人。泰山义工联合会、泰山小荷公益志愿服务事迹在《中国共青团》杂志刊发报道。（单美菁）

泰安市妇女联合会

【概况】 年末，全市有县（市、区）妇联工作机构6个，乡镇（街道）妇联工作机构89个，村、社区妇联3742个，市、县两级党政机关、科教文卫单位妇委会399个。市妇联机关工作人员15人，县（市、区）妇联机关工作人员42人，乡镇（街道）妇联主席、副主席267人，村、社区妇联主席3742人；市妇联下属有市直机关幼儿园、市妇女儿童活动中心、市妇女儿童服务中心3个事业单位。年内获“省级文明单位”称号。

【妇联组织建设】 ①改革工作。7月，市妇女第十一次代表大会召开，选举新一届领导班子，配齐1名挂职副主席、3名兼职副主席，代表和执委结构更加合理。推动县、乡级妇联组织换届，全市6个县（市、区）及应换届的68个乡镇妇联全部完成换届。②实施基层妇联组织建设“细胞工程”。多层面建活基层妇联组织，全市机关事业单位妇女组织建成率达95.05%，在“两新”（新经济和新社会）组织建立妇女组织154个；多形式用活基层妇联工作阵地，推进“妇女之家”向各领域拓展，全市在村民小组、社区网格、楼栋片区等建立妇女组织1260个；多举措带活基层妇女工作队伍，开展“娘家人心连心”及万名执委大走访活动，全方位推行基层妇联“五亮”（亮妇联标识、亮组织架构、亮工作职责、亮执委身份、亮活动内容）活动。争取省妇联资金41万元，新建妇女儿童家园项目3个。③作风建设。开展“不忘初心、牢记使命”主题教育，开展“埋头苦干、争创一流，勇做新时代泰山‘挑山工’”主题实践活动，开展“岗位练兵、业务比武”活动。召开“破难行动”现场观摩会，寻标对标争先进位，全面促进妇女儿童各项工作开展。

【组织妇女参与经济建设】 ①巾帼脱贫行动。组织开展巾帼送暖活动，全市筹集资金149.36万元，帮助1.46万名贫困妇女儿童过暖冬过好年；继续组织市女企业家协会会员企业和巾帼文明岗参与“企联村，岗联户”活动；针对脱贫攻坚工作重点镇、村举办3期巾帼脱贫示范基地和巾帼致富带头人专题培训班；在全市认定40个巾帼居家创业就业脱贫行动“大姐工坊”（大姐农家乐）、10个巾帼居家创业就业脱贫行动示范基地。②妇女创业就业。提供岗位支持，举办“春风送暖”庆“三八”女性就业专场招聘会，组织220家企业提供2300个适合女性的就业岗位，480名女性求职者达成就业意向。在“她岗位”女性就业信息服务专栏上发布岗位信息4期，提供线上岗位4200个。提供服务支持，强化妇女技术技能培训，全市举办培训班970场次，培训妇女10.69万人次。开展“乡村振兴巾帼行动”“创业就业巾帼行动”，成立返乡下乡创业联盟，确定一批女大学生创业就业实践基地并成立女大学生创业导师团。提供资金支持，继续抓好小额担保贷款，全市为283名妇女、9家企业提供创业资金共计5721万元。③创新创业服务。在女职工中开展争创巾帼文明岗、巾帼建功先进集体，争当巾帼建功标兵等活动。支持市女企业家协会发展，召开女企业家协会二届二次理事会，组织会员为泰安市东西部协作扶贫对口支援地区重庆市巫溪县捐款3万元。

【救助扶贫】 ①开展农村妇女“两癌”（宫颈癌、乳腺癌）筛查及救助工作。全市为10万名35～64岁农村妇女进行“两癌”免费检查，经过登记摸底，将符合条件的700名贫困“两癌”母亲基本信息录入全国数据采集系统。争取全国、省级专项公益金、救助金254万元，共计救助254名“两癌”贫困母亲。②关心关爱困难儿童。以“让爱留守”主题活动为载体，在春节、“六一”等时间节点，开展留守儿童、春蕾女童、贫困儿童救助帮扶活动，全市关爱救助儿童2928名，救助金额达48.05万元。③为妇女儿童办实事。在市妇儿工委成员单位中征集为妇女儿童办实事项目，以关注民生、推动妇女儿童统筹发展为着力点，筛选、确定为妇女儿童要办的5件实事项目并在年内将各实事项目完成落实。

【维护妇女儿童合法权益】 ①进行普法宣传。开展“三八”妇女维权周启动仪式、巾帼维权暖心法律现场咨询会、巾帼维权暖心进社区等活动，市妇联及各县（市、区）妇联共发放宣传资料6.04万份，解答咨询1.18万人次，举办各类法律培训班46场次，培训妇女6339人。成立泰安市巾帼维权志愿者服务团，组织志愿者开展普法宣传巡讲活动70场次，受益妇女6210人。开展宪法宣传、禁毒宣传、道路交通安全、预防邪教等各类普法宣传志愿服务活动154场次，受益妇女3.01万人次。②开展婚姻家庭辅导。探索“1+N”（以婚姻家庭辅导中心为点，以村、社区婚姻家庭辅导服务站为面，点面结合，扩大婚姻家庭辅导服务覆盖面）婚调工作新模式，全市199名婚姻家庭辅导志愿者，开展离婚辅导4955对，通过辅导取消或暂缓离婚的2351对。成立反家暴公益维权服务站和妇女法律援助工作站，共受理反家暴法律咨询133件，承办妇女法律援助案件368件。举办婚姻家庭辅导志愿者培训班18场次。③畅通信访渠道。健全完善信访工作制度流程，将“12338”妇女维权热线纳入省政府服务事项网上系统，定期对6个县（市、区）“12338”热线接听情况进行随机抽查，每季度对热线接访情况进行分析总结，市、县两级共接待来电来访246件，处结率100%。

【优化妇女儿童发展环境】 贯彻男女平等基本国策，推进“两个规划”（泰安市妇女发展“十三五”规划、泰安市儿童发展“十三五”规划）实施。开展男女平等基本国策宣传月活动，现场解答群众咨询200人次，发放宣传材料3000份。实施性别平等教育进中小学项目，确定泰山学院附属中学为全省性别平等教育进中小学项目学校，通过项目实施培育和增强学生的性别平等意识，提高社会认知度。完成“两个规划”年度监测统计，开展“两个规划”中期监测评估整改工作。

【组织妇女参与精神文明建设】 开展“我和我的祖国”“百、千、万巾帼大宣讲”“巾帼心向党·礼赞新中国”主题教育活动，依托妇女儿童活动阵地，组织妇女群众唱响祖国颂歌、讲好中国故事、写出家国情怀、献礼祖国华诞。举办“献礼中华人民共和国成立70周年·泰安巾帼勇担当”泰安市纪念“三八”国际妇女节109周年现场会暨巾帼先模事迹报告会，向全市妇女发出献礼中华人民共和国成立70周年泰安巾帼勇担当倡议书，开展参观学习、表扬先进、事迹报告等系列庆祝纪念活动。开展“邻里守望·姐妹相助”“共建网络安全·共享网络文明”“新女性·新生活”垃圾分类等新时代文明实践主题志愿服务活动，弘扬志愿服务精神。用好泰安妇女网、“泰安市妇联”微博、微信公众号平台等网络媒体，在微信公众号平台上开通“她岗位”女性就业信息服务专栏，把妇联活动品牌、服务项目广泛链接到网上，形成线上线下“妇女之家”紧密衔接、协同联动的工作机制。完善市、县妇联微信公众号平台功能。

3月7日，泰安市“春风送暖”庆“三八”女性就业专场招聘会暨“她岗位”女性就业信息服务专栏上线仪式举行 （贾秀梅 供）

【推进家庭文明创建】 常态化开展寻找“最美家庭”“五好家庭”“绿色家庭”等特色家庭文明创建活动，新命名市级“最美家庭”“绿色家庭”等各类特色家庭共137户。开展首届“十大和美人家”评选活动，评选产生10户首届“泰安十大和美人家”。全面推进“母亲素质提升工程”，启动“双百工程”，已公布10个“母亲素质提升工程”实践基地和10支家庭教育志愿服务队。搭建“母亲公益讲堂”巡回培训平台，开展各类培训活动37场次。举办9期“美丽人生”精品课、14期家庭阅读活动，开展关爱留守流动儿童家庭教育进基层公益活动，常态化开展系列培训，共开展各类家庭教育主题活动367场次，培训1.84万人次。举办“万封家书传真情”家庭文化展，举办首届“泰安十大和美人家”事迹展播暨“万封家书传真情”家庭文化展。开展“家和万事兴”家风家训展、“绿色家庭”创建、“培育好家风家训”报告会、“万封家书传真情”等系列家庭文明创建主题宣传活动。开设“泰山人家”家庭文化专栏、家教微课堂。

【推进“美丽庭院”创建】 市、县两级分别成立“美丽庭院”创建工作领导小组。召开全市“美丽庭院”创建工作推进会，成立“美丽庭院”

创建工作专班，组成4个督导组，对创建工作进行定期督导调度，实地督导88个乡镇（街道）362个村的1354户“美丽庭院”示范户，实现乡镇督导全覆盖。工作中，重点建立4个动态台账，到村到户，量化目标，责任到人，印制发放5万份“美丽庭院”宣传海报，举办全市“美丽庭院”培训班，召开“美丽庭院”创建工作座谈会、全市妇联系统“破难行动”现场推进会，推动全市创建工作开展。年末，全市建成“美丽庭院”示范户9.65万户，建成率达11.38%；3172个村建有“美丽庭院”示范户，建有率100%，完成创建目标任务。（贾秀梅）

泰安市科学技术协会

【概况】 年末，市科协管理市级学会53个、企业科协132个、高校科协10个、农技协200个、老科协248个，会员20万人。市科协机关设4个部室，工作人员14人；辖泰安市科技创新服务中心、泰安市科技馆、泰安市学会服务中心3个事业单位，工作人员26人。连续7年被授予全国科普日优秀组织单位，获“全国青少年科技创新大赛优秀组织单位、省级文明单位”等称号，连续3年被市委、市政府授予“经济社会发展综合考核先进单位”。

【服务科技工作者】 开展泰安市首次科技工作者状况调查，摸清全市科技工作者的基本状况。策划“5·30全国科技工作者日”系列活动。开展全市优秀科技工作者和青年科技人才标兵表扬宣传活动。打造“岱下科技论坛”学术交流品牌，承办2期省科协泰山科技论坛。组织赴法国开展板栗产业发展交流、赴台湾农业学习考察，承办“第十届海峡两岸青年学子科技交流活动”。新成立市科学养生研究会、市水科技学会，填补泰安市有关学科社团组织的空白。新建企业科协8家，全市企业科协达104家。驻泰安高校科协组织实现全覆盖。

【服务创新驱动】 创新性提出“四个一”（每对接一个高层学会、引进一批高层次人才，至少落地一个实体化服务平台、提升一个产业发展水平）工作法，探索出一条借助国家级学会服务新旧动能转换的新路子。建成“中国化工学会创新驱动泰安工作站”等7个创新创业平台，举办12场国家级高层次学术会议（活动）。泰安中研复合材料产业技术研究院正式运行，9个项目入驻孵化，落地投产1个。“泰安市化工产业新旧动能转换协同创新联合体”项目成为2019年山东省唯一一个获批的中国科协创新驱动助力工程项目，并获得资助50万元。与中国纺织工程学会联合开展一对一帮扶活动，7名专家与企业实质性合作。中国科协科技成果转化服务中心泰安分中心举办10场次科技项目路演会、优秀科技成果推介会，发布60项最新科技成果，连续4年被确定为“全省科技信息企业推广应用山东服务子站”。全市注册企业613家，培训企业一线创新工程师2400人次，100家企业利用平台取得显著成效，形成260项新专利，产生经济效益20亿元。在泰安市召开全省科协系统深化改革现场推进会，省科协以正式文件转发泰安市“四个一”工作法。中国科协学会服务中心将“四个一”工作法作为典型案例在全国推介宣传。

【服务全民科学素质提升】 持续打造“科普之春”“科普进社区”等活动，争取市财政290万元科普专项经费支持基层科普设施建设，新建社区科普馆8处、综合科普主题公园3处。市科技馆新建成地震体验展厅、节能展厅等，全年累计接待观众10.2万人次，继续被确定为全国免费开放试点单位。新命名市级科普教育基地20个，科普教育基地总数达103个。22个项目（单位）入选省基层科普行动计划、省科普示范工程。科普春雨行动项目获评

8月6—7日，泰安市科学技术协会第六次代表大会在泰安召开（邵国帅　摄）

省科协2019改革创新品牌A类项目。2019年“全国科普日”山东省暨泰安市主场活动启动仪式在泰安举办。成功举办第六届全国探知未来青年科普实验暨作品大赛泰安赛区比赛、第三十四届泰安市青少年科技创新大赛等赛事，获得全国一等奖23项、二等奖56项、三等奖62项。

【服务党和政府科学决策】 充实科技创新智库专家库，把中国化工学会、中华中医药学会、中国纺织工程学会等有关专家吸收为智库专家，为市内相关企业服务。组成课题组对土工格栅产业、生物产业发展等11个项目开展专题调研，形成一批咨询报告。《关于全市科技工作者的调研报告》《关于板栗产业的考察报告成果》得到市委书记崔洪刚的批示。《加强科技社团经费保障研究》在中国科协立项，并获中国科协九大代表调研课题专项资助。

【市科协第六次代表大会召开】 8月6—7日，泰安市科学技术协会第六次代表大会在泰安市召开，会议正式代表377人，实到代表341人。会议审议通过市科协第五届委员会工作报告，选举产生泰安市科协第六届委员会委员77名、常务委员29名、副主席13名和主席1名。基层和一线的科技工作者代表占83%，兼（挂）职副主席中博士学历占63.6%。 （邵国帅）

泰安市归国华侨联合会

【概况】 年末，市侨联机关有工作人员6人。全年积极履行服务经济发展、依法维护侨益、拓展海外联谊、积极参政议政、弘扬中华文化、参与社会建设等职能。继续保持“市级文明单位”称号。1人被评为“山东省侨联系统先进个人”，山东农业大学侨联被评为“山东省侨联系统先进集体”。

【服务经济建设】 年内，通过与欧洲、奥地利、美国、日本等华侨经贸考察团对接，向泰安市相关企业牵桥引线促签合作协议20个。促成投资2000万元的山东鸿泰智能自动化传输项目顺利开工；引进100万元昌鸿装饰印刷雕刻项目落地投产；引进美国IECC全球公司与泰安市医学护理类高校合作的办学项目进入实质性阶段；推荐2家侨资企业加入全国、省新侨创新创业联盟；推荐泰安市华商联合会作为会员单位参加中国侨商联合会第五次会员代表大会。开展泰安籍海外人才统计工作，建立服务“双招双引”的综合性平台。

【服务社会事业】 发挥“中国泰山华侨（华商）慈善基金会”作用，协助海外慈善机构、华侨华人联合国内专家教授和志愿者开展慈善公益活动。年内，接受、办理侨胞侨企以慈善捐助、设立基金、结对帮扶、志愿服务等方式无偿捐款捐物共计50万元。举办美国高永琪 “919”慈善专款捐赠、欣欣教育基金会东平“手牵手”中美公益结对、魏基成慈善列车棉衣捐助、市侨联“助力脱贫攻坚、救助困难群众”慈善捐助、朱家洼村“科技下乡”送温暖等活动，服务社会事业发展。

【服务对外文化、教育、旅游交流】 以庆国庆70周年为主题，举办“第四届华侨华人摄影大赛”“海内外侨界群众书画巡礼” “追梦中华·侨这七十年——侨界老照片、文章征集”等活动。组织参加第二十届世界华人学生作文大赛，并获优秀组织单位奖。组织“中华泰山文化寻根之旅”主题活动，年内，美国、加拿大、日本、澳大利亚等侨胞团组到泰安、泰山观光旅游、省亲考察2000人次。

【为侨服务】 开展征求归侨侨眷、海外侨胞和基层党员群众困难、问题和意见建议，新时期归侨侨眷权益情况调查等活动。探索成立“侨联法律事务服务中心”，协调有关部门帮助侨界群众解决入学就业、出国事务、侨企发展等实际困难，受理侨界群众来信来访40件（次）。开展“走侨家·送温暖”主题活动，春节、中秋、重阳等节假日期间走访慰问贫困归侨侨眷19户，发放慰问金、慰问品共计2.3万元。

【参政议政】 年内，推荐并组织17名归侨侨眷代表泰安侨界参加山东省第九次归侨侨眷代表大会。组织全市各级侨界政协委员、人大代表提交提（议）案30份，2篇被评为优秀提案、2篇被列为重点提案。

【对外联谊】 与博茨瓦纳山东商会、俄罗斯山东同乡会等海外商会组织缔结友好合作关系。与兰州市侨联缔结友好侨联关系。年内，2名海外侨领被聘为泰安市侨联海外名誉主席、海外顾问。在市级以上电视、广播、报纸、杂志、网站等新闻媒体上刊载宣传稿件19篇（件）；与40个海外中华会馆、宗（乡）亲会、华人商会、华侨机构建立起定期信息交流关系。 （马　琳）

编辑　校对　　刘小笋

法治·军事

政法与综合治理

【概况】 2019年，全市政法机关深入推进平安泰安、法治泰安建设，全面加强和创新社会治理，做好重点时期安保维稳工作，全力维护社会大局稳定。探索推行的跨部门涉案财物集中管理模式，在全国处于领先地位，被省委政法委肯定为“泰山样板”“山东标准”，全省涉案财务集中管理工作现场会在泰安市召开。总结推出的基层“源治理”做法，被省委政法委给予肯定，中央电视台《平安中国2019》栏目到泰安市进行现场采访。构建的非诉讼纠纷解决“四化”（化解纠纷责任层级化、方式社会化、流程系统化、制度规范化）新体系在全省非诉讼纠纷解决机制工作会议上作交流发言。市委政法委被省委、省政府表彰为全省国庆70周年安保维稳工作先进集体，在2019年度全市经济社会发展综合考核中被评为“优秀”等次。

【平安建设】 ①政治安全。深化警示教育，抓好动态排查、依法管控和专项打击工作。突出网络安全主阵地，全时段、全网域进行网上监控巡查。对全市重点关注人员做到底数清、情况明。加强意识形态领域阵地控制，及时处置网上传播的各类有害信息。②社会治安。加快构建立体化社会治安防控体系，推进“雪亮工程”提档升级，深化治安大巡防工程，加大一体化打防管控力度，重拳解决治安突出问题，联动共治优化社会秩序。全市命案现案破案率100%，逃犯存量下降近67.99%，“两抢一盗”（抢劫、抢夺，盗窃）案件同比分别下降30.43%、40%、18.42%。推进扫黑除恶专项斗争，组织打好扫黑除恶线索排查“百日会战”和山东战役泰安战场“破袭战”。推进综治中心规范化建设，推动网格化服务管理工作和基层综治中心一体化运作，全市共划分9074个网格，配备专兼职网格管理员1.24万人。③一元主导多元化解矛盾机制。全市共调解各类矛盾纠纷案件6702件，调解成功6607件，成功率98.58%。开展平安创建活动，推广平安协会、平安志愿者等做法。

【法治建设】 推进司法体制综合改革、维护社会稳定机制体系、深化“放管服”改革等各项制度创新工作。加强执法监督工作，出台执法监督员工作制度，聘请61名执法监督员对全市政法系统执法状况进行监督。推行重大疑难案件会商研判机制。推进政法机关服务企业发展工作。开展涉法涉诉信访工作，涉法涉诉信访案件下降19%，实现信访案件总量、新增案件连年下降的态势。加大司法救助力度，对117件次案件当事人实现救助。推进律师参与化解和代理涉法涉诉信访工作。推进普法宣传依法治理，开展一系列以宪法为核心的法治宣传教育工作。创新开展社区“普法驿站”建设。做好公共法律服务工作，提升法律援助服务效能，扩大政府法律顾问覆盖面。

【服务大局】 把政法工作置于全市中心工作中谋划推进，坚持开门办政法，实行政法领导干部包保制度，及时跟进秩序维护、权益保障、关系调节、矛盾化解、依法打击等工作。营创更加良好法治营商环境。将“亲商、爱商、护商”理念贯穿于具体工作实践，制定出台《全市政法机关依法服务保障企业高质量发展的意见》，建立党员干部、政法干警联系企业制度，帮助企业解决一批治安、矛盾、债务、担保、案件、执行等实际问题。优化政法服务保障举措。坚持常态打击与专项整治相结合，依法严厉打击各类经济犯罪，强化涉案资金查控，清理规范相关文件，整合救助资源，全市没有发生因涉众风险引发的越级上访案事件。

【社会治理】 推进市域社会治理“六大工程”建设。实施矛盾纠纷一元主导多元化解“和谐工程”、网格化服务管理“网格工程”、视频监控提档升级“雪亮工程”、社会治安群防群治“巡防工程”、综治中心标准化建设“强基工程”、政法信息化建设“智慧工程”，推出一批在全省、全国有影响的“泰安品牌”。推动跨部门涉案财物集中管理，规划建设涉案财物集中管理中心，实现将市县政法单位及纪委监委涉案财物全部纳入集中保管范围、建立具有政法特色的一体化智能管理平台、利用5G技术进行远程示证、编制省级标准规范体系“四个全国率先”。成立泰安政法融媒体中心，加强市、县、乡、村四级“政法小编”队伍建设，与新华社新媒体中心签订战略合作协议，成为全国首家和新华社合作的市级政法新媒体工作平台，探索推出“媒体+政法”携手发展的融合新模式。总结推广泰山区岱庙街道基层“源”治理工作经验，坚持往“根”上找问题，从“源”上抓治理，在“本”上求实效，在基层治理责任源、信息源、动力源上发力用功，构建起区域共建、多元共治、全民共享治理的新格局。

【安保维稳】 抓好关键节点维稳工作。成立重要敏感时期安保维稳工作领导小组和市内、驻北京指挥部、工作组等工作专班，启动市安保维稳指挥部办公室联合值班机制和市公安局维稳信息分析研判处置联合值班机制，抓好安全管控、矛盾化解、舆情引导、维稳零报告、应急处置等机制落实，抓好保安全、护稳定各项工作。做好社会面维稳工作。完善防范化解社会矛盾风险维护稳定工作机制，压实各地各有关部门单位防范化解社会矛盾风险、维护社会稳定的政治责任。按照属地、属人、属单位的原则，及时掌握重点群体聚集活动动向。推进社会稳定风险评估工作。完善机制建设，规范评估运行，增强评估实效，经过社会稳定风险评估的事项，无一发生涉稳问题。 （张　磊）

5月24日，泰安市委召开全面依法治市委员会第一次会议，市委书记崔洪刚出席会议 （史　超　供）

【依法治市组织协调】 5月24日，市委全面依法治市委员会（以下简称市委法治委）第一次会议召开，成立工作机构，审议通过市委法治委工作规则、各协调小组工作规则和办公室工作细则等工作制度，印发工作要点，制定工作任务清单，系统谋划法治保障措施，助力法治政府建设、新旧动能转换、乡村振兴、三大攻坚战、优化营商环境、城乡一体发展等全市中心任务推进，健全运行机制，依法治国战略和依法治省部署在泰安市进入全面推进阶段。各县（市、区）党委法治委相继召开第一次会议，推动全面依法治县（市、区）工作实现良好开局。6月11日，举行依法治市办公室揭牌仪式并召开第一次会议，印发《关于建立联络员工作联系机制的实施意见》《关于建立专家决策咨询工作机制的实施意见》，推动市委法治委决策部署落实落地。注重机制创新，推动市委法治委在下设立法、执法、司法、守法普法4个协调小组的基础上，增设法治型干部队伍建设协调小组，加速推进各个领域法治措施的制定和实施。12月2日，守法普法协调小组召开第一次会议，审议通过《市委全面依法治市委员会守法普法协调小组工作细则》《关于进一步落实国家机关“谁执法谁普法”普法责任制的意见》《关于加强中小学法治副校长配备和管理的意见》。12月28日，市委法治委召开第二次会议，审议《泰安市2019年度法治建设情况报告》《泰安市法治政府建设示范创建活动建议方案》《泰安市法治型干部队伍建设工作暂行规定》《泰安市人大常委会2020年地方立法工作计划》《泰安市人民政府2020年立法工作计划》，推进科学立法、法治政府建设、法治型干部队伍建设，建立法治建设年度书面述职制度。

【法治调研】 组织起草并推动市政府出台《关于进一步加强和改进法治政府建设的实施意见》，提升各级政府及部门依法行政能力和水平。做好省委依法治省办在全省开展的“营造良好法治环境服务民营企业发展”专题调研和“数字法治建设”专题调研。研究制定《泰安市法治型干部队伍建设暂行规定》，推动党政主要负责人履行推进法治建设第一责任人职责。对全面依法治市工作有关做法进行总结，市行政审批“六化改革”在法治引领下进行流程再造，取得实质性成效，经验做法在全省推广。

【法治督察】 贯彻落实《法治政府建设与责任落实督察工作规定》和《关于开展法治政府建设示范创建活动的意见》，开展法治政府建设示范创建，加强法治政府建设督察考核，形成法治政府建设“一手抓督察落实、一手抓示范创建”两个有力抓手，推进法治政府建设。10月，以迎接省委“营造良好法治环境服务民营企业发展”专项督察为契机，重点查找纠正执法、司法领域存在的突出问题，进一步优化营商环境。（史 超 陈现来）

法治政府建设

【概况】 年内，市政府出台《关于进一步加强和改进法治政府建设的实施意见》，全面提升各级各单位依法行政能力和水平，起草、报送并公示《2019年度法治政府建设报告》，做好政府立法、行政执法监督、行政复议应诉等工作。其中，完成2部地方性法规草案的审核及议案提报工作，审核各类文件40件、重大行政决策事项15项、合同（协议）31件；确定市级保留证明事项387项，重新公布行政执法主体54个、县级281个；全年收到行政复议申请630件，受理589件，当年审结532件。

【政府立法】 加强重点领域立法，先后完成《泰安市生活垃圾分类管理条例》《泰安市户外广告设施和招牌设置管理条例》等2部地方性法规草案的审核及议案提报工作，配合市人大做好《泰安市文明行为促进条例（草案）》的审核修改工作，与市城管局联合起草《泰安市城市建筑垃圾管理办法（草案）》。做好行政规范性文件合法性审核，拟定发布《泰安市人民政府办公室关于做好行政规范性文件合法性审核工作的通知》，审核各类文件40件。组织开展行政规范性文件清理工作，共清理文件152件，拟废止59件，修改63件。做好重大行政决策、合同（协议）和会议纪要审核工作，共审核重大行政决策事项15项、合同（协议）31件、会议纪要45件，完成《山东省学前教育条例》等10件省级地方性法规草案的征求意见工作。

【行政执法监督】 推进证明事项清单化管理，确定市级保留证明事项387项，开展证明事项告知承诺制试点工作，以建设项目线和便民服务线“两条线”标准，确定37项试点事项，采用告知承诺方式办理行政审批4721件，精简材料9300份，缩短办事时限1.6万个工作日，仅社会组织设立这一事项，就有27家社会组织通过书面承诺代替验资报告，减少费用近10万元，平均节约开办时间5～7天，司法部、省司法厅分别对泰安的工作给予高度评价，市司法局行政执法监督科被司法部表彰为全国法治政府建设先进单位。重新公布行政执法主体54个，各县（市、区）司法局公布县级行政执法主体281个，全市共清理行政执法人员2151人。推进行政处罚（行政强制）权力上网运行、行政执法音像记录和重大执法决定法制审核“三项制度”实施，建设完成泰安市行政处罚和行政强制权力事项网上运行系统，全市重大行政执法决定法制审核目录清单制定率、重大行政执法决定法制审核率均达100%，执法案件质量不断提高。

【行政复议应诉】 做好行政复议案件办理，全市共收到行政复议申请630件，受理589件，当年审结532件。在全市开展《行政复议法》实施20周年系列活动，提高行政复议的社会知晓度。推进行政机关负责人出庭应诉工作，市县两级政府分管领导及部门负责人共计430人次观摩庭审，全市行政机关负责人出庭应诉率较上年提高28个百分点。（史 超 陈现来）

公 安

【概况】 全市公安机关实行人才、创新、品牌三大强警战略，实施主动警务，开展安保维稳攻坚、打击犯罪、基层基础建设、铁军建设等工作，推进社会治理体系和治理能力现代化，维护社会平安和谐稳定。市公安局被省委、省政府表彰为全省国庆70周年安保维稳工作先进集体，被省公安厅表彰为中华人民共和国成立70周年大庆安保维稳成绩突出单位、2018年度全省优

9月10日，泰安市公安局举行国庆安保誓师大会　　（李　英　摄）

秀市级公安局，被省委政法委表彰为全省政法新媒体工作室建设评审活动优秀单位，被市委、市政府表彰为全国文明城市创建工作先进集体、2018年度全市安全生产工作先进单位。

【安保维稳】　①中华人民共和国成立70周年安保。以中华人民共和国成立70周年安保维稳为全年工作的主线，落实各项安保措施，实行最高等级社会面巡防、检查站查控勤务等，落实“1.3.5”（重点部位定点执勤力量1分钟、中心城区3分钟、其他城区5分钟到达现场并快速处置）分钟快速反应机制，开展扫黑除恶、“云剑”“昆仑”等行动，抓获各类违法犯罪嫌疑人782人，破获案件1804起，全市逃犯存量全省最低。坚持“除隐患、防事故、保大庆”，查处道路交通违法行为为82.3万起，检查“九小场所”（餐饮、购物、住宿、公共娱乐、休闲健身、医疗、教学、生产加工、易燃易爆危险品销售储存等场所）1.3万家。完成泰山国际登山节等多次大型活动安保任务。②强化源头稳控。动态梳理摸排重点人员6206名，做好稳控工作，重点敏感时期未发生有影响的规模性聚集和进京赴省滋事事件。推进“三清一建”（清积案、清老户、清存量，建机制）信访积案攻坚化解专项行动，着力“控增量、减存量”，办结公安部、省委、省政府、省公安厅、市信访联席会议交办重点案件18起，坚持依法治访，查处进京非访重点人员245人，进京非访形势得到有效遏制，市公安局被表彰为全市信访工作先进单位。③推动“枫桥式派出所”创建。发扬新时代“枫桥经验”，构建“多元化化解矛盾、全时空守护平安、零距离服务群众”工作机制，肥城市局桃花源派出所荣膺全国“枫桥式公安派出所”称号，泰山景区分局岱顶派出所、宁阳县公安局文庙派出所、森林公安局泰山林区派出所被授予全省“枫桥式公安派出所”称号。④固化实战机制。不断固化完善重大活动安保期间高等级情报指挥、应急处置响应等机制，打造“技术＋人力”双轮驱动，传统手段与科技手段相互支撑的情报工作新模式。完成各级“两会”、海军节多国海军活动等131次重大安保活动，完成三级以上警卫任务15批次。推进110扁平化智能指挥调度体系建设，提升敏感案事件处置能力。推动常态化实战练兵，1小时内可梯次拉动1000人警力、200头警犬。

【打击犯罪】　①严打违法犯罪。刑事案件立案8045起，抓获犯罪嫌疑人5379人，刑事拘留3356人，逮捕1228人，八类重大刑事案件减少14.96%，“两抢一盗”（抢劫、抢夺，盗窃）可防性刑事案件分别下降30.43%、40%、18.42%。查处治安案件2.08万起，行政拘留4881人。②整治治安突出问题。聚力扫黑除恶专项斗争，共侦办涉黑案件9起、9类涉恶犯罪案件784起，打掉恶势力犯罪集团37个、恶势力团伙62个。以张某、赵某某为首的黑社会性质组织案件成功一审判决，37名被告人依法受到严惩。压缩“黄赌”类违法犯罪空间，查处涉“黄赌”案件277起，泰安市涉黄赌问题线索数全省最少，三年禁毒战争顺利收官，破获部省级毒品目标案件7起，成功侦破“2019-417”公安部毒品目标案件，相关工作获省公安厅肯定。③打击网络犯罪。提升“网警＋X”四快一体化（网警和其他警种合成化作战，实现快速发现、快速研判、快速打击、快速惩处）作战机制效能，升级改造反电信网络诈骗合成作战中心，侦办各类涉网案件620起，抓获各类犯罪嫌疑人678名，破获公安部、省厅督办案件16起，及时侦破泰安银行计算机信息系统被非法侵入案等一批网络案件。拓展“作战单元——合成作战”系列战法应用广度，打击犯罪“利剑”品牌建设成效明显，全市故意杀人、故意伤害致死等27起命案全部快侦快破。④优化发展环境。侦办各类经济犯罪案件578起，抓获嫌疑人307人，挽回经济损失1.3亿元，危害税收征管类、扰乱市场秩序类案件分别下降50%和4%。公安部经侦局、省公安厅发贺电对侦办首起非法支付结算类“1·15非法经营案”表示祝贺。全市非法集资、传销等涉众型经济犯罪案件逐年下降，案件起数、参与人数和涉案金额全省最少。开展打击逃废金融债务违法犯罪活动，年内抓获犯罪嫌疑人7人，推动清收银行不良贷款2.24亿元，全市不良贷款率低于全省平均水平。开展打击食(品)药(品)环(境)假(制售假)犯罪“昆仑行动”，查获食品药品环境案件犯罪嫌疑人427人，刑拘231人，打掉“黑窝点”114个，关停污染环境“黑工厂”22处。

【社会治理】 ①交通管理。全市发生一般以上道路交通事故443起，死亡175人，受伤381人，分别同比下降0.23%、0.57%、0.26%。组织全市300家文明单位认管城区65个主要路口，开展不文明交通行为劝导、交通安全宣传活动。②消防管理。联合市消防支队，在全省率先成立市、县两级消防监督管理领导小组和公安派出所消防监督管理办公室，制定《泰安市公安局关于加强公安派出所消防监督工作的实施意见(试行)》，在派出所建立“1+2+N”[1名分管副所长、1名专(兼)职消防民警和1名消防文员，若干名警务助理和网格员组成的公安派出所消防监督检查队伍]消防工作专班模式，做好消防安全监管。推动《泰安市烟花爆竹燃放管理条例》执行到位，全面实现烟花爆竹“六禁”(禁止生产、禁止经营、禁止运输、禁止储存、禁止购买、禁止燃放)，全市禁放区域内未形成规模性违法燃放，未造成人员伤亡，未引发火灾和公共安全事故。③城市环境治理。做好全国文明城市创建、校园安全、违法建设治理、山水和奇石市场整治等全市重点项目的执法保障工作。深化“2+2+N”(由两位副市长任“双组长”的旅游市场秩序综合整治领导小组，市公安局、市文化和旅游局共同牵头，联合市城管局、市交通局、市市场监督管理局、市卫生健康委等涉旅部门开展旅游秩序综合整治，形成“双组长、双牵头、多部门联合”的“2+2+N”旅游秩序综合整治工作格局)旅游秩序联合执法长效机制，创新“战区工作法”，景区及周边秩序明显优化。“五一”“十一”假期，泰山在全省AAAAA级景区好评度排名中列第一名。开展护校安园活动，完善提升校园安全固定勤务机制。④服务民生。实施证件缴费刷脸支付、港澳商务单位网上登记备案、入境证件“全国通办”等12项便利措施和系列改革新政，建设完成“互联网+”自助办证平台，出入境证件办理实现就近办、网上办、自助办、周六办。深化户籍管理制度改革，做好跨地域户口网上迁移、居民身份证异地受理、居民身份证工本费第三方支付、临时居民身份证全市通办等工作，让“数据多跑路，群众少跑腿”。推广“互联网+车管”模式，开展车辆管理便民服务，累计办理电动自行车登记挂牌35万辆。

12月7日，全省公安经侦实战大练兵暨“论剑2019”经侦数据化情报导侦比武大赛在泰安举办　　（李　英　摄）

10月27日，泰安市公安局举行民警退休仪式暨新警入警仪式（李　英　摄）

【基层基础工作】　①充实基层力量。推进基层基础三年攻坚战，省公安厅87项攻坚任务全部完成。持续推行“1+2+N”（1名专职社区民警、2名专职在社区工作的警务辅助人员、N名社区网格员）城市社区警务模式及“一村一警务助理”农村警务模式，选配社会网格员1916人、警务助理3612人。改建扩建派出所13个、新建1个。派出所警力增加至1595人，占县级公安机关总警力的50.36%。全市29个公路巡逻民警中队全部达标通过验收。②推进工作科技化。与海康威视、航天长征火箭公司、中国联通等知名企业合作，成立“泰安公安警务视频大数据研究院”“警用电磁环境侦测与反制联合实验室”“全流量数据智能安全应用实验室”等平台，在全省率先与美团点评集团建立战略合作关系，打造“泰山盾”智能快速部署系统、“闪电”全局信息采集系统、警用无人机雷达探测系统等一批引领型应用，完成“技防示范村”创建，县（市、区）公安局DNA实验室、食品快检实验室、毒品快检室、刑事技术室均达二级以上标准，DNA数据库信息、处理检材、技术破案数量明显增加，现场勘查取证装备配备达100%。③警务工作规范化。出台《加强新时代全市公安工作的实施意见》和经济纠纷类等6个重点领域执法执勤《工作规范》，最大限度地减少和防止敏感案事件发生。开展执法“双清”（警情清零、积案清仓）专项行动，警情全部清零。优化整合办案中心、案管中心、涉案财物管理中心，进行执法办案管理中心建设，推行执法办案、监督管理、服务保障一体化运行机制，打造规范、高效、安全的执法办案模式。

【公安铁军建设】　①人才强警。组织创新创意、品牌和信息化成果展示等系列活动，展出公安品牌12个、信息化项目7个、创新创意项目142个。落实《关于实施人才强警战略进一步推进泰山公安英才工作的意见》，入选泰山公安英才库公安专业人才304人。总结提炼出《主动警务》《泰安警史集萃》《办文办会E掌通》刊物。年内，泰安警史馆接待78批次3000人参观，泰安市青少年教育体验基地落户泰安警史馆。②从优待警。出台《泰安市公安局维护公安民警执法权威十项规定》，保护干警合法权利。推进“两个序列”（公安机关执法勤务、警务技术职级序列）职务套改工作，完成市局2107人的职务套改。民警优抚基金规模居全省前列。全市59个集体、312名个人受到省、市以及公安部、省公安厅的表扬奖励，2人立一等功，5个集体、20名个人立二等功。③从严治警。在全市公安机关部署开展“对标对表查问题、从严从实抓整改”专项行动，聚焦《问政山东》《工作落实面对面》电视问政节目，对曝光问题从严整改，坚决堵住问题漏洞。（吴　昊）

检　察

【概况】　2019年，市检察院履行法律监督职责，深化司法改革，加强自身建设，全市检察工作取得新成绩。全市检察机关共有19个集体和14名个人受到省级以上表彰，新泰市检察院、宁阳县检察院被评为全国检察宣传先进单位，市检察院和岱岳区检察院被表彰为全省政法新媒体工作室建设示范单位。

【保障高质量发展】　①服务中心大局。制定服务“三大攻坚战”（防范化解重大风险、精准脱贫、污染防治）、保障新旧动能转换等实施意见。参与全市房地产开发历史遗留问题专项整治。惩处破坏金融管理秩序犯罪155人，打击集资诈骗、非法经营、传销等经济犯罪126人。开展不良资产清收攻坚活动，帮助追收资金2.5亿元。严惩破坏环境资源犯罪233人。开展“携手清四乱　保护母亲河”专项行动，督促清理垃圾6100吨，修复污染水域

80公顷（1200亩），拆除违法建筑1.8万平方米。妥善处置复杂信访问题40个，完成中华人民共和国成立70周年等重大节点安保维稳任务。②维护民生民利。两级院全部建成启用“12309”检察服务中心，为群众提供“一站式”法律服务2813人次。受理群众来信548件，全部按时办理。严惩侵害弱势群体合法权益犯罪149人。打击危害食品药品安全犯罪46人。开展“保障千家万户舌尖上的安全”公益诉讼专项活动，重点监督网络外卖食品安全，督促整改不合格店铺1100家。通过支持起诉，帮助农民工追讨“血汗钱”1000万元。受理当事人司法救助申请87件，发放救助金150万元。③打击黑恶势力。提出引导取证建议1500条，批捕涉黑涉恶犯罪嫌疑人39人，提起公诉206人。依法定罪黑恶犯罪，追捕追诉21人，不捕不诉21人，改变定性17件。发现移交“保护伞”线索41条。成功办理张某等37人组织、领导、参加黑社会性质组织案，检察机关提出引导取证建议456条。④护航企业发展。在全省率先成立企业重大法务风险防控服务中心，自主研发企业帮APP，有效帮助解决企业重大法务难题。严厉打击强买强卖、寻衅滋事、敲诈勒索企业家犯罪32人。

【维护社会稳定】 ①严惩各类刑事犯罪。批捕犯罪嫌疑人1153人，起诉4853人。批捕故意杀人、绑架、抢劫等严重暴力犯罪76人，起诉108人；批捕抢夺、盗窃、诈骗等多发性侵财犯罪417人，起诉551人。②做好职务犯罪检察。共批捕19件19人，起诉37件39人，其中厅级干部2人、处级干部3人。审查起诉省人大常委会财经委员会原主任委员刘某合、省政府驻京办原主任窦某明等一批大要案，刘某合被判处有期徒刑15年，窦某明被判处有期徒刑11年6个月。③加强未成年人检察工作。健全完善“捕、诉、监、防、帮”一体化工作模式，依法对103名涉罪未成年人作出妥善处理。严肃惩治侵害未成年人犯罪，批捕23人，起诉36人。挽救涉罪未成年人，开展社会调查57人，封存犯罪记录33人，附条件不起诉13人。落实最高检“一号检察建议”，深入学校开展督导调研26次。组织开展“法治进校园”活动35次，受教育学生2万人，两级院检察长均担任学校法治副校长。④提升社会治理水平。开展检察宣告、法治宣讲75次。总结典型案例，编印《全市示范案例参考》，助推全面依法治市。“3·15小饭桌”中毒案件发生后，市检察院迅速开展专题调研，针对“小饭桌”多属无证经营，2.2万中小学生饮食、消防安全存在隐患等问题，发出检察建议，督促开展专项整治，责令整改停业60家，推动落实学生在校集中就餐要求，实现“办理一案、治理一片”的良好效果。⑤落实认罪认罚从宽制度。发挥检察官在刑事诉讼中的主导作用，认罪认罚从宽适用率达78%，最大限度减少社会对抗。两级院适用该制度审查起诉的案件均得到法院有罪判决，量刑建议采纳率达83%，充分发挥刑罚的惩罚警示和教育矫正功能。

【强化检察监督】 ①强化刑事检察监督。加强立案监督，监督立案36人，监督撤案38人。加强侦查活动监督，追捕追诉136人，不捕不诉464人。开展诉讼跟踪监督专项活动，督促相关部门集中清理久拖不结、久办未果案件847件。加强审判活动监督，提出刑事抗诉15件，法院已采纳7件。加强刑事执行监督，纠正各类刑罚执行和监管活动违法63件；审查减刑、假释、暂予监外执行案件1214件，纠正变更不当52件；履行羁押必要性审查，建议释放或变更强制措施163人；组织开展监狱巡回检察，监督纠正违法10次；落实中华人民共和国成立70周年特赦令，同步审查60名服刑罪犯特赦工作，确保法律制度的精准落实。②强化民事行政检察监督。办理民事行政诉讼监督案

11月19日，市检察院机关内设机构揭牌仪式举行　　（丛　飞　摄）

件196件，提出抗诉和再审检察建议28件，对104件不服法院正确裁判的申诉，作出不支持监督申请决定。加大对群众反映强烈的“假官司”“假调解”等问题的监督力度，依法纠正虚假诉讼、违法调解案件18件，涉案金额500万元。监督支持法院依法执行，对选择性执行、超范围查封扣押等违法情形提出检察建议79件，法院已采纳75件。③强化公益诉讼检察。办理公益诉讼诉前程序案件122件，起诉16件。通过办案督促治理被污染损毁的耕地林地36.6公顷，治理污染企业13家，督促收回国有财产9600万元，追偿生态修复费2191万元。

【深化改革创新】 全面完成两级院内设机构改革，推进司法责任制配套改革，健全完善案件质量评查、司法业绩考核、检察官联席会议等制度。落实入额领导干部带头办案制度，办理重大疑难复杂案件456件，两级院检察长全部列席同级法院审判委员会。继续推动全国智慧检务“泰安样板”提档升级，破解泰山检察信息技术研究所体制机制难题，推进“泰安智慧检务”向更高水平发展。参与全国检察机关统一业务应用系统2.0版本研发，并独立承担移动版研发任务。升级完善业务办案智能辅助系统和检察官综合业绩智慧评价系统，获评“全国政法智能化建设智慧检务优秀创新案例”。宁阳县检察院作为全国唯一基层院代表参加最高检“规范检察建议”新闻发布会，制发的检察建议获评全国首批优秀检察建议。岱岳区检察院创新建立委托第三方保管涉案财物新模式，经验做法在全省推广。

（靳晓东）

法　院

【概况】 全市法院新收案件9.34万件，结案9.59万件，同比分别增长11%和19.7%。其中，市中级人民法院（以下简称中院）收案8877件，结案9070件，均创历史新高。中院被表彰为全国法院司法宣传工作先进集体、全国法院刑事审判工作先进集体。全市法院7名干警被授予“全省审判业务专家”称号，1名干警获评“齐鲁最美法官”，全国模范法官钱继红被授予全国“巾帼建功标兵”称号、被市委表彰为新时代泰山“挑山工”标兵。

【刑事审判】 审结一审刑事案件3855件4941人，判处五年以上重刑犯217人。审结贪污贿赂职务犯罪案件38件，追缴赃款赃物及非法所得1.64亿元。办结减刑假释案件1278件，办理特赦案件60件。依法从严从重惩治黑恶势力犯罪，受理涉黑恶犯罪案件33件299人，判决28件255人，判处罚金等财产刑1633万元，追缴赃款赃物4.7亿元。

【民商事审判】 全市法院共审结一审民商事案件4.34万件，其中审结一审商事案件1.36万件、一审民事案件2.97万件。审结的一审商事案件1.36万件（标的额339亿元）中，审结银行借款等案件1.14万件、标的额52.9亿元，审理破产案件6件、处置不良债务1.2亿元，审结知识产权案件372件，审理涉外商事案件15件。一审民事案件2.97万件中，审理教育医疗等纠纷1553件，审理劳动争议1606件、追回劳动报酬2800万元，审理婚姻家庭等案件8483件、调撤率49.1%。

【行政审判】 全市法院共审结一审行政诉讼案件1554件，审结国家赔偿案件24件，决定赔偿金额100万元。建成行政争议审前和解中心，化解行政争议380件。审结征收拆迁等案件85件。落实行政机关负责人出庭应诉制度。依法打击“套路贷”和虚假诉讼，营造诚信守约的良好社会环境。加强法治宣传教育，增强公众法治观念，弘扬法治精神。

8月30日，泰安中院组成七人合议庭，公开开庭审理全市法院受理的首起由检察机关单独提起的民事公益诉讼案件　　（林　营　供）

【执行工作】 加大执行力度，执结案件 3.35 万件，到位金额 85 亿元，有财产可供执行案件法定期限内执结率达 98.9%，“终本”案件合格率 100%，为金融机构清缴欠款 9.2 亿元。加强失信惩戒，曝光失信被执行人 5079 人次，限制高消费 2.93 万人次，拘传拘留、追究拒执犯罪 1562 人次。新泰市、泰山区、肥城市 3 家法院分别被表彰为全国、全省法院“基本解决执行难”先进单位。审结一审环境资源案件 1221 件，其中刑事案件 78 件 169 人。落实生态环境损害赔偿制度改革举措，审结各类环境公益诉讼案件 5 件，决定赔偿 2000 万元用于生态环境修复。

【司法改革】 完成基层法院内设机构改革，完成法官等级晋升，完善绩效考核机制，激发内生动力。全市法官人均结案 246 件，同比增加 34 件；一审服判息诉率 90.4%，同比提高 1.6 个百分点。向“分调裁审”（最高法院出台规定，推行以诉前分流、委托调解、法院速裁为主要内容的“分调裁”改革）改革要质效，成立 8 个诉调对接中心，设立诉调对接服务站 34 处，组建专业性多元化解中心 17 个，诉前分流案件 2700 件，化解率 21.9%。成立 48 个速裁团队办结一审民事案件 6349 件，平均审限 27.9 天。推行要素式审判，审结案件 2187 件。狠抓电子卷宗随案同步生成，推行网络司法拍卖，网拍标的物 601 件，标的额 14.2 亿元，节省佣金 3770 万元。

【司法为民】 整合诉讼服务大厅、24 小时自助服务区等平台，建设集多功能于一体的现代化综合服务平台，实现一站通办、减轻诉累。全面实现网上立案，当事人可随时随地通过网上操作立案。全市法院网上立案率达 98.75%，保持全省领先。中院作为全省跨域立案改革试点法院，已实现全国跨域立案全覆盖。

【司法公开】 强化“四大公开平台”（中国裁判文书网、中国审判流程信息公开网、中国庭审公开网、中国执行信息公开网四大平台）应用，公开审判流程信息 4.88 万件，庭审网络直播 7512 次，网上公布裁判文书 9.09 万篇。加强法治宣传教育，组织开展行政机关负责人观摩庭审、法院开放日等活动。 （林 营）

司法行政

【概况】 2019 年，市司法局做好普法依法治理、人民调解、社区矫正和公共法律服务各项工作，司法行政多项业务实现新突破。全市共调解各类矛盾纠纷案件 8044 件，办理各类公证业务 2.74 万件，律师办理各类案件 2.0 万件。

【机构设置】 市司法局是市政府组成部门，市委全面依法治市委员会办公室设在市司法局。内设市委依法治市办秘书科、办公室（挂应急指挥中心牌子）、法治调研科、法治督察科、立法和备案审查科、行政复议应诉科（对外使用市政府行政复议办公室名称）、行政执法监督科（对外使用市政府行政执法监督局名称）、普法与依法治理科、人民参与和促进法治一科、人民参与和促进法治二科（加挂法律职业资格工作科牌子）、公证和法律援助工作科、司法鉴定和仲裁工作科、律师工作科、社区矫正工作科、公共法律服务管理科、政治部、宣传教育科、机关党委，核定政法专项编制 59 名。设局长 1 名、副局长 3 名、政治部主任 1 名（副县级）；正科级领导职数 18 名（含机关党委专职副书记 1 名），副科级领导职数 14 名。成立泰安市司法局开发区分局，加挂开发区社区矫正管理局牌子，为市司法局的正科级派出机构，核定政法专项编制 4 名，配备局长 1 名、副局长 1 名；成立泰安市司法局泰山景区分局，加挂泰山景区社区矫正管理局牌子和大津口司法所牌子，为市司法局的正科级派出机构，核定政法专项编制 4 名，配备局长 1 名、副局长 1 名。

【普法与依法治理】 开展以宪法为重点的普法宣传，组织开展“12·4”国家宪法日集中宣传、全市第二十四个法治宣传月、“法律六进”等普法宣传活动，取得良好社会效应。举办首届法治动漫微电影征集展播活动，开展以“我与普法”为主题的普法与依法治理工作征文活动，营造学习宣传宪法法律浓厚氛围。创新开展社区“普法驿站”建设，在全市 20 个社区建设“普法驿站”试点。加强法治宣传“双基地”建设，评选命名泰安市消防法治文化主题公园等 19 个单位为全市法治文化建设示范基地，泰安市禁毒预防教育展览馆等 21 个单位为全市法治宣传教育示范基地。开展法治文化活动，在社区、企业、乡村举办法治文艺演出活动。加强法治文化品牌建设，市委政法委“十大法治人物”、市普法办“泰山普法宣传公益大使”、市国税局“泰山税敢当”税法宣传品牌等在全市乃至全省产生良好社会效应。开展依法治理工作，完成市域内省级以上民主法治示范村（社区）复核迎检。开展全市第六批民

12月4日，泰安市“国家宪法日、宪法宣传周”主题宣传活动暨法治文化巡展活动启动仪式在泰山广场举行（史　超　供）

主法治示范村评选命名工作，对163个村居进行命名。泰山区被评为全国法治宣传教育先进县（市、区），新泰市、肥城市、宁阳县、东平县被评为全国法治创建先进县（市、区），岱岳区被评为全省法治创建先进县（市、区），新泰市小良庄村等13个村（居）被评为全国民主法治示范村，57个村（居）被评为全省民主法治示范村，766个村（居）被评为全市民主法治示范村（居），市司法局等21个单位和个人被表彰为全国和全省“七五”普法中期先进单位和个人。

【人民调解】 建立矛盾纠纷多元化解机制，完善一元主导多元化解机制，实现一个体系领导、一个平台通栏、一个机制运行、一个窗口服务，互通信息，联合运作。发挥调解中心纽带和人民调解协会作用，借鉴“枫桥经验”，发挥行政复议功能作用，延伸行政复议预防化解行政争议功能。加强专职人民调解员队伍建设，创建人民调解志愿者联盟，构建“智慧民调”系统，做好司法行政人民调解案例库报送和应用工作。全市共调解各类矛盾纠纷案件8044件，调解成功7924件，成功率98.5%，排查各类纠纷6383次，预防各类纠纷5875件。

【公证业务】 全年办理各类公证业务2.74万件，增长45.96%。开展合作制公证机构试点工作，制定《关于推进合作制公证机构试点工作的实施方案》，4月9日，省内第二家新设合作制公证处泰安公证处挂牌成立，岱宗、新泰、肥城3家公证处全部完成改制。发挥公证工作职能作用，服务新旧动能转换重大工程建设，开展“放管服”改革，实施“贴心代办，一次办好”，对具备网上申办条件的公证事项实现网上申请、网上受理、网上审核、网上缴费。举办2019年度公证业务技能培训班，拓展公证业务领域，开展公证参与人民法院送达、调解、保全、取证、执行等司法辅助事务试点工作，推进公证业务信息化应用能力提升。

【司法鉴定】 健全完善司法鉴定管理体制，加强市司法鉴定协会班子和工作机构建设，完善司法行政与行业协会“两结合”的管理体制。推进机构标准化建设工作，借助公共法律服务三大平台推动司法鉴定服务向基层延伸。健全完善诚信体系建设，建立健全诚信红黑名单、诚信信息共享、失信警示约谈和惩戒处罚等制度，培育诚信执业理念，完善司法鉴定机构及鉴定人诚信档案。加强司法鉴定机构和司法鉴定人诚信执业活动监督管理，培育和弘扬行业诚信文化，建设专业化职业化司法鉴定队伍，组织开展系列教育培训，推动鉴定人继续教育基地建设，培养高层次司法鉴定人才。建立完善违规执业惩处和淘汰机制，完善“双随机、一公开”监管机制，提高行业监管能力。

【律师业务】 全市86家律师事务所971名执业律师共办理各类案件2.0万件，实现业务收费1.7亿元。成立10个泰安市民营经济专项法律服务团，组织全市律师开展法治体检、政策解读和法治宣讲等活动，全市律师共担任企业法律顾问1198家，担任党政机关、人民团体法律顾问215家，担任事业单位法律顾问207家，办理法律援助767件，解答各类法律咨询和代书1823件。政府法律顾问参与《泰安市法治政府建设实施纲要（2016—2020年）》等地方性政策、法规的制定。首次成立“人大代表履职服务律师顾问团”，为人大代表提供专业法律咨询、建议等服务。

【社区矫正】 全市排查出130名社区矫正重点人员，全部列入重点矫正对象和重点教育管控范围。高标准完成国庆70周年社区矫正特赦工作，协调配合市中级人民法院和

7月12日，市司法局开展社区法律咨询活动　　（史　超　供）

市检察院分两批完成对近60名特赦对象的卷宗核评与法院现场宣告工作。落实全省刑罚执行一体化建设工作要求，畅通刑罚一体化执法的衔接渠道，完善一体化资源共享机制，提升全市社区矫正工作整体水平。指导各单位定期组织开展社区矫正安全稳定教育活动，强化对社区服刑人员的日常矫正工作，全市依法从严给予社区服刑人员警告29人次。

【公共法律服务】　推进公共法律服务体系建设，完善市、县、乡、村四级实体平台服务网络，公共法律服务触角延伸到群众家门口。依托“12348中国法网”和“12348山东法网”，打造便捷高效的网上法律服务平台，“互联网＋公共法律服务”成为群众网上寻求法律服务的首选。拓展服务领域，扩大政府法律顾问覆盖面，推进“一村（社区）一法律顾问”工作。合理配置法律服务资源，发展法律服务志愿者队伍，引导法律服务资源在发达地区与欠发达地区间的合理流动，有效缓解县域公共法律服务资源短缺问题。

【法律援助】　开展“法律援助进万家”活动，加强法律援助服务网络建设，在村居设立法律援助联络员，方便基层群众就近申请法律援助。加强部门协作，定向开展法律援助服务，搭建妇女维权、老年人维权和青少年维权法律服务平台。建立刑事辩护法律援助律师人才库，落实刑事案件律师辩护全覆盖机制，着力提升刑事法律援助工作。加强法律援助案件质量管理，在2019年度全省组织的案卷评查中总分第一。

【法律职业资格考试】　2019年国家统一法律职业考试泰安考区报名人数1333人，设山东农业大学南校区和泰山职业技术学院2个考点，共22个考场。经过客观题考试和主观题考试两个环节，全市有168人通过国家法律职业资格考试，获得法律职业资格证书。　（史　超　陈现来）

仲　裁

【概况】　全年受理仲裁案件744件，标的额10.4亿元，收取仲裁费535万元，分别增长17%、43%和22%。年办案数、收费额分别是2015年的3.4倍和3.2倍。案件审限结案率、调解和解率分别达96%和62%，没有被法院撤销或不予执行的案件。继续保持“省级文明单位”称号。

【宣传推行】　用好泰安仲裁微信公众号，创办“小泰说法”普法公众号，全年推送信息260次、500条。利用泰安ZAKER，图文并茂宣传仲裁知识，讲好仲裁故事。开展年度“十佳仲裁员”评选活动，拍摄5部优秀仲裁员微视频。在《泰安日报》开设专栏，介绍仲裁业务、典型仲裁案例，每周1期，全年完成43期。制作《泰安仲裁》公益宣传片，每天在泰安电视台播出。加强对上信息报送，“学习强国”平台先后播发《山东省泰安仲裁委：“一次办好”立案服务便民利民》《泰安仲裁委员会：祖国，我想对您说……》《泰安仲裁委架起营商环境法治“安全盾”》《泰安仲裁委：流程再造　提升服务质效》4篇通讯报道。

【金融仲裁工作】　联合市银行、保险、典当3家行业协会和市金融办分别成立金融仲裁中心、保险仲裁中心、典当业仲裁中心和地方金融组织仲裁中心，并与市地方金融组织协会、担任金融单位法律顾问的律师事务所签订政府购买仲裁法律服务协议，依托行业协会推行金融仲裁工作。推介仲裁制度，先后与泰安银行、兴业银行泰安分行达成战略合作关系。全年受理金融仲裁案件327件，标的额4.95亿元。

【网络服务体系建设】　构建全覆盖仲裁网络，在6个县（市、区）和泰安高新区分别成立仲裁分会和仲裁发展促进会，在重点行业设立金融仲裁中心、非公经济仲裁中心、地方金融组织仲裁中心、涉外仲裁中心、保险仲裁中心、典当业仲裁中心和房产联络处。仲裁办与县（市、区）仲裁发展促进会签订政府购买仲裁法律服务协议，顺畅运行机制。全年各仲裁分会共立案337件，标的额2.2亿元。覆盖全市的仲裁工作体系和政府购买服务模式走在全省前列。12月23日，《泰安日报》头版头条发表题为《服务体系全覆盖　解决纠纷多元化——泰安积极打造“枫桥式仲裁”》的宣传报道，齐鲁网、省司法厅官方网站分别进行转载。

【规范化建设】　开展“七赛七比”和寻标对标争先进位行动，组织相关人员分别到武汉仲裁委、济南仲裁委、淄博仲裁委和济宁仲裁委进行对标学习，借鉴先进经验。规范办案程序，出台《庭审规范》，制作各类仲裁法律文书示范文本，启用案件信息监管平台，新增设仲裁庭同步语音转换文字系统和财务管理系统，提高管理效率。完善仲裁文书核阅制度，聘请市中院退休法官对所有结案文书进行审查核阅，确保案件质量。深化“一次办好”改革，推出“一次办好”系列服务举措，当事人只跑一次即可完成仲裁案件立案，对于外地当事人实施“邮寄立案”和网上缴费。

【仲裁业务】　组建40人的骨干仲裁员库，完善仲裁员选聘程序和退出机制，形成动态考评体系。对仲裁员实行办案流程跟踪管理考核写实制度，逐案签订《仲裁员承诺书》，通过个案量化考核与仲裁报酬挂钩，规范约束仲裁员的仲裁行为。实施素能提升工程，组织部分骨干仲裁员和仲裁工作人员到中国政法大学仲裁研究院进行集中培训。加强校地合作，与山东农业大学联合建立教学科研实践育人基地。制定《仲裁秘书绩效考核管理办法》，对每名仲裁秘书的业务量和工作质量严格考核。　　（张天宇）

泰安军分区

【军事工作】　深入纠治“和平积弊”，落实议训管训制度，组织全区开训动员，练兵备战导向更加鲜明。修订完善《国防动员方案预案》和《非战争军事行动方案》，协调资金1000万元建设应急机动指控系统。坚持按纲施训，组织首长机关封闭集训，开展岗位练兵比武，抓好民兵队伍各类训练，超额完成年度弹药消耗指标。组织首长机关应急拉动指挥演练、东平湖防汛抢险暨应急救援演练，参加省军区课题训练指挥通联演练和全省森林防火大型空地一体化演练。参与完成徂徕山太平顶等2起山火扑救、梁宝寺煤矿救援和寿光抗击台风“利奇马”抢险救灾等任务。

【政治工作】　深化理论武装，组织党委中心组理论学习、群众性读书活动及干部理论轮训。抓好军委主席负责制学习教育。增强官兵知信行合一能力，开展“传承红色基因、担当强军重任”主题教育，做好经常性思想工作。加强营区文化建设，围绕庆祝中华人民共和国成立70周年，组织系列军营文化活动，开展主题拓展拉练和身边典型事迹报告会，浓厚强军文化氛围。开展年度国防教育系列活动，组织2次主题宣传活动，开展知识竞赛和“爱我国防”主题演讲比赛。

【国防动员】　组织召开市国防动员委员会工作会议，优化成员单位和专业动员办公室结构，完善相关制度措施，督导推动国防动员重点工作落实。全面采集动员潜力数据，高标准迎接北部战区国防动员重点潜力核查。推动民兵调整改革，出台民兵工作及优惠政策5份文件，投入160万元配套完善民兵应急营装备器材，抓好民兵应急队伍、重点专业分队和新质力量建设。围绕做好大学生征兵工作，推动11所驻泰安高校挂牌成立武装部，在全省率先出台《驻泰高校入伍大学生义

1月29日，泰安市党管武装第一书记述职会议召开　　（司　刚　摄）

务兵家庭优待金发放办法》，抓实征兵宣传、体检政考、役前教育、廉洁征兵等重点环节，超额完成征集任务，被省军区表扬为征兵工作先进单位。

【后勤保障】 做好应急作战综合保障准备，抓好后勤装备训练。坚持党委管财、依法理财、合理用财，把财力物力保障向能打胜仗聚焦。开展家底经费清理工作，抓实动员部署、业务培训、统计汇总各个环节。完成装饰材料市场资产移交。做好住房清理整治工作，共清查 20 个项目 580 套住房，摸清全区经济适用房底数。推进房地产历史遗留问题处理，已解决 13 个。加强枪弹日常管理，装备仓库库存核查实现“零差错”。配合泰安市推进擂鼓石大街拓通工程，做好医疗卫生、军需供应等工作。

【双拥共建和国防教育】 利用春节和扶贫日到帮扶村走访慰问困难群众，结合学雷锋纪念日组织医疗人员到黑石埠村开展义务巡诊活动，到宁阳县葛石镇开展扶贫攻坚蹲点调研，组织团以上干部开展“一帮一、手拉手”结对助学活动。组织全民国家安全教育日宣传活动和泰安市第三届“爱我国防”大学生主题演讲比赛，开展全市中小学生“传承红色基因、争做红色传人”主题观影读书活动，联合泰安传媒集团开展庆祝中华人民共和国成立 70 周年爱国主义专题活动，联合泰安市教育局组织中小学生国防人防知识竞赛和素质拓展训练。组织全民国防教育日主题宣讲活动，到驻泰安各高校开展主题展览。

（刘德超）

人民防空

【概况】 全市人防系统坚持“走在前列、位次前移”目标，抓好人防指挥通信体系和防护工程体系建设，“战时防空、平时服务、应急支援”能力实现提升。市人防办连续 4 年保持“省级文明单位”称号。

【科技创新】 做好全国人防大数据建设试点和基于大数据的智能化人口疏散掩蔽系统建设试点工作。国家人防办以人民防空通讯、省人防办以简报形式推广泰安市经验做法。

【组织指挥和训练演练】 以市国防动员委员会名义调整市人防指挥部编成，明确 19 个成员单位职责任务，各县（市、区）同步调整本级人防指挥部编成。组织全市人防系统军事周集训、“9·18”警报试鸣疏散演练、全市中小学生防空疏散演练，参加全省人防无线宽带集群建设集训、全省人防机动指挥车拉动训练。推进县级人防基本指挥所建设，协调市财政部门下达新泰市、肥城市、东平县专项补助资金 1071 万元。

【人防工程建设】 编制完成《泰安市城市人民防空建设规划（2018—2020）》，通过市城市规划委员会审查和市政府审批，完成 2 个城市片区人防工程控制性详细规划编制及专家评审。2 项人防工程完成土建主体施工。1 项人防工程完成部分土建主体施工。组织展开部分人防工程由商业功能改造为停车功能的工作。

【建设费征缴】 对防空地下室建设审批、设计、开工、质监、竣工验收及备案实施全过程、动态化、精准化闭环管理，建立分类管理台账。全市批准修建防空地下室面积、征缴防空地下室易地建设费分别完成年度目标任务的 259.2% 和 162.8%。

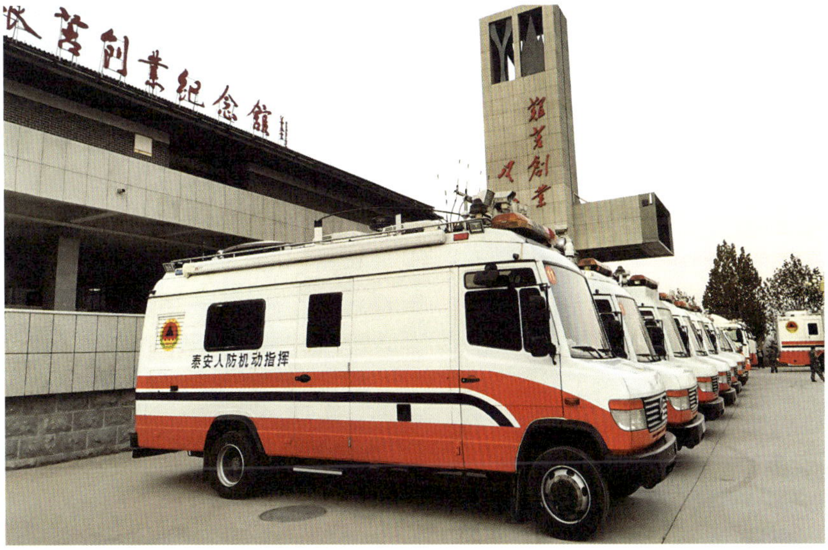

11月4—8日，市人防机动指挥所参加全省人防机动指挥所拉练

（牛继来 摄）

9月18日，岱岳区粥店中学举行防空防灾疏散演练　　（牛继来　摄）

【工程监督和安全监管】　执行人防工程建设质量标准规范和质量监督计划，按照在建人防工程施工进度节点，抓好质量监督巡查，及时发现和纠正问题隐患和质量违规行为。组织质量监督巡查抽查180次，监督人防工程竣工验收面积完成年度目标任务的157.8%。落实安全生产责任制，做好冬春火灾防控、迎接中华人民共和国成立70周年单建人防工程安全生产专项整治行动、单建人防工程安全生产双重预防体系建设、安全生产月等专项活动，排查整治各类安全隐患，保持人防工程安全生产形势持续稳定。

【工程维护管理和开发利用】　对市本级单建人防工程、大型平战结合工程和部分早期人防工程开展安全巡查，跟踪督促整治安全隐患，确保人防工程安全无事故。抓好市级平战结合人防工程（房屋）使用维护管理，及时足额收取使用费。加大人防工程开发利用力度，新增防空地下室开发利用面积完成年度目标任务的157.8%。新增人防工程地下停车位9500个。

【“放管服”改革】　完成人防权责清单编制发布，调整公布市人防办权责清单69项。完成有关权力事项集中划转实施工作，将7项行政许可及其关联的4项其他权力事项、2项行政征收全部划归市行政审批服务局实施，并做好政策支持和衔接配合。按照市委、市政府要求，将相关人防权责事项委托泰山景区、泰安旅游经济开发区实施。

【行政执法】　加强人防法治建设，制定《泰安市人防行政处罚工作实施流程》《泰安市防空地下室易地建设费追缴工作实施流程》，规范人防执法程序，统一执法文书格式。开展日常巡查130次，对应建未建防空地下室项目全部纳入执法程序，拒不执行的及时提交法院强制执行。实施“双随机、一公开”（随机抽取检查对象、随机选派执法检查人员，抽查情况及查处结果及时向社会公开）监管机制，新增防空地下室按期开工建设情况监管、防空防灾警报设备设施维护管理情况监管、人民防空教育实施情况监管等3个实施“双随机、一公开”监管制度领域。抽查24个在建和投入使用人防工程，及时督促整改存在的问题。

【宣传教育】　在全市62所初级中学开设人防知识教育课程，年受教学生2万人，参考率、优秀率、及格率均达95%以上。组织全市中小学生国防人防知识竞赛和素质拓展训练营。采取政府购买服务方式，利用泰安日报社12处户外阅报栏在街道、社区开展人防宣传教育。加快推进市级人防宣教场馆建设，完成项目立项审批、设计方案政府采购和总体框架设计。　　（梁　波）

编辑　校对　　刘小笋

经济管理

发展和改革

·经济运行和社会发展·

【概况】 2019 年，全市实现生产总值 2663.6 亿元，增长 6.3%。固定资产投资保持稳定，社会消费品零售总额增长 3.7%；完成进出口总额 172.2 亿元，增长 7.1%。一般公共预算收入 224.7 亿元，增长 2.36%；一般公共预算支出 414.5 亿元，增长 8.8%。城镇居民、农村居民人均可支配收入达到 37695 元、18621 元，分别增长 7.1%、9.8%。全市综合竞争力持续增强，在中国城市品牌评价百强榜中位列第 38 位，中国百强城市排行榜中位列第 63 位。市发展和改革委员会（简称市发展改革委）被评为 2019 年度落实全面从严治党责任考核先进单位、经济社会发展综合考核先进单位，继续保持省级文明单位称号。

【新旧动能转换】 突出抓好“十强产业”（新一代信息技术产业、高端装备产业、新能源新材料产业、现代海洋产业、医养健康产业、高端化工产业、现代高效农业、文化创意产业、精品旅游产业、现代金融服务）培育，推进“10+1”产业（新一代信息技术产业、高端装备和智能制造产业、新材料产业、新能源和节能环保产业、医养健康产业、现代高效农业、高端化工产业、纺织服装产业、现代物流产业、文化旅游产业、现代金融服务业）专项规划落实，建立“十强产业”季度监测制度，强化对关键指标调度监测。在第二届中国国际进口博览会期间举办 2019 泰安（上海）投资合作恳谈会，推介泰安市“十强产业”。加快打造雁阵集群，争取建材新材料、新能源、精品旅游 3 个产业集群和泰山玻纤、泰开集团、特变电工 3 家企业纳入省十强产业雁阵产业集群库和集群领军企业库。健全完善推进机制，新增制度环境、人才智力、基础设施、绿色发展（山水林田湖草工程）4 个专班，建立“市产业经济小组牵头提报、市重点项目联席会议决策、各级各有关部门分头落实、市政府督查室督导”重点项目推进机制。泰安市新动能重大项目可视化督导服务平台正式启用，至年底，实现注册企业 1795 家，入库项目 603 个，可视化项目 76 个，累计发布惠企政策、新闻动态、招商资讯等 1566 条。在全省第一批完成项目视频信号直连。泰安市获得新旧动能转换考核进步奖，高质量双招双引考核总分列全省第 5 位。

【稳投资】 健全完善体制机制，成立稳投资工作专班，健全投资形势分析联席会议制度。推行“市县长项目工程”，实行市级领导包保重点项目制度，19 名市级领导直接包保 33 个急需攻坚冲刺的固定资产投资项目。出台《关于加快项目建设扩大有效投资促进经济高质量发展的通知》《“稳投资”“稳增长”八项措施》，提出“八个一”（一对一陪同、一个口子管检查事项批准、“一把手”负总责、第一时间决策、一切资源保障、一次大排查、一周一通报、一个奖惩政策）要求，建立健全项目推进工作责任机制。46 个项目列入省新旧动能转换优选项目，207 个新旧动能转换重大项目顺利实施。重大项目建设取得实质进展。泰安二期抽水蓄能电站工程，项目总投资 102 亿元，建设规模装机容量 180 万千瓦，前期 32 个专题报告已完成 31 个，正式完成项目立项核准。华能泰丰新能源有限公司光纤预制棒、光纤制造项目和石横特钢产业集群项目加快推进。济南至泰安高速磁浮项目积极策划。

【乡村振兴】 推进国家农村产业融合发展示范园创建，争取新泰市农村产业融合发展示范园认定为首批国家农村产业融合发展示范园，

华能农光互补冬暖式大棚 （葛宗泰 供）

新泰市良心谷农村产业融合发展示范园列入第二批创建名单。推进乡村振兴重大项目库建设，争取省乡村振兴重大项目库第一批入库项目9个。推进涉农项目建设，争取13个（类）项目下达投资计划7.2亿元，落实省级以上无偿资金3.59亿元，其中中央投资1.39亿元、省级2.2亿元。推进东平湖蓄滞洪区防洪安居工程，编制《东平县东平湖蓄滞洪区防洪安居工程初步方案》，拟实施金山坝及二级湖堤加高培厚、东平湖清淤增容和居民迁建三大工程，初步方案上报省发展改革委，工程计划投资133.4亿元。

【首届泰山国际文化论坛】 10月23日，由文化和旅游部中国艺术研究院、中国社会科学院古代史研究所共同主办，泰安市人民政府承办的首届泰山国际文化论坛开幕。论坛主题：人类命运共同体建构与世界百年未有之大变局。论坛宗旨：深入贯彻落实习近平新时代中国特色社会主义思想以及习近平总书记关于推动构建人类命运共同体重要思想，促进世界文明交流互鉴。论坛定位：以泰山文化为依托，弘扬中华优秀传统文化，打造具有国际影响力的世界文化交流平台。论坛期间，组织形式多样、内容丰富的学术活动，围绕“人类命运共同体构建与国际社会发展”“中国道路与国家治理体系建设”“国泰民安与泰山文化”等议题举行两场平行论坛。中外知名专家学者、省市有关领导、泰安文化界代表、省内外媒体代表共计300人参加活动。

【园区产业】 划定20平方千米筹备打造园区产业示范园区，编制园区产业空间布局规划。健全完善政策体系，设立产业基金。

【三大攻坚战】 ①脱贫攻坚。易地扶贫搬迁9个集中安置区全部完工，3272名建档立卡贫困人口实现脱贫。黄河滩区迁建工程二期试点完成搬迁入住；三期工程累计完成投资18.87亿元。②防范化解重大风险。开展存续期企业债券和小微债专项检查，泰安市4家省级备案创投企业通过年度检查。③污染防治。开展全市能源消费总量和能源强度“双控”（能耗增量控制目标和能耗强度降低）工作，2018年度全市能耗总量为1582.2万吨标煤，单位GDP能耗降低2.28%，超额完成泰安市降低0.5%的节能目标任务。做好煤炭消费压减工作。

【对上争取】 组织开展进京“双对接”（对接政策、对接项目）活动，第二次双对接活动落实项目39个，对接资金6.36亿元。用足用好中央和省预算内投资，争取项目102个，落实无偿资金9.2亿元。其中，棚户区改造项目88个，落实资金9亿元，争取项目个数和资金额为历年之最。做好专项债券申报工作，提报储备项目62个，计划总投资362.27亿元，专项债券资金需求150.94亿元；争取12个项目列入国家专项债券项目清单，计划总投资153.1亿元，申请地方政府专项债券22.11亿元。积极争取黄河流域生态保护和高质量发展重大战略支持。

【重点领域改革】 稳妥推进经济体制专项改革，做好市场准入负面清单制度全面实施工作，巩固公务用车制度改革成果，行业协会商会与行政机关脱钩工作基本完成。深化天然气、农业供水、交通运输、绿色环保等价格改革。推进创新驱动，组织泰开电力电子申报国家级企业技术中心，争取11家省级工程实验室、10家省级企业技术中心通过认定。修订完善市级工程实验室和企业技术中心管理办法，新认定市级工程实验室24家。推进社会信用体系建设，市信用信息平台二期及新版“信用泰安”网站建设完成，规范信用服务机构管理，开展信用修复工作。推进公共资源交易全流程电子化。

【“十四五”规划编制】 召开全市“十四五”规划编制工作会议，开展“十四五”规划前期研究，筛选确定24项市级层面、11项县域层面的重大课题。积极谋划“十四五”基本思路，研究提出本地区、本领域“十四五”发展的指导思想、发展目标、重点任务和重大举措。科学论证拟纳入国家、省规划的重大战略、重大政策、重大事项共计62个。 （葛宗泰）

·对口支援和扶贫协作·

【概况】 2019年，在山东省帮扶的重庆市14个国家扶贫开发工作重点县成效考核中，泰安市·巫溪县东西部扶贫协作工作成效突出，被重庆市脱贫攻坚领导小组考核为“好”的等次，成绩名列前茅，实现市委提出的由2018年考核“较好”上升一个等次的要求。第九批援疆干部完成各项援疆任务。

【高层互访】 8月17—18日，市委副书记、市长张涛率领党政代表团赴岳普湖县实地考察对口支援岳普湖工作情况，看望慰问市第九批援疆干部人才。10月22—24日，市委书记崔洪刚率团赴巫溪县，实地考察援建项目，走访贫困群众，看望慰问一线同志。4月28日、11月6日，巫溪县县委书记唐德祥、县长龚均分别率团到泰安对接东西扶贫协作工作。

【资金保障】 对口支援岳普湖县，安排投入援疆资金2.31亿元，其中泰安市安排资金4334万元，落地项目32个，其中投资过亿元项目4个，在喀什地区12个县（市、区）中名列前茅。落实东西扶贫协作巫溪县财政援助资金2572万元，实施扶贫项目38个。

【产业合作】 坚持“产业促就业、就业促稳定”双促战略，打造产业援疆增长点和创新点。2019年，落地项目32个，签约项目11个，实现历史突破。组织泰安市20家企业赴巫溪县考察投资，组织巫溪县明申肥业、恒易培训等企业到泰安市对接合作项目。规划建设核桃现代农业产业示范园、冬桃现代农业示范基地、红池坝农旅融合产业园，发展桃树面积667公顷，每公顷平均增收4.5万元，带动1500户贫困户增加收入。在泰安召开巫溪县招商推介会议2次，引进落地项目3个，到位资金2166万元。

【人才交流】 派出53名优秀教师、医生、农业技术人才到巫溪县进行支教、支医、支农，全年开展就业技能培训、致富带头人等各类培训1600人次。安排接收巫溪县基层干部、中小学校长、中医骨干、农技人员和贫困村党支部书记等39人到泰安挂职锻炼。

【创新渠道】 打造“喀什好味道”品牌，“喀什好味道”实体店达到6家，累计实现销售额2700万元。累计采购和销售岳普湖县农特产品1500吨，金额达到2760万元，助力4000户贫困家庭脱贫增收。通过“巫溪小店”、消费扶贫直通车、开设农产品专柜等方式，开展消费扶贫活动，2019年销售巫溪县农副产品价值1708万元。

【社会帮扶】 印发《关于进一步做好包帮新疆岳普湖贫困村工作的通知》，选取10个村结对帮扶岳普湖县10个贫困村，每个村捐助100万元。累计包帮岳普湖县贫困人口1.1万人，633户、2126名贫困户（人口）实现脱贫，4个贫困村实现摘帽。组织8家企业与巫溪8个未摘帽贫困村建立结对帮扶机制，各捐赠资金10万元；6个街道和乡镇与巫溪县6个贫困村结对，各捐赠20万元。发动社会力量累计向巫溪县捐款捐物400.2万元。 （韩 冰）

·重点项目建设·

【概况】 2019年，泰安市6个项目列入省重点建设项目，总投资179亿元，涉及重大基础设施、现代服务业、高端装备制造业等领域。其中，新开工项目5个，年度计划投资19.4亿元；完成投资21.1亿元，完成年度计划的114%。101个市级重点建设项目总投资1147.4亿元，年度计划投资313.6亿元；年度完成投资340.4亿元，完成年度计划的108.6%。

【泰邦生物科技园项目】 总投资25亿元，占地面积17.33公顷，规划建筑面积17万平方米。建有国内一流的血液制品研发实验室，承担多项国家重大新药创制专项及省级科技攻关项目，实现“投产一批、在研一批”良性循环。最新上市的新一代纤维蛋白原，速溶即用，为抢救大出血患者赢得宝贵时间。在研新药人凝血因子Ⅸ、人抗凝血酶Ⅲ、静注巨细胞病毒人免疫球蛋白等8个产品，多项产品填补国内空白。向单抗、重组凝血因子等生物制药领域拓展，打造综合性、多元化生物医药企业。借鉴国际先进设计理念，与德国西门子公司合作，建成亚洲规模最大、国际领先的血

诺莱泰山国际大健康医养产业基地 （葛宗泰 供）

液制品生产车间，通过大数据平台实现产品全生命周期内的“自动化、信息化、智能化”。

【诺莱泰山国际大健康医养产业基地】 项目总投资100亿元，其中一期工程总投资7亿元，总建筑面积2.2万平方米，主要建设以高端科研及健康管理体系为核心的健康产业区、医养示范区、商业服务配套设施等，至年底，已竣工投入使用。项目合作建立山东大学博士后创新实践基地、齐鲁医院干细胞临床研究转化中心，与山东大学齐鲁医院、981健康科技集团、北京医院、301医院等众多医院合作，引进院士2名、二级教授5名、博士生导师8名、博士10名，为培养高层次创新型人才、加速干细胞课题研究及临床应用转化搭建优质平台。项目形成集检测、筛查、预防、诊断、治疗、临床研究于一体的高水平健康产业链，创建预防、保健、医疗、康复、疗养五位一体的医养健康服务体系，为医养结合探索实践经验。

【泰山Office研发及产业化项目】 项目总投资10亿元，一期投资2.63亿元，规划建筑面积1.3万平方米，主要建设Office展厅、信息安全展厅、新技术展厅、网信技术实验室、T&S网络靶场、GPU高性能计算中心等研发、办公区及专家公寓，购置GPU服务器、海量数据存储服务设备、安全工作站、攻防对抗、防火墙等研发设备仪器200台（套），形成全国首个国产自主可控办公系统的研发及产业化示范基地。项目在倪光南、沈昌祥、梅宏等网信领域院士专家支持下，引入原科技部国家“863”计划项目、工信部核高基项目团队，联合打造国家级网信研究院，研发独具中国特色的集成办公软件。开发的泰山集成Office操作系统完全国产自主可控，具备“自主创新、自主知识产权”，代码国产率100%，打破国外网络和信息技术垄断。

【泰山玻纤产业园】 泰山玻纤产业园计划总投资100亿元，占地146.67公顷，建设8条玻璃纤维生产线及上下游产业链。其中，泰山玻纤第六条无碱玻纤池窑拉丝生产线年产能12万吨、总建筑面积8万平方米，是全球单线投资最高、产能最大的玻璃纤维生产线。项目集成国际先进的无硼无氟环保玻璃配方、高熔化率大型池窑及全氧燃烧、智能制造等核心技术，配置AGV自动导引车、全自动机器人等智能装备，实现“物流机械化、设备自动化、控制信息化”，生产效率提高46%，产品不良率降低22%，能耗降低15%，生产成本降低20%以上。项目主要产品为风电纱、热塑玻纤、高强高模玻纤，具有耐高温、耐腐蚀、强度大等多重优势，广泛应用于风电叶片、建筑材料及汽车、船舶制造等领域，远销北美、中东、欧洲

泰山Office泰山网信技术实验室 （葛宗泰 供）

等70多个国家和地区。产业园项目全部建成后，税收可突破5亿元，带动就业4000人。

【华能山东泰丰光纤预制棒、光纤制造项目】 项目总投资35亿元，用地10.33公顷，达产后，产能可达到光棒1000吨、光纤3500万芯千米，年销售收入27.6亿元。其中，一期总投资8.9亿元，用地6.6公顷，新建光棒光纤车间、多层研发中心、仓储等建筑设施约4万平方米。项目引进韩国先进成套进口设备及工艺技术，光纤预制棒制造技术采用基于日本的VAD技术与基于康宁的OVD工艺，光纤制造采用行业领先的低损耗制造技术，均处于行业领先水平。一期建成后，可实现年产光纤预制棒300吨，年产光纤1000万芯千米，年销售收入6.9亿元。

【瑞福锂电产业园项目】 项目总投资25亿元，主要建设6万吨锂盐及其配套项目。项目采用国内最先进的硫酸法生产工艺，主要建设业内单线产能最大、自动化程度最高的碳酸锂生产线一条；低温硫酸法提锂项目，采用低温法从矿石中提锂的先进工艺，主要建设锂辉石采矿、精矿浮选、硫酸生产及低温硫酸法提锂等四大类设施。企业加大科技研发力度，先后与华东理工大学、北京科技大学等组建战略技术联盟，计划成立国家锂电新材料研发中心，设立院士工作站。全部建成达产后，年可生产锂精矿50万吨，锂盐产能6万吨，营业收入过百亿元，安置就业480人，全力打造200亿级锂电产业园区。

【山东振挺年产7000万套精工活塞智能制造项目】 项目总投资6.48亿元，占地16.67公顷，主要建设6.9万平方米厂房和购置安装配套生产设备1844台。项目建设立体化高效生产车间，借助自主开发辅助设计和研发软件，构建活塞产品设计生产大数据平台，全面推进工业互联网与智能制造，提升产品定位。项目大量应用智能机器人、机器臂等先进生产加工设备，实现生产产品的高质、高端、品牌化，生产流程的高效、智能、自动化，成为行业领域的标准制定者。项目引入国内外先进的节能环保设备，机械加工、降低热处理等工序设计能耗低于行业标准。

【瑞星化工集团粉煤气化项目】 项目总投资19.8亿元，总建筑面积16万平方米，采用航天化学工程设计院的粉煤加压气化专有技术，建设日投煤量3000吨的合成氨原料气生产装置，投产后，年节标煤34.3万吨。项目核心技术达到国际先进水平，由瑞星集团与中国航天科技集团合作开发，利用火箭喷射器燃烧技术，以当地烟煤替代山西无烟煤为原料，通过纯氧加压气化，提高煤炭转化率和利用率，解决劣质煤种清洁、环保、高效转化的行业难题。粉煤加压气化炉、空分、净化等关键装置均为全国同类最大规模，并采用先进的DCS系统远程控制，在大型粉煤气化技术应用领域走在全国前列。项目达产后，新增年销售收入40亿元、利税4亿元，尿素总产能突破300万吨/年。 （侯 波）

·物价管理·

【价格调控】 开展能源价格监测，承担国家、省监测报表23个，监测品种200个，报送监测数据2万条，完成《价格监测月报》14期，市政府约稿5篇，省考核的5项报告制度全部满分。应对“利奇马”台风和“非洲猪瘟”疫情影响，开展蔬菜、生猪等重要民生商品价格监测。完成小麦、生猪、秋粮、粮油肉蛋和房地产市场情况等各类专项调查，报送调查报告5篇。印发生猪保供稳价实施方案，春节前向市场投放政府储备冻猪肉870吨。开展马铃薯、大白菜目标价格保险，全年投保面积1.2万公顷。四季度，启动社会救助和保障标准与物价上涨挂钩联动机制，发放价格临时补贴2000万元。对11家平价商店检查、考核，发放奖励资金30万元。市发展改革委获得“2018—2019年全国价格监测工作先进单位”称号。

【天然气价格改革】 经市政府常务会议研究同意，制定管道天然气配气价格，每立方米0.80元；顺调城区居民用气销售价格，第一阶梯用气量每户每年240立方米及以下，执行每立方米2.76元；第二阶梯用气量每户每年240～360立方米（含），执行每立方米3.31元；第三阶梯用气量每户每年360立方米以上，执行每立方米4.14元。燃气壁挂炉用户，第一阶梯年用气量800立方米（含）以下执行每立方米2.76元；第二阶梯年用气量在800～1200立方米（含）执行每立方米3.31元；第三阶梯年用气量在1200立方米以上的，执行每立方米4.14元。非居民用管道天然气基准销售价格每立方米2.80元，每立方米上浮0.39元，最高销售价格每立方米3.19元。

【公共服务性产品价格管理】 核定高铁泰安站至天外村、红门等7条旅游公交专线票价、20条道路班车改公交化运营票价，备案84处停车场收费标准。落实国家、省关于工商业峰谷分时电价、阶梯电价、垃圾焚烧发电电价补贴，继续降低一般工商业电价等一系列电价政策，两次降低电价减少企业电费支出9751万元，惠及工商业户14万户。成立清理规范转供电环节加价工作专班，召开政策提醒告诫会，对省划定全市108家重点转供电单位进行走访。为7家垃圾焚烧、污泥掺烧和生物质发电企业申请上网电价，落实电价补贴4664万元；核查全市12家公交企业的64处电动公交车充电设施位置、数量、功率等情况，60处充电设施享受电量奖励政策。指导各县（市、区）、功能区制定农业用水终端指导价格，实施超定额累进加价。

【收费管理】 放开省定价的6项经营服务性收费，开展政府部门下属单位涉企收费和中介机构收费清理整治工作，梳理14个收费项目141项收费标准；制定幼儿园收费管理政策，核定全市33所民办非营利性学校的收费标准。公布《山东省进出口环节政府定价和政府指导价收费目录清单》《泰安市实行政府定价的经营服务性收费项目清单》《泰安市行政性事业性收费项目目录清单》。省管泰山门票将景区内的泰山、彩石溪、玉泉寺、普照寺、红门宫、王母池、岱庙7个景点门票进行整合，泰山景区门票价格由240元降为115元，3日内有效，有效期内不限制游览次数，彩石溪、玉泉寺、普照寺等5个景点免费开放，岱庙保留单票；市管徂徕山国家森林公园、东平水浒影视城等5处景点门票再次降价20%以上，东平水浒影视城等5个景点联票降价幅度50%。

【价格公共服务】 办理涉纪、涉案等价格认定案件782件，认定金额2.18亿元，复核认定案件12件。对47个国家定点农产品成本调查单位（户）进行业务指导，完成小麦、玉米、生猪、特色农产品等10个品种调查任务。对徂徕山国家森林公园、东平水浒影视城、泰安崇远学校、博文中学等9个定价项目开展定价成本监审，对城市供水和供热企业定期成本监审。制定《泰安市发展和改革委员会制定调整价格（收费标准）工作规程》，编印《价格法规政策汇编》，收录现行价格法规政策文件97部。（陈常旭）

·粮食物资管理·

【粮食安全】 开展粮食安全责任制考核，完成粮食安全考核任务，2018年度粮食安全责任制考核中获优秀等级，名列全省第7名。以考核倒逼各县（市、区）工作落实，9月份完成对各县（市、区）考核，6个县（市、区）成绩均在90分以上。

【粮食收购】 做好粮食购销工作的指导、协调、监督和服务，组织人员对夏、秋粮产购情况进行调查摸底。建立联席会议制度，多次召开会议分析研判夏粮收购形势，研究解决问题，对夏粮收购工作进行安排部署，根据夏粮市场价格跟踪监测情况，及时按规定程序启动最低收购价预案，按最低保护价（2.24元/千克）敞开收购农民交售的粮食，完成最低保护价收购7.38万吨。

【储备粮油管理】 推广应用科学储粮新技术，提高环流熏蒸、粮情检测、机械通风3项储粮新技术应用比例。抓好储备粮油规范管理工作，按时完成新增地方储备粮规模任务和地方储备粮轮换任务。粮食储备账实相符、数量真实、质量良好、管理规范、储存安全。常务副省长王书坚到泰安调研时，对泰安市粮食工作给予充分肯定和高度评价。

【政策性粮食库存大清查】 开展政策性粮食库存大清查，组织全市粮食数量清查、粮食质检培训班2期，培训实物、质检、统计、财务、案件核查等各类专业人员105人。抽调4个粮食数量普查组、6个粮食质量扦样检验组，对全市纳入检查范围的31个库点、258个货位、65万吨粮食库存数量进行全面检查，统一扦取样品198个，按时送达指定承检机构进行质量检验。对检查发现的56个问题（自查17个、普查39个），督促企业全部整改到位，完成粮食库存大清查企业自查、市级普查和省级抽查任务。

【粮油优惠政策】 全年落实市级粮油储备补贴资金1805.72万元，落实储备粮油轮换、增储资金共2.97亿元，争取全市17家储备企业获得免税资格。

【优质粮食工程】 推进粮食产后服务中心建设，投资1808万元建成粮食产后服务中心8家。开展中国好粮油行动计划，投资2460万元建成肥城富世康工贸公司和肥城正大油脂公司2个“中国好粮油”示范企业；申报2019年好粮油示范县和示范企业，肥城市以全省第一名的成绩被确定为“中国好粮油”示范县，获得无偿扶持资金4700万元；山东泰茶发展有限公司被确定为“中国好粮油”示范企业，获得无偿扶持资金2000万元；泰安市获批省财政奖励资金 100 万元。推进粮食质量监测体系建设。投资 310 万元建成县级粮食质检站 1 个，投资 500 万元的市粮油检测中心正在建设中。

（刘明湖　李荣典）

国有资产监督管理

【概况】　2019 年，全市国有资产监督管理工作坚持一手抓监管、一手抓发展，改革发展稳定工作取得新成绩。年末，全市国有及国有控股企业 304 家，净增加 28 家；资产总额 2684.2 亿元，增长 18.1%；所有者权益 745.9 亿元，增长 12.7%。其中，市级企业 180 家，资产总额 1720.7 亿元，增长 23.2%；所有者权益总额 494.9 亿元，增长 21.3%。市国资委继续保持“省级文明单位”称号，被省国资委评为“全省国资监管机构企业国有资产统计工作优秀单位”，泰山区国有资产监督管理局被评为“全省国有资产监管系统先进集体”。

【市属国有企业经济运行】　年内，市国资委所属参控股企业实现营业收入 263.9 亿元，增长 8.3%。年末，参控股企业资产总额 782 亿元、净资产 278 亿元，分别增长 7.4%、6.5%。完成国有资产收益 5505.55 万元，增长 63.29%。金融控股集团为 1382 家企业及个人提供担保服务 149.8 亿元，增长 21.8%。

【国有经济新旧动能转换】　策划论证、招商洽谈和新旧动能转换重点建设项目 24 个，计划总投资 367.32 亿元，年内完成投资 11.78 亿元。华能光纤预制棒、光纤制造项目点火生产，市中心医院高新区院

11月3日，由国务院国资委、山东省政府、新华社联合主办的第三届中国企业改革发展论坛在济南举行。图为泰安市国资委所属国泰民安集团与中国物流股份有限公司签订合作协议　　（李国庆　供）

区、泰山金融服务外包产业园、肥城森林生态康养小镇等一批项目扎实推进。发挥央企省企合作发展领导小组办公室职能作用，不断深化央企省企合作，在第三届中国企业改革发展论坛期间，分别与中建水务环保有限公司、中国物流股份有限公司、省水发集团签订合作协议。

【深化国资国企改革】　坚持产业相关、业务协同、优势互补原则，组建山东泰山国家粮食储备集团、绿色发展投资有限公司两家国资平台。强化分类考核、对标考核，突出整改提升、激励奖惩，2018 年度纳入经营业绩考核范围的 14 家市属企业考核结果 A 级 4 家、B 级 8 家、C 级 2 家，促进发展质量和管理水平“双提升”。出台《市属国有企业工资总额管理办法》，建立与劳动力市场基本适应、与企业经济效益和劳动生产率挂钩的工资决定和正常增长机制。全市 50.8 万家国有企业“三供一业”〔供水、供电、供热（供气），物业管理〕维修改造基本完成，工作进展连续两年排名全省第一位。出台《市国资委履行出资人职责企业投资监督管理办法》及配套文件，建立投资负面清单，根据功能定位、发展战略规划及实际能力，完成 7 家出资企业的主业确认，引导企业聚焦主业投资。加大县属经营性国有资产统一监管力度，6 个县（市、区）年内基本完成统一监管，累计划转 64 家部门出资企业，涉及资产总额 67.7 亿元。

【国有资产监管】　按照市委《关于建立市政府向市人大常委会报告国有资产管理情况制度的意见》要求，摸清家底、完善制度，首次向市人大常委会报告全市国有企业、国有金融企业、行政事业国有资产和国有自然资源资产监管工作，市十七届人大常委会第二十一次会议审议市政府《关于 2018 年度全市国有资产管理情况的综合报告》。推进国资监管流程再造、加强制度创新，围绕国资监管“事前、事中、事后”三个环节，建立“三事一转”（事前“定清单”、事中“优流程”、事后“强监管”，转职能）流程再

市国资委引进的华能光纤预制棒、光纤制造项目2019年内建成投产

（李国庆　供）

造体系，省“不忘初心、牢记使命”主题教育简报专门刊发这一做法。事前“定清单”，以市政府办公室名义印发《以管资本为主进一步推进国资监管职能转变的实施方案》，制定5大类、25项监管权力事项清单，从源头厘清权责边界。事中“优流程”，制定市属企业投资管理、国有产权公开转让、国有资产评估项目核准备案、工资总额预算审批等2项工作指引和6项工作流程图，优化下放权力事项办理流程，实现监管事项集成受理。事后“强监管”，分类实行日常报告和年度报告，层层压实监管责任，提升服务质量和监管效能。　（李国庆　刘锦多）

市场监督管理

【概况】　全市市场监管部门以机构改革为新起点，围绕中心，服务大局，开拓创新。泰安市被国家标准化管理委员会确定为全国第二批“百城千业万企对标达标提升专项行动”城市。省委副书记、省长龚正现场调研蒙牛乳业泰安有限责任公司、凤凰路农贸市场，对食品安全工作给予好评。省政府副省长任爱荣到泰安调研检查节日市场和特种设备安全工作时，充分肯定市局工作。市委书记崔洪刚先后2次批示，表扬商标品牌建设、泰安城区农贸市场改造提升工作。

【市场监管体制改革】　2018年12月底，泰安市市场监督管理局（知识产权局）组建成立，加挂市知识产权局牌子，整合原工商、质监、食药监，以及知识产权、物价检查、商务执法、粮食执法等部门职责。设科室25个，直属局3个，派出行政单位1个，所属事业单位10个。2019年11月，根据开发区体制机制改革工作需要，组建泰安市市场监管局开发区分局，为市局派出机构，正科级规格；泰山景区市场监管局更名为泰安市市场监管局泰山景区分局，为市局派出机构，正科级规格。

【商事制度改革】　实行“七十五证合一、一照一码”，整合事项数量位居全省首位、全国前列。压缩企业开办时间，将企业开办由5个环节压缩至3个环节、时间由3天压缩至2天。联合行政审批部门试点“证照通办”改革的经验做法在全省推广。全年新注册各类市场主体7.26万户，增长18.02%；全市实有市场主体43.5万户，增长14.74%。

【安全监管】　调整充实泰安市食品安全委员会成员单位，由市长担任主任，提高组织架构规格。加强食品生产、流通、餐饮全过程监管，在“不忘初心、牢记使命”主题教育中牵头开展整治食品安全问题联合行动，成立全国首家学龄前儿童“宝妈食品安全协管团”，创新推行幼儿园食堂“远程可视明厨亮灶”。加强药品、化妆品及医疗器械监管，注销执业药师注册证266份，收回、撤销药品GSP认证证书10份。推行特种设备安全网格化实名制管理，培育双重预防体系标杆企业26家，全省泰山客运索道双重预防体系建设现场观摩会议在泰安召开，经验做法在全省推广。电梯应急处置服务平台投入使用；电梯责任保险覆盖率达52.1%，列全省第2名。完成生产领域电线电缆等9大类产品、85家企业96批次的抽查，合格率100%。

【服务经济高质量发展】　5家企业被评为2019年度山东省制造业高端品牌培育企业。44个产品、8个服务项目分别被认定为2019年度山东优质品牌产品、山东优质服务品牌。2家企业获批龙头骨干企业。泰石岩棉通过2019年度“泰山品质”认证。承担“总局强检系统平台”全省唯一试点任务。主持或参与制（修）订国家标准23项、行业标准35项、地方标准11项，组织完成15个省

12月5日，山东省委副书记、省长龚正（前排右三）到泰安市考察食品安全监管工作，市委书记崔洪刚（右二）陪同活动　　（张　雷　摄）

级标准化试点验收。泰和集团入围2019年度石膏板（墙板）企业标准"领跑者"名单。举办全市培育"四上"企业（规模以上工业企业、限额以上批零住餐企业、资质等级建筑业、房地产开发企业及规模以上服务业）培训班、个体私营企业党组织书记培训班，2户经营户获评"全国先进个体工商户"。完成全市个体私营企业协会换届工作。

【维护公平竞争市场秩序】 企业、个体、农民专业合作社年报率均居全省前列。对383家企业开展"双随机、一公开"抽查。严格落实公平竞争审查制度，位列全省公平竞争审查工作督导考核第2名。组织开展涉企收费、转供电、医疗领域乱象等专项价格检查，加大对猪肉等重点商品的价格监管力度。持续强化"打传"工作，巩固无传销城市创建成果。开展"网剑行动"、整治"保健"市场乱象百日行动及"回头看"，强化广告导向监管，加大成品油、民用散煤、车用尿素等市场监管力度。开展"信用让消费更放心"主题宣传活动，培育放心消费创建示范单位2900户，200家餐饮单位集中承诺践诺，24家企业设立"消费维权直通车"，在全省放心消费创建工作推进会上作典型经验交流。投诉热线实行"五合一"（12315、12365、12331、12358、12330），实现"12315"一线对外。

【泰安城区农贸市场改造提升】 召开泰安城区农贸市场规范化建设动员会议，印发农贸市场建设二年行动计划及改造管理规范，开展农贸市场放心消费创建提升行动、省级食品安全管理规范化农贸市场创建活动，完成28处农贸市场的拆建、改造提升任务。山东泰山钢材大市场、东岳国际花木城进入"中国商品市场百强"行列。

【干部队伍建设】 开展"不忘初心、牢记使命"主题教育、勇做新时代泰山"挑山工"主题实践活动和"七赛七比"，景区分局南天门所获得"泰安市新时代泰山'挑山工'先进集体"称号，1人获得"全国市场监管系统先进工作者"称号。举行"不忘初心、牢记使命"庆祝中华人民共和国成立70周年文艺会演。在泰山学院建立市场监管系统培训基地，举办、参加各类业务培训班13期，培训人员近700人。完成108人次干部选拔和职级晋升。9人参加"万名干部下基层服务队""第一书记"驻村工作。

（张　军）

8月17日，市委书记崔洪刚（前排左二）督导泰安城区农贸市场改造提升工作　　（张　雷　摄）

统 计

【概况】 2019年，泰安市统计局连续12年保持"省级文明单位"称号，获得第四次全国经济普查国家级先进集体、全国文明城市创建工作先进集体、机关党建规范化建设先进单位等称号。在全省统计工作综合考核中，连年被评为先进市统计局。在2019年全省22项业务工作考核中，泰安市有19项进入先进行列，列16市第一名。

【统计体制改革】 ①统计管理体制改革落实落地。推进泰安市《关于深化统计管理体制改革提高统计数据真实性的实施方案》各项措施任务落实落地，27项改革任务全面完成。市统计局增强统计执法监督局人员力量，6个县（市、区）全部成立统计执法机构。②地区生产总值统一核算改革稳步推进。在第四次经济普查数据资料基础上，依法依规对2018年泰安市生产总值进行统一核算，实现市县GDP总量、速度、结构基本衔接。召开全市生产总值统一核算改革工作会议，动员部署县（市、区）统一核算工作任务，培训统一核算方法及工作流程，确保全市一盘棋，稳步有序推进统一核算改革。③完成旅游休闲产业统计调查省级试点。作为全省旅游休闲产业统计调查试点承担市之一，与市文化和旅游局加强沟通协作，建立全市旅游休闲产业单位名录库，对企业进行全面筛查，依据调查数据，统一核算试点县旅游休闲及相关产业增加值，泰山区、肥城市全力配合，顺利完成试点工作任务，试点报告在《中国信息报》、国家局网站等业内权威媒体刊载，试点工作得到省局充分肯定，被省文化和旅游厅列为重点试点成果。

【普查调查】 ①第四次经济普查工作取得重要阶段性成果。全市共普查登记法人单位6.53万个，与2013年第三次经济普查相比，增长50.7%；产业活动单位7.45万个，增长42.3%；从业人员109.1万人；个体经营户32.58万个。普查工作建立严格的数据质量检查制度和数据质量控制办法，做好普查数据评估审核验收，顺利通过国家、省事后质量抽查组的现场核查，数据质量综合评价排在全省前列，市统计局被评为全国第四次经济普查国家级先进集体。②开展1%人口抽样调查和第七次全国人口普查前期工作。做到全市348个调查小区"户户到、人人清、项项准"，有序开展第七次人口普查前期调研和准备工作，主动与市财政对接，编制经费预算，为第七次全国人口普查工作顺利开展奠定良好基础。③"四下"企业（规模以下工业企业、限额以下批发零售企业和住宿餐饮业企业、资质等级以下建筑业企业、规模以下服务业企业）抽样调查工作进一步规范。建立限额以下批零住餐业辅助调查员数据采集制度，开展贸易"金样本"记账专项试点调查，提升"四下"抽样调查数据质量。

【统计法治工作】 ①统计普法宣传。泰安市委常委会议、市政府常务会议专题学习《统计违纪违法责任人处分处理建议办法》《防范和惩治统计造假、弄虚作假督察工作规定》。将《统计法》纳入市委党校固定班次计划。通过局党组中心组（扩大）会议、统计法治培训讲座等形式，组织系统内部人员开展统计法治重要文件的学习贯彻。借力普查调查和重要时间节点，开展统计法治宣传"六进"（进机关、进乡村、进社区、进企业、进单位、进学校）活动。印发《统计法律法规知识手册》到全部乡镇、"四上"企业（规模以上工业企业、限额以上批发零售企业和住宿餐饮业企业、资质等级建筑业企业以及房地产开发经营企业、规模以上服务

12月16—26日，市统计局组织8个志愿服务队，每个志愿服务队由两名县级领导干部带队，深入全市1000家企业开展"统计服务千企"志愿行动。图为在肥城开展"统计服务千企"志愿行动 （孙珺富 供）

业企业），提高普法宣传频率，扩大覆盖面。②统计执法监督。落实《防范和惩治统计造假、弄虚作假督察工作规定》要求，梳理自查自纠重点工作任务32个，部署开展自查自纠，补齐短板弱项。与泰安蓝天律师事务所签订长期法律顾问合同，促进统计执法全过程规范化。集中20名执法骨干力量对全市6个县（市、区）和2个功能区进行统计执法检查，检查企业52家，其中"双随机"检查47家，立案查处统计违法企业6家。

【统计服务】 ①贴近党政中心工作。优化"事前预判、事中监测、事后分析"的全方位统计服务模式，创刊《泰安产业经济监测季报》，深化《泰安发展景气报告》，反映新旧动能转换、"产业兴市"等发展战略落地成效。深化季度经济运行分析和热点问题调查研究，围绕全市对标嘉兴市形成专题分析专报市主要领导，编印《辉煌泰安 新中国成立70周年泰安经济社会发展成就报告》。全年市统计局撰写统计分析301篇，被市以上采用264篇，采用率87.7%，较上年提高14.4个百分点，政务信息采用326篇，较上年增加23篇，分析、信息被国家统计局采用篇次居全省各市第2位，被省统计局采用居第1位，在市政府信息采用通报中居A类部门第2位。②贴近调查对象。开展统计服务千企行动，集中走访企业300家，听取各单位统计情况、问题及需求，精准指导企业统计工作，建立一企一卡服务档案，建立重点企业联系制度，全面构建统计部门与企业联系沟通机制，促进和加强企业统计工作，做法在全省统计系统得到推广。③贴近社会公众。强化统计宣传，用好传统宣传路径，用活新媒体宣传渠道，在泰安电视台推出《统计之窗》《数海风采》专题栏目20期，发布"两微一端"（泰安统计微信、微博、今日头条客户端）工作信息200条。完成社情民意调查12项，完成样本2.4万个。

【基层基础建设】 ①巩固提升全市统计基层基础建设成果。严格考核评议各县（市、区）"双基"建设成果，持续推动完善统计基层基础工作体系，保持走在全省前列。②开展市级基层统计人才培育工程选拔工作。联合市委组织部、市人社局、财政局，开展全市基层统计人才培育工程选拔工作，18名乡镇统计工作人员入选首批市级基层统计人才培育工程，享受政府津贴标准每人每月600元，各县（市、区）也开展县级基层统计人才培育工程。③强化"一套表"调查单位应统尽统。市政府办公室印发《关于建立"准四上"企业储备库的通知》，建立全市"准四上"企业储备库，编印《入统指南》，发动基层统计人员按照"准四上"企业名单逐一入户核实，引导达标企业及时升规纳统。印发《关于进一步加强一套表调查单位审核确认工作的通知》，对新入库单位进行现场核实，组织开展数据质量全面核查，对核查中暴露的问题及发现的薄弱环节进行针对性整改，确保入库纳统工作质量。全年泰安市"四上"企业纳统净增数居全省第3位。开展投资项目集中梳理和纳统行动，建立全市固定资产投资联席会议制度，建立投资项目动态监测库，实施核查通报制度，对符合条件但没有纳统的项目，通报当地党委政府和项目单位，形成推动投资项目主动及时纳统长效机制，为客观全面反映全市经济发展成果打下坚实基础。④规范部门统计。加强部门统计调查管理，严格审批部门统计调查项目，指导部门依法开展统计调查，加强统计质量控制管理，对各有关部门执行国家统计政令、国家统计标准和统计调查制度的情况进行全面排查，发现并及时纠正存在的问题，推进部门数据共享，部门统计工作水平和数据质量不断提高。 （孙珺富）

统计调查

【概况】 国家统计局泰安调查队（以下简称泰安调查队），成立于2006年，为正处级单位，直属于国家统计局，由国家统计局山东调查总队授权管理。单位内设办公室、综合科、农业调查科、住户调查科、价格调查科、专项调查科等6个科室，既是政府统计调查机构，也是统计执法机构，依法独立行使统计调查、统计监督的职权，独立向国家统计局和山东调查总队上报调查结果，并对上报的调查资料的真实性负责。2019年，泰安调查队开展统计调查40次，所撰写调研分析被市"两办"采用14篇，省办采用1篇，《中国信息报》采用2篇，《泰安日报》《泰安晚报》采用6篇。创新泰安调查队基层基础工作网格化责任单元建设，在全省统计调查系统内推广，所撰写工作报告《国家统计局泰安调查队关于基层基础工作网格化责任单元建设情况的报告》被山东调查总队党组成员、副总队长张杰业批示。1人获得首届"市直机关最美职工"提名奖，1人获得泰安市"最美退役军人"表彰，2人分别获得"市直机关优秀党务工作者”“市直机关优秀共产党员”称号。单位连年被评为“省级文明单位”。

【常规调查】①农作物对地调查。坚持规范带动，提升农作物对地调查基层基础水平。分县施策，开展培训8次；开展“实割实测党员争先”活动，带头压实农业调查基层基础责任；制定《泰安农作物对地调查实割实测工作办法》《泰安农作物对地调查报表管理规范》，全面规范实割实测工作流程和报表存档要求，防范数据风险。②畜禽监测调查。创新培训形式，鼓励有条件的县级统计部门采用直接入户调查的方式，确保拿到更为准确的一手资料；创新告知书内容，提高养殖户重视程度和工作配合度；尝试“互联网+畜禽调研”，有针对性地了解情况，完善信息共享平台。③城乡住户一体化调查。坚持直接入户调查，记账户培训全覆盖，集中培训与“一对一”培训相结合；建立电子记账定期通报制度，采取“感情投入、节日走访、入户回访、评先树优”等措施调动辅助调查员和记账户积极性；泰山区电子记账户比例为76.7%，其中国点68.6%；泰山区国点“E调查”使用率达100%。④劳动力调查。优化辅助调查员年龄结构；建立“事前宣传、事中督导、事后核查”调查程序，强化跟访力度，开展追踪性回访、重点回访。⑤采购经理调查。秉行四字核查方针，提升采购经理指数准确性。自查要求“严”，核查范围“广”，核查内容“细”，整改突出“实”。⑥住宅销售价格调查。探索建立部门联动协同机制，网签备案数据提供时效性取得突破；联合下发通知，企业问卷调研工作实现制度化、规范化。

【提高调研分析水平】立足常规调查和约稿调查任务，重视分析的深度和速度，提高为决策服务的影响力、时效性。撰写调研分析36篇，国家统计局山东调查总队采用17篇，市“两办”采用14篇，省办采用1篇，《中国信息报》采用2篇，《泰安日报》《泰安晚报》采用6篇。在《泰安日报》发表署名文章，在“泰安文明网”发表工作动态13篇，国家统计局山东调查总队采用经验交流12篇，8篇政务信息被国家统计局采用。

【强化依法调查】坚持防范和惩治统计造假弄虚作假，推进业务规范化建设。开展统计造假专项整治活动，明确具体工作措施23项，完成16项，7项长期措施按照工作部署稳步推进。强化数据质量检查核查，对3家企业开展执法检查，对2家企业发放催报通知书。开展网格化责任单元建设，以六大业务体系为经，以调查层级为纬，打造具有泰安队自身特色的基层基础工作网格化责任单元体系。撰写的汇报材料得到总队党组成员、副总队长张杰业批示，在总队基层基础建设和调查项目管理工作会议上作典型发言。以“国家安全教育日”“统计开放日”等重要时点为契机，面向社会公众做好普法宣传。先后分7批次对3支调查队的全体工作人员和辅助调查员计160人组织开展专题培训。（金延臻）

审　计

【概况】年末，有市、县（市、区）审计机关7个，审计工作人员210人。全年审计机关审计项目296个，查出违规问题金额1.14亿元，促进增收节支3576万元，移送司法机关、纪检监察机关和有关部门处理事项19件。市审计局继续保持“省级文明单位”称号，4个县（市、区）审计局成功创建或保持“省级文明单位”，肥城市、宁阳县审计局获“全省审计系统先进集体”称号，2人获“全省审计系统先进个人”称号。

【政策落实跟踪审计】开展全市国有企业发展质量审计调查，完成“一次办好”和减税降费政策落实情况跟踪审计，对保障性安居工程、清理拖欠中小企业账款、泰山区域山水林田湖草生态修复工程和加快“十强”产业发展政策落实情况进行审计调查，对农村商业银行支持实体经济情况进行审计调查，完成市领导临时交办的审计调查项目6个。

【预算执行审计】坚持全市预算执行审计“一盘棋”，推进预算执行审计监督全覆盖。审计预算执行部门单位103个，重点关注财政资金的安全和使用效益，揭示财政资金在管理、分配、使用等方面存在的突出问题，提出改进建议。发挥大数据审计优势，审计查出7个方面、32项问题，涉及资金4.32亿元。审计工作报告和结果报告得到同级人大、政府的肯定和好评。

【经济责任审计】联合市委组织部召开市管领导干部经济责任审计集中进点部署会，推行“1+N”经济责任审计模式（以经济责任审计为依托，结合其他审计项目同步开展，实现一审多果，一果多用），提高审计成效。对186名领导干部开展经济责任审计，其中任中审计

65人，离任审计121人。干部监督作用更加突出，得到省、市组织部门肯定。上报的审计结果报告得到市委主要领导批示，加快推动审计整改工作。

【民生项目资金审计】 全市落实惠农补贴资金疑点1.85万条，查出违规申报、虚报冒领、超标准超范围发放惠农补贴资金等违法违规问题金额89.12万元。推动2018年扶贫审计发现问题整改，推动市、县两级政府制定规章制度20项，向纪检监察部门移送案件线索5起，处理直接责任人10人。

【政府投资审计】 按照“三个转变”（从数量规模向质量效益转变、从单一工程造价审计向全面投资审计转变、从传统投资审计向现代投资审计转变）要求，拓展审计内容，摸清工程建设资金规模，重点关注财政资金拨付、管理使用情况，剖析项目资金使用、项目建设效益、效果发挥等方面存在的问题，促进建设单位和有关部门加强管理。完成市特殊教育中心、市残疾人康复中心竣工决算和援疆项目审计，对擂鼓石大街改造工程、桃花源路建设项目进行跟踪审计。

【内部审计】 市、县审计机关加强对内部审计工作的指导，推动内审工作全面发展。年末，全市有内审机构208个，内审人员444人，完成审计项目1095个，提出意见建议被采纳558条，促进增收节支4.27亿元。 （杨　宁）

海　关

【概况】 2019年，泰安海关审结进出口报关单1.84万票，监管货运量180.3万吨、货值73.9亿元，监管跨境电商进口商品清单344份；税收入库3.4亿元；检验检疫出入境货物7437批、货值19.5亿元；完成出入境人员体检1.2万人次、预防接种8275人次，检出输入性疟疾2例、艾滋病2例、丙肝3例。继续保持“省级文明单位”“省级青年文明号”称号。

【思想政治建设】 清醒认知和准确把握海关作为政治机关的本质属性，党委班子带头旗帜鲜明讲政治，增强“四个意识”，坚定“四个自信”，自觉把抓好海关中心工作作为落实“两个维护”的具体行动。推进“不忘初心　牢记使命”主题教育，党委班子成员讲授专题党课4次，形成调研成果11篇，检视整改问题54个。组织建设不断强化，实现“支部建在科上”“品牌亮在科上”全覆盖。

11月28日，新泰陆港跨境电商海关监管仓库揭牌运营 （张　成　供）

【提升监管效能】 深化综合治税，坚持依法征管、应收尽收，追缴企业欠税1起，征收关税和进口环节增值税3.4亿元，增长26.2%。强化后续监管，全年开展稽查、核查作业54起，追补税款21.2万元。加强企业信用管理，对9家企业开展重新认证，下调7家企业信用等级。部署开展“国门利剑2019”联合专项行动，检查发现擅自抵押进口减免税设备等违规案件2起，行政处罚90.7万元。

【检验监管】 加强对进口医疗器械、旧机电产品等重点敏感商品的检验监管，退运或返工不合格进口工业品30批，货值903.5万元。强化出口危化品及包装生产企业监管，检验危险品包装1987批、196万件，检出不合格批次22批。开展进出口商品质量安全风险监测，抽查检验完成率达100%。

【检疫监管】 加强非洲猪瘟全链条防控，全面开展调研排查，强化现场监管。开展进出口食品农产品安全监控，监控动物源性样品等92个、检测项目656项次，合格率达100%。完成进出境食品农产品检验检疫5409批、11.3万吨。提升传染病检测能力，严防重大烈性传染病

2019年泰安市进出口情况

表3

指　标	进出口		出　口		进　口	
	总值（亿元）	同比（±%）	总值（亿元）	同比（±%）	总值（亿元）	同比（±%）
进出口总值	169.8	7.8	132.2	6.4	37.6	13.1
其中：一般贸易	157.0	7.1	122.3	5.6	34.7	13.0
来料加工贸易	1.4	141.0	1.1	207.5	0.3	48.7
进料加工贸易	7.3	−15.7	5.9	−18.4	1.4	−1.4
其中：对美国贸易	27.8	−17.8	26.0	−17.1	1.8	−27.0
对欧盟贸易	24.9	1.9	21.0	2.7	3.9	−2.0
对东盟贸易	21.3	11.9	13.0	0.4	8.3	36.2
对日本贸易	12.5	2.4	9.5	3.0	3.0	0.5
对中东贸易	12.2	35.4	11.6	37.4	0.6	5.1
对澳大利亚贸易	11.4	2.3	4.2	3.8	7.2	1.4
对非洲贸易	10.9	39.4	8.7	43.7	2.2	24.6
其中：民营企业	121.5	7.4	102.8	9.9	18.7	−4.4
国有企业	31.7	4.5	18.5	−5.8	13.2	23.5
外商投资企业	16.6	17.7	11.0	−1.9	5.6	93.3

传入传出，完成体检1.2万人次、预防接种8275人次，检出输入性疟疾2例、艾滋病2例、丙肝3例。

【优化营商环境】 全力支持新业态发展，助推新泰陆港跨境电商海关监管仓库设立、运营。保持压缩整体通关时间定力，持续优化流程、提高效率，进口、出口整体通关时间分别为4.1小时、1.9小时，均居济南关区前列。深化“放管服”改革，严格落实减税降费政策，为辖区外贸企业减征增值税7075.6万元。严格涉企保证金管理，在风险可控的前提下为企业免征加工贸易保证金1140万元，减轻企业资金负担。国际贸易“单一窗口”主要申报业务覆盖率保持100%。

【释放政策红利】 加强企业信用培育，开展一对一认证培育13次，引导企业提升管理质效、提高认证层级。推行原产地证书自助打印，为6850批、22.1亿元货物签发自贸区优惠原产地证书，帮助企业享受进口国关税减免1.1亿元。优化加工贸易管理，助力辖区企业承接产业转移，办理加工贸易手册251本，增长11.1%。支持辖区企业技术改造和高等院校科学研究，审批征免税证明128份，审批减免税额3780.4万元。聚焦支持重点行业、重点项目发展，开展税政研究，提报税则调研报告10项，其中提高玻璃纤维制品出口退税率等5项被国务院关税税则委员会采用并正式实施。加强技术指导，引导企业按照国际标准建设种养殖基地和加工生产线，助力辖区企业实现冷冻禽肉出口朝鲜、有机茶出口美国的突破。

（张　成）

编辑　校对　　刘　凯

农业·水利

农业综述

【概况】 2019年，全市农业增加值204亿元，按可比价计算，增长3.5%；农村居民人均可支配收入18621元，增长9.8%。全年粮食播种面积557.2万亩，总产252.3万吨。市农业农村局继续保持“省级文明单位”称号。

【产业融合发展】 ①创新“农业+加工、农业+旅游”等融合发展模式。打造农业全产业链，推动农业由“卖原料”向“卖产品”“卖风景”转变，提升产业园建设水平。年末，全市国家级产业园1个、省级3个，园区总面积71万亩。②推进工商资本下乡。发挥泰山旅游文化影响力，注重把资源优势转化为发展优势，全年引进农业项目81个，总投资385亿元。其中，投资50亿元的众客食品产业园、投资22亿元的文旅莲花山景区、投资50亿元的鲁商客天下国际生态旅游度假区等项目落地建设。③做大做强农业龙头企业。全市规模以上龙头企业新增10家，总数325家，其中国家级4家、省级42家，年销售收入超过440亿元。规范发展新型经营主体，市级以上合作社示范社723家，家庭农场示范场195家；合作社和家庭农场总数分别达9112家、5059家。

【优化产业结构】 提升粮食综合产能，确保粮食安全。全市粮食播种面积557.2万亩，增长1.3%。亩产452.8千克，增长0.9%，总产252.3万吨，增长2.2%。开展全市粮食生产“十统一”〔统一机收、统一秸秆还田、统一深耕（松）、统一旋耕、统一供种、统一播种、统一施肥、统一镇压、统一病虫防治、统一保险〕社会化服务工作，重点抓好统一供种、统一病虫防治、统一保险等关键环节，顺利完成全年服务面积100万亩的目标任务。良种普及率98%以上，保险参保率80%，机收、机播、秸秆还田率100%。推动特色农业发展，培植泰山茶、肥城桃、泰山板栗等10个产值过10亿元的优势特色产业，10个产业总面积84万亩，总产值147亿元。其中，泰山茶种植面积5万亩，产值8.6亿元，位列全省第三；泰山板栗种植面积32万亩，年产量3万吨，产值18.96亿元。产品出口到美国、俄罗斯、以色列、日本等30多个国家和地区，年出口创汇3500万美元。

【质量品牌引领】 推进“省级农产品质量安全市”整建制创建，打造一批省级、市级农业标准化基地，全市市级以上农业标准化基地总

8月31日，省委副书记杨东奇（前排左二）到新泰市西张庄镇白沙片区考察光伏农光互补项目 （李新民 供）

数94个，其中省级76个。全市省级农产品质量安全监管示范乡镇7个，市级以上农产品抽检合格率均在98.5%以上。开展区域公用品牌、企业产品品牌“双牌”同创。完成泰安农产品区域公用品牌整体形象策划设计，组织开展第二批市级农产品品牌评选，创建国家级和省级知名农产品品牌。市级以上知名农产品品牌66个，其中国家级2个、省级26个。“泰山茶”区域公用品牌标识正式投入使用，22家茶企获准使用“泰山茶”区域公用品牌。提升泰山茶与泰山旅游融合发展水平，在两次中国国际茶博会上均获得国内外客商好评，品牌价值度不断提高。

【农村改革创新】 全市96.6%的村（居）基本完成改革任务并成立集体经济组织，共量化资产127.2亿元，确认集体成员398.9万人，120个村实现分红，发放股金1500万元，增加农民财产性收入。结合扫黑除恶专项斗争，安排部署农村集体“三资”（资金、资产、资源）清理行动。全市1902个村开展“三资”清理工作，收回账款1.02亿元。坚持农村土地“三权”（所有权、承包权、经营权）分置，发展多种形式适度规模经营。全市土地流转面积185万亩，流转率45%，高于全省平均水平。成立各类土地股份合作社176个，实现村均集体增收5万元以上。推进农业社会化服务组织提档升级，构建新型农业经营体系。全市农业生产性服务组织6189个，从业人数13万人。

【农田设施建设】 建设集中连片、旱涝保收、稳产高产、生态友好的高标准农田，全市组织实施各类高标准农田建设项目406个，建成高标准农田295万亩，总投资38.9亿元。开展田园综合体省级试点工作，新泰市泰山百合·和园田园综合体、新农创24集·泰山天泽现代农业产业园田园综合体等3个田园综合体，获2019年省级田园综合体创建资格。推进信息进村入户工程，培植一批高标准、高质量益农信息社建设样板，全市建成益农信息社1000个，农民群众享受公益服务、便民服务、电子商务和培训体验服务不出村。开展化肥农药减量增效行动，推进农作物秸秆多渠道综合利用。全市农药利用率提高至40%，测土配方施肥完成620万亩，新增水肥一体化面积9万亩，总面积34万亩，秸秆利用率90%，农膜回收率84%。推广绿色控害新技术，新建绿色防控示范区5个，推广示范技术16项，带动全市病虫害绿色防控面积363.4万亩，减少化学农药制剂使用量140.27吨。

【人才科技支撑】 加强科技示范服务载体建设，全市建立长期、稳定的农业科技试验示范基地29处，重点示范展示农业重大品种、关键技术和种植模式等，培育农业科技示范主体2000名。推进农业科技下乡，全年科技人员下乡1658人次，培训人数5.7万人，服务新型农业经营主体3076个，服务指导面积379万亩次，有效带动农业优质绿色高效技术模式的推广普及。实施科技项目带动，评选产生2019年度市级农牧渔业丰收奖17项；获市科学技术进步奖2项、市青年科技创新奖1项；获省农牧渔业丰收奖4项。

（李新民）

种植业

【概况】 全市农业增加值204亿元，按可比价计算，增长3.5%。全年粮食作物播种面积557.2万亩，总产252.3万吨，亩产452.8千克；油料作物面积69.5万亩，总产19万吨，亩产273.4千克；棉花面积5.7万亩，总产0.5万吨，亩产84.7千克；烟叶面积28亩，总产5吨，亩产179.7千克；药材类面积4.3万亩；蔬菜及食用菌面积154.2万亩，总产574.5万吨，亩产3725.4千克；瓜果类面积2.5万亩，总产7.8万吨，亩产3058.7千克；其他作物10.5万亩。

【粮食生产】 全年粮食播种面积557.2万亩，总产252.3万吨，亩产452.8千克。其中，夏粮收获面积249.0万亩，亩产448.85千克，总产111.8万吨；秋粮收获面积308.2万亩，亩产455.93千克，总产140.5万吨。

【植物检疫】 ①做好植物检疫宣传培训。在全市范围内通过电视、电台、报纸、网络等媒介宣传检疫法规，召开座谈会3期，设立现场咨询点6个，现场咨询人数450人次，发放宣传资料6000份。②搞好检疫性有害生物和重大植物疫情的调查防控。先后开展梨枯梢病菌、柑橘小实蝇、玉米褪绿斑驳病毒和李痘病毒、扶桑绵粉蚧、瓜类果斑病和黄瓜绿斑驳花叶病毒病等疫情普查。开展阻截带疫情监测，记录监测。③严格产地检疫和调运检疫。对小麦、黄瓜等制种田进行产地检疫，签发产地检疫合格证291份，产地

2019年泰安市粮棉油菜生产情况

表4　　　　单位：万亩、千克/亩、吨

名　称	粮　食			棉　花			花　生			蔬菜及食用菌		
	面　积	单　产	总　产	面　积	单　产	总　产	面　积	单　产	总　产	面　积	单　产	总　产
合　计	557.17	452.8	2522676	5.7835	84.7	4896.5	68.74	274.7	188830	154.22	3725.4	5745254
泰山区	5.3	468.2	24827	—	—	—	0.001	300	3	0.45	2053.8	9151
岱岳区	91.44	482.6	441352	0.4460	73.0	325.7	3.22	217.8	7015	31.09	3354.7	1042926
高新区	—	—	—	0.0062	17.7	1.1	6.96	181.4	12623	27.07	3995.5	1081526
泰山景区	—	—	—	0.0017	31.8	0.5	0.36	113.2	407	0.76	1243.8	9428
新泰市	78.23	477.7	373727	0.2287	109.4	250.2	29.45	277.8	81832	25.41	4006.1	1018163
肥城市	105.91	452.4	479171	1.2900	78.8	1016.5	3.24	246.2	7976	30.28	3719.6	1126445
宁阳县	126.88	459.8	583443	0.1274	90.4	115.2	19.96	314.9	62863	23.11	3823.0	883491
东平县	149.39	415.1	620156	3.6835	86.5	3187.3	5.55	290.0	16111	16.05	3577.1	574124

说明：文中粮食数据均为国家统计局山东调查总队公布数字，合计数包含泰安高新区、泰山景区　　（李新民）

检疫面积11.5万亩；签发植物检疫证书453份。

【病虫害防治】　全年病虫草害发生2805.29万亩次，比上年减少207.65万亩次；防治2675.77万亩次，减少195.97万亩次，防治面积占发生面积的95.38%。其中，病害发生642.22万亩次，比上年减少208.68万亩次；虫害发生1471.11万亩次，比上年减少3.80万亩次；杂草发生657.96万亩次，比上年增加4.63万亩次；飞蝗发生19万亩次；农田鼠害发生15万亩次。通过防治，全市挽回粮食损失35.79万吨、棉花744.51吨、油料2.75万吨、水果7.64万吨、蔬菜124.22万吨。①加强病虫草害监测预警。贯彻落实《泰安市农业有害生物监测预警办法》，完善县级有害生物监测预警与控制区域站和乡村基层测报点相结合的监测预警网络，提升农业有害生物监测预警能力。年内，全市植保科技人员田间调查376次，采集病虫害发生数据2000条，上报病虫信息744条，模式电报87次，病虫情报55期，电视预报3期。②做好重大病虫防控工作。对小麦条锈病、黄化叶病毒病、赤霉病、东亚飞蝗等对农作物产量影响极大的重大病虫，及早部署防控工作。先后印发《泰安市2019年植保工作意见》《2019年泰安市春季麦田病虫草害综合防治技术意见》《泰安市2019年小麦穗期病虫害综合防治意见》《泰安市2019夏玉米苗期病虫草害综合防治技术意见》等各类病虫草防控技术意见18次。发放病虫害防治“明白纸”21次，印发1.45万张；举办各类培训班16期，培训2550人，现场技术指导59次。③开展专业化统防统治。全市病虫害统防统治面积358.97万亩次，其中全程承包9.8万亩。使用大中型植保器械3617台，其中无人机385台，共计完成小麦统防统治面积233.67万亩次，其中飞防面积150.35万亩。④绿色控害及农药减量技术推广。新建绿色防控示范区5个，总数20个，示范技术16项。带动全市病虫绿色防控面积363.38万亩，其中生物防治面积263.17万亩、物理防治面积100.21万亩。全市化学农药制剂使用量由上年的3938.95吨减少为3798.68吨，减少用量140.27吨。

茶与蔬菜产业

【概况】　全市茶园总面积5万亩，年销售干茶1510吨。泰山茶种植加工企业70家，其中获得SC食品生产许可49家，22家茶企授权使用“泰山茶”区域公用品牌。蔬菜产业围绕提升蔬菜品质和保障蔬菜质量安全，推广蔬菜安全高效生产技术，呈现良好发展态势。全市蔬菜面积稳定在200万亩左右、总产在800万吨左右。常年种植的品种有叶菜类、瓜类、茄果类、根茎类、葱蒜类、豆类、水生菜类等12大类30个主导品种。

【茶产业发展】 全市种茶地区涉及20个乡镇50个村，集中连片面积200亩以上的茶园22个，形成以泰山、徂徕山周围为主产区，逐渐向周边泰山区、泰山景区、岱岳区、新泰市、肥城市等扩展的态势。全市无性系良种茶园面积约1.2万亩，无性系良种率达30%以上，高于全省平均水平。逐步引进推广福鼎大白、安吉白茶、中茶108、黄金芽、金萱等良种，提高茶产品产量、品质和产值。与山东农业大学、泰山林科院等科研院所联合攻关，开发出泰山红茶、泰山黄茶、泰山乌龙茶、银针茶等产品，茶叶外观形状也由原来单一的卷曲形发展为卷曲形、扁条形、针形、颗粒形等多种产品。泰山茶产品种类呈现出“春绿茶，夏红茶，秋冬乌龙茶”的局面。经济效益显著，种植泰山茶每亩净收益在1.1万元左右，丰产期可长达40年以上。至年底，全市年产能力5000千克以上干茶的企业（合作社）20家，泰山茶产业直接从业人员1.8万人，带动就业20万人。

【蔬菜生产】 全市蔬菜种植相对集中在新泰市、肥城市、宁阳县、高新区等县（市、区）、功能区，相继出现房村镇、良庄镇、华丰镇、楼德镇等以蔬菜生产为主的特色小镇，为当地经济发展起到辐射带动作用。新优技术全面推广，种植科技含量增强，推广改进钢骨架节能日光温室、钢架无立柱结构大拱棚等建造技术，提升设施装备水平和光能利用率。推广“春提早、秋延后”反季节生产模式，普及立体吊蔓、基质栽培等生产技术，膜下暗灌、喷灌滴灌等现代肥水一体管理技术，太阳能杀虫灯等生物物理病虫害防治技术，引进推广高产、抗病、耐低温、适宜设施栽培和露地生产新优品种50个，提升蔬菜种植科技含量。推动蔬菜产业规模化、标准化、品牌化、产业化发展，通过强化蔬菜产业链，培育蔬菜龙头企业，打造“泰山西红柿”“泰绿瓜菜”等一系列名牌产品。以蔬菜标准园建设引领产业提档升级，实行“公司＋基地＋农户”“合作社＋基地＋农户”等产业化经营模式，围绕有规模、有品牌、有竞争力的生产需求，提升全市蔬菜产业品牌的知名度和市场竞争力。 （李新民）

林业产业

【概况】 全市新发展特色经济林基地4.6万亩，总面积170多万亩，经济林果品总产量100万吨；新增苗木花卉8000亩，总面积43.3万亩，面积规模继续保持全省领先；新发展中药材4000亩，总面积3.8万亩，其中泰山“四大名药”（何首乌、四叶参、黄精、紫草）总面积3500亩；新发展林下经济3万亩，总面积33万亩。培植壮大林业龙头企业，新增国家级龙头企业1家、省级3家；全市林业龙头企业总数420家，其中国家级2家、省级36家、市级146家。经济林标准化生产示范园235处，其中国家级核桃示范基地2处、省级标准化示范园29处、全省十佳旅游观光果园10处。“齐鲁放心果品”品牌23个，“三品”（无公害农产品、绿色食品、有机农产品）认证面积85万亩。做好2019北京世界园艺博览会的参展工作，全市先后送达展品104件次。10月16—18日，举办第十五届泰山苗木花卉交易会。10月，东岳国际花木城入选“中国商品市场综合百强”。10月22日，在省委、省政府召开的全省果业发展现场会上，副市长张红旗代表泰安市政府作典型发言。岱岳区被授予“中国林业产业突出贡献奖”。新泰惠美农牧发展有限公司被评为“国家林下经济示范基地”。泰山板栗获“世园会金奖”，东平核桃继肥城桃、泰山板栗之后获“山东省知名农产品区域公用品牌”。在第十六届中国林产品交易会上，泰安市参展林产品获金奖48个、银奖14个，金奖总数连续7年全省第一。

【经济林生产】 围绕实施乡村振兴战略、新旧动能转换重大工程和农业十大优势产业培植，加快推进《泰安市特色经济林产业振兴计划》《泰安市苗木花卉产业振兴计划》《泰安市中药材产业振兴计划》和《泰安市现代高效农业专项规划（2018—2022年）》的实施。突出抓好大樱桃、核桃、板栗、肥城桃、苗木花卉等优势产业，对山区坡耕地、丘陵薄地等不宜耕种土地，实施退耕还果还林。新发展特色经济林基地4.6万亩，经济林果品总产量100万吨。

【食用林产品质量安全监管】 年初，印发《2019年“守护舌尖安全”食用林产品专项行动实施方案》《关于进一步加强食用林产品质量安全监管工作的通知》《2019年食用林产品质量安全监督抽检实施方案》等文件，从有效监管抓起，从源头上消除安全隐患，确保食用林产品质量安全。做好食用林产品质量安全监督抽检和风险监测工作，年内完成省、市计划检测739批次，其中省级监督抽检305批次、风险监测305批次、“齐鲁放心果品”抽检9批次、市级监督抽检120批次，抽检合格率100%。

【林业扶贫】 全市核实经济林扶贫面积2.99万亩，占省下达任务的149.5%；经济林帮扶贫困人口8512人，占省下达任务的106.4%；生态岗位帮扶带动贫困人口77人，占省下达任务的110%。选派1名核桃专家到重庆巫溪县开展东西扶贫协作，签订《林业科技合作框架协议》；12月，带领专家团队到巫溪县考察指导，并帮助制定林果产业发展规划。（石亚男）

渔业

【概况】 2019年，全市渔业增养殖面积37.7万亩，水产品产量8.4万吨，产值18.2亿元。主要养殖鱼类品种有青鱼、草鱼、鲢鱼、鳙鱼、鲤鱼、鲫鱼、泰山螭霖鱼、乌鳢、罗非鱼等，甲壳类有青虾、克氏原螯虾、中华绒螯蟹等。

【《泰安市养殖水域滩涂规划（2017—2030）》】 在对全市水域滩涂自然条件和生物资源状况进行调查并收集大量资料的基础上，对水域滩涂资源禀赋和环境承载力进行科学评价，根据发展与保护并重的原则，编制完成《泰安市养殖水域滩涂规划（2017—2030）》（以下简称《规划》）。《规划》明确养殖水域滩涂功能区域范围，科学划定禁止养殖区、限制养殖区和养殖区，保障水域滩涂生态环境，设定发展生态红线，稳定基本养殖面积，保障渔民合法权益。《规划》的编制对转变渔业发展方式，调整产业结构，推广生态健康养殖模式，确保水产品质量安全，推动水产养殖提质增效、减量增收、绿色发展具有重要意义。

【渔业资源养护】 制定渔业资源增殖放流实施方案，严格放流工作程序，强化监督管理，加强资源管控，2019年共向东平湖、泰山螭霖鱼保护区、黄前水库、东周水库、光明水库等水域放流优质水产苗种381万尾，完成放流任务。增加东平湖、泰山螭霖鱼保护区等水域渔业资源量，进一步恢复和改善水生态环境。

【水产品质量安全】 制定全市水产品质量安全专项整治方案、“不忘初心，牢记使命”主题教育水产品质量安全专项整治方案、水产品质量监督抽检方案、风险监测方案，根据农业农村部抽检计划要求，更新水产品质量安全监督抽查生产单位数据库，全市39家水产养殖生产单位（个人）纳入部级专项监督抽查数据库。完成年度抽检任务，产地水产品监督抽检合格率100%。重点对违禁渔药、渔用饲料和非法添加进行专项治理，规范渔用投入品使用行为。

【渔业安全生产】 加强对渔业安全生产工作的监督管理，印发《2019年度渔业安全生产监管工作计划》等文件，开展“安全生产月”、“打非治违”专项检查、中华人民共和国成立70周年安全生产专项整治等系列活动，加强执法检查和风险隐患排查，防范和遏制渔业生产重特大事故发生，确保安全生产形势持续稳定。

【渔业技术推广】 以“提质增效、减量增收、绿色发展、富裕渔民”发展理念为引领，开展规范用药和用药减量行动；以“走进渔村、关爱渔民、关心渔业”为主题，开展水产养殖规范用药科普下乡系列宣传活动，深入养殖基地进行技术指导，服务渔民1340人次，发放宣传资料2510份（册），技术专家现场解答健康养殖、优良品种选育、疫病防控等知识。东平县通过“藕虾混养”“鱼虾混养”新模式，培育发展新湖镇小龙虾生态养殖，养殖面积达6000亩，效益3000元～5000元/亩，产品运销至济南、江苏等小龙虾消费、加工集聚区。

（牛宏伟）

畜牧业

【概况】 2019年，市畜牧兽医事业服务中心设畜牧生产科、动物卫生科、兽药饲料科、畜产品安全科等8个科室，辖市动物疫病预防控制中心（副县级）和市动物卫生监督所（正科级）两个全额事业单位，其中核定参公编制32个，市动物疫病预防控制中心事业编制10个，市动物卫生监督所事业编制12个。年内，全市牛、羊、猪、禽存栏量分别达12.6万头、86.5万只、98.3万头和3698.8万羽，分别增长−15.6%、−8.6%、0.7%和39%；出栏量分别为9.9万头、147.6万只、218.6万头和13345.4万羽，分别增长−38.9%、−19.8%、−15.9%和34.6%；肉、蛋、奶总产量76.7万吨，下降13.5%。泰安肉鸭立体养殖模式和泰安市首创的牛奶价格指数保险在全省范围内推广。市畜牧兽医事业服务中心获省畜牧兽医局组织的省“技能兴鲁”职业技能大赛优秀组织奖；继续保持“省级文明单位”称号。

【畜牧产业化】 推进"一区一场"建设，促进畜牧业转方式、调结构，增创发展新优势，打造岱岳区、宁阳县为山东省现代畜牧业示范区。全市市级产业化重点畜牧龙头企业101家、省级12家、国家级2家。畜牧合作社1050家，其中国家级示范社8家、省级27家、市级61家。益客产业园、新泰惠美农生态循环、东平汉世伟循环农业产业园、宁阳温氏产业园、天信农牧肉鸭养殖产业园等园区初具规模。

【优势产业】 结合全市乡村振兴重点任务目标，重点打造生态奶业和优质肉鸭项目，并将其列为全市10个产值过10亿元的优势产业项目。全年生态奶业实现产值38.8亿元，完成全年任务的127.1%；优质肉鸭实现产值32.45亿元，完成全年任务的184.4%。

【对上争取和招商引资】 2019年，争取中央资金到位计10351万元。其中，中央粮改饲项目资金计3480万元，继续保持全市全覆盖；中央动物防疫补助资金1377万元；生猪调出大县1136万元；新泰市畜禽粪污利用项目2432万元；其他各类补助1426万元。全年策划新建项目17个，争取到位资金11亿元。

【重大动物疫病防控】 顺利完成春秋两季重大动物疫病强制免疫工作，应免畜禽免疫密度均达100%，免疫牲畜挂标率100%，抗体检测水平全部达到国家标准，全年未发生非洲猪瘟等重大动物疫病。

【畜禽养殖废弃物资源化利用】 集中推进惠美农牧公司等种养结合模式、澳亚现代牧场达标排放模式、泰安达沃斯20万吨生物菌肥、泰安锦利源肥业等10万吨级的有机肥加工等集中处理模式。全市畜禽粪污综合利用率94.27%，规模养殖场（小区）粪污处理设施配建率99.3%。

【畜产品安全】 加大禽蛋质量安全监督抽检力度，配合农业农村部和省畜牧兽医局完成畜产品质量安全监测工作事项，完成省畜牧兽医局下发的两次畜产品质量安全抽检679批次。在肥城成立健康肉供应链发展联盟，打造全省首个完整的闭环运作模式。全市无公害企业认证新增9家，总数162家。

【饲料和兽药】 全市有饲料生产企业92家，备案生产许可证102个，饲料总产量240万吨，产值47亿元。全市14家兽药生产企业、141家经营企业全部完成赋码、网上注册及数据上传工作，实现"信息数据化、监管实时化、服务网络化"。

【无疫区建设和村级防疫员改革】 泰安全境属于无疫区，东平县作为与外省毗邻县域，是省内30个保护区之一。7月，印发《泰安市免疫无口蹄疫区和无高致病性禽流感区建设方案》，各县（市、区）、功能区全面铺开建设。动物疫病免疫抗体水平检测实现全覆盖，除泰山区委托第三方检测外，其余县（市、区）均完成实验室建设，并投入使用。全市规划建设标准化运输车辆清洗消毒中心9个。10月，印发《泰安市村级动物防疫员改革工作实施意见的通知》，全面推开基层防疫员改革，防疫员经费除省级以上财政切块下拨的基层动物防疫员工作补助经费外，差额部分由市、县分摊。

（谷国安）

农业机械化

【概况】 市农业机械发展中心为泰安市政府所属正县级事业单位，编制22人，设产业发展科、安全服务科、科技教育科等5个科室；辖正科级事业单位2个，其中市农业机械技术推广站为全额事业单位、市农业机械开发服务站为自收自支事业单位。2019年，全市农机总动力531万千瓦，拖拉机保有量9.08万台，增长0.98%，谷物联合收割机2.13万台，其中玉米联合收获机8129台。主要农作物耕种收综合机械化率88.59%。落实农机购置补贴资金4824万元，补贴农户4804户。完成深松整地64.4万亩。全市农机合作社新增市级以上示范社20家，总数130家。加强产业招商，推进五大产业项目落地，到位资金5.26亿元。聚焦农机装备产业发展，安排专项资金160万元，在新泰市、东平县实施农机装备转型升级项目。举办"2019泰山国际农机化发展论坛"。11月19日，省农业农村厅发文，将泰山农机展会推动农机化高质量发展、助推乡村振兴的经验做法在全省推广。

【农机科技推广】 承办全省玉米生产关键环节机械化技术现场会，15个市和省直相关部门现场观摩。各县、市结合实际，以玉米分层施肥播种、花生覆膜播种、小型园林机械等为推广重点，组织举办各类演示会、观摩会、培训班50场次。精量小麦播种、水肥一体化智能施肥等新技术广泛推广应用。大型及以上拖拉机2580台，增长11.79%；中型拖拉机2.15万台，增长2.81%；配套机具16.49万台（套），增长1.4%。

9月10日，2019泰山国际农机化发展高峰论坛在泰安举办　（刘含赟　供）

【农机深松整地作业】 新增80马力以上大型拖拉机426台，总数6948台；深松机3022台；新增耕整机425台，总数1.75万台。至年底，全市完成土地深松整地作业64.4万亩，其中作业补助项目24.87万亩，落实补助资金746万元。

【农机科教培训及修配管理】 开展科技下乡活动160次，开办农机化实用技术、新型职业农民、农机手等各类培训班150期，培训1万人次。加强农机维修和质量监管，建立区域性维修中心20个。

【农机安全监理】 开展“农机安全生产月”等活动，全市拖拉机挂牌1200副，农机驾驶人员办证1129个，年检年审拖拉机、联合收割机2556台。全年创建省级“平安农机”示范乡镇2个、市级4个，省级“平安农机”农业经营服务组织4个、市级8个，省级农机安全监理示范岗位标兵2个、市级8个。

【2019泰山国际农机化发展高峰论坛】 9月10日在泰安举办。由泰安市人民政府、山东省农业农村厅主办，泰安市农业机械发展中心承办。采用“市场运作、行政推动、专业办会”的模式，论坛主旨报告部分精选三大议题，邀请中国农业大学、中国农机研究院、日本青贮机械与技术推广机构等权威专家作深度解读。论坛最大限度地整合农机化行业优质资源，邀请行政部门、科研院所、行业协会、农机企业等不同领域500人参加。论坛采取主题报告和现场演示相结合的方式进行，同期举办全省玉米生产关键环节机械化技术现场演示会，与会人员观摩玉米大型收割机、籽粒收获机、青贮机、打捆机、深耕深松机、高效植保机等6大类、60台（套）现代农业机械。　（刘含赟）

农业科研

【概况】 2019年，泰安市农业科学研究院（以下简称市农科院）设小麦、玉米、土壤肥料、植物保护、蔬菜、甘薯、食用菌、生物工程、小杂粮、果茶等专业研究所10个。在职科研人员116人，其中研究员9人、高级农艺师40人，博士17人、硕士33人。享受国务院特殊津贴专家3人，山东省有突出贡献中青年专家2人，泰安市科技最高奖1人，泰安市专业技术拔尖人才11人。拥有国家现代产业技术体系小麦、食用菌和绿肥试验站3个，农业农村部试验资质中心5个，山东省现代产业技术体系小麦、玉米、食用菌和蔬菜专家岗位4个，花生、杂粮、甘薯和茶叶试验站4个，省级创新平台1个和市级工程中心7个。

【对上争取】 2019年，全院新上纵向项目39项，其中国家级8项、省级16项、市级15项；承担各类试验项目90项。全年到账经费1063万元。

【科技成果争取】 全年组织验收评价科技成果8项。组织申报各级成果奖励13项，推荐申报荣誉奖励18人次，其中获奖成果9项、2人次获荣誉奖励。“设施蔬菜优质高效栽培的根区调控技术研究”成果获全国农牧渔业丰收一等奖，系全院首次获得该奖项一等奖，也是全省2019年度唯一获得一等奖的地市级科研单位。“甘薯育种技术创新与泰中系列新品种选育”成果获山东省科技进步三等奖。“小麦抗逆减灾增效技术研究与示范推广”成果获泰安市科技进步一等奖，已连续10年保持获泰安市科技进步一等奖不断线。

【育种工作】 7个农作物新品种通过国家、省品种审定（登记），年度审定（登记）作物种类和品种数量实现新突破。小麦新品种“泰科麦30”通过国家品种审定，小麦新品种“泰科紫麦1号”通过山东省品种审定，2002—2019年通过国

9月25日，市农科院组织科技人员到科技示范基地——泰山茶溪谷开展"科技服务下乡，助力乡村振兴"志愿服务活动　（武晓亮　供）

家、省审定的小麦新品种达13个。2个甘薯新品种"泰薯14"和"泰薯12"以及3个花生新品种"泰育101""泰育103""泰育104"通过国家非主要农作物品种登记。

【知识产权】　获得专利及软件著作权16项。其中，"一种含有环吡氟草酮和砜吡草唑的除草组合物"等3项技术获得国家发明专利，"一种番茄基质栽培开槽回填机"等12项技术获得实用新型专利，"玉米一次性施肥技术控制系统V1.0"获得软件著作权。全年参与制定国家农业行业标准《农药田间药效试验准则第87部分：除草剂防治甘薯田杂草》1项，主持制定《液体菌种制备技术规程第1部分：香菇》等山东省地方标准和农业地方技术规程8项，参与制定9项，主持制定泰安市地方规范、团体标准6项。主编著作2部，参编著作2部，发表学术论文29篇，其中SCI论文1篇。

【科技扶贫】　结合全院科技成果示范基地、乡村振兴服务基地、科技特派员（指导员）服务基地、第一书记服务基地等科技服务平台，选派1人到新泰市禹城镇南泉头村担任"第一书记"；选派2人到重庆市巫溪县开展农业对口支援和扶贫协作；选派2人分别到肥城市桃源镇和岱岳区大汶口镇开展"万名干部下基层"科技服务活动；选派8名科技人员担任省西部隆起带和扶贫开发重点区域科技人员，51名科技人员担任泰安市科技特派员和科技精准扶贫指导员，利用专业特长开展科技精准扶贫，助力乡村产业振兴。

【成果推广】　新建山东康顿、新泰益民康乐等高质量示范基地6个，示范推广该院自主研发的新品种新技术。打造汶口镇高产攻关示范基地，2019年小麦新品种"泰科麦33"在该基地实打亩产805.1千克，成为黄淮麦区北片第一个实打亩产超过800千克的优质强筋小麦。提升联合共建基地示范效应，蔬菜所与中国农科院在肥城示范基地召开"露地大白菜、青花菜化肥农药减施技术"现场观摩会，土肥所联合国家绿肥体系在新泰益民康乐示范基地召开"山东省果园绿肥现场观摩会"，均取得良好示范效果。

【农技培训】　2019年，该院组织科技扶贫指导、培训4000人次，发放技术"明白纸"6000份。依托山东省基层农技人员培训基地平台，承担泰安市基层农技人员培训任务，举办培训班4期，培训全市县、乡两级农技推广人员408人。启动"助力乡村振兴 科技服务（扶贫）"专项活动，组织科研人员到院科技示范基地道朗茶溪谷、院乡村振兴服务队驻点服务对象汶口镇等基地开展科技培训和技术指导。与三棵树家庭农场等农业企业合作申报"农科驿站"，并与合作社、农业企业联合申报泰安市科技特派员项目8项，总经费25万元。1人获山东省科技厅典型科技扶贫事迹通报表彰，3人扶贫事迹入选《山东省科技扶贫在行动典型案例汇编》。

【人才建设】　引进蔬菜和植保学科发展急需的硕士研究生2人。1人获泰安市青年科技创新奖，3人入选泰安市第14批专业技术拔尖人才。　（武晓亮）

水　利

【概况】　2019年，市水利局设水资源科、水土保持科、水利工程建设科等行政科室9个，行政编制32名，年底实有行政人员31人；辖市水旱灾害防御中心、市水利移民服务中心、市河湖管理保护服务中心等全额拨款事业单位15个。年内，该局恢复改善16万亩农田有效灌溉面积，76万人饮水安全状况得到改善提升，完成84平方千米水土流失防治任务，追缴和征收水土保持补偿费3747万元。5月，泰安市成功创建"全国水生态文明城市"。8月，市水利局被省委、省政府表彰为全省抗击台风抢险救灾先进集体。继续保持“省级文明单位”“全国水利系统文明单位”称号。6月，被市委、市政府表扬为2018年度经济社会发展综合考核先进单位，被市委表扬为2018年度全面从严治党考核先进单位。10月，泰安市在全国农村水利建设管理交流研讨会上作典型发言。

【招商引资】 围绕防汛抗旱、水土保持、农村水利、移民管理、水库水闸除险加固等策划五大类19个项目，争取到位省以上无偿资金6.35亿元，到位产业资金1.3亿元，均超目标完成任务。全年下达水利基本建设计划投资23537万元，其中中央政府投资15492万元、省投资4802万元、市县自筹3243万元，涉及10类项目；全年完成投资23537万元，投资计划完成率100%。

【水利工程建设和管理】 制定《泰安市重点水利工程建设实施方案》，推进总投资34.59亿元的中小河流治理、小型水库除险加固、大中型病险水闸除险加固、抗旱调蓄水源工程建设等四大类45个项目，完成投资5.85亿元。推进灾后重点防洪减灾工程建设，按期完成3个水毁工程修复、2座中型水库和143座小型水库除险加固工程，大汶河防洪治理工程顺利推进，实现防洪隐患清零。组织开展小型水库管理体制改革和标准化县建设，开展改革调研，总结改革经验，岱岳区深化小型水库管理体制改革经验被省水利厅宣传推广。按照《水库大坝安全鉴定办法》，组织县（市、区）、功能区完成6座中型水库、17座小型水库大坝和1座水闸安全鉴定，6座中型水库鉴定结论均为二类坝，17座小型水库鉴定为三类坝，列入2020年山东省重点水利建设项目，肥城砖舍拦河闸鉴定为四类闸，报水利部立项加固。完成32座小（2）型水库降等和3座小（2）型水库报废论证审批。迎接水利部、山东省水利厅小水库暗访8次，共暗访水库142座，针对反馈问题进行整改落实，11月，通过省水利厅问题整改复核。

【水利改革】 坚持制度创新、流程再造，提升行业服务监管能力，制定印发《推进政务服务事项流程再造实施方案》，围绕消除痛点、解决难点、打通堵点，对政务服务事项、日常工作进行流程再造，进一步精减材料、合并程序、压缩时限、优化流程，提供“一次办好、贴心代办”保姆式服务，实现水利政务服务提速提质提效，该工作经验被山东省水利厅推广。建立灌溉水利用系数测算分析与量测水设施建设、农业水价综合改革联动机制，完成92万亩农业综合水价改革任务，全市农田灌溉水有效利用系数达0.6624。推进水资源税改革试点，以核查非法取水、核定取用水量、严格取用水管理、督促足额纳税为重点，开展水资源专项督查，强化水资源远程监控能力建设，组织开展非农用水量核定办法评估工作，全年检查取用水单位730家，新增监控终端85个。全市水资源税征收1.1亿元，首次突破亿元大关。

【水旱灾害防御】 全市平均降雨548.4毫米，比常年同期偏少21%。受“利奇马”台风影响，自8月10日下午至8月13日早晨，全市普降大到暴雨，局部大暴雨，全市平均降水量108.1毫米。年末，全市水库、塘坝蓄水3.6亿立方米，占兴利蓄水52%，比2018年同期下降13%。围绕“水情旱情监测预警、水工程调度、防御洪水应急抢险技术支撑”3项职能，做好水旱灾害防御，全面开展会议部署、预案修订、物资储备、督导检查等汛前准备工作。召开专题会议3次，安排部署水利行业安全度汛工作。在《泰安日报》公布680座水库安全度汛责任人，培训水利防汛人员2310人次。修订水库、河道、山洪灾害防御防洪预案1500个，开展预案演练150场次。开展汛前检查2次，督促整改隐患120个。建立由48人组成的水旱灾害防御专家库，为防汛抢险提供技术支撑。完成3处水毁工程修复和143座小型水库除险加固任务，实现汛前防洪隐患全部清零。在防汛抗旱指挥体制和工作机制过渡期内，履行防汛抗旱指挥部办公室职责，全力抗击“利奇马”台风，组织召开紧急会议6次，成立工作专班，及时会商、研判雨水工情，先后启动防汛防台风Ⅲ级、Ⅱ级响应，确保全市台风过境期间防汛安全。做好雨水情的监测与收集，实时掌握雨水情信息和旱情动态变化，加强旱情调度，优化水源调度管理，落实水利抗旱措施，指导群众抗旱，确保全市有旱无灾。全年投入防汛抗旱资金1.16亿元，重点实施小型水库除险加固工程、山洪灾害防治、小水库安全度汛管理、抗旱应急水源工程建设，实现防汛抗旱减灾效益3亿元。

【水生态文明建设】 围绕“山、城、河、湖、田、文”，系统谋划区域水生态文明建设，泰安市正式被水利部命名为“全国水生态文明城市”。采取PPP模式引进中铁（泰安）环境治理有限公司，总投资58亿元实施泰安城区水生态治理项目。其中，实施投资7亿元的王家院水库向泰安城区供水工程，有效提升水安全保障能力，年度完成工程建设投资的40%。

【水资源管理】 落实最严格水资源管理制度，泰安连续5年全省领先，并连续在经济社会发展综合考核中获得满分。以县域节水型社会达标建设为载体，推进节水型社会建设，继肥城市成为全国首批县域节水型社会达标建设示范县后，新泰市、宁阳县成为全国第二批县域节水型社会达标建设示范县，泰山区、岱岳区、东平县顺利通过省水利厅技术评估和验收，全市县域节水型社会达标建设实现100%全覆盖，超额完成省水利厅下达的任务目标，为全省两个达标全覆盖的市之一。推进节水载体建设，制定《泰安市水利局创建国家节水型机关工作方案》，起草《泰安市落实国家节水行动实施方案》，转发《关于高校节约用水工作的函》，创建节水型单位、节水型企业、节水型学校、节水型社区，形成覆盖各行业、各领域的节水载体建设体系。开展6次省级、1次市级、5次县级节水型单位创建，五大行业46家单位、28家公共机构创建为节水型单位，督促肥城市、新泰市、宁阳县、东平县4个县市开展节水机关调查摸底。强化节水宣传，组建泰安市节水志愿者服务队开展节水宣传活动，组织各县（市、区）及市住房城乡建设局、工业和信息化局、农业农村局、教育局等部门，开展节约用水知识大赛，节水宣传进社区、进学校、进企业活动。强化水资源远程监控能力建设，投资80万元完成市级水资源监控系统平台升级改造工程，投资160万元对全市水资源监控终端进行增点扩网，扩大监控覆盖范围。加强取水许可事中事后监管，与市行政审批服务局在取水许可信息推送、公共管网内自备井封停、取水项目论证验收等方面建立有效联动机制，全市新增审批取水许可证112个，延续和变更审批取水许可证110个，新增审批地表水1683.55万立方米，地下水429.76万立方米，审批核减水量368万立方米。

【河湖管理与保护】 全年实施6个中小河流治理项目，均列入《山东省加快灾后水利薄弱环节建设实施方案》，初设批复总投资9204.38万元，建设期为2019—2020年。至年底，东平县湖东排水河李庄至洪福寺段治理工程和东平县跃进河武村至南李庄段治理工程全部完工，其余工程在建设中，共完成总投资5349.12万元，占批复总投资的58.11%。推进河长制湖长制工作，完成流域面积50平方千米以上河流和常年水面面积1平方千米以上湖泊，以及设置县级以上（含县级）河（湖）长的河流划界工作，完成55条河流岸线利用管理规划编制任务，做好“一河（湖）一档”建设、“一湖一策”实施和河湖长公示牌的更新维护，强化河长制湖长制信息系统建设，夯实河长制湖长制工作基础。严格落实河（湖）长巡查制度，创新河湖管护机制，各级河（湖）长年度累计开展河湖巡查21万次。会同公安机关，推动“河湖警长制”落地见效，全市公安机关河道、湖泊警长制规范化建设现场推进会在泰安东平召开。实施河湖清违清障专项行动，清理各类涉河湖违法违规问题534处，累计拆除建筑154万平方米，清运建筑垃圾26万立方米，清理生活垃圾8万立方米，清除阻碍行洪的树木81万棵。自9月10日起，在全市组织开展河湖清违清障“回头看”，河湖“四乱”（乱占、乱采、乱堆、乱建）问题得到有效遏制。全年出动检查巡查人员1500人次，巡查河道近2万千米，河砂资源管理秩序保持稳定。探索“市、县、乡、村4级河（湖）长＋民间河长”的“4+1”工作模式，构建群防群治工作格局。

【农村水利建设】 实施大中型灌区续建配套与节水改造，肥城田山灌区续建配套项目、东平丁庄引黄灌区项目、宁阳月牙河水库灌区项目，均是当年下达投资计划当年完成。岱岳区颜谢引河灌区项目2019年年初通过验收，恢复改善16万亩农田有效灌溉面积，解决灌区“卡脖子”问题。推进农田水利设施产权制度改革，支持农民用水合作组织发展，提升农村水利工程运行管理水平。10月，泰安在全国农村水利建设管理交流研讨会上作典型发言。

【农村饮水安全】 制定印发《泰安市农村饮水安全两年攻坚行动工作方案》，聘请第三方机构开展两年攻坚行动工作评估和农村公共供水工程水质检测。坚持领导包保、专班推进、一周一调度一通报，全年完成投资3.84亿元，解决143个无公共供水设施村、534个水质有风险村、5个氟超标村饮水安全问题，完成农村饮水安全保障工程年度建设任务，76万人的饮水安全状况得到改善提升。开展全市贫困村贫困户饮水安全“回头看”及规模化水厂核查整改行动，深入836个省、市级贫困村，走访贫困户2329户，现场核查规模化水厂72家，建立台账、限时整改。探索农村供水管护长效机制，强化农村供水监督服务“116”热线功能并在媒体公示，发放农村供水“明白纸”115万份。新泰市新组建县级供水中心，保障农村供水工程良性运行。

【水土保持】 按照“山青、水净、村美、民富”目标要求，探索“四型”（生态清洁型、生态安全型、生态经济型、生态景观型）小流域综合治理新模式，提升新时代水土保持生态建设水平，完成84平方千米防治任务，因地制宜“山水林田路村”典型做法被水利部《水土保持工作动态》采用，在全国推广。加大水土保持科研力度，完成“山东山地丘陵区径流多级网络式集蓄利用技术研究”省级课题，“泰安市坡耕地治理与小型农水源工程多点联合利用技术研究与示范”等市级课题按计划推进，获第一届山东水土保持学会奖励5项。

【依法治水和行业管理】 开展非法售卖山泉水整治，保护好泰山水资源、水生态。水土保持“强监管”取得新突破，在全省率先全面完成疑似违法违规项目查处任务，查处违法违规问题265个，编制水土保持方案206个，追缴和征收水土保持补偿费3747万元。其中，市级征收水土保持补偿费1825万元，相当于前五年的总和，创新经验在全省推广。研究制定《泰安市水利局环保督战方案》，加强与市生态环境、住建部门沟通协调，完成环保督察各项任务。坚持问题导向，开展水利领域扫黑除恶专项斗争，推进建设项目水土保持违法违规问题、水利部和山东省水利厅小水库“明察暗访”问题、民生领域侵害群众利益问题专项整治，把双重预防体系建设作为防范化解安全生产重大风险的重要措施，全面排查治理事故隐患，强化动态风险管理，对发现安全隐患和问题实行逐项销号“清零”，防范遏制水利安全生产事故。

【移民后扶和行业扶贫】 加大对贫困移民村扶持力度，采取项目帮扶带动办法，投资1911万元实施22个项目，巩固提升水利移民扶贫成果，安排移民后扶资金3824万元专项用于改善贫困移民村饮水条件。实施东平湖库区移民避险解困工程，突出拆迁回迁、社区管理、产业就业等工作，搬迁入住1.09万户、3.89万人。完成122个库区移民后扶项目计划的审核及批复，涉及资金2.07亿元。投资2600万元实施8个省级、10个市级美丽移民村项目。三峡移民工作顺利交接，并在此基础上组织开展三峡移民摸底排查，全面掌握三峡移民实际情况。完成年度大中型水库移民人口核查。开展移民技能培训，培训420人。坚持目标导向、问题导向、结果导向，强化水库移民扶持基金绩效评价，加快移民项目建设进度，确保水库移民项目顺利实施、扶持基金高效使用。

【南水北调】 推进东平湖蓄水影响处理工程竣工验收准备工作，协调山东省水利厅拨付东平湖蓄水影响处理工程剩余资金2157.6万元，全部拨付到位；编制完成完工财务决算报告；尾工项目进展顺利，推进资金结算、合同验收及档案资料整理等各项工作。完成南水北调东线一期北延应急试通水保障工作，4月21日至6月15日，实施北延应急试通水，将南水北调东线水经南运河通至天津市九宣闸。协调解决南水北调工程东平段影响区域排涝问题，东平县斑鸠店镇魏河排涝治理工程实施方案通过山东省水利厅评审。（焦　健）

黄河河务

【概况】 年内，该局学习贯彻习近平总书记在黄河流域生态保护和高质量发展座谈会上的重要讲话精神，践行“水利工程补短板、水利行业强监管”总基调和“规范管理、加快发展”总要求，推进黄河、东平湖和大汶河下游的防汛、工程建设与管理、水政执法等重点工作开展，年度各项工作任务全面完成。山东省防汛抗旱指挥部启动东平湖防汛Ⅲ级应急响应，战胜台风“利奇马”强降雨形成的大汶河洪水，完成2017—2019年总投资7.83亿元的三年防洪工程建设任务，获“黄委基本建设样板工程”2项、“黄河水利建设工程文明工地”3项；在市、县级河长办的统一部署下，开展河湖“清四乱”（乱占、乱采、乱堆、乱建），清理、整改“四乱”问题247项；建成“黄河东银铁路文化展馆”，被评为“山东黄河文化建设示范点”。

【防汛工作】 2019年，东平湖管理局防汛形势严峻，经历黄河3次大流量洪水过程，启动东平湖防汛Ⅲ级应急响应，战胜大汶河洪水。各级高度重视黄河、东平湖防汛工作，健全防汛指挥调度体系，首次将济南市纳入山东省东平湖水库防汛指挥部。落实防汛责任制，组织群防队伍9万人，组建企业抢险队

8月12日11时，大汶河戴村坝站出现最大流量1710立方米每秒 （刘性泉 供）

9 支、武警黄河抢险突击队 2 支，选任防汛抢险专家 28 人，培训地方干部 624 人。创新防汛物资代储模式，与肥城、淄博、河北等地 4 家生产企业签订代储协议。推进防汛信息化建设，完成东平黄河县级移动防汛指挥系统建设和东平湖环湖光缆铺设工程。启动大洪水防御机制，加强黄河河道防洪工程观测和防守，抢护坝岸险情 3 次，用石 2218 立方米，耗资 60.51 万元。

【防御大汶河洪水】 受台风“利奇马”影响，大汶河流域普降大到暴雨，局部特大暴雨。8 月 12 日 11 时，大汶河戴村坝站出现最大流量 1710 立方米 / 秒，8 月 16 日 6 时，东平湖老湖最高水位达 41.27 米。8 月 11 日，山东省防汛抗旱指挥部启动东平湖防汛Ⅲ级应急响应，市、县局两级领导班子现场办公，防汛责任人上岗到位，靠前指挥。东平河务局、东平管理局职工昼夜上堤巡查，严密防守。科学调度洪水，先后启闭陈山口、清河门、庞口闸 6 次，升降闸门 80 孔次，入湖水量 2.96 亿立方米，泄洪入黄 1.58 亿立方米，东平湖、大汶河下游防洪工程安全运行。东平湖管理局被评为“山东黄河防汛防台风工作先进集体”，7 人被评为“山东黄河防汛防台风工作先进个人”，1 人被评为“山东省抗击台风抢险救灾先进个人”。

【防洪工程建设与管理】 2019 年是东平湖管理局防洪工程三年建设的收尾之年，以“确保工程质量，规范程序管理，加快工程进度”为重点，紧抓“质量、安全、进度、支付”4 个关键环节，统筹协调参建各方，强化现场督导，确保工程建设顺利实施。主要完成防汛道路硬化 69.33 千米、植草 140.26 万平方米，完成年度投资 9139 万元。石洼、十里堡、林辛等 3 座分洪涵闸除险加固工程于 3 月底全部完工，11 月均通过竣工验收。2017—2019 年总投资 7.83 亿元的三年防洪工程建设任务圆满完成。提升防洪工程规范化管理水平，完成维修养护合同任务，完成土方 5.02 万立方米、石方 0.63 万立方米，完成投资 2477.59 万元。开展“工程管理大整治”活动，6 个方面 49 项“老大难”问题得到根本解决。完成春季植树 10.08 万株，占计划的 174.1%。梁山黄河河务局保持“国家级水管单位”称号，黑虎庙管理段庭院、国那里险工成功创建“黄委示范工程”。

【水政】 健全完善“四个一”（一个责任人、一张路线图、一组照片或一段视频、一份巡查登记表）河道巡查制度，全年巡查 800 次 5 万千米。开展“清四乱”“清河行动”等专项行动，完成清理、整改“四乱”问题 247 项。创新流域与区域的联合监管，推动建立河湖长效监管机制，形成政府主导、部门联动、各方参与的河湖监管保护工作格局。健全非防洪建设项目监管机制，制定印发《东平湖管理局非防洪工程建设项目管理办法》，注重检查与指导、监管与服务相结合，提高综合执法效能，保护防洪工程完整。深化普法工作，打造戴村坝等法治宣传教育基地为集水利法治精神和黄河文化为一体的特色阵地，梁山管理局获黄委“谁执法谁普法”示范点称号。

【黄河文化建设】 本着“修旧如旧，忠于历史”的原则，对“原东银铁路局银山车站”旧址进行修复，最大限度地保留二十世纪六七十年代青砖瓦房的原貌，建设总面积 1360 平方米，收集展陈历史照片 200 幅、文物史料 130 件，建成“黄河东银铁路文化展馆”，于 9 月 29 日开馆。该馆是黄河系统内为防汛物资运输作出历史贡献的唯一纪念性文化展馆，被评为“山东黄河文化建设示范点”。深入排查、挖掘、保护辖区内的黄河文化遗产，整理完成“山东黄河文化遗产名录”文稿 32 篇。

（刘性泉）

编辑 校对 戚淑娟

工业·信息产业

工业综述

【概况】 全市工业经济向高质量发展转变成效显著，主要经济指标增幅居全省前列。全年规模以上工业增加值增长5.4%，居全省第二位。37个在统大类行业中，有20个大类行业实现增长，增长面为54.1%；全市轻重工业比例约为1∶3，分别增长1.5%、6.6%，分别拉动规模以上工业增加值增速0.4个、5.0个百分点；重点制造业增势强劲，非金属矿物制品业增加值增长17.0%、医药制造业增长53.2%、黑色金属冶炼和压延加工业增长9.2%，分别拉动全市规模以上工业增加值增速2.0个、1.8个、1.3个百分点。

【工业效益】 全市规模以上企业累计实现营业收入2106.3亿元，增长3.0%，增速位居全省第4位；累计实现利润109.6亿元，降低15.4%。在统的37个行业中有18个行业营业收入实现增长，27个行业实现盈利。从县（市、区）看，泰安高新区、泰山区、新泰市和宁阳县营业收入增幅分别高于全市平均水平1.5、1.2、7.7和7.3个百分点。从企业规模看，大中型工业企业实现营业收入1376.0亿元，增长3.0%，拉动全市规模以上工业营业收入增速2.1个百分点；小微型工业企业实现营业收入607.9亿元，增长3.0%，拉动全市规模以上工业营业收入增速0.9个百分点。年内，全市营业收入过亿元企业有324家，共实现营业收入1784.4亿元，拉动全市规模以上工业营业收入增速5.0个百分点；其中，营业收入过10亿元企业36家，共实现营业收入970.7亿元，拉动全市规模以上工业营业收入增速5.5个百分点。

【工业领军50强】 年内，给予在泰安境内纳税首次超过15亿元的石横特钢集团奖励200万元，给予获得中国工业大奖的康平纳集团奖励100万元，给予主营业务收入首次超过100亿元的泰山石膏、山能重装集团分别奖励50万元，给予主营业务收入首次超过20亿元的航天特车集团奖励10万元；对获得省级以上资质荣誉的12家工业50强企业进行重奖，奖金总额700万元。设立总规模100亿元的市重点企业财源建设基金，以股权投资方式定向支持纳税贡献大、科技含量高、发展前景好的企业，为9家工业50强企业进行投资，投资总额高达25.2亿元。实施"泰汶专才"计划，先后开设"航天特车班""岱银班"等"订单班""冠名班"13个，不断培育壮大高技能人才队伍。实施"十百千"人才队伍"促引培优"行动，培养引进国家"万人计划"专家、泰山产业领军人才等"产业顶尖人才"11人，培养引进"外专双百计划"、

5月31日，泰安市举办首届"智汇泰安·创赢未来"高层次人才创新创业大赛颁奖仪式 （司 刚 摄）

泰安市重奖经营业绩优异的企业。上图为1月12日，市委书记崔洪刚出席泰山石膏有限公司收入过百亿暨2018年度总结表彰大会；下图为3月29日，在全市“双50强”企业培植暨一季度经济运行分析会上，市委书记崔洪刚（前排左）与受表扬的康平纳集团负责人合影　（司　刚　摄）

省急需紧缺项目引进人才、泰山英才领军人才等“行业领军人才”101人，培育高技能人才3257人。

【重点行业】　11个重点行业中，装备制造、新材料、煤炭、食品、医药制造、纺织等6个行业营业收入呈增长态势，其中医药制造、食品、新材料、煤炭工业增速较快，分别增长18.3%、16.2%、4.2%、6.3%。钢铁、化工、汽车、输变电、电子信息等5个行业营业收入呈下降态势。

【产业集群】　按照“高起点，高标准，布局合理，适度超前”的原则，培育产业集群和特色产业镇发展，突出招商引资和重点项目建设，培育形成具有区域特色的输变电设备、非金属材料、汽车零部件、精细化工、石膏加工等特色产业集群和特色产业镇。至年底，全市产业集群发展到37个，其中省级产业集群6个；100亿元以上的产业集群5个，50亿元以上的产业集群13个；产业集群户数达到4714家，公共服务平台发展到391个，从业人员达到47.1万人。全市特色产业镇发展到14个，其中省级特色产业镇10个；特色产业户数达到955家，从业人员达到12.2万人，特色产业公共服务平台发展到94个。

【政策服务】　为企业争取无偿资金超过3亿元。组织民营经济、技改、税收等政策集中宣讲20场，现场受众超过1300家次，线上受众3万人次。为“50强”企业解决各类问题100个，组织“一对多”政策宣讲会、专题培训班等活动，引导企业准确把握政策导向，更好更快地获得政策红利。8家企业享受新增财力奖补政策支持，省、市、县三级实现新增税收返还奖补近1.3亿元；24个项目列入2019年山东省企业技术改造项目导向目录。做好银企对接服务，全面摸排企业融资需求，常态化开展政银企对接活动。组织召开2019年泰安市工业“50强”及技改项目银企对接会，达成总融资意向315亿元，其中工业“50强”企业达成融资意向238亿元，现场各金融机构与16家企业达成合作协议，协议贷款金额105.9亿元。

【企业梯次培育】　泰开集团等28家企业收入过10亿元，其中泰开集团、瑞星集团、山能重装、泰山石膏过100亿元；泰山玻纤等11家企业税金过亿元，其中泰开集团、泰山玻纤、泰山石膏过5亿元。全市培植50强企业做法得到副省长凌文肯定批示，并在全省推广。企业升规纳统工作成效显著。制定《泰安市加快推进工业企业“小升规”工作方案》，全市200户以上企业升规纳统，净增纳统企业110户左右。特变鲁缆、泰山集团、三和维信等3家企业入选“全国单项冠军

2019年全市工业重点产业主要经济指标

表5　　单位：家、万元

产业名称	企业家数	营业收入		利润总额	
		绝对额	增减（%）	绝对额	增减（%）
煤炭工业	22	2278442.6	6.3	164405.8	48.9
纺织服装工业	74	1107162.8	1.3	29630.3	-3.5
化工工业	70	1876510.9	-5.1	92570.8	4.1
医药制造业	18	521416.1	18.3	128365.0	86.4
钢铁工业	9	2400415.0	-8.7	373902.2	-15.8
汽车工业	37	651476.5	-2.4	21244.5	-8.2
输变电设备工业	75	2652556.9	-0.5	30871.7	-63.6
装备制造业	336	5540955.0	1.8	125298.2	-28.0
新材料工业	36	1113385.4	4.2	-7658.0	—
食品工业	78	1903325.7	16.2	45730.0	-19.5
电子信息产业	28	897159.6	-9.5	472.1	—

示范企业”，6家企业上榜省级单项冠军。至年底，全市国家级制造业单项冠军企业10家，数量列全省第一位。生力源玻璃、润德生物获得中国轻工业“百强企业”称号。金塔机械入选全国轻工业装备制造30强。7家企业成功评选为全省资源综合利用先进单位，49家企业被认定为省级“专精特新”中小企业，9家企业入选省级瞪羚企业公示名单。

【新旧动能转换】　高端装备和智能制造产业，9个产品获得省首（台）套认定，2家企业获得首（台）套保险补偿财政扶持资金，18家企业入围省装备制造领军企业库，力博重工“DT型带式输送系统”等16个装备产品列入山东精品装备目录；泰安智能制造产业研究院“五位一体”架构初步形成。高端化工产业，园区及监控点提升工作有效开展，园区基础设施进一步完善；阿斯德、正大焦化搬迁项目已投产，晋煤明升达、恒信高科能源搬迁项目进行试产；宁阳县西磁村、国家庄村2个村庄整体搬迁已完成。纺织服装产业，成立泰山纺织服装产业技术研究院，积极推进“现代优势产业集群＋人工智能”。新一代信息技术产业和新材料产业按照“六个一”组建工作专班，晶泰星公司8K高清显示屏项目等6个项目完成投资6.42亿元，超额完成年度投资计划；建材新材料产业集群获批省主导产业集群，获培育资金1000万元。

【化工产业转型升级】　编制完成《泰安市高端化工产业发展规划》，全面完成对化工企业手续不全问题的整改。争取化工园区及重点监控点的认定，4家化工园区经省政府公布确认，6家企业被认定为省化工企业重点监控点。针对园区认定中发现的66项问题，完成整改34项，不断提升化工园区安全环保水平。做好城镇人口密集区危险化学品生产企业搬迁改造工作。不符合安全和卫生防护距离要求的5家危化品企业中已有3家完成搬迁，1家新厂区基本建成。投资33.8亿元的山东阿斯德科技有限公司搬迁项目、投资30亿元的新泰正大焦化有限公司搬迁项目已投产；投资34.4亿元的山东晋煤明升达化工有限公司40万吨合成氨60万吨尿素搬迁项目、投资15.2亿元的山东恒信高科能源有限公司退城入园搬迁项目2019年12月底试产。化工园区内5个村庄已完成1个村庄搬迁，化工园区内1个学校搬迁已完成。

【技术创新】　年内，全市508个项目列入省技术创新项目计划；山东瑞泰正乾智能装备有限公司“特种机器人”等7家企业的产品入选省政府首购创新产品；9个项目入选省首(台)套和关键核心零部件项目；16个装备产品列入山东精品装备目录。全省4家人工智能领军企业，山东海天智能工程有限公司榜上有名；山东康平纳集团有限公司等18家企业入围省装备制造领军企业库；鲁普耐特集团有限公司等7家企业入选省技术创新示范企业；新认定省"一企一技术"研发中心9家；康平纳集团与东华大学牵头组建的先进印染技术制造业创新中心被省工信厅认定为省级制造业创新中心，为泰安市首家；泰安康平纳机械有限公司、山东海天智能工程有限公司、泰安路德工程材料有限公司和海斯摩尔生物科技有限公司等4家企业在全省320家企业中脱颖而出，入围山东省硬科技品牌TOP50榜单。

【技术改造】 出台《关于实施工业企业技术改造的扶持政策的通知》《关于开展"工业技术改造落实年"活动的通知》，对技术改造工作作出部署，进一步加大对企业技术改造支持力度，对技改综合奖补、贷款贴息、"机器换人"、安全生产转型升级等作出规定，构建全方位的技改政策体系。年内，投资500万元及以上工业和信息化项目622项，项目总投资1580亿元。年内计划投资402亿元，完成投资389.0亿元，完成年度投资计划的97%。其中，新建项目177个，年内计划投资90亿元，完成投资79.5亿元，完成年度投资计划的88%。技改项目445项，年内计划投资312亿元，完成投资309.5亿元，完成投资计划的99%。泰安特种建筑用钢产业集群项目完成投资30亿元，完成年度投资计划的150%；晋煤明升达公司洁净煤气化项目完成投资11.65亿元，完成年度投资计划的122.6%；康平纳20万吨/年筒子纱智能染色工厂项目累计完成投资5.1亿元。

【企业家队伍建设】 开展企业家创新能力提升行动，实施企业家素质提升计划，组织全市工商管理高级研修班、泰安市支持企业发展政策解读培训会、全市加快实施新旧动能转换重大工程专题培训班等重点班次10个，培训人次2000人次，着重培养和提高企业家的创新发展能力、决策管理能力、资本运作能力、市场开拓能力和国际竞争能力。

7月16日，泰安市供应链与冷链协会成立会议召开　（邵　振　供）

【绿色发展】 肥城市化工产业园成功争创"中韩绿色园区"国家级建设试点(全国仅2家)，蒙牛乳业泰安公司等6家企业入围国家级绿色工厂。至年底，全市已创建绿色工厂17家、绿色设计产品11项、绿色制造系统集成项目3项，绿色工厂数量居全省第一位。对全市钢铁、焦化、轮胎、化肥、氯碱五大产业进行摸底调查，制定出台焦化行业高质量发展工作方案，按照省部署安排，确定压减焦化产能180万吨。（韩　念）

【能源产业项目】 出台《泰安市新能源和节能环保产业规划》，重点培育8大产业，推广8大领域应用，推动12大示范工程建设，新能源和节能环保产业总产值达到294亿元。打造氢能、储能、太阳能、生物质能等产业集聚区，泰安市新能源产业集群进入全省"十强"产业"雁阵型"集群培育名单，宁阳伏山镇入选山东省首批绿色能源示范村镇名单。推动"双招双引"与产业发展深度融合，达成与中石油天然气销售分公司、铁塔公司的战略合作，引进智慧医养健康产业园、华能新泰农光互补等大项目、好项目，煤矿沉陷区农光互补光伏发电、3万吨锂盐、氢燃料电池阳极板等重点产业项目全面推进。（朱建华）

·行业管理·

【概况】 2019年，市行业管理办公室继续保持市级文明单位称号，获得全省禁化武履约工作先进集体、全市"安全生产月"活动先进单位称号。指导成立行业协会2家。其中，3月9日，指导泰安市起重装卸行业协会成立；7月16日，指导泰安市供应链与冷链协会成立。指导行业协会强化自身建设，提升服务能力，发挥连接政府和企业的桥梁纽带作用，提升行业协会的凝聚力、向心力和影响力。至年底，泰安市行业协会呈现数量众多、覆盖面广、交流活跃、联系密切的发展特点。

【诚信行业创建】 推进行业信用体系建设，市行办与市发展改革委联合开展市场主体公开承诺活动，引导各行业协会、行业企业等各市场主体作出诚信经营承诺，自觉接受社会监督。市行办在《泰安日报》、“ZAKER 泰安”上开辟“公开承诺 诚信经营”专栏，推动市场主体公开承诺活动。至年底，有信用协会、旅游协会、餐饮行业协会等14家行业协会进行公开承诺。10月24日，联合市发展改革委、市民政局组织召开全市诚信行业创建主题实践活动动员会，发挥协会作用，建设诚信行业，共建信用泰安。市行办指导行业协会开展捐资助学、公益培训等诚信创建活动。各行业协会、企业坚持致富思源、义利兼顾，结合各自实际，积极参与社会公益慈善事业，自觉履行社会责任。

【全市禁化武履约工作】 ①完成禁化武组织日主题宣传活动。9月24日，开展以“履行禁止化武公约，维护世界和平大业”为主题的宣传活动，提高社会各界对禁止化学武器重要性的认识。为全市履约工作有序开展奠定良好群众基础。②推进禁化武履约寻标对标工作。8月29日，到潍坊禁化武办进行学习考察，学习潍坊市禁化武履约工作情况、接待核查工作等方面的先进经验和成功做法。③开展年度宣布和信息上报工作。加强与省禁化武办、县（市、区）相关部门和各禁化武企业的沟通联络，开展禁化武年度宣布工作，宣布辖区内全部三类监控化学品企业和四类监控化学品企业。组织相关企业完成2020年预计活动年度宣布工作，有4家企业在国家禁化武数据采集与宣布系统中进行宣布，涉及三类产品3个，四类产品10个。

10月24日，全市诚信行业主题实践活动动员会议召开 （邵 振 供）

【改革改制】 推进市化工矿山设计研究所、市鲁中煤矿设备物资供应中心、市机电设备总公司改革改制工作。推进原五金站宿舍和物贸公司宿舍危楼改造。完成原食品公司办公楼危楼加固。完成宏大贸易中心历史遗留问题处置，将宏大贸易中心名下双龙地下工程资产全部移交行办，抵偿行办垫支的款项及因资产置换应归属国有资产的部分，解决遗留问题，保障国有资产。加强档案管理，建立具备目录整理、档案采集、档案审核、系统维护四大功能的破产改制企业数据库，对破产改制企业涉及的各类文件、人事、财务、资产、户籍等档案资料进行扫描录入，共录入档案资料1023卷，近3万页，实现档案管理电子化、数字化。 （邵 振）

煤炭工业

【概况】 2019年，规模以上工业企业中采矿业企业29户；实现营业收入231.0亿元，增长5.5%，占规模以上工业企业的11.0%；利润16.3亿元，增长48.8%，占规模以上工业企业的14.9%。 （颜大龙）

【煤炭产供销】 年内，全市境内20处煤矿生产原煤1343万吨，销售商品煤1317万吨，主营业收入约77亿元，利税21亿元。市县属煤矿的省外权属煤矿9处，生产原煤239万吨。

【煤矿安全生产】 紧盯关键节点、薄弱环节，组织专家组对5处冲击地压矿井开展专项检查，逐矿系统排查冲击地压灾害，提出问题30条、建议30条。研究制定《煤矿重大安全风险防控与治理工作方案》，推进安全风险分级管控和隐患排查治理双重预防体系建设，全面辨识管控重大风险689项，治理各类隐患1000项。完善《煤矿生产安全事故应急预案》，开展煤矿应急演练105矿次，参演人数5.6万人次。

【新旧动能转换】 开展煤矿机械化、自动化建设，全市市县属煤矿采掘机械化程度分别达到 90.23% 和 95.48%。加快“走出去”步伐，全市市县属煤矿省外权属煤矿产量较上年增长 12.6%。推进矿井智能化建设，全市煤矿累计投入近 11 亿元，6 处矿井实现智能化开采。

【散煤清洁化治理】 推广“洁净煤 + 节能环保炉具”，在全省建立起首个洁净煤推广示范村和洁净煤推广示范点，在全市建立示范村 12 个、洁净煤示范网点 8 个，推广洁净煤 15.01 万吨、节能环保炉具 1.02 万台，完成省里下达的任务目标。工作经验受到省能源局的充分肯定和认可，并发文在全省推广。

（朱建华）

·山东能源新汶矿业集团·

【概况】 山东能源新矿集团总部位于山东省新泰市境内，是一家以煤炭、煤化工、物流贸易、现代服务业为主体产业的大型企业集团，前身为新汶矿务局，后隶属世界 500 强企业山东能源集团有限公司。2019 年，实现营业收入 856.18 亿元，利润 42.01 亿元，纳税 45.87 亿元，企业社会贡献总额 191 亿元。至年底，资产总额 802.76 亿元，在册员工 5.1 万人，企业信贷信誉 AAA 级。新汶矿区开采历史悠久，从清代初期逐步兴盛。中华人民共和国成立后，1950 年 8 月恢复新汶煤矿。1956 年 9 月成立新汶矿务局，是当时山东省第一大矿区、华东地区重要的能源基地之一。1988 年，新汶矿务局原煤产量首次突破 1000 万吨，成为全国第十三个、山东省第一个千万吨矿务局。1998 年 3 月注册成立新汶矿业集团有限责任公司，同年由煤炭部下放山东省管理。2011 年 3 月，山东能源集团成立后，成为其权属企业。新矿集团发展地域涉及省内泰安、济南、德州、菏泽、聊城、青岛 6 个地市，省外新疆、内蒙古、山西、陕西、宁夏、安徽、云南 7 个省区和香港特别行政区。近年间，新矿集团立足打造区域拉动力强且持续时间长、行业竞争力强且持续时间长、财税贡献力强且持续时间长的“三强三长”企业，稳步推进“省内老区扩量延续、省内新区做长做强、内蒙古基地崛起担当、新疆基地加快突破”区域发展，全面提升“煤炭、化工、物流贸易、现代服务”四大产业发展质量。企业先后获得全国五一劳动奖状、国家西部大开发突出贡献集体、全国资源综合利用先进单位等称号，被评为国家矿产资源综合利用示范基地、第一批循环经济试点企业、山东省文明单位、“厚道鲁商”品牌企业等。拥有国家级研发中心、煤矿充填开采国家工程实验室以及博士后科研工作站、泰山学者岗位和院士工作站等技术创新平台。2019 年，新矿集团以“打造行业新旧动能转换标杆企业”为目标，以“谋久调优、内涵提升”为主线，以“重点工作、重点工程”为抓手，系统推进发展战略有序落地，企业发展质量效益持续提升。

【区域发展】 省内老区实施治灾换煤、系统换煤、搬迁换煤、政策换煤、采法换煤、工艺换煤“六个换煤”，延长老区骨干矿井服务年限。省内新区坚持零压覆、全回收，新巨龙公司加快村庄搬迁，全力释放优质资源储量。内蒙古基地、新疆基地加快加速产能释放，深化战略合作，转化发展动能，推进煤炭资源清洁利用，伊犁新天煤制气等项目实现健康发展。

【煤炭生产】 以智能矿山建设为抓手，优化工艺、升级装备，聚力构建单班百人模式，打造本质安全型矿井。①升级生产模式。13 对矿井建成并投用 23 个智能化（电液控）工作面，与传统综采工艺相比，开机率提高 11%，单产提高 31%，采煤人均工效提高 86%；建成投用 12 处地面智慧矿山运行中心，实现采、掘、机、运、通、供

山东能源新汶矿业集团办公楼 （苏 南 供）

电等系统的地面集中控制。②升级生产装备。投入34.57亿元用于设备购置，新巨龙公司成功应用国内首台大直径岩巷TBM盾构机，最高日进尺达到11米；孙村煤矿、翟镇煤矿等矿自主研发掘进机远程控制系统，掘进效率提高20%；翟镇煤矿应用“支护机器人”，施工效率提高30%。③升级生产技术。采取多轮放煤、循环放煤、端头放煤等措施，综放平均综合回收率提高3.36%；推广应用短壁连采密实充填模式，10对矿井累计完成以矸换煤163万吨。

山东能源新矿集团孙村煤矿智慧矿山集控中心　（王　腾　供）

【安全管控】　持续推进安全管理升级、安全责任落实、质量标准提升、重大灾害防治，保持安全生产良好态势。①创新安全管控模式。成立监察小分队，按照时间服从质量的原则，进行解剖式安全检查；实行停止作业分级管控，约谈安全不放心单位班子成员，督促安全主体责任落实到位；推动煤矿双重预防机制对标升级，承办“山东煤矿双重预防机制建设推进会”，翟镇煤矿、孙村煤矿、新巨龙公司建成全省煤矿双重预防机制建设示范点。②强化质量标准提升。高标准推进质量标准化建设，严格按照“334”比例对质量标准化评级，翟镇煤矿、孙村煤矿顺利通过国家一级安全生产标准化矿井复查验收。建立精品采区验收、复验“双签字”、末位罚款制度，建成精品采区47个。③突出重大灾害防治。立足查大风险、除大隐患、防大事故，联合国内外顶尖机构和团队，建立专业人员固定的、长期的、保健式的、严格考核的、双赢的合作模式和技术攻关机制，对冲击地压、水、火、瓦斯、煤尘、顶板等灾害开展“体检”会诊，分析病因、对症下药、分类施策、持续跟踪，全面提高灾害防控能力。实施重大灾害预警管理，根据各矿灾害情况设立预警值，监测数据一旦预警，一律停产整顿。

【经营管理】　坚持以煤炭主业效益最大化为前提，全面实施人员、物供、财务、营销、资产、法务等关键经营要素的统管，进一步提效率、降成本、堵漏洞。实施生产服务、选煤、电厂整合运营，建立优秀设备供应商评判标准，获得7家国外厂家代理经销权，与10家国内厂家确立长期战略合作关系，实行设备采购、维修、再制造“一体化”谈判，使设备得到原汁原味高质量维修，减少机电事故率。推动洗选厂、电厂管理统一、人员流动、技术互通、资源共享，发挥专业化协同管理优势。

【党建引领】　按照打造政治引领企业集团的总体部署，创新党群工作措施，党建工作和品牌得到省国资委党委、能源集团党委肯定。①完善工作体系。创新新矿“3366”新时代党建聚能体系、“四位一体”运行机制、“一基融合多元”考核机制，常态化实施清单化考核和督查督办，形成“四区覆盖”“五级联创”工作新格局。围绕把方向、管大局、保落实，覆盖推动“党建入章”，落实“三重一大”事项党委前置把关，推动党的领导与公司治理有机融合、深度内嵌。②提升质量标准。以“聚能党建创客联盟”为抓手，强化示范引领、过硬建设，形成“双体检”“党员代理儿女”“智慧党建”“天山雪莲”“大漠先锋”等工作品牌。压实意识形态责任，做实宣传工作4个平台，汇聚发展合力；深化矿区文明创建，推进“家庭、家教、家风”教育，企业继续上榜山东省五星级“厚道鲁商”品牌企业，建成并保持省级文明单位17个。加大人才队伍建设和教育培训，深化后备人选“四双”管理，人才队伍梯次更加合理。③关心关爱职工。深化党群共建，做实暖心工程，开展“一号九岗”“暖心工程＋温馨家园”“千名矿嫂送祝福”等活动。有序开展离退休、关心下一代工作委员会、计划生育、武装保卫等工作，保障矿区和谐稳定发展。（苏　南）

·山东能源肥城矿业集团·

【概况】 2019年肥矿集团公司完成山东能源集团13项考核目标；2个重点突破项目取得重大进展；40项保障项目，绝大多数完成预期指标；5项工作超目标完成。①五举煤矿项目合作。历经2年多艰苦谈判，年末基本达成合作协议，肥矿“走出去”的梦想成为现实。②转型发展。引进战略投资，实现混改，老区转型布局起势、发展架构初步形成。③出僵治亏、法务风险防控工作。依法依规，一企一策，超目标完成任务，重大法务案件取得重大突破。④社会职能移交和“三供一业”维修改造。采取灵活策略，针对少数居民不理解的实际，强化政策宣传教育，坚持以提高服务质量、服务民生为出发点，倒排节点，限时办结，强化督导，实现圆满收官，保证维修改造按照时间节点推进。⑤平铝公司医保与社保问题。盯靠协调地方政府，提前三年完成职工社保和看病就医问题，并完成僵尸企业出清。⑥信访稳定工作。面对复杂多变的棘手矛盾，打好国庆安保攻坚战，上级交办的5件信访积案化解清零。全年实现“五个零”目标。⑦民营企业欠款清偿问题。经过慎重思考，采取十种方式，妥善清偿，全部按时间节点要求办结。⑧“2+N”重点工作。抓住企业改革发展的牛鼻子，纲举目张，带动全盘整体工作健康发展。

【项目合作】 集团公司抓住甘肃、山东两省之间能源战略合作的重要机遇，融入陇电入鲁的能源构架，稳妥慎重推进项目尽调、手续办理、协议洽谈等，从项目开始就把工作做细做扎实，用时11个月完成环境影响评价手续办理，五举煤矿项目合作成功。

【新旧动能转换】 东岳能源通过实施混改成功引进战投，老区转型由“枯萎”逐渐变为“繁荣”。12月28日，召开东岳能源公司成立大会，举行清洁能源项目奠基仪式，按照程序分别召开股东会、董事会、监事会，审议通过公司章程，选聘高管人员。肥城市委、市政府及各股东方，共同见证公司成立暨揭牌仪式。按照“以有用资产出资，无用资产剥离，部分股权暂留，全部债权债务由肥矿集团老公司承接”原则，将东岳能源公司资产负债进行拆分。肥矿集团以实物资产出资，持股36%；引进枣矿物产、肥城城投、石横特钢等战略投资者，以货币资金出资，分别持股34%、20%、10%。对接肥城市政府，商定将东岳能源公司作为肥城市招商引资主要投资主体，政府主导推介宣传，引入更多的资金和项目。通过争取，肥城市政府承诺给予东岳能源公司及股东税收、土地、人才引进和重大项目等优惠政策，公司纳税形成的地方财政收入部分，前5年全额用于扶持公司发展，后5年按50%用于扶持公司发展。东岳能源有限公司由年初比较模糊的形象逐步勾勒出清晰的发展路径，项目布局初具雏形。前期，以煤炭加工中心、飞达公司为依托，展开东岳能源公司项目的实质运作，坚持边合资、边运营、边建设，规模不断扩大，盈利能力不断增强，鲁西煤炭储备基地逐步做实。飞达公司围绕“培育市场、锻炼队伍、扩大规模、打响品牌”总要求，拓展市场占有率，利润突破千万，扩大2.2倍，收入突破20亿元，增加3.9倍。石油焦供应链业务，开展仓储服务，累计流转石油焦、煅后焦等原料合计2万吨，下线阳极炭块成品逾千吨。

【优化存量】 坚持抓“双基”(基层、基础)、严“双防”(风险分级管控、隐患排查治理)、强“双优”(优化劳动组织、优化生产系统)、促“双创”(创新、创效)、提“双效”(效率、效益)，提升内涵管理质量和水平。“双基”建设上，立足朴素质量标准化建设，开展依法依规生产集中整治，四矿技术管理、现场管理、用工管理均有明显提升。“双防”管理上，严格落实风险分级管控和隐患排查治理责任，形成安全风险管控清单、隐患问题整改清单、自检自改报告“两清单一报告”，较好地把风险防控挺在事故之前。“双优”提升上，加强智能化、集约化生产，建成梁宝寺煤矿、陈蛮庄煤矿井下智能干选系统，开展四个选煤厂技改，实施煤流系统地面集控、视频监控，推进架空乘人装置安设，建设无极绳连续运输网络。减少23个采掘工作面，建成4个智能化工作面。优化劳动组织，推进劳务用工整治，全年压减1495人，劳务费减少1.1亿元。“双创”深化上，“双创”项目逐季递增，全年申报1213项，申报单位、部室实现全覆盖，职工参与度明显提升，实现由精英参与到全员参与的转变，形成全员创新创效、争当优秀创客的良好氛围。全年提取“双创”奖励基金350万元。管理、技术、群众性三类创新创效额实现3.2亿元。“双效”提质上，集团公司装备投入近3亿元。回采工效提升14.47%，全岩开拓巷道、其他巷道掘进工效分别提升6.4%、

11.7%。营业收入70.6亿元，实现利润总额660万元，资产负债率新公司完成66.8%，两金占用全年下降10%，物流贸易利润率0.5%。落实能源集团“十强化十创效”部署，强化资金协同，压规模、降占用、去杠杆，做好税务筹划，释放政策利用潜力，控制资金链风险。将收入、利润、成本、现金流、专项资金、管理费用纳入预算管理，建成成本管控分析模板，逐级分解能源集团降本指标。资金预算与费用预算联动控制，联动支付，月度资金预算受限成本预算，滚动考核，刚性控制。规范招投标管理，完善招投标管理办法，全年组织招标预算金额3.4亿元，中标金额2.8亿元，节约资金0.6亿元，节支率达18.54%。物资公司严格比价对标管理，实现采购订单创效3683.5万元，有16255条采购订单低于或等于能源集团其他权属矿业集团平均价，占全部采购订单的70%；其中，3881条订单是能源集团最低价，占全部采购订单的17%。探索业财融合新模式，财务与生产联合管控预算，发挥市场化在材料消耗管控中的正向引导作用，权属矿井材料费分别比预算下降1～2.1元/吨。全年完成能源集团下达的总成本压减目标，节支150万元。拓宽融资渠道，生产经营平稳运行，资金链安全得到保障。盘活资产，加快资产处置创效，较好缓解资金压力。从管理源头实现存量增效。提高商品煤供给质量。坚持人与自然和谐发展，突出“绿色供给、效益优先、产销融合”。做好产品、运输、用户、市场“四个精准分析”，坚持“采场、煤场、市场”协同联动，采场对接煤场，煤场对接采场，建立煤质、地质预测预报联动机制，规范完善井下煤质资料，稳定产品质量、产品结构、煤种效益。

【妥善解决历史遗留问题】 在完成省国资委2016年三年“僵尸企业”处置任务（9户企业）基础上，超前启动6户企业（杨营能源、阳原百安、涿鹿安泰、河北张能、内蒙古大正、山东神能）出清后续工作。通过鑫宇物流、杨营煤矿、阳原百安、涿鹿安泰、张能公司实施破产清算，截至11月末，5户企业外欠款3.69亿元，全部法依规清偿。针对历史遗留的涉法涉诉问题，坚持主动出击，不等不靠，逐项分析案情，有效实现法律止损。针对民营企业欠款清偿问题，审慎分析问题历史形成时间长、基本情况复杂，改革重组政策以及新老账目相互叠加、各种利益方矛盾交织的实际，采取依法破产、司法解决、达成和解、签订债务豁免或分期付款协议等10种方式，一户一策，逐个见面，以时间换取空间、达成付款协议等措施，妥善化解资金挤兑风险，以及由此衍生的国企欠款、村庄搬迁欠款问题，避免对生产经营造成巨大冲击。针对平铝公司出僵治亏与民生问题交织的实际，从解决职工最关心、最迫切、最现实的社保费拖欠问题入手，彻底解决问题，从根本上解除职工的后顾之忧。

【社会职能移交】 企业办社会职能分离移交、“三供一业”维修改造顺利收尾，矿区职工家属生活档次稳中有进。社会职能移交上，采取“整体移交、分步实施，建模树标、复制推广”工作思路；确定“1+2N打包”整体移交模式；采取“搁置政策争议、时间换取空间”移交方法。幼教职能移交上，采取“国企申请、政府批准、资产划转、人员分流、民企举办”处置模式。社区管理移交、市政设施移交、教育机构处置、医保移交、党工团关系移交等工作全部按时完成。医疗机构移交上，与北京弘慈医疗进行市场化合作，整合8家医疗机构，实行专业化管理，为矿区群众提供更加便捷、高效的就诊服务。

【党建工作】 强化党建三基建设，制定《肥矿党委党建工作三年规划纲要》。梳理19条过硬标准，87个党支部达到“六个过硬”标准。实施105个党建突破项目，23个项目被省国资委党委、能源集团党委评为优秀突破项目。锻造以党员心智培训为基础，集团公司党委、二级单位党委、基层党支部三级联动，36个品牌为支撑，“一主多元、百花齐放”的党建品牌矩阵。公开选拔76名优秀党员，为权属四矿井下区队、地面较大生产车间、地面生产单位全部配备专职党支部书记。统筹做好2016年改革重组期间选择自主创业、退岗安置的825名职工，3年协议到期人员重新安置工作。打好安保维稳攻坚战，2019年能源集团交办信访积案5件，办结率100%。

【民生工作】 1月，医疗保险移交，正式纳入地方统筹管理。为保证职工正常看病就医，在资金极度紧张情况下，年初缴纳第一批过渡金7.8亿元，12月31日，筹集2.6亿元，完成第二批过渡金缴费。年内，发放离退休购房补贴3.4亿元、支付欠付医疗费0.7亿元、支付职工社会保险2.9亿元、缴纳在职职工公积金及退休职工个案办理1.1亿元、发放春节、中秋两节福利800万元。累计民生投入资金11.5亿元。开展走访慰问、扶贫济困、“金秋助学”，走访中华人民共和国成立前老党员、离退休老同志、困难家庭、大病职工、军烈属、工病亡遗属等，累计投入资金 280 万元，确保退休人员住房补贴与在职职工薪酬同步发放。

（王百灵）

机械制造业

【概况】 2019 年，机械制造业（通用设备、专用设备、汽车制造业、铁路、船舶、航空航天和其他运输设备制造业、电气机械及器材制造业）272 户，实现营业收入 479.0 亿元，增长 1.1%；实现利润 9.7 亿元，下降 33.5%。主要产品中，起重设备 14.0 万吨，下降 6.0%；变压器 7669.8 万千伏安，增长 4.2%。

（颜大龙）

【泰开集团有限公司】 该公司是开发和生产 1000 千伏及以下电压等级输变电电器成套设备的大型骨干企业，是国内外知名的一站式输变电产品供应商，产品线覆盖低压、中压、高压、超高压、特高压全电压等级，涵盖开关、变压器、开关柜、电站自动控制、电线电缆等全系列产品，致力于为用户提供设备制造、工程总包、运维服务的整体解决方案。企业综合经济指标居全国同行业前 5 名、山东省同行业首位。1980 年，泰安县高压开关厂与泰安县机床电器厂合并组建泰安县电器开关厂。1984 年，开发研制出 DW2-35 型多油断路器，DW2-35 高压油断路器生产能力在全国同行业居第二位。1997 年组建泰安高压开关集团，并通过 ISO 9001 国际质量体系认证。1998 年 6 月，加入

山东泰开机器人有限公司是一家专业从事机器人、机械手、码垛搬运机器人、焊接机器人、工业自动化设备的研发、设计、制造、销售为一体的高科技企业

（韩 念 供）

山东泰山国际电缆电器公司。1999 年更名为鲁能泰山开关集团，生产的 LW30-126 户外高压 SF6 断路器，被评为 1999 年国家级新产品，获得国家实用新型专利；主要产品 LW8-35 SF6 断路器获国家火炬计划证书，产品销往全国各地，并出口苏丹、尼泊尔等国，国内市场占有率 80%。2002 年后，改制更名为泰开集团有限公司。年末，集团占地面积 300 万平方米，建筑面积 150 万平方米，参与制定国家和行业标准上百项，拥有专利 900 项，其中发明专利 60 项，百万伏电压等级的组合电器、变压器、互感器、隔离开关等产品达到国际先进水平。集团先后被评为国家火炬计划重点高新技术企业、全国五一劳动奖状、全国守合同重信用企业、中国制造业企业 500 强等称号，“泰开”商标被评为“中国驰名商标”。

【山东能源重型装备制造集团有限责任公司】 该公司是山东能源集团的权属二级单位。成立于 2014 年 12 月，注册资本 29.08 亿元，是一家以装备制造、再制造、融资租赁和生产服务为主导产业的装备制造企业，权属二级单位 14 户，合并报表范围内的独立法人单位 34 户，形成省内新汶、宁阳、泰安、枣庄、莱芜 5 个工业园区和省外新疆、内蒙古、陕西 3 个工业园区。主要生产销售采掘、支护、运输、提升、洗选、装卸全系列煤机装备及其再制造、工程机械、压力容器、半导体激光器等产品，主导产品出口俄罗斯、韩国、印度、印度尼西亚、土耳其、越南、马来西亚、澳大利亚等国家和地区。公司有高新技术企业 6 家、博士后工作站 1 家、省级企业技术中心 9 家，省级工业设计中心 1 家，石化装备再制造创新实验室 1 家，山东省技术创新示范企业 2 家。拥有核心知识产权 600 项。企业获得各类奖项 97 项，完成科技成果鉴定 73 项。2019 年 11 月，企业自主研发制造的无人值守智能装车系统，属于国内首创，整体技术达到国际先进水平。该公司是中国煤炭机械工业优秀企业、山东省高新技术企业、山东省新型工业化产业示范基地、山东省数字化装

备制造中心、千万吨工作面设备选型标准制定单位、机械产品再制造国家工程研究中心建设单位、中国循环经济协会再制造专委会理事长单位、中国煤机协会副理事长单位，是国内综合配套系列最全的矿山装备制造商和服务商。

【泰安航天特种车有限公司】 该公司隶属于中国航天科技集团公司一院。拥有省级企业技术中心，产品开发已实施CIMS系统和ERP企业资源计划系统。公司通过GB/T 19001-2016/ISO 90012015民品质量管理体系认证和GJB 9001C-2017武器装备质量体系认证，取得装备承制单位资格证书和武器装备科研生产许可证。拥有大型生产线10条，各类加工、检测设备1000台（套），具备年产各类特种车5000辆生产能力。承担军用车辆装备以及油田、矿山等系统重型专用特种车的科研生产任务。公司致力于军用、民用重型超重型特种车的发展，产品驱动型式从4×4、6×6、8×8、10×10、12×12到14×8、16×10、18×10等，载重从5吨至100吨，形成军、民两大支柱，八大系列100多个品种。军用特种车主要用于各军兵种的武器型号和重型物资运输。民用特种车产品主要有宽体自卸车、油田车、500～1200吨级全路面起重机底盘等。公司研制的军民用特种车填补多项国家空白，具有完全自主知识产权，曾获得国家科学技术进步奖特等奖、全军科技进步一等奖、2015年度泰安市市长质量奖、第六届山东省省长质量奖提名奖等奖项。

【泰山集团股份有限公司】 该公司是国家级高新技术企业，中国锅炉与锅炉水处理协会副理事长单位、中国电器工业协会工业锅炉分会副理事长单位、中国城镇供热协会会员，国家级制造业单项冠军示范企业、山东省制造业高端品牌培育企业、山东省高端装备制造业领军（培育）企业，山东省产学研创新突出贡献企业。公司具有A级锅炉制造资质、A1、A2级压力容器制造资格和1级锅炉安装资质以及机电总承包三级资质和环保工程专业承包三级资质，是一家具备设计、制造工业锅炉、电站锅炉、锅炉辅机、锅炉安装运输、压力容器、变压器、高压开关、电线电缆、电车线、余热制冷机组等产品研发、制造、销售与技术服务为一体的的国家大型企业。

【泰安华鲁锻压机床有限公司】 该公司始建于1968年，2003年改制，是国家高新技术企业、国家“高档数控机床与基础制造装备”科技重大专项承担单位、中国锻压机床板料成形行业龙头企业、中国机床工具工业协会锻压机床分会常务理事单位。公司主导产品包括数控卷板机、矫平机、智能生产线、坡口成形机、剪板机、折弯机、冶金设备等系列，部分产品达到国际先进水平、世界最大规格，多项属于中国首台（套）。产品主要应用于船舶制造、军工装备、海工装备、核电风电、航空航天、桥梁钢构、汽车机车、有色金属、各大钢厂等国家重点行业，连续多年被评为“中国机床工具行业30强企业”。公司先后建立科技创新平台7个，承担完成国家科技重大专项、国家国际科技合作专项等科技项目8项；承担完成山东省自主创新成果转化重大专项等省级科技项目70项；拥有专利181项，计算机软件著作权10项；制定、修订国家标准4项、行业标准16项。“华鲁”商标被评为“中国驰名商标”；取得ISO 9001、ISO 14001、OHSAS 18001、国家知识产权贯标4个体系认证和CE认证。多次获得山东省科技进步一等奖、二等奖，山东省首届“省长杯”工业设计大赛银奖。

【中国重汽集团泰安五岳专用汽车有限公司】 简称“泰安五岳公司”，是中国重型汽车集团有限公司（以下简称“中国重汽集团”）的全资子公司，是一家拥有专用汽车、特种汽车、特种装备3大类产品的国

泰安华鲁锻压机床有限公司车间　（司刚　摄）

有企业。公司始建于1950年10月。1965年4月，公司更名为“泰安汽车制配厂”。2002年12月，成立“中国重型汽车集团泰安五岳专用汽车有限公司”。2015年3月，成为中国重汽集团独立出资的有限责任公司。公司具备较强的专用车研发设计能力和生产制造水平，是集团公司最大的专用车生产企业之一，国内较早研发、生产自卸车的企业。公司致力于打造成为集团公司半挂车出口基地，各类半挂车、全挂车产品型谱全、质量高。公司是国内较早的特种车底盘生产企业，具备深厚的汽车起重机底盘和油田修井机专用底盘生产底蕴，已形成驱动型式从4×2到14×10全系列的设计生产能力；2017年公司获批消防车生产资质，开始进入消防车市场。公司先后获得国家级守合同重信用企业、中国专利山东明星企业、山东省富民兴鲁劳动奖状、山东省优质产品生产基地龙头骨干企业等称号、奖项。1人获得齐鲁工匠、3人获得山东省首席技师、10人获得泰安市首席技师和振兴泰安劳动奖章等称号。

【山东硕力机械制造有限公司】 该公司是一家集产学研一体化的现代高科技企业，主要生产液压顶升系统、三维数控弯板机等产品。2008年后，公司同武汉理工大学合作，研发独特的“方形压头可调活络模具”等具有自主知识产权的新技术，集成“机、光、电、液、控”等技术，生产出国际领先技术水平的船舶三维数控弯板机，首创“自动化”造船装备，研发制造的SKWB-2500型三维数控弯板机达到国际领先技术水平，被储备为国家“863”计划项目。

【山东厚丰集团】 亦称泰安鲁美汽车散热器有限公司。始建于1972年，是一家车用散热器研制开发、生产制造与销售服务的专业化公司。公司拥有400台（套）国内外先进的自动化设备，12条现代化生产流水线，年产能力达150万台（套）车用散热器、20万台（套）汽车空调器及空调两器。公司拥有省级技术开发中心、省级散热器产品质量检验站，年产销量100万台（套）。产品有八大系列1000种型号，包括铝质汽车散热器（全铝、铝塑）、铜质汽车散热器、工程机散热器、汽车空调器、空调两器、汽车暖风机、内置式钢管和铝质板翅式机油散热器、中冷器、工程塑料水室、塑料导风罩等。公司在全国行业内率先通过ISO 90012000质量体系、QS 9000质量体系认证及ISO/TS 169492002标准，产品获山东省名牌产品、山东省标志产品称号，“鲁美”“东岳”商标获“山东省著名商标”称号。

【泰安鼎鑫冷却器有限公司】 该公司成立于2002年，是一家集科研、开发、设计、制造、销售、服务为一体的内燃机散热器、中冷器、油冷器专业化公司。2018年11月29日，泰安鼎鑫冷却器有限公司成为江苏常铝铝业股份有限公司全资子公司，属于江苏常铝铝业股份有限公司产业链的铝加工的关键部分。主要生产8马力到600马力的3大系列重型商用车、工程机械、农用机械、发电机组等范围使用的300多种型号的内燃机冷却系统产品，其中包括中间冷却器、铝质散热器、工程机械散热器、汽车空调、铝质机油散热器、钢质机油冷却器等。自成立后，坚持技术开发为先导，致力于打造以拥有完全自主知识产权为核心的内燃机配套冷却系统同步开发能力为市场目标的经营体系，已成为国内商用车市场最大的内燃机冷却系统供应商。

【泰安恒大机械有限公司】 该公司是一家集研发、制造、销售为一体的国家级高新技术企业、科技型中小企业，为山东大学实习教学基地、山东交通学院产学研教学基地。公司拥有由享受国务院政府津贴专家、中国机械工业科技专家、中国高速液压夯实机发明人领衔，中国冲击压路机发明人、教授、高级工程师等组成的研发队伍，拥有专利技术19项。公司主营产品为液压锤（高速液压夯实机、液压夯、夯实机），是国内首家自主研制成功并投入市场。主要用于桥涵背、新旧路基结合部、高填方等公路、铁路路基夯实，堤坝及护坡夯实，建筑沟槽及回填土夯实，环卫垃圾、有害物质填埋夯实等。至年底，已形成具有完全知识产权的“夯神”系列第五代高速液压夯实机、多功能液压振动夯实机、液压岩土铣挖机、高速液压桩锤、高速液压破碎锤、液压岩土切槽机等产品系列。公司4项技术创新项目入选“2019年山东省第一批技术创新项目计划”。

【山东龙业机械有限公司】 该公司专业生产光伏打桩机、光伏钻机、矿山爆破钻机、水井钻机、锚固钻机等10多个钻机型号，通过ISO 9001质量体系认证、ISO 14001:2004环境管理体系认证、CE认证，产品畅销全国各地，出口到40个国家。公司光伏打桩机器在国内市场占有率达80%以上，是中国光伏打桩钻机第一品牌。潜孔爆破钻机有着20年的生产经验，具有钻孔速度快、结构紧凑、机动灵活、爬坡能力强、维护保养简便、可靠性高等优点，是矿山开采、公路、水利、电站等建设施工中凿岩作业的理想钻机。水井钻机方面，该公司有轮式、履带式、车载式水井钻机，钻井深度分别可达 120 米、150 米、200 米、260 米、350 米、650 米、800 米等多种配置供客户选择。

【特变电工山东鲁能泰山电缆有限公司】 该公司是 2003 年由特变电工和山东鲁能强强联合组建的大型电线电缆企业，是中国最大的超高压、高压交联及特种电缆、大截面扩径导线和母线研制及电缆附件的研制和出口基地，最早专业化从事 110 千伏、220 千伏高压及 500 千伏超高压产品研制的企业之一，高端电缆领域的知名民族品牌，国家级高新技术企业。2004 年，通过 ISO 9001 质量管理体系、ISO 14001 环境管理体系、OHSAS 18001 职业健康与安全管理体系“三合一”认证，“泰山牌”获得“中国名牌产品”。2005 年，获得“产品质量国家免检”。2009 年，实现高压电缆及附件一体化生产。2011 年 10 月，特变电工华东输变电科技产业园落成，特变电工建设世界上电压等级最高、产销规模最大的集超高压电缆、特种电缆和电缆附件研发于一体的电缆高科技产业园，配备世界上最先进、自动化程度最高的 750 千伏、500 千伏、220 千伏等 6 条超高压进口立式交联生产线，实现世界超高压、高压交联电缆集成技术发展史的重大突破。2019 年，超高压电缆系统集成一体化技术研究及工程应用首家通过中国电力企业联合会成果评审。

【山东德泰机械制造集团有限公司】 该公司始建于 1992 年，是一家主要从事发动机连杆、载重汽车前桥及前桥配件、汽车底盘锻铸件的研发、生产和销售的民营企业。先后被评为中国诚信示范单位、高新技术企业、企业与劳动关系和谐企业、中型企业等称号。取得 IATF 16949 质量管理体系认证、通过 ISO 14001 环境管理体系和 OHSAS 18001 职业健康安全管理体系认证，拥有“山东省企业技术中心”“山东省企业工程实验室”资格。其主导产品与一汽集团、二汽集团、中国重汽、北汽福田、包头奔驰、成都汽车厂、青岛汽车厂、江淮汽车厂等知名厂家结为永久性战略合作伙伴，连续多年被中国一汽、二汽、重汽、陕汽等大型国企授予“优秀供应商”称号。

【山东龙辉起重机械有限公司】 该公司成立于 2005 年，主要从事各式通用桥式起重机、门式起重机、冶金起重机、防爆电动葫芦、钢丝绳电动葫芦等产品的设计、制造、安装、改造和维修等业务。取得国家质量监督检验检疫总局颁发的《中华人民共和国特种设备制造许可证》A 级和 B 级、《中华人民共和国特种设备安装改造维修许可证（起重机械和电梯）》证书及 10 种电气等相关资质证照。通过中国质量认证中心 ISO 9001 质量管理体系认证、ISO 14001 环境体系认证和 OHSAS 18001 职业健康安全管理体系认证，通过中国强制性认证（简称“CCC”认证）。2018 年获得“高新技术企业”称号。

【山东齐利得重工集团有限公司】 该公司是集起重机械研发设计、制造、销售、工程设计施工于一体的科技型集团公司，主要从事“齐利得”牌通用电动桥式、门式起重机，隧道低净空专用铺轨起重机、镀锌专用环保起重机、住宅工业化专用起重机、电厂磨煤机专用过轨吊、提梁机、架桥机、集装箱门式起重机及非标起重机、移动式台座的研发设计、生产制造、安装维修保养。公司先后通过质量管理体系、环境管理体系、职业健康安全管理体系、知识产权管理体系以及安全生产标准化二级企业认证；通过国家科技型中小企业评价；获得发明专利证书 2 项、实用新型专利证书 10 项和计算机软件著作权登记证书 4 项；参与团体标准制定 3 项。2018 年 12 月，该公司在青岛蓝海股权交易中心挂牌上市。

【泰安泰山国泰拖拉机制造有限公司】 该公司成立于 2004 年，是一家集拖拉机研发（设计）、生产、销售于一体的现代化创新型企业，国家农业机械重点企业，国家农机百强企业之一。公司于 2005 年通过 ISO 9001 认证，2007 年 8 月取得出口产品质量许可证，并获得自营进出口权，2008 年通过拖拉机“CCC”认证；2011 年被中国农业机械工业协会授予 AA+ 级企业信用等级证书，2012 年获得农业机械生产企业维修服务能力等级证书；2014 年取得国家安全生产标准化 2 级认证，2014 年通过泰安市职业卫生基础建设达标验收，2014 年通过测量管理体系认证，2014 年参与编制国家标准 2 项，于 2016 年实施；2015 年被山东省经济和信息化委员会认定为山东省企业技术中心；2016 年被认定为泰安市科技创新型企业，2016 年“泰山”商标被评为山东省著名商标。

【华能（泰安）光电科技有限公司】 公司隶属于世界500强中国华能集团有限公司，于2019年6月成立，注册资本金2.5亿元，总投资9.8亿元。公司主营光纤预制棒、光纤、光缆和光器件及传感通信设备的研发、制造、销售。所属光纤项目是山东省2018·央企助力山东新旧动能转换签约项目，被列入山东省新旧动能转换重大项目库第一批优选项目和2019年山东省重点建设项目。公司依托国家级企业技术中心研发资源，与北京、武汉等地研究中心密切合作，锁定5G高端市场，自主研发光纤预制棒、单模光纤等新一代高端信息产业新材料产品，并通过公司引进的高端制造生产设备快速实现科技成果转化。公司光棒生产采用世界领先的VAD+OVD全合成工艺，成品率在96%以上，单根预制棒可拉光纤2000千米，生产成本低。拉丝工艺采用世界先进拉丝塔设备和大尺寸智能化感应拉丝炉，拉丝速度每分钟达到2800米，氦气消耗量减少50%，达到同行业最高水平。年末，公司研发推出具有世界领先水平的超低损耗、超大容量、超长距离传输光通信光纤，成为国家5G建设工程的首选产品。

【山东索力得焊材股份有限公司】 前身为肥城矿务局南高余煤矿，1995年3月关井转产；1997年10月，气保焊丝项目投产；2003年8月，实施民营化改制，成立山东索力得焊材有限公司。2014年8月，变更为山东索力得焊材股份有限公司。2015年5月，公司股票在全国中小企业股份转让系统（新三板）正式挂牌，公司证券简称索力得，证券代码832398。公司主要产品包括气保焊丝和埋弧焊丝两大类，产品广泛应用于汽车、动车、船舶、工程机械、压力容器、煤矿机械、桥梁建筑、电力设备等制造行业的多个领域。公司注册商标“索力得”（SOLID），被国家工商行政管理局认定为中国驰名商标，通过国际马德里商标认证。

【肥城金塔机械有限公司】 为国家高新技术企业、山东省文明单位、山东省和泰安市劳动关系和谐企业、省级企业技术中心。酒精及DDGS成套干燥设备生产基地，具备三类压力容器设计、制造资质，享有自营进出口权，“金字及图”商标酒精蒸馏塔为山东省名牌产品、中国驰名商标，在阿根廷、澳大利亚等国家进行马德里商标注册，取得阿斯米国际认证。公司下设金塔机械科技有限公司、金塔酒精化工设备有限公司、金威机械有限公司、泰西无纺材料有限公司。先后承担并完成国家创新基金项目2项、国家火炬计划项目2项、省级科技计划项目30项。

【山东云宇机械集团】 为全国机械工业效绩评价百强企业、山东省机械工业百强企业、泰安市工业30强企业、山东省铸造50强企业。主要生产各种工程机械系列驱动桥、拖拉机系列转向驱动桥、变速箱、制动器、钢圈、矿用格栅等，具有年产各种工程机械驱动桥20万条，制动器100万套、钢圈20万套、变速箱1万台、各种铸锻件10万吨、格栅300万平方米的生产能力。产品技术质量水平国内领先，全国配套市场占有率达40%，并出口俄罗斯、巴西、阿根廷、南非等国家和地区。ZL30S系列湿式制动驱动桥及拖拉机转向驱动桥等产品技术与国际接轨。ZL30以下驱动桥及制动器的产销量全国第一。主导产品驱动桥系“山东省名牌产品”，“云宇牌”商标系“中国驰名商标”。

【山东塔高矿业机械装备制造有限公司】 该公司成立于2007年，由山东能源重装集团与波兰柯派克斯集团共同出资组建，是国内唯一一家集矿用设备研发、制造、配套、再制造于一体的大型煤炭装备合资企业。公司配备先进生产制造设备1500台套，主要包括智能焊接机器人、大型立卧式加工中心、数控卧式铣床、深孔镗床、数控机(车)床、数控切割机、数控机械手、数控锻压机、氩弧焊机、井式电阻炉等国际先进的制造加工设备，拥有世界级40000KN液压支架综合试验台、意大利进口三坐标检测仪、光谱分析仪、超声波探伤仪等高精尖端检测设备，具备高端煤机装备制造的生产能力。公司主导产品有矿用综采液压支护设备、不锈钢立柱、电液控制阀，产品性能优越，质量可靠。采用国内外先进技术工艺研发制造的ZY18800掩护式支架，最高支护高度为8米，最大支撑阻力可达18800KN；激光熔覆不锈钢立柱，抗蚀性强，可实现5年免维护，整体使用寿命是同类产品的5～8倍；电液控制阀采用人机界面分离技术，抗干扰能力强、性能可靠，可实现井下远程无人操作。该公司先后获得“国家安全生产标准化一级企业”“国家工程实验室”“国家高新技术企业”“中国优质名牌产品”等称号。

【力博重工科技股份有限公司】 该公司成立于2005年，是国家级重点高新技术企业。具有年产500公里输送机及1万台（套）产品的生产能力，产品出口亚洲、欧洲、美洲等

50多个国家和地区，是全国输送机产业走向世界的核心力量。公司专业从事矿山散料输送设备研发和制造，代表产品有YNRQD系列液体粘性软起动装置（专利产品）、KPZ系列自冷盘式制动装置（专利产品）、缓冲扭矩式断带抓捕器（专利产品）、限矩式安全型逆止器（世界首创）、高密封高寿命低噪声托辊（专利产品）、可控制动托辊（世界首创）、ZYJ系列液压自动拉紧装置、自动化控制系统等。此外还研究开发矿山机电类附属产品，如高分子耐磨托辊、高耐磨钢缆托轮、缓冲床、清扫器、除冰装置等，技术达到国际先进水平。该公司先后获得“山东省带式输送机电工程技术研究中心”“山东省企业技术中心”“中澳散料输送联合研发中心”等称号，在带式输送领域处于领头羊地位。

【宝胜（山东）电缆有限公司】 该公司是宝胜科技创新股份有限公司控股子企业，注册资金2.23亿元，主要检测、生产设备引进于欧美，专业从事110～750千伏高压特高压电力电缆、6～35千伏中压电力电缆、1千伏及以下低压电力电缆、长寿命高性能环保电气装备电缆、裸铜线、架空导线及1千伏和10千伏架空绝缘电缆等100多个品种、1.1万个规格电线电缆产品的研发、制造与销售。公司相继通过ISO 9001质量体系、ISO 14001环境体系、OHSAS 18001职业健康安全体系以及“CCC”等国家权威机构认证。

化学工业

【概况】 2019年，化学工业企业70户，实现营业收入187.7亿元，下降5.1%；实现利润9.3亿元，增长4.1%。主要产品中，化肥（折纯）105.6万吨，增长4.3%；化学农药原药（折有效成分100%）1.5万吨，增长2.5%。 （颜大龙）

【瑞星集团股份有限公司】 该公司是集肥料生产与销售、粮食收储与加工、土地流转、金融服务、科技研发、国际贸易于一体的大型现代化农业集团公司，总资产150亿元。荣登中国化工企业500强、中国制造业企业500强、中国民营企业500强、中国肥料制造业排名第7位、中国石油和化工企业100强。公司主要产品为合成氨、尿素、甲醇、淀粉、葡萄糖等，建有世界先进的粉煤气化装置和化肥生产装置。旗下拥有山东润银生物化工股份有限公司、山东祥瑞药业有限公司等子公司。企业建有完善的质量、职业健康安全、环境和能源管理体系，是国家级重点高新技术企业，山东省重点骨干民营企业。先后建成国家粉煤气化技术工程研究中心试验基地、山东省企业技术中心、山东省重点实验室，设立院士工作站、博士后科研工作站，与中国科学院、北京化工大学、南京工业大学、航天长征化学工程公司等多家科研机构建立长期稳定的协作关系，为企业发展奠定坚实的技术支撑。公司承担多项国家“863”计划项目和技术创新重点项目，获得省、市科技进步奖10项。被省政府授予节能突出贡献企业、智能制造试点示范企业、科技创新示范企业、两化融合贯标试点企业、制造业单项冠军培育企业。公司生产系统运行稳定高效，主产品尿素、葡萄糖产能、效益均居全国同行业前列。2019年，被工信部评为绿色工厂。

【山东农大肥业科技有限公司】 该公司创立于1995年，坚持走“产品领先、产学研合作”发展道路，为《腐植酸复合肥料》行业标准起草单位，全国腐植酸肥单项冠军示范企业，“农大”品牌为中国驰名商标。企业建有国家企业技术中心、土肥资源国家工程实验室、国家博士后科研工作站、农业部腐植酸类肥料重点实验室等8个省部级以上重点研发平台，并与中国科学院、中国农科院、中国农业大学、山东农业大学等多家科研院校建立良好的合作关系。企业承担省部级科研项目40多项，自主研发的腐植酸活化技术、控释包膜技术、土壤调理技术填补国内空白，与山东农大、南京农大等共同开发的功能菌生防技术水平国内领先。企业拥有4项国际领先核心技术，累计申请专利100项，授权42项，起草制定国家标准4项、行业标准6项，地方/团体标准22项，获得山东省科技进步奖、中国专利优秀奖等省级以上奖励12项，为全国腐植酸肥料领军企业。

【泰安瑞泰纤维素有限公司】 该公司是“山东省纤维素醚生产基地龙头骨干企业”，国内技术领先的非离子型纤维素醚生产企业，中国纤维素行业协会副理事长单位，中国药用辅料行业协会副会长单位，中国化学制药工业协会理事单位。公司每年用于科技开发的经费占销售收入的5%以上，先后研发出HPMC、MC、H-HPC、L-HPC、HEC、HEMC、CMC、EC、HP、HPAS等系列产品，涵盖纤维素醚的衍生物，2017年开发出新型肠溶包衣材料HPAS（羟丙甲邻苯二甲酸酯琥珀酸酯）替代进口，并合作研发纤维素衍生物接枝丙烯酯单体制备缓控释制剂、醋酸纤维素及提高纤维素活化新方法、干法生产工业级 HPMC 等。

【山东瑞福锂业有限公司】 该公司是一家同时具备锂辉石与锂云母提取制备锂电池正极原材料——电池级碳酸锂和电池级氢氧化锂的新能源国家高新技术企业和国家级绿色工厂企业。2019 年山东民营企业品牌价值百强企业，山东省新材料领军企业 50 强，中国有色金属工业协会团体会员单位、中国有色金属工业协会锂业分会理事单位。公司已建成泰安市工程技术研究中心、泰安市锂电新材料产业研究院、山东省一企一技术研发中心、山东省企业技术中心、山东省工程实验室；被认定为山东省首批瞪羚示范企业、山东省隐形冠军企业、山东省专精特新企业，“瑞福”牌碳酸锂被评为山东省名牌产品和山东省优质品牌产品。公司申请专利 30 项，其中已授权发明专利 6 项、实用新型 13 项、外观 2 项、软件著作权 4 项，公司获得中国专利优秀奖、山东省专利二等奖以及山东省技术发明二等奖、山东省技术创新奖一等奖。

【山东华阳农药化工集团有限公司】 1966 年 10 月，宁阳县石油化工厂扩建为宁阳县农药厂，为集体所有制企业。1976 年转为全民所有制。1996 年，以宁阳农药厂为核心企业，组建山东华阳农药化工集团有限公司，并获得自营进出口权。1998 年，改称山东华阳集团，并通过 ISO 9002 国际质量体系认证，入选全省百强重点企业集团。1999 年 12 月，设立山东华阳科技股份有限公司。2000 年被科技部认定为国家重点高新技术企业。2001 年，通过 ISO 9001 国际质量体系认证。到年末，拥有山东省企业重点实验室、省级工程技术研究中心、省级企业技术中心（经信）、国家博士后科研工作站、院士专家工作站（科协）、泰安市劳模创新工作室（工会）6 个研发机构及平台。生产经营涉及农药、化工、机械、印刷包装、化学肥料、热电六大产业 200 多个品种，核心产业是农药，拥有杀虫剂、杀菌剂、除草剂、种衣剂等 4 大系列，17 个农药原药产品登记证和 58 个制剂登记证。主要有二甲戊灵、克百威、灭多威、涕灭威、氯甲酸酯系列产品及制剂系列产品，产品销售全国各地，出口面向东南亚及美洲国家。

【山东省联合农药工业有限公司】 该公司成立于 1995 年，集原药、制剂、中间体产品研发、生产、营销和技术服务于一体，为山东中农联合生物科技股份有限公司全资子公司，隶属于中国农业生产资料集团公司，是国家定点原药、制剂生产企业。主要生产啶虫脒原药、吡虫啉原药、哒螨灵原药、霜霉威盐酸盐原药、噻虫啉原药等；制剂产品涵盖杀虫剂、杀螨剂、杀菌剂 3 大系列百余个产品。主导产品吡虫啉、啶虫脒、哒螨灵等结构较好，符合国内市场及国外部分市场的需求，具有技术领先优势和规模领先优势。2019 中国农药行业销售百强企业榜单上，公司位居全国第 35 名。山东省十强生产企业中位居第 6 名。2019 年 12 月，公司被评为国家级高新技术企业。

【山东德普化工科技有限公司】 该公司创建于 2007 年，是一家围绕精细化工产品的研发、生产、营销、国际贸易、技术服务为核心业务的国家高新技术企业。主营产品为碳酸二甲酯、丙二醇、碳酸丙烯酯等。拥有发明专利授权 2 项、受理 12 项，实用新型授权 12 项、受理 10 项。注册商标 4 项，其中马德里国际注册商标 1 项。公司拥有年产 5 万吨碳酸二甲酯、年产 4 万吨丙二醇、年产 1 万吨碳酸丙烯酯生产线，生产技术、单位成本、节能降耗水平、吨产品盈利能力全国居首，是丙二醇行业标准起草单位。

【山东晋煤明升达化工有限公司】 该公司成立于 2009 年，前身为宁阳县化肥厂（成立于 1968 年），公司是集化学肥料、化工原料、橡胶助剂等 3 大系列产品为一体的综合性企业，设有省级技术中心和泰安市橡胶助剂工程技术研究中心。生产的“飞达”牌纯尿素被评为“山东名牌”产品，“飞达”商标为山东省著名商标。公司自 2013 年实施“4060”洁净煤气化项目建设，由单一的氮肥企业转变成为以洁净煤气化为龙头，工业气体、高端肥料、高端材料、资源利用为主的综合性大型化工企业。

【山东恒信集团焦化有限公司】 该公司成立于 2003 年。主要从事冶金焦及煤焦油、粗苯、硫铵等深加工产品的生产与经营。已申请获准的专利技术 2 项。2005 年 12 月，被国家发改委列入全国第一批符合焦化行业准入条件的企业名单，并分别通过环保“三同时”、安全“三同时”验收。是山东省民营企业 100 强、山东省守合同重信用企业、山东省银行业最佳信贷客户、山东省首批诚信示范企业、山东省安全文化示范企业。

建材工业

【概况】 2019年，建材工业（非金属矿物制品业）81户，实现营业收入197.4亿元，增长9.9%；实现利润8.4亿元，下降67.9%。主要产品中，水泥702.2吨，增长3.0%；石膏板12123.8万平方米，增长15.2%；玻璃纤维纱76.6万吨，增长13.7%。（颜大龙）

【山东路德新材料股份有限公司】 该公司主要生产经营基础设施建设专用新材料，包括土工格栅、土工格室、三维土工网垫、土工布、复合土工膜等土工合成材料，年生产能力2亿平方米以上，装备及技术水平在同行业中位居前列。产品主要应用于铁路、高速公路的路基增强加筋，水利堤坝除险加固，隧道、地铁等工程领域，远销30多个国家和地区，市场占有率稳居同行业前列，受到工程界专家和广大用户的普遍好评。公司系国家级制造业单项冠军示范企业、国家高新技术企业、国家级守合同重信用企业、国家高新技术产业标准化试点单位、国家知识产权优势企业，山东省优秀企业、山东省瞪羚标杆企业、山东省新材料十强企业（第四名）、山东省硬科技品牌TOP50榜企业、山东省技术创新示范企业、山东省建材新材料产业集群龙头骨干企业，被列入泰安市工业领军企业50强。公司已通过质量管理体系认证、环境管理体系认证、知识产权管理体系认证、职业健康安全管理体系认证、能源管理体系认证、两化融合管理体系认证、碳排放核查认证，是国家级智能工厂、绿色工厂。产品已通过铁路产品（CRCC）认证、矿用产品安全标志认证、欧盟CE认证，“路德”商标被评为中国驰名商标，并通过马德里体系境外商标注册。该公司有行业科研平台2个、省级科研平台4个、省级院士工作站1个、国际科技合作基地1个，有国家“万人计划”人才1人、山东省泰山产业领军人才2人、泰山英才领军人才4人。已申请国家专利100项，获得省级以上科技成果奖15项，起草或修订各类标准37项。公司被省政府评为“山东省百家制造业高端品牌培育企业”“百年品牌培育企业”。

【泰山石膏有限公司】 该公司是以生产纸面石膏板为核心业务的新型建材企业，中国建材集团旗下的新型建筑材料生产企业、中国建材百强企业、中国最大的纸面石膏板生产企业、世界同行业第7名。在全国20个省（市、自治区）建立30条纸面石膏板生产线，拥有资产30亿元，主导产品纸面石膏板年生产能力达到8亿平方米，是亚洲最大的纸面石膏板生产企业。公司生产各种规格的纸面石膏板、装饰石膏板、护面纸、水泥缓凝剂、轻钢龙骨及相关配套产品等五大类60多个品种。主导产品“泰山”牌系列纸面石膏板及系统产品作为新型轻质建筑材料，用作隔墙、吊顶，充分满足现代建筑要求，具有防火、隔音、保温、抗震、保健等功能，广泛应用于工商业及民用建筑。公司已通过ISO 9001质量保证体系认证和ISO 14001环境管理体系认证，并成为国家环保总局倡导的“双绿色之星”企业。“泰山”牌系列石膏板产品获得“中国环境标志认证产品”“中国绿色建材名优品牌”“中国建筑装饰协会信得过推荐产品”“国家康居示范工程选用产品”。“泰山”牌纸面石膏板获评“中国名牌产品”，“泰山”牌商标被认定为“中国驰名商标”。泰山石膏的系列开发，拥有自主知识产权和专利技术与装备。公司的工艺技术、装备水平、产品能耗均达到国际先进水平，拥有专利486项，其中发明专利44项、实用新型专利396项、外观设计专利46项。

泰山石膏有限公司年产6000万平方米的纸面石膏板生产线是泰山石膏有限公司自主研发设计、全国单机规模最大的纸面石膏板生产线，凭借高生产效率、高自动化程度、低能耗等优点，跻身世界一流行列　（陈　阳　摄）

【泰山玻璃纤维有限公司】 1994年11月建，主要产品为无碱玻纤毡、方格布、无捻粗纱等。1997年3月，中国首条万吨无碱玻璃纤维池窑拉丝生产线投产。1999年11月，更名为泰安泰山复合材料厂。2001年7月，改制组建为泰安泰山复合材料有限公司；12月实现债转股后，更名为泰山玻璃纤维股份有限公司。该公司隶属于中国建材集团有限公司，是国家专业从事玻璃纤维及复合材料制品研发、生产、销售的国有大型企业。年末，总规模95万吨/年，是全球3大玻璃纤维制造企业。主导产品无捻粗纱、短切毡、方格布、多轴向经编织物、热塑性纤维、细纱（电子细纱及工业纱）及制品、耐碱玻璃纤维等系列产品，广泛应用于建材、交通运输、电子电器、化工、新能源等国民经济各个领域，远销北美、中东、欧洲、亚太等70多个国家和地区。公司是高新技术企业，拥有玻纤行业国家级企业技术中心、博士后科研工作站等研发平台，拥有国家认可实验室（CNAS）、DNV-GL认证检测中心、博士后工作站等创新平台，拥有自主产权的节能环保玻璃配方及高性能玻璃配方、大型池窑设计及建造、纯氧燃烧节能技术、大漏板弥散技术、全自动物流输送、大卷装拉丝与络纱工艺技术、废丝回收利用等核心技术。近年间，自主研发新技术、新产品400项，其中承担国家“863计划”3项、国家科技支撑计划1项、国际合作3项；拥有有效专利技术177项，其中发明专利17项；获得省部级科技进步奖17项，其中“高TEX数无捻粗纱的研制”获得国家科技进步二等奖。2013年被工信部和财政部认定为“国家技术创新示范企业”，2015年被工信部认定为全国首批“智能制造示范企业”。

【泰安兴华玻璃纤维有限公司】 该公司是山东省高新科技企业、全国“科技创新先锋”民营企业百强、全国玻纤工业协会会员单位。成立于1989年1月，前身为山东华耀玻璃纤维总厂。主要产品为360支无碱玻纤细纱、云母布和防火布，已通过ISO 9001:2000国家质量管理体系认证，无碱玻纤细纱年产量1000吨，玻纤云母布和防火布年产量1600万平方米。公司承担国家级“星火计划”1项，获得国家专利1项、山东省科技进步一等奖1项、山东省科技创新项目2次，玻璃纤维系列产品被中国建筑材料流通协会评定为“中国工程建设招标与采购〈重点推广产品〉”。公司2009年自行研发的“代铂炉分束拉丝”新工艺技术，填补国内一项空白，节能（点）45%，产量提高一倍，污染物达到零排放，率先在全国同行业成为节能环保效益型玻纤企业。

【新泰市齐阳玻纤有限公司】 该公司创建于2002年6月，是一家以玻璃纤维制品的研发、生产、销售为一体的高新技术民营企业。系中国玻纤工业协会常务理事单位，被中国玻纤工业协会评定为“玻纤行业重点生产企业”，在行业内率先通过ISO 9001:2000质量管理体系认证。有高效节能环保玻璃窑炉2座，其中18机、33机中碱球窑各1座，主要生产中碱玻璃球、玻璃纤维、玻璃纤维制品，产品销往河北、安徽、江苏、浙江、江西等10多个省份。

【泰安市顶尚新材料科技有限公司】 该公司成立于2009年7月，是泰安市首家集成墙板、石塑线条、PVC扣板科研、生产、销售为一体的综合性专业化、环保建材生产厂家，主导产品为集成墙板、石塑线条、PVC扣板等，拥有实用新型专利12项。

泰山玻璃纤维有限公司是世界同行业5强企业、国家重点高新技术企业、国家863科技成果转化基地、国家科技兴贸重点出口企业。技术研发实力雄厚，拥有全国玻纤行业唯一的国家级技术中心、首家企业博士后科研工作站，并被山东省人民政府授予“泰山学者”岗位。近年间，公司自主研发省级以上新技术、新产品400项，拥有专利技术50项，高TEX数无碱无捻玻璃纤维直接纱项目获得国家科技进步二等奖 （陈阳 摄）

【山东鲁泰建材科技集团有限公司】 该公司为市属第一批改制民营企业，集团拥有子（分）公司5家。主导产品为建材、化工两大类四大系列产品。其中，“自力牌”水泥电杆年产能10万条，位居省内第二；“鲁泰牌”纤维增强硅酸钙板年产能1000万平方米，位居长江以北第一、国内前五；“墙冠牌”涂装板和装饰保温一体板年产能100万平方米，位居省内前三、国内洁净板前三；“鲁泰德源牌”环氧树脂和固化剂年产能3万吨，位居省内第一。

蒙牛乳业泰安有限责任公司生产车间 （陈 阳 摄）

【肥城联谊工程塑料有限公司】 该公司成立于2002年9月，为专业生产各类土工格栅、土工合成材料等新型建材的民营高科技企业，经营范围涵盖建材、化工、旅游等领域。公司拥有国内先进的各类土工格栅生产线40多条，其中拥有德国进口经编机16台套，涂层设备11台套，钢塑格栅及塑料格栅生产设备12台套。公司为中国土工合成材料工程协会会员单位、世界杰出华商协会理事单位、省级技术中心和高新技术企业。先后获得“国家火炬计划重点高新技术企业”“全国产品质量监督抽查合格企业”“3·15质量信誉服务消费者满意诚信承诺单位”“山东省著名品牌”“省级守合同重信用企业”等称号。

食品药品业

【概况】 2019年，食品加工制造、饮料业16户，实现营业收入60.9亿元，下降4.1%；实现利润4.5亿元，下降10.6%。主要产品中，白酒1820.7万升，下降5.3%；小麦粉10.8万吨，下降3.3%；乳制品31.1万吨，增长7.9%；软饮料9.8万吨，下降5.1%。 （颜大龙）

【山东京卫制药有限公司】 该公司注册资本1亿元，前身山东洋泰制药成立于1993年，2001年易主更名为“京卫制药”。公司是国家级高新技术企业、山东省企业技术中心，建有山东省吸入制剂工程实验室，产能涵盖吸入制剂、喷雾剂、口服及外用液体制剂、口服固体制剂、原料药等，拥有多个国内独家新药、首仿药。公司建立完善的质量保证体系和安全环保职业健康体系，GMP&EHS体系得到战略合作伙伴强生制药集团的支持与认可，产品出口美国、澳大利亚、新西兰等50多个国家和地区，位列中国药品制剂出口前20强。

【蒙牛乳业泰安有限责任公司】 该公司是内蒙古蒙牛乳业（集团）股份有限公司在山东投资的分公司，2003年11月注册成立，拥有3大生产车间50条生产线，乳制品日生产能力达2100吨，是集生产冰淇淋、常温牛奶、酸奶于一体的综合性生产基地。生产三大系列160多个品项的产品。先后通过质量管理体系ISO 9001：2000、环境管理体系ISO 14001：2004、职业健康安全管理体系OHSAS 18001：1999、食品安全管理体系HACCP认证。公司先后被评为“2006年度全国优秀外商投资企业”“山东省消费者满意单位”“省级守合同重信用企业”“山东省热心慈善事业先进单位”“山东省首批履行社会责任达标企业”“山东省轻工行业安全生产先进单位”“泰安市十大农业龙头企业”“泰安市管理创新十佳企业”等称号。

【山东泰山生力源集团股份有限公司】 该公司是泰山酒业集团投资建立的股份制企业集团，有控股公司5个、参股公司3个。公司致力于生物发酵技术产品的研发与生产，技术及生产水平国内领先，先后建成国内发酵饲料行业最先进液态发酵、固态好氧与厌氧发酵生产线，年产能力达20万吨，为山东省饲料行业协会常务理事单位，泰安市饲料工业协会副会长单位。2019年，公司被认定为国家级高新技术企业。该公司先后与中国海洋大学、天津科技大学、江南大学、山东大学、山东农业大学、齐鲁工业大学等高校联合组建省级企业技术中心、泰安市固态发酵产业技术研究院及泰安市生物饲料工程实验室等研发平台；公司技术中心多次承担国家 863 计划项目、国家发改委农业循环经济项目、农业部农副资源利用项目、国家火炬计划项目、省科技重大专项等科研课题，拥有国家发明专利 5 项、实用新型专利 4 项。经过多年研发与工艺改进，先后开发畜禽微生态系列产品、酿酒酵母培养物、发酵豆粕、功能性小肽及膳食纤维等产品，为现代畜牧业的可持续发展、生态环保和食品安全贡献力量。

【山东泰山啤酒有限公司】 1979 年，泰安酒厂以啤酒生产车间为主筹建泰安啤酒厂。1988 年，啤酒生产能力 2 万吨。1997 年，啤酒生产能力 15 万吨，产品销量 12 万吨，“克利策牌”啤酒被授予省名牌产品称号。1998 年 10 月，通过 ISO 9002 国际质量体系认证。2000 年，改制为泰山生力源集团啤酒有限公司。公司引进全套德国克朗斯生产线，年产能力达 20 万吨。凭借先进、完备的工业设施和优美的景观规划，形成集生产、旅游、餐饮为一体的啤酒工业园区。公司主营业务为啤酒的研发、生产、销售，主打“泰山”“克利策”“泰山原浆”3 大系列近 20 种的啤酒产品。公司不断加大研发力度，成功开发泰山原浆系列（德式艾尔）和 IPA 系列特色产品，2018 年特色啤酒已占 70% 以上。公司设有省级企业技术中心，拥有山东省技师工作站、泰安市技师工作站两大平台。先后与山东农业大学、中国食品发酵研究院等单位，建立长期技术战略联盟。每年投入大量科研经费用于新品研发和啤酒酿造新技术的研究，技术革新与科技进步位于全国同行业前列。

【山东泰邦生物制品有限公司】 该公司前身为山东省生物制品研究所，是 2002 年重组成立的合资企业，系国家定点、山东省唯一的以血液制品为主，集科研、生产、经营一体化的国家级高新技术企业。公司有人血白蛋白、静注人免疫球蛋白、人凝血因子Ⅷ、人纤维蛋白原等在内的 10 个品种、25 个规格产品。公司于 2018 年投资 25 亿元建成占地 17.33 公顷的泰邦生物科技园，全面实现生产过程的“自动化、信息化、智能化”，是亚洲规模最大、设备技术领先的血液制品生产基地。被列为国家卫健委和科技部重大新药创制及产业化项目，省新旧动能转换生物医药示范项目，以及泰安市唯一的省级军民融合特色基地（园区）。在原料血浆保障充足情况下，园区实现 1500 吨血浆产能，供应 15 个品种、30 个规格市场急需血液制品，实现年销售收入 60 亿元，创税 10 亿元。公司先后承担多项国家“863”项目、国家重大新药创制专项及省级科技攻关项目，拥有专利技术 50 项。其中，2018 年上市的新一代人纤维蛋白原，速溶即用，解决临床大出血快速止血的难题。

【山东宝来利来生物工程股份有限公司】 该公司成立于 1996 年 8 月，是中国最早专业研究和生产动物微生态制剂的企业。动物微生态制剂是一种天然的生物活性制剂，无毒副作用、无耐药性、无药残，广泛应用于饲料厂、畜禽养殖企业，可有效替代饲用抗生素，有效解决因饲用抗生素滥用、化学兽药过量使用而导致大量多重耐药细菌产生、畜禽疫病爆发和食品安全等问题。该公司是国家高新技术企业、省技术创新示范企业、省“专精特新”中小企业、省农业产业化重点龙头企业、中国专利山东明星企业。通过 ISO 9001 质量管理体系、ISO 22000 食品安全管理体系和知识产权管理体系认证，获得中国驰名商标、山东名牌、山东优质品牌、山东知名品牌等称号，产品销售覆盖全国 30 多个省、市、自治区并出口东南亚多个国家，连续 4 年产销量位居国内同行业首位。

【泰安汉威集团有限公司】 该公司创建于 2010 年 11 月，专业化研发生产销售“动物营养品、化工新材料和医药中间体 & 医药”三大板块，产品在国内、国际市场拥有市场与技术的双领先地位。2018 年 10 月，成为泰安市首家主动针对美、日企业发起反倾销申诉并取得全面胜利的企业。先后获得国家级高新技术企业、中国民营科技促进会“优秀民营企业”、山东省“一企一技术”研发中心、山东省瞪羚标杆企业、山东省隐形冠军企业、山东省工程实验室、山东省优秀企业、山东省知名品牌、山东省优质品牌、泰安市“三强企业”、泰安民营企业 50 强、泰安市工业领军企业 50 强等称号，通过数十项国内、国际认证。

【山东众客食品有限公司】 成立于 2014 年，已成为集商品禽养殖及技术服务、禽肉屠宰加工、生物饲料研发及生产、农业物联网、行业大数据与分析、机械智能制造、畜牧产业服务为一体的全产业链生态型农牧食品企业。公司先后通过

ISO 9000管理体系认证、QS生产许可证、HACCP食品安全管理体系和ISO 220002食品安全体系认证，企业银行资信等级AA级。公司为“国家级高新技术企业”“国家级农业产业化重点龙头企业”“全国农产品加工示范基地”。建有“众客生物技术研发及食品安全检验检测公共服务平台”“山东省智能养殖与产业化工程实验室”等多个国家、省级科技创新平台。公司有肉鸭屠宰生产线2条、肉鸡屠宰生产线2条、熟食生产线1条，日宰杀能力60万只肉鸭肉鸡，年宰杀2亿羽，年总产量达100万吨；产品主要品牌为“众客”牌产品和“众客多”调理品、“爱鸭”熟食等禽肉产品，品种达100多个，主要销往北京、天津和东三省、长三角、珠三角等地，连续3年产销率保持在98%以上。

【山东润德生物科技有限公司】 2014年成立，以生物制品的研发、生产、营销、国际贸易、技术服务为核心业务，主营氨基葡萄糖系列产品。企业获得国家高新技术企业、国家制造业单项冠军示范企业、中国轻工业科技百强企业、国家级绿色工厂、国家知识产权优势企业、中国发酵产业十强企业等称号。公司拥有年产1万吨氨基葡萄糖生产线，实现氨基葡萄糖全产业链的绿色生产，产品质量达到欧美日国际标准。相关技术已被中国轻工业联合会鉴定为“国际领先水平”，并获得中国轻工联合会科学技术发明一等奖。

【山东银宝食品有限公司】 1980年建，原名肥城县肉联厂。1985年，肥城县肉联厂获得对苏联和中国香港、澳门的出口注册。1992年，成为美国麦当劳公司在中国大陆唯一的猪肉供应商。1994年，为国内第一批对新加坡出口注册企业。1995年，在国内第一家开办“放心肉”连锁店。2000年，改制为肥城银宝食品有限公司，并组建肥城银宝集团。辖子公司8个、放心肉食品连锁店200个、养猪基地100个、合同养鸡基地40个、蔬菜基地10个。主要生产经营银宝牌预冷鲜冻猪分割肉、鸡分割肉、熟肉制品、速冻手工水饺面制品四大系列、200个品种。获得ISO 9001:2000质量管理体系认证和HACCP质量体系认证。产品主要出口新加坡、俄罗斯等国家及中国香港、澳门地区，加工制熟后出口日本。国内在北京、上海、天津和济南、泰安等城市实行连锁经营。银宝被评为国家重点龙头企业、国家猪肉储备生产定点厂、山东省农业产业化经营先进龙头企业、山东省肉类食品行业先进企业、山东省生猪定点屠宰先进企业、山东省重点连锁企业、山东省消费者满意单位、山东省食品安全诚信单位，银宝分割肉食品被评为山东名牌产品、中国国际农业博览会名牌产品。

【山东金彩山酒业有限公司】 该公司创建于1948年，具备5000吨65度优质白酒、1.5万吨商品白酒、100吨硫酸软骨素生产能力。有子公司6家、分公司3家，设有市级技术中心、山东省轻纺行业劳模和工匠人才创新工作室等，与山东农业大学食品科学与工程学院合作建成校外教学科研实践育人基地，成为泰山学院生物与酿酒工程学院理事单位。注册有“彩山、泰山人家、三十二酒坊、恭王府”等商标，生产的彩山特曲系列酒先后获得省优质产品、省白酒十大品牌、省名牌产品、山东老字号、省白酒最具竞争力品牌，“彩山”牌商标为省著名商标。公司先后获得“中国质量500强”“省消费者满意单位”“省诚信企业”“省白酒综合实力三十强”“省低度浓香型著名企业”等称号，通过并推行质量管理、环境管理、职业健康安全、食品安全四大体系认证。

【宁阳晴好食品有限公司】 该公司成立于2009年12月，是集生猪屠宰、冷鲜肉加工、肉制品深加工和冷链物流配送为一体的综合性现代化食品加工企业。2019年，新上总投资1.1亿元的肉制品精深加工项目，已取得ISO 9001认证。该项目对原生产车间、生产线及制冷机房进行技术改造，扩建分割流水线，添置洗蹄机、烫头机、劈头机等生产设备；新建设高温消毒间、纸箱库、冷库换装间、实验室等；新上熟食加工及冷链物流项目，建设冷鲜库一座；同时新上污水处理系统、废气处理系统及在线监测系统。年内，项目进入安装调试新上生产设备阶段，进行试生产。

【山东社汇酒业有限公司】 该公司前身是山东东平酒厂，创建于1962年。2006年1月，更名为山东社汇酒业有限公司，以生产白酒、饮料酒、调味品、纸箱制造、副食、酒糟为主。独创“坞窖”发酵、双轮回池工艺，精选全五粮+三珍（芡实、菱角、莲子等湖珍特产）经典酿造配方，采用间歇续蒸二次蒸馏精萃技术，通过72天压池发酵将湖珍的安神、健脾、解酒、补元营养价值，与五粮原酒巧妙地结合在一起，确立产品独特风格口味。公司有白酒生产线两条、窖池600个，成品罐100个，酒缸500个，年生产白酒6000吨，其中，一品液系列酒出口到柬埔寨、尼日利亚、利比里亚、阿尔及利亚等国家和地区。

纺织服装业

【概况】 2019年，纺织、服装业74户，实现营业收入110.7亿元，增长1.3%；实现利润3.0亿元，下降3.5%。主要产品中，服装5470.0万件，下降1.9%；布1680万米，下降16.9%；纱14.5万吨，下降0.4%。

（颜大龙）

【山东岱银纺织服装集团】 该集团是一家集纺织、服装、进出口贸易、跨国生产经营于一体的大型综合性企业。系全国棉纺织行业竞争力排名前20强企业、全国服装双百强企业、中国优秀民营企业、山东省重点工业企业集团。通过ISO 9001国际质量标准体系认证、ISO 14001国际环境管理体系认证和OHSAS 18000职业健康安全管理体系认证，通过“国家AAAA级标准化良好行业”确认。各种系列的纱、布、毛呢、服装产品远销日、韩、东南亚、美国、欧洲共同体等国家和地区，在国内、国际市场上享有很高的声誉。集团培植发展的名牌产品“雷诺”服饰先后获“中国驰名商标”“中国国际服装服饰博览会金奖”“国家免检产品”“山东省名牌产品”等称号，销售网络遍布全国各大中城市。

【山东康平纳集团有限公司】 该公司始建于1998年，是生产高档毛纺面料和现代纺织染整装备的综合性企业，下属纺纱、织布、染色、整理4家分公司和泰安康平纳机械有限公司。公司主要生产高档粗纺呢绒、半精纺呢绒、精纺呢绒，羊绒、多组分纱线及各种纱线的染色加工，12个系列上千个品种。染整系列设备有自动化染色成套设备、多功能湿整设备、数控化后整理设备等。该公司是国家高新技术企业、国家技术创新示范企业、山东省创新百强企业、山东省智能制造标杆企业等。拥有国家认定企业技术中心等国家省部级研发机构，先后承担完成国家863计划、科技支撑计划、智能制造专项等国家省部级科研项目86项，获得国家省部级科技进步奖11项。公司以自主研发的国家科技进步一等奖成果——筒子纱数字化自动染色成套技术与装备，先后被列入国家首批智能制造试点示范项目、《中国制造2025》2017年度重大标志性项目、山东省新旧动能转换重点项目，“筒子纱智能染色工业示范项目”获得2018年中国工业大奖。

【山东平阳纺织有限公司】 该公司成立于1988年，1996年改制。公司先后被省政府评为“省先进私营企业”“省百强私营企业”，被青岛海关评为“诚信企业”，2010年获得“泰安市农业龙头企业”称号。公司有纱锭7.7万个，织机600台，年产“腾阳”（山东省著名商标）牌各类优质棉纱1.2万吨，服装、装饰用坯布1800万米。产品已通过ISO 9001质量体系认证，相继通过欧盟纺织品认证、BCI良好棉花认证、GRS全球再生环保认证，所产纱、布80%供出口。

【山东泰鹏集团有限公司】 1985年建，原名肥城县毛巾厂。1992年，与香港客商合资成立肥城市第一家外商投资企业——肥城泰鹏纺织有限公司，引进喷胶棉生产线1条，所产喷胶棉产品获“国家级新产品”称号。1996年，企业获得自营进出口权。1997年，组建山东泰鹏集团。集团下设子公司5个，其中新三板挂牌公司2个，国家级高新技术企业3个。主要生产环保滤材、智能家居、生态家纺三大系列产品。“安琪尔”家纺商标为“中国驰名商标”，拥有省级名牌产品2个、省著名商标1个。获得国家专利100多项，其中发明专利11项。为中国非织造

山东康平纳集团有限公司全自动生产线 （陈阳 摄）

布10强企业，山东省制造业单项冠军企业、山东省隐形冠军企业、中国产业用纺织品行业竞争力20强，山东省科技创新示范企业、泰安市工业领军50强。

【山东傲饰集团有限公司】 1997年4月组建，为肥城市首家省级企业集团，2003年8月改制后建设傲饰西服和新华印刷两大工业园，培育“傲饰”“康王河”两大品牌，涉足房地产开发并打造旅游、现代服务产业，奠定多元产业发展格局，着力培植服装定制、电子商务、力康医疗器械、兰山电气、数字印刷、泰山云海、宝蒂庄园红酒、芒果饮料以及翦云山风景区“山青世界”拓展基地，提升可持续发展的能力和空间。主导产品“傲饰”牌西服获得“中国驰名商标”，“康王河”酒获得“山东省著名商标”。傲饰服饰系国家铁道部、公安部标志服定点生产企业，山东省出口明星企业，2013年获得泰安市市长质量奖。新华印刷系国家印刷示范基地。康王酒业系山东老字号企业，老五甑酿酒工艺为泰安市非物质文化遗产。企业连续多年获得“省级文明单位”称号。连续多年进入全国服装行业销售收入、利润总额“双百强”。

【山东华兴纺织集团有限公司】 该公司创建于1987年，是集海洋生物新材料，各种棉纺、混纺纱线，各式功能性纺织品，生物医卫纺织品，航天航空及过滤防护等产业用纺织品的研发设计、加工生产、内外贸销售于一体的高新技术企业集团，为全国纺织服装500强企业，国家高新技术企业，是中国航天事业合作伙伴，拥有山东省院士工作站、博士后工作站、省级企业技术中心、省级工程研究中心。申报各种专利120项，获得授权的国家发明专利7项、国际发明专利5项、实用新型专利70项。起草制定《医用壳聚糖短纤维》《壳聚糖混纺针织面料》《壳聚糖纤维与棉混纺本色纱线》《壳聚糖纤维与某些其它纤维的混合物》《壳聚糖纤维脱乙酰度试验方法》等国家或行业标准10项。该公司先后获得“全国纺织工业劳动模范先进集体”“国家级守合同重信用企业”“泰安市工业领军企业50强”等称号，获得全国纺织行业管理创新大奖、第十五届中国制造业国际论坛中国精益制造大奖。公司的智能纺项目被评为“纺织行业工业互联网平台试点项目”，生态功能纺织品专业化智能化制造及绿色设计平台建设项目获评“2018年中央工业转型升级绿色制造工程专项资金扶持项目”，工业互联网全自动智能纺纱项目被列入山东省“新旧动能转换重大项目库首批优选项目名单”。

【海斯摩尔生物科技有限公司】 该公司是集海洋生物新材料、各种混纺纱线、各式功能性纺织品、生物医卫纺织品、航天航空及军品等产业用纺织品的研发设计、加工生产、内外贸销售于一体的综合性企业集团。公司自主研发的纯壳聚糖纤维及产业化项目是国家重点扶持项目，被列入中国化纤“十二五”规划，是山东省首批战略性新兴产业重点项目和山东省自主创新重点项目。公司拥有自主知识产权的核心技术，被认定为国家高新技术企业，中国航天事业合作伙伴，拥有山东省院士工作站、山东省企业技术中心、山东省壳聚糖工程技术研究中心、山东省多糖生物质工程实验室。申报国际、国家专利400多项，是9项国家标准和行业标准的起草单位。该公司曾获2013年中国纺织工业联合会科技进步一等奖、2015年中国纺织工业联合会科技进步一等奖、中国专利银奖、山东省科技进步二等奖等，获“全国纺织工业劳动模范先进集体”“全国青年文明号”“山东省新材料领军企业50强”“山东省瞪羚标杆企业”等多项称号。

【山东天源服装股份有限公司】 该公司成立于2011年，总投资11.75亿元，总占地面积18公顷，规划建筑面积20万平方米，有员工5000多人，机器设备5300台。与优衣库、H&M、迪卡侬等世界排名前十位的服装巨头达成战略合作伙伴关系；销售市场集中在中国、日本、美国、欧洲、东南亚等国家和地区。

冶金工业

【概况】 2019年，冶金工业9户，实现营业收入240.0亿元，下降8.7%；实现利润37.4亿元，下降15.8%。主要产品中，生铁360.5万吨，增长12.8%；钢材478.4万吨，增长6.6%；粗钢416.4万吨，增长11.2%。

（颜大龙）

【石横特钢集团有限公司】 简称石横特钢，地处山东省肥城市境内。经过49年的发展，逐步发展壮大形成以钢铁为主业，延伸至化工、金融等领域的产业格局，拥有新疆昆玉钢铁有限公司、山东阿斯德科技有限公司、山东鑫华特钢集团有限公司、泰安华鲁锻压机床有限公司等10多家子公司和控股公司，连续多年跨入中国企业500强之列，钢材产品主要有建筑钢筋、锚杆钢筋、精轧螺纹、圆钢、电力角钢等。2019年，企业位居中国企业500强第412位、中国制造业企业500强第196位、山东省民营企业品牌第12位；入选山东省制造业高端品牌培育企业名单，位列山东省百强企业第41位、山东省工业百强企业第35位、山东民营企业百强第23位；获评“泰安贡献力十强”。董事长张武宗获评“2019中国经济年度人物”，被中共山东省委评为山东省优秀共产党员、山东省优秀企业家。

生产经营　2019年，主要产品产量创历史最好水平，全年完成生铁产量578万吨、粗钢产量670万吨、钢材产量713万吨、焦炭产量240万吨、机械产品产量2.5万吨。全年实现营业收入425亿元，实现利润53亿元，上缴税金28亿元。其中，集团本部实现营业收入290亿元，利润40亿元，入库税金17.5亿元。2019年，获得全国优质钢铁企业评审委员会确认的“全国优质建筑用钢品牌”称号；获得2019年“卓越建筑用钢生产企业品牌”“山东省重大工程优质品牌”称号；预应力混凝土用螺纹钢筋被评为“2018年度山东省名牌产品”；“石特牌”入选“重点工程建筑钢材推荐品牌”名单，产品产销率完成100%。

工程建设　石横特钢本部实施大修项目48个、新建项目5个、改造项目36个。重点完成新建1号烧结脱硝项目、185t/h锅炉脱硫、脱硝项目新建球团脱硝项目、浓水深度处理项目BOT模式、冶金材料原料场、微粉车间水渣场棚化封闭、炼铁西区原料场及高炉除尘改造项目、炼钢厂散装料区域粉尘治理、二炼钢精炼炉除尘折叠式滤筒改造等环保项目改造。

企业管理　年内，石横特钢紧抓“三条生命线”，即产品适应市场能力、企业盈利能力和创新能力，调结构转方式，提升企业核心竞争力，本部吨钢利润连续9年处于行业领先水平，阿斯德科技、鑫华特钢、东昌焦化等子、分公司实现稳健、高效发展。企业管理与创新工作在省、地方与行业得到高度认同。《高效、长效、有特色钢铁企业管理模式的创建与优化》成果获得山东省企业管理现代化创新成果三等奖；《严细、精准、高效的轧钢特色管理体系构建与应用》《钢铁企业优质、高效、精细、共赢的供应链保障体系管理》获得泰安市企业管理现代化创新成果一等奖；《生态发展、绿色发展、持续发展并举的钢铁企业环保管理》获得泰安市企业管理现代化创新成果二等奖；编纂出版的《管理的力量》获得2019年度泰安市企业文化优秀成果一等奖。2019年，被山东省人力资源和社会保障厅评为“2019年度齐鲁技能大师特色工作站建设项目单位”；获批设立山东省博士后创新实践基地、泰安市博士后创新成果转化基地，为企业培养高技能人才打造新的平台和载体。

技术管理　持续完善重点经济技术指标体系及考核机制，继续保持“高新技术企业”资质和省级企业技术中心、山东省院士工作站两个技术创新平台，为企业转型升级提供强有力技术支撑。创建独具特色的经济技术指标体系，并不断优化提升。2019年，有可比性重点技术经济指标69项，达到同行业先进平均水平的57项，达到同行业先进水平的45项，达到行业领先水平的29项。技术创新实现新突破。全年鉴定验收2018年度公司级技术创新成果87项；12个项目通过山东省冶金工业总公司组织的科技成果鉴定验收，其中4个项目鉴定为国际先进水平，7个项目鉴定为国内领先水平，1个项目鉴定为国内先进水平。全年获授权专利5项，其中发明专利1项，实用新型专利4项。

循环经济　大力发展循环经济，企业多次被山东省政府授予“山东省节能先进企业”“山东省节能先

石横特钢集团公司与德国巴登钢厂建立战略合作关系。图为9月23日，双方开展新旧动能转换合作项目轧钢现场诊断会议　（李慧星　供）

进单位”等称号；绿色工厂建设典型经验被《中国冶金报》《中国环境报》《中国工业报》等数十家新闻媒体竞相报道，社会反响强烈。加大对各类煤气、余热蒸汽、水资源进行综合回收利用，循环水利用率、吨钢耗新水等指标保持行业领先水平，焦炉、转炉煤气实现零放散，高炉煤气利用率达到99%以上，烧结工序能耗、高炉工序能耗、转炉工序能耗、轧钢工序能耗等均处于国内同行业领先水平。重点进行料场扬尘综合治理，实现无组织排放的有“组织”管理；投资1.17亿元率先在全省实施烧结、球团脱硝新工艺，成为全省第一家实现超低排放的钢铁企业，效果与方法获得省环保厅高度认同并要求全省推广。“十二五”以后，累计投资30多亿元，在各生产系统安装脱硫、脱硝、除尘等废气治理设施100多套，噪音治理设施近300套、水循环利用和废水处理系统40多套，实现生产系统全过程的污染预防与控制。厂区新增绿化面积4.78万平方米，补植面积1.67万平方米；建设绿化景观13处、口袋公园休息区6处；开展北山绿化植树，共植树3832棵，1700人次参加义务劳动，员工保护环境、自觉美化环境的意识与积极性广泛提高。

企业文化 6月22日，《石横特钢之歌》正式发布。6月29日，召开企业歌解读会议，董事长对歌曲蕴含的精神内涵进行深刻解读。企业歌受到职工家属的传唱和关注，先后出现标准版、合唱版、广场舞版、儿童版等版本。9月，组织厂歌比赛，千余名职工踊跃参赛，营造和谐向上文化氛围。热心社会公益事业，参与各种社会公益活动。设立2000万元教育基金，年内，表彰奖励突出贡献的教师714名。出资3000万元用于泰安市见义勇为专项奖励，年内，奖励慰问见义勇为个人（群体）36人（个），奖励资金148万元。出资5000万元资助肥城市佛桃品牌建设。公司被授予“泰安市尊师重教先进单位”，公司党委被评为新时代泰山“挑山工”先进集体。支出大病困难补助、助学资助共计179万元，探望离退休、困难员工家庭435人次。开展表彰先进活动，重点对1个全国钢铁工业先进集体、2名全国钢铁工业劳动模范、10个重大绩效项目、6名劳动模范，记功嘉奖人员397人进行表彰奖励。

11月3日，宝武钢铁集团公司技术人员到石横特钢集团公司考察交流
（李慧星　供）

【泰安特种建筑用钢项目】 2月13日，特种钢项目部正式成立；2月14日，山东省正式将特种钢项目建设纳入全省“大盘子”谋划推进；4月12日，泰安市将特种钢项目建设列为“重点建设项目”。项目主要建设1460立方米高炉2座，配套C型料场1座、烧结机2条、球团生产线1条；100吨转炉2座、方坯连铸机2台；棒材生产线2条、高速线材生产线1条；配套建设石灰窑2座、制氧机2套、钢渣处理生产线、转炉煤气柜、总降压变电站、空压机站、铁路编组站及自动化卸车系统、燃气发电机组2套、余热发电机组2套及能源管控中心、澡堂等公辅设施。主要产品生产规模为生铁360万吨、钢坯420万吨、钢材460万吨。棒材产品主要定位于建筑行业大量需求的高强抗震钢筋、细晶粒钢筋、预应力混凝土螺纹钢筋、锚杆用热轧带肋钢筋等产品。重点发展500MPa级、600MPa级高强建筑用钢、800MPa级高延性锚杆钢、耐海水腐蚀高强钢筋、耐低温钢筋等高性能、特殊用途建筑用长材。2月26日，石横特钢与德国巴登钢铁公司签订《新旧动能转换项目——管理及团队效能提升诀窍转让合同》，派出3批共31人到巴登现场考察交流，巴登专家先后3次到企业进行现场诊断指导，为特种钢项目整体工艺装备和人均劳动生产率达到国内长材领域领先水平提供可靠保障。4—6月，特种钢项目完成各区域EPC总包和建安施工总包招标；至8月底，中钢设

备项目部、宝冶炼铁项目部、宝冶炼钢项目部、二十二冶项目部等陆续成立并进驻施工现场开始施工，为建设品牌工程，打造具有现代化气息的精品钢基地奠定基础。至年底，高炉区域、炼钢区域、轧钢区域、石灰窑、制氧区域土建施工、供发电等区域土建基础均按计划顺利推进。（李慧星）

【山东盛德大业新材料科技有限公司】 该公司成立于2015年7月，注册资金1.51亿元，是一家专业从事有机涂层板的生产及深加工研发制造的高科技企业。公司以0.1毫米超薄级高精度金属板材制造为主导产品，产品广泛应用于航空、机车、精密仪器仪表、汽车制造、电气产品等多个行业领域。获得“重点建设项目先进单位”“泰安市重点梯次培育企业”“泰安市三强企业”“泰安市50强企业”“环保红榜企业”“山东省两化融合优秀企业”“文明诚信民营企业”“泰安市民营企业50强”等称号。

金属制品业

【概况】 2019年，金属制品业38户，实现营业收入56.3亿元，增长13.7%；实现利润1.8亿元，下降22.5%。主要产品中，金属切削工具0.7万件，下降23.3%；锻件2.2万吨，增长10.8%。（颜大龙）

【山东九鑫集团有限公司】 该公司是一家以五金工具、医药日化为核心，多元化、多品牌发展的现代企业集团，入选2019年泰安市工业领军企业50强。公司为山东省机械工具制造基地龙头企业、中国五金制品协会副理事长单位，“中国工具五金30强”首批十强企业，山东省五金与衡器行业协会副会长单位，山东省五金制品行业金牌企业，山东省企业技术中心。主导产品有双头呆扳手、两用扳手、梅花扳手、活扳手、敲击扳手5大品种近500种规格，年产各类扳手1亿支以上，销售收入2亿元，其中双头呆扳手占全国30%以上的市场份额，是全国最大的呆扳手制造厂家，在全国同类产品中排名第一。公司通过ISO 14001环境管理体系认证、ISO 9001:2012质量体系认证及德国GS产品认证。自2000年始连续被评为“山东省名牌产品”。“泰山”商标自2001年始连续四届被山东省工商行政管理局认定为“山东省著名商标”；2012年4月，被国家工商行政管理总局商标局认定为“中国驰名商标”。

【山东润通齿轮集团有限公司】 该公司成立于2006年10月，是一家集铸造、锻造、齿轮加工为一体的综合性国家级高新技术企业，是全国技术最雄厚、规模最大的重卡齿轮生产基地。公司通过ISO/TS 16949:2009国际汽车行业质量管理体系认证、ISO 14001:2004国际环境管理体系、OHSAS 18001:2007职业健康安全管理体系认证和国家安全生产标准化企业认证。先后获得中国驰名商标、山东省瞪羚企业、山东省机械工业百强企业、山东省技术创新示范企业、国家级守合同重信用企业、山东省优秀民营企业、山东省创新型民营企业、山东省消费者满意单位、山东省五星级青年就业创业见习基地等称号。取得国家实用新型专利技术12项及国家软件著作权12项。

【泰安海狮钢球有限公司】 该公司主要生产销售钛铬合金、轴承钢、不锈钢、高碳钢、陶瓷、碳钢钢球等系列产品，产品规格从0.8毫米～50毫米，可生产级别G1000～G10。2019年，资产总额超过3000万元，有生产用专用设备200多台（套），年设计综合生产钢球能力3000吨。公司所有产品主要出口美国、日本、韩国、欧盟、东南亚等30个国家和地区，产品在国家工商总局注册商标，并通过TS 16949产品质量管理体系认证，主要产品商标有“海狮”“海鸥”。

橡胶和塑料制品业

【概况】 2019年，橡胶和塑料制品业31户，实现营业收入29.0亿元，下降16.4%；实现利润0.1亿元，下降5.0%。主要产品中，橡胶轮胎外胎（轮胎外胎）1136.1万条，增长15.3%；塑料制品13.2万吨，下降5.7%。（颜大龙）

【泰安鲁普耐特塑料有限公司】 该公司成立于2002年4月，是国家级高新技术企业、国家科技进步二等奖单位、山东省“制造业单项冠军”企业，主要生产航空航天、军事装备、海洋工程、船舶舰艇、安全防护、消防救援、体育户外、交通运输、日用五金等36个领域所用各种材料的高端“绳、网、线、带”产品，产品畅销欧洲、美国、加拿大、日本、澳大利亚、南美、中东以及非洲等全球110个国家和地区，是集绳网

鲁普耐特集团引进和吸收国外先进设备的制造经验，建设自动化、信息化、标准化程度较高的绳网智能生产车间。产品远销全球110个国家和地区，成为集研发、技术服务、生产和国际贸易于一体的综合性绳网产业集团。该公司已申报国家各类专利300项，不断致力于新材料的研发使用，将成果转化为生产力　（隋　翔　摄）

研发、生产制造、机械装备研制、国际贸易、技术服务、绳网艺术及文化为一体的综合性集团公司。公司拥有“综合院士工作站”、省级“认定企业技术中心”、省级“新材料绳网工程技术研发中心”、省级“绳网产业技术创新战略联盟”、省级“工业设计中心”，是全国唯一认定的“中国绳网研发基地”。公司先后获得“国家知识产权优势企业”“中国专利优秀奖”“中国纺织行业专利金奖”；参与制定国家标准6项，牵头制定纺织行业标准14项；获授权发明专利21项，实用新型专利91项；公司通过三体系认证、知识产权管理体系认证；先后取得CCS、CE、CCC、ABS、装备承制资格等多个国内国际产品和体系认证，成为国内绳网行业高端市场的引领者。

【泰安现代塑料有限公司】　该公司成立于1998年，是专业从事塑料土工合成材料研发生产的科技创新型企业。主要生产塑料土工格栅、长丝土工布、土工格室、工程纤维等新型土工合成材料，服务于公路、铁路、水利、环境治理等工程领域的软基础处理。产品市场遍布国内各省、市和自治区，并销往世界50多个国家和地区。2017年，TMP美国公司格栅生产线正式投产，实现中国土工格栅产品在美国本土制造销售。公司通过ISO 9001质量管理体系认证；产品通过中铁CRCC认证、欧盟CE认证；公司产品获得欧美第三方专业检测机构（TRI、SGI、BTTG）认可；公司是中国土工合成材料协会常务理事单位；公司被认定为山东省高新技术企业、省级企业技术中心；公司是泰安市工业领军企业50强。公司获得专利20多项、计算机软件著作权6项，其中发明专利2项，实用新型专利19项，拥有产品商标3个。公司先后获得“山东省科学技术进步奖”“泰安市科学技术进步奖”“泰安市科技创新先进单位”等称号。

水电气生产与供应业

【概况】　2019年年末，全市电力、燃气、自来水的生产和供应企业有规模以上工业企业49户，实现营业收入83.6亿元，增长5.9%，实现利润2.0亿元。　（颜大龙）

【电力生产与供应】　年内，完成全社会用电量204.72亿千瓦时，增长3.2%。其中，第一产业用电量2.47亿千瓦时，增长16.65%；第二产业用电量140.01亿千瓦时，增长2.28%；第三产业用电量29.91亿千瓦时，增长9.44%。新能源装机容量达到271万千瓦，占全市电力装机的43%，新能源累计发电32.55亿千瓦时，占全市发电总量的18.4%。

水力发电　总装机容量100.268万千瓦，包含装机100万千瓦的抽水蓄能电站和3家小型水电站。年内，累计发电量4.69亿千瓦时。

风力发电　总装机容量34.77万千瓦，年内，累计发电量5.56亿千瓦时。有风电场6家，其中东平3家、肥城3家。按企业划分，大唐装机15万千瓦，华电装机15万千瓦。

光伏发电　总装机121.8万千瓦，年内，累计发电量13.58亿千瓦时。其中，集中式光伏电站22家，装机85.47万千瓦，主要集中在新泰（11家）和肥城（7家）。

生物质发电　总装机14.4万千瓦，年内，累计发电量8.72万千瓦。包含垃圾发电3家、装机5.4万千瓦，农林生物质发电4家、装机9万千瓦。

（朱建华）

【国网新源山东泰山抽水蓄能电站有限责任公司】　该公司于1999年7月注册成立。位于泰安市西郊、京沪铁路北侧，为国家重点建设项目。工程总投资43.26亿元，分为上水库系统、厂房系统、水道系统和下水库系统：上水库为樱桃沟上游扩挖、填筑土石方而成，水库总库容1128万立方米。安装4台25万千瓦立轴单级混流可逆式水泵水轮机组，年发电量13亿千瓦时。首台机组于2006年7月11日正式投产，10月11日2号机组投入商业运行，12月7日3号机组投产，4号机组于12月20日并网，实现"三投一并"的目标，增强山东电网调峰、填谷、调频、调相和事故备用功能，有效利用高达460多万千瓦的夜间用电低谷电能，每年节约标准煤43.4万吨，节约燃油25.5万吨，提高电网运行效率。电站工程先后通过竣工验收和工程审计，获得中国建筑行业"鲁班奖"（国家优质工程）。2018年度发电量达到14.18亿千瓦时，提前完成全年发电量任务，增长138%，实现发电量跳跃式增长。

【国家能源集团山东石横热电有限公司】 国家能源集团山东石横热电有限公司位于石横镇政府驻地，占地240.9公顷，总装机容量1920兆瓦，职工1261人，是山东电网主力发电厂、国家特大型企业，隶属国家能源集团公司。全年完成发电量79.69亿千瓦时、售热量295.46万吉焦，上缴利税1.61亿元。

安全工作 完成庆祝中华人民共和国成立70周年等重要时段保电任务。开展季节性安全大检查、防洪防汛、危化品等专项检查，组织安全生产月、事故反思周和安全咨询日活动，开展应急演练18项。推进双重预防体系建设，治理隐患4300项。组织安全培训16次，参加培训人员4800人次，公司获得"全省电力行业培训先进单位"称号。严格外委队伍管理，签订安全协议，明确安全职责，下发考核通报300次，停工整顿5次，工程施工未发生安全事故。

生产环保 提高设备性能，完成1号机组A修、2-6号机组C修工作，实施检修项目7204项，重点完成1号汽轮机揭缸提效及寿命评估、5号机组低负荷脱硝改造等工作，1号机组修后热耗率降低92.55千焦/千瓦时。开展机组控降非停专项治理活动，发现并更换问题水冷壁管329根，加装防磨罩300件，拍片复检合格率100%；核查机组保护信号，信息台账准确度100%。拓展技术攻关，"主汽门失效机理研究""状态观测算法提升协调控制系统综合性能"两项成果顺利投入应用，创造经济效益270万元，获得山东公司科技进步奖；"优化控制逻辑提高RB功能可靠性"成果获山东省电力职工技术成果三等奖。增强环保治理，脱硫、脱硝、除尘、污水处理等环保设备运转正常，二氧化硫、烟尘、氮氧化物等排放达标率99.5%以上，三期脱硫废水排放改造如期完成。全年未发生环保不安全事项。

市场拓展 建立全员营销激励机制，7人次引荐签订1.59亿千瓦时售电合同；与特钢集团签订采暖蒸汽购销协议，创收86.98万元；高温水供热二期工程建设洽谈顺利，与肥城市住建局达成合作意向。提升副产品销量，粉煤灰实现销售收入4452万元。保供控价取得成效，全年采购煤炭360.43万吨。建立供应商准入集体决策制度，审核准入53家，所有标段投标价格临近市场底线。

企业管理 编制印发经济责任制、各级业绩责任书、生产经营综合计划，细化分解责任目标，完善奖惩机制，奖优罚劣，管理水平明显提升，扭转连续两年亏损的局面，绩效指标同比向好。"两个细则"及辅助服务补偿净收入1012.76万元，列山东公司第2位。节水措施落实有力，地下水补水量下降20%，红石湖上游长流水问题基本解决。开展一、二期水资源论证工作，通过省水利厅验收评审，办理2020年取水许可证。基础管理更加高效，全面梳理公司内部规章制度，有效衔接上级要求，修订72项、废止49项。围绕现场难点疑点问题，确定QC活动课题68个，24项成果创造经济效益300万元，仪控队炉控班获得集团公司QC小组成果三等奖。加强档案归集整理，整理入库科技档案408卷、文书档案2348件、照片146张；开展"国际档案日"宣传活动，制作《新中国记忆——石横电厂的历史沿革》等宣传材料。宣传"三供一业"分离移交国家政策，供水、供电、供热（供气）及物业管理职能顺利移交。 （许桂芸）

【国家能源泰安热电有限公司】 该公司成立于2013年12月，位于泰安高新区，占地面积46.71公顷，装机容量70万千瓦。两台35万千瓦热电联产超临界机组于2013年3月通过核准，同年12月开工建设，1号、2号机组分别于2015年8月7日、10月26日通过168小时满负荷试运。公司项目是按照国家"上大压小""节能减排"能源政策规划建设的现代化智能环保热电联供"示范工程"，在全省率先同步实施超低排放，机组节能降耗、超低排放均处于国内领先水平，打造泰安国际旅游城市的绿色工业名片。公司先后获得全国电力行业设备管理先进单位、中华全国总工会职工书屋、中国电力企业联合会AAA级信用企业，山东省环境保护技术监督先进单位、泰安市文明单位、泰安市五一劳动奖状、集团公司“五星级企业”，山东公司“突出贡献奖特等奖”等称号。投产以后，“安全 稳定 清洁”发电、供热，累计发电152.9亿千瓦时，供热1369.7万吉焦。完成春节、全国“两会”、迎峰度夏和中华人民共和国成立70周年庆典期间保电任务，完成冬季稳定供暖任务。

安全生产环保　建立健全安全管理监督体系，成立公司级、部门(车间)级、班组级三级安全网，严格落实安全生产责任制。建立健全全覆盖、全方位的安全环保制度体系，把安全环保管理责任、岗位责任、制度要求固化到作业流程和操作逻辑中。开展安全文明生产标准化建设，与现场设备检修、运行维护、现场保洁等有机结合，安全文明生产标准化水平达到区域内领先水平，2017年通过集团公司验收并持续改进。开展安全风险分级管控和隐患排查治理体系建设，双重预防体系运转良好，2019年，通过山东省电力企业协会验收。成立应急管理委员会，制定应急预案17项、现场处置方案27项，开展演练，落实应急保障建设责任。开展安全培训，邀请国家安委会专家进行专题讲座、开展安全生产大讲堂、春检、秋检及安全月活动等，提高全员安全意识。至年底，连续安全生产1607天。

供热增容改造　公司机组设计供暖能力1560万平方米，供工业蒸汽80吨/小时。公司供热管网与城区热力公司对接，已安全运行供暖季5个，是泰安市居民供暖主力热源点。为满足泰安市日益增长的供暖需求，年内，公司投资9600万元实施机组高背压改造和热网首站扩建，改造后机组供暖能力达1886万平方米。

经营管理　执行山东电力调度中心调度计划，落实网源协调要求，保障大电网安全运行，为全省经济社会高质量发展贡献可靠电力保障。开发直供电大客户，不断完善服务措施、提高服务质量，与山东省30家用电单位保持友好合作关系。积极适应电力市场改革，参与电力现货市场交易。制定《供热工作安全保障措施》等制度，及时进行供热管线巡检、消缺，保障供暖安全稳定。

企业治理能力　推进依法治企，落实“法治国家能源”建设要求，开展普法教育，组织“法治制度天天学”等活动，增强全员法律意识。建立健全公司制度体系，9大类74项制度规范各项业务流程、各项工作实现在线控制。推进科技创新，完善激励制度、保证研发费用投入，鼓励全员开展小发明小创造，3个项目获得国家专利。　（周　慧）

·国网泰安供电公司·

【概况】　年内，国网泰安供电公司辖14个职能部室、13个业务支撑和实施机构及新泰、肥城、宁阳、东平4个县（市）公司，担负着6个县（市、区）564万人口、252.6万用电客户以及7762平方千米区域的安全供用电任务。泰安电网以220千伏为主网架，网内有500千伏变电站3座，35千伏及以上变电站160座，变电容量14721兆千伏安；35千伏及以上输电线路350条，线路长度4659千米，电缆长度144千米；10千伏配电线路997条，线路长度1.35万千米，电缆长度1265千米。2019年，泰安全市全社会用电量204.72亿千瓦时，增长3.2%。全年完成固定资产投资13.89亿元，其中电网基建投资完成12.43亿元。至年底，实现连续安全生产7777天。

【安全生产】　深化“两体系一平台”建设，2657个岗位安全责任清单全面压实。建立网格化防护体系，15条直流近区线路“零跳闸”，220千伏及以上线路责任跳闸率降低42.2%。智能安全评定中心获评“全国电力安全文化建设优秀创新成果”。建成电网精准负荷控制系统，通过源网荷实战演练检验。开展“山林啄木鸟七啄五查”行动，排查治理安全隐患585项。完成春秋检任务680项，对13座变电站、12条输电线路实施老旧设备改造和反措治理，变电站消防隐患治理完成率96.3%。试点开展配网“出线+分支首端+分界”新模式，配电线路故障停运率降低30%。抗击“利奇马”台风侵袭，奋战48小时迅速恢复受台风影响的客户供电。

【电网发展】　开展“十三五”电网规划滚动修编，全省率先通过配电网网架成果审查。220千伏龙崮等19项工程安全投产，110千伏郑海等3项工程提前投运，投产线路635千米、变电容量112万千伏安。新建中低压配电线路1475千米，新增配变1018台，户均容量达2.66千伏安，联络率达95%，连续4年获国家电网有限公司“百佳工程”，低电压客户、重过载配变数量分别下降59.2%、28.9%。完成31项输配电线路迁改，助力5条城市主干道通车。

【优质服务】　投资8592万元建设东平黄河滩区迁建社区供电项目29个，惠及村庄25个。减免“低保户”电费430万元。落实一般工商业电价降价政策，减少客户电费支出9752万元。省“简化获得电力”专项行动现场推进大会在泰安市举办，率先共享营业执照等9类13项政务信息，实现企业“一证”办电、居民“零证”办电。“入户入心”走访56万客户，万户投诉数降低65.6%。开展工业绿动力等6大专项行动，实施电能替代项目177个，替代电量14亿千瓦时。试点能源电商“新零售”，构建“车桩险贷配”一条龙服务，充电量2503万千瓦时，增长35.6%。

【企业建设】 开展主题教育，集中学习1092次；推行党员量化积分管理，规范评价标准。党建典型经验在国务院国资委《国资工作交流》头条刊发。强化业绩导向，开展指标差异化评价，收入分配更加合理。4人分获“十佳服务之星”“国网技术能手”“齐鲁首席技师”等称号。项目化推进“山路·暖阳”有温度企业建设，建成“山路驿站”5处，职工价值感、获得感持续增强，公司获评市十佳职工信赖的职工之家。

（刘 钊）

信息产业

【新一代信息技术产业】 全市新一代信息技术产业规模以上企业27家，企业数占全市规模以上工业企业数的3.2%，其中泰山区11家，泰安高新区10家，新泰市和肥城市各2家，居前三位。实现营业收入136.3亿元，较上年同期下降1.7%，实现利润6.4亿元，较上年同期下降4.8%。编制完成《泰安市新一代信息技术产业发展规划》，确立大

山东海天智能工程有限公司，坐落于五岳之首的泰山脚下，是一家集智能机器人研发与生产、医疗大数据提取和应用、康复医联体、智慧医疗于一体的现代化高科技企业。公司研发的“脑控智能康复机器人”系列产品是世界首批适用于全肢体中风康复的机器人产品，被评为“中国改变世界未来的十大科技成果”之一。其核心技术已申请和授权发明专利65项，软件著作权13项

（赵文文 供）

视频、应用电子、泛物联网、军民融合、自主安全和第五代移动通信（5G）六大重点发展领域，明确发展路径和重点任务。泰山Office研发及产业化项目、晶泰星公司8K高清显示屏项目、泰山神农智谷大数据产业园项目等产业经济发展重点建设项目进展顺利。其中，泰山Office研发及产业化项目展厅、研发区、网络靶场、办公区域已全部完成装修并投入使用；泰山神农智谷大数据产业园项目科研办公大楼、数据中心、配套商业基础垫层工程完成90%；晶泰星公司8K高清显示屏项目购置固晶机、焊线机、点胶机相关设备191台（套）。

【两化融合】 信息技术产业服务支撑能力不断提升。山东大通前沿“智能交互信息系统V1.0”等3款软件入选第三批山东省首版次高端软件；山东思科赛德等11家企业申请省首版次高端软件保险补偿资金1252万元；岱庙街道、泰前街道入选全国第三批智慧健康养老示范街道（乡镇）名单。808家企业获上云支持资金665万元，征途信息列入“企业上云优秀体验中心”，肥城金塔列入“企业上云标杆企业”；山东能源重装等9家公司列入省级“现代优势产业集群+人工智能”试点示范。山东雷诺服饰“西装国际化高级定制及智能制造”等2个项目列入省级产业互联网平台示范项目。企业两化融合发展水平进一步提升，路德工程材料等4家企业完成两化融合管理体系贯标，山东一滕、肥城金塔等7家公司列入省“两化融合管理体系贯标试点企业”。积极推动5G及相关产业发展。启动5G移动通信基础设施建设发展专项规划编制工作；山东博达光电、山东征途等6家公司列入2019年山东省“5G产业试点示范企业及项目”。

【无线电管理】 组织业余无线电台操作技术能力验证考试（A、B类），

报名129人，考试通过A类36人，B类3人；审核录入业余电台27个，汇总统计全市在用无线电台（站）应缴频率占用费数据84条。完成高考、公务员招录考试、各类职业资格考试等考试保障任务21次，排查可疑信号85个，压制作弊信号3个；选派1名业务骨干，参加并完成海军成立70周年多国海军活动无线电安全保障工作；选派1名业务骨干参与中华人民共和国成立70周年重大活动无线电安全保障工作，完成频率需求统筹、规范台站使用；协调协助中央电视台申请转播临时使用频率22组，在技术彩排、演练和活动直播全程提供无线电安全保障，完成中央电视台转播泰山国际马拉松临时用频的频率协调、协助审批和现场无线电安全保障任务。

（韩　念）

【中国移动通信集团泰安分公司】 2019年，公司连续18年保持“省级文明单位”称号。公司获得集团公司企业文化示范单位、集团公司五四红旗团委、泰安市直机关先进基层党组织、泰安市直机关优秀党建工作品牌、山东省女职工专项合同规范化建设达标企业等称号。

业务发展 系统推进集团公司创世界一流“力量大厦”战略部署落地，2019年收入完成率100%，实现收入净利润双增长。移动客户总数超过362万，家庭宽带用户总数74万，物联网连接净增100万户，整体客户满意度连续保持业内领先。

网络能力 年内，投资2.21亿元，新建4G站点1195个，实现城区深度覆盖、98%以上行政村有效覆盖及泰山景区、高速高铁沿线连续覆盖；加快5G网络建设步伐，开通5G基站22个、5G室分26处，完成市政府大楼、泰山主要景点、各大营业厅、高校等重点场景5G网络建设；建设开通集客厚覆盖站点1456个，新建聚类端口3.22万个；光纤宽带全面普及，光纤到户覆盖增加11.6万户，实现千兆接入、百兆全面普及。

客户服务 贯彻落实国家提速降费、携号转网工作要求，手机上网流量单价、中小企业宽带平均资费分别下降30.3%、25%。狠抓产品品质提升及网络服务改善，推动网络质量、4G/家宽/集客满意度提升，推动解决排队时间过长问题，在集团公司第四期客户满意度测评中，公司4G、家庭宽带客户满意度实现双领先。（褚文文）

【中国联合网络通信有限公司泰安市分公司】 2019年，公司连续20年保持“省级文明单位”称号。

经营发展 聚焦创新合作战略和建设“五新联通”工作总要求，以高质量发展为牵引，加快互联网化转型，纵深推进划小承包，有效构建赋能体系，持续提升工作能力，落实竞争合作，呈现持续健康蓬勃发展的良好势头。加大资源投入，探索重点开发方向及重点拓展领域，跟踪和参与新兴产业合作、传统产业改造升级等项目，助推中小企业双创发展。大力支持中小企业拓展市场，推出降低成本、提升效率方案；推出双创云快线产品，给用户提供高性价比的网络+云服务，互联网接入费下降15%。组织开展“云光慧企”“物联头雁”“智领行业”“数智引航”“钉钉共创”等主题的信息化推广活动，全面推广“云+网+应用”的营销推广模式，为客户打包提供多种产品一站式选购服务，助力中小企业信息化水平提升。

网络建设 打造精品网络，行政村覆盖率由92%提升到95.65%；加快4G网络建设，城区覆盖率达到99%；推动5G网络建设，加快行业应用试点推广，5G上传速率达到190Mbps，下载速率达到1Gbps；与泰山景区管委会共建“5G+智慧泰山”联合实验室，与市政法委联合实施“5G远程示证”项目。坚持“百兆起步、千兆引领”，推出千兆公众宽带接入服务，城域网核心路由器带宽出口达到1680G。

客户服务 履行社会责任，通过推出特惠假日流量包、下调港澳台地区数据漫游资费等服务，落实提速降费要求。开展服务质量提升，开通消费者权益保护热线“10015”、推出异地业务服务、增值业务轻松查退业务和家庭宽带服务慢必赔服务。开展行风建设暨纠风活动、落实国务院大督查要求，建立长效机制，提升全员服务意识和客户感知。

行业建设 履行国企社会责任，响应、推进建设网络强国战略部署与“两个百年”奋斗目标，做好通信重保及各类网络安全工作。完成全省空地一体化消防演练、全省新旧动能转换会议、矿业设备展、国际登山节、国际马拉松比赛等重大活动通信保障任务。启动乡村振兴、脱贫攻坚战，完成电信普遍服务试点工作，为老百姓提供用得上、用得起、用得好、用得放心的通信服务。选拔“第一书记”和万名干部下基层人员，推出扶贫套餐和关爱残疾人套餐，通过资金、政策、网络扶贫，促进帮扶村脱贫致富。组织志愿服务队参与文明城市创建。

（丛绍芬）

【中国电信股份有限公司泰安分公司】 **贯彻落实国家重大决策部署** 实施“网络强国”战略，以基础网络为平台，结合云、物联网，培养网络技术与新兴业务的融合人才，打造DICT生态圈，实现本地云业务、物联网业务100%一点接应，物联网终端测试率由90%提升至100%。贯彻落实扶贫攻坚战略，为市委组织部推荐优秀党员任“第一书记”，通过党建翼联、扶贫帮困等常态化工作，夯实扶贫基础；协助相关部门引进光伏发电项目、强村固基项目，修建硬化村内道路，实现输血到造血的精准扶贫。

市场经营 2019年收入完成率100%，全业务收入增长2.2%，天翼累计新增用户完成率118%，超额完成目标。助力“互联网+”行动，提供综合信息服务。针对智慧城市、智慧园区、智慧交通进行大量调研、技术分析、商务运营模型设计及开发等工作。建成泰安公务车智能化信息管理平台项目，形成市、县、乡全市一张网。加大开放与合作力度，完成泰安市一批重点项目的支撑与合作，包括完成新泰河道局河长制信息化项目、泰山科技学院信息化项目、泰安市政府公务车管理平台二期项目等重点项目，促进泰安智慧城市建设。

客户服务 响应国家宽带提速降费号召，开展提速降费专项行动。严格实施实名登记工作，至年底，实名率达到100%。履行社会责任，进行“防诈骗”公众教育和宣传引导。畅通社会监督举报渠道，在本地客服和“10000”客户服务热线建立通信诈骗举报受理流程。参与政府推出的各项活动，提升社会口碑。参与泰安市政风行风热线及省公司阳光政务热线活动，倾听客户心声，在线解答民生问题，反馈落实客户建议。向社会郑重重申“用户至上、用心服务”服务理念，履行《消费者权益保护法》等法律法规规定的义务，主动承担社会责任。

网络建设 响应国家“网络强国”政策，持续提升网络覆盖质量和服务提供能力。开展“移动及光网质量双提升”专项工作。聚焦移动网和光网投诉率压降、断站率、OLT脱网率4项影响用户感知的重点指标，通过开展双路由建设、隐患整治、投诉压降、基础管理提升等行动，机房监控覆盖率提升至99.8%，汇聚层交接机双路由占比提升至99%，网络健壮性进一步提升。移动和光网网络质量万用户投诉率环比下降90%以上，宽带装移机履约准时率保持在99.46%以上，宽带修障及时率为100%，宽带装移修满意度保持99%以上，用户满意度进一步提升。（李　倩）

【中国铁塔泰安市分公司】 年内，公司坚持党建引领，深化共享协同，推动转型升级，开创两型企业建设新局面。获得泰安市直机关优秀党建品牌、山东铁塔示范党委、泰安市职工职业道德建设先进单位、市级文明单位等称号。

政府支持 加快布局建设全市移动通信基础设施和新型“智慧城市”，与各级政府和企事业单位签订战略合作协议。纳入泰安市城乡规划委员会，通信基站布局专项规划通过市政府和县（市、区）政府审批。入驻泰安行政审批服务大厅，开设通信基础设施一站式服务窗口，通信基础设施建设纳入建筑工程规范审批。成为泰安市应急管理委员会、防汛抗旱指挥部、地下空间规划建设管理试点工作领导小组、旅游满意度提升工程领导小组、高速公路重点项目推进工作领导小组、森林防火指挥部成员单位。

协同发展 树立行业命运共同体意识，践行协同发展共赢理念，满足客户低成本、差异化移动网络覆盖需求，年度需求满足率97.8%。加强维护资源投入，开展设备、资源数据和铁塔隐患整治。完成重要节假日、抗击台风“利奇马”、泰山马拉松、国际登山节、全省徂徕山森林防火和东平湖防汛抢险应急救援演练等通信保障工作。推动“转改直”、电费压降和窃电整治，为客户降本增效。坚持服务月报制度，完善服务体系，优化服务流程，提升客户感知，通过“铁塔服务吧”和“96096”服务热线平台，关切响应客户诉求，年度客户满意率达99%。

社会共享 顺应共享经济时代发展形势，推动行业共享向社会共享纵深迈进，加快转型发展步伐，培育打造价值创造和成长发展能力。优化资源合作体制，服务社会共享，实施高新区新动能可视化督导视频监控、泰山景区森林防火监控、大气自然净化能力检测、石化电力保障、扬尘哨兵、新泰智慧城市、充电桩项目。（郭　建）

编辑　校对　　刘　凯

交通·邮政

交通综述

【概况】 全市交通运输系统围绕市委、市政府工作部署，坚持稳中求进工作总基调，加快交通基础设施建设，优化交通运输结构，提升运输服务水平，积极寻标对标，全力“七赛七比”，勇做新时代泰山“挑山工”，努力当好经济社会发展先行官。年内，全系统建成省级文明单位12个、市级文明单位15个，市交通运输局被省交通运输厅推荐为“全国交通运输系统先进集体”。

【交通基础设施建设】 全年完成交通建设投资132.56亿元，增长158.7%。其中，公路建设完成投资129.86亿元，港航建设完成投资2.7亿元。实施国省干线公路升级改造，完成养护大中修里程80.5千米。加快农村公路建设，新建和改建农村公路1054.4千米，改造危桥19座，完成投资13.99亿元，全市农村公路通车里程达到1.47万千米，行政村通油路率达100%。年末，全市公路里程1.60万千米，比上年增加386.6千米，公路密度每百平方千米205.8千米。

【运输经济】 年末，全市有道路旅客运输经营业户15户、道路货物运输业户数4193户，客运营运线路256条，年平均日发877.6班次；全市客运车辆保有量959辆，货物营运车辆3.14万辆，大型以上载货汽车比例达到65.2%；全市集约化客运线路56条，集约化客车比例达68.3%。拥有跨省运输经营国内水路运输企业4家，船舶82艘，运力5.4万载重吨；拥有市内水上旅游企业6家、1267客位；浮桥企业8家；无船承运企业1家。全市公路水路运输完成客运量2956万人、旅客周转量20.1亿人千米；完成货运量8641万吨；货物周转量168.4亿吨千米。城市公交、客运出租汽车客运量达到1.68亿人次。完成春节假期运输和重大节假日运输保障及应急运输任务。

【依法行政】 推进法治交通建设，公开行政执法主体、执法依据、执法程序、执法结果、执法承诺和监督办法，落实行政许可与行政处罚“双公示”制度。深化行政审批制度改革，推进简政放权和流程再造，编制《业务流程图》《服务指南》，动态梳理调整行政权责清单和政务服务事项241项，54项行政许可的受理及发证环节，划转市行政审批服务局，基本实现“一枚印章管审批”改革目标。推进“双随机、一公开”制度落实，制定部门联合检查事项

8月18日，交通运输部党组成员、副部长刘小明（前排左三），副省长凌文（前排左二），省交通运输厅党组书记、厅长江成（前排右一）现场观摩泰安市“司机之家”建设情况，市委书记崔洪刚（前排右三）陪同活动（张 文 供）

2019 年全市公路通车里程统计

表 6　　单位：千米

技术等级 行政等级	合　计	高速公路	一级公路	二级公路	三级公路	四级公路
国　道	542.3	162.9	212.1	167.3	—	—
省　道	735.9	121.5	65.3	457.1	92	—
县　道	1605.2	—	59.4	640.9	693.7	211.2
乡　道	2294.6	—	24.1	159.5	489.1	1621.9
专用路	23.1	—	—	—	23.1	—
村　道	10773.5	—	12.9	269.6	542.1	9948.9
合　计	15974.6	284.4	373.8	1694.4	1840	11782

清单、局检查事项清单、执法人员数据库和检查对象数据库。落实公平竞争审查制度，建设统一开放、竞争有序的市场体系。推进执法信息化建设，建设行政执法全记录信息化系统。年内，市行政审批中心交通窗口办理审批服务事项 3.9 万件，事项办结率、群众满意率均达到 100%。开展旅游客运市场、客运出租市场、普通货运市场专项整治，完善投诉举报快速反应机制，办理行政复议应诉案件，规范道路水路运输市场秩序。推进道路货运车辆检验检测改革，加强检测企业"三检合一"（货车年审、年检和尾气排放检验）和综检联网系统建设。推进驾培服务"先学后付、计时收费"，全市所有驾校实现先培后付。依法加强路政、运政、航政管理，检查营运车辆 26 万辆次，查处违章违规车辆 1.24 万辆次。加强治超站点规范化建设，完善路面监控网络，干线公路车辆超限超载率控制在 4% 以下。依法加强交通建设市场管理，强化工程质量监督，规范建设市场秩序。

（张　文）

公　路

【概况】　至年底，全市公路里程 1.6 万千米，增加 386.6 千米，公路密度每百平方千米 205.8 千米。按行政等级划分，国道 10 条、542.3 千米，省道 10 条、735.9 千米，县道 103 条、1605.2 千米，乡道 2294.6 千米，专用公路 23.1 千米，村道 10773.5 千米；按技术等级划分，高速公路 7 条、284.4 千米，一级公路 373.8 千米，二级公路 1694.4 千米，三级公路 1840 千米，四级公路 1.18 万千米。

【高速公路建设】　配合山东高速集团有限公司、齐鲁交通发展集团有限公司、葛洲坝集团济泰分公司加快推进高速公路项目建设，全市高速公路在建项目 8 个，总里程 332.4 千米。青（岛）兰（州）高速公路泰安至东阿段，项目于 6 月底建成通车，比计划工期提前 6 个月。青（岛）兰（州）高速莱芜至泰安段，起于京沪高速公路济南市莱芜区颜

济（南）泰（安）段高速泰安段施工现场，年底实现主线贯通　（陈　阳　摄）

四通八达的高速公路 （陈阳 摄）

庄镇，在角峪镇入泰安境，途经岱岳区、泰山区、泰安高新区，在徂徕镇与在建济泰高速公路连接，向西利用泰新高速公路加宽扩建至泰山立交枢纽，泰安境内长39.7千米，年内项目完成永久用地交付209.29公顷，清表完成99%，路基工程完成53.9%，桥涵工程完成18.2%。董（家口）梁（山）高速宁阳至梁山段，起于京台高速宁阳县磁窑镇，途经宁阳县，穿汶上县，经东平县至梁山县，泰安境内长70.1千米，双向四车道，永久用地交付、清表、坟墓迁移、房屋拆迁等全部完成，路基工程完成97.2%，路面工程完成33.7%，桥涵工程完成87%，房建工程完成22%。董（家口）梁（山）高速新泰至宁阳段，起于京沪高速公路新泰南立交东，途经新泰市、宁阳县，连京台高速公路，接在建的董梁高速宁阳至梁山段，路基工程完成95.4%，路面工程完成23%，桥涵工程完成59.8%，房建工程完成17%。新泰至台儿庄高速，起于京沪高速新泰南立交，经新泰市、临沂市至枣庄市，泰安境内长6.28千米，双向四车道，路基工程完成30.3%，桥涵工程完成49.8%，隧道工程完成25.68%。（北）京沪（上海）高速改扩建工程，起于莱芜枢纽立交，途经新泰市、临沂市至鲁苏界，由双向四车道扩建为双向八车道，年内完成永久用地交地181.64公顷，清表完成100%，路基工程完成86.8%，路面工程完成38%，桥涵工程完成66.93%，隧道工程完成96.4%，交通安全设施完成17.9%，房建工程完成10.28%。（北）京台（北）高速改扩建工程，起于泰山枢纽立交，途经泰安高新区、岱岳区、宁阳县，向南至鲁苏界，由双向四车道扩建为双向八车道，完成桩基2199颗，立柱517根，承台249个，填方273.1万立方米，挖方108.1万立方米。济（南）泰（安）高速公路，起于济南市绕城高速公路与二环东路南延交叉处，在徂徕镇东北部接泰新高速公路，泰安境内31.4千米，双向六车道，项目永久用地交地、清表、房屋拆迁等工作全部完成，路基工程完成75.6%，路面工程完成11.5%，桥涵工程完成87.1%，隧道工程完成90.6%，房建工程完成33.3%。加快推动泰安至东平高速公路前期工作，在取得省政府批复同意后，10月30日，完成项目投资人招标工作，各专项报告编制工作同步展开。

【普通国省道建设】 全年完成普通干线公路建设投资9.5亿元，组织开展在建、新开工项目9个，完成改建和大中修39.9千米。G341黄（岛）海（晏）线肥城市仪阳至石横段改建工程，S103济（南）枣（庄）线泰山区莱肥路口至埠阳庄大桥段大修工程、S326泰（安）商（老庄）线岱岳区大官庄至堰北加油站段中修工程、泰安市普通国省道命名编号调整工程顺利完成。2个涉航桥

S329泰（安）肥（城）西延 （张文 供）

梁改造工程，克服管涵等施工难题，S243泰（安）梁（山）线王台大桥、G105（北）京澳（门）线流泽大桥西幅桥改造完成。重点项目S103济（南）枣（庄）线泰新高速立交桥至新泰泗水界段改建工程，争取省厅追加列入“十三五”规划，并顺利开工建设。S104济（南）微（山）线济南泰安界至肥城仪阳段改建工程和S243泰（安）梁（山）线肥城桃园至东平大羊段改建工程等2个改建工程，完成年度投资计划。

【普通国省道养护】 加强预防性养护和精细化养护，对S326泰（安）商（老庄）线肥城段进行维修，全市普通干线公路优良路率达94.01%。加强桥梁管护，维修加固S103济（南）枣（庄）线孙家庄桥，G205山（海关）深（圳）线北师桥、十字河桥、高峪铺公铁立交桥等三、四类桥梁4座。加强公路驿站运营管理，拓展延伸服务功能，新建G342日（照）凤（县）线宁阳县东疏，S243泰（安）梁（山）线肥城市潮泉、东平县梯门，S326泰（安）商（老庄）线岱岳区夏张、东平县纸坊公路服务设施5处。

【路政管理】 依法维护路产路权，加强对高速公路两侧建筑区管理，维持公路养护作业现场秩序，强化与公安交通管理部门、高速公路运营单位联动机制，维护高速公路安全畅通，依法查处各种违反路政管理法律、法规、规章案件，全年完成路政巡查43万千米，处理路政事案134起。参与重大涉路工程现场勘察和方案审查，公路工程交工、竣工验收，协助办理涉路工程安全施工审批11件，加强对审批事项的事中事后监管。参与路域环境综合整治，对全线违法建筑展开综合治理，推进路域环境整治工作常态化。

【农村公路建设管理】 推进“四好（建好、管好、护好、运营好）农村路”建设，加快实施农村公路“三年集中攻坚”专项行动，实施路网提档升级、自然村庄通达、路面状况改善、运输服务提升“四大工程”，年内完成投资14亿元，完成新建改建农村公路1054.4千米。推进交通精准扶贫工作，帮扶65个扶贫重点村、第一书记帮扶村建设扶贫道路131.8千米。全市所有贫困村达到“道路通畅”扶贫标准，具备条件的贫困村全部通公交车或客车。加强极端天气农村公路保通工作，台风“利奇马”过境后，督导组织开展应急

9月17日，泰安市岱岳区九女峰片区25千米的环山公路，把19个特色村庄集合成片 （陈阳 摄）

抢通和灾后重建工作，全市累计出动940人次、344个机械台班，累计抢通（修复）公路20处，塌方25处，护坡130处，修复路基1.13千米，水泥路面1.36千米。开展公路限高限宽设施和检查卡点专项清理行动。按照交通运输部、省交通运输厅公路限高限宽设施和检查卡点专项清理行动要求，排查整改农村公路限高架193个、限宽架94个。

【“三通”（村村通、巷巷通、户户通）工程建设】 改善农村居住环境、提高群众生活质量，推进路硬化、美化，结合推进“四好农村路”建设，市委、市政府确定实施农村道路“三通”工程。除近5年间纳入搬迁、撤并、黄河滩区搬迁规划和已纳入城区建设规划的村庄外，全市范围内符合城乡发展规划的2701个行政村全部纳入“三通”实施范围。对纳入城镇化建设、乡村振兴示范片区范围的行政村、扶贫工作重点村，优先安排建设计划。对分散居住离行政村村民聚集地较远的住户，逐步实施“三通”建设，力争利用2—3年时间，基本实现农村道路硬化全覆盖，为打造新时代美丽、生态、宜居、幸福村庄提供有力交通保障。其中，2019年计划1000个行政村达到“三通”建设标准，2020年1200个行政村达到“三通”建设标准，2021年完成扫尾工作，巩固提升“三通”建设成果。2019年，全市80个乡镇、1396个行政村启动“三通”工程，完成投资20.83亿元，硬化入户道路3921.3千米，1294个行政村实现“三通”。

（张　文）

7月25日，东平王台大桥涉航桥梁改造完工通车　（司　刚　摄）

【王台大桥涉航桥梁改造完工通车】 7月25日，S250肥（城）梁（山）线王台大桥涉航桥梁改造工程顺利通过交工验收，正式通车。该桥建于2005年，桥长825.34米，桥宽13米。2018年3月开始改造提升，拆除原桥的5孔箱梁，对16孔箱梁进行同步顶升，让整座桥梁由平面桥变成了拱形桥，达到了通航要求。该次王台大桥涉航桥梁改造施工中共创4个“泰安之最”：现浇单孔桥跨度最大、深基坑深度最深、首个使用断柱顶升技术、第一座系杆拱桥。同时，王台大桥处于S250、S255两条省道重合段，西邻东平湖，南接梁山县、汶上县，是进出东平水浒影视城、东平湖旅游景区的重要交通干线，是发展东平湖旅游的交通要道，对促进东平区域经济发展和旅游开发也具有重要意义。

（张　建）

公共交通

【概况】 年末，泰安城区拥有公交线路142条，公交车2403辆，完成公交客运量8680.4万人次。其中，市公共交通公司拥有公交线路71条，公交车2070辆，纯电动、混合动力等环保型占运营公交车辆总数的68%；市第二公共交通公司拥有公交线路71条，公交车333辆，纯电动、混合动力等环保型占运营公交车辆总数的86%。

【公共交通管理】 落实公交优先发展战略，加快公交车辆增新扩容，优化公交线网布局，推进公交线路向居民小区、旅游景区、学校及泰安城区周边乡镇（街道）延伸，提升公交服务承载能力。年内，泰安城区新增公交车60辆，新开通公交线路20条（含通达县市7条），优化调整公交线路24条。做好市政中心停车场重要节假日期间对外开放旅客疏导及公交摆渡工作，开通临时公交旅游线路，营造良好旅游交通环境。推进通达县（市）客运班线公交化改造，开通公交线路7条，继续实施“一小时免费·优惠”换乘、延时服务、残疾人和65岁以上老年人免费乘公交等惠民措施，提高公交社会服务满意度。推进“交通一卡通”建设，完成“交通一卡通”系统升级、技术准备等工作。

【公交场站建设】 加快城市公交基础设施建设，方特公交枢纽站项目完成地面硬化，建成充电桩、办公用房、厕所等必要设施并投入使用；山口镇公交枢纽站项目取得环评、立项等前期手续，完成地上附属物清理及围墙工作；推进光伏发电项目建设和充电基础设施建设。年内，建成乡镇村公交首末站11个。

（张 文）

水 运

【概况】 年末，全市航道通航里程145.95千米，客运码头10个，拥有跨省运输经营的国内水路运输企业4家，船舶82艘，运力5.4万载重吨；拥有市内水上旅游企业6家、1267客位；浮桥企业8家；无船承运企业1家。

【港航基础设施规划建设】 港航建设完成投资2.7亿元，统筹推进东平湖湖区航道、大清河航道、港口作业区等项目建设，京杭运河东平湖湖区航道工程完成航道开挖疏浚、标志标牌安装及航标布设，具备通航条件。京杭运河大清河航道工程施工图设计获批，开展林地占用和市级湿地自然保护区生态影响专题报告的报批工作，完成工程监理、施工招标。东平港老湖作业区基本完成主体工程。

【水上运输行业管理】 加强水上运输市场管理，严格落实市场准入制度，开展水路运输企业经营资质核查，泰安市水运企业19家，通过核查18家（山东润强供应链管理有限公司因未开展业务，所以未进行年度核查），通过核查的货船75艘，共计2.61万总吨，5.4万载重吨；旅游客船52艘，1267客位。推行海事管理规范服务，办理海事业务470件。加强水上交通安全管理，开展安全检查10次，检查企业28家次、发现整改问题84项，全市水上交通安全生产形势持续稳定。（张 文）

行业管理

【客运行业管理】 优化运输结构，提高运输效率，促进行业转型升级。开通泰安至东平、泰安至新泰、泰安至莱芜、泰安至肥城定制客运班线，投入车辆27辆。扩大道路客运企业经营自主权，推行道路客运服务质量招投标，推进道路客运经营主体结构调整。承接省级下放的省、市际班线许可事项，年内下达行政许可12个，落实40辆省际客运包车招投标工作。扩大道路客运集约化经营规模，提高企业集约化、规模化和组织化程度，全市集约化线路56条，集约化客车占总量的68.3%。开展道路旅客运输市场专项整治活动，加强道路客运市场秩序监管，严查未经许可擅自从事道路旅客运输经营、客运车辆超员超载、站外揽客、不按站点停靠等违法违规行为，规范市场秩序，提高服务质量。

【货运行业管理】 推进货运公司化改造，发展新型货运组织方式，培育道路货运龙头企业，加快物流企业功能整合，推进传统道路货运向现代物流转型。加快运力结构调整，发展厢式、冷藏、罐式、集装箱等标准化货车，推广甩挂运输。继续开展危险货物运输行业安全生产专项整治行动，对安全管理基础薄弱、达不到许可标准的企业予以关停，注销不符合许可条件的危险货物运输企业1家。推动营运车辆“三检合一”（尾气排放检测、安全性能检测、综合性能检测）政策，调整危险货物运输车辆“道路运输证”年审日期，与车辆“行驶证”审验日期和检测日期在同一个月度内办结，提高便民服务效率。开展质量信誉考核工作，评定AAA级危险货物运输企业10家。提高车辆安全技术性能，推行智能视频监控和防碰撞技术，自3月1日起，新购置危险货物道路运输车辆必须前装智能视频监控报警装置。鼓励在用危险货物运输车辆安装智能视频监控报警装置，已安装防碰撞装置70部。推动危险化学品运输车辆源头监管，全市60%以上危险品运输企业、400辆营运车辆使用电子运单系统。

【“司机之家”建设】 4月，国务院办公厅转发交通运输部等13部门《关于加快道路货运行业转型升级促进高质量发展的意见》，明确提出维护货车司机权益，加快推进“司机之家”建设。泰安市委、市政府积极落实交通运输部、中华全国总工会实施全国“司机之家”建设试点工作要求，将“司机之家”建设列入为民办的重要实事，全力推进试点工作。围绕货车司机群体的基本出行和生产生活服务需求，在完善停车、餐饮、休息、淋浴、洗衣、维修等基本功能基础上，延伸拓展“司机之家”服务功能。年内，建成“司机之家”5个，1个被评为全国“品牌服务司机之家”，是山东省建成并投入运营最多的地市。交通运输部联合中华全国总工会，于8月18日在泰安召开“司机之家”建设工作推进现场会，对泰安市司机之家建设情况进行现场观摩。

【客运出租行业管理】 开展行业服务质量提升活动，加强客运出租市场秩序整治，严厉打击出租汽车违法违规运营行为，累计检查车辆1600辆次，查处违规出租车300辆次。加大出租车违规投诉处理力度，对投诉属实违规出租车，除按照相关法律法规进行处罚外，将其违规行为录入电子诚信档案，实行电子档案跟踪处理制度，与企业质量信誉考核相挂钩。开展出租汽车行业服务品牌创建活动，组建“爱心车队”“雷锋车队”品牌车队，开展“爱心送考”“关爱孤寡老人”等社会公益活动，提升客运出租行业形象。

【机动车维修行业管理】 落实《中华人民共和国道路运输条例》《机动车维修管理规定》要求，将机动车维修“经营许可”变更为“经营备案”，将机动车维修经营备案管理全部下放到县级交通运输主管部门。严格执行汽车维修企业开业条件和安全生产监管要求，加强事中事后监管。落实“放管服”改革要求，推动全市汽车综合性能检测企业实现尾气排放检测、安全性能检测、综合性能检测“三检合一”设施设备升级改造。落实全市营运货车安全、综合性能检测“两检合一”规定，采信营运货车安检报告，减少综合性能检测项目。改进出租汽车车辆年度审验工作，对审验“车辆技术状况”项目直接采信车辆安全技术检验报告和公安部门检验合格标志，审验周期以车辆安全技术检验周期为准，方便运输业户，降低检测费用，减轻业户负担。年末，全市有各类汽车维修业户710家，综合性能检测企业8家。加强车辆技术等级评定检测管理，完成营运车辆技术等级评定2.16万辆次，营运客车类型等级评定1386辆次。落实《道路运输达标车辆核查工作规范》，新许可车辆达标车型核查合格车辆3326辆。年末，全市清洁能源、新能源汽车保有量7644辆，占全市营运车辆的24%。

【机动车驾驶员培训管理】 加强机动车驾驶员培训管理，建立教练车动态监控机制，建立教练员“黑名单”制度，对违规教练员实行系统禁用，确保培训质量。严格《培训记录》审核、签章程序，对培训学时达到要求的予以签章，达不到要求的不予签章。组织开展驾培市场专项整治，查扣违规培训教练车71辆次，取缔非法招生点、培训点23处，对7所违规驾校予以停止招生、限期整改处罚。开展驾校质量信誉考核，评定AAA级驾校9所，AA级37所，A级4所，B级4所。加强道路运输驾驶员从业资格管理，核发证件5612个。开展道路运输驾驶员诚信考核和继续教育工作，考核道路运输驾驶员5.2万人次，继续教育培训2.7万人次。

【车辆超限治理】 巩固联合执法常态化、制度化机制，联合公安交警部门开展联合执法。依托超限检测站实行固定检测、流动巡查执法，对全市超限超载违法运输行为严管重罚。推进科技治超，104国道“不停车检测系统”全年检测货运车辆18万辆次，抄告超限车辆信息2148份。加强执法人员培训教育，提升执法人员业务素养，规范路面执法行为。年内，全市累计出动交通行政执法人员8.8万人次，执法车辆1.9万辆次，检查客、货运输车辆27万辆次，查处违章车辆3.46万辆次。其中，联合公安部门查处超限超载运输车辆2.98万辆次，卸货13.1万吨，超限信息抄告函2627份，查处脱落扬撒车辆1071辆次，违规危险化学品运输车辆171辆次，违规运营客车465辆次。干线公路车辆超限超载率控制在4%以下。

【平安交通建设】 深化“平安公路”“平安港航”“平安运输”“平安工地”“平安执法”创建活动，落实安全生产行业监管责任和企业主体责任，推进风险分级管控和隐患排查治理双重预防体系建设，加强事故源头防范。强化“两客一危”（从事旅游的包车、三类以上班线客车和运输危险化学品、烟花爆竹、民用爆炸物品的道路专用车辆）运输、水上运输、工地施工等安全监管，对全系统28家生产经营单位明确属地监管责任单位、主管部门、专业监管部门及监管人员，落实层级责任制，构建纵到底横到边的安全责任网络。开展危险化学品运输、旅客运输、工程建设、“打非治违”（打击非法违法生产经营活动）和迎接中华人民共和国成立70周年安全整治等专项行动，消除各类问题隐患3399项。加强铁路道口安全管理，改造“瓶颈道口”37处。开展安全生产宣传教育，行业监管机构组织集中培训21期，监管企业对一线员工实施全员安全教育。全市208处违法违规公路限高限宽设施和检查卡点全部进行整改。加强应急队伍建设和物资储备，组建应急处置队伍46支，储备应急车辆装备420台，组织开展东平湖水上应急救援演练、道路运输应急拉练、公交应急反恐、公路防汛抢险等应急演练活动，提升交通应急处置能力。全力应对台风“利奇马”灾害影响，市交通运输局道路运输中心被省委、省政府表彰为“抗击台风抢险救灾先进集体”。依法加强工程质量监督，严格规范参建单位和从业人员行为，强化施工全过程质量控制，开展督导检查129次，全市交通工程交工验收合格率保持100%。

【交通文明行业创建】 学习贯彻习近平新时代中国特色社会主义思想和习近平总书记视察山东重要讲话、重要指示批示精神，开展“不忘初心、牢记使命”主题教育，提高党员干部的党性觉悟、宗旨意识。开展“担当作为、埋头苦干，勇做新时代泰山‘挑山工’主题实践活动”，寻标对标、争先进位、狠抓落实成为全行业自觉行动。落实新时代全面从严治党总要求，开展“机关党建标准化建设”，加强基层党组织建设，夯实全系统管党治党基础。围绕创建全国文明城市，组织开展道路客运行业提质、公共交通提升、客运市场规范、文明公路创建、志愿者常态化“五项行动”，提升行业文明程度和服务质量。组织开展文明单位创建、“凡人善举·一路有爱”典型选树活动，持续深化交通运输文化建设，开展志愿服务活动。落实全面从严治党主体责任，加强警示教育，推动全面从严治党向纵深发展。严格干部队伍管理，开展领导干部个人事项报告、选人用人情况专项检查、干部因私出国管理等工作。开展新闻宣传工作，展示交通文明形象，凝聚交通运输发展正能量，稳步提升交通运输行业群众满意度。 （张 文）

铁 路

【概况】 境内有铁路6条，营运里程316.25千米。其中，京沪线北起界首入境，南到宁阳县南驿站前石桥村出境，营运里程58.51千米，为国家Ⅰ级干线双线电气化铁路；泰（山）肥（城）支线起点为京沪线泰山站，终点为肥城湖电站，营运里程49.34千米，为单线铁路；磁（窑）莱（芜）线西起京沪线磁窑站，东至新泰北师店出境，营运里程84千米，为国家Ⅰ级单线铁路；辛（店）泰（山）线由岱岳区范镇站入境，在泰山站与京沪线接轨，营运里程27.2千米，为国家Ⅰ级单线铁路；东（都）平（邑）铁路起点为磁莱线东都站，在新泰放城站出境，营运里程45千米；京沪高速铁路泰安市境内长52.2千米。泰安市境内形成以京沪线和京沪高铁为主干线，辛泰线、磁莱线、泰肥支线和东平线分布东西两侧的铁路网。

【泰山火车站】 该站位于泰山脚下，地处京沪干线中段，车站中心里程京沪线555千米+864米处，是泰（安）肥（城）支线的起点，辛（店）泰（山）线的终点。北端衔接大河站，西端衔接天平店站，南端衔接洪沟站，东端衔接上高站，是济南铁路局管内一等中间站，办理客货运输业务，是泰安市的重要窗口单位。年末，设3个车间和综合技术室，有职工325人（各级管理人员25人），其中运转车间116人、客运车间157人、货运车间37人、综合后勤人员9人、站级管理人员6人。泰安火车站4个方向接发列车，日均接发列车298列，其中货物列车172列，旅客列车126列（办理客运业务86列，其中上行43列、下行43列）。车站行车设备为K5B计算机联锁，设正线3条，到发线10条，货物线5条。固定调车机一台（东风7型）。车站有旅客候车室2座，建筑面积4032平方米，设自动扶梯2部，垂直电梯1部。售票大厅1处，面积1125平方米。旅客站台3座，一站台（基本站台）长520米、宽14米、高1.25米，二站台长642米、宽8.3米、高0.5米，三站台长550米、宽8.2米、高1.25米。天桥1座，长84.8米、宽6米。地下通道1座，长37.3米、宽4米、高2.6米。有货物仓库4座，总面积5128平方米，货物站台2座。

全年旅客发送量为370.63万人，日均1.02万人；旅游旺季最高日发送旅客达2.77万人。年旅客到达量为413.9万人。货物装车5193车，发送货物22.97万吨，日均发送货物629吨；货物卸车9840车、49.2万吨。 （孙启峰）

邮 政

【概况】 全市有邮政普遍服务营业网点137处，快递许可企业47家，快递分支机构285家，实现乡镇全覆盖。全年验收新增住宅小区信报箱群233个，新增信报箱格口1074个，户箱匹配率100.37%，信报箱建设均达到国家标准。

年内，全市邮政行业业务收入（不包括邮政储蓄银行直接营业收入）13.30亿元，增长2.87%；全市邮政行业业务总量23.92亿元，增长20.02%。全市快递服务企业业务量8470.44万件，其中同城业务量805.46万件、异地业务量7646.69万件、国际及港澳台业务量18.29万件。全市快递服务企业业务收入6.75亿元，其中同城业务收入0.49亿元、异地业务收入4.29亿元、国际及中国港澳台业务收入0.12亿元。

【服务乡村振兴】 推广快递综合服务站、共享配送、邮快合作等新模式，优化提升快递服务能力。全市备案乡镇快递服务网点达到123个，其中村级网点364个。立足泰安市农产品资源优势和网销需求，实施“快递+农特产品”寄递创金银铜牌工程，泰安桃木制品寄递项目被山东省邮政管理局评定为全省快递服务先进制造业“金牌项目”。

【邮政行业人才建设】 开展全市首次快递工程技术人员职称评审工作，全市701名考生报名考试，376名从业人员获得初、中级职务任职资格。12月，省邮政管理局在泰安市开展高级职称评审试点，2人获评高级工程师任职资格，泰安市实现初、中、高级全覆盖，全面打通快递专业技术人才职称晋升通道。

【优化发展环境】 市区首家快递园区在泰安高新区揭牌，有效释放发展动能。新泰市、肥城市、东平县快递企业自发开展快递共同配送，有效压缩时限、节省成本。推进“放管服”改革，简化许可审批流程，许可审批办理时限由原来的25个工作日缩短至15个工作日，末端网点备案申请材料由12种减少到7种，末端网点备案实现当日办结。

【寄递安全监管】 聚焦寄递安全“三项制度”（收寄验视+实名收寄+过机安检），狠抓彻底收寄验视源头治理，通过内部管控机制建设和网格化管理，实现寄递安全在企业有机构抓、有专人管，一级抓一级、专职抓兼职、层层抓落实的稳固局面。抓好全国“两会”、青岛海军节、庆祝中华人民共和国成立70周年、中国国际进口博览会等重大活动期间安全保障，做好集中专项整治和安全生产日常监管工作。全年检查快递企业240家次，下达整改通知书52个，立案处罚35个，纠正违法行为90起，对存在重大安全隐患的9家企业停业整顿。市邮政业安全监控中心建设完成，全市214家快递企业和分支机构的视频监控全面接入平台。

【寄递服务质量监管】 开展全省寄递服务质量整治提升试点，从规范服务用语入手，重点整治群众反映突出的快递不按址投递、虚假签收、服务态度差等热点难点问题，做好快递末端服务违规收费整治。提高申诉处理水平，全市快递有效申诉量下降26.4%，通过申诉途径协调挽回消费者经济损失5.3万元，消费者对申诉处理满意率达到100%。

【邮政普遍服务和特殊服务监管】 强化政治担当，加大监管检查力度，确保全市机要通信质量全红、党报党刊发行到位。加强普通服务标准落实、扫黄打非“双随机”检查，依法做出行政处罚3起。强化对普通服务网点的动态升降级管理，促进邮政企业提升网点服务能力。

【邮政行业生态环保工作】 开展“邮来已久、绿动未来”宣传，全市电子运单使用率达99.5%，电商快件不再二次包装率达80%，循环中转袋省内使用率达85%，设置包装废弃物回收装置的邮政快递网点70个，企业配备可降解绿色环保塑料袋1.2万个。肥城市建成智能快件+智能快递包装回收一体机，进行包装回收。

【邮政业民生实事】 全市建制村直接通邮率达100%；出台规范快递车辆通行管理实施意见，妥善解决快递车辆通行难题；布放智能快件箱860组，格口数5.3万个，日均快件投递量4万件，初步形成宅

10月18日，泰安市邮政管理局举办全市快递工程技术人员职称评审工作培训班，辖区邮政、快递企业主要负责人及办公室（人事）负责人共计100人参加培训
（王 兵 供）

递、箱递、站递互为补充的投递格局。推进“警邮合作”“税邮合作”，扩大“政邮合作”覆盖面，邮政服务全部进驻各地政务大厅。加强快递员关爱，表彰“最美快递小哥”，联合工会、共青团开展慰问快递员活动，全市设立快递员爱心驿站23处。（王　兵）

【中国邮政集团公司泰安市分公司】 2019年，市分公司顺利通过省级文明单位复审。多个集体和个人获得“泰安市职工职业道德建设先进单位”“泰安市女职工建功立业标兵岗”“泰安市工人先锋号”“泰安市模范职工小家”“山东省职业道德建设先进个人”“振兴泰安劳动奖章”“泰安市改革开放40周年感动泰安人物”“新时代泰山‘挑山工’标兵”等称号。

邮政经营 全年完成金融总量33.7亿元。拓展新客源，开展“春运邮情 免费送车票”活动，开发退役军人项目代发；累计新增居民社保IC卡6万户，代收社保25万笔、医保16万笔，居全省第1位；年内新增绿卡10.7万户，点均新增909户，居全省第6位。渠道平台全省领先，“年货节”“320电商节”“919丰收欢乐购”等电商节营销带动农村电商批销发展，代开国税发票4.61万笔；全市建设邮乐购旗舰店1483个，邮乐小店活跃用户2.12万户。文传专业加快融合，举办中国集邮文化周开幕暨《五岳图》首发活动，发行限量特供品《胸怀五岳千山小》邮册，邀请《五岳图》邮票设计者王虎鸣现场签售。寄递业务发展持续向好，“双11”期间包裹快递邮件进口97.99万件、出口67.3万件，单日邮件处理峰值突破20万件，创历史新高。开发陆港中欧跨境电商物流园新泰功能区进口商业快件项目。完善协同议事规则，健全协同工作体系，汽车产业链、警邮、惠农合作等项目取得突破，开启“新媒体+寄递+展演会赛”合作新模式。

体制改革 坚持横向一体化、纵向专业化，完成市、县寄递事业部一体化改革。深化队伍融合、管理融合，对管理及专业序列岗位开展定岗定编，优化盘活8人，其中充实揽投、营销等一线岗位7人。推进邮速财务管理一体化融合，统一邮速双方预算管理方式，实行预算管理横向一体化。调整省内网发运计划、全市邮路计划及投递作业组织，加快省内互寄邮件经转效率，组开新泰—济南往返直达邮路，减少市邮件处理中心经转环节，加快新泰进口邮件处理时限、乡镇支局投递时限。加强预算管理预警，强化营销费用管控，全市营销费用下降11.9%、自办运费下降15.6%。健全金融风险合规管理体系，完成信息网机房搬迁切换，年内，信息网安全无事故，金融网、综合网各系统运行稳定。

邮政服务 出台普遍服务和特殊服务工作管理办法5项。推进3年行动规划落实，开展普遍服务提升、服务短板整治活动。机要通信继续保持质量全红。推进电商精准扶贫，共建设邮乐地方扶贫馆5处，上架产品30种，打造红薯粉条过万单农产品项目，累计帮扶困难群众120人，为30户贫困家庭创收7万元。完善服务质量管控体系，强化专业联动，突出关键环节，加大检查频次。建立问题考核台账制度，强化考核管理。持续改善服务质量，落实客户感知体验体系建设，开展体验活动，对客户痛点问题跟踪整改，全市用户满意度自测得分90.65分，申诉处理满意率100%，投诉回复及时率100%，客户满意率100%。未发生集团公司、省分公司认定的重大有效投诉，无新闻媒体曝光情况。完成邮政家属区“三供一业”（供水、供电、供热和物业管理）分离移交。

（姚　娟）

编辑　校对　　刘　凯

商贸服务

服务业综述

【概况】 全市服务业增加值实现1338.7亿元，增长8.6%，服务业增速高于生产总值平均增速2.3个百分点，提高2.3个百分点，位居全省第二；占生产总值比重达到50.3%，提高1.9个百分点，超过第二产业11.4个百分点。服务业对国民经济增长贡献率达到64.6%，高于第二产业28.9个百分点；拉动生产总值增长4.1个百分点，高于第二产业1.8个百分点，拉动经济增长主动力作用凸显。全市服务业完成税收150.4亿元，增长12.0%，超过第二产业8.7个百分点；服务业税收占全部税收比重达到51.6%，成为财政税收的主要来源。

【规划引领】 启动实施《泰安市现代服务业发展规划（2019—2025年）》编制工作，委托省宏观经济研究院编制，经过调研座谈、现场考察，征求县（市、区）、市直部门（单位）意见。至年底，规划已通过专家评审，正式印发实施。同时，争取泰安市多个园区和项目列入《山东省生产性服务业发展布局规划》行业布局发展重点。

【载体提升】 实施市级服务业载体“1123”工程（规划建设特色发展、集聚发展、创新发展的市级服务业特色小镇成为泰安市服务业发展示范引领，培育提升区位优势明显、发展特色鲜明的市级服务业集聚区成为集群集聚发展典范，培植发展创新能力强、市场竞争力强的市级服务业重点企业成为加快新一轮服务业发展的主力军，加快推动投资规模大、辐射带动作用强的市级服务业重点项目成为泰安市服务业转型发展的重要支撑），对市级服务业载体培育提升工程进行调整、补充和完善。规划建设泰安六星汽车城小镇、和融文化创意小镇等10个市级服务业特色小镇；培育提升泰山云谷互联网产业园、泰山现代物流园区等10个市级服务业重点集聚区；培植发展泰安万达广场商业管理有限公司、泰安银座商城有限公司等30个市级服务业重点企业名单和春雨软件园建设项目、中国物流泰安国际物流产业园，加快推动30个市级服务业重点项目。对总投资28.7亿元的泰安云计算中心建设项目等15个列入省级载体项目进行重点调度、重点培植、动态监管，打造新的服务业增长点。争取纺织服装文化创新小镇等2个特色小镇入选省级服务业特色小镇，争取山东汇力环保科技有限公司入选省级服务业创新中心。抓好省“十三五”服务业综合改革试点中期评估，泰山区评定为优秀，名列全省第5位，泰山区老年人健康服务联盟、诺莱泰山国际大健康产业基地工作经验在全省推广。争取省级服务业发展引导资金900万元，重点扶持山东特种设备安全与能效检验检测基地项目。

【人才支撑】 争取诺莱生物医学科技有限公司陈丽入选泰山产业领军人才人选，争取峰松电子科技有限公司张峰松列入省服务业专业人才人选。抓好现代服务业及社会民生产业创新类大赛及泰山英才牵头评审工作，推荐海天智能万芪为特别奖、泰开自动化郭兆静等2人为优胜奖，组织专家现场考察，推荐提名3人为泰山英才人选。（谢　飞）

商务综述

【概况】 全年实现社会消费品零售总额增长3.7%；实现外贸进出口总额172.2亿元，增长7.1%，其中出口134.5亿元、增长5.4%，进口37.7亿元、增长13.4%；实际使用外资达4.6亿美元；完成对外承包工程营业额14亿元，增长11.8%。

【商贸流通经济】 实现社会消费品零售总额增长3.7%。认定山东协祥号餐饮公司等27家单位为首批“泰安老字号”企业。电子商务交易额达到1490亿元，增长26%，其中网络零售额380亿元，增长17%。完成散装水泥推广量520万吨，超额完成省计划；散装率76%，高于全省平均水平。

【对外经济技术合作】 全年完成对外承包工程营业额14亿元，增长11.8%；实现境外实际投资额5.01亿元，增长285.6%。全市"一带一路"建设项目带动进出口完成1.41亿美元，超过目标的17.4%；对"一带一路"沿线国家和地区完成实际投资5516.9万美元，增长340.4%。石横特钢集团在新加坡设立桃都实业有限公司，总投资1亿美元；山能重装集团在香港设立恒通机械设备进出口有限公司，总投资4491万美元。

【经济开发区】 全市7个省级以上经济开发区累计完成公共财政预算收入92.24亿元，增长9.1%；实现税收收入108.95亿元，增长14.2%；新批准入区项目634个，增长60.4%。开发区自测亩均税收3.59万元，增长63.04%。省推动开发区改革创新领导小组办公室分别在《改革动态》《典型案例》上推广泰安市改革经验；山东卫视《新闻联播》专题报道泰安市开发区改革情况。

（和沐雯）

招商引资与投资促进

【概况】 制定出台《关于着力化解突出问题推动"双招双引"工作高质量发展的实施意见》《招商引资扶持激励政策》《2019年度招商引资奖励暂行办法》《各县（市、区）、功能区和市直部门高质量双招双引考核工作实施细则》等文件政策，为实现高质量招商引资提供科学有力的制度保障。立足提高招商引资专业化水平，组织筹建泰安市招商中心，至年底，先期招聘的3名专业人才已到岗工作。研究制定《泰安市社会化招商中介机构招商促进办法（试行）》，推进社会化中介招商。通过聘请中国国际投资促进中心、香港山东商会联合总会、日本SW公司等单位，进行委托代理招商。派员参加省商务厅驻外机构，开展境外招商。系列重大招商活动签约项目94个，其中固定资产投资类项目87个，意向投资总额1638.26亿元。年内，全市新开工重点产业境内招商引资项目671个，合同引资额2035.3亿元。在建招商引资项目到位市外资金424.44亿元，增长13.66%。新设外商投资企业50家，实际利用外资货币出资4.6亿美元，为泰安市改革开放以后最高值。泰安市在2019年度各市经济社会发展综合考核中，获得"双招双引"考核第二等次、第五名，比2018年前进两个名次。

6月25日，泰安市重点合作项目签约仪式在北京举行 （和沐雯 供）

【2019泰安（深圳）投资合作洽谈会】 5月6—9日，市委书记崔洪刚带队南下广州、深圳等地招商引资。崔洪刚一行考察拜访广州长隆集团、梅州客天下旅游产业园、正威国际集团、深圳商汤科技等企业，并就有关合作事宜进行洽谈，同时见证岱岳区政府、鲁商乡村发展集团、广东客天下特色小镇投资股份有限公司举行战略合作签约，三方携手在岱岳区山口镇打造鲁商客天下国际生态旅游度假区项目。8日，举办以"精准招商、务实招商、诚信招商、环境招商"为主题的2019泰安（深圳）投资合作洽谈会。深圳市工商联副主席薛兴强、香港山东商会会长王殿杰、广东省政协常委、广东高科技产业商会执行会长王理宗、正威国际集团副总经理李斌、盘古集团有限公司总裁陈文辉等100名嘉宾、客商出席洽谈会。洽谈会集中签约重点项目14个，合同意向投资额达95.7亿元，主要涉及新一代信息技术、节能环保、医养健康高端化工、文化旅游等。

【2019北京（泰安）精准招商活动】 6月25—26日，市委书记崔洪刚带队考察拜访北京国科天迅科技公司、中科院半导体研究所、北

大科技园、中国华录集团、北京云杉世界信息技术有限公司等企业，就有关合作事宜进行洽谈。期间，举办2019半导体项目全国路演（北京站）暨泰安市重点项目签约活动，商务部投资促进事务局局长刘殿勋、中信外包服务集团有限公司董事长沙玲、东华软件股份公司董事长薛向东等100名嘉宾、客商出席签约仪式。签约仪式上，6家高科技公司围绕5G冷存储服务器、新型异构可编程计算芯片、固态激光雷达、计算机L型芯片等内容进行路演介绍。集中签约重点项目17个，投资总额203.9亿元，其中涉及半导体产业11个。

【2019中国泰安投资合作洽谈会】 9月6日，泰安市举办第三十三届泰山国际登山节暨2019中国泰安投资合作洽谈会。邀请境内外客商700人，覆盖美国、德国、意大利、澳大利亚、日本等21个国家和地区，众多世界500强和知名外企高管。该届登山节投洽会集中签约项目51个（含市政府框架协议2个），总投资1248.41亿元，其中新一代信息技术产业项目8个、总投资112.7亿元，新能源新材料产业项目9个、总投资366亿元，医养健康产业项目6个、总投资231.5亿元，高端装备产业项目3个、总投资45亿元，文化创意产业项目6个、总投资107.71亿元，精品旅游产业项目7个、总投资206.5亿元，现代高效农业产业项目4个、总投资39亿元，高端化工产业项目3个、总投资65亿元，现代物流产业项目3个、总投资75亿元。

【2019泰安市（青岛）投资合作洽谈会】 10月19日，市委书记崔洪刚率队参加首届跨国公司领导人青岛峰会，同时举办泰安市（青岛）投资合作洽谈会。崔洪刚一行参观2019新动能·青岛展览洽谈会1号馆泰安主题展区，察看山东海天智能工程有限公司、山东能源重装集团大族再制造有限公司两家泰安参展企业的展位。泰安市1号馆主题展区共有108平方米，以"勇做新时代泰山'挑山工'，加速新动能泰安产业发展"为主题，以山水林田湖草为设计元素，以入选省新旧动能转换重大项目库优选项目为重点展示内容，体现泰安人民不惧困难、勇攀高峰、争创佳绩的新时代风貌。19日下午，泰安市（青岛）投资合作洽谈会召开，境内外百余名嘉宾、客商出席会议，集中签约重点项目12个，总投资86.15亿元。其中，与新华锦集团签订战略合作协议，建设新华锦外贸综合服务平台。洽谈会开始前，市委书记崔洪刚会见蒙牛乳业、大连万达集团、益海嘉里集团等客商。

【2019泰安（上海）投资合作恳谈会】 11月5—6日，市委书记崔洪刚带队赴上海参加第二届中国国际进口博览会（简称进博会），同时举办2019泰安（上海）投资合作恳谈会。该届进博会，泰山桃木王、钜成未来信息技术、益海嘉里、九鑫集团等众多泰安本土企业登上进博会舞台，同时形成一批投资合作意向和新的外贸合同，企业采购意向1000.4万美元。5日下午，举行2019泰安（上海）投资合作恳谈会，100名嘉宾、客商出席。活动期间，崔洪刚一行实地考察中成创源、上海华电福新、上海云挂智能等企业洽谈合作项目，推进泰安市与日本花王株式会社、上海石化西尼尔化工有限公司、中成创源文化发展有限公司等项目进展。（和沐雯）

贸易促进

【推动贸易投资促进】 ①掌握企业诉求。深入72家企业、商协会开展调研，了解企业经营发展情况和对外合作需求。②拓宽对外联络渠道。加强与驻华机构、驻外机构、商协会、企业的联系，建立合作关系，搭建经贸交流和项目合作平台。先后与中国贸促会驻外代表处、中国新加坡商会、大韩贸易投资振兴公社、日本贸易振兴机构、莫斯科工商会、哈萨克斯坦工商会、白俄罗斯工商会、泰国驻华大使馆等32家驻华驻外机构建立联系。③策划组织经贸活动。组织企业参加对日本投资说明会、山东—泰国投资说明会、上海合作组织国际投资贸易博览会以及俄罗斯、白俄罗斯、哈萨克斯坦出访活动等，策划和组织参与经贸活动14次，拓宽企业对外合作渠道，帮助企业开拓国际市场。举办境外驻华机构泰山行活动，6家境外驻华机构和7家本地企业进行现场推介；组织"一带一路"沿线14国工商会到泰安考察活动，各国宣传推介投资贸易政策、对外开放合作领域和项目，并与泰安市相关企业进行交流。承办2019新动能·青岛展洽会泰安展区工作，围绕泰山"挑山工"进行主题展区设计，组织9家企业参与产品展示，扩大泰安宣传、展示企业产品，达成合作意向12项。④开展"双招双引"。利用原有招商渠道优势，加强与各地山东商会和客商的联系，新引进云业建材项目，由济南明和建材有限公司投资建设，总投资1.2亿元，到位资金3500万元。继续推进新农创柴汶河24集渔庄田园综合体项目建设，续建到位资金 2000 万元。签约成都天立国际学校项目，落户岱岳区。

【推进商会建设】 ①精心打造服务企业平台。有针对性地建立对接交流、经贸信息、预警信息、投资贸易合作平台，发挥贸促会亦官亦民、代言工商的作用。②加大会员发展力度。健全工作机制，建设新型商会，分头出击，加快会员企业发展步伐，充实泰安国际商会会员队伍。调研外向型企业 63 家，掌握企业诉求，送服务到企业，重点为中小微、在孵企业服务，发展企业会员 91 家，建立完善企业会员数据库，形成有效的服务工作网络，增强常态化服务企业能力。建立纵向服务体系，及时推送国家省市经贸信息、重要决策，解决企业获取信息难的问题。③强化贸促业务培训。先后举办“中小企业开拓国际市场直通车”之政策宣讲推介会、全市贸促业务培训班、企业会员单位团队建设培训班、“推动‘一带一路’建设，建立现代企业制度”主题培训班、商事法律业务培训班等培训 5 次，宣传商事法律、出证认证业务、小微企业出口信用保险政策，提高贸促系统工作能力，密切会员企业联系，增强国际商会吸引力凝聚力。④做好出证认证工作。全年签发一般原产地证和各类商事证明书 6054 份。

【发展会展经济】 年内，全市共举办各类会展活动 172 场，其中展览活动 39 场、会议论坛等 133 场，包括全国粮油产销企业订货会、泰山商务论坛等知名会展活动，着力培育泰山会展品牌，实现会展与产业发展良性互动。对 2018 年度 17 个单位的 23 个会展项目给予资金扶持 283 万元，增强在泰安举办会展的吸引力。加大招展引会力度，推介泰安会展环境及优惠政策，举办（北京）泰安会展业发展恳谈会，在第六届泰山商务论坛上宣传推介泰安会展，增进到泰安办展办会共识。提前谋划 2020 年泰山矿业装备展，开展招展招商工作。

【2019 中国（泰安）“一带一路”国家经贸合作推介会】 11 月 26 日在泰安举办。该次推介会由中国贸促会主办，市贸促会承办。亚洲、非洲、中东欧及拉美等地区共 14 个“一带一路”重点国家的 50 名商务投资官员和商协会代表与泰安市企业参会。推介会上，柬埔寨、保加利亚、乌克兰和乌兹别克斯坦的“一带一路”沿线国家工商会代表分别就本国投资贸易政策、对外开放合作领域和项目进行宣传推介。宣传推介后，埃塞俄比亚、多米尼亚、柬埔寨、立陶宛、乌兹别克斯坦等 14 个国家的工商会代表与泰安市企业进行经贸对接洽谈。该次推介会借力“一带一路”新机遇，开拓泰安市企业进入“一带一路”国家经贸合作通道，引导泰安市企业充分利用国际资源开展深层次经贸合作。

【2019 境外驻华机构泰山行座谈会】 9 月 17—19 日，为进一步扩大泰安市对外开放，向外国驻华机构宣传推介泰安市的投资环境，借助泰山国际登山节平台，促进双方交流与合作，由省贸促会牵头，率领部分驻华机构负责人到泰安市投资考察。9 月 18 日，召开 2019 境外驻华机构泰山行座谈会，6 家境外驻华机构和 7 家泰安市企业进行现场推介。座谈会上，大韩贸易投资振兴公社青岛代表处、加拿大驻山东省商务办事处、加拿大魁北克政府驻青岛办事处、香港贸发局山东代表处、荷兰贸易促进委员会济南代表处、日本贸易振兴机构青岛事务所 6 家境外驻华机构和泰安启程车轮制造有限公司、泰安汉威集团有限公司、山东润德科技集团、兴润建设集团有限公司、山东塔高矿业机械装备制造有限公司、新东岳集团有限公司、台湾健康产业（泰安）中心项目 7 家泰安市企业进行现场推介。

11月26日，2019中国（泰安）“一带一路”经贸合作推介会举办（赵传勇 供）

【2019 新动能·青岛展洽会泰安展区】 10 月 19—21 日，2019 新动能·青岛展洽会在青岛国际会展中心举办，泰安市主题展区和产业展区同时亮相展会，观展人数累计突破 2 万人次，全面宣传和展示泰安城市发展成果和企业良好社会形象。泰安市主题展区以“勇做新时代泰山‘挑山工’，加速新动能泰安产业发展”为设计主题，以山水林田湖草为设计元素，以泰安市实施新旧动能转换重大工程取得的主要成果为重点展示内容，凸显泰安人民不惧困难、勇攀高峰、争创佳绩的新时代风貌。雾幕机全息投影、挑山工动画设计、泰山“挑山工”现场展示，以及泰邦生物等 9 家企业现场实物展示等多个亮点吸引大批观众观展。特装企业展区重点展示泰安市 2 家高新技术企业——山东海天智能工程有限公司和山东能源重装集团大族再制造有限公司的最新科研成果。泰安市参加该次青岛展洽会取得丰硕成果，3 天观展人数累计 2 万人次，发放企业宣传手册 2000 份，泰安宣传资料 400 份，站台咨询人员 1500 人，有意向合作项目 5 个。

【参加省会赴白俄罗斯、俄罗斯、哈萨克斯坦的商务考察活动】 为进一步促进泰安和独联体国家的经贸合作，7 月 7—16 日，组织部分企业参加由山东省贸促会赴白俄罗斯、俄罗斯、哈萨克斯坦进行的商务考察活动。访问期间，组织企业走访一批客户和商协会组织，参加多次大型企业交流对接会。①开展对接拜访活动。出访期间，先后考察中白工业园区、中国驻莫斯科大使馆经济商务参赞处、中国贸促会驻俄罗斯联邦代表处、俄罗斯山东同乡会、圣彼得堡中国商贸城、中国贸促会驻哈萨克斯坦代表处、哈萨克斯坦努尔苏丹商务园区等单位，结识一批当地商业人士和老乡朋友。部分企业利用机会与目标客户对接洽谈，谈成一批合作意向。②组织企业参加多个高规格富有成效的洽谈会。该次省会组织的商务考察活动，得到各国商协会组织大力支持，每到一处，商协会积极组织当地企业对接洽谈，先后参加白俄罗斯工商会组织召开的中国（山东）白俄罗斯贸易投资推介洽谈会、莫斯科工商会组织召开的经贸交流对接会、俄罗斯工业家和企业家联盟组织召开的座谈会、列宁格勒州经济发展局组织召开的山东省—列宁格勒州贸易投资推介暨洽谈会、哈萨克斯坦中国贸易促进协会组织召开的山东—哈萨克斯坦贸易投资推介暨洽谈会，通过座谈交流、走访考察，开阔视野、洽谈项目、建立联系、增进了解。

【全市贸促业务培训班】 8 月 22—23 日，在泰安举办。中国国际商会办公室副主任李鹏、中国贸促会促进部综合处处长李文国等出席开班仪式。各县（市、区）分工负责人、贸促会班子成员及相关人员，泰安高新区、旅游经济开发区分工负责人及工作人员；市贸促委员会委员单位负责人；市贸促会全体工作人员共计 100 人参加培训。培训期间，中国国际商会办公室副主任李鹏，中国贸促会促进部综合处处长李文国，中国会展经济研究会学术指导委员会常务副主任陈泽炎，中国贸促会法律事务部综合处处长郑伟分别就发挥中国国际商会作用、做好服务大局服务企业工作、高质量推进新时代贸易投资促进工作、中国会展业发展态势与泰安市会展业发展前景、中美贸易摩擦分析进行授课。

【泰安市贸促会企业会员单位团队建设培训班】 10 月 17—18 日，在山东傲饰培训基地举办。全市 21 家供应链与冷链协会的 50 名企业家参加培训。该次培训集团队建设和业务授课相结合，活动包括企业团队建设、团队成员之间的相互信任与协作等实地培训。培训目的是通过学习培训全面提升市贸促会为企业服务的能力和水平，提高企业团队建设的凝聚力、竞争力和战斗力，使团队士气高昂、团队沟通和谐、团队关系默契。

【泰安市贸促会 2019 商事法律业务培训班】 10 月 25 日在泰安举办。各县（市、区）贸促会、全市 100 家涉外企业共计 117 人参加培训。培训班特别邀请到中国国际商会商事法律服务中心副处长对企业进出口风险防范及纠纷解决等方面的商事法律知识进行授课；乐单科技有限公司区域经理对第三方平台原产地证书业务介绍及原产地证申报系统操作流程进行介绍。该次培训活动，帮助企业了解掌握最新的商事法律业务政策，投资市场的法律环境，提高会员企业拓展外贸市场、增强提高抵御风险的能力，具有很强的针对性和指导性，对推进“一带一路”建设，增强企业“走出去”对外贸易中的国际竞争力具有重要意义。

【“推动‘一带一路’建设，建立现代企业制度”主题培训班】 11 月 15 日在泰安举办。由泰安市贸促会、泰山区工商联、泰山商会主办，泰安市投融资商会、泰山商学院、泰安市金融创新服务中心承办。市贸促会企业会员单位、泰山区工商联会员企业、泰山商会会员企业、市贸促会工作人员及各县（市、区）贸促会工作人员共计220人参加培训。培训期间，特邀请山东大学教授、博导，享受国务院政府特殊津贴专家及山东大学国际贸易学博士，山东师范大学经济学院教授分别就“一带一路”政策制定的背景及实施的重大意义，美国对华巨额外贸逆差的真实原因、特朗普301调查与保护知识产权、人民币汇率升贬值等国际经贸热点和现代企业制度的含义、产权制度问题、企业制度重点问题、宏观环境、香港现实问题作详细、深入的分析和解读。

【“中小企业开拓国际市场直通车”之政策宣讲推介会】 2月27日在泰安举办。活动由省贸促会、中国出口信用保险公司山东分公司联合主办，泰安市贸促会承办，主题为商事法律和出证认证业务暨小微企业出口信用保险政策推介。80家泰安企业参加，31家企业现场签署出口信用保险合同。省贸促会法律事务部邵蕴洁就中小企业最为关心的如何享受FTA税收优惠作细致讲解，同时推介贸促系统2019年启动的“自由销售证明”和“中国出口商品品牌评价”两项创新服务。中信保济南办事处魏庆广全面解读《山东省小微外贸企业出口信用保险统保平台建设管理暂行办法》及中信保为企业提供的资信状况免费查询、风险管理培训等配套增值服务，就政策内容为企业进行现场答疑。“中小企业开拓国际市场直通车”之政策宣讲推介活动是省贸促会为协助山东省中小企业开拓国际市场所打造的精准服务品牌，自2017年以后已举办政策宣讲推介活动10场，内容紧贴企业实际需求，受到企业普遍好评。（赵传勇）

消费品市场

【概况】 泰安市社会消费品零售总额增长3.7%。按地域分，城镇增长3.5%，乡村增长4.4%。按行业分，批发和零售贸易业增长2.7%，餐饮业增长11.8%。

【泰安老字号】 市商务局、财政局、市场监督管理局、文化旅游局联合印发《泰安市老字号认定及保护促进办法》，明确“泰安老字号”品牌认定、权利和义务、保护促进等。启动2019年度“泰安老字号”认定评选工作，经过公示，最终认定山东协祥号餐饮管理有限公司等首批“泰安老字号”企业27家。配合省商务厅开展“山东品牌中华行”系列活动，先后组织企业参加“中华老字号天津博览会”“2019中国国际食品博览会”“第十一届中国中部投资贸易博览会”8家次，现场成交额过10万元，达成意向订单过百万元。组织肥城鸿禧桃木和君祥蜂蜜参加由故宫博物院和山东省商务厅共同主办的“中华老字号故宫过大年展”活动，泰安老字号企业首次进入故宫内进行展销。在6月份匈牙利结束的“中国品牌商品中东欧展”上，老字号企业——泰安龙藏深泉商贸有限公司达成意向订单过千万元，开创泰安老字号企业走出国门的新局面。在第二届中国国际进口博览会上，泰安肥城鸿禧桃木在“非物质文化遗产暨中华老字号”展区展出，倍受海内外客商追捧。山东亚圣食品有限公司的蚕蛹、山东泰之源食品有限公司的君祥盒装蜜入选首批“山东品牌高铁行”营销宣传活动产品（全省共32个单品）。

【家政服务业】 配合市发展改革委上报《家政服务业提质扩容“领跑者”行动》试点，推荐泰山区为试点县（市、区），泰安爱心大姐家政服务有限公司和泰安市保丽金康物业管理有限公司为试点企业。联合市财政局制定《关于印发〈泰安市家政服务业信用体系建设实施

凤凰路农贸市场 （陈阳 摄）

方案〉的通知》，指导全市家政企业建立家政服务人员信用记录，开展家政服务业信用体系推广应用及诚信家政宣传，推进家政服务标准化建设；组织全市家政企业依托商务部业务系统统一平台建立家政企业和家政服务员信用记录，推荐泰安爱心大姐家政服务有限公司为试点企业。至年底，全市已在商务部家政信用平台录入家政服务人员3900人，审核通过2200人。

【市场体系建设】 推广绿色循环消费，承办由中国商业联合会与山东省商务厅共同主办的全国绿色商场示范创建座谈会暨现场观摩会，肥城新合作泰山购物中心成为山东省唯一一家成功创建2家国家绿色商场的商贸流通企业。以“培育新动能，提升街区品质，带动城市消费”为目标，支持泰安万达金街成功申报首批省级步行街改造提升试点，承办第六届泰山商务论坛暨第五届中国生活服务业大会。超额完成东西协作消费扶贫年度任务。开展部门对接承销、大型商超直销、蔬菜批发企业代销，促进巫溪县特色农产品与山东市场有效对接，使“消费扶贫之旅”拓展为“两地合作之路”，“行政引导、公司运作、市场对接、物流补贴、电商助力”消费扶贫长效化工作机制被省厅发文推广。 （和沐雯）

电子商务

【概况】 全市电子商务交易额达到1490亿元，增长26%；电子商务网络零售额达到380亿元，增长17%；全市网店数量达到7.24万家，农产品网上交易额达到56.1亿元，增长16%。至年底，有15个村被阿里巴巴评为中国“淘宝村”，肥城市新城街道、新泰市新甫街道被评为中国“淘宝镇”。

【国家级电子商务示范县创建】 推进和指导新泰市、岱岳区做好电子商务进农村综合示范创建工作。6月，新泰市成功申报为2019年全国电商进农村综合示范县，为全省申报成功7个县之一，获得国家扶持资金2000万元。至年底，新泰市有淘宝镇1个、淘宝村6个，山东杞农电子商务有限公司、新泰青云购物中心为省级电商示范企业；挂牌市级电商服务中心1个、镇级电商服务中心20个、村级电商服务站834个。

【农村电子商务】 引导涉农电商企业围绕“三品一标”（无公害农产品、绿色食品、有机农产品和农产品地理标志），把特色农产品做成标准化和品牌化。创新网络销售方式，通过直播方式拓宽本地农特产品销售渠道。肥城市被评为山东省首批（共12个）淘宝直播“村播计划”试点县，借助淘宝直播图解本地农产品；东平建设电商O2O展销大厅展示旅游亮点，扩大水泊产品特点。从市级商务专项资金专门拨出200万元，扶持扶贫项目31个。（和沐雯）

特殊行业管理

【概况】 完成2019年度特殊行业监管、全市拍卖行业年审工作，加强报废汽车管理、再生资源管理、成品油流通监管、散装水泥管理。在拍卖、年审、直销行业开展非法集资风险排查活动，均未发现违法现象。

【拍卖企业经营】 拍卖行业稳步发展，完成泰安市新设立拍卖企业报批和2019年度全市拍卖行年审。全市有拍卖企业21家，全年举办拍卖会257场，拍卖总成交额7.79亿元，获取佣金844.88万元，全市拍卖企业从业人员146人，其中拍卖师数量41人。开展拍卖行业非法集资风险排查活动，没有发现非法集资现象。

【报废汽车回收管理】 印发《泰安市报废机动车回收拆解行业专项整治工作实施方案》，开展报废机动车回收拆解行业专项整治。整治活动期间，印发张贴《通告》200份，出动执法车辆60辆次、机械设备26台次，人员210人次，扣押废旧轮胎、轮毂、零部件6车，清理拆车市场业主90户。

【再生资源管理】 开展泰安市再生资源示范产业园企业和泰安市再生资源回收分拣示范中心企业评定，审核推荐山东新东岳再生资源科技有限公司申报“山东省再生资源示范产业园”，审核推荐东平洁城再生资源有限公司申报“山东省再生资源回收分拣示范中心”项目。

【成品油流通监管】 印发《关于调整成品油监管联席会议的通知》，明确成品油联席会议成员单位工作任务分工，研究协调解决成品油监管相关重大问题。及时整改中央环保督察第七督战队发现的自备油罐、室内加油机、流动加油车等问题，抽查全市在营加油站361家，覆盖率78.8%，抽检油品样品数1198个，合格率99.8%。开展全市范围内成品油专项整治行动，印发《关于开展成品油专项整治行动的通知》，组织人员对辖区内油品生产、运输、经营企业进行全面摸底调查，建立工作台账，对存在的问题下达整改通知书。对泰山区、岱岳区、新泰市、肥城市成品油市场采取“四不两直”（不发通知、不打招呼、不听汇报、不用陪同接待，直奔基层、直插现场）方式进行现场督导检查，先后检查出 16 个社会加油站点各类问题 32 条，均在现场要求限期整改。

【散装水泥管理】 全年完成散装水泥推广量 520 万吨，超额完成省计划；散装率 76%，高于全省平均水平。可节约包装、水泥损失等折合标准煤 12.0 万吨，减少粉尘排放 5.2 万吨、二氧化碳排放 31.2 万吨、二氧化硫排放 1022 吨，仅节能一项可实现综合经济效益 2.36 亿元。全市生产应用湿拌砂浆 5.2 万吨，实现湿拌砂浆生产和应用零突破，拓展散装水泥绿色产业发展产业链，形成干湿砂浆并举发展新局面。在全国散装水泥发展年会上，4 家预拌砂浆生产企业被评为“全国预拌砂浆绿色产业先进企业”，受到书面表彰。全年推广应用预拌砂浆 75 万吨，增加 26 万吨，可综合利用炉渣、粉煤灰等固体废弃物 15 万吨。

（和沐雯）

现代物流业

【概况】 出台《泰安市千亿级现代物流产业集群规划》，牵头做好全市现代物流抓总工作。全市规模以上现代物流企业 93 家，实现营业收入 144 亿元，增长 199%。峰松电子全国无车承运结算中心年度交易额达到 113.33 亿元，超额完成全年任务目标。

作为基于“互联网+物流”新模式下专注于货运物流领域的平台型企业代表，泰安市峰松物流有限公司致力于通过互联网技术，在全国范围内和大宗商品公路运输业务领域，开展物流企业业务撮合、全流程交易等业务。该公司全国无车承运试点项目是山东省新旧动能转换重大项目库优选项目。图为峰松物流工作人员根据货物订单信息进行车辆调配　（司　刚　摄）

【省级物流标准化试点工作】 围绕实现物流供应链整体提质降本增效的目标，狠抓政策宣讲、项目征集遴选、专家评估评审以及项目管理。经企业申请、县（市、区）商务局、财政局初审，第三评审小组验收，山东泰山新合作商贸连锁有限公司完成省级物流标准化试点任务。

【专业知识培训】 与天津南开大学合作开办“泰安市智慧物流与区域物流创新发展高级研修班”，组织泰安市泰安现代物流产业专班成员单位，县（市、区）、功能区现代物流业牵头单位和物流园区、物流重点企业、智慧物流平台负责人共 50 人参加培训，重点围绕物流产业与城市发展、智能制造下的智慧供应链变革、智慧仓储管理实务、物流产业的发展趋势等内容进行专题学习和研讨，并赴京东亚洲一号开展现场教学。

【泰安市峰松物流有限公司】 作为泰安市智慧物流龙头企业，是全国排名第四位的“互联网+”智慧物流平台，2015 年被商务部确认为“智慧物流企业”，2016 年被交通运输部列为国家“无车承运人”试点，交通运输部在泰安召开全国“无车承运”经验交流会。在 3 月召开的全省重点工作推进会上受到省委书记刘家义、省长龚正高度评价。平台覆盖全国 157 个城市，会员注册 68 万家，签约承运车辆 51.11 万辆，签约托运企业 3690 家，累计超过 200 万辆车进行货源信息交易，平均每单约 3000 元，交易可达 1 秒 1 车。至年底，公司无车承运平台交易额超过 105.34 亿元，累计完成运单 557.5 万单；整合运力 7794.95 万吨，完成纳税金额 9.2 亿元。

（和沐雯）

对外及对港澳台经济贸易

【概况】 进出口稳增长成效明显。全年完成进出口总额 172.2 亿元，增长 7.1%，其中出口 134.5 亿元、增长 5.4%，进口 37.7 亿元、增长 13.4%。外贸转型发展再添试点，泰山区获评省级外贸转型升级试点县。牵头组建泰安市外贸企业协会，搭建起以强带弱、协同发展的外贸新平台。岱银集团、泰鹏集团美国海外仓面积成倍扩大，新华锦外贸综合服务平台项目、巴龙国际贸易集团项目成功落地，新泰国际陆港“9610”跨境直邮海关监管场站基本实现试运行。

【外贸新业态】 组织 170 家外贸企业参加境内外展会 90 个，推动“一带一路”市场和自贸区市场进出口分别增长 17.1%、9.8%。加快推进新泰国际陆港“9610”跨境直购海关监管场站建设和运营，成为济南关区第一家“9610”监管模式业务类型。指导泰山区争取省级外贸转型升级试点县，加快推进“特色产业集群 + 国际自主品牌 + 跨境电子商务 + 综合服务企业 + 境外营销网络”五位一体发展新模式，加快全市外贸转型升级步伐。加大招商引资力度，泰安新华锦国际商务集团有限公司实现 2100 万元电解铜进口业务。

【政策服务】 成立外贸工作专班，聚焦对稳外贸起决定性作用的核心关键企业，召开全市外贸进出口前 50 强企业座谈会，力争稳住订单和市场份额。联合海关（含商检）、税务、外汇管理、银行等部门开展“外贸企业服务直通车”活动 3 次，覆盖全部县（市、区），上门给企业送政策、送服务、送信息，现场答疑解难，解决企业开展外贸业务过程中遇到的问题和困难。开展业务培训和政策宣讲服务，举办应对中美贸易摩擦专项培训、人民币汇率保值专项培训、出口信保专项培训、第三方外贸平台推介等业务培训 7 次，帮助外贸企业第一时间全方位掌握新政策。

（和沐雯）

烟草专卖

【概况】 泰安市烟草专卖局（公司）辖泰山、岱岳、新泰、肥城、宁阳、东平 6 个县级烟草专卖局（营销部）、卷烟物流配送中心和泰安泰山壹伍叁贰物联商贸有限公司，服务卷烟零售户 1.81 万户。2019 年，全市共销售卷烟 15.2 万箱，单箱销售额 2.47 万元，实现税金 6.51 亿元。

【卷烟营销】 持续推进卷烟零售客户终端建设，投入 500 万元改善零售客户终端形象，城镇终端提升面达到 71%、农村达到 55%。协助零售客户开展诚信互助小组建设，卷烟明码实价执行率达到 97%，零售客户毛利率维持在 13% 以上。开发务工、旅游、商务等特类市场，鲁产卷烟销量、市场份额和一类烟比重增幅均位居全省前三位。落实《规范吸烟环境建设实施方案》要求，建成吸烟室（区）14 个。

【专卖管理】 开展“齐鲁利剑”专项行动，推进卷烟市场综合整治。落实“双随机、一公开”要求，按照“看查问推”四步骤开展检查，提升市场监管精准性。全年查扣违法卷烟 2034 万支，增长 23%，查获总案值 1280 万元，增长 36%。落实“放管服”改革要求，研发“泰省事”APP，卷烟零售许可证办理时限压缩到 5 日以内，新办证“最多跑一次”，其他事项“零跑腿”。

【企业管理】 承办全省烟草系统管理创新现场会，全面展现管理创新成果，树立泰安烟草良好形象。推进流程建设，开展“制度优化年”活动，提升工作标准化、规范化水平。丰富精益活动载体，搭建“精益小屋”和联盟对垒平台，QC 诊断师和精益内训师覆盖至各基层服务站，推进创新驱动。全年在全省 18 项对标指标中有 14 项同比提升，7 项优于全省平均水平。

【队伍建设】 合理配置劳动用工，激发员工队伍活力。全面梳理工作职责，修订部门职责说明书 26 份、岗位说明书 156 份。推进宽带薪酬管理，组织开展客户经理、稽查员等一线岗位星级评定，激励提升工作业绩和技能水平。扩建内训师队伍，征集和评选优秀课程，带动提高业务能力和综合素质。（范盛有）

供销合作

【概况】 全市供销社系统以深化供销合作社综合改革为主线，聚焦聚力乡村振兴，搭建村社共建工作载体，加强基层组织建设，发展生产、供销、信用“三位一体”综合合作，提升为农综合服务能力和水平。年内，市供销社继续保持“省级文明单位”称号，被评为 2019 年度全市落实全面从严治党责任考核先进单位、2019 年全市脱贫攻坚先进集体。

【粮食生产“十统一”社会化服务】 围绕服务全市粮食生产“十统一”社会化服务试点，打响“农民外出打工，供销社给农民打工”供销社服务品牌。县级供销社农业服务公司实现全覆盖，建设集智能配肥、农资直供、农机服务、烘干仓储（或冷藏加工）、统防统治、农民培训、综合服务窗口于一体的为农服务中心 47 处，配备智能配肥机、植保无人飞机以及大中型农机设备 800 台（套），整合社会农机装备 1600 台（套），开展粮食生产“十统一”〔统一机收、统一秸秆还田、统一深耕（松）、统一旋耕、统一供种、统一播种、统一施肥、统一镇压、统一病虫害防治、统一保险〕社会化服务 6.33 万公顷。肥城市供销社汶阳田农高区为农服务中心承接肥城全市粮食生产“十统一”服务总平台任务。宁阳县供销社 2 家农业服务公司承接全县 2.67 万公顷小麦病虫害飞防任务。

【“1+1+N”市场援疆新模式】 拓宽岳普湖县农产品销售渠道，市供销社在全省供销社系统率先探索创新“搭建一个平台、健全一个网络、丰富多种营销手段”的“1+1+N”市场援疆新模式。1 月 23 日，市人大常委会主任唐福泉到泰安市援疆特色农产品展销中心调研指导。1 月 23 日，喀什地区政协工委副主任，岳普湖县县委副书记、县长克衣色尔·克尤木率领泰安市对口援建的新疆岳普湖县党政代表团一行到泰安市援疆特色农产品展销中心调研。10 月 29 日，省供销社印发《关于学习推广泰安市〈创新市场援疆模式 积极服务援疆工作〉经验的通知》，在全省系统推广泰安市供销社市场援疆经验做法。累计在泰安城区、县（市、区）及周边地区建设“喀什好味道”新疆特产实体店 8 家，销售喀什等地区特产 1000 吨，销售额 1200 万元，其中岳普湖县农特产品 640 吨，销售额 800 万元。

【2019 山东援疆“大仓东移”工作会议】 11 月 25 日，2019 山东援疆“大仓东移”工作会议暨“喀什好味道”农产品销售体系渠道建设总结表彰大会在泰安召开。会议由山东援疆工作指挥部、喀什地区工业和信息化局、泰安市供销社、鲁喀特色农副产品供销联盟和山东广播电视台电视影视频道联合举办，是自 2018 年年底“喀什好味道”加盟体系建立以后召开的第一场全省表彰大会，全省各地 100 家“喀什好味道”旗舰店、加盟店、援疆专柜负责人参加会议。会议对全省首批“喀什好味道”旗舰店、加盟店、援疆专柜进行授牌，并对 2019 年度“喀什好味道”销售团队前三名进行颁奖。泰安“喀什好味道”旗舰店获得 2019 年度“喀什好味道”销售冠军。

【农村现代流通“一张网”】 累计建设县级电商平台 5 个，乡镇电商运营中心 45 处，农村社区电商服务站 199 个。探索建设“中央厨房”2 个，投资 1.5 亿元的新合作中央厨房暨配送物流中心年内竣工。东平县供销社连锁经营体系建设和宁阳县供销社乡镇商超运营模式等经验在全省供销社系统推广。

【村社共建融合发展】 全市供销社系统累计 66 家单位与 168 个行政村开展深度合作共建，共建联合党支部 55 个，干部相互兼职 127 人，共建种植、养殖、加工、销售、旅游等特色产业项目 381 个，为村集体年增收 1600 万元。中共东平县委组织部明确在村社共建中发挥较好示范带动作用的村每个补助 2 万元。

【“5+1”行业扶贫】 创新实施项目帮扶、入社帮扶、农业服务帮扶、就业帮扶、走访慰问及特色帮扶的“5+1”行业扶贫帮扶举措，对接助力 1899 户、3571 名贫困群众脱贫。开展行业扶贫工作专项检查，委托第三方对各县（市、区）供销社 2016—2018 年财政扶贫资金支持的 51 个项目开展集中专项审查。8 月 15—16 日，全省供销社为农服务体系建设暨行业扶贫工作现场推进会在东平召开，推广泰安市供销社为农服务和行业扶贫经验做法。11 月

8月15—16日，全省供销社为农服务体系建设暨行业扶贫工作现场推进会在东平召开 （郝飞 供）

28日，市供销社受邀参加山东乡村广播《第一书记朋友圈》节目《“好品山东”扶贫帮帮团在行动》专题栏目。市供销社被市扶贫开发领导小组评为2019年全市脱贫攻坚先进集体。

【基层组织建设】 全市供销社系统累计与系统外50家企业、新型经营主体合作，共同推进70个特色产业项目建设。改造提升基层社14家。开展农民合作社规范清理，全市供销社系统单位领办、创办的规范运营的农民合作社172家。3个县级供销社被评为“全国供销合作社百强县级社”，14家基层社被评为“全国总社基层社标杆社”，国家级、省级农民合作社示范社分别有21家、28家。

【招商引资招才引智】 4月9—11日，山东省2019年度烟花爆竹交易会在泰安举办。争取的中华全国供销合作总社股权投资第二批3000万元（累计9000万元）全部到位。争取的1540万元国家农发项目资金支持的5个项目扎实推进。

【社有资产管理】 深化市供销社3家直属企业产权改革，依法明确市供销社理事会对3家直属企业资产的占有、使用、处置权，加强社有资产监管，理顺社有企业发展路径。化解系统社有企业财务挂账本金3125.6万元，有效减轻社有企业财务负担，较好解决历史遗留问题。

【寻标对标行动】 高点对标江苏省盐城市供销社，增强改革发展意识、深化农业社会化服务、加强基层组织建设和村社共建特色亮点工作等4项公开亮标对标目标任务取得突出成效，2019年度目标任务全面或超额完成。市供销社作为寻标对标工作成效突出单位，在全市寻标对标争先进位行动工作推进会议上作典型发言。

（郝　飞）

丝　绸

【概况】 全市桑蚕业以“产业发展，农民增收”为总体工作思路，围绕年度目标任务，加快科技创新，强化生产管理，提升服务力度，积极应对各种不确定因素，较好地完成全年各项工作任务。全市有桑园面积1587公顷，生产收购鲜茧2865吨，全年蚕茧收购均价45.25元/千克，蚕农茧款收入1.44亿元，成龄桑园亩桑产茧平均收入6025元，户均收入1.22万元。

【典型培植】 针对劳动力短缺和蚕农老龄化趋势，重点培植“集约化、专业化、规模化”养蚕模式，根据土地流转政策，通过桑园转包、转让等措施，推进桑园和土地向养蚕能手、示范户流转，积极培育养蚕大户，以亮点或示范片引导蚕农进行高效蚕业生产，走专业大户、专业村、专业乡镇的发展路子。年内，培育养蚕桑园1公顷以上、年收入9万元以上的专业大户580户。

【抗灾救灾】 积极应对频发的蚕中毒灾害损失。局部大气环境有毒有害物质污染桑园时有发生，中毒现象频发。针对每次中毒事件，市公司都迅速请专家鉴定指导、查找毒源、采取尽可能的解毒补救措施，最大限度地减少蚕农损失。抗高温多湿抓好夏蚕生产。夏季后期遭遇历史上少有的持续高温，对夏蚕茧产量和质量产生不利影响。通过采取有效措施，积极做好降温排湿工作，最大限度地减少因高温而造成的损失。

【科技推广】 实施“科技下乡”“蚕桑科技入户”活动，结合新型职业农民培训，强化对蚕农的技术培训。年内，全市累计举办各种类型培训班381场次，培训蚕农1.19万人次，给养蚕户发放各类技术指导“明白纸”3万份。针对桑蚕季节性强的特点，实行集中培训与田间、农户、大棚现场指导相结合的办法，向蚕农传授桑蚕科技知识。重点突出“省力化、高效益”这个核心，全力推广桑树截枝轮伐、桑园黑地膜覆盖、新型回笼火墙加温技术，养蚕大棚内铺地膜覆土隔湿、方格蔟自动上蔟等实用先进省力高效的蚕桑生产实用技术，推广切桑机、伐条机、采收机、中耕机等新型机械化设备，依靠科技进步实现蚕桑增效，农民增收。

【增产增效】 各级公司从规范生产管理、上蔟方法、改善蔟中环境等环节入手，入户加大技术指导力度，全面做好宣传引导工作，克服诸多不利因素，桑蚕生产普遍取得丰产丰收。各公司从促进蚕农增收、保护蚕农生产积极性、稳定桑资源的角度出发，通过内部节能降耗、节本挖潜，尽最大努力提高蚕茧收购价格，全年收购均价在45.25元/千克，晚秋收购价格达到50.23元/千克，均高于全国各主产区收购价。

（王荣凤）

石油天然气

【天然气供应】 完成650万立方米政府储气能力建设任务，2019—2020供暖季，全市长输天然气管道供气量3.11亿立方米，天然气稳定供应，未采取“压非保民”措施。识别长输油气管线高后果区风险77处62.78千米，保障能源设施全年稳定运行。 （朱建华）

【中国石化山东泰山石油股份有限公司】 简称泰山石油，秉承“诚信、规范、标准、安全、环保、绿色”的发展理念，坚持“量效兼顾、以效为主、量价双收”的经营思路，借助“加油站综合服务提升年”活动，精细管理，诚信经营，规范服务，企业经济效益和社会效益均取得显著成绩。全市在营加油（气）站170座，油库1座，年吞吐量90万吨，总存储量5万立方米。年末，公司实现成品油销售40.4万吨，其中零售29.48万吨、直分销10.91万吨；销售天然气287万立方米。

【泰山石油经营管理】 持续优化零售量价策略，提升核心创效能力。走访社会站，努力缩小价差，通过“他有我营”等合作形式实现共赢，为企业发展营造良好的外部经营环境。实施差异化营销措施，提高市场竞争力。逐步建立“以客户为中心”的理念，树立客户至上意识，制定个性化营销方案，打造增值服务竞争优势。创新加油卡“五进”（进机关、进企业、进社区、进车展、进4S店）营销模式，利用加油卡积分政策，开发加油站周边单位、社区用户，年内外出开展“五进”营销116次，发卡2347张。探寻合作新模式，稳步提升零售销量。加强与第三方合作的深度与广度，相继与佰付美、邮储银行、移动通讯公司等多家单位开展不同形式的营销活动。加入政府“慧游泰山”智能平台，实现加油站专属链接，引流客户，扩大销售规模。发挥地方特色优势，发展自有品牌营销。结合本地经济、文化活动，设立泰山女儿茶、蒲公英销售专区，有针对性、选择性的搭配商品组合，丰富门店，带动非油品销量提升。规范业务经营管理，定期开展门店抽盘与监盘，加大督导力度，促进经营管理水平双提升。

【泰山石油企业管理】 强化安全意识，保障企业稳定运营，发挥领导干部引领力，全面提升HSSE管理水平。全年组织召开安委会会议4次、专题会议9次，研究、部署安全环保工作。按照“组织引领、全员尽责、管控风险、夯实基础”指导方针，严格落实领导干部带班制度，积极到定点联系单位进行调研，确保企业安全。推进绿色企业创建工作，打造环保管理长效机制，确保合法依规运行。11月12日，泰山石油与泰安市应急管理局联合启动“政企合作、安如泰山”大应急活动。以泰山石油在泰安市辖区内所有库站的现有应急资源为基础，从队伍建设、培训演练、物资储备等各环节进行资源共享，建立有效机制，实现就近互助，共同构筑安全防线。加强风险防控与隐患治理，彻底整治“低、老、坏”问题，持续提升安全管理水平。至年底，已完成所有库站的环评手续和油气回收检测，合格率达到100%。严控全过程数质量风险，数质量工作实现零事故，各级各部门油气质量抽检100%合格。精准精细投资，提高发展质量，通过各经营单位和机关部门通力协作，以租赁、联营等方式，抢占市场空白点，提高市场占有率。与宁阳县、东平县政府建立合作关系，依托合资公司开展成品油零售及LNG/CNG加气站销售，强化企地合作。 （王　琪）

会展业

【概况】 泰安市会展业发展围绕市“十大”产业，特别是三大特色主导产业和四大战略性新兴产业，发挥会展集聚资源、联络沟通、交流展示、共用共享的媒体和平台作用，有方向、有重点地开展招展引会活动，策划培育题材多样、内容丰富的会展活动，促进泰安会展业和旅游等相关产业更好融合发展，推动泰安会展业开放合作和转型升级，积极服务泰安国际旅游胜地建设，努力建设国际会展名城。2019年，全市举办会展活动172场，其中大型展览活动39场，展览面积41万平方米，规模以上会议、论坛等活动133场。在2019年中国会展行业高峰会上，泰安市获得国内权威的会展业奖项“辉煌70年中国最具影响力会展城市奖”称号。

【会展业发展体制机制】 做好会展活动监督管理、综合协调服务等工作，畅通会展活动举办流程，确保活动如期顺利举办。对确定举办的会展活动，做好预约登记和备案，需要报批的联系好上级会展主管部门尽早对接完成报批手续，确保活动合法性。发挥职能，履行会展活动便利化服务流程职能，主动为举办单位协调消防、交通、城管、医疗等相关部门，提供便利化服务，帮助解决各个环节出现的问题，做好展会各项协调工作。做好兑现2018年度会展业发展引导资金工作，与市财政局、市发展和改革委员会对接落实会展业发展引导资金发放，通过积极争取，上调2018年全市会展业发展引导资金扶持标准。按照扶持政策，筛选出符合要求的会展项目，收集相关材料，交由第三方评审机构进行评审，确保资金发放的公平、公正和严肃性。至年底，2018年会展业发展引导资金283万元已全部发放到位，扶持展会项目23个，扶持资金数额提高16%，调动展会主办单位积极性。

【展会策划培育】 ①策划新增会展活动。主动帮助全市各级各部门分析各自优势，策划论证会展活动，促进全市自办展的蓬勃开展。其中，帮助市体育局协调引进2019第三十三届泰山国际登山节亚洲户外用品展，该展会是一项中德两国合作的贸易型展览会项目，是中国户外行业知名、专业的户外运动装备用品和户外活动服务产品的贸易和交流平台，该次亚洲户外用品展是亚洲户外用品展首次在除南京以外的城市设立展会，实现亚洲户外用品展与泰山国际登山比赛强强联合。协助承办2019泰山国际马拉松赛事活动，该次赛事在央视体育赛事频道进行全程播出，在报道赛事盛况的同时，宣传泰安的旅游发展、城市建设、民俗风情、民生项目、投资环境等情况，同期举办国际马拉松博览会，延伸马拉松产业链。帮助岱岳区举办“2019首届中国（泰山天颐湖）房车·旅游·生活嘉年华”活动；协助市场监管局举办兰格钢铁网2019钢铁形势泰山论坛；协助市金融监督管理局举办2019新湖财富金融论坛等活动。同时，在2019新动能·青岛展洽会上，市贸促会作为泰安市主要负责单位，调度对接有关市直部门及各县（市、区）贸促会，从展区设计方案、参展企业选取、现场布置调度等各个方面狠抓落实、精益求精，展现泰安良好风采与形象。②办好原有会展活动。继续举办2019第十四届全国粮油产销企业订货会、第二届中国粮油泰山论坛、中国起重机械技术学术创新发展论坛、2019全国普通高校招生咨询会暨第三届泰山教育博览会、2019第四届泰山国际福祉暨康复设备博览会、2019山东·泰山旅游商品与装备博览会、第六届泰山商务论坛暨第五届中国生活服务业大会等一批全国性展会活动，协助市文化和旅游局举办2019泰安第二届瞳画·岱萌动漫游戏博览会，协助市农机发展中心举办2019泰山国际农机化发展高峰论坛，协助泰山区举办第十五届泰山苗木花卉交易会，协助肥城市举办2019中国（肥城）农产品展销博览会等。

【会展活动招引】 ①组织外出参展。先后参加鄂尔多斯国际煤炭及能源工业博览会、太原煤炭工业技术装备展览会、第十八届中国国际煤炭采矿技术交流及设备展览会、2019第二届中国进出口博览会等相关活动，拜访美国大使馆、加拿大大使馆，邀请相关单位、企业参加2020年泰山矿业装备展。11月7日，由中国会展经济研究会、《第一会展》杂志、中国会展联盟、各省市会展行业协会联合主办的2019年中国会展行业高峰会（CCESF）暨合作交流大会在上海举行，应主办方邀请，泰安市贸促会参加该次高峰论坛，会议期间举行致敬中华人民共和国成立70周年中国会展之星年度颁奖典礼，经过组委会在全国范围内严格评议后评选，泰安市等15个城市获得“辉煌70年中国最具影响力会展城市奖”称号。②拜访行业协会。按照年初制定的工作目标，分别拜访对接国内外商协会、会展公司等办展办会主体单位，联系拜访中国煤炭机械工业协会和中国煤炭工业协会，进行座谈交流。5月，派员参加“2019中国国际服务贸易交易会品牌会展展览会”，走访《中外会展》杂志社、中国商业联合会、德国机械设备制造业联合会北京代表处、北京山东商会等单位；7月，派员到北京参加第九届中外会展项目合作洽谈会，到青岛拜访青岛会展研究院和部分会展公司；12月，参加中国煤机协会理事会，推介泰安会展环境及优惠政策，邀请到泰安办展办会及投资洽谈。③在北京召开泰安会展业发展恳谈会。6月29日，在北京铁道大厦召开2019（北京）泰安会展业发展恳谈会，与京津冀地区的200家大型展会主承办机构、会展行业协会和相关企业代表齐聚一堂，共商泰安会展业发展大计。

【第二届中国粮油泰山论坛暨第十四届全国粮油产销企业订货会】 3月8—9日，在泰山国际会展中心举办。该展会由中国粮油学会指导，中国粮油学会粮油营销技术分会主办，泰安市人民政府、中国粮油发展网、易口粮粮油产销服务平台承办，中国粮油学会面条制品分会、中国粮油学会油脂分会、中国粮油学会发酵面食分会支持，泰安市粮食局、中和坤谷粮油科技（北京）有限公司、泰安市泰山国际会展中心管理有限公司执行举办。该次活动注重行业创新、提升产业发展，同期举办以“工艺技术、品质控制、粮油市场及行业发展趋势、营销管理”为主题的“第二届中国粮油泰山论坛”，发布“面粉市场品牌榜、诚信粮油经销商、诚信粮油装备供应商”调研结果。全国各地有500家企业参展，展区面积2.4万平方米，参展产品2000种，合同成交粮油600万吨。设立泰安粮油展馆，全市有45家企业、200多个品种参展。在第二届中国泰山粮油论坛上，中国粮油学会理事长张桂凤致开幕词，先后有16名专家、学者、教授，分别就面粉加工技术、小麦市场分析、粮油营销策略、粮油质量管理、粮油互联网等方面作学术报告，论坛持续1天，与会代表及社会各界人士共1.6万人次参加。

【第三十三届泰山国际登山节亚洲户外用品展览会暨2019中国泰山国际体育用品博览会·恣然派户外嘉年华】 9月5日，在泰山国际会展中心、泰安生态绿地健身活动公园开幕。由省体育局、泰安市人民政府作为指导单位，德国腓特烈斯哈芬展览有限公司、泰安市体育局、泰安传媒集团联合主办，泰山国际会展中心、泰安传媒体育有限公司、南京源亚国际展览有限公司、北京德曼斯展览展示咨询有限公司承办。展会作为2019泰山国际登山节期间系列活动同步举办，贸易展会、运动赛事，以及在泰安生态绿地健身活动公园举办的户外嘉年华、文化传播、音乐美食等活动相继举办，形成以登山比赛为支点，带动体育旅游、体育文化、体育展会等多层次、多领域发展的体育产业新格局。

【2019泰山国际马拉松赛事】 泰山国际马拉松赛是由中国田径协会、山东省体育局、泰安市人民政府共同主办的中国田协A1类赛事，泰安市体育局、泰安市文化和旅游局、泰安市商务局、泰安市人民对外友好协会、中国国际贸易促进委员会泰安市委员会、泰安传媒集团、中国人民财产保险股份有限公司、泰山区人民政府、岱岳区人民政府、泰山风景名胜区管理委员会、泰安市旅游经济开发区、泰安高新技术开发区承办。中国报业体育产业联盟、泰安市马拉松运动协会、泰安传媒集团负责运营。该届赛事由青岛银行股份有限公司全程冠名，中央电视台体育赛事频道进行全程直播。2019年赛事继续采用线上和线下同步进行的赛事体系，设置全程、半程及迷你3个项目。全国24个省（市、自治区）、中国港澳台地区，美国、澳大利亚、荷兰、新加坡、阿富汗、阿尔巴尼亚、肯尼亚、埃塞俄比亚等17个国家的运动员参赛。该届赛事报名人数达到2.56万人，其中全马5630人、半马9245人、迷你1.07万人（亲子跑269组家庭）。组委会对该届泰山国际马拉松赛道进行升级优化，全程赛道环山路部分进一步向东延伸至方特欢乐世界，把桃花峪、天外村、红门等泰山最主要景区连接起来。

【第四届泰山国际福祉暨康复设备博览会】 9月6日，在泰山国际会展中心开幕。博览会由中国残疾人辅助器具中心、山东省残疾人联合会、泰安市人民政府、上海健康医学院主办，国内外120家厂商参展，全国20家省市残联、残疾人福利基金会、康复中心负责人，山东省各市及所辖县（市、区）残联负责人出席。近年间，泰安市委、市政府高度重视残疾人工作，先后出台一系列优惠扶持政策，特别是以实施国家康复辅助器具产业综合创新试点为契机，不断加强残疾人康复、托养服务设施建设，着力延长健康产业链条，打造百亿级健康产业，泰安全市残疾人服务保障水平持续提升。泰山国际福祉暨康复设备博览会作为推进健康产业发展的一项重要措施，已连续举办四届，共吸引国内外400家厂商参

9月6日，2019年第四届泰山国际福祉暨康复设备博览会开幕　（司　刚　摄）

展，成为全国乃至全球康复设备生产、研发、销售、服务的重要交流平台。

【第十五届泰山苗木花卉交易会】 10月17日，在泰山国际花木城举行开幕式。该交易会由泰安市人民政府、山东省自然资源厅、山东农业大学、山东省农业科学院主办，泰安市泰山区人民政府和泰安市林业局共同承办，以“培育苗木花卉产业，推动乡村振兴战略”为主题，为期3天，组织2019林木高峰论坛、精品会展等活动，邀请国内一流专家学者200人参会；设置绿化苗木展区、果树苗木展区、林产品展区、景观盆景展区、园林机械设备展区、桂花展区等6个展示交易区，展区面积2万平方米，吸引来自北京、上海、广东、浙江、河北、辽宁等20多个省、市、自治区的500家苗木花卉企业、园林公司、6000名客商参展参会。该届苗交会以新发展理念为指导，围绕“培育苗木花卉产业，实施乡村振兴战略”这一主题，着力打造集行业展示、产品展销、信息发布、供需见面、现场交易、新品种推介、新技术推广、新经验交流、高峰论坛等多功能于一体的全国性苗木花卉行业盛会，旨在助力现代农业转型升级，促进农民增收致富，推动农村经济社会高质量发展。

【2019山东·泰山旅游商品与装备博览会】 10月11—13日，在泰山国际会展中心举办。该博览会由山东省政府批准，中国旅游协会旅游商品与装备分会支持，山东省文化和旅游厅、泰安市人民政府共同主办。以“推动文化和旅游融合、提升旅游商品创新、引领旅游购物消费、促进文旅产业发展”为宗旨，以“礼聚泰山 大观天下·献礼新中国”为主题，搭建国内旅游商品和装备企业同采购方的零距离对接平台，努力打造具有较高知名度和广泛影响力的品牌展会，进一步繁荣山东旅游商品市场，促进旅游商品经济快速发展，加快文化旅游产业转型升级，培育新的文旅消费增长点。该届展会有北京、重庆、江苏等15个省、市的350家单位参展。室内展览面积1.5万平方米，室外展览面积1万平方米。室内展区共分为两大展馆、五大展示区，山东省内各市展区、泰安展区、外省市展区、旅游装备展区、综合展位区等特色各异，设立36个特装展位、126个标准展位，另设旅游装备区，非遗展演区、拍卖区近千平方米。10月12日，该届博览会亮点活动——2019山东·泰山旅游商品与装备博览会专题研讨会拉开序幕，会上邀请业内专家就推进文旅创新性融合、创造性转化，创意新产品、拉动新消费等关键词展开研讨，突出“以文化物，推进旅游商品的创造性转化；以物载文，实现文化创意的商品化落地；以旅承文，创造新动能，拉动新消费，实现文旅融合创新发展”等主题，为国内文化和旅游商品与装备企业提供学习、交流、合作的对话平台和发展方向。

【2019泰山国际农机化发展高峰论坛】 9月10日，第三十三届泰山国际登山节系列经贸活动之一——“2019泰山国际农机化发展高峰论坛”在泰安开幕。该论坛由市政府、省农业农村厅主办，市农业机械发展中心承办。该届高峰论坛秉持“精致精品”理念，突出“高端化”特色，在论坛主题演讲环节，中国农业大学工学院教授、博士生导师、科研副院长黄光群作《我国农业废弃物好氧发酵装备技术与产业发展》的报告；中国农业机械科学研究院研究员张俊宁博士作《现代农业机上智能与云上智慧的创新应用》的报告；日本农业机械高级经理原田达也作《高密度高品质裹包青贮技术及应用》的报告。该届高峰论坛秉持“共享共赢”理念，突出“国际化”特色，最大限度整合农机化行业优质资源，行政部门、科研院所、行业协会、农机企业等不同领域500人参加。论坛现场，国内外同行深入交流，介绍农机化发展趋势，分享国内外最新成果，推广先进技术和理念。论坛同时邀请雷沃重工、山东五征等数十家知名农机企业参会，推进学术交流共享，实现商贸合作共赢。此外，该届高峰论坛秉持“高质高效”理念，突出“多元化”特色，采取主题报告和现场演示相结合的方式进行，同期举办全省玉米生产关键环节机械化技术现场演示会，集中展现泰安市全程、全面机械化水平，全面展示高质、高效技术化应用，以体验性、互动性的效果突出论坛多元化特征。

【第六届泰山商务论坛暨第五届中国生活服务业大会】 11月20日，在泰安开幕。大会由中国商业联合会、山东省商务厅和泰安市人民政府联合主办。全国各地商务主管部门、行业协会、商贸流通服务业企业负责人1000多人参加大会。该次活动以“加快流通创新转型 促进消费提质升级”为主题，在会议期间举行的主论坛上，与会专家就培育发展新动能，促进商贸流通服务业高质量发展，加快生活服务业转型升级、提升服务品质，全面商业数字化转型、优化顾客消费体验，技术创新驱动零售数字化转型，中国零售市场与消费者趋势，生活服务——从连接到品质和智能等业界密切关注的热点问题发表精彩演讲、对话交流，分享他们的观点理念、研究成果和实践经验，并对行业和企业发展提出建议。

【2019 全国普通高校招生咨询会暨第三届泰山教育博览会】 6 月 26 日，在泰山国际会展中心开幕。该届高招会由山东省教育学会主办，泰安市教育局、泰安传媒集团承办，泰安市考试中心、泰山国际会展中心执行，山东人民出版社协办。高招会对所有高考生和家长免费开放，为考生和家长提供及时、权威、放心的咨询服务。该届高招会吸引中国科学技术大学、中国农业大学、中央财经大学、中国矿业大学、中国石油大学、中国消防救援学院、复旦大学、浙江大学、南开大学、北京航空航天大学、北京师范大学、西安交通大学、哈尔滨工业大学、电子科技大学、山东大学、同济大学、武汉大学、南京大学、中国海洋大学等 985、211 高校以及省内外 170 家重点本科、特色院校和近 50 所留学、培训机构到场参展，为考生和家长提供"一站式"咨询服务。市招考中心现场解读高招政策，各高校招生专家就高考政策、志愿填报等问题为考生进行详细、准确的现场解答。各高校与广大家长、考生面对面，采取多种形式向考生及家长宣传招生计划、招生政策、录取办法、收费标准等，并指导考生填报高考升学志愿。

【2019 中国泰山茶博览会】 4 月 20 日，在岱庙开幕。该届泰山茶博览会主题是"国山圣水·茶礼天下；逛东岳庙会，祈平安富贵"。设泰山茶活动展区，茶叶包装展区，茶具茶器及茶延伸品展区，各地名茶展区，茶机械与检测企业展区，加工茶、再生茶与茶饮料茶食品展区，泰山奇石盆景根艺展区等 7 个展区。通过企业展销、泰山茶产业高峰论坛和泰山茶文化体验等活动，唱响"国山圣水·茶礼天下"，提高泰山茶区域公用品牌知名度、美誉度，促进泰山茶产业健康快速发展。泰山茶文化历史悠久，早于《茶经》十几年，降魔藏禅师就在泰山灵岩寺兴起饮茶之风，风靡中国北方。泰山茶以联合国首批自然与文化双遗产泰山为名，主要分布在泰山、徂徕山周围，茶园面积 3300 公顷，种植加工企业 70 家。种植区独特的山区水库小气候，育出的泰山茶富含氨基酸、茶多酚、咖啡碱和微量元素，香高味浓耐冲泡，是北方少见的好茶。泰山绿茶、泰山红茶先后获得中华人民共和国农产品地理标志认证，泰山茶产业已经成为泰安市特色优势产业。

【2019（北京）泰安会展业发展恳谈会】 6 月 29 日，在北京铁道大厦召开。泰安市有关部门（单位）、贸促系统、会展公司和部分酒店负责人与京津冀地区的 200 多家大型展会主承办机构、行业协会、相关企业代表齐聚一堂，共商泰安会展业发展大计。大会以发放宣传册、代表致辞、播放宣传片、PPT 推介、现场恳谈交流等多种形式宣传推介泰安市经济社会大环境、办会办展设施条件以及市政府对会展业的扶持政策。近年间，市委、市政府高度重视会展业发展，将其作为战略新兴产业予以重点支持，坚定不移践行"走出去、请进来"理念，借鉴学习先进地区经验做法，广泛对接行业协会、学会和会展公司，宣传推介泰安市会展环境和优势，积极开展招展引会，会展业实现快速发展。以北京为中心的京津冀地区，各类行业协会、学会和会展公司云集，大型会展活动数不胜数，代表中国乃至世界会展业发展的先进方向。该次恳谈会吸引保利国际展览有限公司、中旅国际会议展览有限公司、中国粮油学会、中国仪器仪表学会、中国质量协会、中国造纸协会、中国机械工业联合会、北京山东商会、北京泰安商会等几十家国内外知名会展公司、行业协会及会展商会代表，上百名会展行业领军人物和行业大咖齐聚一堂。会议现场气氛热烈，互动交流环节中，各位嘉宾踊跃发言，为泰安会展业发展建言献策，为促进泰安市会展产业优化升级提出宝贵意见。该届恳谈会对泰安市精准对接京津冀会展资源，打响泰山会展品牌战略奠定坚实基础，会展合作成果显著，达成多个会展合作意向。

（郑旭光）

编辑　校对　　刘　凯

文化·传媒·旅游

文化旅游综述

【概况】 2019年，全市文化和旅游系统围绕"打造国际旅游胜地，建设山水生态名城"目标，深化文化旅游改革创新，优化旅游环境秩序，推进文化旅游转型升级、提质增效，推动全市文化旅游各项工作迈出新步伐。全市全年接待国内游客人数8472.64万人次，增长12.23%；实现国内旅游收入905.02亿元，增长14.56%。市文化和旅游局被评为全省全民阅读先进单位和广播影视统计工作先进集体，市文化市场综合执法支队被评为全国新闻出版广播影视系统先进集体，市文物考古研究所等4个单位被表彰为全省文化和旅游系统先进集体。

【旅游发展】 全市有A级旅游景区74家（AAAAA级旅游景区1家、AAAA级旅游景区13家），省级旅游度假区4家，星级酒店37家（五星级1家、四星级7家），旅行社185家，旅游商品生产经营企业600家。有国家级和省级工农业旅游示范点74家；国家级休闲农业与乡村旅游示范县2个（东平县、岱岳区），休闲农业与乡村旅游示范点2个，乡村旅游模范村4个，美丽田园1个；省级休闲农业与乡村旅游示范县2个（肥城市、新泰市）；省级旅游强乡镇39个；省级旅游特色村82个；3星以上精品民宿33家；精品采摘园28个；星级农家乐173家。规模化发展乡村旅游的村庄150个，经营业户6000户，从业人员2万多人。里峪村入选第一批乡村旅游重点村名录。泰安市建设国家级旅游服务综合标准化示范市的经验在全省推广。

【文化发展】 编创完成大型山东梆子现代戏《泰山挑山工》，入选文化和旅游部重点现实题材名录。山东梆子《墙头记》入选全国百戏盛典剧种会演，青年梆子戏曲演员李静获"中国梆子十大青年领军人物"和中国黄河流域戏剧红梅大赛金奖。举办唱响泰山"挑山工"文艺晚会和庆祝中华人民共和国成立70周年暨勇做新时代泰山"挑山工"文艺晚会。电影《情暖童年》获山东省"五个一"精品工程奖。创作完成《泰山挑山工》大型水彩画组画、《泰山挑山工》系列水彩连环画，举办庆祝中华人民共和国成立70周年泰安市美术大展、"岱下清风"全市廉政文化展、"泰山风情"系列巡展、"泰岱艺苑新锐"青年推介展等各类美术作品展览40场次。7件美术作品入选庆祝中华人民共和国成立70周年第十三届全国美术

9月8—10日，2019中国（泰安）旅游采购商大会暨泰安·巫溪文化和旅游对接洽谈会在泰安举行 （桑运昌 供）

作品展览，2件美术作品入选第六届全国画院美术作品展。3件作品入选第十一届山东文化艺术节。获山东省艺术考级工作先进单位4个、先进个人4名。（桑运昌）

旅游资源

【概况】 泰安市旅游资源丰富，重要景区景点有120多处，除最著名的泰山之外，在自然遗产方面还有国家森林公园徂徕山、腊山、金牛山，省级森林公园莲花山、神童山，省级风景名胜区八百里梁山泊水域以及被列入《世界吉尼斯大全》的肥城十万亩桃园、被誉为“天下斗蟋第一虫”的宁阳蟋蟀园等。在文化遗产方面有国家重点文物保护单位大汶口遗址、岱庙、冯玉祥墓、白佛山隋唐石窟造像、泰山齐长城、泰山古建筑群等；省级重点文物保护单位有徂徕山映佛岩《般若波罗蜜经》刻石、山西会馆、明代三朝元老萧大亨墓、徂徕山抗日武装起义革命遗址、宁阳颜庙颜林、东平司里山等24处；省级优秀历史建筑有宁阳禹王庙以及和圣柳下惠墓、史圣左丘明墓、商圣范蠡墓、黄巢兵败退守遗址黄巢寨及衣冠冢黄巢墓、穆桂英生长地穆柯寨、大字鼻祖洪顶山高僧安道一摩崖经刻及全国民俗旅游定点村埠阳庄等。

全市旅游资源分布主要以市区为中心，呈放射型分布。北为泰山，城区主要有岱庙、蒿里山、灵应宫等名胜古迹；泰山区主要有汉明堂遗址、老县衙旅游文化街、方特欢乐世界、花样年华景区、宝泰隆旅游景区、啤酒生肖乐园、埠阳庄民俗旅游村、白马石民俗村、泰山文化广场、叶家庄旅游特色村、泰山国际花木城等；岱岳区主要有太阳部落、泰山温泉城、天乐城、岳海新天地、天颐湖、徂徕山滑雪场、大汶口国家考古遗址公园、萧大亨墓、文姜城遗址、黄巢寨、无梁殿、桥沟温泉、上泉古泉群、蒙牛乳业泰安工业园、齐长城民俗文化区等；新泰市主要有莲花山、青云山、峙山、和圣园、朝阳洞、九顶皇山、墨石山、太平山、掌平洼、上豹峪等；肥城市主要有陶山、范蠡墓、十万亩桃园、左丘明墓、云蒙山、翦云山、牛山、春秋古城、望鲁湖等；宁阳县主要有神童山、千顷枣林、蟋蟀园、文庙、颜庙、颜林、堽城坝、文庙、复圣文化旅游区等；东平县主要有东平湖、腊山、白佛山、司里山、戴村坝、稻屯洼、月岩寺、黄石崖、洪顶山经刻等。

【泰山风景名胜】 主要分布在南起泰安古城南门（包括蒿里山、灵应宫），东南、西南以环山路为界，总面积171平方千米范围内，主景区面积125平方千米。景区内有山峰112座、崖岭98座、溪谷102条、潭池瀑布64处。泰山自然风光优美、壮观，其景观特点以“雄”为主，兼有“奇、险、秀、幽、奥、妙”的特点。泰山游览区分岱麓游览区（丽区）、中路游览区（幽区）、西路游览区（旷区）、岱顶游览区（妙区）、后石坞游览区（奥区）、桃花峪游览区（秀区）。

岱庙 又名东岳庙、泰岳庙、岱岳庙，俗称泰庙，是古代祭岱的主要场所。位于泰山南麓泰安城区红门路南端，是泰山中路登山起点。庙内有古建筑和仿古建筑186间，碑碣184块，汉画像石48块，古桧、侧柏212株，观赏植物292种。中华人民共和国成立后，曾为泰山管理机构驻地，后为泰安市博物馆。1988年被列为全国重点文物保护单位。主要景点有遥参亭、正阳门、天贶殿、汉柏院、东御座、唐槐院、后花园等。

灵应宫 碧霞元君的下庙，原名天仙祠。位于市区灵山大街西段北侧。创建年代无考，明万历年间奉敕拓建，赐额此名。2002年重修。蒿里山位于泰山之阳，汉代以前，蒿里山被称作“高里山”，《汉书》有汉武帝“亲禅高里”的记载。魏晋时期，始有“蒿里”之称。古代，人们视蒿里为死后灵魂的归宿之处，故汉魏间即有名为“蒿里行”的丧歌。蒿里山为泰山（泰安）地府—人间—天堂“三大空间”的地府所在。蒿里山曾建有蒿里山神祠，又名森罗殿，创建年代无考。1992年，被国务院批准列入泰山总体规划开发景点。

丽区 即岱麓游览区，指的是泰山南麓东起王母池、西至樱桃园一带清幽明丽的游览区域。岱麓地处山城结合部，依山临市，环山公路贯通东西，环境优美，风景秀丽，气候宜人。主要景点有岱宗坊、王母池、范明枢墓、普照寺、烈士祠、五贤祠、三阳观、樱桃园、冯玉祥墓等。

幽区 即中路游览区，是泰山主景区。登山道路是在唐玄宗登封泰山古御道的基础上拓建而成的，自泰山山门岱宗坊始，至岱顶南天门，全长8.5千米。石阶七千，峰回路转，林荫夹道，溪瀑争流，亭台楼阁，风景幽深。沿途两侧碑碣题刻触目皆是，风景名胜最为集中。主要景点有关帝庙、红门宫、万仙楼、革命烈士纪念碑、斗母宫、经石峪、中天门、朝阳洞、十八盘、南天门等。

旷区 即西路游览区，是指自西溪谷口大众桥至中天门的游览区域。西路游览区峰峦起伏，群峰耸立，谷深峪长，潭静瀑飞，林木繁茂，景色旷秀。主要景点有天外村广场、黑龙潭、扇子崖、元始天尊庙等。

妙区 即岱顶游览区，是自南天门至玉皇顶面积约0.6平方千米的游览区域。攀越十八盘，登上南天门，就算进入了“天府仙界”。此处，“日近云低”，“只有天在上，更无山与齐”。虚无缥缈的月观峰，金碧辉煌的碧霞祠，直插云天的玉皇顶，扑朔迷离的无字碑，都使人感到神秘莫测，妙不可言。岱顶集中泰山自然风光与名胜古迹的精华，是游览泰山的高潮所在。主要景点有天街、碧霞祠、唐摩崖、玉皇庙、孔子庙、日观峰、东天门、探海石、爱身崖、仙人桥、月观峰、西天门。

奥区 即后石坞游览区，是以岱阴后石坞为中心的游览区域，南起玉皇顶，北至元君庙，东起天烛峰，西至北天门，面积约5.5平方千米。后石坞自古即被称作岱阴第一洞天。奇峰耸秀，怪石嶙峋，峰险谷深，旷远清幽。步行道“独足盘”环绕其间，为明万历年间所辟。沿“独足盘”攀登，行愈远，路愈险，山愈奇，景愈胜。主要景点有丈人峰、北天门、独足盘、八仙洞、后石坞、元君庙、九龙岗、天烛峰、谷山玉泉寺、周明堂遗址、锦绣谷、齐长城。

秀区 即桃花峪游览区，位于泰山西麓，因旧时桃林满谷而得名，分上下两段，上段称桃花源，下段为桃花峪。这里奇峰垒列，林深涧曲，豁达空旷。峪底公路，逶迤10千米。沿途千潭叠瀑，万壑汇川，丹英饰涧，纷飞如雨。主要景点有桃花源、猛虎沟、彩带溪、后寨门、吴道人庵、桃花峪谷口。

【《中华泰山·封禅大典》大型实景演出项目】 2008年11月筹建，2009年5月开工建设，2010年4月27日首场演出。该项目由东岳泰山旅游集团和阳朔帅元旅游文化策划有限公司合作建设，总投资2.6亿元，总建筑面积1.7万平方米，其中剧场1.34万平方米、综合服务设施3600平方米，剧场舞台1.08万平方米、观众席2600平方米，日常容纳观众2200人，最多容纳观众2700人。配套建设小型停车场1000平方米，大型停车场8000平方米。演出以泰山帝王文化、封禅文化为主题，再现历代帝王封禅场景，展示泰山的“国山”价值与内涵。演出总策划由中国大型山水实景演出创始人之一的梅帅元担纲，集国内知名的创作、编导、舞美、音乐、灯光设计人才及先进元素，演出阵容由506名演员组成。2018年央视春晚在泰安设置分会场，封禅大典天地剧场作为表演场地，对其演出设施设备进行全面升级改造。在舞台外围两侧及后方增加景观假山包围舞台周边，使舞台与周边山景浑然一体；开合舞台改造为阶梯式舞台，升级LED电子显示屏、灯光音响、舞台设备，完善舞台功能，传递最佳声、光、电效果；增加3倍灯光覆盖，实现周边山体全部打亮，舞台呈现在群山环绕中。改版演出内容，唐朝内容全新改版，一改以往单纯舞蹈表演的形式，首次呈现帝后封禅剧情，细腻演绎内心独白，演出真实而感动；清朝皇家庆隆舞，在大气跳跃的音乐中展现皇家贵族的节日氛围，用虎鹿熊3个图腾崇拜表演来装点和增加节目的娱乐性和可看性；在尾声增加“国泰民安”祈福环节，舞台升降机械升起，观众席90名击鼓演员互动表演，同时210名灯笼演员流线出场，场面壮观。封禅大典演出项目弥补泰山旅游夜间项目的空白。

【环山路景观大道】 环山路东起天烛峰，西至桃花峪停车场，全长26千米，是泰山的保护线、重要的旅游线、泰城重要的交通线和代表泰安形象的景观线。环山路是打通泰山东、中、西部的连接线，可以西接桃花峪景区，东连泰山方特欢乐世界、天烛峰景区，中间连接藏佛寺、蓄能电站、旅游经济开发区、樱桃园景区、市政大楼、天外村、普照寺、红门景区、虎山公园、白马石民俗村等景区景点，还可串接虹桥宾馆、丽景广场酒店、工行培训中心、泰山宾馆、世行培训中心、宝龙温泉大酒店等10家三星级以上宾馆。环山路景观大道是泰安城市的一条风景带，既可沿途参观景点，也可以欣赏泰安城区、泰山景色以及用餐、休闲等，给游客提供更多选择。环山路景观大道完善泰安城区现代化风景旅游城市的功能，优化城市路网结构，并起到山城分界线的作用，有利于加强对沿山建筑物的控制，强化对泰山的保护。

【徂徕山汶河景区】 徂徕山是国家AAAA级旅游景区、国家森林公园、世界地质公园，面积约109平方千米，为山东省第二大林场。主峰太平顶与泰山玉皇顶相距30千米，海拔1028米，山上拥有大小峰峦97座，松树林3333.33公顷（5万亩），刺槐林2666.67公顷（4万亩），植被覆盖率92.4%，负氧离子含量均值1万个左右，是名副其实的“天然氧吧”和“养生福地”。徂徕山古迹众多，清秀平和、秀藏于内的特质，为徂徕山增添一层神秘浪漫的隐士文化色彩。唐代诗人李白曾在徂徕山隐居六载，纵酒酣歌，以师会友，与山东名士孔巢父等6人世称“竹溪六逸”，留下“秋波落泗水,海色明徂徕”等千古佳句。期间,诗圣杜甫与李白共游徂徕山,遥望泰山，有感而发，挥笔写下《望岳》这首传颂千古的名篇，创造了文坛上久负盛名的友情文学现象。徂徕山是道家、佛教圣地,以二圣宫、隐仙观、光华寺等最为著名，宋代儒家理学的开拓者和创立者石介创办的徂徕书院，已有千余年历史，与金山、岳麓、石鼓并称宋初四大书院。徂徕山还是1938年山东省委打响抗日战争第一枪的地方，有徂徕山抗日武装起义纪念碑、四禅寺等革命遗址，是山东省爱国主义教育基地和红色旅游经典线路。

大汶河 发源于淄博，纵贯泰安市，流向东平湖，是泰安人民的母亲河，也是中国古代文明发端的重要发祥地之一，孕育了有6000年历史的大汶口文化。2013年10月，汶河北岸的古博城入选山东省第四批省级文物保护单位名单。其始建于春秋，扩在秦汉，盛于隋唐，历经2600余年，一直是泰山周边郡县治（府）所在地，也是历代帝王到泰山封禅时的行宫所在地。大汶河绕徂徕山西北流过，有“汶河西流”的壮美奇观，每年径流量约10亿立方米，是黄河下游最大的支流，也是南水北调东线工程重要的水源补给地。经综合治理，景区内形成回水长度20千米、水域面积11平方千米、蓄水量4000万立方米的湿地景观12公顷。2014年，被国家林业局评定为国家级湿地公园；2015年，被水利部评定为国家级水利风景区；2017年，被评为山东省最美湿地。

泰山温泉城 由山东泰山温泉旅游开发有限公司投资建设，按照国家AAAAA级旅游景区标准精心打造，集温泉养生、休闲度假、商务会议、康体娱乐和生态旅游等多功能于一体。项目总投资26亿元，总占地117.33公顷（1760亩），建筑面积43万平方米。项目分三期建设，一期投资6亿元，2009年开工建设，规划建设山地森林温泉养生区、国际会议接待中心区、温泉度假酒店区、十大景观园区以及综合服务配套区五大功能区，建筑面积9万平方米。徂徕山温泉水温高、水量大、水质好。经初步探明，地下热水面积约16公顷，出水温度50℃左右，混合水温可达45℃，最大出水量为3800立方米/日，权威部门检测表明，温泉水含有氟、溴、钠、硫、碘、锶、锂、偏硼酸、偏硅酸、磷酸等30多种对人体有益的微量元素和矿物质，达到医疗价值标准和矿泉水命名标准，属优质天然高硫高纳的硅氟复合型医疗热矿水，极具医疗和保健价值。据唐代学者封演所著的《封氏闻见记》记载，徂徕山的桥沟温泉有“唐代八大温泉”之一的美誉，更被命名为“乾封汤”。

徂徕山滑雪场 由黑龙江亚布力滑雪场和大庆飞天滑雪娱乐有限公司投资兴建，总投资1.2亿元，占地8公顷（120亩），建设集商务休闲、康体娱乐、生态观光等多功能于一体的综合旅游服务项目。项目分两期建设，一期投资8000万元，2008年开工建设，主要建设长300米、500米和800米的雪道各1条、雪具大厅、拖牵索道、双人吊椅观光索道等设施，配有造雪机、压雪机等配套设备，2008年年底投入运营。二期投资4000万元，在冬季滑雪项目的基础上，2011年新上滑草、滑道、高尔夫练习场等夏季项目，并于2011年年底建成泰安唯一的拥有20个杆位的高尔夫练习场、1200米长的管式滑道以及800米长观光缆车、溜索、垂钓、鹿园等旅游设施。徂徕山滑雪场的建成填补泰安市冬季旅游空白。

徂徕山龙湾省级地质公园 位于泰山东南30千米，地处风光秀丽的徂徕山北部，是徂徕山国家森林公园的一部分，京沪高速从园内穿过。徂徕山龙湾地质公园规划范围西至春阳坡，东至富山，南至太平顶，北至石家岭。东西最大长度17千米，南北最大宽度10千米，面积约110平方千米。园内地质遗迹多样，经历了自太古代至新生代近25亿年复杂地质构造演变，是一个集典型花岗岩奇峰地貌、地质剖面、断裂构造、象形石、崩塌地质灾害等地质遗迹和山泉、瀑布等自然景观于一体，在省内具有稀有性、典型性和独特观赏性的综合性地质公园，是地学科普、观光旅游、休闲娱乐的胜地。公园特有的气候和地理条件养育了众多动植物资源，园内植物计133种；动物繁多，以鸟类最为突出，有99种，鱼类中有被誉为“汶河紫锦鳞”的特有珍贵鱼种——泰山赤鳞鱼。徂徕山龙湾地质公园总体规划，由省地质环保局五处规划设计，本着“保护为主、适度开发”的原则，将景区划分为6个景观旅游区域：泰山岩群剖面景区、彩山水库景区、沿溪生态村景区、太平顶及马场景区、上下池龙湾景区、天然松林景区。2002年12月，被山东省国土资源厅批准为首批省级地质公园，由龙湾和西南峪两个园区组成，并位列全省七大地质公园第三位；2016年，被评定为省级AAA级景区。

（冉文惠）

【泰山方特欢乐世界】 位于泰安市泰山区东部新区明堂路北段。2008年12月27日开工建设，2010年5月开门纳客。该项目是国内第四代文化产业主题公园，园内主要建有方特乐园、飞越极限、恐龙危机、生命起源、星际航班、未来警察、海螺湾、聊斋等高科技娱乐项目30多个。运用现代计算机、模拟仿真、自动控制、数字影视、光学与声控等高科技手段，向游客展示包括泰山文化在内的中华5000年文化，游客在虚实结合、亦真亦幻、动感交互的世界中，穿越历史、现代与未来三重空间，感受“新时空”带来的全新旅游体验。2010年，被全国旅游景区质量等级评定委员会评为国家AAAA级旅游景区。

【泰山花样年华景区】 位于泰山区省庄镇，是集娱乐、观光、采摘、餐饮、展销功能于一体的大型农业旅游文化项目，突出兰花产业、休闲旅游和泰山文化主题，主要包括路通花卉、泰安三益、会展大厅、梦幻花都、天合乐园、热带风情、未来田园、欢乐剧场等项目，总占地面积200公顷（3000亩）。其中，未来田园项目，综合运用国内先进的无土栽培技术，通过立体化、园林化和异形化的艺术塑造，集中展示当代中国农业发展水平；梦幻花都项目，采用世界上先进的设计理念和声光电等新科技成果，打造以花卉为主题，集欣赏、娱乐、体验、科普于一体，由绚丽空间、花样童年、幽兰奇域3部分组成的现代科技馆；热带风情项目，集餐饮娱乐、园林艺术、兰艺展示等功能于一体，丰富“吃、购、娱”旅游要素；天合乐园，主要为室外婚纱摄影主题公园。2010年，被全国旅游景区质量等级评定委员会评为国家AAAA级旅游景区。

【泰山宝泰隆旅游景区】 位于泰山区邱家店镇。景区总占地128万平方米，以地下漂流观光与地上休闲娱乐为主题，有地下裂谷探险、地下溶洞观光、东海龙宫观光、地下溶洞暗河漂流、候鸟放飞观赏、地上湿地观光、地上游乐等游玩项目。配套建设有游客服务中心、生态停车场、自助餐厅、宾馆与酒店等旅游基础服务设施。产品涵盖观光娱乐、休闲度假、餐饮购物、文化体验、特色演出五大模块，是集吃、住、行、游、购、娱于一体的大型综合性绿色环保休闲度假区。2013年9月，景区对外开放。先后被评定为国家AAAA级旅游景区、中国风景名胜区协会会员单位、山东省文化产业示范基地；地下溶洞漂流项目通过大世界基尼斯认证，获“最长的无动力暗河溶洞漂流之最”称号。

【泰安老县衙旅游文化街】 位于通天街中段，占地面积1.33公顷，经营面积1.7万平方米，由老县衙旅游商品街、泰山国际青年旅舍、泰安风味老街及萧大亨故居纪念馆4部分组成。其中，旅游商品街的旅游商品超市购物面积936平方米，集中展销泰安特色旅游纪念品、工艺品、土特产品、旅游用品及宗教、帝王、民俗、水浒、自然风貌、土特产等千余种系列产品；非物质文化展演区邀请市手工艺大师现场表演泰山皮影等非物质文化遗产。泰安风味老街挖掘泰安地方风味饮食，创造性地开设泰山婚庆大典，将泰山的封禅文化、豆腐文化、茶饮食文化进行有机融合，充分展示“老街·老滋味，老街·老风情”的独特魅力，打造“游在泰山、住在泰安、吃在老街”的全新旅游概念。2010年，被全国旅游景区质量等级评定委员会评为国家AAA级旅游景区。

【埠阳庄民俗村】 位于邱家店镇东南。该地民风淳朴、物产丰富，是典型的中国北方乡村。20世纪80年代，成为泰安市民俗旅游观光点。中外游客到村中，吃农家饭、睡农家炕、干农家活，日出而作、日落而息，体验泰山脚下农民的日常生活，可谓其乐融融。1998年，被国家旅游局定为华夏民俗旅游村。2000年，被省政府定为民俗旅游村。

【太阳部落旅游区】 位于泰山南麓，徂徕之侧，汶河之滨，是大汶口文化的重要发祥地，为国家AAAA级旅游景区。2013年，一期工程建成开放，2014年二期项目建成开放，2015年完成三期项目规划。太阳部落以大汶口文化为主线，以情景体验的形式，将史前文化和游乐项目有机融合，使远古文明的场景在游客面前真实展现，是中国首家体验史前文明的特大型文化主题公园。旅游区分时光穿越、梦回大汶口、洪荒探秘、洪荒历险、情定大汶口、金乌古镇六大版块，由时空隧道、文明之光、地心历险、猿古大战、盘古狂叫、女娲补天、共工的愤怒、山洪暴发、洪荒漂流、高空斗牛、水龙王、远古大战、狩猎归来等40余个主题项目组成，运用现代化高科技手段，将大汶口文化的精髓融入其中，真实再现大汶口时期的生产生活场景，让游客走进古老的洪荒神话，亲身体验史前文化。

【天乐城旅游休闲区】 位于满庄镇，占地面积37公顷，是以盐文化、室内水上游乐和休闲养生为主题，与泰山文化及地方民俗特色完美融合，集商务会议、特色餐饮、康体娱乐、生态旅游、休闲度假于一体的大型综合旅游度假中心，国家 AAAA 级旅游景区。天乐城休息区主要建设有天乐城水世界、田雨润华国际酒店、盐浴漂浮体验中心和快捷商务酒店。其中，天乐城水世界总建筑面积 2.6 万平方米，是舒适度极佳的室内四季水上娱乐项目；田雨润华国际酒店是集商务会议、康体娱乐于一体的五星级酒店，建筑面积 4.2 万平方米，设中高档客房 222 间，拥有大中小型多功能会议室 11 个；天乐城盐海神汤以盐文化为主题，集盐海漂浮、泥疗、盐疗、温泉养生等多项功能于一体，在这里人们可以自然漂浮在水面上，一年四季尽享“盐海”奇景。

【天颐湖旅游度假区】 位于泰山南麓，徂徕山西侧，大汶河之滨，毗邻大汶口文化发祥地。景区规划面积 16 平方千米，水面面积 5.2 平方千米，是泰安南部最大的水面。2010 年 12 月被评为国家级水利风景区，2011 年 5 月被山东省旅游景区质量等级评定委员会评为国家 AAA 级旅游景区。音乐喷泉东西长度 160 米、南北跨度 12 米；亲水式沙滩 2 处，7 万余平方米；儿童职业体验场馆——梦想小镇，建筑面积 1 万平方米，主要包括室内职业体验馆、室外职业体验区和外围休闲娱乐区 3 个组成部分，设有 51 个职业体验单馆，主要面向 3 ~ 15 岁的少年儿童群体；泰山花海项目占地面积 133 公顷，沿天颐湖东岸线呈带状分布，以花卉观赏、游览为主，融入爱情、婚拍元素，集科普、休闲、娱乐、运动于一体；飞行体验馆项目主要包括室内娱乐风洞飞行体验和表演、室内跳伞培训、模拟飞机驾驶娱乐和教学、餐饮娱乐和外场热气球观光等组成，面向 3 ~ 50 岁左右的游客；婚纱摄影基地位于天颐湖泰山花海景区南侧，摄影基地主体建筑面积近万平方米；游艇码头 5 个，购置大型游船和小型游船，并配备安全巡逻艇，可让游客尽情享受水上娱乐。

【大汶口国家考古遗址公园】 位于岱岳区大汶口镇，规划面积 390 公顷，涵盖大汶口遗址、大汶口古镇、大汶口明代古石桥等历史文化遗迹。一期工程主要建设“三区”（遗址公园门前服务区、遗址展示区和大汶口古镇区）、“一带”（滨河景观带）、“一节点”（大汶口文化博物馆）。其中，遗址公园门前服务区主要建设门前景石及标志性建筑、主题雕塑、广场及水系，整个广场采用大理石面铺装，水系引入大汶河水、自入口的泰山石叠水而下，最终汇入最南侧的日火山雕塑流进大汶河；遗址展示区总面积 30 公顷，展示自 1959 年后 4 次考古发掘的墓葬 189 座、房址 21 座、灰坑 120 余座、陶器 3000 余件等；大汶口古镇区，主要对大汶口镇山西街等 6 个村进行保护性开发建设，涉及 2676 户、8000 人；滨河景观带主要建设 1100 米防护堤、景观绿化工程及文化墙工程；大汶口文化博物馆展示、陈列面积 2600 平方米，以文物陈列、图片展示、全息影像、多媒体演示、互动体验等形式，采用声光电结合的表现手法，向公众展示大汶口文化的起源、发展、内涵及其在中华文明史上的重要地位。

（张作祥）

特产名吃

【泰山四大名药】 泰山参、何首乌、黄精、紫草并称泰山四大名药。据近代泰山名医高宗岳编纂的《泰山药物志》记载，泰山有“特产”药物 60 余种，“通产”药物 500 余味，其中泰山何首乌、四叶参、黄精和紫草被中医药界誉为“泰山四大名药”。

何首乌 被称为泰山中草药之冠。何首乌原名白首乌，传因泰山白发何翁食之须发变黑还童，故泰山一带称白首乌为何首乌。何首乌药效甚好，对于养血、益肝，固精益肾，强筋健骨均有疗效，是滋补的良药。

四叶参 即泰山参，又名羊乳。泰山四叶参个大似胡萝卜，外皮粗糙，色灰黄，野生于泰山深处的岩石缝隙，阴湿山沟、山坡林荫之下。具有补血通乳、养阴润肺、益胃生津之效，“效能较长白山人参大十倍”。（《泰山药物志》）体弱者将参浸入白酒内常饮之，健身效果尤佳。

黄精 黄蔓精的简称，又名轮生玉竹，生长在泰山荫坡、石壁、杂草丛中和树下。黄精入药性平而润，味甘而淡，无毒而杀虫；其功能补中益气，定肝胆，润心肺，益脾胃，升清气，降浊气，填精髓，壮筋骨，降风湿，下三火，还可润大便，利小便，使人目明耳聪。《本草纲目》载：“服（黄精）亦不论多少，一日不隔即去老还少。”清版《泰安县志》引陶弘景语谓之“仙人遗粮”。

紫草 为紫草科多年生草本植物，块根入药。每年六七月间紫草开花前掘根，“质坚色足，功大十倍”。（《泰山药物志》）明轩道人讲：“泰山紫草，一毫入沸水，色鲜如品红。”具有活血、凉血，清热解毒、利尿等功能，主治血热毒盛，疹出不畅、黄疸、丹毒、大便温闭等症。广泛用于治疗小儿麻疹。如将紫草浸制软膏外用，亦可治疗火伤、冻伤、湿疹、水泡等症。泰安民间还用紫草根泡酒，饮之舒筋活血，强身健骨。

【泰山灵芝】 是泰山的珍贵特产，传说是神农在尝百草中从泰山发现的，故称为“神草”。可治疗耳聋、关节病，保神益精气，坚筋骨，除虚劳，还可治疗神经衰弱、冠心病、高血压、肝炎、慢性支气管炎、哮喘等病。

【泰山板栗】 山东名产之一。泰山板栗以个大色鲜、质细味甘而独享盛誉。泰山地区栽培板栗，已有3000多年的历史，在金、元、明、清等时期均定为皇室贡品，民国以后，蜚声国际市场，被誉为“泰山甘栗”。栗子收获季节的糖炒栗子是一年一度的节令佳果，深受男女老幼的青睐。

【泰山红心萝卜】 以夏张产的红心萝卜为最好，个头匀称，每个都在250克左右，青皮白瓤里呈现着清晰的红绿，质地细腻，汁多味甘，清脆爽口，并具有消食、健脾、理气、清热解毒等功能。

【泰山墨玉】 据《山海经》记载：“泰山上多玉……环水出焉，东流注于河，其中多水玉。”秦汉以前，泰山玉就已闻名华夏。泰山墨玉为泰山玉的一种，产于泰山西部，石质细腻，色泽乌亮，是雕刻用的优质材料，据说李白、苏轼游泰山时，均对此石盛加称赞。

【泰山燕子石】 又名蝙蝠石，学名为三叶虫化石。三叶虫生成于古生代寒武纪的后期，有5亿年左右历史。燕子石质地优良，色泽典雅，石上虫体形似飞燕，宛如浮雕，极为别致。用此石可制作砚台、镇尺、插屏等工艺美术品。

【泰山三美】 泰安产的白菜、豆腐和泰山泉水被誉为“泰山三美”。泰山白菜口味鲜美、个儿大心实，质细无筋；泰山豆腐，浆细质纯，嫩而不老、味道甘美、富有弹性；泰山泉水，高氧洁净，清甜爽口，杂质少。用泰山白菜、豆腐、水烹制的菜汤称为“泰山三美汤”，豆腐白、菜叶绿、紫菜紫、味汤浓，是一道集美味、营养于一身的菜肴。

【泰山赤鳞鱼】 又名螭霖鱼，产于泰山山涧细流中，是泰山泉水哺育的珍贵山区淡水鱼，为中国鱼类珍品，成鱼长不过20厘米，肉质鲜嫩，其味鲜美而不腥，为名贵菜馔，还可药用。

【泰安煎饼】 创制年代无考，明代已成家常便饭。以玉米、高粱、谷子、地瓜干等粗粮为原料，经过粉碎泡糁、磨细成糊、摊于鏊子上边刮边烙，烙熟即成。质地细薄，水分少，耐久储，香酥可口。泰安煎饼分5种：用未发酵糊子制作的为甜煎饼，用发酵糊子制作的为酸煎饼，冷却的煎饼再烙酥为酥煎饼，煎饼加葱油或豆腐、白菜等馅烙制的为油煎饼，小米面加白糖烙制的为糖酥煎饼。新泰楼德镇产量多品种全，被誉为“中国煎饼第一镇”。

【泰安豆腐宴】 泰安神豆腐浆细含水多，质嫩而不流，洁白如雪，味道甘美，富有弹性，久煮不老亦不糊，系泰山周围居民家常菜。烹制方法多样：或制作豆腐乳、臭豆腐、五香豆腐、豆腐干、豆腐皮、辣豆腐、冻豆腐、茶色豆腐；或用来凉拌、热炖、油炸、蜜汁。随季节而变，春有小葱拌豆腐、香椿麻汁豆腐；夏有大蒜麻汁豆腐；秋有青椒炒豆腐、冬瓜豆腐汤；冬有白菜炖豆腐、大葱炒豆腐、辣椒热豆腐、羊肉炖豆腐、豆腐炒鸡蛋。泰安有名的“豆腐筵”，已开发出150多道菜，以“三美”豆腐、豆腐丸子、锅塌豆腐、炒豆腐脑、砂锅豆腐、煲豆腐、奶汤豆腐、软烧豆腐最为著名。

【泰山野菜宴】 泰山野菜食用历史悠久，历代帝王到泰山、行封禅，均“食素斋，整洁身心”，以示虔诚。寺院倡导素食，民间亦有菜食、菜医习惯。后人将宫廷素食、寺院素食、民间素食集为一体，创制野菜宴，成为中外游客推崇备至的“绿色食品”。泰山野菜宴可分为冷盆类、油炸类、腌制类、汤羹类等，品种50多个，均有丰富的营养价值或医疗、保健作用，尤以姜汁荠菜、炸藿香、山鸡扒鹿角、蛋炒鸦葱（又称琉璃嘴）等最为著名。

【泰安酱包瓜】 清咸丰年间创制，与泰安酱磨茄、泰山牙枣并称泰安三宝，清同治年间定为贡品。采用泰山南麓大白峪村特产的一种黑褐色、未成熟、鲜嫩甜瓜作外衣，将莴苣、黄瓜、花生仁、核桃仁、瓜子仁、杏仁、藕、龙须菜、冰糖、柿饼、青红丝等切块作料馅，用当地自产的甜酱酱制。鲜脆清香，酱味浓郁。

【泰山牙枣】 明末创制，清代定为贡品。该品用精选的鲜长枣经特殊加工制成。枣坯为宁阳县葛石大枣，故有"泰山牙枣宁阳坯"之说。传统的手工制作方法分为选枣、煮枣、脱皮、晾晒、除核、提霜6个步骤。首先要选择个头均匀的鲜红枣，放入锅内煮至五六成熟，脱皮晾成半干，待枣的表面自然生出一种白色物质（俗称"枣霜"）后，除核，拌上适量淀粉，使外皮漂白光滑美观即成。形似饴糖，肉若荔干，香甜可口，别有风味，被称为"干果糕点"。

【泰安珍珠西红柿】 泰安市岱岳区房村镇西红柿种植已有30年历史，被誉为"齐鲁番茄第一镇""番茄之乡"，所产西红柿已注册"泰山珍珠"著名商标。珍珠西红柿呈椭圆形，果实直径在1～3厘米之间，单果重10～30克，每穗可结6～10个果实，每株可结80～100个果实；其外皮为鲜红色，有光泽，果肉皮层厚，为粉红色，种子呈黄绿色；其腔室饱满，汁液较多、味清甜、无核、口感好，耐挤压能力强，便于贮藏和长途运输。

【大樱桃】 徂徕镇、天宝镇、化马湾乡盛产大樱桃，品种有红灯、大紫、先锋、那翁、宾库、雷尼尔、意大利早红、乌梅极等。2013年，化马湾乡成功注册"化马湾大樱桃"国家地理标志，优质大樱桃种植面积达1000公顷（1.5万亩）。2019年，天宝樱桃正式获批国家非木质林产品森林认证，成为全省第一个获该项荣誉的樱桃品牌。

【泰山氢泉山泉水】 岱岳区祝阳镇焦家峪村有一泉眼，泉水清澈甘洌，古称清泉，为史载泰山名泉之一。因泉眼中经常冒出气泡和白色雾气，类似氢气飘向天空，故又称作氢泉。该泉地处泰山东麓，远古时期由于地壳运动，形成了独特的地理环境和地下岩石结构，周边区域植被茂密，无污染，蓄有充沛的覆盖层水分，地下水矿化度小于0.5克/升，总硬度8～15德度，属中硬水。泉水水温18℃，PH值7.1～7.8，为弱碱性水，并富含锌、钾、硒、锶、纳、镁等人体所需微量元素和矿物质，水中负电位（ORP）值高达—360MV。泰山氢泉山泉水是天然负电位活化水，抗氧化能力强，在地磁作用下，形成小分子团水，具有较强的渗透、溶解、乳化能力，极易被人体完全吸收，长期饮用有益于身体健康。

【徂徕黄金梨】 徂徕镇南靠徂徕山，北依大汶河，常年气温适宜，光照充足，土质肥沃，保水性强，极利黄金梨生长。徂徕镇黄金梨栽培历史悠久，自宋以降，延绵千余年。后经多次品种改良，终培育成"神奇的生命之果"。2013年，国家质检总局发布公告，徂徕镇黄金梨正式成为"国家地理标志保护产品"。徂徕黄金梨表面呈黄绿色，晶莹透亮，肉质脆嫩，汁多味佳。食之清脆香甜，后味浓香绵长，并含有多种人体所必需的微量元素和维生素，含量比其他梨高出30%～50%。对肥胖症、肺炎等病症具有显著的预防及治疗作用。

【徂徕村秋西红柿】 产于徂徕村东，崆崆山以西的山沟中。由于山中特殊的晚秋气候，温而湿润，很适合秋西红柿的生长。其果实呈橘红色，晶莹剔透，十分诱人。采摘期比一般西红柿晚两个月，是晚秋初霜季节少有的果蔬。其特点是面、沙瓤、味醇，入口后回味悠长。秋西红柿无虫害、不打药，是纯天然绿色食品，每到成熟时节，城乡居民争相购买。

【范镇油酥烧饼】 清乾隆年间范镇村民徐畅创制。其制作方法：用生面、酵面、老面加"油酥"（用驴油、花生油、面粉制成）、食盐、花椒粉等糅合，然后烤制而成。范镇油酥烧饼具有色泽金黄、层次分明、外酥里软等特点。乾隆帝品尝后亲题"徐家烧饼铺"匾额，后在抗日战争时期被日伪军焚毁。新中国成立后，时任中共山东省委书记舒同到泰安视察工作时，题写"范镇烧饼"，赠给徐氏五代传人徐连功。1965年，徐氏第六代传人徐太国在山东省供销系统食品表演大赛中，获一等奖和特别荣誉奖。20世纪80年代，越来越多的人开始学做徐家烧饼，范镇烧饼已传遍全国数百个大中城市。

【泰山驴肉】 泰山周边乡村一直有人工饲养驴的传统。制作泰山驴肉，须挑选绿色养殖500天以上、体重250千克以上健壮毛驴，宰杀前空腹12小时以上，经过严格工艺流程屠宰分割并排酸24小时后进行清洗处理。用泰山山脉山泉水，加入天然植物配方煮制3小时，再小火慢煮2小时，关火焖煮7小时后方可出锅晾晒。晾晒后冷藏保存，随时可食用。泰山驴皮可制作保健食品阿胶，也可制作泰山皮影。泰山驴油可制作泰山驴油火烧，已传承上百年。

【演马庄牛肉】 肥城演马庄回民陈氏经销的熟牛肉已有260多年的

历史。其制作工艺讲究：将活牛屠宰后，剔除骨骼，肉分割为块，置木架上晾干后下锅。加水浸过肉约10厘米，点火烧煮，待水开后，用铁勺置火硝约2两，点燃加入锅内，约半小时，漂去白沫及污物。按百斤肉加盐1.5千克，并将配好的佐料（大小茴香、三奈、白芷、砂仁、紫蔻、花椒、丁香、橘皮、边桂等）轧碎装纱布袋放入锅内中层，同时将上次煮肉的老汤注入，继续烧煮约1.5个小时，再改用文火烧煮2～3个小时方可停火，趁热将肉捞出晾至无水汽即可。陈氏加工制作的牛肉微红透亮，味香爽口，咸淡适宜，营养丰富，有色、香、味俱佳的特点。

【宁阳不老枣】　宁阳大枣在1982年被列为国家保健枣，2000年全国红枣交易会上被评为全国金奖。2000年3月，宁阳县被批准为全国名特优经济林“大枣之乡”。宁阳大枣的生长地为砂质棕壤土，经化验，砂质棕壤土中有效铁、有效铜的平均含量高于普通土壤中含量临界值的10倍以上，有效锌、有效硼、有效钼的平均含量高于普通土壤含量临界值的2～5倍。棕壤土中的微量元素为宁阳大枣优良品质提供丰富的物质来源。棕壤土中有机质、腐殖质及氮、磷、钾含量较高也是促进大枣品质优良的重要因素。鲜枣含糖量44%，干枣含糖量85.5%，含蛋白质3.3%，每百克干枣含维生素C14.2毫克，还含有维生素A、维生素B和维生素P，有“天然维生素丸”之称。宁阳大枣的特点：果实硕大、果皮薄、紫红、有光亮，果肉肥厚、细腻扯丝、清甜可口，营养丰富、耐贮运等。宁阳大枣用途十分广泛，可食用，能入药。鲜食、熟食、干食皆宜，也加工成多种保健食品，在医疗保健方面更是一种高级的滋补营养品，并具有较高的药用价值，能健全人体毛细血管，防止溢血病，对高血压有显著疗效，还具有养胃健脾、益肝壮肾、延年益寿之功能。

【州城糟鱼】　东平县地方传统名吃。远自清代，在境内各大集镇均有糟鱼上市，誉为佳品。中华人民共和国成立后，糟鱼声誉愈增。特别是州城镇聂、谢两家，世代相传，技艺精湛，久负盛名。所制糟鱼，鱼体完整，骨肉同食，味美，香而不腻。糟鱼制作，多选用鲫鱼、鲇鱼、黑鱼等，留腮鳞，去内脏，洗净下锅，首尾相交，上下分层（大者在下），加适量香料、红糖、食盐、老汤、温水等。以木柴文火通夜焖炖，次日即可食用。

【东平湖咸鸭蛋】　以优良的东平湖麻鸭禽蛋为原料，经腌制而成的著名特产。湖里放养的麻鸭，以各类小鱼、小虾和浮游动植物为食，不仅产蛋率高，而且个头大，蛋质细，黄油多，平均每只重105克左右，比普通鸭蛋超重30克。用湖产麻鸭下的蛋腌制成的咸鸭蛋，油分充足，咸淡适中，煮后切食，味道特美。剖开煮熟的咸鸭蛋，可见蛋白如凝脂白玉，蛋黄似红橘流丹。红白相映，味美诱人。因为蛋心鲜红，所以又称为“红心麻鸭蛋”。

【东平粥】　又名徐家粥，为州城镇桂井子街徐保明家世代经营，清康熙十九年（1600）创制。东平粥系以上好的黄豆、小米做原料，用石磨将黄豆、小米分别制浆，并过滤去渣，然后按配方熬制而成，豆浆与米浆之比约为2∶1。熬汁时，先将豆浆倒入沸水锅内，烧至沸点，用木勺连续搅动，文火慢熬，熬制约半小时，待沸汁浮沫消净、豆香飘溢时，再将过滤的米汁倒入豆汁锅内，慢火烧沸后，即可熄火出锅。熬出的粥液以“清汁”为上品。若豆汁、米汁同时下锅，则会熬成混汁，即下品。出锅的粥在粥缸内呈液体状态，盛入碗内即凝，表面好像浮着一层油汁，此时，把预先用陶罐焖制好的五香熟豆撒在碗里，与粥同食，喝时便会豆随粥游，入口愈嚼愈香，韵味无穷，振人食欲。东平粥的制作选料精、做工细，而且做粥的水是用清真寺附近马公祠深水井中的甜水，故熬出的粥滑润爽口，清香甘甜，沁人心脾，有独特的糊香味，喝尽粥，碗如洗，不挂一丝粥迹。（张作祥）

旅游开发

【全域旅游发展】　市委、市政府高度重视旅游产业，市委组建旅游工作委员会（以下简称旅工委），由市委书记任主任，市委副书记、市长，市委常委、秘书长，市委常委、宣传部部长、市政府分管副市长任副主任，32个市直部门（单位）主要负责人任委员，作为市委统筹文化旅游工作的决策机构，负责全市文化旅游发展的顶层设计、规划布局、统筹协调、整体推进。9月29日，市委旅工委召开第一次全体会议，研究部署文化旅游工作。成立市文化旅游产业发展工作小组，由市委常委、秘书长任组长，负责推动重点任务、重大事项的具体落实，明确旅游交通组织换乘、停车场改造、厕所改造提升等插旗任务11项，重点推进。制定《关于进一步繁荣夜间经济的九条措施》，经市委常委会议、政府常务会议审议通过，以“两办”名义印发组织实施；印发《泰安市旅游营销优惠奖励办法（试行）》，发挥泰山的龙头带动作用，调动市内外旅游企业拓展客源市场的积极性；以市政府办公室名义印发《关于推进国家全域旅游示范区创建工作的通知》，泰山区、岱岳区、东平县做好验收准备工作。泰山区被认定为首批山东省全域旅游示范区。

【旅游规划编制】 《泰山文化保护传承发展规划》列入省政府工作重点，规划初稿已完成。启动《泰安市文化旅游发展总体规划（2019—2025）》编制工作，由中国城市规划设计研究院主持编制，年内完成规划大纲和框架思路编制。编制完成《泰安市新旧动能转换旅游产业专项规划》，已经市政府同意批复组织实施。编制完成《泰安市湖泊旅游专项保护规划》。

【旅游项目建设】 全年推进6个标旗和67个“三个一批”（策划招商一批、建设推进一批、巩固提升一批）项目，完成投资62.48亿元，超年度计划4.8个百分点。其中，计划投资300亿元的泰山新闻出版小镇项目，北区数字印刷产业园区23个单体建筑完成主体建设，具备使用条件；南区时代天华和人天书店一期厂房完成主体结构。天平湖西部慢谷项目完成年度投资3.2亿元，泰山美墅度假酒店完成改造并试运营；房车营地完成管网、木房基础、停车位以及道路基础施工。总投资50亿元的碧霞湖文化项目，旧村改造和泰秀项目于11月29日开工建设，进行基槽开挖。泰山大食堂项目总建筑面积2800平方米，以地方传统特色饮食为载体，让游客和市民体验特色饮食文化。总投资11亿元的泰安老街项目，10万平方米建筑主体及外装全部完成，内装完成50%。总投资3亿元的泰山云集项目，11栋建筑全部建成并完成内外装修，部分商户已运营。立足产业优势策划招商项目22个，先后到广东、陕西、北京、青岛等地实施精准招商。总投资150亿元的泰山佑·国际生态旅游度假区项目，5月初，市委书记崔洪刚带队南下签订三方战略合作协议，年内完成可行性研究报告并开始立项，启动区用地补偿款已到位。与中信陕旅集团合作，总投资30亿元的演艺秀都项目签订正式合同，完成土地手续办理。由山东高速总投资150亿元的泰山山高·康乐谷项目，重新调整规划定位为文化旅游项目，打造热带风情园、康养小镇、原乡文化旅游、慢调生活社区等4个板块。

3月1日起，泰山景区高铁售票点增开高铁泰安站至中天门的直通往返专线车，方便游客换乘。图为市委书记崔洪刚（左二）现场调度旅游直通车开通情况，并对首发直通车游客表示欢迎 （司 刚 摄）

【旅游配套设施建设】 继续实施旅游服务质量提升四大工程，精心、用心打造旅游环境，完善旅游配套设施，提升城市的承载力、舒适度。①旅游交通组织换乘提升工程。用10天时间完成游客导引显示、售票口、调度室、安检闸机等配套设施，开通高铁站往返中天门直通车，3月1日，市委书记崔洪刚现场见证首发运行。开通高铁泰安站、泰山火车站、汽车站到泰安城区主要景区景点的旅游专线车。优化游1至游3旅游专线和7条常规公交线路，新开通游4至游7四条旅游专线，有效串联交通枢纽和主要景区景点，方便游客换乘。由市城市管理局牵头，市交通运输局、市交警支队、泰山景区等单位配合，克服施工空间狭窄、车流压力大等难题，日夜施工，用28天时间完成天外村至红门路沿线5处公交港湾的改造提升，解决公交车占道上下客等问题，改善天外村附近交通拥堵状况。用1个月时间协调解决用电、场地加固等难题，完成天外村4部自动扶梯安装，国庆节前投入使用。②旅游停车场改造提升工程。全年改造提升主要景区景点停车场11处，全部配套建设厕所、充电桩、停车信息电子显示设施，合理设置大巴、公交、出租车候客区。③主要景区景点厕所建设提升工程。按标准新建旅游景区厕所14处、改造39处。其中，泰山景区新建7处、改造16处，关键节点、重要位置按AAA+打造，设置第三卫生间和智慧管理系统，提升景区服务档次和水平。④城市公厕建设提升工程。新建城市公厕9处、改造提升16处，重点部位厕所设置第三卫生间和智慧管理系统，配套建设环卫工休息室、工具房及垃圾转运站，增强城市服务功能。

【乡村旅游发展】 围绕“一带（大汶河乡村休闲旅游带）、三环（环泰山、环徂徕山、环东平湖）、多片（乡村旅游集聚片区）”发展格局，加快乡村旅游集中连片发展。全市有省级旅游强乡镇39个、省级旅游特色村82个、省级农业旅游示范点47个、省级工业旅游示范点11个、精品采摘园28个、星级农家乐173家、省级开心农场12个。建成泰山九女峰旅游度假区、桃文化乡村旅游集群片区等乡村旅游集聚片区，大汶口古镇、水浒影视小镇等特色小镇，良心谷、百合庄园、曼华庄园、茶溪谷、芝峰酒庄、中青松石、青青研学基地等田园综合体，朴宿、麓垚、铂思、曳尾园等精品民宿。

【旅游市场促销】 ①“走出去”搞推介。瞄准高铁沿线经济发达重点客源城市，举办泰安旅游走进豫皖苏（郑州、合肥、徐州）大型旅游推广营销活动，400家旅行社参与，签订旅游合作协议120项。组织旅游企业参加境内旅游交易会10个、国际旅游交易会6个。到新疆参加“泰山情·喀什行”泰安喀什文化旅游交流共建活动，与喀什岳普湖县旅游同仁结对子、签协议，促进两地文化交流、旅游交往、文化交融。②“请进来”做营销。借助世界老年旅游大会、德国汉莎旅游中心和海峡两岸旅行商考察团到泰安考察泰山、地下大裂谷、泰山封禅大典实景演出等重点旅游项目的契机，策划推出旅游推广活动。做好“同心同根万里行”2019山东考察团、日本和歌山县考察团、台湾旅游业界考察团、韩国文化代表团、丹麦友好人士、朝鲜国家观光总局等中外旅行商到泰安的接待服务和营销推广工作。举办2019泰安春季旅游联谊会，组织300名全国各地旅行社负责人、旅游供应商、荣誉会员单位以及网络媒体代表等，与全市旅行社面对面洽谈交流。③全方位推广品牌旅游。斥资750万元连续10年在央视重点栏目投放泰安旅游形象广告，斥资100万元拍摄制作城市旅游宣传片，在香港卫视投放泰安旅游形象广告，加大传统媒体宣传力度。加强与北京市人民广播电台的合作，面向北京市560万车主和370万听众重点推广研学旅游产品。加强与携程网的深度合作，推送文化旅游产品，发布旅游信息，年内为泰安市输送游客100万名，其中泰山游客46万人次。加强与马蜂窝旅游网合作，策划推出泰安旅游系列主题攻略。在青岛火车北站制作投放户外广告，推送泰安旅游品牌形象。做好省会城市群旅游集散中心泰安展厅更新维护工作，按时播放视频等宣传资料，导游图等宣传材料做到随时取阅，为游客提供及时便捷的服务。

【编制旅游新产品】 设计推出专项文化旅游产品40项、全域旅游精品线路9条、节庆活动23项、优惠政策12条，创意推出齐赏好景、悦听好声、游习好理、畅飨好味、悠游好趣、乐淘好品等优质文化旅游产品。做好四季各个节点特别是淡季旅游产品和旅游线路的设计收集报送、全省旅游业发展大会宣传视频图片和宣传品收集以及全省文化旅游宣传营销信息采集等工作。

【旅游商品设计研发展销】 强化旅游商品的地域文化特色，打造“平安泰山礼”“泰安四宝”等旅游商品品牌体系，旅游商品产业化发展初具规模。全市旅游商品种类3000种，旅游商品生产经营企业600家，其中泰山玉、泰山茶、肥城桃木、泰山汉麻等特色旅游商品深受游客喜爱。肥城桃木产业年产值突破20亿元。①举办2019山东·泰山旅游商品与装备博览会。博览会由山东省人民政府批准，山东省文化和旅游厅、泰安市人民政府共同举办，以“推动文化和旅游融合、提升旅游商品创新、引领旅游购物消费、促进文旅产业发展”为宗旨，以“礼聚泰山 大观天下，献礼新中国”为主题，策划首届山东省文化和旅游商品创新设计大赛及颁奖典礼、第三届泰安文化惠民消费季、专题研讨会等系列活动。北京、重庆、江苏等15个省市、省内16城市的350家单位参展，参展旅游商品、装备20类、4000种。设置特装展位36个、标准展位126个，展览面积2.5万平方米。观展客流4万人次，成交及意向金额4000万元，视频直播、融媒体传播点击量3000万人次。②举办2019全国桃木旅游商品创新设计大赛暨全国桃文化旅游商品评展活动。全国20个省（自治区、直辖市）的200家企业和个人参赛，韩国文创企业到肥城参赛。6000件实物作品、100件设计作品参与展出和评奖，评出特别大奖1个、金奖11个、银奖18个、铜奖30个、优秀奖80个、最佳网络人气奖12个。参加2019中国特色旅游商品大赛，获金奖2个、铜奖2个。③组织参加2019中国旅游商品大赛，获银奖1个。组织参加首届山东省文化和旅游商品创新设计大赛，获金奖3个、银奖4个、铜奖5个。组织参加第十一届中国国际旅游商品博览会、第二届世界老年旅游大会山东特色文化旅游商品展、2019“中华泰山 天下泰安”走进豫皖苏泰安旅游大型推广营销活动、首届大运河文化旅游博览会、2019山东（济南）国际旅游交易会、首届山东国际精品旅游产业博览会、文化和旅游商品进景区等活动，提升全市旅游商品品牌知名度和影响力。（张作祥）

旅游管理与服务

【旅行社管理】 落实市委、市政府关于推进“多证合一”改革的各项部署，推广网上业务办理，压缩审批时限，做好旅行社、分社的申报、审批许可、变更和注销工作，其中“旅行社业务经营许可”办理时限由20个工作日压缩至3个工作日。办理完成旅行社审批10家、备案旅行社分社4家、旅行社网点7家，变更旅行社地址、名称、联系方式等业务30家。实地检查旅行社110家，检查问题单位21家次，查出违法违规问题由旅游监察支队依照相关法律法规处理。

【旅游饭店管理】 发展高星级饭店，壮大旅游市场主体。美若山水、铭座三泰酒店四星级饭店申报已经省旅游星级饭店评定委员会批准；肥城一滕开元名都酒店创五星级饭店工作已由省旅游星级饭店评定委员会初评，并按专家意见进行整改。在全市开展星级饭店对标整治专项行动，召开全市酒店行业涉外接待礼仪培训会议，推进旅游饭店服务质量提升。

【旅游安全监管】 针对“防风险、保平安、迎国庆”特殊年份和市、县机构改革、泰山门票价格调整等方面的新情况、新特点，始终把旅游安全作为旅游发展的“生命线”，以落实目标管理责任制为抓手，一方面排查整治隐患苗头，一方面推进科学预防体系建设，全市旅游安全生产形势保持稳定，连续8年未发生涉旅安全责任事故。

【旅游市场整治】 依托旅游联合执法长效机制，强化联合执法联席会议制度和体制机制，实行部门联动。牵头组织各成员单位先后开展“元旦、春节、清明、五一、端午、登山节、中秋、国庆”等节假日旅游市场秩序综合整治行动。严查拦车揽客、尾随兜售、欺客宰客、强迫交易以及“黑社”“黑车”“黑店”“黑导”和“保健”市场虚假广告宣传、消费欺诈等扰乱旅游市场秩序的违法行为。整治期间，刑事拘留4人，行政拘留49人，行政罚款206人，清理、训诫各类妨害旅游秩序不文明行为1466人次，公开曝光105人。检查出租车409辆，对12辆违规出租车进行行政处罚。查处“黑出租”27辆，查获并移交涉嫌非法营运车辆29辆；查扣已超过使用年限，涉嫌非法营运的旅游大巴车1辆，涉嫌非法违法营运大巴车2辆。调解游客纠纷214起；检查宾馆、旅店、招待所等住宿企业453家次，其他营业场所700家次，为游客提供咨询、救助等服务4090次。

【创城和文明旅游工作】 组织创建全国文明城市（以下简称创城）培训班2次，召开推进会、调度会10次；先后上报各项创城材料、文件110份，图片230幅；迎接市创城办及省文化和旅游厅文明旅游检查10次，督导旅行社、星级饭店、A级景区等旅游企业120次。制作“文明旅游”类景观小品20处，印制“文明旅游”“文明出行”类宣传海报2000张，制作“节俭养德”“垃圾分类”等公益广告立牌200个，印制文明旅游宣传单2万份，举行“安全文明出境游宣传月”启动仪式，制作高质量宣传展板10块，组织全市有出境游资质的旅行社、分社设置咨询展示台15个，100人参加活动。开展“文明旅游进社区”“文明旅游进景区”和“泰山先锋”等志愿服务活动。

【智慧旅游平台建设】 组建工作专班，与腾讯、众志合作组成技术团队，深入51家景区景点、111家宾馆饭店、38处停车场、176处公共厕所等采录信息，利用不到50天的时间开发建设包括23个功能模块的智慧旅游平台，于“五一”节前上线试运行，“十一”国庆节正式运行，总访问量60万人次。与中国最大的移动出行运营商——高德地图合作的“泰安·泰山一键智慧游”平台上线运行，这是高德地图打造

泰安市主要旅行社名录

表 7

旅行社名称	地　址	电　话
泰山中国国际旅行社有限责任公司	岱宗大街 210 号（泰山大酒店迎宾楼）	0538-8256538
泰安市泰山瀛泰国际旅行社有限公司	迎胜路 52 号（华泰大酒店南邻）	0538-6267158
泰安市海峡国际旅行社有限公司	新泰市青云街道办事处对面	0538-7226528
山东吉程国际旅行社有限公司	升平街 32 号（双龙池东南侧德克士二楼）	0538-5555001
泰安美景假日国际旅游有限公司	银座广场 A 座 1 单元 801 室	0538-8267128
泰安市众城国际旅行社有限公司	长城路北首圣地国际公寓 A 楼 2202 户	0538-8217088
泰安泰山天马旅行社	温泉路北段（旅游汽车公司北侧）	0538-8200033
泰安市泰山园林旅行社有限公司	火车站东中南财源门繁华里一号楼 2 单元 101 室	0538-8888613
泰安市泰山文化国际旅行社	岱庙南门广场西侧	0538-8215299
泰安市泰山新华旅行社有限公司	望岳东路 A 区 2 号营业房（泰山文化中心东侧）	0538-8205871
泰安泰山顺达国际旅行社有限公司	东岳大街 356 号（大润发对面）	0538-8236661
泰安市浪漫假期国际旅行社	万达广场 8 号楼 1716 号	0538-8299108
泰安市泰山明珠旅游有限公司泰山明珠旅行社	龙潭路 7-7 号（如家快捷酒店）	0538-8266885
泰安市华之旅旅行社有限公司	长城路北首圣地大厦 A 座 877 室	0538-8295329
山东风华国际旅行社有限公司	银座城市广场 3 号楼 1 单元 604 室	0538-8520789
泰安市泰山青年旅行社有限公司	东岳大街 147 号太平洋宾馆	0538-6308087
泰安市海天国际旅行社有限公司	东岳大街财富中心 1 单元 704 室	0538-8222704
泰安市泰山春秋国际旅行社有限公司	宝龙城市广场横店影视城	0538-8263817
泰安市泰山环球国际旅行社有限公司	银座广场 A2-2 楼	0538-8206368
泰安远东国际旅行社有限公司	火车站旅游咨询中心	0538-8782555

泰安市四星级以上酒店

表 8

名　称	地　址	星　级	电　话
泰安东尊华美达大酒店	迎胜东路 16 号	五星级	0538-8368888
泰安市御座宾馆	岱庙北路 50 号	四星级	0538-8269999
泰安市正元名饮国际酒店	东岳大街西段	四星级	0538-8588999
泰安市华泰大酒店	迎胜中路	四星级	0538-2105859 0538-2105839
丽景广场酒店	泰山广场东邻	四星级	0538-6986666
泰安市岱岳区美若山水酒店管理有限公司	泰安市岱岳区长城路北首路西（地矿大厦）	四星级	13854681599
泰安铭座三泰宾馆	泰安市岱岳区东岳大街 554 号	四星级	18615561217
肥城宝盛大酒店	龙山路 20 号	四星级	0538-3237888

的全国首例地级市智慧文旅产品。11月21日，省文化和旅游厅在泰安举行现场教学，介绍推广泰安市旅游标准化和信息化建设典型经验。"五一""十一"期间，泰山在全省AAAAA级景区游客好评度排名中均列第一。

【导游员管理培训】 全年为164名导游人员更换电子导游证，其中旅行社专职导游员7人、市导游协会注册导游员157人。为3家旅行社和58名导游员变更相关信息，为23名导游员补办导游证；注销电子导游证198个。印制发放《畅游泰安新编导游词》。 （张作祥）

文学艺术

【概况】 2019年，全市有8件作品获省5个奖项，市文联组织所属各文艺家协会举办、参加各类文艺活动50场次，开展文艺志愿服务活动80场次。为新入列海军"泰安舰"创作舰歌《逐浪强军梦》，舰上陈列书画作品12幅。为省总工会创作大型泰山绘画。为泰山挑山工博物馆及挑山工代表赠送书画作品30幅。推动招商引资和对上争取工作，协调完成工业项目投资3000万元；开展乡村振兴服务队工作，对上争取农业农村部大豆种植补贴无偿资金50万元，在东平县州城街道季丰粮食种植专业合作社落地见效。市文联继续保持"省级文明单位"称号。

【推出原创歌曲《挑山颂》】 原创歌曲《挑山颂》由中央军委政治工作部歌舞团男高音歌唱家阎维文演唱，解放军词作家、原北京军区战友歌舞团团长王晓岭、五月作词，国防大学军事文化学院教授、词作家栾凯作曲。歌曲气势宏伟，波澜壮阔，旋律高亢、激昂，歌词表达深切的爱国主义思想，体现挑山工"挑担不畏难，重担不歇肩"的精神，激励广大党员干部、群众勇做新时代"挑山工"。8月20日，市领导刘洪海、成丽会见创作团队。《挑山颂》MV由省文联、市委宣传部、市文联联合出品，于10月28日登陆学习强国平台，登录酷我音乐、QQ音乐、酷狗音乐三大门户音乐网站，成为泰山名胜标志性歌曲，形成音乐展演泰安版权长久视频。

【精品文艺创作】 继续推进签约作家制度，每期签约小说、散文、诗歌等方面作家6名。加强对签约作家的跟踪管理和服务，为签约作家组织作品研讨，邀请省知名作家、评论家讲评作品。2019年，报告文学《冰河入梦》（杨奇）、报告文学《勇立潮头》（董玉文）入选省作家协会文学精品打造工程；短篇小说《除夜探戈》（辛国云）、《童谣里的那些事》（冷吟）分别获省作协"庆祝中华人民共和国成立70周年"主题文学征文三等奖、优秀奖；《鳗鱼》（王宗坤）获泰山文艺奖（文学创作奖）。承办山东省中青年词曲创作高级研修班，设有名家讲座、采风实践、作品赏析环节，中国音乐家协会专家和全省60名中青年词曲创作艺术工作者参加。发动参与省级文艺奖项评选活动，倪和军篆书《黄庭坚山谷集论作字》获泰山文艺奖书法类二等奖；《翱翔乡村》《良心谷——只为一壶好茶》两部作品分别获山东省乡村振兴农民微视频大赛一等奖、三等奖，市文联获优秀组织奖。中华诗词学会授予新泰市"中华诗词之乡"称号。

【首届泰山国际摄影艺术周】 搭建国家级摄影艺术交流平台。11月上旬，由中国摄影家协会、省文联、泰安市人民政府等主导主办的首届2019泰山国际摄影艺术周，在泰山国际会展中心举办。摄影艺术周以勇做新时代泰山"挑山工"为主题，策划推出"中华泰山·国泰民安"全国摄影大展、遇见自然——世界

11月1日，2019泰山国际摄影艺术周暨山东省第十三届摄影艺术展在泰山国际会展中心开幕，市委副书记、市长张涛（右）出席开幕式 （陈阳 摄）

自然生态摄影作品展、“泰山文艺奖”历届一等奖作品展、山东省第十三届摄影艺术展、山东摄影家金像奖作品展等主题展览7个，并举办学术座谈会、开展专题调研。摄影艺术周收到聚焦泰山、泰安的作品4000幅，展览中外摄影名家作品100幅。新华社、人民网、《中国摄影报》《大众日报》以及山东广播电视台等对摄影艺术周进行宣传报道。累计接待观展艺术家、观众5.1万人。11月1日，全省新文艺组织和新文艺群体团结引领座谈会在泰安召开，中国文联党组成员、副主席李前光，省文联党组书记、副主席王世农，副主席矫红等出席座谈会，并参观摄影艺术周现场。

【第五届泰山艺术节】 9月、10月，组织全市各文艺家协会举行戏剧巡演、舞台演出、书画展览、文学艺术交流等文艺活动，包括舞蹈“炫舞泰山·秀”、第九届海峡两岸泰山石敢当文化节、纪念中华人民共和国成立70周年美术作品展、舞蹈大赛等，开幕式邀请省京剧院演出京剧《状元媒》，累计3万名观众观看。11月下旬，举办第五届泰山文学周，开设文学大讲堂，邀请著名作家对第二届签约作家作点评，开展《泰山文库·第四辑》作者座谈会、茶溪谷采风等活动。

【文艺阵地建设】 协调有关单位，挂牌成立市作家协会泰山茶溪谷创作基地、肥城双龙山文学艺术创作采风基地等文学艺术创作基地10处，引领艺术家深入生活、贴近群众，开展采风活动，进行文艺创作。坚持把《泰山文艺》（双月刊）作为挖掘、培养和宣传本土作者的阵地，全年编辑出版6期、72万字。出版创建全国文明城市《诗歌》专刊。在《泰山晚报》开辟文学专版《文青》，采访作家40名。

【文艺协会管理】 实行文联所属各文艺家协会活动报批制度，批复市书协、市美协、市戏协、市曲协等书法美术展、京剧演唱会等活动5场（次）。建立市文联所属各文艺家协会开展活动冠名报批制度，报批文艺活动8次。建立市文联所属各文艺家协会节目单等确立、彩排活动提前预审制度，对泰山艺术节的10场演出、展览、文化交流活动方案、节目单进行提前预审。

【文艺志愿服务活动】 开展新时代文艺进社区活动，联合丽景社区举办“辉煌七十载·筑梦新时代”庆祝中华人民共和国成立70周年文艺会演，市文联选送的歌曲《正义之道》和快板书《天安门前升国旗》得到社区居民欢迎。组织市音乐家协会为丽景社区谱写曲歌《丽景是我家》。开展新时代文明实践活动，带领作家进学校、进社区、进乡村，组织作协作家到泰安市外国语学校、岱岳区大汶口镇、泰山区省庄镇等开展文学活动。开展“送文艺下基层”志愿服务活动，带领市民间文艺家协会，联合岱岳区粥店城市基层党建联合体，开展“弘扬传统文化，共建文明校园”志愿服务活动，到岱岳区卧虎山小学进行文艺演出。

（陈　曦）

公共文化

【公共文化设施】 依托公共图书馆、文化馆、乡镇综合文化站、基层综合性文化服务中心等公共文化设施，采取“订单”服务方式，畅通群众文化需求反馈渠道，提供有效公共文化产品和服务，实现供需有效对接，打造具有泰安特色的现代公共文化服务体系。强化公共文化服务人才储备，与市委组织部联合举办全市农村基层文化人才（新乡才）示范培训班，对85名基层文化骨干进行培训。在全省村（社区）综合性文化服务中心（文化活动室）

9月26日，泰安市庆祝中华人民共和国成立70周年暨勇做新时代泰山“挑山工”文艺晚会在泰安市文化艺术中心泰山大剧院上演（桑运昌　供）

效能发挥拉网式排查整改工作中，泰安市以满分的成绩顺利通过考评，镇级、村级文化服务机构效能发挥情况分别列全省第四位和第三位。

【文化服务品牌】 打造“中国梦·泰山情”群众文化活动品牌，开展系列活动873项、3.5万场次，受益群众480万人次。其中，围绕元旦、春节等传统节日，组织开展文化进万家冬春文化惠民活动计十大类、63大项、360个小项，5万名文艺骨干和文化志愿者参与，泰安市1个志愿服务项目入选文化和旅游部“春雨工程”全国文化和旅游志愿服务行动计划。

【文化惠民活动】 各级累计开展“送戏下乡”、公益电影放映、全民阅读活动等文化惠民活动6.5万场次。开展“一村一年一场戏”演出4000场次，行政村覆盖率达95%以上。通过政府购买服务的方式，提高公益电影放映数量和质量，全市建设固定银幕架1500个，放映公益电影5.4万场次。推进农家书屋深化改革创新，各级开展全民阅读活动520场次，市局等10家单位获全省全民阅读先进单位，2人获全省全民阅读先进个人，3个单位入选全省最美书店。在全省乡村题材小型文艺作品展演中，获二等奖1名、三等奖2名。5个项目被评为全省冬春文化惠民季品牌项目，2个团体被评为全省冬春文化惠民及优秀庄户剧团，获奖数量居全省前列。

（桑运昌）

文化遗产保护

【非物质文化遗产保护】 组织开展第九批市级非物质文化遗产（以下简称非遗）项目和第四批非遗传承人评审，组织第五批国家级非遗项目申报。3个非遗项目被评为第一批省级传统工艺振兴项目。全市列入四级非遗保护名录的项目国家级11个、省级42个、市级425个、县级534个。

【非物质文化遗产传承】 组织泰山皮影戏参加文化和旅游部皮影文化艺术周活动，2个非遗项目参加第二届大运河文化带优秀非遗项目展演，国家级非遗端鼓腔参加全国曲艺周活动，19个非遗项目参加第八届山东国际文化产业博览会。在岱庙举办“文化和自然遗产日”展演展示系列活动，140项非遗项目、300名传承人参加。争取非遗专项资金255万元，其中国家级资金128万元、省级97万元、市级30万元。

【泰山“挑山工”宣传】 开展泰山“挑山工”LOGO设计征集评选工作，收到海内外投稿设计作品3105件，评出一等奖1个、二等奖2个、提名奖10个；注册系列域名57个、微信公众号4个、新浪微博名称4个，系列商标120个。组织重点旅行社、旅游商品企业编排泰山“挑山工”党性教育、研学旅游线路，开展系列文创产品研发。

（桑运昌）

文　物

【概况】 强化文物保护基础工作，开展国保、省保单位申报，肥城朝阳洞石刻被列入第八批全国重点文物保护单位公布名单，全市国保单位15处、省级77处、市级144处、县级215处，不可移动文物2422处；博物馆39家，国有文物收藏单位收藏文物17万件，30家非国有博物馆藏品登记14.9万件（套）；市级以上文物保护单位树立标志碑、落实看护员制度。开展革命文物普查，登记不可移动文物91处、可移动文物481件（套）。编制完成《山东省委旧址暨山东抗日游击第四支队司令部旧址》、泰西抗日武器起义旧址二期等革命文物保护方案。争

6月5日，泰安市2019年“文化和自然遗产日”活动启动仪式在岱庙举行
（桑运昌　供）

泰安市非物质文化遗产代表性项目名录

表 9

序号	类　别	项目名称	级　别	批　次	公布时间
1	民间文学	泰山传说	国家级	第三批	2006
2		宁阳大禹治水的传说	省　级	第二批	2008
3		范蠡与陶山的故事	省　级	第二批	2008
4		肥桃的传说	省　级	第四批	2010
5		水浒传说	省　级	第三批	2010
6		和圣柳下惠的传说	省　级	第三批	2010
7	传统音乐	泰山道教音乐	国家级	第二批	2006
8		腊山道教音乐	国家级	第二批	2006
9		东平硪号子	省　级	第二批	2008
10	传统舞蹈	独杆跷	国家级	第二批	2006
11		百兽图	省　级	第一批	2006
12		逛荡灯	省　级	第一批	2006
13	传统戏剧	泰山皮影戏	国家级	第二批	2006
14		山东梆子	国家级	第二批	2006
15		四音戏	省　级	第一批	2006
16		宁阳木偶戏	省　级	第一批	2006
17	曲　艺	端鼓腔	国家级	第三批	2006
18	传统美术	泥塑（泰山泥塑）	省　级	第二批	2008
19		泰山水陆画	省　级	第四批	2015
20	传统体育	徐家拳	国家级	第四批	2008
21		中华子午门功夫	省　级	第二批	2008
22	传统技艺	泰安豆腐制作技艺	省　级	第三批	2006
23		泰山火烧制作技艺	省　级	第三批	2010
24		泰山酒传统酿造技艺	省　级	第三批	2012
25		尚氏锔艺	省　级	第四批	2010
26		泰山石刻碑拓技艺	省　级	第三批	2015
27		泰山香传统制作技艺	省　级	第四批	2015
28	传统医药	孟氏正骨疗法	国家级	第四批	2010
29		孟氏接骨膏制作技艺	省　级	第四批	2015
30		安驾庄梁氏正骨疗法	省　级	第二批	2006
31		王氏正骨	省　级	第四批	2008
32	民　俗	泰山石敢当习俗	国家级	第一批	2006
33		泰山东岳庙会习俗	国家级	第二批	2006
34		泰山封禅与祭祀习俗	省　级	第一批	2006
35		泰山祭祀习俗	省　级	第四批	2015
36		泰山豆腐宴食俗	省　级	第四批	2012
37		泰山封禅御宴	省　级	第四批	2012
38		泰山玉习俗	省　级	第四批	2015
39		东岳大帝与碧霞元君信俗	省　级	第三批	2010
40		桃木雕刻民俗	省　级	第一批	2006
41		宁阳斗蟋	省　级	第二批	2006
42		宁阳彩粽及送彩粽习俗	省　级	第一批	2006

全国重点文物保护单位

表 10

序号	名称	地点	时代	类别	公布时间	批次
1	大汶口遗址	岱岳区大汶口镇、宁阳县堡头村	新石器时代	古遗址	1982 年 2 月	2
2	岱庙	泰山区朝阳街 7 号	宋至清	古建筑	1988 年 1 月	3
3	冯玉祥墓	泰山区泰山南麓	1953 年	近现代重要史迹及代表性建筑	1988 年 1 月	3
4	齐长城遗址	泰山景区、岱岳区、肥城市	春秋、战国	古建筑	2001 年 6 月	5
5	泰山石刻（包括：经石峪、唐摩崖处、纪泰山铭摩崖石刻）	泰山红门景区	北齐至唐	石窟寺及石刻	2001 年 6 月	5
6	白佛山石窟造像	东平县东平镇焦村白佛山	隋、唐	石窟寺及石刻	2001 年 6 月	5
7	泰山古建筑群	泰山景区	明至清	古建筑	2006 年 5 月	6
8	洪顶山摩崖	东平县旧县镇屯村铺村	南北朝	石窟寺及石刻	2006 年 5 月	6
9	大运河	东平县彭集镇、宁阳县堽城镇堽城里村	春秋至清	古建筑	2006 年 5 月	6
10	大汶口古石桥	岱岳区大汶口镇西南门外大汶河上	明	古建筑	2013 年 3 月	7
11	萧大亨墓地石刻	岱岳区满庄镇东萧家林村	明	石窟寺及石刻	2013 年 3 月	7
12	颜子庙和颜林	宁阳县鹤山乡泗皋村	元、清	古建筑	2013 年 3 月	7
13	棘梁山石刻	东平县戴庙镇棘梁山	北朝至宋	石窟寺及石刻	2013 年 3 月	7
14	徂徕山抗日武装起义旧址	高新区房村镇黑石埠村，在徂徕山大寺	抗日战争时期	近现代重要史迹及代表性建筑	2013 年 3 月	7
15	陶山朝阳洞石刻造像	肥城市湖屯镇陶山主峰西北侧山崖	宋至中华民国	石窟寺及石刻	2019 年 10 月	8

省级重点文物保护单位

表 11

序号	名称	地点	时代	类别	公布时间	批次
1	泰山盘路古建筑群（包括：无极庙、元始天尊庙、老君堂）	泰山景区	唐、清、民国	古建筑	1992 年 6 月	2
2	范明枢墓	泰山南麓普照寺南	1950 年	近现代重要史迹及代表性建筑	1992 年 6 月	2
3	周明堂遗址	泰山景区大津口乡沙岭村明家滩	周	古遗址	2013 年 10 月	4
4	藏峰寺遗址	泰山景区曹家庄村	元	古遗址	2013 年 10 月	4
5	中天门二虎庙	泰山景区中天门管理区	明清	古建筑	2013 年 10 月	4
6	泰山玉泉寺	泰山景区玉泉寺管理区	北魏	古建筑	2013 年 10 月	4
7	桃花峪元君庙	泰山景区桃花峪管理区	清	古建筑	2013 年 10 月	4
8	竹林寺	泰山景区竹林寺管理区	唐	古建筑	2013 年 10 月	4
9	总理奉安纪念碑	泰山景区红门管理区	1929 年	近现代重要史迹及代表性建筑	2013 年 10 月	4
10	乐善桥	泰山景区竹林寺管理区	1936 年	近现代重要史迹及代表性建筑	2013 年 10 月	4
11	泰山革命烈士纪念碑	泰山景区红门管理区	1953 年	近现代重要史迹及代表性建筑	2015 年 6 月	5
12	泰山区清真西大寺（泰安城区清真寺）	泰山区财源街道清真寺街	明清	古建筑	2013 年 10 月	4

续表 11-1

序号	名称	地点	时代	类别	公布时间	批次
13	杨家庄七圣堂	泰山区上高街道杨家庄村	明清	古建筑	2013 年 10 月	4
14	省庄清真寺	泰山区省庄镇（东孙家庄村、二十里埠村、芝田村、岗上村、岳庄村、刘家庄村）	明至中华民国	古建筑	2013 年 10 月	4
15	萃英中学建筑群	泰山区岱庙街道青年路	清、中华民国	近现代重要史迹及代表性建筑	2013 年 10 月	4
16	泰安火车站站房（泰安府站钟楼）	泰山区财源街道龙潭路	1909 年	近现代重要史迹及代表性建筑	2013 年 10 月	4
17	汉明堂遗址	泰山区泰前街道	西汉	古遗址	2015 年 6 月	5
18	上高施氏牌坊	泰山区上高街道	清	古建筑	2015 年 6 月	5
19	泰安侵华日军司令部旧址（育英中学旧址）	泰山区岱庙街道	中华民国	抗战遗址、纪念设施	2015 年 6 月	5
20	山西会馆	岱岳区大汶口镇会馆街	明	古建筑	2006 年 12 月	3
21	无梁殿	岱岳区夏张镇梨园村	明	古建筑	2006 年 12 月	3
22	西界清真寺	岱岳区马庄镇前营村	明清	古建筑	2013 年 10 月	4
23	下旺清真寺	岱岳区粥店街道下旺村	清	古建筑	2013 年 10 月	4
24	中淳于瓷窑址	岱岳区满庄镇西北，西近中淳于村	隋唐至明	古遗址	2015 年 6 月	5
25	文姜城遗址	岱岳区大汶口镇和平街东北 500 米处	东周至汉	古遗址	2015 年 6 月	5
26	山西街村建筑群	岱岳区大汶口镇山西街村	明清、中华民国	古建筑	2015 年 6 月	5
27	泰安抗日烈士公墓	岱岳区祝阳镇陈良村	1946 年	抗战遗址、纪念设施	2015 年 6 月	5
28	夏张抗日武装起义纪念碑	岱岳区夏张镇夏北村北	1998 年	抗战遗址、纪念设施	2015 年 6 月	5
29	泰西抗日武装起义旧址	岱岳区道朗镇、肥城市仪阳镇	1938 年	抗战遗址、纪念设施	2015 年 6 月	5
30	新泰智人化石地点	新泰市东都镇乌珠台村西南	旧石器时代	古遗址	1992 年 6 月	2
31	新泰市周家庄东周墓群	新泰市青云街道办事处周家庄村	东周	古墓葬	2006 年 12 月	3
32	徐琛墓	新泰市羊流镇徐家庄村东南	元	古墓葬	2013 年 10 月	4
33	东街清真寺	新泰市放城镇东街村	明至中华民国	古建筑	2013 年 10 月	4
34	光明东村正觉寺	新泰市刘杜镇光明东村	明至中华民国	古建筑	2013 年 10 月	4
35	莲花山云谷寺	新泰市泉沟镇莲花山风景区	明清	古建筑	2013 年 10 月	4
36	青云山三官庙	新泰市汶南镇青云山村	清	古建筑	2013 年 10 月	4
37	阁老顶观音造像	新泰市放城镇郗家峪村南	宋、金	石窟寺及石刻	2013 年 10 月	4
38	大协炮楼	新泰市小协镇大协村	1938 年	近现代重要史迹及代表性建筑	2013 年 10 月	4
39	抬头寺遗址	新泰市汶南镇果庄村北	新石器时代至东周	古遗址	2015 年 6 月	5
40	新泰羊氏墓地	新泰市羊流镇沟西村、高新区天宝镇颜前村	东汉至隋	古墓葬	2015 年 6 月	5
41	陆房战斗遗址	肥城市安临站镇东陆房村东北 500 米处	抗日战争时期	近现代重要史迹及代表性建筑	1977 年 12 月	1
42	泰山显灵宫	肥城市石横镇石横四村内	明	古建筑	2006 年 12 月	3
43	护鲁山泰山行宫	肥城市孙伯镇大石桥村	明清	古建筑	2013 年 10 月	4

续表 11-2

序号	名称	地点	时代	类别	公布时间	批次
44	圭山石刻	肥城市王瓜店街道印山子村	明	石窟寺及石刻	2013 年 10 月	4
45	东向北阁	肥城市边院镇东向北村	明清	古建筑	2015 年 6 月	5
46	小中泉天主教堂	肥城市湖屯镇小中泉居委会中心街北	1910 年	近现代重要史迹及代表性建筑	2015 年 6 月	5
47	新城群力放水洞	肥城市新城街道东尚里村北	1960 年	近现代重要史迹及代表性建筑	2015 年 6 月	5
48	古磁窑址	宁阳县华丰镇西部、磁窑火车站东 3 千米处	宋、元	古遗址	1977 年 12 月	1
49	潘茂汉墓	宁阳县东疏镇潘家黄茂村北	汉	古墓葬	1977 年 12 月	1
50	宁阳文庙	宁阳县县城东街 313 号	元至清	古建筑	2006 年 12 月	3
51	宁阳禹王庙	宁阳县伏山镇堽城坝村北	明	古建筑	2006 年 12 月	3
52	宁阳灵山寺	宁阳县华丰镇灵山	唐至清	古建筑	2006 年 12 月	3
53	西太平窑址	宁阳县磁窑镇西太平村	唐、宋	古遗址	2013 年 10 月	4
54	义和寨寨墙	宁阳县磁窑镇贺家庄村	清	古遗址	2013 年 10 月	4
55	南陈村北窑址	宁阳县东庄镇南陈村	隋、唐、宋	古遗址	2013 年 10 月	4
56	神童山观音庵	宁阳县葛石镇黑石村	明清	古建筑	2013 年 10 月	4
57	神童山摩崖石刻	宁阳县葛石镇刘家庄村	北朝、五代	石窟寺及石刻	2013 年 10 月	4
58	堽城坝（闸）遗址	宁阳县堽城镇堽城里村	元	其他（大运河）	2013 年 10 月	4
59	郕城故城	宁阳县东庄镇南故城新村	东周至汉	古遗址	2015 年 6 月	5
60	关圣帝君庙碑	宁阳县东疏镇马庙村	明、清	石窟寺及石刻	2015 年 6 月	5
61	大孔扬水站	宁阳县堽城镇大孔家庄村	1978 年	近现代重要史迹及代表性建筑	2015 年 6 月	5
62	东平故城	东平街道宿城村附近	汉至唐	古遗址	1977 年 12 月	1
63	北桥墓群	东平县老湖镇北桥村	汉	古墓葬	1977 年 12 月	1
64	梁氏墓群	东平县老湖镇梁林村	宋	古墓葬	1977 年 12 月	1
65	理明窝摩崖造像	东平县斑鸠店镇六工山	唐	石窟寺及石刻	1992 年 6 月	2
66	尚书林	东平县梯门镇西梯门村	明	古墓葬	2013 年 10 月	4
67	常庄民居	东平县接山镇常庄村	明、清、中华民国	古建筑	2013 年 10 月	4
68	前山西屯大队部	东平县梯门镇前山西屯村	1975 年	近现代重要史迹及代表性建筑	2013 年 10 月	4
69	东平安山闸	东平县商老庄乡大安山村	明	其他（大运河）	2013 年 10 月	4
70	东平戴庙闸	东平县戴庙镇戴庙村	明	其他（大运河）	2013 年 10 月	4
71	阳谷邑故城	东平县旧县乡王古店村东	周、汉	古遗址	2015 年 6 月	5
72	峗山汉墓群	东平县东平街道焦村北白佛山前东侧	汉	古墓葬	2015 年 6 月	5
73	蓆桥	东平县接山镇蓆桥村	金、明	古建筑	2015 年 6 月	5
74	银山石刻	东平县银山镇前银山村北	北朝、宋、清	石窟寺及石刻	2015 年 6 月	5
75	徂徕山摩崖石刻	高新区天宝镇后寺村北	北齐、唐	石窟寺及石刻	1992 年 6 月	2
76	博城故城	高新区北集坡镇后旧县村	东周至宋	古遗址	2013 年 10 月	4
77	山东省委旧址暨八路军山东抗日游击第四支队司令部旧址（光化寺）	高新区天宝镇后寺庄村西北	1938 年	抗战遗址、纪念设施	2015 年 6 月	5

取各级文物保护经费3046.6万元。实行法人违法案件通报制度，完成全市200处文物保护单位的文物安全检查及“回头看”工作。配合各大工程建设开展考古调查勘探。推进泰山、齐长城、大运河3处世界遗产保护，副省长于杰专门作出批示，对泰安市大运河文化保护传承工作给予肯定。

【文物保护项目】 获批文物保护工程项目计划12项，其中省保8项、国保4项，上报2020年文物保护工程项目计划书24项，其中国保7项。文物保护工程方案获批12项，争取文物保护专项经费2465万元，其中国家专项经费1336万元、省级专项经费730万元。投入文物“四有”（有保护范围、有保护标志、有记录档案、有专门机构或者专人负责管理）基础工作维护资金98万元，市级文保单位看护员补助经费30.6万元。争取博物馆免费开放专项经费253万元（国家拨款124万元、省级拨款129万元）。争取中央级地方公共文化服务体系建设资金200万元，推进文物保护修缮工作。完成4项工程项目初验、6项工程项目终验工作，并全部验收合格。

【文博事业】 组织专家对市博物馆新馆规划选址进行论证。开展“三下乡”“5·18国际博物馆日”、文化和自然遗产日活动，举办迎接中华人民共和国成立70周年系列展览活动。上报7家非国有博物馆设立备案文本。上报《徂徕山抗日武装起义主题展规划方案》并获批复。泰安毛公山红色文化博物馆《讲好红色故事 传承红色基因》获评第三届全省博物馆优秀社会教育案例。通过“慧游泰山”微信平台公开各博物馆信息，促进文旅融合，推动夜间旅游。推进博物馆公共文化机构法人治理结构改革。编辑出版《泰安馆藏文物精品集》。

【文物安全】 开展法人违法案件三年专项整治行动，实行法人违法案件通报制度。对出现严重毁损文物事件及发生重大文物违法犯罪案件的地方和单位，按照有关程序，予以通报处理。开展文物安全大检查，完成全市200处文物保护单位的文物安全检查及“回头看”工作。

【考古调查勘探】 配合开展京杭大运河元代堽城坝（闸）遗址考古勘探，完成岱庙文化广场项目、红门游人中心规划项目、（北）京台（北）高速泰山西互通立交工程等建设工程中的考古调查勘探。 （桑运昌）

文化市场管理与综合执法

【文化市场监管】 深化“放管服”改革，推开“证照分离”事项24项，推进“多证合一”改革事项2项。开展公平竞争审查，审查文件123份。编制推行权责清单，涉及权责事项计388项。完成文化市场统计直报，全市有文艺表演团体32家，娱乐场所经营单位63家，互联网上网服务营业场所190家，演出场所经营单位1家，经营性互联网文化单位1家，艺术品经营单位4家。

【文化执法】 以查处网吧、娱乐场所违规接纳未成年人、正规经营秩序为重点，开展文化市场专项整治，查处9家互联网上网服务营业场所违规接纳未成年人，无证经营黑网吧1家，游戏娱乐场所1家，吊销“网络文化经营许可证”7家，7家网吧负责人被列入全国文化市场黑名单，查处擅自停止实施经营管理技术措施网吧1家，娱乐场所违规接纳未成年人1家。开展双随机抽查，规范事中事后监管，检查文化经营单位89家，抽查文化市场经营单位48家。结合创城行动，集中清查网吧、书店等各类文化市场经营场所1200家次，发放宣传材料、标识1500份，购置配发分类垃圾箱260个。

【开展“扫黄打非”】 开展“扫黄打非”“清源”“净网”“秋风”“护苗”“固边”五大专项行动，协调推进“URBOX”直播聚合平台传播淫秽物品牟利案、宁阳县“8·30”网上传播、贩卖淫秽物品牟利案等大案要案侦破工作。全市“扫黄打非”进基层站点建成3188个，完成率88%。接举报投诉28起，停业整顿擅自从事文化娱乐经营活动酒吧3家，依法取缔擅自从事文化娱乐经营活动酒吧1家，给予行政处罚网吧25家，其中涉及违规接纳未成年人网吧14家；处罚销售非法出版物书店4家，查处侵犯计算机软件著作权类案件2起，共罚款6.1万元。以校园周边出版物市场为重点，开展出版物市场集中清查，出动执法人员1400人次，检查网吧场所650家次、影院70家次、印刷企业210家次、书店700家次。 （桑运昌）

文化产业

【“十百千”工程】 实施文化产业“十百千”工程，建立完善项目库，全市投资过百万元的文化产业项目计273个，实际投资额439亿元。20个项目入选山东省重点文化产业项目库；2家企业被省文化旅游厅评为“创意集市”，8家企业被评为泰安市“三强”（区域拉动力强、行业竞争力强、财税贡献力强）企业。组织参加第七批省级文化产业示范基地申报，2家单位被评为第七批省级文化产业示范基地。全市省级以上文化产业示范基地14家，其中国家级1家、省级13家，6个县（市、区）实现省级文化产业示范基地全覆盖。

【产业发展】 开展第三届泰安文化惠民消费季，累计拉动消费900万元。组织2家企业参加布达佩斯2019孔子家乡（中东欧）山东文化贸易展，组织4家企业参加第八届山东国际文化产业博览交易会，组织“泰山新闻出版小镇项目”参加青岛跨国公司峰会文化创意路演推介项目会，均取得良好反响。推动文化创意产业发展，指导成立泰安市文化创意创新发展联合会，举办第七届王者荣耀城市赛泰山站、第二届“瞳画·岱萌”动漫游戏博览会等文旅赛事会展活动。

【重点项目】 重点打造的泰山新闻出版小镇项目被列入国家发展改革委重点项目、千企千镇项目库入库项目、国家文化产业发展项目库入库项目、国家新闻出版署改革项目库入库项目，被列为山东省和泰安市重点项目。该项目以编辑、出版、印刷、发行、仓储、物流及文化创意为主要产业，规划用地653.2公顷（9798亩），计划总投资300亿元，吸纳就业岗位4万人。至年底，到位资金5.1亿元，开工建设48万平方米，中国大百科全书出版社、中国新闻出版传媒集团、机械工业出版社、中国少年儿童出版社、后浪出版公司、北京人天书店有限公司、北京时代天华有限公司等40家出版单位、印刷企业、物流公司等签约入驻。其中，项目北区开工厂房34栋，项目南区人天书店、时代天华、龙岳文化传媒项目开工建设。

（桑运昌）

新闻出版广播影视管理

【新闻出版行业】 全市印刷企业406家，实现销售收入37.27亿元、利润总额2.63亿元，分别增长12.2%、3.25%，年印刷总产值过亿元的印刷企业10家、过500万元的企业62家。出版物发行企业498家，销售收入4.1亿元，利润总额8675.2万元。新设立印刷企业及出版物发行企业22家。对全市115家报纸、期刊及内部资料性出版物单位进行出版物审读。完成作品著作权登记150件。

【新闻出版会展】 9月20日，举办第七届全国出版物馆配馆建交易会，这是该展会首次落户非省会城市，700家出版发行单位、1500家图书馆参与，实现现采码洋1.63亿元。12月18—19日，举办泰山国际新闻出版合作大会暨新闻出版小镇建设发布会，15个国家33名新闻出版界的国际友人和300名中国出版界的业界精英参加会议。

【广播影视行业】 落实广播影视行业意识形态责任制，确保重要节点和重大活动期间的广播电视安全播出。繁荣发展广播影视事业和产业，全市有广播电视台（站）11家，城市电影院23家，广播电视节目制作经营单位41家，有线电视设计安装单位8家，境内外卫星电视节目接收单位14家。广播影视类从业人员5000人，营业收入近2亿元。1人获全国广播影视统计工作先进个人。增强广播电视传播能力，4个县级台全部达到一级台标准，6个县（市、区）全部建成融媒体中心。培育城市电影市场，全市放映20万场次，观影220万人次，票房总收入7500多万元，增长15.4%。电影《情暖童年》获山东省“五个一”精品工程奖，2家单位获全省广播电视优秀传播机构，38件广播影视作品在省里组织的各类评比中获奖及获省影视作品专资奖励。（桑运昌）

泰安市广播电视台

【概况】 市广播电视台设广播、电视新闻、电视社教、电视文体、广播电视技术和电视党建六大中心，职能服务科室5个，台属事业单位1家、公司4家。开设新闻、旅游、交通3个广播频率和综合、公共、教科3个电视频道。拥有泰山网、泰安新闻网、泰安手机台、“泰安之声”头条号矩阵、楼宇电视等新媒体。《泰安广播电视报·泰安周刊》每周1期，全彩印刷。有不同规格的电视演播室5个、演播大厅2个、广播直播室4个、流动电台直播车和大型电视转播车各1辆、流动文艺演出车2辆。2019年，全台有职工827人，其中在职职工597人；所属电影公司工作人员109人，其中在职49人。资产总额3.46亿元，其中固定资产1.41亿元，全年收入1.05亿元。泰安市广播电视台连续第四年被山东省新闻出版广电局评为全省“优秀传播机构”第一名，获山东广播电视台市级主流媒体影响力奖、安全优质播出先进单位。

【新闻宣传】 发挥广播、电视、网络、报纸以及融媒体立体宣传、合力宣传、融合宣传的优势，传播主流价值，讲好泰安故事。围绕习近平新时代中国特色社会主义思想、中共十九大、十九届四中全会、国庆70周年、“不忘初心，牢记使命”主题教育活动、“埋头苦干、争创一流，勇做新时代泰山‘挑山工’”主题实践活动、泰山国际登山节等，做好宣传策划，开设专题专栏，丰富宣传活动。突出做好新旧动能转换、乡村振兴、全国文明城市创建、“七赛七比”、寻标对标等主题报道，策划一批有思想、有分量、有温度、有品质的新闻宣传报道。

【对上对外宣传】 年内，在中央电视台发稿30条，其中《新闻联播》15条，居全省第4位；在山东卫视《山东新闻联播》播发重头稿件197条。在中央人民广播电台发稿25条，其中《新闻和报纸摘要》9条；在山东人民广播电台发稿444条，居全省第6位。其中，《泰安老旧小区“蝶变”、提升居民生活品质》《泰安市实行“带方案出让土地”审批服务新模式》两条新闻受到市委主要领导点名表扬；协助创作完成《决不掉队》之东平故事·搬离黄河滩区、《勇做新时代泰山“挑山工”》政论片，分别在中央电视台和山东卫视播出，并被纳入省、市开展“不忘初心、牢记使命”主题教育学习内容；完成《中国泰安》城市形象展示片和多部国家、省级工作汇报专题片、《泰山封禅之路》文化系列片的摄制工作，重新开播《泰山大观》栏目，制作系列专题片《泰安70年》，展示全市70年间取得的成就。

【公共文化服务】 开播电视问政节目《工作落实面对面》，打造“公众参与、媒体监督、干群互动、呼应民生”问政平台。整合《新闻零距离》和《天天说事》，做好民生新闻栏目。《直通12345》督促部门（单位）解决发生在群众身边的热点难点问题。继续实施文化惠民工程，完成“一村一年一场戏”文化惠民演出70场、农村公益电影放映3.9万场。《天天说事》《新闻零距离》《天天说道》3档栏目获全省十佳新闻栏目终身荣誉，《直通12345》被评为全省电视新闻十佳栏目。

5月9日，由市委、市政府主办，市政府办公室、市委宣传部、市广播电视台承办的电视问政栏目《工作落实面对面》正式与观众见面，第一期走进演播间的是市住房和城乡建设局　　（刘建新　摄）

【媒体融合发展】 正式启用泰安之声·融媒体中心，按照“移动优先、台网端深度融合”理念，以安全、高效、易用、开放、可扩展为基本原则，利用各种先进的多媒体技术、存储技术和网络技术，达到多来源汇聚、共平台多层次生产、多渠道发布的目的，形成“一台、两网、一报、一端、两微”的融媒体矩阵，对上可与中央台、省台，对下可与县级融媒体中心，对外可与新华网、人民网、央视网、齐鲁网等全国重点网络平台融合对接，实现“资源通融、内容兼融、宣传互融”。泰安广电在全省市级广电融媒体中处于第一方阵。

【安全生产与优质播出】 严格执行“不间断、高质量、既经济、又安全”的工作方针，全年广播5个频率（含2个合作频率）播出3.4万小时，电视3套节目播出发射2万多小时，实现全年广播电视的安全优质播出。　　（许维国）

泰安日报社

【概况】 泰安日报社（泰安传媒集团）旗下拥有《泰安日报》《泰山晚报》、中华泰山网、“最泰安”

客户端、ZAKER泰安、“看泰安”音视频平台等媒体10多个，融合组建最泰安中央厨房指挥中心，中华泰山网和“最泰安”客户端具有国家一类新闻资质。2019年，报社（集团）以勇做新时代泰山“挑山工”为实践载体，准确定位党报传媒集团属性，拓展媒体跨界的深度和广度，深化改革、深耕媒体、深度跨界，打造综合性传媒集团。全年新闻宣传导向正确、媒体建设深度融合、报业经营平稳发展、产业跨界稳步推进。报社（集团）全媒体矩阵总浏览量超过2.1亿人次，媒体矩阵用户数量突破800万；实现报业收入1.88亿元（不含房地产销售收入），报社（集团）资产总额9.9亿元，综合实力位居全国地市报第一方阵。市委书记崔洪刚3次对报社（集团）工作作出批示，予以充分肯定。

【新闻宣传】 2019年，报社（集团）所属各媒体通过开设专题专栏、发布系列评论、制作创意媒体产品等形式，围绕中央大政方针和市委、市政府中心工作做好重大主题宣传、对上报道和监督报道，完成中华人民共和国成立70周年、担当作为狠抓落实、创建全国文明城市、加快新旧动能转换、优化营商环境、勇做新时代泰山“挑山工”、“七赛七比”、山水林田湖草生态保护修复工程、“不忘初心、牢记使命”主题教育等重大宣传任务。全国、省“两会”期间，分别派出新闻报道组，实时传递“泰安声音”。7月，泰安市党政考察团到浙江省嘉兴市进行对标学习考察。《泰安日报》推出“我们向嘉兴学什么”系列报道，刊发《大力传承弘扬中华民族宝贵精神财富》等4篇重磅报道，并配发评论文章。在“南下考察学习一周年”之际，选派精干力量，利用深度报道+评论的方式，《泰安日报》刊发“南下学习一周年‘泰安之变’”系列稿件5篇，并配发评论员文章。两大系列报道一经推出，迅速引发舆论关注，形成舆论焦点，在全市营造出改革创新、干事创业的舆论氛围，受到市委主要领导表扬。

【对上对外与监督报道】 加大与上级媒体的协调沟通和稿件统筹、策划，对上对外报道工作取得新成绩。《生态宜居城盛开民生花》《山东泰安打造文化旅游发展新高地》《泰安构建全域金融风险防控体系》等重量级民生对上报道稿件，先后在新华社《瞭望》《经济日报》等国家级媒体刊发。全年完成对上对外宣传报道80件。市委书记崔洪刚专门对报社（集团）对上对外报道工作作出批示、给予表扬。在监督类新闻报道方面，围绕创建全国文明城市等工作，强化舆论监督，在旗下媒体开设“不文明曝光台”等监督性栏目，取得良好效果。充分利用内参，做好舆论监督，《拿什么拯救我们的泰山水资源》《“唬人”的公厕指示牌》两篇内参稿件，受到市委副书记、市长张涛重视，并连续作出批示。强化民生类帮办新闻，开设“帮问”“督办”等监督栏目，对群众普遍关注、反映强烈的民生问题进行采访报道，切实回应百姓关切，推动问题解决。

【泰报融媒建设】 2019年，最泰安中央厨房指挥中心统筹“六位一体”全媒体平台与学习强国、新华社客户端、新华社现场云、人民日报全国党媒信息平台、央视+、《经济日报》等国家级平台互联互动，24小时不间断播出，助推产品迭代升级，媒体融合向纵深发展。中央厨房指挥中心实现优化升级，移动数字报功能上线，“最泰安”客户端进入2.6版，“党报头条”“党报热点”强势亮相，泰山晚报抖音号全年阅读量超1.1亿人次，其中《肩挑700多斤气象设备，16名泰山挑山工护送货物上山！》《今年“双11”第一批网购货物，从高铁泰安站搭乘复兴号起运！》两件作品阅读量均超千万，成为年度新闻报道现象级作品。在人民日报社组织的“村暖花开·乡村扶贫扶志典型人物”活动中，《泰安日报》获评全国党媒优秀扶贫报道奖；在全国媒体融合创新发展论坛上，最泰安全媒体获评中国媒体融合创新最佳品牌奖；在中国报业融合创新大会上，泰安日报社获评中国报业深度融合创新发展奖。全年收获山东新闻奖、赵超构新闻奖、市地报新闻奖等各类奖项90件。

【产业经营】 全年实现报业收入1.88亿元（不含房地产销售收入），资产总额9.9亿元，综合实力位居全国地市报第一方阵。申报调整《泰安日报》2020年度征订价格，《泰安日报》《泰山晚报》两报发行平稳。策划与传播中心以策划为引领，整合资源，强化新媒体营销与活动策划落地执行力度，坚持内容生产+广告营销+活动策划“一体两翼”转型目标，实现年度目标任务。印务中心全年安全生产无差错，《泰安日报》首次获评全国报纸印刷质量“精品级报纸”。高新区、泰山景区分社，新泰市、肥城市、宁阳县、东平县地方版公司，以活动经营促创收，不断拓展创收领域。会展与大活动中心开展招商招展，运营自办展会，探索“媒体+会展+体育+活动”发展模式，全年举办各类展会181场；作为技术支持单位首次走出市门做活动，协助举办安徽铜陵国际半程马拉松赛。置业公司以目标为导向，强化营销管理，做好泰安传媒广场存量房产销售，金山办公区、新闻大厦、传媒广场自持物业租赁及传媒大厦裙楼内部施工建设等工作。系统集成公司顺利完成各项资质年审及新资质申请，取得“增值电信业务经营许可证”。教育及培训公司、小记者团及培训业务稳步发展。舆情与热线新闻中心全年接听“12345”热线电话60万件，微信平台受理诉求超1.5万件，承接做好“服务民生面对面”活动，提升公信力和群众满意度。

【《泰安日报》创刊35周年座谈会】 2019年12月28日在泰安新闻大厦举行。市委书记崔洪刚对《泰安日报》创刊35周年作出批示，市委常委、宣传部部长刘洪海出席座谈会。崔洪刚在批示中指出，35年间，《泰安日报》坚持党性原则、坚持正确导向，唱响主旋律、传播正能量，为泰安改革发展稳定提供有力思想舆论支持。强调要以创刊35周年为新起点，担负起新时代新闻舆论工作新使命，推进传统媒体和新兴媒体融合发展，不断提高传播力、引导力、影响力、公信力，为讲好泰安故事、凝聚奋进力量作出新的贡献。1939年10月10日，《泰安日报》前身《泰山时报》创刊，1944年11月完成历史使命，宣告停刊。此后，历经《泰安县报》《泰安市报》《泰安日报》沿革。1985年1月1日，中共泰安地委机关报《泰安日报》创刊，泰安撤地区建地级市后，《泰安日报》作为中共泰安市委机关报一直出版。报社（集团）搜集整理1956—1984年的《泰安县报》《泰安市报》进行汇集编印，定名《足迹》，在座谈会上进行发布，以铭记历史、不忘初心。

【泰山国际马拉松赛】 2019年10月27日，由泰安传媒集团组织运营的第六届泰山国际马拉松在泰山国际会展中心开赛。全国24个省、市、自治区、港澳台地区，美国、澳大利亚、荷兰等17个国家的2.6万名运动员参赛。经过激烈角逐，肯尼亚的马路卡·莱纳斯以1小时2分24秒的成绩打破“泰马”女子半程记录获得冠军，威廉涅罗德拉以2小时16分21秒的成绩获得男子全程冠军。肯尼亚的艾瑟万基普以2小时32分49秒的成绩打破“泰马”女子全程记录获得冠军，埃塞俄比亚选手塔德苏塔法以1小时12分31秒的成绩获得女子半程冠军。该届赛事首次实现在中央电视台体育频道播出。在中国1100场马拉松赛事中，跻身中国最具赞助价值体育赛事第50位；在2019年最具影响力马拉松赛事排行榜TOP100赛事中列第67位。2019泰山国际马拉松赛全面优化升级赛事组织、参赛规模、赛事保障，严格按照田协金牌赛事标准打造。竞赛裁判方面，除正常设置212名裁判，在重要岗位增加安排6名中国田协国派裁判和

10月27日，2019泰山国际马拉松赛在泰山国际会展中心鸣枪开赛。图为市委副书记、市长张涛等市领导与嘉宾共同为赛事鸣枪 （司刚 摄）

3名省体育局国家级裁判；在全程、半程重要分流点、折返点设置引导裁判，并采用电子芯片与人工复核模式，实现赛事计时双保险。比赛监控方面，沿途每5千米设置计时设备，并在折返点和关键点增设视频监控。竞赛环节方面，按照国际经验，以成绩的快慢划分起跑区，使用人脸识别系统对参赛选手进行有序控制。奖金设置方面，2019年“泰马”奖项除分设国际组和国内组外，将奖励名次数量增加至每个组别前200名，奖励总人数达800人；设置总奖金额47.65万元，设置破纪录奖，男女全程冠军破纪录奖金为每人6万元。赛事安保方面，专项成立安全保卫工作指挥部，首次实施路长制，实行精细化安保模式。赛事服务保障方面，赛道沿途设置医疗救护站、救助点、补给点等，安排20名急救人员每人携带1个便携式除颤仪在赛道进行巡逻，安排40辆次公交作为摆渡车往返起终点，安排180个移动厕所、3辆移动厕所车为赛事服务。媒体报道方面，央视5+频道直播赛事；邀请新华社、《人民日报》、中新社、凤凰卫视、山东电视台、旅游卫视、腾讯、ZAKER参与报道，形成省内外对“泰马”和泰安、泰山的强势宣传。

（陈显良）

新华书店

【概况】　山东新华书店集团有限公司泰安分公司隶属于山东新华书店集团有限公司，辖新泰、肥城、宁阳、东平4个县（市）分公司，是全市规模最大的图书发行单位，也是全市图书发行的主渠道。2019年，全市新华书店系统资产总额3.85亿元，流动资产2.41亿元，非流动资产1.44亿元。全年实现销售收入4.1亿元、利税5264.22万元。年内，新华书店被省委宣传部等部门评为山东省第四届全民阅读“书香企业”，公司团委被共青团山东省委评为“山东省五四红旗团委”；泰山书城被《中国出版传媒商报》评为“标杆大书城”，并被省妇联授予“亲子阅读体验基地”，泰山书城营销活动先后4次在集团评比中获“全省营销金案”；新华书店泰安分公司及所属肥城、宁阳、东平县（市）分公司顺利通过“省级文明单位”复查验收，新泰分公司顺利通过“市级文明单位”复查验收；东平分公司被中共中央宣传部授予“第五批全国学雷锋示范点”。

【图书销售】　2019年，全市新华书店系统发行各类图书3751.5万册，实现销售码洋4.1亿元。其中，发行中小学教材教辅3124万册，销售码洋3.12亿元，较上年增长8.71%；发行一般图书570万册，销售码洋7200万元。全年代发图书码洋3.66亿元。年内，做好党的政治理论读物的发行工作，各县（市）新华书店在中心门店设立图书陈列专架，组织开展上门征订、送书上门等服务，累计发行《习近平新时代中国特色社会主义思想学习纲要》26.5万册，码洋397万元；发行《习近平新时代中国特色社会主义思想三十讲》1.5万册，码洋43.5万元；发行十九届四中全会文件1.8万册，码洋40.3万元；发行《第五批全国干部学习培训教材》3568套，码洋174.8万元。顺利完成590家“农家书屋”补充用书的配送任务。全年征订发行大中专教材、图书馆用书、农家书屋用书码洋1308.62万元。

【发行网点】　全市有营业网点23处，总营业面积14179万平方米。其中，泰安分公司设有图书发行网点7处，图书、电子音像制品经营面积6000平方米。泰山书城位于财源街59号，经营面积5100平方米，上架图书、电子音像制品6万种，是集文化休闲、阅读交流于一体的图书文化场所。天庭园新华书店位

7月1日，高铁社区书店开始运营。该书店由岱岳区粥店街道和新华书店联合打造，是泰安市第一家以红色党建为主题的社区书店　（韦芹　供）

于龙潭路5号，泰山美术书店位于岱道庵路551—3号。建设特色书店、社区书店4家。望山书舍位于市文化艺术中心，由市图书馆和新华书店联合打造，与文化馆、图书馆和艺术馆融合一体，实现人流共享；采用新中式设计风格，设有会客区、阅读区、活动区，可组织开展文化活动，给读者营造温馨、典雅的阅读休闲空间。高铁社区书店位于高铁南街9号，由岱岳区粥店街道和新华书店联合打造，是泰安市第一家以红色党建为主题的社区书店。该书店把阅读文化服务和社区党群工作站有机融为一体，实现社区公共资源的共享，解决高铁社区周边居民的阅读难题。市妇幼保健院“阳光书坊”，由新华书店进行业务管理、提供图书配供，由医院建设运营，专门为到医院就医的小读者打造阅读空间。见山书屋位于泰山风景区红门路，是新华书店在泰山景区建设的一家景区特色书店。年内，新建校园书店（校园图书馆）13家。其中，泰汶书苑位于岱岳区职教中心社区学院，由岱岳区区委宣传部、岱岳区职教中心共同推进，新华书店投资建设的高校校园书店，面积632平方米，可容纳200人同时阅读学习。新华书店图书物流中心占地2公顷，主要承担山东新华书店集团在鲁西南的图书代发任务。投资525万元启动物流中心综合楼加固工程，图书仓库面积由3600平方米扩大至7200平方米。

【经营管理】 年内，顺利完成薪酬套改工作。加大员工培训力度，组织开展“全市新华书店系统企业执行力文化培训暨勇做新时代泰山‘挑山工’专题辅导”，组织职工开展“守正出新 勇挑重担 再创佳绩”2019素质拓展训练，组织全体营业员到临沂大学进行营销知识、业务技能、客户心理等方面的培训。提升书店企业管理效能，先后制定《2019年经营指标考核办法》《2019年研学业务考核办法》《2019年联销计酬实施方案》等考核制度。加强企业执行力建设，实施“六实行一强化”（实行工作闭环管理、实行限时管理、实行目标管理、实行公开管理、实行绩效挂钩、实行督察考核，强化执纪问责）工作法。加强安全管理，开展员工安全教育培训。参加岱庙街道党建共同体建设、党员“双报到”和志愿服务活动，创建“书香新华”党建品牌。开展精神文明创建和企业文化建设，建设幸福企业。

【转型升级】 以创新引领发展，实现线上线下、多业态融合发展，加快书店转型升级步伐。开展文化活动创新年、校园书店提升年、门店结构调整年、教育服务突破年、数字平台建设年“五个年”活动。围绕“复合”“活动”“数据”3个要点推进门店转型升级，发挥门店综合服务平台的作用，改善门店经营结构，提高流量转化率，泰山书城会员人数在全省新华书店系统排名第二。校园书店建设基本形成体系。推进多元经营，教育装备招标稳步发展，全年中标金额475.5万元。推进新华书香研学工作，全年组织研学旅行60次，参加人数1.15万人。开发“茶香书韵——茶席”多元组合产品和“泰山玉印章”特色文创产品。引进“良心谷”菊花茶等特色有机农产品，并纳入山东新华书店集团多元产品库，在全省书店系统进行推广。

【文化活动】 推动“书香泰安”全民阅读工程深入开展，组织著名书画家书画助学活动、著名作家读者见面会、公益活动和志愿服务等文化交流活动，送书进机关、社区、部队、学校，到乡村、医院、厂矿、企业。营销活动先后4次在集团“全省营销金案”评比中获奖，分别是：1月，组织开展的“2019来泰山书城看‘海’美陈书展”；5月，联合泰安监狱开展的“佳节感恩情 成果献亲人”活动；9月，举办的“齐鲁书香节暨2019山东书展”，邀请著名儿童文学作家曹文轩在泰山国际会展中心举行读者见面会；10月，组织开展的高铁社区书店社群营销活动，与岳峰小学联合开展“观红色电影、读红色经典”活动、联合市文联在社区开展“新华书店高铁社区店书画展”、联合爱尔眼科医院进社区开展“关爱老年人、爱眼护眼”活动。春节期间，到岱岳区夏张镇、良庄镇等地开展送图书进乡村活动，为村民送“福”、送春联。为岱岳区角峪镇纸房小学捐赠图书。4月23日“世界读书日”之际，联合泰安监狱开展“阅读经典 重塑自我”春季读书月活动，并向泰安监狱“启德书屋”捐赠多媒体触摸屏阅读查询机。6月25日，举行书香进校园暨“泰汶书苑”揭牌仪式，为岱岳区职业教育中心捐赠图书。7月5日，举行“书香进香村”暨范镇·岱岳新兴产业园兴隆村网点揭牌仪式，为范镇田庄村捐赠图书。7—9月，举办“新华书店第十届著名书画家书画助学活动”，捐助贫困中小学生20名，累计捐助困难学生202名。（韦　芹）

档　案

【概况】 全市拥有档案馆8个，其中国家综合性档案馆7个、专门档案馆1个，建筑面积1.1万平方米；馆藏档案1108个全宗；馆藏档案和资料142.9万册（卷、件、张）。2019年，市档案馆通过国家级数字档案馆正式测试验收。完成档案库房扩建和设施改造。继续保持“省级文明单位”称号。被评为全省档案宣传工作先进集体，2人被评为先进个人。

【档案资源建设】 ①档案接收。完成402卷、23483件文书、会计和名人档案，139册资料的接收进馆、整理上架工作。②档案征集。征集、整理“沈毓寅杯中华美德诗词楹联大赛”墨迹长卷、清代廉吏沈毓寅墨迹、泰山文化丛书、泰安老照片等档案、资料计175册（件），革命历史电子档案资料7.9GB。③档案开放鉴定。组织专家进行档案资料价值鉴定1次。④档案库房扩建和设施改造。完成《库房改造》和《库房专用设施设备采购》两个项目的建设。完成更换馆库温湿度自动监测控制系统项目，布设全馆所有库房的温湿度自动监测控制系统。

【档案信息化建设】 ①数据库续建。完成《档案数字化扫描》项目，数字化86万页；完成《数据质检》项目，质检数量160万页。②数字档案馆建设。12月，以88.05的高分顺利通过国家级数字档案馆正式测试验收。③数字档案馆内部控制。系统梳理数字档案馆项目建设流程，形成市内首个业务流程再造内控制度（业务卷）。

【档案保管利用】 ①查阅服务。向各界提供利用档案资料457人次，1980卷(件)，复制档案材料3300页。②远程查档。接入省档案目录中心，与5家综合档案馆签订跨馆利用服务协议，开展跨馆查阅服务48次。③安全管理。开展数据安全审核清理，完成政务网、局域网149万件原文的逐件审核，政务网重新开放，局域网完成全部涉密档案迁移和备份工作。④国家重点档案目录体系建设项目。著录革命历史档案文件级目录3698条。⑤数据备份。做好在线、离线和异地容灾备份，全市各县（市、区）到省电子文件容灾备份中心集中远程备份。⑥数字档案信息安全管理。扩充监控硬盘，增设防火墙、网络杀毒软件，增配指纹锁、专用硬盘等设备。

【档案开发利用】 编纂出版《泰安市档案馆藏抗战档案选编》，收录9个单位43件500页档案材料。编纂出版泰安档案文化丛书——《泰山文化历程》，计24万字。编纂刊印《泰安市大事记（2018）》合订本，入选条目1200条、19.5万字，图片20幅；编辑2019年大事记初稿1800条，20万字。编纂刊印《档案资政参考》4期，2万字。完成《泰安市庆祝改革开放四十周年最具影响力的事件——档案部分》3000字的编辑工作。完成两篇红色故事的整理和上报工作。

【档案业务管理】 ①调研各县(市、区）新馆建设情况。3月、10月，分别与市委督查室、市委办公室联合对新馆建设情况现场调研督导两次，形成《关于全市县级国家综合档案馆建设调研督导情况的报告》，并下发至各县（市、区）；7月，配合市委办公室对新馆建设情况进行调度，形成《关于调度县级国家综合档案馆建设情况的通报》；6月、11月，两次配合省档案馆和省财政厅完成新馆建设的调查统计工作和奖补资金绩效考核工作。至年底，4个县（市、区）完成主体建设项目。泰山区、宁阳县、东平县新馆主体建设封顶。肥城市将原技工学校实训楼改扩建为新档案馆，扩建工程已完成。新泰市多次进行选址工作。泰山景区对原档案库房进行加固设计。岱岳区规划新馆与区行政审批中心一体建设。高新区完成选址工作。②市级机构改革档案管理与处置指导工作。对45家涉改单位、部门进行实地指导，电话指导服务200人次，7个单位档案接收进馆，接收档案2.3万件，10个单位接洽进馆事宜。

【档案宣传教育】 年内，培训档案人员300人。组织举办2016年度档案人员岗位培训班，170人参加学习并取得档案工作人员初任培训资格。9人通过山东省档案专业职务资格高级评审委员会评审，具备副研究馆员职务任职资格；12人通过泰安市档案专业初级评审委员会评审，具备初级职务任职资格。做好档案学会工作，办理2018年度组织年检和学会党组织情况统计等材料；上报省档案学会档案学优秀成果16项，获一等奖1项、二等奖4项、三等奖11项。组织山东农业大学文法学院学生的档案实习工作。编制《档案工作简报》7期。爱国主义教育基地接待机关、团体、企事业单位、学校参观者以及社会公众600人次。（李大伟）

编辑　校对　　戚淑娟

城乡建设与管理

城乡规划

【概况】 2019年，山东省《政府工作报告》中提出：编制实施《泰安市城乡一体空间发展战略规划》（以下简称《战略规划》），将泰安融入全省发展的“大盘子”考虑。省自然资源厅和泰安市政府联合开展《泰安市城乡一体空间发展战略规划》编制工作，委托中国城市规划设计研究院、同济大学院士吴志强团队、清华同衡规划设计研究院开展战略规划编制。至年末，《战略规划》已通过专家论证、社会公示、省政府常务会议和省委常委会议审议等程序。《战略规划》确定四大战略定位、八大战略部署和八项行动计划，为全市未来发展明确目标及路径。贯彻落实《战略规划》部署，牵头起草《关于严格依法加强国土空间规划管理工作的决议》，经市十七届人大四次会议审议通过并组织实施。泰安市作为全省4个市级国土空间总体规划编制试点城市，依据《战略规划》，启动国土空间总体规划编制试点工作，完成《泰安市国土空间总体规划（2019—2035年）》的编制，并通过省厅审议。按照“一心两翼多点”（中心城区为核心，东西两大板块为两翼，其他乡镇为多点）的城镇空间格局，组织编制《东部新城概念规划》，探索乡镇级国土空间规划编制新路。组织编制《东平湖生态保护和高质量发展专项规划》。实施乡村振兴战略，完成《规划区村庄布局专项规划》及全市76个试点村庄规划编制。

【规划研究】 开展“三区三线”（城镇、农业、生态空间，生态保护红线、永久基本农田保护红线、城镇开发边界）评估调整工作，统筹协调生态保护红线、永久基本农田、城镇开发边界3条控制线，完成地下空间利用研究、城市轨道交通、城区快速路规划研究等9项重点专题研究。组织有关市直部门、所辖区县、功能区完成35项支撑专题研究，有效保障规划编制的针对性、可实施性。

【规划管理】 加强各专项规划和控制性详细规划编制，全年召开城市规划委员会6次，编制完成专项规划4项，编制审批街区控制性详细规划70项，核发规划条件90项，办理规划选址23项，审查规划方案79项，办理建设工程竣工规划核实项目331个。

【市政工程规划审查】 年内，对拟建道路布设非机动车道、人行道，道路交叉口渠化，配套地下管线、公交站点、无障碍等配套设施进行严格审查，确保城市道路工程的质量。对拟建供热、供水、排水、污水等地下管线项目，与周边现状建（构）筑物、地下管线的安全距离，覆土厚度是否符合规范要求，进行认真把关，从规划关口守护地下管线的安全质量。全年办理双龙路、灵山大街东段、擂鼓石大街东段、长城西路、学院路等10条道路的规划选址和规划方案审查。办理徂汶净水厂原水管线工程，泰安城区雨污分流改造工程，明堂河、梳洗河生态保护修复工程中的污水管线工程，天烛峰路高温水供热管线工程等15项管线工程的规划选址，为提高项目建设质量提供规划保障。

（王　健）

城市建设

·综　述·

【概况】 年内，擂鼓石大街西段（府前街）、环山路东延、学院路等城市道路先后竣工通车，擂鼓石大街中段建设工程顺利推进，内通外联的城市路网体系逐步完善。泰安市城市品质提升三年行动工作会议召开，海绵城市、地下管廊等基础设

5月9日，市住建局"工作落实面对面"电视问政工作专班会议召开
（李 燕 供）

1500平方米，馆藏档案12万卷。2019年，签订《山东省建设工程档案移交责任书》130份，签署《山东省建设工程档案预验收意见书》142份，发放《山东省建设工程档案合格证》148份。新接收工程档案1万卷，完成年度工程档案的著录标引上架工作，排列上架2.19万卷。做好地下管线档案接收管理工作，对122个地下管线工程项目进行业务跟踪指导，入馆档案复审率90%以上。推进档案信息化建设，升级改造原有城建档案综合信息管理系统，从1.0版升级到3.0版。加强档案管理与保护工作，组织做好档案的统计分析，按时编制上报年度报表；落实安全生产目标管理责任制，加大档案库房"九防"（防火、防盗、防潮、防光、防鼠、防虫、防尘、防污染、防高温）工作；落实值班制度、门岗保卫制度、档案出入口登记制度，坚决杜绝盗窃、火灾事件的发生，确保馆藏档案万无一失。全年接待现场查询档案利用人员476人次，调卷724卷次。开展声像档案工作，以中华人民共和国成立70周年为契机，组织举办泰安市城市建设成就展，历时5个月，公开征集图片、照片3000幅。

施建设步伐加快，国电高背压改造、国电供热东线工程先后完成，泰安城区西部热源一期工程全面启动，顺利通过国家节水型城市现场复查考核。住建领域供给侧结构性改革、新旧动能转换步伐加快，全市城建完成投资61.39亿元、房地产开发完成投资206亿元、村镇建设完成投资125.67亿元、建筑业完成总产值1065亿元。市住房城乡建设局连续12年保持"省级文明单位"称号，被省委、省政府表扬为"攻坚克难奖"先进集体，被市委授予新时代泰山"挑山工"十面红旗。

【房屋征收】 ①参与推进全市重点工程建设。参与推进擂鼓石大街中段、环山路东延、灵山大街东段扩宽改造、北上高大街、山水林田湖草梳洗河等重点工程建设，征收拆迁各类房屋25万平方米。完成灵山大街东段、双龙路、迎胜南路等10条道路的实地调查测算。②解决群众关心的热点、难点问题。开展漠视侵害群众利益问题专项整治，监督检查2011年以后市、县组织实施的征收项目。全年受理"服务民生狠抓落实"转办事件22项。为灵山大街中段涉及的96户回迁安置房办理产权证。解决1999年泰山大街拓宽改造项目（原泰山金属回收公司）、2010年环山路中段改造项目（泰前社区拆迁补偿款、指挥部代建进贤村回迁楼工程款补偿）等历史遗留问题。③房屋拆除安全和扬尘防治效果凸显。监督检查擂鼓石大街中段等重点工程，山东农业大学东校区等6个城中村改造，儿童乐园等4个社会单位，涉及房屋拆除工地40处，督促防治措施落实到位，全年未发生拆除安全事故。④化解房屋征收信访事项。全年接待群众到访12次26人，接待政策咨询46人次，受理各类申办单43件，参加市领导公开接访2次，化解信访积案2件。市征收办被市委表扬为新时代泰山"挑山工"先进集体。

【城建档案】 市城市建设档案馆成立于1987年，有馆库及办公面积

【依法行政】 完成执法主体资格清理和规范性文件制定主体清理工作。落实权责清单制度，利用山东省权责清单梳理系统，及时认领部门权责事项，编制完成《泰安市住房和城乡建设局权责清单》。加快推进政务服务标准化，对照全省统一的标准规范，组织梳理政务服务事项基本要素，完善事项实施清单。结合职责做好优化营商环境相关工作，会同市财政局、市行政审批服务局、市人防办联合印发《关于贯

彻落实工程建设项目审批制度改革部署 全面推进施工图联合审查的实施意见》。强化行业监管职能，先后开展“互联网 + 监管”“行政处罚和行政强制网络运行”等工作。制定印发《工程建设项目审批制度改革事中事后监管实施方案（试行）》，深化工程建设项目审批制度改革，加强项目审批事中事后监管。推进“双随机、一公开”监管，市及各县（市、区）住建部门抽查建筑业企业 50 家、工程监理企业 5 家、造价企业 5 家；抽查招标代理机构 12 家，检查项目 33 个，反馈整改意见 150 条；抽取 43 项单体工程进行实体质量检查。落实规范性文件管理制度，起草《关于调整和规范公共租赁住房保障相关政策的通知》，以市政府办公室名义印发。先后开展对“与现行开放性政策不符的规范性文件清理工作”“地方性法规和行政规范性文件清理工作”，对 2019 年 5 月 31 日前，由部门起草、以市政府及市政府办公室名义制发的 11 件规范性文件进行集中清理。

【行业安全】 全年召开党组会 6 次、安全生产工作专题会议 12 次、全市建筑工程质量安全工作会议 1 次，研究部署住建系统安全生产工作。制定印发《2019 年房屋市政工程施工安全风险隐患排查治理行动方案》《全市住建系统安全生产集中整治工作实施方案》等系列安全生产文件。加大安全监管和服务指导力度，全年开展各类安全督查检查 11 次，随机抽查 45 个施工现场、企业，督导整改问题 206 处。加大危险性较大的分部分项工程（以下简称危大工程）监管力度，以危大工程管控为重点，开展以起重机械、防高空坠落、模板支架、深基坑为重点的安全生产专项整治和“打非治违”（打击非法违法生产经营活动行为），从严整治危大工程不组织论证、不按方案施工，以及技术交底、关键工序控制、节点验收、监理审查把关等方面的问题；建立施工现场重大危险源目录，项目风险管控措施清单，明确公司、项目部、专职安全员和班组的管控责任，对危大工程实施过程管控。2019 年，全市检查在建工程项目 653 个、单体 3829 个、建筑面积 2896 万平方米，下达安全限期整改通知书 1834 份，停工整改通知书 440 份，整改安全隐患 1.06 万条。开展城镇燃气安全生产专项整治，牵头组织相关部门分 4 次对各县（市、区）开展联合督查活动，督导检查燃气生产经营场所 11 家，查处安全隐患 21 处；组织专家对泰安城区燃气企业开展城镇燃气安全生产专项整治检查工作，检查燃气企业场站 78 次，下达安全隐患通知 33 份，查处安全隐患 56 个；城区各燃气企业入户安检 36.2 万户，整改安全隐患 2500 处；组织燃气企业对沿线管网、调压站、第三方施工进行安全检查和监护，维护调压器 14 台、阀门 10 处，管道改造 5 处，整改隐患 114 处；在傲徕峰社区等 34 个社区开展“红黄蓝”志愿服务进社区活动，发放安全用气手册、网格员名片 790 份，入户维修 54 户；会同市餐饮协会在通天街、南关等 4 个社区对泰安城区 200 家知名餐饮用户开展安全用气培训。针对汛期、火灾、高坠等常发、突发事件，6 月 21 日，在山东农业大学南校区拓展生活区项目施工现场开展泰安市建筑施工应急救援演练，全市住建系统各级主管部门、各建筑施工企业等 120 人参加。针对气候特点，组织公用企业开展应对各种突发事故应急处置和自救疏散演练 5 次。

·城区道路工程·

【概况】 2019 年，市住建系统坚持实字当头、干字为先，克服重点城建项目协调范围广、制约因素多等困难，成立工作专班，倒排工期、挂图作战、奋力攻坚。投资 38.85 亿元，启动 11 条城区道路建设，打通断头路、畅通微循环。其中，环山路东延改造、学院路、长城西路、天平大街 4 条道路工程，12 月 16 日竣工通车。擂鼓石大街贯通工程顺利推进，西段（府前街）拓宽改造历时 30 天、8 月 1 日正式通车，中段（普照寺路至金山路段）具备通车条件。新建山东农业大学、山东科技大学泰安校区 9.4 万平方米教学设施，170 天全部完成，保障 5600 名学生秋季入学。龙潭路与灵山大街路口渠化及道路改造工程，30 天完成建设任务，首次在道路上试点安装两处便民服务设施——非机动车道及行人膜结构遮阳棚，受到市民欢迎。灵山大街东段、北上高大街、擂鼓石大街东段等 5 条城市道路建设工程按计划顺利推进。

【擂鼓石大街中段建设工程】 擂鼓石大街中段西起普照寺路，东至虎山东路，全长 1900 米，是泰安城区典型的断头路、卡脖子路。市委、市政府将其列为 2019 年为民要办的实事之一、重点城建工程和“七赛七比”的插旗项目。整个工程需铺设路面 6.82 万平方米，建设、改造桥梁 2 处、地下通道 2 处，铺设水、电、气、暖、弱电、通信、路灯、消防等各类管线 1.7 万米，同时新

8月1日，擂鼓石大街西段（府前街）通车　　（陈阳　摄）

建山东农业大学、山东科技大学泰安校区教学设施9.4万平方米，建设回迁居民楼、幼儿园6.17万平方米，总投资12.74亿元。

擂鼓石大街中段道路建设工程　西起普照寺路，东至虎山东路，全长1900米，道路设计双向四车道，规划红线宽30米。2019年7月初进场施工，至12月底，道路工程建设除部队干休所和武警家属院未完成征地拆迁的路段外，其余具备施工条件的，均已完成工程建设任务。普照寺路至金山路段于2019年12月31日具备通车条件。整个工程主车道沥青铺设1640米，普照寺路桥加宽、梳洗河桥建设、山东科技大学和省煤炭泰山疗养院两处地下通道建设完成，摊铺沥青1.56万吨，水泥稳定碎石2.43万立方米，浇筑混凝土6955立方米，外运土石方7.16万立方米。交通设施道路标线施划、信号灯安装、人行道级配碎石施工及道路两侧绿化行道树栽植工作同步展开。

擂鼓石大街中段山东科技大学征收项目　擂鼓石大街中段道路在山东科技大学校园内长约850米，需拆除山东科技大学校园建筑设施约3.07万平方米。根据市政府与山东科技大学签订的协议，市政府在山东科技大学东西校园内建设学生公寓、国际交流中心、工程训练中心及配套设施计4.09万平方米，同步配套完善室外道路、绿化、亮化、大门、围墙等设施。该项目总投资23746万元，其中东校园14166万元、西校园9580万元。至年底，东校园新建学生公寓、工程训练中心建成并交付使用，国际交流中心建设完成，室外道路铺设完成80%，围墙完成50%，绿化完成20%；西校园新建学生公寓建成并交付使用，室外配套工程完成。

擂鼓石大街中段山东农业大学征收建设项目　根据2019年1月18日市政府与山东农业大学签订的《关于擂鼓石大街贯通涉及山东农业大学征收建设事项合作协议书》，山东农业大学东校区有各类建筑设施计4.17万平方米（包括学生公寓、餐厅、教学楼等）交予市里拆除，市里按照国家现行规范标准和建设一流大学的目标，于2019年8月底前在山东农业大学南校区完成学生公寓、食堂、公共教学楼等计约5.3万平方米的建设，室内配备必要的教学和生活设施设备，满足建筑要求及相关的室外配套。项目于2019年2月13日开工建设，7月31日完成主体工程竣工验收，8月20日完成室外工程竣工验收，8月26日正式交付使用。该项目学生公寓A、B区被评为省级文明工地。

擂鼓石大街中段建设工程回迁居民楼、幼儿园项目　擂鼓石大街中段建设工程回迁项目主要建设

擂鼓石大街中段——普照桥加宽　　（李燕　供）

12月16日，环山路东延工程建成通车仪式举行（李 燕 供）

9幢5—8层的居民楼和1所3层的幼儿园，总建筑面积6.17万平方米，其中地上4.41万平方米、地下1.76万平方米，用于擂鼓石大街中段建设工程被征收居民房屋和科大幼儿园的回迁安置。2019年8月20日，与山东农业大学正式完成校区内的交接工作，原有建筑物的拆除工作全面展开。

【环山路东延改造建成通车】 市委、市政府把环山路东延工程列为2019年为民要办的实事之一、年度重点城建工程和“七赛七比”的插旗项目。该工程西起博阳路，东至石汶河桥，全长8100米，道路设计双向八车道，规划红线宽50米，红线两侧各25米绿化带，总投资11.98亿元，2019年12月16日建成通车。至年底，工程累计完成路基土石方挖填200万立方米；摊铺水泥稳定碎石基层43万吨，摊铺沥青面层12万吨；建设芝田河大桥等桥梁9座，涵洞32道；安装路沿石6.8万米，敷设燃气、供水管线7000米，敷设雨、污水管线2.7万米，敷设电力管线8100延米、路灯管线1.6万延米；完成路灯安装490基；完成交通标际标线施划3.7万平方米，安装电子警察监控32组；栽植乔木4.1万棵。

【学院路建成通车】 学院路规划为城市次干道，北段（东岳大街至环山路）全长1200米，道路规划红线宽30米；南段（东岳大街至京沪铁路）全长715米，规划红线宽40米，2019年12月16日建成通车。该路自北向南依次与环山路、东岳大街和全新的天平大街相连接，形成泰安城区到高铁泰安站的快速通道，从根本上缓解附近居民出行难问题。

【龙潭路与灵山大街路口渠化及道路改造工程竣工】 龙潭路是全市主城区一条南北向规划城市主干路。2019年8月，市委、市政府确定对灵山大街和龙潭路路口渠化，解决交通不畅的问题。市住建局组织专业人员，现场勘察、制定设计方案，并与财政、交警、道路沿线原有地下管线单位进行对接，推进改造工作。改造工程北起灵山大街，南至泮河大街立交北侧，总长约840米，现状道路宽40米，改造后道路增加到双向五车道（东三西二），并将路灯迁移改造至人行道，同步完善施划道路的交通设施标线、公交停靠站、安装中间隔离护栏设施及局部绿化等。工程首次试点设计安装两处便民服务设施非机动车及行人膜结构遮阳棚。累计投入施工人员300名、挖掘机6台、现场清业人员20名，设置含有13个出入口、600多米围挡，拆除安装人行道板1万平方米，外运土石方6000立方

12月16日，学院路建成通车（陈 阳 摄）

米，拆除安装路灯管线1800米，浇筑混凝土1300立方米，铺设沥青1200吨。2019年9月28日，道路贯通，龙潭路与灵山大街交叉口拥挤问题得到缓解。

【天平大街】 天平大街是2019年市委、市政府为民要办的10件实事之一。该项目西起凤凰山路，东至长城西路，全长5千米，其中凤凰山路至泮河段长3.5千米，泮河至长城西路段长1.5千米，道路红线宽40米，双向六车道。2019年4月开工，2019年12月16日全面建成通车。该项目打通多条相连"断头路"，有效缓解区域交通压力，缩短高铁泰安站、泰安西高速出口到市区的距离，在为群众提供便利交通出行环境的同时，也为西部新城跨越发展注入新活力。

· 城区环境 ·

【概况】 12月26日，泰安市城市品质提升三年行动工作部署会议召开，安排部署全市城市品质提升工作。牵头起草《泰安市城市品质提升三年行动实施方案（征求意见稿）》，启动试点片区建设工作和试点项目申报工作。将海绵城市建设和地下综合管廊建设作为推进城市绿色发展、提高新型城镇化质量和城市现代化水平的重要工作，全市海绵城市累计建成面积70平方千米；全市地下综合管廊入库项目8个、22.04千米，形成廊体21.74千米。山水林田湖草明堂河、梳洗河等河道生态保护修复工程顺利推进。

【梳洗河生态保护修复工程】 该工程北起环山路，南至泮河，包括支流唐庄河、双龙河，总计全长23千米，工程总投资5.68亿元。主要对河道实施截污、清淤、蓄水、水生态修复及相关附属工程建设等。2019年8月开工，至12月底，完成投资2.1亿元，完成总工程量的36.97%。

【明堂河生态保护修复工程】 该工程北起安家林水库，南至泮河，全长15.8千米，工程总投资7.25亿元。主要对河道实施清淤、截污、引水蓄水、尾水湿地配套、生态绿化、道路、桥梁建设等。2019年8月开工，至12月底，累计完成土石方34.9万立方米，清淤8万立方米，浇筑混凝土4000立方米，铺设截污管道1200米，砌筑挡墙3000米。完成投资2.38亿元，占比32.8%。 （李 燕）

12月7日，泰山燃气集团工作人员在万官大街提压改造工地商议改造方案
（李璐 供）

· 市政公用设施 ·

【概况】 2019年，泰安城区实现最大日供水能力23万立方米，平均日供水量14万立方米，全年实现供水5152万立方米，水质综合合格率达100%。泰安城区供气量4.02亿立方米，各类燃气用户约45万户，建成各类燃气管道2000千米，管网基本覆盖主城区，燃气普及率达100%。2019—2020采暖期，泰安城区集中供热入网面积3445万平方米，比上年新增325万平方米，实际供热面积1950万平方米，比上年新增145万平方米，总供热能力2640万平方米。

【城市供气】 完成泰肥一级路—泰东路—万官大街贯通工程及提压改造工程，全线总长24千米，设计压力1.6Mpa，形成泰安城区供气"东西环网、多企业串联"的格局。中石化燃气管道鱼池门站新气源项目落地实施，年输气能力可达2亿立方米。先后建设完成山口镇、石横镇和宁阳县城LNG释放站建设项目，作为应急补充气源，每天可为城市燃气管网补充天然气30万立方米。推动范镇LNG项目复产工作，新安装注液、气化等装置，可为全市增加1800万立方米储气调峰能力。

【城市供水】 年内，黄前水库管线改造工程敷设输水管道4千米。徂汶净水厂项目进入征地、勘察设计阶段，输水管线敷设DN800球墨铸铁管2千米。推进高铁新区供水加压站、凤凰岭供水增压站、韩刘冯供水加压站等工程进度，加快泰安城区供水布局。完成环湖水厂节能改造工程、三合水厂新建排水池和泉河水厂清水池工程建设。推进市保障性安居工程供水管网建设项目中13个棚改小区的供水配套。跟进擂鼓石大街中段改造、环山路东延段、博阳路、万官大街等市重点道路工程，铺设供水管道27.5千米。

11月9日，市委副书记、市长张涛（前排右二）到国家能源泰安热电有限公司督导“高背压”改造项目（李璐 供）

【城市节水】 顺利通过国家节水型城市现场复查考核，并创建省级节水型企业（单位）5家、省级节水型小区5个。在“全国城市节约用水宣传周”“中国水周”“世界水日”等重要节点，开展节水宣传进社区、进学校活动，形成全民节水氛围。

【城市清洁供暖】 2019年，全市城市（县城）计划新增清洁取暖面积280万平方米，其中泰安城区计划新增集中取暖面积180万平方米。至2019年供热前，全市完工面积354.72万平方米，完工率126.68%，超额完成2019年清洁取暖建设任务。其中，泰安城区完工面积226.55万平方米，完工率125.86%，超额完成2019年泰安城区清洁取暖建设任务。

【城市供热】 年内，完成国电高背压改造和国电供热东线工程，充分释放国电改造新增产能。实施学院路、擂鼓石大街、北上高大街、灵山大街东延等沿路供热主干网的延伸工程，扩大供热管网覆盖范围。推进泰安城区西部热源项目建设，相继完成项目立项、PPP入库、环评等工作。至年底，泰安城区集中供热入网面积3445万平方米，实际供热面积1950万平方米。泰安城区热源总供热能力为2640万平方米，其中国电1860万平方米，东城热电180万平方米，调峰备用热源600万平方米（鲁邦大河、城建热电、白马石锅炉房共7台35～130吨锅炉）。

【国电高背压改造】 投资1亿元对国电1号机组进行高背压改造，新增供热保障能力300万平方米，实现国电总供热保障能力1860万平方米，满足泰安城区冬季用热需求。2019年11月16日，1号汽轮机启动。

【国电供热东线工程】 投资2亿元从国电出厂沿徂汶新区、博阳路新建1条17.37千米供热主干线，与万官大街、博阳路既有管线接通。该工程新增热力输配能力1200万平方米，充分释放国电1号机组高背压改造后的供热能力，化解国电龙潭路主干线单线入城的风险。2019年11月15日全线贯通。

【泰安城区西部热源项目一期】 泰安城区西部热源项目位于岱岳经济开发区内，项目分两期建设，一期占地19.5公顷（292亩），建设2台400吨高温高压循环流化床锅炉，配2台5万千瓦背压汽轮发电机组，实现1000万平方米供热能力。项目一期立项总投资11.89亿元，建设工期18个月。2018年9月，西部热源项目前期立项审批工作全面启动，2019年6月20日，取得市发展改革委立项批复，期间相继完成项目一期可研、项目环评、土地预审、节能、减煤替代等报告的编制工作。至年底，该项目完成地上清表及土地补偿工作，并具备PPP项目入库条件。

【水气暖报装改革】 派专人入驻市行政审批服务局窗口，实现水气暖报装工作“一窗受理”、现场转办。压缩报装申请材料，将申请材料压减至2项（申请表、图纸）。供水企业、供气企业、供热企业办理时间分别压缩至6个、9个、24个工作日内，比省住房城乡建设厅要求时限提前1个工作日。建立“保姆式专员服务”机制，由专营企业的“服务专员”全程参与。制定《泰城简化水气暖报装工作监督考核办法(试行)》，建立简化报装工作通报制度、简化报装工作回访制度和分工领导现场调研制度。 （李　璐）

城市管理

【概况】 2019年，市城市管理局承担起数字化城市管理、市容市貌、环境卫生、市政设施运行、园林绿化、城市广场、城市排水、污水处理、建筑渣土和工地的管理等职能及市级管理区域的城市管理执法工作。局机关设办公室、人事科、信息人才科技科（挂宣传科牌子）、财务审计科、法规科（挂案件审理科牌子）、市容环境管理科、市政设施管理科（挂城市防汛指挥部办公室牌子）、园林绿化管理科、建筑渣土管理科9个科室和机关党委，下设市城市管理行政执法支队、市环境卫生管理处、市城市管理指挥调度中心、市园林绿化处、市城市广场管理处、市城市排水管理处、市城市管理局建筑渣土和工地管理服务中心7个副县级事业单位，市城市管理服务中心、市城市路灯照明管理所、市城市道路桥梁管理所、市城市排水管网管理所、市市政工程建设中心5个正科级事业单位，泰晟环境服务（山东）有限公司。年内，该局以习近平总书记提出的“城市管理应该像绣花一样精细”为根本目标，构建管理、执法、服务“三位一体”工作格局，聚焦精细化管理，提升城市品质；聚焦规范化执法，改善市容秩序；聚焦人性化服务，提高服务水平，全力打好蓝天保卫、雨污分流、创建全国文明城市、城市功能配套提升“四大攻坚战”。

【城区容貌整治】 开展户外广告整治，拆除各类违规户外广告2.7万处、40多万平方米，楼顶广告、立柱广告全部清除；牵头开展京沪高速铁路沿线环境综合治理，涉及泰安市的180件问题全部完成整改。

11月8日，市委书记崔洪刚到市城市管理局指挥调度中心调研数字化城市管理工作 （秦会勇　摄）

【环卫保洁】 泰安作为全国第一批生活垃圾分类示范城市和全国强制分类城市之一，创新推行“2+2”垃圾分类模式（强制分类＋引导分类、专业分类＋社会参与），打造生活垃圾分类“泰安样板”，中心城区建成垃圾分类示范片区78个，城区生活垃圾分类设施覆盖率达54%。全市88个乡镇全部实现城乡环卫一体化，集中式生活垃圾处理覆盖率和垃圾无害化处理率均达100%。在2019年省对市乡村振兴战略实绩考核中，300户以上自然村公厕普及工作、城乡环卫一体化工作，分别在全省排名第一位、第八位。

【智慧城市】 以城市管理智慧化建设流程再造列入全市制度创新6项重点任务为契机，综合运用物联网、大数据、云计算等现代技术，搭建全新的智慧化城市管理平台，提升智慧城市品质。改造升级数字化城市管理平台，研发城市内涝预警管理、渣土运输管理等7个业务子系统。与公安“天网”平台共享视频监控资源，整合环卫、园林、市政、排水等局属单位视频监控244路，实现对重点路段、重点区域、重要节点的实时监管。自行处置和督导各城市管理责任单位处置各类城市管理事项47.6万件，案件转办率100%、处置率达92%以上。

【园林绿化】 开展增绿补绿行动，栽植各类乔木9万株，数量是前三年的总和，栽植各类灌木27万株，地被、模纹31万平方米，地栽、地摆、组摆各类花卉126.7万株，治理超高土12.6万平方米，整理下沉式树

9月12日，市委书记崔洪刚（前排左）调研遥参亭广场改造工程
（秦会勇　摄）

穴近4000个；对城区152棵古树名木全部建档；强化病虫害防治，对9600株法桐喷施“悬铃散”，对杨柳注射“杨柳净”1.2万支。

【市政设施】 修补路面、道板4.2万平方米，更换桥梁支座100个。加装路灯110基，维修路灯7700盏次，亮灯率达99%以上。整修、更换雨水篦子3300套，改造雨水口33座，疏通排水管网1000米，滦河河道清淤2000立方米。推进第一、二、四污水处理厂提标改造扩建工程建设，全年处理污水6800万吨，污水处理率达97%以上。牵头开展中心城区黑臭水体整治，城区黑臭水体基本清除。

【城市防灾】 整治城区10处易涝点，完善城市防汛和极端天气应急预案，建立应急抢险队伍。积极应对台风“利奇马”，两天雨量200多毫米，市区多年来首次做到无积水、无人员伤亡。做好金山、蒿里山两山防火工作，整改火灾隐患10处。

【城市广场】 在泰山广场新增绿化带2600平方米，栽植各类苗木3.5万株。实施便民步桥安装工程，铺设健身步道3.3千米。改造广场地面、周边人行道和音乐喷泉。改造高铁站出口绿地，有效缓解出站口人车汇集问题。

【城市管理执法】 坚持“早六晚九”错时延时执法制度，确立第一次警告、第二次最低罚、第三次顶格罚的工作标准，实行全区域、全天候巡查执法，清理占道经营、店外经营3.2万处。组织开展不文明养犬专项整治，累计摸排养犬户17.5万户，制止不文明养犬行为620起。印发《户外广告设施和招牌设置管理条例》，推进《城市生活垃圾分类管理条例》《城市建筑垃圾管理办法》立法，建立城市管理审前和解机制，一般程序共立案1381件，结案1200件。

【城市管理服务】 推进服务方式改革，实施“微城管”微信公众平台，自2019年10月2日上线后，每天平均接收市民投诉城市管理事项70件。在审批服务窗口推行贴心代办和一次办好等“店小二”式服务，市城市管理局进驻服务窗口被评为2019年度“最美服务窗口”。受理、转办“12345”便民服务工单7700件，问题办结率100%，案件处置时间压缩50%，群众满意率保持全市领先，热线办理工作考核四年蝉联第一。探索城市治理新途径，以“党务、业务、服务”有机融合为目标，2019年试点推进城管服务驿站建设，服务市民、游客50万人次。推行大件垃圾免费收运、可回收垃圾上门收运等服务，方便群众生活。推进城市管理“六进”（进学校、进社区、进店铺、进机关、进工地、进企业）志愿服务活动1000次，进店铺宣传1万家，营造广泛参与、人人支持城市管理的良好氛围。

【扬尘污染和油烟污染治理】 加强工地扬尘治理，将工地管理范围扩展至周边乡镇，按照“10个100%”标准（施工现场100%围挡；施工现场100%洒水清扫，全程湿法作业；驶出车辆100%冲洗；施工道路100%硬化；裸露场地、土堆及物料100%覆盖；渣土车辆100%密闭运输；扬尘在线自动监测设施100%安装；远程视频监控系统100%安装；施工现场物业保洁100%；建筑单体外立面和主体每楼层内外积尘100%冲洗洁净后，撤除遮挡防护网）严格管理在建工地202处，依法停工125处。查扣渣土车等车辆160辆，查处各类违规运输行为120起。委托第三方机构，实时检测市级管理543家餐饮业户、522个点位的油烟数据，依法查封79家，关停8家，破解餐饮油烟污染治理难题。

11月15日，市城市管理局与山东大学合作建设的泰安城市固废综合利用研究院合作项目签约仪式举行 （秦会勇 摄）

【雨污分流】 组建排水管网雨污分流改造工程指挥部，两个多月完成136条主次干道、1700个庭院单位、10条河道及支流排水管网普查。把原先新建管道628千米优化成78千米，改造小区600多个优化成79个。2019年，开工道路管线27千米，非开挖清淤管网施工91千米，分别占任务总量的34.6%和30.3%，完成全市2019年重点任务标旗推进要求，并经市重点任务工作领导小组考核通过，给予标旗。

【创建全国文明城市】 对照全国文明城市测评体系标准，梳理城市管理方面的重点任务，细化分解为29项，逐一明确责任单位、责任人和完成时限。全局上下全员上岗，确保各项指标不丢分、不失分，保障全市在全国文明城市创建测评中位居全省前列。

【城市功能配套提升】 参与道路工程建设，擂鼓石大街顺利贯通，岱北街改造，岱庙文化广场周边道路拓宽，东岳大街以北、望岳东路、望岳西路至环山路人行道改造，龙潭路与灵山大街交汇处渠化改造等工程完成，打通学院路等“断头路”。2019年，新建旅游公厕9座，新增分类垃圾桶2000个，改造公交港湾5处，在天外村地下通道加装自动扶梯4部，提升城市品质。

（张 涛 许潇如）

村镇建设

【概况】 全市村镇建设总投资完成125.68亿元，完成农村危房改造1117户，完成农村无害化卫生厕所改造1.37万户。泰山区省庄镇安家庄村、新泰市龙廷镇掌平洼村、宁阳县东疏镇胡茂村、东平县新湖镇冯洼村4个村庄被列为山东省第二批美丽村居建设省级试点。

【农村危房改造】 将农村危房改造工作与精准扶贫工作相结合，制定印发《泰安市2019年农村危房改造工作实施方案》，实行月报告、季督查，加强工作调度和信息报送，全年完成农村危房改造1117户，完成投资1506万元。

【农村无害化厕所改造】 年内，在完成改造任务的同时，加强后续管护和规范提升。健全泰安市农村无害化卫生厕所改造工作联席会议制度，研究制定《泰安市健全完善农村改厕规范升级和后续管护长效机制工作方案》，提升建设标准，做好建管衔接。全年完成农村无害化卫生厕所改造1.37万户，增建管护服务站78个、增加技术服务人员562人、购置吸粪车149台、便携式吸粪器7300个，在后续管护上总投资约8000万元，提前完成年度任务。市委、市政府拨款2000万元奖励各县（市、区），用于后续管护工作。

【美丽村居建设】 2019年，全市有4个村庄被列为山东省第二批美丽村居建设省级试点。按照“政府主导、村民主体、市场参与”的原则，各试点县（市、区）创新推进模式，确保试点建设成效。泰山区聚焦产业、生态、人才、文化，建设地域文化鲜明、建筑风格多样、田园风光优美的美丽村居品牌。新泰市坚持产业引领，发挥村级优势，形成农业种植、农产品加工、旅游服务业等一产、二产、三产融合发展新模式。肥城市通过党建引领做实群众基础，“能人回请”“党员家庭挂牌行动”最大限度地发挥党员带头作用，同时与山东四方集团签署战略合作协议，对五埠村实施标准打造。东平县建立多元投入机制，在用好上级专项资金的基础上，统筹整合涉农资金，引入社会资本支持美丽村居建设。宁阳县按照美丽村居群众“自建、自管、自养、自用”原则，制定贷款、税收、原材料保障等支持政策，对项目统一实施“以奖代补”工作制度，调动镇村积极性。

（李　燕）

城镇化建设

【概况】《泰安市新型城镇化发展规划（2015—2020）》《泰安市人口市民化规划》有效实施。印发《关于印发新型城镇化建设近期重点任务的通知》等文件，围绕加快农业转移人口市民化、优化城镇化布局形态、推动城市高质量发展、促进城乡融合发展和强化组织实施等方面推进试点、健全机制，加快全市新型城镇化进程。

【人口市民化】2019年，全市实现10.91万名农业转移人口市民化。其中，4.92万名农业转移人口市民化（3.19万名外来务工人员、1.73万名就地转移人口），5.99万名城中村城边村原有居民市民化。做好对上争取工作，获得省级城镇化专项资金合计1200万元。

【中小城市发展】坚持规划引领，肥城市编制《肥城市新型城镇化规划2016—2020年》《肥城市总体规划》等，《人口市民化规划》通过评审；推进各镇街《镇域总体规划》修编工作。宁阳县编制完成县城总体规划（2017—2035），“多规合一”暨城乡总体规划获全省二等奖，代表全省参加全国优秀规划成果评选。坚持“人”为核心，树立试点市县“全域发展”理念，聚焦城乡居民生产、生活需求，推进城乡基础设施完善和公共服务的均衡共享。引导试点城市发掘城市经济发展动力特色，提高城市建设管理和发展水平。

（李　燕）

建筑业

【概况】2019年，全市完成建筑业总产值1065亿元，建筑业增加值253亿元，实缴税金38.9亿元，分别较上年同期增长25.48%、9.54%和22.85%。全市建筑业企业出国出省施工产值516亿元，增长28.59%，占建筑业总产值比重448.5%。肥城建筑业优势明显，全年完成建筑业总产值694亿元，占全市的65%，出国出省施工产值410亿元，占全市的79%。全市产值过20亿元企业计11家，产值过10亿元企业计13家，产值过亿元企业计84家。

【勘察设计管理】全市有勘察设计单位83家，其中甲级资质单位15家、乙级24家、丙级18家、劳务资质26家；一类建筑工程施工图审查机构2家。推行建设工程施工图数字化审查，全年进行设计文件审查1250项，建筑面积约2424.7万平方米，数字化审查率81%；勘察文件审查549项，数字化审查率95%。开展施工图联合审查工作，将同一项目的消防、人防、技防等技术审查并入施工图设计文件审查；施工图审查系统纳入工程建设项目审批管理信息系统平台，实现“统一平台、多审合一、结果互认、依法监管”的新模式。从驻泰安各院校、勘察设计单位、施工图审查机构和研究机构中选拔100名注册人员，充实完善全市勘察设计行业专家库，按照机构职能调整，专家库中新增加消防工程专家。至年末，获山东省泰山奖·美丽村居建筑设计大赛二等、三等奖各1项，山东省优秀工程勘察设计成果竞赛三等奖3项，山东省园林景观设计创意职业技能竞赛二等奖1项、三等奖2项，山东省建筑设计BIM技术应用技能竞赛一等、二等、三等奖各1项，山东省建筑信息模型（BIM）技术应用大赛中，泰安市建筑设计院有限责任公司获设计组二等奖。

【建筑业改革】建筑市场信用体系建设初步建成，全市建筑市场诚信信息一体化平台完成建设手续网上审批、企业数据库、人员库、信用信息等模块，并与省一体化平台对接，实现数据共享。运用建筑市场一体化平台系统，将企业入省、入泰备案制改为网上信息登记制，探索推行“零跑腿”业务办理模式，方便企业业务办理，提升监管服务效能。推行工程总承包，全市自行组织工程总承包项目3项，投资额10.66亿元，建筑面积37.86万平方米；自行组织全过程咨询项目9项，投资额20.63亿元，建筑面积59.2万平方米，市政类道路19450米。

【建筑施工安全监管】强化企业责任，实行安全承诺，企业法人代表针对安全生产工作向社会作出公开承诺，主动接受社会各界和新闻媒体的监督；健全和落实以企业法人代表为第一责任人、逐级负责的安全生产责任制度，设置安全生产管理机构，配备专职安全生产管理人员。企业推进“两个体系”（风险防控和隐患排查）建设，开展风险预判，落实分级管控，开展隐患排查，落实治理责任，全市102家建筑施工企业通过评估验收。强化安全培训、宣传、教育制度的落实，特别是一线从业人员岗前三级安全教育及特种作业人员持证上岗制度落实。加大监管力度，严管重罚。现场监管实行标准化管理，建立企业安全生产信用“黑名单”制度，实行“一票否决”；针对模板支撑、脚手架、深基坑、起重机械等重大危险源，集中开展专项整治，严查各类违法违规违章行为，坚决避免较大事故发生；围绕节假日、重要会议、重大活动及汛期等关键节点，开展安全生产“大快严”“打非治违”“综合整治大行动”，对所有的施工现场行全面检查、整改。12月，全市住建系统开展监督执法检查89次，检查工程212项，查处违法违规行为11起，停工29个。强化安全培训教育，全年组织特种作业人员培训12期，培训人员9386人（新取证4188人、延期复核5198人）；考核安全管理人员2101人；强化一线工人教育管理。督促企业完善企业应急管理，强化日常领导带班、应急值守和预警信息报送工作，做好应急准备。

【建筑市场监管】 严格法定工程建设程序，规范工程承发包行为，严厉打击违法分包、转包、以包代管、出借资质等违法违规行为。印发《关于转发省住建厅〈关于开展2019年度全市建筑市场综合执法检查的通知〉的通知》，在企业自查、县（市、区）普查的基础上，市住建局于10月15—20日督导抽查县（市、区）和市直范围内的建筑类企业、施工现场检查工作情况，检查建筑类企业10家、造价企业36家、监理企业10家、招标代理企业10家，发现问题企业6家，下达整改通知书5份；检查施工现场10个，下达整改通知书7份，整改意见23条。

【建筑工程质量】 全年监督工程423项、594万平方米，工程质量监督覆盖率100%。其中，开展质量监督检查及日常巡查3100次，竣工验收合格工程421项，建筑面积319万平方米，一次性竣工验收通过率达100%。创建“泰山杯”房屋建筑工程4项、市政工程1项；省优质结构工程26项。①落实五方责任主体质量终身责任制。严格执行法定代表人授权书、质量终身责任承诺书、永久性标牌、质量责任信息档案“两书一牌一档案”等制度，对工程质量问题反映突出或造成不良影响的，实施约谈告诫，年内约谈建设单位27次。②开展主体结构“双随机、一公开”检查。采取随机选择项目、随机选择检查人员方式，每季度在全市在建建筑工程中开展1次实体工程质量抽查。从全市671项在建工程项目中随机抽取45项单体工程进行实体质量检查，对发现的问题按要求进行复检；对部分复检仍不合格的工程，下达执法建议书，限期整改，并对相应责任单位进行公开曝光和严肃处理。③推行工程质量管理标准化。落实住建部《质量安全手册》要求，强化全过程控制和全员管理标准化，建立质量责任追溯、管理标准化岗位责任制度，全市5万平方米小区和1万平方米以上单体工程，必须设立专门样品库、样板间，作为执法监管的考核内容。④推进住宅工程质量常见问题专项治理。将防控措施落实情况作为日常监督检查的重要内容，加大监督检查力度。建立、健全工程质量投诉处理机制，全年受理投诉316件，投诉办结率100%，满意率达95%以上。

文明施工 （李　燕　供）

【建筑工程招标投标管理】 2019年，现场监督泰安城区开、评标工程项目103个（公开招标101个、邀请招标2个），划分为115个施工标段，64个监理标段。加大“放管服”改革力度，全面梳理法律法规和有关规范性文件赋予的招投标行政监管职权和服务事项，实现项目类别、设定依据、权限边界、运行规则、职权责任“五个清楚”。按照“全程网办、一次办好”的工作要求，实现施工招投标情况书面报告的电子化报送登记，提高办事服务效率，优化招投标营商环境。加强评标专家行为监督，对2019年12月31日专家资格到期的175名评标专家进行网上信息审核，初审合格评标专家156人，更新合格率89%。加强对评标现场的视频监督，实时监督评标专家的评标行为，促进评标活动的公平、公正。组织开展工程招标代理市场“双随机、一公开”监督检查，随机抽取12家招标代理机构进行实地检查，检查代理招标项目33个，下达反馈整改意见150条。完善规范招投标投诉举报案件处理，全年依法调查处理各类投诉信访案件9起，处罚违规企业3家。

【工程建设标准造价管理】 全市有造价咨询企业34家，其中甲级资质5家、乙级资质29家。2019年，受理12家乙级咨询企业资质延续，2家企业成功申报甲级工程造价咨询资质。公布泰安市2016—2018年度工程造价咨询企业信用等级评价结果，A级企业2家、B级5家、C级22家、D级4家。全年有70个招标控制价进行备案，涉及金额50亿元。发布《泰安工程造价信息》6期，发布测算的经济指标文件3个、计价依据文件6个，通过调研测算调整规费中住房公积金、环境保护税、建设项目工伤保险费3个费率，进一步落实、明确全市市级优质工程（泰安市优质结构工程奖和泰安市优良工程奖）。做好国家数据监测平台日常管理工作，收集整理2016年1月至2019年11月的工程上报平台，建设工程造价数据2652个。其中，房屋建筑工程2092个，投资额占比80.32%；市政工程392个，投资额占比12.33%；园林绿化工程148个，投资额占比2.62%。落实工程造价咨询企业开展全过程咨询服务工作，每季度公布企业全过程工程咨询服务项目的进度，全年开展全过程咨询服务的项目5个。加强对工程造价咨询单位的监督管理，全年开展检查3次。举办泰安市2019年度工程造价行业土建工程造价职业技能竞赛，市工程造价管理办公室授予10人“泰安市工程造价土建专业技术能手”称号。12月，组织参加省定额站组织的关于山东省工程建设标准《建筑与市政工程绿色施工评价标准》的宣贯学习。全年受理定额解释和计价纠纷的调解工作51起，其中现场调解22起、电话解答29起。

【建设领域节能减排】 ①新建建筑。全面执行居住建筑节能75%、公共建筑节能65%设计标准，推行新建建筑节能全过程闭合式管理模式，全市县城及以上城市规划区新建建筑节能强制性标准执行率，设计阶段和施工阶段均达100%。②绿色建筑。做好绿色建筑全过程监管，全市、县城、镇总体规划确定的城镇建设用地范围内新建民用建筑（3层以下居住建筑除外）设计达标率达100%。6月20日，举办建筑节能与绿色建筑发展培训班，邀请相关行业400人进行集中学习培训。落实政府投资或者以政府投资为主的公共建筑以及其他大型公共建筑，全部按照二星级以上绿色建筑标准进行建设，全年累计11个项目获二星级及以上高星级绿色建筑评价标识，总面积89.19万平方米。东平县银山镇继新泰市西张庄镇、羊流镇及岱岳区满庄镇、大汶口镇后被评为2019年度山东省绿色生态示范城镇；碧桂园·黄金时代小区、泰山院子一期、二期项目继鲁商中心后获省级绿色智慧住区示范。③可再生能源建筑应用工作。强制推行太阳能一体化建设，全面执行新建高度100米以下城镇居住建筑、农村社区以及集中供应热水的公共建筑，应当安装太阳能热水系统，并与主体工程同步设计、同步施工、同步验收。全年新增太阳能一体化建筑面积401.31万平方米。④既有建筑节能改造。全年完成既有居住建筑改造15.2万平方米、公共建筑改造6.17万平方米。泰安市疾病控制中心办公楼、山东第一医科大学第二附属医院（原泰山医学院附属医院）、泰安市中心医院均通过省级公共建筑节能、节约型医院监管平台示范项目验收。⑤完善市级节能监测系统建设。新建及实施改造的国家机关办公建筑和大型公共建筑全面实现主体工程与用能分项计量、节能监测系统“设计、施工、验收”三同步，逐步扩大监测广度及深度。⑥发展绿色建材产业。严格执行山东省建筑节能技术产品应用认定管理办法，加强建筑节能技术产品应用认定监督管理，改进和规范认定工作，年内办理山东省建筑节能技术产品应用认定证书200份。

【建筑产业化】 印发《泰安市人民政府办公室关于进一步推进建筑产业化发展的意见》，提出发展装配式建筑的具体目标和政策措施。2019年12月，市住建、发改、自然资源和规划、生态环境、行政审批等五部门联合印发《关于大力推广装配式建筑的通知》，从用地、审批、税费、技术等方面全方位落实扶持政策。年内，全市新开工装配式建筑技术建造的项目有水泉回迁社区六期、七期，山东科技大学东校学生公寓楼、西校学生公寓楼等项目、建筑面积53.64万平方米，超额完成省住建厅下达的50万平方米的年度任务。全市有4家省级装配式建筑产业基地（泰安市联强远大住宅工业有限公司、山东鲁泰建材科技集团有限公司、山东世亚装配建筑工程有限公司、泰安市建筑设计院有限责任公司），基本满足市场需要。建立工程监理驻场监理制度，从原产料进场，加工，直至构件成品出厂，运送至施工现场安装使用，实现全方位、全流程严格控制，保证构件的质量安全。贯彻落实建筑产业化相关标准规程，培养建筑产业化专业技术人员，做好人才储备，全年培训专业技术人员、施工人员、产业工人100名。

【建设工地扬尘治理】 制定印发《泰城建筑施工现场扬尘污染专项整治活动方案》《关于进一步加强建筑施工扬尘防治和质量安全检查督导工作的通知》《泰城城区建筑工地施工现场扬尘污染和质量安全专项整治活动方案》等文件，成立建筑施工扬尘防治工作领导小组，抽调100多名执法检查人员对建筑工地扬尘防治开展全覆盖、无缝隙监督检查。截至8月23日，下达扬尘治理限期整改通知书259份，停工通知书93份，提出扬尘隐患整改意见1452条。对13个工程项目进行处罚，罚款42万元。组织全市82家商品混凝土企业开展扬尘污染防治专项整治，强化属地管理责任和惩戒措施。修订发布《泰安市建筑工程施工现场扬尘防治工作导则》，细化“8个100%”（施工现场必须100%围挡，施工场地100%洒水清扫保洁，驶出车辆100%冲洗，施工道路100%硬化，裸露场地、土堆及物料堆放100%覆盖，渣土车辆100%密闭运输，远程视频监控100%安装，扬尘在线监测设备100%安装）扬尘防治标准，严格落实工程项目建设、施工、监理等单位的扬尘防治主体责任。制定印发《关于加强建筑工地非道路移动机械污染防治管理的通知》，配合做好非道路移动机械的污染治理等工作。2019年，根据机构职能调整，泰安城区建筑工地扬尘治理监管职责自8月23日起划转市城市管理局。

【建筑领域农民工工资支付工作】 ①加强日常监管。将建筑领域农民工工资支付纳入施工现场日常管理，明确建设单位、总包单位、劳务企业工资支付责任，检查实名制管理、劳动合同签订、工资发放、专用账户、管理台账等制度落实情况，以及“工资发放公示牌”、维权告知牌设置情况。②实行专项检查。在重大活动、节假日等重要节点进行专项检查，发现有欠薪隐患的，约谈建设单位、总包单位、劳务企业，明确发放办法、发放时间。③推进农民工工资支付监管平台应用。突出抓好项目信息和农民工身份信息录入，实现在建项目考勤机与农民工工资支付监管平台联网全覆盖及专用账户与监管平台绑定、劳动合同上传等工作。④及时处置投诉。受理和妥善处置农民工工资投诉案件，在媒体公开建筑农民工工资拖欠投诉举报电话，在重大活动、节假日等重要节点，增派人员，加强值守，接到投诉后迅速调查核实，及时了解、掌握欠薪原因，落实清偿责任，限期解决拖欠，做到投诉一起、处理一起。2019年，市住建领域受理投诉案件60起，涉及农民工1199名，追回拖欠工资3276.74万元，分别下降41.5%、51.94%、49.28%。

【行业教育培训】 全年完成近2万人的行业教育和考核。开展13期特种作业人员培训110个批次计1.01万人；分两期组织全省建筑施工企业安全生产管理人员考试，7533人参加。自2019年下半年起，安全三类继续教育改为网络教育，2385人参加，组织线下考试19场次近2000人考试。推进住建行业从业人员队伍建设，先后举办全市绿色建筑与建筑节能发展班，全市住建系统危大工程安全生产、农民工工资支付管理班，全市建设工程消防设计审查验收班，全市建筑施工安全生产法规班等培训。组织2019年度二级建造师考试，报名7100人。受理、审查全市建设类企业注册二级建造师等执业资格的初始注册、延续注册、变更注册等计3000人。开展两期建筑施工安全体验式教育，学员近500人。结合装配式建筑施工一线存在的重点难点问题，开展装配式建筑施工技术体验一期，学员200人。组织全市塔吊吊装技能集训和竞赛，在全市企业中选拔塔机司机20人，进行为期1周的理论知识和实操技能集训，最终确定5人参加全省吊装比赛，并获优秀组织奖。

（李　燕）

房地产业和住房保障

【概况】 2019年，全市房地产开发完成投资206亿元，商品房销售面积560.54万平方米，下降7%；均价7678元/平方米，增长16%。年内，整顿规范房地产秩序，参与房地产遗留问题处理，推进棚户区和老旧小区改造，发展住房租赁市场，开展既有住宅增设电梯工作，满足城乡居民多元化住房需求。

【住房保障】 科学制定棚改规划，建立棚改项目库，争取上级棚改专项补助资金 3.3 亿元、发行棚改专项债券 38.71 亿元。全市棚改 37 个项目 1.34 万套全部开工，开工率 100%；基本建成 1.20 万套，基本建成任务完成率 137%。印发《关于调整和规范市区住房保障相关政策的通知》，发放城镇住房保障家庭租赁补贴 3165 户，完成率 243%。开展公租房资格核查 5320 户，市区取消租赁补贴保障资格 793 户，调整租赁补贴金额 15 户，取消公租房保障资格并腾退 115 户，确保保障资源公平善用。

【老旧小区改造和既有住宅增设电梯】 开展老旧小区摸底调查，制定改造计划，组织开展现场检查、绩效评价和星级评定。全市开工改造项目 10 个、2560 户、25.2 万平方米，开工率 100%，改造资金约 2208 万元。调整既有住宅增设电梯试点工作领导小组，印发《泰安市城区既有住宅增设电梯有关手续办理导则》。泰安城区有 31 部电梯取得使用登记证，3 部在建设中，23 部在办理前期手续。

【房屋交易与预销售管理】 推进房屋网签系统全国联网，完成全市联网及数据采集工作，办理商品房合同备案 3.08 万套。市区发放商品房预售许可证明 211 个，核准商品房现售许可 126 个。管理商品房预售资金监管项目 73 个，办理监管资金交存业务 2.51 万起，存入资金 205.4 亿元，核准使用商品房预售资金业务 4903 起，核拨资金 187.5 亿元。

【房地产中介和房屋租赁管理】 规范房地产市场监管，开展房地产中介市场专项整治，检查中介机构 326 家，查处典型违规案例 9 起。开展住房租赁中介专项整治，印发《泰安市开展专项整治住房租赁中介机构乱象工作实施方案》，督导检查中介机构 13 家。培育和发展住房租赁市场，建设房屋租赁服务信息平台，全年办理房屋租赁备案 729 件。

10月10日，泰安市首部投入使用的既有住宅增设电梯交付使用

（陈 阳 摄）

【公房和保障房管理】 盘活空置存量住宅公房，委托第三方中介评估机构评估确定公开招租底价。开展拒管拒租公房欠费清缴，直管住宅公房租金收入 632.54 万元。完成惠普家园保障房供暖设施改造 3757 户，办理不动产证 1400 户。完成市区第十批 644 户保障房选房、签约。定期排查检修保障房安全状况，实施大中修维修项目 142 个。

【房屋安全管理】 开展汛前房屋安全排查，排查房屋 37.5 万平方米。加强房屋安全鉴定机构名录管理，全市房屋安全鉴定备案 46 件，24.21 万平方米，解危 44 栋、4433.5 平方米。完善房屋安全档案信息管理系统，录入信息 44548 条、5837 万平方米。

【物业服务行业管理】 深入街道、社区、住宅小区、物业服务企业开展调研，摸清城区 1130 个小区物业管理情况和 227 个专业化物业管理小区基础信息，更新全市住宅小区信息数据库。完善以信用为核心的物业服务市场监管机制，推进物业服务企业信用档案与评级管理。搭建党建引领物业管理制度框架，打造党建引领“红色物业”品牌。市区住宅专项维修资金交存 7952 户，交存 6827 万元，累计归集 92237 万元；支用 279 笔，支用 445 万元，累计支用 2898 万元。 （陈传奇）

住房公积金

【概况】 2019 年，泰安市住房公积金管理机构有市级管理中心 1 个，县（市、区）管理部6个，矿业集团分中心2个，在职人员63人。年内，泰安市住房公积金管理中心更名为泰安市住房公积金中心。市住房公积金中心围绕“安全、增值、服务”三大工作重点，树立“法律、大局、风险、服务、创新、廉政”6种意识，完成各项目标任务，实现全市住房公积金工作快速健康发展。

住房公积金归集 2019年，全市住房公积金缴存额实现43.3亿元，完成全年计划的113%。全市累计归集住房公积金324.3亿元，归集余额130亿元。年内，新增缴存单位854个，增长72.5%，缴存单位达5756个；新增缴存职工5.41万人，增长21.5%，缴存职工达47.91万人。

住房公积金提取 全年为20.57万名职工提取住房公积金31.15亿元，住房消费提取占78.76%（购买、建造、翻建、大修自住住房占35.58%，偿还购房贷款本息占31.88%，租赁住房占8.31%，其他占2.99%）；非住房消费提取占21.24%（离休和退休提取占17.01%，完全丧失劳动能力并与单位终止劳动关系提取占2.92%，户口迁出本市或出境定居占0.02%，其他占1.29%）。年末，累计提取总额194.27亿元，比上年年末增长19.10%。

住房公积金贷款 全年发放个人住房贷款28.72亿元，增长8.99%。年末，累计发放个人住房贷款8.70万笔194.68亿元，贷款余额113.62亿元；全市住房公积金贷款逾期率为0.08‰，低于国家规定的1.5‰的标准。

住房公积金增值收益 2019年，全市实现住房公积金增值收益20664万元，增长22%，增值收益率1.67%。全市累计实现增值收益18.4亿元，累计提供廉租住房建设资金13.1亿元，资金使用率95%。

【征收管理】 强化征收措施，将2019年确定为“归集扩面年”，印发《关于进一步加强住房公积金归集扩面的实施意见》。完善一系列激励委托银行协助归集的政策，把征收完成情况与各委托银行存款挂钩，调动各银行的积极性。提请住房公积金管理委员会审议通过《泰安市住房公积金行政处罚办法》《关于报送失信主体名单、实施联合惩戒暂行办法》，促进公积金征收。

【信贷管理】 调整规范信贷政策，修订完善按揭贷款管理办法，终止与担保公司的担保业务，取消房地产开发企业公积金按揭贷款担保保证金，印发《违规提取公积金处置办法》，坚决打击骗提骗贷。累计发放项目贷款2.92亿元，累计试点项目7个，建筑面积20.6万平方米，可解决2580户中低收入职工家庭的住房问题。

【财务管理和内部审计】 加强资金效益核算和定期存款管理，落实协定存款利率上浮措施，提高资金收益，使公积金增值收益达到最大化。做好公积金业务的会计核算工作，确保账账相符、账实相符、账表相符。开展经常性内部业务抽查和每季度现场检查，加强内部审计监督，全年抽查业务档案2.14万份。

【服务管理】 探索个性化延伸服务，相继开展志愿服务岗、绿色通道服务、高层次人才、预约服务、延时服务、双休日便民服务6项个性化服务。优化业务流程，落实减证便民各项措施，将群众反映的热点、难点问题整理成日常“你问我答”解疑手册，编写通用服务指南并及时更新“12345”知识库。在市政府政务服务热线考核、考评中，综合考核成绩均名列前茅，群众满意率、回复群众率和按期答复率连续居所在类别前三位。

【信息化建设】 完成全国数据平台接入和异地转移接续直联上线，为个人所得税征收提供公积金数据支持，累计传送存量数据3000万条。开通“12329”短信、网上大厅、手机公积金APP、爱山东APP、微信公众号、支付宝城市服务、“泰好办”自助终端及中心自助终端等查询渠道8种。

【信息宣传和政务公开】 编发《住房公积金信息》14期。在各级各类媒体发表信息稿件150篇，其中《住房公积金研究》采用2篇、《住房保障与住房公积金报》采用23篇、《齐鲁晚报》采用12篇、《泰安日报》采用25篇、《泰山晚报》采用22篇。做好信息公开工作，及时将中心信息发送市政府信息公开系统、中心门户网站以及各类媒体进行公开发布。落实住建部要求，按时向社会披露《2019年住房公积金年度报告》。 （张柏青）

编辑　校对　戚淑娟

自然资源·生态环境

自然资源综述

【概况】 泰安市土地总面积7762平方千米，其中农用地58.12万公顷（耕地36.44万公顷、园地3.92万公顷、林地10.81万公顷，其他农用地6.95万公顷），建设用地13.35万公顷，未利用地6.14万公顷。矿产资源种类较多，储量丰富，已发现矿产63种（含亚矿种），查明资源储量的有31种。其中，煤炭、地热能源矿产2种；铁矿、金矿等金属矿产6种；石膏、岩盐等非金属矿产21种；地下水、矿泉水等水气矿产2种。查明资源储量的矿产地101处，其中大型矿床36处、中型矿床25处、小型矿床40处。优势矿种有石膏、岩盐、煤、铁矿等。至年底，全市煤炭保有资源储量20亿吨、铁矿保有5.4亿吨、岩盐矿保有71.6亿吨、石膏矿保有380亿吨、自然硫保有3.2亿吨。全市有各类矿山118个，从业人员3.39万人，年产矿石量4027.62万吨，工业总产值100.25亿元。

2019年，市自然资源和规划局有干部职工482人。局内设13个科室和机关党委，辖开发区分局、泰山景区分局两个派出机构；所属事业单位20个。年内，该局按照“以绿色发展理念指导工作、以系统思维谋划工作、以改革创新推动工作、以法治方式规范工作”的思路，推动全市自然资源和规划管理工作取得新成效。继续保持“全国文明单位”称号，被市委表扬为“新时代泰山‘挑山工’先进集体”，并被授予“新时代泰山‘挑山工’十面红旗”。

8月27日，市委书记崔洪刚（前排左三）调研财源街中央商务区建设项目
（王 健 供）

【泰山区域山水林田湖草生态保护修复国土类项目组织实施】 推进17个地质环境类、9个土地整治类、2个监管能力建设类，192个子项目实施。全市开工项目27个、子项目188个，完工项目5个、子项目109个，完成采煤塌陷地治理6858公顷、矿山生态修复664公顷，验收农田整治和工矿废弃地复垦1.9万公顷。

【自然资源规划执法】 做好大棚房问题整治，排查各类设施农业大棚4.7万个、面积4533.33公顷（6.8万亩），排查清理违法“大棚房”项目18个，占用耕地面积10.33公顷(155亩),已全部整改恢复原用途。开展违建别墅清查整治专项行动，全市列入清查整治范围的违建别墅项目15个、39幢，全部整治完成。治理违法建设，加强重点区域规划管控，对泰山、徂徕山、大汶河等重点区域违法建设进行专项治理；

全市摸排违法建设 6641 处 297.6 万平方米，已全部治理，治理完成率 100%。受理来信来访 126 件，处置和化解信访积案 17 件，有效保障群众的合法权益。

【岱庙广场工程建设】 2019 年 7 月开工建设，2019 年 9 月 6 日完工并投入使用。广场总占地面积约 10 万平方米，范围东起傅公街，西至青年路，南起岱庙北墙，北至岱宗大街。规划设计以延岱庙文化之魂、续泰山生态之境为总体定位，重点打造“一轴三区”（“一轴”为封禅文化轴，“三区”为广场形象展示区、绿化景观区、公共服务区）的景观结构。广场内完成绿化约 5 万平方米，绿化覆盖率约 50%，种植各类乔木 870 株。完成石材铺装约 1.2 万平方米，建有面积 1900 平方米的配套管理用房和占地面积约 2.5 万平方米的停车场。

【财源街中央商务区建设工程】 该工程建设包括回迁工程、市政配套设施及商业开发项目。回迁项目总建筑面积约 49.6 万平方米，以 14 幢回迁住宅为主，底层为沿街回迁商业办公，配套建设小学、幼儿园及多处公共设施；规划建设市政道路 12 条，总长约 3600 米；商业开发项目总建筑面积约 52 万平方米，包括“财源门”、2 幢超高层办公楼和酒店、中南城购物中心、十二帝街及 3 幢住宅楼。年内，完成建设回迁地块内的 10 幢住宅楼、小学、幼儿园及部分商业办公，建设完成开发地块内的十二帝街及 3 幢住宅楼；片区内的市政道路在建设中。

【测绘管理】 全市基础地理信息数据资源丰富，1 ∶ 10000 地形图、影像图、数字高程模型覆盖全市域。山东省北斗卫星导航定位基准站网在泰安市域内含泰安基准站、泰山基准站、新泰基准站、肥城基准站、宁阳基准站、东平基准站。有测绘资质单位 54 家，其中甲级 1 家、乙级 8 家、丙级 20 家、丁级 25 家，专业范围涵盖测绘航空摄影、地理信息系统工程、工程测量、不动产测绘等方面。有测绘地理信息从业人员约 1200 人。年内，强化基础地理信息资源建设，启动城区及规划区 350 平方千米框架要素和地名地址更新项目。为武警支队、应急

岱庙文化广场 （陈阳 摄）

管理、生态环境等18个部门（单位）提供基础测绘成果服务。加强对测绘资质单位的事中事后监管，抽查测绘资质单位10家。加强测量标志保护，申请专项资金用于测量标志管护。

【“放管服”改革】 创新审批机制，成立流程再造办公室，研究制定合并审批办理事项。对工业项目、“双招双引”项目以及市级以上的重点项目，实行“带方案出让用地”审批模式，将规划设计方案作为土地出让的前提条件纳入土地出让方案，作为签订出让合同必备协议，实现“拿地即开工”。推进市区房地产开发历史遗留问题专项整治，牵头做好政策研究与不动产登记、违法建筑处置等工作。泰安市区集中整治历史遗留问题项目1172幢559万平方米，惠及5.3万户家庭。规范和加强房产交易服务工作，整理、新建、变更楼盘400件。严格落实房产测量规范，完成测绘出图4000套。

（王　健）

土地资源管理

【保障经济社会发展用地】 发挥规划引领和计划指标的导向作用，采取“1+N”的用地保障模式（“1”即科学合理用好新增建设用地指标，“N”即通过实施增减挂钩、工矿废弃地复垦利用、盘活存量和闲置低效用地、积极对上争取等多种方式），保障项目用地，全市报批建设用地1167公顷（1.75万亩）。规范城乡建设用地供应管理，实行建设用地审查前置，划拨土地和公开出让土地实行净地供应，市本级供应556.6公顷（8349亩）。推进土地储备经营工作，泰安城区储备土地25宗，面积393.73公顷（5906亩）；出让经营性土地38宗，面积240.13公顷（3602亩），出让金126亿元。推进批而未供和闲置土地处置工作，全年处置批而未供、城镇空闲土地470.67公顷（7060亩），处置闲置土地38.87公顷（583亩）。

9月3日，省自然资源厅副厅长王少理（左五）到泰安肥城调研耕地保护工作
（王　健　供）

【严守耕地红线】 全市耕地保有量36.44万公顷，永久基本农田保护面积30.56万公顷，超额完成省政府下达的目标任务。执行市、县、乡、村四级和永久基本农田保护“4+1”田长制，夯实各级政府主体责任。开展卫片执法监察，违法占用耕地比例为5.2%。加大四级立体网格化动态巡查力度，推动执法监管由“事后查处”向“事前防范”转变。开展扫黑除恶专项斗争，聚焦重点领域，将山石及地砂开采作为巡查重点，深挖细查涉黑涉恶线索。

【土地整治】 实施土地综合整治，立项实施土地整治项目94个，总规模1.89万公顷（28.4万亩）。验收90个，总规模9333.33公顷（14万亩），新增耕地2200公顷（3.3万亩）。批复增减挂钩实施方案20个，验收项目28个，复耕面积128.4公顷（1926亩），安置区占农用地面积4.56公顷（68.4亩），节余指标121.76公顷（1826.4亩）。

【第三次国土调查】 稳步推进全市第三次国土调查工作。全市总面积7762平方千米，现状图斑总数56.82万个，内业提取不一致调查图斑13.8万个，外业核实不一致调查图斑13.8万个，完成“互联网+”在线举证图斑15.08万个。全市内业勾绘、外业调查，在线举证、数据库建设全面完成，6个县（市、区）初步成果通过省级核查，并报国家审核全部合格，取得阶段性成效。

（王　健）

矿产资源管理

【概况】 ①强化规划管控。编制《泰安市矿产资源总体规划（2016—

2020年）》，提高矿业权的准入门槛，矿业权的设立严格按照规划管控进行审批，从源头上保护和集约节约利用矿产资源。②推进绿色勘查开发。矿产资源勘查方面，在勘查项目的招标和项目实施方案审查、验收等环节严格落实绿色勘查相关要求；矿产资源开发方面，严格按照国家相关规定推行绿色矿山建设。③严格落实矿业权信息公示和矿产督察员制度。通过对矿业权人的勘查、开采工作随机抽查、专项督查和不定期巡查等，督促矿业权人依法勘查、开采矿产资源。④推进矿产资源有偿使用。严格按照国家和省相关要求，做好矿业权审批环节与矿业权出让收益征收的衔接；健全矿业权交易和竞争出让制度，严格矿业权协议出让。⑤开展山石矿山综合整治。联合公安、交通、环保、安监等部门开展集中整顿、联合执法等行动，严厉打击无证开采、非法盗采等违法行为，加强对山石矿山和各类涉石的治理类项目的监督检查，不定期开展督导、通报，推进山石矿山“两断三清”（断路、断电，清原料、产品、设备）工作。加快山石矿山的退出和整合进度，推进山石矿山市级验收，完成对东平县泰兴石料开发有限公司梯门镇马庄西北部石灰岩矿区建筑石料用灰岩矿等10家矿山的验收工作，验收成果符合绿色矿山建设相关要求。

【矿产开发利用】 全市已开发利用的矿种有14种，年末有采矿权118个。其中，部发证矿山10个，省发证矿山49个，市发证矿山11个，县级发证矿山48个；煤矿20个，铁矿14个，石膏矿6个，岩盐矿山10个，水泥用灰岩矿山7个，矿泉水矿山4个，建筑石材及其他矿山57个；大型企业35个，中型企业19个，小型企业64个。2019年度全市采出矿石量4027.62万吨，工业总产值100.25亿元，矿产品销售收入94.16亿元，利润总额7.62亿元。

【泰山石保护】 2019年3月31日，市委、市政府印发《加强泰山石保护暨关闭取缔大型石头存放和交易场所实施方案》；4月1日，市政府发布《关于依法关闭取缔大型石头存放和交易场所的通告》，明确严禁在禁采范围内开采泰山石、山石，决定在泰安市行政区域内依法关闭取缔登记在册的所有大型石头存放和交易场所，对现有存量大型石头统一封存。全市对未按期关闭取缔的大型石头存放和交易场所进行依法处置，并对奇石进行封存，在严禁外来各类违法开采的石头进入泰安市行政区域内存放和交易的同时，关闭取缔存放和交易场所，严禁所有大型石头运输出境。年内，全市6家室外大型石头交易和存放场所全部关闭，共涉及经营业户236户，对11626块大型石头全部完成收回协议签订和建档工作，一律就地封存，陆续集中回收，实现一律禁采、一律封存、一律关闭市场、一律禁止大型石头交易的工作目标。全年关闭小型奇石经营实体店铺920户，清理整治玉石经营户455家，核查、整治网店460家。

【地质灾害防治】 开展地质灾害隐患排查巡查，排查隐患点46处，采取避让措施的隐患点38处，转移受地质灾害威胁的群众945人。开展突发性地质灾害气象风险预警预报，发布预警信息4次，发送预警短信1900条，提高全市地质灾害防治工作的针对性。 （王　健）

·泰山玉保护发展·

【概况】 泰山玉产业发展管理中心（以下简称中心）坚持“以玉为本、以文为魂”发展定位，做好泰山玉资源保护与开发、品牌打造、宣传推介、产业队伍建设、市场建设等重点工作，泰山玉产业稳步健康发展。截至2019年年底，泰山玉作品累计获行业奖项766个，泰山玉经营企业（户）及加工户1200家，各类门店、摊位2400个，龙头企业35家，从事泰山玉加工经营人员1.6万人，玉石全年交易额6亿元。中心继续保持“省级文明单位”称号。

【资源保护与开发】 ①加强资源管控。严格实行生产、定价、销售、安保“四分离”的管理模式，加强对矿山重点区域、重要部位的电子监控管理。推行内、外结合的安保制度，做到相互监督、相互配合、共同管理。加大对矿区双层围网和进出车辆的排查、检查力度，实行动态巡查，为矿山稳定发展创造良好的治安环境，保护珍贵的玉石资源。②科学开发资源。严格落实安全生产目标责任制，完善矿山安全生产体系建设，加大矿山生态环境综合治理力度，推动矿山升级改造和绿色发展。坚持有效控制生产成本，研究采矿设计、工艺和技术，合理安排掘进和采矿工作面，提高玉石开采利用水平和玉石分拣、分类技术水平，规范玉石出入库流程，完善公盘交易办法，确保国有资产不流失。③推进矿权整合。协调省自然资源厅、济南市、长清区，加快推进泰安矿区、济南矿区两矿权整合工作。9月23日，整合工作经省自然资源厅同意上报审批。

【品牌创建】 年内，泰安市政府与中国珠宝玉石首饰行业协会签订《泰山玉宣传推广战略合作框架协议书》。组织业户参加中国国际珠宝展、上海国际珠宝首饰展等大型行业会展和第七届“玉华奖”、第十八届“天工奖”等业内评选活动，泰山玉作品获“天工奖”“玉华奖”等各类奖项300个，其中“玉华奖”奖项5个、“天工奖”6个。围绕珠宝玉石消费市场需求和特点，丰富完善“稳如泰山”“福佑平安”“泰山敢当”三大主题系列产品，研发的泰山圣母题材系列、泰山“挑山工”系列、泰山墨玉系列、泰山玉桃木题材系列等旅游文化系列作品深受消费者喜爱，打响“泰山玉缘”品牌。

【第三届“泰山玉杯”玉雕大赛暨泰山玉文化论坛】 9月6—9日在泰山国际会展中心举办。该活动是由中国珠宝玉石首饰行业协会与泰安市泰山玉开发管理领导小组共同举办的全国性赛事，包括第三届“泰山玉杯”玉雕大赛、泰山玉精品展、泰山玉产业发展研讨会、珠宝玉石首饰特色产业基地合作交流会、“我最喜爱的泰山玉玉雕作品”网络评选活动等内容。其中，玉雕大赛有289件作品入围，评选出金奖6件、银奖13件、铜奖29件、最佳创意奖7件、最佳工艺奖9件，优秀作品奖225件。

【宣传推介】 组织业户参加第二届中国国际进口博览会、“中华老字号故宫过大年”展、2019第十一届中国（山东）工艺美术博览会暨“一带一路”非物质文化遗产展、第十二届中国艺术节演艺及文创产品博览会、山东省第八届文博会等大型展会，设置泰山玉展示专区，泰山玉作为国家非物质文化遗产暨中华老字号引起关注。参与2019第六届泰山国际马拉松赛并开展宣传。通过在部分公交车车身、火车站出站口和高速路口投放泰山玉户外广告，在泰安电视台等媒体投放泰山玉形象广告等方式，营造宣传氛围。加强与人民网、新华网、今日头条等主流媒体合作，发布产业动态，提升泰山玉关注度。

9月6日，市委书记崔洪刚（前排左一）参观第三届“泰山玉杯”玉雕大赛作品展暨泰山玉精品展 （张昭澎 摄）

【人才引进培养】 利用展会、节会、招商推介会、南阳办事处、苏州办事处等宣传推介泰山玉。在河南省镇平县举行泰山玉产业招才引智推介会暨战略合作签约仪式，成立泰山玉河南镇平创作基地，合作共建基地泰山玉创作人才信息库，现场签约中国工艺美术大师、享受国务院特殊津贴专家吴元全，中国珠宝玉石首饰行业协会理事、第一届中国玉石雕刻大师魏玉忠等4名国家泰斗级玉雕大师、7名省级玉雕大师及4名市级玉雕大师为泰山玉创作特聘大师。至年底，吸引全国各地玉雕人才2600人从事泰山玉雕工作，其中省级以上玉雕大师200人。加强本地人才培养，与山东工艺美术学院、泰山职业技术学院、岱岳区职业教育中心等院校合作，联手培养专业人才，设立山东工艺美术学院教学实训实践基地、泰山职业技术学院实习基地。联合举办国家贵金属与宝玉石检测员淮海一期泰山班、第十二届职业技能大赛暨“岱岳工匠”选拔赛——欣赏石工艺制作技能竞赛，组织参加2019年全国职业院校技能大赛高职组“珠宝玉石鉴定”赛，培养各类专业人才397名，相关专业在校学生204名。推广人机结合玉石雕刻发展新模式，弥补玉雕人才的短缺。

【市场培育】 坚持市场调研，每周至少开展泰山玉市场调研1次，掌握市场动向，摸清基础数据，完善泰山玉经营业户、泰山玉企业、泰山玉人才信息数据库。每季度发布《泰山玉产业舆情表》，监测泰山玉产业发展动态。到辽宁阜新玛瑙、潍坊昌乐蓝宝石、贵州罗甸玉等特色珠宝玉石基地对标学习。推进产业基地建设，组织业户到新天街、石蜡河两侧沿街房、桃花源游客中心、泰安老街等场所考察市场选址，洽谈市场合作。对接泰山景区、泰安旅游经济开发区，推进中华（泰山）珍宝馆前期选址工作。与业内最大网络直播交易平台“对庄翡翠”加强合作，搭建泰山玉互联网市场，开拓更大的泰山玉消费市场。（李　勇）

林业资源管理

【概况】 2019年，全市林业系统以满足人民对优美生态环境需要为己任，以加快实施“绿满泰安”行动为抓手，推进造林绿化、发展绿色产业、强化资源保护、深化改革创新，全市林业改革发展保护各项工作取得显著成效。全年完成成片造林6533.33公顷（9.8万亩），全市经济林总面积11.33万公顷（170万亩）。泰安市全面建立林长制，“国家森林城市”通过国家级复审迎检。市林业局被国家林业和草原局表彰为2016—2018年度全国森林防火工作先进单位，获第十六届中国林产品交易会“优秀设计奖”和“优秀组织奖”。宁阳县被全国绿化委员会表彰为“全国绿化模范县”；肥城牛山国家森林公园被中国绿色时报社《森林与人类》杂志评为“中国森林氧吧”（全市第4处）。

【林业生态建设】 贯彻落实市政府《关于深入推进“绿满泰安”国土绿化行动的实施意见》和全市春、雨两季造林绿化现场推进会议精神，坚持山水林田湖草系统治理和生态修复，实施“绿满泰安”行动，集中抓好森林生态修复保护、退耕还果还林、绿色生态廊道建设、农田防护林建设、城乡绿化美化、森林质量精准提升“六大林业生态工程”，搞好国省干线绿色廊道建设、荒山造林绿化、乡村振兴示范片区村庄和路域绿化以及森林县市、森林乡镇、森林村居“三级联创”活动。全市完成造林作业面积6533.33公顷（9.8万亩），占年计划的140%；完成廊道绿化371千米，占年计划的124%，其中国省干线廊道绿化45.8千米；新建完善高标准农田林网4333.33公顷（6.5万亩），占年计划的108%。完成森林抚育7333.33公顷（11万亩），义务植树816万株。重点打造40个乡村振兴绿化样板村，栽植各类绿化树木56万株。山水林田湖草生态保护修复重大工程涉林任务顺利实现“插旗”。洸河生态廊道建设工程入选“省级森林生态廊道样板工程”。全市有9个乡镇、57个村居创建为市级以上“森林镇村”，其中3个乡镇、25个村居创建为“省级森林镇村”。

【森林防火工作】 从严落实各级各层面森林防火责任制，做好春节、元宵节、清明节等重要节假日和关键时段的防火工作。迅速处置泰山“4·04”“5·10”和徂徕山“7·02”火情，保持全市森林防火形势的总体平稳。推进以“六网”（水源网、道路网、阻隔网、电力网、监控网、管护网）为重点的防火基础设施建设和“引水上山防灭火工程”建设，提升森林防火综合防控能力。2月24日，参与组织的全省森林火灾空地一体化大型综合实战演练在泰安举办。3月29日，在全省春季农业生产电视会议上，副市长张红旗代表市政府就全市森林防火工作作典型发言。4月21—22日，国家林业和草原局副局长刘东生到泰安检查指导工作，对全市森林防火工作给予充分肯定。

【林业有害生物防控】 完成美国白蛾、春尺蠖等重点食叶害虫飞防作业面积26.67万公顷（400万亩），完成日本松干蚧防治2160公顷（3.24万亩），实现有虫不成灾目标。推进松材线虫病点上除治和面上整体防控，泰山松材线虫病疫情除治投入资金2249.2万元，疫情发生区得到科学有效处置，全市范围未发现新的疫情。

【松材线虫病防控取得阶段性成果】 2018年10月，泰山景区西南边缘与城区接壤处发现松材线虫病疫情。泰安市采取果断措施，强力推进点上疫情除治和面上整体防控，发生区疫情得到有效控制，未发现新的疫情，取得“3年拔除疫点”目标的阶段性成果。2019年5月6日，全省松材线虫病防治工作现场会在泰安市召开。10月14—16日，全国重点区域松材线虫病防治现场会在泰安市召开，31个省、自治区、直辖市和内蒙古、大兴安岭森工集团、新疆生产建设兵团负责人，以及山东省内13个市、22个疫情县负责人参加会议；国家林业和草原局副局长刘东生在讲话中作为一个专题要求全国学习推广“泰安经验”，市委书记崔洪刚陪同参观现场，市长张涛在会上作《科学除治 严密防范 全力打好松材线虫病防控攻坚战》典型发言。国家林业和草原局、省自然资源厅均发文推广泰安经验做法，泰安为全国治理松材线虫病提供样板。

10月15日，全国重点区域松材线虫病防治现场会在泰安召开。图为与会人员参观森林资源保护现场 （司 刚 摄）

【湿地保护修复和自然保护区监管】按照省自然保护区问题专项整治工作要求，集中开展整治工作。全市3处省级自然保护区的623项各类问题中，20个Ⅰ类、84个Ⅱ类问题全部整改完成、519个Ⅲ类问题基本完成整改。推进中央和省环保督察“回头看”涉及市级自然保护区反馈问题整改，全部完成序时进度。肥城市重点实施北部“竹绿矿区”行动，对煤矿塌陷湿地实施生态修复，大面积栽植竹林866.67公顷（1.3万亩）。肥城康王河国家湿地公园和东平滨湖国家湿地公园完成清淤清障13.33公顷（200亩）、生态补水4万立方米、生态修复560平方米、铺设界碑界桩320个。肥城康王河国家湿地公园建设试点通过省级评估验收。加强古树名木保护，在泰山景区选取首批20株古树名木，开展面向社会供个人或团体捐资认养活动，取得良好社会效果；全市有6株古树入选全国古树名木抢救复壮第一批试点，入选株数居全省首位。

【全面建立林长制】10月30日，市委、市政府正式印发实施《泰安市全面建立林长制工作方案》。泰山区域林长制体系率先建立，由省长龚正兼任省级林长、泰安市委书记崔洪刚兼任市级林长。泰山区域涉及泰山景区、泰山区、岱岳区的11个管理区及4个镇街，含有林村108个（52个村、56个工队所）。泰山区域总面积2.85万公顷（42.7万亩），其中泰安市域有1.96万公顷（29.4万亩），有林地面积1.81万公顷（27.1万亩），森林覆盖率92.32%。至年底，全市市、县、乡、村四级林长制体系全部建立，其中市级林长6名、县级林长69名、乡级林长371名、村级林长3987名。

【林业执法管理】坚持依法治林，严格林木采伐限额管理，强化林地监管保护和重点工程占用林地许可服务，严守和执行森林、林地、湿地和生物多样性“生态保护红线”。全市办理占用林地项目45件，占用林地面积485.89公顷（7288.3亩）；根据新“三定”方案，承接和梳理省自然资源厅确定的143项政务行政事项，清理规范性文件4件，废止1件，修改3件。承办“12345”便民服务热线18起，均在第一时间答复，满意率100%。7—10月，在全市开展森林督查暨“一张图”更新工作，对全市5637个疑似问题图版全部进行实地核查，并顺利通过国家和省验收。严厉打击破坏森林和野生动植物资源违法犯罪活动，全市查处涉林案件184件，其中盗伐林木4起、滥伐林木104起、违法破坏林地40起、违反森林防火法规案件15起；恢复林地4.67公顷（70亩）、补种树木1.6万株，有力保护林区森林资源安全。

【林业改革】新泰市新一轮全国集体林业综合改革试验示范区建设取得阶段性成效，省级公益林保险共保体统保试点加快实施。全市林权抵押贷款面积4026.67公顷（6.04万亩），累计发放贷款6.71亿元；政策性森林保险投保面积9.07万公顷（136万亩），其中参加公益林共保体保险5.49万公顷（82.37万亩），完成总面积的61.2%。创新森林保险模式，泰安市在全省率先建成首个公益林保险共保体。全市林业专业合作社总数2323家，其中国家级示范社5家、省级44家、市级95家；入社农户9.74万户；总经营林地面积3.75万公顷（56.26万亩）。加强国有林场基础设施建设，维修道路12.6千米，硬化道路2.3千米，修建蓄水池19处，铺设引水管道4.5千米，架设电力线路1.6千米。徂徕山、莲花山、牛山、腊山4处国家森林公园《总体规划》获国家林业和草原局批复，泰山、蟠龙山2处国家森林公园《总体规划》待批复。

顺利完成泰山国家风景名胜区和东平湖省级风景名胜区省级登记工作。

【林业科技创新】 实施新型职业林农培训工程，组织开展林果科技大培训活动。全市举办各类林果技术培训班105场次，培训林果农8060人次。发挥北京林业大学泰安协同创新基地平台载体作用，深化与北京林业大学、山东农业大学、山东省果树研究所等高校院所的科技合作。引进推广林果新品种、新技术，提升科技成果转化率，引进优良品种30项，推广林果新成果新技术30项，创建科技示范园8处。11月，欧李产业创新联盟获批全市第2个“林业和草原国家创新联盟”。市林业科技志愿者服务队被评为2019年泰安市基层科普行动计划项目单位。

【对上争取和产业招商】 加大对上争取和产业招商力度，全市策划对上争取项目20个，落实到位专项资金14759万元；产业招商项目15个，到位资金12.2亿元。争取的中央财政国有林区道路硬化资金项目，列入国家计划37.76千米，资金1106万元。引进的正大集团正大果业公司，在肥城投资建设肥桃产业园和田园综合体项目，总投资2亿元，已投资5500多万元，建设100公顷（1500亩）的高标准、高品质肥城桃示范园。 （石亚男）

生态环境保护综述

【概况】 2019年年末，全市生态环境机构实行垂直管理，原各县(市、区）环境保护局上划为市生态环境局分局，成立开发区分局、泰山景区分局、旅游经济开发区分局，市生态环境局领导班子上划省厅党组管理。原市环境保护监测站上收省厅垂直管理，更名为山东省泰安生态环境监测中心。市生态环境局设办公室（督查办）、人事科、财务与审计科、大气环境科、水生态环境科、土壤与固废生态环境科、法制与宣传科（应急科）、生态保护科（项目监督科）、科技与监测科9个科室和机关党委，辖市生态环境保护综合执法支队、市污染物排放总量控制中心、市生态环境指挥调度中心、市区域空气质量控制中心、市环境保护科学研究所5个事业单位，有在职干部职工66人。年内，空气质量综合指数为5.60，居全省第7位；细颗粒物（$PM_{2.5}$）年均浓度53微克/立方米，排名全省第6位；重污染天数同比减少6天，减少幅度居全省第1位。全市地表水国控、省控考核断面均达到考核要求，优良水体占比83.3%，超额完成目标任务16.6个百分点，水环境质量指数居全省第5位。危废年产生量21.1万吨，实际处置20.7万吨，处置率98.1%，全部以无害化方式处理。其中，医废年产生量0.38万吨，处置率100%。全年未发生重大以上环境污染事件。主要污染物减排完成省下达的目标，COD、氨氮、二氧化硫和氮氧化物累计削减10.01%、11.59%、23.37%和20.60%，获得省政府奖励资金300万元。市生态环境局在全省生态环境应急实兵演练暨生态环境监管技术比武竞赛中，获应急管理团体第一名、辐射应急第二名，继续保持“省级文明单位”称号。

【污染防治攻坚行动】 制定实施“1+1+7+7”（“1”即打好污染防治攻坚战，“1”即推进“四减四增”三年行动计划，“7”即打赢蓝天保卫战、打好柴油车污染防治攻坚战、打好饮用水水源水质保护攻坚战、打好黑臭水体治理攻坚战、打好农业农村污染治理攻坚战、打好危险废物治理攻坚战、打好自然保护区等突出生态问题整治攻坚战，“7”即城区环境空气质量改善、泰安城区污水专项治理、河流断面水质达标专项治理、挥发性有机物专项治理、山石矿山开采专项治理、散煤专项治理、东平湖及周边综合整治专项治理）系列攻坚作战方案，推动生态文明建设和生态环境保护重点工作全面落实。成立由市委、市政府主要领导任主任的市生态环境保护委员会，下设专业委员会12个，加强集中统一领导和组织协调。制定污染防治攻坚量化问责办法，明确攻坚目标和问责情形，强化压力传导，下发通报20期，督办单70份，对5个问题进行挂牌督办，先后对县（市、区）政府及部门进行环保约谈7次，问责54人。

【“四减四增”行动计划】 制定落实“四减四增”（增加新的增长动能，减少落后和过剩产能；增加清洁能源使用，减少煤炭消费；增加铁路运输量，减少公路运输量；增加有机肥使用量，减少化肥农药使用量）三年行动方案，全市高新技术产业产值占规模以上工业产值比重为44.31%，同比提高7.42个百分点，超过全省平均水平4.17个百分点。能源结构单位地区生产总值能耗降低率为7.24%，可再生能源电力消纳责任权重达16.53%，超过目标值1.53个百分点。实施油车路一体化管控，淘汰国三营运柴油货车1773辆。加强农业面源污染治理，商品有机肥使用量19.5万吨，单位耕地面积化肥使用量下降4%，农药使用量下降7%。

【生态环保督察整改】 中央、省级环保督察及“回头看”反馈问题85个，应于2019年年底前完成34个，实际完成48个。开展环境民生领域综合整治行动，解决群众身边的环境问题，参与省、市“电视问政”活动，涉及的9个问题全部完成整改。

（姬长文）

环境治理

【大气环境】 市政府对蓝天工程指挥部进行升格，市长担任指挥长，工业企业、城市扬尘、机动车、散煤、山石开采、油品治理等6个工作专班协同奋战。紧盯大气改善薄弱环节，印发实施6项扬尘行业技术导则，城区施工工地扬尘防控措施标准由“8个100%”（施工现场100%围挡，施工场地100%洒水清扫保洁，驶出车辆100%冲洗，施工道路100%硬化，裸露场地、土堆及物料堆放100%覆盖，渣土车辆100%密闭运输，远程视频监控100%安装，扬尘在线监测设备100%安装）提升至“10个100%”，增加“施工现场物业保洁100%、建筑单体外立面和主体每楼层内外积尘100%冲洗洁净后撤除遮挡防护网”。连续实施扬尘联动执法，开展夜查132次。强化重点行业企业专项整治，印发《泰安市挥发性有机物（VOCs）专项整治工作方案》，全市完成229家企业无组织排放综合整治，检查重点领域和重点行业130处，督促整改问题113个，取缔新发现的“散乱污”企业98家。狠抓秋冬季大气污染防治攻坚，制定应急减排方案和减排清单，将减排任务落实到具体企业，2019年启动重污染天气应急响应14次，其中橙色预警10次、黄色预警4次，切实发挥“削峰降速”的作用。严格大气考核奖惩，每半月对各县（市、区）、功能区和乡镇（街道）环境空气质量综合指数同比改善率进行考核奖惩，排名第一的县（市、区）奖励100万元，排名前两位的乡镇奖励20万元和10万元，排名靠后的单位需向财政缴纳同等额度的补偿。

【水环境】 以南水北调水质达标为抓手，加快推进泰山区域山水林田湖草生态保护修复工程，至年底，完成投资105.8亿元，开工项目65个，分别占总计划的97%和96.6%。实施泰安城区排水管网雨污分流改造，有序推进梳洗河、明堂河、芝田河等河流综合整治，城区黑臭水体基本消除。开展东平湖流域综合整治行动，对全市污水处理厂实施提标改造，配套建设人工湿地，降低入湖污染负荷。统筹地下水治理，9个化工集聚区均编制地下水整改工作方案，完成地下水监测井建设并开展日常监测，地下水型水源地清理整治工作基本完成。

【土壤环境】 完成258家重点行业企业用地调查基础信息采集和风险筛查工作，建立发布全市污染地块名录，确定39家土壤污染重点监管单位。建成固体废物（以下简称固废）处置中心等16个危险废物处置设施项目，医疗废物处置能力达1.056万吨/年，危险废物综合处置能力达9万吨/年，基本实现辖区危险废物境内处置。（姬长文）

生态保护

【生态红线】 完成“三线一单”（生态保护红线、环境质量底线、资源利用上线，生态环境准入清单）初稿编制工作，提前完成32个集中式饮用水源地问题整治，黄前水库水源保护区完成勘界、定标，规范设置保护区标志标识132处，完善隔离防护网、交通穿越应急设施等配套工程。完成畜禽养殖禁养区规范工作，在全省率先开展专家技术审查，得到省生态环境厅认可。

【农村环保】 推进农村生活污水治理，承接全省农村生活污水培训，完成全市插旗指标，在全市范围开展农村污水治理现状调查，涉及行政村3413个。指导各县（市、区）及功能区印发县域农村生活污水治理实施方案，完成606个行政村农村生活污水治理工作，治理比例达18.3%。

【生态文明宣传教育】 围绕“美丽中国我是行动者”主题，开展“六五环境日”“世界低碳日”“生物多样性日”等宣传纪念活动，宣传生态文明思想。加强典型培育，开展首届“泰安最美环保人、环保示范岗”评选，表扬先进单位10个、先进个人10名。举办“生态泰安我代言”“生态泰安行动派微视频摄影作品大赛”。深化绿色创建，全市新增市级绿色学校48个、绿色社区9个、环境教育基地3个、环保小卫士94人，首次评选命名一批绿色家庭。（姬长文）

6月5日，泰安市纪念"六·五"环境日共建美丽家园主题宣传活动启动

（王文正 摄）

环境监管

【环境执法】 严格执法监管，坚持"双随机抽查"（在监管过程中随机抽取检查对象、随机选派执法检查人员，抽查情况及查处结果及时向社会公开）与"错时制"执法相结合，累计开展执法检查2800家次，立案查处环境违法行为361起，罚款3275万元，移交适用拘留和刑事案件7起。强化全民参与，制定实施《泰安市环境违法行为有奖监督办法》，引导市民开展环境监督。强化科技支撑，完善激光雷达、颗粒物走航、VOCs走航、无人机、大气净化能力监测等硬件设施建设，推动靶向治理。坚持精准施治，聘请清华大学、山东省环境保护科学研究设计院有限公司等专家团队入驻，每周召开大气质量分析会，结合气象条件、外来传输、本地贡献、现场调研等因素，对全市空气质量分析研判，发布微观监测周报60期，污染趋势及对策建议日报77期。强化媒体监督，日常执法邀请泰安日报社和泰安广播电视台记者参与并曝光。

【环境安全保障】 ①环境应急管理。开展全市环境安全隐患综合整治集中行动，排查整改隐患43个。全市449家企业完成突发环境事件应急预案的备案工作，93家风险源企业完成企业突发环境事件风险评估系统的填报工作。举办全市突发环境事件救援应急演练，提升应急处置能力。②固废管理。开展全国固体废物信息管理系统填报工作，核定辖区内产废单位固体废物产生、处置数据。开展全市危险废物产生及经营单位专项整治，建成危险废物处置设施12个，制定印发《泰安市"十三五"危险废物规范化管理评估办法》，完成对全市88家涉危险废物重点监管企业以及县（市、区）的年度考核评估。③辐射环境监管。环保、公安部门联合开展全市放射源安全检查专项行动及"回头看"，检查涉源单位46家，督促问题单位完成整改。安全收贮12家单位26枚闲置废弃放射源，消除辐射安全隐患。

【环境监测】 ①制订落实年度监测计划，开展重点污染源例行监测、贫困村"千吨万人"以上规模水源地现状调查监测、重点VOCs企业监测、土壤详查监测等执法监测任务，累计实施人工监测项目1.5万个，出具各类监测报告3000份。②监测能力建设。加快自动监测监控设施的建设，新建成乡镇环境空气质量自动监测站78个，将监测范围覆盖城区及全市88个乡镇（街道）。完成主城区大气污染热点网格建设，布设点位200个，同时完善原有117个城市大气微站。③环境科研。会同有关部门完成"东平湖水污染物成因分析""泰城大气臭氧成因分析"等环境课题研究，加强与大专院校、科研单位的协同合作，参与上级环境立法与标准制定，提高科研水平。

（姬长文）

编辑 校对 戚淑娟

财税·金融

财　政

【概况】　年末，全市有市、县（市、区）、乡镇（街道）三级财政机构102个。其中，市级财政机构1个，县（市、区）级财政机构6个，市高新技术开发区财政机构1个，泰山风景名胜区管理委员会财政机构1个，旅游经济开发区财政机构1个，徂汶景区财政机构1个，乡镇（街道）财政机构91个。在职职工1183人，其中，具有高级技术职称的100人、中级技术职称的316人。按现行财政体制，全市一般公共预算收入，加税收返还和转移支付收入162.2亿元、上年结转收入14.2亿元、调入资金55.9亿元、动用预算稳定调节基金6.7亿元，全市一般公共预算总收入463.8亿元。全市一般公共预算支出，加上解支出29.6亿元、补充预算稳定调节基金9.4亿元、债务还本支出4620万元，全市一般公共预算总支出454亿元。收支相抵，结转下年支出9.8亿元。

【财政收入】　全市一般公共预算收入完成224.7亿元，增长2.36%，完成调整预算的99.8%。税收收入中，增值税74.2亿元，增长20.1%，完成预算的102.2%；企业所得税16.5亿元，增长23.2%，完成预算的113%；个人所得税4.5亿元，下降43%，完成预算的100.3%；其他税收收入69亿元，下降7.9%，完成预算的102.6%。非税收入60.5亿元，下降1.7%，完成预算的91.4%。

【财政支出】　全市一般公共预算支出414.5亿元，增长8.8%，完成预算的101.6%。其中，一般公共服务36.3亿元，完成预算的102%；国防1.4亿元，完成预算的125.4%；公共安全20.8亿元，完成预算的97%；教育81.9亿元，完成预算的104.8%；科学技术4.3亿元，完成预算的114.9%；文化旅游体育与传媒6.1亿元，完成预算的98.8%；社会保障和就业64.1亿元，完成预算的105.1%；卫生健康45.7亿元，完成预算的91.4%；节能环保8.9亿元，完成预算的140.1%；城乡社区25.4亿元，完成预算的101.9%；农林水49亿元，完成预算的104.5%；交通运输10.7亿元，完成预算的98.2%；资源勘探信息等7.7亿元，完成预算的199.7%；商业服务业等、金融及援助其他地区5.7亿元，完成预算的93.9%；自然资源海洋气象等10.6亿元，完成预算的121.8%；住房保障15.8亿元，完成预算的97.1%；粮油物资储备1.3亿元，完成预算的112.2%；灾害防治及应急

12月31日，市委书记崔洪刚，市委副书记、市长张涛等市领导到市财政局走访慰问，看望参加年终决算的工作人员　　（王高建　摄）

管理3亿元，完成预算的118.8%；债务付息12.7亿元，完成预算的99.1%；其他支出3.2亿元，完成预算的30.9%。

【预算执行】 ①改善收入质量。通过强化分析调度、强化税收征管、强化激励约束等手段，促进财政收入尤其是税收收入的稳步增长。全市税收收入完成164.2亿元，增长3.9%；税收比重达73%，较上年提高1个百分点。②优化支出结构。全市一般公共预算中用于民生事业的支出321.6亿元，占财政支出的比重达77.6%，确保民生政策全面落实，保障标准稳步提高。通过争取专项债券、预算安排等渠道，筹集资金85.8亿元，保障市委、市政府确定的“10件民生实事”落实落地。③缓解基层财政困难。全市共安排对下各项转移支付152.4亿元，

2019年泰安市一般公共预算收入情况

表12　　单位：万元

预算科目	调整预算	累计完成	占预算（%）	比上年增长（%）
收入合计	2250766	2247115	99.84	2.36
税收收入	1588815	1641831	103.34	3.95
增值税	725832	741993	102.23	20.13
国内增值税	412609	392307	95.08	16.40
改征增值税	313223	349686	111.64	24.62
企业所得税	146214	165244	113.02	23.18
个人所得税	44812	44924	100.25	-42.95
资源税	60942	57950	95.09	-19.30
城市维护建设税	104388	103978	99.61	6.35
房产税	45339	43484	95.91	-1.01
印花税	22607	22760	100.68	-2.34
城镇土地使用税	100701	89740	89.12	-23.34
土地增值税	112504	106008	94.23	2.65
车船税	28059	29223	104.15	5.39
耕地占用税	25758	26416	102.55	-75.84
契税	166744	205216	123.07	42.24
环境保护税	4915	4892	99.53	25.79
其他税收收入	—	3	—	-99.95
非税收入	661951	605284	91.44	-1.70
专项收入	108117	102478	94.78	-11.59
行政事业性收费收入	146813	154906	105.51	22.04
罚没收入	79887	80074	100.23	20.44
国有资本经营收入	160	—	—	—
国有资源有偿使用收入	309741	243187	78.51	-15.08
捐赠收入	1734	2125	122.55	-6.35
政府住房基金收入	10936	14317	130.92	11.38
其他收入	4563	8197	179.64	71.16

2019 年泰安市一般公共预算支出情况

表 13　　单位：万元

预算科目	调整预算	累计完成	占预算（%）	比上年增长（%）
支出合计	4080866	4145498	101.58	8.79
一般公共服务支出	356038	363152	102.00	18.76
国防支出	10928	13706	125.42	32.43
公共安全支出	214492	208036	96.99	7.84
教育支出	782162	819343	104.75	8.83
科学技术支出	37379	42941	114.88	35.80
文化旅游体育与传媒支出	61398	60679	98.83	16.87
社会保障和就业支出	610191	641077	105.06	15.01
卫生健康支出	500545	457485	91.40	5.87
节能环保支出	63853	89444	140.08	32.72
城乡社区支出	248729	253570	101.95	8.40
农林水支出	468340	489557	104.53	2.85
交通运输支出	108974	107059	98.24	2.20
资源勘探信息等支出	38649	77195	199.73	109.62
商业服务业等支出	53307	50574	94.87	–46.13
金融支出	2408	1885	78.28	158.93
援助其他地区支出	4597	4193	91.21	10.40
自然资源海洋气象等支出	87052	106060	121.84	0.27
住房保障支出	162402	157655	97.08	–21.55
粮油物资储备支出	11766	13198	112.17	71.34
灾害防治及应急管理支出	25079	29803	118.84	—
债务付息支出	127685	126525	99.09	5.88
其他支出	104892	32361	30.85	34.14

有效缓解基层财政困难，帮助兑现各项政策。

【财源建设】 ①用好政策工具。落实减税降费政策，全市新增税费减免 46.7 亿元。落实新旧动能转换和“双 50 强”企业培植、民营经济发展、人才新政“金十条”等相关财税政策，制定出台“双招双引”、金融信贷奖励等办法，助推经济高质量发展。开展为企业“送政策上门”活动，打通政策落实的“最后一公里”。②用好引导基金。重点企业财源建设基金分三批投资 30.3 亿元，支持 16 个企业项目。其中，前两批项目企业营业收入、净利润和税收，均保持两位数以上增长。市级招才引智基金累计投放 6515 万元，支持人才新政“金十条”落实。探索“基金 + 项目”模式，投资 8100 万元，引进深圳优必选、北京云汉通航 2 家高科技企业项目。③用好运作平台。发挥泰安市泰山财金投资集团有限公司的市场化平台功能，通过融资担保、融资租赁、过桥还贷等方式，帮助企业融通资金 162.2 亿元，有效缓解企业融资难融资贵问题。

【政府投融资】 ①利用好政府债券政策。全市争取到位新增债券 60.1 亿元，有效保障棚户区改造、环山路东延、擂鼓石大街中段贯通等重点项目建设。成功进入财政部土地储备专项债改革试点，争取债券 5 亿元，支持高铁新区建设提升。

②推进市场化融资。市财金集团围绕市场化转型，完成泰安市泰山投资有限公司退出地方政府融资监管类平台工作，与券商、银行等金融机构对接，全年融集到位资金83亿元。③推行PPP模式。至年末，全市累计入库项目达17个，总投资166.96亿元，涵盖环保、交通、医疗、教育、文化、市政建设、城镇综合开发等多个领域。④强化政府债务管理。继续坚持将政府隐性债务压减率与政府债务率，一并纳入市对下经济社会发展综合考核体系，并将隐性债务压减目标列入市重点督查项目，进一步压实各级各部门风险防控责任。2019年，全市政府债务率降至95.32%，低于省核定目标值2.68个百分点，同口径比上年压减1.42个百分点。

【保障民生】 ①教育。市级完成支出16.6亿元。其中，投入4.7亿元，支持城乡义务教育经费保障机制改革，落实“两免一补”、生均公用经费等政策，全市义务教育中小学生均公用经费分别达每生每年1010元和810元、特殊教育生均公用经费达每生每年8000元；投入1.6亿元，支持全面落实教育资助政策，帮助家庭经济困难学生完成学业；投入1.2亿元，支持解决“大班额”问题。②社会保障和就业。市级及以上财政共完成支出29.8亿元。其中，投入9.7亿元，用于居民基本养老保险补助，基础养老金标准由每人每月100元提高到118元；投入4.7亿元，用于社会福利救助；投入4910万元，支持社会养老服务体系建设；投入5719万元，支持稳定和促进就业。全市发放创业担保贷款2.9亿元，争取省级以上财政贴息等资金1790万元，带动就业2740人次。③卫生健康。市级共完成支出24.8亿元。其中，投入17.6亿元，用于居民基本医疗保险补助，政府补助标准由每人每年490元提高到520元；投入2.9亿元，完善基本公共卫生服务体系，人均经费达69元；投入1.1亿元，支持公立医院和基层医疗卫生机构综合改革。④“三农”。统筹整合涉农资金，建立总规模35.5亿元的乡村振兴重大专项资金，支持乡村振兴战略实施。投入3.6亿元，支持“利奇马”超强台风救灾和灾后建设；投入2.2亿元，支持农村公益事业、美丽乡村、村级集体经济发展等农村综合改革项目；投入1.7亿元，用于农村道路“三通”建设和“厕所革命”整村推进；投入1.3亿元，保障村级组织运转；投入1亿元，支持乡村振兴齐鲁样板示范区建设；投入5000万元，支持农村饮水安全保障工程。全市拨付财政专项扶贫资金3.1亿元，统筹整合行业扶贫资金9.3亿元，集中解决影响“两不愁三保障”（即不愁吃、不愁穿，保障义务教育、基本医疗、住房安全有保障）突出问题，巩固提升精准扶贫成果。⑤住房保障。市级投入11.1亿元，用于全市棚户区改造补助、保障性安居工程以及配套基础设施建设；投入2917万元，支持农村危房改造；投入2044万元，用于全市城镇老旧小区改造、发放租赁住房补贴和既有住宅增设电梯。⑥环境改造提升。市级筹集资金4.6亿元，支持青兰高速穿城高架桥、岱庙广场、龙潭路以及生态停车场等项目建设。大力支持污染防治，全市筹集资金19亿元，支持大气、水和土壤污染防治，以及清洁取暖、农村环境整治、重点生态保护修复、节能减排等项目实施。积极推进山水林田湖草生态保护修复工程，至年末，全市山水林田湖草生态保护修复工程共开工项目65个、子项目315个，分别占总计划的97%和96.6%；累计完成投资105.8亿元，占总计划的64%。

大力支持财源建设。图为6月14日，召开市重点企业财源建设基金暨涉企财政政策新闻发布会 （王高建 摄）

【财税改革】 ①预算绩效改革。出台实施意见，配套制定绩效目标、绩效监控、绩效评价和事前评估管理办法，加快构建“全方位、全过程、全覆盖”的预算绩效管理体系。市级将财政拨款安排的项目支出全部纳入绩效目标管理，进行“双监控”（绩效目标实现程度和预算执行进度）；选取26个市级部门开展整体绩效目标试编，并首次将152个重点预算项目的绩效目标提交市人代会；组织对34个项目、8个市级部门、9项财政转移支付资金、2项财政政策和1个县级财政部门开展重点评价，在省对市2018年度预算绩效管理工作考核中，泰安市列第3位。②预算管理改革。印发关于市级改革意见，推进以“两放权”（把资金分配权交给部门，把项目确定权交给基层）“两统筹”（统筹“全口径”预算编制、统筹专项资金安排）“两转变”（转变财政资金分配方式、转变财政对市场主体的扶持方式）“两规范”（规范预算编制、规范预算执行）为主要内容的预算管理改革，加快构建权责清晰、协同高效、运行规范的预算管理新格局。优化预算管理职权，推进“放管服”改革，将专项资金分配权交给部门、项目确定权交给基层，财政部门聚焦预算编制、支出政策审核和预算绩效管理，提高行政管理效能和体制运行效率。③国库集中支付改革。扩大授权支付范围，完善以预算指标为核心的资金支付控制机制，建立以实际用款日为基点的大额支付报备制度，取消用款计划审批，打造国库集中支付运行新机制。加强市级预算执行动态监控管理，探索研究市级国库集中支付电子化改革，全力保障资金安全。扩大权责发生制政府综合财务报告编制试点范围，市本级和所有县（市、区）均按时完成报告编制工作。④支出管理改革。围绕盘活各领域、各部门的财政沉淀资金，推进预算统筹调控、资金优化整合、清理盘活存量等工作开展。完善市直机关差旅费、教育培训费等管理制度，明确和细化实施标准。⑤财政电子票据管理改革。11月29日，泰安市成功开出第一张财政电子票据，全市已上线财政电子票据使用单位达300家。

积极推进泰山区域山水林田湖草生态保护修复工程。图为市财政局负责人到项目现场调研 （王高建　摄）

【财政管理】　①强化支出管理。市直共完成国库集中支付业务12.6万笔（直接支付2.7万笔、授权支付9.9万笔），增长3%，实际完成支付金额233.35亿元，增长46%；全年市级统发工资13.9亿元，代扣代缴个人所得税449万元。通过政府采购，全市完成采购额188.1亿元，节约资金16.5亿元，节约率8%。通过财政投资评审，市直共评审项目262个，评审额86.2亿元，审减额13.76亿元，审减率15.96%。②强化会计管理。抓好第三批领军人才培养，市级会计领军人才达153名，其中省高端会计人才36名。做好行政事业单位内部控制报告编报工作，夯实政府会计管理基础。③强化资产管理。主动接受监督，向市人大常委会提交全市及市级行政事业性国有资产管理情况专项报告。加强国有资本经营预算收入管理，市级入库国有资本经营收入1.85亿元。完成36个部门单位的国有资产划转工作，划转资产8.3亿元，有效保障部门单位运转。盘活存量房产、建筑，全面推行“公物仓”管理，推动行政事业单位资产统一管理、集中配置，确保国有资产保值增值。④强化基层财政管理。做好农业补贴和棉花补贴发放工作，全市共发放耕地保护补贴2.9亿元、棉花补贴779万元。全面完成基层数字财政管理系统的升级改造及运行推广工作，实现乡镇财政资金无缝隙、全覆盖监管。⑤强化监督检查。市直全年共参与、配合和迎接各类巡察、审计、检查工作6次，组织开展财经纪律专项整治以及预决算公开、会计信息质量、减税降费政策落实、专项资金治理等检查工作，做好政府债务问题整改落实“回头看”，有力维护财经纪律、规范财经秩序。 （高　磊）

税　务

【概况】 年内，国家税务总局泰安市税务局设27个科室、事业单位和派出机构，辖泰山区、岱岳区、新泰市、肥城市、宁阳县、东平县、泰安高新区、泰山景区8个县（市、区）税务局，59个基层分局（所）。共有干部职工3171人，其中在职2157人、离退休1014人。至年末，全市登记纳税人14.34万户，其中企业7.23万家、个体7.10万户。被省税务局表彰为全省税务系统绩效管理先进单位。

【组织收入】 年内，全市共完成各项收入345.41亿元，其中税收收入完成291.43亿元，同比增长7.7%，增收20.87亿元。扣除海关代征，全市税务系统完成国内税收收入288.36亿元，同比增长7.6%，增收20.25亿元。完成市以下地方级税收收入164.2亿元，同比增长3.9%，增收6.19亿元，增幅居全省第6位。完成社会保险费收入44.62亿元。完成非税收入9.36亿元，同比增长10.6%，增收0.9亿元。

【减税降费】 抓好减税降费工作，建立市、县两级领导小组及工作专班，健全“一揽统筹、一竿到底、一口对外”工作机制，制定134项具体任务。举办9期县长税课，开展500期培训，辅导纳税人缴费人20万户次，上门帮扶企业2500家次。利用减税降费综合监控服务平台，对全市2200家重点企业点对点推送政策、缴税、风险三个清单，为2.7万户纳税人办理退税5万笔、5026万元。年内共落实优惠151亿元，新增减税40.2亿元。其中，落实小微企业普惠性减税5.74亿元，增值税增量留抵退税4.47亿元。积极对接地方经济发展战略，全市“双50强”企业新增减税4.8亿元，新旧动能转换“十强产业”新增减税9.55亿元。对239户非公经济落实研发费加计扣除11.7亿元，会同财政部门向省政府争取政策支持，减免城镇土地使用税3.1亿元。

5月28日，市税务局主要负责人到泰安传媒集团，参加“12345”热线接听暨服务民生面对面活动　　（曹丙珂　供）

【税收执法】 全面推行三项制度，升级执法信息辅助平台，持续优化税收执法方式。抓好内控平台应用，筛选分析执法疑点5000条，增强内部风险事前防范能力。构建“信用评价+监管预警+风险应对”税收监管体系建设，做好岗位人员充实、职责优化调整、业务流程再造、信息平台搭建，落实两个清单、两个规范。完成金三并库、中双轨、大双轨、上线切换等各阶段工作，测试数据58万笔，整改数据4万条。开展欠税专项清理，分类应对、综合施策，累计清欠3.76亿元。抓好重点行业管理，研究建立高速公路建设税收管理“部门联动、模板管控”机制，采集涉税信息3万条，增加入库税款1.2亿元。

【纳税服务】 把查询、证明、缴纳税费三类业务嵌入“泰好办”，实现“一窗受理、一链办理”。打造标准化实体办税服务厅，建设24小时自助办税服务厅11个，配备自助办税设备214台，打造半小时办税服务圈。推进197项业务“一次办好”，推广简事即办、容缺受理，减少进厅环节62个。开展出口退税网上办理、无纸办理、直通办理，一类出口企业退税2个工作日内办结，其他企业办理时间压缩50%。与银监部门构建联动机制，推广山东省银税互动融资服务平台。与邮政部门签订战略合作协议，优化便民办税缴费方式，推进便民寄递合作。与石横特钢控股集团签订税收遵从合作协议，实现税企共同防控风险、提高遵从。在全省营商环境评价中，税收指标得分高出全省平均分9.33分，列6个评价指标第1位。

2019 年全市税收收入和非税收入分项目分级次完成情况

表 14　　　　单位：万元

项　目	2019 年度累计收入			
	税　额	上年同期	比上年同期 ±%	比上年同期 ± 额
各项收入总计	3454139	2790300	23.79	663839
税收收入合计	2914294	2705626	7.71	208668
国内税收收入	2883633	2681126	7.55	202507
其中：中央级	1230066	1090458	12.80	139608
省级	11539	10549	9.38	990
市及以下级	1642028	1580119	3.92	61909
国内增值税	1507458	1257596	19.87	249862
国内消费税	69282	50471	37.27	18811
营业税	—	—	—	—
企业所得税	413107	335362	23.18	77745
个人所得税	112309	196865	-42.95	-84556
资源税	57950	71809	-19.30	-13859
城镇土地使用税	89739	117060	-23.34	-27321
城市维护建设税	103979	97767	6.35	6212
印花税	22760	23305	-2.34	-545
土地增值税	106009	103271	2.65	2738
房产税	43484	43925	-1.00	-441
车船税	29222	27729	5.38	1493
车辆购置税	91801	85226	7.71	6575
耕地占用税	26417	109328	-75.84	-82911
契税	205217	144271	42.24	60946
环境保护税	4892	3889	25.79	1003
其他税收	7	13252	-99.95	-13245
海关代征增值税消费税	30661	24500	25.15	6161
社会保险费收入合计	446197	—	—	446197
非税收入合计	90630	84674	7.03	5956
其他收入合计	3018	—	—	3018
出口退税	-177998	-124002	43.54	-53996

2019 年全市税收收入和非税收入分县（市、区）完成情况

表 15　　　　单位：万元

单　位	2019 年累计收入			
	税　额	上年同期	比上年同期 ±%	比上年同期 ± 额
全市合计	3451121	2790300	23.68	660821
泰山区	772640	656587	17.68	116053
岱岳区	437235	327528	33.50	109707
高新区	372029	286884	29.68	85145
泰山景区	36793	23861	54.20	12932
旅游开发区	97186	65488	48.40	31698
新泰市	524824	468831	11.94	55993
肥城市	723743	625542	15.70	98201
宁阳县	255094	185419	37.58	69675
东平县	231577	150160	54.22	81417

【队伍建设】 先后组织各类培训81次，参训人员达6200人次，组织全员参加练兵比武，首批考选44名泰山青年才俊，市税务局获“全省税务系统大比武优秀集体”称号，在全省“智税·2019”竞赛中取得第3名。岱岳区税务局1人被授予“全国巾帼建功标兵”称号。

【创新工作】 开展“解放思想找差距　对标对表勇担当”主题活动，与浙江丽水签订战略合作协议，形成制度化常态化对标达标机制。坚持培育一批、提升一批、主打一批，确定平台经济管理研究、交叉巡察试点等2个创新项目和12项特色亮点工作，带动整体全面起势。紧扣制度创新流程再造新内涵，认真总结可复制可推广的创新成果，交叉巡察、大数据管理等3项创新实例和制度成果被列入省对市深化改革考核重点项目。有关改革经验做法被市委书记崔洪刚批示肯定，并在全市转发推广。

【年度税收分析】 ①税费收入平稳增长。在宏观经济下行和减税降费大背景下，全市国内税收收入增速保持稳定增长，市以下地方级税收逐月稳步提升，增速高出全省平均5.37个百分点，居全省第4位，总量较上年前移2位。市以下地方级收入占税收收入之比为56.34%。②减税降费落实落地。全市税务系统坚决贯彻增值税税率下调、增量留抵退税等减税政策，年内累计减税降费151亿元，其中新增减税40.2亿元，共办理既有减免税金91.19亿元、出口免抵退税17.8亿元。③收入结构明显改善。全市增值税、企业所得税、个人所得税三大主体税种完成203.29亿元，同比增长13.6%，占税收收入比重70.5%，较

5月29日，市税务局和丽水市税务局战略合作协议签订仪式举行，标志着双方寻标对标战略合作正式启动　　（曹丙珂　供）

上年提高3.74个百分点，增速及比重提高幅度均保持全省第1。④社会保险费征管顺利承接。2月1日，机关事业单位基本养老保险费等五项社会保险费的征收工作由税务部门承接；4月1日起，城乡居民养老和医疗保险纳入税务部门征管范围。年内共征缴各项社会保险费收入44.62亿元，其中机关事业单位基本养老保险费征缴19.8亿元，职工基本医疗保险费征缴8.22亿元，失业、工伤、生育三项保险费征缴0.84亿元，城乡居民养老和医疗保险分别征缴4.31亿元、10.47亿元。⑤地方财力有效增加。年内全市对上争取指标办理增值税免抵调库计划7.4亿元，增加泰安市地方级收入3.7亿元；办理增值税增量留抵退税4.46亿元，增加地方级收入1.56亿元；运用财税扶持政策，发展总部经济，年内累计吸引安装企业80%以上、建筑企业60%以上境内外税款在泰安市入库，增加地方级收入5亿元。

（曹丙珂）

金融综述

【概况】 2019年，全市有金融机构和地方金融组织189家。其中，银行业机构25家，存款余额4093.8亿元，新增442.2亿元，比年初增长12.1%。驻泰安银行业机构表内贷款余额2696.4亿元，新增331.2亿元，比年初增长14%。保险业机构59家，保费收入134.4亿元，比年初增长6.8%，累计各项赔款36亿元。证券机构12家，开户总数44.4万户，累计成交额3217.05亿元，实现利润5269万元。小额贷款公司13家，融资性担保公司9家，民间资本管理公司22家，民间融资登记服务公司1家，典当行27家，融资租赁公司15家，商业保理公司6家。

【融资支持】 年末，驻泰安银行业机构存款余额4093.8亿元，比年初增加442.2亿元，增长12.1%。驻泰安银行业机构表内贷款余额2696.4亿元，比年初增加331.2亿元，增长14%。债券、股权等直接融资144.1亿元。全市工业流动资金贷款比年初新增3.1亿元。“三农”贷款新增65.7亿元。

【政金企对接】 实施双“50强”主办行制度。对“工业领军50强企业”融资余额402亿元，比年初增加69.8亿元，增长21%；对“科技创新型50强企业”融资余额20.5亿元，比年初增加4.4亿元，增长27.6%。开展政金企深度对接活动。筛选238个银企合作项目进行“一对一、多对一”银企对接；9月27日举办金融助力泰安新旧动能转换对接会，驻鲁34位省级银行等金融机构行长和董事长，一致表示把泰安作为信贷投放重点支持地区。

【企业直接融资】 实施“百家企业上市梯次培育计划”。新增1家企业报山东证监局辅导；新增2家“新三板”挂牌企业，居全省第6位，“新三板”累计挂牌企业23家；新增28家区域性股权交易市场挂牌企业，累计挂牌128家。建立后备资源动态培育库。筛选培育重点企业79家，其中淘你欢、泰鹏环保2家企业拟在境内外上市，新巨丰、宝来利来等9家企业启动上市程序，8家企业启动挂牌程序。通过专题培训、政策解读、企业现身说法等方式，共开展上市挂牌、直接融资等培训24次，累计培训1850人次，走访调研重点企业238家。组织企业到上海证券交易所(简称上交所)、深圳证券交易所（简称深交所）、全国股转中心、区域性股交中心学习，邀请山东证监局、省地方金融监管局、上交所、深交所等专家与38家重点企业面对面指导。

【金融招商引资】 对标杭州玉皇山南基金小镇，引进大型投资机构，形成基金集聚区、资本投资洼地、金融人才高地。落户投资机构18家，注册资本38.6亿元、实缴资本14.9亿元，其中直接引进3家大型投资机构，实际到位资本14.5亿元，占全部实缴资本的97.1%。7人新入选2019年度“齐鲁金融之星”。

【产业培育和普惠金融】 年末，全市9家融资性担保公司注册资本51.90亿元，在保余额161.8亿元，增长26.3%，放大倍数2.8倍。全市7家试点合作社累计发生业务265笔，互助金额738.5万元，余额145.5万元。全市13家小额贷款公司注册资本32.8亿元，发放贷款31.98亿元。全市22家民间资本管理公司注册资本29.07亿元，累计对外投资5.25亿元。全市1家民间借贷登记服务公司累计对接成功2332笔，成交额4.2亿元，成为小微企业资金的重要支撑力量。全市27家典当行注册资本7.38亿元，累计发放当金10.8亿元。全市15家融资租赁公司注册资本74.14亿元，发放融资租赁款68.1亿元，新设立融资租赁公司3家，注册资本7.96亿元，其中引进外资3.6亿元。全市6家商业保理公司注册资本5.39亿元，发放保理融资款8500万元。全市59家保险公司保费收入134.4亿元，同比增长6.8%，累计各项赔款36亿元。全市12家证券机构累计成交额3217.05亿元，实现利润5269万元。

【防范非法集资】①抓机制建设。按照网格化、全覆盖管理模式，建立“六个机制”（责任分工、联席会议、月通报“零”报送、督导督办、社会举报、考核评价），做到防范、监管、打击“三位一体”，形成政府领导、属地管理、防范在先、齐抓共管、社会参与的工作格局。②开展防范非法集资宣传活动。开展“进村居进社区进家庭进机关进学校进工厂进网点”活动；运用金融机构3600个代办点、支付终端，张贴宣传材料、发放防范非法集资册子；依托金融机构的300个经营网点，高频次滚动播放公益广告和案例；在元旦、春节、国庆等重大节日，通过泰安电视台连续播放公益广告，提高群众对非法集资的识别能力。③做好监测预警。完善由市地方金融监管局、市公安局、市市场监管局、人民银行泰安中心支行、泰安银保监分局、律师协会、投融资商会共同搭建的非法集资预警防控机制；出台《泰安市非法集资案件举报奖励办法》，鼓励市民对涉嫌非法集资的犯罪行为进行举报，对举报查实的给予最高2万元奖励。④开展涉嫌非法集资风险专项排查。对全市各类民间投融资中介机构、电子商务、批发和零售、房地产等资金密集型行业，各类涉农合作组织，教育、医疗、养老、旅游等重点领域的8000家单位进行排查，对排查中发现的无法取得联系的企业，以及拒不配合检查情节严重的企业，按照《企业信息公示暂行条例》规定列入“经营异常名录”进行公示。⑤开展广告资讯信息排查清理专项行动。打击各类利用广告资讯信息宣传从事非法集资活动，检查各类广告经营者、发布者600家，检查广告60个，出动执法人员1000人次、车辆300台次，监测各类广告和资讯信息300条次，约谈、函告、行政指导3次。⑥开展无非法集资社区、村居区域排查专项行动。由公安派出所牵头，对辖区内P2P平台、农民专业合作社、投资理财公司等非法集资风险聚集行业，对街头门店、商务楼宇等重点出租区域逐一走访调查，全面采集信息，摸清底数、建立台账、录入系统、逐一建档、定期约谈、限期整改。⑦开展打击非法集资等涉众型经济犯罪专项行动。联合公安、市场监管等有关部门，在各县（市、区）开展涉众型经济犯罪信息收集、风险预警、风险处置及联合办案等源头防控工作，处置疑似涉非法集资企业51家，采取行政处置手段化解涉众型经济犯罪风险隐患30起。⑧抓好金融系统扫黑除恶。把扫黑除恶与强化防范处置非法集资相结合，与开展“打逃债”活动相结合，与日常监管工作相结合，对全市银行、保险、地方金融等领域，深入排查线索，掌握隐患底数。建立完善市场准入、规范管理、重点领域防控、重点环节监督等机制，筑牢防范金融黑恶势力的制度堤坝。（褚　虎）

5月23日，泰安市2019年度金融支持新旧动能转换政金企合作项目新闻发布会召开（褚　虎　供）

【泰安金融控股集团有限公司】围绕公司“收入、清欠、融资、化险”四项攻坚任务和全牌照、长链条金融特色产业目标任务，聚力市场开拓，探索业务创新，深化产融结合，扩大开放融合，综合运用多元投融资手段，服务实体经济发展，防范化解金融风险。全年实现营业收入6.04亿元，同比增幅34.82%。为1382家企业及个人提供担保服务149.8亿元，同比增幅21.8%。

服务实体经济发展　发挥综合投融资平台作用，服务实体经济发展。深化政银担企合作，组织开展服务实体经济发展交流会，宣传推介公司业务及有关政策，服务实体企业、高新技术产业、招商引资等重点项目建设。提供助力“双50强”企业发展一揽子服务，制定《关于

11月29日，泰安金融控股集团助力实体经济发展交流会召开（徐睿超　摄）

支持服务我市“双50强”企业的十条意见》专项服务政策，综合运用融资担保、民间资本管理、融资租赁、基金等手段支持“双50强”企业发展，累计为全市22家“双50强”企业提供担保53.28亿元，担保费率降至1%，为“双50强”企业节省融资成本5000万元。创新拓展支持中小微企业发展新业务，获批加入省应急转贷服务体系，扩大“知识产权质押”“中标贷”“个人商务贷”等业务规模。扩大基金及投资业务，平稳运行宝石系列私募基金和融资担保互助基金，创新发行东胜文旅基金5期5.04亿元。联合山东金泽霖股权投资管理股份有限公司共同申报山东省新旧动能转换精品旅游产业基金，成立总规模50.5亿元，重点投向优质旅游景区。

防范和化解风险　坚持投融联动与全方位运作，与各县（市、区）政府及有关部门协同配合，帮助企业筹措资金，解决企业融资难题。以融助产，以产生融，金融为本，适度多元，帮助企业救急、纾困、化险，累计解除企业互保链条10亿元，维护企业信誉、集团主体信用和金融生态安全。

优化投融资和资产结构　多元合作扩大融资，发挥集团及各子公司平台优势，与银行、企业等多方对接，投融资联动拓宽融资渠道，改善融资结构。争取到山东省财金融资担保基金公司1.2亿元合伙型私募股权投资基金入股泰安东胜文旅公司。制定公司债券、资产证券化发行方案，扩大直接融资。优化资产及股权结构，完成融资担保公司增资扩股和汇智民资公司股权变更，并根据市政府专项部署要求，进一步优化集团公司资产布局和运营质量。

提升经营管理　以打造国有企业现代企业制度建设示范工程为目标，健全体制机制，优化流程再造。完善法人治理结构，充实和强化董事会、监事会建设。强化审计及业务监管，加强法务合规审查、过程监督和风险防范，提升公司治理能力和体系建设。

（李春霞）

银行业

·中国人民银行泰安市中心支行·

【概况】　该行贯彻中央经济工作会议、人民银行（简称人行，下同）工作会议精神，坚持稳中求进总基调，坚持新发展理念，紧密结合泰安实际，精准贯彻传导稳健货币政策，深化金融改革开放，防范化解重大金融风险，推进泰安市经济高质量发展。在济南分行目标管理综合考核中被评为先进单位，连续17年保持“省级文明单位”称号，连续2年被表彰为泰安市创建全国文明城市先进单位，被授予山东省财贸金融系统“职工信赖的职工之家”、山东省打击虚开骗税工作先进单位、泰安市模范职工之家、泰安市禁毒工作先进集体等称号。

【金融运行】　年末，全市金融机构人民币各项存款余额4093.8亿元，比年初增长12.1%；全年新增存款442.2亿元，同比多增119.7亿元。单位存款保持增长，全市单位存款余额1371.9亿元，比年初增加167亿元，同比多增92.7亿元。个人存款稳定增长，个人存款余额2665.1亿元，比年初增加310.5亿元，同比多增92.6亿元。

全市人民币各项贷款余额2696.4亿元，比年初增长14%；全年新增贷款331.2亿元，同比多增84.5亿元。短期贷款稳定增长，短期贷款余额907.1亿元，比年初增加13.3亿元，同比多增12.7亿元。中长期贷款实现较好增长，全市中长期贷款余额1659.3亿元，比年初增加283.2亿元，同比多增63.8亿元。票据融资保持

2019 年泰安市存款类金融机构人民币信贷收支情况

表 16　　单位：万元

栏目 / 项目名称	当期余额	比年初增减 当年	比年初增减 上年	栏目 / 项目名称	当期余额	比年初增减 当年	比年初增减 上年
各项存款	40938242	4421611	3224496	各项贷款	26964253	3312292	2467631
境内存款	40934001	4421117	3225483	境内贷款	26964201	3312287	2467637
住户存款	26651088	3104652	2178846	住户贷款	11576759	2110709	1783586
活期存款	6198905	643304	424461	短期贷款	2389305	457772	249763
定期及其他存款	20452184	2461348	1754385	消费贷款	1203611	198602	108186
非金融企业存款	9244510	1978535	102834	经营贷款	1185694	259170	141577
活期存款	4391849	775768	-268233	中长期贷款	9187454	1652937	1533823
定期及其他存款	4852662	1202767	371067	消费贷款	8242716	1425232	1464881
机关团体存款	4474530	-308237	640158	经营贷款	944738	227705	68942
财政性存款	236970	43118	-100481	非金融企业及机关团体贷款	15387442	1231579	654061
非存款类金融机构存款	326903	-396950	404126	短期贷款	6681395	-294535	-273640
境外存款	4241	494	-987	中长期贷款	7405424	1179154	660143
金融债券	60025	—	25	票据融资	1298952	351894	275040
其中：境外发行	—	—	—	融资租赁	—	—	—
卖出回购资产	—	-10000	-1999	各项垫款	1670	-4935	-7482
借款及非存款类金融机构拆入	—	—	—	非存款类金融机构贷款	—	-30000	29991
联行往来（净）	—	—	—	境外贷款	52	5	-6
应付及暂收款	1001939	139917	-17004	债券投资	4144750	700540	-145116
各项准备	904057	76749	121559	其中：境外债券	—	—	—
所有者权益	1467535	178165	291709	股权及其他投资	1389047	82741	198720
其中：实收资本	847112	159457	6633	买入返售资产	65098	59258	3890
其　他	-2840612	91872	-2123	存放非存款类金融机构款项	925	918	—
				联行往来（净）	8482221	795505	1077165
				其中：境内存放二级准备金	504193	13094	-76389
				金银占款	—	—	—
				中央银行外汇占款	—	—	—
				应收及预付款	170012	-46016	4073
				投资性房地产	280	-29	-29
				固定资产	314600	-6896	10328
资金来源总计	41531186	4898313	3616663	资金运用总计	41531186	4898313	3616663

说明：该表机构包括中国人民银行、银行业存款类金融机构

稳定增长，全市票据融资余额129.9亿元，比年初增加35.2亿元，同比多增7.7亿元。

外币存贷款余额一增一降。全市外币存款余额55699万美元，比年初增加19826万美元，同比多增16629万美元。全市外币贷款余额3174万美元，比年初下降2006万美元。

【金融调控】 年初，印发《关于认真贯彻稳健货币政策 打好防范化解金融风险攻坚战 改进金融服务和外汇管理 力促全市经济高质量发展的意见》，聚焦全市经济和产业发展战略，坚持服务实体经济，把政策传导着力点放在疏通金融支持实体经济渠道和优化资源配置上，引导金融资源更多流向实体经济尤其是薄弱环节，为地方经济高质量发展营造适宜的货币金融环境。

引导金融机构加大信贷投放 灵活运用再贷款再贴现等货币政策工具，全年累计发放再贷款、再贴现等央行资金26.84亿元，引导金融机构加大对民营、小微和“三农”领域的信贷支持，降低融资利率，2019年，全市金融机构新发放的企业贷款加权平均利率4.92%，同比下降0.32个百分点。

支持外贸经济稳发展 深化外汇“放管服”改革，制定20条便利化工作措施，服务全市涉外实体经济发展，推进外汇政务服务网上办理，开展货物贸易外汇收支便利化试点，开展“外汇服务进万企”活动，联合商业银行走访企业700家，让外汇便利化政策切实落地生根。2019年，全市涉外收支总额33.5亿美元，同比增长13.9%，跨境人民币结算额24亿元，同比增长14.3%。4月23日，《打好外汇政策组合拳——外汇局泰安市中心支局支持涉外经济发展侧记》被《金融时报》报道。

【金融服务】 践行普惠金融理念，创新基础金融服务，引导和督促金融机构提供更加安全便捷的金融服务。

金融支持乡村振兴 推进金融精准扶贫，年末，全市各类扶贫贷款余额14.22亿元，惠及贫困人口5.56万人。改善农村支付环境，设立6932个助农取款服务点覆盖全市所有行政村，实现“综合支付服务不出村”。6月12日，《春风十里 煦暖乡村 人行泰安市中支金融服务乡村振兴侧记》被《金融时报》报道。

支持新旧动能转换重大工程 利用人民银行主导建设的山东省融资服务平台，开展融资需求对接，至年末，银企双方成功对接融资需求969条、金额309.8亿元。加大对“工业领军企业50强”和“科技创新型企业50强”的金融支持，至年末，市内金融机构向双“50强”企业提供的融资余额达428.5亿元，同比增长13.6%。开展以“绿色金融服务绿色企业”为主题的金融顾问团精准服务活动，年末，全市绿色贷款余额达92.2亿元，同比增长79.5%。

服务民营和小微企业发展 创新建设的基于大数据技术的小微企业智慧融资风控应用项目和央行资金引导的多维资金池系统，已纳入全国性金融科技应用试点项目。开展“民营和小微企业首贷培植行动”，强化流程再造，全市金融机构成功培植3214家经营主体，累计发放贷款34.9亿元。完成企业银行账户许可取消工作，企业开户提升至当日办结。年末，全市民营企业人民币贷款余额560.2亿元，同比增加28亿元；小微企业贷款余额518.3亿元，比年初增加74.3亿元，2019年新发放小微企业贷款加权平均利率为5.65%，同比下降0.19个百分点。

国库业务 履行经理国库职能，推行国库直接支付，将涉及民营企业的资金由国库账户直接拨付至企业账户，实现资金拨付当日到达。年内，全市办理国库业务277万笔，同比增长19.40%；金额2159亿元，同比减少0.74%。

4月28日，中国人民银行泰安市中心支行召开2019年泰安市货币政策与金融管理服务工作会议 （张景浦 供）

现金服务 优化现金供应服务，推进覆盖公交、城区、景区和郊区4个硬币清分中心建设，促进零币自循环。协助中国印钞造币总公司有序推进泰山纪念币设计发行，总分行在泰安举办“宣传首枚世界文化和自然遗产普通纪念币——泰山币发行”座谈会。组织金融机构做好贺岁普通纪念币、中华人民共和国建国70周年普通纪念币、泰山普通纪念币的预约兑换工作。

社会信用体系建设 推进自助查询网点建设，设立个人信用报告自助查询网点12家，实现辖内4个县（市）全覆盖，打造主城区“3公里征信查询圈”。年内，办理企业和个人信用报告查询26.09万笔，同比增长32.42%。

【金融管理】 坚持依法从严治行，推进法治央行建设，提升金融管理水平。

金融稳定 坚持底线思维，充分运用存保差别费率和央行金融机构评级结果，有效约束金融机构风险行为，提高全市金融体系稳定性。实施存款保险制度，完成2019年度存款保险风险评级、差别费率管理和保费核缴等工作。

反洗钱工作 年内，对6家机构开展反洗钱执法检查，其中对3家法人机构开展风险评估，对存在严重违规问题的机构严格落实“双罚制”。加强与公检法等部门的情报会商和案件协查，向公安机关移交32起可疑交易线索。

金融消费权益保护 开展金融消费者教育与金融知识普及活动，推动辖内12家金融机构与中小学开展工作对接，推进金融知识纳入国民教育体系。泰安市金融消保协会获评市级AAA级社会组织。弘扬宪法精神宣传片获泰安市首届法治动漫微电影作品三等奖。（张景浦）

·中国银行保险监督管理委员会泰安监管分局·

【概况】 中国银行保险监督管理委员会泰安监管分局（简称泰安银保监分局），为中国银保监会驻泰安派出机构，有在职职工57人，内设10个科室及新泰、肥城、宁阳、东平4个监管组。2019年，泰安银保监分局履行属地监管职责，引导全市银行保险业实现健康平稳发展。年末，全市银行业各项存款余额4108.32亿元，较年初增长12.48%；各项贷款余额2698.64亿元，较年初增长14.60%；不良贷款余额、不良贷款率较年初实现“双降”；累计实现净利润33.33亿元，同比多盈1.9亿元。全市保险业实现原保险保费收入134.45亿元，同比增长6.88%；提供保险保障金额6.22万亿元，同比增长55.56%。年内，获山东银保监局“优秀领导班子”称号，有9个集体或项目、14人次获山东银保监局或市委、市政府以上表彰。

【支持地方经济发展】 加大支持新旧动能转换、服务民营和小微企业、乡村振兴等领域的力度，引导全市银行保险业在树立行业规范基础上，回归本源、专注主业。配合市委、市政府举行金融助力泰安新旧动能转换对接会，全方位搭建金融资本与实体经济、民营经济、新旧动能转换交流对接平台。组织“百行进万企”融资对接动员部署和工作培训，深化银企对接。推进“便捷获得信贷行动”专项工作，优化营商环境。整体实现小微金融服务“两增两控”（总量明显增长、户数明显增加，贷款质量和综合成本得到有效控制）考核指标，提升小微金融服务水平。引导银行业机构加大扶贫小额信贷投放力度，跟踪监测生猪养殖贷款情况，督促保险业机构发展涉农、民生等领域的保险保障业务。年末，全市法人银行普惠型涉农贷款余额116.91亿元，较年初增加16.94亿

12月24日，泰安银保监分局组织召开泰安市银行保险机构“行业规范建设年”总结推进会议（汪 洋 供）

元；农业保险累计提供风险保障50.39亿元。

【防范化解金融风险】 把信用风险防控作为防范化解金融风险的重中之重，做实债委会运行机制，持续动态监测重点企业和担保圈。做好全市银行保险机构乱象整治工作的督促指导、监管检查、监管评估和处罚问责等工作，将依法合规的经营理念和从严治乱的监管要求传导至各银行保险机构。全年处置不良贷款55.74亿元。督促全市银行保险业持续加大案防力度，压实机构主体责任，开展扫黑除恶专项斗争，利用分局走廊、大厅、银行保险基层网点开展扫黑除恶宣传教育。开展“防范电信网络诈骗犯罪宣传月”活动和“护航2019”反保险欺诈专项行动。开展“行业规范建设年”活动，制定印发全市实施方案和实施细则，建立活动报告、督促提示、审核审议、督导检查和信息报送五项机制。举办行业规范建设年依法监管系列讲堂，举办专题讲座，先后6次选派业务骨干在银行保险行业协会及部分机构内部培训中进行授课，覆盖全市银行保险机构90家次，受众380人次。召开全市“行业规范建设年”总结推进会。做好P2P专项整治、流动性风险、信息科技风险等防控工作，全面风险管理能力得以提升。

【推进银行转型发展】 落实全省城市商业银行（简称城商行）改革发展会议和全省农村商业银行（简称农商行）改革发展会议精神，加大法人机构监管力度，将推动完善泰安银行公司治理机制作为年度监管工作重点，推进该行完成增资扩股，夯实资本基础。指导农商行化解不良贷款，规范农商行股权管理。对沪农商序列村镇银行加大监管力度，推动其压降大额贷款，回归支农支小市场定位。协调推动上海农商行向泰安、宁阳、东平3家沪农商村镇银行增资，有效补充核心资本。

【深化监管工作成效】 建立保险机构“监管档案”，涵盖机构、高管、业务、风险、内控等内容。开展保险监管统计工作，组织对涉及的13家保险公司开展专题调研，夯实保险监管数据基础。创新实施动态监管，促进财险公司稳健经营、合规发展。坚持“专而准”的非现场监管，通过下发监管提示、非现场监管意见书、走访核查等方式，发挥监管指导作用。坚持“少而精”的现场检查，增加专项检查，减少全面检查，并注重EAST系统在现场检查和非现场监管中的应用，累计建立模型42个。全年作出13份行政处罚决定，共计罚款263万元，并对1家财险公司商业车险业务做出停业处理。组织开展全市银行保险业2019年“金融知识普及月 金融知识进万家 争做理性投资者 争做金融好网民”活动，加大金融知识宣传普及力度，受众客户量50.19万人次，微信推送阅读量6.36万次。年内，全局完成调研报告45篇，报送的2篇重点调研课题分获山东银保监局系统二等奖和三等奖；累计报送政务信息230篇。 （汪 洋）

【中国农业发展银行泰安市分行】 年末，该行辖市分行营业部和新泰市、肥城市、宁阳县、东平县4个支行。有职工151人，其中市分行机关42人。

全年累计发放各类贷款38.9亿元，年末各项贷款首破百亿元，余额达100.2亿元，较年初增加24.1亿元；各项存款余额27.5亿元，存贷比364%；累计办理国际业务1277笔，结算量8453万美元，实现收益51.2万元；基金投资余额1.71亿元；置换地方债余额57.56亿元，实行

2019年中国农业发展银行泰安市分行各支行（部）基本情况

表17　　　　单位：人、万元

支行（部）	职工人数	年末存款		年末贷款	
		金　额	比上年增%	金　额	比上年增%
市分行营业部	36	83548	-4.60	405580	10.90
新泰市支行	22	88925	63.33	212815	45.72
肥城市支行	22	20834	-6.42	32822	-23.33
宁阳县支行	16	45730	50.08	142571	136.10
东平县支行	20	36090	-0.58	208296	42.09
合　计	116	275127	19.08	1002084	31.59

12月25日，中国农业发展银行泰安市分行与东平县人民政府举行支持黄河流域生态保护和高质量发展签约仪式（魏 群 供）

优惠利率，每年为地方财政节约融资成本约0.9亿元。实现账面利润1.08亿元，上缴各类税款1660万元。被评为泰安市2019年度经济社会发展综合考核先进单位。

信贷业务 确保政策性收购信贷资金及时足额供应，年末，粮油贷款余额20.8亿元、粮食库存数量8.24亿公斤，收购量份额占全市85%。全年累计审批中长期贷款项目8个、审批金额32.04亿元，投放24.84亿元，有效支持天颐湖综合治理、大汶口工业园水质净化、石腊河水系生态保护、新泰市新型道路材料生产、宁阳县磁窑水厂项目、新泰市和宁阳县土地整治项目建设。先后向康平纳、岱银、华兴纺织、新东岳、祥瑞等8家"双50强"企业发放流动资金贷款4.7亿元，其中无还本续贷0.98亿元，保证企业正常生产经营资金需求。贷款2亿元支持新泰市康平纳智能染色有限公司年产2万吨筒子纱智能染色工厂项目建设。支持小微企业发展，成功审批8家企业、金额4040万元，投放2810万元。

存款业务 中长期贷款拉动日均存款21亿元，年末各项财政性存款余额3.8亿元，较年初增加1.2亿元。借助棚改贷款主办行优势，全力营销棚改债资金18.13亿元，营销非贷款企业存款3亿元。

国际业务 全年新营销非贷客户5家。年末，非贷客户17家，非贷客户结算量及业务占比分别为5928.08万美元、72.29%。新办理的3笔全额保证金开证业务填补近年业务品种的空白。

脱贫攻坚 支持华兴纺织、友邦肥业等一批具有扶贫带动效应的企业发展。年内新增扶贫贷款1.93亿元，年末扶贫贷款余额5.9亿元，较年初增加1.69亿元，惠及贫困人口2万人。联合推荐5家优质企业参与"万企帮万村"精准扶贫行动，累计帮扶贫困人口103人，捐款、捐物共计19万元。（魏 群）

【中国工商银行股份有限公司泰安分行】 年末，实现拨备前利润8.74亿元，同比增长1.04亿元，缴纳各项税金9097万元。全年经营绩效考核获全省第4名。继续保持"省级文明单位"称号。获"人行综合评级A级、执行外汇管理规定A类行、反洗钱考核评级A级"称号，连续两年被评为泰安市"爱心企业"。获省行级以上荣誉称号11人次。

存、贷款业务 年末，全部存款（含信用卡）余额456.56亿元，较年初增长45.41亿元，增幅11.04%，增量、增幅在全省系统内

6月6日，泰安市"2018年银行业文明规范服务千佳单位"现场交流活动在工商银行岱岳支行营业室举行，全市26家会员单位参加活动（张 捷 摄）

2019 年中国工商银行泰安分行各支行（部）基本情况

表 18　　　　单位：人、万元

单　位	职工人数	人民币存款		其中：储蓄存款		人民币贷款		税　金（含个人所得税）	
		余　额	同比增 %	余　额	同比增 %	余　额	同比增 %	余　额	同比增 %
市分行营业部	330	1001724	20.32	344252	1.71	594988	-6.88	2820	-10.67
泰山支行	108	596022	-9.21	395396	1.58	323698	11.86	965	11.05
高新支行	54	319107	38.57	184455	49.04	492693	23.11	1207	50.12
岱岳支行	68	312696	3.73	201930	15.55	219697	38.49	543	-6.06
新泰支行	154	916009	12.58	626383	14.39	451907	-20.89	1572	-5.02
肥城支行	124	808131	10.79	561742	15.72	354128	-6.32	973	-13.89
东平支行	45	193017	15.55	147430	13.02	232630	-3.27	674	25.28
宁阳支行	65	274756	-7.69	202175	16.49	145247	32.87	343	14.72
合　计	948	4522288	11.06	2760763	14.76	2923817	0.98	9097	0.74

列第 5 位、第 4 位。本外币各项贷款（含信用卡）余额 294 亿元，较年初增长 2.97 亿元，增幅 1.02%。其中个人贷款新增 16.62 亿元。全年累计投放公司贷款 84.96 亿元，剔除为外地客户工银租赁办理的 20.7 亿元融资业务到期且无法续作影响，法人贷款累放比上年增加 23.21 亿元。

普惠金融　全年累计为各类中小微企业发放普惠贷款 5.4 亿元。银监普惠口径贷款余额 10.48 亿元，较年初增长 3.51 亿元；人行定向降准口径贷款余额 9.53 亿元，较年初增长 3.3 亿元。年末，银监普惠口径贷款客户总量达 643 户，较年初增长 300 户。对小微企业贷款在内部资金转移价格上给予 25BP 的点差优惠，贷款平均利率水平 4.52%，有效降低中小企业贷款资金成本。

风险管理　全年累计处置不良贷款 5.27 亿元，较上年增加近 1 亿元。不良贷款（含银行卡）余额 7.04 亿元，较年初下降 1.49 亿元；不良率 2.39%，较年初下降 0.48 个百分点。实现不良贷款、不良率“双降”工作目标。法人受托资产处置清盘，法人逾期贷款剪刀差为 0。（王　振）

【中国农业银行股份有限公司泰安分行】　年末，该行辖一级支行 9 个，营业网点 73 个，在职员工 1494 人。全年纳税 8349 万元。连续 4 年保持省农行综合考评一类行，连续 4 年被省农行党委授予“创建‘四好’领导班子先进集体”称号。保持“省级文明单位”称号。

主体业务　各项存款余额达

11月28日，首枚世界文化和自然遗产普通纪念币——泰山币发行首日，中国农业银行泰安分行部署流动服务车到岱庙南门提供兑换服务
（王　旋　供）

2019 年中国农业银行泰安分行各支行（部）基本情况

表 19　　单位：人、万元

单　位	职工人数	人民币存款		其中：储蓄存款		人民币贷款		税　金	
		余　额	同比增 %	余　额	同比增 %	余　额	同比增 %	总　额	同比增 %
新泰市支行	239	1299323	11.75	975612	11.33	915697	–1.28	2025.5	–5.06
宁阳县支行	144	479429	9.08	329787	11.75	257440	41.57	415.99	17.47
肥城市支行	234	1130889	24.53	732779	13.72	598981	4.01	1158.90	–0.16
东平县支行	135	507472	8.32	317241	17.44	370691	27.48	402.2	4.10
泰山支行	234	993445	10.79	707600	10.62	619503	13.79	1318.13	10.7
岱岳支行	164	813422	16.21	532063	10.56	440537	29.69	1098.64	251.92
市分行营业部	51	573588	5.16	111976	15.35	337876	10.35	1052.06	–14.54
龙泽支行	31	169474	–23.71	68017	16.03	572824	68.56	741.99	–39.37
高新区支行	21	88989	19.16	58049	7.32	67099	76.63	136.01	31.04
市分行直管	241	19726	310.66	588	311.75	14	–42.50	—	—
合　计	1494	6075756	12.04	3833711	12.20	4180662	17.96	8349.43	3.13

607.58 亿元，全年增加 65.31 亿元，居全省农行第 2 位、4 家大型银行首位，其中对公存款增加 23.62 亿元、个人存款增加 41.69 亿元。各项贷款余额达 418.07 亿元，全年增加 63.64 亿元，居全省农行第 4 位，4 家大型银行增量占比 70.86%、居首位。

支持实体经济　加大信贷支持实体经济力度，全年获批泰安城区水生态治理、华能光纤预制棒等重点项目 7 个、授信 118 亿元，实现投放 46 亿元。落实主办银行制度，行长、副行长直接担任首席客户经理，量身提供综合融资服务，助力企业加快转型升级，年末“双 50 强”企业信贷余额达 68.51 亿元，当年新增 28.31 亿元，增幅 70.4%。该行作为唯一金融机构代表，在全市经济工作会议上作服务实体经济典型发言。

普惠金融　提升小微金融服务水平，全年普惠型小微贷款增加 5.5 亿元。强化产品创新，推广纳税 e 贷、资产 e 贷等线上融资新产品，实现小微企业融资线上申请、线上秒批，提升小微企业融资便捷性，累计发放纳税 e 贷 884 笔、3.4 亿元，资产 e 贷 244 笔、0.86 亿元。发展个人住房贷款、消费贷款、生产经营贷款，全年新增个人贷款 27.11 亿元，余额达 200.29 亿元。优化网点布局，强化智慧银行建设，优质服务考核保持全省农行首位。

（许　兵　王　旋）

【中国银行泰安分行】　该行辖属机构 28 个，在岗职工 670 人。其中，泰安城区网点总数 16 个（分行 1 个、管辖支行 3 个、经营性支行 12 个），各县（市）网点总数 12 个。连续第九年通过“省级文明单位”复审，连续第十年被评为“执行外汇管理规定 A 级”机构。全年缴纳税费 5713 万元。

8月7日，中国银行泰安分行举办中国银行手机银行“泰山惠玩”专区上线启动仪式　（张聪　供）

2019 年中国银行泰安分行基本情况

表 20　　　　　　　　　　　　　　　　　　　　　　单位：人、万元

单　位	职工人数	人民币存款		其中：储蓄存款		人民币贷款		税　金	
		余　额	较上年增 %	余　额	较上年增 %	余　额	较上年增 %	余　额	较上年增 %
市分行直管	252	649575	13.53	157310	8.81	596076	33.61	4251	1097.46
泰山支行	64	183790	0.78	110042	2.07	143300	−0.65	1343	27.03
东岳支行	64	151840	10.44	118196	7.62	115454	−32.72	938	44.12
岱岳支行	70	217258	11.52	161505	9.57	207697	5.16	2005	13.41
肥城支行	66	330244	−8.24	168659	13.1	302729	−1.42	2437	−252.12
新泰支行	78	441124	−3.33	261036	11.27	357866	−7.35	3702	−8.50
宁阳支行	47	179979	−4.97	91381	2.43	123387	12.38	1038	241.49
东平支行	29	103191	31.17	47311	10.12	174243	−12.11	1539	−34.80
合　计	670	2257001	3.96	1115440	8.77	2020756	3.06	17254	92.99

负债业务　本外币公司存款日均余额 266.79 亿元，较上年末增加 19.51 亿元，列山东中行系统第 1 位。其中，公司存款日均余额 134.74 亿元，较年初增加 10.91 亿元，个人存款日均余额 132.07 亿元，较年初增加 8.62 亿元。

资产业务　聚焦支持实体经济，全行人民币贷款余额 202.09 亿元，较年初新增 5.84 亿元。对接新旧动能转换项目 189 项，重点推进 51 项，贷款余额 8.32 亿元。民营企业贷款户数达 200 户，贷款余额达 48.84 亿元，支持“双 50 强企业”（领军企业 50 强、科技创新 50 强）贷款余额 53.24 亿元。累计叙做科技成果转化贷款 14 户，金额 6800 万元，转化贷款业务量居全市各家金融机构首位。加快处置存量不良资产，全行不良贷款余额 1.76 亿元，较上年下降 1.88 亿元。

国际业务　累计叙做国际结算 10.6 亿美元，叙做跨境人民币 6.4 亿元，市场份额列当地同业第 1 位。远期结售汇业务量 1.9 亿美元，同比新增 2603 万美元，增幅 17.02%。探索供应链融资模式创新，成功叙做系统内首笔军工行业买断融资业务。参与第二届上海进博会，为泰安企业更好地走出去发挥桥梁和纽带作用。成功承办跨境人民币政策培训多个培训班，为进出口企业做好政策支持。

科学管理　开展行业规范建设年活动。加强制度建设和机制建设，提升治理能力。组织开展“每周讲堂”、案件警示主题教育、“扫黑除恶宣传月”等活动，增强员工合规意识。实施闭环管理，解决经营管理中的各类问题，继续保持“无案件、无事故”内控目标，被中国银行山东省分行授予“中银卓越集体”称号。　　　　（张　聪）

【中国建设银行股份有限公司泰安分行】　该行辖县（市、区）支行 15 个，营业网点 45 个，在岗人员 1112 人。年末，一般性存款余额 333.1 亿元，比年初新增 35.1 亿元；

3月5日，中国建设银行泰安分行举办学雷锋“二十周年”庆典活动
（边晓冬　摄）

2019 年中国建设银行股份有限公司泰安分行各支行（部）基本情况

表 21　　单位：人、万元

单位	职工人数	人民币存款		其中：储蓄存款		人民币贷款		税金	
		余额	同比增%	余额	同比增%	余额	同比增%	余额	同比增%
分行直属	344	482694	2.88	306039	10.83	202305	18.45	534	-44.27
泰山支行	95	223604	19.35	149143	14.03	223355	-5.20	644	-0.46
市中支行	99	286139	19.31	213428	15.83	194959	37.58	529	36.75
新泰支行	94	427966	-0.91	299796	32.44	294519	38.15	818	31.96
新汶支行	81	482142	21.17	257341	-3.31	230489	-11.24	672	-17.10
肥城支行	124	592415	11.96	336193	16.86	330047	-5.86	762	-9.89
宁阳支行	46	151467	8.70	86714	24.47	154442	21.46	399	27.46
东平支行	41	111264	9.39	58909	24.54	291804	6.97	745	14.88
青年支行	39	69665	-25.49	34216	20.47	47452	-54.09	128	-54.94
东岳支行	40	93482	2.72	31825	-38.20	89799	-13.97	273	7.09
岱宗支行	28	113626	77.02	58698	83.80	113522	170.91	270	110.32
农大支行	26	52172	-45.97	39289	-33.32	58091	134.63	163	146.07
大河支行	25	127784	142.44	71711	101.20	31211	-51.84	65	-59.54
高新支行	15	52324	41.73	28111	27.82	46180	53.88	23	—
东城支行	15	43041	27.57	38834	24.97	21607	37.63	—	—
合计	1112	3309785	11.63	2010248	15.02	2329780	8.04	6244	1.96

各项贷款余额 233.48 亿元，比年初新增 16.27 亿元；中间业务净收入 2.06 亿元。在国家外汇管理局 2019 年度外汇业务合规与审慎经营评估中，被评为 A 级行；反洗钱被人民银行评为 A 类行。

综合融资　加大实体经济支持力度，累计投放对公贷款近 60 亿元。带头营销泰安市重点企业和项目，全年批复重点项目 5 个，金额 42.17 亿元，储备重点项目 7 个，金额 55 亿元。重点产品建融智合平台客户数 608 户，药品生产企业 24 家，药品批发企业 37 家，货车 ETC 签约总量 4.44 万户，居同业第 1 位。

普惠金融　普惠金融贷款比年初新增 6 亿元，贷款余额 19.2 亿元。普惠个贷余额 8.95 亿元，比年初新增 3.13 亿元。重点产品“惠懂你”APP 累计下载 1.72 万次。“小微快贷”客户 851 户，比年初新增 437 户，贷款余额 6.89 亿元，比年初新增 4.44 亿元。其中，“抵押快贷”379 户，贷款余额 4.92 亿元，较年初新增 3.42 亿元。利用“小微快贷”平台，基于结算、AUM、房产抵押、代缴税等行内数据，以及纳税、用电、政府采购合同等外部数据，挖掘符合准入条件的优质客户，加强线上主动营销，提高精准营销效率。

条线亮点　全力服务机构客户，市级政府合作市场占比 85%，县（区）级政府合作市场占比 43.5%。与泰安市退役军人事务局、泰安市农业农村局签署战略合作协议，独家代理市直机关单位社保代收业务，实现市、县级居民社保征缴业务全覆盖。扩大外汇客户群，全年累计实现国际收支量 5.35 亿元，拓展国际收支客户 219 户。全年对公商户总量 3654 户，新增 885 户；网络特约活跃商户新增 1844 户；信用卡客户净增 1.24 万户；裕农通乡村覆盖度系统第 1；ETC 累计签约总量 20.73 万户，签约总量及新增均居同业第 1 位。　　（贺辰雨）

【交通银行泰安分行】　该行辖县（市、区）人工网点 9 个，自助网点 9 个（含离行单体 3 个），在用现金类设备 43 台，非现金类自助设备 42 台，职工 203 人。年末，交通银行泰安分行存款余额 80.80 亿元，较年初增加 2.46 亿元；贷款余额 70.64 亿元，较年初增加 4.07 亿元。实现中间业务净收入 2194 万元。实现经营利润 1.09 亿元，缴纳税款 2210 万元。

服务实体经济　支持泰安重点

3月26日，交通银行山东省分行党委书记、行长于启春（右三）到交通银行泰安分行调研指导　　（刘梦冉　供）

战略项目建设，全年授信批复棚改项目、市政道路、山水林田湖草等市级政府类重点项目共计47.24亿元。推进普惠小微企业投放，强化对普惠业务的授信支持，提升普惠授信业务审批时效，全年累计批复小企业93户、金额7.06亿元，其中新增客户19户，新增小微企业贷款1.48亿元。为企业办理无还本续贷业务11户，累计金额10亿元以上。

普惠金融　年末，两增口径贷款余额为8.35亿元，较年初新增2.94亿元，比任务计划数多增1.94亿元，计划完成率294%。两增口径贷款户数206户，较年初新增116户，比任务计划数多增46户，计划完成率166%。普惠条线小企业授信客户新增24户，授信金额1.9亿元。线上优贷通业务实现申请户数22户，提款14户，金额48万元；线上税融通申请238户，提款4户，金额225万元；线上抵押贷申请111户，额度生效80户，金额8345万元。

风险管控　加大不良资产清收处置力度，全年累计实现现金清收7713万元。与法院沟通，推进诉讼案件进度，年内新增诉讼9户，年末取得终本裁定6户，已核销6户、金额5963万元。同时通过重组手段缓释风险11户，金额10.03亿元，已完成放款6户、1.47亿元。至年末，该行不良贷款余额为2424万元，较年初下降6385万元，不良率仅为0.34%，不良贷款实现双降。

（刘梦冉）

【泰安银行】　年末，该行资产总额652.98亿元，较年初增加115.81亿元，增幅21.56%；负债总额598.75亿元，较年初增加97.88亿元，增幅19.54%。各项存款余额521.35亿元，较年初增加88.87亿元，增幅20.55％；贷款余额327.66亿元，较年初增加

2019年交通银行泰安分行各支行（部）基本情况

表22　　单位：人、万元

单　位	职工人数	年末人民币存款		其中人民币储蓄存款		年末贷款	
		余　额	同比增％	余　额	同比增％	余　额	同比增％
分行营业部	18	285484.78	12.22	57219.20	13.94	178723.62	21.38
岱岳支行	11	129030.63	98.75	25763.74	11.52	50777.78	27.38
望山支行	8	58854.18	41.72	29087.29	46.62	12070.85	–5.33
岱北西路支行	9	51242.38	–6.41	41437.95	7.14	45500.02	6.66
花园支行	9	32549.31	2.83	26587.79	24.10	8775.04	31.34
文化东路支行	10	44391.62	–24.23	18818.04	–8.64	13012.48	15.55
向阳支行	10	58163.12	0.08	37454.22	6.57	26871.27	9.17
新泰支行	14	116136.79	–24.03	25889.90	17.18	270904.58	–0.78
肥城支行	15	32079.64	15.81	15486.30	48.45	99793.44	–2.70
合　计	104	807932.44	8.52	277744.43	12.23	706430.07	6.13

2019 年泰安银行基本情况

表 23　　单位：人、万元

单 位	职工人数	年末存款		其中储蓄存款		年末贷款	
		余 额	同比增 %	余 额	同比增 %	余 额	同比增 %
长城路管辖行	116	679981	32.17	423254	12.23	515803	7.98
市政中心管辖行	98	738931	12.56	421626	12.09	318712	-5.49
泰西管辖行	108	598214	7.06	303574	7.75	431077	54.88
岱宗管辖行	111	604086	8.76	356101	0.23	387560	37.08
红门管辖行	97	568647	18.00	361797	12.46	235984	41.81
高新区管辖行	70	244738	119.84	195412	83.99	129727	6354.87
新泰管辖行	112	414960	-0.36	306537	35.48	167947	27.23
肥城管辖行	101	324287	32.35	245363	35.09	152308	132.13
宁阳管辖行	73	259517	22.18	125158	32.19	90422	-12.75
东平管辖行	88	268185	47.92	181336	49.07	480450	8.02
济南分行	60	191241	352.22	16472	70.01	129500	576.05
合计（含总部机关）	1394	5213460	20.55	2940597	18.30	3276606	32.97

81.24 亿元，增幅 32.97 %。实现拨备前利润 10.92 亿元，较上年增加 3.38 亿元，增幅 44.79%；实现净利润 5.02 亿元，较上年增加 0.77 万元，增幅 18.19%。年末，该行共有支行 74 家、营业部 1 家；在济南设有异地分行 1 家，支行 1 家。

存款业务　年末，该行存款余额 521.35 亿元，较年初增加 88.87 亿元，增幅 20.55 %。其中，储蓄存款 294.06 亿元，较年初增加 45.5 亿元，增幅 18.30%；对公存款 164.50 亿元，较年初增加 18.97 亿元，增幅 13.04%；保证金存款 62.78 亿元，较年初增加 24.40 亿元，增幅 63.57%。

贷款业务　年末，该行贷款余额 327.66 亿元，较年初增加 81.24 亿元，增幅 32.97 %。其中，贷款 312.05 亿元，较年初增加 73.81 亿元，增幅 30.98%；票据贴现 15.61 亿元，较年初增加 7.43 亿元，增幅 90.76%。贷款中，公司类贷款 232.40 亿元，较年初增加 58.78 亿元，增幅 33.85%；个人类贷款 79.65 亿元，较年初增加 15.04 亿元，增幅 23.28%。

其他业务　该行银行卡累计发卡量 116.5 万张，电子银行客户数累计达 59.71 万户，电子渠道办理业务 896 万笔，交易金额达 2683 亿元，电子银行柜面业务替代率达 86.13%。

经营管理　年内，该行完成增资扩股，新增资本 14 亿元，不良贷款率降至 1.89%。服务全市新旧动能转换，为新旧动能转换的 10 个行业、55 家企业提供授信支持 57.41 亿元，为工业领军 50 强企业提供信贷支持 40.2 亿元，为科技创新 50 强企业提供信贷支持 4.9 亿元。打破民营企业融资的“玻璃门”“旋转门”和“弹簧门”，民营企业贷款规模达 140.28 亿元，较年初增加 41.04 亿元，在全行贷款总额的占比达 60.5%，民营企业贷款增速高于全行贷款增速。完善内控合规管理体系，开展“夯实内控基础，塑造合规文化”活动，完善内部审计体系，加强风险管控措施。通过优化服务环境、提升服务技能、创新零售产品等措施，提升市民金融服务获得感。（陈　潇）

【山东省农村信用社联合社泰安审计中心】　年末，辖农村商业银行 6 家、营业部 6 家、支行 124 家、分理处 121 家，在岗员工 3472 人，其中拥有大专以上学历的员工 3222 人，中级以上技术职称的 713 人。年内，实现拨备前利润 12.82 亿元，实缴税金 3.45 亿元。

存款业务　年末，各项存款余额 1019.05 亿元，较年初增加 90.15 亿元，增长 9.71%，存款市场占有率 24.66%，新增存款市场占有率 19.75%，其中，储蓄存款余额 877.77 亿元，较年初增加 85.75 亿元；单位存款余额 105.13 亿元。

贷款业务　年末，各项贷款余额 584.88 亿元，较年初增加 64.02 亿元，同比多增 4.75 亿元，贷款市场占有率 21.69%，新增贷款市场占

2019年泰安市农村商业银行基本情况

表24　单位：人、万元

单　位	在岗职工人数	年末存款		其中储蓄存款		年末贷款		税　金	
		余　额	增幅%	余　额	增幅%	余　额	增幅%	总　额	同比增%
泰山农商银行	566	1295898	4.15	904991	8.02	879493	12.44	7050	8.85
岱岳农商银行	666	2435840	10.14	2152636	12.19	1435021	13.46	8199	19.75
新泰农商银行	703	2017872	10.33	1756493	10.04	1118982	14.74	6506	-3.60
肥城农商银行	579	1922236	9.32	1741293	10.42	1136302	9.25	4723	-20.82
宁阳农商银行	458	1210605	12.64	987351	10.27	623115	14.37	3640	-2.65
东平农商银行	465	1308053	11.70	1234920	12.76	655874	9.04	4320	65.20
审计中心	35	—	—	—	—	—	—	70	-46.97
合　计	3472	10190504	9.71	8777684	10.83	5848787	12.29	34509	6.10

有率19.33%。其中，涉农贷款余额378.73亿元，较年初增加17.93亿元，增幅4.97%；消费贷款余额185.67亿元，较年初增加54.22亿元；抵质押贷款新增7.74亿元，新增占比14.95%，抵质押贷款余额达219.28亿元，余额占比42.86%。

中间业务　年末，实现中间业务收入2943.25万元；银行卡存量628.94万张，卡均存款余额2962.95元，其中发行社保卡247.07万张；签约智e通客户数57.02万户；银联传统POS存量1.07万台；聚合支付商户8.44万户；布放农金通2935台；电子渠道替代率86.04%；累计实现代理国际业务结算量1738.99万美元。

深化改革　推进政府帮扶事项，至年末，全市农商银行政府帮扶清收5.13亿元；协调配合公检法等部门，严厉打击逃废金融债务行为，全市农商银行通过开展打逃债活动收回不良贷款5.67亿元；开展“清收风暴”行动，全市农商银行清收盘活不良贷款7421笔、金额15.15亿元。调整信贷结构，将信贷投向回归“支农支小”、专注小微、攻关个贷，切实推动信贷结构向小、向优调整转变。至年末，全市农商银行实体贷款余额511.81亿元，比年初增加51.75亿元，增幅11.25%。其中，零售贷款余额319.39亿元，比年初增加71.24亿元，余额占比54.61%，新增占比111.29%。　（翟　曜）

8月28日，山东省农村信用社联合社泰安审计中心召开全市农商银行“园丁贷”“人才贷”产品推介新闻发布会　（翟　曜　供）

【中国邮政储蓄银行泰安市分行】

该行辖一级支行5个和二级支行21个，内设12个管理机构。年末，全行从业人员526人。先后获泰安金融微笑天使“最具贡献奖”“千家企业百日行”先进单位、泰安市金融系统“文明服务窗口”等称号。

负债业务　年末，各项存款余额370亿元，同比增加16亿元，增幅4.52%。其中，个人存款余额350亿元，点均净增居全省第2位；公司存款余额20亿元。

资产业务　年末，各项贷款余额98亿元（含新矿债券融资计划8亿

2019 年中国邮政储蓄银行泰安市分行基本情况

表 25　　　　单位：万元

单　位	个人总资产						对公存款	信贷业务			
	时点余额净　增	理财保有量净增（月日均）	国债销量	基金有效销　量	代理保险销　量	年增合计	年　增	小额年增	消费年增	公司授信	票　据
新泰支行	339	–1099	3619	1276	3491	7627	–3656	9279	17256	40000	45113
肥城支行	11944	1254	2711	690	2386	18986	–8758	6688	2577	—	102769
宁阳支行	7318	–185	2132	966	1831	12062	–43058	7169	1722	—	3284
东平支行	9916	–516	987	520	1757	12665	–6874	3485	2826	—	606
郊区支行	9259	–7480	3356	2820	4286	12241	533	7311	9054	300000	16134
直属支行	9359	230	5559	2176	2485	19809	978	2542	23725	—	12730
合　计	48136	–7794	18364	8449	16237	83391	–60835	36473	57160	340000	180637

元），增幅 50%，增长率居全市同业第 1 位。其中，小额贷款余额 11.8 亿元，年增 3.7 亿元，余额和年增均创历史最高水平；消费贷款方面成功准入新楼盘 25 家，总授信 32 亿元，余额 37 亿元，年增 5.7 亿元；全年发放公司贷款 22 亿元，余额达 22.3 亿元，完成率 128%；全年净增 9.8 亿元，居全省第 3 位，完成率达 196%。全年发放零售贷款近 50 亿元，支持创业就业。涉农贷款余额达 30 亿元，完成金融精准扶贫、绿色信贷、普惠小微贷款计划。至年末，不良贷款余额 1904 万元，不良率 0.21%，资产质量居全省邮储银行系统首位。

中间业务　信用卡全年进件 5.8 万件，累计发卡 3.3 万张，完成率 106%，结存卡突破 10 万张，新客率 77%，居全省第 3 位。社保卡发卡 30 万张，居全省第 2 位，创历年最高，其中，退役军人卡发卡 665 张；ETC 卡发卡 1.3 万张；腾讯联名卡发卡 9200 张，卡均余额 6500 元。全年加办手机银行 4.2 万户，提前 1 个月完成全年计划；快捷支付绑卡 4.6 万户；收单商户新增 2800 户，完成率 217%，联动日均存款 7200 万元。　（杨　虎）

4月27日，中国邮政储蓄银行泰安市分行党委开展“青春心向党，建功新时代”主题宣传教育活动　（杨　虎　摄）

【兴业银行泰安分行】　该行营业机构包括营业部、肥城支行、岱岳支行以及光彩大市场、嘉德现代城、山景叠院、普照、东湖、岱东、肥城上海花苑 7 家社区支行，设立企金业务营销团队 2 个、管理部门 7 个；全行员工共 128 人，其中编内 114 人、编外 14 人。

负债业务　年末，各项负债总额 100.11 亿元，较年初增加 16.02 亿元，增幅 19.06%；存款余额 85.58 亿元，较年初增加 21.25 亿元，增幅 33.02%。其中，单位存款余额 63.84 亿元（含保证金存款），较年初增加 16.07 亿元，增幅 33.64%；个人存款余额 21.74 亿元，较年初增加 5.19 亿元，增幅 31.40%。

资产业务　年末，各项资产总额 101.55 亿元，较年初增加 17.16

亿元，增幅 20.34%；各项贷款余额 98.03 亿元，较年初增加 12.01 亿元，增幅 13.97%。其中，个人贷款余额 59.32 亿元，较年初增加 12.12 亿元，增幅 25.68%；单位贷款余额 38.71 亿元，较年初增加 1.88 亿元，增幅 5.10%。

资产质量　年末，不良贷款余额 0.63 亿元，较年初下降 1.11 亿元，降幅 63.79%，不良率 0.65%，较年初下降 1.38 个百分点。（陈乃鹏）

【莱商银行泰安分行】　该行辖营业网点 7 家（分行营业部、新泰支行、岱岳支行、肥城支行、东平支行、宁阳支行、高新区支行），实现泰安各县（市、区）网点全覆盖，内设企业金融部、零售金融部、业务运营部、信用风险评审部、合规风险管理部、综合部 6 个管理型部室，合同制在编职工 115 人。年末，各项存款余额 53.85 亿元，较年初增加 15 亿元，增长 38.69%；各项贷款余额 36.81 亿元，较年初增加 3.46 亿元，增长 10.39%；实现账面利润 1.35 亿元，较上年增加 6053 万元。

信贷投放　围绕重点领域和主导产业，加大实体经济支持力度。扶持新旧动能转换名单企业 20 家，授信总额 24.17 亿元；支持“双 50 强”企业 22 家，授信总额 21.58 亿元。

普惠金融　坚持服务中小企业的市场定位，以“普惠发力”助推普惠金融业务。至年末，双增普惠金融贷款余额 7.28 亿元，涉及客户 191 户，涉农贷款 16.86 亿元，其中新型农业经营主体贷款 1.07 亿元，普惠型涉农贷款 3.78 亿元，精准扶贫贷款 3475 万元，扶持建档立卡贫困户 266 户，定向降准小微贷款 8.04 亿元，创业担保贷款 5005 万元，有效支持普惠金融，履行社会责任。年内，线上产品税易贷正式上线，全年为 28 户小微企业授信，授信额度 1862 万元。

金融服务　利用小微信用贷、创业担保贷、税易贷、惠农贷、政府采购贷等新产品，搭建基础客户产品库，拓宽金融服务发展渠道。提高员工技能水平，在总行第十二届业务技能比赛中取得团体第 3 的成绩。推进网点规范化文明服务，确保各网点厅堂环境和服务通过总行营业网点规范服务达标检查，辖内宁阳支行和岱岳支行被评选为优秀。加强数字化产品推广，简化贷款手续，全程线上操作，以“莱 e 贷”及“蜂蜂贷”为核心产品，服务城乡居民。（白宇辰）

【济宁银行泰安分行】　该行下辖营业部、宁阳支行、泰山支行、肥城支行、新泰支行营业网点 5 个，在岗人员 78 人。年内，被济宁银行总行授予“超千亿突出贡献奖”荣誉和“2019 年先进集体”“好班子”称号。

资产业务　年末，各项贷款余额 21.25 亿元，较年初增加 0.71 亿元，增幅 3.44%。其中，公司类贷款余额 19.07 亿元，零售类贷款余额 0.87 亿元，表外业务余额 19.64 亿元，较年初增加 7.61 亿元，增幅 63.23%。

负债业务　年末，各项存款余额 28.74 亿元，较年初增加 10.31 亿元，增幅 55.91%。其中，储蓄存款 8.01 亿元，单位存款 11.35 亿元，保证金存款 9.30 亿元。（施国一）

【齐鲁银行泰安分行】　该行辖 5 家支行，1 家支行正在筹建中，有员工 120 人。年末，全行总资产 77.06 亿元，较年初增加 23.22 亿元，增长 43.12%；各项存款 72.87 亿元，增长 45.59%；各项贷款 51.65 亿元，增长 16.35%。实现净利润 1.4 亿元，纳税总额 2385.97 万元。

业务发展　6 月 28 日，岱岳支行开业，进一步延伸金融服务覆盖面。年内，为泰安市中小企业放款 2122 笔次，贷款总金额 7.82 亿元。依托网贷平台向泰安市企业提供流动资金贷款，每年为 300 家小微企业

12月31日，市委常委、副市长宋洪银（前排右一）一行赴齐鲁银行泰安分行走访慰问（孙小珺　摄）

提供1.5亿元贷款。提升对公存款规模，对公存款余额73.02亿元，新增22.64亿元，增幅53%。通过现金管理平台吸收客户存款日均达32.97亿元，较年初新增21.45亿元。创新供应链业务，实现首笔500万元1+N保理业务落地、首笔1000万元应收账款质押业务办理，成功推广4笔共计3400万元政府采购贷业务办结。

活动开展 开展“帮助困难群众过好冬过好年”“金秋送暖”等公益性活动，走访慰问困难群众30户；组织开展以“践行十九大精神，重温革命历程”为主题的系列活动。在山东省公安厅组织的全省单位内部治安保卫工作评选中获“全省单位内部治安保卫工作成绩突出集体”称号。 （孙小珺）

【天津银行泰安分行】 年末，该行有员工60人，各项存款余额33.5亿元，表内贷款余额33.7亿元，为180家企业提供信贷支持，开立对公和个人结算账户1.5万户，上缴利税增幅10%。

业务拓展 加强对“双50强”企业信贷支撑，工业领军50强企业和科技创新型50强企业融资余额11.32亿元，较上年增加5.86亿元。推进供应链融资业务，“中企云链”授信余额1亿元。

信贷支持 加大对普惠型小微企业及民营企业的支持力度，提高审批效率，优化放款环节，提高信贷获得便捷性，通过“商超e贷”等产品线上自营贷款产品，小微企业贷款53户，余额7335万元。

（周 言）

【中国民生银行股份有限公司泰安分行】 该行下辖营业网点3家，内设10个部室，有员工71人。35岁及以下员工占比74%，具有本科及以上学历员工占比96%，中共党员及预备党员占比51%。

存款业务 年末，各项存款余额53.95亿元，较年初增加13.76亿元，增幅34.24%。其中，储蓄存款余额7.52亿元，较年初增加3.98亿元；对公存款余额42.17亿元，较年初增加12.32亿元；保证金存款4.25亿元。

贷款业务 年末，各类资产投放余额56.97亿元，较年初增加14.08亿元。其中，各项贷款余额35.28亿元。从贷款期限看，短期贷款余额13.55亿元，占比38.4%；中长期贷款余额21.55亿元，占比61.6%。从贷款企业规模看，大型企业贷款余额14.67亿元，占比41.59%；中型企业贷款余额10.90亿元，占比30.88%；小微企业贷款余额2.99亿元，占比8.44%；个人经营性贷款2.71亿元，占比7.69%。

表外业务 银行承兑汇票余额23.45亿元，较年初增加1.84亿元；保函余额2.44亿元，较年初增加1.17亿元；信用证余额5.15亿元，较年初增加0.56亿元。

盈利情况 全年实现净利润9641.69万元，较上年增加3200.80万元。其中，利息净收入6749.79万元，较上年减少3051.30万元；中间业务收入1326.12万元，较上年增加142.98万元；其他业务收入5077.68万元，较上年增加4334.11万元。

（张嘉楠）

【上海浦东发展银行泰安分行】 该行设置营业网点2处，有职工46人。年末，资产规模60亿元，年实缴税款1529.71万元，同比增长81.24万元。年内，该行成功创建中国银行业文明规范“五星级”营业网点，获市级文明单位。

负债业务 年末，实现各项存款日均余额39.52亿元，较年初增加13.10亿元。

资产业务 年末，各项贷款余额28.46亿元，较年初下降5.51亿元。

信贷投放 该行在深化调整客户结构、强化客户经营上下功夫，开展“首贷”培植行动、推广山东省融资服务平台及应收账款融资服务平台，扶持民营及小微企业，支持三农发展，支持新旧动能转换，有效支持实体经济发展。年内，该行小微企业贷款金额计划增加170万元，实际完成超过3000万元，完成计划指标的17倍。

金融服务 该行个人手机银行业内率先推出SWIFT GPI境外汇款业务、“浦发个人贷款”小程序，为客户提供多样化、场景化、个性化的金融服务，构建开放共享、互惠共赢的金融生态圈。优化房屋预售资金监管、“房屋E售”等现金管理业务和“e企付”、集团资金管理、结算性融资、在线账款管理等单位金融产品和“普发宝”“同享盈”等储蓄和理财产品。 （黄 磊）

【中国光大银行泰安分行】 该行设营业部1处、同城支行1处、内设5部1室，离行自助设备2台，员工61人。年末，存款时点总量实现23.79亿元，其中对公存款时点18.82亿元，对公日均37.78亿元，较上年增加7.7亿元，增长25.6%。零售存款时点4.96亿元，零售日均4.34亿元，较上年增加0.80亿元，增长23%。

对公业务 年末，对公累计开户789户，公司存款余额18.82亿元，发挥集团联动优势，支持新旧动能转换，支持实体经济发展，上报并取得批复34户，授信金额41.18亿元。贷款余额12.93亿元，银行承兑汇票余额2.31亿元，信用证、保函等贸金业务余额7.16亿元。开发一批以石横特钢、山能重装、航天特车为代表的新旧动能转换重点企业，其中通过激活1亿元闲置授信打通上下游，为航天特车70年国庆阅兵保质保量保时用车提供配套支持，全程推进山能重装10亿中票业务的发行。优化升级银联代付业务，被总行确定为"阳光智付"全国三大清算中心之一，成功实现由银联代付向阳光智付的品牌融合。

零售业务　加快零售增长，增强应对能力，面对"客户荒，增收难"的考验，注重提升员工零售营销能力，执行侧重零售业务发展的考核评价体系，加强渠道和平台搭建，绑定公私联动发展，零售客户较年初新增1.8万人，对私存款、九项资产、个人贷款、出国金融、信用卡等业务都有全面发展。年末，对私存款余额达4.96亿元；对私存款日均3.34亿，较年初新增0.8亿元；九项资产余额近9.44亿元，较年初增加0.23亿元；个人贷款投放1032笔、投放金额1.62亿元。

转型探索　优化升级银联代付业务，在原36家合作单位的基础上，选取通联支付、深圳快付通、山东高速等优质客户进行深入合作。上半年累计交易量3085亿元，日均存款24.77亿元，新增核心日均存款13.64亿元，占济南分行核心日均新增的51.51%。（宋礼鹏）

保险业

【概况】　年末，驻泰安保险公司59家，其中财产险公司27家、人身险公司32家。全市县级以下分支机构314家，其中财产险公司136家、人身险公司178家。保险专业中介法人机构4家，中介分支机构170家。全市保险从业人员达5.6万人。

【行业发展】　2019年，全市保险业保费收入130.06亿元，增长5.38%。其中，财产险公司实现保费收入28.88亿元，增长10.96%；人身险公司实现保费收入101.18亿元，增长4%。全年累计各项赔款和给付支出34.18亿元，增长4.85%，其中财产险赔款支出14.95亿元，增长10.17%；人身险赔款（给付）支出19.23亿元，增长1.05%。全年上缴税款1.66亿元，代征车船使用税2.86亿元，合计4.52亿元。

【行业自律】　配合监管部门整治市场乱象，制定《机动车保险条款、费率违法违规举报制度》。从4月开始，对车险签单保费增速异常的公司下发业务质询函，并由车险执行监督小组进行面对面质询。为控制经营风险，确保承保有效益，财险公司主动承诺并签署《营业性货车商业险承保折扣承诺书》。落实"行业规范建设年"及规范市保险中介市场的工作要求，通过召开公司总经理研讨会议及与部分公司进行调研了解等方式，对产、寿险中介市场情况进行专题调研，并形成调研报告报泰安银保监分局。进一步规范人身保险新单回访行为，维护保险消费者合法权益，按照《2019年山东省人身保险新单回访自律检查实施方案》要求，对部分公司开展自律检查。在泰安银保监分局召开的全市财产险市场乱象整治工作情况通报会上，各财产险公司主要负责人签订《车险合规经营承诺书》。召开各财险公司总经理会议，共同签署《车险市场增速异常标准报行合一承诺书》。关注人身险公司13个月继续率指标，不定期深入公司展开调研，对月度测评指标不理想的公司调取相关保单催缴电话回访录音，抽检电话回访质量。

【行业宣传】　开展"3·15"消费者权益保护日宣传活动。3月15日，组织驻泰安57家保险机构在光彩大市场开展以"以消费者为中心优化服务"为主题的宣传周活动。开展"7·8"全国保险公众宣传日宣传活动。7月8日，组织驻泰安59家保险机构和保险中介法人机构1000人在泰山彩石溪开展主题为"爱国爱家，从一份保障开始"扶贫公益跑活动。开展"爱，从一份保障开始""爱岗爱业，从规范自我开始"主题短视频征集等活动。做好《泰安保险》编印工作，全年共出刊5期，期刊除向各兄弟协会交流外，还向监管部门、政府部门、会员公司上级分公司定期发送，每期交流200本。推动协会门户网站发展。全年网站推送信息756条，其中公司动态498条、行业新闻20条、百花园地108条，其他栏目共计130条。

【行业培训】　4月17日，协会与市企业与企业家联合会共同举办"公司经营与资本运作"高端培训，驻泰安部分保险机构总经理（副总经理）参加培训。8月16日，协会开展全市保险机构高级管理人员合规培训，驻泰安各保险三级机构和四级机构以及保险中介法人机构主要负责人226人参加培训。10月17日，协会举办信访处理和消费者权益保护培训班，全市59家保险机构分管消保工作的副总经理和消保工作负责人及保险专业中介法人机构相关

2019 年 12 月泰安市财产保险业务情况

表 26

单位：万元

单位	险种	承保数量/户/辆/笔 当期	承保数量/户/辆/笔 累计	保险金额（万元）当期	保险金额（万元）累计	保费收入（万元）当期	保费收入（万元）累计	同比增长%	市场份额%	赔款件数 当期	赔款件数 累计	赔款金额（万元）当期	赔款金额（万元）累计	赔付率%
全市总计	企财险	1852	3975	–6941.13	5911774.64	60.31	4901.35	1.11	100	37.00	383.00	194.57	1625.61	33.17
	机动车交强险	95771	866622	1369191.78	10390317.17	7391.11	69108.82	10.90		7422.00	68349.00	4009.40	34436.13	49.83
	机动车商业险	80707	814894	7010426.98	66646368.24	12898.82	143717.46	4.32		6878.00	66172.00	8464.88	65618.90	45.66
	家财险	8020	76565	216771.91	3325622.80	40.00	2014.18	19.75		577.00	7768.00	49.52	740.49	36.76
	责任险	7739	50299	1860218.38	29883223.55	–8.34	14953.46	42.91		319.00	3323.00	834.41	4736.79	31.68
	保证险	448	3889	4680.60	265562.26	688.55	7557.10	–4.70		67.00	719.00	272.03	2889.54	38.24
	工程险	5	85	21.36	434289.24	0.60	638.31	202.51		1.00	28.00	13.24	373.04	58.44
	货运险	1300	19445	135879.28	1831156.18	52.49	724.22	40.59		7.00	79.00	13.60	269.46	37.21
	意外险	30964	428970.43	2902855.99	30183233.02	562.07	7812.28	43.42		355.00	3158.00	395.56	2498.59	31.98
	健康险	9055	128966	124384516.83	280331487.40	–4473.37	17031.82	30.25		31817.00	282512.00	3609.26	19690.43	115.61
	农业险	656	396566	25645.87	560191.31	1092.80	19859.24	30.23		7960.00	36001.00	6331.76	16726.83	84.23
	其他险	468	4070	332.33	37498.39	64.92	466.12	–39.16		2.00	21.00	184.90	459.39	98.56
	小计	236985	2794346.43	137903600.17	429800724.20	18369.96	288784.36	10.96		55413.00	467726.00	24409.56	149519.00	51.78

2019 年 12 月泰安市人身保险业务情况

表 27

单位：万元

单位	项目	保险种类	保费收入（当月）首期	保费收入（当月）续期	保费收入（当月）小计	保费收入（累计）首期	保费收入（累计）续期	保费收入（累计）小计	同比增长%	市场份额%	退保支出（累计）	赔款支出（累计）满期给付	死伤给付	医疗给付	年金支付	赔款支付
全市合计	团体业务	人寿保险	638.01	483.94	1121.95	8227.65	5251.68	13479.34	48.48	100	1213.53	136.67	304.86	110.48	2356.11	60.00
		意外保险	666.36	2.18	668.54	9213.44	21.97	9234.34	17.06		1.18	0.00	20.00	36.97	5.39	2830.26
		健康保险	–2841.43	161.42	–2680.01	26810.29	2579.97	29391.33	12.14		77.41	0.00	195.64	1.39	3.59	24724.68
		分红保险	14.83	79.57	94.40	478.55	2466.71	2945.25	-35.10		1560.67	682.37	15.65	0.00	73.23	0.00
		小　计	–1522.23	727.11	–795.12	44729.93	10320.33	55050.26	15.37		2852.79	819.04	526.15	148.84	2438.32	27236.63
	个人业务	人寿保险	3824.86	10461.03	14285.89	78021.64	212423.44	290445.06	22.65		9248.01	15035.83	6668.23	8289.67	19081.71	2028.03
		意外保险	566.19	451.33	1017.52	4407.10	6057.91	10821.42	21.27		194.99	358.16	249.19	261.22	41.93	736.75
		健康保险	3145.80	6796.27	9942.07	62777.00	112205.78	174626.41	41.57		1819.44	1240.75	6386.11	12968.27	79.97	7822.52
		分红保险	1938.71	8541.77	10480.48	27668.00	200573.53	228241.51	-5.67		20567.78	20267.57	3088.25	1685.73	13204.09	192.48
		小　计	9475.56	26250.40	35725.96	172873.74	531260.66	704134.40	15.23		31830.22	36902.31	16391.78	23204.89	32407.70	10743.16
	银行业务	人寿保险	9342.45	2687.66	12030.11	48050.14	58813.13	106863.28	-37.47		89957.43	8186.57	483.01	409.71	4783.01	32.29
		意外保险	54.48	1.58	56.06	906.43	30.66	1081.37	-34.10		22.03	0.00	0.00	0.00	0.00	233.99
		健康保险	328.76	60.88	389.64	5982.12	1259.97	7098.43	92.86		751.85	170.36	64.43	13.48	0.00	448.63
		分红保险	1194.42	918.05	2112.47	93811.13	44060.07	137870.57	-0.76		35713.50	23250.41	386.98	296.95	2668.47	39.57
		小　计	10920.11	3668.17	14588.28	148749.82	104163.83	252913.65	-19.74		126444.81	31607.34	934.42	720.14	7451.48	754.48
	合　计		18873.44	30645.68	49519.12	366353.49	645744.82	1012098.31	3.92		161127.82	69328.69	17852.35	24073.87	42297.50	38734.27

7月8日，"7·8保险扶贫公益跑"活动在泰山彩石溪举行　（赵　强　摄）

人员123人参加培训。10月29日，协会联合市企联就"新常态下的中国经济发展与转型"进行培训，19个保险机构主要负责人参加培训。

【服务会员】①保险反欺诈工作。配合公安部门接受疑似保险欺诈案件线索43件，正式立案4起，刑事拘留23人，涉案金额430万元，挽回或减少经济损失150万元。②保险纠纷调解和诉调对接工作。协会共登记受理保险纠纷调解案件47件，成功调解28件，达成书面调解协议26件、口头协议2件，调解金额103.5万元。其中，投诉转调解的案件28件，成功调解26件，诉调对接案件19件，成功调解2件。③维护保险消费者合法权益。协会消保分中心共计处理保险投诉和保险咨询504件（含银保监分局转"12345"投诉315件），增长74.39%，其中电话投诉189件、到访28人次（含重访），通过多次电话沟通调解处理，使各类投诉得到满意答复。通过消费者权益保护平台审核消费者投诉81件，通过保险离职管理平台审核处理63件。　（赵　强）

【中国人民财产保险股份有限公司泰安市分公司】　年末，该公司全口径实现保费收入10.54亿元，增长11.1%，高于市场1.35个百分点。非大病保费收入9.57亿元，增长9.75%。整体市场份额35.97%，同比提升0.35个百分点。

承接各项惠民政策　承办居民、职工大病保险、长期护理保险、扶贫特惠保险、民政医疗救助保险、居民意外伤害险、优抚对象医疗保障保险，为全市270万人提供9578亿元风险保障。

发展普惠金融保险　开展支农融资业务，以保险资金为农业生产提供直接的支农融资服务，推动农业产业优化升级，扶持农村产业发展，助力全市乡村振兴战略实施。

开展社会公益活动　岱岳支公司联合岱岳区医保局、扶贫办开展"政企互动聚爱心，医保新政助脱贫"公益活动；走访慰问角峪镇郗官庄村20户贫困家庭；公司参加"爱心助考"活动，提供6辆查勘服务车辆为预约客户接送考生。

做好救灾理赔　"利奇马"台风过境灾情发生后，公司第一时间启动《中国人保财险泰安市分公司大灾应急预案》，部署台风"利奇马"备战工作。组建"利奇马"台风理赔应急服务团队，理赔人员通信工具24小时保持畅通，随时待命奔赴抗灾救援前线。为确保该次台风中受灾客户能得到及时救援，公司投入25台救援车、49辆理赔服务车、6架查勘无人机。该次救灾理赔工作得到省委统战部部长张江汀的高度认可。　（李　乾）

【中国人寿保险股份有限公司泰安分公司】　该公司在市级本部设有11个部室，辖县（市、区）支公司6个、城区营业单位5个、乡镇和街道营销服务部65个。年内，公司整体经营排名居中国人寿山东省系统第7位；公司总保费、总期交、总续期等各项业务指标均居泰安寿险市场领先地位，被中国人民银行泰安市中心支行评为2019年度金融机构综合评价A级单位。

经营业绩　年末，公司总资产75.4亿元，缴纳各类税款2950万元，实现寿险总保费收入18.16亿元，市场份额17.93%，持续稳居泰安保险行业市场份额的第一位。公司管理有效长险保单81.95万份，承担社会风险保额361.68亿元；管理有效短险保单207万份，承担社会风险保额10982亿元；累计服务客户超过500万人次。

理赔服务　年内，公司累计给付金额3.40亿元，其中寿险赔付案件50721件、赔付金额2.17亿元，满期给付3618件、满期给付金额1.23亿元；赔付学生幼儿平安保险12010人次，累计赔付1485.56万元；赔付老龄夕阳保险2585人次，女性安康保险63人次，计生意外险赔付1767人次。公司开通"95519"客户服务热线、微信公众号、国寿寿险APP、国寿E店等多种理赔通道，快捷多样的方式使客户足不出户即可享受保险服务，获得国寿客户的一致好评。

特色业务 ①教育系统学生平安保险。公司开办的学生平安保险已有31年历史，累计为近500万名在校学生提供意外及健康保险保障，总赔付金额超过2亿元，赔付人次超过40万。②老龄系统银龄安康工程。与泰安市卫健委联合推出为老年人提供意外伤害风险保障的“银龄安康”工程，累计承保300万人次，累计赔付3.2万人次，赔付金额6000万元。③计生系统计划生育保险。2015年起，公司承办泰安市计划生育家庭意外伤害保险、失独家庭护理保险等国计民生业务，累计承保近170万人，赔款总额700万元，理赔受益人数1万人。④政法系统综治险。2003年起，为全市社会治安综合治理系统一线干部员工提供综治工作人员意外伤害保险业务，开展“泰山平安卫士”保障计划，累计赔付200万元。⑤妇联系统女性安康。2011年起，承办泰安市“女性安康”“巾帼安康”女性特定疾病保险保障工作，累计承保近16万人，累计风险保额近80亿元。

（薛俊增）

证券业

【中泰证券泰安分公司】 年末，辖区内有营业网点9家，其中市区5家、县（市、区）4家，分布在泰山区、高新区、新泰、肥城、宁阳、东平。有正式在岗员工98人，全部具备证券从业资格，其中68人具备证券投资咨询从业资格。

经济效益 公司实现营业利润3679.10万元，全年缴纳增值税及附加等各项税款总额752.97万元，缴纳企业所得税税款总额243.05万元，合计缴纳税款996.02万元。

通道业务 全年分公司各营业部完成A股、基金交易总量1695.38亿元，实现佣金收入0.97亿元；各营业部客户资产总值113.17亿元，市场份额0.0533%，当地占比55.59%。全年两融业务净收入0.58亿元，日均两融余额5.71亿元，新增两融账户698户。

非通道业务 全年销售公募基金3.58亿元，私募产品700万元，产品类资产保有量7.78亿元。

机构业务 年内，协助泰山融资租赁有限公司在上海证券交易所成功发行泰安市首单国有融资租赁公司资产支持专项计划，该次ABS融资3.88亿元。

【中泰证券大力推进金融科技战略】 中泰证券泰安分公司迎合市场发展需求，业务职能向多元化理财中心转移，有效借助互联网金融实现服务全面性和即时化。以客户需求为核心，以全牌照业务为基础，依托集成化、开放式的服务平台，通过综合理财服务账户体系，以高效的全业务链和便捷的客户体验为契机，实现传统和创新业务的有效集成。公司针对客户服务系统完善中泰齐富通APP功能，优化充实网上业务办理流程，丰富网上产品种类，加强智能客服建设，提升人性化服务涵盖面，持续关注客户体验度和满意度，为客户打造全新服务理念和应用工具。

（于　菲）

【海通证券泰安营业部】 年内，泰安营业部作为公司区域级旗舰营业部，实现净利润1557.68万元，缴纳各项税款总额297.83万元。

通道业务 全年完成A股、基金交易量501.20亿元，实现佣金及手续费收入2584万元，年末，托管客户资产总值89亿元，市场份额0.01753%。

非通道业务 全年两融业务实现净收入585.52万元，两融余额1.41亿元，新增两融账户63户；IB业务收入19.1万元；销售各类重点公募基金2486万元，私募销售及引入金额1.88亿元，销售理财产品11亿元。

机构业务 为助力企业发展，服务实体经济，营业部业务部门为企业提供主板IPO上市、新三板挂牌、债券发行、恒信租赁、股票质押、产品投资等服务。年内，承揽企业债项目一单，10月已获批，发行规模12亿元，期限为5年；为当地一家企业提供股东一致行动人减持服务，年内减持股票交易金额14亿元；为一家企业提供股权吸收合并服务，成功实行股权托管。

（王琳琳）

编辑　校对　刘小笋

科　学

综　述

【概况】　2019年，全市综合科技创新水平指数居全省第6位，较上年上升3个位次；企业创新指数居全省第3位，较上年上升8个位次；规模以上工业企业R&D经费支出占主营业务收入比重居全省第1位。全市规模以上工业企业实现高新技术产业产值同比增长3.35%，占规模以上工业总产值的比重达44.31%，居全省第6位，与全省平均水平相比，由年初低于0.03个百分点到年末超过4.17个百分点。净增高新技术企业76家，总数达272家。全市企事业单位主持或参与完成的科研成果获国家科技进步二等奖3项，省级各类科技奖励17项。泰安市173个项目（人才、平台）列入国家、省科技计划，争取无偿科技资金支持3.53亿元。

【区域科技创新体系】　聚焦"泰山创新谷"建设，形成制度创新成果"创新科技引领体系，打造创新驱动发展新引擎"。发挥泰山创新谷集聚作用，建成首家省外双创中心——泰山创新谷北京双创中心，举办首届北航星空"泰山杯"创新创业大赛，引进高水平研发团队34个，注册成立公司60家，共建高水平产业技术研究院10家，实现产业化项目21项。经省政府同意，启动山东省智慧康养创新创业共同体建设。

【科技计划与科技成果】　全市173个项目（人才、平台）列入国家、省科技计划，争取无偿科技资金支持3.53亿元。其中，5个项目列入省重大科技创新工程厅市联合项目，获支持资金8390万元，居全省第3位，仅次于济南、青岛；17个项目列入省重大科技创新工程竞争择优类项目，获支持资金1.47亿元，居全省第8位；4个项目列入中央引导地方科技发展专项；2个项目列入省军民融合专项。获国家科技进步二等奖3项，省自然科学二等奖2项，省科技进步一等奖3项、二等奖6项、三等奖6项。3人获泰安市青年科技创新奖，100项成果获泰安市科技进步奖，其中一等奖10项、二等奖30项、三等奖60项。

【"创新50强"企业培植】　出台"创新50强"企业培植工作方案，建立包保和重点联系制度，开设"局长直通车"，开展"一对一服务"和"现场办公"等快捷服务，组织专题培训和案例分享，帮助企业落实培植政策、破解融资瓶颈、建立研发平台，全市首批46家"创新50

9月7日，高层次外国专家齐鲁行（泰安专场）暨第四届"外国专家泰安行"活动在泰安举办。图为市委书记崔洪刚致辞　　（李向福　供）

2019 年泰安市获省级及以上科学技术奖励情况

表 28

序号	成果名称	完成单位	奖励类别	等级
1	复杂地形下长距离大运力带式输送系统关键技术	中国矿业大学、山东科技大学、力博重工科技股份有限公司、山东欧瑞安电气有限公司等	国家科技进步奖	二等
2	花生抗逆高产关键技术创新与应用	山东省农业科学院、青岛农业大学、山东农业大学、湖南农业大学等	国家科技进步奖	二等
3	重大蔬菜害虫韭蛆绿色防控关键技术创新与应用	中国农业科学院蔬菜花卉研究所、全国农业技术推广服务中心、山东农业大学等	国家科技进步奖	二等
4	我国新发和再发禽流感病毒传播与进化规律研究	山东第一医科大学、中国科学院微生物研究所等	省自然科学奖	二等
5	原料药生产过程中多元共沸物的连续化热集成分离与精密控制技术	青岛科技大学、山东科技大学、山东新华制药股份有限公司	省自然科学奖	二等
6	山东省化肥减施增效关键技术与应用	山东农大肥业科技有限公司、山东省土壤肥料总站、中国农业大学等	省科技进步奖	一等
7	采煤塌陷地建设利用关键技术与工程应用	山东科技大学、中煤科工集团唐山研究院有限公司等	省科技进步奖	一等
8	地热资源探测理论技术突破与清洁供暖产业化应用	山东省地勘局第二水文地质工程地质大队、山东科技大学等	省科技进步奖	一等
9	经济作物高亲和型微生物肥料创制与产业化应用	山东农业大学、金正大生态工程集团股份有限公司等	省科技进步奖	二等
10	板栗新品种选育与提质增效关键技术创新及应用	山东省果树研究所	省科技进步奖	二等
11	深部煤层“强化增透—高效抽采”一体化关键技术及工程应用	山东科技大学、中国矿业大学、陕西正通煤业有限责任公司	省科技进步奖	二等
12	深部采场动力灾害防控成套技术及关键装备	山东科技大学、中国矿业大学（北京）、山东科大中天电子有限公司等	省科技进步奖	二等
13	煤气 / 天然气中汞污染物的常温脱除技术及应用	山东科技大学	省科技进步奖	二等
14	高比例可再生能源微电网控制运行关键技术	国网山东省电力公司电力科学研究院、山东科技大学等	省科技进步奖	二等
15	基于高强度与高韧性特种焊接材料的技术开发与产业化	山东索力得焊材股份有限公司、沈阳航空航天大学	省科技进步奖	三等
16	甘薯育种技术创新与泰中系列新品种选育	泰安市农业科学研究院、中国科学院上海生命科学研究院、上海辰山植物园	省科技进步奖	三等
17	山东省奶牛高产群培育关键技术研究与应用	山东农业大学、山东省畜牧总站	省科技进步奖	三等
18	景观生态林健康评价和质量提升关键技术	山东省林业科学研究院、山东农业大学	省科技进步奖	三等
19	煤矿生产区域粉尘污染机制与增润促凝湿式除尘关键技术	山东科技大学	省科技进步奖	三等
20	抗菌性抗污染中空纤维超滤膜制备关键技术研发及产业化应用	济南大学、山东金汇膜科技股份有限公司、山东科技大学	省科技进步奖	三等

9月9日，“才入泰安·势如泰山”科技招才引智签约仪式在泰安举行
（李向福　供）

强”企业成长势头迅猛，全年实现营业收入32.8亿元，增长20.05%；实现利润0.47亿元，较上年同期大幅增长；实现纳税额1.46亿元，增长24.94%；研究开发费用2.31亿元，增长29.78%。7家“创新50强”企业成长为规模以上企业。

【高新技术产业】　把高新技术企业培育工作纳入全市经济社会发展综合考核，建立高新技术企业动态储备库，完善高新技术企业申报预审核机制，开展精准培育和重点辅导，净增国家级高新技术企业74家，总数达270家，居全省第9位。全市规模以上高新技术产业产值增长3.35%，居全省第7位。年末，规模以上高新技术产业产值占比由年初的36.89%增长到44.31%，居全省第6位；与全省平均水平相比，由年初的低于0.03个百分点到年末超过4.17个百分点。

【科技招才引智】　全市科技系统培育推荐的高层次科技人才入选省级以上人才工程12人，占全市新增高层次人才总量的57%。3名高层次人才入选第四批国家“万人计划”，4个外国专家项目入选省政府“外专双百计划”，引进高层次科技创新创业人才155人，其中院士层次人才14人、国家级人才工程专家26人。承办首届“智汇泰安·创赢未来”高层次人才创新创业大赛，吸引76名海内外人才报名参赛。举办第四届“外国专家泰安行”活动，21国60名外国专家到泰安与市200家企业单位现场对接洽谈；举行“才入泰安·势如泰山”招才引智签约仪式，43个人才合作项目现场签约。

【科技金融】　开展科技成果转化贷款业务，设立风险补偿机制，科技成果转化贷款坏账损失由省、市、银行三方按比例分担，有效降低企业反担保额度，与20家银行签订合作协议，为全市科技型中小微企业提供71笔3.62亿元的少抵押、低利息贷款，居全省第4位。

【企业研发补助】　全市248家企业获得研究开发财政补助资金，较上年度的110家增长125%；企业研发补助总额9221.01万元，较上年度的5234.35万元增长76.2%。在财政科技补助资金的有力撬动下，带动企业研发投入16.58亿元，提升企业创新能力和核心竞争力。

（李向福）

社会科学

【概况】　2019年，泰安市社科联继续保持“省级文明单位”称号，同时，被评为全国大中城市先进社科组织和山东省社科普及工作先进单位。全市有2人被评为全国大中城市社科工作先进个人，4人被评为山东省社科普及先进个人。组织举办的山东社科论坛——弘扬优秀传统文化与家庭家教家风建设暨周公嘉禾文化研讨会被评为山东省优秀论坛。

【社科普及】　①开展社科普及周活动。以“弘扬时代新风，推进文明实践”为主题，组织开展山东省暨泰安市第十六届社会科学普及周活动。5月21日在宁阳县举办启动仪式，现场开展社科普及志愿服务。组织各县（市、区）、驻泰安高校社科联成立新时代文明实践社科普及志愿服务队，全市共成立新时代文明实践社科普及志愿服务队11个，注册社科普及志愿者2000名，开展社科普及志愿服务活动50场次。②发放社科普及读物。面向各县（市、区）乡镇、社区、农村，宾馆酒店、博物馆、图书馆等公共活动场所，市直部分机构，驻泰安高校及各中小学校，免费发放《泰山文化社会科学普及读物》1万套，对于讲好泰安泰山故事、弘扬优秀传统文化产生积极影响。③举办东

泰安市第三十三次社会科学优秀成果一等奖获奖情况

表 29　　（同等次排序不分先后）

类别	成果名称	申报者	成果类型	发表刊物、出版或结项单位	推荐单位
著作类	高等职业院校有效教学的研究与实践：基于理解与实践的逻辑	马培安	著作	山东人民出版社	泰山职业技术学院
	个人所得税的现状及改革研究	王铁萍	著作	经济日报出版社	泰山学院
	蔬菜供应链合作主体质量安全行为研究	郑　军　张明月	著作	中国农业出版社	山东农业大学
	岱粹抄存合编	齐焕美	著作	山东人民出版社	泰山学院
	高等教育评价伦理规范体系的构建研究	王　燕	著作	电子工业出版社	山东第一医科大学
	花鸟画水墨新现实表现	柳　涛　张　丽	著作	辽宁美术出版社	山东农业大学
课题和文章类	新型城镇化进程中农村基础设施投资公平性研究	赵　伟　董雪艳等	课题	全国哲学社会科学工作办公室	山东农业大学
	青年政治信仰培育问题的时空维度研究	张　峰　时　涛等	课题	教育部	山东第一医科大学
	马克思劳动价值论视域下劳动者获得感研究	郭学静　陈海玉等	课题	教育部	山东第一医科大学
	全域旅游视角下推进徂徕山汶河景区跨越发展的政策建议	亓慧亭	调研报告	市领导批示	中共泰安市委党校
	明万历壬辰之役“借兵暹罗”发覆	周　郢	文章	《历史研究》	泰山学院
	土地征收制度改革中农民土地权益保护研究——基于9省920个被征地农户样本的分析	佀连涛　丁文	文章	《中国农村研究》	山东科技大学泰安校区
	基于社会治理能力现代化的泰安市大数据标准地址服务平台建设和应用研究	徐志刚　邓维立等	课题	泰安市社会科学界联合会	市公安局
	“经书”中的泰山——以《四库全书》经部文献为中心的考察	邵　妍　付　宁等	课题	泰安市社会科学界联合会	泰山学院
	论新时代中华民族精神家园建构的基本理论	刘友田　张　瑜	文章	《山东社会科学》	山东农业大学
	加强地方财源建设　增强政府调控能力	刘　斌	文章	《泰安论坛》	市财政局
	中国现代小说风景书写的话语实践	郭晓平	文章	《鲁迅研究月刊》	泰山学院
	泰安市基于DRGs的医疗服务绩效评价与费用控制研究	倪庆宾　王　琨等	课题	泰安市社会科学界联合会	市卫健委
	基于新发展理念的泰安市绿色发展与评价研究	王　颖　周　仁等	课题	泰安市社会科学界联合会	山东科技大学泰安校区
	泰安城市地下空间利用研究	韩　明　李元元等	课题	泰安市社会科学界联合会	市规划编制研究中心
	泰安医养结合产业发展研究——基于弘扬医学人文关怀角度	张慧中　高荣慧等	课题	泰安市社会科学界联合会	山东第一医科大学
	《王祯农书·授时图》与二十四节气	丁建川	文章	《中国农史》	山东农业大学
	教师教学幽默的培养和课堂教学幽默的生成策略	李庆林	文章	《教育理论与实践》	肥城市社科联

5月21日，山东省暨泰安市第十六届社会科学普及周启动仪式举行
（刘　军　摄）

岳大讲坛。重点围绕习近平新时代中国特色社会主义思想、中共十九届四中全会精神、勇做新时代泰山挑山工、乡村振兴、文明城市创建、泰山文化等内容，组织社科专家深入基层群众举办社科知识讲座，全年共举办12场。④加强社科普及示范体系建设。新命名市级社科普及教育基地14处，新增省级社科普及教育基地、优秀社科普及教育基地、社科普及示范县各1处，省级社科普及示范乡镇（街道）6个、示范村（社区）30个。年末，全市6个县（市、区）全部成为省级社科普及示范县（市、区），市级以上社科普及教育基地121个。

【社科研究】　①社科课题研究。聚焦中央和省、市委重大决策部署，紧密联系泰安实际，开展前瞻性、创新性、对策性研究，为全市经济社会发展提供智力支持。2018年度社科课题结项189项，2019年度社科课题立项219项。编发《社科成果要报》10期，有2项研究成果获市领导肯定性批示。②完成泰安市第三十三次社科优秀成果奖评审工作。共获奖120项，其中一等奖23项、二等奖36项、三等奖61项。在全省社科优秀成果评选中，泰安市实现新突破，有7项成果获奖，其中一等奖1项、二等奖2项、三等奖4项。③社科学术交流。11月9日，山东社科论坛——弘扬优秀传统文化与家庭家教家风建设暨周公嘉禾文化研讨会在宁阳县举办。研讨会共收到论文130篇，省内外高校、科研院所的专家学者等200人参加会议，该次研讨会被评为山东省优秀社科论坛。年内组织协调各驻泰安高校、县（市、区）社科联、市属社科类社团举办各种研讨交流活动50场次。④加强社科专家库建设。新聘社科专家38名，续聘社科专家26名。累计共有入库社科专家205名。

【社团管理与基层组织建设】　修订完善《泰安市社科类社会组织管理办法（试行）》，明确职责任务，规范工作流程，提升社科类社会组织管理服务水平。加强对各县（市、区）社科联、驻泰安高校社科联的指导管理、协调服务，基层社科组织建设逐步完善，管理更加规范。

【平台建设】　出版《泰安论坛》6期，刊发优秀文章60篇，免费向全国相关城市社科联和全市范围内党政机关、驻泰安高校等单位发放交流。强化门户网站和微信公众号管理，优化网上服务功能，不断宣传泰安市社科工作建设新成效。

（韩　超）

11月9日，山东社科论坛——弘扬优秀传统文化与家庭家教家风建设暨周公嘉禾文化研讨会在泰安举办
（韩　超　供）

知识产权

【概况】 全市共申请国内专利7533件，其中发明1869件、实用新型5012件、外观设计652件；共授权国内专利4325件，其中发明407件、实用新型3415件、外观设计503件。至年底，全市国内有效发明专利拥有量2155件，增长10.3%；每万人有效发明专利拥有量3.82件，PCT国际专利申请13件，增长62.5%，全市累计PCT国际专利申请量123件，增长11.8%。全市新增注册商标11575件，增长68.8%，全市累计有效注册商标39693件，增长34.8%。

【知识产权保护】 围绕地理标志、展会、电子商务领域，开展知识产权保护专项行动、知识产权执法“铁拳”行动、春茶地理标志专项保护行动和秋季地理标志专项保护行动，办理专利案件56件、商标违法侵权假冒案件68件。开展专利代理机构“蓝天”专项整治行动，对15家代理机构开展实地检查，重点查处代理机构经营不规范、无代理资质擅自开展专利代理业务、资格证挂靠、以不正当手段招揽业务等违法行为。

【知识产权运用】 全市知识产权质押融资总额9.46亿元，其中专利权质押合同登记45项，专利权质押融资额4.6亿元，商标质押登记7项，融资额4.8亿元。

【知识产权品牌建设】 新泰市被国家知识产权局批准为国家知识产权强县工程试点县，全市国家级知识产权试点县（市、区）达4家。全市获得国家知识产权标准认证企业达92家。新增国家知识产权优势企业9家，总数达21家。2家企业专利项目入选2019年度省级专利导航项目。山东宝来利来公司的专利项目入选第三批山东省关键核心技术知识产权（专利群）项目名单，实现泰安市在山东省关键核心技术知识产权（专利群）项目“零”的突破。在第二十一届中国专利奖评选中，山东鲁普科技公司一项专利获中国专利奖优秀奖。新增中国驰名商标3件，总数达53件，居全省第7位。新增地理标志商标4件，总数达50件，居全省第5位。新增马德里国际注册商标20件，全市马德里国际注册商标总数达73件，增长37.7%。“泰山茶”、肥城桃木雕刻、新泰珍珠油杏3项产品在第十一届中国国际商标品牌节上，分别获2019中华品牌商标博览会金奖。

（张　军）

气　象

【概况】 年内，市气象局和新泰、肥城、宁阳、东平4个县级气象局及泰山气象站、泰安农业气象试验站2个业务台站继续保持省级文明单位称号。市气象局获全省气象宣传工作先进单位，市气象台获全省台风“利奇马”气象服务先进集体，市气象科技服务中心获全省气象短信服务优秀单位，市气象台、市科技服务中心、肥城市气象台、宁阳县气象台获全省气象部门事业单位嘉奖，泰山气象站获评“山东省科普教育基地”，新泰市气象局获全省重大气象服务先进单位。泰山气象站职工的摄影作品《中国科考在南极》获中国新闻奖三等奖，并入选国家记忆“辉煌的成就”摄影展；《风云前哨第一站》画册获全省优秀气象科普作品一等奖，开发的“天气猜猜看”APP获全国“百部气象科普好作品”和全省优秀气象科普作品二等奖。

【防灾减灾】 ①防御台风“利奇马”。受台风“利奇马”影响，全市过程降雨量为108.1毫米，最大305.4毫米，泰山站最大风速达35.5米/秒。市局共发布重要天气预报5期、预警信号3期、呈阅件1期、雨情服务快报6期、雨情短信54次，启动Ⅲ级应急响应1次、Ⅱ级应急响应1次、省市联防会商3次、市县联防会商38次，为有效应对“利奇马”提供重要决策信息。②应对重大灾害性天气。制作发布重要天气预报74期，发布预警信号49次，启动重大灾害性天气应急响应1次，发送决策短信292条51万人（次）。准时报送气象信息快报发挥气象灾害防御第一道防线作用。③保障重大活动服务。做好省政府在徂徕山组织的全省森林火灾空地一体化大型综合实战演练气象保障。完成全省新旧动能转换项目落地现场观摩、第三十三届泰山国际登山节、2019年泰山国际马拉松等重大活动的气象保障服务。为泰安航空护林站可研报告编制提供气象数据支撑。为春运、两会、中高考、春播、三夏、农民丰收节等提供精准高效气象服务。

【气象设施建设】 泰山站综合改善项目进入收尾阶段。完成泰山雷达双偏振升级改造。泰安农试基地建成大型土壤水分蒸渗仪和3个试验大棚。新泰市气象局新址一期4600平方米项目完成建设，二期院落绿化和道路建设工程有序推进。

新泰"风云三号"气象卫星地面应用系统省级利用站通过省局业务验收并投入运行。宁阳县气象局业务楼封顶。建设完成全市人影指挥系统和弹药物联网管理系统。省人影办继续在东平开展人工增雨随机化外场试验。肥城、东平中央财政"乡村振兴"服务专项实施完成。

【重要改革事项】 实现行政审批事项全部网上办理。加大气象执法检查力度，年内开展防雷安全重点监管单位检查行动4次，检查防雷重点企业20家。每周开展施放气球巡查，年内共检查61次。组织2次针对非法施放气球的行政执法，及时消除安全隐患。转办、督办"12345"市长热线交办件12件。

【气象科技创新】 加大科研投入和成果转化。泰安农试站承担中国气象局和省气象局多项科研课题，泰山气象站联合山东大学开展环境气象研究。市局与省防雷中心联合编制完成《泰山风景名胜区雷电灾害风险区划报告》并通过评审。新立项中国气象局决策气象服务重点课题1项、省局课题4项、市局课题16项，发表科技论文17篇。增强专业人才培养力度。争取机会让优秀人才"走出去"，2人到中国局进行学术访问，2人到省气象台学习，5人入选省局巡察专家库，2人入选省局青年人才计划。

【气候特点】 泰安市天气气候主要特点为降水量正常略偏少，气温偏高，日照偏少。

降水量　全市平均降水量551.7毫米，较常年偏少17%，属降水正常年份。降水量时空分布不均，4月、6月、8月、10月、12月降水多于常年同期，其中12月较常年偏多198.5%，属降水异常偏多月份；1月、2月、3月、5月、7月、9月、11月降水量小于常年同期，其中9月较常年偏少86.7%，属降水异常偏少月份（图1）。泰安市区年降水量562.5毫米，较常年偏少18%；新泰751.5毫米，较常年偏多2.9%，为全市最多。宁阳607.1毫米，较常年偏少6.1%；肥城444.2毫米，较常年偏少31.2%；东平394毫米，较常年偏少35.9%，为全市最少。

平均气温　全市平均气温14.6℃，较常年偏高1.0℃，属气温偏高年份。2月、8月平均气温低于常年，其他月份均高于常年（图2）。

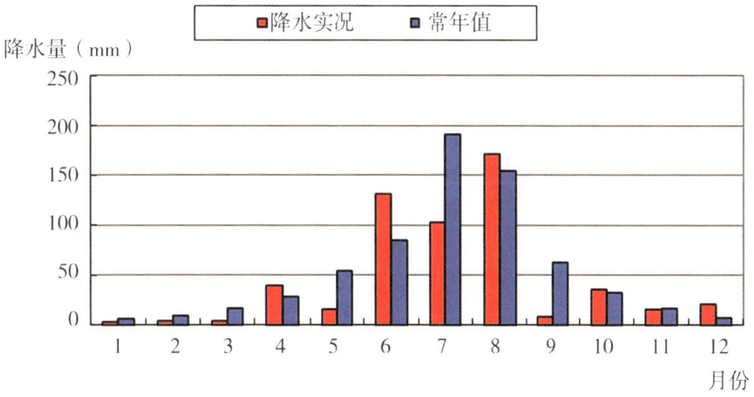

图1　2019年1—12月泰安市逐月降水量

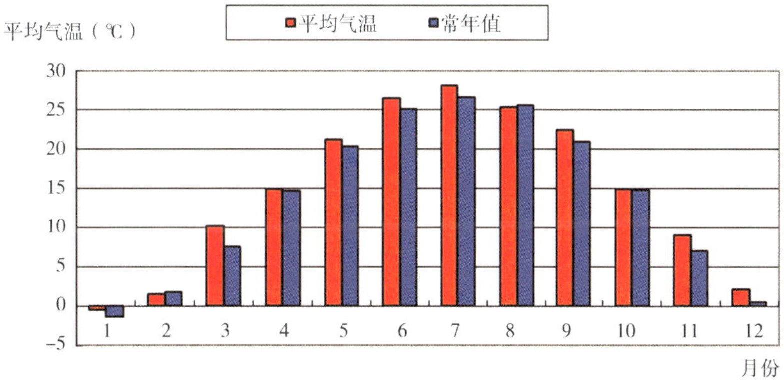

图2　2019年1—12月泰安市逐月平均气温

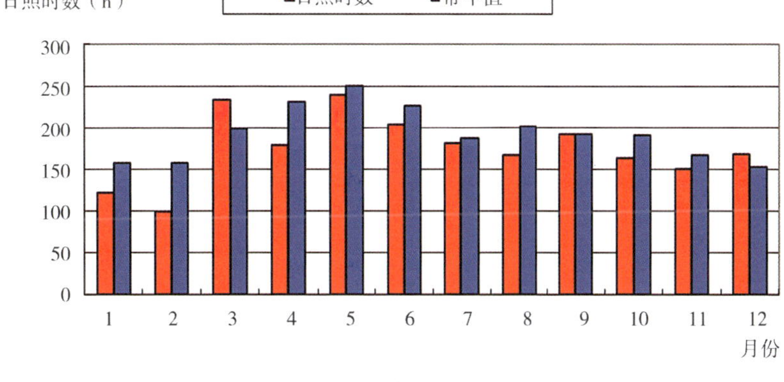

图3　2019年1—12月泰安市逐月日照时数

与2017年、2018年并列创泰安市历年平均气温最高值纪录。年极端最高气温38.5℃，7月26日出现在肥城，年极端最低气温-13.9℃，12月29日出现在泰安。终霜冻结束于4月1日，初霜冻开始于10月4日；终雪结束于4月9日，初雪开始于12月26日；大雾25天，大风2天，高温24天。

日照时数 全市平均日照时数2101.1小时，较常年偏少212.2小时，属日照时数偏少年份，为1951年以后第五位少值，仅次于2003年的1974.7小时，2006年的2036.8小时，2016年的2055.2小时和2007年的2091.6小时。其中，3月、12月日照时数比常年多，其他月份少于常年同期（图3）。

【主要天气气候事件】 ①台风“利奇马”影响市境。台风“利奇马”于8月10日中午开始影响泰安市，13日影响结束，全市平均过程降水量108.1毫米。降水量50毫米以上98个站，100毫米以上70个站，200毫米以上18个站，250毫米以上2个站，最大305.4毫米出现在新泰市太平山自然保护区；8月11日，受台风影响，全市普遍出现6级以上大风，结合地形因素，泰安城区及泰山风景区周边风力较大，泰山区刘庄13时13分风速达34.2米/秒（12级），高山站泰山站8时42分风速达35.5米/秒（12级）。全市受灾人口38.99万人，紧急转移安置人口797人，其中集中安置257人、分散安置540人；倒塌房屋118户283间，严重损坏房屋141户405间，一般损坏房屋184户556间；农作物受灾面积33770公顷，成灾面积21730公顷，绝收面积2.96千公顷，直接经济损失3.3亿元，其中农业损失2.16亿元、基础设施损失1.06亿元、公益设施损失11.3万元、家庭财产损失671.76万元。②夏秋两季降水偏少，9月出现干旱。夏季（6—8月），全市平均降水量320.4毫米，较常年同期（431.2毫米）偏少25.7%，属降水偏少季节。秋季（9—11月），全市平均降水量60.1毫米，较常年同期（111.8毫米）偏少46.2%，属降水偏少季节，其中9月全市平均降水量为8.4毫米，较常年（63毫米）偏少86.7%，属降水异常偏少月份，为1951年以后历史同期第三位极少值。由于降水持续稀少，气温偏高，全市大部地区出现不同程度的农田干旱。③雨季开始历史最晚，盛夏由旱转涝。雨季7月23日开始，8月27日结束，历时仅36天，雨季开始时间较常年偏晚22天，为1951年以后最晚，雨季长度为历史第二短，仅次于1997年（33天）。雨季期间降水骤增，雨量集中，导致由旱转涝。④春末和夏季高温过程多，干热风多次出现。5月22日，泰安最高气温37℃，全市出现干热风，部分时段和地区有重干热风。6月4日，泰安最高气温超过35℃，泰安站、宁阳站最高气温超过37℃。6月2—5日全市出现干热风，部分时段和地区有重干热风。7月上旬和下旬泰安出现持续性高温天气，最高气温达38.5℃，26日最高气温出现在肥城，最长连续高温日数达5天。⑤夏季出现风雹天气。6月5日下午到夜间，受弱冷空气和地面气旋的影响，泰安市大部地区出现雷阵雨天气，其中岱岳区夏张镇、大汶口镇、马庄镇，肥城市新城街道，宁阳县乡饮乡出现雷雨大风冰雹，阵风7～8级。这些地区受雷雨大风冰雹影响，小麦倒伏，房屋倒塌（南屋，无人员伤亡），蚕茧大棚受损，护坡垮塌，樱桃树被刮倒，部分经济作物受冰雹影响绝收。受灾人口1.16万人，农作物受灾面积1.02公顷，其中成灾面积849公顷，绝收面积32.4公顷，造成经济损失975.5万元，其中农业损失947.3万元，基础设施损失8.2万元。⑥大雾频发。年内大雾过程频发，1月、2月、4月、10月、11月和12月均有大雾天气，2月、

2月24日，移动气象台在全省森林火灾空地一体化大型综合实战演练现场
（张 静 供）

5月29日，中国气象局副局长于新文（前排左二）在泰山气象站调研基层气象台站综合业务改革

（徐德力　摄）

4 月、10 月、11 月大雾天气出现次数在 2 次以内，1 月、12 月有持续性大雾天气出现。⑦冷空气活跃，带来降温和大风。1 月、3 月、4 月、5 月、11 月、12 月冷空气影响频繁，大风降温天气频出。1 月出现 1 次大风和 2 次大范围的低温天气，最低气温 -11.7℃，2 日出现在肥城。4 月出现 4 次大风天气，4 月 24—25 日，受强冷空气影响，降温幅度达 8 ～ 12℃。5 月受较强冷空气影响，出现两次大风天气。3 月、11 月、12 月冷空气更加活跃、强度更强，出现寒潮天气，带来年极端最低气温 -13.9 ℃，12 月 29 日出现在泰安。⑧年平均气温创新高。全市平均气温 14.6 ℃，连续三年持平，较常年（13.6℃）偏高 1.0 ℃，除 2 月、8 月平均气温较常年偏低外，其他月份均较常年偏高。与 2017 年、2018 年并列泰安市常年平均气温最高值记录。⑨年初降雪次数多。1—2 月共出现 7 次降雪，其中 1 月 3—4 日量级最大，全市范围出现降雪，平均降水量 2.1 毫米，4 日 05 时 45 分发布道路结冰黄色预警信号。⑩阴雨寡照。全市平均日照时数 2101.1 小时，较常年偏少 212.2 小时，属日照时数偏少年份，为 1951 年以后第五位少值。

（张　静）

水文监测

【概况】 泰安市水文局是由泰安市人民政府和山东省水利厅双重管理的公益性事业单位，负责泰安市区域内水文站网的建设和管理；负责水文水资源监测、调查评价和水土保持监测工作，按照规定权限发布雨情水情信息、情报预报和监测公报；负责水文水资源资料汇交、保管和审核工作；负责地表水、地下水和区域外调入水开发利用量以及水功能区水质的监测工作。设办公室、组织人事科、财务科、测验科、水情科、水资源科、水环境监测科、水土保持监测科 8 个职能科室，辖东平、肥城、城区、新泰正科级水文中心（水文局）4 个。年末，在职职工 56 人、离退休职工 46 人、购买服务人员 30 人，劳务派遣人员 7 人；在职职工中高级以上专业技术人员 16 人、中级 26 人，本科以上学历占 88%，其中硕士研究生 13 人。泰安市水文局连续 14 年保持全省水利系统文明单位，连续 10 年被评为全省水文系统先进单位，2019 年继续保持“省级文明单位”称号，获全省水文系统绩效考核第二名，获山东省省属事业单位绩效考核优秀等次。

【站点设置】 设有戴村坝、大汶口、北望、楼德、白楼、黄前水库、东周水库、光明水库国家基本水文站 8 处。在全市境内建有包括水文站、水位站、雨量站、水环境监测站（点）、地下水监测站、区域用水总量监测站在内的 500 处水文监测站点，建有防汛抗旱预警及视频会商系统，拥有国家计量认证的水环境监测实验室，形成种类齐全、功能完备、代表性高、覆盖面广、信息及时可靠的水文监测网络系统。

【基层水文】 8 月 5 日，东平县人民政府印发《东平县水文管理办法》，共六章二十九条，于 2019 年 9 月 1 日起施行，成为全省首部县级水文管理办法，弥补全省县级水文法规空白。9 月 4 日，新泰市人民政府印

4月10日，全省水文工作会议在泰安召开　　（贾岳鹏　摄）

发《新泰市水文管理办法》，共六章三十四条，于2019年10月4日起施行。县级水文管理办法主要规范县级水文管理体制、规划与建设、监测与预报、资料管理与使用以及监督与管理等内容，为县域水文事业发展提供法制保障。年末，累计组建乡镇水文服务中心51处，肥城市委、市政府批复肥城市各乡镇（街道）农业综合服务中心增加“协助做好水文信息服务工作”职能。

【水文测报】 完成“利奇马”台风防汛水文测报任务。8月10日，市委书记崔洪刚到黄前水库水文站检查指导防台风工作，对水文测报工作给予肯定。完成水生态环境、区域用水总量、水土保持等监测任务，编制区域用水总量监测报告、年度水功能区监测报告、水土保持公报、泰安水文简报等。开展省级骨干河道、湖泊及其一级支流水质监测及大汶河生态流量监测等工作。完成泰安市第三次水资源调查评价工作。

【工程建设】 完成大江大河水文监测系统工程——大汶口、戴村坝水文站建设任务，完成月牙河水库除险加固工程水文监测设施工程，完成8处水文监测站规范化提升工程。协助省水文局建设全省第一个综合性小流域自然坡面径流观测场——徂徕山水土保持监测站工程，年末已完成项目主体工程。

【管理与科研】 出台年度综合考核办法、绩效考核和绩效工资方案、县级水文中心人员绩效考核办法、乡镇服务中心管理考核办法。顺利通过ISO 9001质量管理体系年度审核，制定泰安水文精细化管理实施方案，推进水文精细化管理。承办全省水文工作会议和全省水文系统党风廉政建设工作会议。启动实施“1+2+2”（采用1名业务骨干带2名青年职工，计划利用2年时间培养优秀水文人才）人才培养计划。与山东农业大学签约共建教学科研实践育人基地。“水文勘测工”被列入泰安市全市职业技能大赛比赛工种，联合市人社局、市总工会举办第二届泰安市水文勘测技能竞赛。举办全市水文系统创新大赛。获国家知识产权局实用新型专利1项，外观设计专利1项。

【信息化建设】 完成东平、肥城、城区、新泰4处县级水文局水情分中心建设，开通县级雨水情信息发布平台，建成省、市、县三级视频会商系统和泰安水文信息综合平台。

（宋庆健）

编辑　校对　　刘小笋

教　　育

综　述

【概况】　全市有各级各类学校2034所，在校生100.18万人，教职工8.01万人。加快推进义务教育优质均衡发展创建，岱岳区、新泰市、肥城市基本达到国家标准。加快推进解决普通中小学大班额问题工作，大班额比例降至10.2%。全面完成市委、市政府为民要办的实事项目，普惠性幼儿园比例提升到93.01%。小学、初中入学率100%。残疾儿童少年义务教育普及率98%。推进职业教育内涵发展，在全国职业院校技能大赛中，获金牌2枚、银牌2枚、铜牌3枚。创建全国青少年校园足球试点县1处，获评全国教育系统先进集体1个、山东省教育系统先进集体8个，全国模范教师3人、全国优秀教师4人，山东省优秀教师24人、山东优秀教育工作者4人，市专业技术拔尖人才12人。市教育局获评全市经济社会发展考核先进单位、全市脱贫攻坚先进集体，连续17年保持"省级文明单位"称号。

【市委教育工作领导小组】　7月25日上午，市委教育工作领导小组第一次全体会议召开。8月6日，市委正式印发文件，成立市委教育工作领导小组，是市委议事协调机构，在市委领导下开展工作，负责落实市委对全市教育工作的集中统一领导，负责教育重大工作的顶层设计、总体布局、统筹协调、整体推进。主要职责是研究提出并组织实施在教育领域坚持党的领导、加强党的建设政策措施，统筹全市教育领域思想政治、意识形态工作；审议全市教育发展中长期规划、重大政策和体制改革方案；协调解决全市教育工作重大问题等。

【对县级政府履行教育职责评价】　3月12—21日，市政府组织实施对县级政府履行教育职责评价。以党的领导、教育投入、师资配备、教育保障、教育公平为重点，涉及解决城镇中小学大班额、义务教育、职业教育、民办教育、学前教育、家庭教育、中小学管理、教学条件配备与教育信息化建设、学校安全、教育督导监管等内容。采取查阅资料、实地察看、问卷调查、座谈访谈等形式，共查看县直和39个乡镇的中小学70处、幼儿园38所、职业中专7处、成教中心9处、民办学校12处以及校外培训机构35所。市评价通报和分县（市、区）整改通知书以书面形式反馈给县（市、区）政府，公示评价结果，作为考核2018年度县级政府履行教育职责情况的主要依据。

【经费保障】　全市教育经费总投入103.44亿元，比上年提高

9月5日，全市教育大会暨2019年教师节庆祝大会召开　　（李　喆　摄）

10.86%；公共财政预算安排的教育经费为88.98亿元，比上年提高10.63 %。按照小学710元、初中910元、义务段学校寄宿生增加200元、特教学校8000元、高中学校不低于900元、中等职业学校（含技工学校）2800～4500元不等（按专业类别确定生均公用经费拨款基本标准）、公办高职院校不低于1.2万元的标准落实生均公用经费，按照1000元和1250元标准落实小学、初中学校家庭困难寄宿生生活费补助，享受补助的学生占寄宿学生的比例为30%。从2019年秋季学期起，按照每生每年小学500元、初中625元的标准为家庭经济困难非寄宿生发放生活费补助，比例为在校非寄宿生数的8%。

【教师队伍】 年内，全市招聘补充事业编制1473人，招聘政府购买服务合同制教师196人，招聘总量控制备案管理幼儿教师40人，完成教师资格认定1.11万人。完成市级以上培训27项，培训校长教师5.56万人次。入选第四期齐鲁名师建设工程人选20人，入选省第三期齐鲁名校长建设工程人选5人，入选省齐鲁名校长领航工作室3个，参与“互联网+教师专业发展”工程4.41万人。入选山东省“互联网+教师专业发展”工程“创新培育项目”项目学校5所，入选数量位居全省第4位。选派47名校长赴上海、苏州挂职学习两周。第十三批新疆喀什岳普湖县骨干教师26人到泰安市挂职培训67天。建立有偿补课专项事务报告制度、“无偿补课”备案登记制度和有奖举报制度，联合公安、市场监管等部门联合执法20次，处分违规教师8人。开展名师义教活动，7000位名师参与，受益学生8万人。开展“泰安最美教师”评选活动，1人获评“山东省教书育人楷模”称号。

【教育扶贫】 核实建档立卡贫困家庭学生1.74万人，均落实学生资助政策。发放各类学生资助资金4578万元，受助学生达4.85万人次，其中建档立卡学生4303人。开展名师送教下乡活动和城乡教育帮扶带动活动，组织名师团队深入全市8个农村贫困乡镇，举办公开示范研讨课88节，研讨辅导活动52次，3000名农村教师参加。市教育局获“全市脱贫攻坚先进集体”称号。

【教育科研】 组织开展泰安市2019年度中小学幼儿园课堂教学创新课创新教育活动，评选全市创新课一等奖86节、二等奖54节。组织泰安市第十届新道德教育优秀主题班会展评活动，评选优秀主题班会一等奖44节、二等奖28节。组织泰安市教育科学“十三五”规划2019年度课题申报评审立项、教育科学规划“改革与发展”专项课题申报评审立项工作，立项重点课题91项、规划课题533项。组织全市2019年度教育科学规划课题结题鉴定，确定通过结题鉴定106项，17项研究课题被确定为优秀课题。组织57名创新课选手送教下乡，覆盖8个县（市、区）的8个乡镇，开展研讨40场，听课教师3000人。

【教育信息化】 实施教育城域网升级改造工程和泰安智慧教育云平台升级改造工程，投入1亿元用于新增及更新班班通、学生机、教师机、录播系统、云桌面、普通实验室、创新实验室、机器人实验室、图书等，云平台上传教育资源67.12万件。承办2019年全省中小学生创客大赛，获评“2019年山东省创客大赛优秀组织奖”。泰安实验中学挂牌商汤人工智能教育实验学校。

【学校安全】 加强校园安防基础设施建设，推进全市校门口硬质防撞柱、一键式报警设施安装工作。年内，1045所学校门口安装硬质防冲撞设施2794个（件），安装一键式报警装置学校940所，全部实现和公安部门联网。教育、市场监督等部门联合，共检查学校食堂、供餐单位及校园周边食品经营者2262户次，抽检食品778批次，责令整改223户，警告56户。818所学校全面落实校长（园长）陪餐制度、配备食品安全管理员。

【各类考试】 开展全市招生考试标准化考点建设工作，投入2600万元完成市、县7个指挥中心、7个保密室，38个考点、2634个考场的升级改造工作，完善招生考试试卷跟踪系统、网上巡查系统、作弊防控系统、身份认证系统，为实现“平安考试”奠定基础。年内，完成招生、自考、学考等各类考试19次，考生人数达51万、科次171万。

【语言文字】 完成对肥城市、宁阳县、东平县进行普通话基本普及县域验收工作。全面采用计算机辅助普通话水平测试，组织面向社会人员普通话测试和部分职业院校普通话测试，测试考生1万人。举办第二十二届全国推广普通话周活动。加强语言文字队伍建设，组织参加教育部语言文字工作能力提升培训班、省书法骨干教师培训班、省经典诵读与中华优秀传统文化骨干教师培训班等。

6月24日，市政府与上海外国语大学举行签约仪式　（景　婧　供）

【合作办学】　市政府与上海体育学院合作，在田径、篮球、排球、足球、武术、健美操等10个项目建立大中小学一体化体育特色课程体系，开展中小学体育教师合作培训项目，授予泰安二中等60所中小学为上海体育学院基地学校；与上海外国语大学战略合作，为泰山学院附属中学高铁校区挂牌上海外国语大学附属泰安外国语学校，建立起优质资源互通和教师培训合作机制，双方共同打造更加完善的教师培训体系、人才成长体系、研学旅行体系。

【对外交流】　加强与国（境）外友好学校开展常态化教育交流，接待美国、加拿大、英国苏格兰、新西兰、法国等国家和中国港澳台地区友好访问团组14批次、700人，新缔结友好姊妹学校4所，500名师生深度参与“中美千校携手”和“中英伙伴学校”项目，深化4所市属高校与俄罗斯大学友好合作关系。举办2019汉语桥中美中小学校长交流会暨合作洽谈会，签署友好合作备忘录28个。加强中外合作办学项目管理，做好泰安一中、泰山中学中外合作办学项目延期工作。规范外国文教专家和外籍教师聘任和管理，出台《关于做好2019年市直中小学学生赴境外研学旅行活动有关工作的通知》，加强赴境外研学旅行活动管理，备案15批次出国（境）团组600人。

（景　婧）

基础教育

【概况】　全市有普通中小学（含幼儿园）1999所，在校生78.79万人，教职工6.63万人，专任教师5.99万人。其中，幼儿园1280所，在园幼儿17.01万人，教职工1.79万人，专任教师1.37万人；小学512所，在校生30.78万人，教职工2.09万人，专任教师2.04万人；初中169所，在校生20.4万人，教职工1.82万人，专任教师1.71万人；普通高中38所，在校生10.6万人，教职工9338人，专任教师8650人。特殊教育学校5所，在校生1528人，教职工281人，专任教师247人。

【民生实事】　市委、市政府将城镇小区配套幼儿园建设列入为民要办的十件实事。年内，新建、改扩建幼儿园99处，新增学位1.6万个，清理无证办园294处，整治城镇小区配套幼儿园22处，普惠性幼儿园比例提升到93.01%，分年度推进落实学前教育生均公用经费，为学前教育优质普惠奠定基础。

【解决大班额问题】　加快推进解决城镇普通中小学大班额问题，完成投资6.4亿元，新改扩建学校15处，新增班数155个，新增学位7455个，超大班额全部化解，大班额比例从2016年的56.3%降至10.2%。

【义务教育薄弱环节改善与能力提升工程】　根据国家和省统一部署，统筹实施义务教育薄弱环节改善与能力提升工程。全市已完成投资1.07亿元，校舍建设项目开工44个，开工面积12.03万平方米；完成购置生活设施、购置计算机、信息技术及教学仪器设备8097台（件、册）。

【德育工作】　把立德树人根本任务贯彻教育全过程，推进德育课程一体化实施，实施社会主义核心价值观和“四德工程”进校园，推进文明礼仪、文明出行行动计划，组织开展“我们的节日”“爱我家乡、爱我泰山”“扣好人生第一粒扣子”“争做新时代好队员”“你好，新时代”主题团队日等系列主题教育实践活动。开展泰安市传承新时代泰山“挑山工”少先队训练营活动5期，2000名少先队员参与，感悟传承践行“挑山工”精神。举办第二届高中生辩论赛、泰山国学小名士经典诵读电视大赛、国土资源

2019年泰安市幼儿园基本情况

表30

单位	园数	离园人数		入园人数		在园人数		教职工（人）		办园条件			
		合计	其中：女	合计	其中：女	合计	其中：女	合计	专任教师	占地面积（万平方米）	建筑面积（万平方米）	图书（万册）	电子图书（万册）
合计	1280	56948	26541	65445	30509	170140	78812	17916	13653	339.24	157.88	204.11	12.59
泰山区	216	9591	4514	11293	5299	30934	14418	3508	2523	40.35	24.54	32.72	5.80
岱岳区	184	5449	2603	7630	3619	19478	9205	2143	1771	48.59	21.96	23.61	0.85
新泰市	273	12502	5553	13681	6188	36450	16029	3730	2794	73.63	32.52	41.60	2.35
肥城市	152	9181	4426	8371	4127	26814	13022	2807	2314	59.51	29.36	36.90	1.05
宁阳县	105	6845	3249	9109	4245	20730	9591	2383	1592	45.96	18.91	36.75	0.67
东平县	204	9597	4355	11102	5072	23036	10524	2007	1659	40.41	18.34	18.71	0.18
泰安高新区	72	2168	1015	2511	1186	7629	3624	853	613	16.38	7.10	7.05	0.74
泰山景区	18	400	187	420	202	1343	650	140	129	3.15	1.67	1.18	0.17
徂汶景区	56	1215	639	1328	571	3726	1749	345	258	11.27	3.49	5.60	0.78

2019年泰安市普通小学基本情况

表31

单位	小学（所）	教学点（个）	毕业生数	招生数	在校生数	教职工（人）		占地面积（万平方米）	建筑面积（万平方米）	图书（万册）	计算机（台）	校园网（所）	电子图书（万册）
						合计	专任教师						
合计	512	134	53058	62808	307794	20863	20377	992.62	273.22	986.38	61912	508	19.85
泰山区	53	3	8334	11067	47626	2225	2171	60.71	25.87	117.52	6949	53	2.59
岱岳区	60	25	4703	6302	28424	2281	2266	125.02	42.66	101.81	8153	58	0.34
新泰市	133	33	15736	16206	77171	5296	5173	274.23	60.23	280.16	15763	132	4.76
肥城市	70	10	7045	9298	55615	3840	3719	161.78	46.18	167.15	10585	70	9.38
宁阳县	68	10	6963	7560	40179	3250	3089	148.54	44.97	149.62	8305	68	1.29
东平县	71	18	6965	8453	40609	2560	2550	114.55	29.92	93.12	6257	71	0.097
泰安高新区	22	4	1585	2466	10224	692	691	48.90	10.78	35.17	2544	22	0.16
泰山景区	10	14	413	385	2128	235	235	15.97	4.51	10.39	979	10	0.82
徂汶景区	25	17	1314	1071	5818	484	483	42.93	8.09	31.45	2377	24	0.42

2019 年泰安市普通初中基本情况

表 32

单 位	校数	毕业生数	招生数	在校生数	教职工（人）		占地面积（万平方米）	建筑面积（万平方米）	图 书（万册）	计算机（台）	校园网（所）	电子图书（万册）
					合计	专任教师						
合 计	169	61428	52856	203990	18157	17138	820.74	327.92	1030.57	48366	167	48.59
泰山区	25	9297	9089	34509	2796	2628	103.36	41.98	173.82	8271	25	12.42
岱岳区	26	6993	5483	22178	2062	1980	120.26	51.41	125.03	6863	25	3.78
新泰市	30	14558	15316	56700	4430	4283	161.01	64.24	256.55	10049	29	1.86
肥城市	31	10169	6903	25422	2965	2617	137.05	51.97	178.94	9238	31	24.11
宁阳县	18	8284	6583	25194	2335	2159	108.21	52.65	129.61	5478	18	5.65
东平县	25	7740	6862	26963	2291	2218	111.55	43.63	98.36	5285	25	0.024
泰安高新区	6	2206	1406	6548	608	588	41.69	10.18	31.53	1519	6	0.11
泰山景区	3	756	343	1991	223	223	10.16	4.58	10.26	549	3	0.50
徂汶景区	5	1425	871	4485	447	442	27.43	7.29	26.48	1114	5	0.13

2019 年泰安市普通高中基本情况

表 33

单 位	校数	毕业生数	招生数	在校生数	教职工（人）		占地面积（万平方米）	建筑面积（万平方米）	图 书（万册）	计算机（台）	校园网（所）	电子图书（万册）
					合计	专任教师						
合 计	38	35352	35128	106009	9338	8650	378.50	204.86	506.33	22120	38	15.00
泰山区	6	6390	6258	19115	1827	1718	59.12	40.18	82.44	5293	6	6.53
岱岳区	4	4679	4255	13035	1073	1042	39.14	30.73	70.42	2496	4	0.37
新泰市	8	8079	8025	23732	2040	1969	99.93	47.31	120.69	4546	8	1.69
肥城市	9	6484	6389	19851	1797	1564	67.45	29.67	112.84	4621	9	4.25
宁阳县	5	4373	4875	14419	1243	1098	65.16	35.19	83.80	2478	5	1.20
东平县	4	4888	4692	13990	1197	1115	37.79	16.41	21.56	2356	4	0.65
泰安高新区	1	54	273	732	78	63	6.50	2.88	9.60	120	1	0.20
徂汶景区	1	405	361	1135	83	81	3.40	2.50	4.98	210	1	0.10

杯征文大赛等活动。开展“检察长担任法治副校长暨开学季普法进校园”活动，全市共建成法治教育基地、乡村少年宫、留守儿童之家、小记者团等县级以上青少年实践活动基地271处，配备中小学法制副校长或辅导员1269人。创建全国依法治教示范校1处、省级依法治校示范校24处。创建省级文明校园19所、省级提名校园28所、市级文明校园78所。在全国文明城市创建中，未成年人思想道德建设部分获全省第2名。

【布局规划调整】 开展《泰安市2019—2030年中小学和幼儿园布局规划》《泰安市2020年度化解普通中小学大班额问题规划》编制工作，对规划区范围内小学、初中、高中进行规模预测、规划布点、规划区学校现状调查。理顺城区街道办事处义务教育办学管理体制，将泰山区全部、岱岳区粥店和天平办事处52处街道办事处学校统一调整为区属管理，优化泰安城区义务教育资源配置。

【招生考试改革】 全市普通高中首次实行“分数＋等级”录取，即语文、数学、外语3科采用分数表达，物理、化学、生物、思想品德（道德与法制）、历史、地理、体育与健康7科用等级表达。扩大高中招生自主权，实行综合录取、特长录取和推荐录取等多种方式，推进普通高中育人方式改革，促进学生全面发展。开展推荐生招生试点工作，组织泰安一中新校区、泰安二中、泰山中学完成150人的推荐生录取，鼓励高中特色办学，开展自主招生、艺体特长招生、中外合作办学和高中与高校合作办学等。统一职业类院校招生录取网络平台，高职院校招生实现平行志愿。

【教育提升】 在2019年全国高考中，泰安市学生获全省理科第一名、第二名。在全国数学奥赛中，1名学生获全国金牌（山东省共有4人），在全国中学生数理化生信息学竞赛、英语能力测评及作文类大赛中，120人获一等奖，411人获二等奖。先后有学生获全国第二届曹文轩儿童文学创作奖最高奖金奖、全国智运会围棋赛冠军、世界教育机器人大赛教育机器人比赛一等奖等。

2月26日，开展“检察长担任法治副校长暨开学季普法进校园”活动
（景 婧 供）

【深化教师队伍建设改革】 出台《关于全面深化新时代教师队伍建设改革的实施意见》，明确进一步加强教师队伍思想政治建设，实行师德考核负面清单制度。加强教师培育培养，全面提升专业素质。深化中小学绩效工资制度改革，建立教师绩效工资增量机制，9月1日后，市直中小学按生均每年110元标准核增绩效工资总量。

【委培师范生试点】 泰安市在全省首批试点开展市政府委托高等院校培养师范生工作，市政府委托山东师范大学、曲阜师范大学、聊城大学、泰山学院4所高等院校培养师范生，师范毕业生定向回本市任教制度，旨在建立政府、高等院校、中小学“三位一体”协同培育优秀教师工作机制。年内，有8640名应届高中毕业生报考泰安市委培生，录取325人。该项工作被省教育厅评为2019年度教育综合改革和制度创新十大典型案例。

【教师荣休暨入职仪式】 12月14日，以“致敬 传承”为主题首次举办教师荣休暨入职仪式，遴选12名荣休教师代表和200名新入职教师代表参加，旨在创新师德教育，宣传学习为教育事业终生奉献的荣休教师，激励新入职教师，增强教师职业责任感、使命感和荣誉感。

【艺术教育】 举办“我和我的祖国”泰安市中小学生快闪活动。组织17所学校的4820名学生参加《致泰山挑山工》大型情境诗朗诵活动。继

12月14日，教师荣休暨入职仪式上新入职教师宣誓 （景婧 供）

续开展市县两级校园艺术展演活动、校园艺术节合唱戏剧专项展示活动。在全省校园艺术展演活动中，泰山区、新泰市、肥城市教体局获优秀组织奖。市教师合唱团在全省教师合唱比赛中获第3名。组织参加全国少年书法大会比赛，6名同学进入全国100强，33名同学进入全国500强，市教育局获全国优秀组织奖。

【体育教育】 在2019年全国青少年田径锦标赛中，获100米、200米赛冠军。在山东省第十四届学生运动会（中学组）中，团体总成绩居全省第3，获“省长杯”，被授予“体育道德风尚奖”和“优秀组织奖”，在田径项目中包揽团体、男子团体、女子团体3个第一，获金牌8枚、银牌6枚、铜牌5枚。在山东省“全国青少年校园足球特色学校足球联赛”中，U18男子足球队获第4名。开展第九次学生体质健康监测工作，对52所学校124个班级5698人进行体质抽测，学生体质健康优秀率为2%、良好率为22%、及格率为87%、不及格率为13%。岱岳区被教育部命名为“全国青少年校园足球试点县（市、区）”，17所中小学被命名为“全国青少年校园足球特色学校”，6所学校被命名为“全国青少年网球特色学校”，6所学校被命名为“山东省体育特色高中学校”。

【卫生教育】 开展中小学“爱耳日”“爱眼日”、第24个世界防治结核病日、第31个爱国卫生月等活动；组织参加全省学生健康科普微视频大赛、全国青少年禁毒知识答题活动，泰安市教育局获优秀组织奖；开展全市学校卫生工作联合督导检查，落实学校疾病防控工作，无公共卫生事件发生。市教育局获山东省学生健康科普微视频大赛优秀组织奖、泰安市防艾滋病工作先进单位、全国青少年禁毒知识答题活动优秀组织奖。

【国防教育】 加强对全市高中的军训指导，首次实行由市军分区选派专业军事人员进行高中军训工作，提高高中军训质量。开展全市学生国防知识竞赛和素质拓展训练活动。在全省中小学生国防知识竞赛中，获团体总分第3名，市教育局被授予中小学国防教育主题活动最佳组织奖。

【课后服务】 制定《泰安市教育局等4部门关于全面推进小学课后服务工作的实施意见》，秋季开学后，在全市所有小学全面推开课后服务工作，实现有需求的小学生全面保障。泰安城区中小学课后服务收费标准为每生每月最高80元。年内，579所小学开展课后服务，17.3万名学生参与。

【研学旅行】 11月17日，泰山研学旅行国际交流会在泰安市召开。围绕“建设国山、国学、国医研学旅行基地，打造新时期三国演义”的总目标，建成28处市级研学旅行基地、230家校外实践基地和80家乡村少年宫，开发研学课程，构建起“学生主体、教师主导、基地配合、机构服务”的研学架构。 （景婧）

中等职业教育与成人教育

【概况】 年内，全市有中等职业学校15所，在校生3.93万人，教职工2831人，其中专任教师2292人。泰山职业技术学院成功立项省优质高职院校建设工程，泰安技师学院成为国家级高技能人才培训基地。市域内4所中职学校创建为国家中等职业教育改革与发展示范学校，6所学校列入省示范性中职学校建设工程，6所学校建设为省规范化中职学校，2所学校被命名为省校企一体化合作办学示范院校，国家中职示范校和省级规范化中职学校在泰安市6个县（市、区）实现全

2019 年泰安市中等职业学校基本情况

表 34

单　位	校　数	毕业生数	招生数	在校生数	教职工（人）		占地面积（万平方米）	建筑面积（万平方米）	图　书（万册）	计算机（台）	电子图书（册）
					合计	专任教师					
合　计	15	12478	13830	39319	2831	2292	163.83	79.64	118.47	9758	10247
泰山区	6	3465	3052	9289	762	612	32.20	23.77	23.48	2685	2490
岱岳区	1	2019	1478	5020	352	307	23.90	11.84	20.15	1561	2
新泰市	3	1853	3009	7282	557	424	20.14	10.43	34.87	1643	1362
肥城市	1	2001	2011	5460	418	374	23.13	12.81	19.11	1050	13
宁阳县	1	1319	1780	4637	344	287	37.73	6.46	4.19	1226	100
东平县	2	957	1519	4110	234	214	13.33	7.19	8.67	993	5500
泰安高新区	1	864	981	3521	164	74	13.40	7.14	8.00	600	780

覆盖，全市以中等职业教育为主体，中等与高等职业教育相互衔接，与其他教育相互沟通的职业教育体系基本形成。

【特色名校创建】　会同市委组织部、市编办等 10 部门制定出台《关于办好新时代全市职业教育的实施意见》，明确全市职业教育发展思路。以创建职业教育特色名校建设为抓手，提高职业学校教育教学质量和建设水平。年内，泰山职业技术学院立项省优质高职院校建设工程，泰安市工商职业中专立项第 3 批省示范性中职学校建设项目，岱岳区、肥城市和东平县 3 所省示范性中职学校建设项目顺利推进，泰安市理工职业中专和宁阳县职业中专 2 所首批省示范性中职学校建设项目完成市级自评。

【职业教育内涵发展】　推进专业布局调整，2019 年全市新增航空服务、商务英语、幼儿发展与健康管理等市新旧动能转换技能人才紧缺专业点 13 个，淘汰落后专业点 5 个。争创各类专业建设和人才培养试点项目，助推职业教育内涵提升，全市新增教育部“1+X”证书制度试点院校 3 个，立项省级职业教育教改研究课题 31 个，泰安市理工职业中专的职业教育“双元双证培养”体系构建项目被纳入省制度创新试点重点项目。

【校企合作】　完善以高职院校为龙头、以骨干专业为纽带、以核心产业为依托的职教集团发展模式，鼓励有实力的企业牵头，带动多元投资主体依法共建职教集团，支持职业院校、行业企业、科研机构、相关部门组建专业建设指导委员会。年内，全市成立 10 个市级职业教育集团和 6 个专业建设指导委员会，形成市域范围内以专业为纽带的合作联盟。各职业院校先后成立由行业、企业、学校多方参与的教学指导委员会、学术委员会等机构，制定校企联合办学管理办法、学生实习实训管理办法等文件章程，形成较为完善的管理体系和运行机制，泰山职业技术学院和岱岳区职业中专被命名为省校企一体化合作办学

职业学校学生在数控车床实训车间实习　（景　婧　供）

示范院校，各职业院校逐步形成“产教深度融合，校企一体化育人”的校企合作机制。

【职业技能大赛】 在全国职业院校技能大赛中获金牌2枚、银牌2枚、铜牌3枚，在山东省职业院校技能大赛中获金牌5枚、银牌6枚、铜牌16枚。 （景　婧）

民办教育

【概况】 全市有各级各类民办学历教育学校44所，在校生4.29万人，教职工3864人，专职教师3228人。其中，义务教育阶段学校32所，在校生2.72万人；普通高中8所，在校生0.49万人；职业中专3所，在校生0.38万人；民办高校1所，在校生0.7万人。全市有民办幼儿园359所，在园幼儿5.1万人，教职工5412人，专职教师4112人。各级各类民办学校总占地面积318.13公顷，建筑面积175万平方米，固定资产14.76亿元。全市初步形成从学前教育到高等教育，覆盖普通教育和职业教育，层次比较齐全、结构相对合理、办学体系相对完整的民办教育办学格局。

【加快民办教育发展】 全市新增民办学校8所，民办中小学招生人数达1.48万人。引导民办学校把重心转到打造品牌、提高质量上来，引进省内外优质民办教育资源联合办学，丰富提升教育结构层次和办学水平。完善民办学校的年度检查、日常监管等制度，加强民办学校安全管理，确保教育教学活动规范开展，保证民办学校健康发展。

【校外培训机构规范治理】 出台《泰安市人民政府办公室关于贯彻落实鲁政办字〔2019〕49号文件精神进一步规范校外培训机构发展的通知》，开展校外培训机构专项整治。落实“网格化”片区管理机制，明确设置标准，强化联合执法，规范、整改、取缔同步进行；实施“黑白名单”制度，建立举报平台，违规必纠，查办必严；制定出台《泰安市校外培训机构负面清单》，首创“负面清单”制度，明确“40条禁令”；累计整改问题2789件，取缔不合格机构2168家，合格的1756家机构实行网上平台管理，全国校外培训机构管理平台录入率达100%。

（景　婧）

高等教育

【概况】 市内有高校15所，在校生17.46万人，教职工9892人。其中，山东农业大学、山东科技大学泰安校区、山东第一医科大学泰安校区、泰山学院、山东科技大学泰山科技学院、山东财经大学东方学院、山东医药技师学院、山东外贸职业学院泰安校区、山东交通职业学院泰安校区、山东电力高等专科学校泰安校区10所为省属高校，泰山职业技术学院、泰山护理职业学院、山东服装职业学院、泰安技师学院4所为市属高校，山东力明科技职业学院为民办高校。4月，山东力明职业科技职业学院党组织关系转入泰安市委教育工委。10月，泰山职业技术学院、泰山护理职业学院、泰安技师学院、山东服装职业学院等4所学院全部调整为市政府直属事业单位，归口市委教育工委管理。11月，明确4所市属高校党组织关系调整为市委教育工委管理。 （景　婧）

【山东农业大学】 学校校园占地面积343公顷，建筑面积104万平方米，教学科研仪器设备总值8.07亿元，图书馆藏书277万册，电子图书158万册。有教职工2483人，教师中有教授、副教授1050人，中国科学院院士1人，中国工程院院士3人，入选国家“百千万人才工程”专家11人，国家有突出贡献的中青年专家6人，“长江学者奖励计划”特聘教授1人，国家万人计划4人，国家杰出青年科学基金获得者6人，国家优青2人，国家级教学名师4人；“长江学者和创新团队发展计划”创新团队2个，国家级教学团队3个；泰山系列工程专家54人，其中泰山学者优势特色学科人才团队1个，泰山学者攀登计划专家4人，泰山学者特聘专家23人，泰山学者青年专家12人；泰山产业领军人才工程专家14人。学校拥有博士后科研流动站12个，一级学科博士点12个，一级学科硕士点24个、专业学位授权类别12个；国家重点学科2个，农业农村部重点学科2个，省级重点学科21个；“山东省高峰计划学科”1个，省一流及培育学科4个，农林学科连续6年入选QS世界大学学科排行榜400强，3个学科进入ESI全球排名前1%。有国家重点实验室1个，国家工程实验室2个，国家工程技术研究中心2个；农业农村部综合性重点实验室1个，农业农村部专业性（区域性）重点实验室2个，农业农村部农业科学观测实验站2个，国家农产品加工技术研发专业中心1个，国家小麦改良分中心1个，农业农村部农产品质量安全监督检验测试中心1个，

11月22日，省委书记刘家义在山东农业大学宣讲中共十九届四中全会精神
（胡春龙　供）

全国农业农村信息化示范基地1个，科技部、教育部新农村发展研究院1个，国家小麦育种栽培技术创新基地1个，黄淮海区域玉米技术创新中心1个，国家林业和草原局定位观测研究站1个，国家林业和草原局重点实验室1个；省级协同创新中心5个，省级重点实验室11个，省级工程技术研究中心15个，省级国际合作研究中心4个，省级工程实验室2个，省级人文社科研究基地1个，省级新型智库2个，省级科教基地1个。学校有本科专业94个，国家级特色专业9个，国家一流本科专业建设点12个，省级一流本科专业建设点8个；国家级精品课程5门，省级一流本科课程32门，国家级双语示范课程2门，国家级精品资源共享课5门；国家级人才培养模式创新实验区2个，国家级实验教学示范中心3个，国家级虚拟仿真实验教学示范中心1个，国家虚拟仿真实验教学项目1个，国家大学生校外实践教育基地1个，全国高校实践育人暨创新创业基地1个，省级大学生创业孵化示范基地1个。2019年，招收本科生7490人、硕士研究生1440人、博士研究生138人；毕业本科生7347人、硕士研究生1084人、博士研究生102人；在校学生3.49万人，其中本科生3.08万人，博士、硕士研究生4121人。

（胡春龙）

【山东科技大学泰安校区】 山东科技大学在青岛、泰安、济南三地办学，总占地面积253公顷，建筑面积146万平方米，固定资产总值30.15亿元，教学科研仪器设备总值7.96亿元。设有二级教学科研单位33个，专职科研机构6个，泰山科技学院（独立学院）1个。泰安校区占地面积46.67公顷，校舍面积38万平方米。设资源学院、智能装备学院、财经学院、公共课教学部等教学院（部）4个，研究院1个，本科专业25个。有在职教职工700人，高级职称人员170人，博士生导师和硕士生导师60人。校区拥有功能齐全的采矿地质类、土木测绘类、机电类、经管类、信息类等实验室63个。其中，"煤矿充填开采国家工程实验室"是国家重点实验室，"矿业工程综合实训中心"为省级实验教学示范中心，"矿业工程实验中心"和"矿山机电工程实验中心"为山东省骨干学科实验室，"先进自动化技术实验中心"为中央与地方共建特色优势学科实验室，校内教学模拟矿井被原国家煤炭部命名为"华东煤炭院校泰安实习中心"。校区坚持"以学科建设为龙头，以专业建设为重点，以课程建设为基础"的原则，加强内涵建设，《机械设计基础》被评为国家级精品课程，《工程力学》等29门课程被评为山东省精品课程，"计算机科学与技术""会计学"和"采矿工程"专业被评为山东省特色专业建设点，"机械基础系列课程教学团队"和"自动化专业教学团队"被评为省级教学团队，2名教师被评为省级教学名师。校区具有较强的基础研究、应用研究和科技开发能力及多学科交叉的综合科技优势，在采矿工程、土木工程、测绘工程、地质工程、机械设计制造及其自动化、自动化、计算机科学与技术、经管、法学等领域有较强的学科基础和学术优势。近年，每年科研合同经费均超过3000万元，并承担国家自然科学基金、国家社会科学基金及教育部人文社会基金等高层次科研项目的研究工作，多项课题获得省部级科技奖励，成果达到国际先进或国内领先水平。2019年，山东科技大学招收本科生8696人、硕士研究生2488人、博士研究生110人；毕业本科生8527人、硕士研究生1600人、博士研究生30人；在校本科生3.61万人。其中，泰安校区招收1831人，毕业917人，在校生5990人；泰山科技学院招收529人，毕业1061人，在校生3194人。

（齐敏华）

4月4日，山东科技大学与泰安市人民政府、青岛大学达成战略合作，校企联合共建泰山复合材料研究院 （任卫兵 摄）

【山东第一医科大学泰安校区】 2019年2月，山东省政府印发《关于组建山东第一医科大学的通知》，泰山医学院与山东省医学科学院合并组建山东第一医科大学，同时保留山东省医学科学院牌子。2月28日，山东第一医科大学成立会议在济南举行。山东第一医科大学（山东省医学科学院）是山东省重点建设的大学，也是山东省最大的医学科学研究机构。在济南、泰安设有校区，在济南、青岛、济宁等地建有研究机构，总占地面积400公顷。主校区位于济南国际医学科学中心核心区域，规划占地面积约173.33公顷，建筑面积90万平方米。泰安校区占地200公顷，校舍面积82万平方米。章丘生物医药产业园占地37.11公顷，建筑面积9.7万平方米。校（院）拥有本硕博和继续教育全过程人才培养体系，设有教学机构32个、科研机构5个、教辅机构5个，拥有本科专业45个、硕士学位授权一级学科5个、硕士学位授权点67个、博士学位授权一级学科1个、博士后科研工作站1个。临床医学、药理学与毒理学、生物与生物化学3个学科进入ESI全球排名前1%。拥有临床医学、医学影像技术、护理学国家级一流本科专业建设点3个，省级一流本科专业建设点15个，山东省重点学科6个，省级特色专业8个，省级高水平应用型建设专业（群）5个，山东省新旧动能转换对接产业专业群1个，省级卓越工程师教育培训计划试点专业3个。有教职工1.5万人，其中中国工程院院士5人（含双聘院士2人），副高及以上专业技术人员2966人，具有硕士、博士学位人员6031人。拥有省部共建国家重点实验室、国家卫生健康委重点实验室、省重点实验室等省级以上高水平创新平台40个。近五年，获国家科技进步奖二等奖3项，何梁何利基金科学与技术进步奖1项，山东省科学技术最高奖2项，山东省科技奖励一等奖8项。拥有直属附属医院13家，非隶属附属医院23家，其中三级甲等综合医院12家、三级甲等专科医院8家。有国家临床重点专科16个，国家药物临床试验机构7个。指导全省开展职业病、皮肤病、寄生虫病、肿瘤早诊早治、辐射防护、防盲治盲、罕少见疾病防治工作。拥有世界卫生组织合作中心。2019年，泰安校区招收专科生492人、本科生4920人、硕士研究生524人；毕业专科生899人、本科生4467人、硕士研究生317人；在校专科生2289人、本科生1.98万人、研究生1267人。

（刘 伟）

【泰山学院】 学校建有南、北两个校区，占地面积91.87公顷，建筑面积54万平方米，建有原党和国家主要领导人设在高校的第一座图书馆——万里图书馆。有二级学院15个，本科专业66个，涵盖文学、理学、工学、法学、历史学、教育学、管理学、经济学、艺术学等9大学科门类；面向全国27个省（市、自治区）招生。有教职工1341人，其中专任教师969人，博士研究生246人，教授、副教授405人，新世纪百千万人才工程国家级人选、政府特殊津贴专家、泰山学者、教育部教学指导委员会委员、省重点学科首席专家、省突出贡献专家、省中青年学术骨干、省级教学名师及省级以上各类专业技术拔尖人才33人；省级优秀教学团队5个，省青年创新团队6个，省高校黄大年式教师团队1个；从国内外重点大学和科研机构聘任院士、长江学者、国家教学名师、博士生导师为兼职教授300人。学校是山东省19所省级教师教育基地之一，也是山东省首批具有公费师范生招生资格的9所高校之一，2019年完成教育部本科教学审核评估专家组到校考察各项工作。学校有国家级一流本科专业建设点2个，省级一流本科专业建设点7个，教育部综合改革

5月27日，教育部专家组到泰山学院开展本科教学工作审核评估

（陈 涛 摄）

试点专业1个，全国第三批大学英语教学改革示范点项目1个，山东省人才培养模拟创新试验区1个，省级卓越工程师教育培养计划项目3个，省级高水平应用型立项建设专业（群）4个。有省级精品课程39门，国家级大学生校外实践教育基地1个。学校师生在全国辅导员职业技能大赛、“挑战杯”全国大学生科技创新竞赛等多项赛事中取得优异成绩，获国家级奖励253项、省级奖励823项。学校拥有省级重点学科、重点实验室、人文社科基地、协同创新中心等省级科研创新平台10个，获山东省社会科学优秀成果一等奖各1项。“十二五”以后，共承担国家自然科学基金、国家社会科学基金等国家级科研项目45项，省部级项目224项；获厅级以上科研奖励387项；发表学术论文3736篇，被SCI、EI、SSCI、CSSCI收录833篇，出版专著、译著和教材322部；举办“第22届国际历史科学大会泰安会议”“第三届世界名山学术研讨会暨区域社会文化发展论坛”等高水平学术会议30次。学校注重树立国际化办学理念，先后和英国、加拿大、马来西亚、泰国、美国、俄罗斯等10个国家的20所高校建立合作关系或合作意向。2019年，招收专科生900人、本科生4820人；毕业专科生1056人、本科生4291人；在校本科生2.05万人。 （王 欣 王成磊）

【泰山职业技术学院】 学院占地63公顷，建筑面积25.8万平方米，教学仪器设备总值9016万元。馆藏图书79万册，固定资产4.6亿元。建有泰安创业大学、泰安市第一公共实训中心、泰安市逆向工程与三维技术研究院、泰安市现代职教研究院、泰安市工艺美术学会、泰安市增材制造协会、泰安市机电职教集团、泰山书院。有国家实训基地4个、省“十三五”高等学校科研创新平台1个、省职业教育技艺技能传承创新平台2个。有专业43个、省级精品课程、资源共享课35门，其中国控专业、教育部财政部重点支持建设专业、省品牌专业群、省级特色专业、省名校重点建设专业、省现代学徒制试点专业、省“3+2”专本贯通培养专业20个。有国家专利发明76项。有教职工505人，专任教师388人，其中副高以上职称112人，省职业教育名师工作室3个、省级教学团队3个，全国人大代表、省十佳杰出青年、全国农业职业教育教学名师、省级教学名师、省先进教育工作者、省优秀教师、省科普专家库专家等33人，市拔尖人才、市功勋教师、市首席技师、市优秀教师、市社科优秀人才等59人。2019年，全日制在校学生1.3万人；录取新生4256人，高出本科线81人；完成4745名学生学籍注册和7333名在校生注册工作，为3995名学生办理发放毕业证。先后获“全国社科组织先进单位、省级文明校园、省教育新闻宣传先进单位、省无偿献血先进高校、省征兵工作先进单位”等称号。

（马久虎 杨 春）

9月26日，泰山职业技术学院举行庆祝中华人民共和国成立70周年合唱比赛

（李 伟 摄）

【泰山护理职业学院】 学院占地面积35.33公顷，分新校、老校2个校区，举办高职(高中起点普通高职、中职起点对口高职和初中起点五年制高职)医护类教育，设有护理、助产、药学、医学影像技术、康复治疗技术专业5个。学院有高级以上职称教师52人，中级职称132人；博士6人，硕士160人。馆藏纸质图书31.5万册，教学科研仪器设备总值3158.2万元。为适应护理人才培养需求，分设涉外护理、中医护理、老年护理、社区护理、口腔护理专业5个。2019年，普通专科录取3262人，安排3441名大专生和567名护理专业中专学生入院实习，公派2202名大专生到北京解放军总医院等62家二级甲等以上综合医院及大型医药企业实习，其中三级甲等医院占77%。有22项课题获得立项，其中8项立项为省级研究项目，课题结题14项，获5项泰安市社会科学优秀成果奖，其中二等奖2项、三等奖3项。先后获“国家级青年文明号、全国五四红旗团委、中国优秀志愿服务集体、全国无偿献血促进奖、全省高校思想政治工作先进集体、山东省教学示范学校、山东省十大就业明星学校”等称号，连续19年获“省级文明单位”称号。

（王建伦）

6月1日，“银通·棉之稼”杯第十二届山东省大学生服装设计大赛在山东服装职业学院举办 （耿春燕 供）

【山东服装职业学院】 学院占地面积40公顷，建筑面积23万平方米，在校生1.12万人。现有普通高职、“3+2”本科对口贯通培养、五年制大专、成人本科、试点本科、网络本科等办学层次。设有服装工程与管理系、服装设计与表演系、国际贸易系、信息工程系等9个教学机构。开设服装与服饰设计、服装设计与工艺、服装陈列与展示设计、民族服装与服饰、视觉传播设计与制作、服装表演、会计、旅游管理、酒店管理、机电一体化技术、计算机应用技术、物联网应用技术、智能控制技术、虚拟现实应用技术等41个专业。陆续建成一批中央财政重点建设专业和省级特色专业。2019年，有教职工430人，其中专任教师377人，双师型教师182人，教授10人，副教授97人，硕士研究生238人，引进较高学历层次人才19人；招生4827人，比上年增长40.9%，在校生达1.13万人，招生人数、报到率、在校生人数均创建院以后最高水平。毕业生就业率98%以上，用人单位满意率95%以上。学院师生在全国大学生跨境电商职业能力、山东省大学生数学竞赛总决赛等比赛中获奖近40项，在2019年CUBA中国大学生篮球联赛（山东赛区）中获得亚军，在山东省大学生田径锦标赛中，获两金一银。在第五届山东省“互联网+”大学生创新创业大赛中，获得1项铜奖。学院中标泰安市退役军人事务局采购2018—2019年度退役士兵职业教育和技能培训，培训退役士兵212人。旅游实训中心启用，承接泰安市各系统部门各类培训近30次，年培训规模达2.9万人次。组建学院新时代文明实践社科普及志愿服务队，开展社科普及志愿服务项目近20项。学院获“省级文明校园、市级文明校园、泰安市创建文明城市先进单位”等称号。

（耿春燕）

【泰安技师学院】 学院占地面积10.67公顷，建筑面积7万平方米，学校资产1.76亿元，实训设备总值2117.73万元，办学层次以中级班、高级版、技师班三位一体。有数控技术、汽车工程、机械工程、商务管理、电气工程、信息工程6个系和基础部，开设数控加工、工程造价、汽车制造与装配、机械装配、焊接加工、会计、烹饪、电气自动化设备安装与维修、计算机应用与维修、电子商务、幼儿教育等26个专业。其中，焊接加工是省级重点名牌专业，电气自动化设备安装与维修是省级重点名牌

10月30日，泰安技师学院海尔电子商务实训基地揭牌仪式举行（刘 倩 供）

专业、省技工院校百强专业、省级示范专业群建设项目，数控加工专业是泰安市名优专业。2019年，招生2902人，其中与市内2家企业达成新型学徒制培养计划，招生注册非全日制学籍学生104人；“高职＋技师”与泰山职业技术学院“电气自动化技术”专业合作培养招录28人。毕业生3794人，就业3775人，就业率99.5%。在校生8000人。新增省名师工作室2个，数控加工专业获批全市名优专业。新增立项课题16项，结题8项。第二期职业教育教学质量提升计划第三批微课联盟立项1个，第四批精品资源共享课程立项7个。在市职业院校技能大赛中获一等奖3个、二等奖6个、三等奖4个，在第四十六届世界技能大赛省选拔赛中获二等奖1个、三等奖2个，学院电气系参加“建行杯”第五届山东省“互联网＋”大学生省赛“移动的眼睛——大货车后视镜自动跟随”项目获铜奖。学院获“全省技工教育先进集体”称号。年内，成功创建省级文明单位。（刘 倩）

【山东财经大学东方学院】 学院占地面积35.46公顷，学校（非产权）校舍面积15.68万平方米。全年教育经费投入4853.48万元。固定资产总值9794万元，其中教学、科研仪器设备资产值2500万元。图书馆建筑面积1.14万平方米，藏书45万册。拥有计算机980台。信息化设备资产1947.22万元，网络信息点数1044个，校园网出品总带宽1000 M bps，电子邮件系统用户数1200个，上网课程75门，数字资源量1200GB，管理信息系统数据总量29.04GB。设置二级学院8个、特色学院4个。开设34个本专科专业及覆盖学科5个，具有一级学科8个，专业学位授权点17个。教职工400人，其中专任教师299人，包括教授47人、副教授79人。在校生8101人，其中本科生5819人、专科生2282人，本科毕业生一次就业率96.5%。新开设数据科学与大数据技术专业，拓展工学学科，形成以金融大数据为主线，数据科学与大数据技术、金融学为支撑的大数据专业集群。完成“金融科技”“人工智能”“网络与新媒体”3个专业申报和人才培养方案的制定工作。完成19个本科专业、2个专科专业、6个专升本专业人才培养方案初稿的修订工作，完成2019级专科单招《会计》和《金融管理》2个专业B、C类人才培养方案的制定工作。省级课题立项11项，市社科课题立项11项，组织课题结项26项。

（侣 亚）

9月12日，华为信息与网络技术学院（简称ICT学院）举行授牌仪式（聂圣军 摄）

编辑 校对 刘小笋

卫生·体育

卫生综述

【概况】 年末，全市有各级各类医疗卫生机构4519家，病床3.31万张，卫生人员5.3万人。全市有医院110家，其中综合医院71家、中医医院10家、专科医院25家、护理院4家；基层医疗卫生机构4350家，其中社区卫生服务中心（站）198家、卫生院69家、村卫生室2974家、门诊部56家、诊所（卫生所和医务室）1053家；专业公共卫生机构51家，其中疾病预防控制机构8家、专科疾病防治院（所、站）9家、健康教育所（站、中心）1家、妇幼保健院（所、站）7家、采供血机构2家、卫生监督所（中心）3家、计划生育技术服务机构21家；其他卫生机构8家，其中疗养院2家、其他6家。全市人均期望寿命79.38岁，孕产妇死亡率、婴儿死亡率和5岁以下儿童死亡率分别为6.73/10万、2.65‰和3.93‰。泰安市先后被确定为全国城市医联体建设试点市、全省社区医院建设试点市，在全省率先实现国家卫生城市（县城）全覆盖。市卫生健康委连续7年被市委、市政府表扬为经济社会发展综合考核先进单位，连续17年保持省级文明单位称号，连续两年被评为全省、全市脱贫攻坚先进集体。

【“健共体”全国示范区建设】 9月，泰安市政府与微医集团签署战略合作协议，发布启用全国首家慢病互联网医院，共同启动慢病互联网医院全国总部、泰安健康服务共同体（简称“健共体”）全国示范区建设。10月20日，市委副书记、市长张涛受邀出席第六届世界互联网大会“互联网+健康中国行动”高峰论坛，并作“共建‘健共体’，共享大健康”的主题发言。

【卫生人才队伍建设】 实施“泰山基层名医”工程，出台《“泰山基层名医”选拔管理办法》，组织评选首批20名泰山基层名医，起到示范带动作用。做好高层次人才培养工作，1人被评为“齐鲁卫生与健康杰出青年人才”，11人被泰安市委、市政府命名为第十四批“泰安市专业技术拔尖人才”，46人获卫生技术正高级职务资格。

【健康扶贫】 在全省首家全面开通住院贫困患者基本医保、大病保险、医疗机构减免、医疗救助、医疗商业补充保险+门诊慢性大病贫困患者基本医保、大病保险、医疗商业补充保险“5+3”“一站式”即时结算系统。落实“两免两减半”“先诊疗后付费”、医疗机构减免、贫困患者身份自动化识别等便民惠民

10月15日，“健康助力幸福泰安”暨健康扶贫医疗服务队授旗出征仪式举行（李先虎 供）

2019 年泰安市医疗卫生机构、人员和床位情况

表 35

机构分类	机构（家）	实有床位数（张）	在岗职工（人）												
			合计	卫生技术人员									其他技术人员	管理人员	工勤技能人员
				小计	执业（助理）医师	执业医师	注册护士	药师（士）	技师（士）	检验师（士）	其他	见习医师			
总　计	4519	33145	53003	39889	15533	12602	17794	1839	1802	1155	2921	627	2735	1392	2473
医院	110	25742	29092	25178	8572	7959	13046	1189	1158	722	1213	410	1542	831	1541
综合医院	71	18529	21548	18797	6324	5908	9843	860	850	548	920	303	1128	505	1118
中医医院	10	3754	4838	4251	1555	1448	2064	239	204	119	189	78	222	156	209
专科医院	25	3106	2575	2054	667	583	1098	84	102	54	103	28	189	161	171
护理院	4	353	131	76	26	20	41	6	2	1	1	1	3	9	43
基层医疗卫生机构	4350	5190	19163	11394	5798	3598	3431	544	384	220	1237	192	405	301	549
社区卫生服务中心（站）	198	728	2532	2208	885	600	836	118	74	38	295	46	94	86	144
卫生院	69	4428	6117	5374	2244	1469	1640	375	293	171	822	126	253	183	307
村卫生室	2974	—	7622	1108	1025	113	83	—	—	—	—	—	—	—	—
门诊部	56	14	488	381	154	135	194	4	10	7	19	—	35	15	57
诊所、卫生所、医务室	1053	20	2404	2323	1490	1281	678	47	7	4	101	20	23	17	41
专业公共卫生机构	51	1111	3690	2499	941	827	895	78	226	190	359	22	699	220	272
疾病预防控制中心	8	—	612	476	251	229	54	12	94	84	65	—	56	35	45
专科疾病防治院（所、站）	9	11	160	128	50	39	38	14	13	13	13	—	5	21	6
健康教育所（站、中心）	1	—	49	44	12	11	28	—	4	1	—	—	1	3	1
妇幼保健院（所、站）	7	1100	1845	1529	542	497	722	45	90	70	130	21	128	73	115
采供血机构	2	—	104	68	16	14	33	—	19	18	—	—	11	6	19
卫生监督所（中心）	3	—	77	57	—	—	—	—	—	—	57	—	8	7	5
计划生育技术服务机构	21	—	843	197	70	37	20	7	6	4	94	1	490	75	81
其他卫生机构	8	1102	1058	818	222	218	422	28	34	23	112	3	89	40	111
疗养院	2	1102	961	747	216	212	389	26	34	23	82	3	78	33	103
其他	6	—	97	71	6	6	33	2	—	—	30	—	11	7	8

说明：①村卫生室人员数合计中包括乡村医生和卫生员 6514 人；②村卫生室人员数不包括乡镇卫生院在村卫生室工作的人员数（这部分人员计入乡镇卫生院中）

政策，全市住院贫困患者个人自付比例控制在10%以内（急危重症除外）。2019年减免医疗费用2896.2万元，惠及贫困人口11.5万人次，其中医疗机构主动减免目录外费用1595.4万元，惠及贫困人口2.3万人次。设置卫生室、服务点，规范延伸服务，全市374个省扶贫工作重点村实现卫生室和基本公共卫生服务全覆盖。（郭志刚　李先虎）

健康泰安建设

【健康城市创建】　市政府印发《健康泰安行动工作方案》，一体推进卫生城市、健康城市、文明城市创建。推进创建活动，设立健康教育宣传栏、健康文化墙、健康文化大院、健康长廊、健康一条街等贴近居民的健康教育宣传阵地，对农贸市场、老旧小区、八小行业、物业服务等进行集中整治，营造健康生活环境。开展“一评二控三减四健”（健康评估，控烟、控酒，减盐、减油、减糖，健康体重、健康口腔、健康骨骼、健康心理）专项行动和健康生活方式“六进”（进家庭、进社区、进学校、进单位、进医院、进企业）活动，全市设立自助检测点559个，为8万名居民提供健康指标检测服务。

【健康促进工作】　组织编印发放《泰安市民健康手册》，遴选组建112名的市、县两级健康科普专家库，在全市范围内开展健康科普知识巡讲活动，全年累计组织144场，直接受益群众1.6万人次。在岱庙文化广场举办健康山东行动——健康知识普及行动启动仪式，拉开全省健康知识普及行动的序幕。推进健康促进工作，岱岳区、肥城市、宁阳县通过第三批省级健康促进县（市、区）评估验收，全市6个县（市、区）中有4个创建为省级健康促进县（市、区）。全市居民健康素养水平达19.87%。

【爱国卫生运动】　开展病媒生物防制工作，市政府拨付专项经费54万元，定期对泰安城区公园绿地、农贸市场、公厕、垃圾中转站等公共场所进行消杀，降低病媒生物密度，保障市民健康。向省爱卫办新申报国家卫生乡镇4个、省级卫生乡镇8个、省级卫生先进单位60个、省级卫生村399个，全市省级卫生村比例在2019年年末达到20%的创建目标要求。年末，全市国家卫生乡镇、省级卫生乡镇、省级卫生村分别达13个、77个、1069个，占比分别达14.8%、87.5%、29.9%，创建数量和比例均位居全省前列。宁阳县、东平县通过国家卫生县城创建综合评审，泰安市实现国家卫生城市（县城）全覆盖。

（郭志刚　李先虎）

医药卫生体制改革

【公立医院改革】　2019年，按照市委、市政府关于市级机构改革有关要求，全市深化医药卫生体制改革牵头工作由市财政局划转至市卫生健康委承担。2018年，市级财政下达补助3000万元。按照省统一要求新增90项医疗服务价格项目，2019年又放开13大类30项，实行市场调节价。12月在全市公立医院全面取消耗材加成。年内，推进公立医院党的建设、薪酬制度改革试点等工作，全面启动三级公立医院绩效考核，全市参与医改监测的34家二级以上公立医疗机构医疗费用增长幅度为9.53%、药占比为26.7%，公立医院服务质量效益明显提升。

【现代医院管理制度试点】　按照国家和省关于建立现代医院管理制度有关要求，推进现代医院管理制度建设。6月，省卫生健康委、省发展改革委等5部门联合印发《关

9月5日，泰安“健共体”全国示范区启动暨全国首家慢病互联网医院发布仪式举行（李先虎　供）

7月27日，2019年山东省癌症防治与健康促进大会在泰安召开（李先虎 供）

于开展建立健全现代医院管理制度省级试点的通知》，确定将泰安市中心医院、宁阳县第一人民医院两所医院确定为现代医院管理制度省级试点单位。两个医院根据工作实际制定实施方案，报省卫生健康委备案，并探索可推广复制的模式机制。

【医联体建设】 网格化布局医联体，城市医疗集团建设以技术、人员、信息方面业务整合为切入点，向更加紧密的运作模式推进；县域医共体建设在人才培养、技术支持、双向转诊等方面进一步推进资源共享，城市医疗集团、县域医共体、跨区域专科联盟、远程协作网建设稳步推进，泰安市被确定为全国城市医联体建设试点市，肥城市、东平县被确定为全国紧密型县域医共体建设试点县。年末，全市建成城市医疗集团3家、县域医共体11个、跨区域专科联盟18个、远程协作网3个。医联体建设能有效推动优质医疗资源垂直下沉，提升基层医疗服务能力，三级医院门诊量出现明显下降趋势，基层医疗机构就诊量和经济状况增速明显，全市县域就诊率达90%以上，基本实现大病不出县的目标。（郭志刚 李先虎）

医养健康

【医疗养老深度融合】 全市一级以上医疗机构全部开通老年人就医绿色通道，二级以上综合医疗机构全部与养老机构建立合作关系，设置老年病科26个。全市养老机构积极申请开办医疗机构，养老机构内设诊所、医务室的，全部实行备案制度。泰山医养中心于6月正式建成启用。全市设立健康养老需求综合评估中心7家，老年人健康评估率达65%以上。组织2期500人次的医养结合培训班，10名专家入选全省医养结合专家库。

【医养结合示范创建】 泰山疗养院被命名为全省首批医养结合示范单位，岱岳区、新泰市、宁阳县被确定为省级医养结合示范先行县（市、区）。全市创建2个全国智慧健康养老应用试点示范单位、10个省级医养结合示范乡镇（街道），3家医养结合机构典型经验被省发文推广。

【健康产业发展】 围绕打造国际知名“养老泰安·养生泰山”医养健康品牌和建设医养健康强市目标，印发《泰安市医养健康产业发展规划（2018—2022年）》，全市医养健康产业增加值年增幅在18%以上。全市规模以上医药制造企业2019年主营业务收入52.1亿元，增长18.3%；利润12.8亿元，增长

6月18日，泰山医养中心正式启用（李先虎 供）

86.4%。推进重点项目建设，列入全省医养健康产业重点项目11个，市新旧动能转换重大项目17个，市产业经济发展重点项目8个。完成省委、省政府组织的新旧动能转换重大项目观摩工作。开展招商引资活动，吸引恒大健康集团、中国医药集团、北京妙医佳公司等到泰安市推介项目。16个医养健康产业内资项目、3个外资项目通过省双招双引项目考核。完成市招商引资任务，引进省外资金4864万元。引进3个大型会议在泰安召开。组织参加2019年山东省创新驱动发展院士恳谈会、医养健康产业博览会等活动，容大中药煎煮配送项目被列入省政府推介项目。　（郭志刚　李先虎）

基层卫生和妇幼保健

【基层卫生机构建设】　实施乡镇卫生院（社区卫生服务中心）建设工程，加大基础设施投入力度，各级共筹措资金8399万元，新（改、扩）建设施6.87万平方米，购置各类设备982台（件），全市乡镇卫生院（社区卫生服务中心）标准化建设达标率达97.7%。年内，共向16个扶贫重点乡镇和薄弱乡镇卫生院选派22名业务院长（第一科室主任），评审命名20个基层医疗卫生机构特色科室，评选28家甲等乡镇卫生院（社区卫生服务中心），泰安市在“2019全国乡镇卫生院能力建设交流会（山东站）”作经验介绍。11家机构达“优质服务基层行”国家推荐标准，受到国家卫生健康委通报表扬。泰安市被确定为全省社区医院建设试点市，7家社区卫生服务中心创建为全省首批社区医院，创建数量居全省第一。

12月13日，健康山东行动——健康知识普及行动启动仪式在岱庙文化广场举行　（李先虎　供）

【家庭医生签约服务】　年末，累计完成家庭医生签约187.3万人。其中，患病贫困人口签约10.1万人，实现应签尽签；65岁以上老年人签约57.4万人，签约率达70.92%。7月，在省卫生健康委举办的全省家庭医生签约培训班上，泰安市就贫困人口家庭医生签约工作作典型发言。

【基本公共卫生服务】　全市基本公共卫生经费标准提高到人均60元，12类49项基本公共卫生服务项目规范进行。建立居民健康档案465.77万份，建档率82.48%；65岁以上老年人健康管理55.98万人，管理率69.13%；高血压管理46.33万人，糖尿病管理16.6万人；0～

12月13日，市卫生健康委在岱庙文化广场组织健康科普知识宣传和大型义诊服务活动　（李先虎　供）

2019 年泰安市妇幼卫生保健情况

表 36

项　目	指　标	项　目	指　标（%）
孕产妇死亡率	6.73/10 万	7 岁以下儿童健康管理率	91.84
孕产妇系统管理率	90.97%	3 岁以下儿童健康管理率	90.43
产后访视率	92.19%	6 个月母乳喂养率	93.89
新生儿死亡率	1.68‰	产前筛查率	90.64
婴儿死亡率	2.65‰	新生儿四项遗传代谢病筛查率	99.58
5 岁以下儿童死亡率	3.93‰	新生儿听力筛查率	99.84
5 岁以下儿童中重度贫血患病率	1.02%	妇女常见病筛查率	84.40

6 岁儿童系统管理 37.59 万人，孕产妇系统管理 4.05 万人。

【出生缺陷综合防治】 成立泰安市出生缺陷防治管理中心，完善涵盖婚前、孕前、孕中和新生儿各阶段出生缺陷防治服务体系，加强对各级医疗保健机构出生缺陷防治的业务指导、技术培训和督导管理。开展出生缺陷三级预防，继续实施免费孕前优生检查项目城乡人群全覆盖，免费孕前优生健康检查 5.2 万人，目标人群覆盖率为 95.63%，免费产前筛查率为 95%。继续实施新生儿四项免费遗传代谢病筛查，新生儿四病筛查率为 99.58%。启动新生儿先天性心脏病筛查，印发《泰安市新生儿先天性心脏病筛查项目工作实施方案》，设置 11 家诊断机构和 2 家治疗机构，全市新生儿先心病筛查 3 万人。

【妇幼健康服务】 全市使用统一的母子健康手册，发放 4.2 万册。全市农村妇女宫颈癌检查 9.6 万人、乳腺癌检查 7.4 万人；为农村妇女免费发放叶酸 11.46 万瓶，服用叶酸 2.11 万人；全市孕产妇 HIV、梅毒、乙肝检测率 99.99%。印发《泰安市 0 ~ 6 岁儿童眼保健和视力检查工作实施方案》，0 ~ 6 岁儿童眼保健和视力检查覆盖率达 91%。落实《山东省出生医学证明管理办法》，进一步规范出生医学证明管理。宁阳县被确定为全国妇幼保健机构体制机制创新试点县。泰安市妇幼保健院被评为省级母婴安全优质服务单位。 （郭志刚　李先虎）

疾病预防控制和卫生应急管理

【重点传染病防控】 强化艾滋病高危人群行为干预、宣传教育、感染者随访管理和抗病毒治疗工作，加强艾滋病网络实验室建设，筛查实验室及检测点建成率分别达 92%、99%。全市现住址新增青年学生艾滋病病毒感染者较上年下降 37.5%，新增 HIV/AIDS118 例，报告 5 种性病 1233 例，较上年下降 6.1%，全市性病疫情 10 年首次呈现下降趋势。强化麻风症状监测、病人治疗管理、康复和相关人群调查工作，全年无新麻风病例报告。泰安市代表山东省迎接国家消除疟疾工作技术考核评估和终末考核评估，通过考核验收。加强结核病防治工作，全市肺结核患者治疗成功率 92.41%，非结防机构报告肺结核及疑似患者总体到位率 98.51%，1 人被评为全国“结核病防治时代先锋”，3 人被评为全国“结核病防治时代人物”。泰安市代表队获全省结核病临床诊疗技能竞赛团体三等奖。组织肿瘤专家开展“深入基层防癌”大讲堂活动，出动肿瘤专家 206 人次，惠及群众 150 万人。

【免疫规划管理】 全面落实扩大国家免疫规划，儿童免疫规划单苗全程接种率均达 90% 以上，对群众健康与生命有重大影响的乙肝感染率大幅下降，5 岁以下儿童乙肝病毒携带率降至 0.13%。强化流动儿童管理，开展入托入学儿童预防接种证查验工作，完成 2.6 万剂次问题百白破疫苗补种任务。加大免疫规划相关疾病监测力度，落实麻疹疑似病例及时报告、主动监测和麻疹防控专项督导活动，全年确诊麻疹病例 8 例。开展免疫规划规范年活动，数字化门诊建成率达 92%。加强疫苗与冷链设备使用管理，疾控中心全年领发一类疫苗 155 万人份。推进疫苗追溯体系建设，在全省率先开展疫苗电子监管码录入上传，扫码接种达 80% 以上。创新培训手段，运用互联网平台开展预防接种岗位技能练兵活动，组织参加全省基层预防接种工作岗位技能竞赛，获团体三等奖。

【慢性非传染性疾病综合防控】 市4家慢病综合防控示范区在政策完善、环境支持、体系整合、健康教育与健康促进、慢性病全程管理、监测评估和创新引领等方面有新的加强，宁阳县经国家级复审，重新公布为国家级慢病综合防控示范区。加强和完善以死因、肿瘤、心脑血管疾病为主的慢病监测系统，提高监测质量。推进地方病防治工作，开展居民户碘盐监测，碘盐覆盖率为98.1%，碘盐合格率为88%，合格碘盐食用率为86.81%。开展“碘缺乏病防治日”宣传活动，开展儿童、孕妇尿碘监测、高碘地区（病区）和氟中毒病区生活饮用水水质监测等碘缺乏病、地方性氟中毒相关监测工作。

【精神卫生工作】 5月，举办《山东省精神卫生条例》培训班，推进严重精神障碍患者管理工作。配合公安部门做好强制医疗执行工作，及时完成执行场所改造，经人民法院判决的36例强制医疗病人全部收治入院。全市确诊严重精神疾病患者并录入严重精神障碍信息系统2.42万人，年在管2.41万例，规范管理2.32万人，报告患病率4.29‰。在册患者管理率99.54%，规范管理率95.73%；在册患者服药2.39万例，服药率98.76%，精神分裂症服药率98.83%，主要工作指标居全省前列。

【卫生应急管理】 完善疫情信息报告管理及疫情分析预测预警机制，全年接到预警信息1806条，初步判断疑似事件213条，经现场调查排除198起，确认暴发疫情15起。全市通过突发公共卫生事件信息报告管理系统报告突发事件相关信息66起，报告发病数633例，死亡3例。全年报告法定管理传染病2.84万例，报告发病率为504.20/10万，全市传染病网络直报系统报告质量综合评价率为99.96%。从体系建设、应急队伍、装备储备、培训演练、监测预警、应急处置等方面加大工作力度，提升卫生应急和综合实战能力。强化风险评估研判，在问题百白破疫苗第五剂次补种前，全面分析可能出现的严重异常反应及应对措施，下发风险处置技术指导方案，并进行广泛风险沟通，成功救治1例过敏性休克受种儿童。全年处置手足口病聚集疫情255起（其中暴发疫情6起）、流感样病例聚集疫情8起，诺如病毒感染暴发疫情3起，有效处置市首例人感染猪链球菌病疫情，把可能的传染病暴发流行风险控制在萌芽状态。组织突发急性传染病防控应急演练，做好“利奇马”台风等突发自然灾害的卫生保障。

（郭志刚　李先虎）

职业健康

【搭建职业健康监管体系】 4月，对全市卫健系统职业卫生监管现状进行全面调查摸底，根据摸底结果精准施策，加快推进“三定”方案落实进度。6月，市卫生健康委设立职业健康科并配备工作人员2人，市卫生健康监督执法局设立职业健康监督科和放射卫生监督科，每个科配备工作人员4人。各县（市、区）卫生健康局结合机构改革，单独设立职业健康科或明确负责职业健康工作的科室和人员。年末，全市卫生健康主管部门共配备职业健康管理工作人员18人、职业健康监督执法工作人员23人，疾控中心职业健康技术人员45人，乡镇层面有164人协助开展职业健康监管工作。

【职业健康宣传培训】 4月，在全市部署开展“职业病防治法宣传周”活动，在泰山集团举办“职业病防治法宣传周启动仪式”，组织主题宣讲85次，开展咨询活动105次、警示教育75次，印发宣传材料2.1万份，出动宣传人员400人次，受众人数2.6万人次。推荐12件作品参加全省首届职业健康传播作品征集活动。加强职业健康监管人员业务培训，在以会代训的基础上，先后7次组织职业健康监管人员参加国家和省举办的业务培训班，做到应训尽训，市卫生健康委在全省职业健康管理人员培训班上作典型发言。加强用人单位职业卫生培训，共组织培训1861家用人单位的3549名负责人和职业卫生管理人员。

【尘肺病防治攻坚和尘毒危害专项治理】 市卫生健康委等10部门联合印发《泰安市尘肺病防治攻坚行动实施方案》，在全市组织开展尘肺病防治攻坚行动。受市政府委托，市卫生健康委与县（市、区）政府（管委会）签订尘肺病防治攻坚行动目标责任书。印发《泰安市矿山、冶金、化工、建材、汽车制造、铅酸蓄电池生产等行业领域尘毒危害专项治理工作方案》，在全市组织开展尘毒危害专项治理活动。

【职业病防治项目和职业病危害项目申报】 利用117万元国家专项资金，对煤工尘肺等19种职业病进行重点监测，对182家用人单位工

市中心医院一站式导诊为就诊者提供各项导诊服务　　（李先虎　供）

作场所的煤尘等9种职业病危害因素进行监测，对186家放射诊疗机构1726名放射工作人员的职业健康检查和个人剂量监测、163家放射诊疗机构设备性能及防护基本情况和72家非医疗机构放射工作单位等情况进行摸排调查，5个监测项目均超额完成省下达的目标任务。做好职业病危害项目申报，年末，全市有630家用人单位在新版职业病危害项目申报系统进行申报。

（郭志刚　李先虎）

医疗卫生服务

【县级医院服务能力建设】　实施县级医院服务能力重点提升工程，新泰市、肥城市、东平县3家县级医院已达到国家县级医院综合服务能力推荐标准。5月，国家卫生健康委确定并公布全面提升县级医院综合能力第二阶段医院名单，宁阳县第一人民医院入列。

【医疗质量】　完善医院评价及质控体系，全市调整健全25个专业质控中心，组织质控工作培训52批5212人次，对二级以上医疗机构相关专业进行质控检查督导，编制医疗质量控制报告，提升医疗质量同质化水平。按照二级综合医院评复审制度，2019年组织完成对8家医院的复审工作，其中6家达到二级甲等综合医院标准，2家达到二级乙等综合医院标准。11家医院通过全省首批卒中防治中心建设单位评估验收。

【医疗安全管理】　开展基层医疗卫生机构医院感染管理、血液透析室管理、院内医疗废物处置等专项监督检查工作，规范医疗废物分类，提升感染质量管理水平。加强临床用血安全管理，2019年全市临床用血100%来自公民自愿无偿献血，无偿捐献机采血小板达100%，千人口献血率16.07‰。全市二级以上医疗机构以及部分基层医疗卫生服务机构共计451家加入医疗责任险，将医疗纠纷引导至院外处理，最大程度减小对医疗机构负面影响，医患关系明显改善。

【医疗服务】　组织召开改善医疗服务现场观摩会，持续推进医疗机构建立健全预约诊疗、远程医疗、临床路径管理、检查检验结果互认、处方点评等工作制度，开展“互联网+医疗健康”便民惠民百日行动，推行错时服务、日间手术、“一站式”移动支付、体检结果线上自主查询、住院病历复印邮寄等便民惠民措施。年末，全市有18家医院推行分时段预约诊疗，11家三级医疗机构平均预约诊疗率68.45%，二级医疗机构平均预约诊疗率33.7%，大医院就医“三长一短”（挂号排队长、拿检查结果排队长、缴费排队长，跟医生交流时间短）现象得到缓解，群众看病就医体验明显改善。组织开展庆祝第二届“中国医师节”活动，评选出百名优秀医师，进行专题宣传，在全社会营造尊医重卫的氛围。组织开展泰安市临床检验技能竞赛和第六届医疗急救技能竞赛活动。完成2019年度泰安市征兵体检工作。

【药政科教】　全市26家公立医院、87家政府办基层医疗卫生机构和2927个实行一体化管理的村卫生室全面配备使用基本药物并实行零差率销售。全市有160家医疗卫生机构开通短缺药品监测网络，上报并处置短缺药品信息94条，涉及药品数量79种。全年新审核通过32个生物实验室，其中包括生物安全一级实验室（BSL-1）25个，生物安全二级实验室（BSL-2）7个。增设泰安市中心医院和山东第一医科大学第二附属医院为全科医生转岗培训理论培训基地。年内，有11项成果获泰安市科学技术进步奖二等奖，有36项获科技进步奖三等奖。

（郭志刚　李先虎）

中医·中药

【基层中医药工作】 加强基层中医药服务能力建设，泰山区、肥城市通过“全国基层中医药工作先进单位”复审。加强基层医疗机构挖掘提升项目（中医馆、国医堂）建设，新增9家基层医疗机构中医药挖掘提升项目建设单位。推进全市基层中医药服务能力提升工程，争取2万元专项资金举办全市中医药适宜技术推广培训班，培训200名基层中医药服务人员，发挥中医药适宜技术在基层防治常见病多发病中的优势和作用。

【中医药专科建设】 推进全市中医医院等级评审工作，泰安市中医二院、东平县中医院、宁阳县中医院通过二级甲等中医医院评审。加大各级中医药重点专科建设力度，中医药重点专科建设成效显著，泰安市中医医院内分泌科被省中医药管理局确定为山东省中医专科专病诊疗中心建设项目，争取省局该项目建设专项经费250万元，成立泰安市中医医院内分泌专科联盟，扩大内分泌诊疗中心规模，分设3个亚专科，每个亚专科形成稳定研究方向和成熟诊疗方案，中心开放床位数从80张增至116张。年内，评选出14个市级中医药重点专科和16个市级中医药特色专科。

【中医药人才队伍建设】 强化中医药领军人才队伍建设，全市新增2个全省名老中医药专家传承工作室，新增1名国家中医药外向型优秀骨干人才，年末，全市有全国名老中医药专家学术经验继承工作指导老师3人，全国中医医疗机构会计领军人才2人，国家基层名老中医药专家传承工作室1个，全省名老中医药专家传承工作室4个，山东省名中医药专家6人，山东省基层名中医21人。做好市“山东省五级中医药师承教育项目”工作，完成对第四批师承人员的出师考核工作。规范开展中医住院医师规范化培训项目，加强泰安市国家级中医住院医师规范化培训基地——泰安市中医医院基地建设。开展治未病工作，打造泰安治未病品牌，举办首届“泰山治未病论坛”。

（郭志刚　李先虎）

3月5日，泰安市中医医院组织党员干部到花园社区开展“深化‘双报到’，筑牢共同体”义诊服务活动　（李先虎　供）

卫生综合监督

【政策法规】 组织开展法治宣传活动20次，发放宣传材料5万份，开展法律法规咨询800人次。对涉及卫生健康领域的10件规范性文件进行清理、修订，废止2000年以前出台的规范性文件5件，修订完善规范性文件5件。按照市委、市政府关于“放管服”改革的统一部署安排，将原市卫生计生委14项行政许可事项划转市行政审批服务局实施。对市级卫生健康领域权责清单进行梳理认领，年末，市级共有权力和责任事项234项。对涉及卫生健康领域的近700项政务服务事项进行梳理、修改规范并公示。

【卫生健康监督执法】 开展医疗美容专项监督，实施跨专业联合执法，对全市医疗美容机构进行监督检查，立案32件，吊销“医疗机构执业许可证”2家，撤销医疗机构诊疗科目1个，罚款42.7万元。对医疗机构预防感染开展专项监督，监督各级各类医疗机构4062个，处罚49个单位，罚款10.45万元。开展城市小区现制现售水专项监督，监督现制现售水经营单位1105个，现制现售水站（台）2633个。组织开展卫生健康领域侵害群众利益专项监督执法，监督检查各级各类医疗机构785个，立案711个、取缔非法行医机构11个，没收牙床3台，药品、输液器25箱和非法医疗器械6台。结合医疗乱象综合整治行动，开展打击非法行医规范医疗美容服务市场专项行动，全市监督检查各级各类机构4382个，下达监督意见书1441份，立案查处71件，罚款19万元，取缔非法行医108个，罚款107.89万元。组织开展“保健”市场乱象百日行动，监督检查社区、公园、广场等人员密集场所124处，检查宾馆、酒店等重点场所827家，检查“保健”类店铺368家，检查旅游景区、农村集市、城乡接合部等重点区域577处，开展行政约谈64人次，开展宣传活动296次，开展协作执法5次，受理消费者申诉举报4次。开展各专业监督检查和“双随机”工作，全市应监督单位数15139个，实际监督15121个，监督覆盖率99.88%。“双随机”执行952个、监督完成938个、监督完成率98.53%。全市监督机构办理行政处罚案件1660件，监督员人均办案14.53件，列全省第二位，肥城市、宁阳县人均办案25件，列全省县级监督机构第一位。

【食品安全风险监测】 召开全市食品安全风险监测工作会议，举办两期食品安全风险监测技术培训班，2次对全市食源性疾病监测工作进行督导检查，全市29家二级及以上医院中，已有15家医院实现HIS系统植入食源性疾病报告模块。完成食品污染物及有害因素监测任务850份、微生物及其致病因子监测280份、食源性致病菌监测任务1280项次。年内，全市累计上报食源性疾病病例11.56万例，报告食源性疾病暴发（食物中毒）事件88起。组织开展食品安全风险监测技能大赛，选拔6名选手参加省级决赛，获团体三等奖。

（郭志刚　李先虎）

人口和计划生育

【概况】 2019年，全市出生4.84万人，出生率8.53‰，自然增长率3.43‰，符合政策生育率98.03%，男女出生人口性别比106.56。

【人口监测】 统筹考虑城乡、区域差异，突出人口变动、生育政策、家庭发展、托育服务、健康素养、健康促进等内容，加强人口监测，定期对人口信息进行交流共享，提升监测信息的准确性。落实党政领导、部门联动、公众参与、标本兼治的出生人口性别比治理工作机制，开展出生人口性别比专项治理行动，健全完善住院分娩个案登记直报和有奖举报制度，规范B超使用和终止妊娠药品的管理，加大男女平等宣传教育力度，开展关爱女孩行动。

【计划生育服务】 落实计划生育奖励扶助政策，推进生育服务制度改革，构建支持生育的政策环境。开展宣传教育、生殖健康咨询服务、优生优育指导、计生家庭帮扶、权益维护和流动人口服务。开展优生优育知识进社区、进企业、进学校活动，全市开展优生优育社区活动509场次，受益人群8.42万人次。开展“庆祝中华人民共和国成立70周年·生育关怀走基层”暨泰安市优生优育知识进社区巡讲活动27场次，受益育龄群众9100人。

【计生特殊家庭】 做好计生特殊家庭的扶助关怀工作，协调医疗机构为计生特殊家庭开通就医绿色通道，为计划生育特殊家庭发放就医诊疗卡。计划生育特殊家庭家庭医生签约服务实现全覆盖，签约到位率达100%。发挥计划生育公益金和生育关怀基金作用，对计划生育困难家庭给予救助，全市走访慰问困难计生家庭8910户，发放救助金427.31万元；走访慰问计生特殊家庭6251人次，发放慰问金259.51万元。开展金秋助学活动，全市走访救助计生贫困大中专学生1679人，发放救助金165.16万元。落实失独（伤残）家庭住院护理补贴保险75.7万元，参保人数4392人；办理计划生育家庭意外伤害保险730.6万元，参保人数64.62万人，计划生育家庭保险工作获全省一等奖。

（郭志刚　李先虎）

红十字会工作

【概况】 2019年，泰安市红十字会开展“博爱泰山送温暖”活动，推进“三救三献”（应急救援、应急救护、人道救助和捐献血液、捐献造血干细胞、捐献遗体及人体器官组织）工作，树立“博爱泰山”的红十字品牌，提高社会影响力。全年接受遗体捐献8例；角膜捐献10例，刻碑信息4例；为28名白血病患儿申请到小天使基金90万元。泰安市红十字会获全省红十字应急救护比赛三等奖。

【“博爱泰山送温暖”活动】 泰安市红十字会加大救助力度，扩大救助覆盖面，结合健康扶贫工作，加强对困难家庭和弱势群体的关爱及救助工作，重点对全市特困家庭、麻风病村村民等弱势群体、贫困尿毒症血液透析患者、贫困肿瘤患者、全市因大病灾害等原因造成家庭特别困难的建档立卡的部分贫困家庭

6月14日，泰安市红十字会组织庆祝“6·14”世界献血者日活动

（李先虎　供）

进行救助。春节期间救助困难家庭617户。

【应急救灾和人道救助】　8月，受台风“利奇马”影响，灾情发生后，市红十字会及时了解核实灾情，开展专项募捐活动，并向上级红十字会争取救灾物资，对全市遭受灾害的800户家庭给予紧急救助，向灾区发放赈济家庭包、充气垫、服装、面粉等价值15万元的物资，解决灾区的实际困难。开展建档立卡贫困户和贫困肿瘤患者救助活动，向市慈善总会争取支持资金32.7万元，救助40名贫困肿瘤患者，并对全市940户建档立卡贫困户实施物资救助。加大募集工作力度，加强与爱心企业的沟通和交流，为北京血友之家罕见病关爱中心和山东省血液中心募集价值约145万元的生物制品，用于救治贫困血液病患者。

【造血干细胞捐献】　年内，全市采集造血干细胞血样735份，成功捐献2例，年末有入库志愿者6298名，继续实施并开展中华骨髓库造血干细胞捐献“志愿者保留”项目，对入库志愿者进行回访和重新登记。发起“感谢捐献者、点亮国家标志”的主题活动，9月9日，市红十字会组织造血干细胞志愿者、捐献者在泰安市天地广场同唱《我和我的祖国》，录制视频在中华骨髓库官网和微信公众号上播放。自2009年开展造血干细胞捐献工作以后，成功捐献21例，其中1例涉外捐献（韩国）。

【无偿献血工作】　举办庆祝“6·14”世界献血者日暨无偿献血表彰活动，全市年均临床供血量18吨，泰安市连续12届获“全国无偿献血先进城市”称号，成为全省唯一一个十二连冠的城市。全市2129人获“全国无偿献血奉献奖”，泰安高新区管委会获“全国无偿献血促进奖”，5人获“全国无偿捐献造血干细胞奉献奖”。　（郭志刚　李先虎）

医疗保障

【概况】　全市医疗保障工作按照“走在前列”的目标定位，完善医疗保障政策体系，推动惠民政策落地，各项工作取得明显成绩。全市基本医疗保险参保人数达534.3万人，生育保险参保人数达81.7万人。基金收入72.1亿元，支出68.1亿元。

【健全完善政策体系】　实施城乡居民基本医保提升工程，该工程被列为2019年市委、市政府为民要办的十件实事之首。将居民医保财政补助标准由490元提高到520元，居民人均个人缴费标准由170元提高到250元。对建档立卡贫困人口、低保对象、特困人员等困难人员参加居民基本医疗保险个人缴费部分由县（市、区）财政按一档标准全额给予补贴。居民大病保险筹资标准由66元提高到81元，起付标准由1.2万元降至1万元，最低段报销比例由50%提高到60%，最高段达到75%。抓好医疗保险市级统筹，完善配套政策措施，实现待遇保障、基金管理等“六统一”（经办事项名称、经办方式、经办流程、申办材料、办理时限、服务标准）。及时启动生育保险和职工医疗保险合并实施，提高基金共济能力，实现平稳过渡。全面推进总额控制下以按病种付费为主的多元复合式医保支付方式，健全完善“结余留用、合理超支分担”的激励机制，基金运行总体保持平稳。

【医保扶贫】　先后5次召开全市医疗保障扶贫工作会议，制定《泰安市打赢医疗保障扶贫攻坚战三年行动实施方案》等一系列文件，明确具体目标任务和重点措施。按照对象精准到户、政策宣传到户、待遇落实到户、干部联系到户、解决困难到户“五个到户”要求，确保贫困人口参保全覆盖、各项待遇落到实处。提高贫困人口大病保险待

9月12日，市委书记崔洪刚（右三）到市中心医院调研医保门诊慢病流程再造工作 （焦裕斌 供）

遇，将起付标准降低至5000元，分段报销比例各提高10个百分点，最高达到85%，并取消最高支付限额。贫困人口使用大病保险特效药不设起付线，报销比例由40%提高到60%，最高可报销20万元。发挥医疗救助的兜底作用，对城乡低保、特困人员住院费用，在经过“三重保障”（基本医疗保险、大病保险、医疗救助）后，统筹内个人自付费用分别按照70%、100%的比例进行救助。对建档立卡贫困人口住院费用，在经过“三重保障”后，统筹内个人自付费用超过3万元的部分按照50%的比例进行救助。实施重特大疾病再救助，对经“五重保障”（基本医疗保险、大病保险、医疗机构减免、医疗救助、扶贫商业补充保险）后，个人统筹内自付费用超过5000元以上的，再按照70%的比例给予再救助。将门诊慢性大病定点向基层延伸，将符合条件的乡镇卫生院、社区卫生服务中心纳入贫困人口门诊慢性病定点范围，简化申报手续和审核鉴定程序。完善“一站式”结算服务，实现基本医保、居民大病、医疗机构减免、医疗救助、商业补充保险等医疗待遇的“一站式”结算，切实减轻贫困患者跑腿垫资压力。宣传医保扶贫政策，编印下发《泰安市医保扶贫政策问答》2万册。全市为10.78万名建档立卡贫困人口给予缴费补助，为4148名贫困人口报销大病保险费用1944万元，救助困难群众3.51万人次，支付医疗救助资金3799万元。

【医保基金】 将维护医保基金安全作为医保部门的首要职责，组织开展打击欺诈骗保集中宣传月活动、“风暴行动”和“亮剑行动”，综合运用智能审核、现场抽查、突击检查等方式，实现定点医药机构检查全覆盖。出台《泰安市打击欺诈骗取医疗保障基金行为举报奖励实施办法（试行）》，畅通投诉举报渠道。在全面推行智能监控事后审核的基础上，加快事前提醒和事中控制功能的开发应用，在部分公立医疗机构试点建设事前、事中监控平台，将监控系统延伸到结算前端，进行事前提醒、事中预警和事后审核的全过程监管。推进基金监管诚信体系建设省级试点，完善参保人员、医保医师、定点医疗机构“三位一体”的全方位监管体系，查处违规医保医师2482人次，扣减医保医师考核积分2562分。利用广播电视、微信公众号、政府网站、经办大厅、宣传栏等渠道，宣传医保政策和法律法规，曝光违法违规典型案例。举办全市加强医保基金安全监管工作培训班，提高医保基金监管队伍的政策水平和业务能力。年内，全市共检查定点医药机构1.21万家次，暂停医保协议181家，解除医保协议73家，处理其他违规情况42家，追回医保基金248万元，拒付医保基金1879万元，扣除违约费用517万元，移交司法机关和市场监管部门2例，行政处罚1例，媒体公开曝光304例。

【重点困难群体保障】 将苯丙酮尿酸症患者治疗所需的特殊食品纳入医疗救助，将苯丙酮尿酸症纳入泰安市职工医保和居民医保门诊慢性病种管理，共救助苯丙酮尿酸症患者402人次，支付救助资金58.94万元。加强唇腭裂患者救治工作，将唇腭裂纳入单病种结算范围。在儿童脑瘫、儿童智障、儿童孤独症、儿童听力障碍等病种已经纳入居民医疗保险门诊慢性病种的基础上，增加儿童视力残疾、儿童言语障碍、儿童肢体运动障碍门诊慢性病病种，扩大保障范围。加强严重精神障碍患者医疗保障工作，提高保障水平。建立城乡居民高血压糖尿病门诊用药保障机制，报销比例达50%以上。做好离休人员医疗费用保障工作，整合隶属于市财政局、老干部局、医保局服务的三类离休干部，由医保经办机构统一信息系统、统一结算流程、统一提供服务。自7月1日起实现市直离休人员住院、门诊费用联网即时结算，较好地解决离休人员医疗费报销周期长、个人垫付资金压力大的问题。

【重点领域改革】 开展公立医疗机构药品联合采购试点工作。岱岳区在全省率先开展县域药品联合采购试点，首次联合采购的12个药品议价成功，药品价格大幅下降，最高降幅77.53%，平均降幅43.95%。组建涵盖全市120家公立医疗卫生机构的泰安市公立医疗机构药品（医用耗材）采购联合体。组织实施国家组织药品集中采购和使用试点扩围工作，25种药品平均降价59%，年节约药品费用8300万元。抓好取消公立医疗机构耗材加成调整医疗服务价格工作，调整医疗服务价格286项，取消耗材加成5000万元，为患者减轻负担590万元，实现医保基金可承受、公立医疗机构良性平稳运行、群众负担总体不增加的目标要求。开展基层医疗卫生机构欠缴网上采购药品货款清欠工作，至年末，5个县（市、区）历史欠款已全部结清。及时公布66项医疗服务价格、10项可收费耗材和88项新增医疗服务价格项目，重新公布单病种收费标准。

【优化服务】 落实“放管服”和“一次办好”改革要求，围绕申报材料最少、办事流程最简、办事时限最短、服务质量最优的“四最”工作目标，全面实施流程再造，编制完成《泰安市统一医疗保障经办服务办事指南（试行）》，实现全市医保服务事项名称、申办材料、经办方式、办理流程、办结时限、服务标准“六统一”，经办服务标准和服务质量全面提升。加快推进跨省异地就医直接结算工作，扩大基层定点范围。全市96家定点医院接入跨省异地就医直接结算平台，5家门诊慢病定点医疗机构实现省内异地就医直接结算。加强政务大厅窗口管理，实行双休日值班制度，充实窗口服务力量，开通社会保险、医疗保险联合征缴窗口，实行集中办公和一窗受理。

泰安市医疗保障局召开“不忘初心、牢记使命”主题教育工作会议

（焦裕斌 供）

【助力新旧动能转换】 落实市政府与微医集团战略合作协议，按照职责分工，推进智能监控平台和处方流转平台建设，医保结算服务向前端延伸。将海天智能项目纳入市级医保支付范围，争取纳入省级医疗服务价格项目。推进医保门诊慢病药房建设试点，试点经验入选泰安市第一批十个制度创新案例并上报省委改革办参评。推进职工长期护理保险工作，及时将泰山医养中心纳入职工长期护理保险范围，将全市84家养老机构内设的医疗机构纳入医保协议管理。（焦裕斌）

体　育

【概况】 全市体育工作按照“走在前列、位次前移”目标定位，遵循全民健身发展规律、竞技体育制胜规律和体育产业市场规律，攻坚克难，挂图作战，体育事业取得新成绩。年内，获国际级银牌3枚、铜牌3枚，全国级金牌33枚、银牌27枚、铜牌33枚，山东省锦标赛金牌61.5枚、银牌39枚、铜牌65枚。编制完成《泰安市打造“体育旅游休闲名城”行动计划（2020—2025年）（征求意见稿）》。举办第三十三届泰山国际登山比赛、全国攀岩联赛、“一带一路”电子竞技大赛、泰山国际马拉松等大型品牌赛事活动。

【全民健身】 ①健身设施。协调推进新体育中心建设，完成土地手续、工程证办理和规划方案、初步设计审查，开挖土方225万立方米，完成绿化12万平方米。争取国家级扶持资金100万元、省级扶持资金200万元，资助建设健身步

2019 年泰安市承办省级以上比赛情况

表 37

序号	比赛名称	时间	地点	人数
1	2019 中国攀岩联赛山东泰安站比赛	6 月 28—30 日	泰安市体育中心	87 人
2	2019 “中国体育彩票杯” 山东省女子跆拳道锦标赛	4 月 19—22 日	泰安市新城实验中学	350 人
3	“多威杯” 2019 全国少年（U16）田径锦标赛	9 月 20—22 日	泰安市体育中心	840 人
4	中华人民共和国第二届青年运动会竞走决赛	6 月 1—2 日	泰安市望岳西路	595 人
5	中华人民共和国第二届全国青年运动会女子篮球 U16 体校组预赛	5 月 27 日至 6 月 2 日	山东农业大学新校区篮球馆	150 人
6	中华人民共和国第二届青年运动会女子篮球 U16 体校组附加赛	6 月 5—7 日	山东农业大学新校区篮球馆	78 人
7	2019 “中国体育彩票杯” 山东省男子拳击冠军赛	11 月 22—27 日	泰安实验中学	328 人
8	2019 年山东省一小时交通圈青少年体育竞赛跆拳道项目（西区）比赛	12 月 13 日	泰安实验中学	108 人
9	2019 全国青少年网球积分排名系列赛 · yonex “郑洁杯” 青少年网球比赛（泰安站）	5 月 18—19 日	泰安市体育中心网球馆	416 人
10	第 33 届泰山国际登山比赛暨第 24 届全国全民健身登泰山比赛	9 月 7 日	泰安泰山	3000 人
11	2019 年山东省 “中国体育彩票杯” 射箭冠军赛	9 月 9—12 日	泰安泮河中学	140 人
12	2019 “泰山文明之光” 第二届泰安国际彩色跑	9 月 14 日	泰安市旅游经济开发区石腊河旅游公园	6280 人

2019 年泰安籍运动员在全国级以上比赛中获奖牌情况

表 38

序号	姓名	性别	比赛名称	项目	名次	时间	地点
1	李洪凤	女	2019 年中国山地自行车联赛	淘汰赛	1	3 月 9—10 日	云南省保山市腾冲市
2	赵祥飞	男	全国竞走大奖赛暨世锦赛 50 公里选拔赛	男子少年组 10 公里竞走	1	3 月 10 日	安徽黄山
3	李洪凤	女	2019 年中国山地自行车联赛 “电声杯” 梅州丰顺站	精英女子山地越野赛	1	4 月 13 日	广东省梅州市丰顺县
4	李洪凤	女	2019 年中国山地自行车联赛 “电声杯” 梅州丰顺站	精英山地越野赛女子团体	1	4 月 13 日	广东省梅州市丰顺县
5	时贞雨	男	2019 年全国少年柔道锦标赛	男子 U14 组 55kg 级	1	4 月 25—27 日	山东聊城
6	尚子豪	男	2019 年全国少年柔道锦标赛	男子 U14 组 60kg 级	1	4 月 25—27 日	山东聊城
7	陈梦涵	女	2019 年全国少年柔道锦标赛	女子 U14 组 +63kg 级	1	4 月 25—27 日	山东聊城
8	王少凤	女	第二届全国青年运动会拳击体校组预赛（长春农安站）	女子 54kg 级	1	4 月 9 日	吉林农安
9	张满江	女	第二届全国青年运动会拳击体校组预赛（朝阳站）	女子 60kg 级	1	5 月	辽宁朝阳

续表 38-1

序号	姓名	性别	比赛名称	项目	名次	时间	地点
10	亓睦尧	男	第二届全国青年运动会武术套路预赛	刀术	1	5月	四川成都
11	李远斌 梁佳栋	男	第二届全国青年运动会男子篮球预赛	U16 体校组	1	5月17—25日	大　连
12	赵祥飞	男	第二届全国青年运动会竞走决赛	男子体校乙组 10公里竞走	1	6月1日	山东泰安
13	卫一磐	男	2019年全国青年柔道锦标赛暨第二届全国青年运动会体校组预赛	男乙 –66kg 级	1	5月29日至6月1日	内蒙古鄂尔多斯
14	翟　超	男	2019年全国田径大奖赛系列赛（2）	男子4×400米接力	1	4月12—14日	湖北黄石
15	翟　超	男	2019年“菲普莱杯”全国田径大奖赛（3）	混合4×400米接力	1	5月22—24日	浙江金华
16	陈虹宇	女	2019年第二届全国青年运动会篮球比赛	女子篮球 U16 体校组	1	8月8日	山西大同
17	贾梦歌	女	2019年第二届全国青年运动会柔道比赛	女子乙组 57kg 级	1	8月12日	山西晋中
18	尹　硕	女	2019年第二届全国青年运动会柔道俱乐部组比赛	女子 70kg 级	1	8月12日	山西晋中
19	陈增勇	男	2019年第二届全国青年运动会柔道俱乐部组比赛	男子 –100kg 级	1	8月12日	山西晋中
20	张满江	女	2019年第二届全国青年运动会拳击体校组比赛	甲组 60kg 级	1	8月	山西忻州
21	梁佳栋 李远斌	男	2019年第二届全国青年运动会篮球比赛	男篮 U16 体校组	1	8月9日	山西大同
22	范衍峰	男	2019年全国田径单项奥林匹克高水平后备人才基地锦标赛（投掷项目）	男子链球	1	8月17日	江苏如皋
23	徐兴达	男	2019年全国赛艇锦标赛	U20 组男子八人单桨有舵手	1	9月10日	北京顺义
24	马新洋	男	2019年中国公路自行车联赛第二站	团体	1	6月27—30日	山西右玉
25	李洪凤	女	2019年全国女子山地自行车锦标赛	女子越野赛	1	9月28日	浙江宁波
26	李梦巧	女	第二届全国青年运动会中国式摔跤预赛	–60kg 级	1	3月31日至4月3日	河南商丘
27	李梦巧	女	第二届全国青年运动会中国式摔跤决赛	–60kg 级	1	7月25日至8月1月	山西太原
28	李梦巧	女	2019年全国中国式摔跤 U17 锦标赛	–60kg 级	1	9月16—19日	山东聊城
29	张浩然	男	2019年全国中国式摔跤 U17 锦标赛	–48kg 级	1	9月16—19日	山东聊城
30	徐兴达	男	2019年全国青少年赛艇冠军赛暨中国赛艇拉力赛	乙组（U19）男子双人单桨水上赛艇两公里	1	11月21—24日	四川汉源

续表 38-2

序号	姓名	性别	比赛名称	项目	名次	时间	地点
31	李洪凤	女	2019 年中国山地自行车联赛	女子越野赛	2	3 月 9—10 日	云南省保山市腾冲市
32	李洪凤	女	2019 年中国山地自行车联赛	团体接力赛	2	3 月 9—10 日	云南省保山市腾冲市
33	刘　佳	女	第三届亚洲少年田径锦标赛	1500 米	2	3 月 17 日	香　港
34	范衍峰	男	第三届亚洲少年田径锦标赛	男子链球	2	3 月 17 日	香　港
35	董昊峰	男	第二届全国青年运动会预赛	古典跤	2	3 月 28 日	山东淄博
36	李洪凤	女	2019 年中国山地自行车联赛“电声杯”梅州丰顺站	女子淘汰越野赛	2	4 月 13 日	广东省梅州市丰顺县
37	程　凯	男	第二届全国青年运动会跆拳道预赛	男子 51kg 级	2	5 月 10 日	无　锡
38	贾梦歌	女	2019 年全国青年柔道锦标赛暨第二届全国青年运动会体校组预赛	女乙 -57kg 级	2	5 月 29 日至 6 月 1 月	内蒙古鄂尔多斯
39	范衍峰	男	第二届全国青年运动会田径项目体校乙组决赛	男子乙组链球	2	6 月 28 日	河南洛阳
40	翟　超	男	2019 年“菲普莱杯”全国田径大奖赛（3）	男子 400 米	2	5 月 22—24 日	浙江金华
41	翟　超	男	2019 年全国田径锦标赛	男女混合 4×400 米	2	7 月 10 日	辽　宁
42	卫凌云	男	2019 年全国少年柔道锦标赛	男子 U16 组 -60kg 级	2	4 月 25—27 日	山东聊城
43	潘昱辰	女	2019 年第二届全国青年运动会柔道俱乐部组比赛	女子 63kg 级	2	8 月 12 日	山西晋中
44	高钰涵	女	2019 年第二届全国青年运动会柔道俱乐部组比赛	女子 70kg 级	2	8 月 12 日	山西晋中
45	张满江	女	2019 第七届世界军人运动拳击测试赛暨全国锦标赛（第三站）	57kg 级	2	6 月	湖北武汉
46	贾　宇	男	2019 年全国空手道锦标赛系列赛（第二站）	男子团体	2	4 月 28 日	陕西西安
47	李陈晨	男	全国竞走大奖赛暨全国青少年竞走锦标赛	男子竞走团体	2	6 月	内蒙古赤峰市
48	赵祥飞	男	2019 年全国竞走锦标赛	男子少年 10 公里	2	9 月 7 日	四川乐山
49	徐统岩	男	2019 年全国皮划艇锦标赛	男子单人划艇团体赛	2	10 月 9—12 日	北京顺义
50	张浩然	男	第二届全国青年运动会中国式摔跤预赛	-48kg 级	2	3 月 31 日至 4 月 3 日	河南商丘
51	张浩然	男	第二届全国青年运动会中国式摔跤决赛	-48kg 级	2	7 月 25 日至 8 月 1 日	山西太原
52	徐兴达	男	2019 年全国青少年赛艇冠军赛暨中国赛艇拉力赛	乙组（U19）男子双人单桨水上赛艇八公里	2	11 月 21—24 日	四川汉源
53	徐兴达	男	2019 年全国青少年赛艇冠军赛暨中国赛艇拉力赛	乙组（U19）男子双人单桨路上赛艇五公里	2	11 月 21—24 日	四川汉源

续表 38-3

序号	姓名	性别	比赛名称	项目	名次	时间	地点
54	张满江	女	第二届全国青年运动会拳击体校组预赛（长春农安站）	60kg 级	3	4 月	长春农安
55	王少凤	女	第七届世界军人运动会拳击测试赛暨 2019 年全国拳击锦标赛（第三站）	57kg 级	3	6 月	湖北武汉
56	刘孝森	女	第二届全国青年运动会竞走决赛	女子体校甲组 10 公里竞走团体	3	6 月 1 日	山东泰安
57	查明月	女	2019 年全国青年柔道锦标赛暨第二届全国青年运动会体校组预赛	女甲 –63kg 级	3	5 月 29 日至 6 月 1 日	内蒙古鄂尔多斯
58	翟　超	男	2019 年全国田径大奖赛（洛阳站）	男子 400 米	3	5 月 29—31 日	河南洛阳
59	程　凯	男	2019 年全国跆拳道锦标赛系列赛第三站	男子 54kg 级	3	7 月 11 日	江苏无锡
60	亓睦尧	男	第二届全国青年运动会武术套路决赛	刀、长拳全能	3	7 月 12 日	山　西
61	李洪凤	女	2019 年亚洲山地自行车锦标赛	女子山地越野	3	7 月 28 日	黎巴嫩
62	查　宁	男	2019 年全国少年柔道锦标赛	男子 U14 组 –73kg 级	3	4 月 25—27 日	山东聊城
63	王汝逸	女	2019 年全国少年柔道锦标赛	女子 U14 组 –52kg 级	3	4 月 25—27 日	山东聊城
64	董文轩	女	2019 年第二届全国青年运动会柔道俱乐部组比赛	女子 48kg 级	3	8 月 12 日	山西晋中
65	路　睿	女	2019 年第二届全国青年运动会柔道俱乐部组比赛	女子 63kg 级	3	8 月 12 日	山西晋中
66	邱梦萧	女	2019 年第二届全国青年运动会柔道俱乐部组比赛	女子 63kg 级	3	8 月 12 日	山西晋中
67	张　妹	女	2019 年第二届全国青年运动会柔道俱乐部组比赛	女子 70kg 级	3	8 月 12 日	山西晋中
68	郑　瑶	女	2019 年第二届全国青年运动会柔道俱乐部组比赛	女子 70kg 级	3	8 月 12 日	山西晋中
69	薛　芳	女	2019 年第二届全国青年运动会柔道比赛	团体	3	8 月 12 日	山西晋中
70	薛　芳	女	2019 年全国 U20 青年柔道比赛	女子 –78kg 级	3	6 月 22 日	湖北武汉
71	王少凤	女	2019 年第二届全国青年运动会拳击比赛	体校组 54kg 级	3	8 月 14 日	山西忻州
72	程　凯	男	2019 年第二届全国青年运动会跆拳道比赛	男子体校组 51kg 级	3	8 月 10—14 日	山西运城
73	郭王雅楠	女	2019 年全国田径单项奥林匹克高水平后备人才基地锦标赛（投掷项目）	女子 14–15 岁组全能 + 链球	3	8 月 17 日	江苏如皋
74	李洪凤	女	2019 年全国山地自行车联赛总决赛	山地越野	3	8 月 24 日	辽宁抚顺
75	王　凯	女	2019 年全国皮划艇锦标赛	500 米单人艇	3	8 月 30 日至 9 月 1 日	北京顺义
76	程　凯	男	第七届世界军人运动会测试赛暨 2019 年全国跆拳道锦标系列赛（第四站）	男子 54kg 级	3	9 月 7—11 日	武　汉

续表 38-4

序号	姓名	性别	比赛名称	项目	名次	时间	地点
77	徐　悦 张　越	女	2019 年全国女子手球冠军杯赛	女子手球	3	3 月 18—28 日	安徽合肥
78	弭文晨	女	2019 年全国 U15 摔跤锦标赛	58kg 级	3	8 月 5—8 日	福建宁德
79	贾　宇	男	2019 年全国空手道锦标赛系列赛（第三站）	男子团体	3	7 月 30 日	浙江温州
80	贾　宇	男	2019 年全国空手道锦标赛系列赛（第四站）	男子个人 +84kg 级	3	9 月 15—21 日	福建武夷
81	贾　宇	男	2019 年全国空手道锦标赛系列赛（第四站）	男子团体	3	9 月 15—21 日	福建武夷
82	曲　涛	男	2019 年全国竞走冠军赛	男子 20 公里团体	3	7 月 20 日	吉林长白山
83	郭王雅楠	女	全国 U16 少年田径锦标赛	女子链球	3	9 月 18 日	山东泰安
84	米世玉	男	2019 年全国青年 U20 锦标赛	-100kg 级	3	6 月 22 日	湖北武汉
85	刘德雨	女	2019 年全国青少年手球精英训练营暨后备人才基地对抗赛（北京赛区）	女子手球	3	11 月 24—30 日	北　京
86	侯雪丽	女	2019 年全国青少年手球精英训练营暨后备人才基地对抗赛（北京赛区）	女子手球	3	11 月 24—30 日	北　京
87	李正平	女	2019 年全国青少年手球精英训练营暨后备人才基地对抗赛（北京赛区）	女子手球	3	11 月 24—30 日	北　京
88	周忠峥	女	2019 年全国青少年手球精英训练营暨后备人才基地对抗赛（北京赛区）	女子手球	3	11 月 24—30 日	北　京
89	吴梦瑶	女	2019 年全国青少年手球精英训练营暨后备人才基地对抗赛（北京赛区）	女子手球	3	11 月 24—30 日	北　京
90	范长潇	女	2019 年全国青少年手球精英训练营暨后备人才基地对抗赛（北京赛区）	女子手球	3	11 月 24—30 日	北　京
91	巩龙鑫	女	2019 年全国青少年手球精英训练营暨后备人才基地对抗赛（北京赛区）	女子手球	3	11 月 24—30 日	北　京
92	谢胜楠	女	2019 年全国青少年手球精英训练营暨后备人才基地对抗赛（北京赛区）	女子手球	3	11 月 24—30 日	北　京
93	安蕊娟	女	2019 年全国青少年手球精英训练营暨后备人才基地对抗赛（北京赛区）	女子手球	3	11 月 24—30 日	北　京
94	刘　婷	女	2019 年全国青少年手球精英训练营暨后备人才基地对抗赛（北京赛区）	女子手球	3	11 月 24—30 日	北　京
95	战丽媛	女	2019 年全国青少年手球精英训练营暨后备人才基地对抗赛（北京赛区）	女子手球	3	11 月 24—30 日	北　京
96	侯可馨	女	2019 年全国青少年手球精英训练营暨后备人才基地对抗赛（北京赛区）	女子手球	3	11 月 24—30 日	北　京
97	朱鑫哲	女	2019 年全国青少年手球精英训练营暨后备人才基地对抗赛（北京赛区）	女子手球	3	11 月 24—30 日	北　京
98	薛俊怡	女	2019 年全国青少年手球精英训练营暨后备人才基地对抗赛（北京赛区）	女子手球	3	11 月 24—30 日	北　京

续表 38-5

序号	姓名	性别	比赛名称	项目	名次	时间	地点
99	刘雪涵	女	2019 年全国青少年手球精英训练营暨后备人才基地对抗赛（北京赛区）	女子手球	3	11 月 24—30 日	北　京
100	刘思祺	女	2019 年全国青少年手球精英训练营暨后备人才基地对抗赛（北京赛区）	女子手球	3	11 月 24—30 日	北　京
101	董　艺	女	2019 年全国武术套路冠军赛（传统项目赛区）	劈挂拳	4	4 月 12—15 日	重庆荣昌
102	徐兴达	男	2019 年世界赛艇青年锦标赛	八人单桨有舵手	4	8 月 11 日	日本东京
103	王旭阳	男	2019 年全国田径单项奥林匹克高水平后备人才基地锦标赛（投掷项目）	男子 14-15 岁组全能 + 链球	4	8 月 17 日	江苏如皋
104	亓睦尧	男	2019 年全国青少年武术套路锦标赛暨亚洲青少年武术选拔赛	集体基本功	4	5 月 5—9 日	景德镇
105	孙路春梓	女	全国 U16 少年田径锦标赛	女子链球	4	9 月 18 日	山东泰安
106	王少凤	女	2019 年全国女子拳击锦标赛	甲组 57kg 级	5	3 月 6—12 日	海　南
107	亓睦尧	男	2019 年全国青少年武术套路锦标赛暨亚洲青少年武术选拔赛	棍术	5	5 月 5—9 日	景德镇
108	韩炳琦	女	第二届全国青年运动会跆拳道预赛	女子 52kg 级	5	5 月 10 日	无　锡
109	王璐瑶	女	2019 年全国青年柔道锦标赛暨第二届全国青年运动会体校组预赛	女乙 -70kg 级	5	5 月 29 日至 6 月 1 日	内蒙古鄂尔多斯
110	公绪伟	男	2019 年全国少年柔道锦标赛	男子 U16 组 -73kg 级	5	4 月 25—27 日	山东聊城
111	王宝地	男	2019 年第二届全国青年运动会柔道比赛	团体	5	8 月 12 日	山西晋中
112	马新洋	男	2019 年中国公路自行车联赛总决赛	男子城市绕圈赛	5	7 月 31 日	山东荣成
113	孙路春梓	女	2019 年全国田径单项奥林匹克高水平后备人才基地锦标赛（投掷项目）	女子链球	5	8 月 17 日	江苏如皋
114	马艳茹	女	2019 年全国田径单项奥林匹克高水平后备人才基地锦标赛（投掷项目）	女子链球	5	8 月 17 日	江苏如皋
115	董昊峰	男	2019 年第二届全国青年运动会古典跤比赛	67kg 级	5	7 月 25 日	山　西
116	赵　艳	女	2019 年全国武术套路冠军赛女子赛区	混双太极拳	5	9 月 1—4 日	湖南株洲
117	王　凯	女	2019 年全国皮划艇锦标赛	500 米双人艇	5	8 月 30 日至 9 月 1 日	北京顺义
118	王　凯	女	2019 年全国皮划艇锦标赛	500 米四人艇	5	8 月 30 日至 9 月 1 日	北京顺义
119	宗　鹏 鲁　贤	男	2019 年全国赛艇锦标赛	男子八人单桨	5	9 月 10 日	北京顺义
120	郭　欣	女	第七届世界军人运动会测试赛暨 2019 年全国跆拳道锦标系列赛（第四站）	女子 49kg 级	5	9 月 7—11 日	武　汉
121	贾　宇	男	2019 年全国空手道锦标赛系列赛（第二站）	男子个人 +84kg 级	5	4 月 28 日	陕西西安

续表 38-6

序号	姓名	性别	比赛名称	项目	名次	时间	地点
122	刘孝森	女	2019 年全国竞走锦标赛	女子 20 公里	5	9 月 7 日	四川乐山
123	周浩然	男	2019 年全国少年柔道锦标赛	-66kg 级	5	4 月 25—27 日	山东聊城
124	袁玉泽	男	2019 年全国少年柔道锦标赛	-81kg 级	5	4 月 25—27 日	山东聊城
125	张浩然	男	2019 年全国少年柔道锦标赛	-48kg 级	5	4 月 25—27 日	山东聊城
126	翟　超	男	2019 年全国田径锦标赛	男子 400 米	6	7 月 8 日	辽　宁
127	王　凯	女	2019 年全国皮划艇锦标赛	200 米单人艇	6	8 月 30 日至 9 月 1 日	北京顺义
128	鹿智文 冀　翔	男	2019 年全国赛艇锦标赛	男子四人双桨	6	9 月 10 日	北京顺义
129	亓睦尧	男	第二届全国青年运动会武术套路预赛	长拳	6	5 月	四川成都
130	王旭阳	男	全国 U16 少年田径锦标赛	男子链球	6	9 月 18 日	山东泰安
131	董　艺	女	2019 年全国武术套路冠军赛（传统项目赛区）	双勾	7	4 月 12—15 日	重庆荣昌
132	郑明泽	男	2019 年全国少年柔道锦标赛	男子 U14 组 -50kg 级	7	4 月 25—27 日	山东聊城
133	马新洋	男	2019 年第二届全国青年运动会公路自行车比赛	体校甲组男子 104 公路个人赛	7	8 月 17 日	山西晋中
134	韩炳琦	女	2019 年第二届全国青年运动会跆拳道比赛	女子体校组 52kg 级	7	8 月 10—14 日	山西运城
135	张瑞鑫	女	2019 年全国 U15 摔跤锦标赛	54kg 级	7	8 月 5—8 日	福建宁德
136	丁芊姿	女	全国 U16 少年田径锦标赛	女子链球	7	9 月 18 日	山东泰安
137	孙文硕	男	2019 年全国少年柔道锦标赛	-60kg 级	7	4 月 25—27 日	山东聊城
138	许奥宇	男	2019 年全国少年柔道锦标赛	-45kg 级	7	4 月 25—27 日	山东聊城
139	王子怡	女	2019 年全国田径单项奥林匹克高水平后备人才基地锦标赛（投掷项目）	女子链球	8	8 月 17 日	江苏如皋
140	韩紫玉	女	2019 年全国田径单项奥林匹克高水平后备人才基地锦标赛（投掷项目）	女子 16-17 岁组全能 + 链球	8	8 月 17 日	江苏如皋
141	田　野	男	2019 年全国田径单项奥林匹克高水平后备人才基地锦标赛（投掷项目）	男子 16-17 岁组全能 + 链球	8	8 月 17 日	江苏如皋
142	马翔宇	男	2019 年全国国际式摔跤锦标赛	古典式 60kg 级	8	5 月 22 日	河北迁安
143	高智渊	男	2019 年全国竞走冠军赛	男子青年 10 公里	8	7 月 20 日	吉林长白山

2019 年第三十三届泰山国际登山比赛暨第二十四届全国全民健身登泰山比赛个人成绩前三名

表 39

组　别	名　次	姓　名	参赛单位	成　绩
青年组（男子）	1	Hunegnaw Mesfin Alemu	埃塞俄比亚	0 ： 58 ： 23
	2	Ezekiel Cherop Cherop	肯尼亚	0 ： 58 ： 37
	3	Haimanot Mateb Muluneh	埃塞俄比亚	0 ： 58 ： 54
青年组（女子）	1	Derartu Debela Delesa	埃塞俄比亚	1 ： 13 ： 51
	2	Genet Sahle Nirea	埃塞俄比亚	1 ： 15 ： 09
	3	Enit Yeko Moses	肯尼亚	1 ： 15 ： 16
中年组（男子）	1	石繁荣	山东省	1 ： 03 ： 04
	2	臧云海	山东省	1 ： 03 ： 43
	3	斯国松	湖北省	1 ： 04 ： 32
中年组（女子）	1	王　欢	河北省	1 ： 14 ： 00
	2	江细兰	广东省	1 ： 20 ： 55
	3	李淑云	山东省	1 ： 21 ： 57
老年组（男子）	1	孙延实	安徽省	0 ： 35 ： 46
	2	朱文兵	江苏省	0 ： 38 ： 00
	3	曹金元	重庆市	0 ： 38 ： 19
老年组（女子）	1	张辉骥	重庆市	0 ： 42 ： 31
	2	张　谦	辽宁省	0 ： 46 ： 29
	3	施爱苹	浙江省	0 ： 48 ： 06

6月1—2日，第二届全国青年运动会“多威杯”竞走决赛在泰安市举行

（夏莉媛　供）

道、仿真冰场、多功能运动场、社区健身工程和街道全民健身中心各1处。落实资金338万元，为81个敬老院和73个行政村配建健身器材，全市乡镇（街道）体育设施配建率达100%、社区达99%、行政村达98.7%。②健身活动。举办承办山东省暨泰安市全民健身日、健身月及市全民健身运动会11个项目比赛，各级组织赛事428项，日常活动1799项，参赛人数超过20万人。全市中老年习练太极拳人数达3.5万人。③社团组织。新成立体育协会10个、俱乐部17个，市级单项协会发展到61个、俱乐部118个，各县（市、区）、肥城矿业集团和88个乡镇（街道）全部建立老年体协组织，市级老年体协单项工委发展到22个、县级发展到39个，75%的行政村建立老年体协。④志愿服务。依托惠游泰山信息服务平台构建“快乐健身”线上服务系统，完成平台建设前期筹备工作。全市社会体育指导员达1.5万人，超过总人口的2.5‰。免费国民体质监测覆盖97个单位、1万人。开展健康扶贫“进乡村”惠民活动6次，举办国民体质健康大讲堂3次。

【竞技体育】 ①赛事成绩。泰安籍运动员夺得国际比赛银牌3枚、铜牌3枚，夺得全国比赛金牌33枚、银牌27枚、铜牌33枚。派出1233名运动员参加22个大项、62个小项的山东省锦标赛，获金牌61.5枚、银牌39枚、铜牌65枚。②备战省运会。加强市、县两级体校和训练网点建设，全市备战第二十五届省运会队伍已达1287人，其中市体校1100人、新泰市187人、市体育中心网球队80人，基本完成新周期招生选材任务。③体教融合。抓住县（市、区）教体合并的时机，破解县级体校招生选材、文化教学、对上输送难题，建立教体结合类体校4所、三集中类体校2所、多校联办类体校1所，新型县级体校改革任务基本完成。④赛事组织。举办第二十一届市运会，共设17个大项、377个小项，历经126天，共有3780名运动员参赛，产生600枚金牌，在参赛资格和裁判问题上均实现“零投诉”。承办2019中国攀岩联赛、第二届全国青年运动会篮球比赛、竞走比赛、“郑洁杯”青少年网球赛等全国比赛17项、省比赛11项，参赛总规模达6000人。

6月28—30日，2019中国攀岩联赛“钙康生物”杯山东泰安站比赛在市体育中心举行（陈阳 摄）

【体育产业】 ①资金扶持。鼓励、指导、协助体育企业申报国家、省级扶持，利用省、市产业引导资金480万元，扶持体育企业5家、体育产业项目27个。②品牌赛事。第三十三届泰山国际登山比赛吸引26个国家、28个省（市、自治区）的3000名运动员参赛，7项配套活动参与人数达6万人，被评为“2019年度全国体育旅游十佳精品赛事”。首届亚洲户外用品展览会暨2019中国泰山国际体育用品博览会参展企业达150家，参与人数4天突破3万人。第二届马拉松博览会、首届泰山国际信鸽产业博览会成功举办，吸引数万人现场参与。③职业体育。山东望岳足球队参加中冠联赛进入前四名，获得中国足球乙级联赛参赛资格。④体育休闲名城建设。争取资金48万元，编制完成《泰安市打造“体育旅游休闲名城”行动计划（2020—2025年）》（征求意见稿），成为山东省第一个编制出台该类文件的地市。

10月18日，“吾悦广场杯”泰安市第二十一届运动会暨第九届全民健身运动会举办（夏莉媛 供）

【体育彩票】 全年增设终端116台、标准化建设改造242家网点，全市销售终端达652台，从业人员1520人。冠名“体彩杯”比赛79场、组织“爱心志愿者”团队开展公益活动6次，开展各类营销专题培训36次，帮扶爱心困难群众9次，捐助爱心救助款12万元。全市体彩销量8.5亿元，排名全省第8位，目标任务完成率达117%，中出3亿元巨奖1个、3600万元大奖1个、1000万元大奖2个、百万元大奖8个。

（夏莉媛）

编辑　校对　　刘小笋

社会管理·居民生活

人力资源社会保障

【概况】 2019年，泰安市人力资源和社会保障系统坚持“优质、高效、安全、满意”的目标定位，开展寻标对标争先创优活动，打造提升“真情人社”“阳光人社”“和谐人社”“幸福人社”服务品牌。泰安市打造“4S”人社公共服务品牌的做法被省政府办公厅、省人力资源社会保障厅发文推广；保障农民工工资支付的经验做法被国务院根治拖欠农民工工资工作领导小组办公室、山东省就业和农民工工作领导小组办公室、省人力资源社会保障厅发文推广；泰山“集结号”被中国就业促进会评为2019中国地方就业创新事件；岗位练兵竞赛在全省初赛、决赛中均获第一名；社会保险省级统筹得到省人力资源社会保障厅、省财政厅表扬。市人力资源社会保障局继续保持“全国文明单位”称号，连续四年排名市直部门年度经济社会发展综合考核社会事业类第一名，被省人力资源社会保障厅、省信访局表彰为山东省信访工作先进集体。市人力资源社会保障局机关党委获新时代泰山“挑山工”先进集体称号。市社会保险事业中心被人力资源社会保障部表彰为“全国优质服务窗口”。全省人力资源社会保障脱贫攻坚现场推进会、全省人力资源社会保障网络安全培训班等会议和培训班在泰安举办。

【就业创业】 全市新增城镇就业5.8万人，安置就业困难人员5488人，期末城镇登记失业率2.02%。

就业政策落实 印发《泰安市人民政府关于进一步稳定和扩大就业的实施意见》，提出政策措施36条，从失业保险基金结余中安排不少于1亿元专项扶持资金，用于支持创业带动就业。印发《泰安市就业补助资金管理使用实施细则》和《泰安市创业带动就业扶持资金管理使用实施细则》，优化创新创业环境。制定《泰安市家政服务业从业人员意外伤害保险补贴实施细则》，推动家政服务业发展。落实补贴政策，发放一次性创业补贴123.1万元、创业担保贷款55791万元、社保补贴4225.48万元、公益性岗位补贴1362.49万元、职业培训补贴2812.73万元。

大学生就业创业 组织开展2019年高校毕业生“三支一扶”（到农村基层从事支农、支教、支医和扶贫工作）计划招募工作，招募高校毕业生120人。完成高校毕业生网上就业签约1206人，审核省外院

5月23日，人力资源社会保障部部长张纪南（前排左四）到泰安调研，省委组织部副部长、省人力资源社会保障厅厅长梅建华（前排左五），泰安市委书记崔洪刚（前排左三）陪同 （司刚 摄）

校毕业生账号1599人，办理改派、调整、落户等手续2754人。完成离校未就业毕业生实名登记、跟踪服务4359人，跟踪就业4240人，就业服务率98.59%。印发《关于组织实施青年见习计划的通知》，组织1553人参加青年见习计划。组织1556名大学生参加创业引领计划。搭建产教融合平台，与驻泰安高校签订校地协同战略人才合作协议，组织392家企事业单位参加驻泰安高校招聘，达成就业意向3600个。组织全市18家重点企事业单位参加“山东—名校人才直通车”活动，达成就业意向284人。

重点群体就业 就业和社会保障精准扶贫工作成效显著，3月20—21日，全省人力资源社会保障脱贫攻坚现场推进会在东平县召开。开展泰安、（重庆）巫溪劳务扶贫协作，建档立卡贫困人员到泰安就业38人，巫溪就地就近就业161人，开展技能提升和职业技能培训382人。按照《泰安市推进乡村组织振兴“十条措施”实施方案》要求，组织50人到南京市实地调研并举办返乡大学生创新创业“启航”行动培训示范班。评选“十大返乡创业农民工”，引领返乡入乡创业。以“展示青春才华，实现创业梦想”为主题，组织开展泰安市第二届大学生创业大赛。

创业带动就业 落实创业担保贷款、创业补贴等扶持政策，加快形成政策扶持、创业培训、创业服务“三位一体”的工作机制。组织举办“泰山创客训练营”2期。组织举办泰安市创业培训师资提升培训班暨第二届创业培训讲师大赛，评出个人综合能力三等奖5名、二等奖3名、一等奖2名，并推荐5名讲师参加省赛。在全省创业引领者专项活动暨第二届山东省创业培训讲师大赛上，泰安两名选手被评为“山东省优秀创业培训讲师”，其中1人获“个人综合能力竞赛一等奖”，泰安市劳动就业办公室被评为“全省优秀组织奖”。举办全市第一期创业培训师资培训班。泰山区徐家楼街道灵芝社区等18家社区被认定为第三批省级“四型就业社区”。全市建成省级创业示范平台5家、市级创业示范平台29家、创业型街道（乡镇）48个、创业型社区120个。

人力资源服务 印发《关于加快人力资源服务产业创新发展 助推新旧动能转换的若干措施》，从创业带动就业扶持资金中安排500万元作为人力资源服务产业发展扶持资金。组织举办创新发展研讨会，举办人力资源专题讲座，提升全市企业人力资源管理水平和人力资本运作意识。举办泰安市人力资源服务业创新创业大赛，搭建创业者展示成长平台、投融资对接平台、孵化培育平台。

就业公共服务 设计开发泰安人社“双创”（创新创业）服务平台——泰山“集结号”微信公众号，重点打造“就业挑山工、创业攀登者、培训筑梦人”三大模块，形成“线上线下”全天候、全过程、全方位“一条龙”“一站式”综合服务体系，实现匠心服务“360零距离”“24h不打烊”。转变工作理念，变“人找政策”为“政策找人”，开展“五进五送”（进企业、进校园、进社区、进村庄、进家庭，送政策、送岗位、送信息、送资金、送项目）活动。全年网上发布招聘会100场，发布岗位信息近万条。组织春风行动、三八妇女专场、民营招聘周、退役军人“就业直通车”暨“金秋招聘月”专场招聘会等招聘洽谈会106场。组织“12333”全国统一咨询日活动暨大型人才招聘会和泰安人社“双创”服务平台——泰山“集结号”启动仪式暨大学生就业创业推介会，470家单位进场招聘，提供用工岗位

10月18日，泰安人社“双创”服务平台——泰山“集结号”启动仪式暨大学生就业创业推介会举行。省人力资源社会保障厅党组成员、副厅长夏鲁青（右四）出席并讲话，时任泰安市副市长张红旗（右三）出席

（沈红叶　摄）

2.1万个，发放政策宣传资料近万份。为70家企业和300名求职者提供“一对一”视频互动服务，搭建无地域限制、高效率的新型招聘求职平台。

【社会保险】 全市征缴养老、失业和工伤3项社会保险费110.39亿元。全市参加城镇职工养老保险141.46万人，收缴保险费83.45亿元；参加居民基本养老保险278.6万人，收缴保险费19.48亿元；参加失业保险64.06万人，收缴保险费2.79亿元；参加工伤保险88.93万人，收缴保险费4.68亿元。发放养老、失业和工伤3项社会保险待遇127.87亿元。发放机关企事业单位离退休人员养老金107.79亿元；为93.08万名居民发放养老金14.95亿元；支付失业保险金1.08亿元、工伤保险基金4.06亿元。

养老保险 落实中央、省、市减税降费决策部署，自5月1日起，通过降低缴费比例和降低缴费基数，全年为参保企业减轻养老保险负担4.37亿元，涉及1.14万家企业；为机关事业单位减轻负担3.18亿元；灵活就业人员减负0.88亿元。建立企业职工基本养老保险基金市级统收统支制度，归集县（市、区）结余基金5.15亿元；完成企业职工基本养老保险基金省级统收统支工作，上解省人力资源社会保障厅结余基金4.57亿元；落实中央调剂金制度，净上解中央调剂金5.5亿元。连续第4次同步调整企业和机关事业单位退休人员养老金，实现2005年以后企业退休人员待遇连续第15次调整，惠及全市企业退休人员23.06万人，机关事业单位退休人员6.12万人。妥善解决泰山华侨大厦改制退休员工待遇问题和战友五金标牌厂社会保险参保缴费问题。推进全民参保扩面工作，新增参保人员10.38万人。规范机关、企事业单位养老保险转移接续流程，实现企业养老省内“电子化”转移。

公共社保服务 6月12日，组建市社会保险事业中心。开展社保医保联合征缴和贴心代办服务，实现社保、医保转移、缴费等业务“一窗办好”。建立“一室两通道”（服务大厅VIP室，服务“双50强”企业、服务“特殊人群”绿色通道），推行“互联网+”模式，实现“一网办好”，综合柜员办理事项154项，其中VIP室办理事项14项、绿色通道办理事项9项、前台柜员办理事项131项；即时办结事项128项，占全部154项驻厅服务事项的83%，精简各类证明材料63%。实现市直企业职工退休审批网上申报，优化审批流程、推行档案电子化，实现退休业务“一链办理”、企业“零跑腿”，精简审批材料2万份。推行银行网点即时制卡服务，全市集中发放居民社保卡360.4万张，持卡覆盖521.9万人，累计推广签发电子社保卡62.8万张，完成人社部第二批电子社保卡试点任务。推行“综合柜员”“首席专员”“志愿队员”服务制度，落实即时、限时、延时、约时“四时”服务，提升窗口服务形象，让群众感受“社保温度”。社会保险代理专柜为265名灵活就业人员办理退休手续。就业创业、人事人才、社会保险、劳动关系、社会保障卡5大类计48项“不见面”服务事项实现全程网办，全年网上事项办理88.42万人次。

工伤保险 推进建设项目参加工伤保险工作，全市1247个项目全部参加工伤保险，其中新建项目643个、在建项目604个，参保率100%。规范工伤认定程序，全市工伤认定2942件，其中市直认定处理工伤认定案件935件。开展工伤预防宣传17次、工伤预防培训36次。全年妥善应对5起工伤行政复议和49起行政诉讼案件，依法维护企业和职工正当权益。强化对县（市、区）工伤认定工作指导和监管，对156件重大工伤案件进行备案和审核反馈。为5494人提高工伤职工和工亡亲属待遇标准，一级至四级工伤职工伤残津贴每人每月分别增加190元、180元、170元、160元，供养亲属抚恤金配偶每月增加65元，其他供养亲属每人每月增加48元。

失业保险 执行阶段性降低失业保险费率政策，全年单位缴纳部分减少8427.58万元，个人缴纳部分减少5618.39万元，共计减少14045.97万元。开展援企稳岗“护航行动”，加大稳岗补贴力度，为全市1552家企业拨付稳岗补贴6997.81万元。支持企业在职职工提升职业技能，为6133名取得职业资格证书人员拨付技能提升补贴资金986.15万元。年内领取失业保险金人数11585人。调整失业保险金标准，自11月起分别提高为每人每月1384元和1240元。

劳动能力鉴定 强化事前事中事后监管，坚持业务项目化、服务规范化、监管集约化，全年组织劳动能力鉴定7批次2611人，其中工伤鉴定5批1775人、病退鉴定2批836人。为6名职工进行上门鉴定服务。

社保基金监管 推进“一票征缴”，全年对26家重点单位下达催缴通知书，受理24家单位缓缴申请，征缴社会保险费21.04亿元。对不按时缴费的企业按日加收滞纳金，共收取滞纳金237万元。成立专项检查领导小组，开展社会保险基金管理风险防控专项检查，完善社保经办内控制度、规范业务运行。及时处理“12345”“12333”转办件计72件，调解社保投诉纠纷60起，答复咨询380条，按程序协助纪委（监委）、司法等机构处理53件164人社会保险涉案涉法查询。

【人事人才】 详见《泰安市人民政府·人事人才》。

【工资收入分配】 机关事业单位工资管理 调整理顺市级机构改革转隶人员工资关系，涉及在职人员3161名、退休人员1548名。印发《进一步完善市属事业单位绩效工资管理办法》，合理确定绩效工资总量和水平、建立绩效工资水平调控办法、扩大事业单位分配自主权。探索制定符合事业单位高层次人才特点、有效激发活力、规范有序的事业单位高层次人才收入分配激励机制。做好省委巡视组反馈“吃空饷”问题整改工作，建立健全长效机制，推进防治工作常态化、制度化。探索将事业单位工作人员定期奖励与年度考核有机结合，推进事业单位奖励制度落实。

企业工资宏观管理 发布2019年泰安市企业工资指导线，以2018年全国城镇单位就业人员平均工资为基数，确定2019年全市企业职工货币工资增长基准线为7%，不再发布企业职工货币工资增长上线、下线。开展2019年企业薪酬调查工作，涉及各类企业320户、职工10.3万人。审核21户建设单位农民工工资保障金返回申请，返还农民工工资保证金1981.6万元。全市签订集体合同的企业全面实行工资集体协商制度。

国有企业工资改革 落实国有企业负责人薪酬制度改革工作，公布市管企业负责人、市直部门（单位）和泰山景区管理企业负责人2018年基本年薪基数和2019年度基本年薪预发标准。推进国有企业工资决定机制改革工作，印发《关于抓紧落实国有企业工资决定机制改革有关工作的通知》，召开推进会议和培训班，督促相关部门编制《市属企业工资总额管理试行办法》。推进国有企业职业经理人薪酬制度改革试点工作。

7月27日，山东省人社系统窗口单位业务练兵比武现场展示决赛举行，泰安市人社局代表队以初赛、决赛连续第一的成绩获得冠军。图为副省长于杰为泰安市人社局颁奖 （戚 成 摄）

【劳动关系】 劳动合同管理 制定《劳动关系和谐企业标准评定细则》《劳动关系和谐工业园区标准评定细则》，认定“泰安市劳动关系和谐企业”19家、“泰安市劳动关系和谐工业园区”6家。加强劳动合同管理，规范劳动用工行为，全市网上劳动用工备案企业8158家、涉及职工40万人，备案率100%，已建立工会的企业集体合同签订率93%。

劳动人事争议调解仲裁 加大案件调解力度，提升仲裁办案精准化水平，2019年，全市立案受理劳动人事争议案件1104件，当期结案率98%，按期结案率100%。健全完善专业性调解组织，对724个调解组织、2776名调解员实行动态管理，形成覆盖机关事业单位、企业、行业的劳动人事争议调解组织网络。各县（市、区）均设立劳动人事争议法律援助工作站，受理援助案件109件，接待近千人次。全市开展仲裁文书邮政专递送达服务340次。健全完善办案系统，覆盖率和使用率均达100%，确保仲裁办案流程规范化。安排专职仲裁员到泰安技师学院、大型企业开展法制宣传教育活动16批次，受众1000人。

劳动监察 从人社、住建、公安、交通、水利、信访等10部门抽调人员组成保障农民工工资支付工作专班，借鉴“河长制”模式，推行“网格长制”管理，将属地管理区域网格化，按照“属地管理、分级负责”原则，分级分层包保网格。全市389

个在建项目（标段）、2.7万名农民工信息录入农民工工资支付监管平台。实施农民工工资支付专项整治行动，全市各级人社、住建等部门联合执法，检查用人单位3562家，受理拖欠农民工工资案件90件，涉及农民工1560人，追回拖欠金额4080.74万元。加强法律法规宣传，举办劳动法律法规宣传80次，发放宣传材料4万份，纠正违反法律法规问题17起。

【基层基础】 **党建引领** 坚持党建引领的工作思路，把党的建设和业务工作一体研究、一体谋划、一体推进。调整充实机关党支部和局属单位基层党组织，配齐配强支部班子成员。推进机关党的标准化建设，开展局党组理论中心组学习18次，组织“满意服务”大讲堂9次，开展主题党日活动70次。

岗位练兵 在全市人社系统组织开展“四上四比”（上台讲政策，比业务功底；上岗提质效，比优质服务；上门送服务，比为民情怀；上榜评先进，比安全满意）岗位练兵竞赛活动。围绕“就业创业、社会保险、人事人才、劳动关系、党的建设”专题组织开展“人社干部上讲台”活动5期，采取“局领导+科长”“人社业务+政治理论”的方式强化干部培训、提升业务技能。

流程再造 按照推进制度创新流程再造的要求，建立“三无两集中”（无差别服务、无障碍服务、无证明服务，工作力量、业务经办向服务大厅集中、向基层和中心工作集中）的服务模式，打造人社部门“4S”公共服务品牌，即服务目标上实现“省心、省力、省时、省事”，实现路径上做到随时办（实现24小时全天候无缝隙服务）、随地办（实现88个乡镇街道全域无障碍服务）、随事办（实现所有人群全程无差别服务）、随心办（实现个性化订制全面无条件服务）。实现自助服务终端在各县（市、区）服务大厅、全市88个乡镇（街道）人社所全面部署使用和在3个行政村试点使用。完成“12333”咨询中心升级建设并扩充坐席员队伍，加强对坐席员的教育培训，“12333”电话综合接通率在全省服务质量抽查中列第二名。开展政务信息系统整合工作，对外提供的人社业务接口达117个，调用88万次，共享数据3000万条。完成社保系统省集中工作，做好社会保险征缴向税务和医保移交，向税务部门移交业务数据5309万条。

（米士伟）

民政事务

【概况】 2019年，全市民政系统秉持“民政爱民、民政为民”的工作理念，做好基本民生保障、基层社会治理、基本社会服务等工作。省民政厅以正式文件形式推广泰安市农村敬老院“四改一定”（改造敬老院卫生间、厨房及餐厅、医疗服务、文体娱乐设施，定期组织老人外出观光）做法；国家康复辅具产业综合创新观摩会议在泰安市召开，民政部发文推广全市经验做法；低保审批权限下放做法、殡葬改革经验在全省推广；中国城乡社区治理蓝皮书丛书发布会在泰安市举办；岱岳区、肥城市入选全省社区治理实验区；米培莲当选首届“全国最美社区工作者”。在省民政厅重点工作年度评估中，再次被评为“优秀”等次。市民政局继续保持“省级文明单位”称号，被评为泰安市迎接国家卫生城市复审先进单位、全国文明城市创建工作先进集体。

【社会救助】 ①城乡低保、农村“五保”供养。全市城乡低保标准分别提高至每人每月580元、430元，分别比上年提高30元、40元；农村特困人员基本生活标准提高至每人每

11月3日，中国城乡社区治理蓝皮书丛书（2019）发布会在泰安市举办
（白振兴　摄）

年6840元，比上年提高756元；完全丧失生活自理能力、部分丧失生活自理能力特困人员的照护标准分别提高至每人每月560元、280元，比上年分别提高200元、180元。②社会救助创新。全市4个县（市、区）全面推开审批权限下放工作，审批时限由35个工作日压减至20个工作日。新泰市审批权限下放做法在全省社会救助会议上被推广。新泰市、东平县、泰山区相关做法分获山东省社会救助领域十大优秀创新案例、十大优秀实践案例。③农村低保专项整治。通过集中整治，新纳入低保对象3445户、6174人，其中建档立卡贫困户中的重病、重残对象和贫困老年人、残疾人、儿童等特殊困难群体1978户、3842人，退出不再符合条件低保对象2527户、3116人，实现动态管理下的应保尽保。漠视侵害群众利益专项整治工作得到民政部肯定。联合市财政局印发《关于进一步加强和改进临时救助工作的意见》，进一步规范救助程序，明确救助标准，完善工作机制。乡镇小额救助直接审批制度和乡镇临时救助备用金制度全面落实，临时救助小额审批权全部下放乡镇（街道）。

【养老服务】 ①实事工程。以改造敬老院卫生间、厨房及餐厅、医疗服务、文体娱乐设施，以及定期组织老人外出观光为主要内容的“四改一定”实事工程全面完成，敬老院设施条件和管理服务水平显著提升。探索推进失能、半失能特困老人县级集中照护，推动敬老院实现功能定位、服务方式、运营机制“三个转型升级”，全市4个县（市、区）、263名失能老人实现集中照护。②养老政策体系建设。起草《关于支持养老服务发展的意见》，明确社区养老服务设施配套建设部门职责、基层养老服务示范补助、特困失能人员集中照护补助、社区养老服务运营配套补助等相关政策，以及特困供养机构法人登记等重点任务。③养老服务体系建设。全市新建城市日间照料中心20处、农村幸福院21处，打造社区示范性综合养老服务中心14处，新增护理型床位1100张。④养老服务质量。完成农村老年人相对集中居住养老试点工作，东平县200套试点任务主体建设全部完成，160套具备入住条件。做好养老院安全整治工作，全市养老机构服务质量建设和重大风险隐患各项指标符合率均达100%。山东泰山社会福利中心投入运营。⑤福利慈善工作。提高困难残疾人生活补贴和重度残疾人护理补贴标准，经济困难老年人补贴制度落实到位。做好“脱贫攻坚”“情暖万家”“康复助医”“孝善养老”等慈善救助活动，累计发放资金757.62万元，救助困难群众11万人。

潮泉镇敬老院 （盛强 摄）

【基层社会治理】 ①社区治理创新。与市委组织部联合制发《关于深化城市基层党建共同体建设 提升社区治理水平的实施意见》，从“强化党建引领、落实服务用房、推进减负增效、优化公共服务”等4个方面，作出安排部署，明确目标任务，推进城市基层治理。岱岳区、肥城市入选全省社区治理实验区。与市委组织部、市财政局、市人力资源和社会保障局联合制发《关于加强社区工作者管理完善社区工作者薪酬体系的意见》，建立社区工作者配备由县（市、区）统一考录制度、社区工作者岗位与等级相结合的薪酬制度。②村（居）民自治工作。与市委组织部联合开展村“两委”换届“回头看”活动，全市依法清理村“两委”干部120人，其中村委会主任39人、村委委员34人。做好村委会成员出缺后补选工作。加强村级工作规范化建设，指导各县（市、区）修订完善村民自治章程、村（居）民约，规范做好村务公开工作。③乡镇政府服务能力建设。贯彻落实《关于加强乡镇政府服务能力建设的实施意见》，推进乡镇政府服务能力建设。新泰市被确定为全省乡镇政府服务能力建设试点。④社会工作和志愿服务。全市社会工作师总量881人，注册登记志愿者增加到50万人，注册志愿服务组织总数1.13万个。泰山区省庄镇孙村党支部书记米培莲当选首届“全国最美社区工作者”。

【社会组织管理】 ①社会组织党的建设。落实“三同步”（社会组织成立登记与党组织组建同步、社会组织年检与党建工作检查同步、社会组织评估与党的建设情况评估同步进行）党建工作机制，扩大社会组织党的组织覆盖和工作覆盖。做好没有党员社会组织党建指导员选派工作，从局机关和各直属事业单位选派党员志愿者53名，从社会上招募优秀党员志愿者14名。分类组建社会组织党总支，形成党委抓总支、总支抓支部的党建工作模式。开展党建品牌创建活动，在全市开展“大爱公益、星耀泰山”系列活动。②扶持培育。推进社会组织服务平台建设，对已建成的县（市、区）、乡镇（街道）、社区社会组织服务中心给予一定资金扶持。开展社会组织公益捐赠税前扣除申报确认工作，确认第一批符合条件的社会组织16家。分两期对350名社会组织负责人和党组织负责人进行业务培训。③监督管理。推行“双随机一公开”监管机制改革，对55家社会组织开展随机执法检查。推进社会组织“异常名录”和“黑名单”建设，依法查处社会组织的各类违法违规行为。开展打击非法社会组织工作，净化社会组织发展环境。④社会组织规范化建设。推进行业协会商会涉企收费清理工作，全市减免费用925.05万元。开展第五批社会组织等级评估工作，确定AAAA级社会组织3家、AAA级社会组织20家、AA级社会组织3家。引导社会组织加强内部管理制度建设。

【专项社会事务管理】 ①殡葬改革。印发《关于深化移风易俗推动绿色殡葬改革的实施意见》，推动绿色节地生态公益性公墓建设。在已建成188处公益性公墓的基础上，完成新选址定点88处，开工建设65处，建成47处。②移风易俗。红白理事会实现村（居）全覆盖，泰安市移风易俗工作得到省民政厅肯定，并在全省移风易俗殡葬改革培训班和全省殡葬改革推进会议上作典型发言。做好泰山景区内散埋乱葬问题整治工作。③儿童福利保障。机构养育孤儿、社会散居孤儿、重点困境儿童基本生活保障标准分别提高至每人每月1400元、920元、500元。儿童督导员和儿童主任实现乡镇（街道）、村（居）全覆盖。④婚姻、收养登记及流浪乞讨救助。开展婚姻登记规范化建设突出问题自查整改活动，做好取消部分证明事项后的收养登记办理工作。健全市、县、乡、村“四级”救助网络，加强救助管理机构规范化建设，救助管理服务质量持续提高。⑤区划地名管理。做好城区道路命名更名工作，在完成首批20条城区主要道路命名更名的基础上，启动剩余127条城区道路命名更名工作。修订印发《泰安市地名管理实施办法（试行）》，建立地名专家库制度。地名普查年度任务全面完成，并顺利通过省级验收。⑥福利彩票销售。全年销售福利彩票6.28亿元，增幅居全省第一名，筹集公益金1.88亿元，其中市级6000万元。

【农村敬老院“四改一定”做法在全省推广】 年内，泰安市农村敬老院“四改一定”经验做法被省民政厅以鲁民函〔2019〕138号文件印发推广。泰安市坚持以保障农村特困供养人员利益和需求为出发点，累计投入资金1.6亿元，实施以改善敬老院卫生间、厨房及餐厅、医疗服务、文体娱乐设施，以及定期组织老人外出观光为主要内容的“四改一定”工程，并将其纳入2019年为民要办的十件实事。研究制定敬老院建设改造指导规范，提出“卫生间改造突出适老化，厨房餐厅改造突出标准化，医疗室改造突出专业化，文化娱乐突出多样化”标准要求，对失能特困人员实行县（市、区）集中照护，推动农村敬老院实现功能定位、服务方式、运营机制“三个转型”，即由传统的救助功能向强化养老功能转型，由粗放式服务向精细化服务转型，由政府包办向社会参与转型。至年底，全市81处敬老院“四改”工程全部按时完成，定期组织老人外出观光制度建立并落实。全市有4个县（市、区）、263名失能老人实现集中照护。敬老院实现由“温饱型”向“康乐型”转型跨越，成为农村特困供养人员老有所养、老有所医、老有所乐的“幸福之家”。（王先琪）

退役军人事务

【概况】 2019年，市退役军人事务局在编在岗21人，设移交安置科、优抚褒扬纪念科、双拥科等科室6个，局属事业单位7个（市转业干部培训中心、市军队离退休干部服务中心、市退役军人服务中心、市优抚医院、泰安革命烈士陵园管理处、泰安军用饮食供应站、市退役军人局财务服务中心）。年内，该局按照“一三四二”工作思路，即围绕“一条主线”（忠实践行习近平总书记关于退役军人工作重要论述，把握

7月26日，市委书记崔洪刚（右三）走访驻泰安某部队　　（丁兆秀　供）

职责使命，积极投身服务中国梦强军梦的伟大实践），做到“三个转变”（转角色、转观念、转作风），突出“四个强化”（强化权益维护、帮扶救助、基层基础和培训教育），达到“两个提高”（提高退役军人和社会各界对退役军人事务工作的满意度）的目标。市退役军人事务局获省委、省政府“新中国成立70周年安保维稳工作先进集体”，省人社厅、信访局“全省信访工作先进集体”，市委“全市落实全面从严治党责任考核先进单位”，泰安市国防动员委员会“十佳”单位等称号。

【服务体系建设】　成立市委退役军人事务工作领导小组，市委主要领导任组长，4名市领导任副组长，32个部门（单位）负责人为成员，领导小组办公室设在市退役军人事务局。市、县、乡、村四级退役军人服务中心（站）挂牌运行，全市退役军人服务中心（站）3858个、工作人员7860名。成立泰安市退役军人就业创业协会，红黄绿“三色旗”志愿服务联盟（双拥志愿服务队、关爱退役军人志愿服务队、退役军人志愿服务队）。党委统一领导、退役军人事务部门牵头主抓，地方和军队相关部门支持配合、社会共同参与的格局基本形成。

【保险接续】　以“确保稳定、确保精准、确保顺畅、确保满意”为目标，解决部分退役士兵基本养老保险、基本医疗保险中断补缴问题。市里成立工作专班，市委常委、政法委书记，市政府分工副市长任组长，18个部门（单位）为成员，成立5个工作组，采取选试点县（市、区）、试点企业、试点服务对象的办法，反复推演、点面结合、分步推进，在全省率先推开、率先实现缴费、率先完成缴费1/3目标任务。肥城市作为全国两个试点之一，在全省退役军人工作会议、全国市县级退役军人事务局长示范培训班上作经验交流。

【移交安置】　年内，全市接收军转干部176人，计划分配99人，安置随调家属10人，符合政府安排工作条件的退役士兵298人。组织2018年和2019年军转干部、退役士兵教育培训，组织退役士兵参加高职再教育。

【优待抚恤】　全市连续15年逐年提高优抚对象的抚恤补助标准，符合政策条件的各类优抚对象全部纳入医疗保障范围。组织开展退役军人信息采集和光荣牌悬挂工作，完成光荣牌悬挂19.51万块。中华人民共和国成立70周年之际，开展烈士公祭、机关干部升旗仪式等系列活动，组织发放“中华人民共和国成立70周年纪念章”542枚。开展烈士英名录编纂工作，完成烈士信息核实1.08万人，新增优抚对象2858人。

【权益维护】　结合“退役军人矛盾问题攻坚化解年”活动，开展退役士兵权益保障“百日攻坚行动”，一批积案、难案通过政策解释、困难帮扶、耐心沟通实现化解，退役军人公租房、“口袋”党员、户籍信息更新等问题取得进展。

【双拥共建】　坚持“办实事、重感情、在平时”，支持驻泰安部队强军兴军改革，落实好军人军属“后路后院后代”问题。市委、市政府同驻泰安某部队达成土地置换协议，实现军地双赢。迎接省和国家两次双拥督导考评调研。为全市116名未就业随军家属发放地方生活补贴138.4万元，为驻泰安部队58名随军家属发放公益性岗位工资124.6万元，为15名符合条件的随调家属办理工作调动，为荣立三等功以上荣誉的418户现役军人家庭送喜报、发慰问金。

【服务联系】　结合“到基层去，到退役军人中去”活动，市、县、乡、村四级联动，以“走进最美的您、为了可爱的您、留住英雄的您、永葆本色的您”为主题，开展“大调研大走访大练兵”活动，分级走访退役军人，研发 APP 助手，统一发放亲情卡 20 万张。建立退役军人服务员、联络员、监督员“三员”制度。“八一”、春节前召开退役军人座谈会，问需求、解诉求、送温暖。

【就业创业】 举办“送岗位进军营”“就业创业服务月”“就业直通车”“金秋招聘月”等就业招聘活动，市直新开发公益性岗位 800 个，扶持下岗失业及零就业家庭退役士兵，596 名上岗。设立退役军人创业扶持基金和困难帮扶基金，市里配套 7800 万元，收益全部用于退役军人创业扶持和困难帮扶。

【典型培树】 在泰安电视台、《泰安日报》、泰安政务信息网等新闻媒体开设专题专栏，宣传报道玄绪华、杨延超 2 名全国模范退役军人，6 名山东省优秀退役军人、30 名全市“最美退役军人”先进典型事迹。组织开展“抗战岁月”采访拍摄，为 191 名抗战老兵拍摄影像资料。

（丁兆秀）

老龄健康

【老年人优待】 2019 年，全市 90 ~ 99 周岁老年人高龄补贴发放 2.02 万人，资金发放总额 1689 万元；百岁老人高龄补贴发放 317 人，资金发放总额 159.5 万元。实行 65 周岁以上老年人免费、60 ~ 64 周岁老年人半价乘坐市内公交车，市、县两级财政给予运行补贴。泰山、岱庙等景区对老年人实行免票开放；群众艺术馆、图书馆、科技馆等公共文化娱乐和体育健身场所，对老年人优惠开放。开展涉老法律法规宣传活动 5 次，组织一山律师事务所律师提供现场咨询服务，提高老年人法律意识和防诈骗意识。

【老龄健康服务】 开展老年健康主题系列活动，组织“关爱老人、关注健康”“进社区”公益送健康活动 7 次，参加义诊专家 416 名，发放各类健康宣传材料 2.8 万份，健康服务 7500 人次，5 名泰安老人入选全省 70 名健康老人。推进“银龄安康”工程，全市参保老年人数 28.26 万名。举办“老年人心理关爱项目”活动启动仪式。开展以“懂健康知识，做健康老人”为主题的老年健康宣传周活动，举办健康大讲堂 62 场次、大型义诊活动 21 场次、义诊下乡 132 场次。组织老年健康课堂进社区 60 次，提高老年人自我保健、防病强身、自主维护身心健康的积极性、主动性。

【关爱老年人】 10 月 1—31 日，在全市开展以“孝老爱亲、向上向善”为主题的“敬老月”活动，累计走访慰问老年人 8700 名，发放慰问金（品）1120 万元，企业、社会组织向老年人捐赠资金 300 万元、捐赠物资折款 200 万元。举办 2019 年“泰安市十大孝子”评选活动，制作孝子事迹专题片在泰安电视台教科频道展播，悉心照顾瘫痪在床公公的邱家五妯娌、践行孝义真情服务社区老人的安其鹏等 10 名个人和团体受到表扬。开展“关爱空巢老人”志愿服务活动，参与志愿服务人员 800 人次。举办 2019“泰山老年人”书画摄影征文系列活动，征集参赛作品 941 件，评选出一等、二等、三等奖作品 126 件。

（李先虎）

残疾人事业

【概况】 市残疾人联合会（以下简称市残联）设办公室、组织联络维权部（挂宣传文体部牌子）、康复部、教育就业部“三部一室”，编制 12 人。辖市残疾人培训服务中心（正科级全额拨款事业单位），编制 9 人；市残疾人康复中心（副县级全额拨款事业单位），编制 26 人，政府购买服务 8 人。年末，全市有残疾人 34.02 万人，占全市总人口的 6.16%。其中，视力残疾 5.06 万人，占 14.86%；听力残疾 8.22 万人，占 24.16%；言语残疾 5205 人，占 1.53 %；肢体残疾 9.89 万人，占 29.07 %；智力残疾 2.27 万人，占 6.68 %；精神残疾 2.52 万人，占 7.40 %；多重残疾 5.55 万人，占 16.30 %。市残联继续保持“省级文明单位”称号。

【残疾人社会保障】 按照基准档对参加基本居民医疗和养老保险的二级以上重度残疾人给予政府补贴，并为重度残疾人提前 5 年领取居民基本养老保险金做好服务。为全市持证残疾人免费购买意外伤害保险。配合民政局做好困难残疾人生活补贴和重度残疾人护理补贴发放工作。对 300 名市直困难残疾人发放生活补贴 30 万元。实施“阳光家园”计划，落实资金 285.32 万元，托养残疾人 1074 名。创新托养模式，市残疾人康复中心与北京如常科技集团有限公司合作，由如常科技公司按每名入托残疾人 2300 元 / 月标准，每年扶持 20 名残疾人在康复中心接

4月26日，国家康复辅具产业综合创新泰安观摩会议召开　（姜雁龙　摄）

受寄宿制托养服务，2019年托养智力和重度肢体残疾人25名。争取、落实改造资金491.66万元，按照“一户一案”的原则，为全市1660户贫困重度残疾人实施家庭无障碍改造。落实资金17.78万元，为699名残疾人发放燃油补贴。按照每人1000～1500元的标准，对拿到驾照的残疾人给予补助。

【残疾人扶贫】　年内，扶持294户贫困残疾人发展加工业、养殖业、家电维修和服务业等项目。其中，第一书记帮包村“助残致富奔小康”项目，投入10万元，按照每户残疾人家庭2000元的标准扶持贫困残疾人50户；落实省“第一书记”帮包村项目，投入48.8万元，按照每户残疾人家庭2000元的标准，扶持残疾人244户。

【残疾人就业培训】　举办全市残疾人就业和职业培训信息管理系统管理员培训班，培训各县（市、区）乡镇管理员121人。开办扫盲、电子商务、家政服务等残疾人培训班26期，培训残疾人1833名，培训合格率95%以上。开展“2019年度就业援助月”活动，发布就业信息8000条，走访残疾登记失业家庭450户，登记失业残疾人员1950名，帮助残疾登记失业人员实现就业30人。2019年，全市城镇残疾人就业5752人，比上年增加784人，其中事业单位招考3人。

【残疾人教育】　年内，对符合条件的244名残疾儿童实施送教上门服务。继续规范义务教育阶段和高中、高等教育阶段各项助学、奖励政策，帮助残疾学生及残疾人家庭子女解决上学困难问题。全年为45名残疾儿童发放助学金13.5万元，资助13名残疾大学生励志奖学金6.4万元。

【残疾人康复救助】　为全市8.5万名有康复需求残疾人提供基本康复服务，占持证残疾人总数的72%，免费适配辅助器具4785件（套）。对1613名0～17岁脑瘫、智障、孤独症、聋儿、低视力儿童实施康复救助，为25名符合条件听障儿童免费植入人工耳蜗，31名肢体残疾儿童接受矫治手术，康复服务覆盖率达100%。加强康复机构建设，32家残疾儿童康复机构纳入定点康复机构。举办全市残疾儿童定点康复机构业务骨干培训班和工作推进会，培训康复专业技术人员200人次。开展康复医疗训练、辅助器具适配、托养、康复信息咨询、社区康复服务指导等活动，培训残疾人工作者、残疾人家属2万名。泰山区入选国家级残疾预防综合试验区，宁阳县入选省级残疾预防综合试验区。

【残疾人维权】　通过“12345”民生服务热线平台受理答复残疾人咨询问题27件。全年受理残疾人来信、来电、来访400人（次），处结率99.8%。未发生集体上访、越级上访事件。落实听力残疾人减半交纳移动通信工具信息费，残疾人免费乘坐市内公交车，视力、听力、言语残疾人家庭免收电视初装费、减半交纳基本收视维护费，免费进入旅游景点等优惠政策。市县图书馆、乡镇文化站设立盲文读物、盲人有声读物图书室和电子阅览室，免费向残疾人开放。印发《关于加快推进残疾人证“一次办好”工作的通知》《关于强化贫困重度残疾人鉴定办证服务的通知》，与市卫健委联合成立泰安市残疾评定专家委员会，组织残联工作人员、评定专家、基层干部、医务人员为行动不便残疾人开展上门鉴定、送证到家服务。

【残疾人组织建设】　2019年，市、县、乡三级成立残联89个。其中，市级残联1个，县（市、区）残联7个，乡镇（街道）残联81个；社区（村）已建残协1924个。市、县、乡三级残联机关和事业单位工作人员246名。配备残疾人领导干部的市级残联1个、县级残联5个。乡镇（街道）、村（社区）选聘残疾人专职干事（委员）3720名。建立市级及以下各类残疾人专门协会33个，其中市级各专门协会已建5个、县级各专门协会已建28个。助残社会组织有3个。

【残疾人文体宣传】 在市电视台《新闻零距离》开播手语栏目104期。全市有6个公共图书馆设立盲文读物、盲人有声读物图书室和电子阅览室。组织开展残疾人健身周活动9场次。组织参加“荔枝花开”山东省首届残疾人创意设计作品大赛，推送参赛作品39幅，其中获一等奖1名、二等奖2名，市残联获优秀组织奖。泰安市三圆新材料股份有限公司获“全国残疾人之家”称号。

【扶残助残活动】 春节前夕，市残联走访慰问贫困残疾人300户，落实慰问经费30万元。“全国助残日”“全国爱耳日”“国际盲人日”期间，组织实施盲人按摩进社区、盲人游园、书画笔会、为重度残疾人送书上门等扶残助残活动。印制《泰安市惠残政策清单》服务手册，面向社会免费发放。

【泰山“一会一园一论坛”项目】 9月6—8日，2019第四届泰山国际福祉暨康复设备博览会和泰山国际残疾人论坛·第二届泰山国际健康论坛在泰山国际会展中心举办。泰山国际福祉暨康复设备博览会设置展位220个，150家国内外企业参展，展示智能康复机器人等康复辅具产品3500种，20个省、市残联系统组团观展，观展人数1.5万人。泰山国际残疾人论坛，邀请26名行业专家、高校教授、企业负责人，就基于公平视角的无障碍环境建设研究、残疾人无障碍出行辅助交互设计研究等内容进行专题研讨，300名残疾人工作者与会。泰山康复辅助器具产业园加快建设进度，辅助器具企业达8家。

【承办第三届全国残疾人专职委员知识竞赛】 10月24日，第三届全国残疾人专职委员知识竞赛在泰安举办。竞赛以“增智、展能、强基”为主题，30个省、区、市的91名残疾人专职委员参加比赛。中国残联党组成员、副理事长相自成，省残联理事长邹斌芳等到现场指导，并调研市、泰山区残疾人事业。

【国家康复辅助器具产业综合创新试点工作】 年内，新增辅助器具企业4家，试验区已落地企业12家，全市康复辅助器具企业总数30家。台湾福宝科技股份有限公司、台湾受恩股份有限公司、浙江福祉有助电子商务有限公司、江西善行智能设备制造有限公司等20家康复辅助器具企业先后到泰安投资考察。台湾福宝科技股份有限公司与山东国华智慧医疗科技有限公司签订智能机器人项目合作意向协议。光明智谷项目在洽谈中。4月26日，国家康复辅助器具产业综合创新试点工作现场会在泰安召开，民政部社会事务司副司长徐建中出席会议，并对全市试点工作给予“组织领导坚强、园区建设有特色、企业发展良好，可以推广复制”的评价。

【市残疾人培训服务中心】 2019年，市残疾人培训服务中心被确定为“国家级盲人保健按摩规范化实训基地”。全年中心语训部收训听障儿童26名。适配残疾人辅具及辅具配件300件。举办职业技能培训8期，培训123人，其中盲人按摩班4期92人、美甲班2期10人、面点培训班2期21人。举办农村实用技术培训班2期，培训426人。培训合格率95%以上。9人取得人社局颁发的初级中式面点师职业资格证

9月6—8日，2019第四届泰山国际福祉暨康复设备博览会在泰山国际会展中心举办。图为市领导参观康复器械博览会现场　（司　刚　摄）

书、9 人取得初级西式糕点师职业资格证书，30 人取得小儿推拿按摩专项职业能力资格证书。

【市残疾人康复中心】 与市妇幼保健院合作开展 0 ~ 17 岁残疾儿童康复服务工作，全年收治符合救助条件残疾儿童 234 名，为 400 名儿童提供康复服务。为 25 名智力、重度肢体残疾人提供托养服务。依托市中心医院分院康复科医疗团队开展成人康复业务，成人康复门诊每天接诊 40 人，每月住院 20 人。为残疾人提供 715 具假肢、矫形器适配服务。 （董 卫 李先锋）

人民生活

【居民收入】 2019 年，泰安居民人均可支配收入 29690 元，增长 8.4%，增速比上年同期下降 0.4 个百分点。按常住地分，城镇居民人均可支配收入 37695 元，增长 7.1%，增速比上年下降 0.4 个百分点；农村居民人均可支配收入 18621 元，增长 9.8%，增速比上年提高 1.6 个百分点。①工资性收入是主要来源。全市居民人均可支配收入中，人均工资性收入 18924 元，增长 8.4%，占人均可支配收入的 63.7%，拉动收入增长 5.4 个百分点，是居民收入的最主要来源。其中，城镇居民人均工资性收入 25004 元，增长 6.4%；农村居民人均工资性收入 10517 元，增长 9.9%。②经营净收入是重要构成。全市居民人均经营净收入 5565 元，增长 7.2%，占人均可支配收入的比重为 18.7%，是居民收入的重要组成部分。其中，城镇居民人均经营净收入 5030 元，增长 8.4%；农村居民人均经营净收入 6306 元，增长 9.1%。③财产净收入增速放缓。全市居民人均财产净收入 1778 元，增长 6.7%，增速比上年同期下降 2.2 个百分点，占人均可支配收入的比重为 6.0%，仅拉动收入增长 0.5 个百分点。其中，城镇居民人均财产净收入 2899 元，增长 7.2%；农村居民人均财产净收入 228 元，增长 7.1%。

【居民消费支出】 2019 年，泰安居民人均消费支出 18102 元，增加 1486 元，增长 8.9%，增速比上年同期提高 0.3 个百分点。其中，城镇居民人均消费支出 22500 元，增加 1638 元，增长 7.9%，增速比上年同期提高 0.2 个百分点；农村居民人均消费支出 12020 元，增加 1078 元，增长 9.9%，增速比上年同期提高 1.6 个百分点。居民消费支出中，食品烟酒支出 4700 元，增长 5.2%；衣着支出 1334 元，增长 4.8%；居住支出 3893 元，增长 12.1%；生活用品及服务支出 1381 元，增长 15.3%；交通通信支出 2286 元，增长 6.5%；教育文化娱乐支出 2272 元，增长 11.1%；医疗保健支出 1842 元，增长 9.3%；其他用品和服务支出 395 元，增长 20.4%。

【粮食生产情况】 2019 年，泰安市粮食播种面积 37.14 万公顷（557.17 万亩），比上年增加 4900 公顷（7.35 万亩），增长 1.34%；亩产 452.76 千克，增长 0.88%，较全省平均亩产高 23.15 千克 / 亩；粮食总产 252.3 万吨，比上年增加 5.49 万吨，增长 2.23%。其中，夏粮播种面积 16.6 万公顷（249.02 万亩），比上年减少 2667 公顷（4 万亩），下降 1.58%；单产 448.85 千克 / 亩，比上年增加 11.5 千克 / 亩，增长 2.63%；总产 111.77 万吨，比上年增加 1.11 万吨，增长 1.01%；秋粮播种面积 20.54 万公顷（308.15 万亩），比上年增加 7566.67 公顷（11.35 万亩），增长 3.83%；单产 455.93 千克 / 亩，比上年减少 2.68 千克 / 亩，下降 0.58%；总产 140.49 万吨，比上年增加 4.38 万吨，增长 3.22%。

（赵 松 金廷臻）

编辑 校对 戚淑娟

景区·园区

泰山综述

【概况】 泰山，古称“岱”“岱山”“岱宗”，世称“东岳”，为“五岳之首”，位于山东省中部，主峰玉皇顶海拔1545米。泰山以其有容乃大的气魄将历史文化、自然景观、地质地貌完美和谐地融合在一起，被誉为“中华文化史的局部缩影”、中华民族精神的象征。1982年，泰山被国务院公布为首批全国重点风景名胜区；1987年被联合国教科文组织列为首例“世界文化与自然双遗产”，还拥有世界地质公园、首批国家AAAAA级旅游景区、首批全国文明风景旅游区、首座中国书法名山等品牌和荣誉，是名副其实的中华国山、世界名山。

泰山自然风光优美、壮观，其景观特点以雄为主，“雄、奇、险、秀、幽、奥、妙”兼有，有旭日东升、晚霞夕照、黄河金带、云海玉盘、雾凇雨凇、碧霞佛光等自然奇观。主要名胜古迹有岱庙、普照寺、王母池、经石峪、碧霞祠、日观峰、南天门、玉皇顶等，五岳独尊、十八盘、姊妹松、旭日东升等古迹、景观被应用到第五套人民币上。泰山主峰傲然拔起，环绕主峰的知名山峰有112座、崖岭98座、溪谷102条，构成群峰拱岱、气势磅礴的泰山山系。泰山因太古界岩层裂隙作用，水系十分发达，有名泉72处，山体总储水量达30亿立方米，形成山泉密布、河溪纵横的灵秀景观。泰山有高等植物1646种、哺乳类动物37种、爬行类14种、两栖类6种、鸟类317种，堪称生物多样性的天然资料库。泰山植被跨越3个温度带，层次分明，种类繁多，百年以上的古树名木1.81万株，森林覆盖率、植被覆盖率分别达95.8%、97%。泰山中草药资源丰富，名贵药材主要有灵芝、何首乌、紫草、四叶参、黄精和汶河的“九节香附”等，其中何首乌、四味参、紫草和黄精同称“泰山四大名药”。泰山地区矿产资源丰富，有煤、铁、岩盐、石膏、硫黄、蛇纹石、麦饭石、木玉石、碧玉等矿产。此外，泰山螭霖鱼、鹿角菜、苹果、板栗、核桃、山楂等土特产誉满中外。其中，生长在海拔800米以上深涧中的泰山螭霖鱼尤为珍贵，是泰山特有的鱼类，清代时为皇室贡品，是中国五大食用名鱼之一。

泰山地区是中国古代文化重要发源地之一，在五万年前的旧石器时期，泰山周围已经有人类活动的踪迹，在母系氏族社会阶段就显露出文明的曙光。在五千年前的新石器时代，泰山南麓的大汶口文化、北麓的龙山文化，不仅影响到山东，而且影响到黄河中下游的广大地区。泰山自古被视为社稷稳定、政权巩固、国家昌盛、民族团结的象征，也成为几千年来中国唯一受过皇帝封禅的名山。相传远古时期，黄帝曾登过泰山，舜帝曾巡狩泰山。商周时期，商王相土在泰山脚下建东都，周天子以泰山为界建齐鲁；传说秦汉以前，就有72代君王到泰山封神，此后秦始皇、秦二世、汉武帝、汉光武帝、汉章帝、汉安帝、隋文帝、唐高宗、武则天、唐玄宗、宋真宗、清帝康熙、乾隆等古帝王接踵到泰山封禅致祭、刻石纪功。秦汉以后，在官方封禅祭祀活动的推动下，泰山祠庙林立，儒家文化与佛、道两教融合发展，以东岳大帝、碧霞元君信俗、泰山石敢当习俗等为主要内容，以国泰民安为文化内核的东岳信仰得到长足发展，东岳庙、元君庙、泰山石敢当遍布全国并向海外辐射，使泰山文化具备超越任何一种宗教的广泛影响力和有容乃大的兼容性，形成中华文化史上“东岳之庙，遍于天下”的一个奇观。泰山还吸引众多的文化名人，孔子、管仲、司马迁、张衡、诸葛亮、曹植、李白、杜甫、刘禹锡、苏东坡、欧阳修、范仲淹、王世贞、姚鼐、郭沫若等都留下浩如烟海的颂岱诗文，孔子《丘陵歌》、曹植《飞龙篇》、李白《登岱六首》、杜甫《望岳》、苏辙《灵岩寺》、姚鼐《登泰山记》等都是不朽的名篇佳作，把游人从山神崇拜中引向游览观赏、求知审美的方向。

【历史沿革】 夏朝至元末，以帝王封禅、国之镇山为背景的皇权管理泰山，历时约四千年。明初至1948年泰安解放，是以帝王祭祀、百姓朝山为背景的“官管官修”，历时580多年。1985年，泰山首创风景、文物、林场“三位一体”的管理体制。1996年又形成风景、文物、林业、旅游“四位一体”管理体制。2001年，市委、市政府将泰山景区管委会由市政府工作部门调整为派出机构。2004年，市委、市政府对泰山管理体制进行重大调整，授权景区管委会对景区范围内的经济、行政、社会事务实行统一领导和管理；把1乡13个行政村（居）划归景区统一管理；率先在国内风景区开展相对集中行政处罚权工作。2009年10月，省编委将泰山风景名胜区管理委员会调整为泰安市政府直属副厅级行政支持类事业单位。2017年2月，市委、市政府将泰山东麓的黄前、下港两个乡镇，成建制划归景区管理（共260平方千米、63个行政村、8万乡村人口）。2019年4月，泰山景区启动体制机制改革方案编制工作；11月，市委、市政府两办联合印发《泰山风景名胜区体制机制改革创新试点方案》。

【体制机制改革】 2019年，按照全省开发区改革要求，泰山景区推行“管委会＋公司”管理模式，实施管理与经营分开。成立泰山旅游集团，管委会设综合部、人力资源部、政策法规部、计划财务部、规划建设管理部、遗产保护部、安全应急管理部、文旅经济发展部以及纪工委监工委，双重管理税务局、检察室、公安分局、司法分局、自然资源和规划分局、景区规划服务中心、生态环境分局、市场监管分局等派驻部门。剥离社会事务，组建市政府直属机构社会事务服务中心，统一管理大津口乡、黄前镇、下港镇3个乡镇、1个村街中心的社会行政、社会事务。 （丁 中）

泰山景区保护与管理

【概况】 2019年，泰山接待进山进景点游客567.9万人、增长1.04%，其中进山游客417.6万人、增长1.28%。实现门票、客运等收入7.8亿元，增长5.4%；在大门票价格下调8%的情况下实现门票收入4.02亿元，泰山客运实现收入1.73亿元。年内，将60处优质经营性资产和20个文物保护单位的经营性项目授权泰山旅游集团有限公司经营，实现营业收入4500万元。

【旅游营销】 联合新华社推出“泰山四季”系列宣传、直播，央视《新闻联播》《第一时间》《朝闻天下》等栏目多次报道景区工作。国庆期间，央视“日出东方 美丽中国”开篇报道泰山日出和壮美景色，山东彩车以泰山山体造型亮相。全年各级各类媒体累计播发景区信息1500条。开展“唱泰山歌曲、讲泰山故事、诵泰山诗篇、做泰山使者”活动，征集歌曲300首、故事1000篇。印发《泰山景区发展培育研学旅行实施意见》和泰山游览年卡推广奖励政策，策划研学精品课程线路3条，开展“华夏文明 薪火相传”台湾学子成人礼等活动。推进文化创意研发、泰山诗篇进教材、文化研究刊物编纂，举办台湾三圣宫朝山、“平安吉祥泰山游 国泰民安祈洪福”等系列活动，联合中国邮政发行《五岳图》邮票，联合中国人民银行发行《泰山》纪念币，景区核心竞争力持续增强。

【2019泰山东岳庙会】 2019泰山东岳庙会是东岳庙会被列入国家级非物质文化遗产名录后的第十一届庙会。该届庙会以“逛东岳庙会 祈平安福贵”为主题，在保留泰山非

2019泰山东岳庙会“百姓大舞台” （丁 中 供）

物质文化展示、戏曲演出等传统特色项目的基础上，引入韩美林画展、首届捶丸研讨会、茶博会、全民健身挑战赛、文创产品展示等特色旅游、文化、民俗、经贸活动21项，为古老的东岳庙会注入新元素、新动力。4月19日上午，庙会启会仪式在主会场岱庙天贶殿举行，副市长成丽，泰山景区管委会主任王光锋，中国民俗学会会长、中国社科院研究员叶涛，国家体育总局体育文化发展中心主任崔乐泉，山东省委台港澳办调研员李毅，泰安市政府副秘书长田萌等领导、嘉宾出席。副市长成丽宣布2019泰山东岳庙会启会。台湾台南善化东岳殿、屏东三圣宫、彰化玉皇宫等宫庙信众代表，以及中央、省、市各级媒体记者参加相关活动。启会仪式上，举行文物捐赠、碧霞元君宝卷颁赠仪式，以及《燕青打擂》古装剧再现、山东梆子《盘肠战》等剧目。

【《泰山志》编纂工作】 2018年，中国地方志指导小组办公室启动中国名山志文化工程，编纂中国名山志丛书、拍摄中国名山影像志。2019年，泰山景区通过初审和专家评审，符合中国名山志编纂资格条件，列入全国首批编纂中国名山志丛书单位之一。泰山景区考古所作为责任单位，按照编撰要求，制定编撰计划，组织以泰山各行业专家为主体的编撰小组，多次修改《泰山志》编撰纲目，填写《中国名山志文化工程申报表》，上报中国地方志指导小组办公室。《泰山志》分天下泰山、齐鲁青未了、造化钟神秀、五岳独尊严、登泰山保平安、一览众山小、往来成古今、江山留胜迹、大事记等12个部分。至年底，《泰山志》初稿编写完成。

【《中华泰山文库》】 大型文献丛书《中华泰山文库》是泰山管委会2016年确立的重大文化工程，聘请叶涛担任主编，并成立以袁行霈为主任委员的学术委员会，学术委员来自全国高校及科研单位，涉及各个学科。《中华泰山文库》分古籍（泰山志史、泰山四库集成、泰山宝卷）、著述（泰山近现代著述集成、当代研究）、外文（泰山各语种译著、影印资料）及口述影像（泰山20世纪口述史、影像集成）四大书系9个种类，项目资金预算1200万元。整套丛书以社科为重点涵盖自然学科，拟定120册，每册约30万字。该丛书的出版按照相关要求，于2017年向全国一级出版社公开招标，最终由山东人民出版社中标。截至2019年12月，出版书籍21种24册。其中，著述类14种15册，分别是《泰山鸟类图志》《泰山地质综合研究》《泰山新太古代地质演化史（上）》《泰山木本植物图志》《泰山佛教史》《泰山宗教研究 泰山庙会》《泰岱史迹 泰山古今》《古老的泰山 东岳神府岱庙 泰山游览指南》《泰山名人文化》《泰山民俗 泰山谚语与歌谣》《泰山岱庙文化》《泰山神文化 中华石文化与泰山石》《泰山文化之旅（上、下）》《泰山石刻史》；古籍类6种8册，分别是《岱粹抄存（上、下）》《四库经部泰山集成》《灵岩志》《泰山图志》《泰山志（上、下）》《岱史》；口述类1种1册，《泰山挑山工》。

·文物保护·

【概况】 泰山有保存较好的古建筑群26处、寺庙58座、古遗址128处、碑碣1239块、摩崖刻石1800处。泰山古建筑群整体呈现古代自然崇拜的信仰形式，涉及儒家文化建筑形式、皇家祠庙建筑形式、道家文化建筑形式、道家延伸的民间民俗信仰及地狱神魔文化建筑，是中国山岳信仰建筑的最早起源及最具代表性的名山范例。泰山碑刻时代之连续性、艺术之精湛、构景之巧妙均堪称一绝，著名的有秦《泰山刻石》、汉《衡方碑》《张迁碑》、晋《孙夫人碑》、南北朝《经石峪金刚经》、唐《纪泰山铭》、宋《青帝碑》、元《天门铭》、明《洪武碑》、清《摩崖碑》等，海内瑰宝秦李斯碑、“榜书之宗”经石峪刻石及封禅大典遗迹唐摩崖等具有重要的历史文化价值。

【文物保护项目】 实施王母池、斗母宫、普照寺（东禅院）和岱庙天贶殿彩画工程。完成周明堂遗址考古勘探工作、冯玉祥展陈提升工程、壶天阁防雷工程和三阳观防雷工程。推进红门宫、万仙楼、后石坞庙、碧霞祠等古建筑修缮工程，南天门、青帝宫、孔子庙、碧霞祠等防雷工程和泰山古建筑群消防安全工程。对上争取文物保护、消防安全资金2000万元。

【冯玉祥泰山纪念馆提升改造】 1984年，泰安市（县）文物局在冯玉祥卜居的普照寺开设“冯玉祥泰山陈列室”，纪念爱国将领冯玉祥将军。1991年，泰山景区投资建设“冯玉祥泰山纪念馆”。2005年，在征得多方意见特别是征求冯玉祥先生亲属意见的前提下，确定迁址烈士祠，移建后的“冯玉祥泰山纪念馆”占地面积3200平方米，建筑面积590平方米，陈展面积466平方米。2019年，泰山景区对该馆进行全面提升改造，重点解决馆内老展板破损、展陈形式落后的状况。景区工作人员到全国各地的冯玉祥纪念馆进行考察并收集相关资料，其中在南京第二博物馆收集到冯玉祥生平事迹资料，随即对冯玉祥泰山纪念馆资料进行补充完善，并升级改造展厅内的灯光。提升改造后的冯玉祥泰山纪念馆设“冯玉祥生平”“冯玉祥在泰山”、冯玉祥旧居复原室、辛亥革命滦州起义烈士祭奠堂等5个展厅和室外展区，展出照片166幅、新创作画作5幅、创作铜雕像3组、硅胶像1组，以及冯玉祥夫妇半身雕塑、周恩来庆祝冯玉祥60寿辰撰文纪念碑，冯玉祥与赵望云合作诗画碑48通，冯玉祥抗日口号碑、训导碑，冯玉祥题刻梅花岗等，展示冯玉祥一生的重要活动和在泰山期间的重要事迹。冯玉祥泰山纪念馆是一处集学习、科研、游览、休闲等功能于一体的旅游景点和爱国主义教育基地，先后被山东省委宣传部命名为“爱国主义教育基地”，被山东省关心下一代工作委员会等单位命名为“山东省关心下一代教育基地”，获山东省“工人先锋号”、泰安市“青年文明号”、泰安市女职工建功立业标兵岗、泰安市科学普及教育基地等称号。

·林木管理·

【概况】 泰山林场1948年正式建场，总面积1.2万公顷（18万亩），地跨济南、泰安两市，与4个区、6个乡镇（街道）、68个行政村（居）接壤，森林覆盖率82.6%，植被覆盖率94.6%。有古树名木1.81万株，隶属27科45种，其中一级古树名木1821株，列入遗产名录的有23株，已命名的古树（或古树群）有60处，它们是泰山历史发展的见证、泰山的活文物，不可再生的宝贵财富。1992年，泰山林场被原林业部批准为国家森林公园；1999年，山东省人民政府确定泰山林场为生态公益型林场。泰山林场行政与泰山景区管委会合署办公，业务主管为市林业局，泰山风景名胜区的主体部分隶属于泰山林场。2017年，谷山林场划拨泰山景区管理。2019年，加强重点古树名木监测管理，完成113株古树保护复壮；完成谷山林场森林抚育80公顷（1200亩）。强化自然保护区资源保护，做好省自然保护区专项督查迎检工作。完成国家级公益林区划调整和127处林地疑点图斑核查，顺利通过国家林业和草原局森林资源督查。

【森林防火】 发布《泰安市人民政府关于发布泰山森林禁火令的通告》，开展“五进”（进机关、进学校、进社区、进乡村、进企业）和防火宣传月、宣传周系列活动，强化依法治火，为查处违规行为提供法律支撑。加大防火投入，提升防火基础能力建设。完成防火隔离带清理136千米、林缘154千米、林道873千米，重点火险部位林内可燃物清理2000公顷（3万亩），降低森林火险等级；加快推进引水上山三期工程建设，按照“边试点边展开”的原则，先期展开樱桃园、竹林寺34个蓄水池试点建设，已完成12座。开展红门至南天门区域引水上山工程建设，委托中国市政工程华北设计研究总院完成初步设计，已进入地形测绘、施工设计阶段。购置公网对讲机126部、铱星卫星电话10部、箱式运兵车1辆，装备车2辆，运兵车2辆，串联水泵4台等，提升森林火灾防控能力。落实防火责任制和护林巡查“四定”（定人员、定区域、定时间、定职责）制度，招录747名季节性护林员加强一线防火力量；强化督查检查，督促整改隐患58项、223件。加大依法治火工作力度，查堵各类违规进山人员6500人次，查处吸烟等违规用火行为1500起，消除火险隐患。春季防火紧要期，组织开展“奋战100天，确保森林防火安全”专项行动，全面强化各项措施，主景区内实现连续5年森林火灾零发生、31年无较大森林火灾。

【病虫害防治】 无公害防治常发病虫害防治任务3000公顷（4.5万亩），完成泰山国家级中心测报点提升工程。松材线虫病防控工作清理死树4.9万棵，处理伐桩4.4万个，古树注药预防7.9万棵，全面监测33.2万亩次，地面防治1.7万亩次，飞防7万亩次。10月15日，全国重点区域松材线虫病防控现场会在泰山景区召开，全国18个省、31个地市的代表参加会议，国家林业和草原局副局长刘东生出席会议并讲话，省人大常委会副主任王云鹏，省政府副秘书长张积军，市委书记崔洪刚参加会议，市委副书记、市长张涛在会上作典型发言。会议推广景区的除治工作经验，部署全国重点区域松材线虫病防治工作。

【全国重点区域森林资源保护现场会】 10月14—16日在泰安召开。国家林业和草原局副局长刘东生出席会议并讲话，省人大常委会副主任王云鹏，省政府副秘书长张积军，国家林业和草原局生态保护修复司司长赵良平，省自然资源厅厅长、林业局局长李琥，市委书记崔洪刚参加会议，市委副书记、市长张涛在会上作典型发言。副市长张红旗，

10月15日，全国重点区域松材线虫病防治现场会在泰安召开　（司　刚　摄）

泰山景区党工委书记亓利群，泰山景区管委会主任王光锋参加会议。会议推广泰安市工作经验，研究部署全国重点区域森林资源保护工作。其间，与会人员参观泰安市森林资源保护现场。刘东生指出，各地要充分认识做好重点区域森林资源保护的重要性和紧迫性，认真贯彻落实党中央、国务院关于做好重点区域生态保护工作的部署和要求，增强危机感和使命感，运用战略思维、底线思维、法治思维、系统思维等科学思维方法，强化重点区域保护责任落实，提高重点区域森林资源保护能力，抓实重点区域林业有害生物监测普查，推进依法防控，增强检疫检查站点作用，创新防控机制，全面提高重点区域林业有害生物防控水平，坚定保护好重点区域森林安全的信心和决心，坚决打好重点区域森林资源保护攻坚战。张涛在发言时说，泰安市把森林资源保护摆在突出位置，全力保障资金投入，坚决扛起防治之责，科学制定保护方案，精准实施保护措施，建立综合保护网络，构建起组织领导、技术支撑、综合预防、检疫监测和监督检查五大体系，形成保护长效机制，确保重点区域森林资源保护工作高标准、高质量落实。泰安市会认真贯彻落实该次会议精神，学习借鉴省内外兄弟单位的好经验、好做法，以更大的决心、更实的举措，坚决打赢重点区域森林资源保护泰安战役，为保护世界遗产，建设生态山东、美丽中国作出应有贡献。

·行政执法·

【概况】　2004年，泰山景区在全国风景名胜区中率先实行相对集中行政处罚权，成立泰山管理行政执法局，依法行使包括规划建设、风景名胜、卫生环保等14大类538项行政执法权。该局采取“条块结合、以块为主、责任主体唯一”的管理执法模式，实现行政执法全覆盖、无空档。2018年，根据《关于调整泰山风景名胜区综合行政执法机构相对集中行政处罚权范围的通知》，泰安市泰山管理行政执法局更名为泰安市泰山景区综合行政执法局，在泰山景区管辖范围内统一集中行使风景名胜区管理、林业管理、旅游管理、住房和城乡规划建设领域、国土资源管理、农业（含农机、畜牧兽医）管理、水利渔业管理、安全生产监督管理、物价管理、交通运输管理、工商行政管理、质量技术监督管理、食品药品监督管理、粮食流通管理、民政管理、文化广电新闻出版（含文物）管理、体育管理、教育管理、民族宗教管理、卫生计生管理、环境保护管理、生态保护管理等22大类2000项法律、法规、规章规定的行政处罚权及相应的行政强制措施权、执法监督检查权。2019年，深化“由重点领域执法向全面领域执法、由日常管理执法向专业处罚执法”两个转型。扩展执法领域，扩大执法区域，强化联合执法、联合办案，贯彻实施《关于进一步加强相对集中行政处罚案件办理的意见》，完善协作配合和案件移交、专案办理制度，立案查处移送案件43起，办理规划建设、旅游经营、卫生环保、食品安全、交通矿产及水资源保护等领域案件98起，罚没款63.79万元。

【专项整治】　开展违法建设治理春季行动，始终对违法建设保持高压态势，以环山路、桃花峪游览路、农业观光路区域为重点，结合环保督察、违建别墅清理等工作，通过分组包户、动员与强拆相结合等一系列措施，历时3个月拆除违建棚厦113户、372处、1.68万平方米。开展“保护生态环境、共享绿水青山”专项整治，倡导游客保护生态环境、保护山石水源、维护游览秩序。巩固泰山石和山泉水整治成果，与公安、工商、国土等联合查处非法采石案1起，罚款4万元，检查取缔经营小型石头门店623家，在景区内杜绝非法开采、运输、经营泰山石行为；贯彻落实《泰山风景名胜区生态保护条例》，集中3个月时间，查处私售泰山水案8起，罚没款1.64万元，封停违规销售山泉水自备井、售水点12处。开展旅游秩序专项整治，与公安、交通等部门联合，查处黑车野导、拦车拉客、私设停车场等扰乱旅游秩序的违法行为30起，罚款5350元，行政拘留3人；查堵违规进山香客、"驴友"5000人，补票款6万元。开展"不文明养犬"整治、文明交通创建等专项行动，施划各类道路交通标识标线2000平方米、停车泊位300个，优化景区旅游秩序和旅游环境。

【执法规范化建设】 全面推行行政执法公示制度、执法全过程记录制度和重大执法决定法制审核制度，制定印发《泰安市泰山管理行政执法局全面推行行政执法公示制度执法全过程记录制度重大执法决定法制审核制度实施方案》及3个配套办法，搭建起"三项制度"推进的制度框架。《行政执法信息公示办法》明确执法信息事前、事中、事后公示范围和内容，以及执法信息公示的程序、时限等内容，保障社会公众对行政执法信息的知情权和监督权；《行政执法全过程记录办法》明确对执法程序启动、调查取证、审查决定、送达执行、归档管理等法定程序和环节，通过文字记录、音像记录等方式全程留痕，规范行政执法行为；《重大行政执法决定法制审核办法》明确重大行政执法决定法制审核的标准、内容和程序，强化行政执法监督作用。强化业务培训，完成安全生产、医疗卫生、药品监督、农业畜牧等重点热点执法领域的针对性培训300人次。加大办案力度，强化联合执法，全年办理规划建设、旅游经营、卫生环保、食品安全、交通矿产及水资源保护等领域案件98起，较上年增长11%。在3个乡镇违法案件处理中，贯彻执行《关于进一步加强相对集中行政处罚案件办理的意见》，探索执法力量下沉的运行模式，与当地公安、工商、土地等部门配合，完善协作配合和案件移交、专案办理制度，处置移送案件43起，推进实施综合执法。

·社会事务·

【概况】 深化与新农创（北京）科技集团有限公司合作，乡村振兴指挥舱、"泰山·栗春"高端民宿等项目落地大津口乡。培育特色农产品品牌，泰山茶、泰山板栗、大樱桃、核桃、花卉苗木种植面积和螭霖鱼存养量分别达293.33公顷（4400亩）、1.13万公顷（17万亩）、733.33公顷（1.1万亩）、666.67公顷（1万亩）、1133.33公顷（1.7万亩）和200万尾。投资1440万元实施9个省级、11个市级、2个县级美丽乡村创建工程，省、市、县三级美丽乡村覆盖率达70%以上。下港镇被评为山东省森林乡镇，大津口乡沙岭村被评为山东省美丽休闲乡村，13个村被评为省、市级森林村居。整合760万元完成扶贫产业项目10个，发放小额扶贫信贷1733万元，投资103万元为贫困户购买扶贫特惠保险，12个省市级贫困村全部"摘帽"。投资2000万元实施农村饮水安全工程，解决46个村、3.9万人饮水问题。落实教育、民政、优抚、医疗、养老、救助等相关政策，累计投入财政资金1.3亿元，人民群众的获得感、幸福感、安全感持续提升。

【脱贫攻坚】 围绕"两不愁三保障"（不愁吃、不愁穿；保障义务教育、基本医疗和住房安全）、饮水安全、"八有四净"（有床、有桌、有凳、有风扇、有电视、有取暖设备、有四季换洗衣物、有必备厨房用品，室内净、室外净、厕所净、个人卫生净）、贫困收入、产业项目管理、行业扶贫政策落实等，逐村逐户逐项目进行问题排查，为132户贫困户维修房屋，为477户贫困户补齐缺项，改善贫困户住房和生活条件。整合资金760万元，完成恒温冷库、温室大棚、光伏发电等扶贫产业项目10个，受益贫困人口1035人。完成"富民生产贷""富民农户贷"1733万元，受益贫困人口640人，带动人均增收600元以上。加强已建成产业项目监管，落实管理责任，规范项目运营，确保资产保值增值、项目良好运行、持续发挥效益。为1689户、3361人购买扶贫特惠保险，为61人落实"雨露计划"救助，防止因病、因学致贫、返贫。加强乡、镇、村扶贫工作督查指导，对扶贫政策落实、干部帮扶、项目管理等方面出现的问题，及时召开问题整改推进会、调度会，抓好问题整改，保障各项扶贫措施落实到位。

【退役军人事务】 全面保障退役军人及优抚对象的各项权益，为3847名退役军人及其他优抚对象采集信息，走访优抚对象、立功受奖及部分现役、退役军人家庭3763户，发放慰问救助金16.65万元。对75名重点退役军人和优抚对象，开展中华人民共和国成立70周年走访慰问活动，发放慰问金额7.5万元；为25名中华人民共和国成立前参加革命工作的老战士、老同志等逐一上门发放中华人民共和国成立70周年纪念章，悬挂“光荣之家”光荣牌3857块，累计发放各类资金566.03万元。全面做好退役士兵专项公益岗位人员管理工作，提供退役士兵专项公益性岗位210个，接收公益性岗位人员200名，做好退役士兵保险接续工作。至年底，录入退役士兵保险核查受理系统318人，受理申请完成305人，审核确认302人，医疗核查295人，核查完成率95%，养老保险缴费190人，缴费率达62%。

（丁　中）

泰山景区建设

【概况】 投资300亿元的“山高·泰山康乐谷”项目列入省新旧动能转换重大项目库，完成投资4.1亿元。红门广场项目顺利通过上级主管部门审批，累计完成投资2.3亿元，地下停车场已封顶。山水林田湖草生态保护修复工程完成投资4.4亿元，开工项目10个，完工项目7个。泰山微电影小镇项目控制性详细规划已经市政府批复，引水上山、污水下山工程完成方案设计和专家论证，麻塔河及黄前水源地生态保护修复综合整治完成立项报告编制。投资2.16亿元的钟秀山庄养老中心完成主体建设，新开工栗欣源工贸有限公司冷库及电商服务综合楼、绿地溪山境等8个500万元以上项目。将60处优质经营性资产和20个民俗、文物场所内的经营性项目授权泰山旅游集团有限公司经营，实现营业收入4500万元。年内，依托生态、文物、安全等项目对上争取资金3.4亿元，支持遗产保护和景区高质量发展。

【“山高·泰山康乐谷”项目】 该项目由山东高速泰山康养集团有限公司投资开发，计划总投资约300亿元。项目定位为文化旅游项目，重点打造以“休闲、旅游、度假、康养”为核心的文旅综合体。项目策划热带风情主题乐园板块、康养小镇产业板块、原乡文化旅游板块、慢调生活社区板块四大板块建设开发。2018年10月24日，泰山景区与山东高速泰山发展有限公司签订《泰山康养·高速大成项目建设开发协议书》，黄前镇政府与山东高速泰山发展有限公司签订《泰山康养·高速大成项目土地整理和项目代建实施协议书》。2019年5月24日，市委书记崔洪刚听取泰山景区的专题汇报，指示由市文旅小组具体实施该项目；6月6日、8月9日，市委秘书长宋洪银两次组织有关部门专题听取山东高速的项目汇报；9月12日，市委、市政府同意山东高速康养集团对“山高·泰山康乐谷”项目的策划方案。至年底，项目区内农用地清点补偿工作进入尾声，完成273.3公顷（4100亩）地上附属物补偿、253.3公顷（3800亩）农用地土地补偿。热带风情园区内树株清表工作基本完成，园区内鱼塘饭店拆除1处，另外2处补偿金额已达成一致，土地规划、报建、企业动迁工作有序进行。

【环境提升】 组织开展旅游服务质量提升季活动，推行经营业户“红黑榜”“无条件退货”等制度，做好省文旅厅督查暗访问题整改工作。上线泰山景区短信温馨提示，景区呼叫服务中心受理咨询、求助、“12345”转办等事项8.2万起，受理、处理、办结率均达100%。取消“准营证”审批，推进“最多跑一次”改革，年内新落户企业266家、注册资金11亿元。实施岱顶区域景容环境综合整治、望岳东路生态停车场、经石峪步游路、龙潭公园改造提升、万仙楼管理房及盘道加宽、标识标牌提升等工程，顺利完成老旧小区改造等创城任务。完成旅游公厕提升改造26处，新建生态循环旅游公厕14个，泰山作为唯一的旅游景区在全国旅游厕所革命工作推进现场会上作典型发言。开通高铁站至中天门旅游直通车，建设红门、天外村出租车候车区，周边社会停车场健全充电桩、车位显示系统等设施。升级智慧票务系统，开展智慧旅游研究院二期工程，成立“5G+智慧泰山联合实验室”“泰山—百度地图智能旅游创新中心”，泰山—海康威视智慧旅游研究院项目获“2019中国千山·金峰奖”最佳文旅科技创新示范奖，“五一”“十一”期间游客好评率均列山东省AAAAA级旅游景区榜首。

（丁　中）

泰山索道运营中心

【概况】 泰山索道运营中心（以下简称“中心”）主要负责泰山中天门、桃花源、后石坞3条客运索道的安全运营、维护和管理等工作。2019年，3条索道运送游客390万人次，实现运营收入3.9亿元。中心完成“国家级客运索道运营服务标准化试点”任务。“客运索道使用安全风险分级管控和隐患排查治理建设”经验在全省推广。7月，为全市上半年招商引资和重点项目建设观摩活动提供现场，与会人员现场观摩桃花源索道改造提升项目。牵头完成两个招商引资项目，分别是山东鲁化置信实业有限公司落户岱岳区大汶口石膏工业园，总投资3亿元，年税金5000万元以上；中信陕旅集团大型文商旅综合性文娱体验项目“演艺秀都”落户泰安旅游经济开发区，占地26.67公顷（400亩）、总投资30亿元。年内，中心通过“省级文明单位”复核，被市政府评为全市安全生产工作先进单位、安全生产主体责任落实示范企业。

【安全生产】 年内，中心未发生安全生产责任事故。履行安全生产主体责任，层层签订安全生产目标管理责任书，全年组织安全生产大检查90次、专项安全检查10次，召开安全工作例会12次，排查治理危石等安全隐患7处。坚持安全生产标准化，严格执行设备检修维护制度，开展设备安全评价2次，编制完成《设备管理手册》。完成“客运索道使用安全风险分级管控和隐患排查治理体系”建设。完成中天门索道11号支架C塔筒更换、驱动站锚杆调整和桃花源索道钢丝绳截绳重编等3项重点设备检修维护。实施机电人员能力提升工程，开展“岗位大练兵、业务大比武”，组织各项设备技术专题培训40场次、1500人次参加。加强森林防火宣传和火种检查，加大索道支架沿线管控力度，落实泰山景区防火期内索道车厢封闭运行措施，参与泰山景区火情火险处置。

【运营管理】 年内，中天门、桃花源、后石坞3条索道运送游客390万人次，实现运营收入3.9亿元，比上年增收1300万元、增长3.42%。①增加有效运营时间。执行早开车、晚停车弹性运营模式，早上开车运营时间与看日出游客集中下山的时间保持衔接一致，晚上停运时间与最后一批下山游客的出行时间保持一致，尽可能满足游客需求、延长索道运营时间。客流高峰期，索道尽可能早开车、晚停运，暑期（7月、8月两个月）、双休日和各类节假日运营时间最长达16小时。减少大风、雷雨等恶劣天气的索道停运时间，实施特殊天气安全运营集中会商机制，保证大风雷电来临前及时停运、过后及时恢复运营。②提高索道运营效率。客流高峰期执行“满厢定员”运营管理模式，减少游客排队等候时间，提高索道车厢利用率和游客乘坐率。③加大桃花源索道分流力度。健全完善中天门、桃花源索道联动机制，发挥桃花源索道大运量优势，在客流高峰期引导游客乘坐桃花源索道下行，减轻中天门索道下行运营压力。桃花源索道全年分流游客14万人次，5月2日分流2万人次。

按AAA+标准新建的旅游厕所　　（瞿祥耀　供）

【运营服务】 年内，游客服务满意率达99.6%，未发生有效投诉。坚持“以游客为中心，把游客当亲人”理念，开展运营服务能力提升工程，倡导“微笑服务”。推出免费应急药品、免费绿色通道、免费雨衣等精准化、人性化服务项目。新建、改造旅游厕所7处、500平方米，改造南天门索道站售票房，新设手机充电装置，协调电信运营部门增设基站2处，改善通信网络质量。设立服务专员，对持有“泰山人才金卡”“山东惠才卡”的高层次人才提供免费乘坐索道服务。

【“客运索道使用安全风险分级管控和隐患排查治理建设”经验在全省推广】 2018年，山东省市场监督管理局组织泰山索道运营中心等省内客运索道企业编制完成《客运索道使用安全风险分级管控和事故隐患排查治理建设实施指南》（DB37/T3454—2018），并于2019年开始在全省客运索道企业中开展安全双重预防体系建设。中心以“防风险、除隐患、遏事故”为目标，以“全员、全过程、全方位”为原则，深度融合中心安全生产标准化体系，在完善安全管理制度体系，规范安全风险等级识别、明确安全风险管控层级、管控责任和管控措施，强化日常事故隐患排查与治理等方面，建立健全一套较为科学规范、系统完备的组织领导体系、执行标准体系、监督考核体系和改进提升体系，在国内客运索道行业率先完成“客运索道使用安全风险分级管控和事故隐患排查治理建设”，得到国家、省市场监督管理部门高度评价。省市场监督管理局认为中心“在全省特种设备安全双重预防体系建设中积极开展工作，客运索道安全双重预防体系建设工作突出，效果明显，具有全省推广借鉴意义”，“发挥了标杆企业示范引领作用”。11月14—15日，全省客运索道安全双重预防体系现建设现场观摩会议在泰安召开，推广中心安全双重预防体系建设先进经验。国家市场监督管理总局特种设备安全监察局副局长张宏伟表示，“泰山索道不仅是山东的标杆，也是全国索道行业的标杆”。12月24日，中心“客运索道使用安全风险分级管控和事故隐患排查治理建设”一次性通过市特种设备检验研究院专家组评估。

【完成“国家级客运索道运营服务标准化试点”项目】 2017年12月，中心申报的“国家级客运索道运营服务标准化试点”得到国家标准化管理委员会批准，并被列为市改革创新试点项目，试点时间为两年。试点期内，中心围绕机构设置、目标规划、岗位职责、管理制度、工作流程、操作规范等服务通用基础标准体系、服务保障标准体系和服务提供标准体系等三大标准体系，总结中心30年间客运索道运营服务经验，开展流程再造、制度创新，搭建248项客运索道运营服务标准。2019年11月8—9日，国家标准化管理委员会专家组4名专家对该项目进行现场考核评估，一致认为符合《服务业标准化试点实施细则》要求，体现出体系化、标准化、实用化、示范化，探索出一条索道运行服务标准建设之路。该项目以96分通过专家组评审，成为全国首个通过专家考核评估的国家级索道运营服务标准化试点项目。

（瞿祥耀）

泰安高新技术产业开发区

·综　述·

【概况】 泰安高新技术产业开发区（简称泰安高新区）于1992年开发建设，位于城区东部，时有规划面积6平方千米。1995年8月经省政府批准为省级高新区。南部新区于2002年启动建设，规划面积50平方千米，管辖面积118平方千米，总人口12万人。2012年8月经国务院批准升级为国家级高新技术产业开发区。2017年2月，辖区总面积748平方千米，总人口48.2万人。2019年9月，泰安市开发区体制机制改革，泰安高新区辖区总面积277平方千米，人口26.8万人，辖北集坡、良庄、房村3个乡镇（街道）。规划定位为泰安城市的副中心和绿色生态新城、产业科技新区，是泰安市经济建设的主战场、动能转换的主阵地、“双招双引”的主平台。

【体制机制改革创新】 推行“管委会+公司”管理新模式，“管委会”八大部门承担政策制定、发展规划、行政审批、综合协调服务等职能，内设机构实行“大部门、扁平化”管理模式；“公司”作为开发建设市场化主体，承担投融资建设、招商引资、专业服务等职责。下放审批权限，通过刻制部门“2号章”、设立派驻机构、开辟“绿色通道”等方式实现“办事不出区”。推行职员制和绩效工资制，变“按级别定薪”为“按贡献付薪”。实行差异化综合考核，完善开发区综合考核评价体系，强化“亩均效益”导向。

【经济发展提速增效】 2019年，全区主要经济指标增速均保持在全市前列。生产总值（GDP）增长8.2%，实现营业总收入562亿元；规模工业主营业务收入353亿元，增长7.4%；实现进出口总额20.21亿元，增长61.7%，其中“一带一路”进出口总额7.53亿元，增长79.37%；实现一般公共预算收入22.22亿元，增长7.45%，其中区级税收收入19.06亿元；境内税收总收入33.46亿元，增长19.78%，其中工商税收收入31.62亿元，增长43.98%。

【主导产业特色鲜明】 区内有注册企业6200家，国家级高新技术企业87家，占全市的近三分之一。打造“3+5”特色产业体系，“3”即输变电设备、矿用装备、汽车及零部件三大优势产业，是国家火炬计划输变电器材特色产业基地、国家矿山装备高新技术产业化基地，规模工业企业中三大优势产业实现产值177亿元，增长4.9%，占全部规模工业产值的52.2%；“5”即生物医药、现代物流、新一代信息技术、新材料、数字出版五大战略性新兴产业，其中新材料、新一代信息技术、生物医药3个战略性新兴产业实现产值82.8亿元，增长20.9%，占全部规模工业产值的24.4%，提高2.9个百分点。

·招商引资与项目建设·

【招商引资】 聚焦重点产业，坚持“专班、专业、专注”招商，通过中国泰山第六届国际高端人才、高新技术、高科技项目洽谈会，泰山国际登山节，新闻出版大会等活动，重点引进实体经济、数字经济、现代服务业、创业孵化及高端人才创新平台项目。“双招双引”完成“360”工程，全年新签约项目60个，合同签约额328.12亿元，其中投资10亿元以上项目10个、高科技项目40个。全年实际到位资金54.68亿元，其中农业项目1.45亿元、工业项目43.14亿元、服务业项目10.09亿元。以建设“泰山智慧谷”为总抓手，依托国家级高创中心、泰安人力资源产业园、泰控新动能产业园和泰山创意谷，实施“十百千”人才计划，在区内创新创业的省级以上高层次人才总量325名。其中，“两院”院士20人，千人计划、万人计划、长江学者38人，泰山系列人才38人。

【项目建设】 全年31个项目竣工或投产，32个项目新开工建设，在建项目53个，计划总投资390亿元。华岳智能出版、山东泰安抽水蓄能电站二期2个项目列入省重点项目。人天书店、高端芳纶、泰山创意谷等10个项目列入市重点项目。实行重点项目建设“专班制”，分层分类解决问题，提高项目履约率、开工率和资金到位率。

【正威泰安新材料产业项目】 该项目由世界500强企业——正威国际集团投资建设。计划总投资100亿元，主要建设20万平方米以上的金属新材料标准化车间及年产25万吨8.0毫米低氧光亮铜杆生产线，22万吨2.6毫米低氧光亮铜线生产线，3万吨精密铜线及精密控制电缆生产线，精密连接器、半导体封装键合丝、非晶合金超精密构件等生产线。

【智能矿山设备制造项目】 该项目由中翔集团投资建设，计划总投资4.2亿元，占地6公顷（90亩），建筑面积6.85万平方米，主要建设装配车间、液压车间、智控装备中心，同时建设科技研发中心、动力交换中心及技术试验场等。引进高精尖端生产设备300台（套）、生产矿山（隧道）掘进机、开采机械、铲运机械、装载运输机械等智能机械设备。项目依托北京航空航天大学、北京交通大学、中国科学院等高校和科研院所技术资源，以其高效、智能、安全、环保的产品优势，为海外矿山（非煤矿）市场提供服务；以其技术先进、使用可靠、品质优良、低成本的价格优势，替代国内市场进口产品，满足国内矿山企业设备更新换代的需求。项目达产后可年产智能矿山设备3500台（套）。

【山东健通生物基因重组人血白蛋白项目】 该项目由山东健通生物科技有限公司投资建设，依托国家疾控中心专家团队力量，进行基因重组人血白蛋白及偶联产品的研发、生产、销售。基因重组人血白蛋白产品（被称为“救命药”）可实现从产品源头上杜绝血浆白蛋白（血液制品）始终长期存在的病毒污染问题，从根本上解决国内血液制品的短缺供应和必须长期依赖从国外进口的被动不利局面。项目聚焦大健康产业，在基因重组人血白蛋白项目基础上升级研发系列生物产品，打造“健通生物科技产业园”。定位于“一园四区建设+项目合作平台”（“一园”是指健通生物科技产业园，“四区”是指基因重组人血白蛋白、基因重组白介素、单克隆抗体、人和动物用疫苗四类不同产品，“项目合作平台”是指与科研院所、高校等的项目研发合作、技术转让、技术成果转化生产等的

6月18日，山东健通生物基因重组人血白蛋白项目投产仪式举行
（苏钊 摄）

合作开发），计划总投资60亿元，规划占地面积66.67公顷（1000亩），扩大白蛋白产能规模50吨；生产单抗1000万支；生产白介素5吨及多肽药等产品。一期建设投资5.5亿元，年生产基因重组人血白蛋白产品8吨。

【龙岳文化工程项目】 该项目由山东龙岳文化传媒有限公司投资建设。计划总投资35141万元，占地面积约6.33万平方米，总建筑面积5.15万平方米。其中，生产车间（丁类校对车间）建筑面积968.64平方米，丁类编辑车间建筑面积5809.87平方米，印刷厂房（丙类车间）建筑面积3.86万平方米，丙类仓库建筑面积3801.6平方米，办公建筑面积2328.48平方米。龙岳文化传媒入驻“泰山新闻出版小镇”，带动泰安市文化产业规模化、集约化、产业化发展。

·企业培育与科技创新·

【企业培育】 兑现落实战略性新兴产业引导资金、科技创新发展专项资金、梯次培育专项资金以及人才引进培养专项资金4.75亿元。推动金融机构、企业（以下简称“金企”）双方达成合作意向22.65亿元，实现资金到位16.92亿元。为区内23家企业贷款贴息546万元。累计上市挂牌企业15家，其中海外市场上市2家、创业板上市1家、新三板挂牌3家、区域股权市场挂牌9家。新增“四上”企业（规模以上工业企业，资质内建筑业、房地产开发经营企业，限额以上批零住餐企业，规模以上服务业企业）35家；营业收入过亿元的工业企业56家，实现营业收入325.8亿元，增长8.6%，占全部规模工业营业收入的比重为92.3%；全区62家重点企业实现营业收入534.9亿元，增长29%。主营业务收入过百亿元企业3家，纳税过亿元企业5家，纳税5000万元至1亿元企业5家，纳税2000万元至5000万元企业24家。

【金融服务】 全区有金融机构和地方金融组织28家。其中，银行业机构9家，2019年年末存款余额133.14亿元、贷款余额123.33亿元；5家民间融资机构、3家小额贷款公司累计投资额75亿元；2家融资担保公司在保余额110亿元；5家融资租赁公司融资租赁资产总额60亿元。扶持企业发展，建立线上＋线下金企对接服务平台，线下组织召开多种形式金企对接会，推动金企双方达成合作意向22.65亿元，实现资金到位16.92亿元；线上健全完善融资平台，破解金企信息不对称问题。化解中小微企业融资难题，为区内企业争取泰安市财源建设基金2亿元；为区内23家重点企业、科技型企业贷款贴息546万元；鼓励资本市场发展，年内新增区域性股权交易市场挂牌企业2家，上市挂牌企业达15家。

【科技创新】 新增高新技术企业18家，总数87家，高新技术产业产值占比72.5%。11家企业入围全市科技创新型企业50强。新备案省院士工作站2个，累计8个；新增省级服务业创新中心1个、省工程实验室（工程研究中心）2个，省级企业技术中心1个，获批省级专家服务基地1个。国家级孵化载体4个，研发平台203家。15个项目获批山东省重点研发计划，其中重大科技创新项目4个；144个项目列入省级技术创新项目计划。培育省级以上科技人才6人，其中国家“万人计划”1人、泰山产业领军人才3人、山东省“外专双百计划”2人（团队）。路德新材料公司“高性能土工格栅绿色关键工艺突破项目”入选山东省2019年度绿色制造“1+N”（“1”是指绿色制造重大工程示范项目，“N”是指绿色制造带动提升项目）示范项目。

【国家级高新技术创业服务中心建成启用】 建立以国家级高新技术创业服务中心为龙头，“苗圃—孵化器—加速器—产业园”四级创新创业服务体系，建成和在建孵化面积40万平方米，建筑面积13.3万平方米的泰山创新谷暨高创大厦建成启用。吸引325名省级以上高层次人才，汇聚高新区创新创业。其中，“两院”院士20人，千人计划、万人计划、长江学者38人，泰山系列人才38人。市级以上孵化载体9个，其中国家级4个；市级以上研发平台203个，其中国家级7个、省级49个。拥有国家矿山装备高新技术产业化基地、国家级高新技术创业服务中心、国家级众创空间等系列国字号名片，是国家知识产权试点园区。深化与泰安金控集团、青岛半岛集团等战略合作，设立产业基金和专项资金，为实体经济、战略性新兴产业、成长性高科技项目提供扶持。制定完善人才政策，引进高端人才创新创业，为科研成果产业化创造便利条件。

【山东能源重装集团获2019年度国家技术发明二等奖】 山东能源重装集团与山东科技大学、潍柴集团联合申报的《耐磨蚀抗热震结构功能材料及涂层技术》项目获2019

年国家技术发明二等奖。成果攻克金属间化合物/陶瓷多尺度自生符合技术，研发新型组合孔结构过滤体及制备技术，过滤体孔隙率、抗压强度均提升50%以上；研制出新型的“三高一低”材料，具有高耐磨蚀性、高抗热震性、高过滤效率、低压降性，有效解决大应力、大变形、制备效率差的难题；研发高速梯层熔射技术，在煤矿装备及工程机械中广泛应用，在材料领域、加工工艺、涂层技术领域取得多项自主知识产权，创立材料、技术、标准体系，项目成果取得产业化应用，经济效益、社会效益显著。

【力博重工科技股份有限公司获2019年国家科技进步二等奖】 力博重工科技股份有限公司、山东欧瑞安电气有限公司联合高校共同研发的“复杂地形下长距离大运力带式输送系统关键技术”获2019年国家科技进步二等奖。成果创新突破长距离大运力带式输送系统永磁电机直驱、沿线张力控制、控制与监测技术、空间转弯和安全保障等一系列困扰行业多年的关键共性技术难题，实现复杂地形下长距离大运力带式输送系统的跨越式发展，推动国家“十一五”重点建设千万吨矿井——斜沟煤矿、国家“西电东送”重点工程——黄登水电站等国家重点项目的建设，并在“一带一路”沿线巴基斯坦、越南、菲律宾、印度尼西亚等10个国家推广应用，为国家“一带一路”战略建设作出贡献。

·管理与服务·

【深化改革】 泰安高新区党工委、管委会是市委、市政府的派出机构，在辖区内统一行使市、县两级经济、行政和社会事务管理权。围绕打造一流营商环境、建设全省政务服务示范区，组建行政审批服务局，建设高标准政务服务大厅，设立投资建设项目审批服务专区，对重点项目实行专人代办帮办。落实“一窗受理、一次办好”要求，推进“零跑腿”和“最多跑一次”改革，推进工业投资项目“1+N”审批制度流程再造新模式，通过调整优化审批时序，变串联审批为全流程无前置并联审批，重点突出带方案出让用地“拿地即开工”1个目标导向，推进代办帮办、告知承诺、容缺审批、审管联动等N项审批服务配套措施，将施工许可申报资料由21项精简为9项，实现开办企业1个工作日内完成相关手续，比全省要求的3个工作日缩短2天。推出全省首台自主型智能导服机器人，走在全省开发区前列。2019年，全区新登记企业1804户，增长28.67%；注册资本288亿元，增长126.16%。

【社会民生】 年内，社会保障、教育、医疗卫生资金支出10.35亿元，征地拆迁补偿及临时安置费支出6.16亿元，精准扶贫支出3951万元，实施产业扶贫项目、农村基础设施扶贫项目89个。推进棚户区改造，水泉社区二期、对臼社区三期、石灰官庄社区三期全部完成分房，回迁安置1714户、3196套。完成一天门大街5.2千米大修改造、正阳门大街下穿京沪铁路立交桥等道路桥梁建设工程，完成凤凰河公园补水和亮化工程。新建“四好农村路”（建好、管好、护好、运营好农村公路）71.2千米，完成路面改善工程96千米，改建县道危桥4座、乡村道路危桥27座，维修加固危桥31座。建设公交站亭9个。完成100个村道路“三通”（村村通、巷巷通、户户通）任务，硬化里程564.52千米，硬化面积246.27万平方米。组织开展“送戏下乡”163场、“送电影下乡”1156场。完成2019年度全国文明城市创建迎审工作。

【功能配套加快完善】 50平方千米建成区内，建成“七纵七横”120千米的骨干道路网，实现水、电、气、热、通讯等公共设施配套。区内有山东第一医科大学泰安校区、山东财经大学东方学院、山东医药技师学院、山东力明科技职业学院等5所高等院校，在校师生8万人。有泰安一中新城校区、泰安市实验学校万境水岸小学、泰安一中实验学校、山东师范大学与华新联合办学等优质中小学校，以及泰安市妇幼保健院（市儿童医院、高新区人民医院）、建设中的泰安市中心医院高新区院区。高端商业发展迅速，中国五矿大型城市综合体、香港永盛世纪康城商业广场等项目建成运营。规划建设的210平方千米高端高新产业聚集区，具备承接大产业大项目的条件，首期启动30平方千米起步区建设，重点布局战略性新兴产业，建设一批特色产业园，打造“一区多园”发展新格局。

【综合执法】 坚持“精心谋划、精细管理、精准执法、精心协作”的管理理念，加大城市管理力度，办理行政处罚案件479件，受理并回复“12345”信访投诉1200件。处置渣土违规运输、扬尘污染行为案件80起，整顿未达标建设工地30个；取缔非法洗磕砂生产线40条；依法查处80起非法行医案、14起非法经营苗木案等违法行为。开展保护泰山石整治行动，依法取缔奇石销售点7家。办理不合格食品药品案件140起。办理户外广告审批160件；拆除各类违规建筑100处，拆除面积8.02万平方米。

【环境保护】 中央环保督察组反馈意见涉及高新区的14个省级层面共性问题，整改完成11个、达到序时进度3个；中央环保督察期间交办案件9件，全部办结；中央环保督察“回头看”期间交办案件9件，办结8件。坚持专项治理与日常监管、随机抽查相结合，按照企业治理管理水平高低和污染物排放强度，对企业实行ABC分级管理；加强大气污染防治，对重点区域开展全天候、不间断巡查检查，及时发现问题、交办问题、督办问题，打好打赢大气污染防治攻坚战；坚持把生态保护作为项目入区建设的先决条件，强化规划管理，严格源头管控。至年底，审批环境影响评价文件111件，其中报告书6件、报告表103件、备案补充报告2件，验收项目79个。

（任　飞）

泰安旅游经济开发区

·综　述·

【概况】 2019年，全区完成税费总额18.65亿元，实现地方级收入12.85亿元，增长30.92%。出让经营性用地19宗、136.47公顷(2047亩)，收益80.7亿元。被财政部列为土地储备预算管理改革试点地区，发行土地储备专项债券5亿元；对上争取到位专项资金16.2亿元，新增政策性贷款和商业化融资授信52.6亿元，到位40.39亿元。继续保持“全国文明单位”称号，被省委、省政府表彰为“全省人民满意的公务员先进集体”，被市委授予“新时代泰山‘挑山工’十面红旗”“新时代泰山‘挑山工’先进集体”称号。

【体制机制改革】 根据《关于推进开发区体制改革创新的指导意见》，创新旅游经济开发区管理体制和运行机制，按照“企业化管理、市场化运作、专业化服务”的总体目标，进行体制机制改革和干部人事制度改革。实行“管委会+公司”运作模式，“管委会”作为管理机构，承担政策制定、发展规划、行政审批、社会事务管理等行政管理职能。“公司”作为建设发展的市场主体，承担开发区的资金筹集、项目管理、政府公共基础设施建设市场化服务、土地预储备运营等职责。2019年12月13日，注册资金100亿元的泰安文化旅游发展集团（以下简称文旅集团）成立后，党工委、管委会的职能定位发生转变，从领导经济社会发展各项事业，转变到为文旅集团开展工作进行市场化运营提供政府服务，与文旅集团是服务与被服务的关系。旅游经济开发区国库已批准设立；管委会和集团公司的内设机构设置、职责制定和部门正、副职竞聘完成，人员调整全部到位。

【双招双引】 创新性推行轻资产、重资本招商模式，推进产业链招商、高科技孵化招商，以保姆式服务推进签约项目建设，逐步形成政府引导、市场主导的招商新机制，爱琴海购物公园、商汤科技、北航泰山科创园、望岳广场、山东高速世茂康养等层次高、集聚能力强的好项目、大项目均签约落户，为旅游经济开发区的转型升级注入新活力。紧盯旅游度假、网络安全、体育文化、康养医疗、现代服务五大产业发展重点领域，突出精准对接，全年实际到位资金9.4亿元，外资3045万美元。加大与世界500强、跨国知名企业、大型央企和百强民企的对接力度，外出对接招商50次，引进客商到该区投资考察80次，在第三十三届泰山国际登山节暨2019中国泰安投资合作洽谈会上，签约演艺秀都、望岳广场、上海众创3个优选项目，签约投资额达33.5亿元。区内商业街2019年招商80家，13条商业街完成招商7条。强化人才支撑，全年引进中国工程院院士2名、“泰山学者”4名、全日制博士1名。优化区域营商环境，为区内企业做好服务工作，制定印发《泰安旅游经济开发区研究开发财政补助实施办法》，为区内泰安环湖水厂等2家企业争取扶持资金，已拨付128.16万元。

【重点建设项目】 年内，30个重点项目完成固定资产投资80.06亿元，增长5.4%。插旗项目天平大街建设工程，仅8个月时间实现全面通车；高铁站北配楼改造工程完成投入使用。总投资81亿元的6个回迁社区全部分房到户，实现回迁。投资25亿元的泰安市立医院一期项目进行开业前的准备工作。投资9.7亿元的崇信、崇仁2所学校加快建设。投资46亿元的新体育中心土方开挖完成，景观公园绿化完成，体育馆、游泳馆及全民健身馆设计图审查完成。投资10亿元、占地358公顷的滨湖路景区工程开工建设。投资6亿元的泰山石林公园项目开始规划设计，打造集赏石、博览、探险、游乐、休闲、拓展、研学于一体的主题特色公园，大型奇石开始起运。投资12亿元的石蜡河水系

石腊河文化旅游公园　　（陈阳　摄）

综合治理项目建成并通过验收。自主商业开发项目进展迅速，新建、续建建筑面积500万平方米，实现销售额40亿元，全年销售收入40亿元，较上年增长30%。

·招商引资与重点项目·

【天平大街】 参见《城乡建设与管理·城区道路工程》。

【泰安大道】 北起泮河大街，南至横三路，总长度约2069米，宽度为25.2米，总用地面积5.21公顷，分7个段区，每段200～300米。2017年7月开工，2018年7月完工。泰安大道以泰山封禅起源，作为整条文化大道的引领，将自秦至清代的封禅祭祀事件作为单元景点融入其中，主要包括祖龙登坛、汉武封功、光武祈福、双圣巡游、明皇记铭、真宗寻瑞、康熙祭祀、乾隆赐宝等。体现中华民族追求"国泰民安、风调雨顺"主题，引申出各类景观形象，打造露天封禅文化博物馆。大道地下建设市政综合管廊，是全市第一个综合管廊建设项目，分为综合舱以及两个电力舱，促进城市集约高效发展。

【石腊河水系综合治理项目】 该项目是2018年泰山区域山水林田湖草生态保护修复工程，北起迎宾大道，南至泰肥铁路，河道总长度约8.5千米，总宽度120米，总投资10.4亿元。2018年6月开工，2019年12月完工。主要对石腊河水系进行清淤加固、扩大湿地、新建绿地、敷设管网、新建橡胶坝等；实施天平湖增容工程，将非汛期水库蓄水位由165.00米提高至166.00米，包括新建岱溪河大桥、马家园路、防渗墙工程等。项目建成后，实现石腊河水系零排污口，在提高排水能力、河道生态涵养和水源涵养能力同时，改善周边生态环境和泮河、牟汶河、大汶河水质，最终改善东平湖水质，确保南水北调水质。

【泰山文旅健身中心】 位于天平湖路以南、梅山西路以东。由泰安市城市发展投资有限公司投资建设，计划投资37亿元，2019年完成投资25亿元，申请国家发展改革委专项债券1亿元。总占地面积33.24万平方米（498亩），总建筑面积35.51万平方米（地上建筑面积23.70万平方米、地下建筑面积11.81万平方米），由30000座体育场、8000座体育馆、2000座游泳馆和全民健身馆组成。设计停车位2510个（地上445个、地下2065个），配套商业建筑面积12万平方米，配套景观公园占地12.81公顷（192.15亩）。该项目打破体育中心传统布局模式，引入商业、餐饮、娱乐、文化、教育、会展等多种业态，打造全新的体育文化产业综合体。至年底，配套景观公园建设完成，累计开挖土方260万立方米。

【泰安市立医院】 该医院是全市首家实行“管办分离”的公立综合性医院。位于天平湖路以南、英才街以北，距京沪高铁泰安站1.7千米。总占地6.87公顷（103亩），总建筑面积39.6万平方米，规划开放床位1500张，按照JCI国际认证标准进行规划设计，分为一、二期工程两个阶段统筹建设，一期工程于2017年8月开工，计划开放床位450张，开设临床科室18个、医技科室9个，医护人员690名。拥有全球顶级256排CT、3.0T核磁、数字减影血管造影系统等先进医疗设备40台。配备全市第一辆5G车载移动CT车、乌尼莫克全地形负压救护车，在转运、检查密切接触者、确诊病例方面发挥重要作用。

【京沪高铁泰安站北配楼改造】 该项目主要是对高铁站站房及北配楼进行综合改造，总改造面积9600平方米，总投资1.4亿元。2019年4月开工，将北配楼一层改造为候车室，将主站房与之连接封闭；二、三楼设置旅游服务用房；售票室改至主站房南侧；新建地下进站地道，与既有进站地道连通。至年底，北配楼改造基本完成，新建售票厅启用，新增候车面积7000平方米。

【开元盛世·文旅城】 该项目总占地8.23公顷（123.5亩），总建筑面积37万平方米，总投资30亿元。2018年3月开工，建设内容主要包括：爱琴海购物公园、泰安老街、星级酒店、公寓等。爱琴海购物公园定位为城市休闲娱乐体验中心，打造泰安体量最大、业态最全的一站式体验性购物公园，满足多元的消费需求，助力泰安城区商业全面升级。泰安老街项目以非物质文化遗产二十四节气为主题，展现泰安深厚的历史文化底蕴，涵盖餐饮、民俗民宿、古玩工艺、特色小吃等多种业态，满足人民群众品质化、多元化、便利化的消费需求，形成特色突出、业态丰富的夜间经济新亮点。

·管理与服务·

【城市管理】 提升城市精细化管理水平，投入500万元在400个艺术花架、1000个果皮箱和300个路灯底座安装公益广告，安装公益广告牌2500个，在路灯杆上安装红旗1.2万面，在主要路口安装公益小品25个，所有建筑工地围挡均按比例要求设置公益广告。坚持城市发展建管并重，以环卫深度保洁、扬尘治理、市容秩序整治、园林绿化和市政维护为重点，落实网格责任制，就地、就简解决城市管理问题。设置综合管理、平台维护、巡查督导等工作组8个，具体负责城市网格管理工作，实现区域内城市管理工作的闭合运转。组建17人的巡查队伍，分头包片对占道经营、噪音扰民等不文明现象保持不间断、高密度巡查整治。投入2000万元购置环卫机械设备，各主次干道机扫率达100%。坚持“增绿提质、裸地绿化、建管并重”原则，以补植栽植城市道路行道树为重点，开展冬季集中植绿补绿专项行动、雨季绿荫行动、台风应急抢险行动，完成植绿补绿乔木近5万株、裸露绿化补植300处，抢救倒伏树木3000棵。5—11月，开展蚊蝇灭杀工作，配备人力喷洒车12台、大型喷药车2辆，对各主次干道、河道绿化带进行药物喷洒。推进生活垃圾分类工作，投放分类垃圾桶500个、果皮箱1000个，机关布置分类垃圾桶200个，在各道路、景区、小区布置生活垃圾宣传栏100个。城市管理调度平台受理转办案件4687件，办理完成4335件，

开元盛世·文旅城夜景　　（李德龙　供）

无超期案件。“12345”公共服务平台受理工单 2759 件，按期完成 2696 件，63 件在协调办理，不满意案件 1 件，综合满意率 99.96%。环保平台受理环境污染案件 12 件，全部办理完成。

【社会管理】 全区社会治安大局持续平稳，实现进京上访“零登记”，完成庆祝中华人民共和国成立 70 周年大庆安保维稳任务。贯彻落实中央、省、市安全生产工作要求，克服没有安全执法权限的困难，重点加强自建项目管理，做好安全稳定各项工作，全年未发生各类安全生产事故，全区安全生产形势平稳向好。开展“大排查、快整治、严执法”集中行动和 5 次全面安全大检查，开展创建“无烟工地”“安全文明工地”活动，每周组织安全督查两次，每月全面巡查与不定期检查相结合 1 次，发现安全隐患 300 处，下达整改通知书 90 份。在超强台风“利奇马”期间，组建 400 人的防汛抢险队伍，分为房屋工程、市政工程、河道等 9 个组，全面检查河道、市政排水设施、工程防汛设备设施，发现安全隐患 100 处，加固修剪树木 1000 棵，扶正移出倒伏树木 1500 棵，清理树木断枝 700 处。成立农民工工资支付工作领导小组，对 21 个在建工程项目 59 个总包单位纳入农民工工资支付监管平台管理，严格落实农民工工资专用账户制度和实名制管理，每月上报 1 次农民工实名制管理名册、农民工工资银行卡发放流水清单，及时支付农民工工资。按照“一事一策”的原则，稳妥解决原旅游经济开发区历史遗留问题，顺利解决部分拆迁遗留问题，收回建设用地 331.8 公顷（4977 亩），土地权益价值达 250 亿元。

【智慧城市建设】 立足“智慧新区”发展方向，与商汤科技合作，制定智慧城市建设的总体目标，以顶层设计为指导，进行总体架构设计、基础设施体系、智慧应用体系和运营保障体系规划设计，建设智慧新城区，为区内居民创造美好的智慧生活。 （李德龙）

徂徕山汶河景区

·综 述·

【概况】 泰安市徂徕山汶河风景名胜区（以下简称徂汶景区）位于泰安城区东南部。2014 年，经泰安市人民政府批准设立为市级风景名胜区，总规划面积 293 平方千米（徂徕山片区 185 平方千米、汶河片区 108 平方千米）。2019 年 9 月，泰安市开发区体制机制改革，将徂汶景区调整为独立的功能区，规划总面积 471 平方千米，辖徂徕镇、天宝镇、化马湾乡 3 个乡镇和滨河片区（其中滨河片区 2019 年 11 月成立，管辖原北集坡划转的 23 个村），共 138 个村、21.9 万人，代管徂徕山林场。景区内徂徕山与大汶河山水相依，生态、历史、文化资源禀赋优良，是著名的泰山石敢当文化和碧霞元君信仰的源出地，民俗文化、道教文化、帝王文化具有深度发掘潜力。拥有国家 AAAA 级旅游景区、国家级湿地公园、国家级水利风景区、首批中国森林氧吧、国家山地户外运动示范公园、首批国家航空飞行营地示范单位等 8 项称号。

2019 年，区划调整后，徂汶景区迅速展开工作调研，摸透实情，理清发展思路，重新梳理景区功能定位，启动区域国土空间规划编制工作；梳理景区道路交通路网，规划做好与老城区、国道、省道的衔接；与清华大学、上海同济大学等专家团队对接，完善提升区域发展战略规划。坚持生态环境保护优先，突出医疗康养、教育文化、体育休闲、设施农业四大产业，一手抓基础设施建设，一手抓招商引资，打造集历史体验、旅游度假、生态农业、康乐养生、文化体育展示和交流、商住开发为一体的风景名胜区。

【体制机制改革】 2019 年 9 月，徂汶景区调整为独立的功能区，按照全省统一设计的功能园区改革方案要求，改革徂汶景区管理体系，实行“党工委（管委会）+ 天泽投资运营集团公司”的管理架构。9 月 26 日，徂汶景区党工委班子配备后，主要负责人第一时间主持召开会议，召集分工负责人、乡镇党委书记和科室负责人，就落实推进改革相关工作作出安排。成立徂汶景区体制机制改革创新工作领导小组，设综合协调、组织人事、资产划转和市场运营、社会事务、村庄划转交接管理 5 个工作组，推进落实改革试点的各项任务。组建 8 个内设部室和社会事务服务中心，确保改革期间秩序不乱、工作不断。设立滨河片区党委，管辖原北集坡划转的 23 个村。至年底，组织人事方面：完成涉改的全部 6 个直属单位、3 个乡镇、23 个村庄计 3422 名人员的划转交接工作；对管委会部室岗位进行设置，并报市工作领导专班。资产划转、市场运营方面：基本完成涉改乡镇、部门的基数、专款拨付情况和往来结算事项统计，涉及 99 个项目约 4.5 亿元；清查审计相关资产问题；与高新区签订资金支付协议，确保过渡期内部门正常运转；初步拟定天泽集团公司组建和机构设置方案。社会事务和村庄划转方面：对景区需保留的 180 项经济管理职能、需剥离的 51 项开发运营和 209 项社会事务管理职能进行梳理上报；完成 23 个行政村代管的交接工作，同步与高新区相关部门对接计生卫生、民政、综合治理等工作，经协商暂由高新区代管。

【优化区域环境】 ①改善生态环境。山水林田湖草生态保护修复工程进展顺利，2019 年 8 月，大汶河流域泮河（天泽湖）人工湿地水质净化工程改造提升建设项目开工，完成投资 1786 万元，2019 年 12 月 31 日完成主体工程；大汶河中游高新区段湿地生态保护与综合利用工程完成可行性研究报告、立项，进入施工图设计、预算控制价财政评审阶段，先期开展旧县大桥至龙游大桥两岸生态护坡、水生植物栽植、绿化等基础性治理工作，完成投资 2.5 亿元；泮河高新区段生态修复治理工程设计方案进一步深化。徂徕山新造林绿化 33.89 公顷（508.4 亩），栽植各类苗木 4.71 万株，初步建成樱花园、玉兰园、百果园、海棠园、花楸园、白桦园、百合园、华山松园以及以黄菠萝、核桃楸、水曲柳等为主的东北珍贵阔叶片林和以红松、樟子松、云杉、冷杉等为主的珍贵针叶林，“一区多园”的景观林改扩建初见成效。②提升道路交通体系。在前期完成环湖路、堤防路一期、环山路一期、徂徕山西路建设的基础上，唐夏路实现全线贯通；堤防路二期工程交通安全设施工程完成，相关部门在进行配套管线埋设；北环路开始埋设管线、办理土地手续。

【旅游基础设施】 加快推进汉博园 3 座 AAA+ 旅游场所及徂徕山国家森林公园游客中心场所建设，年底全部建成并投入使用。徂徕山国家森林公园游客中心交通组织换乘优化完毕，由交通宾馆和黄石崖站对开的 245 路公交车与 236 路旅游公交车已通至徂徕山国家森林公园游客中心，游客中心门前的 2 处新能源充电桩安装完毕。健全完善环湖路、徂徕山旅游标识系统、旅游厕所、售卖点等配套设施。

【乡村特色旅游】 围绕特色突出重点开发，景区徂徕镇依托资源优势，以曹庄酵素采摘园、徂徕村大樱桃采摘园、徂徕村民宿为重点，做好特色采摘旅游项目策划包装工作。天宝镇推进云弄艺术家村、前寺党史馆等中小旅游项目落地；以樱桃节、花卉市场为特色，吸引游客 25 万人以上。化马湾乡以龙湾地质公园为龙头，以淘河文化主题公园、快乐农家游项目建设开发为重点，其中双泉村已形成规模化，可同时接待游客 200 人。

·自然资源·

【概况】 徂汶景区自然资源丰富，土地、砂石、地热、水资源得天独厚。土地面积 481 平方千米，建筑用砂石资源质量优良，桥沟地热资源地下热水面积约 16 公顷，汶河水资源区域内全长 27.53 千米，流域面积约 1350 平方千米。

【规划编制】 启动《徂汶景区发展战略研究及两河三岸城市设计》，以生态优先、绿色发展为原则，围绕夯实山水生态基底，培育绿色产业，树立自身品牌，与泰山协同发展下功夫；统筹景区空间结构、功能分区、产业铺排、建设用地总量及布局；统领整体空间形态，塑造特色风貌；引领景区向城乡统筹、功能完善、蓝绿交织、疏密有度的国土空间格局推进。

【土地资源】 徂汶景区辖区包括徂徕镇、天宝镇、化马湾乡、滨河片区（23 个村）以及徂徕山林场，规划面积 4.81 万公顷（72.15 万亩）。建设用地 5187 公顷（7.78 万亩），其中城镇用地 493.3 公顷（7400 亩）、村庄 3600 公顷（5.40 万亩）、交通水利及其他建设用地 1093 公顷（1.64 万亩）；农用地 3.87 万公顷（58.08 万亩），其中耕地 1.69 万公顷（29.54 万亩）、园地 4880 公顷（7.32 万亩）、林地 1.35 万公顷（20.03 万亩）、设施农用地等其他农用地 793 公顷（1.19 万亩）；未利用地 4187 公顷（6.28 万亩），其中河流水面 1713 公顷（2.57 万亩），裸地、滩涂等其他未利用地 2473 公顷（3.71 万亩）。

【砂石资源】 徂汶景区建筑用砂资源丰富，且质量甚佳。主要分布于大汶河及其支流的河床中，河床宽 150 ~ 300 米，砂层厚 0.3 ~ 1.5 米。砂的成分主要为石英和长石，少量云母。砂的粒度为中—细砂，含少量砾石，砾石粒度为 24 厘米，为质量优良的河砂。

【地热资源】 桥沟地热资源位于泰（安）莱（芜）盆地西南部，徂徕山凸起的西北角，位于滂河断裂和桥沟断裂的交汇部位。地热田属中低温地热田Ⅱ -2 型，热储呈带状，受滂河断裂、桥沟断裂与 F5、F6 断裂控制，隐伏在第四系砂砾石

徂汶景区湿地 （冉文惠 供）

层及寒武系朱砂洞组白云质灰岩之下，沿 F5、F6 断裂及其影响带分布，含水层岩性主要为钾长花岗岩和花岗闪长岩。地热井出口温度约 41.1℃，矿化度 0.80 克 / 升，水化学类型 SO_4–Na · Ca 型，地热水具有较高的医疗价值，含有 F、Sr、Li、H_2SiO_3、HPO_4 等多种对人体有益的微量元素，可作为洗浴、疗养用水或进行医疗保健。

【汶河水资源】 大汶河流经徂汶景区流域，东起颜张坝，大汶河中泓线桩号 −27+200、京沪高速公路大汶河大桥下游约 2.8 千米处，流经山东泰安汶河国家湿地公园及徂汶景区滨河片区泉林庄村相邻的泉林拦蓄枢纽工程，后向西汇至颜谢拦蓄枢纽工程，流向下游汶口一号坝，全长 27.53 千米，流域面积 1350 平方千米。徂汶景区流域内有柴汶河与淘河两条支流，其中柴汶河全长 14.43 千米、淘河全长 13.40 千米。在景区内有颜张、泉林、颜谢 3 个拦蓄枢纽工程。

· 文物保护 ·

【概况】 本着“保护为主、抢救第一、合理利用、加强管理”的文物保护方针，加强革命旧址保护，做好文物抢救、保护、管理、利用等工作。至年底，辖区有市级以上文物保护单位 20 处，其中省级 4 处、市级 16 处，内容涵盖古遗址、古墓葬、古窟寺及石刻、古建筑、近现代代表性建筑和重要史迹等六大类不可移动文物。革命文物保护单位 3 处，分别是省级文物保护单位山东省委旧址暨八路军山东抗日游击第四支队司令部旧址（光化寺），市级文物保护单位崆崆山崆崆洞——泰安县委办公旧址、牛角山侵华日军炮楼旧址。

【光化寺修缮】 光化寺始建于北魏时期，是泰山地区修建最早的寺庙之一，现存山门、东西配殿、大雄宝殿，均为清代建筑。大殿内墙面保留有清晚期壁画，院内存明、清碑刻 5 通、僧人墓塔林构件 10 件。光化寺作为革命旧址，因长期受自然、人为因素影响，出现瓦件残破、屋面漏雨，梁架干裂、构件拔榫，墙体开裂，墙砖酥碱，墙皮空鼓、脱落等病害，故未对外开放。制定的《光化寺建筑群修缮工程计划书》《山东省委旧址暨八路军山东抗日游击第四支队司令部旧址——光化寺建筑群修缮保护工程设计方案（送审稿）》分别于 2017 年 12 月、2019 年 8 月通过省文化旅游厅批复。

【燕语城遗址】 位于化马湾乡城前村北，1956 年文物普查时发现。遗址面积 7.2 万平方米，为高出地面约 10 米的土层，俗称“燕语城”，属商周至汉代遗址。为市级重点文物保护单位。

【白石岭道庙遗址】 位于徂汶景区化马湾乡西庄村，处徂徕山以北、玉皇山以南，西有金猪山，东临淘河。该庙建于明朝永乐年间。旧时占地 2.67 公顷（40 亩），每年两次庙会（农历正月十六、六月初一），会期 4 天，交易昌盛，前往求神祈福的地方民众不下万人。1940 年农历五月七日，徂徕山抗日武装部队曾隐蔽庙中，一举炸毁侵华日军运输物资的汽车，侵华日军气急败坏，强行把庙拆除。2009 年，西庄村投资 80 万元重新修建白石岭道庙。

【望饭岭清真寺】 化马湾乡南部有望饭岭，也叫忘饭岭，是清初修建的九省驿道，乾隆时设界碑。望饭岭有 1 处创建于明代的清真寺，历史上曾两度被毁坏夷为平地，后被重新修建。清真寺门前右侧立有古界碑，界碑前有一条旧公路称作“老泰新公路”，是在清代官修大道的基础上修建。此地不仅是泰安和新泰一线的中心，也是省会济南通鲁南重镇临沂一线的中心，还是古时北京通南京官道的中心，交通位置十分重要。因附近修有新公路，这条昔日的官修大道已近废弃。

·林木管理·

【概况】 2019年，徂徕山林场以“好山好水好生态、守护好齐鲁绿肺”为工作主线，推进生态资源保护和生态文明建设，协同推进“森林防火、林业有害生物防治、保护区建设、林政管理、营林生产、项目推进”六大重点任务，各项工作任务顺利完成。

【林业防火、防虫、防盗】 ①森林防火安全态势持续稳固。强化值班备勤，林场全体干部职工实行“365”天、“24”小时值班制度，签订责任书，落实责任制。强化基础设施建设，实施“引水上山”工程，投资2000万元，修建拦水坝两座，蓄水量4000立方米，修建蓄水池4处，蓄水量3000立方米，铺设管道9000米；进入防火期，全场清理公路、林道、防火线林下可燃物144.2千米。强化队伍保障，组建专业消防队4支、100人，季节性护林员75名，11支200人非专业队伍。强化宣传引导，全年出动防火宣传车3辆100车次，喷绘防火标语500条，安装防火宣传牌70个，发放“四个一律”（对在林区野外违法、违规用火者，非公职人员一律依法予以经济处罚或按《治安管理处罚法》予以行政拘留；公职人员一律开除公职；在场不加制止的领导一律撤职；野外用火引起森林火灾的，无论成灾与否，一律严厉查办）手持卡3万份、防火“明白纸”5万份，悬挂宣传旗500面。②夯实林业有害生物防控。加大检测力度，全年完成监测84.4万亩次，监测覆盖率100%。加大生物防治力度，完成防治6.63万亩次，无公害防治率100%。落实严格检疫制度，检疫检查苗木1.3万株，木材18立方米，蜂箱1900个，进山苗木、木材检疫率达100%。③规范林政综合管理。加强林政边界巡查，实行林区每月一报制度；开展维权整治工作，收回承包地17.33公顷（260亩），清理越界栽植苗木430株；收回插花地内的18间房屋，并进行拆除。

【林业生态文明建设】 推进绿化造林，全年造林补植完成66公顷（990亩），栽植各类苗木5.98万株，成活率达90%以上。推进插花地规划调整，完成插花地规划调整29公顷（435亩），并加固界石以及GPS定位。推进上池植物园建设，全年新扩建园区2.7公顷（40.5亩），与山东省林木种质资源中心合作，新引进各类花楸100种、3300株，成为省内最大的花楸栽植园区；栽植连翘1000株、地锦300株，补植三桠乌药、加杨、水杉、海棠、冷杉等124株。全年完成综合管理23.33公顷（350亩），收集引进树种228个，采收各类花卉种子250千克。推进育苗工作，全场育苗完成6公顷（90亩），苗木总保有量85.5万株。因地制宜推进经济林、药园、玫瑰园等综合管理，全年完成经济林综合管理1000公顷（1.5万亩）次，果品总产量60吨。抓好泰山“四大名药”种植示范项目，完成药园综合管理2.3公顷（35亩），新栽植四叶参5000株，播种紫草5千克、白首乌块根25千克、丹参5千克。

【自然保护区管理】 ①推进徂徕山省级自然保护区三区（实验区、缓冲区、核心区）核定与勘界立标工作。按照《山东省人民政府关于调整徂徕山省级自然保护区范围和功能区的批复》要求，及时开展勘界立标工作，设立大型标示牌12块、界桩330个，其中核心区55个、缓冲区126个、实验区149个，明确保护区的范围和分区。②协助完成徂徕山及周边区域生态保护红线划定试点工作。安装生态红线标示牌25个、生态红线界桩525个。③做好野生动植物保护工作。全年检查野生动物聚集区6处、饭店11家，发放野生动植物保护“明白纸”1000份，同餐饮业经营者签订责任书11份。④做好古树名木保护工作。加大巡查保护力度，加强设施建设，保护林场古树名木。

·建设与发展·

【双招双引】 围绕发展健康养老产业，泰山温泉康养小镇项目完成签约奠基仪式；与北控集团对接康养文化旅游度假区项目，计划建设国内首个泰山文化康养旅游产业聚集区。围绕现代农业旅游，与贵澳集团就现代生态农业旅游项目进行对接洽谈；与北京旅游集团就滑雪滑冰项目进行洽谈；与北大资源集团、泰山民间文艺大观园公司初步达成项目合作意向。加快推进汶河湿地生态保护与综合利用项目，汉博园节点观汶阁、汉武雕塑、游客服务中心主体完成，景观效果初步形成；3处旅游厕所主体结构建设完成，东岸小游园建设完成，体育健身长廊至龙游大桥绿化基本完成，龙游路大桥至泉林坝铺装绿化工程完成，汉博园节点铺装工程、绿化工程在施工中。天泽湖东岸体育公园标准跑道、体育运动区基本竣工。

与山东知行塾文化传媒有限公司合作的徂徕书院田园综合体项目、总投资5亿元的徂徕书院文旅康养示范园项目、总投资50亿元的海洋公园项目、总投资1000万美元的活力庄园项目签约落地。

【重点工程】 推进重点项目建设，服务好泰安二期抽水蓄能电站项目，成立推进工作专班，对接移民安置协议，筹措前期启动资金，做好项目开工前的准备工作，完成山东泰安二期抽水蓄能电站项目20多个专题报告的编制、审查等，2019年12月省发展改革委核准批复；大汶河中游徂汶景区段湿地生态保护综合利用工程完成规划设计、可研、立项等有关手续，2019年9月1日开工。推进民生工程建设，做好博城社区配套建设工程，加快推进徂徕中心社区建设；集中抓好市政基础设施建设，服务好济（南）泰（安）高速、青（岛）兰（州）高速和泰（安）楼（德）路改造工程；规划设计济（南）泰（安）高速连接线（新徂徕大街）、泰（安）楼（德）路北段、温泉路南段、北环路、博城社区周边道路、环徂徕山旅游观光路等道路工程建设，其中环徂徕山旅游观光路完成规划、土地、林业、水利等相关手续的办理，完成全线调研及线位比选，主线方案基本确定。

【水利拦蓄枢纽工程】 ①颜张拦蓄枢纽工程。颜张坝位于大汶河中泓线桩号−27+200、京沪高速公路大汶河大桥下游约2.8千米处。枢纽拦蓄水面南起徂汶景区滨河片区颜张村西南，北至京沪高速公路大汶河大桥上游3.6千米处。右岸与徂汶景区滨河片区颜张村相邻，左岸与徂汶景区徂徕镇许家庄村相邻。设计洪水标准50年一遇，设计流量6646立方米每秒，设计洪水位120.22米。工程于2012年10月开工，2013年9月竣工蓄水。总投资8951万元。拦蓄水面长6.4千米，水面面积376.67公顷（5650亩），总蓄水量1820万立方米，蓄水高程121.50米。②泉林拦蓄枢纽工程。泉林坝右岸与徂汶景区滨河片区泉林庄村相邻，左岸与徂汶景区徂徕镇北望村相邻。设计洪水标准50年一遇，设计流量6640立方米每秒，设计洪水位116.07米。工程于2009年9月开工，2010年10月竣工蓄水。总投资4452万元。拦蓄水面长8千米，水面面积521公顷（7815亩），总蓄水量1460万立方米，蓄水高程114.00米。③颜谢拦蓄枢纽工程。颜谢坝在原岱岳区颜谢坝旧址上复建，右岸与岱岳区汶口镇颜谢村相邻，左岸与徂汶景区房村镇西南望村相邻。设计洪水标准50年一遇，设计流量6760立方米每秒，设计洪水位110.75米。工程于2009年9月开工，2010年10月竣工蓄水。总投资4056万元。拦蓄水面长8千米，水面面积354公顷（5310亩），总蓄水量991万立方米，蓄水高程108.50米。

【山东泰安汶河国家湿地公园及人工湿地水质净化工程改造提升建设项目】 山东泰安汶河国家湿地公园（以下简称湿地公园）位于泰安市泰山区与岱岳区东南交界处，由徂徕山景区管委会所辖的大汶河干流河段及两岸湿地组成，北起泰新高速牟汶河大桥，南抵颜谢坝，河道总长度27.53千米，东西宽0.3千米～1.5千米。湿地公园地理坐标为北纬36°00′45″～36°07′44″，东经117°10′26″～117°15′48″，规划总面积1200.1公顷。湿地公园以大汶河典型的河流湿地生态系统为主体，以保护和净化大汶河干流水质为主要目标，同时注重湿地生物多样性、湿地景观资源等方面的保护，建设集大汶河水质保护与净化、湿地科普宣教和湿地生态旅游于一体的城郊型国家湿地公园。年内，徂汶景区启动大汶河流域泮河（天泽湖）人工湿地水质净化工程改造提升项目，将第四污水处理厂扩建后的尾水通过输水管道引入人工湿地进行净化处理。项目位于泮河入汶河河口北侧，计划投资1.5亿元。项目施工工艺将湿地改造提升为“复合垂直流人工湿地”，在不改变湿地现有单元格局和池体结构的情况下优化湿地进出水系统、重新配置湿地填料、优化湿地植物种植，将日净化处理污水能力由10万吨提升至12万吨，将湿地进水由泮河河水变为第四污水处理厂尾水，工程完工后出水水质主要指标达到地表三类水水质标准。工程于2019年8月31日开工。改造提升工程实施后，人工湿地可将污水处理厂尾水净化提升一个水质类别，能大量削减COD、N、P等污染物，减轻大汶河支流泮河的外源污染负荷，保障南水北调东线输水工程的水质安全，并对改善区域生态系统，保护生物栖息地，调节区域小气候，节能减排和增加碳汇等有显著效果，成为泰安市一处风景优美的湿地公园体验区和湿地科普宣教展示区。

·管理与服务·

【服务机构】 按照《泰安市徂徕山汶河风景名胜区体制机制改革创新试点方案》要求，2019年9月，设立徂汶景区社会事务服务中心，为市政府直属机构，不明确机构规格和机构性质，受市政府委托，由徂汶景区、岱岳区、新泰市共同管理，以徂汶景区管理为主，主要承担管委会剥离的农业农村、卫生健康、民族宗教、综治维稳、退役军人、教育、医保、社保、民政、残联、林业等各项社会事务的协调、督办和服务。社会事务服务中心成立后，及时加强与市直有关部门、高新区的沟通协调，争取帮助支持，确保改革后各项工作无缝衔接、平稳过渡、有序推进。

【脱贫攻坚】 省级扶贫工作重点村2个、市级重点村12个，脱贫享受政策贫困户2875户、5567人。成立由主要负责人任组长的区扶贫开发领导小组，组建扶贫办。开展问题整改“回头看”专项行动，组织人员逐户逐项再排查、再梳理、再整改，建立台账，挂账销号。强化政策落实，完善《帮扶工作手册》内容，举办帮扶责任人政策集中培训班，结合贫困户实际做好教育、医疗、饮水、住房安全等方面政策兜底保障。对上争取扶贫资金近1000万元，实施村建设基础设施项目和光伏发电项目；投资300万元，进行贫困户房屋修缮、自来水和净水器安装等。开展雨露计划，为98名大学生发放助学金30万元；统筹资金，发放残疾人护理补贴、残疾人生活补贴、“五保”供养资金、孝善养老补助金等各类补贴资金500万元。按照“八有四净”（有床、有桌、有凳、有风扇、有电视、有取暖设备、有四季换洗衣服、有必备生活厨房用品，室外净、室内净、厕所净、个人卫生净）标准，为贫困户购置生活必需品，全区所有贫困户实现稳步脱贫。

【乡村振兴】 ①突出文化，打造“徂徕文化小镇”。打造南上庄村的“和”、向阳村的“水”、杜家庄村的“勤”等特色文化11处，实现“一村一品、一村一魂、一村一传承”。②聚焦产业。天宝樱桃正式获批国家非木质林产品森林认证，樱桃节期间实现销售量2000万千克，销售额4亿元；国家林业龙头企业——山东万路达公司成为国内第一家能够生产、销售毛梾油的企业；魏家沟村成功创建泰安市美丽乡村，泰安谪仙谷旅游有限公司完成“竹溪印象”项目后，新投资200万元建设“六逸”客栈和艺术培训中心项目，可接纳150人住宿、300人就餐，可承办各类中小型培训及会议；前寺村红色旅游和乡村休闲旅游取得突破，前寺村党史馆和垂钓台、民宿等项目建成后，每天红色党史馆参观、垂钓、农家乐等接待游客近百人。徂徕镇南上庄和杜家庄村被评为“省级美丽乡村示范村”；许家庄村引进投资260万元建设“泰安煎饼食品有限公司”，村集体每年增收10万元；按照八卦阵规划的曹庄酵素采摘园，吸引游客前往采摘果蔬；打造徂徕村、向阳村等民俗特色村，推动形成多条高品质乡村休闲旅游线路。化马湾乡成功争创省级农业科技园，争取筹建泰安（化马湾）省级农业科技园区管理机构，对原十八中学进行装修改造，建成农业孵化器1处，引进高新技术企业5家，落户院士站1个，建成标准化基地5个、面积163.67公顷（2455亩）。③改善环境。投资近9000万元实施农村道路改造提升工程、饮用水工程、农村改厕工程、敬老院“四改一定”（改造敬老院卫生间、厨房及餐厅、医疗服务、文体娱乐设施，定期组织老人外出观光）工程、水库加固工程、河道治理工程、电网升级改造工程等，开通天宝镇至泰安城区城乡公交259路，方便村民出行。严厉打击盗挖盗采泰山石、砂资源行为，开展散乱污企业巡查，做好道路扬尘、工地扬尘防治和秸秆禁烧等工作。④组织保障。培树许家庄村、南上庄村、杜家庄村、徂徕村及卫生院5个党建示范点，分别建设村级党群服务中心、便民大厅，新设初心学堂、新时代文明实践站，在许家庄村建设“红色驿站”党性教育展室。⑤人才带动。选派第一书记、书记助理、优秀科技指导员、“三支一扶”（支农、支教、支医和扶贫工作）人员到乡村振兴示范区核心村开展工作，组建由退休在村的老干部、老职工、老教师，在读的大学生、研究生、退役军人和工商企业能人组成的新乡贤队伍，培育新型职业农民，联合山东农业大学公共管理学院，为示范区提供顾问支持和乡村旅游、林果产业、乡村治理等人才培育支持，构建专业型乡村振兴人才队伍。

【农林水利】 加强农业综合管理，印发小麦种植面积核定工作方案，严格小麦种植面积核定程序。完善林长制体系建设，设立区、镇、村三级林长72名，其中区级4名、镇级15名、村级53名。全区水库51座，其中中型1座、小（1）型8座、小（2）型42座，总库容5582万立方米、兴利库容3691万立方米；塘坝180座，总库容660万立方米；省级河道1条（大汶河），市级河道2条（柴汶河、泮汶河），乡级河道19条，总计长度152千米。完成水面1平方千米以上政府公告及矢量图上传、一湖一策方案编制、河道水库清违清障、农村饮水安全项目验收。

【卫生健康】 全区有医疗机构142处，其中民营医疗机构1处、乡镇卫生院3处、村卫生室138处。一级甲等卫生院2处（徂徕镇卫生院、化马湾乡卫生院），市120急救站1处（徂徕镇卫生院）。承担辖区群众基本医疗、基本公共卫生服务、健康扶贫、居民医保等工作。全区已婚育龄妇女3.30万人，享受农村奖扶政策1.26万人、城镇奖扶政策71人，享受特扶政策406人。审核新增奖扶、特扶对象档案605份，完成录入符合政策的新增奖扶人员档案272份。

【民族宗教】 区内有民族村3个，宗教活动场所7处，其中道教1处、伊斯兰教3处、基督教3处；宗教教职人员6人，其中道士1人、阿訇4人、长老1人；信教群众2280人。做好宗教工作督查“回头看”反馈意见整改落实工作，依法依规管理民族宗教事务，维护民族团结、宗教和谐。

【学校教育】 全区有学校103所，其中高中1所、初中5所、小学36所（包括教学点7所），公办幼儿园61所。在职教师997名。中小学在校生1.14万名，其中高中在校生1136名、中小学在校生1.03万名。在园幼儿4030名。开展食品安全、校车安全、消防安全、校舍安全、校园隐患等安全督导检查；完成67名教师资格的注册、中小学学生体质监测数据的汇总上报、体育年报和全区期末考试、阅卷等工作；专题谋划布置4个学段的工作规划（计划）、工作重点和办学特色、亮点。

【民生事业】 全区农村低保1652户、2249人，年低保金标准5160元（减去个人收入，每月保障约280元）；城市低保37户47人，年低保金标准6960元（减去个人收入，每月保障约350元）；特困供养570人，年供养标准6840元；精简退职14人，月生活保障金550元；民政遗属5人，月补助金685元。全区一、二级残疾658人，月补助100元；三、四级残疾199人，月补助82元；重残一级663人，月补助100元；重残二级1641人，月补助80元。3处敬老院、43处幸福院、1处养老护养院（泰安高新区颐博养老护养院）。社会组织29个。列支52万元用于年底困难群众走访慰问。全区退役军人享受政策人数1994人，春节前向现役和退役军人家庭发放挂历图册7000份，慰问困难退役军人家庭200户。

【居民生活】 ①加快社区建设。博城社区完成53幢住宅楼的竣前验收，剩余34幢住宅主体完成，进入内外装饰及安装工程收尾施工。泉林社区办理签订施工合同事宜并进行排水管涵施工。徂徕中心社区11幢楼主体完成施工，进入装饰装修阶段。②丰富文化生活。举办电影、文化下乡文艺演出400场次；开展“家风家训”，身边好人、文明诚信经营户评选活动，“五月樱桃红、邻里互助忙”志愿服务活动，在部分村庄新建文体广场，对上争取健身设施；完成“泰安煎饼”“乡村振兴”、快闪“我和我的祖国”等宣传片的拍摄。③维护社会秩序。全区未发生安全生产事故。协同公安机关查处涉黑涉恶案件7起，刑拘22人，逮捕10人，取保候审5人，行政处罚34人，打掉非法采砂团伙3个。实施“雪亮工程”建设，提升电子化治安管理水平。

（冉文惠）

编辑　校对　　戚淑娟

县 市 区

泰山区

【概况】 泰山区因境内泰山而得名。全区行政区域面积 337 平方千米。辖 7 个镇（街道）。年末常住总人口 74.33 万人。

经济综合 全年实现生产总值 457.7 亿元（不含大津口乡，下同），三次产业结构比重为 1.7∶27.1∶71.2。其中，第一产业增加值 8.0 亿元，第二产业增加值 123.95 亿元，第三产业增加值 325.75 亿元。固定资产投资比上年下降 20.9%。实现一般公共预算收入 33.59 亿元，同口径增长 2.6%，其中税收收入 30.88 亿元，税收占比 91.93%。地方一般公共预算支出 25.9 亿元。社会消费品零售总额比上年增长 4.4%。进出口总额 43.3 亿元。城镇居民人均可支配收入 43544 元，农村居民人均可支配收入 19696 元。

动能转换 举办两次集中开工、两次集中签约、一次京鲁精准对接活动，引进泰山国际颐养城、创新动力港等一批过 10 亿元项目，全年招商引资到位资金 97.2 亿元，5000 万元以上在库统计大项目比上年增加 30 个、投资额增长 61.4%。新城吾悦广场、教育装备产业园、北方光学单兵装备等一批科技含量高、综合效益好、辐射带动强的重点项目高效推进、投产运营。众升智能电子、泰安芒特机械科技在齐鲁股交挂牌，泰山 office 等 3 个项目代表全市迎接全省新旧动能转换现场观摩。美家科技成为全市第一家“拿地即开工”试点项目，“独角兽”企业微医集团落户仅用 5 个工作日。新增山东优质品牌产品、服务 18 件。发明专利申请量、授权量领跑全市，国家级高新技术企业 50 家。宝来利来单宝龙入选国家“万人计划”，2 名专家入选“外专双百计划”，3 人入选泰山产业领军人才，新增泰开、诺莱生物 2 家省级院士工作站。

实事建设 完成中华人民共和国成立 70 周年大庆等重要节点安保维稳任务。出动 4400 人次防御“利奇马”台风。破获涉黑恶案件 53 起，推进打击侵占集体（个人）“三资”违法犯罪专项行动，累计清欠 2700 万元。美丽乡村覆盖率 87%。脱贫成果巩固提升，贫困人口稳定脱贫。推进“十路四河”征地拆迁，拆迁总长 89 千米，完成擂鼓石大街中段、北上高大街、灵山大街东段、济（南）泰（安）高速、青（岛）兰（州）高速等主干道征地任务，道路征地拆除房屋 183.3 万平方米，腾空土地 595.6 公顷（8934 亩）；文明城市创建整改问题 1300 项，投入人力 16 万人次，清理垃圾 18.7 万吨，新增施划停车位 3 万个，整治背街小巷 115 条。

民生事业 提升就业、教育、医疗、食品安全等民生保障水平，城镇登记失业率控制在 2.01%。实施学校建设项目 11 个，完成投资 4 亿元，学校和幼儿园食堂明厨亮灶率达 100%。新建改造亿安、南门等农贸市场 6 处。率先完成国家级基层残联组织专项改革试点工作，岱庙、泰前街道被确定为全国智慧健康养老示范街道，创建全国首家慢病互联网医院。在全市率先全面完成农村敬老院“四改一定”（改造敬老院卫生间、厨房及餐厅、医疗服务、文体娱乐设施，定期组织老人外出观光）任务。解决房地产开发历史遗留问题，109 个项目、2.2 万户可办理不动产登记。开展少数民族村社区“创新争先、特色发展”活动，投资 870 万元，实施少数民族帮扶项目 10 个。中国城乡社区治理蓝皮书（2019）发布会在泰山区召开，推进人民调解强基工程提升年活动，化解各类积案 192 件，“两抢一盗”（抢劫、抢夺、盗窃）等可防性刑事案件下降 17.7%，实现七年连降。开展“增信贷、降不良、打逃债、树诚信”专项行动，累计挽回经济损失 7290 万元，帮助 30 家企业融资 32.8 亿元。

环境治理 山水林田湖草生态保护修复工程稳步实施，芝田河、明堂河、梳洗河等工程全力推进，

2019 年泰山区、泰山景区乡镇（街道）基本情况

表 40

乡镇（街道）名称			财　源	岱　庙	泰　前	上　高	徐家楼	省　庄	邱家店	黄　前	下　港	大津口
党委书记			周团结	马云峰	侯世民	倪海亮	黄　新	孙清华	方增勇	刘灿军	齐洪淼	宋洪兵
乡镇长（主任）			谢慧清	黄　新	武永明	李　进	周　涛	张明强	尹　凯	李德胜	边立峰	张纪亮
行政区域土地面积（公顷）			1200	960	7029	3032	1878	7120	6144	10440	15475	5546
实有耕地面积（公顷）			—	—	102	520	67.7	2120	2972.04	1600	2000	300
村（居）民委员会（个）			29	20	26	25	16	40	44	29	34	7
户籍户数（万户）			—	—	3.85	1.74	1.32	1.73	1.96	1.19	1.23	0.39
户籍人口（万人）			17.05	17.37	13.4	7.06	3.67	6.06	7.09	3.42	3.98	1.26
地方财政收入（万元）			101162	52510	50566	42089	18382	10375	5720	1803	482	3804
农产品总量（吨）		粮食	—	—	—	—	560	30000	4004	—	2838	—
		棉花	—	—	—	—	—	—	—	—	11	—
		肉类	—	—	—	—	—	288.8	3017.7	—	2400	56
		牛奶	—	—	—	—	—	775	1353.13	—	—	—
教育	普通初中	学校数（所）	—	—	1	—	1	2	2	1	1	1
		在校生数（人）	—	—	613	—	614	1725	1930	691	850	428
		专任教师（人）	—	—	44	—	63	184	169	68	97	41
	小学	学校数（所）	8	5	6	7	5	8	13	4	5	3
		在校生数（人）	5397	3806	6119	—	2412	2746	1991	764	921	403
		专任教师（人）	234	186	197	155	116	165	142	85	102	43
卫生	医疗卫生机构（个）		—	—	27	23	11	40	51	25	32	7
	医疗卫生机构床位数（张）		—	—	1125	105	20	106	84	93	70	23
	执业（助理）医师数（人）		—	—	517	59	36	67	88	73	88	25
生活保障	城乡居民基本养老保险参保人数（万人）		—	—	0.76	1.32	0.90	1.23	1.20	1.74	2.31	0.78
	城乡居民基本医疗保险参保人数（万人）		—	—	3.14	3.82	2.12	3.98	4.90	2.74	3.35	1.25
	居民人均可支配收入（元）		43544	43544	—	—	—	—	—	—	—	19659
	居民人均生活消费支出（元）		27230	27230	—	—	—	—	—	—	—	7560
	享受最低生活保障金人数(人)		848	1240	360	—	386	—	650	371	620	191

拆除房屋35.7万平方米，腾空土地222.67公顷（3340亩），大汶河防洪治理工程（一期）建设完成，卸甲河湿地项目完成验收，165名河长完成电子化巡河1980次。强化大气污染防治管控，淘汰小微炉灶210台，立案查处环境违法企业49家。加强城市管理，稳步推进大棚房、奇石市场等整治行动，拆除违法建设42.7万平方米，新栽绿化苗木1.2万棵，城区公共绿地裸露土地绿化覆盖率100%，无害化处理生活垃圾21万吨。强力攻坚城中村改造，启动财源新村、灵山、王家庄、蚕子峪等14个社区村拆迁改造，完成丈量5048户，签订协议3822户，房屋腾空拆迁3612户。推进盘古电商产业园、中南财源门、学府春天等片区项目26个，开工面积212万平方米，竣工面积84万平方米，完成投资98亿元。实施老旧小区改造9个，120个小区实现有人管理。

年内，泰山区先后获全国投资潜力百强区、全国苗木花卉综合标准化示范区、全国模范司法所、全国工商联民营企业调查点工作示范单位、全省全域旅游示范区、全省外贸转型升级示范区、全省生态环境保护工作先进集体、全省法院基本解决执行难工作先进集体、山东省休闲农业和乡村旅游示范区称号。

7月6日，市委书记崔洪刚（前排右三），市委副书记、市长张涛（前排右二）等市领导到泰山区检查大项目建设（司刚　摄）

【国家苗木花卉综合标准化示范区项目通过考核验收】 12月11日，由泰山区人民政府承担的国家苗木花卉综合标准化示范区项目以92.64分的成绩通过国家标准化管理委员会考核验收。在国家苗木花卉综合标准化示范区建设过程中，围绕“种苗培育、栽培、销售、电商服务、质量评价”五要素，建立健全255项标准，涵盖体系建设的各个方面，使泰山苗木花卉在产前、产中、产后，在一产、二产、三产业联动的各个环节均有相应的标准可遵循，实现一产、二产、三产业高度融合，推动全区农业生产向集约型、效益型、规范化、品牌化方向发展。示范区实现苗木花卉种植面积8000公顷（12万亩），年产值18.24亿元。东岳国际花木城获“中国商品市场综合百强”称号。

【特色农业发展】 泰山区以发展都市型休闲观光农业为目标，坚持“因地制宜、突出特色、市场导向、规模经营”的原则，以农业增效、农民增收为核心，以发展现代农业休闲园和特色高效农业休闲园为重点，发展特色、精致、高效、生态、人文农业，加快构建集现代农业、生态景观、乡土风情、休闲度假、文化娱乐、康体养生、科普教育和农事体验等多功能于一体的农业休闲观光体系。先后发展现代农业观光游、特色乡村休闲游、农家度假体验游、民俗文化追忆游4种模式，重点打造花样年华未来田园、东岳国际花木城、魏家庄美丽家园、叶家庄小地主家庭农场、石碑荷兰风情园等现代农业项目，以及以三合村、水牛埠艾家庄等村为主的农家乐餐饮区，以小津口、刘家庄为主的茶叶休闲采摘观光体验区，以亓家滩、安家庄为主的森林绿吧养老适宜区，以叶家庄、大河峪为主的瓜果采摘、农事体验生态区。至年底，创建国家级休闲农业与乡村旅游示范点1处，省级旅游强乡镇6家，省级旅游特色村13家，省级精品采摘园4家，省级开心农场2家，省级好客人家农家乐10家，培训乡村旅游人才500人次。乡村旅游年接待游客300万人次，综合收入近10亿元。2019年获“山东省休闲农业和乡村旅游示范区”称号。

【泰山区被评为全省全域旅游示范区】 泰山区委、区政府坚持把旅游业作为服务业龙头和国民经济战略支柱型产业来抓，围绕“泰山吸引人、泰城留住人”功能定位，以全域旅游为主线，创新实施旅游+战略，构建“两横四纵”旅游发展格局，推进旅游体制机制改革创新，推动项目建设、产品打造、品牌推广、服务提升、环境优化等重点工作，促进全区旅游产业从景区旅游向全域旅游转变、单一业态向综合产业转变。辖区内有省级旅游度假区1家（泰山碧霞湖旅游度假区），AAAA级景区3家（泰山方特欢乐世界、泰山宝泰隆旅游景区、泰山花样年华景区），AAA级景区3家（泰山啤酒生肖乐园、上高庄园景区、泰山乡村文化博物馆），AA级景区2家（泰山天池旅游景区、叶家庄生态休闲景区），省级文化产业示范基地（园区）4家（泰山方特欢乐世界、泰山宝泰隆旅游景区、泰山创业梦工场、泰山科技文化产业园区），省级旅游强乡镇6家、省级旅游特色村13家、工农业旅游示范点8家，旅行社37家。文化旅游配套设施完善，有国家一级图书馆1家，民族乐团1家，主流院线影院9家，KTV娱乐中心36家，网吧95家，三星级（含）以上星级饭店14家，五星级标准酒店4家，泰安城区工商注册餐饮企业1000家，城区重点景区固定停车位8000个，节假日可提供临时停车位5500个。

【污染防治工作】 泰山区生态环境保护委员会成立后，升格区蓝天工程指挥部，巩固齐抓共管的环保工作格局。实施大气污染防治强化管控，从严治理工业企业、工地、裸露土地扬尘和餐厨油烟污染。优化调整禁养区，促进全区畜禽养殖业持续健康发展。推进农村环境综合整治项目，对农村污水处理设施定期巡查、监测。完成全区114个村的生活污水治理现状调查，编制农村生活污水治理方案。立案查处环境违法企业49家，保障全区生态环境安全。

【泰山区委老干部局被评为山东省老干部工作先进集体】 泰山区委老干部局坚持围绕中心、服务大局，一体推进政治引领、组织凝聚、服务保障、文化养老、作用发挥，推动新时代离退休干部工作转型发展、高质量发展。①抓好离退休干部党建。打造“泰山红叶”离退休干部党建品牌，在全区推广“支部＋社团”“四缘（志缘、趣缘、业缘、地缘）”党支部模式，在社区建立离退休干部党员活动站示范点，方便老党员就近学习活动、发挥作用。②提升老干部服务保障水平。建立干部荣誉退休制度，印发离退休干部常用事项《服务手册》；按照每人每年600元查体费、1000元活动经费、300元生日慰问金标准，在全市县（市、区）中率先落实老干部公用经费。③引导广大老干部发挥正能量。印发《离退休干部助力文明城市创建倡议书》，引导老同志参与文明城市创建；指导成立老干部工作室、老党员会客厅，参与社区治理；举办党史国史宣讲活动16场次，开展关爱困境儿童暖心行动15次，开展“暖春行”文艺演出、爱心服务等活动28次。刘欣被评为全国离退休干部先进个人，受到习近平等党和国家领导人亲切接见，区委老干部局被评为山东省老干部工作先进集体。 （杨　扬）

岱岳区

【概况】 该区因位于泰山脚下，泰山古时亦称岱岳而得名。全区行政区域面积1750平方千米。辖11个镇（街道）。年末常住总人口60.95万人。

全年实现生产总值（GDP）334.6亿元（不含北集坡、徂徕、化马湾、良庄、房村、黄前、下港7乡镇街道，下同），比上年增长7.0%。其中，第一产业增加值42.0亿元，第二产业增加值104.0亿元，第三产业增加值188.6亿元。三次产业结构比重为12.6∶31.1∶56.3。全区一般公共预算收入25.9亿元，一般公共预算支出39.0亿元。全年固定资产投资下降7.3%。社会消费品零售总额增长2.0%。完成进出口总额31.3亿元。

全年实现农林牧渔业增加值41.9亿元。粮食总产44.14万吨。蔬菜产量104.29万吨。园林水果产量6.11万吨。肉、蛋、奶总产13.0万吨。实施高标准基本农田建设项目8个、新增耕地76.93公顷（1154亩）；新增特色、绿色农产品面积1600公顷（2.4万亩），新增农民合作社42家、家庭农场116家；农机化水平达86.5%，被评为全省第一批“两全两高”（全程全面、高质高效）农业机械化示范县。启动农村饮水安全两年攻坚行动，解决12个市级贫困村、37个无公共供水设施村的饮水安全问题。大汶河一期防洪治理等工程稳步推进，18座小型水库除险加固全面完成。完成造林420公顷（6300亩），百亩以上的规模造林片9个；新建和完善高标准农田林网733.33公顷（1.1万亩），完成“三边”绿化51千米，完成全民义务植树75万株，中幼林抚育666.67公顷（1万亩），森林覆盖率23.64%。实施工程造林完成雨季荒山绿化193.33公顷(2900亩)。创建国家森林村庄4个，省级森林乡镇1个，省级森林村居3个，市级森林镇1个，市级森林村居5个。完成高标准造林67.87公顷（1018亩），其中新增造林58.53公顷（878

亩）、更新造林9.33公顷（140亩），栽植法桐、海棠、樱花、红叶石楠等苗木30万株，打造乡村绿化样板村7个。

全年规模以上工业增加值增长7.1%。全区在统的109家规模以上工业企业中，产值同比增长的48家，占比达44.0%。高新技术产业产值增长4.3%，占规模以上工业总产值的比重达50.2%。全区工业产销率为94.5%。资质以上建筑企业34家，完成总产值119.7亿元。

服务业增加值占全区生产总值比重为56.4%，比上年提高1.5个百分点，对经济增长的贡献率为65.8%。规模以上服务业营业收入27.8亿元，增长27.1%。全区接待游客1453.5万人次，实现旅游收入34.9亿元，分别增长9.7%和13.2%。道朗镇里峪村成为全市唯一入选首批全国乡村旅游重点村名录的村庄。大汶口镇被评为第七批中国历史文化名镇。大汶口文化风景名胜区被评为国家AAA级旅游景区。完成新（改）建旅游厕所9处，2所高标准AAA+旅游厕所建设完成投入使用，增加公交换乘站1处，新开通直达景区公交线路3条，改造提升AAAA级景区大型停车场2处。

全区完成货运量1580.5万吨、货物周转量17.5亿吨千米。国、省道总里程337.7千米。按技术等级分，高速公路86.4千米，一级公路77.1千米，二级公路153.3千米，三级公路20.9千米。按路面类型分，沥青混凝土路面287.3千米，水泥混凝土路面50.4千米。

全区居民人均可支配收入28987元，其中城镇居民人均可支配收入37260元、农村居民人均可支配收入17794元。新建改扩建学校8处；新建幼儿园9处、改扩建5处。高考本科上线率连续三年、教育综合督导评估连续两年位居全市第一。1名同学被录取为空军飞行学员，9名同学被录取为民航飞行学员。完成66处660件健身器材的全民健身工程的更新计划，建设社区笼式足球场和社区多功能运动场各1处，新增体育场地面积达9200平方米。实施“一村一年一场戏”工程，覆盖全区420个村。投资700万元建成新时代文明实践中心，成立全省首家新时代文明实践研究所和协同创新中心；投资1100万元，建成全市首家融媒体中心。“岱岳艺术团”团长葛业森获第七届全国道德模范提名奖、第七届全省道德模范。全区组建各种类型医疗联合体30个，覆盖医疗机构14家，有效缓解看病难、看病贵问题。国家级卫生乡镇3个。53个省级卫生村通过验收。省级、市级、区级示范标准卫生室分别达6家、8家、34家。

年内，被评为“全国第七批民族团结进步示范区”，被确定为全国首批家校共育数字化试验区、全国青少年校园足球试点区，粥店街道被评为国家卫生乡镇；被列为全省医养结合示范先行区，顺利通过省级健康促进示范区验收，获评2019年乡村振兴齐鲁样板省级示范区；长鑫物流“司机之家”建设试点被评为全国“品牌服务司机之家”。

【强化“双招双引”】 全年新签约项目89个，合同引资额664亿元，其中国泰大成新材料科技产业园、欧力普科技产业园等17个投资过10亿元的项目签约落户。对上争取项目266个，到位资金10.36亿元、完成年度任务的171%。引进“两院”院士2人、省级以上高层次人才13人。加快项目建设，70个重点建设项目完成投资182亿元，其中桃李面包、新华印务城等47个项目建成或投产运营，泰山石膏40万吨护面纸、泰山玻纤七线八线等项目加快

泰山茶溪谷种植基地　（程建民　供）

2019 年岱岳区、泰安高新区、徂汶景区乡镇（街道）基本情况

表 41

乡镇（街道）名称			粥　店	天　平	山　口	祝　阳	范　镇	角　峪	满　庄	夏　张
党委书记			刘　峰	朱　涛	赵传星	王　翠	庞林星	王宝元	朱英文	张和江
乡镇长（主任）			白　雪	孙丽丽	陈思亮	朱荣斌	刘明坤	董加军	杜传军	赵　磊
行政区域土地面积（公顷）			9434	6422	5779	8712	6868	6370	11130	11674
实有耕地面积（公顷）			—	48	2850.68	4373.3	4308	2250	4640	5663.1
村（居）民委员会（个）			36	37	43	56	39	29	42	71
户籍户数（万户）			2.44	1.10	1.60	1.85	1.95	1.04	2.38	1.93
户籍人口（万人）			6.48	3.40	5.35	5.49	6.01	3.23	7.37	6.39
地方财政收入（万元）			104905	11492	5378	3856	4069	1075	26464	3551
农产品总量（吨）		粮食	—	5.04	1500	26176.8	43200	19200	57348	4.34
		棉花	—	0.28	18.4	58.30	—	50	31.6	222
		肉类	180	—	1417	2820.69	8350	1276.54	6152	5139.5
		牛奶	—	—	7614	686.76	46230	—	13420	7059
教育	普通初中	学校数（所）	1	—	2	2	2	1	2	1
		在校生数（人）	2067	—	1548	1318	1394	633	2868	1583
		专任教师（人）	124	—	144	146	135	80	214	128
	小学	学校数（所）	8	7	5	4	5	2	9	6
		在校生数（人）	5466	1711	2359	1381	1392	581	3214	1614
		专任教师（人）	323	115	123	97	114	53	260	110
卫生	医疗卫生机构（个）		34	35	39	47	49	31	48	63
	医疗卫生机构床位数（张）		60	38	99	99	55	50	140	64
	执业（助理）医师数（人）		26	44	54	68	36	25	73	136
	城乡居民基本养老保险参保人数（万人）		0.79	0.72	1.26	1.37	2.60	0.76	3.44	1.38
生活保障	城乡居民基本医疗保险参保人数（万人）		4.18	3.30	3.39	4.36	3.75	2.32	5.57	4.71
	居民人均可支配收入（元）		—	37260	17154	15687	—	13200	18200	14502
	居民人均生活消费支出（元）		—	12000	11952	10503	—	7500	9800	9869
	享受最低生活保障金人数（人）		394	176	364	540	399	318	322	984

续表 41

乡镇（街道）名称			道　朗	大汶口	马　庄	北集坡	良　庄	房　村	徂　徕	天　宝	化马湾
党委书记			刘　峰	赵永东	张保卫	王　卫	李新卫	公维刚	杨中军	郭吉永	孔祥国
乡镇长（主任）			李安军	裴敦友	李　东	王　勇	王文强	彭　彬	王妍华	陈爱鹏	安增顺
行政区域土地面积（公顷）			10536	9073	5724	10827	13681	9474	13315	14742	9982
实有耕地面积（公顷）			3700	6058.9	306	2036	7579.9	4069	3000	6315.5	2793.8
村（居）民委员会（个）			43	45	36	53	40	31	34	50	31
户籍户数（万户）			1.34	2.25	1.56	2.19	2.47	1.86	1.79	2.76	1.18
户籍人口（万人）			3.42	7.28	4.99	6.87	7.50	5.99	5.73	8.23	3.65
地方财政收入（万元）			6816	8616	3467	6550	998	5320	3330	3455	3889
农产品总量（吨）		粮食	—	75600	51620	1190	19765.18	44000	13200	33276	530.14
		棉花	44.7	—	—	6.2	—	—	—	—	—
		肉类	—	7200	2350	165	5958	—	2128	6970	—
		牛奶	77.3	1825	5957	2438.25	3264	2160	12800	—	2100
教育	普通初中	学校数（所）	2	2	2	—	2	1	2	2	1
		在校生数（人）	885	1448	1627	—	2100	1096	1000	2616	871
		专任教师（人）	102	138	133	—	160	117	118	210	78
	小学	学校数（所）	3	6	5	10	10	7	5	10	9
		在校生数（人）	903	1676	1277	750	2048	1846	1120	2603	852
		专任教师（人）	81	144	95	374	182	156	121	220	104
卫生	医疗卫生机构（个）		39	58	38	48	41	27	48	60	35
	医疗卫生机构床位数（张）		65	99	50	100	99	128	50	40	50
	执业（助理）医师数（人）		44	43	69	64	69	39	42	40	46
	城乡居民基本养老保险参保人数（万人）		1.59	3.20	1.11	3.08	2.99	2.51	2.94	5.29	2.01
生活保障	城乡居民基本医疗保险参保人数（万人）		2.56	5.29	3.97	4.42	4.88	4.29	4.30	7.12	2.83
	居民人均可支配收入（元）		—	18500	17794	21000	15000	14600	—	—	—
	居民人均生活消费支出（元）		—	11100	5516	13000	9300	8500	—	—	—
	享受最低生活保障金人数（人）		347	640	332	273	559	876	1097	536	414

大汶口国家考古遗址公园 （张广智 摄）

建设。山东科技大学泰山科技学院新校区实现当年开工、当年竣工、当年招生。

【岱岳区刷新全国冬小麦小面积高产攻关纪录】 6月12日，农业农村部全国农业技术推广服务中心组织中国农科院、河北省农科院、山东农业大学等单位的7名专家，在泰安市岱岳区马庄镇对泰安市岳洋农作物专业合作社承担实施的“小麦绿色高质高效生产模式与技术集成示范”项目进行实收测产。专家组在实地考察示范现场、听取工作汇报的基础上，参照农业农村部小麦高产创建产量测产验收办法，经过严格的面积核实、机械收获脱粒、称量、扣除水分和杂质后，测出高产攻关田实际亩产达828.7千克，刷新全国冬小麦小面积高产攻关最高纪录。该示范区位于马庄镇老宫村，包括高产攻关田0.67公顷（10亩）和示范田40公顷（600亩），集成示范高产品种、种子包衣、深翻耙压、宽幅精播、镇压保墒、测土配方施肥、微喷水肥一体化、生物多样性防虫、一喷多防等节水减肥减药技术。

【鲁普耐特集团高性能特种编织物编织技术与装备及其产业化获国家科技进步二等奖】 鲁普耐特集团承担的《高性能特种编织物编织技术与装备及其产业化》项目获2018年度国家科技进步二等奖。鲁普耐特集团有限公司是国家级高新技术企业，产品涵盖绳、网、线、带四大类别，广泛应用于日用家居、交通运输业、农林牧渔业、工业、体育户外运动以及安全防护、消防救援、军事装备、航空航天等领域，产品远销全球80个国家和地区，是集研发、技术服务、生产和国际贸易于一体的综合性绳网产业集团。公司建有绳网研发中心与检测中心，行业标准室、绳网文化及产品展厅，引进和吸收国外先进设备的制造经验，建有自动化、信息化、标准化程度较高的绳网智能生产车间。与东华大学等高等院校和科研单位合作，经市政府批准建立“绳网产业技术研究院”，在产品技术研发、产品检测、标准制定和产品应用领域拓展、人才培养、平台共建等方面不断创新，推动中国绳网产业的技术进步和转型升级。

【“党建联盟”助力乡村产业振兴】 ①创建区域化党建联盟。组织实施以“50个党建联盟牵引、100个示范村带动、100名头雁领航”为主要内容的乡村组织振兴“511”创建工程，启动“1430”乡村振兴示范工程。组织地域相邻、产业相辅、优势互补的村成立区域化党建联盟，全区创建区域化党建联盟10个，覆盖农村党组织68个，吸收14家农业合作社、18家企业加入，推动片区乡村振兴由单打独斗走向抱团发展。其中，“春天里峪”党建联盟打造的九女峰乡村振兴片区，被市委、市政府确定为全市乡村振兴十大示范片区之一。②培育产业领军人。组织实施“红色头雁”工程，举办“‘红色头雁’引领”系列培训班15期。推进“村级组织带头人队伍优化提升行动”，探索建立村党支部书记持证上岗制度。按需调整第一书记选派计划，推动优势资源向乡村振兴示范片区、示范镇村倾斜，共向党建联盟成员村派出第一书记20人。③激发人才聚合活力。打造涵盖第一书记、优秀村干部、新乡才、经济能人、返乡大学生、实用技术人才的“五乡”人才队伍。实施“能人归巢”计划，通过群众举荐、组织凝聚、政策吸引等引导人才回归，聚力实施乡土人才千人培育计划，在各党建联盟设立“五乡”人才工作站，有针对性地摸排优秀人才，分门别类建立乡土人才库。组织各类新乡才成立18个顾问团、理事小组等民间团体，为乡村振兴出谋划策。组织实施“新知青”返乡创业计划，吸引15名新时代知识青年到乡村振兴示范片区领办产业项目。开办“庄户学堂”，与山东农业大学、中青松石培训基地开展战略合作，对村“两委”干部和1500名建档立卡乡土人才开展精准滴灌式培养，先后举办各类培训班7期，培训650人次。

（程建民）

新泰市

【概况】 新泰取境内新甫山及泰山首字而得名。全市行政区域面积1933平方千米。辖20个乡镇（街道）。年末常住总人口127.22万人。

全年实现生产总值500.8亿元（不含天宝镇，下同），比上年增长6.1%。其中，第一产业增加值55.3亿元，第二产业增加值194.6亿元，第三产业增加值250.9亿元。固定资产投资比上年下降21.5%。一般公共预算收入40.7亿元，一般公共预算支出71.6亿元。社会消费品零售总额比上年增长1.0%。进出口总额22.1亿元。年末，金融机构人民币各项存款余额745.7亿元，其中城乡居民储蓄存款余额555.8亿元。金融机构人民币各项贷款余额427.7亿元。

粮食播种面积5.2万公顷，粮食总产37.37万吨，棉花总产250.2吨，油料总产8.2万吨，蔬菜及食用菌总产101.8万吨，水果总产15.79万吨，水产品总产1850吨，肉类总产10.88万吨。全年新增造林面积1267公顷。全市拥有农业机械总动力100.3万千瓦。规模以上工业企业213家，规模以上工业增加值增长6.7%。全市规模以上工业产销率为98.8%。实现主营业务收入465.8亿元，实现利润21.1亿元。三级及以上（新资质）建筑企业59家，完成建筑业总产值45.9亿元。

公路通车里程3442.7千米，其中高速公路通车里程78.4千米。完成邮政业务总量25273万元。完成电信业务量23701万元。城镇化率65.2%。城市供水综合生产能力17.8万立方米/日，用水普及率为100%；集中供热面积759.3万平方米；绿地面积3047公顷，建成区绿化覆盖率达44.98%，人均公共绿地面积18.6平方米。

有普通初级中学30所，在校生5.67万人；普通高级中学8所，在校生2.37万人；中等职业学校3所，在校生7282人；小学133所，在校生7.72万人；幼儿园273所，在园儿童3.65万人；特殊教育学校1所，在校学生121人。全年获得科技成果40项，实施各类科技计划21项。艺术表演场所2处，年内各类获奖表演节目15个。有剧场、影剧院12个，文化馆1个，公共图书馆1个。有广播电台1座，节目1套，日播音时间达20小时；电视台1座，转播节目35套。有各类卫生机构49所（不含计生服务站，下同），其中医院及卫生院42所。实有病床6461张。全市各类卫生技术人员7945人。2019年，在国家级比赛中，新泰市运动员表现突出，获国家级奖牌19枚，其中金牌5枚。全年体育彩票发行额13014万元。

城镇居民人均可支配收入38862元。农村居民人均可支配收入18585元。22.9万人参加城镇基本养老保险，65.9万人参加农村养老保险。117.4万人参加基本医疗保险。全市有各种社会福利收养单位（含敬老院）26处，床位3743张。全年销售福利彩票10701万元，筹集社会福利基金214万元。

年内，获评全国农村一、二、三产业融合发展先导区、全国首批百佳营商环境试点县市、国家知识产权强县工程试点县、全国电子商务进农村示范县、首批山东省乡村振兴示范县、全省国土空间总体规划试点市、全省首批人工智能教育试点县等称号，居全国综合实力百强县市第40位。

4月19日，新泰市智能无人工厂项目签约仪式举行（刘仁航 供）

2019年新泰市乡镇（街道）基本情况

表42

乡镇（街道）名称			青 云	新 汶	新 甫	东 都	小 协	翟 镇	泉 沟	羊 流	果 都	西张庄
党工委书记			史新国	李建军	刘祥军		张 新	刘焕校	陈 凯		郭仕峰	泥德润
乡镇长（主任）			马桂前	泥德润	葛翔千	张 鑫	孔 雨	耿 燕	陈 涛	白宗成	徐继刚	孙法伟
行政区域土地面积（公顷）			12457	3579	5229	6339	3907	6436	9183	17222	4813	4700
实有耕地面积（公顷）			3602	562.2	1767.3	27000	1228.9	40000	3054.6	7333	2425.6	2297.9
村（居）民委员会（个）			77	18	37	33	18	46	33	90	34	28
户籍户数（万户）			7.82	3.96	1.41	2.69	1.82	2.6	1.64	4.05	1.13	1.61
户籍人口（万人）			21.56	10.19	4.02	7.28	4.81	7.51	4.6	10.7	4.09	4.53
地方财政收入（万元）			46143	26864	8662	9380	9001	12658	3885	4620	5087	24588
农产品总量（吨）		粮食	—	581.6	4428	17231	2104	7600	19465.7	46000	2.2	14250
		棉花	10	—	0.3	6	24	5	54.5	—	—	—
		油料	2824	—	1500	1966	563	60	1926.7	6500	650	362
		水果	46179	3333257	140	5000	—	—	3745.3	1100	914	2229
教育	普通初中	学校数（所）	3	—	—	1	1	1	1	2	1	1
		在校生数（人）	17628	—	—	1571	790	2800	2105	4256	1187	1531
		专任教师（人）	1227	—	—	105	75	165	161	155	85	115
	小学	学校数（所）	15	7	4	8	5	9	7	13	6	4
		在校生数（人）	20215	8412	1708	1986	1067	2700	2901	6600	1856	2630
		专任教师（人）	1536	442	112	152	120	240	150	246	126	137
卫生	医疗卫生机构（个）		99	31	36	37	21	46	35	69	30	28
	医疗卫生机构床位数（张）		2966	1739	120	8	315	130	120	107	30	150
	执业（助理）医师数（人）		1462	732	6	14	90	50	62	85	28	32
	城乡居民基本养老保险参保人数（万人）		4.82	1.78	1.09	2.82	1.57	3.56	2.23	6.06	2.5	2.82
生活保障	城乡居民基本医疗保险参保人数（万人）		11.27	4.71	3.44	4.19	2.69	5.37	3.34	9.14	3.32	3.7
	居民人均可支配收入（元）		38862	18957	29903	16957	—	—	16792	18000	11420	17252
	居民人均生活消费支出（元）		—	14218	18433	—	—	—	9802	9700	5300	11752
	享受最低生活保障金人数（人）		1263	376	616	950	151	710	556	850	334	820

续表 42

乡镇（街道）名称		楼　德	禹　村	宫　里	谷　里	石　莱	放　城	刘　杜	汶　南	龙　廷	岳家庄
党工委书记		何　涛	李希刚	范育民	井梓童	李怀爱	高　飞	肖　娟		朱　峰	张　彦
乡镇长（主任）		王道梅	张　鲁	张永珍	高慎波	马　强	朱德学	栾玉国	刘昌利	张仕峰	李怀坤
行政区域土地面积（公顷）		9384	8919	8753	9480	16314	6896	5158	18522	15216	6810
实有耕地面积（公顷）		4000	3201.4	6.4	4789	8756.8	1740	1648.8	5800	1126.7	4031
村（居）民委员会（个）		36	36	43	51	69	23	28	85	53	25
户籍户数（万户）		2.5	1.81	2	2.08	2.35	1.32	1.03	3.75	2.21	1.55
户籍人口（万人）		7.65	5.78	6.18	5.84	7	3.43	3.17	10.97	6.24	4
地方财政收入（万元）		11665	1450	4738	2331	3316	1847	3448	8204	8334	1998
农产品总量（吨）	粮食	47000	25372.36	24000	23700	15588	16500	2906.72	20250	2286.5	980
	棉花	—	37.5	7	—	—	—	6.36	30	7.5	11
	油料	2200	4182.56	2000	5090	15580	7020	1938.66	4600	2342.32	6982
	水果	6500	2115.4	4000	430	187	3200	3151.37	12800	120000	3200
教育 普通初中	学校数（所）	1	1	1	1	1	1	1	2	2	1
	在校生数（人）	2786	2192	1500	2234	3100	1187	1403	288	1833	1514
	专任教师（人）	195	163	115	133	117	97	76	4385	156	85
教育 小学	学校数（所）	9	8	8	9	10	6	6	10	6	5
	在校生数（人）	4210	2643	2510	2893	3607	1811	815	5407	2296	2350
	专任教师（人）	274	173	136	195	212	125	91	332	252	108
卫生	医疗卫生机构（个）	40	38	42	39	61	24	30	76	49	22
	医疗卫生机构床位数(张)	508	99	43	50	50	20	70	278	62	42
	执业（助理）医师数（人）	92	25	21	23	33	25	16	77	40	13
	城乡居民基本养老保险参保人数（万人）	4.79	3.28	3.84	3.39	4.11	2.13	2.01	7.01	3.74	2.37
生活保障	城乡居民基本医疗保险参保人数（万人）	6.25	3.28	5.14	4.46	5.79	2.97	2.74	9.95	5.58	3.38
	居民人均可支配收入(元)	17358	17500	16000	1805	15720	15000	—	19467	18320	12185
	居民人均生活消费支出（元）	4900	11200	5000	9720	13970	8500	—	18560	16240	8529
	享受最低生活保障金人数（人）	742	1110	390	566	823	355	453	2249	1256	819

5月23日，市委书记崔洪刚（前排中）到新泰市调研敬老院“四改一定”实事工程落实推进情况（刘 晓 供）

【山东省首届勘探高峰论坛在新泰举办】 7月6日举办。国内各大高校、勘察设计院所、勘探协会和勘探设备生产企业的专家学者计200人参加论坛。论坛由山东省地质学会联合新泰市人民政府举办，以“智慧勘探、创赢发展”为主题，共同探讨行业前沿技术。与会代表实地参观新泰市地质勘探博物馆。勘探产业是新泰市重点发展的优势特色产业之一，全市拥有勘探队伍156家，钻机2000台，制造销售业户80家，从业人员上万人，是国内规模最大的勘探产业聚集区。论坛期间，新泰市泉沟镇被授予“山东勘探之乡”称号。泉沟镇是新泰勘探产业主要聚集地，位于新泰市西北部，区域面积92.5平方千米，辖33个村、4.6万人，先后被评为“山东勘探产业专业镇”“山东特色产业镇”“山东特色产业镇动能转换二十强”等。

【新泰市获国家知识产权强县工程试点县称号】 7月，新泰市获批“国家知识产权强县工程试点县”。新泰市将知识产权工作列入政府重要议事日程，纳入对乡镇（街道）、园区和企业工作考核范围。设立知识产权发展扶持专项资金，及时调整资助政策。引导企业加强知识产权运用转化，建立科学规范的知识产权管理体系，知识产权优势企业逐年增加。年内，全市新增注册商标3033件、地理标志证明商标1件，中国驰名商标1件，5家企业完成马德里商标国际，提交集体商标注册申请2件。新增发明专利申请291件，发明专利授权35件，pct申请5件，国外发明专利授权1件，国家知识产权优势企业3家，知识产权贯标企业2家，6家企业分别获泰安市专利奖一等、二等、三等奖。

【举办第三届中国香椿产业助力乡村振兴研讨会】 5月25日，第三届中国香椿产业助力乡村振兴研讨会在新泰举办。研讨会由天津科技大学、新泰市人民政府主办，新泰市禹村镇老寨山香椿协会承办。中国经济林协会、西北农林科技大学、天津科技大学、南京财经大学、阜阳师范学院等专家学者，以及国内香椿加工企业代表、香椿种植户200人参加研讨会。新泰市香椿种植大镇禹村镇党委、政府把香椿产业作为富民工程，优化种植模式，做优香椿深加工，探索出一条以香椿产业为依托，以产业联动、助力脱贫增收、推动乡村振兴的新路子。至年底，新泰市发展种植面积1466.67公顷（2.2万亩），年产量2万吨，在保留传统椿芽酱、椿芽茶等产品的基础上，开发出“牛肉＋椿芽”“鸡肉＋椿芽”等系列新产品，畅销全国。研讨会期间，落户禹村镇的泰安市香椿产业研究院正式揭牌。

【新泰市获“中华诗词之乡”称号】 12月27日，新泰市被中华诗词学会授予“中华诗词之乡”称号，成为学会授予的全省第五个获此荣誉称号的县级市。2019年，新泰市实施文化强市战略，挖掘文化资源，繁荣文化事业，发展文化产业，实现文化建设与经济发展的互促共进。组织成立市诗词楹联学会，举办“文明新泰、美丽家乡”新春诗会、广场诗词大会，宣传普及诗词文化，开展诗词教育，推动诗词进学校、进企业、进景区、进机关、进社区、进农村，营造爱诗、读诗、品诗、写诗的浓厚氛围。全市中华诗词学会会员有12人、诗词爱好者5000人。

（刘 晓 刘仁航）

肥城市

【概况】 肥城因西周时期称肥子国而得名，为“中国佛桃之乡”。全市行政区域面积1277平方千米，辖14个镇（街道）。年末常住总人口96.7万人。人口自然增长率2.96‰。

全年实现生产总值690.3亿元，

7月6日，市委书记崔洪刚（前排中）等市领导到肥城调研大项目建设
（司 刚 摄）

比上年增长6.8%。其中，第一产业增加值55.5亿元，第二产业增加值344.1亿元，第三产业增加值290.6亿元。固定资产投资比上年下降20.8%。一般公共预算收入40.42亿元，一般公共预算支出59.92亿元。社会消费品零售总额比上年增长4.0%。进出口总额34.69亿元。年末，金融机构人民币各项存款余额656.3亿元，其中城乡居民储蓄存款余额461.0亿元。金融机构人民币各项贷款余额334.6亿元。

粮食播种面积7.06万公顷，粮食总产47.92万吨，棉花总产1016.5吨，油料总产0.84万吨，蔬菜总产112.6万吨，水果总产7.96万吨，水产品总产4810吨，肉、蛋、奶总产16.4万吨。全年新增造林面积1200公顷。全市拥有农业机械总动力108万千瓦。规模以上工业企业200家，实现增加值166.4亿元，比上年增长5.5%，实现主营业务收入502.3亿元，实现利润46.5亿元。资质三级及以上建筑企业91家，实现建筑业增加值678.1亿元，比上年增长29.9%。

公路通车里程2722.19千米，其中高速公路通车里程38.5千米。完成邮政业务总量1.25亿件。城镇化率62.84%。开工保障性安居工程950套，竣工2604套。城市空气质量良好率80%。污水集中处理率97.1%，垃圾无害化处理率100%。A级及以上旅游景区22家，全年接待旅游人数279万人次，实现旅游总收入31.2亿元。

有中等职业学校1所，在校生5171人。普通高中9所，在校生1.99万人。普通初中34所，在校生2.55万人。小学94所，在校生5.57万人。幼儿园152所，在园幼儿2.68万人。取得重要科技成果21项，获得市级及以上科学技术奖13项，发明专利申请量846件，发明专利授权495件。有档案馆1个，公共图书馆1所，文化馆1个，农村文化大院全覆盖。广播、电视人口综合覆盖率均达100%。医疗卫生机构605所，其中医院（卫生院）33个、社区卫生服务中心1个。各类卫生机构有床位4994张，卫生技术人员7535人。体育馆2座，新建公共健身工程70个。全年参加市级及以上体育比赛获奖牌298枚。

城镇居民人均可支配收入39626元。农村居民人均可支配收入19503元。居民基本养老保险参保人数51.82万人，居民基本医疗保险参保人数72.72万人。城镇最低生活保障人数1478人，农村最低生活保障人数12265人。

年内，肥城市在全国综合实力、科技创新、绿色发展、投资潜力“四个百强”中分列第47、46、39、14位，在全省列第8、10、7、1位，其中全国投资潜力百强连续3年位列全省第一。被中央确定为第六届全国文明城市提名城市和新时代文明实践中心试点，高标准通过国家义务教育发展基本均衡县复验，先后获全国农村集体“三资”管理示范县、节水型社会建设示范县、肥城桃特色农产品优势区、中国好粮油示范县，山东文化强省建设先进县、城乡高效配送示范县等称号。

【开展农村“三资”集中清理】 年内，针对部分村集体长期“三资”管理混乱、基层治理水平不高问题，创新实施扫黑除恶专项斗争农村“三资”清理集中行动，彻底拓清村集体经济底子，基本消除收入10万元以下村。①规范流程、专班操刀。全市层面统一制定“三资”清理流程，“三级书记”打头阵，市镇专班当尖兵，村级班子主动干，党员群众齐参与，市级专班抓验收，市各大班子领导带头联系包保1个薄弱村，市委每月7日召开调度会议，压实责任，强力推进。②注重实效，解决问题。对清理出的资产资源，“理促调帮”综合施策，帮助村级选准增收路子，规范经营，高效利用。整顿软弱涣散村班子，先后调整村“两委”干部151人，其中支部书记65人。③完善制度，长效管理。

2019年肥城市乡镇（街道）基本情况

表43

乡镇（街道）名称			新城	老城	王瓜店	仪阳	潮泉	桃园	王庄	湖屯	石横	安临站	孙伯	安驾庄	汶阳	边院
党委书记			崔绪昌	孙栋	杜辉	韩宁	于芳	王涛	李军	王继荣	李宝军	王开军	肖海霞	李开磊	梁乙广	韩鹏
乡镇长（主任）			孟宪栋	冉祥银	朱建国	王继荣	李娟	赵健	李晓磊	欧阳光兵	王宜强	梁乙胜	董振	刘文涛	姬建芳	许兴斌
行政区域土地面积（公顷）			5532	7863	9210	9750	5288	10096	9360	8492	9451	13100	7097	13457	7950	11099
实有耕地面积（公顷）			1149	3722	3948	4046	2452	5896	5260	4551	3486	5911	3225	7144	4361	6752
村（居）民委员会（个）			43	30	37	49	11	40	53	53	48	48	17	71	53	80
户籍户数（万户）			5.14	3.09	2.82	1.35	0.88	2.08	1.74	3.03	2.91	2.17	1.02	2.84	2.69	2.90
户籍人口（万人）			14.16	8.06	8.38	4.59	2.20	5.64	5.31	8.20	8.45	5.87	2.96	8.66	7.69	8.30
地方财政收入（万元）			21263	2344	15491	29207	1065	897	1427	1893	94397	3809	11441	15025	2391	12893
农产品总量（吨）		粮食	—	17510	57000	23080	7461	38700	71089	31555	—	8550	—	87282	40360	72423
		棉花	—	7.8	—	73.4	11	65	190	4.9	5.8	510	—	54	3	47.8
		肉类	226	83000	11900	70.4	766	17550	1560	4445	1860.5	9890	—	8297	1020	3400
		牛奶	—	4015	520	—	60	—	—	—	—	—	—	1392	2978	25508
教育	普通初中	学校数（所）	—	2	1	—	1	1	2	1	1	1	1	2	1	2
		在校生数（人）	—	756	1569	—	350	848	1098	775	1210	806	565	1181	1532	1411
		专任教师（人）	—	143	194	—	76	105	112	120	132	140	70	182	142	168
	小学	学校数（所）	4	3	6	3	1	7	7	5	5	7	1	9	3	8
		在校生数（人）	—	1311	4196	1751	692	1523	1798	1778	2718	1736	1169	2314	2566	3115
		专任教师（人）	1024	276	266	141	59	160	157	267	276	182	103	260	193	203
卫生	医疗卫生机构（个）		142	35	46	29	11	30	29	45	46	29	18	48	41	58
	医疗卫生机构床位数（张）		2251	131	1100	450	20	80	60	258	170	60	40	130	100	144
	执业（助理）医师数（人）		1093	80	312	66	13	29	25	53	65	32	21	89	65	87
生活保障	城乡居民基本养老保险参保人数（万人）		7.45	4.24	4.41	2.41	1.16	2.97	2.79	4.31	4.44	3.09	1.57	4.56	4.05	4.37
	城乡居民基本医疗保险参保人数（万人）		10.50	5.98	6.21	3.40	1.63	4.18	3.94	6.08	6.26	4.35	2.21	6.42	5.70	6.15
	居民人均可支配收入（元）		—	18733	—	17811	19503	19503	19503	30973	30973	19503	17811	19503	19681	20613
	居民人均生活消费支出（元）		—	17486	—	9845	17427	12397	16650	—	19503	17904	—	12670	11809	11479
	享受最低生活保障金人数（人）		289	1219	878	175	287	479	877	421	1082	1191	562	1540	1445	1791

说明：新城街道43个村（居）民委员会中含12个城市社区

创新实行“五制一诺”（推优选任“公推制”、重大事项“票决制”、“三务”公开“全程制”、监督管理“全时制”、工作效果“考评制”，深化“定岗承诺”），村党组织书记“负面清单”管理、离任审计，“村务卡”等制度，建立起“三资”管理长效机制。至年末，全市605个村全部铺开清理，通过市级验收581个，增加集体收入9691.08万元，村均16.68万元。中组部《组工信息》、中央政法委《长安》、新华社《高管信息》等专题刊发、推广肥城有关经验做法。

6月30日，青兰高速泰安至平阴段正式通车。图为肥城南收费站

（孔 燕 摄）

【培植壮大建筑安装业】 印发《关于促进建筑安装业健康发展的实施意见》，培植扶持、做大做强建筑安装业，放大“建安之乡”品牌优势和产业优势。2019年，完成建安业总产值678亿元，跃居全省第一，实现税收18亿元，纳税过亿元企业从无到有，达到7家，形成与钢铁双轮驱动的产业格局。市财政拨付2.2亿元重点扶持建安企业资质晋升、人才引进等，新晋升一级资质11项、二级14项、增项40项，被命名为“中国石油和化工安装之乡”，8家企业获全国首批石化装置拆除资质。兴润建设集团有限公司、信邦建设集团入围全国建筑业500强；山东军辉建设集团有限公司、山东益通安装有限公司高居2019年全国建企中标百强前两位，山东军辉建设集团有限公司、山东益通安装有限公司、信邦建设集团、山东省显通安装有限公司、兴润建设集团有限公司包揽全省建企中标百强前五强。在城市核心区，规划建设占地333.33公顷（5000亩）的总部集聚区。兴润集团等16家公司总部入驻，第二批山东军辉建设集团有限公司、山东益通安装有限公司等7个公司总部项目开工建设，第三批信邦建设集团、山东四方安装工程有限公司等16个公司总部项目启动办理土地、规划手续，中石化工建设有限公司设备安装产业平台落户肥城，中石化工建设有限公司、八冶建设集团有限公司等国字号企业陆续进驻。

【青兰高速肥城段建成通车】 6月30日，青兰高速泰安至平阴段通车仪式在青兰高速肥城南收费站举行。青兰高速泰安至东阿界（含黄河大桥）段项目东接京福高速，西承青兰高速东阿界至聊城段高速公路，全长75.23千米。该项目在肥城境内全长34.5千米，占地约266.67公顷（4000亩），投资35亿元。设计时速120千米，双向六车道，路基宽度34.5米。在济微路、肥梁路、石横设出入口3处，建设5.5千米的石横连接线（其中与泰肥一级路共线3千米），在桃园设服务区1处，占地约20公顷（300亩）。该工程2015年12月开工建设，2019年6月建设完成。

【开展“竹绿矿区”行动】 自2018年起实施“竹绿矿区”行动计划，通过栽植竹林，形成绿色竹林景观，修复治理北部矿区塌陷地，促进生态建设。2019年，纵深推进“竹绿矿区”行动，开展更大规模的竹林栽植活动，重点打造以老城街道、石横镇、湖屯镇为主，高新区为辅的发展格局，与康王河湿地公园建设、道路升级改造、旅游发展相结合，打造康王河湿地、老泰临路、北部山区旅游路三大竹林干线，形成串连景观效应。相关镇街区以“山、水、路、村、厂”和煤矿塌陷区为重点，突出特色，做好“生态+”“整治+”“旅游+”结合文章，打造竹林生态小镇，培育竹海新景观。全年新栽植竹林666.67公顷（1万亩）。

（庄惠丽 郝 航）

宁阳县

【概况】 西汉，汉高祖于宁山之南置县，因山南为阳，更取“安宁祥和”之意，故名宁阳。全县行政区域面积1125平方千米。辖13个乡镇（街道）。年末常住总人口77.27万人。

经济综合 全年实现生产总值245.2亿元，增长6.0%。其中，第一产业增加值55.9亿元，第二产业增加值87.3亿元，第三产业增加值102.0亿元。固定资产投资比上年下降34.3%。地方一般公共预算收入12.7亿元，地方一般公共预算支出40.1亿元。社会消费品零售额增长8.1%。城镇居民人均可支配收入、农村居民人均可支配收入分别为37206元、17679元。年末金融机构人民币各项存、贷款余额331.0亿元、173.3亿元，分别增长8.3%、23.3%。规模工业增加值增长4.0%。实现营业收入增长10.3%，利润总额下降2.6%。实现全部税收（全口径国税+地税）19.2亿元，同口径增长7.7%。实现外贸进出口总值12.68亿元，增长37.8%。全年新批外资项目8个，合同外资7957万美元，实现货币到账外资748万美元。

双招双引 先后成立北京宁阳企业商会、济南市宁阳商会，举办双招双引推介会、北京宁阳企业商会家乡行等系列活动。全县签约项目104个，在建项目142个，其中在建十强产业项目28个。制定印发人才17条配套细则8个，新增省级以上高层次人才7人、省级人才平台3家，兑现人才首批奖励资金和“2358”企业扶持资金940万元。67个重点项目全部开工建设，22个项目完成主体，19个项目进入投产、试运行阶段。纳入省、市新旧动能转换项目库的项目分别达5个、35个；10个项目列入省技术创新项目计划。6家企业通过国家高新技术企业认定。审批服务明显提速，企业开办审批时限压缩至2个小时内，工业项目压缩至21个工作日内。

乡村振兴 新上续建农业项目53个，新增农业龙头企业8家、农民合作社130家。推进6666.67公顷（10万亩）经济林基地建设。开展农村人居环境整治，探索建立环卫、改厕长效管护机制，美丽乡村覆盖率达70%以上，创建美丽庭院2.09万个。农村“三资”（资金、资产、资源）清理做法被农业农村部推广。建成“四好农村路”（建好、管好、护好、运营好农村公路）627.1千米，完成里程居全市第一位；188个村实现道路“三通”（村村通、巷巷通、户户通）。乡村振兴学院被命名为“山东省干部党性教育基地”，承办省内外培训、观摩活动640批次。

城市建设 文庙历史文化街区、县文化艺术中心、洸河植物园等项目加快建设。兴隆街西延、大闸路东段西段等道路竣工通车。高庄片区、满庄片区、邢庄片区旧城改造和巩家堂棚户区改造稳步推进。成立公用事业调度中心，新增供热、天然气、供水管网4千米、10.5千米、4.8千米。推进亮化提升、景观改造提升等工程，新增城市绿地9.8万平方米，绿化覆盖率达45.49%。完善创建国家卫生县城长效管理机制，巩固提升创卫成果。

生态建设 中央和省环保督察反馈问题均已整改到位或达到序时进度。实施大气污染防治专项行动，改善空气质量。落实河长制、湖长制、林长制，优化生态环境。实施10个乡镇土地整治项目，可新增耕地1140公顷（1.71万亩）。开展砂石矿产资源综合整治，逐步实现规范有序管理。泰山区域山水林田湖草生态保护修复工程完成投资12.06亿元，占总投资额的86.45%。

民生事业 全县民生支出30.93亿元，占一般公共预算支出的82.9%。12件民生实事进展顺利。开展遍访贫困对象、大走访大排查大整改等活动，推动扶贫政策落实，提升脱贫攻坚质量。完成大班额建设和“全面改薄”项目，办学条件实现提档升级。投入2000万元，完成农村敬老院“四改一定”（改造敬老院卫生间、厨房及餐厅、医疗服务、文体娱乐设施，定期组织老人外出观光）工程。提高城乡低保救助标准，建立临时救助备用金制度。举办第二届宁阳蟋蟀世界杯，推出宁阳县城市旅游形象吉祥物“小茜、大帅”。新时代文明实践中心建设稳步推进。县融媒体中心挂牌，实现与山东电视台互联互通。推进平安宁阳、法治宁阳建设，县、乡、村三级综治中心建设成效显著，一村（社区）一法律顾问工作实现全覆盖。推进扫黑除恶专项斗争。安全生产形势持续稳定，通过省级食品安全县“回头看”年度检查。

年内，宁阳县被评为国家慢性病综合防控示范区、国家妇幼保健机构机制创新工作试点县、全国绿化模范县、第二批节水型社会建设达标县、国家农产品质量安全县，全省“智慧民调”“智慧矫正”建设试点单位、全省“安全生产工作先进县”、省级食品安全县，省级财政金融政策融合支持实施乡村振兴战略制度试点县、第三批省级健康促进县。东疏镇获批国家级农业产业强镇，磁窑镇被评为全国综合实力千强镇，东疏镇赵茂村被公布为全国乡村治理示范乡村，伏山镇后石梁村、东疏镇胡茂村被评为第一批国家森林乡村，乡饮乡南赵村被评为第九批全国“一村一品”示范村。复圣文化旅游景区被评为国家AAAA级旅游景区。

【创建国家农产品质量安全县】2019年11月，宁阳县被农业农村部认定为“国家农产品质量安全县”。打造“一体双责五推进”的农产品质量安全监管“宁阳模式”，构建由政府监管、农产品生产经营主体参与、社会监督“三位一体”的长效管理机制。先后制定《宁阳县关于加强农产品质量安全监管工作的意见》《宁阳县农产品质量安全工作责任目标考核办法》等文件。县财政安排300万元专项资金，用于支持农产品质量安全监管、执法、监测、优质农产品基地品牌建设等工作。形成县、乡、村一体化的监管队伍，县级农产品质量安全监管执法人员36名，村级农产品质量安全监管员562名。建成农产品质量安全监测体系，县、乡两级农产品质量安全检验检测人员110名。投资97.9万元建立县农产品质量监管平台，建立农产品质量安全追溯点40个。推行生态循环农业发展模式，先后建立标准化优质农产品生产基地11个，总面积5333.33公顷（8万亩）。强化农产品质量安全隐患排查和风险预警，对农资经营户、生产经营主体、农产品加工企业全覆盖多轮次检查。抓好优质农产品基地品牌创建，全县“三品一标”（无公害农产品、绿色食品、有机农产品和农产品地理标志）农产品认证品种总量105个，认证面积5.18万公顷（77.63万亩）。

【宁阳县获评“全国绿化模范县”称号】 2019年9月，宁阳县被全国绿化委员会评为全国绿化模范县。该县于2015年2月启动创建全国绿化模范县工作，制定《宁阳县生态文明社会创建规划（2016—2030）》《宁阳县创建全国绿化模范县总体规划》，4年义务植树1000万株，宜林地荒山造林1333.33公顷（2万亩），适龄公民义务植树尽责率达90%，宜林荒山绿化率达95%。按照“500米服务半径”的要求，实施道路绿化、垂直绿化、停车场绿化、厂区庭院绿化美化等居住地绿化工程，建成各类公园、广场16处，2017年经批准设立山东蟠龙山国家森林公园。挖掘村庄绿化潜力，利用农村村旁、路旁、水旁、宅旁“四旁”及拆违拆临的空闲地，采取乔灌结合、花草点缀形式，栽植果树或园林绿化苗木。2015年以后，在原有绿色通道基础上，累计新建及完善里程达531千米，已绿化里程占宜绿化里程的97%以上，其中国道、省道均达100%。结合高标准农田建设项目，新建及更新补植完善农田林网，全县农田林网化率达95%。突出“大枣之乡”特色产业发展，兼顾核桃、梨、苹果基地建设，全县经济林基地总面积达1.47万公顷（22.08万亩）。

【宁阳县启动“趣宁阳·鸣天下”智慧文旅系统】 2019年，宁阳县以“新文旅·新形象·新宁阳”为切入点，整合创新旅游资源，启动智慧旅游系统建设工作，开启山东省县（市、区）智慧文旅系统建设先河。“趣宁阳·鸣天下”智慧文旅系统主要包括宁阳城市形象、城市文创产品、手机APP、文旅手绘地图等方面，是泰安市首个县（市、区）级别的智慧文旅系统。根据“一部手机游宁阳”的开发原则，搭建涵盖景区景点（一键导航、VR全景、语音讲解）、赛事直播、文旅资讯、购物商城、视频播放、公共服务等七大板块的“趣宁阳·鸣天下”APP，游客可在该APP上直接查看宁阳文化旅游景区景点分布情况，获取宁阳最新文旅信息，在线观看活动视频及直播，购买宁阳特色文旅商品。文旅手绘地图围绕吃、住、行、游、购、娱六大要素，将宁阳县旅游景区、乡村旅游点、餐厅酒店等信息整合汇总，更加直观。确定“江北第一虫”宁阳蟋蟀作为宁阳的城市吉祥物，取“蟋蟀”谐音命名为“小茜、大帅”，象征宁阳和谐包容、宽德厚礼的人文境界，彰显宁阳乐观向上、温馨温暖的城市氛围，诠释宁阳人民勇

宁阳城市吉祥物——小茜、大帅　（侯胜男　供）

2019 年宁阳县乡镇（街道）基本情况

表 44

乡镇名称		文庙	八仙桥	泗店	东疏	伏山	堽城	蒋集	磁窑	华丰	葛石	东庄	鹤山	乡饮
党委书记		孙浩	鲍怀东	杜焕军	范长征	马祥波	齐华东	贾德果	张玮	潘洪勇	刘志强	刘玉华	孟令民	郭怀锋
乡镇长（主任）		赵丽娜	张辉	徐锋	刘站	高卫东	颜承根	王艳苹	侯妍妍	孔祥奎	宁鹏	褚峰	赵世民	刘恒桥
行政区域土地面积（公顷）		2820	2312	5606	8398	8432	11830	6500	15872	10809	13225	9965	9811	6787
实有耕地面积（公顷）		1034.0	1397.0	3994.7	6124.4	5988.0	7417.5	3778.6	8847.0	6081.4	7724.4	5861.0	6274.0	4703.3
村（居）民委员会（个）		16	24	36	49	59	62	32	92	59	27	45	46	15
户籍户数（万户）		2.05	1.32	1.26	1.80	2.14	2.74	1.32	3.65	2.99	2.20	2.0	1.88	1.19
户籍人口（万人）		6.55	3.85	4.42	6.02	6.73	8.01	4.03	11.61	8.78	6.79	6.31	5.62	3.74
地方财政收入（万元）		13013	5461	6829	1437	10080	10533	1075	31844	10877	8283	1268	6883	1394
农产品总量（吨）	肉类	15.57	4415.45	1830.80	2110.93	8449.48	6490.11	14448.45	7412.97	10247.08	7607.21	20812.12	3458.61	5159.98
	牛奶	—	—	798.80	9850.00	5850.00	48.50	7560.00	1860.00	1971.30	2306.80	835.00	—	8703.80
	花生	—	—	474.98	1770.01	1155.65	9826.82	8531.38	5922.82	12268.77	3863.30	15477.57	1318.30	105.56
	棉花	—	—	—	4.69	9.48	—	—	31.07	10.10	24.67	6.56	17.54	10.95
	瓜果	79.00	3.00	133.10	—	774.00	—	—	904.55	—	123.00	505.46	272.50	404.00
	蔬菜及食用菌	11627.05	14986.20	94400.50	53025.18	189559.60	36977.05	48300.08	88096.40	234335.78	14854.72	34988.86	54675.18	5417.80
教育 普通初中	学校数（所）	原学校改为县属		1	1	1	1	1	2	1	1	1	1	1
	在校生数（人）	—	—	995	1263	1764	1372	953	2473	1546	826	1254	1444	854
	专任教师（人）	—	—	93	144	128	130	97	193	136	93	96	120	92
教育 小学	学校数（所）	8	3	5	5	5	9	4	11	9	6	6	8	3
	在校生数（人）	2358	2942	1855	1530	2312	2270	1751	4166	2021	1101	1850	1937	1367
	专任教师（人）	597	210	180	175	168	292	127	332	278	191	170	187	102
卫生	医疗卫生机构（个）	21	23	30	48	52	60	30	82	57	44	36	46	33
	医疗卫生机构床位数（张）	4512	472	192	98	110	291	110	500	453	100	70	210	127
	执业（助理）医师数（人）	625	29	70	33	106	58	63	313	157	31	42	54	44
生活保障	城乡居民基本养老保险参保人数（万人）	1.59	1.04	2.12	2.68	3.17	4.89	1.61	3.08	3.74	2.98	1.34	3.00	1.96
	城乡居民基本医疗保险参保人数（万人）	6.13	1.99	3.57	4.80	5.41	6.52	3.01	5.99	6.06	4.84	4.62	4.30	3.02
	享受最低生活保障金人数（人）	281	362	495	1359	1958	1529	1118	1894	895	985	963	1521	954

于登攀、不畏艰难的向上品格，将“和、乐、勇、敢”定位成这对吉祥物和宁阳人的精神图标。依托“小茜、大帅”的形象设计，开发文创产品，已设计生产出“小茜大帅”T恤、帆布包、手机壳、旅行帽、徽章、手绘地图等衍生产品。

【宁阳县创建省级健康促进县】 2019年12月，宁阳县被公布为第三批省级健康促进县。以“大健康”理念为引领，探寻健康促进县建设新路径，升级党政主导、部门合作、全员共建、全民共享的工作架构，形成全民、全时、全程、全面、全新的健康“生态圈”。制定印发《宁阳县健康教育与健康促进工作2016—2020发展规划》等文件。实行“五线联动”部门联动协作机制，即：领导—部门骨干—职工联动线、医生—病人—家属联动线、老师—学生—家长联动线、街道（乡镇）—社区（村居）—居民联动线、疾控中心—大众传媒—群众联动线。倡导健康教育贴近百姓的理念，在宁阳手机报设置“健康宁阳”专区，在电视台开辟《宁阳卫生健康之窗》，在《泰山晚报·宁阳读本》开设《健康促进与健康教育》专栏，利用“健康宁阳”微信公众号、“健康宁阳”政务头条等新媒体进行健康宣传。编印《健康宁阳》3.2万册，发放《公民健康素养基本知识与技能》4万份，印制《健康指导手册》30万份，设计制作健康促进宣传展板、样本16套80块，印制慢性病防控“明白纸”、健康教育处方6万张。投资近2000万元，启动全民健康大查体，《中国人口报》《大众日报》等分别报道宁阳县健康查体“全民模式”经验。全县实现查体居民、计生特殊家庭、贫困家庭、留守老人、卧床不起病人五类人群家庭医生签约全覆盖，签约52.5万人，占总人口的70.04%。（侯胜男）

东平县

【概况】 东平因《尚书·禹贡》中“大野既潴，东原底平”之说而得名。全县行政区域面积1340平方千米。辖14个乡（镇、街道），716个村（居）民委员会。年末常住总人口76.15万人。

经济综合 全年实现生产总值207.4亿元，比上年增长5.0%。其中，第一产业增加值48.4亿元，第二产业增加值69.0亿元，第三产业增加值90.0亿元。固定资产投资比上年下降21.5%。地方一般公共预算收入12.5亿元，地方一般公共预算支出39.5亿元。社会消费品零售总额比上年增长4.1%。进出口总额4.88亿元。城镇居民人均可支配收入32685元，农村居民人均可支配收入17146元。

生态建设 编制《东平县空间发展战略研究》《东平湖区域生态保护与高质量发展规划》。推进东平湖综合整治行动，清理“僵尸”船只1500艘、菹草及水面漂浮物980吨、废弃竹篙木桩56万根，东平湖水质稳定在地表水三类水标准以上。实施总投资32.41亿元的山水林田湖草生态保护修复工程，第二污水处理厂、湖东排水河治理等29个项目全面完工，稻屯洼湿地升级改造、环湖矿山生态修复等32个项目加快推进。启动生态林业发展三年攻坚行动，以“环东平湖、环县城、沿大清河带”为重点区域，加大植树造林和荒山整治力度，推动“带林”“片林”建设，完成荒山造林666.67公顷（1万亩）、“片林”建设933.33公顷（1.4万亩）、路边绿化300公顷（4500亩）、农田林网4000公顷（6万亩）。强化建筑节能监管，新增绿色建筑面积130万平方米。

工　业 瑞星集团获批省化工重点监控点，获评省智能制造示范企业，成为新版尿素国家标准唯一企业制定者，税收突破1.4亿元。东顺集团获省制造业单项冠军企业，“顺清柔”以115.7亿元的品牌价值跃升至中国品牌500强第351位。新东岳获省“制造业单项冠军”企业，东岳橡胶绿色循环应用项目获评省级工程实验室，“速至”被认定为中国驰名商标。山东华东纸业有限公司入选省“隐形冠军”培育企业。新认定贯标企业2家、省技术创新示范企业2家，新增省级“专精特新”中小企业5家、市级10家。新增国家级高新技术企业1家、科技型中小企业11家，3家企业入选市“科技创新型企业50强”。新认定国家知识产权优势企业1家，新增国家级科技型中小企业14家、省级13家，全县高新技术产业产值占规模工业总产值的比重为25%。

重点项目 18个项目纳入省、市新旧动能转换重大项目库。与农业发展银行签订100亿元融资协议，支持东平县打造黄河流域生态保护和高质量发展示范区。成立8个产业招商指挥部和1个服务督导办公室，开展集中签约、集中开工活动。全年落实招商引资项目216个，到位资金124.3亿元，与中铁、中建等一批央企和行业领军企业达成合作意向，中信重工开诚特种机器人、中高志远田园综合体、汉昂大健康产业园等一批大项目好项目签约落地。设立300万元人才发展专项资

2019年东平县乡镇（街道）基本情况

表 45

乡镇（街道）名称			东平	州城	彭集	沙河站	老湖	银山	斑鸠店	接山	大羊	梯门	新湖	戴庙	商老庄	旧县
党委书记			许洪顺	仲光亮	王　乾	李便宁	史金龙	李振福	李　杰	齐宝鹏	张格柱	牛　东	郭　东	王建军	李振兴	郑兴利
乡镇长（主任）			宋衍东	郑　燕	屈克志	刘圣玉	吴衍涛	姚来涛	杨　振	郭光喜	吴晓剑	常传奎	桑　鹏	米厚章	潘　军	乔曙光
行政区域土地面积（公顷）			16090	6599	7490	6622	11290	10451	7611	14937	8286	8976	10481	8688	9291	7091
实有耕地面积（公顷）			4771	3642.07	4891	4466.67	4800	3934.36	4225.5	8550	5348	5205.6	5334	3993.81	3460.6	1533.33
村（居）民委员会（个）			74	71	53	65	71	44	40	52	37	42	54	48	35	30
户籍户数（万户）			5.83	1.96	1.81	1.84	2.32	1.84	1.56	2.05	1.05	1.24	1.8	1.26	1.23	0.89
户籍人口（万人）			15.15	6.02	6.63	5.95	7.1	6.02	4.98	6.29	3.43	3.67	5.42	4.08	3.54	2.78
地方财政收入（万元）			11622	2323	5842	2513	4416	2343	2375	2890	1350	3039	3654	1727	1012	3091
农产品总量（吨）		粮食	53801	67200	41360	100000	21200	4203.5	27798	142800	85	58600	7257.74	502500	37120	9000
		棉花	552	—	2.9	—	1125	141.25	111	892	192	534.77	5.06	2762.61	0.55	1200
		肉类	2750	3160	2162.6	2800	2330	4767	2426	5600	1590	1200	5708	167.69	4421.7	65
		牛奶	—	—	24.2	—	1000	1955	—	180	—	—	13.5	848.98	162	0.02
教育	普通初中	学校数（所）	1	2	1	1	1	2	1	1	1	1	1	1	1	1
		在校生数（人）	958	1280	1138	780	377	1980	902	1200	600	1300	892	500	390	175
		专任教师（人）	140	137	128	78	104	155	95	98	58	69	75	57	51	52
	小学	学校数（所）	14	5	9	8	8	8	5	7	5	5	7	5	4	2
		在校生数（人）	2041	1641	1631	1210	1755	3400	1937	1780	832	1283	1361	1743	1688	405
		专任教师（人）	902	104	187	158	165	308	106	148	76	130	88	93	108	92
卫生	医疗卫生机构（个）		75	58	46	46	41	46	38	44	29	36	38	28	31	13
	医疗卫生机构床位数（张）		1608	604	60	60	265	278	110	50	30	62	40	159	35	20
	执业（助理）医师数（人）		668	167	53	25	46	72	38	39	20	35	30	69	23	15
生活保障	城乡居民基本养老保险参保人数（万人）		5.85	3.36	3.59	3.39	3.54	3.41	2.6	3.51	1.86	1.96	3.05	2.02	1.82	1.54
	城乡居民基本医疗保险参保人数（万人）		8.39	4.87	5.31	4.99	5.7	5.12	4.32	5.3	2.78	3.12	4.59	3.49	2.71	2.11
	居民人均可支配收入（元）		18176	17816	17519	18850	32176	17500	17230	17369	14560	15210	15820	14067	14979	15420
	居民人均生活消费支出（元）		11044	14253	9864	10344	10560	9500	—	11990	8700	15210	9683	10853	11152	5200
	享受最低生活保障金人数（人）		734	1656	1548	1448	2807	971	784	2234	1513	1100	1467	732	730	314

金，聘请4名产业发展顾问，与山东大学、济南高新区、齐鲁交通发展集团等建立战略合作关系。

农业农村经济 新增规模农业龙头企业7家、农民专业合作社50家、家庭农场31家。新增“三品一标”（无公害农产品、绿色食品、有机农产品和农产品地理标志）认证农产品13个、面积733.33公顷(1.1万亩)，“大羊薄皮核桃”获省级农产品区域公用品牌。完成粮食生产“十统一”〔统一机收、统一秸秆还田、统一深耕(松)、统一旋耕、统一供种、统一播种、统一施肥、统一镇压、统一病虫防治、统一保险〕试点任务，夏粮再获丰收。防汛抗旱、疫病防控、农业机械化等工作取得新进展。推进农村“一户多宅”和闲散土地清理，清查土地2100公顷(3.15万亩)、整治1313.33公顷(1.97万亩)。新建改建“四好农村路”（建好、管好、护好、运营好农村公路）110千米，完成“三通”（村村通、巷巷通、户户通）工程390个村，完成丁庄引黄灌区节水改造，新建农村供水管网491千米。创建省、市级美丽乡村示范村18个，建成美丽庭院示范村42个、示范户1.29万户，冯洼列入全省第二批美丽村居建设试点。改造卫生厕所581个，新建公厕171个，史楼村被评为全国乡村治理示范村。

城乡建设 推进旧城改造，高范村、后屯片区加快建设，赤脸店、护驾片区拆迁基本完成。主干道雨污分流工程全面完工，新铺设雨污管网17.5千米，提升城区泄洪能力。加快实施“暖冬工程”，新建高温水管网7千米，改造老旧管网5000米，新增供热面积32.6万平方米。新建改建城市道路14.28千米，铺设沥青路面26万平方米，建成弱电

12月12日，泰安至东平高速公路项目投资协议签约仪式举行 （方 雷 摄）

入地管道43.41千米，路灯节能改造5321盏。栽植苗木花卉112万株，新增公共绿地15.3万平方米。强化“数字城管”指挥体系建设，高效办理“微城管”有奖举报案件3403件。

脱贫攻坚 在全省率先开发村级扶贫专干公益性岗位603个，打通精准扶贫“最后一米”。29个社区、12.5万名群众搬离“黄河滩”，喜迁新家园。接山制帽、戴庙雪龙制衣、银山银河鞋业、老湖即发制衣、沙河站中睿新材料等180个产业项目投产见效，通过解决就业、收益联结等方式带动贫困人口增收脱贫。开发保洁、保绿扶贫公益岗位871个，安置建档立卡贫困人员522人。开展技能扶贫专项培训15期，培训建档立卡贫困人员714人。全省黄河滩区居民迁建、人社扶贫、供销扶贫现场会在东平召开，东平县被评为全省脱贫攻坚先进单位，央视《决不掉队》栏目进行深度报道。

社会民生 全县民生支出35.15亿元，占一般公共预算支出的89%。新增城镇就业8619人，开展就业创业培训9799人，发放创业担保贷款8132万元。征缴各类社保基金13.29亿元、医保基金7.39亿元，分别发放11.56亿元、7.16亿元。城乡低保标准每人每年分别提高至360元、480元。为1.45万名重度残疾人、4741名困难残疾人发放补贴1887.7万元。农村敬老院“四改一定”（改造敬老院卫生间、厨房及餐厅、医疗服务、文体娱乐设施，定期组织老人外出观光）工作走在全市前列，被列为全省农村老年人相对集中居住养老试点。基层武装部和退役军人服务站融合发展。高考本科上线2061人，重点上线618人，3人被清华大学、北京大学录取。

现代服务业 全年接待游客人次、旅游综合收入分别增长11%、14.2%。推进东平湖—白佛山AAAAA级景区创建工作，白佛山文化旅游区开园迎客，东平湖景区入选“中国旅游产业影响力生态旅游景区”。加快实施水浒影视城综合提升工程，5D玻璃栈桥建设完工，《小戏骨水浒传》等30部影视剧拍摄完成。108水泊英雄庄园、昆山“双基地”投入运营，史楼、浮粮店等乡村旅游提档升级，贯中大道慢行

系统建成使用。中高志远、帝景郦城等五星级酒店项目签约落地。东顺新时代广场正式营业，开设直营店4家。儒原实业城乡加盟店达35家。国美电器开业运营。家政服务、房产中介等生活性服务业发展迅速。

年内，东平县被评为全国“七五”普法先进县、全国“平安农机”示范县，被纳入国家紧密型县域医共体建设试点；被评为全省安全生产工作先进县、全省县域节水型社会建设达标单位、全省脱贫攻坚先进单位。“东平小龙虾”被授予地理标志商标。新东岳集团申报的“速至SUZHI及图”被评为中国驰名商标。东顺集团获中国生活用纸行业十强企业称号，“顺清柔”获2019年度“中国生活用纸十大影响力品牌”称号。

【泰安至东平高速公路投资协议签约仪式举行】 2019年12月12日，泰安至东平高速公路投资协议签约仪式在泰安举行。该项目起点位于肥城境内青兰高速，终点位于东平县老湖镇，投资估算总额为42.3亿元。项目全长41.51千米，采用双向四车道高速公路技术标准建设，设计速度120千米/小时，路基宽度27.0米，设置匝道收费站3处、主线收费站1处。东平县境内长29.01千米，肥城市境内长12.5千米。

【易地扶贫搬迁工程】 全县易地扶贫搬迁涉及5个乡镇（街道）、16个村、1.57万人，建档立卡贫困人口3272人。其中，整体搬迁村13个，新建安置区9个。搬迁工作分两期实施，一期搬迁2个村，新建安置区1个，搬迁1374人，其中建档立卡贫困人口394人；二期工程整体搬迁11个村，新建安置区8个，计1.44万人，其中建档立卡贫困户2878人。年初全部完成建设搬迁任务，社区建成率、搬迁率、脱贫率均达100%。群众搬迁入住后，持续推进社区配套设施建设，建成并投入使用社区服务中心4所、幼儿园2所、小学1所、社区卫生室7所、综合活动室7个、文化广场7个。做好社区管理，引入社区建设理念，扩展完善安置点功能，实行物业社区化管理，生活垃圾集中处理，全面提升公共服务水平。加快土地复垦及流转利用，易地扶贫搬迁村共计复垦土地173.6公顷（2604亩），已流转利用141.93公顷（2129亩）。规范化管理档案及搬迁户“一户一档”，补充完善搬迁户一户一档1.58万人次，其中建档立卡贫困户3272人次。加大后续扶持，因地制宜培育社区扶贫产业，加大招商引资力度，红尚制衣、盛世长清电缆、制帽车间等10个产业项目投产运营。

【黄河滩区脱贫迁建工程】 东平县是全省20个脱贫攻坚重点县之一，泰安市唯一的黄河滩区迁建县，滩区脱贫迁建工程涉及4个乡镇、60个行政村、5.9万人。年底，滩区迁建一、二期试点工程3个社区全部搬迁入住，三期工程的5个社区实现搬迁入住，在全省提前一年完成黄河滩区脱贫迁建任务，为全省提供可复制、可推广的经验和模式。旧村台改造提升工程全面开工建设，坚持“挪旧窝”与“创新业”并举，搬迁与致富同步，实现滩区群众“家门口”增收乐业，“三步”驱动助推产业发展。坚持劳动密集带动，斑鸠店恒盛环保纸、银山银河鞋业等6个项目投产见效，吸纳就业2000人；通过“返租”方式流转土地，与省内大型企业对接合作，规划建设滩区农业产业园，可吸纳就业1600人；与山东土地发展集团签订框架协议，规划建设东平湖田园综合体项目，推动滩区产业发展。

【“东顺”·“顺清柔”获“中国生活用纸十大影响力品牌”称号】 2019年12月17日，在北京召开的“世界经理人年会”上，东顺集团研发生产的“东顺”·“顺清柔”品牌获“中国生活用纸十大影响力品牌”称号。东顺集团是国家质量标准主要制订单位、国家造纸能耗标准唯一企业制订单位，东顺工业园被山东省认定为“生活纸生产基地”，东顺集团党委被中共山东省委评选为齐鲁先锋，东顺工厂被评定为国家绿色工厂，列入国家绿色制造体系建设；冠均国际成功在香港上市。新研发的木浆本色纸、柔润面纸、保湿纸巾、天鹅纸巾、环保贝贝纸巾、孕产妇健康用纸、婴儿用纸、婴儿尿裤等产品，填补市场空白，成为引领行业发展的标杆。

（李姗姗　赵　潇）

编辑　校对　戚淑娟

人　物

市级领导人

崔洪刚　男，汉族，1961 年 5 月出生，山东淄博人。1982 年 11 月加入中国共产党，1978 年 10 月参加工作。中央党校研究生学历。

1978 年 10 月至 1979 年 9 月，淄博市淄川区洪山公社十里村下乡知青；1979 年 9 月至 1981 年 7 月，淄博师范专科学校中文系中文专业学习。曾任张店区石桥公社干部、淄博市委老干部局办公室副主任、淄博市委办公室副科级秘书、共青团淄博市委副书记。1989 年 11 月至 1996 年 12 月，淄博市周村区委副书记，区委副书记、区长；1996 年 12 月至 1999 年 2 月，淄博市委副秘书长（正县级）；1999 年 2 月至 2001 年 2 月，淄博市博山区委书记；2001 年 2 月至 2004 年 6 月，淄博市副市长兼淄博高新技术产业开发区工委书记、管委会主任；2004 年 6 月至 2006 年 12 月，淄博市委常委兼淄博高新技术产业开发区党工委书记、管委会主任〔2004 年 3 月至 2006 年 1 月，在中央党校在职研究生班（导师制）社会学专业学习〕；2006 年 12 月至 2012 年 2 月，济宁市委常委、副市长；2012 年 2 月至 2013 年 2 月，济宁市委副书记；2013 年 2—3 月，滨州市委副书记；2013 年 3 月至 2018 年 4 月，滨州市委副书记、市长。2018 年 4 月以后，泰安市委书记兼市委党校校长。

张　涛　男，汉族，1972 年 1 月出生，山东临清人。1993 年 1 月加入中国共产党，1993 年 7 月参加工作。研究生学历，管理学博士。

1993 年 7 月毕业于山东大学管理科学系管理科学专业。曾任山东工艺品进出口集团股份有限公司科员、发制品厂副厂长、办公室副主任、办公室主任、总裁助理兼办公室主任，新华锦集团有限公司人力资源部总经理，共青团山东省委企业工委副书记等职。2004 年 9 月至 2011 年 1 月，团省委副书记、党组成员；2011 年 1—4 月，团省委副书记、党组成员，省青联主席；2011 年 4 月至 2013 年 2 月，团省委副书记、党组成员兼山东青年政治学院党委书记，省青联主席；2013 年 2—6 月，团省委书记、党组书记兼山东青年政治学院党委书记，省青联主席；2013 年 6 月至 2016 年 11 月，团省委书记、党组书记兼山东青年政治学院党委书记；2016 年 11 月至 2018 年 4 月，泰安市委副书记（正厅级）；2018 年 4 月至 2019 年 6 月，泰安市委副书记（正厅级）、东平县委书记。2019 年 6 月以后，泰安市委副书记，市人民政府市长、党组书记。

曲　锋　男，汉族，1964 年 4 月出生，山东夏津人。1987 年 12 月加入中国共产党。1983 年 7 月参加工作。省委党校研究生学历。

1983 年 7 月毕业于德州师专中文专业；曾任中学教师，德州市（县级）委党史办助理编辑，德州市（县级）委办公室督查科科长、机要局局长，德城区财政局副局长、党组副书记，德城区黄河涯镇党委书记、天衢街道党委书记等职。2001 年 2 月任德城区副区长，天衢街道党委书记、天衢工业园管委会党工委书记、主任。2005 年 2 月任德城区委副书记，天衢工业园党工委书记、管委会主任，天衢街道党委书记。2008 年 12 月任德城区委常委、副区长。2012 年 1 月任陵县县委副书记、县长。2014 年 2 月任乐陵市委副书记、市长。2016 年 2 月任乐陵市委书记。2016 年 11 月至 2019 年 7 月任齐河县委书记。2019 年 7—8 月，泰安市委副书记，东平县委书记。2019 年 8 月以后，泰安市委副书记，东平县委书记、党校校长。

郭德文　男，汉族，1964 年 5 月出生，山东烟台牟平人。1986 年 6 月加入中国共产党，1987 年 7 月参加工作。大学学历，工程硕士。

1987年7月毕业于山东师范大学中文系。曾任山东师范大学外办干部、省政府外事办公室宣传处干部、省政府外事办公室机关党委主任科员、省政府外事办公室秘书处副处长，省政府外事办公室秘书处副处长，挂职新泰市委副书记，省政府外事办公室机关服务中心主任，挂职新泰市委副书记，新泰市委副书记（正县级），东平县委副书记、县政府县长、党组书记，新泰市委副书记，新泰市委副书记、市政府市长，新泰市委书记，新泰市委书记、党校校长、市人大常委会主任等职。2012年1—2月，泰安市委常委候选人；2012年2月以后，泰安市委常委、政法委书记。

李灿玉　男，汉族，1961年9月出生，山东莱芜人。1986年10月加入中国共产党，1982年7月参加工作。大学学历，农学学士。

1982年7月毕业于山东农学院林学专业。曾任齐河县农业引用外资项目办公室干部，莱芜市科协干部，莱芜市委研究室秘书、副主任，泰安市政府办公室正科级秘书，莱芜市委办公室副主任，莱芜市委副秘书长、办公室副主任，莱芜市委副秘书长、办公室副主任、市档案馆（局）馆（局）长，莱芜市委副秘书长、市档案馆（局）馆（局）长，莱芜市教育局局长、党委书记，莱芜市钢城区委副书记、区长，高青县委书记、县人大常委会主任兼县委党校校长。2012年3月至2016年12月，淄博市副市长；2016年12月至2017年1月，泰安市委常委；2017年1月至2019年12月，泰安市委常委、统战部部长；2019年12月至2020年1月，泰安市委常委、秘书长、统战部部长。2020年1月以后，泰安市委常委、秘书长。

郝　红　女，汉族，1966年10月出生，山东寿光人。1985年1月加入中国共产党，1987年7月参加工作。大学学历，工商管理硕士。

曾任省文化厅人事处副处长，省纪委驻省文化厅纪检组正处级检查员、副组长，省纪委机关党委副书记、第八纪检监察室副主任、主任等职。2016年12月任泰安市委常委、市纪委书记；2018年1月至2020年4月，泰安市委常委、市纪委书记、市监委主任。

宋洪银　男，汉族，1964年1月出生，山东肥城人。1983年6月加入中国共产党，1985年7月参加工作。省委党校研究生学历。

1985年7月毕业于曲阜师范学院政治系政治专业。曾任肥城县新城镇党委秘书，泰安市委组织部青年干部科干部、企事业干部科（青年干部科）副科级干事、企事业干部科（青年干部科）副科长、主任科员、企事业干部科（青年干部科）科长，泰安市委组织部副部长，新泰市委副书记，泰安市泰山区委副书记、区人民政府代理区长、区人民政府区长、党组书记，泰安市泰山区委书记、党校校长；泰安市泰山区委书记、党校校长，区人大常委会主任等职。2015年5月至2016年1月，泰安市委常委，泰山区委书记、党校校长，区人大常委会主任；2016年1—4月，泰安市委常委，泰山区委书记、党校校长；2016年4月至2019年12月，泰安市委常委、秘书长。2019年12月以后，泰安市委常委，市政府副市长、党组副书记。

高尚山　男，汉族，1969年2月出生，山东临朐人。1991年4月加入中国共产党，1992年7月参加工作。大学学历。

1992年7月毕业于聊城师范学院中文系汉语言文学专业。曾任济南市天桥区委组织部干事、科员、副主任科员，省委组织部办公室干部、副主任科员、主任科员，省委组织部研究室（政策法规处）主任科员、助理调研员，省委组织部组织处副处长，省委组织部组织三处处长，省党员干部现代远程教育中心主任、省委组织部组织三处处长，省党员干部现代远程教育中心主任等职。2016年12月至2017年1月，泰安市委常委；2017年1月至2020年5月，泰安市委常委、组织部部长，市老年大学校长。2020年5月以后，泰安市委常委、组织部部长，市老年大学校长，市委教育工委书记。

李保泉　男，汉族，1965年8月出生，山东齐河人。1989年12月加入中国共产党，1983年10月参加工作。研究生学历。

1983年10月至1989年7月，四十三军某部战士；1989年7月至1998年12月，曾任济南军区内长山守备师军医、内长山要塞区政治部组织科副连职干事、正连职干事、副营职干事；1998年12月至1999年9月，济南军区联勤部政治部组织处副营职干事；1999年9月至2003年6月，济南军区政治部纪检部纪检监察处副营职干事、正营职干事、副处长；2003年6月至2009年9月，济南军区政治部纪检部副团职干事、正团职干事、案件审理室主任（正团职）；2009年9月至2014年12月，济南军区政治部纪检部副部长；2014年12月至2017

年6月，莱芜市委常委，莱芜军分区政治委员；2017年6月至2018年1月，莱芜市委常委，莱芜军分区政治委员（调整改革重新任命）；2018年1—4月，泰安军分区政治委员。2018年4月以后，泰安市委常委，泰安军分区政治委员。

张红旗　男，汉族，1967年8月出生，山东单县人。1985年12月加入中国共产党，1987年7月参加工作。中专学历。

1987年7月毕业于单县师范学校中师专业。曾任单县师范办公室秘书，单县李新庄乡科员、党委秘书、团委副书记、团委书记，单县李新庄乡党委副书记，单县李半庄乡党委副书记、乡长，单县杨楼乡党委书记，巨野县副县长，巨野县委常委、办公室主任，巨野县委常委、副县长，巨野县委副书记，曹县县委副书记、副县长、代县长，曹县县委副书记、县长，定陶县委书记，菏泽市定陶区委书记等职。2016年12月至2017年1月，菏泽市政府党组成员、泰安市副市长人选；2017年1月至2019年12月，泰安市副市长、党组成员；2019年12月至2020年1月，市委常委，市政府党组成员。2020年1月以后，泰安市委常委、统战部部长。

刘洪海　男，汉族，1969年5月出生，山东安丘人。1994年8月加入中国共产党，1991年7月参加工作。研究生学历，法律硕士。

1991年7月毕业于中国人民大学中共党史系中共党史专业。曾任潍坊市委宣传部干事、副科长、文明办综合科科长，省委宣传部政策法规研究室主任科员、副主任、主任等职。2018年7月至2019年1月，莱芜市委常委、宣传部部长；2019年1月至2月，泰安市委常委。2019年2月以后，泰安市委常委、宣传部（市新闻办、市文明办）部长（主任）。

于瑞波　男，汉族，1971年2月出生，山东莱阳人。1996年6月加入中国共产党，1991年7月参加工作。省委党校研究生学历。

1991年7月毕业于淄博人民警察学校公安专业。曾任省公安厅纪委科员、纪委综合室主任，省监察厅驻省公安厅监察专员办公室副主任、副主任兼纪委综合室主任，省公安厅纪委副书记、网络安全保卫总队政委，省纪委境外追逃追赃工作办公室主任，省纪委省监委案件监督管理室副主任兼案件组织协调处处长，省纪委监委案件监督管理室主任等职。2020年4月以后，泰安市委常委、市纪委书记，市监委副主任、代主任。

唐福泉　男，汉族，1963年7月出生，山东荣成人。1986年7月加入中国共产党，1989年7月参加工作。研究生学历，经济学博士。

1989年7月硕士研究生毕业于山东大学经济管理学院国民经济计划与管理专业。曾任省人事厅调研室干部、副主任科员、主任科员，省人事厅政策法规处助理调研员、副处长，淄博市沂源县委副书记，淄博市临淄区委副书记、代理区长、区长、区政府党组书记，淄博市临淄区委副书记、区长、区政府党组书记兼齐鲁化工区管委会副主任、工委副书记，淄博市临淄区委副书记、区长、区政府党组书记兼齐鲁化工区管委会主任、工委副书记，淄博市临淄区委书记，淄博市临淄区委书记、区人大常委会主任、区委党校校长兼齐鲁化工区管委会主任、工委副书记，淄博市临淄区委书记、区人大常委会主任、区委党校校长兼齐鲁化工区工委书记等职。2010年1—4月，淄博市副市长、市政府党组成员，淄博市临淄区委书记、区人大常委会主任、区委党校校长，齐鲁化工区工委书记；2010年4月至2011年12月，淄博市副市长、市政府党组成员；2011年12月至2012年2月，淄博市副市长、市政府党组成员，淄博市委秘书长；2012年3月至2013年12月，淄博市委常委、秘书长；2013年12月至2014年1月，泰安市委常委；2014年1月至2017年1月，泰安市委常委、组织部部长，市老年大学校长；2017年1—2月，泰安市委常委；2017年2—3月，泰安市人大常委会主任。2017年3月以后，泰安市人大常委会主任、党组书记。

张书盈　男，汉族，1962年3月出生，山东泰安人。1984年12月加入中国共产党，1980年7月参加工作。中央党校大学学历，会计师。

1980年7月毕业于山东财政学校财税专业。曾任泰安县夏张公社税务所征收员、泰安县（市）财税局预算会计、泰安市泰山区财政局预算科副科长、预算科科长，泰安市泰山区财政局副局长，泰安市财政局预算外资金管理科副科长，泰安市财政局行财科科长，泰安市财政局副局长，泰安市财政局副局长、市国有资产管理局局长，泰安市财政局副局长、企业管理处主任，泰安市审计局局长、党组书记，泰山区委副书记，泰山区委副书记、区长，泰安市委副秘书长，泰安市委组织部副部长、市人事局局长、编办主任，泰安市政府党组成员、市政府办公室党组书记、市委组织部副部长、市人事局局长、编办主任，泰安市政府党组成员、秘书长、市政府办公室党组书记、市委组织部副部长、市人事局局长、党组书记、编办主任，泰安市政府党组成员、秘书长、市政府办公室党组书记等职。2012 年 2—3 月，泰安市政协副主席、党组成员，市总工会党组书记；2012 年 3 月至 2013 年 12 月，泰安市政协副主席、党组成员，市总工会主席、党组书记；2013 年 12 月至 2015 年 1 月，泰安市政协副主席、党组成员，市总工会主席、党组书记，市政协科教文卫体委主任、社会法制和民族宗教委主任；2015 年 1 月至 2017 年 2 月，泰安市政协副主席、党组成员，市总工会主席、党组书记；2017 年 2—3 月，泰安市人大常委会副主任，市总工会主席、党组书记；2017 年 3 月至 2019 年 5 月，泰安市人大常委会副主任、党组副书记，市总工会主席、党组书记。2019 年 5 月以后，泰安市人大常委会副主任、党组副书记，市总工会主席。

王淑玲 女，汉族，1967 年 11 月出生，河北沧州人。1993 年 8 月参加工作，1997 年 12 月加入九三学社。研究生学历，工学硕士。

1990 年 7 月毕业于山东矿业学院煤田地质系矿山测量专业。曾任泰安市政府办公室技术科科员、副科长，泰安市司法局副局长，泰安市泰山区政府副区长，泰安市泰山区政府副区长、九三学社市委副主委，泰安市工商联（总商会）主席（会长）等职。2012 年 2 月至 2017 年 2 月，泰安市政协副主席、市工商联（总商会）主席（会长）。2017 年 2 月以后，泰安市人大常委会副主任、市工商联（总商会）主席（会长）。

陶长江 男，汉族，1960 年 4 月出生，山东莱芜人。1985 年 6 月加入中国共产党，1982 年 7 月参加工作。省委党校大学学历。

1982 年 7 月毕业于泰安师专中文系汉语言文学专业。曾任泰安地区新汶水泥厂团委副书记（主持工作），泰安团地委干事，泰安市委组织部党政干部科副科级干事，泰安市委组织员办公室正科级组织员，泰安市委组织部党政干部科科长，泰安市委组织部助理调研员、党政干部科科长，泰安市委组织部副部长，泰安市委组织部副部长、泰安市党员干部现代远程教育中心主任，泰安市委组织部副部长、市委老干部局局长，泰安市委组织部副部长、市编办主任，泰安高新区党工委书记、管委会主任等职。2013 年 12 月至 2017 年 1 月，泰安高新区管委会主任（副厅级）、党工委书记；2017 年 1—2 月，泰安高新区管委会主任（副厅级）、市人大常委会党组成员；2017 年 2—5 月，泰安市人大常委会副主任、党组成员，泰安高新区管委会主任。2017 年 5 月以后，泰安市人大常委会副主任、党组成员。

刘学保 男，汉族，1962 年 6 月出生，山东汶上人。1987 年 12 月加入中国共产党，1984 年 7 月参加工作。省委党校研究生学历。

1984 年 7 月毕业于山东师范大学中文系汉语言文学专业。曾任泰安教育学院教师，泰安市教育局科员，泰安市教委办公室副主任、主任科员，泰安市委办公室主任科员，泰安市委政研室政治文教科科长，东平县委常委、组织部部长，东平县委副书记、组织部部长，肥城市委副书记、纪委书记，肥城市委副书记，泰安市安全生产监督管理局局长、党组书记，新泰市委副书记、市政府市长，宁阳县委书记、党校校长等职。2017 年 2—3 月，泰安市人大常委会副主任，宁阳县委书记、党校校长；2017 年 3 月至 2019 年 8 月，泰安市人大常委会副主任、党组成员，宁阳县委书记、党校校长。2019 年 8 月以后，泰安市人大常委会副主任、党组成员。

曹步山 男，汉族，1962 年 10 月出生，山东莱芜人。1986 年 6 月加入中国共产党，1981 年 7 月参加工作。省委党校研究生学历。

1983 年 9 月至 1986 年 7 月，江西水利专科学校水土保持专业学习。曾任新泰市水利局技术员，泰安市水土保持委员会办公室助理工程师，泰安市水利水产局科员、工程师，泰安市水土保持科学研究所党支部副书记、副所长，高级工程师（主持全面工作），泰安市水土保持科学研究所党支部书记、所长，泰安市水利与渔业局水土保持科科长，泰安市大汶河管理处党支部委员、副主任，泰安市大汶河管理处主任、副书记，泰安市水利和渔业局党委委员、大汶河管理局局长、党支部书记，泰安市水利和渔业局党委副书记、副局长，大汶河管理局局长、党支部副书记，泰安市水利和渔业局党委书记、大汶河管理局局长，泰安市水利和渔业局局长、党委书记等职。2017 年 2—3 月，泰安市人大常委会副主任。2017 年 3 月以后，泰安市人大常委会副主任、党组成员。

鞠向群 男，汉族，1963年4月出生，山东沂水人，1985年7月参加工作，1989年11月加入中国共产党。大学学历，理学学士。

1985年7月毕业于山东大学光学系技术光学专业。曾任省公安厅刑事侦查处办事员、科员、副科长，省公安厅刑事侦查总队大要案侦查科科长，省公安厅刑事侦查总队副总队长、副总队长兼反恐和打黑工作处副处长，省公安厅反恐和打黑工作处处长，省公安厅反恐怖总队总队长等职。2013年3—4月，泰安市副市级干部；2013年4月至2015年5月，泰安市副市级干部，市政府党组成员，市公安局局长、党委书记、督察长；2015年5—6月，泰安市人民政府副市长人选、党组成员，市公安局局长、党委书记、督察长。2015年6月以后，泰安市人民政府副市长、党组成员，市公安局局长、党委书记、督察长。

成　丽 女，汉族，1972年2月出生，山东日照人。1993年6月加入中国共产党，1993年7月参加工作。研究生学历，工商管理硕士。

1993年7月毕业于临沂师范专科学校外语系英语教育专业。曾任日照市东港区日照街道党工委组织干事，日照市妇联权益儿童部、儿童部科员，日照市妇联儿童部副部长、部长，济宁市妇联副主席、党组成员，省妇联办公室副主任、研究室副主任、组织联络部部长等职。2015年5—6月，泰安市政府副市长人选、党组成员。2015年6月以后，泰安市政府副市长、党组成员。

赵德健 男，汉族，1972年3月出生，山东单县人。1992年7月加入中国共产党，1994年7月参加工作。研究生学历，法学博士。

1994年7月毕业于山东农业大学园艺系蔬菜专业。曾任山东农业大学园艺系辅导员，山东农业大学党办秘书、副科级秘书、正科级秘书、校直团总支书记，山东农业大学经济管理学院党总支副书记，山东农业大学团委书记，共青团泰安市委书记、党组书记，东平县委副书记、代县长、县长，东平县委书记、党校校长，泰安市东平县委书记、党校校长、东平县人大常委会主任等职。2017年2—3月，泰安市政府副市长，东平县委书记、党校校长；2017年3月至2018年4月，泰安市政府副市长、党组成员，东平县委书记、党校校长。2018年4月以后，泰安市政府副市长、党组成员。

袁久党 男，汉族，1967年1月出生，山东新泰人。1989年7月参加工作。民建会员。大学学历，工程硕士。

1989年7月毕业于山东矿业学院采矿工程系采矿工程专业。曾任新泰市王家寨煤矿技术员、生产技术科科长，新泰市王家寨煤矿副矿长、筹建处副主任，新泰市煤炭工业管理局副局长，新泰市政府副市长，泰安市煤炭工业管理局副局长、局长，泰安市安全生产监督管理局局长人选等职。2017年2—4月，泰安市政府副市长、市安监局局长人选；2017年4月至2018年9月，泰安市政府副市长、市安监局局长。2018年9月以后，泰安市政府副市长。

常绪扩 男，汉族，1970年5月出生，山东东平人。1999年6月加入中国共产党，1992年7月参加工作。大学学历，经济学学士。

1992年7月毕业于山东经济学院计划统计系计划统计专业。曾任泰安医药采购供应站业务员，泰安市劳动局培训教研室副主任，泰安市劳动和社会保障局劳动工资科科长、办公室（政工科）主任（科长），泰安市劳动和社会保障局党委委员、纪委书记，肥城市委常委、组织部部长，肥城市委副书记（正县级，援疆）、组织部部长，肥城市委副书记、泰安市援疆工作前方指挥部指挥（正县级），肥城市委副书记、新疆岳普湖县委副书记、泰安市援疆工作前方指挥部指挥（正县级）、党委书记，肥城市委副书记，肥城市委副书记、市政府市长，肥城市委书记、党校校长等职。2020年6月以后，泰安市政府副市长、党组成员。

周桂萍 女，汉族，1960年12月出生，山东蒙阴人。1989年9月加入中国共产党，1990年8月参加工作。研究生学历，管理学硕士。

曾任沂南县饮食服务公司职工，沂南县新新综合服务公司经理，沂蒙制动材料总厂副厂长，省经济贸易委员会企业处科员、主任科员、助理调研员，挂职任鱼台县副县长、鱼台县委副书记，汶上县委副书记、县长，汶上县委书记等职。2010年1—2月，济宁市副市长，汶上县委书记；2010年2—4月，济宁市副市长，济宁北湖省级旅游度假区党工委书记，汶上县委书记；2010年4月至2011年12月，济宁市副市长，济宁北湖省级旅游度假区党工委书记；2011年12月至2015年1月，滨州市委常委、宣传部部长；2015年1—2月，泰安市委常委；2015年2月至2017年2月，泰安市委常委，市政府副市长、党组副书记；2017年2—3月，泰安市政协主席。2017

年3月以后，泰安市政协主席、党组书记。

徐恩虎 男，汉族，1964年12月出生，山东汶上人。1998年9月加入民革，1992年7月参加工作。研究生学历，工学博士。

1992年7月至1995年3月，山东矿业学院教师；1995年3月至1999年3月，东北大学工程力学专业博士研究生；1999年3月至2005年2月，曾任山东科技大学资源环境学院实验中心主任、民革泰安市委副主委、东平县副县长、诸城市副市长（挂职）；2005年12月至2006年2月，东平县政府副县长，民革山东省委委员、泰安市委主委；2006年2月至2007年5月，泰安市政府副市长，民革山东省委委员、泰安市委主委；2007年5月至2008年12月，泰安市政府副市长，民革山东省委常委、泰安市委主委；2008年12月至2012年5月，泰安市政府副市长，民革山东省委常委、泰安市委主委，市红十字会会长（兼）；2012年5月至2017年2月，泰安市政府副市长，民革山东省委副主委、泰安市委主委。2017年2月以后，泰安市政协副主席，民革山东省委副主委、泰安市委主委。

张庆明 男，汉族，1961年7月出生，山东泰安人。1989年2月加入中国民主建国会。1983年7月参加工作。大学学历，历史学学士。

1983年7月毕业于曲阜师范大学历史系历史专业。曾任莱芜师范政教组教师，泰安师专政史系教师，泰安市工商联科员，民建泰安市委筹备组及民建泰安市委驻会干部、驻会秘书（副科级），新泰市翟镇副镇长（正科级），新泰市人民政府市长助理，新泰市人民政府副市长等职。2001年2月至2002年2月，泰安市政协副主席，市工商业联合会副会长；2002年2月至2011年12月，泰安市政协副主席，市工商业联合会（市总商会）主席（会长）；2011年12月至2012年2月，泰安市政协副主席；2012年2月至2017年2月，市政府特邀咨询。2017年2月以后，泰安市政协副主席、民建泰安市委主委，省政协常委、民建省委常委。

刘　君 男，汉族，1958年6月出生，山东临清人。1976年6月参加工作，2000年4月加入九三学社。上海医科大学外科学专业硕士研究生，医学博士，主任医师。

曾任滕州城郊下乡知青，鲁南化肥厂职工医院卫生员，枣庄市立医院医师，泰安市中心医院医师、主治医师，泰安市中心医院副主任、主任、副主任医师，泰安市中心医院院长助理、副主任医师，泰安市中心医院副院长，泰安市中心医院副院长、九三学社泰安市委主委等职。2008年1月至2010年7月，泰安市政协副主席，市中心医院副院长，九三学社泰安市委主委；2010年7月至2019年4月，泰安市政协副主席，市中心医院院长，九三学社泰安市委主委。2019年4月以后，泰安市政协副主席，九三学社泰安市委主委。

王昌元 男，汉族，1962年4月出生，山东宁阳人。1983年7月参加工作，1997年12月加入中国民主促进会。研究生学历，理学硕士。

1983年7月毕业于曲阜师范大学数学系数学专业。曾任泰安师范专科学校数学系教师，泰山医学院讲师、副教授、教授、数学教研室主任，泰山医学院信息科学系副主任，泰山医学院信息工程学院副院长，民进泰安市委主委、泰山医学院信息工程学院副院长等职。2008年1月至2013年1月，泰安市政协副主席，民进泰安市委主委，泰山医学院信息工程学院副院长。2013年1月以后，泰安市政协副主席，民进泰安市委主委，泰山医学院现代教育技术中心主任。

姚　霆 男，汉族，1963年5月出生，江苏建湖人。1985年7月加入中国共产党，1982年7月参加工作。大学学历。

1982年7月毕业于泰安师专中文系。曾任泰安商业技校教师、办公室副主任，泰安市委研究室秘书、政教科副科长、政教科科长、《泰安工作》编辑部主任，新泰市委常委、宣传部部长，新泰市委副书记、宣传部部长，新泰市委副书记，泰安市委宣传部副部长（正县级），泰安市委宣传部副部长、文明办主任（正县级），泰安市教育局局长、党委书记，泰安市政府党组成员，办公室党组书记，泰安市政府秘书长、党组成员、办公室党组书记等职。2015年5—6月，泰安市政府秘书长、党组成员，办公室党组书记，泰山景区管委会主任、党工委副书记；2015年6月至2016年12月，泰山景区管委会主任、党工委副书记；2016年12月至2018年12月，泰山景区党工委书记；2018年12月至2019年4月，市政协副主席候选人。2019年4月以后，市政协副主席、党组副书记。

马纯勇 男，汉族，1964年1月出生，山东泰安人。1988年5月加入中国共产党，1985 年 8 月参加工作。省业余大学学历。

曾任泰安市化肥厂财务科会计、审计科副科长，泰安对外经济技术合作公司财务部副经理、经理，泰安对外经济技术合作公司副经理（主持工作），泰安对外经济技术合作公司总经理，泰安市外经委（局）副主任、党委委员，泰安市对外贸易经济合作局副局长、党委委员，泰安市商贸国资公司董事、总经理、党委委员，泰安市商贸国资公司董事长、总经理、党委书记，泰安市审计局局长、党组书记等职。2017 年 1—2 月，泰安市政协党组成员。2017 年 2 月以后，泰安市政协副主席、党组成员。

程　明　男，汉族，1962 年 9 月出生，山东泰安人。1987 年 12 月加入中国共产党，1979 年 12 月参加工作。大学学历，法学硕士。

曾任惠民地区印染厂工人，惠民地区水利学校教师，共青团泰安市委宣传部干事、经济部副部长、组织部副部长、组宣部部长，泰安市人民政府外事（侨务）办公室副主任、党组成员，泰安市人民政府外事（侨务）办公室主任、党组书记，泰安市旅游局局长、党组书记等职。2017 年 2—3 月，泰安市政协副主席、市旅游发展委主任。2017 年 3 月以后，泰安市政协副主席、党组成员。

孙岱峰　男，汉族，1962 年 1 月出生，山东邹城人，民盟盟员。1984 年 7 月参加工作。大学学历，工学学士。

1984 年 7 月毕业于山东纺织工学院纺织机电系。曾任泰安毛纺厂干部、生产计划科副科长、生产计划科科长、销售科科长，泰安市泰山区政府副区长，泰安市司法局副局长、民盟泰安市委副主委，市中级人民法院副院长、民盟泰安市委副主委，市中级人民法院副院长（正县级）、民盟泰安市委主委等职。2017 年 2 月以后，泰安市政协副主席、市中级人民法院副院长、民盟泰安市委主委。

朱旭光　男，汉族，1961 年 6 月出生，山东滕州人。1978 年 6 月参加工作，1981 年 3 月加入中国共产党。大学学历。

曾任滕县印刷厂工人，滕县法院书记员，滕县法院副院长，滕州市法院副院长（正科级），滕州市法院代理院长、院长，枣庄市中级人民法院副院长、党组副书记，枣庄市中级人民法院副院长、党组副书记、执行局局长等职。2010 年 12 月至 2011 年 1 月，泰安市中级人民法院党组书记、副院长、代院长；2011 年 1 月至 2012 年 6 月，泰安市中级人民法院院长、党组书记；2012 年 6 月至 2019 年 12 月，泰安市中级人民法院院长、党组书记、市法官协会会长。2019 年 12 月以后，泰安市中级人民法院一级高级法官，市法官协会会长。

朱云三　男，汉族，1972 年 12 月出生，山东临沂人。1999 年 12 月加入中国共产党，1992 年 10 月参加工作。研究生学历，法学博士。

1992 年 7 月毕业于临沂师范专科学校外语系英语教育专业，任临沂地区律师事务所科员，1997 年考入中国人民大学法学院刑法学专业硕士研究生、博士研究生，2003 年 7 月考试录用为山东省高级人民法院干部，曾任山东省高级人民法院刑事审判第二庭正科级干部、正科级助理审判员、副处级助理审判员、副厅长、审判员，淄博市法院副院长（正县级）、党组副书记、审判员、审委会委员、三级高级法官等职。2019 年 12 月至 2020 年 1 月，泰安市法院院长候选人、党组书记。2020 年 1 月以后，泰安市法院院长、党组书记。

苏金森　男，汉族，1966 年 10 月出生，福建莆田人。1993 年 11 月加入中国共产党，1990 年 7 月参加工作。大学学历，法学学士。

1990 年 7 月毕业于华东政法学院法律系法学专业。曾任威海市环翠区人民检察院干部、助理检察员、检察员、副科长、科长、副科级检察员，威海市环翠区初村镇党委副书记，威海市环翠区人民检察院党组成员、副检察长、检察委员会委员、正科级检察员，威海市环翠区人民检察院党组成员、副检察长兼反贪局局长，乳山市人民检察院检察长、党组书记，威海市人民检察院副检察长、党组成员兼乳山市人民检察院检察长、党组书记，威海市人民检察院副检察长、党组成员、正处级检察员，省人民检察院政治部副主任，省人民检察院政治部副主任、检察员，省人民检察院控告申诉检察处处长、举报中心主任、国家赔偿中心主任等职。2015 年 1—2 月，泰安市人民检察院代检察长、党组书记。2015 年 2 月以后，泰安市人民检察院检察长、党组书记。

吕军德　男，汉族，1960 年 12 月出生，山东莱芜人。1982 年 4 月加入中国共产党，1980 年 7 月参加工作。省委党校大学学历。

1980 年 7 月毕业于泰安师范专科学校。曾任肥城县城关公社团委干事、副书记，肥城县委办公室秘书，肥城县委调研室副主任，中共泰安地委纪委研究室副科级检查员，泰安市纪委调研室副主任（正科级）、主任，泰安市纪委办公室主任，泰安市粮油集团总公司（局）纪委书记、党委委员，泰安市粮油集团总公司（局）副总经理（副局长）、党委委员，泰安市粮食局副局长、党委委员、党委副书记，泰安市粮食局局长、党委书记，泰安市委统战部副部长、台办主任，泰安市委统战部常务副部长（正县级），泰安市委副秘书长、市直机关工委书记等职。2015年11—12月，泰安市委党校常务副校长（副厅级），市委副秘书长、市直机关工委书记；2015年12月至2018年12月，泰安市委党校常务副校长（副厅级）、校委会主任，行政学院院长。2018年12月以后，泰安市委党校（市行政学院、市社会主义学院）常务副校长（院长）（副厅级）、校委会主任。

亓利群 男，汉族，1963年12月出生，山东莱芜人。1984年1月加入中国共产党，1982年7月参加工作。省业余大学学历。

1982年7月毕业于山东水利机电学校。曾任泰安市郊区山口镇水利站干部、副站长，泰安市郊区区委组织部组织科副科长、基层党建科科长、组织员办公室副主任，泰安市郊区邱家店镇党委副书记，角峪镇党委副书记，角峪镇党委副书记、镇长，角峪镇党委书记，泰安市总工会副主席、党组成员，泰安市物价局局长、党组书记，泰安市统计局局长、党组书记，泰安市岱岳区区委书记、党校校长等职。2019年8月以后，泰山景区党工委书记。

王光锋 男，汉族，1960年6月出生，山东新泰人。1984年12月加入中国共产党，1978年2月参加工作。大学学历。

曾任新泰县汶南公社中南辰小学民办教师，新泰县汶南公社联中教师，新汶市教育局干部，新汶市政府办公室干部，新泰市政府办公室副科长、科长，新泰市政府办公室副主任、研究室副主任，新泰市政府办公室副主任、研究室主任，新泰市谷里乡（镇）党委书记，宁阳县政府县长助理、党组成员，经贸委主任，宁阳县政府副县长，宁阳县委常委、县政府副县长，泰安市乡镇企业管理局局长、党组书记，泰安市中小企业局局长、党组书记，泰安市经贸委副主任、党委副书记兼市中小企业办主任、党总支书记，泰安市政府副秘书长、市经贸委副主任、党委副书记，泰安市经贸委主任、党委书记，泰安市经济和信息化委员会主任、党委书记等职。2016年12月至2017年1月，泰安市经济和信息化委员会主任、泰山景区管委会主任。2017年1月以后，泰山景区管委会主任、党工委副书记。

模范人物选介

常庆智 男，1963年11月出生，中共党员，大学学历。中共泰安市委政法委员会副书记。2019年11月，被中共山东省委、山东省人民政府表扬奖励为全省国庆70周年安保维稳工作先进个人，并记一等功。

2019年，其认真履行市委政法委安保维稳工作分工职责，严格执行上级指示精神，紧紧围绕改革发展稳定大局，扛紧扛牢政治责任，从严从细狠抓落实，坚持"面"上抓整体推进，"点"上抓隐患清零，先后统筹组织完成全国"两会"、"10·6"专案庭审、海军成立70周年多国海军活动、第二届"一带一路"国际合作高峰论坛、北京世界园艺博览会开幕、中华人民共和国成立70周年大庆、跨国公司领导人青岛峰会、世界军人运动会、十九届四中全会等重大活动的安保维稳任务。

钱继红 女，1981年1月出生，中共党员，大学学历。泰安市岱岳区人民法院徂徕法庭副庭长。2019年获"全国三八红旗手""全国巾帼建功标兵"称号。

自2004年分配至徂徕法庭工作后，她扎根基层、无私奉献，15年的法庭工作使她成长为一名与群众打成一片的乡村法官。她针对农村情况，总结出"抓住三个环节，用活三种方法"工作思路，抓住三个环节就是庭前了解掌握全貌、庭中化解打开心结、庭后调解解开疙瘩，用活三种方法就是拉家常将理说明白、开好庭把法讲清楚、抓调解以情打动人。她正是凭借这套工作方法，把刚性的法律与柔性的司法有机结合，办结的1500个案件，无一发回重审，无一撤销改判，无一申诉信访，无一投诉举报。她先后获全国模范法官、山东省优秀共产党员、人民满意公务员、全国巾帼建功标兵、全国三八红旗手等称号，并被省委、省政府记一等功。在山东省第十二次妇女代表大会上，当选为省妇联十二届执委。

刘　欣 女，1952年4月出生，中共党员，大专学历。泰山区岱庙街道花园社区居委会党总支书记。2019年获"全国巾帼建功标兵"称号。

作为一名社区党总支书记，她从严要求自己，自觉遵守党的纪律，认认真真做事，清清白白做人，成为老百姓信得过的当家人。面对工作中最苦最累的活、最缠手的事，她总是冲在前、干在前。她成立“地缘、志缘、业缘、趣缘”四缘党支部，接纳远离党组织，不能过正常组织生活的离退休、离（下）岗党员150人，让他们安了家。她敢闯敢干，相继创新党建“四化工作模式”“加减乘除四则运算工作法”和为群众服务的“八仙”团队等党建品牌，动员组织广大党员群众为社区建设、为居民服务作出贡献。她牢记党的“全心全意为人民服务”的宗旨，了解民情，掌握第一手材料，扎实为居民排忧解难办实事。筹措资金，将争取到的1000平方米办公楼打造成全方位为民服务中心；2008年带领社区居民一举搬迁造成社区环境脏乱差的拥有300个摊点的市场，改善了社区环境；2015年在创城迎审中履职尽责，敢于担当，拆除一楼违建的286个小院子，使30年的老小区换上新面貌；2012年她拓展思路，打造出全省第一批高标准的“妇女儿童家园”，让广大妇女儿童拥有一个温馨的家园。面对社区困难户，她采取对上争取，群众帮扶等措施为他们帮困解难，赢得群众赞誉。她先后获山东省优秀共产党员、第二届中国社区志愿者之星、全国孝亲敬老之星、山东省善行义举四德榜“榜上有名”先模人物、泰安市十大女杰、泰安市优秀共产党员、山东省委“担当作为好书记”等称号，并记一等功。

刘桂荣 女，1969年12月出生，大学学历。山东省宁阳县堽城镇第一小学教师。2019年获“全国巾帼建功标兵”称号。

自1989年参加工作以后，她一直工作在农村教学一线。工作不到一年，便被诊断患上强直性脊柱炎。她克服疾病困难，潜心课题研究，在探索和实践中创新教学方法。曾多年承担地理教学，实验总结的“描摹图学地理”的方法取得很好的教学效果，作为典型经验在全县推广。在担任专职劳技教师期间，她结合实际开展基于本地环境的课程开发、课程实施、课堂教学方面的研究，研究报告获全国总课题组优秀研究成果一等奖、山东省优秀教科研成果一等奖，教学的成功经验入编由中宣部和国家新闻出版总署批准的国家重点电子音像出版规划项目《中国中小学劳动技术教育》，2009年中央教科所到学校实地拍摄现场教学经验，所在学校被评为全国课题实验先进单位。她参与学科建设和引领活动，在省及全国的课题与教学研讨会上作典型发言，在市县级学科研讨会上作经验介绍，作为远程研修市级专家指导学科教师的远程研修工作，指导身边教师研究课题。她坚持引导教育，自费参加心理专家李子勋后现代网络课程的学习，不用自己有限的经验束缚学生，通过在课堂上穿插一些小故事，不留痕迹地给孩子们以启迪。她以未知态度做教育，引导学生深度感受学习。从知识的学习到心灵的拓展，从学习的动机到身心的健康成长，在陪伴学生们长大的过程中，从各个方面引导和影响他们。她先后获全国优秀教师、泰安市功勋教师、山东省特级教师、泰安市十大女杰、最美宁阳人等称号。

玄绪华 男，1963年12月出生，山东鲁泰建材科技集团一名普通工人。2019年7月，获“全国模范退役军人”称号。

1982年入伍后，他成为武警北京总队十一支队的一名警士。在部队期间，他先后获二等功1次、三等功2次，获“北京市优质服务积极分子、北京市精神文明建设标兵、全国新长征突击手”等称号，并多次受到党和国家领导人接见。1986年他的事迹被八一电影制片厂拍摄成纪录片《深山鸿雁》，这是全军第一次为一名战士拍摄专题片，成为该部队新兵入伍必看的英模教材。1998年退役后安置到肥城县水泥制品厂（后改制为鲁泰建材），他先是被分配在调制机岗位上，天天与钢筋打交道，虽然心里多少有些落差，但“脱下军装还是兵”，听党指挥、服从命令、吃苦耐劳、敢于拼搏的军人品格没有丢，他很快扭转思想、调整好心态，“封藏”住以往荣誉，即便生活不宽裕，也从未向政府和企业提要求、要待遇。由于认真卖力，工作标准高，又是个退伍老兵，他被厂里调到全厂核心的动力车间锅炉房工作，从此他就成为一名“锅炉铆钉”。水泥制品的生产，离不开锅炉房稳定的蒸汽动力。在上岗的8个小时里，他每天要不停地卸煤、装煤、填煤4000千克，连吃饭都得在工位上解决。夏天炉边温度高达50℃，身上的衣服湿了干，干了又湿，但他凭着军人的韧劲，默默坚守20多年，从未因个人事情影响工作，从未发生过一起安全事故。就像时代楷模张富清一样，他从未提起过往荣耀，直到2016年部队老领导到公司看望老兵时，他的事迹才被大家详知。

杨延超 男，1971年3月出生，中共党员，泰安市公安局财源派出所清真寺警务区警长。2019年7月，获“全国模范退役军人”称号，享受省部级劳动模范和先进工作者待遇。

2005年从部队转业参加公安工作后，他心系群众，扎根基层，为老百姓排忧解难，严打严防，守护社区一方平安。他创新“三知三会”（知民情、知民俗、知民意，会沟通、会协调、会训导）社区警务工作法，对社区基层基础工作起到良好的指导作用并在全局得到推广。清真寺社区是泰安城区最大的以少数民族群众为主的社区之一，他通过长期查阅资料、实地比对，对社区基本情况做到“提到、说到、指到”，成为一个名副其实的“导航仪”。在辖区三年基层基础攻坚战中，他率先建成“一区一警、两辅分片”的“1+2+6”社区警务模式，通过走街串巷，实地查访，形成包括人口、房屋、车辆等23类基层基础信息资料库，与“一标三实”信息采集工作实现人房关联、信息资源共享。扎实的基层基础工作为警务实战提供强力支撑，近三年，他为侦查破案提供有效信息610条，其中协助抓获逃犯21人，提供便民服务1560次，发现整改各类隐患1200处。面对老旧社区人员复杂，纠纷繁多的情况，他主动到社区居委会认家门、交朋友，帮居委会分忧解难，赢得支持，针对群体纠纷、“抱团”纠纷、邻里纠纷等不同纠纷类型，他摸索形成“剥洋葱法”“隔离法”“告知后果法”等调处技巧，被辖区居民亲切称为社区和谐的“调压器”。他有效化解涉少数民族矛盾纠纷410起，妥善处置涉少数民族案事件145起，辖区接警率连续3年分别下降42%、31%、26%。他坚持民意主导警务，按照“放管服”改革的部署要求，前移工作窗口，落实宣传上门、办证上门、送证上门等便民惠民措施，并将警务室构建为集社区民警、社区居委会、清真寺寺管会、财源法律服务所、社区物业等“柜台货架”的“法律超市”。他先后为辖区居民送证上门196次，开展“马扎子安全防范知识课堂”220次、提供法律服务79次，切实把警务室打造成为“一室多能”服务窗口。他以扫黑除恶专项斗争为载体，对辖区娱乐场所、餐饮行业等容易滋生黑恶势力的重点领域进行滚动摸排，严打严防。办理各类案件340起，拘留违法犯罪嫌疑人117人，抓获逃犯8人，守护住辖区平安。他先后获泰安最美警察并记三等功、全省优秀人民警察、泰安市民族团结进步模范个人并记二等功、全国优秀人民警察等称号。

先进个人名录（部分）

全国三八红旗手

钱继红（女）　岱岳区法院徂徕法庭副庭长

全国巾帼建功标兵

刘　欣（女）　山东省泰安市泰山区岱庙街道花园社区党总支书记

刘桂荣（女）　山东省泰安市宁阳县堽城镇第一小学教师

全国模范退役军人

玄绪华　山东鲁泰建材科技集团动力车间锅炉班班长

杨延超　泰安市公安局泰山区分局财源派出所清真寺警务区警长

全国维护妇女儿童权益先进个人

周　丽　泰安市公安局刑事侦查支队四大队副大队长、主任科员

陈　挺　泰安市农业农村局农业经营管理站副站长、农经师

全国最美家庭

李武刚家庭

杜翠莲家庭

全国模范教师

刘　芳（女）　山东省泰安第二中学

刘秋梅（女）　宁阳县第一小学

冉　蕾（女）　新泰市泉沟镇初级中学

全国优秀教师

史　岩（女）　宁阳县堽城镇福和希望小学

张向军　泰安市岱岳区马庄镇回民中学

马启银　山东省泰安第一中学
张宗健　山东省肥城市第一高级中学

第六届全国青年科普创新实验暨作品大赛优秀组织个人二等奖

楚远远　泰安市科技馆馆长
韩　珂　泰安市科技馆工作人员

第六届全国青年科普创新实验暨作品大赛全国总决赛优秀指导教师

张　锐　泰安市科技馆青少年科副科长

全国煤炭行业优秀共青团干部

李　慧　新矿集团万祥矿业公司

全国煤炭行业优秀共青团员

董立华　新矿集团伊犁能源公司

全国市场监管系统先进工作者

胡继军　泰安市市场监管局泰山景区分局南天门市场监管所副所长

全国民族团结进步模范个人

米培莲　泰山区省庄镇东孙村党支部书记

山东省“攻坚克难奖”先进个人

张　涛　泰安市房产管理服务中心党委书记、主任
谭华东　泰安市园林绿化处公园管理所副所长

山东省“勇于创新奖”先进个人

鄂宏超　肥城市政府副市长、党组成员，公安局局长
刘　欣（女）　泰安市泰山区岱庙街道花园社区党总支书记
李　波　泰安市林业局野生动植物保护站站长

全省国庆70周年安保维稳工作先进个人并记一等功

常庆智　泰安市委政法委副书记

全省国庆70周年安保维稳工作先进个人

范卫毅　泰安市委办公室机关妇委会主任
李文鑫　泰安市纪委市监委驻市住房城乡建设局纪检监察组二级主任科员
沈坤远　泰安市泰山区委政法委常务副书记
陈继勇　东平县公安局特巡警大队大队长
侯典辰　宁阳县信访局局长
王　建　宁阳县公安局刑警大队情报信息中心主任
王　卫　泰安市岱岳区北集坡街道党工委书记
赵　凡　泰安市消防救援支队岱岳区大队助理工程师

山东省富民兴鲁劳动奖章获得者

范正勇　泰安市硕力液压设备厂技术工人
法文静（女，回族）　泰安金兰奶牛养殖有限公司总经理
杨方凯　国网山东省电力公司新泰市供电公司变电运维二班班长
孙绪兵　山东华阳农药化工集团有限公司技术部经理
张　媛（女）　力博重工科技股份有限公司新产品研发部部长
赵春海（满族）　中国重汽集团泰安五岳专用汽车有限公司维修电工
刘真伦　新汶矿业集团有限责任公司党委副书记
孙长海　山东新巨龙能源有限责任公司党委副书记、工会主席
崔立军　肥城白庄煤矿有限公司机电维修工
张　鹏（女）　泰安市泰山风景名胜区管理委员会红门管理区副区长
李更生　泰安市泰山城区热力公司党委书记、董事长、经理
刘峻青　泰安市公路局工程一处党委副书记

2018年度“山东省青年志愿服务先进个人”

马　琳　共青团泰山区委

山东省优秀共青团干部

马　晓　岱岳区天平街道团工委书记
马玉松　肥城市安临站镇团委书记

山东省优秀共青团员

王子奇　山东省泰安英雄山中学团委干事

乡村“好青年”

鹿庆辉　泰安市圣辉装饰工程有限公司、宁阳农禾观光公司总经理

山东省首届巾帼志愿服务“十佳爱心妈妈”

和西梅　泰安市泰山小荷公益事业发展中心主任

山东省五好家庭

贾美荣家庭
张　娟家庭
王乐东家庭
刘奉阁家庭
张丽红家庭

2019年度全省志愿服务先进典型

最美志愿者

葛业森　山东泰安岱岳艺术团志愿服务队队长
刘奉阁　宁阳县奉阁志愿团团长
徐玉庆　肥城市石横义工公益事业发展中心理事长
程　超　泰安市蓝峰应急救援志愿服务中心志愿者
王绪波　新泰市义务工作者协会会长
张素霞　泰安市心理学会志愿者

山东省生态环境系统先进个人

柴　峰　泰安市生态环境局生态保护科负责人
王玉涛　泰安市生态环境局岱岳分局污控科科长
高　颖　泰安市生态环境局新泰分局党组成员、副局长
刘　章　泰安市生态环境局宁阳分局宁阳县环境监察大队副大队长

山东省优秀退役军人

郑　民　泰安市瑞丽金康物业管理有限公司董事长、党委副书记
张洪存　泰山兵峰模拟军营文化有限公司负责人
苏立华　泰安市保丽金康物业管理有限公司党委书记、董事长
耿进平　东平县银山镇耿山口村村支部书记
张爱国　国网泰安供电公司输电运检室输电运维三班班长
姜卓兵　泰山风景名胜区管理委员会消防队党支部书记、队长

山东省退役军人工作先进个人

陈绪峰　泰安市退役军人事务局安置组组长

山东省信访工作先进个人

戚永红　泰安市财政局行政政法科科长
张　涛　泰安市城市管理局办公室副主任
郭连勇　泰安市信访局信访督查专员
范明强　泰安市信访局调研科科长
周传兴　泰安市泰山区信访局副局长
李　勇　泰安市公安局岱岳区分局信访科科长
张　军　泰安高新技术产业开发区信访办主任、投融资管理中心工会主席
石　炜　泰安市泰山风景名胜区信访中心主任

山东省保密系统先进个人

张　彬　泰安市泰山区委办公室正科级干部

山东省第四次经济普查先进个人

安文韬　泰安市统计局科员
侯　镇　泰安市统计局科员

山东省优秀教师

连　芳（女）　泰安市市直机关幼儿园
张秀霞（女）　肥城市实验幼儿园
付冬梅（女）　泰安市实验学校万境水岸小学
郑　利　泰安市岱岳区徂徕镇许家庄小学
张昭勤　新泰市汶南镇朝阳联办小学
汪银玲（女）　山东省肥城市边院镇济河小学
陈良香（女）　新泰市果都镇杜莫联办小学
仇元新　新泰市岳家庄乡东峪联办小学
杨风玲（女）　肥城市王庄镇演马小学
朱洪芸（女）　山东省泰安市实验学校
李慧静（女）　泰安市第一实验学校
李艳华（女）　宁阳县乡饮中心学校
韩邦峰　泰安市岱岳区山口镇第二中学
张灿雨　泰安市泰山区省庄镇第二中学
杨方礼　东平县梯门镇中学
和法文　山东省新泰市第一中学
孔　燕（女）　宁阳县第四中学
陈士民　东平高级中学
杜庆春　东平明湖中学
秦海华　宁阳县第一中学
李孝臣　新泰市汶城中学
张　超　肥城市泰西中学
李代宽　山东省泰安第十九中学

朱树涛　泰安市理工中等专业学校

山东省优秀教育工作者

何　冰　东平县教育和体育局
王增军　泰安市岱岳区教育和体育局
秦洁新　泰山学院附属中学
赵永军　肥城市教育和体育局

山东省公安厅记个人一等功

许晓峰　泰安市公安局警犬技术大队副大队长、警务技术二级主管，一级警督

山东省公安厅记个人二等功

武延刚　泰安市公安局国保支队支队长、三级高级警长，一级警督
陈潍飞　泰安市公安局经济犯罪侦查支队民警、一级警员，一级警司
冯　刚　泰安市公安局交通警察支队泰山区城东大队事故处理中队中队长、三级警长，二级警督
王洪涛　泰安市公安局泰山分局网络安全保卫大队侦查中队中队长、警务技术员，三级警督
韦　平　泰安市公安局岱岳分局法制室副主任、三级警长，二级警督
陈　奎　新泰市公安局刑事侦查大队三中队中队长，三级警督
刘振涛　肥城市公安局刑事侦查大队副大队长、四级警长，三级警督
乔元波　宁阳县公安局东疏派出所副教导员、四级警长，三级警督
安　龙　东平县公安局刑事侦查大队大队长、一级警长，一级警督
仉义光　泰安市公安局泰山景区分局红门派出所副所长、三级警长，二级警督
尹燕鹏　泰安市公安局泰山分局禁毒大队侦查中队中队长、一级警员，三级警督
李　凡　泰安市公安局禁毒支队民警、一级警员，三级警督
陈　仓　泰安市公安局网络安全保卫支队民警、警务技术员，一级警司
徐　晓　技术侦察支队科员、警务技术员，三级警督
张庆平　宁阳县公安局禁毒大队副指导员、一级警员，一级警司
张训旭　泰安市公安局岱岳分局刑事侦查大队三中队中队长、一级警员，三级警督
邢伟忠　肥城市公安局桃花源派出所副所长、四级警长，二级警督
陈　龙　泰安市公安局网络安全保卫支队副支队长、警务技术三级主管，二级警督
刘龙涛　新泰市公安局翟镇派出所警长、四级警长，三级警督
陈继勇　东平县公安局特巡警大队大队长、三级警长，二级警督
李　涛　泰安市公安局刑侦支队刑科所教导员一级警长，一级警督

山东省科协宣传工作先进个人

邵国帅　泰安市科协办公室科员

第二届山东省城市建设博览会先进个人

张　华　泰安市住房城乡建设局城市建设科负责人
李　卫　泰安市城市档案馆党支部书记
刘　磊　泰安鲁邦大河热电有限公司综合办公室副主任
张　彬　泰安市城市管理局市容科科员
石宗水　泰安市城市管理局市容科科员

全省住建系统“好工匠”

刘　卫　兴润建设集团有限公司
王　锋　兴润建设集团有限公司
王照胜　泰安市市政工程建设中心
吕建奎　泰安市排水管网管理所

山东省妇联系统先进个人

王　玲　岱岳区妇联党组书记、主席
陈　玉　泰山景区妇委会主任
庄宿娟　新泰市羊流镇妇联主席
王夫燕　高新区房村镇妇联主席

山东广电网络系统巾帼建功标兵

刁雪莲　泰安分公司市场部副主管
米　瑞　泰安分公司工程管理部副主管
宋庆芳　泰安分公司市区营业部渠道经理

颜　琰　泰安新泰分公司片区经理

山东出版集团系统巾帼建功标兵

卢　莹　山东新华书店集团有限公司泰安分公司连锁零售部经理
孙　静　山东新华书店集团有限公司东平分公司连锁零售部经理兼中心门店经理

泰安市“最美退役军人”

王长信　金麦香面粉厂总经理
吕才科　山东大禹水治理有限公司董事长
李文全　肥城市公共汽车公司一路公交线驾驶员
朱晓波　市军队离退休干部服务中心副科长
张际振　山东省煤炭泰山疗养院退休干部
郝朝杰　泰安市公安局特巡警支队四大队科员
鹿成增　山东恒源兵器科技股份有限公司董事长
段思泉　山东梦农农业公司经理
张海滨　泰安市环境卫生管理处保洁五公司副经理
朱晓东　山东亚奥特乳业有限公司董事长
颜景安　泰安联通办公室主管
赵　森　高新区三棵树家庭农场总经理
曹洪涛　山东厚鲁电器销售有限公司董事长
方立章　青云街道珍珠油杏研究所所长，新泰市外峪油杏合作社社长
陈　强　山东彩山兴业装饰材料有限公司董事长
汪厚亮　泰安市建筑工程服务中心副主任
王德江　泰安荣军医院荣军班长
王慎武　新泰市新汶街道办事处张庄社区党委书记、居委会主任
宋汝勤　泰安市公交公司驾驶员
郑　伟　泰安市商务局规划统计科二级主任科员
潘元浦　泰安市广播电视台后勤服务中心副主任
王太峰　泰安市行政审批服务局监督考核科科长
解洪涛　中国银行泰安岱岳支行行长
郑成国　宁阳县拘留所副所长
吴　婷　国家统计局泰安调查队二级主任科员
丁兆江　山东服装职业学院保卫处综合科科长
朱衍东　泰安实验中学行政后勤中心副主任
张树军　泰安市中医医院保卫科科长
杨　猛　泰安长城中学总务处主任助理
邢立文　国家税务总局泰安市岱岳区税务局副主任科员

泰安籍荣立二等功现役军人

李正旺　肥城市桃园镇营里村
尹　松　肥城市高新区西付村
陈　统　宁阳县文庙街道兴华小区
程　彬　宁阳县磁窑镇北刘村
王海波　宁阳县鹤山镇山后村
于吉祥　东平县老湖镇西一村
王洪猛　东平县戴庙镇后吕庄村
赵禄禄　东平县旧县乡姜沟村
耿进福　东平县新湖镇七神堂村

泰安市第三批会计领军人才

朱春涛　山东泰山抽水蓄能电站有限责任公司
米玉芹　新泰市城建综合开发公司
周龙梅　泰安市兴华职业培训学校
胥　振　泰安技师学院
刘美轩　山东泰安建筑工程集团有限公司
刘　峰　山东京卫制药有限公司
彭永健　泰安市公路事业发展中心第一工程部
徐　伟　泰安金融控股集团有限公司
赵井伟　国网山东省电力公司东平县供电公司
刘　玲　泰安市公路事业发展中心第二工程部
唐向阳　山东泰邦生物制品有限公司
张恒森　山东路德新材料股份有限公司
刘胜利　蒙牛乳业泰安有限责任公司
张　健　山东泰邦生物制品有限公司
陈希业　泰安泰山旅游集团有限公司
刘　宝　新泰市统筹城乡发展集团有限公司
朱　蓬　泰山玻璃纤维有限公司
郝立芬　山东春潮集团公司
孙　莉　瑞星集团股份有限公司
徐　蕾　中国太平洋人寿保险股份有限公司泰安中心支公司
玄　瑾　泰安市自来水有限公司
李　慧　泰山恒信有限公司
李　峰　泰安市城市广场管理处
韩秋媛　山东瑞福锂业有限公司
宋晓娟　山东泰山会计师事务所
马丽雅　泰开集团有限公司
任　霞　泰安市建设工程施工图审查中心
王玉升　山东泰盈科技有限公司
孙庆亮　国家能源集团山东石横热电有限公司

岳仁战 普瑞特机械制造股份有限公司
田文玉 宁阳县八仙桥街道办事处
靳晓军 泰山职业技术学院
李前进 宁阳县农业农村局
孟庆珍 肥城市人民政府新城街道办事处
苏运利 宁阳县堽城镇财政所
李德运 肥城市人民医院
王秀云 泰安市第一人民医院
冯天舒 泰安市委党校
秦元金 山东外贸职业学院泰安校区
杨秀丽 泰安市财政局
周丽琴 泰安致信联合会计师事务所
徐跟红 山东东岳联合会计师事务所
薛晓伟 泰安致信联合会计师事务所
王婷婷 山东会明信联合会计师事务所
李 晓 山东东岳联合会计师事务所
杨 慧 泰安金融控股集团有限公司
刘剑峰 泰安泰岳联合会计师事务所
王相力 肥城市财政局
孙静意 山东东岳联合会计师事务所
李春霞 山东东岳联合会计师事务所

泰安市人民满意的教师

赵 晖（女） 泰安市市直机关幼儿园
王 昕（女） 山东省泰安市实验学校
李 林 山东省泰安第一中学
王星慧（女） 山东省泰安第二中学
马雪莉（女） 泰山职业技术学院
段慧龙 泰安技师学院
侯路路（女） 泰安市体育运动学校
孙雨亭 泰安市第一实验学校
刘继文 山东省泰安第六中学
孙秀洁（女） 山东省泰安东岳中学
王 霞（女） 山东省泰安南关中学
左艳艳（女） 泰安市岱岳区夏张镇中心幼儿园
徐丽丽（女） 泰安市岱岳区岳峰小学
卢桂荣（女） 泰安市岱岳区道朗镇第二中学
王汝桐 山东省泰安第四中学
谢 龙 山东省泰安英雄山中学
张 华（女） 新泰市向阳实验学校
侯绪霞（女） 新泰市新甫实验学校
柴爱香（女） 新泰市青云街道朝阳学校
万文刚 新泰市宫里镇中心小学
薛 奎 新泰市谷里镇中心小学
崔西春 新泰市岔河希望小学
张翠玲（女） 新泰市刘杜镇南流泉联办小学
和丽丽（女） 新泰市青云中学
孟凡香（女） 山东省新泰市第一中学
陈树鹏 新泰中学
鲍怀伟 泰安市理工中等专业学校
杜海燕（女） 肥城市实验小学
尹 慧（女） 肥城市白云山学校
钱林梅（女） 肥城市湖屯镇中心小学
陈圣国 肥城市龙山中学
杨秀娟（女） 肥城市桃都中学
宋 斌 肥城市孙伯镇初级中学
刘丽英（女） 肥城市第一高级中学
李海军 肥城市第一高级中学
范慧凤（女） 肥城市教师进修学校
孙文晶（女） 宁阳县第二实验幼儿园
崔金祺 宁阳县东疏镇大伯小学
史林林（女） 宁阳县第一小学
王其秋 宁阳县第十一中学
沈培林 宁阳县实验中学
张 峰 宁阳县第四中学
苑 荃（女） 宁阳县第一中学
亓明国 东平县实验小学
王 营（女） 东平县梯门镇中心小学
寇文娟（女） 东平县沙河站镇中心小学
何洪涛 东平县东原实验学校
吴厚新 东平县新湖镇中学
陈中成 东平高级中学
刘庆瑞 泰安市岱岳区徂徕镇中心小学

泰安市人民满意的校长

常希贞 山东省泰安第一中学
秦洁新 泰山学院附属中学
袁玉猛 泰安市泰山区省庄镇刘家庄学校
谢清田 泰安市岱岳区岳峰小学
陈绪强 新泰市实验中学
刘会华 新泰市禹村镇韩山联办小学
王卫东 肥城市第一高级中学
马利民 肥城市边院镇初级中学
王 旭（女） 宁阳县实验幼儿园

赵景喜　东平高级中学

泰安市尊师重教先进个人

孙　晶　泰安旅游经济开发区管理委员会党工委副书记
牛宝伟　新泰市新汶街道孙村社区居委会党委书记
滕鸿儒　山东一滕集团董事长
邢琳琳　心怡科技股份有限公司总经理
孔　宁　东平鑫象建材有限公司总经理

2019 泰安最美教师

焦学玉　山东省泰安东岳中学
薛翠芹（女）　泰安市岱岳实验中学
石　昊　泰安市岱岳区大汶口镇第一中学
牛恒友　泰安市理工中等专业学校
李　娟（女）　新泰市实验中学
刘寅芝（女）　新泰市青云中学
武培芳（女）　新泰市青云中学
刘长婧（女）　新泰市第一实验小学
冉　蕾（女）　新泰市泉沟镇初级中学
李大华　肥城市实验中学西校区
董有忠　肥城市白云山学校
尹衍翠（女）　肥城市龙山小学
宋华丽（女）　肥城市湖屯镇初级中学
田秀丽（女）　宁阳县第九中学
杜庆春　东平明湖中学
孟　慧（女）　东平县特殊教育学校
柏立锋　东平县梯门镇中学
郑　利　泰安市岱岳区徂徕镇许家庄小学
刘海燕（女）　山东省泰安第一中学
牛晓云（女）　泰安师范学校附属学校

2019 泰安市教书育人楷模

仲　琳（女）　泰安泰山实验中学
冯德芹（女）　泰安市泰山区泰前街道办事处岱道庵小学
韩小赟（女）　泰安市泰山区徐家楼街道大白峪小学
丁安华　山东省泰安英雄山中学
褚丁坤　新泰中学
吕金梅（女）　新泰市谷里镇初级中学
韩　伟　新泰市龙廷镇岙阴初级中学
万　宏（女）　新泰市福田学校
范立群　新泰市平阳实验学校
石良兆　肥城市实验小学桃花源校区
王继东（女）　肥城市桃园镇初级中学
刘广东　肥城市第六高级中学
尹　强　肥城市第二高级中学
张秀霞（女）　肥城市实验幼儿园
路　静（女）　宁阳县磁窑镇实验小学
杨建华　东平县高级中学
李晓文（女）　泰安高新区北集坡街道办事处赵庄小学
戚　青　泰山景区下港镇下里小学
肖　峰　山东省泰安第一中学
颜　斌　泰安长城中学
吴　磊　泰山学院附属中学

泰安市优秀教师

杨　丽（女）　泰安市泰山区直属机关幼儿园
刘海宁（女）　泰安市财源办事处仓库路学校
周　臣　泰安市财源办事处旧镇小学
吴多圳　泰安市岱庙办事处粮食市学校
张冬梅（女）　泰安市泰前办事处迎胜小学
王淑翠（女）　泰安市泰山区上高街道办事处小井小学
郭荣强　泰安市泰山区省庄镇第一中学
黄振伟　泰安市泰山区省庄镇第二中学
訾庆国　山东省泰安第十三中学
徐　振　泰安市泰山区邱家店镇实验中学
吕　斌　山东省泰安南关中学
毛杰莉（女）　泰安泰山实验中学
任绪民　泰安市泰山区泰前中学
范　霞（女）　泰安市泰山区上高学校
马　伟（女）　泰安市泰山区徐家楼街道办事处泮河中学
杨洪全　泰安市文化产业中等专业学校
尚随更　泰安市文化产业中等专业学校
玄晓颖（女）　泰安市岱岳区道朗镇中心幼儿园
艾　美（女）　泰安市岱岳区大汶口镇中心小学
孙　凤（女）　泰安市岱岳区马庄镇中心小学
李怀兰（女）　泰安市岱岳区满庄镇中心小学
陈　燕（女）　泰安市岱岳区夏张镇王士店小学
朱士伟　泰安市岱岳区道朗镇中心小学
刘　敏（女）　泰安市岱岳区粥店街道司家庄小学

王　燕（女）	泰安市岱岳区天平街道卧牛石灿喜小学
贾广玉	泰安市岱岳区大河学校
徐宗官	泰安市岱岳区岳峰小学
尹伟伟（女）	泰安市岱岳区大汶口镇第一中学
李　峰	山东省泰安第十五中学
刘纪霞（女）	泰安市岱岳区范镇第一中学
杨　凯	山东省泰安第十四中学
张义慧（女）	泰安市岱岳实验中学
徐秀峰（女）	山东省泰安英雄山中学
刘　宏	山东省泰安英雄山中学
龚久胜	山东省泰安第十九中学
张立民	泰安市岱岳区职业中等专业学校
郭方莹	新泰市实验幼儿园
张守相	新泰市新甫实验学校
张传义	新泰市协庄学校
伊淑凤（女）	新泰市青云街道朝阳学校
巩玉云	新泰市第二实验小学
史新东	新泰市翟镇中心小学
杜　煜（女）	新泰市泉沟镇中心小学
齐莉莉（女）	新泰市楼德镇南泉小学
郭洪省	新泰市小协镇西牛希望小学
韩永兰（女）	山东省新泰市第一实验小学
范军伟	新泰市向阳实验学校
陈立月（女）	新泰市新汶实验学校
石　峰	新泰市汶城实验小学
张玉涛	新泰市福田学校
高金凤（女）	新泰市羊流镇初级中学
杜洪燕（女）	新泰市果都镇初级中学
贾文丽（女）	新泰市西张庄镇中心学校
宁伟丽（女）	新泰市禹村镇初级中学
陈　键	新泰市谷里镇初级中学
翟学花（女）	新泰市宫里镇初级中学
仲崇亮	新泰市新汶街道初级中学
宋　剑	新泰市东都镇初级中学
张传青	新泰市石莱镇初级中学
陈　波	新泰市放城镇初级中学
安　亮	新泰市刘杜镇中心学校
鲁　震	新泰市岳家庄乡中心学校
白宗梅（女）	新泰市汶南镇初级中学
赵　强	新泰市龙廷镇汞阴初级中学
梁学庆	新泰市实验中学
毕泗胜	新泰市青云中学
李　斌	新泰市金斗中学
田新全	新泰市新甫中学
郑　霞（女）	新泰市新汶实验中学
王久华	新泰市第二中学
张淑满	山东省新泰市第一中学
李怀行	山东省新泰市第一中学
李兆芹（女）	山东省新泰市第一中学
汇　峰	山东省新泰市第一中学
邱　军	新泰市第一中学北校
王沛庆	新泰市第一中学北校
褚丁坤	新泰中学
许艾利（女）	新泰市新汶中学
王在亮	新泰市汶城中学
高　跃	新泰市特殊教育学校
高泗桂（女）	泰安市理工中等专业学校
段赓苏（女）	泰安市工商中等专业学校
郝蒙蒙（女）	肥城市实验幼儿园
赵盼盼（女）	肥城市石横镇中心幼儿园
英　勇	肥城市实验小学
刘玉霞（女）	山东省肥城师范学校附属小学
裴敦文	肥城市河西小学
陈　娟（女）	肥城市龙山小学
董有忠	肥城市白云山学校
胡　华（女）	肥城市老城街道中心小学
付继强	肥城市王瓜店街道王西小学
刘　朋	肥城市石横镇中心小学
张庆娟（女）	肥城市桃园镇中心小学
高　亮	肥城市王庄镇北尚小学
王　军	肥城市仪阳街道京城希望小学
赵海燕（女）	肥城市仪阳街道中心小学
王　亮	肥城市孙伯镇中心小学
张　红（女）	肥城市安驾庄镇中心小学
王　斌	肥城市边院镇中心小学
张文娟（女）	肥城市汶阳镇中心小学
王　晶（女）	肥城市左丘明实验学校
辛桂英（女）	肥城市白庄矿学校
王丽敏（女）	肥城市实验中学
王善锋	肥城市龙山中学
李国龙（女）	肥城市龙山中学
李现东	肥城市桃都中学
明勇杰	肥城市白云山学校

孙　辉（女）　肥城市老城街道初级中学
宋华丽（女）　肥城市湖屯镇初级中学
王继东（女）　肥城市桃园镇初级中学
刘庆美（女）　肥城市安临站镇初级中学
武同辉　肥城市安驾庄镇初级中学
张　朋　肥城市汶阳镇初级中学
李　强　肥城市第二高级中学
夏　晓　肥城市第三中学
朱国英　肥城市丘明中学
梁　虹（女）　肥城市教师进修学校
李栋栋　肥城市特殊教育学校
武文虎　肥城市职业中等专业学校
刘　明（女）　宁阳县东疏镇中心幼儿园
胡克荣（女）　宁阳县文庙中心幼儿园
仝淑青（女）　宁阳县泗店镇牛村小学
张恩华　宁阳县鹤山镇大辛小学
吴锡光　宁阳县伏山镇中心小学
薛爱丽（女）　宁阳县泗店镇中心小学
刘　芳（女）　宁阳县堽城镇北落小学
牛富全　宁阳县葛石镇夏庄小学
桑爱媛（女）　宁阳县伏山镇中心小学
刘恒勇　宁阳县第一小学
仝　宽　宁阳县第三小学
杜欣贺（女）　宁阳县八仙桥中心小学
胡丽华（女）　宁阳县实验小学
王长冉　宁阳县乡饮中心学校
刘娟美（女）　宁阳县第五中学
王　敏（女）　宁阳县第二十中学
柏　伟　宁阳县第九中学
张　波　宁阳县第二十五中学
程　明　宁阳县第十二中学
张庆娥（女）　宁阳县实验中学
朱敬文　宁阳县第二实验中学
刘　伟（女）　宁阳县实验中学
朱红梅（女）　宁阳县复圣中学
尹明奎　宁阳县第二中学
林令强　宁阳县第一中学
高海新　宁阳县第一中学
王同波　宁阳县第四中学
张　峰　宁阳县第四中学
曹启伟　宁阳县职业中等专业学校
张兆友　宁阳县职业中等专业学校
刘庆红（女）　东平县直机关幼儿园
李芳芳（女）　东平县直机关幼儿园
蒋士蓉（女）　东平县江河国际实验学校
刘　娟（女）　东平县嘉和小学
巩汝杰（女）　东平县老湖镇新村小学
路后全　东平县戴庙镇师集小学
侯秀文（女）　东平县东平街道中心小学
马庆兰（女）　东平县大羊镇中心小学
于贵常　东平县接山镇中心小学
赵庆敏　东平县商老庄乡中心小学
徐汶汶（女）　东平县青峰山实验学校
韩召慧（女）　东平县第二实验小学
于海燕（女）　东平县第三实验小学
侯笛笛（女）　东平县第四实验小学
邓静静（女）　东平县佛山小学
李　寒（女）　东平县沙河站镇蔡庄店小学
马长霞（女）　东平县彭集街道中学
李士香（女）　东平县沙河站中学
焦恩霞（女）　东平县梯门镇中学
刘　盼（女）　东平县新湖镇中学
袁昌梅（女）　东平县实验中学
刘　凤（女）　东平县佛山中学
穆明栋　东平县第一中学
杨建华　东平高级中学
王建辉　东平明湖中学
吴　燕（女）　东平县特殊教育学校
杨　军　东平县职业中等专业学校
李媛媛（女）　泰安市岱岳区化马湾乡土山河小学
宋绍青（女）　泰安高新技术产业开发区凤凰小学
周　婷（女）　泰安市实验学校万境水岸小学
于建伟　泰安第二十一中学
张志江　泰安市岱岳区北集坡街道办事处第一中学
常　芳（女）　泰安高新技术产业开发区第一中学
高海刚　山东省泰安第五中学
赵　云（女）　泰安市泰山区大津口乡范家庄小学
李兆兴　山东省泰安师范学校附属学校
王书茵（女）　山东省泰安师范学校附属学校
时晓筠（女）　泰山学院附属中学
陈彦梅（女）　山东省泰安市实验学校
王宇东　山东省泰安市实验学校
蔡玉芝（女）　泰安望岳中学

兰程程（女） 泰安望岳中学
王　芹（女） 山东省泰安第一中学
王学温 山东省泰安第一中学
王　利 山东省泰安第一中学
周　鑫（女） 山东省泰安第一中学
毕泗建 山东省泰安第一中学
高　波 山东省泰安第二中学
王红梅（女） 山东省泰安第二中学
张连刚 山东省泰山中学
王庆峰 山东省泰山中学
刘启东 山东省泰山中学
姚光洁 泰安长城中学
齐国涛 泰安长城中学
陈　霞（女） 泰安实验中学
耿　波 泰安实验中学
张建明 泰山职业技术学院

泰安市优秀班主任

王金龙 泰山区万官路学校
张秀娟（女） 山东省泰安迎春学校
高　峰 山东省泰安第六中学
尹凤芹（女） 山东省泰安东岳中学
孙其红（女） 泰安市岱岳区智源小学
李云刚 山东省泰安第三中学
李钦珠 山东省泰安第四中学
王光栋 山东省泰安英雄山中学
朱玉梅（女） 新泰市禹村镇韩山联办小学
刘　涛 山东省新泰市第一实验小学
尹逊祥 新泰市翟镇初级中学
和　伦 新泰市泉沟镇初级中学
王成新 新泰市楼德镇初级中学
王路军 新泰市石莱镇初级中学
杨敏强 新泰市汶南镇第二初级中学
栾尚美（女） 新泰市实验中学
张兴良 新泰市第二中学
杨民平 山东省新泰市第一中学
闫　辉 新泰市第一中学北校
王　磊 新泰中学
赵　明 肥城市实验小学
薛建香（女） 肥城市龙山中学
王　敏（女） 肥城市实验中学
李　利 肥城市桃都中学
魏　凯 肥城市边院镇过村初级中学
张启振 肥城市第一高级中学
孙远辉 肥城市泰西中学
尹逊祥 肥城市第六高级中学
刘泗平 肥城市第三中学
孙　岭（女） 宁阳县第二实验幼儿园
黄利红（女） 宁阳县第三小学
杨爱玉（女） 宁阳县实验小学
李　娟（女） 宁阳县第一小学
潘　登 宁阳县第五中学
孔祥勇 宁阳县第十一中学
苏凡香（女） 宁阳县特殊教育中心
乔丙强 东平县东原实验学校
林　瑞（女） 东平县旧县乡中学
陈琳琳 东平县斑鸠店镇中学
徐　超 东平县银山镇中学
王笃涛 东平高级中学
沈国敬 东平明湖中学
孙　安 泰安高新技术产业开发区凤凰小学
张业林 泰安高新技术产业开发区第一中学
王　莹（女） 泰安市岱岳区黄前镇中心小学
宁　莉（女） 山东省泰安师范学校附属学校
张　利 泰山学院附属中学
董　刚 山东省泰安第一中学
冯　东 山东省泰安第二中学
杨平雷 泰安市特殊教育中心

泰安市优秀教育工作者

陶正军 泰安市泰山区温泉路小学
任　涛 泰安市第一实验学校
张　明 山东省泰安迎春学校
乔小平 泰安泰山实验中学
施金香（女） 泰安市岱岳区实验小学
王安光 泰安市岱岳实验中学
邱令虎 山东省泰安第十九中学
朱秀峰 泰安市岱岳区山口镇教育办公室
郇　静（女） 新泰市羊流镇中心幼儿园
常培忠 新泰市新汶街道中心小学
王树强 新泰市汶南镇公家庄联办小学
杜良成 鲁能新泰希望小学
闫素珍（女） 山东省新泰市第一实验小学
李　萍（女） 新泰市平阳小学

李效振	新泰市汶城实验小学
吴建水	新泰市果都镇初级中学
王恒信	新泰市第一中学北校
刘乐成	新泰中学
韩　利	泰安市工商中等专业学校
孙清国	新泰市石莱镇教育办公室
彭世强	肥城市龙山小学
杨　勇	肥城市王庄镇南尚小学
赵二波	肥城市潮泉镇初级中学
贾绪真	肥城市王瓜店街道蒋庄社区学校
翟立成	肥城市孙伯镇初级中学
尚庆亮	肥城市第一高级中学
阴玉军	肥城市泰西中学
赵元成	肥城市第六高级中学
李炳奎	肥城市教学研究室
苗　清	宁阳县文庙街道教育学区
乔建超	宁阳县华丰镇崔村小学
齐华涛	宁阳县中京实验学校
韦　敏（女）	宁阳县第三小学
于绍伟	宁阳县实验中学
张　品	宁阳县第二实验中学
宁志峰	宁阳县第四中学
梁永久	东平县实验小学
孟凡龙	东平县清河实验学校
李　军	东平县州城街道第二中学
王志鹏	东平高级中学
张久民	东平明湖中学
陈振华	东平县教育和体育局
姜秀梅（女）	泰安高新技术产业开发区凤凰小学
施会华	泰安市实验学校万境水岸小学
刘连阶	泰安市岱岳区下港镇盘坡希望小学
苗艳丽（女）	泰安市泰山外国语学校
朱增华	山东省泰安市实验学校
孔庆国	山东省泰山中学
张新刚	泰山职业技术学院
周　韵（女）	泰安市职业成人教育教学研究室

编辑　校对　　刘小笋

附　录

2019年中央、省主要媒体关于泰安的重要报道索引

《人民日报》

行走的脊梁（逐梦）——泰山挑山工纪事
（1月2日）

黑龙江、山东、湖南、云南、宁夏——注重解决群众最急最忧最盼的紧迫问题　（11月1日）

《光明日报》

尊崇·社稷·苍生：泰山文化的形成与精髓
（2月18日）

《经济日报》

山东宁阳“智”上转型
（7月16日）

山东泰安：构建全域金融风险防控体系
（8月28日）

“由表及里、内外并举”打造生态宜居城市——山东泰安：“颜值”和“气质”兼修
（12月30日）

《农民日报》

泰山脚下青未了——山东省泰安市践行“两山论”推动生态与产业融合振兴纪实　（12月12日）

《韩国中央日报》

泰山国际文化论坛　打造多元文化融合平台
（10月24日）

《大众日报》

去年争取上级无偿资金24.43亿元支持项目128个
（3月1日）

泰安城市综合信用指数列全国52位全省第6位　擦亮诚信城市亮丽底色　（7月12日）

共担风雨齐心勒“马”
（8月12日）

解决好群众最急最忧最盼的紧迫问题
（10月5日）

绝不把历史遗留问题留给历史——从“一条路”“一栋楼”看泰安党员干部如何勇做新时代泰山“挑山工”　（12月25日）

《瞭望》

泰安：生态宜居城盛开“民生花”
（2019年第4期）

山东泰安打造文化旅游发展新高地
（2019年第31期）

人民网

春山可望　山东东平绘就新时代发展蓝图（1 月 31 日）

泰山公安：春节坚守　护卫平安（2 月 9 日）

泰城贺新春：新春祈福会　盛典庆吉祥（2 月 9 日）

中外诺贝尔文学奖获奖作家“泰山对话”（10 月 24 日）

人民网首页焦点图（10 月 24 日）

新华网

行走在泰山脚下的“文艺轻骑兵”——非遗传承人葛业森十七载送戏下乡（5 月 5 日）

旅游“零换乘”泰安生态停车场成游客景区重要枢纽（6 月 25 日）

第 33 届泰山国际登山比赛在泰安岱庙广场举行（9 月 7 日）

首届泰山国际文化论坛启幕（10 月 24 日）

中新网

第九届海峡两岸泰山石敢当文化节启幕　两岸艺术家齐聚泰山（9 月 6 日）

首届泰山国际文化论坛启幕　中外学者研讨构建人类命运共同体（10 月 23 日）

2019 泰山国际马拉松鸣枪起跑　肯尼亚选手包揽男女子全程前三名（10 月 27 日）

中国网

山东泰安：中外诺贝尔文学获奖者对话，文明共鉴畅想未来（10 月 25 日）

凤凰网

这就是山东 | 泰安：“产业兴市”战略汇聚发展新动能（12 月 27 日）

中央电视台

同升一面旗　共爱一个国（1 月 1 日）

守候泰山之巅　登高壮观天地间（1 月 1 日）

普天同庆迎新春　天道酬勤成大业（2 月 5 日）

传统现代巧融合　城市乡村皆欢悦（2 月 8 日）

赏灯游园庆佳节　欢欢喜喜闹元宵（2 月 19 日）

泰山景区门票降幅超 50%（3 月 2 日）

泰安面向全球首次公开征集泰山“挑山工”LOGO 设计（3 月 29 日）

一年春景莫错过　最是花开好时节（4 月 6 日）

全国各地欢度“五一”（5 月 2 日）

聚焦“五一”小长假　山东泰山：游客同比增 50%　自驾游车辆增三倍（5 月 5 日）

品端午民俗　享欢乐假期（6 月 8 日）

第 33 届泰山国际登山节登山比赛举行（9 月 7 日）

欢乐喜迎国庆同心祝福祖国（9 月 29 日）

祝福祖国尽享欢乐（10 月 3 日）

山东电视台

【动能转换看落实】泰安实施“双 50 强”战略推动企业做强做大（1 月 4 日）

【动能转换看落实】一根纱线的“高质量发展”（1 月 7 日）

泰安首个党建主题公园建成启用（1 月 7 日）

全省森林火灾空地一体化应急救援演练在泰安举行（2 月 24 日）

【担当作为抓落实】泰安：高标准对标对表勇做新时代泰山“挑山工”（3 月 15 日）

【牢记嘱托　担当作为抓落实】山东：统筹山水林田湖草系统治理　打好污染防治八大战役（泰安）（3 月 22 日）

【担当作为抓落实】泰安：狠抓项目落实　集聚发展新动能（3 月 23 日）

【动能转换看落实】泰安千亿级现代物流产业园通过评审（3 月 28 日）

泰安面向全球征集泰山“挑山工”LOGO 设计（3 月 29 日）

泰安实施“五个一”行政审批服务新举措（4 月 24 日）

【动能转换看落实·大竞赛　大比武】泰安：城乡空间一体　打造山水林田湖草生命共同体　（6月1日）

【动能转换看落实·大竞赛　大比武】泰安：实行“带方案出让土地”审批服务新模式　（6月28日）

加快流程再造　把制度创新落在实处（泰安市委书记崔洪刚谈制度创新：流程再造必须实事求是，不走修修补补的老路）　（7月26日）

泰安：创新金融服务　助力新旧动能转换　（7月28日）

山东（泰安）深化行政审批服务“流程再造”　一纸“承诺”省略一摞“材料”　（8月7日）

首届泰山国际文化论坛举行　（10月24日）

文件选目

泰安市人民政府、市政府办公室文件

泰政发〔2019〕1号　泰安市人民政府关于支持民营经济高质量发展的实施意见

泰政发〔2019〕2号　泰安市人民政府关于进一步稳定和扩大就业的实施意见

泰政发〔2019〕3号　泰安市人民政府关于深化市级预算管理改革的意见

泰政发〔2019〕4号　泰安市人民政府关于印发全面开展工程建设项目审批制度改革实施方案的通知

泰政发〔2019〕5号　泰安市人民政府关于推动“六稳”工作落地见效的实施方案

泰政发〔2019〕7号　泰安市人民政府关于印发第三十三届泰山国际登山节暨2019中国泰安投资合作洽谈会总体方案的通知

泰政发〔2019〕8号　泰安市人民政府关于加快项目建设扩大有效投资促进经济高质量发展的通知

泰政发〔2019〕9号　泰安市人民政府关于努力开创新时代全市应急管理工作新局面的实施意见

泰政发〔2019〕10号　泰安市人民政府关于进一步加强和改进法治政府建设的实施意见

泰政办发〔2019〕1号　泰安市人民政府办公室关于大力弘扬新时代泰山“挑山工”精神努力提升服务效能的实施意见

泰政办发〔2019〕3号　泰安市人民政府办公室关于创建“泰好办”政务服务品牌打造领先营商服务环境的实施意见

泰政办发〔2019〕4号　泰安市人民政府办公室关于进一步推进建筑产业化发展的意见

泰政办发〔2019〕5号　泰安市人民政府办公室关于印发泰安市政府顾问聘任管理办法的通知

泰政办发〔2019〕6号　泰安市人民政府办公室关于印发泰安市取消公立医疗机构医用耗材加成调整医疗服务价格实施方案的通知

泰政办发〔2019〕7号　泰安市人民政府办公室关于印发泰安市健全完善农村改厕规范升级和后续管护长效机制工作方案的通知

泰政办发〔2019〕8号　泰安市人民政府办公室关于印发泰山基层名医选拔管理办法的通知

泰政办发〔2019〕9号　泰安市人民政府办公室关于印发泰安市工业企业技术改造扶持政策的通知

泰政字〔2019〕9号　泰安市人民政府关于公布第八批市级非物质文化遗产代表性项目名录的通知

泰政字〔2019〕14号　泰安市人民政府关于公布泰安市2019年度国有建设用地供应计划的通知

泰政字〔2019〕49号　泰安市人民政府关于进一步加强新产业用地和规划保障工作的通知

泰政字〔2019〕51号　泰安市人民政府关于公布2019年第二批调整市级行政权力事项的通知

泰政字〔2019〕76号　泰安市人民政府关于发布2019年企业工资指导线的通知

泰政字〔2019〕80号　泰安市人民政府关于在市场监管领域全面推行部门联合“双随机、一公开”监管工作的实施意见

泰政字〔2019〕81号　泰安市人民政府关于印发泰安市重点水利工程建设实施方案的通知

泰政字〔2019〕94号　泰安市人民政府关于2019年度泰安市专利奖励的决定

泰政字〔2019〕99号　泰安市人民政府关于调整泰

安市基准地价的通知

泰政办字〔2019〕1 号　泰安市人民政府办公室关于公布市政府机构简称的通知

泰政办字〔2019〕2 号　泰安市人民政府办公室关于印发泰安市住宅专项维修资金管理办法的通知

泰政办字〔2019〕4 号　泰安市人民政府办公室关于印发《泰安市灾后重点防洪减灾工程建设实施方案》的通知

泰政办字〔2019〕5 号　泰安市人民政府办公室关于印发泰安市农村饮水安全两年攻坚行动工作方案的通知

泰政办字〔2019〕6 号　泰安市人民政府办公室关于印发泰安市产业经济监测统计实施方案的通知

泰政办字〔2019〕7 号　泰安市人民政府办公室关于贯彻鲁政发〔2018〕20 号文件精神建立残疾儿童康复救助制度的通知

泰政办字〔2019〕8 号　泰安市人民政府办公室关于印发泰安市水土保持目标责任考核评估办法（试行）的通知

泰政办字〔2019〕9 号　泰安市人民政府办公室关于统筹发展全市欧亚班列工作的通知

泰政办字〔2019〕10 号　泰安市人民政府办公室关于进一步完善全科医生培养与使用激励机制的通知

泰政办字〔2019〕12 号　泰安市人民政府办公室关于公布科技创新型企业 50 强名单的通知

泰政办字〔2019〕13 号　泰安市人民政府办公室关于公布第二届泰山和谐使者名单的通知

泰政办字〔2019〕14 号　泰安市人民政府办公室关于启用泰安市大数据局等部门印章的通知

泰政办字〔2019〕15 号　泰安市人民政府办公室关于贯彻落实鲁政办发〔2018〕27 号文件精神进一步做好电梯质量安全工作的通知

泰政办字〔2019〕18 号　泰安市人民政府办公室关于印发泰安市粮食生产“十统一”实施方案的通知

泰政办字〔2019〕19 号　泰安市人民政府办公室关于推进国家全域旅游示范区创建工作的通知

泰政办字〔2019〕20 号　泰安市人民政府办公室关于公布 2019 年新列入市重点建设项目名单的通知

泰政办字〔2019〕22 号　泰安市人民政府办公室关于转发市发展改革委泰安市 2019 年国民经济和社会发展计划的通知

泰政办字〔2019〕23 号　泰安市人民政府办公室关于贯彻鲁政发〔2018〕34 号文件精神扎实推进国有企业工资决定机制改革的通知

泰政办字〔2019〕24 号　泰安市人民政府办公室关于贯彻落实鲁政办字〔2019〕49 号文件精神进一步规范校外培训机构发展的通知

泰政办字〔2019〕25 号　泰安市人民政府办公室关于公布第三批纳入“多证合一”改革整合事项的通知

泰政办字〔2019〕26 号　泰安市人民政府办公室关于深入推进“工作落实年”狠抓重点工作落实的通知

泰政办字〔2019〕27 号　泰安市人民政府办公室关于进一步优化电力接入营商环境的通知

泰政办字〔2019〕28 号　泰安市人民政府办公室关于启用泰安市机关事务服务中心等单位印章的通知

泰政办字〔2019〕30 号　泰安市人民政府办公室关于印发泰安市降低社会保险费率方案的通知

泰政办字〔2019〕31 号　泰安市人民政府办公室关于进一步加强和改进安全生产类、自然灾害类突发事件信息报告工作的通知

泰政办字〔2019〕32 号　泰安市人民政府办公室关于进一步加强化工园区安全生产管理工作的通知

泰政办字〔2019〕33 号　泰安市人民政府办公室关于印发《泰安市打好农业农村污染治理攻坚战作战方案》等 4 个工作方案的通知

泰政办字〔2019〕34 号　泰安市人民政府办公室关于调整成立泰安市防汛抗旱指挥部的通知

泰政办字〔2019〕35 号　泰安市人民政府办公室关于做好市场准入负面清单制度全面实施工作的通知

泰政办字〔2019〕36 号　泰安市人民政府办公室关于做好行政规范性文件合法性审核工作的通知

泰政办字〔2019〕37 号　泰安市人民政府办公室关于印发迎接建国 70 周年安全生产专项整治行动工作方案的通知

泰政办字〔2019〕40 号　关于印发《泰安市自然灾害应急救援联动机制（试行）》《泰安市生产安全事故应急救援联动机制（试行）》和《泰安市消防救援工作职能部门联防联动机制》的通知

泰政办字〔2019〕41 号　泰安市人民政府办公室关于印发泰安市人民政府 2019 年立法工作计划的通知

泰政办字〔2019〕42 号　泰安市人民政府办公室关于调整全市防汛抗旱指挥体制有关事项的通知

泰政办字〔2019〕43 号　泰安市人民政府办公室关于印发《泰安市市级部门单位预算绩效管理办法》和《泰安市市对下转移支付资金预算绩效管理办法》的通知

泰政办字〔2019〕44号　泰安市人民政府办公室关于成立泰安市协调劳动关系三方委员会的通知

泰政办字〔2019〕45号　泰安市人民政府办公室关于印发2019年泰安市政务公开重点工作任务分解表的通知

泰政办字〔2019〕46号　泰安市人民政府办公室关于开展百城千业万企对标达标提升专项行动的通知

泰政办字〔2019〕47号　泰安市人民政府办公室关于印发泰安市2019年大数据工作要点的通知

泰政办字〔2019〕48号　泰安市人民政府办公室关于印发泰安市优化投资项目审批服务暂行规定的通知

泰政办字〔2019〕49号　泰安市人民政府办公室关于成立泰安市推进政府职能转变和“放管服”改革协调小组的通知

泰政办字〔2019〕50号　泰安市人民政府办公室关于公布全市生猪定点屠宰企业名单的通知

泰政办字〔2019〕51号　泰安市人民政府办公室关于印发开展证明事项告知承诺制试点工作方案的通知

泰政办字〔2019〕52号　泰安市人民政府办公室关于印发《泰安市免疫无口蹄疫区和无高致病性禽流感区建设方案》的通知

泰政办字〔2019〕53号　泰安市人民政府办公室关于成立泰安市促进非公有制经济发展工作领导小组的通知

泰政办字〔2019〕54号　泰安市人民政府办公室关于印发《泰安市社会化招商中介机构招商促进办法（试行）》的通知

泰政办字〔2019〕56号　泰安市人民政府办公室关于调整成品油监管联席会议的通知

泰政办字〔2019〕57号　泰安市人民政府办公室关于调整和规范公共租赁住房保障相关政策的通知

泰政办字〔2019〕58号　泰安市人民政府办公室泰安军分区动员处关于印发《驻泰高校入伍大学生义务兵家庭优待金发放办法》的通知

泰政办字〔2019〕59号　泰安市人民政府办公室关于开展职业技能提升行动的通知

泰政办字〔2019〕60号　泰安市人民政府办公室关于启用泰安市社会保险事业中心印章的通知

泰政办字〔2019〕64号　泰安市人民政府办公室关于启用泰安市徂徕山汶河风景名胜区管理委员会印章的通知

2019年泰安市国民经济和社会发展统计公报

泰安市统计局
国家统计局泰安调查队
（2020年3月27日）

2019年，全市上下坚持以习近平新时代中国特色社会主义思想为指导，坚持稳中求进工作总基调，坚持以新发展理念引领高质量发展，扎实做好“六稳”工作，积极寻标对标，全力“七赛七比”，勇做新时代泰山“挑山工”，全市经济运行总体稳定，社会事业全面进步。

一、综　合

经济运行稳中有进。经山东省统计局统一核算并反馈，2019年全市地区生产总值初步核算数据为2663.6亿元，按可比价计算，增长6.3%。其中，第一产业增加值288.7亿元，下降0.2%；第二产业增加值1036.2亿元，增长5.7%；第三产业增加值1338.7亿元，增长8.6%。三次产业结构为10.8 ∶ 38.9 ∶ 50.3。

物价保持温和上涨。居民消费价格（CPI）上涨2.4%。其中，食品烟酒价格上涨6.0%，衣着价格上涨0.2%，居住价格上涨3.3%，医疗保健价格上涨0.7%，其他用品和服务价格上涨4.4%；生活用品及服务价格下降0.7%，交通和通信价格下降1.9%；教育文化娱乐价格与上年持平。工业生产者出厂价格上涨0.2%，工业生产者购进价格上涨0.6%。

就业形势保持良好。新增就业5.8万人，完成年计划的124.8%，其中，困难群体就业5488人，完成年计划的166.3%。城镇登记失业人员2.2万人，登记失业率2.0%，低于3.5%的控制目标。高校毕业生总体就业率99.0%。

二、重点战略

脱贫成果巩固提升。实施脱贫攻坚"六大专项行动"，落实各级财政专项扶贫资金3.14亿元，发放小额扶贫信贷1.2亿元，实施财政产业扶贫项目176个。投入365.7万元慈善资金用于孝善养老扶贫等支出；为9700名符合条件的贫困人员按照每人每年100元的标准代缴居民养老保险费；为6940户贫困群众新办理农村低保或特困供养，临时救助困难群众3659人，发放救助金732.8万元；为2110户贫困重度残疾人实施无障碍设施改造。着力构建贫困人口医疗保障体系，贫困人口慢病签约扩至3.1万人，政策范围住院费用自付比例为5.8%、全省最低。

泰山区域山水林田湖草生态保护修复工程加快推进。完成投资105.8亿元，已开工项目65个、子项目315个，已完工项目17个、子项目205个。累计完成矿山生态修复664.3公顷，采煤塌陷地治理5324.8公顷，地质公园及地质遗迹保护164.4平方千米，地质灾害防治工程3项。整治农用地2.5万公顷，新增耕地3972.7公顷，新增湿地402.6公顷，城市重要集中式饮用水源地水质达标率100%，大汶河流域水生态环境持续改善，东平湖Ⅲ类水质达标稳定性显著提高。

新旧动能转换有序推进。建立"11+4"专班工作机制，高标准编制完成十大产业和现代金融服务业专项规划，建材新材料、新能源、精品旅游3个产业集群纳入省十强产业雁阵产业集群库，泰山玻纤、泰开集团纳入集群领军企业库。中以碳纤维、钜成产业园、石横特钢、华能光纤预制棒等一批重大项目落地，46个省新旧动能优选项目年度完成投资98.9亿元，完成年度计划的121.4%。

三、农林牧渔业

农业经济总量稳步增加。全市农林牧渔业增加值313.9亿元，按可比价计算，增长0.5%，其中农业增加值204.0亿元，增长3.5%；林业增加值7.3亿元，增长1.8%；牧业增加值65.0亿元，下降4.7%；渔业增加值12.3亿元，增长1.7%；农林牧渔服务业增加值25.3亿元，增长9.5%。

粮食生产总体稳定。全年粮食播种面积37.15万公顷（557.2万亩），增长1.3%，其中，夏粮播种面积16.60万公顷（249.0万亩），下降1.6%；秋粮播种面积20.55万公顷（308.2万亩），增长3.8%。粮食单产452.8千克/亩，增长0.9%。粮食总产252.5万吨，增长2.2%，其中，小麦总产112万吨，增长1.0%；玉米总产125.5万吨，增长1.1%。

2019年居民消费价格指数（以上年为100）

表46

指标名称	累计比（%）
居民消费价格总指数	102.4
食品烟酒	106.0
粮食	92.1
食用油	100.2
鲜菜	102.9
畜肉	127.9
水产品	95.1
蛋	106.0
奶	101.0
鲜瓜果	115.6
烟草	100.8
酒	103.8
衣着	100.2
居住	103.3
生活用品及服务	99.3
交通和通信	98.1
教育文化和娱乐	100.0
医疗保健	100.7
其他用品和服务	104.4

畜牧业承压前行。年末生猪存栏98.3万头，增长0.7%；出栏218.6万头，下降15.9%。家禽存栏3698.8万只，增长39.0%；出栏13345.4万只，增长34.6%。牛存栏12.6万头，下降15.6%；出栏9.9万头，下降38.9%。肉类总产39.4万吨，下降3.8%，其中，猪肉产量17.6万吨，下降18.2%；禽肉产量17.7万吨，增长35.9%。

土地流转步伐加快。全市土地流转面积8.47万公顷（127.1万亩），增长15.4%；参与土地流转农户35.3万户，增长13.5%。从用途上看，以种植业为主，面积5.75万公顷（86.3万亩），占全部流转面积的67.9%，其次是林业，面积1.73万公顷（25.9万亩），占比20.4%。

"绿满泰安"成效显著。全市完成造林作业面积6533.33公顷（9.8万亩）；廊道绿化371千米，其中国省干线廊道绿化45.8千米；新建完善高标准农田林网4333.33公顷（6.5万亩）。森林抚育面积6933.33公顷（10.4万亩），义务植树816万余株。重点打造40个乡村振兴绿化样板村，栽植各类绿化树木56万余株。全市有9

个乡镇、57个村居成功创建为市级以上"森林镇村"，其中有3个乡镇、25个村居创建为"省级森林镇村"。新发展特色经济林基地3066.67公顷（4.6万亩），总面积11.53万公顷(173万亩)，经济林果品总产量100万吨。新增苗木花卉533.33公顷（8000亩），总面积2.89万公顷（43.3万亩）。培植壮大林业龙头企业，新增国家级龙头企业1家、省级3家，各级林业龙头企业发展到420家，其中国家级2家、省级36家。全市经济林标准化生产示范园235处，其中国家级核桃示范基地2处，省级标准化示范园29处，全省十佳旅游观光果园10处；"齐鲁放心果品"品牌23个。

四、工　业

工业生产保持较快增长。规模以上工业增加值增长5.4%，37个在统大类行业中有20个大类行业实现增长，增长面为54.1%；全市轻重工业比例约为1∶3，分别增长1.5%、6.6%，分别拉动规模以上工业增加值增长0.4个、5.0个百分点。

2019年泰安市主要工业产品产量

表47

产品名称	产　量	单　位	增长（%）
玻璃纤维纱	76.6	万吨	13.7
改装汽车	9754	辆	-31.9
原煤	1398.9	万吨	0.9
发电量	102.4	亿千瓦时	-4.3
化学肥料	105.6	万吨	4.3
水泥	702.2	万吨	3.0
石膏板	12123.8	万平方米	15.2
化学农药	15321.6	吨	2.5
电力电缆	14.7	万千米	2.0
工业锅炉	7846.2	蒸吨	-29.5
发动机	12.4	万千瓦	-77.7
液体乳	31.1	万吨	7.9
机制纸及纸板	27.5	万吨	1.2
原盐	119.6	万吨	0.4
塑料制品	13.2	万吨	-5.7
钢材	478.4	万吨	6.6
纱	14.5	万吨	-0.4

制造业增长强劲有力。规模以上制造业增加值增长4.5%，拉动全市规模以上工业增加值增长3.6个百分点，对全市规模以上工业增加值增长的贡献率为67.6%。其中，非金属矿物制品业增加值增长17.0%，拉动全市规模以上工业增加值增长2.0个百分点，贡献率36.7%；医药制造业增加值增长53.2%，拉动全市规模以上工业增加值增长1.8个百分点，贡献率32.8%；黑色金属冶炼和压延加工业增加值增长9.2%，拉动全市规模以上工业增加值增长1.3个百分点，贡献率24.0%。

工业效益总体稳定。规模以上工业企业营业收入同比增长3.0%，在统的37个行业中有18个行业营业收入实现增长，27个行业实现盈利。

五、固定资产投资、房地产、建筑业

投资结构不断优化。固定资产投资（不含农户）比上年下降23.3%，三次产业投资结构为3.0 ∶ 32.0 ∶ 65.0，服务业投资比重比上年提高9.9个百分点。基础设施增长44.7%，占全部投资比重的30%，拉动全部投资增长7.1个百分点，其中道路运输业投资增长119.6%。"四新"产业投资占全部投资的55.1%，比上年提高10.4个百分点。

房地产市场稳健发展。房地产企业开发投资205.9亿元，增长15.9%。其中，住宅投资167.8亿元，增长15.2%。商品房销售面积411.0万平方米，增长10.7%，其中，住宅销售面积389.5万平方米，增长19.6%。年末商品房待售面积79.5万平方米，下降28.4%。

建筑业规模持续扩大。建筑业实现增加值395.6亿元，按可比价格增长7.0%。建筑业总产值994.6亿元，增长19.6%；骨干企业培植成效显著，全市建筑业产值过亿元企业52家，其中，过10亿企业13家，过百亿企业3家，兴润集团、信邦集团跨入中国建筑业500强行列。355家资质以上建筑业企业中一级资质企业36家，二级资质企业139家。

六、服务业

服务业主引擎作用凸显。全市服务业增加值1338.7亿元，占地区生产总值的50.3%，比上年提高1.9个百分点，对经济增长的贡献率达64.6%，拉动生产总值增长4.1个百分点；服务业完成税收150.4亿元，增长12.0%，占全部税收的51.6%。

重点服务业企业增势强劲。全市258家规模以上服务业企业实现营业收入264.0亿元，增长76.6%，其中，交通运输、仓储和邮政业实现营业收入144.2亿元，增长199.7%；其他营利性服务业实现营业收入59.6亿元，增长22.8%；非营利性服务业实现营业收入26.2亿元，增长29.7%。分行业看，居民服务、修理和其他服务业，水利、环境和公共设施管理业，科学研究和技术服务业增长较快，分别增长65.3%、62.4%、54.1%。

“旅游+”亮点纷呈。旅游服务质量提升“四大工程”初见成效，泰山一键智慧游等平台建成运行，泰山景区门票改为三天内有效，开通高铁站往返泰山中天门景区的旅游直通车。全市A级景区74家，泰山景区接待进山进景点游客567.9万人、同比增长1.04%，在五一、国庆假期全省5A级景区好评度中均列第一位。游客接待总人数为8262.7万人次，增长8.9%，国内旅游收入894.4亿元，增长12.5%。

邮政电信较快增长。邮政行业业务总量23.9亿元，增长20.0%，其中，邮政寄递服务业务量累计完成6084.2万件，增长7.3%；快递服务企业业务量累计完成8470.4万件，下降4.9%。邮政行业业务收入13.3亿元，增长2.9%，其中，邮政寄递服务业务收入累计完成0.7亿元，增长33.3%；快递服务企业业务收入累计完成6.8亿元，下降5.2%。电信业务总量26.7亿元，增长2.5%；移动业务收入22.1亿元，增长1.9%。年末固定电话户数77.2万户，下降6.4%；移动电话585.0万户，与上年持平；宽带网用户158.9万户，增长9.4%。

交通运输实现新突破。深入开展“四好农村路”集中攻坚，新改建农村公路1054.4千米，改造危桥19座，建设农村客运站点761个；帮扶65个贫困村建设扶贫道路131.8千米。实施农村道路“三通”工程，硬化入户道路3921.3千米，1294个行政村实现“三通”。全市普通干线公路优良路率94.01%，公路通车里程15974.6千米，公路密度205.8千米/百平方千米，高速公路通车里程284.4千米，比上年增加45.6千米。泰安市区新增新能源公交车63辆，新开通和调整公交线路39条，开通旅游专线7条，加密32条公交线路站点和运力。全市营业性运输车辆3.4万辆，运输船舶134艘，公路水路客运量2956万人、旅客周转量20.1亿人千米；完成货运量8641万吨；货物周转量168.4亿吨千米。

七、市场主体、内外市场

各类市场主体更加活跃。全年新登记各类市场主体7.3万户，增长18.0%，累计达到43.5万户，其中新登记个体工商户4.6万户，增长4.7%，累计达到31.8万户；新登记企业2.7万户，增长52.5%，累计达到10.7万户。

消费品市场销售平稳。社会消费品零售额增长3.7%，按企业类型分，批发业零售额增长13.0%、零售业零售额增长2.1%、住宿业零售额增长8.4%、餐饮业零售额增长12.1%；按经营单位所在地分，城镇社会消费品零售额增长3.5%，乡村增长4.4%。

进出口实现“双升”。全年外贸进出口总值172.2亿元，比上年增长7.1%，其中出口总值134.5亿元，增长5.4%；进口总值37.7亿元，增长13.4%。出口结构不断优化，高新技术产品出口值增长49.1%，运输工具出口值增长11.3%，电器及电子产品出口值增长3.6%。

八、财政、金融、保险

财政收支保持稳定。实现一般公共预算收入224.7亿元，比上年增长2.4%。其中，税收收入164.2亿元，增长3.9%。各项税收中，增值税74.2亿元，增长20.1%；企业所得税16.5亿元，增长23.2%；个人所得税4.5亿元，下降43.0%。全市一般公共预算支出414.5亿元，增长8.8%，其中，各项民生支出321.6亿元，增长6.0%，占一般公共预算支出的77.6%。

国内税收收入较快增长。全市国内税收收入（不含海关代征两税、非税收入）288.4亿元，增长7.6%，其中，工业实现税收105.0亿元，下降2.3%；批发零售业实现税收33.5亿元，增长18.8%。

信贷规模持续扩大。金融机构人民币存款余额4093.8亿元，增长12.1%，其中，个人存款2665.1亿元，增长13.2%，占全部存款的65.1%。全市金融机构人民币贷款余额2696.4亿元，增长14.0%，其中，中长期贷款1659.3亿元，增长20.6%；短期贷款907.1亿元，增长1.5%。金融存贷比调整为65.9%，比上年提高1.3个百分点。

风险防范化解成效突出。全年累计处置不良贷款50.9亿元，不良贷款率下降为2.4%，低于全省平均水平。重点企业风险全部可控，成功化解16家重点骨干企业36亿多元的资金链紧张、互保风险和债券违约风险。

保险业健康发展。年末保险公司59家，比上年增加2家。实现保费收入134.4亿元，增长8.9%，其中，财险保费收入29.3亿元，增长12.6%；人身险保费收入105.1亿元，增长7.9%。保险赔付36.0亿元，增长9.9%，其中，财险赔付16.0亿元，增长16.9%；人身险赔付19.9亿元，增长4.7%。

九、科技、教育

教育事业稳步推进。9所普通高校当年招生4.2万人，在校生13.3万人，专任教师6490人。15所中等职业学校在校生3.9万人，专任教师2292人。207所普通中学在校学生31.0万人，专任教师25788人。512所小学在校学生30.8万人，专任教师20377人。学龄儿童入学率、成人识字率均达到100%，小学毕业生升学率达到99.6%，初中升入普通高中升学率达到57.2%。

大班额问题有效缓解。新改扩建项目19处，新增班数155个，新增学位7455个，大班额比例降至10.2%。年内新增民办学校8所，民办中小学招生人数达14787人。

高新技术发展较快。2018年，研究与试验发展经费支出76.1亿元，占全市地区生产总值的2.9%。规模以上工业企业高新技术产业产值比上年增长3.4%，占规模以上工业总产值的44.3%。全市净增国家级高新技术企业76家，总数272家。净增国家科技型中小企业72家，总数290家。一滕新材料被评为第一批国家级专精特新“小巨人”企业，49家企业获评省“专精特新”中小企业。

创新支撑不断增强。全市新增院士工作站12家，省级工程实验室、工程技术研究中心、“一企一技术”研究中心分别达到30家、60家、119家。获科技成果奖120项，其中国家科技奖3项、省科技奖17项。9家企业被评为“国家知识产权优势企业”。新注册商标1.1万件，新增中国驰名商标3件。发明专利申请数1869件，发明专利授权数407件，万人有效发明专利拥有量3.82件，比上年增加0.36件。

十、文化、卫生和体育

文化事业欣欣向荣。拥有公共图书馆7个，文化馆7个，美术馆9个；88个乡镇（街道）全部建成综合文化站，其中，国家一级站5个；100%村（社区）建成基层综合性文化服务中心。省级以上文化产业示范基地14家，其中国家级1家。国有文物收藏单位33家，可移动文物6.5万件（套），共17万件。世界文化遗产3处，重点文物保护单位国家级15处、省级77处、市级144处。博物馆41家，其中，非国有博物馆32家，藏品44.9万件。现有市级以上非遗项目405个，其中国家级11个、省级42个。各级开展文化惠民活动7.2万场次，各类送戏下乡演出3249场次，农村公益电影放映5.6万场次，“全民阅读”活动740场次，农家书屋出版物更新12.8万册。

广电、档案稳步发展。有线数字电视用户130.1万户，比上年末增加0.4万户，增长0.3%；入户率68.8%，提高0.2个百分点；广播人口综合覆盖率、电视人口综合覆盖率分别达到100%和99.6%。全市馆藏档案资料总量130.1万卷（件），馆藏资料26.2万册，专业档案、照片档案、音像档案39.8万卷（件、张、盘），提供查档服务1.7万人次、提供利用档案资料4.2万件次。

卫生服务水平持续提升。拥有卫生机构4523家，其中，医院110家，卫生院69家。各类卫生机构拥有床位33210张，卫生技术人员（不含村卫生室）39395人，其中，执业（助理）医师14999人，注册护士17793人。

群众体育全面推进。新成立体育协会10个、俱乐部17个，市级单项协会发展到61个、俱乐部118个。全市乡镇、街道体育设施配建率100%、社区99%、行政村98.7%，乡镇、街道全部建立老年体协组织。社会体育指导员1.5万人，超过总人口的2.5‰。获山东省锦标赛金牌61.5枚、银牌39枚、铜牌65枚。

学校体育健康发展。创建全国青少年校园足球试点县1处，全国青少年校园足球特色学校17所，全国青少年网球特色学校6所，全省第十四届学生运动会总成绩第3名。“郑洁杯”全国青少年网球赛落户泰安，各县（市、区）建立教体结合体校4所、“三集中”体校3所。山东望岳足球队获得中国足球乙级联赛参赛资格。

体育产业蓬勃发展。利用省、市产业引导资金480万元，扶持体育企业5家、体育产业项目27个。第三十三届泰山国际登山比赛被评为“2019年度全国体育旅游十佳精品赛事”。体彩销量8.5亿元。

十一、城乡建设

城市品质不断提升。泰城新拆除各类违规户外广告40余万平方米；栽植各类乔木9万余株；建成垃圾分类示范片区78个；岱庙广场竣工启用。实施泰城排水管网雨污分流改造，梳洗河、明堂河、芝田河等河流综合整治有序推进，城区黑臭水体基本消除。完成国电供热东线工程、国电高背压改造项目，启动实施泰城西部热源项目一期工程。

道路交通畅通提升。实施城区11条道路建设，完成龙潭路与灵山大街路口渠化及道路改造，环山路东延、学院路、天平大街、长城西路竣工通车，擂鼓石大街贯通工程顺利推进。济泰高速、京台高速改扩建等8个高速公路项目加快建设，青兰高速泰安段提前半年建成通车。

村镇建设全方位推进。深入实施农村人居环境整治三年行动，农村集中式生活垃圾处理覆盖率达到100%；564个村完成农村生活污水治理；新创建美丽村居省级试点村4个，新建美丽乡村155个。完成农村危房改造389户，“利奇马”台风灾后危房改造764户；农村改厕1.4万户。

十二、环境保护和安全生产

环境保护成效凸显。2019年SO_2、NO_2、PM_{10}、$PM_{2.5}$平均浓度分别为15μg/m³、34μg/m³、97μg/m³、53μg/m³，空气优良天数189天。主要河湖大汶河、东平湖COD均值分别为15.5mg/L、15.7mg/L，氨氮均值分别为0.31mg/L、0.18mg/L，省控以上断面消除劣五类水体。建成乡镇大气监测站78个，城市大气微站117个。统筹城乡和地下地上水环境治理，提前全面完成32个集中式饮用水源地问题整治，238个行政村完成污水治理。

污染防治攻坚成效明显。大力发展绿色能源，推广洁净煤15万吨、节能炉具1万套。固体废物集中处置中心等15个危险废物处置项目建成投运。落实河长制湖长制，完成中小型水库除险加固、水毁修复等工程，大汶河防洪治理工程扎实推进，泰安市被评为“全国水生态文明城市”。大力发展生态畜牧业，推进种养结合，4个县（市、区）荣获全国畜禽粪污资源化利用示范县。

安全生产形势稳定。七个行业领域（农林牧渔业、采矿业、商贸制造业、建筑业、交通运输和仓储业、其他行业等）发生各类生产安全事故26起，死亡21人。亿元国内生产总值生产安全事故死亡人数0.0079人。

减灾救灾有序推进。下拨各类自然灾害救灾资金1200万元，救助困难群众4186户、55720人。灾害民生综合保险赔付203户，赔付金额374.1万元。

十三、人口、居民生活和社会保障

常住人口保持稳定。年末常住人口563.5万人，其中城镇人口349.4万人；常住人口城镇化率62.0%，比上年度提高0.14个百分点。深化户籍制度改革，完善农业转移人口市民化等相关政策，全年实现10.9万人农业转移人口市民化。

居民收支平稳增长。居民人均可支配收入29690元，增长8.4%，其中，城镇居民人均可支配收入37695元，增长7.1%；农村居民人均可支配收入18621元，增长9.8%。城乡居民收入比（以农村居民为1）由上年的2.08缩小至2.02，城乡收入比缩小0.06。居民人均消费支出18102元，增长8.9%。其中，城镇居民人均消费支出22500元，增长7.9%；农村居民人均消费支出12020元，增长9.9%。恩格尔系数为26.0%，比上年下降0.9%。

社会救助体系不断完善。城市低保、农村低保标准分别提高到每人每月580元、430元，农村低保标准高于省定扶贫线，城乡低保标准比例为1.35 ： 1。城市特困和农村特困供养人员基本生活标准分别为每人每月825元、570元。机构养育孤儿、社会散居孤儿、重点困境儿童基本生活保障标准分别提高至每人每月1400元、920元、500元。新建城市社区老年人日间照料中心20处、农村幸福院21处，新增养老床位2000张。福利彩票销量6.3亿元，筹集公益金1.9亿元。

社会保障水平显著提高。收缴各项社会保险费110.4亿元，下降1.1%。参加职工养老保险141.5万人，收缴养老保险费83.5亿元；参加居民养老保险278.6万人，收缴居民养老保险费19.5亿元；参加失业保险64.1万人，收缴失业保险费2.8亿元；参加工伤保险88.9万人，收缴工伤保险费4.7亿元；3个险种6个类别的社会保险费收缴率均达95%以上。发放各项社会保险金127.9亿元，增长6.8%。

注：

1.本公报中部分数据为初步统计数或快报数。

2.全市生产总值、各产业增加值、人均生产总值按现价计算，增长速度按可比价格计算。依据第四次经济普查资料，省统计局对全市地区生产总值的初步核算数进行了修订，修订后2018年地区生产总值为2403.9亿元。

3.全市档案馆统计数据不包括各部门、乡镇（街道）、企业。

4.除特别说明外，增长百分数的对比期均为上年。

泰安市获得中国驰名商标企业情况

表 48

企业名称	商标名称	商品名称	所属区县
泰山玻璃纤维有限公司	CTG 及图	非纺织用玻璃纤维线、非绝缘非纺织用玻璃纤维	岱　岳
山东东岳橡胶制品有限公司	东岳及图	自行车内外胎、力车内外胎	东　平
山东光明起重机械集团有限公司	金斗山及图	起重机	新　泰
山东泰安山锅集团有限公司	第 714344 号图形	锅炉	岱　岳
山东泰鹏实业有限公司	安琪尔	床罩、被子、被罩	肥　城
泰山集团泰安市普瑞特机械制造有限公司	普瑞特	金属容器	泰　山
泰安泰山工程机械股份有限公司	岱峰 DaiFeng 及图	移动吊车、升降设备、起重装置	泰　山
泰山石膏股份有限公司	泰山及图	石膏板	岱　岳
山东正方轮胎有限公司	正　喜	车辆轮胎	宁　阳
泰山集团股份有限公司	TAISHAN 及图	锅炉（非机器零件）	高新区
山东春潮色母料有限公司	春潮 chunchao 及图	塑料着色母料、电缆母料	新　泰
瑞星集团有限公司	东平湖	尿素	东　平
山东银宝食品有限公司	银宝 YINBAO 及图	猪肉、猪肉食品、非活家禽	肥　城
肥城富世康工贸有限公司	富世康及图	面粉	肥　城
肥城金塔机械有限公司	金字及图	蒸馏塔	肥　城
山东九鑫机械工具有限公司	泰山 TS 及图	扳手（手工具）	东　平
泰安华鲁锻压机床有限公司	华　鲁	弯曲机；金属加工机械；液压机；压力机	高新区
山东光大日月油脂股份有限公司	ZY ZHIYU 智育及图	食用油；食用油脂	东　平
山东索力得焊材有限公司	索力得 SOLID 及图	金属焊丝	肥　城
山东亚奥特乳业有限公司	亚奥特 YAT	牛奶制品	泰　山
山东云宇机械集团有限公司	云宇及图	汽车配件	肥　城
泰开电气集团有限公司	泰开及图	高压断路器	高新区
山东省肥城桃开发总公司	肥　城	桃	肥　城
山东三和化工有限公司	阳和及图	三聚氰胺、未加工人造树脂	新　泰
山东东顺集团有限公司	顺清柔及图	卫生纸、纸手帕、纸餐巾、纸巾	东　平
山东同创汽车散热装置股份有限公司	TCAC 及图	马达和发动机冷却器	宁　阳

续表 48

企业名称	商标名称	商品名称	所属区县
山东一滕新材料股份有限公司	一滕及图	纤维素、工业化学品	肥　城
泰安安能电气集团有限公司	安能 信锐及图	变压器、电开关、高低压开头板	高新区
泰安市泰山索道运营中心	第 5139629 号图形	空中运输、旅客运输（游客）、观光旅游	景　区
山东九鑫日用化工有限公司	满　婷	肥皂、化妆品、洗发剂、洗涤剂、洗面奶	东　平
山东傲饰服饰有限公司	傲饰及图	服装	肥　城
肥城阿斯德化工有限公司	阿斯德	甲酸	肥　城
山东新轮轮胎有限公司	新轮 XIN LUN 及图	车辆轮胎、自行车车胎、三轮车车胎	肥　城
山东华泰电缆有限公司	华泰及图	电源材料（电线、电缆）	新　泰
山东康平纳集团有限公司	第 3752835 号图形	呢绒、布、毛织品、棉织品、纺织纤维织物	泰　山
山东亚奥特乳业有限公司	亚奥特 YAT	牛奶制品	泰　山
兴润建设集团有限公司	兴润建设 XING RUN 及图	建筑服务	肥　城
泰安路德工程材料有限公司	路　德	非金属栅栏、非金属搁栏、土隔膜	高新区
泰石岩棉有限公司	泰　石	非金属耐火建筑材料	岱岳区
山东泰丰钢业有限公司	青云山	油井金属套管、金属套管	新　泰
山东泰山轮胎有限公司	泰山及图	汽车轮胎 拖拉机轮胎	肥　城
鲁普耐特集团有限公司	鲁普耐特及图	绳索、非金属缆、捆扎用非金属线	泰　山
泰安仕全兴涂料有限公司	名士达 MINGSHIDA 及图	木材涂料（油漆）、清漆、漆	岱　岳
山东龙成消防科技股份有限公司	薪薪及图	灭火器	新　泰
山东肥城精制盐厂	鲁祥 Luxiang 及图	盐	肥　城
泰安瑞泰纤维素有限公司	瑞泰 RUI TAI	羟丙基甲基纤维素	肥　城
山东宝来利来生物工程股份有限公司	宝来利来及图	非医用饲料添加剂	泰　山
泰安市雅邦工贸有限公司	雅邦斯诺尔	涂料	新　泰
泰山酒业集团股份有限公司	泰山及图	酒	泰　山
山东润通齿轮集团有限公司	中润通 ZHONGRUNTONG	陆地车辆传动齿轮	新　泰
山东润德生物科技有限公司	润　德	食品工业用葡萄糖	新　泰
新东岳集团有限公司	速至 SUZHI 及图	车辆轮胎，自行车、三轮车内胎	东　平
山东农大肥业科技有限公司	农大 SDAU 及图	肥料，化学肥料，植物肥料	肥　城

泰安市地理标志商标情况

表 49

企业名称	商标名称	商品类别	商品名称	所属区县
泰安市岱岳区泰安煎饼协会	泰安煎饼	30	煎饼	开发区
泰安市传统食品协会	泰安豆腐	29	豆腐	岱岳区
泰安市泰山林业科学研究院	泰山四叶参	5	四叶参（中药材）	景 区
泰安市泰山林业科学研究院	泰山黄精	5	黄精（中药材）	景 区
泰安市泰山林业科学研究院	泰山何首乌	5	何首乌（中药材）	景 区
泰安市泰山林业科学研究院	泰山紫草	5	紫草	景 区
泰安市葡萄酒协会	泰山南麓葡萄酒	33	葡萄酒	岱岳区
山东省肥城桃开发总公司	肥城	31	桃	肥 城
肥城市王庄粉皮协会	孔庄粉皮	30	粉皮	肥 城
肥城市桃木雕刻协会	肥城桃木雕刻	20	桃木工艺品	肥城
肥城市汶阳镇河岔口鸭蛋产销协会	河岔口鸭蛋	29	鸭蛋	肥 城
肥城市边院镇农业综合服务中心	雨山核桃	31	核桃（新鲜水果）	肥 城
肥城市边院镇农业综合服务中心	大王樱桃	31	樱桃	肥 城
肥城市边院镇农业综合服务中心	韩庄头豆腐皮	29	豆腐皮（豆腐制品）	肥 城
宁阳县林果协会	宁阳大枣	29	干枣	宁 阳
宁阳县泗店镇蟋蟀产业协会	宁阳蟋蟀	31	蟋蟀（活的）	宁 阳
宁阳县泗店镇蔬菜协会	宁阳桥白	31	大白菜	宁 阳
宁阳县泗店镇蔬菜协会	许家桥大白菜	31	大白菜	宁 阳
泰安市水产研究所	泰山赤鳞鱼	31	活鱼	泰山区
泰安市岱岳区下港乡特色农产品产业协会	泰山板栗	31	新鲜栗子	景 区
泰安市岱岳区化马湾乡大樱桃协会	化马湾大樱桃	31	樱桃	开发区
东平县安山大米行业协会	安山大米	30	大米	东 平
东平县核桃发展协会	大羊薄皮核桃	31	核桃（坚果）	东 平
东平县彭集街道花生产业协会	彭集花生	31	新鲜花生	东 平
新泰市农村合作经济组织联合会	新泰芹菜	31	新鲜芹菜	新 泰
新泰市楼德镇煎饼协会	楼德煎饼	30	煎饼	新 泰
新泰市楼德镇煎饼协会	楼德煎饼	30	煎饼	新 泰
新泰市唯特果树研究所	新泰苹果	31	苹果	新 泰
新泰市黄山红山羊研究所	新泰红毛山羊	31	活羊	新 泰
新泰市草猪养殖协会	新泰草猪	31	活猪	新 泰
泰安市岱岳区徂徕镇果树农民经济协会	徂徕黄金梨	31	梨	开发区
泰安市岱岳区岱绿特蔬菜协会	泰安黄芽白菜	31	大白菜（新鲜蔬菜）	岱岳区
泰安市岱岳区岱绿特蔬菜协会	泰安大白菜	31	大白菜（新鲜蔬菜）	岱岳区
泰安市岱岳区泰山玉产业协会	泰山墨玉石雕	14	玉雕艺术品；玉雕首饰	岱岳区

续表 49

企业名称	商标名称	商品类别	商品名称	所属区县
泰安市岱岳区夏张镇夏张红农产品协会	泰安红心萝卜	31	萝卜（新鲜的）	岱岳区
泰安市岱岳区良庄镇瓜菜专业技术研究会	泰安红根菠菜	31	新鲜菠菜	开发区
泰安市岱岳区良庄镇瓜菜专业技术研究会	泰安红根韭菜	31	新鲜韭菜	开发区
泰安市葡萄酒协会	泰山南麓葡萄酒	33	葡萄酒	岱岳区
新泰市刘杜镇甜红子山楂协会	新泰甜山楂	31	山楂（新鲜的）	新　泰
新泰市横山丝研究所	新泰横山丝	22	生丝	新　泰
新泰市放城镇马家寨香椿协会	马家寨子香椿芽	31	香椿芽（新鲜的）	新　泰
新泰市石井特色农产品研究所	梅鹿山小米	30	小米	新　泰
东平县大羊土安西瓜协会	土安西瓜	31	西瓜（新鲜的）	东　平
新泰市青云街道外峪珍珠油杏研究所	新泰珍珠油杏	31	新鲜杏	新　泰
新泰市宫里镇宫北村养鸭协会	新泰麻鸭蛋	29	麻鸭蛋（蛋）	新　泰
肥城市马铃薯产业协会	肥城土豆	31	新鲜土豆	肥　城
肥城市孙伯镇农产品产销协会	肥城绞瓜	31	新鲜绞瓜	肥　城
泰安市泰山茶叶协会	泰山茶	30	绿茶	泰山区
新泰市石井特色农产品研究所	新泰大花生	29	加工过的花生	新　泰
肥城市王庄镇农业综合服务中心	肥城白菜	31	新鲜白菜	肥　城

泰安市 2019 年省长质量奖提名奖、“泰山品质”认证、山东省优质产品基地、高端品牌培育企业、优质品牌情况

表 50

项　目	企业名称	行政区域
省长质量奖提名奖	山东康平纳集团有限公司	泰山区
“泰山品质”认证	泰石岩棉股份有限公司	岱岳区
山东省优质产品基地	宁阳经济开发区管理委员会获批创建山东省优质机械装备基地	宁阳县
山东省高端品牌培育企业	泰山集团股份有限公司	开发区
	力博重工科技股份有限公司	宁阳县
	石横特钢集团有限公司	肥城市
	山东康平纳集团有限公司	泰山区
	鲁普耐特集团有限公司	岱岳区
山东省优质品牌	山东雷诺服饰有限公司	泰山区
	泰安东升服装有限公司	泰山区
	鲁普耐特集团有限公司	泰山区
	山东中天泰和实业有限公司	泰山区
	山东鲁普耐特机械有限公司	泰山区
	泰安市硕力液压设备厂	泰山区
	泰安市鸿雁科贸有限公司	泰山区
	山东泰开电力电子有限公司	泰山区

续表 50

项 目	企业名称	行政区域
山东省优质品牌	泰安泰山高压开关有限公司	泰山区
	山东大唐宅配家居有限公司	泰山区
	山东宝来利来生物工程股份有限公司	泰山区
	山东凤凰生物有限公司	泰山区
	泰安盛源粉体有限公司	泰山区
	山东仕全兴新材料有限公司	岱岳区
	山东省联合农药工业有限公司	岱岳区
	泰安现代塑料有限公司	岱岳区
	泰安鲁怡高分子材料有限公司	岱岳区
	山东前田热能技术股份有限公司	岱岳区
	山东大禹水处理有限公司	岱岳区
	泰安市一开电气有限公司	岱岳区
	泰石岩棉股份有限公司	岱岳区
	泰安汉威集团有限公司	岱岳区
	山东裕鑫新材料有限公司	新泰市
	山东春潮集团有限公司	新泰市
	山东齐利得重工集团有限公司	新泰市
	山东三和维信生物科技有限公司	新泰市
	山东大宝养殖加工有限责任公司	新泰市
	山东泰鹏环保材料股份有限公司	肥城市
	泰安瑞泰纤维素有限公司	肥城市
	肥城金塔机械有限公司	肥城市
	肥城金塔酒精化工设备有限公司	肥城市
	鲁变电工股份有限公司	肥城市
	山东鲁泰建材科技集团有限公司	肥城市
	山东瑞福锂业有限公司	肥城市
	石横特钢集团有限公司	肥城市
	海斯摩尔生物科技有限公司	宁阳县
	山东塔高矿业机械装备制造有限公司	宁阳县
	泰安市山虎仪表科技有限公司	宁阳县
	山东天和纸业有限公司	宁阳县
	山东明珠材料科技有限公司	宁阳县
	山东华锴重工机械有限公司	东平县
	山东路德新材料股份有限公司	高新区
	力博重工科技股份有限公司	高新区
	山东欧瑞安电气有限公司	高新区

2019年泰安市有效期内高新技术企业情况

表51

序　号	证书编号	申报单位	技术领域
1	GR201737000158	山东泰开精密铸造有限公司	新材料
2	GR201737001646	山东鲁普科技有限公司	新材料
3	GR201737000866	泰安东升服装有限公司	新材料
4	GR201737001767	山东宝来利来生物工程股份有限公司	生物与新医药
5	GR201737001570	山东大通前沿电子科技有限公司	电子信息
6	GR201737000632	山东融通电子科技有限公司	电子信息
7	GR201737000735	山东蓝光软件有限公司	电子信息
8	GR201737001170	泰安泰山高压开关有限公司	先进制造与自动化
9	GR201737001098	山东北方光学电子有限公司	先进制造与自动化
10	GR201737000133	山东思科赛德矿业安全工程有限公司	先进制造与自动化
11	GR201737001944	泰安巨菱钻探装备有限责任公司	先进制造与自动化
12	GR201837000084	山东厚丰汽车散热器有限公司	先进制造与自动化
13	GR201837001259	泰安康平纳机械有限公司	先进制造与自动化
14	GR201837001890	泰安启程车轮制造有限公司	先进制造与自动化
15	GR201837000228	山东凤凰生物有限公司	生物与新医药
16	GR201837001344	泰安市康宇医疗器械有限公司	生物与新医药
17	GR201837000020	山东中信能源联合装备股份有限公司	先进制造与自动化
18	GR201837000382	山东泰开电力开关有限公司	先进制造与自动化
19	GR201837000359	山东永恒电子科技有限公司	电子信息
20	GR201837000432	山东帅迪医疗科技有限公司	资源与环境
21	GR201837000435	泰安盛源粉体有限公司	新材料
22	GR201837000092	山东海天智能工程有限公司	生物与新医药
23	GR201837000271	泰安科佳信息技术有限公司	电子信息
24	GR201837000496	泰安市众升智能电子有限公司	电子信息
25	GR201837000251	泰安市东信智联信息科技有限公司	电子信息
26	GR201837000847	山东鲁能泰山电力设备有限公司	先进制造与自动化
27	GR201837000237	泰安市尼蒙电子科技有限公司	先进制造与自动化
28	GR201837000022	山东视聆通信有限公司	电子信息
29	GR201837000476	山东泰开电力电子有限公司	新能源与节能
30	GR201837000156	鼎鑫电气有限公司	先进制造与自动化
31	GR201837000437	山东泰开电力电器有限公司	先进制造与自动化
32	GR201937001706	泰安京泰生物技术有限公司	生物与新医药
33	GR201937002430	山东健源生物科技有限公司	生物与新医药
34	GR201937000524	山东泽诚数控机械有限公司	先进制造与自动化

续表 51-1

序号	证书编号	申报单位	技术领域
35	GR201937001960	普瑞特机械制造股份有限公司	生物与新医药
36	GR201937000589	山东中普网络科技有限公司	电子信息
37	GR201937000018	泰安嘉和重工机械有限公司	先进制造与自动化
38	GR201937001253	山东泰山电工电器有限公司	先进制造与自动化
39	GR201937000406	山东泰开电工电器有限公司	先进制造与自动化
40	GR201937000874	极创机器人科技有限公司	先进制造与自动化
41	GR201937002063	山东华辉自动化设备有限公司	先进制造与自动化
42	GR201937000491	山东泰斗网络科技有限公司	电子信息
43	GR201937001978	山东大唐宅配家居有限公司	新材料
44	GR201937000911	山东中拓软件有限公司	电子信息
45	GR201937000089	山东泰开环保科技有限公司	资源与环境
46	GR201937002315	泰安协同软件有限公司	电子信息
47	GR201937001665	泰安泰山福神齿轮箱有限责任公司	先进制造与自动化
48	GR201937002546	山东国泰科技有限公司	先进制造与自动化
49	GR201937000032	泰安康尔健医疗科技有限公司	高技术服务
50	GR201937002424	鲁普耐特集团有限公司	新材料
51	GR201737001105	泰石岩棉有限公司	新材料
52	GR201737001791	泰山玻璃纤维有限公司	新材料
53	GR201737000651	泰安鼎鑫冷却器有限公司	先进制造与自动化
54	GR201737000332	泰安市一开电气有限公司	先进制造与自动化
55	GR201837000430	山东明佳科技有限公司	先进制造与自动化
56	GR20183700563	山东前田热能技术股份有限公司	新能源与节能
57	GR201837000021	山东铁鹰建设工程有限公司	先进制造与自动化
58	GR201837000123	山东鲁燕色母粒有限公司	新材料
59	GR201837001549	泰山石膏有限公司	资源与环境
60	GR201837000299	山东泰山华岳玻璃有限公司	新材料
61	GR201837000445	山东阳光新材料科技有限公司	新材料
62	GR201837000074	山东岱岳制盐有限公司	新能源与节能
63	GR201937001259	山东润德复合材料有限公司	新材料
64	GR201937001783	泰安市联强远大住宅工业有限公司	新能源与节能
65	GR201937000490	泰安泰烁岩层控制科技有限公司	先进制造与自动化
66	GR201937000028	山东一能重工有限公司	先进制造与自动化
67	GR201937001759	泰安恒大机械有限公司	先进制造与自动化
68	GR201937000906	泰安科鼎特工贸有限公司	新材料
69	GR201937000578	山东植益源健康科技有限公司	生物新医药

续表 51-2

序 号	证书编号	申报单位	技术领域
70	GR201937000236	山东康盛医疗器械有限公司	生物新医药
71	GR201937002113	泰安汉威集团有限公司	生物新医药
72	GR201937002325	山东省联合农药工业有限公司	生物新医药
73	GR201937000983	泰安现代塑料有限公司	新材料
74	GR201937001953	山东宏康机械制造有限公司	先进制造与自动化
75	GR201737000044	肥城金塔机械科技有限公司	新能源与节能
76	GR201737000335	山东军成机械科技有限公司	先进制造与自动化
77	GR201737000394	山东泰克贝思计算机科技有限公司	高技术服务
78	GR201737000452	山东三同新材料股份有限公司	新材料
79	GR201737001145	石横特钢集团有限公司	新材料
80	GR201737001397	山东鸣迅智能科技有限公司	电子信息
81	GR201737001663	山东鲁泰建材科技集团有限公司	资源与环境
82	GR201737001746	泰安隆泰金属制品有限公司	先进制造与自动化
83	GR201837000554	泰安瑞泰纤维素有限公司	生物与新医药
84	GR201837000557	鲁变电工股份有限公司	先进制造与自动化
85	GR201837000607	泰安通利达水处理设备有限公司	先进制造与自动化
86	GR201837000949	山东征途信息科技股份有限公司	电子信息
87	GR201837000951	山东麦丰新材料科技股份有限公司	新材料
88	GR201837001379	山东大庚工程材料科技有限公司	新材料
89	GR201837001475	肥城弘锦电气机械科技有限公司	先进制造与自动化
90	GR201837001502	肥城龙山机械有限公司	先进制造与自动化
91	GR201837001908	山东农大肥业科技有限公司	生物与新医药
92	GR201837001910	肥城恒丰塑业有限公司	新材料
93	GR201837002246	肥城昌盛特种石墨有限公司	资源与环境
94	GR201837002261	肥城市泰山涂塑帆布有限公司	新材料
95	GR201837002520	山东泰鹏新材料有限公司	新材料
96	GR201937000174	肥城金威机械有限公司	新能源与节能
97	GR201937000186	泰安瑞泰达机械有限公司	先进制造与自动化
98	GR201937000187	泰安三英新材料股份有限公司	新材料
99	GR201937000312	山东阿斯德科技有限公司	新材料
100	GR201937000457	山东泰鹏环保材料股份有限公司	新材料
101	GR201937000599	山东雅瑞智诚自控科技有限公司	先进制造与自动化
102	GR201937000640	山东瑞福锂业有限公司	新能源与节能
103	GR201937000703	肥城林原高分子材料有限公司	新材料
104	GR201937000730	山东昀飞光电科技有限公司	电子信息

续表 51-3

序 号	证书编号	申报单位	技术领域
105	GR201937001131	泰安市人和机械制造有限公司	先进制造与自动化
106	GR201937001412	山东瑞浩重型机械有限公司	先进制造与自动化
107	GR201937001755	泰安市兰山电气有限公司	先进制造与自动化
108	GR201937001769	山东云宇机械集团有限公司	先进制造与自动化
109	GR201937001784	山东农保姆肥业科技有限公司	生物与新医药
110	GR201937001853	肥城市宇通机械有限公司	先进制造与自动化
111	GR201937002069	肥城金塔酒精化工设备有限公司	新能源与节能
112	GR201937002120	山东索力得焊材股份有限公司	新材料
113	GR201937002135	泰安科创矿山设备有限公司	先进制造与自动化
114	GR201937002200	山东一滕新材料股份有限公司	新材料
115	GR201937002246	山东泰鹏智能家居股份有限公司	电子信息
116	GR201937002261	山东亚科环保科技有限公司	资源与环境
117	GR201937002435	山东安为先生物科技有限公司	生物与新医药
118	GR201937002436	山东剑桥新型材料有限公司	新材料
119	GR201937002643	肥城联谊工程塑料有限公司	新材料
120	GR201937002696	山东鑫福源机械锻压有限公司	先进制造与自动化
121	GR201937002907	山东鲁岳检测科技有限公司	高技术服务
122	GR201737000526	山东德普化工科技有限公司	新材料
123	GR201737001863	山东海燕医用材料制造有限公司	新材料
124	GR201737001076	山东赛特电工股份有限公司	新材料
125	GR201737000173	特变电工山东沈变电气设备有限公司	新材料
126	GR201737001723	山东斯诺尔节能建材有限公司	新能源与节能
127	GR201737000994	山东润德生物科技有限公司	生物与新医药
128	GR201737000476	新泰市佳禾生物科技有限公司	生物与新医药
129	GR201737002047	特变电工昭和（山东）电缆附件有限公司	先进制造与自动化
130	GR201737000895	特变电工山东鲁能泰山电缆有限公司	先进制造与自动化
131	GR201737001492	山东龙成消防科技股份有限公司	先进制造与自动化
132	GR201837000400	泰安和新精工科技有限公司	先进制造与自动化
133	GR201837000068	山东蜂巢航空科技有限公司	航空航天
134	GR201837001628	山东金恒力机械制造有限公司	先进制造与自动化
135	GR201837001013	山东北方中意新材料有限公司	新材料
136	GR201837002386	山东德泰机械制造集团有限公司	先进制造与自动化
137	GR201837001899	山东极威新材料科技有限公司	新材料
138	GR201837000809	泰安科赛尔化学科技有限公司	生物与新医药
139	GR201837000599	新泰市日进化工科技有限公司	新材料

续表 51-4

序　号	证书编号	申报单位	技术领域
140	GR201837000823	山东泰山变压器有限公司	先进制造与自动化
141	GR201837002265	泰安万川电器设备有限公司	先进制造与自动化
142	GR201837001009	山东健威生物工程有限公司	生物与新医药
143	GR201837001311	山东龙辉起重机械有限公司	先进制造与自动化
144	GR201837002100	山东焱鑫矿用材料加工有限公司	先进制造与自动化
145	GR201837000752	山东安途制动材料有限公司	先进制造与自动化
146	GR201837002498	山东润通齿轮集团有限公司	先进制造与自动化
147	GR201837001897	山东裕鑫新材料有限公司	新材料
148	GR201937001946	山东森宇精工科技有限公司	先进制造与自动化
149	GR201937001111	山东宏祥汽车零部件有限公司	先进制造与自动化
150	GR201937000507	新泰市鑫晟铸造有限公司	先进制造与自动化
151	GR201937000944	泰安卓信自动化科技有限公司	先进制造与自动化
152	GR201937002170	山东金瑞电气有限责任公司	先进制造与自动化
153	GR201937000522	中国电建集团山东电力管道工程有限公司	新能源与节能
154	GR201937000319	山东新沙单轨运输装备有限公司	先进制造与自动化
155	GR201937001420	泰安鑫杰机械有限公司	先进制造与自动化
156	GR201937002235	山东赛诺机电设备科技有限公司	先进制造与自动化
157	GR201937000748	山东泰山起重机械有限公司	先进制造与自动化
158	GR201937000778	新汶矿业集团设计研究院有限公司	高技术服务
159	GR201937001826	山东天正起重机械有限公司	先进制造与自动化
160	GR201937001241	山东能源重装集团大族再制造有限公司	先进制造与自动化
161	GR201937000148	山东泰山恒信开关集团有限公司	先进制造与自动化
162	GR201937002601	山东中玻节能环保发展有限公司	资源与环境
163	GR201937001304	山东春潮集团有限公司	新材料
164	GR201937000196	山东晶泰星光电科技有限公司	电子信息
165	GR201937000673	山东众客食品有限公司	生物与新医药
166	GR201937000726	山东齐利得重工集团有限公司	先进制造与自动化
167	GR201937002044	山东国安重工集团有限公司	先进制造与自动化
168	GR201737000822	山东彩山铝业有限公司	新材料
169	GR201737001866	山东泰信幕墙工程有限公司	新材料
170	GR201737001893	泰安巴夫巴夫农业科技有限公司	生物与新医药
171	GR201737002048	山东华阳农药化工集团有限公司	生物与新医药
172	GR201837002398	山东华坤地质工程有限公司	先进制造与自动化
173	GR201837001390	山东碧蓝生物科技有限公司	生物与新医药

续表 51-5

序 号	证书编号	申报单位	技术领域
174	GR201837002459	山东嘉意机械有限公司	先进制造与自动化
175	GR201837001834	海斯摩尔生物科技有限公司	新材料
176	GR201837001914	山东明珠材料科技有限公司	新材料
177	GR201837000931	山东振挺精工活塞有限公司	先进制造与自动化
178	GR201837001545	山东天和纸业有限公司	资源与环境
179	GR201937002695	泰安鲁珠保温建材有限公司	新能源与节能
180	GR201937001321	山东新合源热传输科技有限公司	新材料
181	GR201937001094	山东华兴纺织集团有限公司	新材料
182	GR201937000482	山东超威电源有限公司	新能源与节能
183	GR201937002076	山东塔高矿业机械装备制造有限公司	先进制造与自动化
184	GR201937001693	山东同创汽车散热装置股份有限公司	先进制造与自动化
185	GR201737001231	新东岳集团有限公司	新材料
186	GR201737002028	东平九鑫生物化学有限公司	生物与新医药
187	GR201837000522	山东祥瑞药业有限公司	生物与新医药
188	GR201837002503	山东润银生物化工股份有限公司	生物与新医药
189	GR201837002393	东平华锴机电设备有限公司	先进制造与自动化
190	GR201837002062	山东博达光电有限公司	新材料
191	GR201837000586	山东沃普农业装备科技有限公司	生物与新医药
192	GR201937000889	山东福富新材料科技有限公司	生物与新医药
193	GR201737001650	浪潮软件股份有限公司	电子信息
194	GR201737000950	山东泰邦生物制品有限公司	生物与新医药
195	GR201737001946	泰安大陆医疗器械有限公司	生物与新医药
196	GR201737001842	山东电安电气有限公司	先进制造与自动化
197	GR201737000219	山东中拓信息科技有限公司	生物与新医药
198	GR201737001331	山东虎彩泰山印刷有限公司	先进制造与自动化
199	GR201737000720	泰安东岳重工有限公司	先进制造与自动化
200	GR201737000900	山东科德电子有限公司	先进制造与自动化
201	GR201737001440	山东泰开高压开关有限公司	先进制造与自动化
202	GR201737000862	山东泰开隔离开关有限公司	先进制造与自动化
203	GR201737001425	山东鲁能奥特科技有限公司	先进制造与自动化
204	GR201737000003	山东泰开成套电器有限公司	先进制造与自动化
205	GR201737000132	山东爱客多热能科技有限公司	新能源与节能
206	GR201737001560	尤洛卡精准信息工程股份有限公司	先进制造与自动化
207	GR201737000351	山东能源重装集团鲁中装备制造有限公司	先进制造与自动化

续表 51-6

序　号	证书编号	申报单位	技术领域
208	GR201737001708	泰安英迪利机电科技有限公司	先进制造与自动化
209	GR201737000609	山东泰开汽车制造有限公司	先进制造与自动化
210	GR201737001240	泰安众诚自动化设备股份有限公司	先进制造与自动化
211	GR201737000191	泰山集团股份有限公司	先进制造与自动化
212	GR201837000325	山东泰开电器绝缘有限公司	先进制造与自动化
213	GR201837001028	山东路德新材料股份有限公司	新材料
214	GR201837000706	山东晨晖电子科技有限公司	先进制造与自动化
215	GR201837001757	泰山恒信有限公司	生物与新医药
216	GR201837000596	山东泰开电器开关有限公司	先进制造与自动化
217	GR201837000784	山东泰盈科技有限公司	电子信息
218	GR201837001555	山东众志电子有限公司	电子信息
219	GR201837001659	山东欧瑞安电气有限公司	先进制造与自动化
220	GR201837002422	山东路达试验仪器有限公司	先进制造与自动化
221	GR201837001324	泰安轻松表计有限公司	新能源与节能
222	GR201837000669	山东泰开互感器有限公司	先进制造与自动化
223	GR201837000810	泰安合生世纪生物科技有限公司	生物与新医药
224	GR201837002266	山东泰开重工机械有限公司	先进制造与自动化
225	GR201837002038	力博重工科技股份有限公司	先进制造与自动化
226	GR201837000710	山东安达尔信息科技有限公司	先进制造与自动化
227	GR201837001835	山东金斧子网络科技有限公司	电子信息
228	GR201837000664	山东泰开真空开关有限公司	先进制造与自动化
229	GR201837001546	山东四维卓识信息技术有限公司	电子信息
230	GR201837000979	山东泰开箱变有限公司	先进制造与自动化
231	GR201837000888	山东中农普宁药业有限公司	生物与新医药
232	GR201837001443	山东汇力环保科技有限公司	资源与环境
233	GR201837001108	山东蓬勃生物科技有限公司	生物与新医药
234	GR201837002098	山东泰开变压器有限公司	先进制造与自动化
235	GR201837001515	山东泰开自动化有限公司	先进制造与自动化
236	GR201837001371	山东能源重型装备制造集团有限责任公司	先进制造与自动化
237	GR201837000743	泰安市众诚自动化软件有限公司	电子信息
238	GR201837001893	山东东艺数字科技有限公司	电子信息
239	GR201837001904	山东泰开能源工程技术有限公司	新能源与节能
240	GR201837001144	山东泰开高分子材料有限公司	新材料
241	GR201837000680	泰安华鲁锻压机床有限公司	先进制造与自动化

续表 51-7

序　号	证书编号	申报单位	技术领域
242	GR201737002067（变更前号码）	山东汇德节能环保科技有限公司（济南转入）	新能源与节能
243	GR201937001713	泰安佳成机电科技有限公司	先进制造与自动化
244	GR201937000996	山东泰山生力源集团股份有限公司	生物与新医药
245	GR201937001652	山东泰开特种电缆科技有限公司	新材料
246	GR201937002609	山东泰开机器人有限公司	先进制造与自动化
247	GR201937001266	山东欧玛嘉宝电气科技有限公司	先进制造与自动化
248	GR201937002747	山东斯福特实业有限公司	新材料
249	GR201937000520	山东新矿信息技术有限公司	电子信息
250	GR201937000917	泰安芬瑞特机械有限公司	先进制造与自动化
251	GR201937001929	山东汇氏环境科技有限公司	资源与环境
252	GR201937000106	山东宝帅电力设备有限公司	先进制造与自动化
253	GR201937001286	山东金品能源有限公司	新能源与节能
254	GR201937000493	山东安谱检测科技有限公司	高技术服务
255	GR201937002301	山东众投北斗遥感信息科技股份有限公司	电子信息
256	GR201937000324	泰安市岱宗机电科技开发有限公司	资源与环境
257	GR201937000498	泰安航天特种车有限公司	先进制造与自动化
258	GR201937001174	山东泰开电缆有限公司	新材料
259	GR201937001845	山东泰开电器机构有限公司	先进制造与自动化
260	GR201937002282	泰安东华合创软件有限公司	电子信息
261	GR201937002052	山东京卫制药有限公司	生物与新医药
262	GR201937001515	尤洛卡（山东）矿业科技有限公司	电子信息
263	GR201937002850	山东以利奥林电力科技有限公司	新材料
264	GR201937001002	山东泰开特变有限公司	先进制造与自动化
265	GR201937000836	山东五岳电器有限公司	先进制造与自动化
266	GR201937000853	山东天路重工科技有限公司	先进制造与自动化
267	GR201937001219	山东泰华生物科技股份有限公司	生物与新医药
268	GR201937001381	泰安磐然测控科技有限公司	先进制造与自动化
269	GR201937002168	泰安中意重型工业设备有限公司	新能源与节能
270	GR201937002995	山东睿思奥图智能科技有限公司	电子信息
271	GR201937001031	山东省华中钙果有限公司	生物与新医药
272	GR201837000462	泰安路德工程材料有限公司	新材料

先进单位名录（部分）

全国工人先锋号获得单位

泰安如意科技时尚产业有限公司动力设备部
山东泰邦生物制品有限公司质量控制中心

全国五四红旗团委

山东省泰安英雄山中学团委

全国青年职业技能大赛煤炭行业比赛优秀组织奖

新矿集团团委

全国巾帼文明岗

山东省泰安市泰山区民政局婚姻登记处
山东省泰安市新泰市法院立案一庭
山东省泰安市肥城市行政审批服务局政务大厅
山东省泰安市泰山景区天外村游人服务中心
国家税务总局新泰市税务局东都税务分局

全国巾帼建功先进集体

山东省泰安市东平县中医院妇产科

全国维护妇女儿童权益先进集体

泰安市中级人民法院刑事审判第三庭

2019 年全国科普日活动优秀组织单位

泰安市科协

第六届全国青少年科普创新实验暨作品大赛荣获优秀组织单位三等奖

泰安市科技馆

第四次全国经济普查先进集体

泰安市统计局

全国交通运输系统先进集体

市交通运输局

全国教育系统先进集体

山东省泰安第十三中学

全国 2019 年民营企业调查点工作示范单位

泰安市工商业联合会

民建全国扶贫攻坚先进集体

中国民主建国会泰安市委员会

民革全国优秀党员之家

民革新泰基层委员会

民革全国示范支部

民革新泰市基层委员会青云支部

民进全国先进基层组织

民进泰安市岱岳区支部

全国民族团结进步模范集体

新泰市禹村镇人民政府

全国民族团结进步示范区

岱岳区人民政府

公安部命名全国首批“枫桥式公安派出所”

肥城市桃花源派出所

2019 年度《党建》杂志学刊用刊工作先进集体

中共泰安市委宣传部

全省国庆 70 周年安保维稳工作先进集体

泰安市委政法委
泰安市公安局
泰安市退役军人局
泰安市信访局
泰安市泰山风景名胜区管委会

肥城市公安局交警大队

东平县委政法委

山东省“攻坚克难奖”先进集体

泰安市住房和城乡建设局

泰安市房地产开发历史遗留问题专项整治“7·9”工作专班

泰安市信访局

山东省“勇于创新奖”先进集体

泰安市文明城市创建活动领导小组办公室

泰山区域山水林田湖草生态保护修复工程领导小组办公室

山东省富民兴鲁劳动奖状获得单位

泰安市泰山数码科技有限公司

肥城市机关事务服务中心

山东泰邦生物制品有限公司

泰安市 120 指挥调度中心

山东省工人先锋号获得单位

山东泰开机器人有限公司机器人系统集成产品班

梁宝寺能源有限责任公司采煤二区高颖班

蒙牛乳业泰安有限责任公司动力班

肥城市水务集团有限公司管道安装处安装一班

新汶矿业集团有限责任公司华丰煤矿洗选加工部

泰安市广播电视台电视社教中心经济部

山东省五四红旗团委

新矿集团良庄矿业公司团委

山东省泰安第六中学团委单位

山东省五四红旗团支部

肥城高新区团工委

统筹实业发展有限公司团支部

山东省妇联系统先进集体

宁阳县妇联

肥城市潮泉镇妇联

东平县东平街道妇联

山东省首届巾帼志愿服务“十佳爱心妈妈”

肥城市爱心公益协会

山东省生态环境系统先进集体

泰安市生态环境保护综合执法大队

泰安市生态环境局泰山分局

泰安市生态环境局高新区分局

山东省退役军人工作先进集体

泰安革命烈士陵园管理处

泰安军用饮食供应站

山东省信访工作先进集体

泰安市公安局

泰安市人力资源和社会保障局

泰安市卫生健康委

泰安市退役军人事务局

泰安市信访局

肥城市信访局

宁阳县信访局

东平县信访局

新泰市羊流镇政府

山东省教育系统先进集体

山东省泰安师范学校附属学校

肥城市第一高级中学

山东省泰安英雄山中学

泰安市理工中等专业学校

东平县沙河站中学

泰安市泰山区大津口乡中心小学

宁阳县第二十四中学

新泰市翟镇初级中学

第八届山东国际文化产业博览交易会优秀组织奖、展示奖

中共泰安市委宣传部

山东广电网络系统巾帼文明岗

泰安分公司企管部客服中心

泰安分公司市区营业部营业厅

山东出版集团系统巾帼文明岗

山东新华书店集团有限公司新泰分公司连锁零售部

第四届山东省妇女创新创业大赛优秀组织奖

泰安市妇联

“妈妈，我对您说——齐鲁巾帼心向党倾情礼赞新中国”群众性诗文征集活动优秀组织奖

泰安市妇联

第二届山东省城市建设博览会先进集体

泰安市住房和城乡建设局

第二届山东省城市建设博览会优秀参展企业

泰安市泰山城区热力有限公司

山东省2019年全国科普日活动优秀组织单位

泰安市科协

2019年度全省反邪教协会系统先进单位

泰安市反邪教协会

第三十四届山东青少年科技创新大赛优秀组织奖

泰安市科技馆

山东省机构编制系统先进集体

中共泰安市委机构编制委员会办公室

山东省老干部工作先进集体

泰安市委老干部局

山东省保密系统先进集体

泰安市国家保密局

山东省乡村振兴示范民族村

泰山区省庄镇东孙村
新泰市禹村镇山东西村

山东省公安厅记集体二等功

泰安市公安局信息通讯处
肥城市公安局网安大队
高新区分局侦破“3·23”寻衅滋事专案组
新泰市公安局侦破“10·26”电信网络诈骗案专案组
宁阳县公安局侦破“6·02”案专案组

山东省公安厅命名“枫桥式公安派出所”

泰山林区派出所
岱顶派出所
宁阳县公安局文庙派出所

2019年度全省志愿服务先进典型

最佳志愿服务组织：

泰安市泰山区泰前街道嘉德社区舞蹈协会
泰安市岱岳区职业教育中心“蓝领泰山”青年志愿者服务队
新泰团市委青年志愿服务队
宁阳县爱家社会服务中心
泰安市高新区良庄镇星星之火公益协会
泰安市泰山景区红门管理区党员志愿服务队

最佳志愿服务项目：

泰安市交警支队文明单位认管路口交通志愿服务项目
肥城市新城街道沙沟村“搭把手”志愿服务项目
新泰市网络志愿者协会“微心愿”志愿服务项目
肥城市义工协会“情暖夕阳红”志愿服务项目
东平县东平信息港公益协会“牵手孤儿·爱满全城”结对帮扶“事实孤儿”志愿服务项目
泰安市泰山景区文明旅游志愿服务项目

最美志愿服务社区：

泰安市泰山区上高街道利民社区
泰安市岱岳区粥店街道泮河社区
新泰市新汶街道大洛沟社区
肥城市新城街道河西社区
东平县东平街道护驾村社区

新增省级文明单位

泰安市泰山区教育和体育局
泰安市泰山区工业和信息化局
泰安市泰山区发展和改革局
泰安市泰山区商务局
泰安市岱岳区民生服务中心
泰安市岱岳区人民法院
中共泰安市岱岳区委党校
山东新泰农村商业银行股份有限公司
新泰市人力资源和社会保障局
肥城市房产管理服务中心
肥城市教育和体育局
肥城市水利局

宁阳县人大常 会办公室
宁阳县政协办公室
中共宁阳县委政法委员会
宁阳县农业农村局
宁阳县统计局
中共东平县纪律检查委员会
东平县矿产业发展中心
东平县交通运输局
泰安市人民政府研究室
中共泰安市委网络安全和信息化办公室
泰安市医疗保障局
山东省泰山疗养院
泰安市拘留所
泰安市房产交易中心
泰安市建设工程质量监督服务站
中国联合网络通信有限公司泰安市分公司
泰安市公安局特巡警支队
山东华新房地产开发有限公司
泰安光明爱尔眼科医院
泰安市森林公安局
泰安市公安局高新技术产业开发区分局
泰安市纤维检验所
国家税务总局泰安高新技术产业开发区税务局
泰安技师学院
泰安市科技创新服务中心
国家税务总局泰安市泰山风景名胜区税务局
泰安市特种设备检验研究院
新汶矿业集团泰山盐化工分公司

新增省级文明社区

泰安市泰山区财源街道东七里社区
泰安市岱岳区粥店街道曹家村社区
新泰市青云街道田园社区
肥城市新城街道丰园社区
宁阳县文庙街道杜家村社区
东平县东平街道赵桥社区

新增省级文明村镇

泰安市泰山区省庄镇前省庄村
泰安市泰山区邱家店镇逯家庄村
泰安市岱岳区祝阳镇
泰安市岱岳区天平街道大桥村
泰安市岱岳区范镇店子村
新泰市宫里镇
新泰市谷里镇
新泰市岳家庄乡
新泰市羊流镇小和庄村
新泰市泉沟镇运舟湖村
新泰市刘杜镇北流泉村
肥城市安驾庄镇
肥城市老城街道东关居委会
肥城市潮泉镇潮泉村
肥城市边院镇周王村
宁阳县葛石镇
宁阳县东疏镇刘茂村
宁阳县堽城镇桥南村
宁阳县磁窑镇东村
东平县老湖镇
东平县州城街道小东门村
东平县梯门镇西梯门村
泰安高新区房村镇房村村
泰安高新区北集坡街道泉上村
泰安高新区房村镇西南望村
泰山景区下港镇茅茨舍村
泰安市徂汶景区天宝镇

泰安市教育工作先进单位

岱岳区
新泰市
泰山区
肥城市

泰安市教育工作年度发展先进单位

宁阳县
东平县

泰安市尊师重教突出贡献单位

泰安旅游经济开发区管理委员会
泰安银行股份有限公司

泰安市尊师重教先进单位

石横特钢集团有限公司
山东美地房地产开发有限公司
宁阳中海房地产开发有限公司

泰安市教书育人先进单位

泰安市泰山区岱庙实验学校
泰安市泰山区文化路小学
泰安市泰山区上高学校
泰安市第一实验学校
泰安泰山实验中学
泰安市岱岳区角峪镇中心小学
泰安市岱岳区智源小学
泰安市岱岳区满庄镇第二中学
泰安市岱岳区开元中学
泰安市岱岳区祝阳镇第二中学
新泰市实验幼儿园
山东省新泰市第一实验小学
新泰市新汶实验学校
新泰市汶城实验小学
新泰市新甫实验学校
新泰市楼德镇南泉小学
新泰市禹村镇韩山联办小学
新泰市宫里镇汶城联办小学
新泰市谷里镇中心小学
新泰市实验中学
新泰市羊流镇初级中学
新泰市果都镇初级中学
新泰市石莱镇初级中学
山东省肥城师范学校附属小学
肥城市河西小学
肥城市潮泉镇中心小学
肥城市王庄镇中心小学
肥城市王瓜店街道蒋庄社区学校
肥城市桃园镇初级中学
肥城市孙伯镇初级中学
宁阳县文庙中心幼儿园
宁阳县八仙桥中心幼儿园
宁阳县东疏镇第一小学
宁阳县洸河学校
宁阳县第二中学
宁阳现代学校
东平县佛山小学
东平县银山实验学校
东平县沙河站镇小杨庄小学
泰安市岱岳区北集坡街道办事处西旺小学
泰安市岱岳区化马湾乡中心小学
泰安市岱岳区良庄镇中心小学
泰安高新技术产业开发区第一中学
泰安市岱岳区下港镇晨光小学
泰安市黄前中学
泰安望岳中学
山东省泰山中学

编辑　校对　　刘小笋

索　　引

说明：

1. 本索引为综合性主题索引。
2. 索引款目按汉语拼音字母（同音字按声调）顺序排列。表格、示意图在其后注明“表”“图”字样。
3. 款目后的阿拉伯数字表示内容所在的页码，数字后的字母 a、b、c 分别表示版面区域。
4. 同一主题的内容在文中多处出现的，在其款目后用不同的页码标明。
5. 对特载、专记、大事记、附录栏目不作主题索引。

K

L

M

N

中国年鉴精品工程
High Quality Project of China's Yearbook

克拉玛依年鉴

KELAMAYI YEARBOOK

2021

克拉玛依市委史志办（市档案馆） 编

方志出版社
Publishing House of Local Records

图书在版编目（CIP）数据

克拉玛依年鉴. 2021 / 克拉玛依市委史志办（市档案馆）编. —北京 ：方志出版社，2022.4
ISBN 978-7-5144-5255-6

Ⅰ. ①克… Ⅱ. ①中… Ⅲ. ①克拉玛依－2021－年鉴
Ⅳ. ①Z524.53

中国版本图书馆CIP数据核字（2022）第176075号

责任编辑：刘　芳
责任校对：刘玉霞
责任印制：梅中英
出 版 者：方志出版社
地　　址：北京市朝阳区潘家园东里9号（国家方志馆4层）
邮　　编：100021
网　　址：http://www.zgfzcb.cn
发　　行：方志出版社图书营销中心（010-67110500）
印　　刷：山东黄氏印务有限公司
开　　本：889毫米×1194毫米　1/16
印　　张：36
字　　数：851千字
版　　次：2022年4月第1版
印　　次：2022年4月第1次印刷
定　　价：210.00元